PRINCIPES DE l'Économie

PRINCIPES DE L'ÉCONOMIE

N. Gregory Mankiw

Professeur à l'Université de Harvard

ECONOMICA
49, rue Héricart, 75015 Paris

Cet ouvrage est une traduction du livre publié par The Dryden Press, Harcourt Brace & Company, sous le titre *Principles of Economics*.
Traduit de l'américain par Éric BERTRAND.
Traduction relue par Xavier GREFFE.

SOMMAIRE

PARTIE I

Introduction

PARTIE II

Offre et demande 1 — 1. Comment fonctionnent les marchés

PARTIE III

Offre et demande 2 — 2. Marchés et bien-être

PARTIE IV

L'analyse économique du secteur public

PARTIE V

Comportement de l'entreprise et économie industrielle

PARTIE VI

L'analyse économique du marché du travail

PARTIE VII

Théorie avancée

PARTIE VIII

Les données macroéconomiques

PARTIE IX

L'économie réelle à long terme

PARTIE X

Monnaie et prix à long terme

PARTIE XI

Analyse macroéconomique de l'économie ouverte

PARTIE XII

Les fluctuations économiques de court terme

PARTIE XIII

Réflexions finales

PRÉFACE

À L'INTENTION DES PROFESSEURS

Sur les vingt ans que j'ai consacrés à mes études, le cours qui m'a le plus enthousiasmé portait sur les principes économiques. Je l'ai suivi au début de mes études universitaires. Sans exagérer, ce cours a changé ma vie.

Dans ma famille, on discutait fréquemment de politique durant les dîners, et les discussions étaient généralement animées, opposant partisans et adversaires des diverses solutions possibles aux problèmes du moment. Personnellement, je me sentais plus attiré par les sciences. La politique me paraissait vague, décousue et subjective, alors que les sciences étaient analytiques, systématiques et objectives. Le débat politique était éternel, mais c'était la science qui faisait avancer le monde.

Le cours sur les principes économiques m'a fait découvrir une nouvelle façon de penser. La science économique associe les vertus de la politique à celles de la science. C'est véritablement une science sociale. Sa matière, c'est la société : comment les gens décident de vivre leur vie et comment ils interagissent les uns avec les autres. Son approche est scientifique. En abordant les questions politiques avec un esprit scientifique, la science économique essaie d'apporter des réponses aux questions fondamentales que se posent toutes les sociétés.

En écrivant cet ouvrage, j'ai essayé de faire passer l'enthousiasme que j'ai alors ressenti. En économie, une connaissance élémentaire permet de voir très loin (contrairement à ce qui se passe en physique ou en japonais). Les économistes ont une vision du monde qui leur est propre et que l'on peut présenter correctement en un ou deux semestres. Ce livre cherche à transmettre ce mode de raisonnement à l'audience la plus large possible et à convaincre les lecteurs de sa pertinence.

Brièveté

Vous avez certainement déjà remarqué que cet ouvrage est beaucoup plus court que la plupart des manuels d'économie, avec moins de 800 pages.

Je dois avouer que je suis un lecteur lent. Étudiant, je finissais rarement les lectures conseillées, et j'ai dû trop souvent me contenter des résumés. J'étais malheureux chaque fois qu'un professeur nous demandait de lire un ouvrage d'un millier de pages (sans compter les articles afférents).

Je ne suis d'ailleurs pas le seul dans cette situation. Le poète grec Callimachus a dit : « Gros livre, grand ennui. » Cette remarque ayant été faite 250 ans avant J.-C., elle ne s'appliquait pas à un manuel d'économie. C'est pourtant bien le sentiment dominant, dans le monde entier, à la première lecture des manuels d'économie.

En décidant d'écrire un ouvrage d'introduction à l'économie, je voulais écrire un livre que j'aurais aimé lire. Mon premier objectif était donc d'être bref. J'ai constamment conservé à l'esprit cette recommandation du grand romancier Robertson Davies : « Dans l'écriture, la chose la plus importante, c'est d'aller à l'essentiel et de ne pas endormir le lecteur. »

Tous les manuels d'économie affirment que les ressources sont rares, mais rares sont les auteurs qui semblent se rappeler que le temps dont disposent les étudiants est l'une de ces ressources rares. J'ai donc essayé de m'en tenir à l'essentiel.

Orientation

Pour ce faire, il me fallait repenser ce qu'il est vraiment important de connaître pour démarrer en économie. Et, du coup, mon livre est différent des autres non seulement par sa longueur, mais aussi par son orientation.

Il est tentant pour un économiste de profession d'écrire un ouvrage présentant le point de vue de l'économiste, et insistant sur les sujets qui fascinent son auteur ou la communauté des économistes. J'ai fait mon possible pour résister à cette tentation et pour me mettre dans la peau de quelqu'un qui découvre l'économie. J'ai donc insisté sur ce que les étudiants devraient trouver intéressant dans l'économie.

De ce fait, mon livre consacre plus de temps aux applications politiques et moins à la théorie économique formelle que d'autres ouvrages s'adressant au même public. Par exemple, après avoir étudié les forces de marché – offre et demande – dans les chapitres 4 à 6, les étudiants utilisent immédiatement ces concepts dans les chapitres 7 à 9 pour aborder des questions importantes comme : Pourquoi le marché est-il une organisation efficace de l'activité économique ? Comment l'impôt influe-t-il sur les mécanismes de marché ? Quels sont les gagnants et les perdants au jeu du commerce international ? Ces questions évoquent quelque chose pour les étudiants, alors que de fortes doses de théorie du consommateur et de théorie du producteur conservent un caractère trop abstrait.

Organisation

Pour écrire un livre court et facile d'accès, j'ai abordé tous les sujets essentiels, mais parfois dans un ordre différent de l'ordre traditionnel. Le survol qui suit devrait permettre au professeur de s'y retrouver.

Le chapitre 1, « Les *dix principes de l'économie* », présente à l'étudiant la vision du monde des économistes. Il introduit quelques idées centrales, comme les coûts d'opportunité, le raisonnement à la marge, le rôle des incitations, les avantages de l'échange, et l'efficacité de l'allocation par le marché. Tout au long de l'ouvrage, je fais référence à l'un ou l'autre de ces dix principes, pour rappeler à l'étudiant qu'ils constituent la base de toute analyse économique.

Le chapitre 2, « Penser comme un économiste », montre comment les économistes considèrent leur domaine d'étude. Il parle du rôle des hypothèses dans l'élaboration d'une théorie et introduit le concept de modèle économique. Il présente aussi le rôle joué par les économistes en matière de politique économique.

Le chapitre 3, « Interdépendance économique et avantages de l'échange », présente la théorie de l'avantage comparatif. Cette théorie explique pourquoi les individus traitent avec leurs voisins, tout comme les pays entre eux. Dans ce chapitre, les étudiants découvrent que l'interdépendance économique est favorable à tous.

Les trois chapitres suivants introduisent les concepts élémentaires d'offre et de demande. Le chapitre 4, « Les forces de marché », présente la courbe d'offre, la courbe de demande et la notion d'équilibre de marché. Le chapitre 5, « L'élasticité et ses applications », introduit le concept d'élasticité et en présente trois applications sur des marchés très différents. Le chapitre 6, « Offre, demande et interventions publiques », utilise ces outils pour examiner les politiques de contrôle des prix, comme le gel des loyers ou le salaire minimal légal, et la notion d'incidence fiscale.

Le chapitre 7, « Consommateurs, producteurs et efficacité des marchés », développe les concepts de surplus du consommateur et du producteur. Il débute par le lien entre la disposition à payer des consommateurs et la courbe de demande, et la relation entre les coûts de production des producteurs et la courbe d'offre. Il démontre que l'équilibre du marché maximise la somme des surplus du consommateur et du producteur. L'efficacité des marchés est donc présentée assez tôt dans cet ouvrage.

Dans les deux chapitres suivants, les concepts de surplus du consommateur et du producteur sont appliqués à des questions politiques. Le chapitre 8, « Application : les coûts de l'impôt », présente la perte sèche due à l'impôt. Le chapitre 9, « Application : le commerce international », est consacré au débat sur les politiques protectionnistes et à l'examen des gagnants et des perdants du commerce international.

Après avoir montré que les marchés sont généralement efficaces, le livre indique que le gouvernement peut parfois améliorer l'allocation effectuée par le marché. Le chapitre 10, « Les effets externes », montre comment certains effets externes, comme la pollution, nuisent à l'efficacité des marchés. Il examine aussi les remèdes possibles, privés et publics, à ces problèmes. Le chapitre 11, « Biens publics et ressources communes », examine les problèmes posés par les biens qui n'ont pas de prix de marché, comme la défense nationale. Le chapitre 12, « Le système fiscal », montre comment le gouvernement se procure les ressources financières nécessaires au financement des dépenses publiques. Il présente rapidement le système fiscal américain, et la difficulté de concilier les objectifs d'efficacité et de justice dans l'élaboration d'un régime fiscal.

Les cinq chapitres suivants sont consacrés au comportement des entreprises et à l'organisation industrielle. Le chapitre 13, « Les coûts de production », donne la définition des coûts de production de l'entreprise et introduit les courbes de coûts. Le chapitre 14, « L'entreprise concurrentielle », analyse le comportement des firmes preneuses de prix et en déduit la courbe d'offre du marché. Le chapitre 15, « Le monopole », décrit le comportement de l'entreprise unique vendeur sur son marché, l'inefficacité du prix de monopole, les réponses politiques possibles et les tentatives de discrimination tarifaire pratiquées par les monopoles. Le chapitre 16, « L'oligopole », étudie les marchés sur lesquels les vendeurs sont peu nombreux, et examine l'interaction stratégique à l'aide du dilemme du prisonnier. Le chapitre 17, « La concurrence monopolistique », présente les marchés sur lesquels plusieurs vendeurs proposent des produits similaires mais différenciables, ainsi que le débat autour des effets de la publicité.

Les trois chapitres suivants traitent de sujets liés au marché du travail. Le chapitre 18, « Les marchés des facteurs de production », insiste sur la relation entre le prix des facteurs de production et la productivité marginale. Le chapitre 19, « Revenus et discrimination », présente les déterminants des salaires d'équilibre, y compris les différences compensatoires, le capital humain et la discrimination. Le chapitre 20, « La distribution des revenus », examine le degré d'inégalité de la société américaine, diverses opinions sur le rôle du gouvernement face à ce problème, et les diverses politiques d'aide aux plus défavorisés. Le chapitre 21, « La théorie du choix du consommateur », analyse les décisions individuelles à partir des contraintes budgétaires et des courbes d'indifférence. Ce chapitre étant plus compliqué que le reste de l'ouvrage, certains professeurs pourront décider de ne pas le traiter. Ceux qui décideront de le présenter peuvent le faire plus tôt : le chapitre a été écrit pour pouvoir être présenté après les chapitres consacrés à l'offre et la demande.

L'ouvrage s'intéresse ensuite à la macro-économie. Le chapitre 22, « Mesurer le revenu national », définit le produit intérieur brut et certaines grandeurs de la comptabilité nationale. Le chapitre 23, « Mesurer le coût de la vie », définit l'indice des prix à la consommation et son utilité.

Les trois chapitres qui suivent étudient l'évolution de l'économie réelle à long terme, quand salaires et prix sont flexibles. Le chapitre 24, « Production et croissance », explique les raisons de l'extraordinaire diversité des niveaux de vie dans le monde et dans l'histoire. Le chapitre 25, « Les marchés financiers : épargne, investissement et taux d'intérêt », présente les divers types d'intermédiaires financiers et leur rôle dans l'allocation des ressources. Le chapitre 26, « Le chômage », définit le taux naturel de chômage et ses origines, y compris le pouvoir de marché des syndicats, le rôle des salaires efficaces et de la recherche d'emploi.

Le livre se tourne ensuite vers l'évolution à long terme de la monnaie et des prix. Le chapitre 27, « Le système monétaire », introduit le concept de monnaie et le rôle de la banque centrale. Le chapitre 28, « L'inflation », établit la relation entre croissance de la masse monétaire et inflation, et présente les coûts sociaux de cette dernière.

Les deux chapitres suivants portent sur la macro-économie des économies ouvertes. Le chapitre 29, « Concepts élémentaires de macro-économie de l'économie ouverte », présente la relation entre épargne, investissement, et balance commerciale, la différence entre taux de change réel et nominal, et la théorie de la parité du pouvoir d'achat. Le chapitre 30, « Une théorie macro-économique de l'économie ouverte », présente un modèle classique des flux internationaux de capitaux et de biens et services. Ce modèle éclaire de nombreuses questions, comme la relation entre déficit budgétaire et déficit commercial, ou encore l'impact macro-économique des politiques de commerce extérieur.

On s'intéresse ensuite aux fluctuations de court terme de l'économie. Le chapitre 31, « Offre et demande globales », présente quelques caractéristiques du cycle d'activité et introduit le modèle d'offre et de demande globales. Le chapitre 32, « Les politiques monétaire et fiscale et la demande globale », explique comment les responsables politiques peuvent utiliser les outils dont ils disposent pour jouer sur la demande globale. Le chapitre 33, « Le compromis de court terme entre inflation et chômage », explique pourquoi les responsables qui agissent sur la demande globale sont confrontés à un compromis entre inflation et chômage. Il explique pourquoi ce compromis existe à court terme, comment il évolue dans le temps, et pourquoi il disparaît à long terme.

Le chapitre 34, « Cinq controverses de politique économique », conclut l'ouvrage. Cinq sujets de controverse sont présentés : le degré d'intervention publique dans l'économie, le caractère réglementaire ou discrétionnaire des interventions de la banque centrale, la validité de l'objectif d'inflation nulle, l'importance d'un budget équilibré, et le besoin de réforme fiscale favorable à l'épargne. Pour chacun des sujets, le texte présente les arguments des deux camps et encourage les étudiants à se faire leur propre opinion.

PRÉFACE

À DESTINATION DES ÉTUDIANTS

« L'économie, c'est l'étude de l'humanité dans les affaires courantes de la vie. » Ainsi s'exprimait Alfred Marshall, le grand économiste du XIXe siècle, dans son ouvrage *Principes de l'Économie*. Et si le savoir économique a beaucoup évolué depuis l'époque de Marshall, cette définition est aussi valable aujourd'hui qu'en 1890, date de parution de l'ouvrage précité.

Pourquoi un étudiant à l'aube du XXIe siècle doit-il s'intéresser à l'économie ? Pour trois raisons.

La première raison d'étudier l'économie, c'est que cela permet de comprendre le monde où nous vivons. Nombreuses sont les questions économiques qui devraient susciter votre curiosité. Pourquoi est-il si difficile de trouver un appartement à Paris ? Pourquoi certaines compagnies aériennes continuent-elles d'opérer alors qu'elles perdent de l'argent ? Pourquoi les prix grimpent-ils rapidement dans certains pays et plus lentement dans d'autres ? Voilà quelques-unes des questions auxquelles nous répondrons dans les prochains chapitres.

La deuxième raison d'étudier l'économie, c'est que cela fera de vous un acteur plus avisé de la vie économique. Tout au long de votre vie vous serez amené à prendre des décisions économiques. En tant qu'étudiant, vous devrez décider de la durée de vos études. Une fois dans la vie active, il faudra décider de la part de vos revenus destinée à être dépensée, de celle qui sera épargnée, et choisir des investissements judicieux. Il se peut qu'un jour vous vous trouviez à la tête d'une entreprise, petite ou grande, et il vous faudra alors décider de la production et des prix de vente. Et si l'étude de l'économie ne peut en elle-même vous rendre riche, elle vous fournira sans aucun doute un certain nombre d'outils qui vous aideront à atteindre cet objectif.

Enfin, l'étude de l'économie vous permettra d'apprécier le potentiel et les limites des politiques économiques. En tant qu'électeur, vous êtes appelé à définir les politiques d'allocation des ressources nationales. Au moment de choisir quelles politiques soutenir, vous allez vous poser diverses questions d'ordre économique. Quels seront les effets du libre-échange avec d'autres pays ? Quelle est la meilleure façon de protéger l'environnement ? Comment le déficit budgétaire gouvernemental affecte-t-il le bien-être économique ? Ces interrogations, parmi d'autres, sont toujours présentes à l'esprit des décideurs du Congrès ou de la Maison Blanche.

Ainsi, les principes économiques s'appliquent dans de multiples situations de la vie quotidienne. Qu'à l'avenir vous vous contentiez de lire le journal, vous dirigiez une entreprise ou vous présidiez aux destinées d'un État, vous ne regretterez jamais d'avoir étudié l'économie.

N. Gregory Mankiw
Janvier 1997

Partie I

Introduction

CHAPITRE

LES *DIX PRINCIPES DE L'ÉCONOMIE*

Dans ce chapitre, vous allez :

- apprendre que l'économie concerne l'allocation des ressources rares
- examiner quelques-uns des compromis auxquels les gens doivent faire face
- apprendre la signification d'un coût d'opportunité
- voir comment utiliser le raisonnement en termes marginaux pour prendre une décision
- constater dans quelle mesure les incitations modifient le comportement des individus
- vérifier que le commerce, entre individus ou entre nations, est profitable à tout le monde
- voir pourquoi le marché est un bon moyen d'allouer les ressources, même s'il demeure imparfait
- apprendre ce qui est à l'origine de certaines tendances de l'économie générale

Le terme « économie » est dérivé d'un terme grec qui signifie « celui qui tient la maison ». Cette origine peut sembler étrange de prime abord. Mais en fait ménage et économie ont beaucoup en commun.

Un ménage doit faire face à de nombreuses décisions. Il doit décider quels membres de la maisonnée seront affectés à telle ou telle tâche et ce que chacun retirera de son travail : qui prépare les dîners ? Qui fera la lessive ? Qui aura le dernier dessert ce soir ? Qui décidera du programme télé de la soirée ? Bref, la maisonnée doit allouer ses rares ressources entre ses membres, en tenant compte des capacités de chacun, de ses efforts et de ses désirs.

Comme un ménage, une société est confrontée à de nombreuses décisions. Elle doit décider quels travaux seront réalisés et qui les entreprendra. Certains devront produire de la nourriture, d'autres des vêtements, et d'autres encore développeront des logiciels informatiques. Après avoir affecté certaines personnes (de même que certains autres facteurs comme la terre, les bâtiments ou les machines) à certains travaux, la société doit aussi allouer les biens et services produits. Elle doit décider qui dégustera du caviar et qui devra se contenter de pommes de terre. Elle doit décider qui conduira une Porsche et qui prendra le bus.

La gestion des ressources dans une société est importante car ces ressources sont rares. La *rareté* signifie que la société ne peut satisfaire les besoins de tout le monde. De même qu'un chef de famille ne peut donner tout ce qui ferait plaisir à chacun des membres de la famille, la société ne peut garantir à tout individu le niveau de vie auquel chacun aspire.

L'*économie*, c'est l'étude de la manière dont la société gère ses ressources rares. Dans la plupart des sociétés, les ressources sont allouées, non pas par un organisme central de planification, mais par les actions combinées de millions de ménages et d'entreprises. Les économistes sont donc amenés à étudier comment les individus prennent leurs décisions : combien de temps ils travaillent, ce qu'ils achètent, combien ils épargnent et comment ils investissent cette épargne. Les économistes s'intéressent aussi aux échanges entre les individus. Ils étudient par exemple comment la multitude d'acheteurs et de vendeurs d'un bien donné déterminera le prix auquel le produit sera vendu, ainsi que la quantité vendue. Enfin, les économistes examinent les forces et les tendances qui affectent l'économie tout entière et donc chacun en particulier, comme la croissance du revenu moyen, la part de population qui ne peut trouver du travail et le taux de progression des prix.

Si la science économique est variée, le champ d'analyse est unifié par quelques idées centrales. Le reste de ce chapitre sera consacré à l'examen de *dix principes économiques*. Ces principes seront omniprésents dans cet ouvrage et sont présentés ici pour vous donner un avant-goût de ce qu'est l'économie.

.1 COMMENT LES GENS PRENNENT LEURS DÉCISIONS

Ce qu'est une « économie » ne présente aucun mystère. Qu'il s'agisse de l'économie de Marseille, de la France ou du monde entier, une économie n'est rien de plus qu'un groupe d'individus en relations les uns avec les autres dans leur vie courante. Dans la mesure où une économie reflète le comportement des individus qui la constituent, nous commencerons par examiner quatre principes relatifs aux prises de décision individuelles.

Principe n° 1. — Les gens doivent faire des choix

L'adage suivant résume parfaitement la première leçon concernant la prise de décisions : « Il n'y a pas de repas gratuit. » Pour obtenir une chose qui nous tente, il nous faut en général renoncer à une autre chose que l'on aime. Prendre une décision revient donc à comparer deux objectifs.

Prenons une étudiante qui doit décider comment allouer sa ressource la plus importante : son temps. Elle dispose de 70 heures d'étude par semaine. Elle peut les consacrer en totalité à l'économie, ou en totalité à la psychologie ; ou bien encore elle peut partager son temps entre les deux disciplines. Pour chaque heure consacrée à l'un des sujets, elle a dû renoncer à une heure de l'autre. Et pour chaque heure consacrée à ses études, elle a dû renoncer à faire du vélo, à regarder la télé ou même à travailler pour se faire de l'argent de poche.

Considérons maintenant des parents qui doivent décider comment dépenser le revenu familial. Ils peuvent acheter de la nourriture, des vêtements ou s'offrir des vacances. Ou bien ils peuvent économiser une partie de leurs revenus pour leur future retraite ou pour financer l'éducation de leurs enfants. Chaque dollar qui sera dépensé sur l'un de ces biens ou services est un dollar qui ne sera plus disponible pour un autre bien ou service.

Quand les individus sont regroupés en sociétés, ils sont confrontés à d'autres types de choix. Le choix traditionnel oppose « le beurre aux canons ». Plus l'on dépense en défense nationale pou protéger nos côtes contre une éventuelle agression (les canons moins il restera à dépenser pour améliorer notre niveau de vie l'intérieur (le beurre). Dans une société moderne un choix deven vital oppose environnement propre et niveau de revenu. Les loi qui contraignent les entreprises à réduire les niveaux de pollutio génèrent une augmentation des coûts de production des biens e services. Les entreprises en question gagnent donc moins d'argen payent des salaires inférieurs à leurs employés, augmentent les pri de leurs produits. Finalement, si les lois antipollution nous procu rent un environnement plus salubre, elles le font au prix d'un baisse des revenus des propriétaires, des employés et des client des firmes polluantes.

La société doit aussi choisir entre efficacité et justice. L'*efficacit* c'est la capacité d'obtenir le plus possible à partir des ressource rares de la société. La *justice* consiste à distribuer équitablemen entre les membres de la société les produits de ces ressources. E d'autres termes, l'efficacité se réfère à la taille du gâteau, tandis qu la justice s'intéresse à la façon de le partager. Quand un gouverne ment définit une politique, il n'est pas rare que ces deux objectif soient en conflit.

Considérons par exemple des politiques visant à assurer une dis tribution plus équitable du bien-être économique. Certaines de ce politiques, comme le système de revenu minimum ou d'allocation chômage, tentent d'aider les membres les plus démunis de l société. D'autres, comme l'imposition du revenu des personne physiques, imposent à ceux qui ont réussi financièrement de contri buer plus que les autres au financement du gouvernement. Si ce politiques ont effectivement le mérite de favoriser une plus grand justice sociale, elles ont un coût en termes d'efficacité réduite Quand le gouvernement redistribue des revenus des riches vers le pauvres, les gens sont moins incités à travailler dur et, par consé quent, produisent moins de biens et services. En d'autres terme quand le gouvernement essaye de partager le gâteau en parts plu égales, le gâteau devient plus petit.

Savoir que les gens doivent faire des choix ne nous renseigne pa sur les décisions qui seront ou devront être prises. Notre étudiant ne doit pas abandonner les études de psychologie uniquement pou libérer plus de temps pour l'économie. La société ne doit pas cesse de protéger l'environnement sous prétexte que cela affecte notr niveau matériel de vie. Les plus démunis ne peuvent être abandon nés à leur sort parce que l'aide qui leur est accordée modifie l'atti tude des autres face au travail. Il est néanmoins important de recon naître l'existence de ces choix si l'on veut être en mesure de prendre des décisions en appréciant les coûts et les avantages des actions qu'il est possible d'entreprendre.

Principe n° 2. — Le coût d'un bien est ce à quoi l'on est prêt à renoncer pour l'obtenir

Parce que l'on doit faire des choix, prendre une décision implique d'être capable de comparer des coûts et des bénéfices des diverses options possibles. Mais dans de nombreux cas, le coût d'une action n'est pas aussi évident qu'il le paraît.

Prenons par exemple la décision d'aller à l'université. Le bénéfice est représenté par l'enrichissement intellectuel et la probabilité de décrocher un emploi plus qualifié. Mais quel en est le coût ? Pour répondre à cette question, on pourrait additionner les dépenses en matière de frais de scolarité, de livres, d'hébergement et de nourriture. Mais ce total ne représente pas tout ce à quoi on a renoncé pour passer une année à l'université.

Pour commencer, cette réponse inclut des éléments qui ne sont pas à proprement parler des coûts liés à l'université. Même si l'on arrête ses études, on aura besoin d'un gîte et d'un couvert. Et si le gîte et le couvert sont des éléments du coût de la vie, ils ne sont pas spécifiques à l'université. Ils ne le deviennent que dans la mesure où leur montant à l'université excède leur montant ailleurs. En effet, il se peut que le coût d'une chambre universitaire soit inférieur à ce qu'il vous en coûterait pour vous loger en ville. Dans cette hypothèse, l'économie réalisée constitue un bénéfice lié à la poursuite d'études universitaires.

Ensuite, le calcul évoqué plus haut ignore le facteur de coût le plus important : votre temps. Quand vous consacrez une année à suivre des cours, à lire des manuels et à rédiger des mémoires, c'est autant de temps que vous passez hors de la vie active professionnelle. Pour une majorité d'étudiants, le principal facteur de coût de l'éducation universitaire, c'est la somme des salaires auxquels il a fallu renoncer.

Le *coût d'opportunité* d'un bien, c'est ce à quoi on renonce pour obtenir le bien désiré. Au moment de prendre une décision, comme savoir si on doit aller à l'université, il faut être capable d'évaluer le coût d'opportunité associé à chaque action possible. C'est d'ailleurs souvent le cas. Les athlètes universitaires qui pourraient gagner de véritables fortunes en abandonnant l'université pour devenir sportifs professionnels savent très bien que pour eux, le coût d'opportunité est très élevé s'ils décident de demeurer universitaires. Il n'est donc guère surprenant de constater qu'ils décident souvent que le jeu n'en vaut pas la chandelle.

Principe n° 3. — Les gens rationnels pensent en termes marginaux

De nombreuses décisions de la vie courante impliquent des petits ajustements à la marge d'un plan d'action préexistant. Les économistes appellent ces ajustements des *changements marginaux.* La plupart du temps, on prendra les meilleures décisions en raisonnant en termes marginaux.

Imaginons qu'un de vos amis vous demande votre avis sur le nombre d'années d'études à faire. Si vous comparez les styles de vie d'un élève d'une grande école et d'un apprenti, votre ami vous fera remarquer à juste titre que votre comparaison ne lui est pas d'un grand secours. La question que se pose votre ami, qui a déjà consacré quelques années à ses études, est de savoir s'il y consacre encore une année ou deux ou pas. Pour prendre cette décision, il doit comparer les bénéfices additionnels qu'il retirera d'une année d'étude supplémentaire aux coûts additionnels engendrés par cette année. En comparant le bénéfice marginal au coût marginal, il pourra décider si cela vaut la peine de faire une année d'étude supplémentaire.

Voici un autre exemple qui démontre l'intérêt du raisonnement à la marge. Mettons-nous dans la peau d'une compagnie aérienne qui se demande combien facturer un passager qui n'a pas encore acheté son billet. Supposons que faire traverser le pays à un avion de 200 places coûte à la compagnie 100 000 dollars. Dans ces conditions, le *coût moyen* d'un siège est de 500 dollars (soit 100 000/200). On pourrait en conclure que la compagnie aérienne ne devrait jamais vendre un billet à moins de 500 dollars.

Pourtant, la compagnie peut augmenter son profit en raisonnant à la marge. Imaginons que l'avion se prépare à décoller avec 10 sièges vacants. Un passager non enregistré attend à la porte d'embarquement, et se déclare prêt à payer son billet 300 dollars. La compagnie aérienne doit-elle lui vendre un billet à ce prix-là ? Évidemment oui. Si l'avion décolle avec des sièges inoccupés, le coût de transport d'un passager supplémentaire est minuscule. Si le coût moyen de transport d'un passager est de 500 dollars, le coût marginal est réduit au coût du paquet de cacahouètes et du verre de soda que le passager supplémentaire consommera pendant son vol. Tant que le passager de dernière minute paye un tarif supérieur au coût marginal, la compagnie a intérêt à lui vendre un billet.

Comme l'ont démontré ces exemples, les individus comme les entreprises prennent de meilleures décisions en raisonnant à la marge. Un décideur rationnel n'engage une action que si, et seulement si, le bénéfice marginal de celle-ci est supérieur à son coût marginal.

Principe n° 4. — Les gens réagissent aux incitations

Dans la mesure où les individus prennent leurs décisions en comparant coûts et bénéfices, leur comportement changera quand les coûts ou les bénéfices changeront. En d'autres termes, les gens réagissent aux incitations. Par exemple, si le prix des pommes augmente, les gens mangeront plus de poires et moins de pommes, car le coût d'achat des pommes est supérieur. Au même moment, les producteurs de pommes décident d'embaucher de nouveaux employés afin d'augmenter les récoltes, dans la mesure où la vente de pommes s'avère plus profitable.

L'influence des incitations sur le comportement des agents économiques est un point extrêmement important pour les hommes politiques à l'origine des politiques publiques. En effet celles-ci modifient généralement les coûts et bénéfices des actions privées. Si les décideurs publics ignorent les conséquences de leurs décisions sur les comportements, leurs politiques auront des effets inattendus et peut-être contre-productifs.

Prenons par exemple les politiques en faveur des ceintures de sécurité automobiles. Dans les années 50, peu d'automobiles en étaient équipées. Aujourd'hui, on les trouve dans chaque véhicule, et ceci est une conséquence d'une politique publique. À la fin des années 60, l'ouvrage de Ralph Nader *Unsafe at Any Speed* suscita une grande inquiétude sur la sécurité automobile. Le Congrès y répondit en adoptant une législation obligeant les constructeurs automobiles à intégrer divers matériels de sécurité, dont les fameuses ceintures, sur les nouveaux modèles.

Comment une loi rendant la ceinture obligatoire affecte-t-elle la sécurité routière en général ? L'effet immédiat est évident. Les ceintures étant présentes dans tous les véhicules, le nombre de personnes les utilisant augmente, et la probabilité de survivre à un accident majeur s'en trouve améliorée. En ce sens, les ceintures de sécurité sauvent des vies. Cet effet immédiat est celui qui a motivé le Congrès dans l'adoption de la loi.

Mais pour mesurer pleinement les effets de cette loi, il faut tenir compte des modifications comportementales engendrées par les incitations proposées au public. Dans notre cas, ce sera la vitesse et la prudence avec lesquelles le conducteur manœuvrera son véhicule. Conduire lentement et prudemment est coûteux, puisque cela consomme le temps et l'énergie du conducteur. Pour décider du degré de prudence avec lequel conduire, un chauffeur rationnel va comparer le bénéfice marginal d'une conduite prudente à son coût marginal. Et il conduira plus lentement et plus prudemment quand le bénéfice d'une sécurité accrue sera élevé. C'est pourquoi les gens conduisent spontanément plus lentement sur des routes verglacées que sur des autoroutes dégagées.

Voyons maintenant comment la présence d'une ceinture de sécurité modifie le calcul coût-bénéfice d'un conducteur rationnel. L'existence de la ceinture diminue le coût de l'accident, puisqu'elle réduit la probabilité d'un traumatisme ou d'un décès. La ceinture réduit donc les bénéfices d'une conduite lente et prudente. Les gens réagissent donc au port de ceintures de sécurité comme ils le feraient à une amélioration des conditions de circulation – en conduisant plus vite et moins prudemment. Le résultat final est une augmentation du nombre d'accidents de la route.

Comment cette loi affecte-t-elle le nombre d'accidents mortels ? Les conducteurs qui portent leur ceinture ont plus de chances de survivre à un accident donné, mais ils ont aussi plus de chances d'avoir un accident. L'effet final est ambigu. En outre, le fait de conduire moins prudemment a clairement un effet négatif sur les piétons (et sur les conducteurs qui ne portent pas la ceinture). Ceux-ci se trouvent face à un danger plus grand puisque la probabilité qu'ils aient un accident augmente, alors qu'ils ne sont pas protégés par une ceinture. Ainsi, la loi sur la ceinture de sécurité se traduit par une augmentation du nombre de décès de piétons.

Cette discussion de l'effet de la loi sur la ceinture de sécurité peut sembler n'être qu'une spéculation oiseuse. Pourtant, dans un article paru en 1975, l'économiste Sam Peltzman a démontré que les diverses lois sur la sécurité routière avaient eu de nombreux effets contraires aux buts recherchés. Peltzman a prouvé que ces lois avaient engendré moins de décès par accident, mais plus d'accidents, le résultat final étant une faible variation du nombre de décès de conducteurs et une augmentation du nombre de piétons morts.

L'analyse de Peltzman consacrée à la sécurité routière n'est qu'un exemple parmi d'autres du principe général selon lequel les gens réagissent aux incitations. La plupart des incitations étudiées par les économistes sont plus directes que celles évoquées dans l'affaire de la ceinture de sécurité. Par exemple, il est évident que l'apparition d'une taxe sur les pommes se traduira par de moindres achats de ce fruit. Néanmoins, comme l'exemple de la ceinture de sécurité l'a montré, les conséquences d'une politique sont parfois difficiles à prévoir. Il faut donc en analyser non seulement les effets directs mais aussi les effets sur les incitations. Si une politique modifie celles-ci, il faut s'attendre à ce que les gens changent leur comportement.

■ **VÉRIFIEZ VOS CONNAISSANCES** Énumérer et expliquer brièvement les quatre principes de la prise de décision individuelle.

1.2 COMMENT LES GENS INTERAGISSENT

Les quatre premiers principes présentés concernaient la prise de décision individuelle. Tout au long de notre vie, nos décisions affectent aussi notre entourage. Les trois principes suivants concernent les interactions entre individus.

Principe n° 5. — L'échange enrichit tout le monde

Tout le monde sait que les Japonais sont nos concurrents dans l'économie mondiale. Ce qui est partiellement vrai. Des entreprises japonaises et américaines produisent les mêmes biens. Ford et Toyota par exemple s'adressent aux mêmes consommateurs pour vendre leurs automobiles. Compaq et Toshiba sont en concurrence sur le marché des ordinateurs personnels.

Pourtant la mésinterprétation est facile s'agissant de la concurrence entre pays. Les échanges entre les États-Unis et le Japon ne peuvent s'analyser comme un match de football, avec une équipe qui gagne quand l'autre perd. En fait, c'est même exactement le contraire : les échanges entre deux nations profitent aux deux partenaires.

Pour comprendre cela, voyons comment les échanges affectent votre famille. Quand un membre de votre famille cherche du travail, il ou elle se trouve en concurrence avec des membres d'autres familles également à la recherche d'un emploi. Les familles sont aussi en situation de concurrence quand elles font leurs courses, chacune cherchant à obtenir les meilleurs produits au meilleur prix. On peut donc dire que, dans une économie, chaque famille est en concurrence avec toutes les autres.

Pour autant, votre famille ne se porterait pas mieux si elle vivait isolée du reste du monde. Si cela était le cas, il vous faudrait produire votre nourriture, fabriquer vos vêtements et construire votre maison. De toute évidence, votre famille a tout à gagner à pratiquer l'échange avec les autres. Cet échange permet à chacun de se spécialiser dans les activités qu'il fait le mieux, agriculture, confection ou construction. Grâce aux échanges, les gens peuvent s'offrir une plus grande variété de biens et services à moindre coût.

Ce qui est vrai pour votre famille l'est aussi pour votre pays. L'échange international autorise les divers pays à se spécialiser dans leurs domaines d'excellence et à bénéficier une plus grande variété de biens et services. Les Japonais, tout comme les Français, les Égyptiens et les Brésiliens, sont autant nos partenaires que nos concurrents dans l'économie mondiale.

Principe n° 6. — En général, les marchés constituent une façon efficace d'organiser l'activité économique

L'effondrement du communisme en Union soviétique et en Europe de l'Est est certainement l'événement majeur des cinquante dernières années. Les pays communistes croyaient que des organismes de planification centrale au sein du gouvernement étaient les mieux placés pour guider l'activité économique. Ces organismes décidaient quels biens et services devaient être produits, en quelles quantités et qui devait les produire et les consommer. Une idée sous-jacente structurait cette planification centralisée : seul le gouvernement pouvait organiser l'activité économique de manière à assurer le bien-être du pays entier.

Aujourd'hui, la plupart des pays qui ont fait l'expérience de l'économie dirigée ont abandonné ce système et cherchent à mettre en place une économie de marché. Dans une *économie de marché,* les décisions de l'organisme central de planification sont remplacées par les décisions de millions d'entreprises et d'individus. Les entreprises décident de leur production et de leurs emplois. Les individus choisissent l'entreprise pour laquelle ils vont travailler et ce qu'ils achèteront avec leurs revenus. Ces firmes et ces ménages sont en relation au sein du marché, où les prix et l'intérêt individuel guident les décisions à prendre.

À première vue, le succès des économies de marché est étonnant. On pourrait en effet penser que les décisions désordonnées de millions d'entreprises et de ménages poussés par un intérêt égoïste déclencheraient un abominable chaos. Ce n'est pourtant pas le cas. Les économies de marché ont fait la preuve de leur remarquable efficacité pour organiser l'activité économique de manière à promouvoir un bien-être économique généralisé.

Dans son livre de 1776, *La Richesse des Nations*, l'économiste Adam Smith fit remarquer (et c'est là la plus célèbre constatation de toute la science économique) que les entreprises et les individus actifs sur un marché se comportent comme s'ils étaient guidés par une *main invisible* qui favorise l'émergence de résultats favorables à tous. Un des objectifs de ce manuel est d'expliquer comment fonctionne cette main invisible au caractère magique. En étudiant l'économie, vous apprendrez que les prix sont l'instrument par lequel la main invisible organise l'activité économique. Les prix reflètent à la fois la valeur d'un bien pour la société et son coût de fabrication. Parce que les entreprises et les ménages examinent les prix avant de décider de leurs ventes et leurs achats, sans même s'en rendre compte ils prennent en considération les bénéfices et les coûts sociaux de leurs actions. Par conséquent, les prix incitent ces décideurs individuels à agir de telle sorte que le bien-être de la société entière s'en trouve maximisé.

Cette capacité remarquable de la main invisible à organiser l'économie a un corollaire important : quand le gouvernement empêche les prix de s'ajuster librement à l'offre et la demande, la main invisible ne peut plus jouer son rôle de coordinateur des millions d'agents économiques qui constituent l'économie. Cela explique pourquoi les impôts nuisent à l'efficacité de l'allocation des ressources : ils déforment les prix et donc les décisions des ménages et des entreprises. Et pourquoi les politiques qui contrôlent directement les prix, comme le blocage des loyers par exemple sont encore plus dangereuses. Enfin cela explique l'échec du communisme. Dans les pays communistes, les prix n'étaient pas déterminés par le marché, mais fixés par l'organisme central de planification. Mais celui-ci opérait sans avoir l'information reflétée par les prix dans un marché libre. Les planificateurs ont échoué parce qu'ils ont voulu gérer l'économie avec une main attachée dans le dos – la main invisible du marché.

Principe n° 7. — Le gouvernement peut parfois améliorer les résultats du marché

Si les marchés permettent généralement d'organiser efficacement l'activité économique, il existe cependant quelques exceptions importantes. Il y a principalement deux raisons qui poussent le gouvernement à intervenir dans la vie économique : améliorer l'efficacité et promouvoir la justice. La plupart des politiques économiques visent soit à agrandir le gâteau, soit à le répartir différemment.

Grâce à la main invisible, les marchés allouent en général les ressources de manière efficace. Néanmoins, pour diverses raisons, la main invisible est parfois en panne. Les économistes utilisent le terme de *défaillance de marché* pour désigner une situation dans laquelle le marché seul ne parvient pas à allouer les ressources efficacement.

Une externalité est une cause possible de défaillance de marché. Une *externalité*, c'est l'impact sur le bien-être d'autrui des actions entreprises par un individu. La pollution en est l'exemple classique. Si une usine de produits chimiques ne supporte pas l'intégralité du coût des fumées toxiques qu'elle émet, elle en émettra probablement beaucoup. Dans cette situation, le gouvernement peut améliorer le bien-être général en imposant des règles de protection de l'environnement.

La défaillance de marché peut aussi trouver son origine dans le pouvoir de marché. Le *pouvoir de marché* représente la capacité d'un individu (ou d'un petit groupe d'individus) de manipuler indûment les prix de marché. Imaginons par exemple que tout le monde en ville a besoin d'eau, mais qu'il n'existe qu'un seul puits. Dans ce cas, le propriétaire du puits jouit d'un pouvoir de marché – en l'espèce un *monopole* – sur la vente d'eau. Il n'est pas soumis à la concurrence stricte par laquelle la main invisible gère habituellement les intérêts individuels. Nous apprendrons que, dans de telles situations, le contrôle du prix affiché par le monopole peut accroître l'efficacité économique.

La main invisible est encore moins capable d'assurer une distribution équitable de la prospérité économique. Une économie de marché récompense les gens en fonction de leur capacité à produire des biens que d'autres sont prêts à acheter. Le meilleur joueur de basket du monde gagne beaucoup plus que le meilleur joueur d'échecs du monde, tout simplement parce que le public est prêt à payer plus pour assister à un match de basket que pour assister à un tournoi d'échecs. La main invisible ne saurait garantir que chacun mangera à sa faim, pourra se vêtir convenablement et jouira d'une couverture sociale adéquate. C'est pourquoi de nombreuses politiques économiques, comme l'impôt sur le revenu ou le système de sécurité sociale, visent à assurer une répartition plus équitable du bien-être économique.

Mais affirmer que le gouvernement *peut* parfois améliorer les résultats du marché ne signifie nullement que cette amélioration est *systématique*. Les décisions politiques ne sont pas prises par des anges ; elles résultent d'un processus qui est loin d'être parfait. Certaines politiques n'ont d'autre objet que de récompenser les politiquement puissants. Parfois, elles sont entreprises par des gens bien intentionnés, mais mal informés. L'un des objectifs de la science économique est de vous aider à différencier une politique susceptible d'améliorer l'efficacité ou la justice d'une politique qui n'y arrivera pas.

■ **VÉRIFIEZ VOS CONNAISSANCES** Énumérer et expliquer brièvement les trois principes régissant les interactions économiques.

1.3 COMMENT FONCTIONNE L'ÉCONOMIE DANS SON ENSEMBLE

Nous avons d'abord vu comment les individus prennent leurs décisions, puis comment ils réagissent les uns par rapport aux autres. L'ensemble de ces décisions et réactions constitue ce que nous appelons l'« économie ». Les trois derniers principes que nous allons examiner concernent le fonctionnement de l'économie dans son ensemble.

Principe n° 8. — Le niveau de vie d'un pays dépend de sa capacité à produire des biens et services

Au plan mondial, les différences de niveaux de vie sont colossales. En 1993, le Français moyen percevait un revenu de l'ordre de 21 000 dollars. La même année, le Mexicain moyen ne touchait que 7 000 dollars, et le Nigérian moyen 1 500 dollars. Bien évidemment, cette gigantesque disparité des revenus moyens se retrouve dans l'appréciation des qualités de vie. Les habitants des pays à haut niveau de revenu ont plus de postes de télévision, plus de voitures, une alimentation plus équilibrée, une assistance médicale plus sophistiquée et une espérance de vie plus longue que les habitants des pays à faible niveau de revenu.

Les évolutions des niveaux de vie dans le temps sont aussi très importantes. Aux États-Unis, les revenus ont progressé historiquement d'environ 2 % par an (en tenant compte de l'augmentation du coût de la vie). À ce rythme, le revenu moyen double tous les trente-cinq ans. Dans certains pays, la croissance a même été plus rapide. Au Japon, par exemple, le revenu moyen a doublé dans les vingt dernières années, et en Corée du Sud il a doublé en dix ans.

Comment expliquer ces énormes différences de niveaux de vie dans l'espace et dans le temps ? La réponse est étonnamment simple. Pratiquement tous les changements de niveaux de vie s'expliquent par des différences de *productivité* des pays – c'est-à-dire la quantité de biens et services produite par heure travaillée. Dans les pays où les travailleurs peuvent produire une grande quantité de biens et services par unité de temps, la plupart des gens bénéficient d'un niveau de vie élevé. Dans les pays où les travailleurs sont moins productifs, la population doit se contenter d'une existence plus austère. De la même façon, le taux de croissance de la productivité d'un pays détermine le taux de croissance de son revenu moyen.

Si la relation fondamentale entre productivité et niveau de vie est très simple, ses implications vont très loin. Si la productivité est le facteur déterminant du niveau de vie, les autres facteurs sont de moindre importance. On pourrait être tenté par exemple d'expliquer l'accroissement du niveau de vie des travailleurs américains au cours des cent dernières années par l'influence des syndicats ouvriers ou l'adoption de lois sur les salaires minimaux. Pourtant, le seul véritable héros des travailleurs américains est leur productivité croissante. Autre exemple : certains commentateurs ont expliqué le ralentissement de la croissance des revenus américains ces dernières années par la concurrence accrue en provenance du Japon et de l'Europe. Pourtant, le vrai coupable n'est pas la concurrence étrangère, mais une moindre croissance de la productivité américaine.

La relation entre productivité et niveaux de vie a de profondes implications en matière de politique publique. Chaque fois que l'on veut évaluer les conséquences d'une politique sur les niveaux de vie, il faut se demander comment cette politique affectera les capacités productives. Afin d'améliorer les niveaux de vie, les hommes politiques doivent augmenter la productivité en favorisant une meilleure formation des travailleurs, en mettant à leur disposition les outils de production adéquats et la meilleure technologie possible.

Au cours des dix dernières années, on a beaucoup débattu aux États-Unis du déficit budgétaire gouvernemental – l'excès de dépenses publiques par rapport aux recettes. Comme nous le verrons plus tard, cette discussion tourne pour beaucoup autour de l'impact négatif de ce déficit sur la productivité. Pour financer son déficit budgétaire, le gouvernement doit emprunter sur les marchés financiers, tout comme un étudiant doit emprunter pour financer ses études, ou une entreprise pour financer la construction d'une nouvelle usine. Mais en empruntant, le gouvernement réduit la quantité de financement disponible pour les autres emprunteurs. Le déficit budgétaire se traduit donc par une baisse de l'investissement en capital humain (les études du jeune) et en capital physique (la nouvelle usine). Et comme un investissement moindre aujourd'hui signifie une moindre productivité à l'avenir, les déficits budgétaires ont un effet négatif sur les niveaux de vie.

Principe n° 9. — Les prix montent quand le gouvernement imprime de la monnaie

En janvier 1921, en Allemagne, un quotidien coûtait 0,30 mark. Moins de deux ans plus tard, en novembre 1922, le même journal coûtait 70 000 000 de marks. Et tous les autres prix allemands avaient connu la même progression. Cet épisode est l'un des exemples les plus spectaculaires d'*inflation,* c'est-à-dire d'augmentation du niveau général des prix dans une économie.

Même si les États-Unis n'ont jamais connu de tels taux d'inflation, l'inflation a parfois été un véritable problème économique. Au cours des années 70 par exemple, les prix ont plus que doublé, et le Président Gérald Ford avait déclaré l'inflation « ennemi public numéro un ». Par comparaison, dans les années 90, les prix ont progressé d'environ 3 % par an. À un tel rythme, les prix doubleraient en vingt ans. Parce qu'une inflation élevée impose de nombreux coûts à la société, la maintenir à un niveau acceptable est un objectif économique commun à tous les pays du monde.

D'où provient l'inflation ? Dans tous les cas d'inflation importante et durable, le coupable est le même : la croissance de la quantité de monnaie en circulation. Quand le gouvernement crée de grandes quantités de monnaie nationale, la valeur de celle-ci diminue. Dans l'Allemagne des années 20, quand les prix étaient multipliés par trois tous les mois, la quantité de monnaie triplait aussi tous les mois. L'histoire économique américaine, certes beaucoup moins dramatique, aboutit à la même conclusion : l'inflation importante des années 1970 fut accompagnée d'une croissance rapide de la quantité de monnaie, alors que l'inflation très réduite des années 1990 s'est accompagnée d'une croissance très modeste de la quantité de monnaie en circulation.

Principe n° 10. — À court terme, la société doit choisir entre inflation et chômage

Si l'inflation est si facile à expliquer, pourquoi a-t-on parfois autant de mal à la contrôler ? Parce qu'on considère souvent que réduire le taux d'inflation contribue à augmenter momentanément le taux de chômage. Ce compromis de court terme entre inflation et chômage est décrit par la *courbe de Phillips,* du nom de l'économiste anglais qui a démontré l'existence de cette relation.

La courbe de Phillips demeure un sujet de controverse entre économistes, mais l'idée qu'il existe un compromis de court terme entre inflation et chômage est acceptée par la plupart des économistes, qui l'expliquent par la lenteur d'ajustement de certains prix. Imaginons par exemple que le gouvernement réduise la quantité de monnaie dans l'économie. À long terme, le seul effet de cette politique sera une baisse du niveau général des prix. Mais tous les prix ne s'ajustent pas immédiatement. Il faudra quelques années pour que toutes les entreprises émettent de nouveaux catalogues, tous les syndicats acceptent des concessions sur les salaires, et tous les restaurants impriment de nouveaux menus. On dit que les prix sont *rigides* à court terme.

Du fait de cette rigidité, les effets à court terme d'une politique peuvent être différents des impacts à long terme. Quand le gouvernement réduit la quantité de monnaie, par exemple, il réduit les sommes que les gens peuvent dépenser. La consommation diminuant alors que les prix ne diminuent pas immédiatement, les entreprises voient leurs ventes baisser. Cette chute des ventes les incite alors à se séparer d'une partie de leur personnel. C'est ainsi que le chômage augmente temporairement quand le gouvernement réduit la quantité de monnaie. Cette augmentation du chômage disparaît quand les prix se sont ajustés totalement.

Si la relation inverse entre inflation et chômage n'est que provisoire, elle peut néanmoins durer plusieurs années. C'est pourquoi la courbe de Phillips est cruciale pour comprendre certains développements économiques. Les responsables politiques peuvent essayer d'en profiter en mettant en œuvre divers types de mesures. En modifiant le montant des dépenses gouvernementales, le montant des impôts ou la quantité de monnaie en circulation, les hommes politiques peuvent choisir, à court terme, entre plusieurs combinaisons d'inflation et de chômage. Dans la mesure où ces instruments de politique monétaire et fiscale sont extrêmement puissants, leur utilisation à des fins de stabilisation économique fait toujours l'objet de débats animés.

■ **VÉRIFIEZ VOS CONNAISSANCES** Énumérer et expliquer brièvement les trois principes qui décrivent le fonctionnement de l'économie dans son ensemble.

1.4 CONCLUSION

Vous devez maintenant avoir une petite idée de ce qu'est l'économie. Dans les chapitres suivants, nous allons développer de nombreux points concernant les agents économiques, les marchés et les économies. La maîtrise de ces sujets demandera certainement quelques efforts, mais rien de surhumain. L'économie est en effet fondée sur un petit nombre d'idées élémentaires qui s'appliquent à de très nombreux domaines.

Tout au long de cet ouvrage, nous ferons référence aux *dix principes de l'économie* qui viennent d'être présentés. Chaque fois que cela sera le cas, ces mots apparaîtront en italique pour attirer votre attention. Même en l'absence d'italique, n'oubliez pas ces principes. Toutes les analyses économiques, même les plus sophistiquées, sont assises sur ces fondations.

TABLEAU 1.1 **Les *dix principes de l'économie***

Comment les gens prennent leurs décisions

Principe n° 1. —	Les gens doivent faire des choix
Principe n° 2. —	Le coût d'un bien est ce à quoi on est prêt à renoncer pour l'obtenir
Principe n° 3. —	Les gens rationnels raisonnent à la marge
Principe n° 4. —	Les gens sont sensibles aux incitations

Comment les gens interagissent les uns avec les autres

Principe n° 5. —	L'échange peut être profitable à tous
Principe n° 6. —	Les marchés constituent en général une organisation efficace de l'économie
Principe n° 7. —	Les gouvernements peuvent parfois améliorer les résultats de l'activité de marché

Comment l'économie fonctionne globalement

Principe n° 8. —	Le niveau de vie d'un pays est fonction de sa capacité à produire des biens et services
Principe n° 9. —	Les prix augmentent quand le gouvernement imprime de la monnaie
Principe n° 10. —	Il existe un compromis à court terme entre inflation et chômage.

RÉSUMÉ

- S'agissant de la prise de décision individuelle, retenons que les gens doivent faire des choix parmi des objectifs conflictuels, que le coût d'une action se mesure en termes d'opportunités abandonnées, que les êtres rationnels décident en comparant les coûts marginaux aux bénéfices marginaux et que les individus adoptent des comportements différents en fonction des incitations qui leur sont proposées.

- S'agissant des relations entre agents, retenons que l'échange peut être mutuellement bénéfique, que les marchés constituent généralement une manière efficace de coordonner les échanges entre individus et que le gouvernement peut parfois améliorer les choses en cas de défaillance de marché ou de résultat trop inéquitable.
- Concernant l'économie dans son ensemble, retenons que la productivité est à l'origine du niveau de vie, que l'augmentation de la quantité de monnaie est la source ultime de l'inflation et que la société doit choisir à court terme entre inflation et chômage.

CONCEPTS CLÉS – DÉFINITIONS

Rareté : caractère limité des ressources de la société.
Économie : étude de la manière dont la société gère ses ressources rares.
Efficacité : capacité de la société à tirer le maximum de ses ressources rares.
Justice : capacité de répartir équitablement les fruits de la prospérité entre tous les membres de la société.
Coût d'opportunité : ce à quoi il faut renoncer pour obtenir quelque chose.
Changement marginal : petit ajustement d'un plan d'action.
Économie de marché : économie qui repose sur les décisions décentralisées des ménages et des entreprises se rencontrant sur les marchés des biens et services pour allouer les ressources.
Défaillance de marché : situation dans laquelle le marché, livré à lui-même, ne parvient pas à allouer les ressources efficacement.
Externalité : effet du comportement d'un agent sur le bien-être d'un tiers.
Pouvoir de marché : capacité d'un agent économique (ou d'un petit groupe d'agents) d'influer sur les prix du marché.
Productivité : quantité de biens et services produite par heure travaillée.
Inflation : hausse du niveau général des prix de l'économie.
Courbe de Phillips : compromis de court terme entre inflation et chômage.

QUESTIONS DE RÉVISION

1. Donner un exemple de choix important auquel vous êtes confronté dans votre vie.
2. Quel est le coût d'opportunité d'une séance de cinéma ?
3. L'eau est indispensable à la vie. Le bénéfice marginal d'un verre d'eau est-il important ou faible ?
4. Pourquoi les décideurs politiques doivent-ils penser aux incitations ?
5. Pourquoi l'échange entre nations ne peut-il être comparé à un jeu avec des gagnants et des perdants ?
6. Quel rôle joue la « main invisible » du marché ?

7. Définir l'efficacité et la justice, et expliquer leurs rapports avec l'action du gouvernement.
8. Pourquoi la productivité est-elle aussi importante ?
9. Quelle est la cause de l'inflation ?
10. Quelle relation existe-t-il entre inflation et chômage ?

PROBLÈMES D'APPLICATION

1. Décrire quelques-uns des choix auxquels sont confrontés :
   a. une famille qui se demande si elle doit acheter une nouvelle voiture ;
   b. un parlementaire qui doit décider s'il augmente les subventions accordées aux parcs nationaux ;
   c. un dirigeant d'entreprise qui s'interroge sur l'opportunité d'ouvrir une nouvelle usine ;
   d. un professeur qui se demande s'il doit préparer son cours.
2. Vous essayez de décider où partir en vacances. La plupart des coûts afférents à cette décision s'expriment en dollars (billet d'avion, hébergement, perte de salaire), alors que les bénéfices sont psychologiques. Comment pouvez-vous comparer les bénéfices et les coûts ?
3. Vous aviez prévu de consacrer votre samedi à travailler dans le magasin qui vous emploie à temps partiel, mais un de vos amis vous propose une journée de ski. Quel est le véritable coût de cette séance de ski ? Supposons que votre samedi devait être consacré à vos études en bibliothèque. Quel est alors le coût de la journée de ski ? Expliquez.
4. Vous venez de gagner un pari qui vous a rapporté 100 dollars. Vous pouvez les dépenser tout de suite ou les placer à la banque, sur un compte qui rapporte 5 % d'intérêts. Quel est le coût d'opportunité d'une dépense immédiate ?
5. L'entreprise que vous dirigez a dépensé 5 millions de dollars dans le développement d'un nouveau produit, encore inachevé. Votre directeur commercial vous apprend que, du fait de l'apparition de produits concurrents, les ventes de votre nouveau produit ne dépasseront probablement pas les 3 millions de dollars. Terminer le développement de votre produit vous coûtera 1 million de dollars. Devez-vous finir ce développement ou pas ? Quelle est la somme maximale que vous devez consacrer à cette fin de projet ?
6. Le système de sécurité sociale assure un revenu aux personnes âgées de plus de 65 ans. Celles qui disposent de ressources de revenu plus élevées par ailleurs perçoivent moins (après impôt) que celles qui touchent moins par ailleurs :
   a. Comment cette disposition affecte-t-elle la propension à épargner des travailleurs ?
   b. Quel impact a-t-elle sur la décision de continuer à travailler au-delà de 65 ans ?

7. Certains États ont récemment modifié leur système de sécurité sociale en stipulant que les récipiendaires qui sont en état de travailler cessent de percevoir des allocations après deux ans :
   a. Comment cette modification affecte-t-elle l'incitation à travailler ?
   b. Peut-elle être interprétée comme un compromis entre efficacité et justice ?
8. Votre compagnon de chambre est meilleur cuisinier que vous, mais vous êtes plus rapide que lui pour le nettoyage. Si votre compagnon prend en charge toute la cuisine et vous tout le nettoyage, gagnez-vous ou perdez-vous du temps par rapport à une situation où vous vous partagez les tâches ? Donnez un exemple similaire montrant comment la spécialisation et l'échange permettent à deux pays d'améliorer leur situation respective.
9. Imaginons que notre pays adopte une organisation économique centralisée et planifiée, et que vous soyez nommé responsable de l'organisme central de planification. Parmi les millions de décisions que vous devez prendre pour l'année prochaine, vous devez décider combien de disques compacts produire, quels artistes enregistrer et qui doit recevoir les disques :
   a. Pour décider intelligemment, quelles informations vous faut-il sur l'industrie des disques compacts ? Et sur chacun des habitants du pays ?
   b. Quel impact aura votre décision relative aux CD sur d'autres choix que vous devez faire, comme par exemple le nombre de lecteurs de CD à produire ou le nombre de cassettes audio à enregistrer ? Vos projets concernant les CD peuvent-ils être influencés par d'autres décisions économiques que vous pourriez prendre ?
10. Parmi les activités gouvernementales suivantes, distinguez celles motivées par un besoin d'efficacité de celles suscitées par la recherche d'une plus grande justice. Si l'efficacité est la motivation première indiquez la nature de la défaillance de marché :
   – le contrôle du prix de la télévision par câble ;
   – la fourniture aux défavorisés de tickets pouvant servir à acheter de la nourriture ;
   – l'interdiction de fumer dans les lieux publics ;
   – la fragmentation du groupe AT&T en plusieurs compagnies téléphoniques ;
   – la progressivité de l'impôt sur le revenu des personnes physiques
   – l'interdiction de conduire sous l'emprise de substances particulières.
11. « Chacun doit pouvoir bénéficier du meilleur système d'assistance médicale possible. » Discutez cette affirmation des points de vue de l'efficacité et de la justice.
12. En quoi votre niveau de vie est-il différent de celui de vos parents ou de vos grands-parents au même âge ? Que trouve-t-on à l'origine de ces changements ?

13. Supposons que nos concitoyens décident d'épargner plus. Si les banques prêtent cette épargne à des entreprises qui construisent de nouvelles usines, comment le taux d'épargne plus élevé aura-t-il conduit à une croissance plus rapide de la productivité ? Quels sont les bénéficiaires de cette meilleure productivité ? La société a-t-elle bénéficié d'un repas gratuit ?
14. Imaginons que demain matin, au réveil, tout le monde constate que le gouvernement a doublé les avoirs financiers de chacun. Quels pourraient être les effets de cette multiplication de l'offre monétaire sur :
    - le montant total des dépenses de biens et services ;
    - la quantité de biens et services achetée si les prix sont inélastiques ;
    - les prix des biens et services s'ils peuvent s'ajuster ? Expliquez.
15. Vous êtes un décideur politique et vous vous demandez si vous devez réduire le taux d'inflation dans le pays. Pour décider rationnellement, que vous faut-il savoir sur l'inflation, le chômage et la relation entre les deux ?

CHAPITRE 2

PENSER COMME UN ÉCONOMISTE

Dans ce chapitre, vous allez :

- voir comment les économistes appliquent les méthodes scientifiques
- découvrir comment les hypothèses et les modèles éclairent le monde d'un jour nouveau
- examiner deux modèles économiques élémentaires : le diagramme de flux circulaire et la frontière des possibilités de production
- faire la différence entre la micro-économie et la macro-économie
- apprendre à distinguer une affirmation positive d'une affirmation normative
- étudier le rôle des économistes dans la mise en œuvre des politiques
- comprendre pourquoi les économistes ne sont pas toujours d'accord entre eux

Chaque domaine d'étude a son langage et sa manière de penser. Les mathématiciens parlent d'axiomes, d'intégrales et d'espaces vectoriels. Les psychologues ont leur ego, leur surmoi et leur dissonance cognitive. Les juristes jouent avec les vices de forme, les contrats synallagmatiques et les conditions suspensives.

Il en est de même pour l'économie. Offre, demande, élasticité, avantage comparatif, surplus du consommateur, perte sèche font partie du langage courant des économistes. Au cours des prochains chapitres, vous allez découvrir des termes nouveaux et rencontrer des termes classiques auxquels les économistes ont conféré une signification particulière. Ce n'est pas là une lubie d'intellectuels. Comme vous le découvrirez progressivement, ce langage spécialisé est fort utile car il vous permettra de concevoir le monde d'une manière différente et efficace.

Le premier objectif de cet ouvrage est de vous enseigner la manière de penser des économistes. Bien entendu, de même que l'on ne devient pas mathématicien, psychologue ou avocat du jour au lendemain, il vous faudra un certain temps avant d'arriver à raisonner comme un économiste. En vous proposant un mélange de théorie, d'études de cas et d'exemples, ce livre vous donnera l'occasion de vous entraîner à cette nouvelle discipline.

Avant de se plonger dans les détails de la science économique, il n'est pas inutile de voir comment les économistes approchent le monde qui les entoure. Ce chapitre sera donc consacré à la présentation de la méthodologie propre à notre discipline. Les économistes ont-ils une manière qui leur est propre d'aborder les problèmes ? Que signifie penser comme un économiste ?

2.1 L'ÉCONOMISTE EN TANT QUE SCIENTIFIQUE

Les économistes essayent de traiter leurs sujets avec l'objectivité d'un scientifique. Ils approchent l'étude de l'économie comme un physicien approche l'étude de la matière et un biologiste celle de la vie : ils élaborent des théories, collectent des données puis analysent celles-ci afin de valider ou au contraire réfuter les théories.

Un débutant trouvera bizarre que l'économie puisse être considérée comme une science. Après tout, les économistes n'utilisent pas d'éprouvettes ni de télescopes. Cependant, l'essence de la science, c'est la *méthode scientifique* – le développement et la vérification continuels des théories sur le fonctionnement du monde. Cette méthode de travail s'applique tout autant à l'étude de l'économie d'un pays qu'à celle de la gravité terrestre ou de l'évolution des espèces. Comme l'a dit un jour Albert Einstein : « La science n'est rien d'autre que le raffinement de notre pensée quotidienne. »

Même si cette affirmation vaut autant pour les sciences sociales comme l'économie que pour les sciences naturelles comme la physique, les gens sont souvent surpris qu'on puisse s'intéresser aux problèmes sociaux avec l'œil du scientifique. Voyons donc comment les économistes manient la logique scientifique pour expliquer le fonctionnement de l'économie.

La méthode scientifique : un aller et retour entre observation et théorie

On dit qu'Isaac Newton, célèbre scientifique du XVIIe siècle, fut intrigué par la chute d'une pomme. Cette constatation l'amena à développer la théorie de la gravité, qui s'applique non seulement à une pomme tombant au sol, mais aussi à tout couple d'objets dans l'univers. La vérification expérimentale a démontré que cette théorie fonctionnait dans de nombreuses circonstances (Einstein démontra beaucoup plus tard qu'elle ne fonctionnait pas dans tous les cas). La physique newtonienne explique tellement bien les observations courantes qu'elle est toujours enseignée dans le monde entier.

Cet aller et retour entre théorie et observation est aussi caractéristique de la science économique. Un économiste qui vit dans un pays dans lequel les prix flambent peut être amené à développer une théorie de l'inflation. La théorie dira par exemple que l'inflation résulte d'une trop grande création monétaire par le gouvernement (vous vous rappelez certainement que cela était l'un des *dix principes de l'économie*). Pour tester sa théorie, l'économiste pourra récupérer et analyser des données sur l'inflation et la croissance de la masse monétaire dans divers pays. Si ces données n'indiquaient aucune corrélation entre masse monétaire et niveau des prix, l'économiste devrait se poser des questions sur la validité de sa théorie. Si en revanche, il constatait une corrélation importante entre ces deux groupes de données, comme cela est effectivement le cas, il pourrait accorder une certaine confiance à sa construction théorique.

Si les économistes, comme tous les autres scientifiques, s'appuient sur l'observation pour élaborer leurs théories, ils doivent faire face à une difficulté particulière : en économie, les expériences sont difficiles à réaliser. Les physiciens peuvent tester leurs théories dans leurs laboratoires. Les économistes ne peuvent pas s'amuser avec la masse monétaire d'un pays pour tester les leurs. Les économistes, comme les astronomes et les spécialistes de l'évolution des espèces, doivent se contenter des données que la nature leur fournit.

Au lieu d'expériences menées en laboratoires, les économistes s'intéressent particulièrement aux expériences naturelles qu'offre l'histoire. Quand une guerre au Moyen-Orient perturbe les flux de pétrole brut, les prix de l'essence s'envolent. Pour les consommateurs de pétrole et de produits dérivés du pétrole, cela se traduit par une baisse de niveau de vie importante. Et les responsables politiques sont confrontés au choix difficile de la réponse à donner à un tel changement. Mais pour les économistes, c'est l'occasion d'étudier l'incidence d'une ressource naturelle essentielle sur l'économie mondiale, et cette opportunité dure plus longtemps que la guerre qui en est à l'origine. Dans cet ouvrage, il sera donc souvent fait référence à des épisodes historiques, qui nous permettront de mieux comprendre l'économie du passé mais aussi d'illustrer et d'apprécier les théories économiques contemporaines.

Le rôle des hypothèses

Si vous demandez à un physicien combien de temps durera la chute d'une tuile détachée du toit d'un immeuble de dix étages, il vous répondra en supposant que la tuile tombe dans le vide. Bien sûr, cette hypothèse est fausse. L'immeuble est érigé dans l'air, qui oppose une certaine résistance à la chute de la tuile et freine celle-ci. Néanmoins, la résistance de l'air est si faible dans le cas présent que ses effets sont négligeables. Supposer que la tuile tombe dans le vide simplifie énormément le problème sans changer grand-chose au résultat.

Les économistes font des hypothèses pour la même raison : elles rendent le monde plus facile à comprendre. Pour étudier les effets du commerce international par exemple, nous supposerons que le monde n'est fait que de deux pays qui produisent chacun deux biens. En fait, le monde réel comporte plus d'une centaine de nations, chacune produisant des milliers de biens différents. Mais en supposant seulement deux pays et deux biens, nous concentrons notre réflexion sur ce qui nous intéresse. Une fois que nous aurons compris le fonctionnement des deux pays avec deux biens, il nous sera plus facile de comprendre le commerce international tel qu'il est pratiqué dans le monde réel.

Tout l'art du raisonnement scientifique – qu'il s'agisse de physique, de biologie ou d'économie – consiste alors à savoir quelles hypothèses faire. Imaginons, par exemple, que nous lâchions un ballon de plage gonflable à la place de la tuile évoquée précédemment. Il est clair que, dans ce cas, l'hypothèse d'une résistance de l'air négligeable devient inacceptable. Si l'on peut admettre l'hypothèse du vide pour étudier la chute d'une tuile, on ne peut en faire autant dès lors qu'il s'agit d'un ballon très léger.

De la même façon, les économistes font diverses hypothèses pour résoudre leurs problèmes. Supposons que l'on cherche à savoir ce qui se passe dans l'économie quand le gouvernement modifie la quantité de dollars en circulation. Comme nous le verrons plus tard, l'élément central de l'analyse réside dans la façon dont les prix répondent à cette modification. Certains prix ne sont révisés que rarement : les prix des journaux achetés en kiosque, par exemple, ne sont revus qu'une fois tous les deux ou trois ans. Sachant cela, nous allons pouvoir faire différentes hypothèses pour étudier les effets du changement de quantité de monnaies sur des horizons de temps différents. Pour analyser les effets à court terme, on pourra faire l'hypothèse que les prix ne réagissent pas beaucoup. On pourra même faire l'hypothèse extrême et artificielle selon laquelle les prix sont complètement gelés. En revanche, pour étudier les effets à long terme, on fera l'hypothèse que tous les prix sont flexibles. De même que le physicien utilise diverses hypothèses pour analyser la chute d'une tuile et celle d'un ballon gonflé d'air, l'économiste s'appuiera sur des hypothèses différentes pour étudier les effets à court et long terme d'une modification de la quantité de monnaie en circulation.

Les modèles économiques

Au lycée, le professeur de sciences naturelles enseigne les rudiments d'anatomie en s'appuyant sur des répliques en plastique du corps humain. Ces maquettes montrent les principaux organes – le cœur, le foie, les reins etc. – et permettent de montrer aux élèves comment ces organes sont agencés les uns par rapport aux autres. Bien sûr, ces modèles en plastique ne sont pas de véritables humains et personne ne s'y trompe. Parce qu'ils sont stylisés, ils omettent de nombreux détails. Mais malgré ce manque de réalisme – en fait, grâce à ce manque de réalisme – l'étude de ces modèles est très utile pour comprendre le fonctionnement du corps humain.

Les économistes aussi utilisent des modèles pour comprendre le monde, mais au lieu de les faire en plastique, ils ont recours aux diagrammes et aux équations. Comme la maquette du professeur de biologie, le modèle économique néglige nombre de détails afin de se concentrer sur les éléments essentiels. De même que la réplique en plastique du corps humain ne présente pas tous les muscles e tous les vaisseaux capillaires, le modèle économique ne représen tera pas l'intégralité des relations économiques.

Quand nous utiliserons des modèles pour étudier divers pro blèmes économiques dans cet ouvrage, vous constaterez que ce modèles sont construits autour de certaines hypothèses. Et comm le physicien qui néglige la résistance de l'air pour analyser la chut d'une tuile, les économistes négligent certains points de détail d l'économie s'ils les considèrent comme non pertinents à l'égard d problème étudié. Tous les modèles – physiques, biologiques ou éco nomiques – simplifient la réalité pour nous en faciliter la compré hension.

Notre premier modèle : le diagramme de flux circulaire

L'économie est constituée de millions d'individus engagés dan les tâches les plus diverses : achat, vente, travail, production, etc Pour comprendre comment fonctionne l'économie, il faut arriver simplifier notre vision de cette myriade d'activités. En d'autre termes, il nous faut un modèle qui explique, en termes générau comment l'économie est organisée.

La figure 2.1 représente un modèle de l'économie, appelé *dia gramme de flux circulaire.* Dans ce modèle ne figurent que deu types d'agents économiques, les ménages et les entreprises. Celles ci produisent divers biens et services en consommant plusieurs fac teurs, tels que le travail, la terre, le capital (immeubles et machines Ces facteurs sont appelés *facteurs de production.* Les ménage consomment les biens et services produits par les entreprises e détiennent les facteurs de production.

Ménages et entreprises se rencontrent sur deux types de marché Sur le *marché des biens et services*, les ménages sont acheteurs e les entreprises vendeuses. Plus particulièrement, les ménages achè tent les biens et services produits par les entreprises. Sur le *march des facteurs de production*, les ménages sont vendeurs et les entre prises acheteuses. Sur ce marché, les ménages fournissent au firmes les facteurs dont ces dernières ont besoin pour produire le biens et services. Ce diagramme de flux circulaire fournit une repré sentation simple de l'organisation des transactions économique entre ménages et entreprises dans l'économie.

La boucle intérieure du schéma représente la circulation de biens et services entre ménages et firmes. Les ménages vendent au entreprises l'utilisation de leur travail, de leur terre ou de leur capi tal sur le marché des facteurs de production. Les entreprises utili

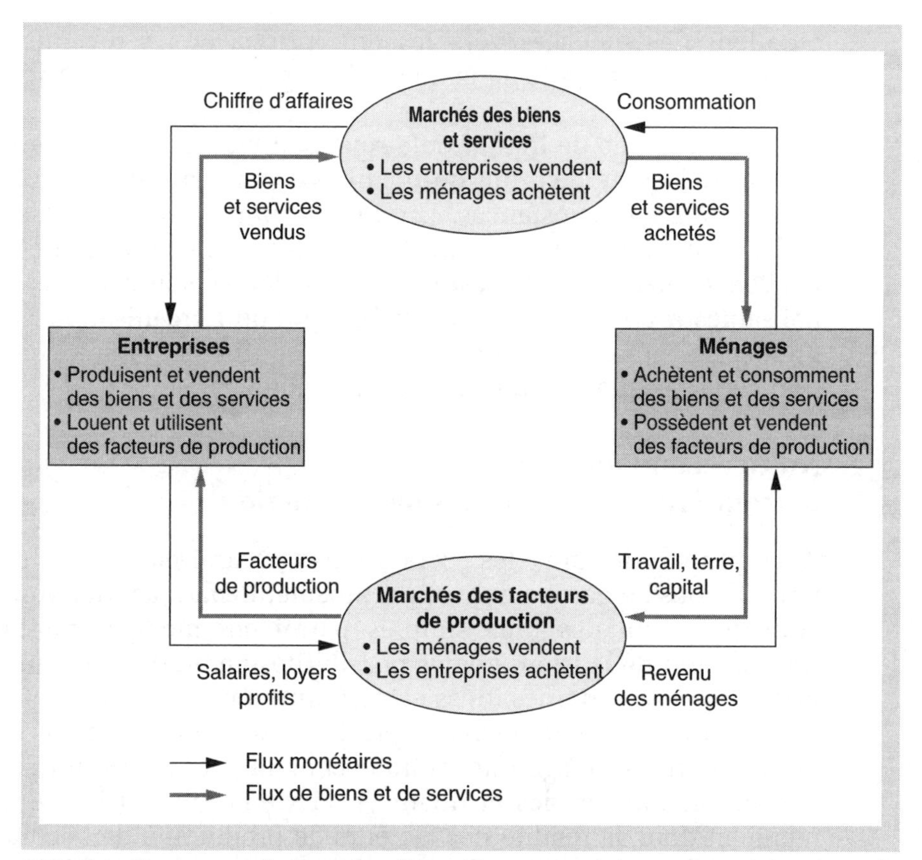

FIG. 2.1 **Diagramme de flux circulaire.** C'est une représentation schématique de l'organisation de l'économie. Les décisions sont prises par les ménages et les entreprises. Ces deux groupes d'agents économiques sont en relation sur le marché des biens et services (les ménages achètent et les entreprises vendent), et le marché des facteurs de production (les firmes achètent et les ménages vendent). Les flèches extérieures illustrent les flux monétaires et les flèches intérieures correspondent aux flux de biens et services.

sent ces facteurs pour produire les biens et services. Et vendent ceux-ci aux ménages sur le marché des biens et services. De fait, les facteurs de production circulent des ménages aux entreprises, tandis que les biens et services circulent des entreprises aux ménages.

La boucle extérieure du diagramme représente le flux correspondant de dollars. Les ménages dépensent de l'argent pour acheter aux entreprises leurs biens et services. Les firmes utilisent une partie du produit de leurs ventes pour acheter les facteurs de production, comme les salaires de leurs employés. Ce qui reste constitue le profit des propriétaires des entreprises, qui sont directement ou indirectement des ménages. Donc, les dépenses en biens et services circulent des ménages vers les entreprises, et les revenus sous formes de salaire, de loyer et de profit circulent des entreprises vers les ménages.

Ce diagramme de flux circulaire est un modèle simple de l'économie. Il néglige quantité de détails qui peuvent être importants dans d'autres circonstances. Un modèle plus complexe mais plus réaliste inclurait par exemple les rôles du gouvernement et de l'échange international. Néanmoins, ces éléments ne sont pas indispensables à une compréhension basique de l'organisation économique. De par sa simplicité, ce schéma est utile pour mettre en relation certaines pièces du puzzle économique.

Notre second modèle : la frontière des possibilités de production

La plupart des modèles économiques, contrairement à celui que nous venons de décrire, font appel aux mathématiques. On trouvera ci-dessous l'un des plus simples parmi ces modèles mathématiques, celui de la frontière des possibilités de production, qui permet d'illustrer certaines idées élémentaires en économie.

Même si une économie réelle produit des milliers de biens et services différents, imaginons ici une économie qui ne produirait que des automobiles et des ordinateurs. Ces deux industries consommeraient donc la totalité des facteurs de production de l'économie en question. La *frontière des possibilités de production* est un graphique représentant les diverses combinaisons possibles de production compte tenu de la quantité de facteurs de production disponible et de la technologie en cours.

La figure 2.2 est un exemple de frontière des possibilités de production. Dans cette économie, si toutes les ressources étaient consommées par l'industrie automobile, 1 000 voitures seraient produites, et aucun ordinateur. Si au contraire, l'industrie informatique consommait la totalité des ressources, 3 000 ordinateurs seraient produits et aucune voiture. Ces deux points de la frontière représentent les situations extrêmes. En répartissant ses ressources entre les deux industries, l'économie pourrait produire 700 voitures et 2 000 ordinateurs, comme au point A du graphique. Le point D en revanche, n'est pas un résultat possible, car l'économie ne dispose pas des ressources nécessaires pour atteindre un tel niveau de production. Autrement dit, la production peut se situer en tout point de la frontière, ou n'importe où à l'intérieur, mais en aucun cas la production ne peut se situer au-delà de la frontière des possibilités de production.

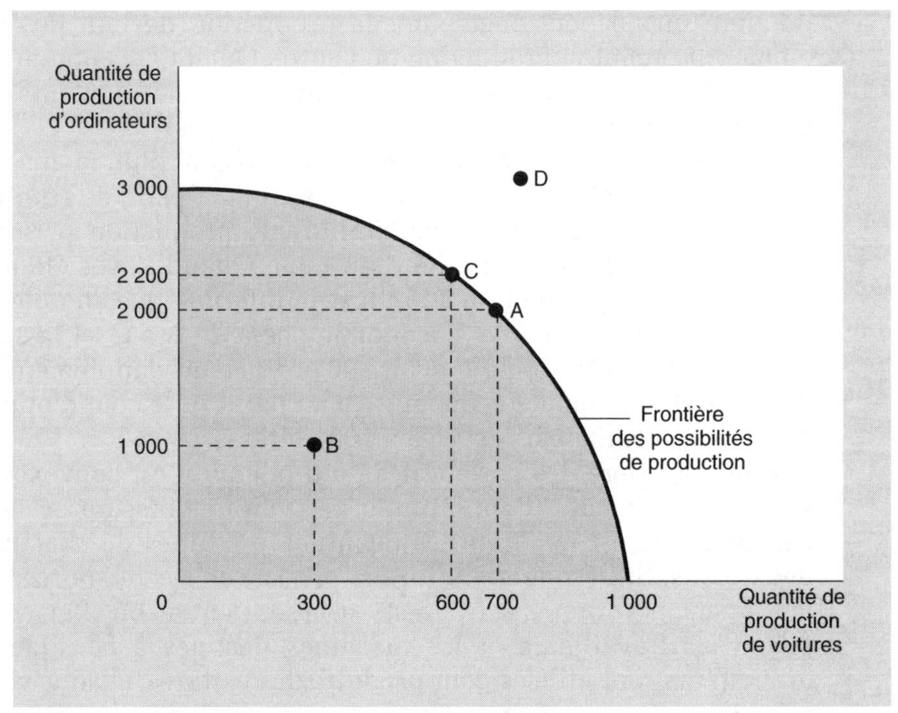

FIG. 2.2 **La frontière des possibilités de production** indique les combinaisons de production – dans ce cas voitures et ordinateurs – que l'économie peut mettre en œuvre. L'économie peut produire toute combinaison située sur la courbe ou à en deçà, mais pas au-delà car les ressources sont insuffisantes.

On dit qu'un résultat est *efficace* si l'économie tire le maximum des ressources rares dont elle dispose. Les points situés sur la frontière (par opposition à ceux qui sont en deçà) représentent des niveaux efficaces de production. À de tels niveaux, comme au point A par exemple, il est impossible d'augmenter la production d'un bien sans diminuer celle de l'autre produit. Le point B représente un niveau *non efficace*. Pour une raison quelconque, peut-être un chômage important, l'économie produit moins que ce qu'elle pourrait produire compte tenu de ses ressources : elle produit seulement 300 voitures et 1 000 ordinateurs. Si la source d'inefficacité était éliminée, la production passerait du point B au point A : davantage de voitures (700) et davantage d'ordinateurs (2 000) seraient produits.

L'un des *dix principes de l'économie* affirme que les gens doivent faire des choix. La frontière des possibilités de production illustre l'un de ces choix. Une fois atteint un niveau efficace de production, on ne peut augmenter la production de l'un des bien qu'en diminuant la production de l'autre. Quand l'économie pass de A à C par exemple, la société produit plus d'ordinateurs, mai moins de voitures.

Un autre des *dix principes* affirme que le coût d'un bien est ce quoi l'on est prêt à renoncer pour l'obtenir. On parle de *coût d'op portunité*. La frontière des possibilités de production permet d mesurer le coût d'opportunité d'un bien. Quand la société allou des facteurs de production à l'industrie informatique au détrimen de l'industrie automobile, l'économie passe de A à C, et la sociét renonce à 100 voitures pour avoir 200 ordinateurs supplémentaires Autrement dit, quand l'économie est au point A, le coût d'opportu nité de 200 ordinateurs est égal à 100 voitures.

Cette frontière des possibilités de production est convexe. Cel signifie que le coût d'opportunité des voitures mesuré en terme d'ordinateurs est fonction des quantités produites de chacun de deux biens. Si l'économie utilise la plupart de ses ressources pou fabriquer des voitures, la frontière est assez pentue. En effet, comm même les travailleurs et les machines destinés à fabriquer de ordinateurs sont utilisés pour produire des voitures, chaque voitur à laquelle l'économie renonce permet d'augmenter substantielle ment le nombre d'ordinateurs produits. Au contraire, quan l'économie consacre l'essentiel de ses ressources à la productio d'ordinateurs, la frontière est plutôt plate. Dans ce cas, les res sources les plus adaptées aux ordinateurs sont déjà utilisées pa cette industrie et chaque voiture à laquelle l'économie renonce n génère qu'une faible augmentation du nombre d'ordinateurs pro duits.

La frontière des possibilités de production indique le choix qu existe à un moment donné, mais il peut varier dans le temps. Pa exemple, une avancée technologique pourrait accroître le nombr d'ordinateurs fabriqués à l'heure ; dès lors, pour une même produc tion de voitures, l'économie pourrait produire davantage d'ordina teurs. La frontière des possibilités de production se déplacerai alors vers l'extérieur, comme sur la figure 2.3. De ce fait, l'économi pourrait passer du point A au point E, et bénéficier d'une produc tion supérieure d'ordinateurs et de voitures.

Cette frontière des possibilités de production simplifie la réalit de façon à mettre en avant certaines idées fondamentales : effica cité, choix, coût d'opportunité et croissance économique. Tout au long de vos études économiques, ces idées reviendront sous diverses formes. La frontière des possibilités de production n'es que l'une des multiples manières de les représenter.

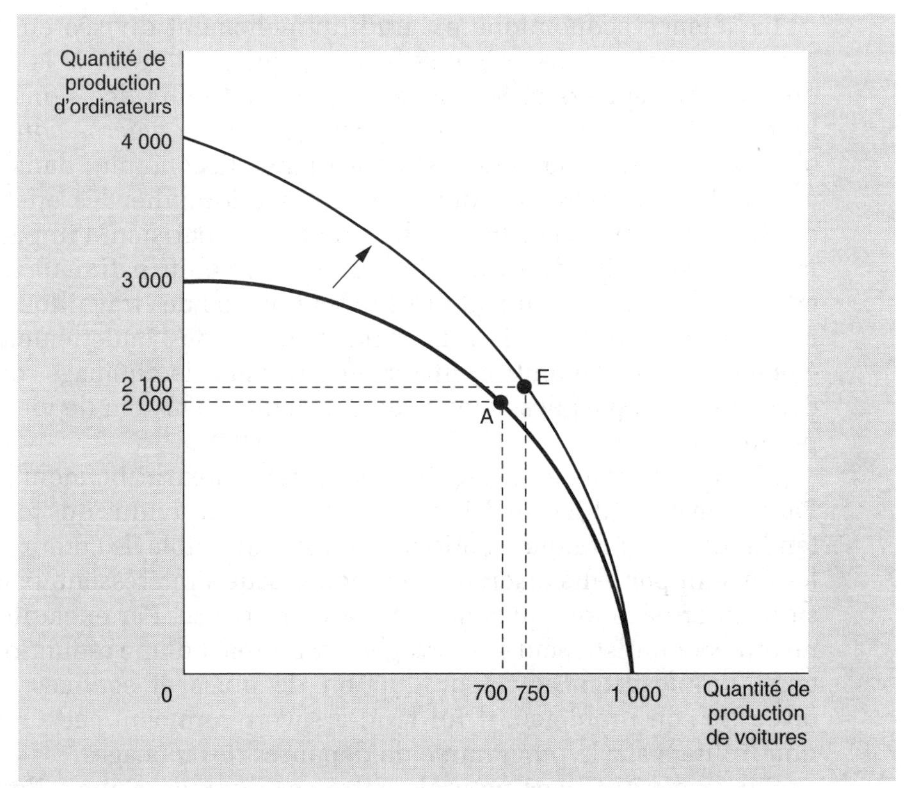

FIG. 2.3 **Déplacement de la frontière des possibilités de production.** Une avancée technologique dans le domaine informatique pousse la frontière vers l'extérieur, et accroît le nombre de voitures et d'ordinateurs que l'économie peut produire.

Micro-économie et macro-économie

La plupart des sujets peuvent être étudiés à différents niveaux. Prenons la biologie par exemple. Les biologistes moléculaires étudient les composants chimiques des êtres vivants. Les biologistes cellulaires étudient les cellules, qui sont beaucoup plus grosses que les composants chimiques et constituent les briques des organismes vivants. Les biologistes de l'évolution étudient les diverses variétés de plantes et d'animaux et la façon dont ces variétés ont évolué au cours des millénaires.

L'analyse économique peut aussi s'effectuer à plusieurs niveaux. On peut étudier les décisions individuelles des ménages et des entreprises. Ou on peut s'intéresser aux relations entre ménages et firmes sur un marché spécifique. Ou on analysera le fonctionnement de l'économie comme un tout, c'est-à-dire comme la somme des activités de tous les agents sur tous les marchés.

La science économique est traditionnellement divisée en deux grands domaines. La *micro-économie*, qui s'intéresse à la façon dont les entreprises et les ménages prennent leurs décisions, et à leurs relations sur des marchés spécifiques. Et la *macro-économie* qui étudie les phénomènes concernant l'économie dans son ensemble. Un micro-économiste cherchera à étudier les effets du contrôle des loyers sur le marché immobilier parisien, l'impact de la concurrence étrangère sur l'industrie automobile nationale ou les effets de la scolarité obligatoire sur les revenus des travailleurs. Le macro-économiste étudiera les conséquences de l'endettement du gouvernement, l'évolution historique du taux de chômage, ou les diverses politiques possibles pour augmenter le niveau de vie de la population.

Micro-économie et macro-économie sont inextricablement liées. Parce que ce sont les décisions de millions d'individus qui font les tendances de l'économie nationale, il est impossible de comprendre les développements macro-économiques sans s'intéresser aux décisions micro-économiques qui sont à leur origine. Par exemple, un macro-économiste peut s'interroger sur l'impact d'une réduction du taux d'imposition sur la production de biens et services. Pour résoudre son problème, il lui faudra savoir comment cette réduction influera sur le programme de dépenses des ménages.

S'il existe des liens naturels entre ces deux domaines, ils n'en demeurent pas moins distincts. En économie, comme en biologie, il pourrait paraître astucieux de partir du plus précis et de remonter vers le plus général. En fait, cela n'est ni nécessaire, ni même la meilleure façon de procéder. La biologie de l'évolution est bâtie sur la biologie moléculaire, puisque les organismes vivants sont constitués de molécules. Et pourtant, biologie moléculaire et biologie de l'évolution sont deux domaines différents, ayant chacun ses propres méthodes et ses propres problèmes. De la même façon, parce que la micro-économie et la macro-économie traitent de sujets différents, leurs approches sont parfois différentes et ces matières sont souvent enseignées dans des cours séparés.

■ **VÉRIFIEZ VOS CONNAISSANCES** En quoi l'économie est-elle une science ? Définir la micro-économie et la macro-économie.

2.2 LE RÔLE POLITIQUE DE L'ÉCONOMISTE

On demande souvent aux économistes d'expliquer les causes des événements économiques. Pourquoi, par exemple, le chômage des jeunes est-il plus élevé que celui des adultes ? Parfois, on demande aux économistes d'émettre des recommandations afin d'améliorer la situation économique. Par exemple, que devrait faire le gouvernement pour améliorer la situation économique des adolescents ? Quand les économistes essayent d'expliquer le monde, ils agissent en scientifiques. Quand ils essayent de l'améliorer, ils se posent en hommes politiques.

Analyse normative et analyse positive

Pour clarifier les deux rôles que peut jouer un économiste, commençons par examiner le langage utilisé. Les scientifiques et les hommes politiques ayant des objectifs différents, ils utilisent un langage différent.

Imaginons deux personnes en train de discuter des lois sur le salaire minimum. Voici des bribes de dialogue que nous pourrions entendre :

Polly : L'existence d'un salaire minimal légal est une des causes du chômage.

Norma : Le gouvernement devrait augmenter le salaire minimal légal.

Ne cherchons pas pour l'instant à donner raison à l'un ou l'autre des protagonistes, notons seulement la différence de nature de ces deux affirmations. Polly parle comme un scientifique : elle prétend expliquer comment le monde fonctionne. Norma s'exprime en tant que décideur politique : elle prétend modifier le monde.

En général, on peut classer les affirmations en deux catégories. La catégorie des affirmations *positives,* comme celle de Polly. Ces affirmations sont descriptives. Elles expliquent comment *fonctionne* le monde. L'autre catégorie est celle des affirmations *normatives*, comme celle de Norma. Elles ont un caractère de prescription. Elles expliquent comment *devrait être* le monde.

Ces deux catégories diffèrent par la manière d'apprécier leur validité. En principe, on doit pouvoir confirmer ou au contraire réfuter une affirmation positive en analysant des données. Un économiste pourra se faire une idée sur la véracité de l'opinion de Polly en comparant dans le temps divers niveaux de salaire minimal et les niveaux correspondants du taux de chômage. En revanche, l'appréciation des opinions normatives fait autant appel aux jugements de valeur qu'aux faits. Les seuls faits ne permettent pas d'apprécier l'idée émise par Norma. Décider de ce qui est souhaitable, ou ne l'est pas, dépasse le domaine scientifique. Cela relève de l'éthique, de la religion et de la philosophie politique.

Bien entendu, opinions positives et normatives sont liées. Notre vision positive du fonctionnement du monde influera sur notre opinion normative quant aux moyens d'améliorer la situation. Si Polly a raison de penser que le salaire minimal est l'une des causes du chômage, alors on ne pourra pas accepter la proposition de Norma d'augmenter ce salaire minimal. Cependant, nos conclusions normatives ne peuvent pas être fondées uniquement sur notre analyse positive. Elles nécessitent à la fois une analyse positive et des jugements de valeur.

Tout au long de vos études économiques, gardez à l'esprit cette différence entre opinions positives et normatives. La plupart du temps, la science économique se contente d'expliquer le fonctionnement de l'économie. Mais on lui demande souvent d'améliorer l'ordinaire. Quand vous entendez un économiste émettre une opinion normative, vous savez qu'il a franchi la frontière qui sépare le scientifique du politique.

Les économistes de Washington

Le président Harry Truman a déclaré un jour qu'il aimerait rencontrer un économiste manchot. Quand il demandait un avis à ses conseillers économiques, ces derniers lui répondaient toujours « D'une part,...; mais d'autre part,... ».

Truman n'est pas le seul à avoir réalisé que les conseils des économistes sont souvent ambigus. Cela s'explique par l'un des *dix principes de l'économie* présentés dans le premier chapitre : les gens doivent faire des choix. Les économistes savent que les décisions politiques sont généralement fondées sur des compromis. Une décision améliorera l'efficacité au détriment de la justice. Ou bien elle bénéficiera aux générations futures alors qu'elle sera coûteuse pour la génération actuelle. On ne peut pas faire confiance à un économiste qui prétend que les décisions politiques sont faciles à prendre.

Truman ne fut pas non plus le seul Président à s'appuyer sur les conseils d'économistes. Depuis 1946, un groupe de conseillers économiques entoure le Président des États-Unis. Ce comité est constitué de trois membres, aidés par un personnel de plusieurs dizaines d'économistes. Physiquement situé juste à côté de la Maison-Blanche, ce comité a pour fonctions de conseiller le Président et de rédiger chaque année le *Rapport Économique au Président.*

Plusieurs ministères fournissent en outre des analyses économiques au Président. Les économistes du Trésor contribuent à l'élaboration de la politique fiscale. Ceux du ministère du Travail analysent les données relatives à l'emploi et au chômage et formulent des recommandations pour l'organisation du marché du travail. Les économistes du Ministère de la Justice sont à l'origine des lois anti-trust.

Mais on trouve aussi des économistes indépendants du gouvernement. Le Congrès, par exemple, fait analyser les propositions qui lui sont soumises par une Commission parlementaire des finances, dont le personnel comprend surtout des économistes. La Réserve fédérale, banque centrale du pays qui définit et met en œuvre la politique monétaire, emploie des centaines d'économistes qui scrutent les développements économiques aux États-Unis, mais aussi dans le monde entier.

L'influence des économistes sur la sphère politique n'est pas limitée au rôle de conseil. La recherche et les travaux économiques exercent une influence indirecte sur les politiques menées. L'économiste John Maynard Keynes écrivit un jour :

« Les opinions des économistes et des philosophes politiques, qu'ils aient tort ou qu'ils aient raison, pèsent beaucoup plus lourd qu'on ne le croit. En fait, elles mènent quasiment le monde. Les hommes de terrain, qui se croient protégés des influences intellectuelles, sont en général le jouet d'un défunt économiste. Les maniaques du pouvoir, qui entendent des voix, alimentent leur folie des pensées d'un universitaire scribouillard déjà dépassé. »

Et si ces mots ont été écrits en 1935, ils demeurent vrais aujourd'hui. En fait, l'« universitaire scribouillard » qui influence les politiques économiques du jour, c'est Keynes lui-même.

■ **VÉRIFIEZ VOS CONNAISSANCES** Donner un exemple d'opinion positive, et un exemple d'opinion normative ■ Nommer trois ministères qui s'appuient régulièrement sur les travaux des économistes.

.3 POURQUOI LES ÉCONOMISTES NE SONT PAS TOUJOURS D'ACCORD

« Si tous les économistes étaient placés bout à bout, ils n'aboutiraient à rien. » Cette maxime de Bernard Shaw en dit long. On reproche souvent aux économistes de donner des conseils équivoques aux hommes politiques. Le Président Ronald Reagan fit remarquer un jour que si le jeu *Trivial Pursuit* avait été inventé par des économistes, il aurait eu 100 questions et 3 000 réponses.

D'où vient cette impression de désordre dans les conseils écono miques formulés par les professionnels de cette discipline ? O peut citer trois raisons principales :

– les économistes peuvent ne pas être d'accord sur la validité d théories positives concurrentes pour expliquer le monde ;

– les économistes ont des échelles de valeurs différentes, e donc des vues normatives différentes sur les objectifs à atteindre ;

– les économistes peuvent être d'accord entre eux, mais le déba s'obscurcit par les avis émis par des charlatans ou des fous.

Approfondissons chacune de ces trois raisons.

Des jugements scientifiques différents

Il y a plusieurs siècles, les astronomes débattaient pour savoir s c'était la Terre ou le Soleil qui se trouvait au centre de l'univers Plus récemment, les météorologues se sont demandés si la terr n'était pas en train de connaître un phénomène de « réchauffemen global ». La science cherche à expliquer le monde qui nous entoure Il n'est guère surprenant que, dans cette quête, tout le monde ne soi pas d'accord sur la direction à suivre pour découvrir la vérité.

Les économistes sont parfois en désaccord pour la même raison La science économique est une discipline jeune, dans laquelle il y encore beaucoup à découvrir. Des économistes peuvent s'oppose sur la validité de théories en concurrence, ou sur l'importance d tel ou tel paramètre.

Par exemple, les économistes ne sont pas d'accord sur ce qu devrait être l'assiette des impôts levés par le gouvernement sur le ménages : le revenu du ménage ou la consommation du ménage (se dépenses). Les partisans de l'abandon de l'actuelle taxation du reven au profit de l'imposition de la consommation font remarquer qu cette mesure se traduirait par un accroissement de l'épargne, puisqu tout revenu non consommé serait défiscalisé. Une épargne plus éle vée générerait à son tour une croissance plus rapide de la productivit et une amélioration des niveaux de vie. Les partisans du systèm d'imposition actuel pensent que le taux d'épargne ne réagirait guère une modification du régime d'imposition. Ces deux clans d'écono mistes ne partagent pas les mêmes opinions normatives quant a régime de taxation, parce qu'ils ont deux approches positives diffé rentes de l'influence des incitations fiscales sur le taux d'épargne.

Des échelles de valeurs différentes

Supposons que Pierre et Paul s'alimentent en eau au puits de l ville, dans les mêmes quantités. Pour financer la maintenance d puits, la ville taxe ses habitants. Pierre, dont le revenu est de 50 000 dollars, est imposé à hauteur de 5 000 dollars, soit 10 % de son revenu. Paul, qui perçoit un revenu de 10 000 dollars, paye 2 000 dollars d'impôts, soit 20 % de son revenu.

Une telle politique est-elle équitable ? Si tel n'est pas le cas, qui paye trop et qui ne paye pas assez ? Faut-il tenir compte du fait que le faible revenu de Paul s'explique par un handicap physique ou par son choix de poursuivre une carrière d'acteur ? Faut-il tenir compte du fait que le haut revenu de Pierre est dû à un gros héritage ou à sa capacité à faire de nombreuses heures supplémentaires dans un job difficile ?

Ces questions sont difficiles et il y a peu de chances que tout le monde soit d'accord sur les réponses à donner. Si la ville engage deux experts pour étudier une éventuelle réforme de son système fiscal, il ne faudra pas s'étonner de découvrir en fin de parcours deux conseils radicalement opposés.

Cet exemple simpliste montre pourquoi les économistes ne sont pas toujours d'accord sur les politiques à suivre. Comme nous l'avons vu plus haut, lors de la discussion des analyses positives et normatives, les politiques ne peuvent s'apprécier sur le seul terrain scientifique. Les économistes émettront des avis opposés peut-être parce qu'ils ont des systèmes de valeurs différents. Même une science économique parfaite ne pourra nous dire qui, de Pierre ou de Paul, paie trop d'impôts.

Les charlatans et les fous

Les régimes amaigrissants farfelus connaissent un certain succès car ils promettent des résultats pour des efforts minimes. Nombreux sont ceux qui souhaitent perdre du poids sans avoir à ralentir leur consommation alimentaire ou à faire de l'exercice régulièrement. Ces personnes sont facilement convaincues par les dires rassurants d'experts autoproclamés qui vendent un remède miracle. Elles *veulent* croire que ce nouveau régime, facile à suivre, sera efficace.

L'économie farfelue a elle aussi ses partisans, pour les mêmes raisons. Tout le monde peut se parer du titre d'économiste et prétendre avoir découvert un remède miracle aux problèmes économiques. Les hommes politiques constituent une proie facile, acharnés qu'ils sont à trouver des solutions simples et novatrices à des problèmes difficiles et persistants. Certaines théories farfelues sont émises par des charlatans qui en tirent célébrité et en profitent pour promouvoir leurs propres intérêts ; d'autre part des fous qui croient réellement à leurs théories.

Un bon exemple de conseil économique farfelu fut donné dans les années 1980 par un petit groupe d'économistes qui conseilla à Ronald Reagan, alors candidat à l'élection présidentielle, une forte réduction de l'imposition des revenus qui devait générer une augmentation des recettes fiscales. L'argument était le suivant : si les gens peuvent conserver une part plus importante de leurs revenus, ils travailleront plus pour accroître leurs revenus. Même si les taux d'imposition sont plus faibles, l'assiette de l'impôt augmenterait tellement, prétendaient-ils, que les recettes fiscales seraient accrues. Quasiment tous les économistes, y compris la plupart de ceux qui étaient favorables au programme présidentiel de réduction des impôts, considéraient cette éventualité comme hautement improbable. Si un taux d'imposition inférieur peut encourager les individus à travailler plus, rien ne permet de penser que ce travail supplémentaire générerait des revenus additionnels tellement élevés que les recettes fiscales progresseraient alors même que les taux d'imposition diminueraient. Georges Bush, lui aussi candidat présidentiel dans les années 1980, était en phase avec les économistes et qualifia cette idée d'« économie vaudou ». Ronald Reagan fut néanmoins attiré par l'idée en question, et elle imprégna non seulement le débat économique de la campagne présidentielle, mais aussi les politiques économiques des années 1980.

Les personnes qui suivent des régimes farfelus mettent leur santé en péril et atteignent rarement les objectifs qu'elles s'étaient fixés. De la même façon, les hommes politiques qui s'appuient sur les conseils de charlatans ou de fous sont souvent déçus par les résultats obtenus. La réduction de la pression fiscale mise en œuvre par Ronald Reagan, par exemple, n'a certainement pas accru les recettes fiscales. Au contraire, celles-ci ont diminué, conformément aux prévisions de la plupart des économistes, et le gouvernement fédéral est entré dans une longue période de déficit budgétaire, ce qui l'a conduit à s'endetter à des niveaux jamais atteints en temps de paix.

La présence de ces idées parasites laisse croire à une moindre unanimité des experts. La multiplication des régimes farfelus ne doit pas inciter à penser que les nutritionnistes sont désorientés. En fait, ils sont tous d'accord depuis bien longtemps sur les éléments de base d'un régime alimentaire : exercice régulier et alimentation équilibrée à faible teneur calorique. Si vous avez l'impression que la profession économique est désorientée, demandez-vous si le désarroi est réel ou fabriqué. Il se pourrait bien qu'un guignol essaye de vendre son remède miracle aux maux de l'économie.

Impression et réalité

Le désaccord entre économistes est inévitable, parce que les jugements scientifiques et les systèmes de valeurs eux-mêmes peuvent différer. Mais il ne faudrait pas surestimer la discorde. La plupart du temps, les économistes partagent les mêmes vues.

Le tableau 2.1 présente huit propositions de politique économique. À l'occasion d'un sondage mené dans les milieux économiques privé, gouvernemental et universitaire, ces propositions ont été approuvées par une impressionnante majorité des économistes interrogés. Un tel taux d'approbation serait surprenant de la part du public.

TABLEAU 2.1 **Dix propositions qui font l'unanimité.**

Proposition (% d'adhésion parmi les économistes) :

1. Le blocage des loyers réduit la quantité et la qualité de l'habitat disponible (93 %).
2. Les taxes et les quotas à l'importation réduisent le bien-être économique général (93 %).
3. Les taux de change flottants constituent une organisation monétaire internationale efficace (90 %).
4- La politique fiscale exerce une influence stimulante sur une économie en situation de sous-emploi (90 %).
5. Si le budget fédéral doit être équilibré, cet équilibre doit être lié au cycle économique et non à l'année (85 %).
6. Les versements en espèces (aux nécessiteux) sont préférables aux transferts en nature (84 %).
7. Un déficit budgétaire fédéral important exerce un effet négatif sur l'économie (83 %).
8. Le salaire minimal accroît le chômage des jeunes et des travailleurs non qualifiés (79 %).
9. Le gouvernement devrait réorganiser son système de prestations sociales selon le principe de « l'impôt négatif sur le revenu » (92 %).
10. Les permis de polluer négociables constituent un meilleur moyen de contrôler la pollution que les plafonds de pollution (78 %).

Source. — Richard M. Alston, J.R. Kearl, et Michael B. Vaughn, « Les économistes sont-ils d'accord entre eux dans les années 1990 ? » *American Economic Review,* mai 1992, 203-209.

La première proposition porte sur le blocage des loyers immobiliers. Pour des raisons que l'on étudiera au chapitre 6, pratiquement tous les économistes considèrent que ce blocage influe négativement sur la disponibilité et la qualité de l'habitat et qu'il constitue une mesure extrêmement coûteuse d'aide aux défavorisés. Néanmoins, de nombreuses villes continuent d'imposer des loyers maximaux que les propriétaires de logements ne peuvent dépasser.

La deuxième proposition concerne les taxes et les quotas à l'importation. Nous verrons au chapitre 3 et, plus précisément encore au chapitre 9, pourquoi tous les économistes s'élèvent contre ces freins au libre-échange. Néanmoins, au fil des années, le Président et le Congrès ont choisi de limiter les importations de certains biens. En 1993, l'Accord nord-américain de libre-échange, qui vise à réduire les barrières douanières entre les États-Unis, le Canada et le Mexique, n'a été adopté au Congrès qu'à une très étroite majorité, malgré un soutien unanime des économistes. En l'espèce, les économistes ont vraiment parlé d'une voix unique, que les parlementaires ont préféré ignorer.

Pourquoi des politiques comme le blocage des loyers ou les barrières au libre-échange perdurent-elles alors que les experts sont unanimement contre ? La raison en est probablement que les économistes n'ont pas encore réussi à convaincre le grand public du caractère néfaste de ces politiques. Ce livre a pour objet, entre autres choses, de vous présenter l'opinion des économistes sur ces sujets, et peut-être de vous persuader de sa justesse.

■ **VÉRIFIEZ VOS CONNAISSANCES** Donnez trois raisons pour lesquelles deux conseillers économiques du Président pourraient ne pas être d'accord sur une mesure à adopter.

2.4 POURSUIVONS NOTRE CHEMIN

Les deux premiers chapitres de ce livre ont introduit les idées et les méthodes de la science économique. Nous pouvons maintenant poursuivre. Dans le prochain chapitre, nous allons étudier en détail les principes du comportement économique et des politiques économiques.

Au fil de votre lecture, vos capacités intellectuelles vont être sollicitées. Gardez à l'esprit ce conseil formulé par l'un des grands économistes de l'histoire, John Maynard Keynes :

« L'étude de l'économie ne semble pas nécessiter de talents particuliers ou remarquables. Ne s'agit-il pas d'un domaine plutôt simple comparé à la philosophie ou la science pure ? Un domaine simple, mais dans lequel les experts sont rares ! Peut-être parce que l'expert-économiste doit posséder une combinaison de talents assez rare. Il doit être mathématicien, historien, homme d'État, philosophe… Il doit comprendre les symboles et s'exprimer avec des mots. Il doit contempler les détails sans oublier les généralités et sa pensée doit être concrète sans négliger les abstractions. Il doit analyser le présent à l'aune du passé dans le but de prévoir l'avenir. Aucun aspect de la nature humaine ou de ses constructions ne doit échapper à sa vigilance. À la fois tenace et désintéressé, aussi incorruptible que l'artiste, il doit aussi être proche de la réalité comme l'homme politique. »

Cela n'est pas facile. Mais avec un peu de pratique, vous allez vous mettre à penser comme des économistes.

RÉSUMÉ

- Les économistes essaient de traiter leurs sujets avec objectivité. Comme tous les scientifiques, ils font des hypothèses appropriées et construisent des modèles pour comprendre le monde qui les entoure.
- La science économique est divisée en deux domaines : la micro-économie, qui étudie les décisions individuelles des ménages et des entreprises ainsi que leurs interactions sur les marchés, et la macro-économie, qui s'intéresse aux forces et tendances qui affectent l'économie en général.
- Une opinion positive décrit le monde tel qu'il est. Une opinion normative le décrit tel qu'il devrait être. Quand les économistes émettent des opinions normatives, ils se comportent plus en hommes politiques qu'en scientifiques.
- Les économistes qui conseillent les décideurs politiques peuvent émettre des avis différents, voire opposés, soit parce que leurs jugements scientifiques diffèrent, soit parce qu'ils ne partagent pas les mêmes valeurs. Il arrive aussi qu'un charlatan propose une solution extraordinairement simple à un problème compliqué. Parfois, tous les économistes seront d'accord entre eux, mais les politiciens préféreront ignorer le conseil unanimement émis.

CONCEPTS CLÉS – DÉFINITIONS

Diagramme de flux circulaire : modèle de l'économie montrant comment l'argent circule par l'intermédiaire des marchés, entre ménages et entreprises.

Frontière des possibilités de production : graphique indiquant les diverses combinaisons de production possibles pour une économie compte tenu de ses facteurs de production et de sa technologie.

Micro-économie : étude des décisions des entreprises et des ménages ainsi que de leurs interactions sur les marchés.

Macro-économie : étude des phénomènes économiques d'ensemble comme l'inflation, le chômage, et la croissance économique.

Opinion positive : affirmation qui essaie de décrire le monde.

Opinion normative : affirmation qui essaie de prescrire ce que devrait être le monde.

QUESTIONS DE RÉVISION

1 En quoi l'économie est-elle une science ?
2. Pourquoi les économistes font-ils des hypothèses ?
3. Un modèle économique doit-il décrire la réalité exactement ?
4. Dessiner et expliquer la frontière des possibilités de production d'une économie qui ne produit que du lait et des biscuits. Comment cette frontière évolue-t-elle si une maladie abat la moitié de la population bovine de l'économie ?
5. Quels sont les deux domaines principaux de l'économie ? Expliquer ce que chacun des deux étudie.
6. Quelle est la différence entre une opinion normative et une opinion positive ? Donner un exemple de chacune.
7. Qu'est-ce que le Groupe des Conseillers économiques ?
8. Pourquoi les économistes proposent-ils parfois des conseils conflictuels aux hommes politiques ?

PROBLÈMES D'APPLICATION

1. Donnez quelques exemples de termes issus du jargon spécialisé relatif à une discipline que vous étudiez. En quoi ces termes sont-ils utiles ?
2. Une hypothèse fréquemment utilisée en économie voudrait que les produits de différentes firmes relevant d'un même secteur économique soient indifférenciables. Pour chacune des industries suivantes, indiquez si cette hypothèse vous paraît raisonnable :
   - métaux ;
   - romans ;
   - blé ;
   - restauration rapide.
3. Dessinez un diagramme de flux circulaire. Identifiez les éléments qui correspondent aux flux de biens et services et aux flux monétaires pour chacune des activités suivantes :
   - Sam paye 2 francs à l'épicier pour un demi-litre de lait ;

– Sally gagne 25 francs de l'heure en travaillant dans un fast-food ;
– Serena dépense 35 francs pour aller au cinéma ;
– Stuart a tiré 50 000 francs des 10 % d'Acme International qu'il détient.

4. Quelles caractéristiques importantes de l'économie sont ignorées par le modèle de flux circulaire ? Imaginez quelques sujets dont l'étude ne pâtit pas de cette omission, et quelques autres dont l'étude est difficile dans ces conditions.
5. Le premier des *dix principes de l'économie* du premier chapitre indique que les gens doivent faire des choix. Illustrez le choix que la société doit faire entre environnement sain et revenus élevés, à l'aide d'une frontière des possibilités de production. Qu'est-ce qui détermine la forme et la position de la frontière ? Montrez ce qui se passe si l'on invente un moteur non polluant.
6. Classez les sujets suivants dans les domaines micro ou macro-économique :
– décision familiale quant au montant à épargner ;
– impact des réglementations gouvernementales sur la pollution automobile ;
– effet d'un taux d'épargne supérieur sur la croissance économique ;
– décision de l'entreprise quant aux embauches futures ;
– relation entre taux d'inflation et variations de la quantité de monnaie.
7. Placez chacune des propositions suivantes dans la catégorie des opinions positives ou normatives :
– la société doit faire un choix à court terme entre inflation et chômage ;
– un ralentissement de la croissance monétaire se traduira par une diminution de l'inflation ;
– la Réserve fédérale devrait réduire la croissance monétaire
– la société devrait obliger les bénéficiaires de prestations sociales à chercher du travail ;
– des taux d'imposition inférieurs incitent à travailler et à épargner plus.
8. Même exercice avec les propositions du tableau 2.1. Expliquez.
9. Si vous étiez Président, attacheriez-vous plus d'importance aux opinions positives ou aux opinions normatives de vos conseillers économiques ? Pourquoi ?
10. Le *Rapport économique au Président* présente des informations statistiques sur l'économie ainsi que l'analyse que fait le groupe des conseillers économiques des politiques économiques en cours. Allez chercher un exemplaire récent de ce rapport à la bibliothèque et lisez un chapitre consacré à un sujet qui vous intéresse. Résumez les données du problème présenté et décrivez les politiques recommandées par le groupe des conseillers économiques.

11. Quel est le président actuel de la Réserve fédérale ? Qui préside en moment le groupe des conseillers économiques ? Qui est le minist des Finances actuel ?
12. Pensez-vous qu'à l'avenir les économistes seront plus souvent d'a cord, ou au contraire moins souvent qu'aujourd'hui ? Pourquoi ? C désaccords peuvent-ils être définitivement éliminés ? Pourquoi ?
13. Dans ce chapitre, nous avons conté l'histoire de Pierre, Paul et du pui de la ville :

    a. Pensez-vous que la politique fiscale présentée dans l'histoire e équitable ?

    b. Quelles informations supplémentaires vous faudrait-il po porter un jugement correct ?

    c. Compte tenu de votre réponse à la question b., pensez-vous q les systèmes fiscaux compliqués sont plus équitables que les systèm simples ? Quelles autres considérations doit-on prendre en comp dans la mise au point d'un régime fiscal ?

ANNEXE

La construction des graphiques

La plupart des concepts étudiés par les économistes peuvent être exprimés sous forme numérique : le prix des bananes, la quantité de bananes vendues, le coût de production des bananes, etc. Ces variables économiques sont souvent liées entre elles. Si le prix des bananes augmente, les gens en achètent moins. Les graphiques sont l'une des manières d'illustrer ces relations.

Les graphiques ont deux raisons d'être. Tout d'abord, un graphique permet d'illustrer visuellement une idée qu'il serait plus difficile d'exprimer sous forme littéraire ou sous forme d'équations. Ensuite, la figure permet de trouver comment les données sont reliées entre elles dans le monde réel. Que l'on travaille avec des théories ou avec des données, le graphique permet de mettre en évidence des éléments qui, sinon, seraient perdus dans la confusion.

De même qu'une pensée peut s'exprimer sous diverses formes littéraires, une information numérique peut être représentée graphiquement de diverses manières. Un bon écrivain cherchera les mots qui clarifieront son argumentation, amélioreront sa description ou rendront plus dramatique sa scène. Un économiste efficace choisira la forme de graphique la mieux adaptée à son objectif du moment.

Dans cette annexe, nous verrons comment les économistes utilisent les graphiques pour représenter les relations mathématiques existant entre diverses variables. Nous discuterons aussi de quelques dangers à éviter dans l'utilisation des graphiques.

Graphiques à variable unique

La figure 2A.1 présente trois graphiques traditionnels. Le graphique *« en camembert »* représente la répartition des dépenses de santé entre individus, leurs assureurs et le gouvernement. Chaque part du fromage représente la part du groupe en question dans le total. Le graphique *« en bâtons »* compare les valeurs de plusieurs grandes entreprises. La taille de chaque bâton est proportionnelle à la valeur de l'entreprise concernée. Le graphique de *série temporelle* montre l'évolution dans le temps de la productivité du travail dans les exploitations agricoles américaines. La hauteur de la ligne indique la production horaire pour chaque année. Vous avez déjà vu tous ces types de graphiques dans les journaux et les magazines.

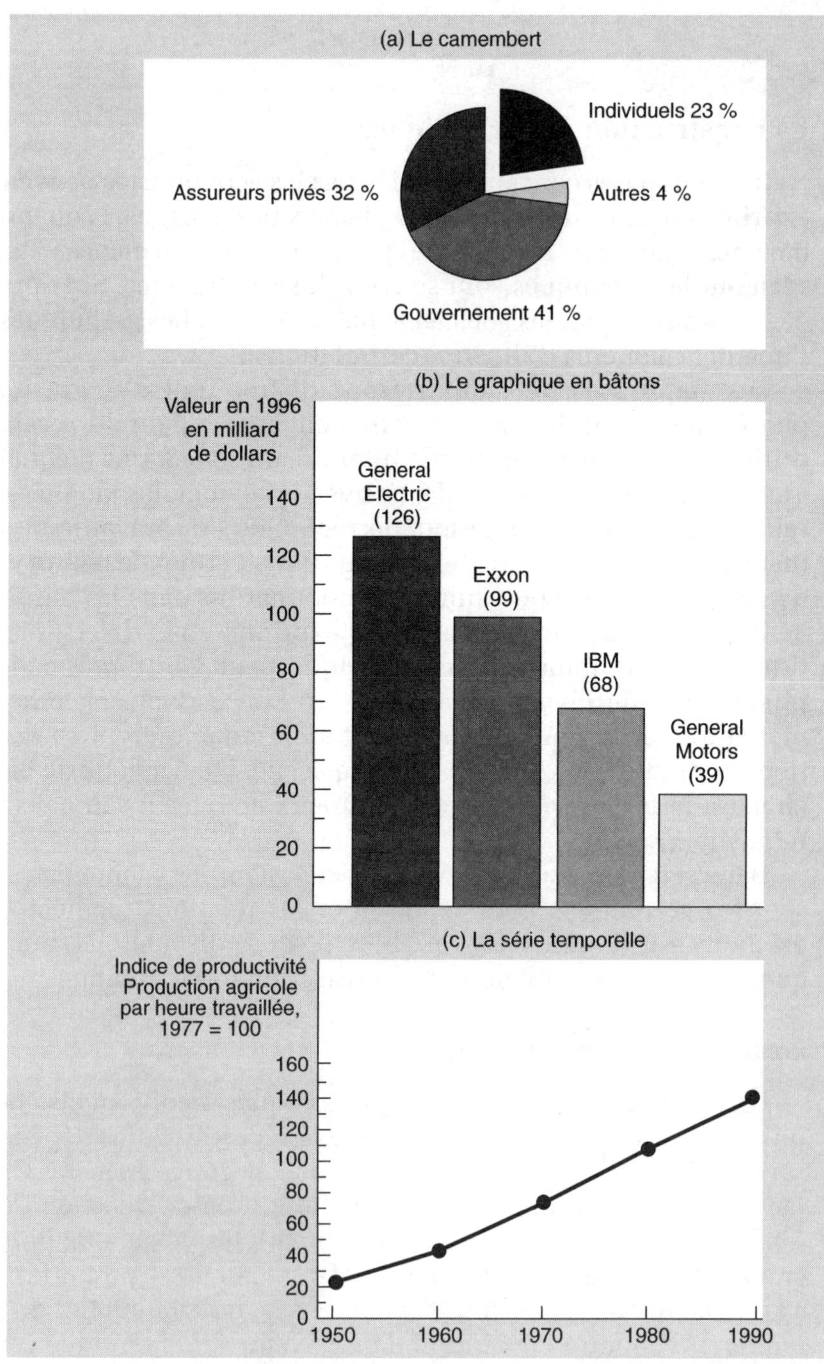

FIG. 2A.1 **Types de graphiques.** Le camembert de la partie A montre la répartition des dépenses de santé. Le graphique en bâtons de la partie B indique la valeur de marché de quelques-unes des plus grandes entreprises du monde. La série temporelle de la partie C illustre la croissance de la productivité agricole des fermes américaines entre 1950 et 1990.

Graphiques à deux variables : le système de coordonnées

Si les trois graphiques de la figure 2A.1 sont utiles pour montrer l'évolution d'une variable dans le temps ou dans une population, ils sont limités dans ce qu'ils nous apportent. En effet, ils ne concernent qu'une seule variable. Or les économistes sont le plus souvent intéressés par les relations entre variables. Ils ont ainsi besoin de montrer deux variables sur un seul graphique. Le *système de coordonnées* le leur permet.

Imaginons que l'on veuille étudier la relation entre temps d'étude et note moyenne. Pour chaque étudiant de la classe, nous notons un couple de nombres : le nombre d'heures passées par semaine à étudier, et la note moyenne obtenue. Ces nombres peuvent être écrits entre parenthèses sous la forme d'une paire ordonnée et apparaître sur le graphique sous la forme d'un point. Albert E. par exemple, sera représenté par la paire ordonnée (25 heures par semaine, 3.5), tandis que son ami « je-m'en-foutiste » Alfred E. sera représenté par la paire (5 heures par semaine, 2.0). Le premier nombre de la paire, appelé *abscisse*, indique la localisation horizontale du point. Le second nombre, appelé *ordonnée*, indique sa localisation verticale. Le point dont l'abscisse et l'ordonnée sont égales à zéro est appelé l'origine. Les deux coordonnées nous indiquent où se trouve le point par rapport à l'origine : x unités à droite de l'origine et y unités au-dessus.

La figure 2A.2 représente les divers couples (heures travaillées/note moyenne obtenue) pour Albert E., Alfred E, et leurs collègues de classe. Le résultat obtenu est appelé un *nuage de points*. En étudiant ce graphique, on constate que les points les plus à droite ont aussi tendance à être plus élevés, ce qui indique que les étudiants qui travaillent plus longtemps ont tendance à obtenir de meilleures notes. On dit que ces deux données sont *positivement corrélées*. En revanche, si l'on devait représenter le temps de loisir et la note obtenue, ces deux données seraient *négativement corrélées*. Dans les deux cas, le graphique met cette corrélation en évidence.

Les courbes dans le système de coordonnées

Les étudiants qui travaillent plus ont tendance à décrocher de meilleures notes, mais celles-ci dépendent aussi d'autres facteurs. La culture générale est un facteur important, de même que le talent, la qualité des enseignants, et même l'équilibre du petit-déjeuner. Un nuage de points comme celui de la figure 2A.2 ne permet pas d'isoler l'effet du temps travaillé sur les notes, par rapport aux

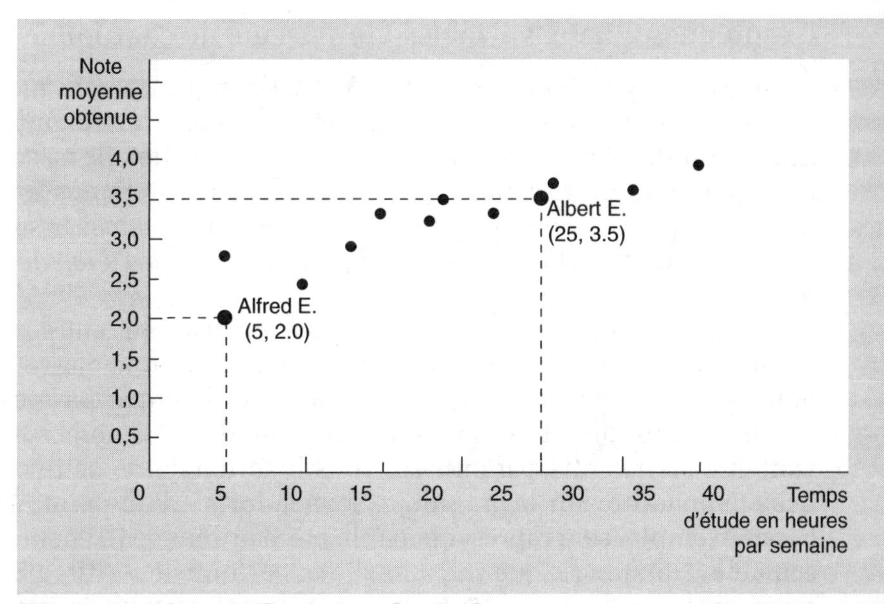

FIG. 2A.2 **Utilisation du système de coordonnées.** La note moyenne est mesurée sur l'axe vertical et le temps passé à étudier sur l'axe horizontal. Albert E., Alfred E. et leurs collègues de classe sont représentés par des points. On constate sur le graphique que les élèves qui étudient plus longtemps ont tendance à avoir de meilleures notes.

autres facteurs explicatifs. Souvent les économistes préfèrent observer l'influence d'une variable sur une autre, le reste étant supposé inchangé.

L'un des graphiques les plus importants en économie est la *courbe de demande*, qui représente l'effet du prix d'un bien sur la quantité achetée par les consommateurs. Le tableau 2A.1 montre le nombre de livres achetés par Emma B. en fonction de son revenu et du prix des romans. Quand ceux-ci sont bon marché, Emma les achète en grandes quantités. Quand leurs prix augmentent, Emma va emprunter des livres à la bibliothèque ou se rend au cinéma plutôt que de lire. De la même façon, à un prix donné, Emma achète plus de livres quand ses revenus sont plus élevés. C'est-à-dire que lorsque ses revenus augmentent, Emma consacre une partie de cette augmentation à l'achat de livres, et le reste à d'autres biens.

Nous avons maintenant trois variables : le prix des romans, le revenu et le nombre de romans achetés. C'est une variable de trop pour une représentation en deux dimensions. Pour traduire sous forme graphique l'information contenue dans le tableau 2A.1, il faut tracer la relation entre deux variables en supposant la troisième constante. La courbe de demande représentant la relation entre prix et quantité demandée, nous supposerons que le revenu d'Emma est constant et nous montrerons comment le nombre de livres qu'elle achète varie en fonction de leurs prix.

TABLEAU 2A.1 **Livres achetés par Emma B.**

	Revenu		
Prix	*20 000 $*	*30 000 $*	*40 000 $*
10 $	2 livres	5 livres	8 livres
9 $	6	9	12
8 $	10	13	16
7 $	14	17	20
6 $	18	21	24
5 $	22	25	28
	Courbe D_3	Courbe D_2	Courbe D_1

Ce tableau indique le nombre de romans achetés par Emma B. pour divers niveaux de prix et de revenu. Pour un niveau donné de revenu, les informations sur les prix et les quantités permettent de tracer la courbe de demande d'Emma.

Imaginons que le revenu annuel d'Emma soit de 30 000 dollars. Si nous plaçons en abscisses le nombre de livres achetés par Emma et leur prix en ordonnées, nous pouvons représenter graphiquement la colonne du milieu du tableau 2A.1. Quand les points qui représentent les données du tableau (5 romans, 10 dollars), (9 romans, 9 dollars), etc. sont reliés, ils forment une courbe. Cette courbe, représentée sur la figure 2A.3, est la courbe de demande de livres d'Emma ; elle nous indique combien de livres Emma achète à chaque prix. Cette courbe de demande est décroissante, ce qui signifie que la quantité demandée de romans diminue quand leur prix augmente.

Imaginons maintenant que le revenu d'Emma augmente pour atteindre 40 000 dollars annuels. A un niveau de prix donné, Emma achètera plus de livres qu'elle ne le faisait avec un revenu inférieur. Nous pouvons maintenant tracer une nouvelle courbe de demande sur la base des informations contenues dans la colonne de droite du tableau 2A.1. Sur la figure 2A.4, cette nouvelle courbe (D_2) apparaît à côté de la courbe précédente (D_1) : elle lui ressemble beaucoup, mais est située à sa droite. On dira que la courbe de demande d'Emma subit une *translation vers la droite* quand le revenu augmente. De manière similaire, si le revenu d'Emma devait descendre

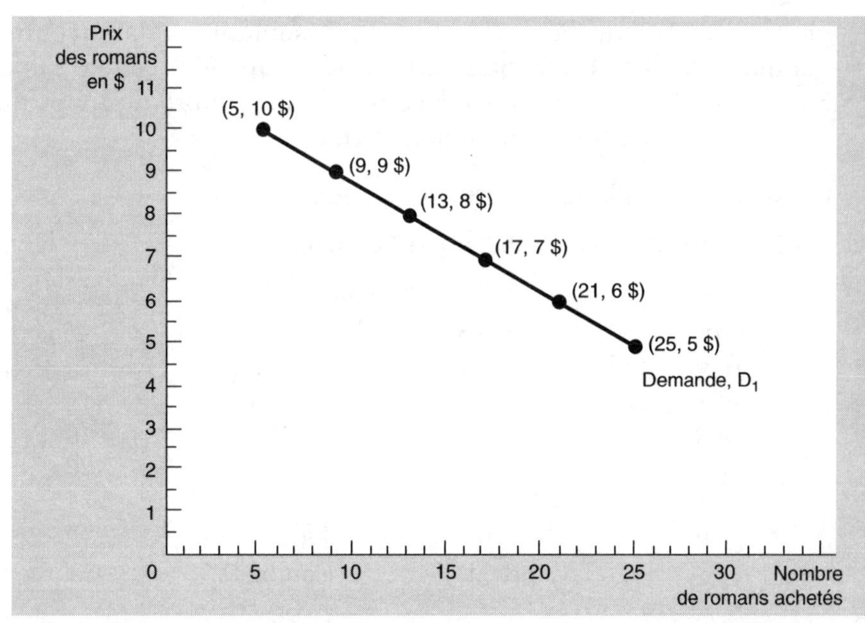

FIG. 2A.3 **Courbe de demande.** La droite D_1 montre comment les achats de livres d'Emma sont fonction du prix de ceux-ci quand le revenu d'Emma est constant. Le prix et la quantité achetée évoluant en sens inverse, la droite a une pente négative.

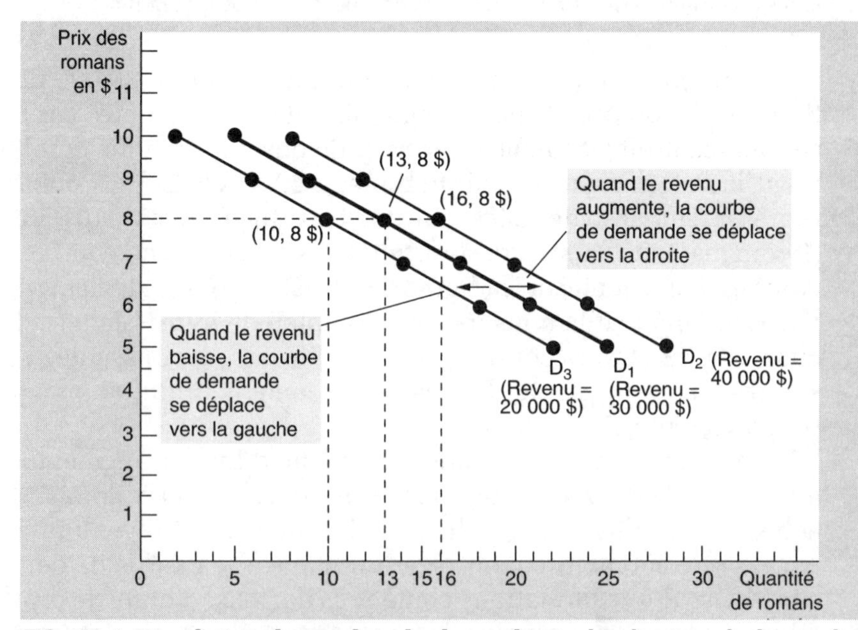

FIG. 2A.4 **Translation de courbes de demande.** La localisation de la courbe de demande d'Emma dépend de son revenu. Plus elle gagne, plus la courbe sera à droite, et plus Emma achètera de livres à un niveau de prix donné. La droite D_1 représente la courbe de demande d'Emma quand son revenu est de 30 000 dollars par an. Si son revenu passe à 40 000 dollars par an, la courbe de demande se déplace vers D_2. Si son revenu tombe à 20 000 dollars, la courbe de demande se déplace vers D_3.

à 20 000 dollars, elle achèterait moins de livres, et sa courbe de demande subirait une *translation vers la gauche* (vers la courbe D_3).

En économie, il faut bien distinguer les *déplacements le long de la courbe* et les *déplacements de la courbe* elle-même. Comme on peut le voir sur la figure 2A.3, si Emma gagne 30 000 dollars par an et si les romans coûtent 8 dollars pièce, elle achètera 13 romans par an. Si le prix des romans tombe à 7 dollars, elle achètera 17 livres dans l'année. La courbe de demande n'a pas bougé. *À chaque prix*, Emma achète toujours le même nombre de livres, mais si les prix changent, la demande d'Emma se déplace le long de la courbe de gauche à droite. Si maintenant les prix sont fixes à 8 dollars, mais le revenu d'Emma augmente à 40 000 dollars, elle achètera plus de livres (16 par an en l'occurrence). Parce qu'Emma achète plus de livres *à un même niveau de prix,* sa courbe de demande a été déplacée.

Il est facile de savoir quand il faut déplacer une courbe. Si une variable qui ne figure sur aucun des deux axes est modifiée, alors il faut déplacer la courbe. Le revenu d'Emma n'apparaît ni en abscisses ni en ordonnées ; quand son revenu change, il faut déplacer la courbe. Tous les facteurs susceptibles d'affecter les habitudes d'achat d'Emma, autres que le prix des romans, généreront un déplacement de la courbe de demande s'ils viennent à être modifiés. Si par exemple la bibliothèque ferme ses portes, obligeant ainsi Emma à acheter tous les livres qu'elle désire lire, elle consommera plus de livres à chaque niveau de prix, et sa courbe de demande sera déplacée vers la droite. Si le prix du billet de cinéma diminue et si Emma passe plus de temps dans les salles obscures, elle achètera moins de livres à chaque niveau de prix, et sa courbe de demande sera déplacée vers la gauche. En revanche, si le changement concerne une des variables représentées sur l'un des axes, la courbe n'est pas déplacée. Le changement est reflété par un déplacement le long de la courbe.

Pente et élasticité

Une question que l'on peut se poser quant aux habitudes consuméristes d'Emma consiste à se demander comment celles-ci réagissent aux variations de prix. Regardons la courbe de demande représentée sur la figure 2A.5. Si cette courbe est très abrupte, Emma achète pratiquement le même nombre de romans qu'ils soient chers ou bon marché. Au contraire, si la courbe est moins abrupte, Emma achète de moins en moins de livres au fur et à mesure que leur prix augmente. Pour répondre à la question « comment une variable est-elle affectée par les variations de l'autre ? », on utilise le concept de *pente.*

La pente d'une droite est définie par le ratio de la distance verticale à la distance horizontale parcourue en se déplaçant le long de la droite. Cette définition s'écrit de la manière suivante en utilisant les symboles mathématiques :

$$\text{pente} = y/x,$$

dans laquelle la lettre grecque représente un changement de la variable considérée. En d'autres termes, la pente est égale au changement d'altitude (variation de y) divisé par le changement horizontal (variation de x). Cette pente prendra une faible valeur positive dans le cas d'une droite légèrement inclinée vers le nord-est, une valeur fortement positive pour une droite fortement inclinée vers le nord-est, et une valeur négative pour une droite inclinée vers le sud-est. Une droite horizontale a une pente nulle, puisque la variable y est constante, et une droite verticale a une pente infinie puisqu'y peut prendre n'importe quelle valeur sans que x change.

Quelle est la pente de la courbe de demande d'Emma pour les livres ? Tout d'abord, parce que la droite descend vers le sud-est, nous savons que la pente sera négative. Pour en calculer la valeur, il faut choisir deux points de la droite. En fixant le revenu d'Emma à 30 000 dollars, elle achètera 21 livres à 6 dollars, ou 13 livres à 8 dollars. En appliquant la formule donnée plus haut, nous nous intéresserons aux changements qui interviennent entre ces deux points ; il nous faut calculer leur différence, de la manière suivante :

$$\text{pente} = \Delta y/\Delta x = (6 - 8)/(21 - 13) = -2/8 = -1/4$$

La figure 2A.5 illustre ce calcul. Refaites le calcul de la pente de la courbe de demande d'Emma en utilisant deux autres points de référence. Vous trouverez le même résultat, – 1/4. L'une des caractéristiques d'une droite, c'est que sa pente est la même tout le long de la droite. Cela n'est pas vrai pour d'autres types de courbes, qui sont plus ou moins pentues selon les endroits.

Cette pente que l'on vient de calculer nous renseigne sur l'impact des changements de prix sur la demande de livres par Emma. Quand le prix des livres évolue, Emma modifie sa demande de façon plus sensible qu'un individu qui aurait une courbe moins pentue (une valeur plus proche de zéro), mais de façon moins sensible que quelqu'un qui aurait une courbe plus pentue (une valeur plus éloignée de zéro).

Toutefois, la pente n'est qu'une mesure imparfaite de la sensibilité d'Emma aux changements de prix. En effet, la pente dépend des unités dans lesquelles sont exprimées les variables x et y. Si le prix des livres est exprimé en centimes et non plus en dollars, la pente

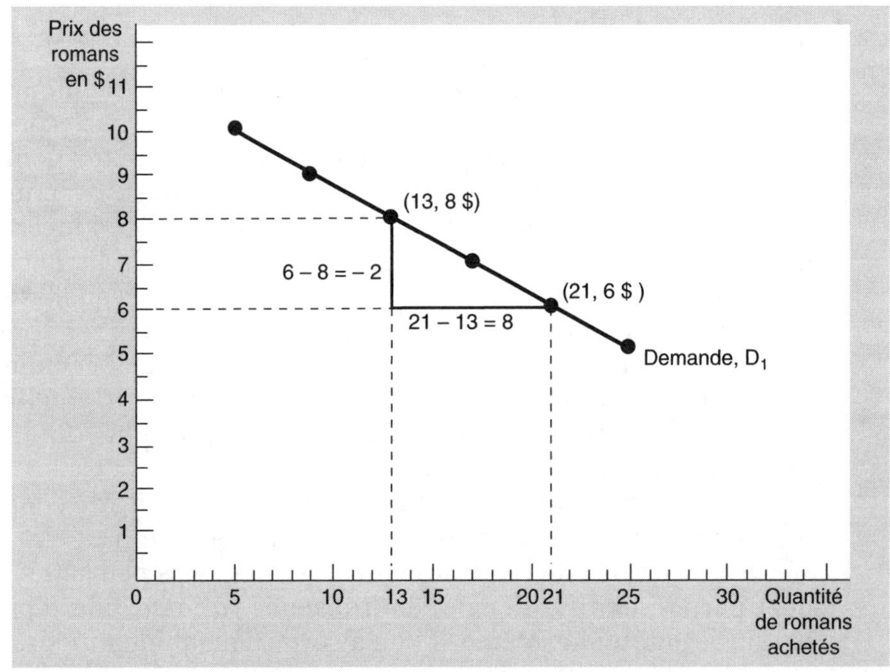

FIG. 2A.5 **Calcul de la pente de la droite.** Pour calculer la pente de la courbe de demande, nous pouvons regarder les changements de valeur de l'abscisse et de l'ordonnée quand on passe du point (21 livres, 6 dollars) au point (13 livres, 8 dollars). La pente est le ratio de la variation de l'ordonnée (– 2) à la variation de l'abscisse (+ 8), ici égal à – 1/4.

sera de – 100/4, soit – 25, au lieu de – 1/4 précédemment. Ce calcul est tout à fait juste, et nous livre d'ailleurs une indication utile : la demande d'Emma est moins sensible à une variation de prix d'un certain nombre de centimes qu'à une variation de prix d'un même nombre de dollars. Néanmoins, si l'on veut comparer la pente de la courbe de demande d'Emma B. avec un prix exprimé en dollars, à celle de la courbe de Don Q. avec le prix en peso mexicain, et celle de David C. avec le prix en livres sterling, la panique générale va s'installer. C'est pourquoi les économistes mesurent en général la sensibilité d'une variable aux changements d'une autre variable par *l'élasticité*, plutôt que par la pente. L'élasticité mesure les variations en pourcentage et non pas en valeur absolue. Une diminution de prix de 8 à 6 dollars représente la même baisse de 25 % qu'une diminution de 800 à 600 centimes. En termes d'élasticité, nous n'avons plus à nous préoccuper des unités dans lesquelles sont exprimées les variables, puisque les variations en pourcentage sont les mêmes quelles que soient les unités. Les élasticités seront étudiées en détail dans le chapitre 5.

La cause et l'effet

On l'a vu, les économistes font souvent appel au graphique pour illustrer un argument concernant le fonctionnement de l'économie. En d'autres termes, ils utilisent le graphique pour montrer comment une série d'événements génère d'autres événements. Avec un graphique comme la courbe de demande, il n'y a pas d'incertitude quant à la cause et à l'effet. Parce que nous faisons varier le prix en maintenant les autres facteurs constants, nous savons que les changements de la quantité achetée par Emma sont dus aux variations de prix. N'oublions pas cependant que notre courbe de demande était le fruit d'un exemple théorique. Quand on construit un graphique à partir des données du monde réel, il est souvent plus difficile de savoir quelle variable influence l'autre.

La première difficulté vient de ce qu'il est difficile de conserver les autres facteurs inchangés. Si cette condition ne peut être réalisée, les variations de l'une des variables analysées peuvent s'expliquer par les modifications d'une *troisième variable*, non représentée sur le graphique. Même si l'on a correctement identifié les deux variables à étudier, on peut tomber sur une deuxième difficulté, la *causalité inverse*. C'est-à-dire que l'on décidera que A est à l'origine de B, alors qu'en fait c'est B qui est la cause de A. Ces deux pièges, des variables omises et de la causalité inverse, nous obligent à être prudents quand nous utilisons des graphiques pour tirer des conclusions quant aux causes et aux effets.

Variables omises

Pour illustrer ce danger, considérons l'exemple suivant. Le gouvernement, à la demande du grand public préoccupé par le nombre de décès dus au cancer, commande une étude statistique exhaustive aux Services Statistiques de Big Brother. Cette société analyse le mobilier des foyers du pays à la recherche des objets qui pourraient être associés au risque de cancer. Big Brother fait état d'une étroite relation entre deux variables : le nombre de briquets possédés par un ménage et la probabilité que l'un des membres de la famille développe un cancer. La figure 2A.6 illustre cette relation.

Que peut-on faire d'un tel résultat ? Big Brother conseille au gouvernement de décourager la détention de briquets en taxant fortement la vente de ce produit. Par ailleurs il recommande au gouvernement l'imposition de l'inscription suivante sur tous les briquets : « Big Brother considère que ce briquet est dangereux pour votre santé. »

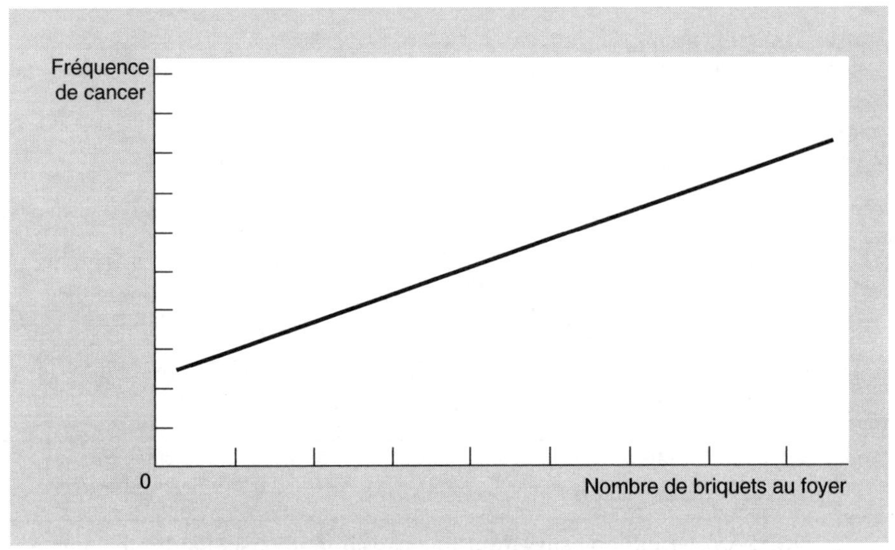

FIG. 2A.6 **Graphique avec une variable omise.** La droite à pente positive indique que les foyers qui détiennent de nombreux briquets sont plus sujets au cancer. Il ne faudrait pas en conclure que la détention de briquets est dangereuse, car le graphique n'a pas pris en compte la variable pertinente : la quantité de cigarettes fumées.

Pour juger de la validité de ces recommandations il faut se demander si Big Brother a bien maintenu constants tous les autres facteurs pertinents. Si la réponse est négative, alors les résultats seront suspects. Une explication évidente de la figure 2A.6 tient au fait que les détenteurs de briquets ont de bonnes chances d'être des fumeurs, et que la cigarette (plutôt que le briquet) est une cause de cancer. En ne tenant pas compte des quantités fumées, la figure 2A.6 ne nous renseigne guère sur l'effet de la détention d'un briquet.

Morale de cette histoire : quand on vous présente un graphique pour étayer une opinion quant aux causes et effets d'un phénomène, demandez-vous si les résultats observés ne peuvent s'expliquer par les variations d'une variable non représentée

Causalité inverse

Les économistes peuvent aussi se tromper en lisant à l'envers une relation de cause à effet. Imaginons que l'Association des anarchistes américains fasse réaliser une étude sur la criminalité aux États-Unis : celle-ci aboutirait à la figure 2A.7 qui met en relation le nombre de crimes de sang dans les grandes villes (par millier d'ha-

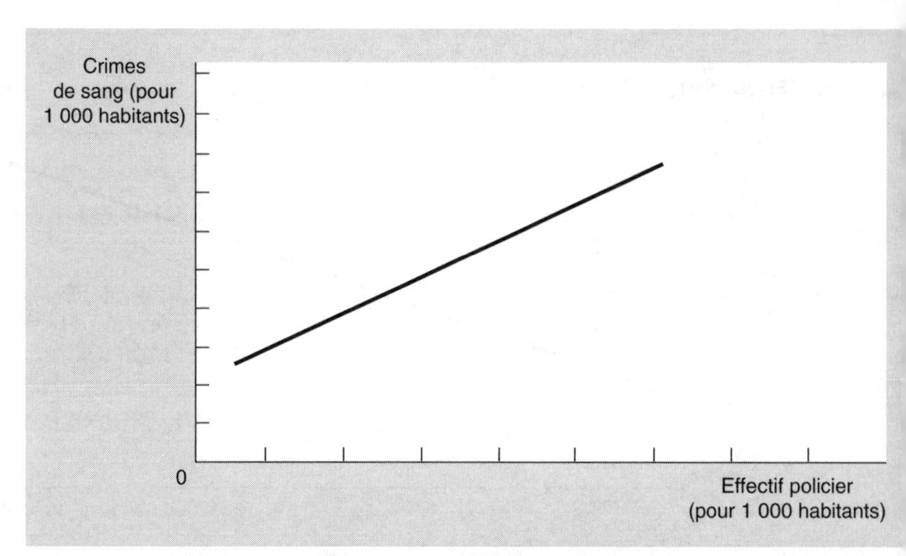

FIG. 2A.7 **Graphique suggérant une causalité inverse.** La droite à pente positive suggère que les villes dans lesquelles l'effectif policier est élevé sont plus dangereuses. Cependant le graphique ne nous dit pas si c'est la police qui incite au crime, ou si les villes ravagées par la violence font appel à des forces de police plus nombreuses.

bitants) et la taille des forces de police des mêmes villes. Les anarchistes noteront la pente positive de la droite et déclareront que, puisqu'il est clair que la criminalité augmente quand l'effectif policier croît, il vaut mieux faire disparaître immédiatement tous les uniformes bleus.

Dans le cadre d'une expérience réalisée avec soin, le risque de causalité inverse est facilement évité. À titre expérimental par exemple, le nombre de policiers affectés à chaque ville aurait été choisi au hasard et l'on aurait ensuite étudié la corrélation entre criminalité et effectif des forces de police. Notre graphique n'a pas été le résultat d'une telle expérience. Il permet simplement de constater que les villes les plus dangereuses bénéficient de forces de police plus nombreuses. Peut-être est-ce parce que les villes dangereuses engagent plus de policiers pour assurer l'ordre public. En d'autres termes, les effectifs policiers ne seraient pas à l'origine de la criminalité, mais c'est bien celle-ci qui impliquerait des forces de police adéquates. Rien dans le graphique ne permet d'établir clairement le sens de la causalité.

On pourrait penser que ce sens est facile à déterminer : il suffirait d'observer laquelle des variables est la première à se mouvoir. Si la criminalité augmente, puisque les forces de police en fassent autant, on en tirera une conclusion. Si au contraire, les effectifs policiers croissent, suivis par une augmentation de la criminalité, on penchera pour l'autre causalité. Malheureusement, cette approche présente un grave défaut : les gens modifient souvent leur comportement non pas en réponse à une modification de leur condition actuelle, mais en réponse à une *anticipation* de nouvelles conditions à venir. Une ville qui s'attendrait à une prochaine explosion de violence engagerait de nouvelles forces de police dès maintenant. Ce phénomène est bien connu en ce qui concerne la relation entre les bébés et les breaks automobiles. Les couples qui attendent un bébé ont tendance à acheter une voiture plus spacieuse en anticipant l'arrivée du bébé. La berline familiale arrive avant le bébé, mais on ne peut en conclure que la vente de berlines familiales est un facteur de croissance de la population !

En fait, il n'existe pas de règles précises indiquant s'il est possible ou non de tirer des conclusions en matière de causalité à partir d'un graphique. En gardant à l'esprit que les briquets ne donnent pas le cancer (variable omise) et que les berlines familiales ne favorisent pas la croissance démographique (causalité inverse), vous éviterez de tomber dans les pièges de maintes argumentations économiques fallacieuses.

CHAPITRE 3

INTERDÉPENDANCE ET BÉNÉFICES DE L'ÉCHANGE

Dans ce chapitre, vous allez :

- observer comment chacun bénéficie de l'échange
- apprendre la différence entre avantage absolu et avantage comparatif
- voir comment l'avantage comparatif détermine les bénéfices de l'échange
- appliquer la théorie de l'avantage comparatif à la vie quotidienne et aux politiques économiques

Contemplez une de vos journées habituelles. Vous sautez du lit, vous vous servez un jus d'oranges de Floride et un café du Brésil. Tout en déjeunant, vous regardez votre télévision fabriquée au Japon. Vous vous habillez en enfilant des vêtements de coton de Géorgie, cousus dans des usines thaïlandaises. La moto que vous conduisez pour aller à la faculté assemble des pièces usinées partout dans le monde. Et vous ouvrez votre manuel d'économie, dont l'auteur réside dans le Massachusetts, l'éditeur est une maison texane, et qui a été imprimé sur du papier provenant d'arbres de l'Oregon.

Votre vie quotidienne dépend des actions de millions de personnes de par le monde, personnes que vous ne rencontrerez jamais, qui ont contribué à produire tout ce dont vous jouissez chaque jour. Une telle dépendance n'est concevable que si les gens pratiquent largement l'échange. Toutes les personnes qui ont contribué à produire ce que vous consommez ne l'ont pas fait par simple générosité, ni pour vous faire plaisir. Pas plus qu'elles n'obéissent aux injonctions de quelque agence gouvernementale qui leur imposerait de fabriquer ce dont vous avez besoin et de vous le donner. En fait, si certains vous fournissent des biens et services, ainsi qu'à d'autres consommateurs, c'est parce qu'ils obtiennent quelque chose en retour.

Dans les chapitres suivants, nous verrons comment l'économie coordonne les activités de millions de personnes aux goûts et talents variés. Comme point de départ de cette analyse, nous allons examiner les raisons de l'interdépendance économique. L'un des *dix principes de l'économie* du chapitre 1 énonçait que l'échange bénéficiait à chacun. Ce principe explique pourquoi les gens traitent avec leurs voisins et les nations entre elles. Dans ce chapitre, nous allons étudier ce principe plus en détail. Que gagne-t-on précisément à l'échange ? Pourquoi les gens décident-ils de vivre dans cet état d'interdépendance ?

3.1 UNE PARABOLE DE L'ÉCONOMIE MODERNE

Pour comprendre pourquoi les gens acceptent de dépendre les uns des autres pour les biens et services, et pourquoi l'échange est bénéfique à tous, imaginons une économie simplifiée, dans laquelle n'existent que deux biens, la viande et les pommes de terre. De plus, il n'y a que deux agents, un éleveur de bovins et un cultivateur de pommes de terre, qui souhaiteraient tous deux pouvoir manger à la fois de la viande et des pommes de terre.

Les avantages de l'échange apparaissent de manière évidente si l'éleveur ne peut produire que de la viande et le cultivateur que des pommes de terre. Dans l'un des scénarios possibles, l'éleveur et le fermier peuvent décider de s'ignorer mutuellement. Après plusieurs mois passés à déguster du bœuf rôti, bouilli, grillé et fumé, l'éleveur décidera peut-être qu'un peu de variété ne ferait pas de mal. De même, le cultivateur fatigué de manger des pommes de terre en purée, sautées à la poêle ou frites sera content de varier quelque peu son alimentation. L'échange leur permettrait de varier les plaisirs : chacun pourrait apprécier un bon steak avec des frites.

Cette illustration est évidemment simpliste, mais l'argumentation demeure valable si chacun des protagonistes n'est capable de produire l'autre bien qu'à des coûts très élevés. Imaginons par exemple que le cultivateur est capable d'élever du bétail et de produire de la viande, mais qu'il n'est pas très doué pour ce faire. Symétriquement, l'éleveur arrive à cultiver des pommes de terre, mais sa terre n'est pas vraiment adaptée à cette culture. Dans cette hypothèse, l'éleveur et le cultivateur ont intérêt à se spécialiser dans ce qu'ils font de mieux et à s'échanger leurs productions.

Les avantages de l'échange sont moins évidents si l'un des protagonistes est meilleur que l'autre dans tous les domaines. Imaginons par exemple que l'éleveur soit meilleur éleveur et meilleur cultivateur que le cultivateur. Dans ce cas, l'un des deux doit-il décider de vivre en autarcie ? Ou bien existe-t-il toujours des raisons de pratiquer l'échange ? Pour répondre à ces questions, il faut examiner plus en détail les facteurs qui influent sur cette décision.

Les possibilités de production

Supposons que l'éleveur et le cultivateur travaillent chacun 40 heures par semaine et qu'ils peuvent consacrer ce temps soit à l'élevage, soit à la culture, soit à une combinaison des deux activités. Le tableau 3.1 indique le temps nécessaire à chacun pour produire 1 livre de chaque bien. Le cultivateur peut produire 1 livre de pommes de terre en 10 heures ou 1 livre de viande en 20 heures. L'éleveur, dont la productivité est meilleure dans les deux domaines, peut produire 1 livre de pommes de terre en 8 heures et 1 livre de viande en 1 heure.

La planche (a) de la figure 3.1 montre les quantités de viande et de pommes de terre que le cultivateur peut produire. S'il consacre ses 40 heures de travail à la culture, il récoltera 4 livres de pommes de terre et aucune de viande. S'il consacre tout son temps à l'élevage, il produira 2 livres de viande et aucune de pommes de terre.

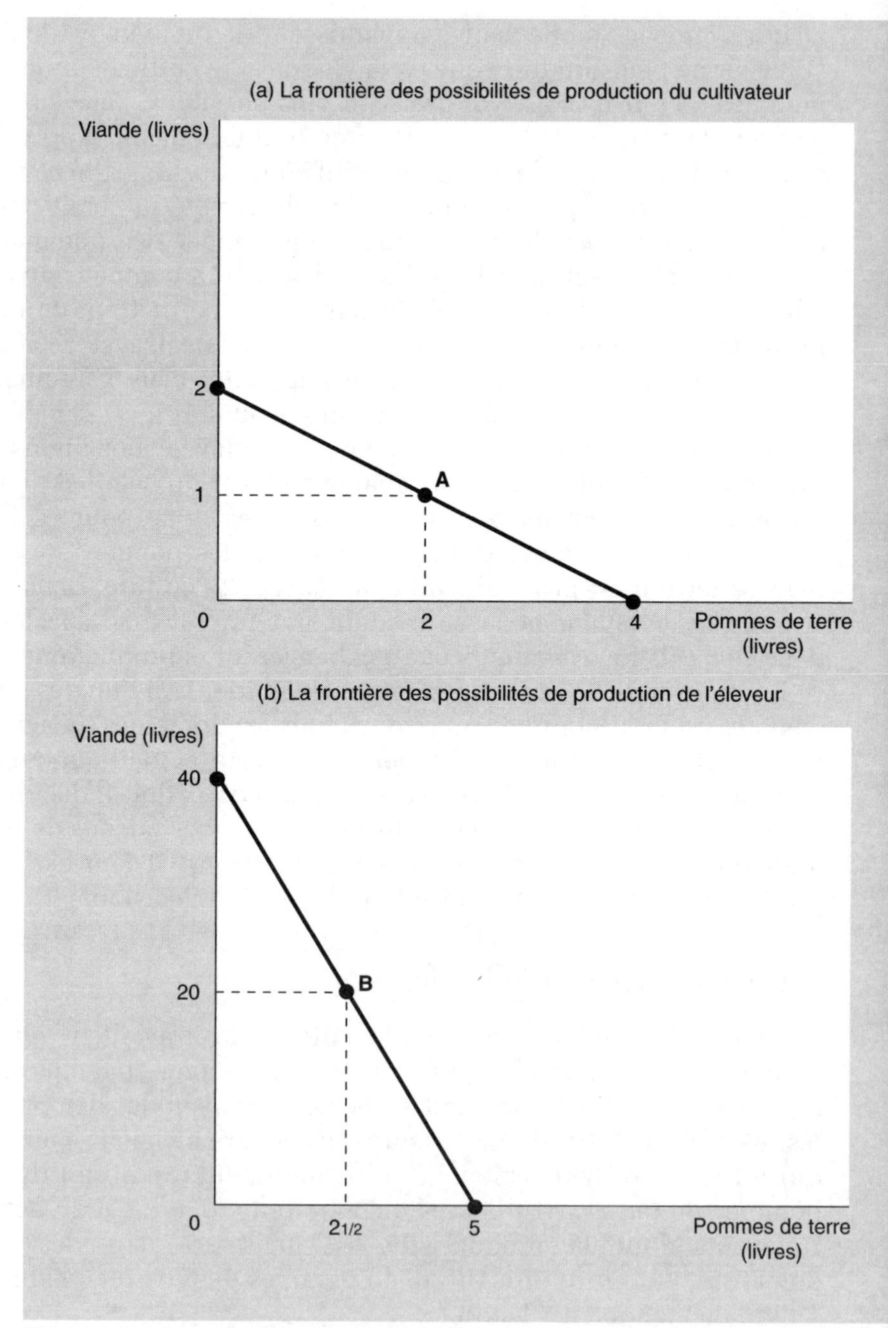

FIG. 3.1 **La frontière des possibilités de production.** La planche (a) montre les combinaisons de viande et de pommes de terre que le cultivateur peut produire. La planche (b) montre les combinaisons des mêmes produits pour l'éleveur. Ces deux frontières des possibilités de production sont déduites du tableau 3.1 et de l'hypothèse selon laquelle chacun des deux protagonistes travaille 40 heures par semaine.

TABLEAU 3.1 **Quantité de travail nécessaire pour produire viande et pommes de terre.**

	Heures nécessaires pour avoir 1 livre de :		*Total produit en 40 heures (en livres)*	
	Viande	*Pommes de terre*	*Viande*	*Pommes de terre*
Cultivateur	20	10	2	4
Éleveur	1	8	40	5

S'il répartit son temps de travail équitablement entre les deux activités (20 heures de culture et 20 heures d'élevage), il produira 2 livres de pommes de terre et 1 livre de viande. Le graphique montre ces trois résultats, ainsi que tous les autres possibles.

Ce graphique est appelé la *frontière des possibilités de production.* Comme nous l'avons vu dans le chapitre précédent, cette frontière indique toutes les combinaisons de productions possibles pour une économie donnée. C'est une nouvelle illustration de l'un des *dix principes de l'économie* du chapitre 1 : les gens doivent faire des choix. Ici, le cultivateur doit choisir entre produire de la viande ou des pommes de terre. La frontière des possibilités de production du chapitre 2 était convexe ce qui signifiait que le choix entre les deux biens dépend des quantités produites. Dans notre cas agricole, la technologie de production utilisée par le cultivateur (et résumée dans le tableau 3.1) lui permet de passer d'un bien à l'autre à un taux constant. La frontière des possibilités de production est donc une droite.

La planche (b) de la figure 3.1 représente les possibilités de production de l'éleveur. S'il consacre ses 40 heures de travail à la culture, il produira 5 livres de pommes de terre et aucune de viande. Si tout le travail est consacré à l'élevage, il produira 40 livres de viande et aucune de pommes de terre. Si l'éleveur consacre 20 heures de travail à chaque activité, il obtiendra 2,50 livres de pommes de terre et 20 livres de viande. Une fois encore, la frontière des possibilités de production indique toutes les combinaisons possibles.

Si les deux protagonistes décident de vivre en autarcie, plutôt que de s'échanger leurs productions, chacun consommera exactement ce qu'il a produit. Dans ce cas, la frontière des possibilités de production constituera aussi la frontière des possibilités de consommation. En l'absence d'échange, la figure 3.1 indique les combinaisons possibles de viande et de pommes de terre que le cultivateur et l'éleveur pourront manger.

Si les frontières des possibilités de production sont utiles pou mettre en évidence les choix que le cultivateur et l'éleveur doiven faire, elles ne nous renseignent pas sur ce que nos deux amis déci deront de faire. Pour déterminer ces choix, il nous faut connaître le goûts des deux hommes en matière culinaire. Imaginons ici qu'il choisissent les combinaisons identifiées par les points A et B de l figure 3.1 : le cultivateur produit et consomme 2 livres de pomme de terre et 1 livre de viande, tandis que l'éleveur produit e consomme 2,50 livres de pommes de terre et 20 livres de viande.

Spécialisation et échange

Après avoir consommé la combinaison B pendant des années l'éleveur a soudain une idée qu'il s'empresse d'exposer au cultiva teur. Voici la discussion qui s'ensuit :

Éleveur : Cultivateur mon ami, je viens d'avoir une idée. J'a trouvé comment améliorer notre situation. Je crois que tu devrai arrêter de produire de la viande et consacrer la totalité de tes effort à la culture des pommes de terre. D'après mes calculs, si tu cultive tes pommes de terre pendant 40 heures, tu vas en produire 4 livres Si tu me donnes 1 livre de pommes de terre, je te donnerai 3 livre de viande en échange. Tu auras donc finalement 3 livres de pomme de terre et 3 livres de viande, au lieu de 2 livres de pommes de terr et 1 livre de viande aujourd'hui. Si tu marches avec moi, tu aura donc plus à manger de *chaque produit.* (Pour illustrer son affirma tion, l'éleveur montre au cultivateur la planche (a) de la figure 3.2)

Cultivateur (l'air sceptique) : Cela m'a l'air intéressant pour moi Mais je ne comprends pas bien pourquoi tu viens me faire cette pro position. Si elle m'est favorable, elle ne peut pas l'être pour to aussi.

Éleveur : Mais si ! Si je consacre 24 heures à l'élevage du bétail e 16 heures à la culture des pommes de terre, je produirai 24 livres de viande et 2 livres de pommes de terre. Si je t'échange 3 livres de viande contre 1 livre de pommes de terre, j'aurai finalemen 21 livres de viande et 3 livres de pommes de terre. Donc, tou comme toi, j'aurai une plus grande quantité de chacun des deux produits que celle que j'ai aujourd'hui. (L'éleveur montre la planche (b) de la figure 3.2.)

Cultivateur : Je ne sais pas… Tout cela m'a l'air trop beau pou être vrai.

Éleveur : Ce n'est pas aussi compliqué que cela. Regarde, j'a résumé cette proposition en un tableau très simple (l'éleveu montre au cultivateur une copie du tableau 3.2).

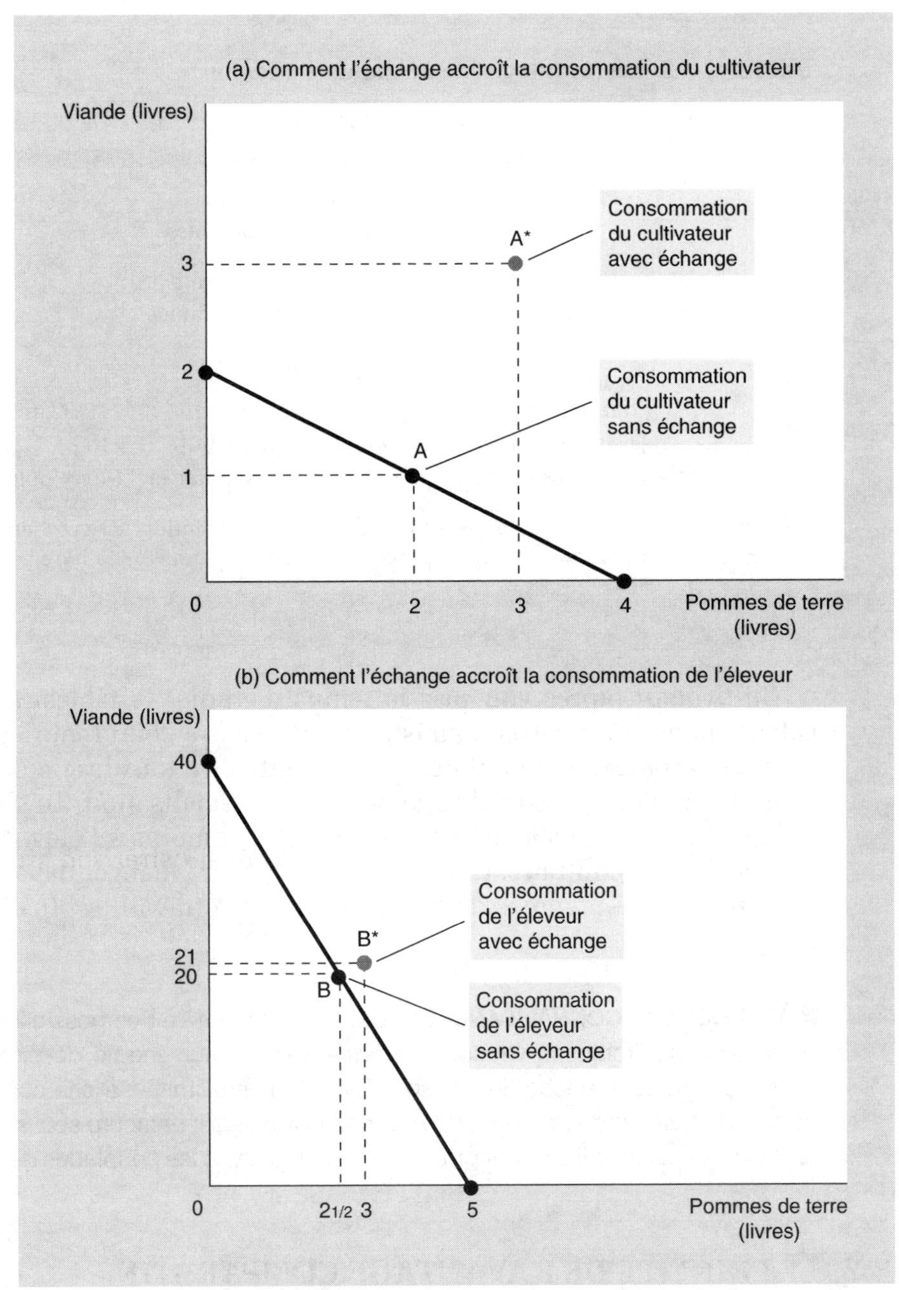

FIG. 3.2 **Comment l'échange accroît les opportunités de consommation.** L'échange proposé permet au cultivateur comme à l'éleveur d'accéder à des niveaux de consommation de viande et de pommes de terre inaccessibles en l'absence d'échange. Sur la planche A, le cultivateur va pouvoir consommer le point A* au lieu du point A. Sur la planche B, l'éleveur pourra consommer le point B* au lieu du point B. L'échange permet à chacun de consommer plus de viande et plus de pommes de terre.

TABLEAU 3.2 **Les avantages de l'échange : résumé.**

SANS ÉCHANGE

Production et consommation

Cultivateur	1 livre de viande 2 livres de pommes
Éleveur	20 livres de viande 2,5 livres de pommes

AVEC ÉCHANGE

	Production	*Échange*	*Consommation*	*Gain*
Cultivateur	0 l* viande 4 l pommes	obtient 3 l viande pour 1 l pommes	3 livres viande 3 livres pommes	2 livres viande 1 livre pommes
Éleveur	24 l viande 2 l pommes	donne 3 l viande pour 1 l pommes	21 livres viande 3 livres pommes	1 livre viande 0,5 livre pomme

* *l = livre de*

Cultivateur (après voir pris le temps d'étudier le tableau) : ce calculs m'ont l'air correct, mais je n'arrive pas à comprendre com ment cet arrangement peut nous être profitable à tous les deux...

Éleveur : Parce que l'échange permet la spécialisation. Tu consa creras plus de temps à tes pommes de terre et moins à l'élevage. E moi, je ferai le contraire. Chacun de nous pourra manger davantag de viande et de pommes de terre, sans avoir à travailler plus long temps.

■ **VÉRIFIEZ VOS CONNAISSANCES** Dessiner la frontière des possibilités d production de Robinson Crusoé, naufragé solitaire sur une île déserte, qu cueille des fruits et pêche du poisson. Cette frontière limite-t-elle la consom mation de fruits et de poissons de Robinson Crusoé s'il demeure seul sur so île ? Que se passe-t-il s'il peut pratiquer l'échange avec les peuplades de l'île

3.2 LE PRINCIPE DE L'AVANTAGE COMPARATIF

L'explication donnée par l'éleveur, bien que correcte, est incom plète : en effet, si l'éleveur est plus productif à la fois dans l'élevag et la culture, comment va-t-il pouvoir se spécialiser ? Apparem ment, le cultivateur n'est le meilleur en rien. Pour résoudre ce pro blème, il nous faut considérer le principe de *l'avantage comparatif*

Commençons par étudier la question suivante : dans notre exemple, qui produit les pommes de terre à moindre coût ? Le cultivateur ou l'éleveur ? Il y a deux réponses possibles à cette question, qui contiennent la solution du problème évoqué dans le paragraphe précédent et permettent d'apprécier les avantages de l'échange.

Avantage absolu

Une première réponse à la question du coût de production des pommes de terre consiste à comparer les facteurs utilisés par nos deux producteurs. L'éleveur n'a besoin que de 8 heures pour produire une livre de pommes de terre, tandis que le cultivateur met 10 heures pour en faire autant. On pourrait donc en conclure que l'éleveur a un coût de production inférieur.

Les économistes utilisent le terme d'*avantage absolu* pour comparer les productivités de plusieurs individus, entreprises ou pays. Le producteur qui consomme le moins de facteurs de production pour la fabrication d'un bien bénéficie d'un avantage absolu pour la production de ce bien. Dans notre exemple, l'éleveur jouit d'un avantage absolu pour la production de pommes de terre, mais aussi de viande, puisque dans les deux cas, il lui faut moins de temps qu'au cultivateur pour produire une unité de l'un et l'autre des produits.

Coût d'opportunité et avantage comparatif

Il existe une deuxième façon de considérer le coût de production des pommes de terre. Plutôt que comparer les facteurs de production consommés, nous pourrions comparer les *coûts d'opportunité*. Dans le chapitre 1, nous avons vu que le coût d'opportunité d'un bien était égal à ce à quoi l'on renonce pour obtenir ledit bien. Dans notre exemple, nous avons supposé que nos deux producteurs consacraient chacun 40 heures à leurs travaux respectifs. Le temps consacré à la production de pommes de terre l'est donc au détriment du temps consacré à la production de viande. Quand le cultivateur et l'éleveur modifient la répartition de leur temps entre les productions des deux produits, ils se déplacent le long de la frontière des possibilités de production ; d'une certaine manière, ils utilisent l'un des produits pour fabriquer l'autre. Le coût d'opportunité mesure le compromis que chacun doit faire.

Commençons par calculer le coût d'opportunité de l'éleveur. Il lui faut 8 heures pour produire 1 livre de pommes de terre. Ce sont donc 8 heures qui ne seront pas consacrées à l'élevage. Comme l'éleveur produit 1 livre de viande à l'heure, 8 heures d'élevag donneraient 8 livres de viande. De fait, pour l'éleveur, le coût d'op portunité d'1 livre de pommes de terre est donc égal à 8 livres d viande. Les possibilités de production de l'éleveur reflètent ce coû d'opportunité : la droite à pente négative de la planche B de l figure 3.1 a une pente égale à 8.

Considérons maintenant le coût d'opportunité du cultivateur. I lui faut 10 heures pour produire 1 livre de pommes de terre. Comm il lui faut 20 heures pour produire 1 livre de viande, en 10 heures i aurait produit 1/2 livre de viande. Donc, le coût d'opportunité pou le cultivateur d'1 livre de pommes de terre est égal à 0,5 livre d viande. Les possibilités de production du cultivateur reflètent c coût d'opportunité puisque la pente de la droite de la planche A d la figure 3.1 est égale à 0,5.

Le tableau 3.3 indique les coûts d'opportunité de la viande et de pommes de terre pour les deux producteurs. Vous remarquerez qu le coût d'opportunité de la viande est l'inverse de celui des pomme de terre. Parce qu'1 livre de pommes de terre coûte à l'éleveu 8 livres de viande, une livre de viande coûte à l'éleveur 1/8 de livr de pommes de terre. De la même façon, parce qu'une livre d pommes de terre coûte au cultivateur 0,5 livre de viande, 1 livre d viande coûte au cultivateur 2 livres de pommes de terre.

TABLEAU 3.3 **Coûts d'opportunité de la viande et des pommes de terre.**

	Coût d'opportunité d'une livre de :	
	Viande (en termes de pommes abandonnées)	Pommes de terre (en termes de viande abandonnée)
Cultivateur	2	0,5
Éleveur	1/8	8

Les économistes appellent *avantage comparatif* la comparaiso des coûts d'opportunité de deux producteurs. Le producteur qui le coût d'opportunité le plus faible bénéficie d'un avantage compa ratif pour la production de ce bien. Dans notre exemple, le cultiva teur a un coût d'opportunité pour la production de pommes de terr inférieur à celui de l'éleveur (0,5 livre de viande contre 8 livres d viande). Le cultivateur jouit donc d'un avantage comparatif pour l culture des pommes de terre, tandis que l'éleveur bénéficie d'u avantage comparatif pour la production de viande.

Remarquez qu'il est impossible à une même personne d'avoir un avantage comparatif sur les deux biens. Comme le coût d'opportunité d'un bien est l'inverse du coût d'opportunité de l'autre produit, un coût élevé pour l'un des produits se traduira par un coût faible pour l'autre produit. L'avantage comparatif reflète le coût d'opportunité relatif. À moins que deux agents aient exactement le même coût d'opportunité, l'un bénéficiera d'un avantage comparatif sur l'un des produits, et l'autre aura un avantage comparatif sur l'autre produit.

Avantage comparatif et échange

Ces différences de coûts d'opportunité et l'avantage comparatif génèrent les bénéfices de l'échange. Si chacun se spécialise dans la production du bien pour lequel il jouit d'un avantage comparatif, la production totale augmente, et cet accroissement de la taille du gâteau économique bénéficie à tous. Autrement dit, tant que deux individus ont des coûts d'opportunité différents, ils peuvent chacun tirer profit de l'échange en obtenant un bien à un prix inférieur à leur coût d'opportunité pour ce produit.

Considérez la proposition du point de vue du cultivateur. Celuici obtient 3 livres de viande en échange d'1 livre de pommes de terre. Ce qui revient à acheter la livre de viande pour un prix de 0,33 livre de pommes de terre. Ce prix est inférieur à son coût d'opportunité de la viande, qui est de 2 livres de pommes de terre. Le cultivateur fait donc un bénéfice en achetant sa viande à un bon prix.

Mettons-nous maintenant dans la peau de l'éleveur.

Il achète la livre de pommes de terre pour un prix de 3 livres de viande. Ce prix des pommes de terre est inférieur au coût d'opportunité de la pomme de terre, qui ressort à 8 livres de viande. L'éleveur est donc aussi gagnant parce qu'il achète ses pommes de terre à un prix intéressant.

Ces bénéfices sont apparus parce que chaque individu s'est spécialisé dans l'activité pour laquelle il avait le coût d'opportunité le plus faible. Dans cet exemple, le cultivateur consacre plus de temps à la culture des pommes de terre et l'éleveur plus de temps à la production de la viande. Le résultat de cette spécialisation, c'est un accroissement de la production totale de pommes de terre et un accroissement de la production totale de viande, et les deux agents se partagent les bénéfices de cette augmentation de production. La morale de cette histoire devrait maintenant être évidente : *l'échange est bénéfique pour tous parce qu'il autorise chacun à se spécialiser dans les activités pour lesquelles il jouit d'un avantage comparatif.*

■ **VÉRIFIEZ VOS CONNAISSANCES** Robinson Crusoé peut récolter 10 noix de coco ou attraper un poisson par heure. Son ami Vendredi peut récolter 30 noix de coco ou attraper 2 poissons par heure. Pour Crusoé, quel est le coût d'opportunité d'attraper un poisson ? Qu'en est-il pour Vendredi ? Qui bénéficie d'un avantage absolu pour la pêche ? Qui bénéficie d'un avantage comparatif ?

3.3 APPLICATIONS DE L'AVANTAGE COMPARATIF

Le principe de l'avantage comparatif explique l'interdépendance et les bénéfices de l'échange. Parce que l'interdépendance est omniprésente dans le monde moderne, le principe de l'avantage comparatif offre de nombreuses applications. En voici deux exemples, l'un amusant, l'autre d'une grande portée pratique.

Michael Jordan doit-il tondre son jardin ?

Michael Jordan est un athlète extraordinaire. L'un des meilleurs joueurs de basket de la NBA, il saute plus haut et tire mieux que tout le monde. Il est probablement meilleur que la plupart des gens pour tout un tas d'activités. Par exemple, il pourrait tondre son jardin plus vite que quiconque. Cela suffit-il à justifier qu'il le fasse ?

Pour répondre à cette question, utilisons les concepts de coût d'opportunité et d'avantage comparatif. Supposons que Jordan puisse tondre son jardin en 2 heures. Dans le même temps, il pourrait tourner une publicité pour des chaussures de sport et gagner 10 000 dollars. À côté, sa voisine Jennifer pourrait tondre la pelouse de Jordan en 4 heures. Dans le même temps, elle pourrait gagner 20 dollars en travaillant chez McDonald's.

Dans cet exemple, le coût d'opportunité de la tonte est de 10 000 dollars pour Jordan et de 20 dollars pour Jennifer. Jordan bénéficie d'un avantage absolu car il peut tondre sa pelouse plus rapidement que Jennifer, mais celle-ci jouit d'un avantage comparatif, car son coût d'opportunité est inférieur.

L'intérêt de l'échange dans cet exemple est immense. Plutôt que de tondre sa pelouse, Jordan doit aller tourner sa publicité et embaucher Jennifer pour s'occuper du jardin. Tant qu'il la paie plus de 20 dollars et moins de 10 000, chacun des deux est gagnant.

Les États-Unis doivent-ils commercer avec d'autres pays ?

De même que les individus bénéficient de la spécialisation et de l'échange, comme notre éleveur et notre cultivateur, les ressortissants de pays différents connaissent les mêmes avantages. Nombreux sont les produits consommés par les Américains qui sont fabriqués à l'étranger, et nombreux sont les produits américains vendus à l'étranger. Les biens produits à l'étranger et consommés dans le pays sont appelés *importations*. Ceux qui ont été produits dans le pays et sont vendus à l'étranger sont appelés *exportations*.

Pour voir quels bénéfices les pays peuvent retirer du commerce, imaginons deux pays, États-Unis et Japon et deux biens, nourriture et voitures. Supposons que les deux pays sont également productifs dans le domaine automobile : un ouvrier américain, comme son homologue japonais, fabrique une voiture par mois. En revanche, parce que les États-Unis sont beaucoup plus étendus et ont des terres de meilleure qualité, leur productivité agricole est meilleure : un travailleur américain produit deux tonnes de nourriture par mois, tandis qu'un japonais n'en produit qu'une.

Le principe de l'avantage comparatif veut que chaque bien soit produit par le pays qui bénéficie du coût d'opportunité le plus faible pour la production de ce bien. Parce que le coût d'opportunité d'une voiture est de deux tonnes de nourriture aux États-Unis, contre seulement une tonne au Japon, le Japon bénéficie d'un avantage comparatif pour produire des voitures. Il devrait donc en produire plus qu'il n'en a besoin et en exporter quelques unes aux États-Unis. De même, parce que le coût d'opportunité d'une tonne de nourriture est d'une voiture au Japon et d'une demie voiture aux États-Unis, les États-Unis bénéficient d'un avantage comparatif pour produire de la nourriture. Les États-Unis devraient donc en produire davantage que nécessaire et en exporter au Japon. Par la spécialisation et le commerce, les deux pays auront à la fois plus de voitures et plus de nourriture.

Dans la réalité, bien sûr, les problèmes posés par le commerce international sont plus complexes que cet exemple le laisse supposer, comme nous le verrons au chapitre 9. En effet, chaque pays regroupe des millions de citoyens aux intérêts différents. Le commerce international, même s'il améliore la situation globale du pays, peut détériorer la situation particulière de tel ou tel groupe de citoyens. Si les États-Unis décident d'exporter de la nourriture et d'importer des automobiles, les impacts de ces décisions sur les ouvriers agricoles et les ouvriers automobiles américains ne seront pas les mêmes. Et pourtant, contrairement à ce que l'on entend parfois dire, le commerce international n'est pas une guerre, dont certains pays sortent vainqueurs et d'autres vaincus : le commerce international permet à tous les pays de connaître une plus grande prospérité.

POUR VOTRE CULTURE GÉNÉRALE

L'héritage d'Adam Smith et David Ricardo

DAVID RICARDO

Il y a bien longtemps que les économistes ont compris le principe de l'avantage comparatif. Voici l'argumentation développée par le grand économiste Adam Smith :

« Tout chef de famille raisonnable sait qu'il ne doit pas essayer de faire chez lui ce qu'il lui coûterait moins cher d'acheter. Le tailleur ne fabrique pas ses propres chaussures, il va les acheter chez le bottier. Ce dernier ne taille pas ses costumes, mais les commande au tailleur. Le fermier ne fabrique ni les unes ni les autres, et recourt aux services de ces deux artisans. Tous ont intérêt à consacrer leur temps à leur propre métier, pour lequel ils ont un avantage sur leurs voisins, et à acheter avec une partie de leurs revenus ce dont ils ont besoin. »

Cette citation est tirée de l'ouvrage publié en 1776, *De la Richesse des Nations*. Ce livre fut un événement pour ce qui est de l'analyse du commerce et de l'interdépendance internationaux. De nombreux économistes voient en Smith le fondateur de la science économique moderne.

Le livre de Smith inspira David Ricardo, intermédiaire financier millionnaire, et l'incita à se tourner vers l'économie. Dans son livre de 1817, *Principes de l'Économie Politique et de Taxation*, Ricardo développa le principe de l'avantage comparatif sous la forme que nous connaissons aujourd'hui. Sa plaidoirie en faveur du libre-échange n'était pas un simple exercice de style. En tant que membre du Parlement britannique, Ricardo mit ses idées en application en s'opposant aux Lois sur le Maïs, qui visaient à limiter les importations de grain.

Les conclusions d'Adam Smith et de David Ricardo quant aux avantages du libre-échange sont toujours vraies aujourd'hui. Même si les économistes s'opposent parfois sur des questions de politique, ils sont unanimes à soutenir le libre-échange. En outre, l'argument clé en faveur du libre-échange n'a quasiment pas bougé au fil des ans. Et si la science économique a élargi son domaine d'étude et peaufiné ses théories depuis Smith et Ricardo, l'opposition aux restrictions du libre-échange est toujours fondée sur le principe de l'avantage comparatif.

■ **VÉRIFIEZ VOS CONNAISSANCES** Imaginons que la dactylo la plus rapide du monde soit aussi le meilleur chirurgien du cerveau. Doit-elle taper son propre courrier ou embaucher une secrétaire ? Expliquer.

3.4 CONCLUSION

Le principe de l'avantage comparatif démontre que l'échange peut profiter à tout le monde. Vous devez maintenant mieux cerner l'intérêt qu'il y a à vivre dans une économie interdépendante. Après avoir vu que l'interdépendance est intéressante, il est naturel de se demander comment elle est réalisable. Comment des sociétés libres peuvent-elles coordonner les activités de toutes les personnes qui constituent leurs économies ? Qu'est-ce qui assure que les biens et services vont de ceux qui ont intérêt à les produire à ceux qui ont intérêt à les consommer ?

Dans un monde qui ne comporte que deux individus, comme le cultivateur et l'éleveur, la réponse est simple : les deux individus discutent et se répartissent les ressources d'un commun accord. Dans le monde réel avec ses millions d'individus, la réponse est moins évidente. Ce sera le sujet de notre prochain chapitre, dans lequel nous verrons qu'une société libre alloue les ressources par l'intermédiaire du jeu de l'offre et de la demande.

RÉSUMÉ

- Chaque individu consomme des biens et des services produits par une multitude d'autres personnes, dans le pays et de par le monde. L'interdépendance et l'échange sont souhaitables, car ils permettent à chacun de jouir d'une plus grande quantité et d'une plus grande variété de biens et services.
- Les capacités des gens à produire un bien peuvent se comparer de deux manières. Celui qui peut produire le bien en utilisant le moins de facteurs de production dispose d'un avantage absolu pour la production de ce bien. Celui qui peut le produire au coût d'opportunité le plus faible bénéficie d'un avantage comparatif. Les gains de l'échange naissent de l'avantage comparatif, pas de l'avantage absolu.
- L'échange bénéficie à tout le monde, car il permet à chacun de se spécialiser dans les activités pour lesquelles chacun a un avantage comparatif.
- Le principe de l'avantage comparatif s'applique autant aux pays qu'aux individus. Les économistes s'appuient sur ce principe pour défendre la liberté du commerce entre les pays.

CONCEPTS CLÉS – DÉFINITIONS

Avantage absolu : avantage résultant de la comparaison des producteurs d'un bien en fonction de leur productivité.

Coût d'opportunité : ce à quoi il faut renoncer pour obtenir un bien.

Avantage comparatif : avantage résultant de la comparaison des producteurs d'un bien en fonction de leurs coûts d'opportunité.

Importations : biens produits à l'étranger et consommés domestiquement.

Exportations : biens produits domestiquement et vendus à l'étranger.

QUESTIONS DE RÉVISION

1. Expliquer la différence entre avantage absolu et avantage comparatif.
2. Donner un exemple d'une situation dans laquelle une personne a un avantage absolu, mais une autre personne bénéficie d'un avantage comparatif.
3. Quel est le concept le plus important pour le commerce : l'avantage absolu ou l'avantage comparatif ? Expliquer la réponse en utilisant l'exemple de la question 2.
4. Pourquoi les économistes sont-ils opposés aux restrictions du commerce international ?

PROBLÈMES D'APPLICATION

1. Reprenez le cultivateur et l'éleveur de notre exemple. Expliquez pourquoi le coût d'opportunité d'1 livre de viande est de 2 livres de pommes de terre pour le cultivateur. Expliquez pourquoi le coût d'opportunité d'une livre de viande est de 1/8 de livre de pommes de terre pour l'éleveur.
2. Maria peut lire 20 pages d'économie en 1 heure. Dans le même temps elle peut aussi lire 50 pages de sociologie. Elle étudie 5 heures par jour :

   a. Dessinez la frontière des possibilités de production pour l'économie et la sociologie.

   b. Quel est le coût d'opportunité pour Maria de 100 pages de sociologie ?
3. Les travailleurs américains et japonais fabriquent chacun 4 voitures par an. Un fermier américain peut produire 10 tonnes de grain par an tandis qu'un fermier japonais n'en produit que 5. Pour simplifier les choses, imaginons que chacun des deux pays comporte 100 millions de travailleurs :

   a. Pour cette situation, construisez un tableau analogue au tableau 3.1.

   b. Dessinez les frontières des possibilités de production pour les économies américaine et japonaise.

   c. Pour les États-Unis, quel est le coût d'opportunité d'une voiture ? D'une tonne de grains ? Construisez un tableau analogue au tableau 3.3.

   d. Quel pays bénéficie d'un avantage absolu pour la production automobile ? Pour la production agricole ?

   e. Quel pays bénéficie d'un avantage comparatif pour la production automobile ? Pour la production agricole ?

   f. Sans commerce international, la moitié de la population active de chaque pays est affectée à la production automobile et l'autre moi tié à la production agricole. Combien chaque pays produit-il de voitures et de tonnes de grain ?

g. En partant de la situation sans échange, donnez un exemple dans lequel le commerce a amélioré la situation de chaque pays.

4. Pat et Kris partagent la même chambre. Elles consacrent la majorité de leur temps à étudier (évidemment), mais de temps en temps elles se livrent à leurs activités favorites : cuire des pizzas et brasser de la bière. Pat met 4 heures pour brasser un litre de bière et 2 heures pour faire une pizza. Pour les mêmes activités, Kris met respectivement 6 heures et 4 heures :

   a. Pour chacune des deux étudiantes, quel est le coût d'opportunité d'une pizza ? Qui bénéficie de l'avantage absolu pour cuire les pizzas ? Qui bénéficie de l'avantage comparatif ?

   b. Si Pat et Kris s'échangent leurs productions, qui échangera des pizzas contre de la bière ?

   c. Le prix de la pizza peut s'exprimer en termes de litres de bière. Quel serait le prix le plus élevé pour une pizza tel que les deux amies soient avantagées par l'opération ? Quel serait le prix le plus bas ? Expliquez.

5. Imaginons qu'il y a 10 millions de travailleurs au Canada, et que chacun d'entre eux peut produire soit 2 automobiles soit 30 boisseaux de blé par an :

   a. Quel est le coût d'opportunité d'une voiture au Canada ? Quel est le coût d'opportunité d'1 boisseau de blé ? Expliquez la relation entre ces deux coûts d'opportunité.

   b. Dessinez la frontière des possibilités de production du Canada. Si le Canada décide de consommer 10 millions de voitures, combien de blé peut-il consommer en l'absence d'échange ? Identifiez ce point sur la frontière.

   c. Imaginons maintenant que les États-Unis offrent d'acheter 10 millions de voitures contre 20 boisseaux de blé chacune. Si le Canada continue à consommer 10 millions de voitures, combien de blé cette proposition américaine autorise-t-elle le Canada à consommer ? Le Canada doit-il accepter cette offre ?

6. Imaginez un professeur d'économie qui écrit un manuel. Le professeur peut à la fois écrire et collecter les données nécessaires plus rapidement que quiconque à l'université. Et pourtant, il paye un étudiant pour lui collecter les données à la bibliothèque. Est-ce raisonnable ? Expliquez.

7. L'Angleterre et l'Écosse produisent toutes deux des biscuits et des pulls. Supposons qu'un ouvrier anglais produit 50 biscuits et 1 pull à l'heure. L'ouvrier écossais produit 40 biscuits et 2 pulls à l'heure :

   a. Quel pays bénéficie de l'avantage absolu pour la production de chaque bien ? Lequel a un avantage comparatif ?

   b. Si les deux pays décident de commercer, quel produit l'Écosse échangera-t-elle ? Expliquez.

c. Si un Écossais ne produisait qu'un pull à l'heure, l'Écoss aurait-elle encore intérêt à commercer ? Même question pou l'Angleterre ? Expliquez.

8. Le tableau suivant décrit les possibilités de production de deux ville de Baseballie :

	Paires de chaussettes rouges	*Paires de chaussettes blanches*
Boston	3	3
Chicago	2	1

a. En l'absence d'échange, quel est le prix des chaussette blanches à Boston (en termes de chaussettes rouges) ? Quel est leu prix à Chicago ?

b. Quelle ville a l'avantage absolu pour la production de chaqu couleur de chaussette ? Laquelle a un avantage comparatif ?

c. Si les deux villes commercent entre elles, exporteront-elle quelles couleurs de chaussettes ?

d. Quelle est la fourchette de prix dans laquelle l'échange peu avoir lieu ?

9. Imaginons que tous les biens peuvent être produits plus rapidement e Allemagne qu'en France :

a. Dans quel sens le coût de tous les biens sera-t-il inférieur e Allemagne qu'en France ?

b. Dans quel sens le coût de certains biens sera-t-il inférieur e France ?

c. Si l'Allemagne et la France décident de commercer ensemble, résultat sera-t-il une amélioration de la situation des deux pays Expliquez votre réponse dans le contexte des réponses aux questions et b.

10. Les affirmations suivantes sont-elles vraies ou fausses ? Explique dans chaque cas :

a. « Deux pays ont intérêt à commercer même si l'un des deux l'avantage absolu pour la production de tous les biens. »

b. « Certains individus très doués ont un avantage comparatif dan toutes leurs activités. »

c. « Si un échange donné est favorable à une personne, il ne pe l'être au partenaire. »

PARTIE II

Offre et demande —
1. Comment fonctionnent les marchés

CHAPITRE 4

OFFRE ET DEMANDE : LES FORCES DU MARCHÉ

Dans ce chapitre, vous allez :

- apprendre ce qu'est un marché concurrentiel
- examiner les déterminants de la demande sur un marché concurrentiel
- examiner les déterminants de l'offre sur un marché concurrentiel
- voir comment l'action conjuguée de l'offre et de la demande fixe le prix d'un bien et la quantité vendue
- étudier le rôle du prix dans l'allocation des ressources rares en économie de marché

Quand une vague de froid s'abat sur la Floride, le prix du jus d'orange grimpe dans tous les supermarchés du pays. Quand la chaleur estivale s'installe sur la Nouvelle-Angleterre, le prix des chambres d'hôtel en Californie diminue. Quand un conflit militaire enflamme le Moyen-Orient, le prix de l'essence grimpe aux États-Unis, tandis que celui des Cadillac d'occasion s'effondre. Qu'y a-t-il de commun entre tous ces événements ? Ils reflètent tous le jeu de l'offre et de la demande.

« *Offre* » et « *demande* » sont les deux mots les plus usités du vocabulaire économique, et à juste titre. Offre et demande sont en effet les forces qui font tourner une économie de marché. Elles déterminent la quantité de chaque bien produite ainsi que le prix de vente. Si vous vous demandez comment un événement ou une politique peuvent affecter l'économie, vous devez d'abord vous demander quel en sera l'impact sur l'offre et la demande.

Ce chapitre constitue une introduction à la théorie de l'offre et de la demande. Il s'intéresse aux comportements des acheteurs et des vendeurs et à leurs interactions. Il démontre comment l'offre et la demande déterminent le prix dans une économie de marché, et comment le prix, à son tour, assure l'allocation des ressources rares de l'économie.

4.1 MARCHÉS ET CONCURRENCE

Les termes d'offre et de demande font référence au comportement des gens quand ceux-ci sont en relation sur un marché. Un *marché*, c'est un groupe d'acheteurs et de vendeurs d'un bien ou d'un service. L'ensemble des acheteurs détermine la demande du marché, tandis que l'ensemble des vendeurs détermine l'offre. Avant d'étudier le comportement de ces acheteurs et vendeurs, voyons plus précisément ce que l'on entend par « marché » et les divers types de marché que l'on rencontre dans l'économie.

Les marchés concurrentiels

Les marchés apparaissent sous des formes très variées. Ils sont parfois hautement organisés, comme certains marchés de matières premières agricoles. Sur ces marchés, acheteurs et vendeurs se rencontrent en un lieu donné et à une heure précise, et un mécanisme d'enchères permet de fixer le prix et d'organiser les ventes.

La plupart du temps, les marchés sont moins organisés que cela. Prenez par exemple le marché des glaces dans une ville donnée. Les acheteurs de glaces ne se rencontrent pas régulièrement au même endroit. Les vendeurs de glaces se trouvent à divers points de la ville et proposent des produits différents. Aucun commissaire-priseur n'organise les enchères pour fixer le prix des glaces. Chaque vendeur affiche un prix pour son cône de glace, et chaque acheteur décide combien il en achètera dans chaque boutique.

Bien qu'inorganisés, les groupes d'acheteurs et de vendeurs de glaces forment un marché. Chaque acheteur sait qu'il peut choisir entre plusieurs vendeurs, et chaque vendeur sait que son produit n'est guère différent de celui proposé par les autres vendeurs. Le prix des glaces et la quantité vendue ne sont pas déterminés par un seul acheteur ou un unique vendeur. Au contraire, ce prix et cette quantité sont déterminés par tous les acheteurs et tous les vendeurs qui interagissent sur le marché.

Le marché des glaces, comme la plupart des marchés de l'économie, est un *marché concurrentiel.* Un marché concurrentiel est un marché sur lequel les acheteurs et les vendeurs sont tellement nombreux qu'aucun d'entre eux ne peut exercer une influence significative sur le prix. Aucun acheteur de glace ne peut influer sur le prix des glaces, car la quantité achetée par chacun est négligeable. Parallèlement, les vendeurs de glaces n'ont qu'un contrôle très réduit du prix de vente de leurs produits, parce que d'autres vendeurs proposent un produit similaire. Un vendeur a peu de raisons de vendre à un prix inférieur au prix courant, et s'il vend plus cher, les clients iront chez un autre glacier.

Dans ce chapitre, nous allons étudier les relations entre acheteurs et vendeurs sur les marchés concurrentiels. Et nous verrons comment les forces de l'offre et de la demande déterminent à la fois le prix et la quantité vendue d'un bien.

La concurrence : parfaite et moins parfaite

Dans ce chapitre, nous ferons l'hypothèse que les marchés sont *parfaitement concurrentiels.* Un marché est dit parfaitement concurrentiel quand il possède les deux caractéristiques suivantes : (1) les biens proposés à la vente sont identiques, et (2) acheteurs et vendeurs sont tellement nombreux qu'aucun n'est en mesure d'influer sur le prix de marché. Parce que vendeurs et acheteurs sur un marché parfaitement concurrentiel doivent accepter le prix tel qu'il est déterminé par le marché, on dit qu'ils sont des *preneurs de prix.*

Cette hypothèse de concurrence parfaite s'applique à merveille à certains marchés. Sur le marché du blé par exemple, se rencontrent des milliers de cultivateurs qui produisent du blé et des millions de consommateurs qui utilisent du blé ou des produits à base de blé. Aucun des acheteurs ou des vendeurs ne peut influer sur le prix du blé ; chacun doit prendre le prix tel qu'il est.

Mais de nombreux marchés ne répondent pas à cette définition. Sur certains on ne trouvera qu'un vendeur et celui-ci détermine le prix. On parle alors d'un *monopole*. Votre télévision câblée locale est peut-être un monopole : les habitants de votre ville n'ont probablement pas la possibilité de choisir une autre société de télévision câblée.

Sur certains marchés, les vendeurs sont très peu nombreux et ne se livrent pas à une concurrence féroce. On appelle ce type de marché un *oligopole*. Certaines routes aériennes sont des oligopoles. Si seulement deux ou trois compagnies aériennes relient entre elles deux villes, les compagnies feront leur possible pour éviter une concurrence trop virulente qui ferait baisser les prix.

D'autres marchés sont caractérisés par la présence de plusieurs vendeurs offrant des produits légèrement différents les uns des autres. Comme les produits ne sont pas identiques, chaque vendeur dispose d'une certaine latitude dans la fixation du prix de son produit. On parle alors d'un marché de *concurrence monopolistique*. L'industrie des logiciels informatiques en est un exemple. Les fabricants de logiciels sont en situation de concurrence face à la clientèle, mais les divers programmes sont différents les uns des autres, et ont des prix variés.

Malgré cette diversité de marchés, nous commencerons par étudier la concurrence pure et parfaite. Les marchés parfaitement concurrentiels sont les plus faciles à analyser. En outre, comme il y a toujours un minimum de concurrence quel que soit le type de marché, ce que nous apprendrons en étudiant l'offre et la demande sur des marchés concurrentiels nous servira quand nous examinerons le cas des marchés plus compliqués.

■ **VÉRIFIEZ VOS CONNAISSANCES** Qu'est-ce qu'un marché ? Qu'est-ce qu'un marché concurrentiel ?

4.2 DEMANDE

Nous commencerons notre étude par l'analyse du comportement des acheteurs. Nous nous intéresserons à ce qui détermine la *quan-*

tité demandée d'un bien, c'est-à-dire la quantité que les acheteurs sont prêts à acheter et capables de payer. Nous reprendrons l'exemple des cornets de glace.

Les déterminants de la demande individuelle

Prenez votre propre demande de glaces. Comment décidez-vous combien de glaces vous achetez chaque mois, et quels sont les facteurs qui influent sur votre décision ? Voici quelques-unes des réponses que vous pourriez donner.

Le prix. Si le prix du cornet passait soudainement à 20 dollars, vous en achèteriez moins. Vous passeriez peut-être au yaourt glacé. Si au contraire le prix tombait à 20 centimes le cornet, vous en achèteriez plus. Si la quantité demandée diminue quand le prix augmente, et augmente quand le prix baisse, on dit que la quantité demandée évolue en *fonction inverse* du prix. Cette fonction inverse est valide pour la plupart des produits dans une économie. Elle est même tellement générale que les économistes la qualifient de *loi de la demande* : toutes choses étant égales par ailleurs, quand le prix d'un bien augmente, la quantité demandée diminue.

Le revenu. Qu'adviendra-t-il de votre demande de glaces si vous ne trouvez pas un emploi cet été ? Elle diminuera très certainement. Si vos revenus baissent, vous aurez moins à dépenser globalement, ce qui veut dire que vous devrez dépenser moins sur certains biens, peut-être même sur tous. Si la demande d'un bien baisse quand le revenu diminue, on parle d'un *bien normal.*

Tous les biens ne sont pas normaux. Quand la demande d'un bien augmente alors que le revenu diminue, on parle d'un *bien inférieur.* Les déplacements en autobus constituent un exemple de bien inférieur. Quand votre revenu diminue, vous n'achetez pas de voiture et ne prenez plus le taxi, mais vous prenez l'autobus plus souvent.

Le prix des produits comparables. Imaginons que le prix des yaourts glacés baisse. D'après la loi de la demande, vous allez acheter plus de yaourts glacés. Et en même temps, vous achèterez probablement moins de cornets de glace. Cornets de glace et yaourts glacés satisfont des désirs similaires : ce sont tous les deux des desserts froids, sucrés et crémeux. Quand la baisse du prix d'un bien réduit la demande d'un autre bien, ces deux produits sont appelés *substituts.* Hot dogs et hamburgers, tickets de cinéma et location de vidéos sont d'autres exemples de produits substituts.

Maintenant supposons que le prix de la crème chantilly tombe D'après la loi de la demande, vous allez en acheter plus. Pourtant dans ce cas, vous allez aussi acheter plus de glaces, parce que l crème chantilly et la glace se marient agréablement. Quand la baiss du prix d'un bien suscite une augmentation de la demande d'un autre bien, ces deux produits sont dits *complémentaires*. Essence e automobile, ordinateur et logiciel sont d'autres exemples de pro duits complémentaires.

Les goûts. Il s'agit là du déterminant le plus évident de votr demande. Si vous adorez les glaces, vous en consommerez beau coup. En général, les économistes n'essaient pas d'expliquer le goûts des gens, qui dépendent de forces historiques et psycholo giques que l'économie ne saurait appréhender. En revanche, le économistes étudient ce qui se passe quand les goûts changent.

Les anticipations. Vos attentes concernant l'avenir affecten votre demande présente de biens et services. Par exemple, si vou vous attendez à avoir une augmentation de salaire le mois prochain vous serez peut-être plus enclin à acheter plus de glaces dè aujourd'hui. Autre exemple, si vous pensez que le prix des glace va baisser dans quelques jours, vous en achèterez moins au prix d jour.

Plan de demande et courbe de demande

Nous avons vu qu'il y a plusieurs variables qui déterminent l quantité de glaces demandée par un individu. Supposons u moment que toutes ces variables, à l'exception du prix, demeuren constantes. Et voyons maintenant comment le prix influe sur l quantité demandée.

Le tableau 4.1 nous indique combien Catherine achète de cornet chaque mois, à différents niveaux de prix. Si les glaces sont gra tuites, Catherine avale 12 cornets. À 0,50 dollar le cornet, Catherin en achète 10. Au fur et à mesure que le prix monte, elle demande d moins en moins de glaces. À 3 dollars le cornet, Catherine n'e achète plus du tout. Le tableau 4.1 constitue un *plan de demande* qui met en évidence la relation entre le prix du produit et la quan tité demandée.

La figure 4.1 illustre ce tableau. Par convention, le prix des cor nets de glace figure sur l'axe vertical, tandis que la quantité d glaces demandée figure sur l'axe horizontal. La droite à pente néga tive qui exprime la relation entre prix et quantité demandée es appelée *courbe de demande*.

TABLEAU 4.1 **Le plan de demande de Catherine.**

Prix des cornets	*Quantité demandée*
0,00 $	12
0,50 $	10
1,00 $	8
1,50 $	6
2,00 $	4
2,50 $	2
3,00 $	0

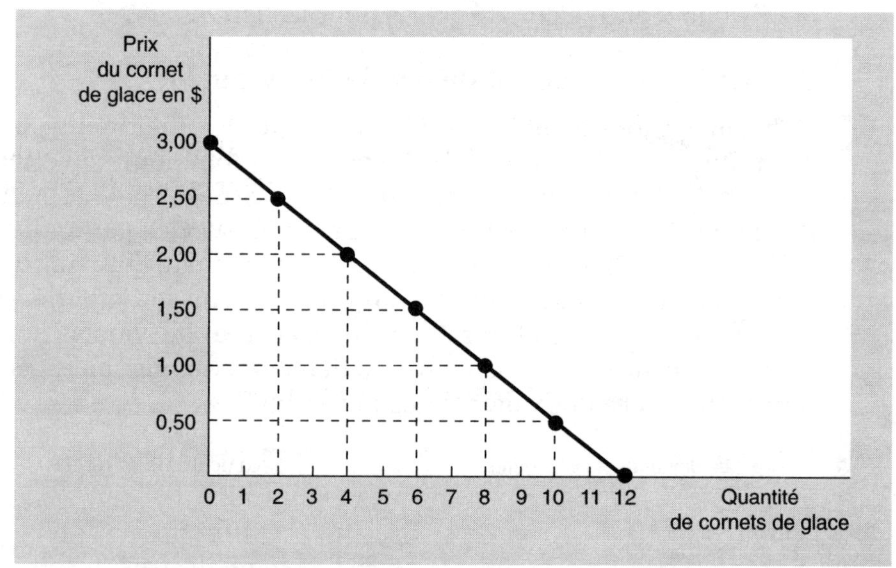

FIG. 4.1 **La courbe de demande de Catherine.** Cette courbe de demande, qui illustre le plan de demande du tableau 4.1, indique comment la quantité demandée change quand le prix du bien varie. Comme un prix inférieur induit une demande supérieure, la courbe a une pente négative.

Ceteris paribus

Quand vous voyez une courbe de demande, n'oubliez pas qu'elle a été construite en faisant l'hypothèse que de nombreux facteurs étaient constants. La courbe de demande de Catherine, représentée par la figure 4.1, montre comment la quantité de glaces demandée évolue quand le prix des glaces, et seulement ce prix, varie. Par hypothèse, le revenu de Catherine, ses goûts alimentaires, ses anticipations et les prix des produits comparables sont supposés invariables.

Les économistes emploient l'expression *ceteris paribus* pour signifier que toutes les variables, à l'exception de celles étudiées sur le moment, sont maintenues constantes. Cette locution latine signifie « les autres choses étant égales ». La courbe de demande est inclinée vers le sud-est parce que, *ceteris paribus,* des prix inférieurs se traduisent par une quantité demandée supérieure.

L'expression *ceteris paribus* fait référence à une situation hypothétique dans laquelle certaines variables sont supposées constantes ; dans le monde réel les choses sont plus compliquées et les variables ont tendance à évoluer en même temps. Il est donc très important, dans l'analyse des événements ou des politiques économiques, de garder à l'esprit que certaines variables peuvent évoluer tandis que d'autres ont été gelées pour la circonstance.

Demande de marché et demande individuelle

Jusqu'ici nous avons considéré la demande individuelle pour un produit donné. Pour comprendre comment fonctionne un marché, il faut calculer la *demande de marché,* qui est égale à la somme des demandes individuelles pour un bien ou un service particulier.

Le tableau 4.2 indique les plans de demande de deux individus, Catherine et Nicolas. Pour chaque prix, le plan de Catherine nous apprend combien de glaces elle achète, et celui de Nicolas nous dit combien de glaces il consomme. La demande du marché est égale à la somme de ces deux demandes individuelles.

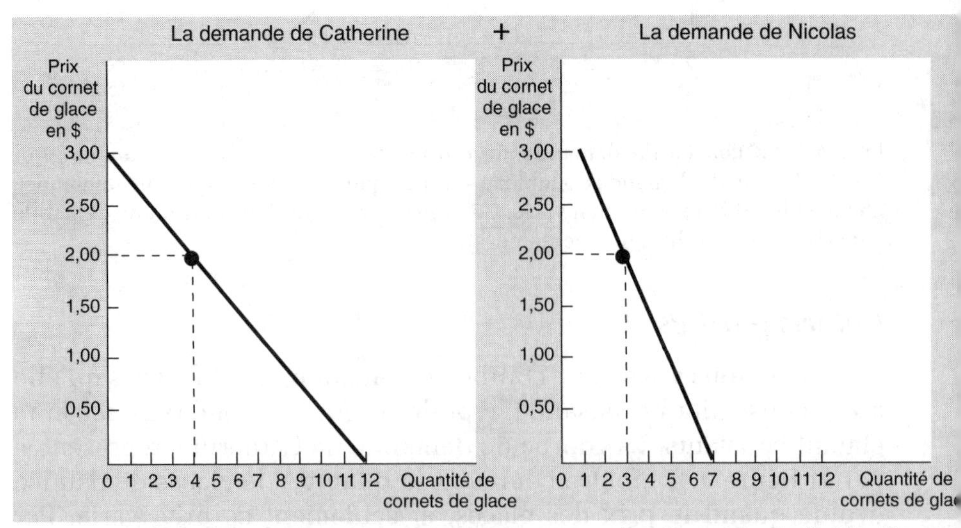

FIG. 4.2 **La demande du marché est égale à la somme des demandes individuelles.** La courbe de demande du marché est obtenue en additionnant horizontalement les courbes de demande individuelles. Au prix de 2 dollars, Catherine demande 4 cornets de glace, et Nicolas 3 cornets. La quantité demandée par le marché à ce prix est donc de 7 cornets.

La demande du marché découlant des demandes individuelles, la quantité demandée globalement dépend des facteurs qui déterminent les quantités demandées individuellement. La quantité demandée par le marché dépend donc non seulement du prix du produit, mais aussi des revenus des acheteurs, de leurs goûts, de leurs anticipations et des prix des produits comparables. En outre, la quantité demandée par le marché varie avec le nombre d'acheteurs. (Si d'autres acheteurs se mettent à vouloir des glaces, la quantité demandée par le marché sera supérieure pour tous les niveaux de prix.) Les plans de demande du tableau 4.2 montrent l'évolution de la demande en fonction du prix, tous les autres facteurs étant supposés constants.

TABLEAU 4.2 **Plans de demande individuels et du marché.**

Prix des cornets	*Catherine*		*Nicolas*		*Marché*
0,00 $	12	+	7	=	19
0,50 $	10		6		16
1,00 $	8		5		13
1,50 $	6		4		10
2,00 $	4		3		7
2,50 $	2		2		4
3,00 $	0		1		1

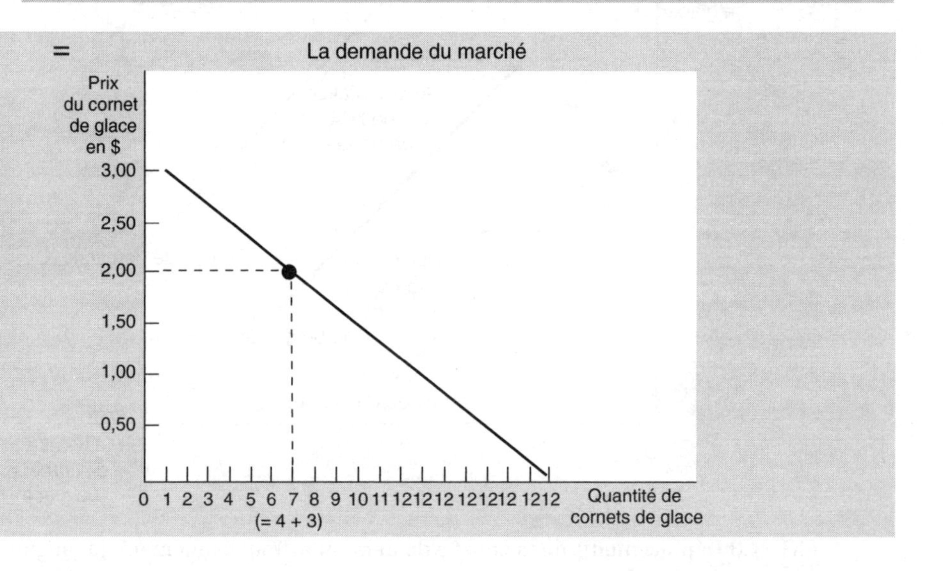

La figure 4.2 représente les courbes de demande correspondantes. Remarquez que la courbe de demande du marché est obtenue en additionnant *horizontalement* les courbes de demande individuelles. Pour trouver la quantité demandée par le marché à un prix donné, il suffit d'additionner les quantités individuelles trouvées sur l'axe horizontal des courbes de demande individuelles. Comme nous sommes intéressés par le fonctionnement du marché, nous utiliserons le plus souvent la courbe de demande du marché. *La courbe de demande du marché indique l'évolution de la quantité totale demandée en fonction des variations du prix du bien considéré.*

Déplacements de la courbe de demande

Imaginons que le ministère de la Santé annonce une découverte selon laquelle les consommateurs de glaces vivent plus longtemps et sont en meilleure santé. Quel effet cette annonce aura-t-elle sur le marché des glaces ? Elle se traduira très probablement par un accroissement de la demande de glaces. À un prix donné, les acheteurs seront maintenant prêts à consommer une quantité supérieure de glaces, et la courbe de demande sera poussée vers la droite.

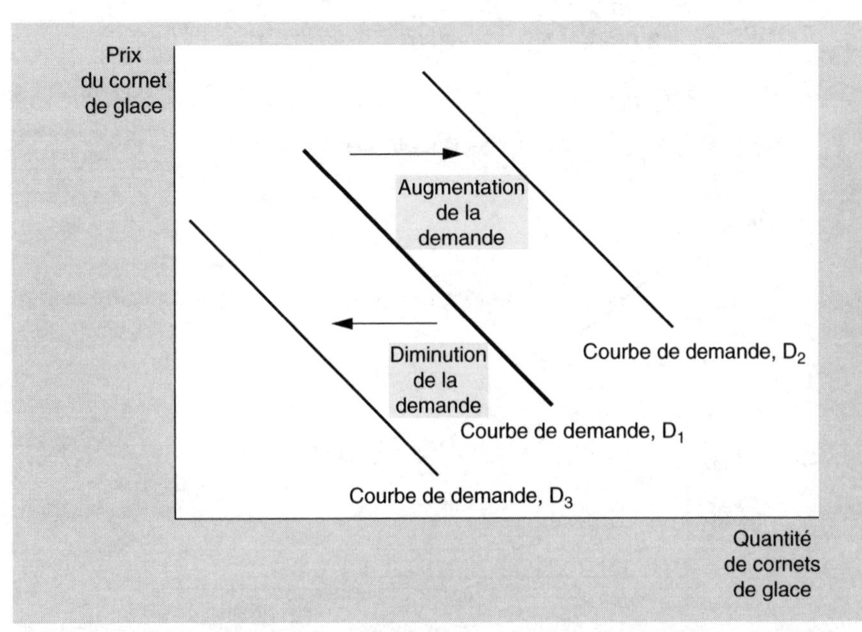

FIG. 4.3 **Déplacements de la courbe de demande.** Tout événement qui augmente la quantité que les acheteurs sont prêts à acheter à un prix donné pousse la courbe de demande vers la droite. Tout événement qui diminue la quantité que les acheteurs sont prêts à acheter à un prix donné pousse la courbe de demande vers la gauche.

TABLEAU 4.3 **Les déterminants de la demande.**

Variables influant sur la quantité demandée	*Une modification de cette variable…*
Prix	Mouvement le long de la courbe
Revenu	Déplacement de la courbe
Prix produits comparables	Déplacement de la courbe
Goûts	Déplacement de la courbe
Anticipations	Déplacement de la courbe
Nombre d'acheteurs	Déplacement de la courbe

Chaque fois que l'un des déterminants de la demande est modifié, à l'exception du prix, la courbe de demande subit une translation. Comme le montre la figure 4.3, toute modification qui accroît la demande pour tout niveau de prix déplace la courbe vers la droite, tandis qu'une modification qui réduit la demande pour tout niveau de prix déplace la courbe vers la gauche.

Le tableau 4.3 énumère les variables qui déterminent la quantité demandée sur le marché et indique l'effet d'une modification de cette variable sur la courbe de demande. En résumé : *La courbe de demande indique l'évolution de la quantité demandée quand le prix du bien varie, tous les autres facteurs étant supposés constants. Quand l'un de ces autres facteurs varie, la courbe de demande subit une translation vers la droite ou la gauche.*

ÉTUDE DE CAS

Deux façons de lutter contre le tabagisme

Les décideurs politiques essayent généralement de réduire la consommation de tabac. Il existe deux façons d'atteindre un tel objectif.

La première consiste à déplacer la courbe de demande des cigarettes et autres dérivés du tabac. Interdiction de fumer dans les lieux publics, messages d'avertissement médical sur les paquets de cigarettes, interdiction de publicité télévisuelle pour les cigarettes sont autant de mesures visant à réduire la quantité de cigarettes demandée à chaque niveau de prix. Si elles réussissent, ces politiques se traduiront par un déplacement vers la gauche de la courbe de demande, comme dans la planche (a) de la figure 4.4.

La deuxième façon de réduire la consommation de tabac consiste à augmenter le prix des cigarettes, par exemple en imposant une taxation très élevée sur ce produit. Un prix plus élevé incite les fumeurs à réduire leur consommation. Dans ce cas, la réduction de consommation ne correspond pas à une translation de la courbe de demande, mais à un déplacement le long de la même courbe vers un point défini par un prix supérieur et une quantité inférieure (voir la planche (b) de la figure 4.4).

Quelle est la sensibilité de la consommation de tabac aux variations de prix des cigarettes ? Les économistes ont essayé d'apporter une réponse à cette question en étudiant ce qui se passe quand le gouvernement modifie le régime fiscal applicable au tabac. Ils ont constaté qu'une augmentation de 10 % du prix du tabac se traduisait par une diminution de consommation de 4 %. Les adolescents sont particulièrement sensibles à ces augmentations de prix. La même augmentation de 10 % du prix du tabac se traduit par une diminution de 12 % de la consommation des adolescents.

■ **VÉRIFIEZ VOS CONNAISSANCES** Énumérer les déterminants de la demande de pizzas ■ Donner un exemple de plan de demande pour des pizzas, et dessiner la courbe de demande correspondante ■ Donner un exemple d'un facteur qui se traduirait par un déplacement de la courbe ■ Une modification du prix des pizzas impliquerait-elle un tel déplacement ?

4.3 L'OFFRE

Tournons-nous maintenant de l'autre côté et examinons le comportement des vendeurs. La *quantité offerte* d'un bien ou d'un service se définit comme la quantité que les vendeurs sont prêts à vendre et capables de vendre. Une fois encore, considérons le marché des cornets de glace et voyons quels sont les facteurs qui déterminent la quantité offerte.

Les déterminants de l'offre individuelle

Supposons que vous dirigez une entreprise qui produit et vend des cornets de glace. Qu'est-ce qui déterminera la quantité de glace que vous allez produire et mettre en vente ? Voici quelques réponses possibles.

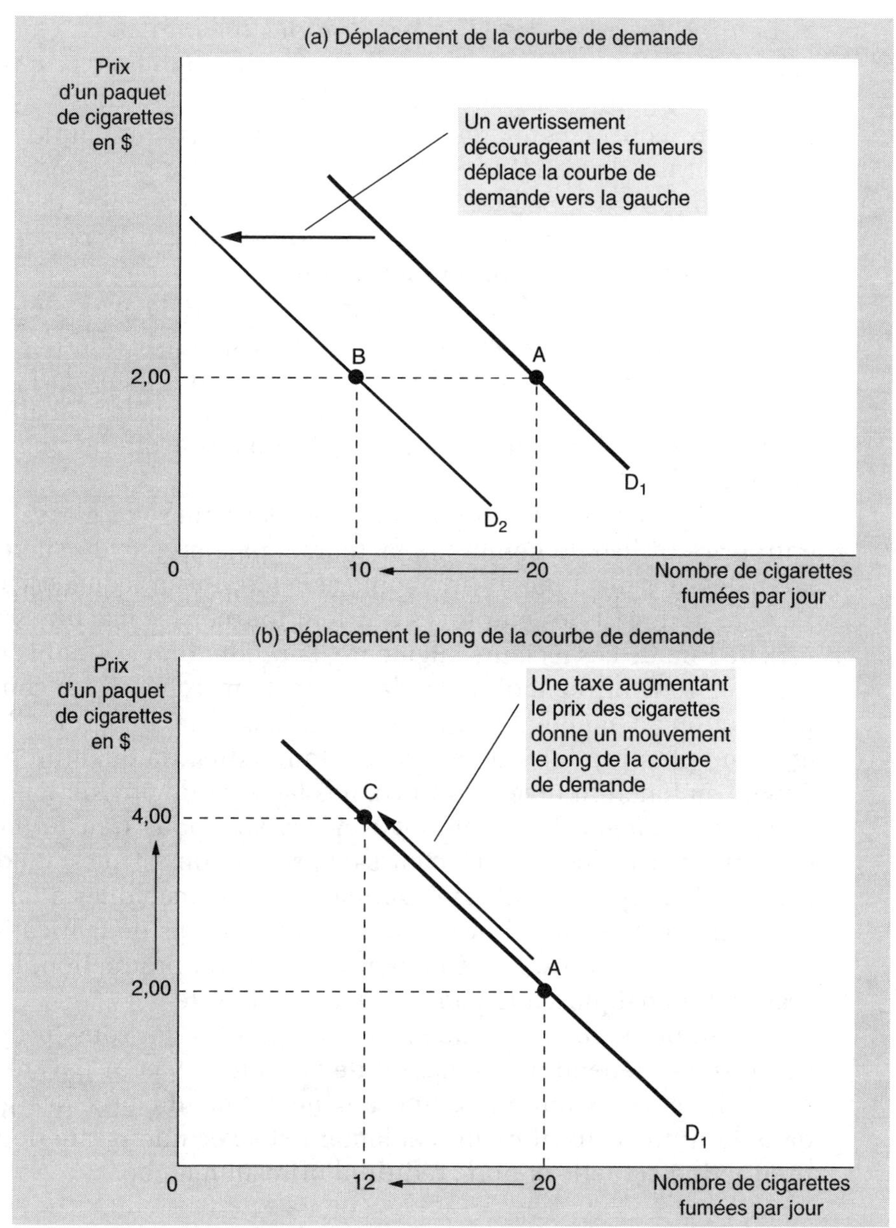

FIG. 4.4 **Déplacements de la courbe de demande et déplacements le long de la courbe.** Si les avertissements médicaux sur les paquets de cigarettes conduisent les fumeurs à diminuer leur consommation de tabac, la courbe de demande de cigarettes va subir une translation vers la gauche. Sur la planche A, la courbe de demande passe de D_1 à D_2. Au prix de 2 dollars le paquet, la quantité demandée tombe de 20 à 10 cigarettes par jour (passage du point A ou point B). Mais si une taxe augmente le prix des cigarettes, la courbe de demande ne bougera pas, et l'on observera un déplacement vers un autre point de la courbe. Sur la planche B, quand le prix passe de 2 à 4 dollars, la quantité demandée tombe de 20 à 12 cigarettes par jour (passage du point A au point C).

Le prix. Le prix des glaces est l'un des déterminants. Quand le prix des glaces est élevé, cette vente est profitable et la quantité offerte plus grande. En tant que vendeur de glaces, vous travaillez beaucoup, vous achetez de nombreuses machines et employez un personnel nombreux. Au contraire, si le prix des glaces est faible votre entreprise est peu rentable et vous produisez moins de glaces. Si le prix descend trop bas, vous déciderez même de cesser votre activité, et la quantité offerte sera réduite à zéro.

Comme la quantité offerte augmente quand le prix s'élève et diminue quand le prix baisse, on dit que la quantité offerte est une *fonction croissante* du prix. Cette relation entre quantité offerte et prix est appelée *loi de l'offre* : toutes choses étant égales par ailleurs, quand le prix d'un bien augmente, la quantité offerte augmente aussi.

Prix des facteurs de production. Pour fabriquer vos glaces, votre entreprise utilise de nombreux facteurs : de la crème, du sucre, des aromates, des machines, l'immeuble et le terrain sur lequel est située l'usine, le travail des employés qui font tourner les machines. Si le prix de l'un de ces facteurs augmente, la production est moins profitable, et vous offrez moins de glaces sur le marché. Si les coûts de production augmentent trop, vous pouvez décider de fermer l'usine et de ne plus produire de glaces du tout. Ainsi, la quantité offerte évolue en fonction inverse du prix des facteurs de production.

La technologie. La technologie nécessaire pour transformer en cornets de glace les divers facteurs de production est aussi un déterminant de la quantité offerte. L'apparition des machines à faire les glaces a contribué à réduire énormément le temps de fabrication et le travail nécessaires. En réduisant les coûts de production, le progrès technologique a augmenté la quantité offerte.

Les anticipations. La quantité de glaces que vous proposez aujourd'hui dépend certainement de vos attentes pour l'avenir. Par exemple, si vous anticipez une augmentation du prix des glaces dans le futur, vous allez probablement stocker une partie de votre production actuelle et donc réduire l'offre au marché.

Plan d'offre et courbe d'offre

Voyons comment la quantité offerte varie avec le prix, en supposant constants les coûts de production, la technologie et les anticipations. Le tableau 4.4 indique les quantités offertes par Ben, vendeur de glaces, en fonction du prix. À moins de 1 dollar, Ben ne fournit aucune glace. Au fur et à mesure que le prix monte, Ben accroît la quantité offerte. Ce tableau est appelé un *plan d'offre.*

La figure 4.5 illustre la relation existant entre la quantité de glaces offerte et leur prix. La courbe qui relie ces deux données est appelée la *courbe d'offre.*

Cette courbe est inclinée vers le nord-ouest car, *ceteris paribus*, un prix plus élevé signifie une plus grande quantité offerte.

TABLEAU 4.4 **Plan d'offre de Ben.**

Prix des cornets	*Quantité offerte*
0,00 $	0
0,50 $	0
1,00 $	1
1,50 $	2
2,00 $	3
2,50 $	4
3,00 $	5

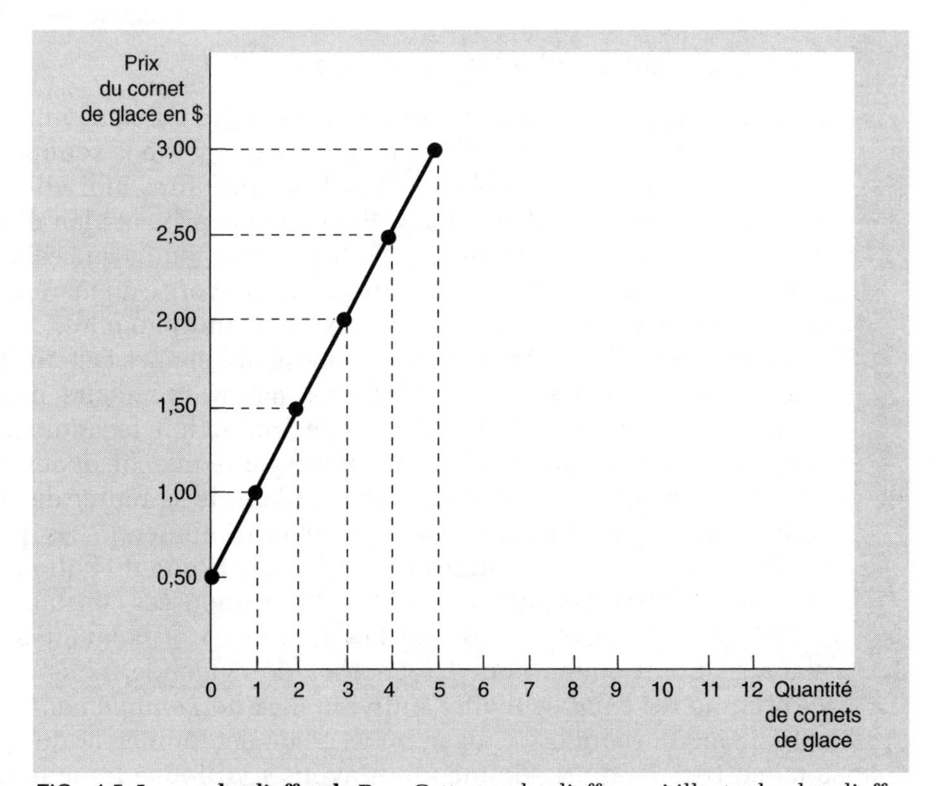

FIG. 4.5 **La courbe d'offre de Ben.** Cette courbe d'offre, qui illustre le plan d'offre du tableau 4.4, indique comment la quantité offerte est modifiée quand le prix varie. Parce qu'un prix supérieur augmente la quantité offerte, la courbe d'offre a une pente positive.

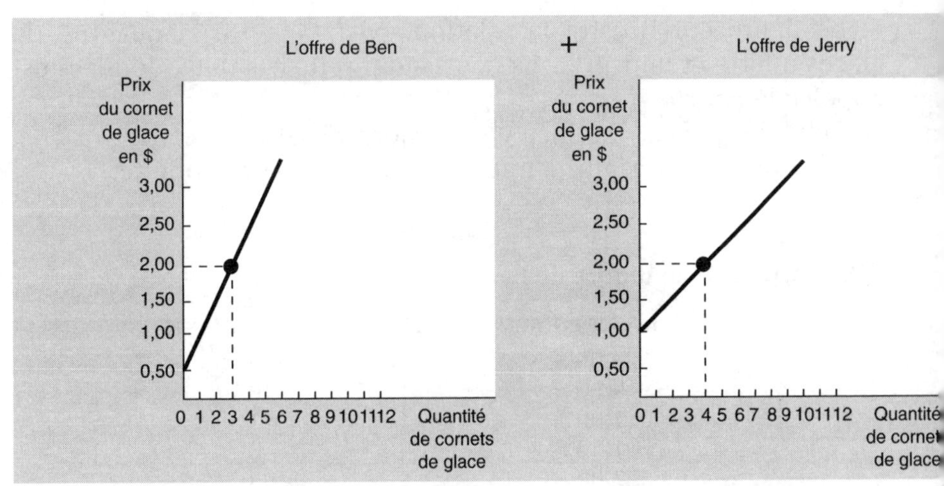

FIG. 4.6 **L'offre du marché est égale à la somme des offres individuelles.** La cour d'offre du marché est obtenue en additionnant horizontalement les courbes d'offre in viduelles. Au prix de 2 dollars, Ben fournit 3 cornets, tandis que Jerry en fournit 4. À prix, la quantité offerte par le marché est donc de 7 cornets.

Offre individuelle et offre du marché

De même que la demande du marché est égale à la somme d demandes individuelles, l'offre du marché est égale à la somme d offres individuelles. Le tableau 4.5 indique les offres individuell de deux producteurs, Ben et Jerry. Pour chaque prix, le plan d'off de Ben nous indique la quantité offerte par Ben, tandis que celui Jerry nous indique la quantité offerte par Jerry. L'offre du marché e tout simplement la somme de ces deux offres individuelles.

La quantité offerte par le marché dépend des mêmes facteurs q ceux déterminant les quantités offertes par les vendeurs indiv duels : prix du bien, coût des facteurs de production, technologie anticipations. En outre, la quantité offerte par le marché dépend d nombre de vendeurs (si Ben et Jerry décident de se retirer de cet activité, la quantité offerte par le marché diminuera). Les pla d'offre du tableau 4.5 montrent l'évolution de la quantité offerte fonction des prix, les autres variables étant supposées constantes.

La figure 4.6 montre les courbes d'offre correspondant à c plans d'offre. Comme pour les courbes de demande, nous avo additionné les courbes d'offre individuelles *horizontalement* po obtenir la courbe d'offre du marché. Pour déterminer la quanti totale offerte à un prix donné, nous avons additionné les quantit trouvées sur l'axe horizontal des courbes d'offre individuelles. *courbe d'offre du marché indique comment la quantité tota offerte varie en fonction du prix du bien offert.*

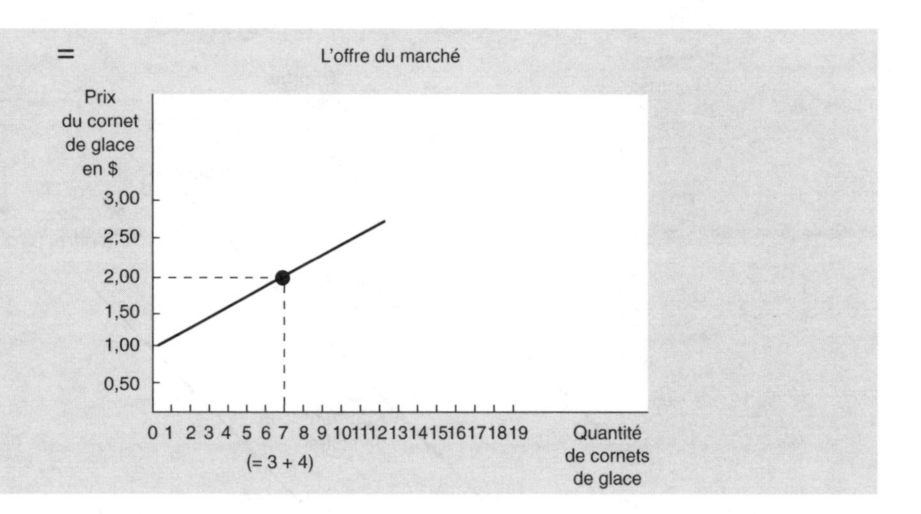

TABLEAU 4.5 **Plans d'offre individuel et de marché.**

Prix des cornets	*Ben*		*Jerry*		*Marché*
0,00 $	0	+	0	=	0
0,50 $	0		0		0
1,00 $	1		0		1
1,50 $	2		2		4
2,00 $	3		4		7
2,50 $	4		6		10
3,00 $	5		8		13

Déplacements de la courbe d'offre

Imaginons que le prix du sucre tombe. Quel effet cela aura-t-il sur l'offre de glaces ? Comme le sucre entre dans la composition des glaces, une baisse du prix du sucre rend la fabrication de glaces plus rentable qu'auparavant. Ce qui se traduit par un accroissement de l'offre de glaces : à quelque niveau de prix que ce soit, les vendeurs sont prêts à produire en plus grande quantité. La courbe d'offre de glaces subit donc une translation vers la droite.

Chaque fois que l'un des déterminants de l'offre se trouve modifié, à l'exception du prix, la courbe d'offre se déplace. Comme le montre la figure 4.7, tout changement qui accroît l'offre à tout niveau de prix se traduit par un déplacement vers la droite, et tout changement qui réduit l'offre à tout niveau de prix se traduit par une translation vers la gauche.

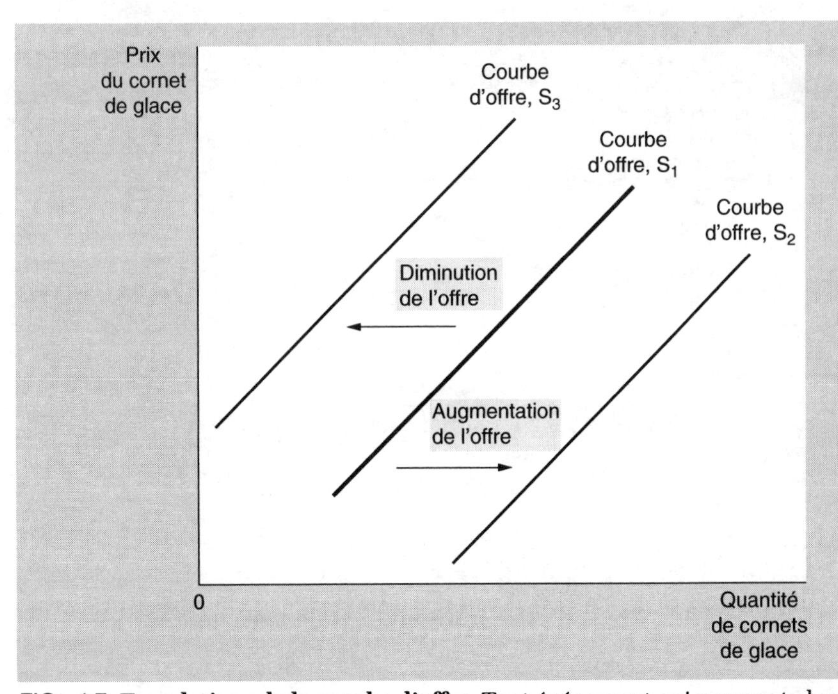

FIG. 4.7 **Translations de la courbe d'offre.** Tout événement qui augmente la quan tité que les vendeurs sont prêts à offrir à un prix donné pousse la courbe d'offr vers la droite. Tout événement qui réduit la quantité que les vendeurs sont prêts offrir pousse la courbe d'offre vers la gauche.

Le tableau 4.6 énumère les variables qui déterminent la quantit offerte et indique l'effet d'une modification de ces variables sur l courbe d'offre. En résumé : *La courbe d'offre indique comment l quantité offerte d'un bien varie quand le prix de ce bien est modifi les autres facteurs étant supposés constants. Quand l'un de ce autres déterminants de l'offre varie, la courbe d'offre subit un translation.*

TABLEAU 4.6 **Déterminants de l'offre.**

Variables influant sur la quantité offerte	*Une modification de cette variable*
Prix	Mouvement le long de la courbe
Prix des facteurs	Déplacement de la courbe
Technologie	Déplacement de la courbe
Anticipations	Déplacement de la courbe
Nombre de vendeurs	Déplacement de la courbe

■ **VÉRIFIEZ VOS CONNAISSANCES** Énumérer les déterminants de l'offre de pizzas ■ Donner un exemple de plan d'offre de pizzas et dessiner la courbe d'offre correspondante ■ Donner un exemple d'événement qui se traduirait par une translation de la courbe ■ Une telle translation pourrait-elle être provoquée par un changement de prix de la pizza ?

.4 LA RENCONTRE DE L'OFFRE ET DE LA DEMANDE

Après avoir étudié séparément l'offre et la demande, il est maintenant temps de les combiner pour voir comment elles permettent de fixer la quantité vendue d'un bien ainsi que son prix.

L'équilibre

La figure 4.8 fait figurer à la fois la courbe d'offre et la courbe de demande. Vous remarquerez qu'il y a un point où ces deux courbes se confondent ; ce point est appelé *le point d'équilibre du marché.*

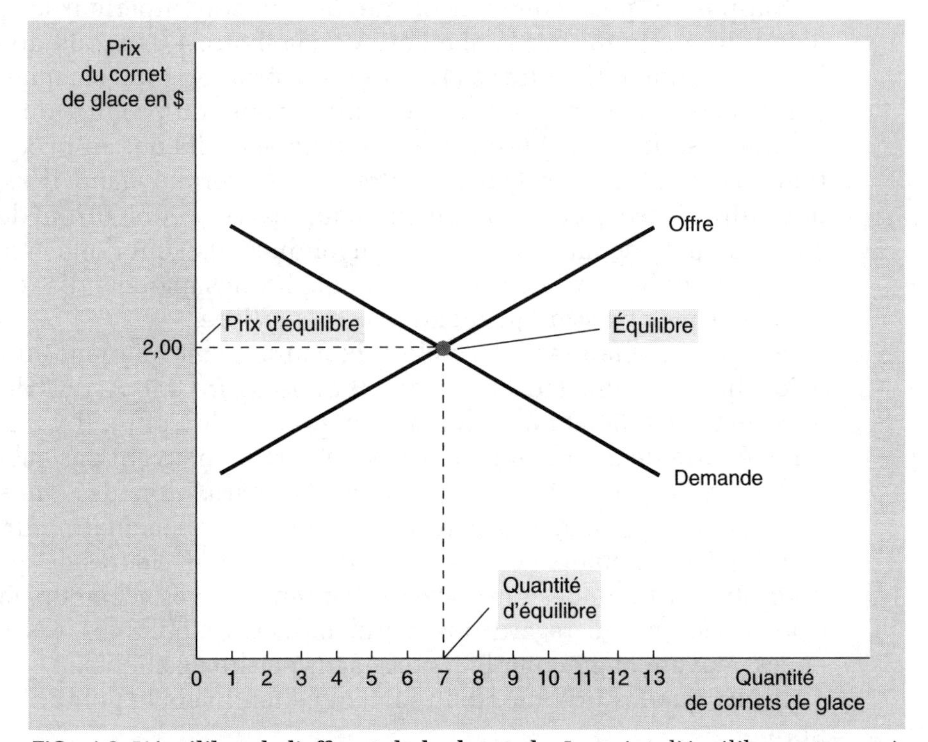

FIG. 4.8 **L'équilibre de l'offre et de la demande.** Le point d'équilibre se trouve à l'intersection des courbes d'offre et de demande. Au prix d'équilibre, la quantité offerte égale la quantité demandée. Ici, le prix d'équilibre est de 2 dollars, puisqu'à ce prix, 7 cornets sont demandés et 7 sont offerts.

Le prix défini par ce point est dénommé *prix d'équilibre*, tandis qu
la quantité définie est appelée *quantité d'équilibre*. Ici, le pri
d'équilibre est de 2 dollars le cornet et la quantité d'équilibre est d
7 cornets.

Le dictionnaire définit la notion d'équilibre comme une situa
tion dans laquelle plusieurs forces en présence annulent leurs effet
respectifs, et c'est bien ce qui se passe au point d'équilibre du mar
ché. *Au prix d'équilibre, la quantité de bien que les acheteurs son
prêts à acheter et capables d'acheter est exactement égale à l
quantité que les vendeurs sont prêts à vendre et capables de vendre*
Le prix d'équilibre est parfois appelé *prix de satisfaction du mar
ché*, puisque c'est le prix qui satisfait tout le monde : les acheteur
ont acheté ce qu'ils voulaient acheter, et les vendeurs ont vendu c
qu'ils voulaient vendre.

Les actions des acheteurs et des vendeurs amènent naturelle
ment le marché vers son point d'équilibre. Pour comprendre cela
voyons ce qui se passe si le prix de marché est différent du pri
d'équilibre.

Supposons pour commencer que le prix soit supérieur au pri
d'équilibre, comme sur la planche A de la figure 4.9. À 2,50 dollar
le cornet, la quantité offerte (10 cornets) est supérieure à la quantit
demandée (4 cornets). Il y a donc un surplus de production : le
vendeurs sont incapables de vendre tout ce qu'ils ont au prix cou
rant. Cette situation est dite d'*offre excédentaire*. Quand il exist
une offre excédentaire sur un marché, les vendeurs auront leur
congélateurs encombrés de glaces invendues. Ils vont donc essaye
d'augmenter leurs ventes en baissant le prix des marchandises ven
dues. Les prix baissent jusqu'au prix d'équilibre.

Supposons maintenant que le prix courant soit inférieur au pri
d'équilibre, comme sur la planche B de la figure 4.9. À 1,50 dolla
le cornet, c'est la quantité demandée qui excède l'offre. Il y a alor
une pénurie de marchandise : les acheteurs ne peuvent pas achete
tout ce qu'ils veulent au prix courant. On parle alors de *demande
excédentaire*. Quand il existe une demande excédentaire sur u
marché, les acheteurs vont devoir faire de longues heures de queu
pour obtenir l'une des rares glaces disponibles. Les acheteurs étan
trop nombreux au regard des marchandises disponibles, les ven
deurs peuvent augmenter leurs prix sans perdre de clients. Au fur e
à mesure que les prix montent, le marché tend vers le point d'équi
libre.

C'est ainsi que les activités de la multitude d'acheteurs et de ven
deurs poussent automatiquement le prix du marché vers son poin
d'équilibre. Une fois ce point atteint, tout le monde est satisfait et l

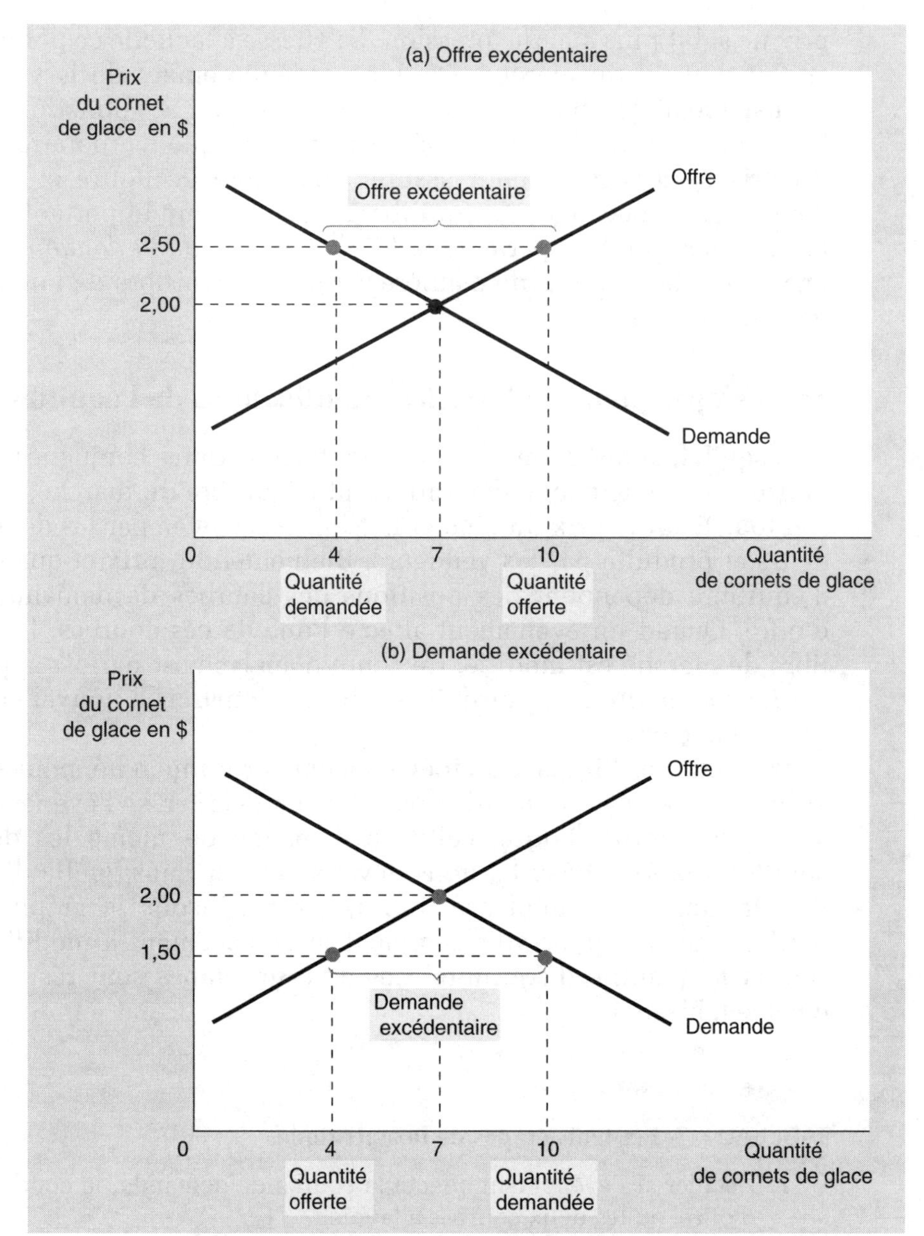

FIG. 4.9 **Marchés déséquilibrés.** Sur la planche A, il existe une offre excédentaire. À 2,50 dollars, le prix du marché est supérieur au prix d'équilibre, et la quantité offerte (10 cornets) est supérieure à la quantité demandée (4 cornets). Les vendeurs essayent d'augmenter leurs ventes en baissant le prix du cornet, ce qui pousse le prix vers son niveau d'équilibre. Sur la planche B, c'est la demande qui est excédentaire. À 1,50 dollar, le prix du marché est inférieur au prix d'équilibre et la quantité demandée (10 cornets) excède la quantité offerte (4 cornets). Les acheteurs étant trop nombreux au regard des quantités disponibles, les vendeurs tirent profit de cette situation en augmentant leurs prix. Dans les deux cas, le mécanisme d'ajustement du prix pousse le marché vers l'équilibre de l'offre et la demande.

prix ne subit plus aucune pression. La vitesse à laquelle ce point es atteint dépend du marché, et plus particulièrement de la vitess d'ajustement des prix. Sur la plupart des marchés fonctionnan librement, les surplus ou les pénuries ne sont que temporaires ca les prix se déplacent pour assurer l'équilibre de l'offre et de l demande. Ce mécanisme d'équilibrage est tellement important pou les marchés que l'on parle de la *loi de l'offre et de la demande* : l prix d'un bien s'ajuste de manière à assurer l'équilibre de l'offre e de la demande.

Trois étapes pour analyser les modifications de l'équilibre

Jusqu'ici, nous avons vu comment les actions conjuguées d l'offre et de la demande déterminaient l'équilibre du marché, qui son tour fixait le prix du bien et la quantité achetée par les deman deurs et produite par les vendeurs. Bien entendu, prix et quantit d'équilibre dépendent des positions des courbes de demande e d'offre. Quand un événement affecte l'une de ces courbes, l'équi libre de marché est modifié. Ce genre d'analyse est parfois appel *statique comparative,* puisqu'il s'agit de comparer le nouvel équi libre à l'ancien.

Pour étudier l'impact d'un événement sur un marché, nous sui vrons trois étapes. D'abord, nous devons décider si l'événemen affecte la courbe d'offre, celle de demande ou même les deu courbes à la fois. Ensuite, nous devons décider dans quelle direc tion la courbe est déplacée. Enfin, nous utilisons le graphiqu d'offre-demande pour voir comment le déplacement a modifié l prix et la quantité d'équilibre. Ces diverses étapes sont résumée dans le tableau 4.7.

TABLEAU 4.7 **Les trois étapes de la statistique.**

1. Décider si l'événement affecte la courbe de demande, la courbe d'offre, ou les deux courbes à la fois.
2. Décider de la direction dans laquelle la courbe est déplacée.
3. Constater l'impact de ces variations sur le point d'équilibre, à l'aide d'un diagramme offre-demande.

Pour illustrer ce processus, considérons comment le marché de cornets de glace peut être affecté par divers événements.

Exemple : Modification de la demande

Imaginons un été caniculaire. Comment cette chaleur anormale touchera-t-elle le marché des cornets de glace ? Pour répondre à cette question, suivons les trois étapes évoquées plus haut.

1. La forte chaleur affectera la courbe de demande en modifiant le goût des gens. Du fait de la chaleur, les gens veulent consommer plus de glaces à un prix donné. La courbe d'offre est inchangée, car la température n'a aucun effet direct sur l'entreprise qui produit les glaces.

2. Dans la mesure où les gens souhaitent manger plus de glaces, la courbe de demande subit une translation vers la droite. Ce déplacement, indiqué sur la figure 4.10, montre que la quantité demandée est supérieure, pour tout niveau de prix.

3. Comme on le constate sur la figure 4.10, ce déplacement de la courbe de demande se traduit par une augmentation du prix d'équilibre (de 2 à 2,50 dollars) et de la quantité d'équilibre (de 7 à 10 cornets). En d'autres termes, la chaleur a augmenté le prix des glaces et la quantité vendue.

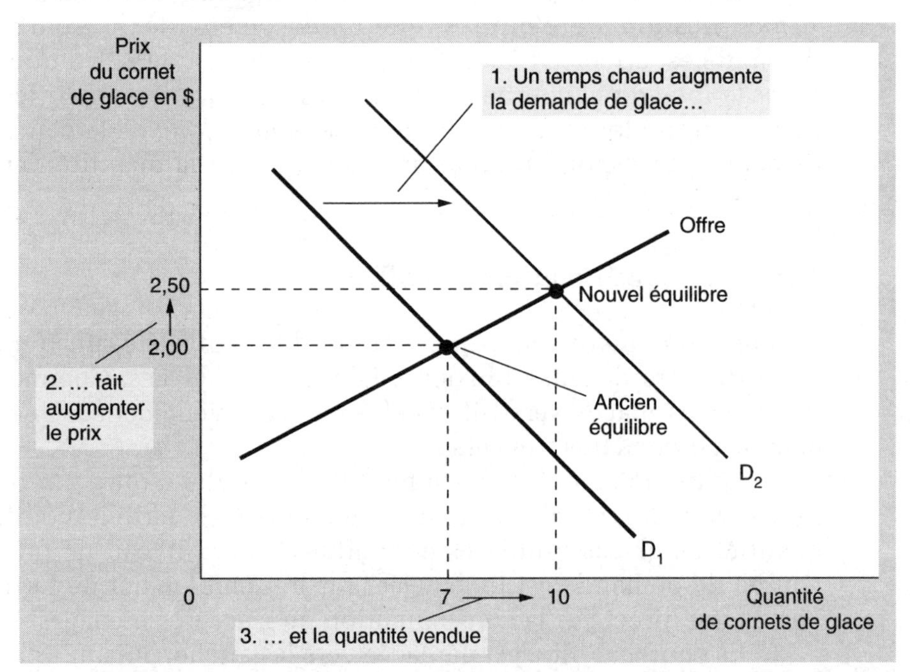

FIG. 4.10 **Comment une augmentation de la demande modifie l'équilibre du marché.** Un événement qui augmente la demande pour un prix donné pousse la courbe de demande vers la droite. Le prix d'équilibre et la quantité d'équilibre augmentent tous les deux. Ici, un été anormalement chaud pousse les consommateurs à acheter plus de glaces. La courbe de demande se déplace de D_1 en D_2, ce qui fait monter le prix d'équilibre de 2 à 2,50 dollars et la quantité d'équilibre de 7 à 10 cornets.

Déplacements de la courbe et déplacements le long de la courbe

Lorsque la chaleur fait monter le prix des glaces, la quantité de glaces fournie par les glaciers augmente aussi, même si la courbe d'offre est restée identique. Dans ce cas, les économistes parlent d'une augmentation de la « quantité fournie », mais pas de l'« offre ».

Le terme d'« offre » fait référence à la position de la courbe d'offre, tandis que l'expression « quantité fournie » désigne la quantité que les fournisseurs désirent vendre. Dans notre exemple, l'offre n'a pas changé, car la chaleur n'a aucun effet sur le plan d'offre des glaciers. En revanche, la canicule pousse les acheteurs à consommer plus à tout niveau de prix et donc déplace la courbe de demande. Cet accroissement de la demande se traduit par une augmentation du prix d'équilibre. Quand ce prix augmente, la quantité fournie augmente aussi. Cet accroissement de la quantité fournie est représenté par un déplacement le long de la courbe d'offre.

Pour résumer, un *déplacement* de la courbe d'offre est appelée « modification de l'offre », un *déplacement* de la courbe de demande est appelée « modification de la demande ». Un *déplacement le long* de la courbe d'offre correspond à une « modification de la quantité fournie », et un *déplacement le long* de la courbe de demande correspond à une « modification de la quantité demandée ».

Exemple : Modification de l'offre

Imaginons maintenant qu'au cours d'un autre été, un tremblement de terre détruise plusieurs fabriques de glaces. Comment le marché des glaces sera-t-il touché par cet événement ? Une fois encore, suivons nos trois étapes.

1. Le tremblement de terre modifie la courbe d'offre. En réduisant le nombre de fabricants, le tremblement de terre a modifié la quantité de glaces produites et vendues à tout niveau de prix. La courbe de demande est inchangée, car le tremblement de terre n'a pas d'effet direct sur la consommation de glace des ménages.

2. La courbe d'offre est déplacée vers la gauche, puisqu'à chaque niveau de prix la quantité de glaces susceptible d'être vendue a été réduite. La figure 4.11 illustre cette translation de S_1 à S_2.

3. Comme on le constate sur la figure 4.11, le déplacement de la courbe d'offre se traduit par une augmentation du prix d'équilibre (de 2 à 2,50 dollars) et une réduction de la quantité d'équilibre (de

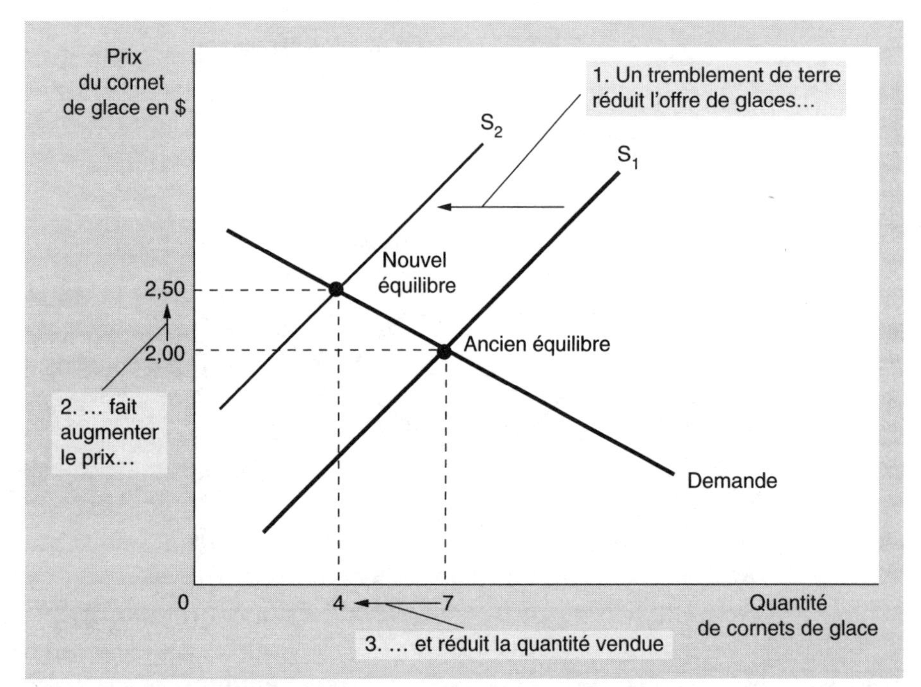

FIG. 4.11 **Comment une diminution de l'offre modifie l'équilibre du marché.** Un événement qui réduit l'offre pour un prix donné pousse la courbe d'offre vers la gauche. Le prix d'équilibre augmente et la quantité d'équilibre diminue. Ici, un tremblement de terre est à l'origine d'une baisse de l'offre de glaces. La courbe d'offre subit un déplacement de S_1 à S_2, ce qui fait monter le prix d'équilibre de P_1 à P_2 et baisser la quantité d'équilibre de Q_1 à Q_2.

7 à 4 cornets). Le tremblement de terre aura eu pour conséquences une augmentation du prix des glaces et une diminution de la quantité de glaces vendues.

Exemple : Modifications de l'offre et de la demande

Imaginons maintenant que la canicule et le tremblement de terre aient lieu au même moment, et suivons nos trois étapes habituelles.

1. Nous constatons que les deux courbes ont été déplacées. La chaleur a déplacé la courbe de demande, puisque les ménages souhaitent consommer plus de glaces à tout niveau de prix. Simultanément, le tremblement de terre a déplacé la courbe d'offre, puisqu'il a réduit la quantité de glaces que les glaciers sont prêts à vendre à tout niveau de prix.

2. Les courbes subissent des translations identiques à celles évoquées dans les deux exemples précédents : la courbe de demande se déplace vers la droite, tandis que la courbe d'offre se déplace vers la gauche. La figure 4.12 illustre ces deux déplacements.

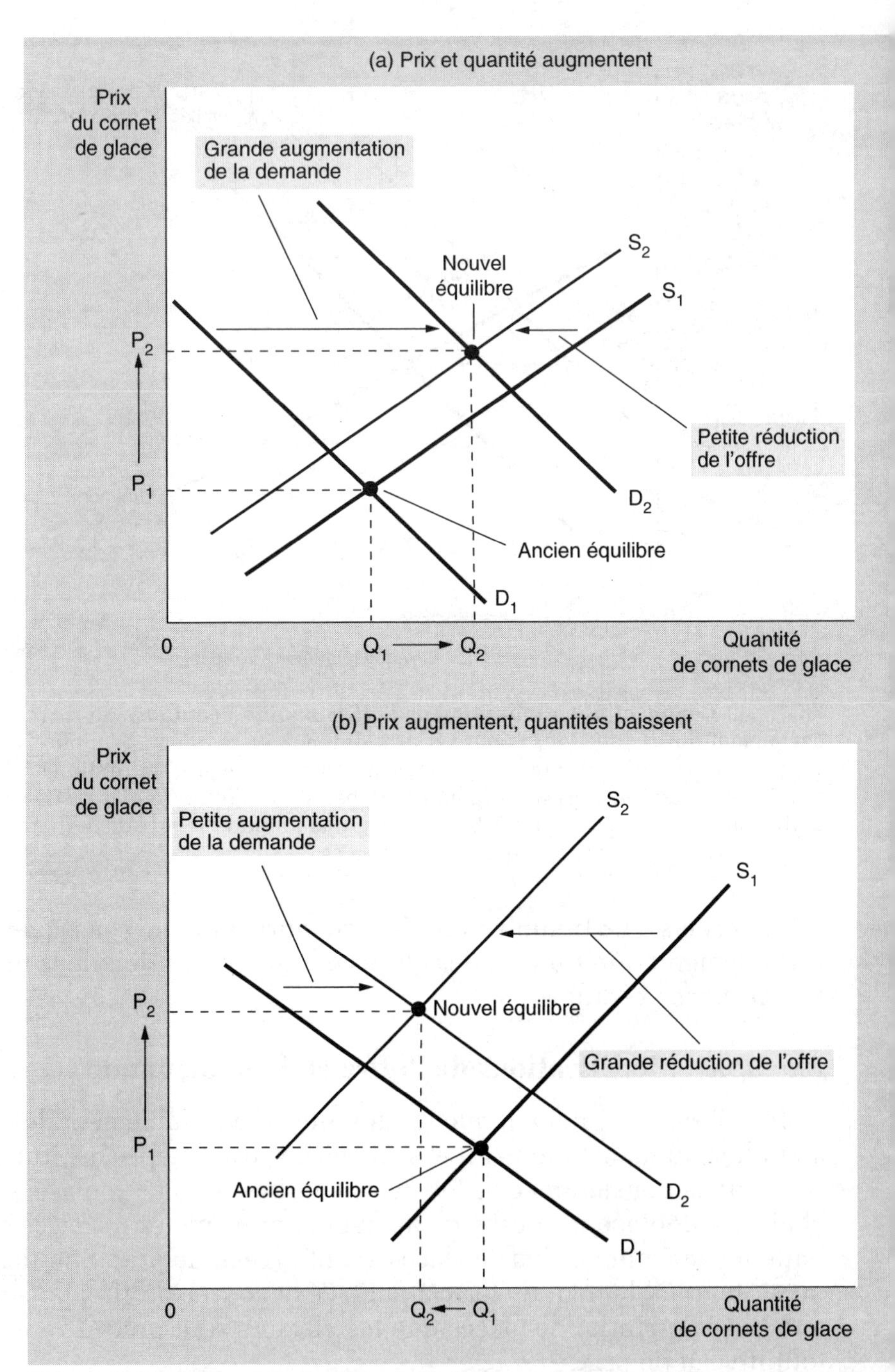

FIG. 4.12 **Déplacements simultanés de l'offre et de la demande.** On observe ici à la fois une augmentation de la demande et une réduction de l'offre. Deux résultats sont envisageables. Sur la planche A, le prix d'équilibre augmente de P_1 à P_2, et la quantité d'équilibre augmente de Q_1 à Q_2. Sur la planche B, le prix d'équilibre augmente de P_1 à P_2, mais cette fois la quantité d'équilibre baisse de Q_1 à Q_2.

DANS VOS JOURNAUX

Offre, demande et prix du papier

L'article suivant décrit certaines évolutions du marché du papier. En le lisant, ssayez d'identifier les éléments affectant l'offre et ceux affectant la demande. Et distinguez bien les déplacements le long des courbes, des déplacements de courbes.

La réalité du papier

JERRY ACKERMAN

Il suffit de regarder son kiosque à journaux ou le stock de sacs en papier du supermarché pour réaliser que l'économie mondiale est en pleine reprise : la demande de papier est telle que les prix s'envolent.

Tous les types de papier sont concernés : les mouchoirs en papier, le papier à écrire, le papier journal, même le carton d'emballage – tous ont vu leur prix augmenter de 25 à 40 % par rapport au début 1994, et l'on annonce de nouvelles hausses d'ici à été prochain.

« Il paraît qu'il en sera ainsi pendant un an et demi », annonce Edward Rosenbloom, Président de Empire Paper Co, gros distributeur de papier sur la région de Boston.

Les clients des supermarchés doivent réclamer des sacs en papier, s'ils ne veulent pas des sacs plastiques proposés. Les bureaux essayent de réduire la quantité de photocopies effectuées. Les imprimeurs font l'impossible pour éviter une consommation excessive. Et les journaux réduisent la taille de leurs articles et augmentent leurs prix de vente pour faire face à l'augmentation de leurs coûts de papier.

Évidemment, les fabricants de papier sont aux anges, après plusieurs années de récession. D'après Virgil Horton, de l'Association américaine pour la forêt et le papier, l'industrie papetière n'a connu que trois années bénéficiaires au cours des quatorze derniers exercices.

Cette reprise intervient après une récession de cinq ans, considérée comme l'une des plus désastreuses de l'histoire de cette industrie, pourtant habituée aux variations cycliques. En Amérique, en Europe et en Asie, la réduction des dépenses de publicité a fortement pesé sur l'épaisseur des journaux et des magazines, et la baisse des ventes dans le monde entier a pesé sur la demande d'emballages.

Et les papetiers, dans la foulée du boom des années 1980, étaient en train de construire de nouvelles capacités de production pour faire face à la demande attendue. D'après Horton, cinq énormes machines à fabriquer du papier journal furent lancées aux États-Unis en 90 et 91, pour un investissement de l'ordre de 2 milliards de dollars ; ces machines augmentaient de 9,5 % la production de papier. Et il en était de même au Canada, qui avec les États-Unis produit les trois quarts de l'offre mondiale de papier journal.

Pour payer les factures de ces nouvelles machines, les papetiers ont commencé à les utiliser avant même de savoir que faire des modèles plus anciens. La production de papier fut telle que les prix s'effondrèrent. Tout au moins jusqu'à la reprise mondiale de l'année dernière.

Maintenant que les anciennes machines ont été débranchées et que la demande ne cesse de croître, les prix du papier atteignent des sommets. Selon la revue professionnelle Pulpe et Papier, le prix moyen de la tonne de papier journal est passé de 445 dollars à fin 93 à 515 dollars au mois de décembre. Une étude différente du New York Times faisait état d'un prix de 552 dollars en janvier, puis de 600 dollars début mars et finalement de 675 dollars le premier mai.

Source. — The Boston Globe, mardi 21 mars 1995.

3. Comme on le constate sur la figure 4.12, deux résultats son envisageables, en fonction de l'importance relative des translation des courbes d'offre et de demande. Dans les deux cas, le prix de glaces augmentera. Sur la planche A, où la demande subit une fort augmentation alors que l'offre est peu réduite, la quantité d'équilibre augmente. Au contraire, sur la planche B, où l'offre est sérieusement diminuée tandis que la demande est légèrement accrue, la quantité d'équilibre diminue. On peut donc conclure, d'après la théorie de l'offre et la demande, que ces événements se traduiron par une augmentation certaine du prix des glaces, mais que leu impact sur la quantité est ambigu.

■ **VÉRIFIEZ VOS CONNAISSANCES** Analyser comment réagit le march des pizzas si le prix des tomates augmente. ■ Analyser comment réagit c même marché quand le prix des hamburgers diminue.

4.5 CONCLUSION : COMMENT LES PRIX ASSURENT L'ALLOCATION DES RESSOURCES

Ce chapitre a analysé l'offre et la demande sur un march unique. Si notre discussion n'a concerné que le seul marché de cornets de glace, les enseignements que l'on a pu en tirer s'appliquent sur la plupart des marchés. Chaque fois que vous pénétrez dans un magasin pour acheter un produit, vous alimentez la demande de ce produit. Chaque fois que vous cherchez du travail vous alimentez l'offre de travail. Offre et demande étant des phénomènes économiques permanents, le modèle de l'offre et de la demande est un outil d'analyse puissant, qui sera utilisé fréquemment dans les chapitres suivants.

L'un des *dix principes de l'économie* présentés dans le premie chapitre énonçait que les marchés constituaient généralement un manière efficace d'organiser l'économie. Et s'il est encore trop tô pour juger de la qualité des résultats de marché, nous avons commencé à voir comment les marchés fonctionnent. Dans tout systèm économique, des ressources rares doivent être allouées à des activités concurrentes. Les économies de marché encadrent les forces d l'offre et la demande à cet effet. Offre et demande, agissant d concert, déterminent les prix de la plupart des biens et services disponibles dans l'économie ; les prix, à leur tour, sont les signaux qu guident l'allocation des ressources.

Considérons par exemple l'allocation des terrains en bord d mer. Ce genre de terrain étant en quantité limitée, tout le monde n peut s'offrir le luxe de vivre sur la plage. Qui bénéficiera de cette ressource rare ? La réponse est facile : ceux qui sont prêts à en payer le prix. Le prix des propriétés en bord de mer évoluera jusqu'à ce que la quantité demandée égale la quantité offerte. Dans une économie de marché, le prix est le mécanisme par lequel les ressources sont réparties.

De la même façon, les prix déterminent qui produit chaque bien et dans quelle quantité. Prenons l'exemple de l'agriculture. Parce que nous avons besoin de nourriture pour survivre, il est essentiel que certaines personnes travaillent dans les exploitations agricoles. Comment déterminer qui doit être agriculteur ? Dans une société de liberté, aucune agence gouvernementale ne prend ce genre de décisions ni ne cherche à assurer un approvisionnement adéquat en nourriture. Au contraire, l'allocation du travail agricole est le fruit des décisions de millions de travailleurs. Ce système décentralisé fonctionne correctement car les prix guident les décisions. Les prix de la nourriture et les salaires du secteur agricole (le prix du travail) s'ajustent de sorte qu'il y a suffisamment de travailleurs agricoles.

Pour quelqu'un qui n'aurait jamais vu une économie de marché à l'œuvre, cette idée pourrait paraître fantastique. Les économies constituent d'énormes ensembles d'individus engagés dans des activités interdépendantes. Qu'est-ce qui empêche un système aussi décentralisé de sombrer dans le chaos ? Qu'est-ce qui coordonne les activités de millions d'individus aux goûts et aux talents divers ? Qu'est-ce qui assure que ce qui doit être fait est effectivement réalisé ? La réponse tient en un seul mot : les prix.

RÉSUMÉ

- Pour étudier les marchés concurrentiels, les économistes utilisent le modèle de l'offre et la demande. Sur un marché concurrentiel, acheteurs et vendeurs sont tellement nombreux qu'aucun d'entre eux ne peut exercer d'influence significative sur les prix.
- La courbe de demande indique comment la quantité demandée d'un bien varie en fonction du prix. Selon la loi de la demande, quand le prix d'un bien diminue, la quantité demandée augmente. La courbe de demande a donc une pente négative.
- Outre le prix, les déterminants de la demande sont le revenu, les goûts, les anticipations et les prix des produits substituables et complémentaires. Si l'un de ces déterminants varie, la courbe de demande subit un déplacement.
- La courbe d'offre indique comment la quantité offerte d'un bien varie en fonction du prix. Selon la loi de l'offre, quand le prix d'un bien aug-

mente, la quantité offerte augmente. La courbe d'offre a donc une pent
positive.

- Outre le prix, les déterminants de l'offre sont les coûts de productio
la technologie et les anticipations. Si l'un de ces déterminants varie,
courbe d'offre subit un déplacement.
- L'intersection des courbes d'offre et de demande définit le poir
d'équilibre du marché. À ce prix d'équilibre, la quantité demandée e
égale à la quantité offerte.
- Le comportement des acheteurs et des vendeurs pousse naturellemer
les marchés vers leur point d'équilibre. Si le prix de marché est sup
rieur au prix d'équilibre, il existe une offre excédentaire, qui fait ton
ber le prix de marché. Si le prix de marché est inférieur au prix d'équ
libre, il existe une demande excédentaire qui fait monter le prix d
marché.
- Pour étudier l'impact d'un événement sur un marché, nous utilisons
graphique offre-demande pour visualiser les effets de l'événement e
question sur le prix et la quantité d'équilibre. Pour ce faire, nous pro
cédons en trois étapes. Il faut d'abord savoir si l'événement déplace
courbe de demande ou la courbe d'offre. Ensuite, il faut détermine
dans quelle direction a lieu ce mouvement. Enfin, il reste à compare
le nouvel équilibre à l'ancien.
- Dans les économies de marché, les prix sont les signaux qui guident le
agents économiques dans leurs prises de décision et assurent donc l'a
location des ressources rares. Les prix permettent de garantir qu
l'offre et la demande de chaque bien circulant dans l'économie so
équilibrées. Ce prix d'équilibre détermine à son tour la quantité d
bien que les demandeurs décideront d'acheter et la quantité que le
vendeurs décideront de produire.

CONCEPTS CLÉS – DÉFINITIONS

Marché : groupe d'acheteurs et de vendeurs d'un bien ou d'un service pa
ticulier.

Marché concurrentiel : marché sur lequel les acheteurs et les vendeu
sont trop nombreux pour que l'un d'entre eux puisse influencer le pri
de marché.

Quantité demandée : quantité d'un bien que les acheteurs sont prêts
acheter et capables d'acheter.

Loi de la demande : loi selon laquelle, toutes choses étant égales p
ailleurs, la quantité demandée d'un bien diminue quand le prix d
bien augmente.

Bien normal : bien dont la quantité demandée augmente quand le reven
des acheteurs augmente.

Bien inférieur : bien dont la quantité demandée diminue quand le reven
des acheteurs augmente.

Produits substituables : produits tels que l'augmentation du prix de l'un conduit à une augmentation de la demande de l'autre.

Produits complémentaires : produits tels que l'augmentation du prix de l'un conduit à une diminution de la demande de l'autre.

Plan de demande : tableau indiquant la relation entre prix d'un bien et quantité demandée.

Courbe de demande : représentation graphique de la relation entre prix d'un bien et quantité demandée.

***Ceteris paribus* :** locution latine signifiant « toutes choses étant égales par ailleurs ».

Quantité offerte : quantité de bien que les vendeurs sont prêts à vendre et capables de vendre.

Loi de l'offre : loi selon laquelle, toutes choses étant égales par ailleurs, la quantité offerte d'un bien augmente quand le prix du bien augmente.

Plan d'offre : tableau indiquant la relation entre le prix d'un bien et la quantité offerte.

Courbe d'offre : représentation graphique de la relation entre prix et quantité offerte.

Équilibre : situation dans laquelle offre et demande se compensent parfaitement.

Prix d'équilibre : prix qui assure l'équilibre de l'offre et de la demande.

Quantité d'équilibre : quantité offerte et demandée quand le prix assure l'équilibre de l'offre et de la demande.

Offre excédentaire : situation dans laquelle la quantité offerte est supérieure à la quantité demandée.

Demande excédentaire : situation dans laquelle la quantité demandée est supérieure à la quantité offerte.

Loi de l'offre et de la demande : loi selon laquelle, le prix d'un bien s'ajuste de manière à assurer l'équilibre de l'offre et de la demande du bien en question.

QUESTIONS DE RÉVISION

1. Qu'est-ce qu'un marché concurrentiel ?
2. Qu'est-ce qui détermine la quantité d'un bien que les acheteurs demandent ?
3. Que sont le plan et la courbe de demande, et quelle relation existe-t-il entre eux ?
4. Pourquoi la courbe de demande a-t-elle une pente négative ?
5. Une modification des goûts des consommateurs engendre-t-elle un mouvement le long de la courbe de demande ou un déplacement de la courbe ? Même question pour une modification du prix.
6. Qu'est-ce qui détermine la quantité d'un bien que les vendeurs offrent ?

7. Que sont le plan et la courbe d'offre et quelle relation existe-t-il entre eux ?
8. Pourquoi la courbe d'offre a-t-elle une pente positive ?
9. Une modification de la technologie de production engendre-t-elle un déplacement le long de la courbe d'offre ou une translation d la courbe ? Même question pour le prix.
10. Définir l'équilibre d'un marché. Décrire les forces qui poussent un marché vers son équilibre.
11. La bière et la pizza sont des biens complémentaires car ils sont souvent consommés ensemble. Quand le prix de la bière augmente, qu'en est-il de l'offre, de la demande, de la quantité offerte, de la quantité demandée et du prix sur le marché de la pizza ?
12. Décrire le rôle des prix dans une économie de marché.

PROBLÈMES D'APPLICATION

1. Expliquez chacune des affirmations suivantes à l'aide de graphiques offre-demande :

   a. Quand une vague de froid touche la Floride, le prix du jus d'orange monte dans tous les supermarchés du pays.

   b. Quand la chaleur s'installe en Nouvelle-Angleterre chaque été, le prix des chambres d'hôtel dans les Caraïbes diminue.

   c. Quand une guerre éclate au Moyen-Orient, le prix du pétrole augmente alors que celui des Cadillac d'occasion diminue.
2. « Une augmentation de la demande de cahiers génère une augmentation de la quantité de cahiers demandée, mais pas de la quantité fournie. » Cette affirmation est-elle vraie ou fausse ? Expliquez.
3. Considérez le marché des minivans. Pour chacun des événements suivants, indiquez quel déterminant de l'offre ou de la demande est affecté. Indiquez aussi le sens de l'effet (augmentation ou diminution de l'offre ou de la demande) :

   a. Les gens décident d'avoir plus d'enfants.

   b. Une grève des ouvriers métallurgistes fait monter le prix de l'acier.

   c. Les ingénieurs ont développé de nouveaux robots pour le montage des minivans.

   d. Le prix des berlines familiales augmente.

   e. Un krach boursier réduit les moyens financiers des gens.
4. À l'aide des graphiques offre-demande, indiquez l'effet des événements suivants sur le marché des sweatshirts :

   a. Un cyclone en Caroline du Sud détruit les champs de coton.

   b. Le prix des blousons de cuir diminue.

   c. Tous les lycées rendent obligatoire une séance d'aérobic matinale en tenue adéquate.

   d. De nouvelles machines à tisser viennent d'être inventées.

5. Imaginons qu'en l'an 2000 le nombre de naissances soit exceptionnellement élevé. Comment ce phénomène affectera-t-il le prix des séances de baby-sitting en 2005 et 2015 ? (Remarque : les enfants de 5 ans ont besoin d'être gardés, tandis que les jeunes de 15 ans peuvent garder des bébés.)
6. Dans ce chapitre, une étude de cas présentait la taxation des cigarettes comme un moyen de réduire la consommation de tabac. Considérez maintenant les marchés des autres produits du tabac, comme les cigares ou le tabac à mâcher :
   a. Ces biens sont-ils substituables ou complémentaires des cigarettes ?
   b. À l'aide d'un graphique offre-demande, montrez ce qui se passera sur ces marchés du cigare et du tabac à mâcher si la taxe sur les cigarettes est augmentée.
   c. Si le gouvernement veut réduire la consommation totale de tabac, quelles politiques pourrait-il mettre en œuvre parallèlement à la taxe sur les cigarettes ?
7. Le marché des pizzas est caractérisé par les plans d'offre et de demande suivants :

Prix	*Demande*	*Offre*
4 $	135	26
5 $	104	53
6 $	81	81
7 $	68	98
8 $	53	110
9 $	39	121

   Dessinez les courbes d'offre et de demande. Quels sont les prix et quantité d'équilibre sur ce marché ? Si le prix de marché était supérieur au prix d'équilibre, qu'est-ce qui pousserait le marché vers son équilibre ? Même question si le prix de marché était inférieur au prix d'équilibre.
8. Une découverte technologique réduit sérieusement le coût de production des puces informatiques. À l'aide des graphiques offre-demande, montrez les effets de cette découverte sur les prix et quantités d'équilibre des marchés suivants :
   - marché des ordinateurs,
   - marché des logiciels.
9. Parce que les blinis accompagnent souvent le saumon, ces deux produits sont complémentaires :
   a. On constate que le prix d'équilibre du saumon et la quantité d'équilibre de blinis ont tous les deux augmenté. Lequel des événements suivants peut-il être à l'origine de cette double augmentation : une diminution du prix de la farine ou une baisse du salaire des pêcheurs ? Illustrez et expliquez votre réponse.

b. Imaginons au contraire que le prix d'équilibre des blinis a augmenté tandis que la quantité d'équilibre de saumon a baissé. Lequel des événements suivants peut-il être à l'origine de ces mouvements de prix et quantité : une augmentation du prix de la farine ou une augmentation des salaires des pêcheurs ? Illustrez et expliquez votre réponse.

10. Supposons que le prix des entrées aux matches de basket de votre université soit déterminé par les forces de marché. À la date du jour, l'offre et la demande ont les allures suivantes :

Prix	*Demande*	*Offre*
4 $	10 000	8 000
8 $	8 000	8 000
12 $	6 000	8 000
16 $	4 000	8 000
20 $	2 000	8 000

a. Dessinez les courbes d'offre et de demande. Qu'y a-t-il de particulier au sujet de la courbe d'offre ? Comment cela peut-il s'expliquer ?

b. Quels sont les prix et quantité d'équilibre ?

c. Votre université prévoit d'accueillir 5 000 étudiants supplémentaires l'année prochaine. Ces étudiants supplémentaires auront le plan de demande suivant :

Prix	*Demande*
4 $	4 000
8 $	3 000
12 $	2 000
16 $	1 000
20 $	0

Additionnez les deux demandes pour déterminer ce que sera la demande totale l'année prochaine. Quels seront le prix et la quantité d'équilibre ?

11. Un article du *New York Times* (18 octobre 1990) décrivait une campagne marketing bien conçue par l'industrie française du champagne. L'article mentionnait aussi le fait que «... plusieurs dirigeants étaient effrayés par les prix stratosphériques du champagne. Et ils craignaient aussi que de telles augmentations de prix fissent chuter la demande, ce qui ferait ensuite tomber les prix. » Où se cache l'erreur de ce raisonnement ? Illustrez votre réponse par un graphique.

12. « Pour une augmentation donnée de l'offre, les pentes des courbes d'offre et de demande participent à la variation de la quantité d'équilibre. » Cette proposition est-elle vraie ou fausse ? Expliquez à l'aide de graphiques.

13. *(Cette question nécessite de connaître des rudiments d'algèbre.)* Une étude de marché a révélé les éléments suivants sur le marché des

barres chocolatées. La demande peut être représentée par l'équation $Q_D = 1\,600 - 300P$, dans laquelle Q_D est la quantité demandée et P le prix. L'offre est représentée par l'équation $Q_0 = 1\,400 + 700P$, dans laquelle Q_0 est la quantité offerte. Calculez les quantités et prix d'équilibre sur le marché des barres chocolatées.

14. Qu'entend-on par un marché de concurrence pure et parfaite ? Pensez-vous que le marché des glaces utilisé comme illustration dans ce chapitre corresponde à cette définition ? Y a-t-il un autre type de marché qui correspondrait mieux aux caractéristiques du marché des glaces ? Expliquez.

CHAPITRE 5

L'ÉLASTICITÉ ET SES APPLICATIONS

Dans ce chapitre, vous allez :

- apprendre la signification de l'élasticité de la demande
- voir ce qui détermine cette élasticité
- apprendre la signification de l'élasticité de l'offre
- voir ce qui détermine cette élasticité
- appliquer ce concept d'élasticité à trois marchés très différents

Imaginez que vous êtes un producteur de blé du Kansas. Dans mesure où l'intégralité de votre revenu provient de la vente de vot blé, vous ne ménagez pas vos efforts pour rendre votre terre aussi pr ductive que possible. Vous scrutez les bulletins météorologiques les conditions du sol, vous entretenez votre terrain pour le protég des maladies et des bestioles, et vous êtes au courant des dernie développements technologiques concernant votre secteur d'activi Vous savez que plus grosse sera votre récolte, plus importantes sero vos ventes, meilleurs seront vos revenus et votre niveau de vie.

Un jour, l'Université du Kansas annonce une découverte impo tante. Les chercheurs du département agronomique ont mis point une variété hybride de blé qui permet d'augmenter la produ tivité de 20 %. Comment allez-vous réagir à cette nouvelle ? Deve vous utiliser cette nouvelle sorte de blé ? Cette découverte am liore-t-elle votre situation ou pas ? Dans ce chapitre, vous allez vo que les réponses à ces questions sont parfois surprenantes. Et la su prise viendra de l'utilisation des outils de base de l'économ – offre et demande – au marché du blé.

Le chapitre précédent a introduit les notions d'offre et demande. Sur un marché concurrentiel, comme le marché du blé, courbe d'offre à pente positive représente le comportement des ve deurs, et la courbe de demande à pente négative le comporteme des acheteurs. Le prix du produit s'ajuste de manière à équilibr quantités offerte et demandée. Pour appliquer ces outils à la déco verte de nos chercheurs, il nous faut d'abord développer un ou supplémentaire : le concept d'élasticité. L'élasticité, qui mesu l'ampleur de la réponse des acheteurs et des vendeurs aux modi cations des conditions de marché, nous permet d'analyser l'offre la demande plus précisément.

5.1 L'ÉLASTICITÉ DE LA DEMANDE

Quand nous avons présenté les déterminants de la demande chapitre 4, nous avons remarqué que les acheteurs demandent général plus d'un produit quand le prix de celui-ci diminue, quan leurs revenus sont plus élevés, quand le prix des produits de su stitution est plus élevé, et quand le prix des produits compléme taires est inférieur. Notre analyse de la demande était qualitativ pas quantitative. C'est-à-dire qu'elle portait sur le sens du chang ment (hausse ou baisse), mais pas sur sa taille. Pour mesurer com ment la demande répond aux variations de ses déterminants, l économistes utilisent la notion d'*élasticité*.

L'élasticité-prix de la demande et ses déterminants

La loi de la demande stipule qu'une diminution du prix d'un bien génère une augmentation de la quantité demandée. L'élasticité-prix de la demande mesure la taille de la variation de quantité en réponse à un changement de prix. Si la quantité demandée varie substantiellement, on parlera d'une *demande élastique.* Si au contraire la quantité demandée est peu sensible aux variations de prix, on parlera d'une *demande inélastique ou rigide.*

Qu'est-ce qui fait que la demande d'un bien est élastique ou rigide ? Dans la mesure où la demande est fondée sur les préférences du consommateur, l'élasticité-prix de la demande dépend de toutes les forces économiques, sociales et psychologiques qui façonnent les désirs individuels. Néanmoins, l'expérience a permis de déterminer quelques règles générales concernant l'origine de l'élasticité-prix de la demande.

Biens essentiels et articles de luxe. Les biens essentiels ont en général une demande rigide, tandis que celle des articles de luxe est élastique. Quand le prix des consultations médicales augmente, les gens ne réduisent pas drastiquement le nombre de visites médicales qu'ils effectuent, même s'ils font plus attention. En revanche, si le prix des voiliers augmente, les ventes vont chuter de manière significative. Ceci s'explique par le fait que tout le monde considère une visite médicale comme une nécessité, tandis que la possession d'un voilier est un luxe. Bien entendu, le classement d'un bien en produit essentiel ou article de luxe est indépendant des propriétés intrinsèques du produit et repose entièrement sur les préférences de l'acheteur. Pour un fanatique de la voile peu concerné par sa santé, le voilier pourrait être un bien essentiel à demande rigide tandis que la visite médicale serait un produit de luxe à la demande élastique.

Existence de substituts proches. Les biens pour lesquels il existe des substituts proches ont tendance à avoir une demande élastique, puisque les consommateurs n'ont aucun mal à passer des uns aux autres. Le beurre et la margarine, par exemple, sont facilement substituables l'un à l'autre. Une petite augmentation du prix du beurre, celui de la margarine ne bougeant pas, se traduira par une forte réduction des ventes de beurre. En revanche, les œufs n'ayant pas de substituts proches, leur demande est certainement moins élastique que celle du beurre.

Définition du marché. L'élasticité de la demande sur un marché dépend aussi de la façon dont on définit les limites dudit marché. Les marchés précisément définis ont tendance à avoir des demandes plus élastiques que ceux définis en termes vagues, parce qu'il est plus facile de trouver des substituts proches pour des produits clairement identifiés. Par exemple, la nourriture, catégorie très large de produit, a une demande relativement inélastique, car il n'y a pas de substitut valable à la nourriture. Les glaces, nourriture beaucoup plus précise, ont une demande beaucoup plus élastique car il est facile de remplacer les glaces par d'autres types de desserts. La glace à la vanille, catégorie encore plus précise, a une demande très élastique, car les autres parfums de glace constituent des substituts quasi-parfaits.

Horizon temporel. Les demandes sont en général d'autant plus élastiques que les horizons temporels sont éloignés. Quand le prix de l'essence augmente, la quantité consommée baisse peu les premiers mois. Au fur et à mesure que le temps passe en revanche, les gens finissent par acheter des voitures qui consomment moins, utilisent plus les transports publics ou déménagent pour habiter plus près de leur lieu de travail. Après quelques années, la consommation d'essence aura significativement diminué.

Calcul de l'élasticité-prix de la demande

Après cette discussion générale, venons-en précisément au mode de calcul. Les économistes calculent l'élasticité-prix de la demande comme le ratio de la variation en pourcentage de la quantité demandée par la variation en pourcentage du prix. C'est-à-dire :

élasticité-prix de la demande = variation de la quantité demandée (en %)/variation du prix (en %).

Supposons par exemple qu'une augmentation de prix du cornet de glace de 2 à 2,20 dollars fasse tomber la consommation de 10 à 8 cornets. L'augmentation de prix en pourcentage est de :

$$(2{,}20 - 2)/2 \times 100 = 10\ \%.$$

La variation de quantité demandée en pourcentage est de :

$$(10 - 8)/10 \times 100 = 20\ \%.$$

Dans ces conditions, l'élasticité de la demande est de :

$$20\ \%/10\ \% = 2.$$

Dans notre exemple, l'élasticité de la demande est égale à 2, ce qui signifie que la variation de quantité demandée est deux fois plus importante en proportion que la variation de prix.

Comme la quantité demandée est une fonction inverse du prix, la variation en pourcentage de la quantité sera toujours de signe opposé à celle du prix. Dans l'exemple précité, la variation en pourcentage du prix est *positive* de 10 % (puisqu'il y a augmentation), tandis que la variation en pourcentage de la quantité est *négative* de 20 % (puisqu'il y a diminution). C'est pourquoi les élasticités-prix de la demande sont parfois exprimées sous la forme de nombres négatifs. Dans cet ouvrage nous avons choisi d'omettre le signe négatif et d'exprimer toutes les élasticités en termes positifs (les mathématiciens auront reconnu la *valeur absolue* de l'élasticité). Selon cette convention, une grande élasticité-prix signifie que la demande répondra fortement à une variation du prix.

POUR VOTRE CULTURE GÉNÉRALE

Le calcul de l'élasticité par la méthode du point milieu

Si vous essayez de calculer l'élasticité-prix de la demande entre deux points d'une courbe de demande, vous allez rencontrer un problème : l'élasticité mesurée de A à B semble différente de l'élasticité mesurée de B à A. Prenons l'exemple suivant :

Point A	Prix = 4 $	Quantité = 120
Point B	Prix = 6 $	Quantité = 80.

En passant de A à B, le prix augmente de 50 % et la quantité diminue de 33 %, ce qui nous donne une élasticité de 33/50, soit 0,66. En revanche, en passant de B à A, le prix diminue de 33 % et la quantité augmente de 50 %, ce qui nous donne une élasticité de 1,5.

Pour éviter ce genre de problème, on peut utiliser la *méthode du point milieu* pour calculer l'élasticité. Au lieu de calculer la variation en pourcentage comme précédemment, cette méthode du point milieu divise la variation absolue par la valeur située entre les niveaux originel et final. Par exemple, 5 dollars est le point milieu de 4 et 6 dollars. Selon cette méthode de calcul, le passage de 4 à 6 dollars représente une augmentation de 40 % [(6-4)/5]. Et de la même manière, la baisse de 6 à 4 dollars constitue une diminution de 40 %.

Comme cette méthode de calcul fournit le même résultat quelle que soit la direction du changement, elle est souvent utilisée pour calculer l'élasticité-prix de la demande entre deux points. Dans notre exemple, le point milieu situé entre A at B est le suivant :

Point milieu	Prix = 5 $	Quantité = 100

Toujours selon cette méthode, en passant de A à B, le prix augmente de 40 % et la quantité diminue d'autant. De même, en passant de B à A, le prix baisse de 40 % et la quantité augmente d'autant. Dans les deux directions, l'élasticité-prix de la demande est égale à 1.

Si vous avez à calculer des élasticités, retenez cette méthode du point milieu. dans le reste de cet ouvrage, nous aurons rarement ce genre de calculs à effectuer. Pour nous, la signification de l'élasticité – l'ampleur de la réaction de la quantité demandée aux variations de prix – est plus importante que son mode de calcul.

La diversité des courbes de demande

Les économistes classent les courbes de demande en fonction de leur élasticité. La demande est dite *élastique* si son élasticité est supérieure à 1, ce qui signifie que la quantité bouge proportionnellement plus que le prix. La demande est dite *rigide ou inélastique* si son élasticité est inférieure à 1, ce qui signifie que la quantité bouge proportionnellement moins que le prix. Si l'élasticité est exactement égale à 1, on parle d'une demande à *élasticité unitaire.*

L'élasticité-prix de la demande mesurant l'ampleur de la variation de la quantité demandée en réaction à une variation du prix elle est étroitement liée à la pente de la courbe de demande (pour une discussion des concepts de pente et d'élasticité, voir l'annexe du chapitre 2). On peut utiliser la règle suivante : plus la courbe de demande est plate en un point, plus l'élasticité de la demande est grande. Plus la courbe de demande est pentue, moins grande est l'élasticité-prix.

La figure 5.1 montre cinq cas de figure. Dans le cas extrême d'élasticité nulle, la demande est totalement rigide et la courbe de demande est verticale. Cela signifie que la quantité demandée n'est pas du tout affectée par le prix. Au fur et à mesure que l'élasticité augmente, la courbe de demande s'aplatit. À l'autre extrême, on trouve la demande parfaitement élastique, quand l'élasticité-prix de la demande tend vers l'infini. Dans ce cas, la courbe de demande est horizontale : de tous petits changements de prix se traduisent par d'énormes variations de quantité demandée.

Chiffre d'affaires et élasticité-prix de la demande

Quand on s'intéresse aux variations de l'offre et de la demande sur un marché, il est une variable importante à étudier : le *chiffre d'affaires*, c'est-à-dire le montant total payé par les acheteurs et reçu par les vendeurs du bien. Sur un marché quelconque, le chiffre d'affaires est défini par le produit P x Q, produit du prix du bien par la quantité vendue. Sur la figure 5.2, ce chiffre d'affaires apparaît graphiquement. La hauteur du rectangle situé sous la courbe de demande est égale à P, et la largeur est égale à Q. La surface de ce rectangle, P x Q, est donc égale au chiffre d'affaires. Sur la figure 5.2, où P = 4 dollars et Q = 100, le chiffre d'affaires ressort à 4 dollars x 100, soit 400 dollars.

Comment ce dernier varie-t-il quand on se déplace le long de la courbe de demande ? Cela dépend de l'élasticité-prix de la

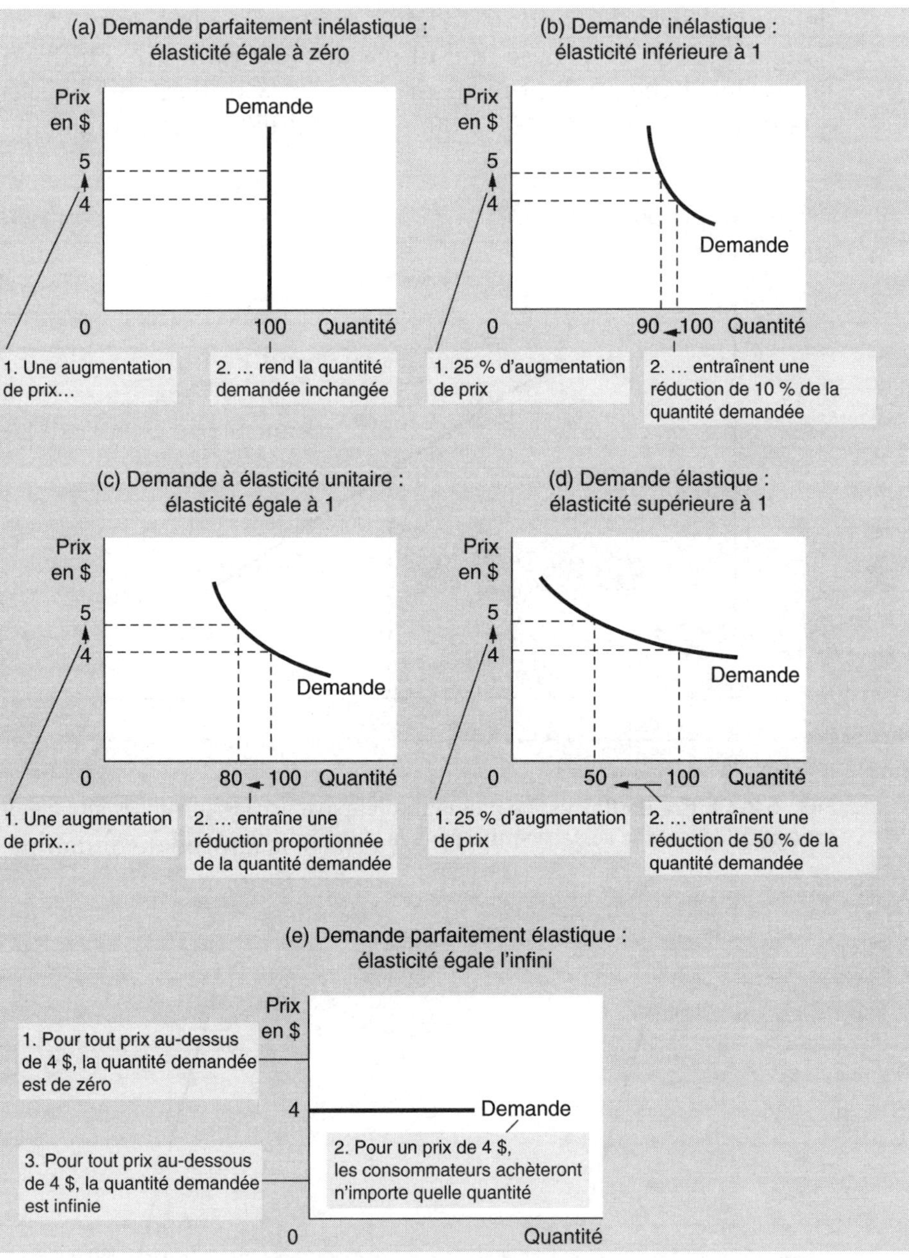

G. 5.1 **Élasticité-prix de la demande.** L'élasticité-prix de la demande détermine le ractère plus ou moins abrupt de la courbe de demande.

ommentaires des 5 planches du graphique :

) Demande parfaitement rigide : élasticité égale à 0.

) Demande rigide : élasticité inférieure à 1.

) Élasticité unitaire : élasticité égale à 1.

) Demande élastique : élasticité supérieure à 1.

) Demande parfaitement élastique : élasticité tendant vers l'infini.

demande. Si la demande est rigide, comme sur la figure 5.3, alo l'augmentation de prix se traduit par une croissance du chiffre d'a faires. Ici, l'augmentation du prix de 1 à 3 dollars fait baisser quantité demandée de 100 à 80, et le chiffre d'affaires augmente c

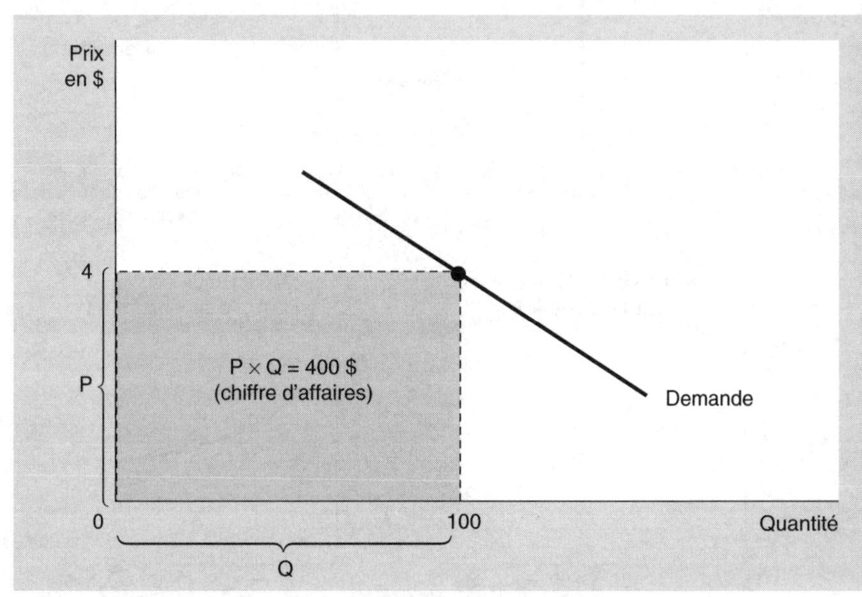

FIG. 5.2 **Chiffre d'affaires.** Le montant total payé par les acheteurs aux vendeu est égal à l'aire de la surface située sous la courbe de demande, P x Q.

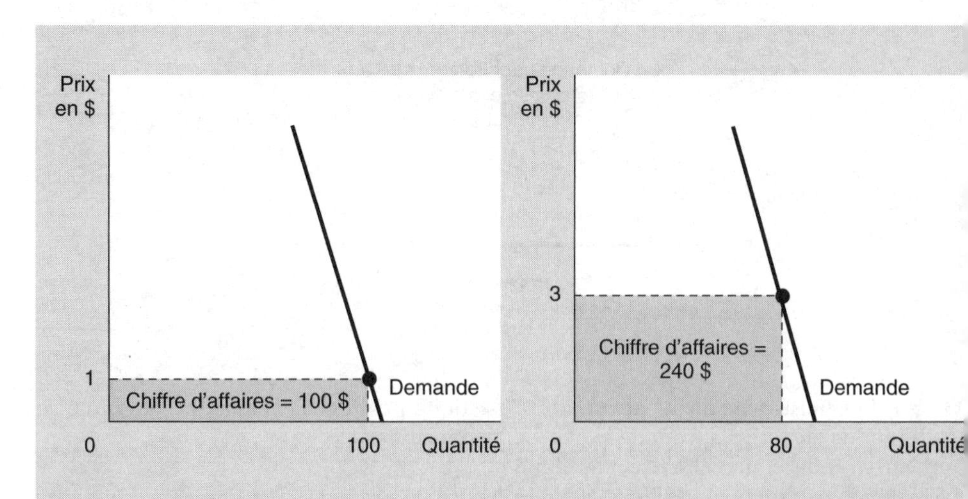

FIG. 5.3 **Effet d'un changement de prix sur le chiffre d'affaires : demande rigide.** Av une courbe de demande rigide, une augmentation du prix génère une diminution de quantité demandée proportionnellement inférieure. Donc, le chiffre d'affaires (produit d prix par la quantité) augmente.

100 à 240 dollars. Autrement dit, le produit P x Q augmente car la baisse de Q est proportionnellement plus petite que l'augmentation de P.

Si la demande est élastique, on obtient le résultat opposé. Dans ce cas, l'augmentation de prix se traduira par une baisse de chiffre d'affaires. Comme on le constate sur la figure 5.4, si le prix passe de 4 à 5 dollars, la quantité demandée tombe de 50 à 20, et le chiffre d'affaires chute de 200 à 100 dollars. Parce que la demande est élastique, la réduction de quantité demandée est telle qu'elle surcompense largement l'effet de l'augmentation de prix. Donc une augmentation du prix fait baisser le produit P x Q, car la baisse de Q est proportionnellement plus grande que la hausse de P.

Ces deux exemples sont un peu extrêmes, mais ils illustrent une règle générale :

– *Quand l'élasticité-prix de la demande est inférieure à 1, une augmentation du prix génère une hausse de chiffre d'affaires, et une diminution de prix réduit le chiffre d'affaires.*

– *Quand l'élasticité-prix de la demande est supérieure à 1, une augmentation de prix génère une baisse de chiffre d'affaires, et une diminution de prix accroît le chiffre d'affaires.*

– *Si l'élasticité-prix de la demande est exactement égale à 1, une modification du prix n'a aucun effet sur le chiffre d'affaires.*

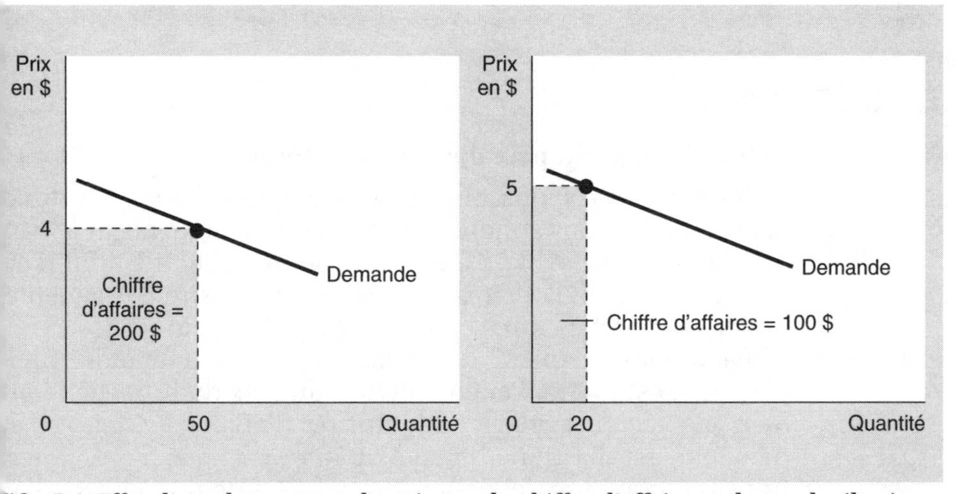

FIG. 5.4 **Effet d'un changement de prix sur le chiffre d'affaires : demande élastique.** Avec une courbe de demande élastique, une augmentation du prix génère une diminution de la quantité demandée proportionnellement plus grande. Donc, le chiffre d'affaires (produit du prix par la quantité) diminue.

POUR VOTRE CULTURE GÉNÉRALE

Élasticité et chiffre d'affaires avec une courbe de demande linéaire

Si certaines courbes de demande présentent la même élasticité tout au long de l courbe, il n'est pas toujours ainsi. La droite par exemple présente une élasticité variable alors que sa pente est constante (voir figure 5.5). Vous vous souvenez que la pente est défi nie comme le ratio de l'élévation à la distance horizontale, ce qui ici revient à diviser u changement de prix par une variation de quantité. La pente de cette courbe de demand particulière est constante, car chaque augmentation du prix d'un dollar génère la mêm diminution de 2 unités de la quantité demandée.

Mais si la pente d'une courbe de demande linéaire est constante, son élasticité ne l'es pas. En effet, alors que la pente est le ratio des *variations* de deux variables, l'élasticité es

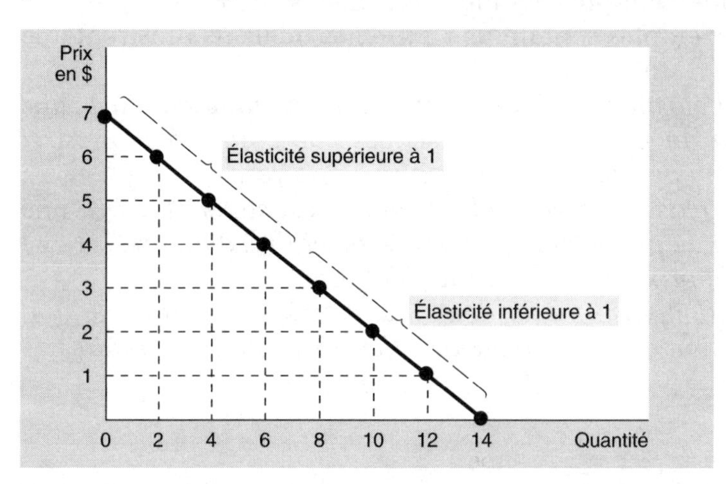

FIG. 5.5 **Courbe d demande linéaire.** L pente d'une courb de demande linéair est constante, mai pas son élasticité.

ÉTUDE DE CAS

Détermination du prix d'entrée au musée

Vous êtes le responsable d'un grand musée d'art. Votre direc teur financier vous annonce que les fonds commencent à man quer et vous conseille d'augmenter le prix d'entrée afin d'ac croître le chiffre d'affaires. Que devez-vous faire ? Augmente le prix du billet d'entrée ou au contraire le diminuer ?

La réponse dépend de l'élasticité de la demande. Si l demande est rigide, l'augmentation du prix du billet générer bien un accroissement de chiffre d'affaires. Mais si l demande est élastique, l'augmentation du coût d'entrée fer fuir un tel nombre de visiteurs que finalement le chiffre d'af faires diminuera. Dans ce cas, il vaudrait mieux baisser le pri d'admission. Le nombre de visiteurs augmenterait alors telle ment que le chiffre d'affaires croîtra.

atio des *variations en pourcentage* des deux variables. La différence apparaît claire-
nt sur le tableau 5.1 qui vous indique le plan de demande correspondant à la courbe de
nande de la figure 5.5, et qui calcule l'élasticité-prix de la demande par la méthode du
nt milieu présentée précédemment.. Les points caractérisés par un faible prix et une
nde quantité font apparaître une demande rigide. Au contraire, pour les points corres-
dant à un prix élevé et une faible quantité, la demande est élastique.

Le tableau 5.1 indique aussi le chiffre d'affaires en chaque point de la courbe de
nande, ce qui permet d'illustrer la relation existant entre chiffre d'affaires et élasticité.
and le prix est de 1 dollar par exemple, la demande est rigide, et une augmentation du
x à 2 dollars accroît le chiffre d'affaires. Au prix de 5 dollars, la demande est élastique,
ne augmentation de prix à 6 dollars affaiblit le chiffre d'affaires. Entre 3 dollars et
ollars, la demande a une élasticité unitaire, et le chiffre d'affaires est identique pour les
ıx prix.

BLEAU 5.1 **Calcul de l'élasticité d'une droite de demande.**

rix	*Qté*	*C.A. (= P x Q)*	*Δ%P*	*Δ%Q*	*Élasticité*	*Remarque*
0 $	14	0 $	200	15	0,1	Rigide
1	12	12	67	18	0,3	Rigide
2	10	20	40	22	0,6	Rigide
3	8	24	29	29	1,0	Unitaire
4	6	24	22	40	1,8	Élastique
5	4	20	18	67	3,7	Élastique
6	2	12	15	200	18,0	Élastique
7	0	0				

lasticité a été calculée par la méthode du point milieu.

Pour apprécier l'élasticité-prix de la demande, vous devrez vous adresser à votre service statistique. Celui-ci pourra utiliser ses bases de données historiques pour voir comment le nombre des visiteurs a évolué au cours des années alors que le prix d'entrée changeait. Ou bien il pourra se procurer des informations sur la clientèle des autres musées du pays pour mesurer l'impact de divers prix d'admission sur le nombre des visiteurs. Dans tous les cas, votre service statistique devra tenir compte d'autres facteurs qui affectent l'affluence – comme le temps, la population, l'intérêt des collections présentées, etc. – afin d'isoler l'effet du seul prix d'admission. Finalement, cette analyse de données devrait aboutir à une estimation de l'élasticité-prix de la demande, qui vous permettra de prendre la bonne décision quant à l'évolution du prix du billet d'entrée dans votre musée.

L'élasticité-revenu de la demande

Les économistes ne s'intéressent pas seulement à l'élasticité-pı de la demande ; ils calculent aussi d'autres types d'élasticités. plus importante est certainement *l'élasticité-revenu de la demanc* qui mesure comment la quantité demandée évolue quand le revei du consommateur change. Cette élasticité-revenu est égale à variation en pourcentage de la quantité demandée divisée par variation en pourcentage du revenu. Soit :

élasticité-revenu de la demande = (variation en % de la quantité demandée)/(variation en % du revenu).

Comme nous l'avons vu dans le chapitre 4, la plupart des bie sont des *biens normaux* : un revenu supérieur augmente la quant demandée. Quantité demandée et revenu évoluant dans le mêı sens, les biens normaux ont des élasticités-revenu positiv Quelques biens au contraire, comme les trajets en autobus, sont d *biens inférieurs :* une augmentation du revenu se traduit par u quantité demandée inférieure. Quantité demandée et revenu év luant en sens opposés, les biens inférieurs ont des élasticit revenu négatives.

Même parmi les biens normaux, les élasticités-revenu varie substantiellement. Les biens indispensables, comme la nourritu ont en général de faibles élasticités-revenu, car les consommateı achètent certains de ces produits même avec un revenu très faib Les articles de luxe en revanche, comme les manteaux de fourru ou le caviar, ont des élasticités-revenu élevées car les consomm teurs peuvent se passer de tels produits quand leurs revenus so faibles.

- **VÉRIFIEZ VOS CONNAISSANCES** Définir l'élasticité-prix de la deman
- Expliquer la relation entre chiffre d'affaires et élasticité-prix de la demanc

5.2 L'ÉLASTICITÉ DE L'OFFRE

Lors de notre présentation des déterminants de l'offre dans chapitre 4, nous avons appris que les vendeurs fournissaient d'a tant plus de marchandises que leur prix était élevé, que les coûts production étaient faibles, et la technologie plus avancée. Pour pa ser de l'opinion qualitative au jugement quantitatif sur l'offre, nous faut utiliser de nouveau le concept d'élasticité.

DANS VOS JOURNAUX

En route avec l'élasticité

Combien une entreprise gérant une ute à péage doit-elle faire payer aux utisateurs ? Cet article montre clairement 'il faut bien comprendre les concepts de urbe de demande et d'élasticité pour pondre à la question posée.

Pour ceux qui touchent le droit de péage, le prix importe

STEVEN PEARLSTEIN

Toutes les entreprises se posent la même estion : quel est le prix de mon produit qui énérera le profit maximal ?

La réponse n'est pas toujours évidente : e augmentation de prix peut se traduire par e diminution des ventes, certains consomateurs se tournant vers d'autres produits mparables ou tout simplement s'en pasnt totalement. Pour chaque produit, cette nsibilité des consommateurs est différente. idéal est donc d'arriver à déterminer pour aque produit le meilleur compromis entre arge bénéficiaire et volume des ventes.

En ce moment même, les propriétaires une nouvelle route reliant Leesburg à l'aéroort de Washington tentent de trouver ce oint magique. L'idée de départ était de faire ayer 2 dollars pour le trajet de 20 kilomètres tre la ville et l'aéroport, en espérant réaliser 4 000 trajets par jour, au détriment des routes ubliques encombrées, comme la Route 7. ais après avoir investi 350 millions de dollars ans la réalisation de cette route, ses promourss se rendirent compte qu'à peine le tiers es usagers attendus était prêt à payer 2 dolrs pour gagner 20 minutes de bouchons.

Même après avoir réduit, les larmes aux eux, le péage à 1 dollar, le trafic atteignait à eine les chiffres escomptés.

Et même si la route est toujours déficitaire, a situation est meilleure qu'au moment de ouverture. Le chiffre d'affaires quotidien oyen est de 22 000 dollars, alors qu'il était e 14 875 dollars au « prix spécial de démarrage » de 1,75 dollar. Et comme la circulation demeure fluide, même aux heures de pointe, les propriétaires de la route peuvent encore réduire le tarif afin d'augmenter leurs revenus.

Au printemps dernier, quand le prix a été baissé de 45 %, le volume a crû de 200 % sur les trois mois qui ont suivi. Si le même ratio est vérifié, une baisse du péage de 25 % supplémentaires devrait pousser le trafic quotidien vers le chiffre des 38 000 trajets et le chiffre d'affaires quotidien pourrait atteindre 29 000 dollars.

Le problème, bien entendu, c'est que le même ratio ne s'applique pas à tous les niveaux de prix. Voilà pourquoi les affaires sont si compliquées.

Clifford Winston de Brookings Institution et John Calfee de l'Institut américain de l'entreprise ont réfléchi au problème...

L'année dernière, les économistes ont réalisé une étude de marché dans le pays entier, auprès de 1 170 personnes auxquelles il était demandé de choisir parmi divers compromis entre temps de trajet et coût du péage.

La conclusion, c'est que les gens qui étaient très sensibles à leur temps de trajet avaient déjà pris des mesures pour le réduire : utilisation des transports en commun, choix d'un domicile proche du lieu de travail, choix d'un emploi à horaire différent, etc.

En sens inverse, les gens qui faisaient de longs trajets en voiture étaient moins gênés par les problèmes de bouchon, et n'étaient pas prêts à payer plus de 20 % de leur salaire horaire pour gagner une heure de trajet.

Globalement, les conclusions de l'étude Winston/Calfee expliquent pourquoi le droit de péage originel et les hypothèses de trafic de nos entrepreneurs étaient trop optimistes : de leur propre aveu, seuls les gens qui gagnent au moins 20 dollars de l'heure (soit environ 60 000 dollars par an) sont prêts à payer 2 dollars pour gagner 20 minutes.

Source. — *Washington Post,* 24 octobre 1996, p. E1.

L'élasticité-prix de l'offre et ses déterminants

La loi de l'offre stipule que la quantité fournie augmente avec le prix. *L'élasticité-prix de l'offre* mesure la réponse de la quantit fournie aux changements de prix. L'offre d'un bien est dite *élastiqu* si la quantité fournie évolue substantiellement en cas de change ment de prix. L'offre est qualifiée de *rigide* si la quantité fourni n'est que peu affectée par un changement de prix.

L'élasticité-prix de l'offre dépend de la flexibilité dont for preuve les vendeurs pour modifier la quantité de produit qu'ils pro posent. Par exemple, l'offre de terrains en bord de mer est rigide, ca il est impossible d'en produire plus. En revanche, les biens manu facturés, des livres aux postes de télévision, ont des offres élas tiques, car les entreprises qui les produisent peuvent accroître leu production en réponse à une augmentation de prix.

Sur la plupart des marchés, l'horizon de temps considéré est u déterminant essentiel de l'élasticité-prix de l'offre. L'offre est e général plus élastique à long terme qu'à court terme. En effet, le entreprises ont besoin d'un certain temps pour embaucher de nou veaux salariés ou accroître la taille de leurs usines de façon à aug menter la production. Donc à court terme, la quantité fournie n'es pas très sensible au prix. En revanche, sur une plus longue période une entreprise aura le temps d'embaucher ou de licencier du per sonnel, d'ouvrir ou de fermer des usines. En outre, de nouvelle firmes peuvent se lancer sur le marché, ou au contraire certaine entreprises peuvent disparaître. Ainsi, à long terme, l'offre est sen sible au prix.

Calcul de l'élasticité-prix de l'offre

Maintenant que nous avons une idée de ce qu'est l'élasticité-pri de l'offre, soyons plus précis. L'élasticité-prix de l'offre est égale a ratio de la variation en pourcentage de quantité fournie par la varia tion en pourcentage du prix. Soit :

élasticité-prix de l'offre =
(variation en % de quantité offerte)/(variation en % du prix).

Par exemple, supposons qu'une augmentation du prix du lait d 3 à 3,30 dollars incite les producteurs à augmenter leur productio de 10 000 à 11 500 litres par mois.

La variation de prix en pourcentage est de (3,3 – 3)/3 x 100, soi 10 %.

La variation de quantité offerte en pourcentage est d (11 500 – 10 000)/10 000 x 100, soit 15 %.

Dans ce cas, l'élasticité-prix de l'offre est de 15 %/10 %, soit 1,5. Dans cet exemple, l'élasticité est supérieure à 1, puisque la quantité offerte a évolué proportionnellement plus que le prix.

La diversité des courbes d'offre

Dans la mesure où l'élasticité-prix de l'offre indique l'ampleur de la variation de la quantité offerte en réponse à une variation du prix, elle est reflétée par l'allure même de la courbe d'offre. La figure 5.6 illustre cinq cas différents. Dans l'hypothèse extrême d'une élasticité nulle, la courbe d'offre est verticale et l'offre est totalement rigide : la quantité offerte sera la même quel que soit le prix. Au fur et à mesure que l'élasticité augmente, la courbe d'offre devient plus horizontale, ce qui signifie que la quantité offerte est de plus en plus affectée par les changements de prix. Dans le cas extrême opposé d'une offre parfaitement élastique, l'élasticité-prix de l'offre tend vers l'infini. La courbe d'offre est alors horizontale, de tous petits changements de prix se traduisant par d'énormes variations de la quantité offerte.

Sur certains marchés, l'élasticité de l'offre n'est pas constante et varie tout au long de la courbe d'offre. La figure 5.7 illustre le cas typique d'une industrie dans laquelle les entreprises n'ont qu'une capacité de production limitée. Tant que la quantité offerte demeure faible, l'élasticité de l'offre est grande, ce qui signifie que les entreprises réagissent vivement aux variations de prix. Dans cette région de la courbe, les firmes ont des capacités de production inutilisées, comme des machines inutilisées pendant tout ou partie de la journée. Il suffit d'une petite augmentation de prix pour que l'utilisation de ces capacités inemployées devienne rentable pour l'entreprise. Avec l'augmentation de la quantité offerte, les entreprises utilisent à plein leurs capacités de production. Quand la pleine utilisation est atteinte, il faut construire de nouvelles usines pour augmenter la production. Pour amener les entreprises à se lancer dans ce genre de dépenses, il faut une sérieuse augmentation de prix : l'offre est devenue plus rigide.

La figure 5.7 illustre ce phénomène. Quand le prix passe de 3 à 4 dollars (augmentation de 33 %), la quantité offerte passe de 100 à 200 (augmentation de 100 %). La quantité offerte variant proportionnellement plus que le prix, la courbe d'offre a une élasticité supérieure à 1. En revanche, quand le prix passe de 12 à 15 dollars (25 % d'augmentation), la quantité offerte passe de 500 à 525 (5 % d'augmentation). Dans ce cas, la quantité offerte a progressé proportionnellement moins que le prix, et l'élasticité est inférieure à 1.

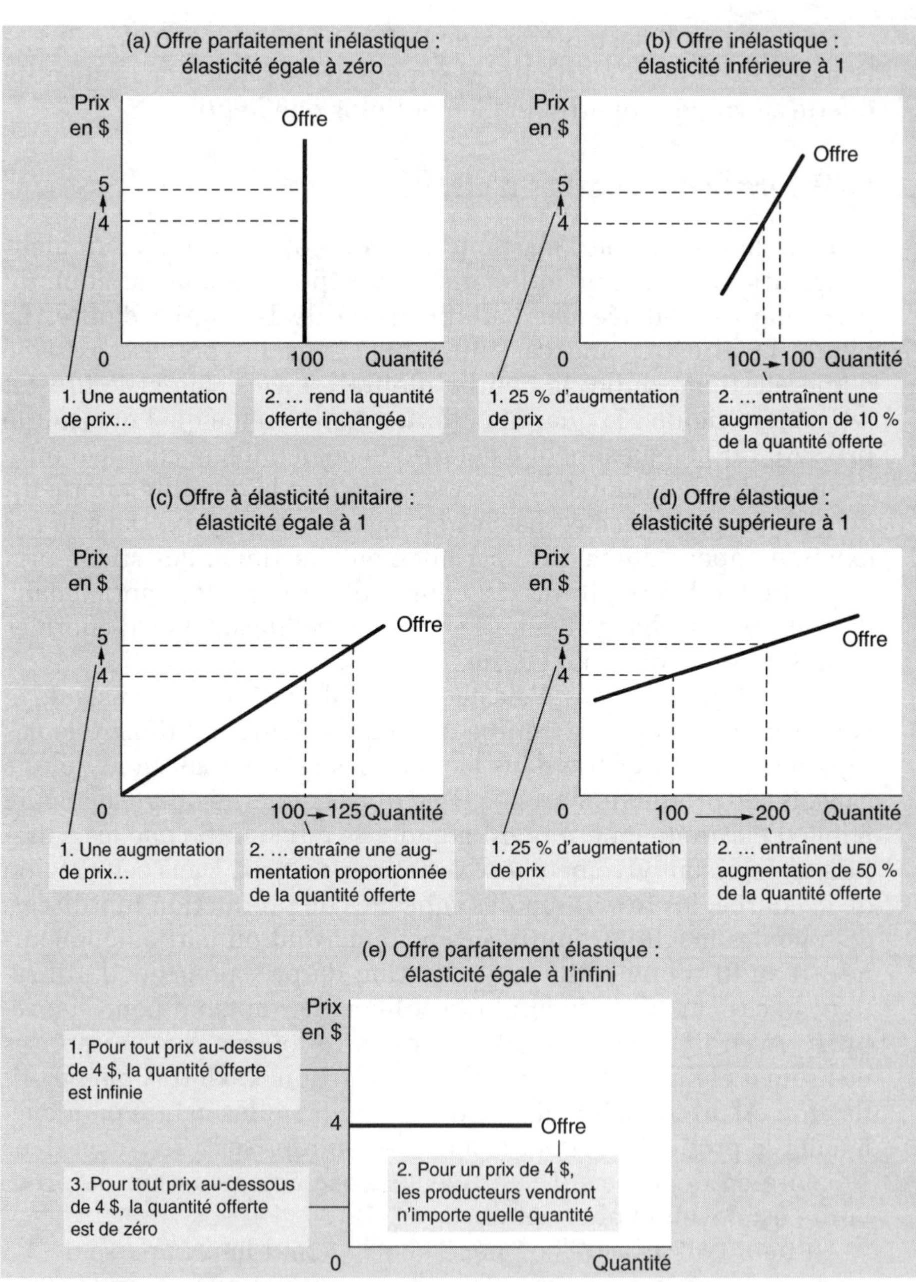

FIG. 5.6 **Élasticité-prix de l'offre.** L'élasticité-prix de l'offre détermine le caractère plu ou moins abrupt de la courbe d'offre.
Commentaires des 5 planches du graphique :
(a) Offre parfaitement rigide : élasticité égale à 0.
(b) Offre rigide : élasticité inférieure à 1.
(c) Élasticité unitaire : élasticité égale à 1.
(d) Offre élastique : élasticité supérieure à 1.
(e) Offre parfaitement élastique : élasticité tendant vers l'infini.

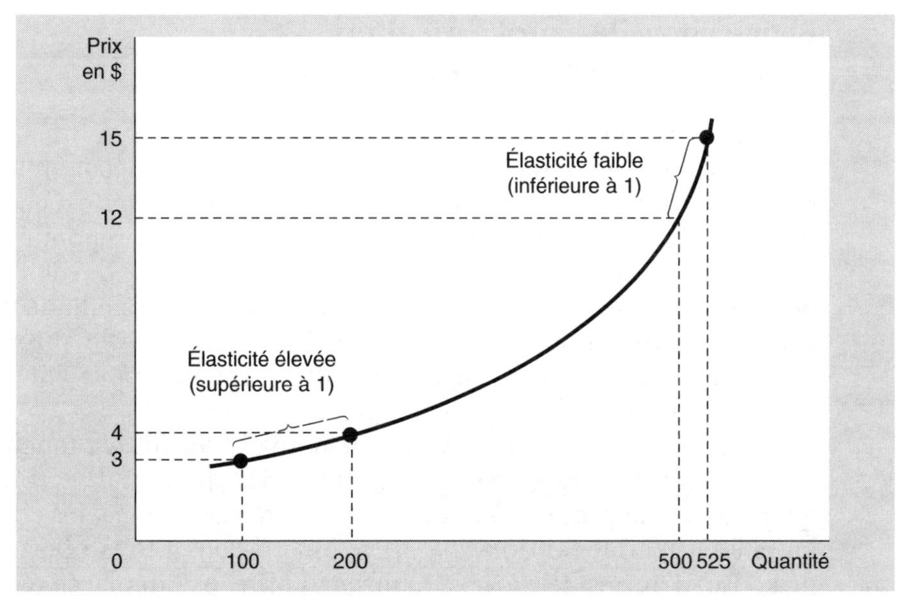

FIG. 5.7 **Variations de l'élasticité-prix de l'offre.** Parce que les entreprises ont en général une capacité maximale de production, l'élasticité de l'offre peut être faible pour des niveaux élevés de quantité offerte et forte pour de faibles quantités offertes. Ici, une augmentation du prix de 3 à 4 dollars augmente la quantité offerte de 100 à 200. L'augmentation de l'offre (100 %) étant supérieure à l'augmentation du prix (33 %), la courbe d'offre est élastique aux alentours de ce point-là. En revanche, quand le prix passe de 12 à 15 dollars, la quantité offerte n'augmente que de 500 à 525. L'augmentation de l'offre (5 %) est inférieure à l'augmentation de prix (25 %), et la courbe est rigide aux alentours de ce point.

■ **VÉRIFIEZ VOS CONNAISSANCES** Définir l'élasticité-prix de l'offre ■ Expliquer pourquoi cette élasticité peut être différente à court et à long termes.

5.3 TROIS EXEMPLES DU JEU DE L'OFFRE, DE LA DEMANDE ET DE L'ÉLASTICITÉ

Une bonne nouvelle pour l'agriculture peut-elle être une mauvaise nouvelle pour les agriculteurs ? Pourquoi l'OPEP, l'Organisation des pays exportateurs de pétrole, n'a-t-elle pas réussi à maintenir le prix du pétrole à un niveau élevé ? L'interdiction de l'usage de drogue accroît-elle ou réduit-elle la violence liée à la drogue ? À première vue, ces trois questions semblent ne rien avoir en commun. Pourtant, elles concernent toutes des marchés, et tous les marchés sont soumis au jeu de l'offre et de la demande. Nous allons ici utiliser nos outils universels – offre, demande et élasticité – pour répondre à ces questions apparemment difficiles.

Bonne nouvelle pour l'agriculture, mauvaise nouvelle pour les agriculteurs ?

Revenons à la question posée en ouverture de ce chapitre. Que se passe-t-il sur le marché du blé quand les agronomes découvrent une nouvelle variété de blé, plus productive que les variétés existantes ? Au cours du chapitre 4, nous avons vu qu'il fallait répondre à ce genre de questions en trois étapes. D'abord, nous devons nous demander si les courbes d'offre ou de demande subissent une translation. Ensuite, nous devons déterminer dans quelle direction. Enfin, nous utilisons le diagramme offre-demande pour voir comment l'équilibre de marché a été affecté.

Dans notre cas, la découverte du nouvel hybride va toucher la courbe d'offre. Puisque cette nouvelle variété permet d'accroître la quantité de blé produite sur une même surface cultivée, les cultivateurs sont maintenant prêts à offrir plus de blé à tous niveaux de prix. En d'autres termes, la courbe d'offre est déplacée vers la droite. La courbe de demande en revanche ne bouge pas, car les consommateurs ne vont pas consommer plus de blé du fait de l'introduction d'une nouvelle variété. La figure 5.8 illustre ces modifications. Quand la courbe d'offre passe de S_1 à S_2, la quantité de blé vendue passe de 100 à 110 et le prix du blé tombe de 3 à 2 dollars.

Mais cette découverte fait-elle l'affaire des cultivateurs ? Pour répondre à cette question, considérons le chiffre d'affaires réalisé par ces derniers. Ce chiffre d'affaires est égal à P x Q, produit du prix du blé par la quantité vendue. La découverte affecte le chiffre d'affaires des cultivateurs de deux manières opposées. Elle leur permet d'augmenter leur production (Q augmente), mais elle réduit le prix de vente (P diminue).

C'est l'élasticité de la demande qui fera monter ou baisser le chiffre d'affaires. En pratique, la demande de produits alimentaires de base comme le blé est en général assez rigide, car ces produits sont peu coûteux et ont peu de substituts. Quand la demande est rigide, comme sur la figure 5.8, une baisse du prix se traduit par une diminution du chiffre d'affaires. Vous pouvez le constater sur la figure : le prix du blé tombe de façon significative, tandis que la quantité de blé vendue n'augmente que très peu. Le chiffre d'affaires passe de 300 à 220 dollars. Ainsi, cette découverte d'une nouvelle variété de blé se traduit par une baisse du chiffre d'affaires des producteurs de blé.

Si tel est le cas, pourquoi les agriculteurs adoptent-ils ce nouveau produit ? La réponse à cette question nous amène au cœur même de la mécanique des marchés concurrentiels. Parce que

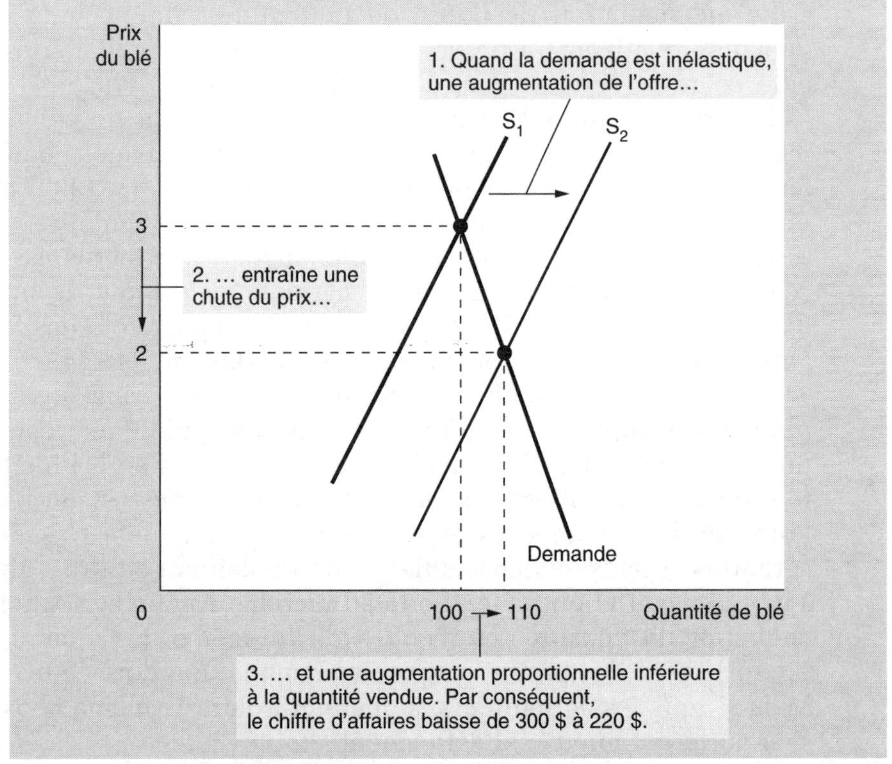

FIG. 5.8 **Augmentation de l'offre sur le marché du blé.** Quand une découverte technologique permet d'accroître l'offre de blé de S_1 à S_2, le prix du blé tombe. Parce que la demande de blé est rigide, l'augmentation de quantité offerte de 100 à 110 est proportionnellement inférieure à la baisse de prix de 3 à 2 dollars. Par conséquent, les agriculteurs voient leur chiffre d'affaires baisser de 300 dollars (3 dollars x 100) à 240 dollars (2 dollars x 110).

chaque producteur ne représente qu'une toute petite partie du marché global du blé, il prend le prix du blé tel qu'il vient. Et pour un prix du blé donné, il vaut mieux utiliser la nouvelle variété qui permet d'augmenter la production et les ventes. Cependant, quand tous les agriculteurs suivent ce raisonnement, l'offre de blé augmente, le prix baisse et les producteurs se portent moins bien.

Et si cet exemple semble hypothétique à première vue, il permet en fait d'expliquer une modification majeure intervenue dans l'économie américaine au cours du dernier siècle. Il y a une centaine d'années, la plupart des Américains vivaient dans les fermes. La science agricole était tellement primitive qu'il fallait que toute la population travaille les champs pour fournir assez de nourriture pour tout le monde. Mais au fil du temps, grâce aux progrès de la technologie agricole, chaque fermier a pu produire de plus en plus.

Cette augmentation de l'offre de nourriture, compte tenu d'un demande relativement rigide, a fait chuter le chiffre d'affaires agri cole, ce qui a incité les gens à abandonner cette activité.

Quelques chiffres suffisent à illustrer l'ampleur de ce change ment. Encore en 1948, 24 millions d'individus vivaient dans de fermes, soit 17 % de la population américaine. En 1993, c'étai moins de 5 millions, soit à peine 2 % de la population. Cett restructuration s'est déroulée parallèlement à une fabuleuse avan cée de la productivité du travail agricole : alors que le nombr d'agriculteurs a baissé de 80 %, la production agricole des ferme américaines était deux fois plus élevée en 1993 qu'en 1948.

Cet exemple du marché des produits agricoles permet aussi d'ex pliquer un apparent paradoxe de politique publique : certaine politiques agricoles visent à aider les agriculteurs en les incitant réduire leurs récoltes. L'objet de ces programmes est de réduir l'offre et d'augmenter les prix. Comme la demande est rigide, le agriculteurs dans leur ensemble feront un meilleur chiffre d'affaire s'ils réduisent la quantité offerte au marché. Aucun agriculteur n choisirait de détruire ses récoltes de lui-même, puisque chacu prend le prix des produits agricoles comme une donnée exogène Mais si tous les agriculteurs se mettent à faire la même chose, il s'en porteront mieux collectivement.

Pour analyser les effets d'une nouvelle technologie ou d'un nouvelle politique agricole, il ne faut pas oublier que ce qui est bo pour les agriculteurs ne l'est pas forcément pour la société tou entière. Le progrès technologique agricole peut être défavorable au agriculteurs, qui finissent par se trouver en surnombre, mais il es clairement favorable aux consommateurs, qui paient leur nourri ture moins cher. De la même façon, une politique qui vise à réduir la production agricole pour augmenter le revenu des agriculteurs l fait aux dépens des consommateurs.

Pourquoi l'OPEP n'a-t-elle pas réussi à maintenir le prix du pétrole à un niveau élevé ?

Le marché mondial du pétrole a souvent été à l'origine de nom breuses perturbations de l'économie internationale au cours de décennies récentes. Dans les années 1970, les membres de l'Organi sation des pays exportateurs de pétrole (OPEP) décidèrent d'aug menter le prix du pétrole afin d'accroître leurs revenus. Les pay membres réduisirent donc de concert leur production pétrolière Entre 1973 et 1974, le prix du pétrole augmenta de plus de 50 % (après correction pour l'inflation). Puis quelques années plus tard l'OPEP recommença la même opération. Le prix du pétrole augmenta de 14 % en 1979, 34 % en 1980 et 34 % en 1981.

Pourtant, l'OPEP eut des difficultés à maintenir le prix du pétrole à un niveau élevé. De 1982 à 1985, le prix diminua en effet de 10 % chaque année. Les pays membres de l'OPEP furent donc à la fois désorientés et déçus. En 1986, ils cessèrent la coopération, et le prix du pétrole retomba de 45 %. En 1990, le pétrole était revenu à son prix du début des années 1970 (après correction de l'inflation) et n'a quasiment pas bougé depuis.

Cet épisode de la vie économique mondiale montre bien que l'offre et la demande se comportent différemment à court et à long termes. À court terme, l'offre et la demande de pétrole sont relativement rigides. L'offre, parce que la quantité de réserves pétrolières identifiées et les capacités d'extraction ne peuvent être modifiées rapidement. La demande, parce que les habitudes de consommation ne s'ajustent pas immédiatement aux variations de prix. De nombreux conducteurs de voitures très voraces commenceront par payer le nouveau prix fort. Comme le montre la planche A de la figure 5.9, les courbes d'offre et de demande à court terme sont plutôt abruptes. Quand l'offre de pétrole passe de S_1 à S_2, l'augmentation de prix qui en découle est importante (augmentation de P_1 à P_2).

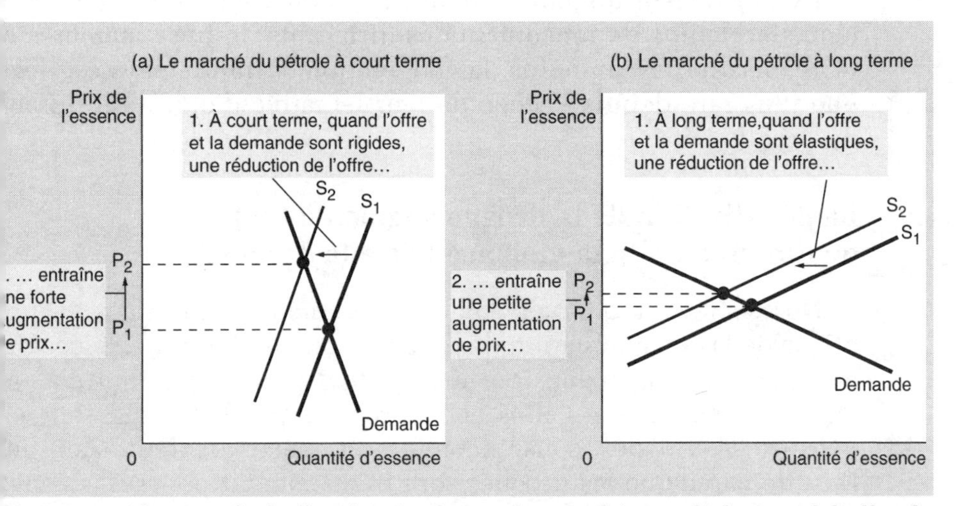

G. 5.9. **Réduction de l'offre de pétrole sur le marché mondial.** Quand l'offre de étrole est réduite, la réponse dépend de l'horizon temporel considéré. Offre et demande nt relativement rigides à court terme, comme sur la planche A. Donc, une réduction de offre de S_1 à S_2 génère une forte augmentation du prix. En revanche à long terme, les ourbes de demande et d'offre sont relativement élastiques, comme sur la planche B. Dans cas, la même réduction de l'offre (de S_1 à S_2) ne génère plus qu'une petite augmentaon de prix.

Mais à long terme, la situation est très différente. Au fur et mesure que le temps passe, les producteurs de pétrole non membre de l'OPEP, incités par un prix du pétrole plus élevé, augmenter leurs programmes d'exploration et construisent de nouvelles capa cités d'extraction. Les consommateurs quant à eux font preuv d'une plus grande modération dans leur consommation, en rempla çant leurs anciens véhicules voraces par de nouveaux plus écono miques. Comme le montre la planche B de la figure 5.9, les courbe d'offre et de demande à long terme sont beaucoup plus élastique À long terme, la réduction de l'offre de S_1 à S_2 ne génère plu qu'une petite augmentation de prix.

C'est pourquoi l'OPEP n'a pu maintenir un prix élevé du pétro que pendant quelques années. En décidant de réduire leur produc tion pétrolière, les pays membres de l'OPEP déplacèrent la courb d'offre vers la gauche. Même si chaque pays membre vendait moin de pétrole, le prix avait tellement augmenté à court terme que l chiffre d'affaires de l'OPEP s'en trouva accru. En revanche, à lon terme, quand l'offre et la demande sont devenues élastiques, l même réduction d'offre, mesurée par un déplacement horizont identique de la courbe d'offre, ne cause plus qu'une faible augmen tation de prix. La politique de réduction coordonnée de prix d l'OPEP s'est donc révélée inefficace à long terme.

L'OPEP existe toujours aujourd'hui. Vous entendrez parler d temps en temps de rencontres des dirigeants de pays membres d l'Organisation. Néanmoins, la coopération entre ces pays est deve nue plus rare depuis l'échec de leur tentative d'élévation durabl du prix du pétrole.

La pénalisation de la drogue augmente-t-elle ou diminue-t-elle la violence liée à la drogue ?

Nos sociétés modernes sont constamment confrontées au pro blème de la consommation de drogues comme l'héroïne, la cocaïn ou le crack. Ces drogues ont des effets destructeurs. Tout d'abor par la dépendance qu'elles engendrent, dépendance qui finit pa détruire la vie des consommateurs et même de leurs familles Ensuite parce que les drogués sont fréquemment poussés à s'enga ger dans des activités criminelles (vols et autres crimes) pour paye le produit dont ils ont besoin. Pour lutter contre la drogue, le gou vernement américain dépense des milliards de dollars chaqu année afin de limiter l'afflux de drogues dans le pays. Utilisons le outils de l'offre et de la demande pour analyser cette politique d pénalisation de la drogue.

Supposons que le gouvernement augmente le nombre d'agents fédéraux affectés à la guerre contre la drogue. Que se passera-t-il sur ce marché ? Comme d'habitude, nous allons répondre en trois temps. Dans un premier temps, nous allons nous demander s'il y a translation de l'offre ou de la demande. Ensuite, nous déterminerons dans quelle direction a lieu cette translation. Enfin, nous verrons comment ce déplacement a affecté le prix et la quantité d'équilibre.

Bien que l'objet de la pénalisation de la drogue soit de réduire la consommation, l'impact le plus direct de cette mesure concerne les vendeurs plus que les acheteurs. Quand le gouvernement effectue des prises de drogues importantes ou arrête des trafiquants, il contribue à élever le coût de distribution des vendeurs et donc à réduire la quantité de drogue fournie à tous niveaux de prix. La demande de drogue – la quantité que les consommateurs sont prêts à acheter – est inchangée. Comme on le constate sur la planche A de la figure 5.10, la pénalisation déplace la courbe d'offre vers la gauche de S_1 à S_2, la courbe de demande ne bougeant pas. Le prix d'équilibre augmente donc de P_1 à P_2, et la quantité d'équilibre baisse de Q_1 à Q_2.

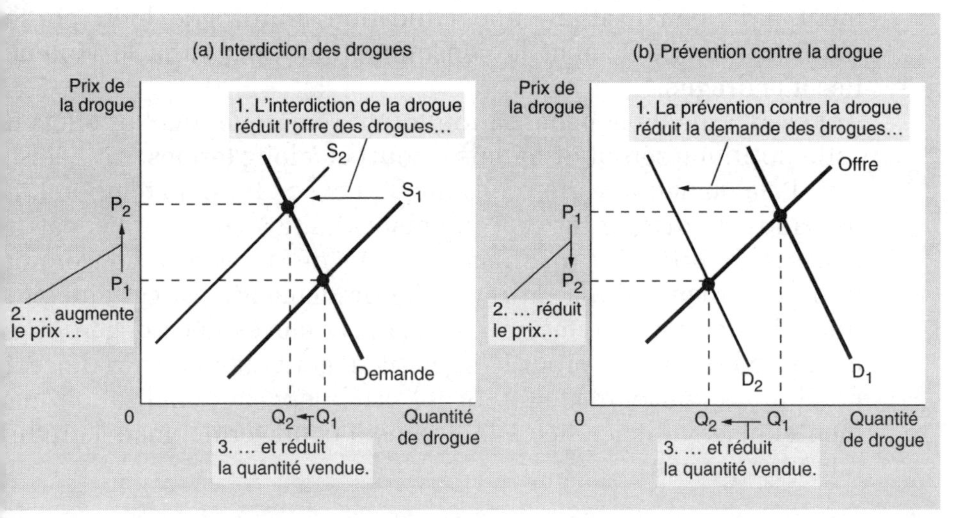

'IG. 5.10. **Politiques de lutte contre la drogue.** La pénalisation de la drogue et l'action es forces de police réduisent l'offre de drogue de S_1 à S_2, comme sur la planche A. Si la emande est rigide, alors le chiffre d'affaires des trafiquants augmente, même si la quanité vendue diminue. Au contraire, la prévention et l'information réduisent la demande de rogue de D_1 à D_2, comme sur la planche B. Parce que le prix et la quantité diminuent, le hiffre d'affaires des trafiquants est en baisse.

Mais qu'en est-il de la violence liée à la drogue ? Pour répondre à cette question, considérons la somme totale payée par les drogués pour acheter leur produit. Dans la mesure où les drogués ont tellement besoin de leur dose qu'ils l'achèteront quel que soit son prix, on peut considérer que la demande est largement rigide, comme dessinée sur le graphique. On sait qu'alors une augmentation du prix se traduit par un accroissement du chiffre d'affaires des vendeurs. La pénalisation de la drogue, en augmentant le prix du produit plus qu'elle n'en réduit la consommation, se traduit par une augmentation de la somme totale payée par les acheteurs aux vendeurs. Les drogués, qui devaient déjà voler pour pouvoir financer leur consommation, vont alors avoir encore plus besoin d'argent. C'est ainsi que la pénalisation peut être à l'origine d'une augmentation de la violence liée à la drogue.

Compte tenu de cet effet négatif, certains proposent des approches différentes du problème de la drogue. Plutôt que d'essayer de réduire l'offre de drogue, on pourrait tenter de diminuer la demande, en développant des politiques d'éducation préventive. Une éducation antidrogue efficace aurait en effet les conséquences visibles sur la planche B de la figure 5.10. La demande se déplace vers la gauche de D_1 à D_2. La quantité d'équilibre tombe alors de Q_1 à Q_2, et le prix d'équilibre diminue de P_1 à P_2. Le chiffre d'affaires, produit du prix par la quantité, s'effondre alors. Contrairement à la pénalisation, une éducation antidrogue bien pensée réduirait non seulement la consommation mais aussi la violence liée à la drogue.

Les avocats de la pénalisation feront remarquer que les effets de cette politique seront différents à court et à long termes, car l'élasticité de la demande varie probablement avec l'horizon temporel. La demande de drogue est probablement rigide à court terme, car les hausses de prix sont insuffisantes pour décourager la consommation des drogués durs. En revanche, la demande est certainement plus élastique à long terme, car des prix élevés décourageront les jeunes d'essayer le produit et petit à petit devraient réduire le nombre de consommateurs. Si tel est le cas, la pénalisation augmenterait la violence liée à la drogue à court terme, mais la réduirait à long terme.

■ **VÉRIFIEZ VOS CONNAISSANCES** Comment une sécheresse qui détruit la moitié de toutes les récoltes peut-elle être une bonne affaire pour les agriculteurs ? ■ Si tel est le cas, pourquoi les fermiers ne détruisent-ils pas eux-mêmes leurs récoltes ?

.4 CONCLUSION

Selon un vieil adage, même un perroquet peut devenir économiste, simplement en répétant les mots « offre » et « demande ». Ces deux derniers chapitres vous auront probablement convaincu de la véracité de cette affirmation. Les concepts d'offre et de demande permettent d'analyser la plupart des événements et des politiques qui façonnent notre économie. Vous êtes donc en bonne voie pour devenir économiste (ou au moins un perroquet bien éduqué).

RÉSUMÉ

- L'élasticité-prix de la demande mesure la variation de quantité demandée générée par une variation de prix. La demande tend à être plus élastique si le bien est un produit de luxe plutôt qu'un produit essentiel, s'il existe des substituts facilement disponibles, si le marché est précisément défini, et si les acheteurs ont un certain temps pour réagir aux changements de prix.
- L'élasticité-prix de la demande est calculée en divisant la variation en pourcentage de la quantité demandée par la variation en pourcentage du prix. Si l'élasticité est inférieure à un, de sorte que la quantité demandée varie proportionnellement moins que le prix, la demande est qualifiée de rigide. Si l'élasticité est supérieure à un, de sorte que la quantité demandée varie proportionnellement plus que le prix, la demande est dite élastique.
- Le chiffre d'affaires, c'est-à-dire la somme totale payée par l'ensemble des acheteurs à l'ensemble des vendeurs, est égal au prix du bien multiplié par la quantité vendue. Dans le cas d'une demande rigide, le chiffre d'affaires augmente quand le prix augmente. Si la demande est élastique, le chiffre d'affaires baisse quand le prix augmente.
- L'élasticité-revenu de la demande mesure la variation de quantité demandée générée par une variation de revenu. Elle se calcule en divisant la variation en pourcentage de la quantité demandée par la variation en pourcentage du revenu.
- L'élasticité-prix de l'offre mesure la variation de quantité offerte générée par une variation de prix. Cette élasticité varie souvent avec l'horizon de temps considéré. Sur la plupart des marchés, l'offre est plus élastique à long terme qu'à court terme.
- L'élasticité-prix de l'offre est obtenue en divisant la variation en pourcentage de la quantité offerte par la variation en pourcentage du prix. Si l'élasticité est inférieure à un, de sorte que la quantité offerte varie proportionnellement moins que le prix, l'offre est qualifiée de rigide. Si l'élasticité est supérieure à un, de sorte que la quantité offerte varie proportionnellement plus que le prix, l'offre est dite élastique.

- Les concepts d'offre et de demande peuvent être utilisés pour analyse divers types de marchés. Dans ce chapitre, nous les avons appliqué aux marchés du blé, du pétrole et de la drogue.

CONCEPTS CLÉS – DÉFINITIONS

Élasticité : mesure de l'ampleur de la variation de la quantité offerte ou d la quantité demandée en réaction à une variation de l'un de ses déte minants.

Élasticité-prix de la demande : ampleur de la variation de la quantit demandée en réaction à une variation du prix du bien ; obtenue e divisant la variation en pourcentage de la quantité demandée par l variation en pourcentage du prix.

Chiffre d'affaires : somme payée par les acheteurs et perçue par les ver deurs d'un bien ; obtenu en multipliant le prix du bien par la quantit vendue.

Élasticité-revenu de la demande : ampleur de la variation de la quantit demandée en réaction à une variation du revenu de l'acheteur ; obte nue en divisant la variation en pourcentage de la quantité demandé par la variation en pourcentage du revenu du consommateur.

Élasticité-prix de l'offre : ampleur de la variation de la quantité offerte e réaction à une variation du prix du bien ; obtenue en divisant la vari tion en pourcentage de la quantité offerte par la variation en pourcen tage du prix du bien.

QUESTIONS DE RÉVISION

1. Définir l'élasticité-prix de la demande et l'élasticité-revenu de l demande.
2. Énumérer et expliquer quelques déterminants de l'élasticité-prix de l demande.
3. Si l'élasticité est supérieure à un, la demande est-elle rigide ou élas tique ? Si l'élasticité est nulle, la demande est-elle parfaitement rigid ou parfaitement élastique ?
4. Sur un graphique offre-demande, montrer le montant total dépensé pa les acheteurs. Comment se compare-t-il au chiffre d'affaires encaiss par les vendeurs ?
5. Si la demande est élastique, comment le chiffre d'affaires réagira-t-il une augmentation de prix ? Expliquer.
6. Comment appelle-t-on un bien dont l'élasticité-revenu est négative ?
7. Quelle est la formule de calcul de l'élasticité-prix de l'offre ? Explique ce que mesure cette donnée.
8. Quelle est l'élasticité-prix de l'offre de toiles de Picasso ?
9. L'élasticité-prix de l'offre est-elle généralement plus importante à cou ou à long terme ? Pourquoi ?

10. Dans les années 1970, l'OPEP a provoqué une énorme hausse du prix du pétrole. Qu'est-ce qui l'a empêchée de maintenir ce prix élevé dans les années 1980 ?

PROBLÈMES D'APPLICATION

1. Pour chacune des paires de biens suivantes, indiquez le produit qui selon vous a la demande la plus élastique, et pourquoi ?
   – manuels de cours et romans policiers ;
   – disques de Beethoven ou disques de musique classique en général ;
   – fuel de chauffage dans les 6 prochains mois et fuel de chauffage dans les 5 prochaines années ;
   – le Coca-Cola et l'eau.
2. Supposons que les hommes d'affaires et les vacanciers présentent les demandes suivantes pour des billets d'avion New York – Boston :

Prix	*Qté demandée (business)*	*Qté demandée (vacances)*
150 $	2 100	1 000
200 $	2 000	800
250 $	1 900	600
300 $	1 800	400

   a. Quand le prix du billet passe de 200 à 250 dollars, quelle est l'élasticité-prix de la demande (I) des hommes d'affaires et (II) des vacanciers ?
   b. Pourquoi les vacanciers auraient-ils une élasticité différente de celle des hommes d'affaires ?
3. Supposons que votre plan de demande de disques compacts soit le suivant :

Prix	*Quantité demandée (revenu = 10 000 $)*	*Qté demandée (rev. = 12 000 $)*
8 $	40	50
10 $	32	45
12 $	24	30
14 $	16	20
16 $	8	12

   a. Calculez l'élasticité-prix de votre demande quand le prix des disques passe de 8 à 10 dollars, si (I) votre revenu est de 10 000 dollars et si (II) il est de 12 000 dollars.
   b. Calculez l'élasticité-revenu de votre demande quand votre revenu passe de 10 000 à 12 000 dollars, si (I) le prix est de 12 dollars et si (II) il est de 16 dollars.

4. Emily a décidé de consacrer en permanence le tiers de son revenu à ses dépenses d'habillement :
   a. Quelle est l'élasticité-revenu de sa demande d'habillement ?
   b. Quelle est l'élasticité-prix de sa demande d'habillement ?
   c. Si les goûts d'Emily évoluent, et si elle décide de ne plus consacrer que le quart de son revenu à l'habillement, comment évolue sa courbe de demande ? Que deviennent les élasticités prix et revenu ?
5. Le *New York Times* du 17 février 1996 (page 25) rapportait que la fréquentation du métro avait baissé suite à une augmentation du prix du ticket. « Il y avait près de 4 millions d'utilisateurs en moins en décembre 1995, premier mois consécutif à l'augmentation du prix du ticket de 25 cents à 1,50 dollar, qu'en décembre de l'année précédente, soit une diminution de 4,3 % » :
   a. À partir de ces données estimez l'élasticité-prix de la demande de trajets en métro.
   b. D'après vos estimations, comment le chiffre d'affaires de la société gérant le métro a-t-il réagi à cette augmentation ?
   c. Votre estimation de l'élasticité est-elle vraiment fiable ?
6. Deux conducteurs automobiles – Tom et Jerry – se rendent chacun dans une station-service. Avant de regarder le prix, chacun passe sa commande. Tom demande : « Je voudrais 10 litres d'essence. » Jerry demande : « Je voudrais 10 dollars d'essence. » Quelle est l'élasticité-prix de la demande de chaque conducteur ?
7. Les économistes ont observé que, pendant les périodes de récession, les dépenses de restaurant baissaient plus rapidement que les dépenses de nourriture mangée à la maison. Le concept d'élasticité peut-il expliquer cette différence ?
8. Considérez les politiques publiques de lutte contre le tabac :
   a. Les études statistiques indiquent que l'élasticité de la demande de cigarettes est de l'ordre de 0,4. Si un paquet de cigarettes coûte actuellement 2 dollars, et si le gouvernement veut réduire la consommation de 20 %, de combien doit-il augmenter le prix du paquet ?
   b. Si le gouvernement augmente régulièrement le prix du paquet de cigarettes, quand l'impact de cette politique sera-t-il le plus important : dans un an ou dans cinq ans ?
   c. Les mêmes études montrent que les adolescents ont une élasticité-prix plus élevée que celle des adultes. Comment expliquer cela ?
9. L'élasticité-prix de l'offre est-elle plus grande sur le marché des glaces ou sur le marché des glaces à la vanille ? Expliquez.
10. Durant l'été 1993, des crues du Missouri et du Mississipi détruisirent des milliers d'hectares de blé :
   a. Les fermiers dont les récoltes furent détruites furent désolés, alors que ceux dont les récoltes avaient été épargnées se réjouirent. Pourquoi ?

b. Quelle information concernant le marché du blé vous faudrait-il avoir pour pouvoir dire si les agriculteurs, dans leur ensemble, ont bénéficié ou non des inondations ?

11. Expliquez comment la proposition suivante peut être vraie : une sécheresse mondiale augmente le chiffre d'affaires des vendeurs de grain de par le monde, mais une sécheresse dans le seul État du Kansas réduit le chiffre d'affaires des fermiers de cet État.
12. La terre agricole étant plus productive quand le climat est favorable, les terrains situés dans des régions bénéficiant d'un climat favorable sont plus coûteux que les terres situées dans des régions moins favorisées par la météo. Néanmoins, la technologie agricole ayant rendu l'ensemble des terres plus productives, le prix des terrains (ajusté de l'inflation) a diminué. À l'aide du concept d'élasticité, expliquez pourquoi productivité et prix des terres sont en corrélation dans l'espace, et ne le sont pas dans le temps.
13. En 1990, le Congrès imposa une taxe sur la vente des voitures de prix élevé. Les fonds récoltés sont égaux au produit du taux de la taxe par le montant des ventes concernées. Quand le gouvernement eut besoin de fonds supplémentaires quelques années plus tard, on lui suggéra d'augmenter le taux de la taxe. Cela aurait-il réellement augmenté le produit de l'imposition ? Expliquez.

CHAPITRE 6

OFFRE, DEMANDE ET POLITIQUES PUBLIQUES

Dans ce chapitre, vous allez :

- examiner les effets des politiques publiques de plafonnement des prix
- examiner les effets des politiques fixant un prix plancher
- voir l'effet d'une taxe sur le prix et la quantité vendue d'un bien
- montrer que les taxes supportées par les acheteurs et celles supportées par les vendeurs sont équivalentes
- voir comment le poids d'une taxe est réparti entre acheteurs et vendeurs

Les économistes peuvent se comporter en tant que scientifiques ou en tant qu'hommes politiques. Scientifiques, ils essaient d'élaborer puis de tester des théories qui expliquent le monde qui les entoure. Hommes politiques, ils utilisent ces théories pour essayer d'améliorer l'ordinaire. Dans les deux chapitres précédents, nous avons adopté une attitude scientifique. Nous avons vu comment l'offre et la demande déterminaient le prix d'un bien ainsi que la quantité vendue. Nous avons aussi vu comment divers événements pouvaient déplacer les courbes d'offre et de demande et donc modifier le prix et la quantité d'équilibre.

Dans ce chapitre, nous allons nous intéresser aux politiques mises en œuvre. Nous allons passer en revue plusieurs types de mesures gouvernementales, en s'aidant des concepts d'offre et de demande. Et vous allez avoir quelques surprises. En effet les politiques publiques ont souvent des effets inattendus et non désirés par leurs initiateurs.

Nous allons commencer par l'examen de politiques de contrôle direct des prix. Le plafonnement des loyers par exemple empêche les propriétaires d'immeubles d'exiger plus d'un certain montant de loyer. Le salaire minimal empêche les entreprises de payer leurs employés moins d'une certaine somme. Les contrôles des prix apparaissent quand les hommes politiques considèrent que le prix de marché d'un bien ou d'un service n'est pas acceptable par les acheteurs ou les vendeurs. Mais comme nous le verrons ces mesures génèrent leurs propres injustices.

Ensuite nous nous intéresserons à l'effet des taxes. Les hommes politiques utilisent les impôts à la fois pour influer sur les résultats du marché et pour lever des fonds publics. Si l'importance des impôts est évidente dans une économie comme la nôtre, leurs effets sont moins bien connus. Par exemple, quand le gouvernement lève une taxe sur les salaires payés par une entreprise à ses employés, qui en supporte le poids : les salariés ou l'entreprise ? La réponse n'est pas évidente – du moins jusqu'à ce qu'on utilise les concepts d'offre et de demande.

6.1 LE CONTRÔLE DES PRIX

Revenons à notre marché des glaces. Si celles-ci sont vendues sur un marché concurrentiel à l'abri de toute intervention gouvernementale, le prix des glaces s'ajuste de manière à équilibrer l'offre et la demande de glaces. Au prix d'équilibre, la quantité que les acheteurs désirent se procurer est exactement égale à la quantité que les vendeurs souhaitent proposer. Supposons que le prix d'équilibre soit de 3 dollars le cornet.

Ce prix, qui résulte du libre jeu des forces de marché, peut ne pas satisfaire tout le monde. L'Association américaine des consommateurs de glaces considère que ce prix est trop élevé pour permettre à chacun de manger un cornet par jour (le régime recommandé par l'Association). L'Organisation nationale des producteurs de glaces considère que ce prix de 3 dollars – résultat d'une concurrence farouche – ne permet pas à ses membres de vivre comme ils le devraient. Chacune de ces deux organisations exerce des pressions sur le gouvernement pour que celui-ci prenne des mesures de contrôle des prix.

Comme les acheteurs d'un produit veulent toujours le payer moins cher, tandis que les vendeurs veulent le vendre plus cher, les intérêts des deux groupes sont contradictoires. Si le lobbying des consommateurs de glaces est couronné de succès, le gouvernement imposera un prix maximal, au-delà duquel les glaces ne pourront être vendues ; on parle alors d'un *prix plafond.* Si les producteurs de glaces l'emportent, le gouvernement imposera un prix minimal, en dessous duquel les glaces ne pourront être vendues ; on parle alors d'un *prix plancher.* Les conséquences de ces politiques sont présentées ci-dessous.

Prix plafond

Si le gouvernement, convaincu par les dires des consommateurs de glaces, impose un prix plafond, deux conséquences sont envisageables. Sur la planche A de la figure 6.1, le gouvernement impose un prix plafond de 4 dollars le cornet. Dans ce cas, parce que le prix d'équilibre du marché (3 dollars) est inférieur au prix plafond, ce dernier ne constitue pas une contrainte. Les forces de marché poussent celui-ci vers le point d'équilibre, et le prix plafond est sans effet.

La planche B de la figure 6.1 montre l'autre possibilité. Cette fois, le gouvernement a fixé un prix plafond à 2 dollars le cornet. Comme ce prix est inférieur au prix d'équilibre du marché (3 dollars), il constitue une véritable contrainte. Le jeu de l'offre et de la demande pousse les prix vers le prix d'équilibre, mais quand le plafond est atteint, le prix ne peut plus augmenter. Le prix de marché est alors égal au prix plafond. À ce prix, la quantité demandée (125 cornets sur le graphique) dépasse largement la quantité offerte (75 cornets). Il y a donc pénurie de glaces, et ceux qui souhaitaient acheter des glaces à ce prix ne trouveront pas l'offre correspondante.

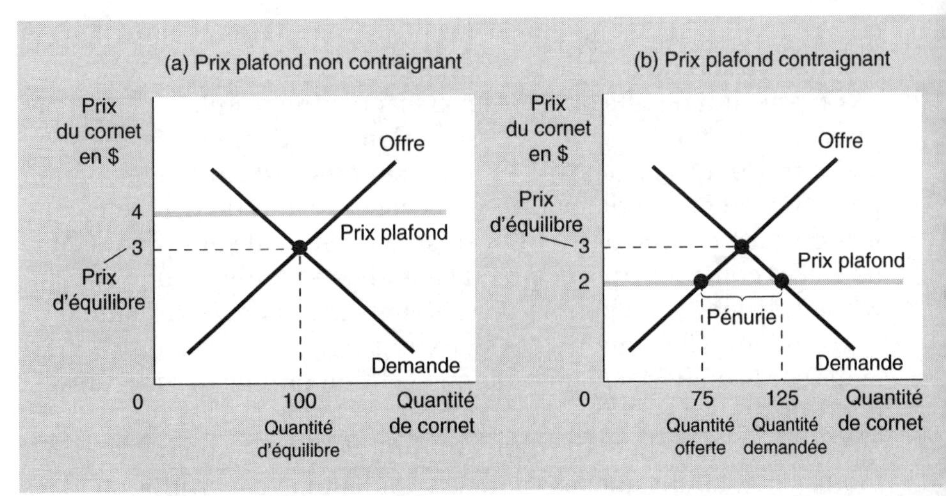

FIG. 6.1 **Marché avec prix plafond.** Sur la planche A, le gouvernement impose un pri plafond de 4 dollars. Comme ce prix est supérieur au prix d'équilibre de 3 dollars, le pri plafond est sans effet. Le marché se déplace vers l'équilibre de l'offre et la demande. L quantité offerte et la quantité demandée sont toutes deux égales à 100 cornets. Sur l planche B, le gouvernement impose un prix plafond de 2 dollars. Comme ce prix plafon est inférieur au prix d'équilibre de 3 dollars, le prix de marché est égal à 2 dollars. À c prix, 125 cornets sont demandés, tandis que 75 seulement sont offerts, d'où une pénuri de 50 cornets.

Si une telle pénurie de glaces apparaît du fait de l'existence d'u prix plafond, un mécanisme de rationnement se développera spon tanément. Ce mécanisme pourra par exemple prendre la forme d longues files d'attente : les acheteurs suffisamment courageux pou arriver tôt le matin et patienter dans la queue auront des cornets tandis que ceux qui n'ont pas la patience d'attendre n'en auron pas. Ou bien les vendeurs rationneront le produit en fonction d leurs propres préférences, en le réservant par exemple à leur familles, leurs amis ou bien leur groupe racial ou ethnique. Note bien que si le prix-plafond a été fixé pour venir en aide aux ache teurs, tous n'en bénéficieront pas. Si certains paieront effective ment un prix inférieur, probablement compensé par un temps d'at tente plus long, d'autres ne pourront même pas trouver la moindr glace.

Cet exemple du marché des cornets de glaces illustre un résulta général : *quand le gouvernement impose un prix plafond contra gnant à un marché concurrentiel, il en découle toujours une pénu rie du bien, et les vendeurs doivent rationner le produit devenu rar face aux nombreux acheteurs potentiels.* Ces mécanismes de ration nement qui se développent à l'ombre des prix plafonds sont rare ment souhaitables. Les files d'attente consomment inutilement le temps et l'énergie des acheteurs. La discrimination pratiquée par les vendeurs en fonction de leurs préférences est à la fois inefficace (puisque le bien ne revient pas à celui qui lui accorde le plus de valeur) et injuste. Au contraire, le mécanisme de rationnement d'un marché librement concurrentiel est à la fois efficace et impersonnel. Quand le marché des cornets de glaces atteint son point d'équilibre, tous ceux qui sont prêts à payer le prix de marché trouveront un cornet disponible. Les marchés libres rationnent les produits par leurs prix.

ÉTUDE DE CAS

Files d'attente à la station-service

Comme nous l'avons vu dans le chapitre précédent, en 1973, l'OPEP augmenta le prix du pétrole brut de manière radicale. Comme le pétrole brut est le principal composant de l'essence, l'augmentation du prix du pétrole se traduisit par une réduction de l'offre d'essence. Et l'on vit apparaître de longues files d'attente dans les stations-service, les conducteurs devaient parfois faire la queue pendant des heures avant d'acheter quelques litres d'essence.

Qui était donc responsable de l'apparition de ces queues ? La plupart des gens accusaient l'OPEP. De toute évidence, si l'OPEP n'avait pas augmenté le prix du pétrole brut, il n'y aurait jamais eu de pénurie d'essence. Néanmoins les économistes accusèrent aussi le gouvernement, qui imposait des prix plafonds à l'essence vendue par les compagnies pétrolières.

La figure 6.2 montre ce qui s'est passé. Avant l'augmentation du brut, le prix d'équilibre de l'essence était inférieur au prix plafond, comme sur la planche A. Ce prix plafond n'avait donc aucun effet. Quand le prix du brut augmenta, le coût de production de l'essence en fit autant, et l'offre d'essence fut déplacée vers la gauche de S_1 à S_2 comme sur la planche B. Sur un marché libre, le prix de l'essence aurait grimpé de P1 à P_2, et il n'y aurait pas eu de pénurie. Mais en l'espèce, le prix plafond empêcha le prix d'atteindre le point d'équilibre. Au prix-plafond, les producteurs étaient prêts à vendre Q_S et les consommateurs cherchaient à acheter Q_D. La variation de l'offre engendra donc une sévère pénurie au niveau du prix-plafond.

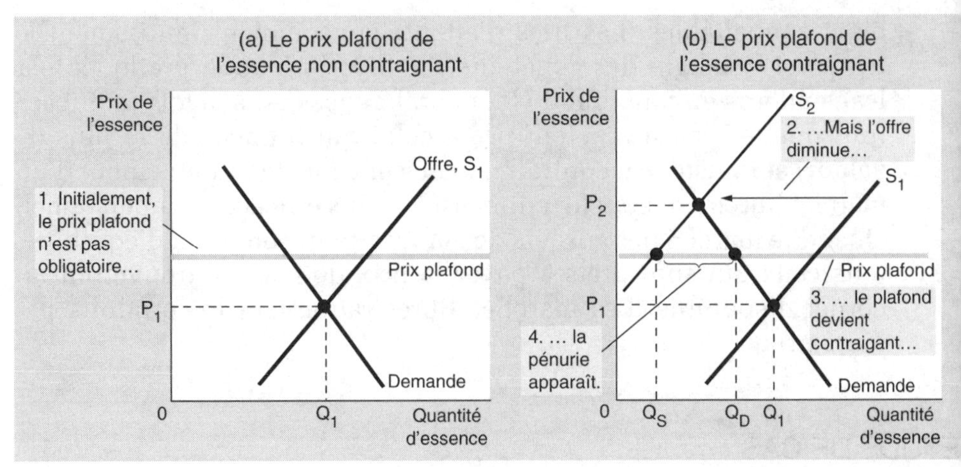

FIG. 6.2 **Marché de l'essence avec prix plafond.** La planche A montre le marché de l'essence avec un prix plafond non contraignant, car le prix d'équilibre P1est inférieur au plafond. La planche B montre ce même marché après une augmentation du prix du pétrole brut qui a déplacé la courbe d'offre vers la gauche de S_1 à S_2. Sur un marché libre, le prix aurait augmenté de P_1 à P_2. Mais l'existence d'un prix-plafond empêche cette remontée des prix. Le prix plafond est maintenant contraignant, et les acheteurs cherchent à acheter Q_D, alors que les vendeurs ne souhaitent vendre que Q_S. La différence entre ces deux quantités mesure la pénurie d'essence.

Finalement, les contraintes imposées au prix de l'essence furent levées. Les hommes politiques finirent par comprendre qu'ils étaient au moins partiellement responsables des millions d'heures perdues par les Américains dans les queues devant les stations-service. Aujourd'hui, quand le prix du pétrole brut change, le prix de l'essence s'ajuste de manière à équilibrer l'offre et la demande.

ÉTUDE DE CAS

Contrôle des loyers à court et long termes

Le contrôle des loyers est un exemple typique de politique de prix plafond. Dans de nombreuses villes, le gouvernement local impose un plafond aux loyers que les propriétaires immobiliers peuvent demander à leurs locataires. L'objectif de telles politiques est d'aider les plus défavorisés en rendant le coût du logement plus abordable. Les économistes ont souvent critiqué ces politiques, considérant qu'elles n'avaient aucun effet significatif en termes d'amélioration du niveau de vie des défavorisés. Un économiste a même écrit que le contrôle des loyers était « le meilleur moyen de détruire une ville, après un bombardement ».

Les effets indésirables du contrôle des loyers apparaissent difficilement aux yeux du grand public, parce qu'ils s'étalent sur de nombreuses années. À court terme, les propriétaires ont un certain nombre d'appartements à louer, et ils ne peuvent ajuster ce nombre rapidement aux nouvelles conditions de marché. En outre, le nombre de personnes cherchant un logement dans une ville ne répond pas toujours très vite aux loyers à court terme, parce que les gens prennent du temps pour organiser leur logement. De sorte que l'offre et la demande de logement à court terme sont relativement rigides.

La planche A de la figure 6.3 montre les effets à court terme du contrôle des loyers sur le marché du logement. Comme chaque fois qu'il y a un prix plafond, le contrôle des loyers suscite une pénurie. Mais comme l'offre et la demande sont rigides à court terme, la pénurie demeure de faible importance. La conséquence la plus directe à court terme est donc une baisse des loyers.

À plus long terme en revanche les choses sont fort différentes, car le comportement des offreurs et des chercheurs de logement se modifie dans le temps. Du côté de l'offre, les propriétaires réagiront à la baisse des loyers en ne construisant pas de nouveaux logements ou en cessant d'entretenir les

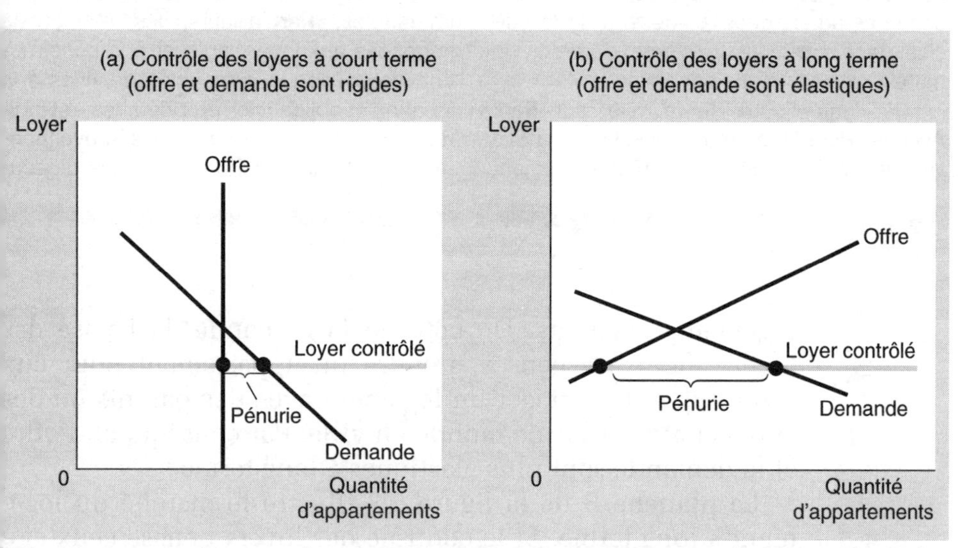

FIG. 6.3 **Impacts à court et long termes du contrôle des loyers.** La planche A illustre les effets à court terme : offre et demande d'appartements sont relativement rigides, et le prix plafond imposé par le contrôle des loyers ne génère qu'une petite pénurie de logements. À long terme (planche B), offre et demande sont plus élastiques, et la pénurie créée est plus importante.

DANS VOS JOURNAUX

Le contrôle des loyers à New York

À New York, la plus grande ville des États-Unis, le contrôle des loyers joue un rôle important. Vous trouverez ci-dessous une description pratique de cette politique, publiée en page de couverture du Wall Street Journal. *Selon cet article de 1994, les politiciens locaux ne supprimeront le contrôle des loyers que le jour où le taux d'occupation des appartements sera suffisamment faible. Que pensez-vous de cette décision ?*

Comment certains bénéficient des lois sur les loyers à New York

NEW YORK – Les Katz, étudiant en art dramatique, et portier de 27 ans, loue un petit studio qu'il partage avec deux autres amis, dans le Upper West Side de Manhattan, pour 1 200 dollars par mois. Deux des occupants dorment dans des chambres séparées aménagées au-dessus de la cuisine, tandis que le troisième dort sur un matelas dans la pièce principale.

De l'autre côté de la ville, sur Park Avenue, Paul Haberman, investisseur privé vit avec sa femme dans un appartement spacieux comportant deux chambres, un solarium et deux terrasses. D'après les professionnels de l'immobilier, cet appartement situé dans un immeuble élégant sur l'une des avenues les plus prestigieuses de la ville devrait être loué au moins 5 000 dollars par mois. D'après les papiers officiels, le couple Haberman paie environ 300 dollars par mois. (M. Haberman n'a pas souhaité faire de commentaires sur le montant du loyer).

Comment expliquer une telle disparité : par les lois sur les loyers pratiqués à New York.

La ville de New York doit faire face à un déficit budgétaire de l'ordre de 2,3 milliards de dollars et à une réduction de ses rentrées fiscales comme elle n'en a pas connu en 20 ans. Pourtant au même moment la ville renonce à faire rentrer 100 millions de dollars annuellement, sous formes de taxes foncières, car les loyers contrôlés limitent les cash-flows et donc la valeur estimée des immeubles. Par ailleurs, les restrictions imposées aux loyers nuisent à la construction de nouveaux immeubles destinés à la location et obligent les propriétaires – et indirectement les contribuables – à subventionner les locataires qui ont la chance d'occu-

logements existants. Du côté de la demande, la baisse des loyers incite les gens à prendre un appartement pour eux (plutôt que de partager un logement avec des parents ou des amis) et attire plus de monde en ville. Par conséquent, l'offre et la demande sont plus élastiques à long terme.

La planche B de la figure 6.3 illustre le marché du logement à long terme. Si le contrôle des loyers pousse ceux-ci à un niveau inférieur au point d'équilibre, la quantité offerte d'appartements diminue substantiellement alors que la quantité demandée augmente sensiblement. Il en résulte une sérieuse pénurie de logements.

per un de ces appartements à loyer contrôlé...

Des tas de personnalités ont réussi à obtenir un appartement à loyer contrôlé : les actrices Mia Farrow et Cicely Tyson ; la Baronne Ingrid Thyssen ; Sidney Biddle Barrows, la fameuse Madame Butterfly ; le leader démocrate Manfred Ohrenstein ; le financier Todd Goodwin, spécialiste du LBO ; et quelques employés de l'entreprise qui publie ce journal, le Dow Jones...

Le contrôle des loyers est apparu à New York pendant la deuxième guerre mondiale, comme une mesure d'urgence visant à éviter que les ouvriers de l'industrie d'armement, plutôt correctement payés sur le moment, ne supplantent les locataires habituels dans un marché où l'offre était rare. Après la guerre, les politiciens locaux ont maintenu le contrôle des loyers, arguant du fait que tant que le taux d'inoccupation demeure inférieur à 5 %, il y a une crise du logement. Ce taux est aujourd'hui de 3,4 %...

Comment ces locataires peuvent-ils obtenir de telles affaires ?

Certains en héritent. Mme Farrow paie environ 2 900 dollars par mois pour son appartement de 10 pièces sur Central Park West, montant ridicule par rapport au prix du marché. L'actrice a grandi dans cet appartement, qui a même été utilisé dans l'un de ses films, « Hannah et ses sœurs ». Sa mère, Maureen O'Sullivan, qui jouait aussi dans le film de Woody Allen, avait signé le bail 40 ans plus tôt.

Certains occupants de ces appartements favorisés, comme l'ancien maire de New York David Dinkins et le Procureur de Manhattan Robert Morgenthau connaissaient le propriétaire, dans leurs cas la famille Rudin de New York. Barbara Fife, adjointe au maire, responsable de la politique du logement sous M. Dinkins et fervente avocate du contrôle des loyers déclare : « Les Rudin participent à la vie sociale en mettant à la disposition d'anciens fonctionnaires municipaux des appartements à loyer contrôlé. »

Parfois, les candidats à la location versent un « petit quelque chose » aux locataires précédents ou aux propriétaires. Certains propriétaires préfèrent louer leurs appartements à des gens riches, car ceux-ci participeront à l'entretien de la propriété. « Nous avons loué des appartements très bon marché à des personnes très fortunées », déclare Brian Edwards, courtier pour la firme immobilière Halstead Property Co. « C'était ce que souhaitaient les propriétaires...»

Source. — *Wall Street Journal,* lundi 21 mars 1994, page A1.

Dans les villes où les loyers sont contrôlés, les propriétaires utilisent diverses méthodes pour rationner le logement. Certains maintiennent de longues listes d'attente. D'autres donnent la priorité aux locataires sans enfants. D'autres encore pratiquent une discrimination raciale. Parfois, les appartements vont à ceux qui acceptent de payer des dessous de table aux responsables de l'entretien. En fait, ces pots-de-vin ramènent le prix de l'appartement vers le niveau d'équilibre.

Pour bien comprendre les effets du blocage des loyers, rappelons-nous l'un des *dix principes de l'économie* du chapitre 1 : les gens réagissent aux incitations. Sur un marché libre, les propriétaires font leur possible pour conserver leurs appartements dans un état de propreté et de sécurité qui permet de justifier des loyers élevés. Au contraire, quand le contrôle des loyers génère pénurie et listes d'attente, les propriétaires sont nettement moins sensibles aux attentes de leurs clients. Pourquoi un propriétaire devrait-il dépenser de l'argent pour entretenir un immeuble, alors que les gens font la queue pour le louer en l'état ? Les locataires bénéficient peut-être de loyers inférieurs, mais la qualité du logement en souffre.

Les hommes politiques imposent fréquemment de nouvelles règles pour corriger les effets néfastes du contrôle des loyers. C'est ainsi qu'il est maintenant illégal d'allouer les appartements sur la base de critère raciaux, et qu'il est obligatoire de fournir des conditions de logement acceptables. Mais ces lois sont difficiles à appliquer et très coûteuses. Quand le contrôle des loyers disparaît et queles forces de marché peuvent s'exprimer librement, ces lois sont inutiles. Sur un marché libre, le prix des loyers s'établit à un niveau qui élimine la pénurie et les comportements néfastes que cette dernière génère.

Prix planchers

Revenons maintenant au marché des cornets de glace et analysons les effets d'un autre type de politique de contrôle des prix Supposons que le gouvernement se soit rendu aux arguments de l'Organisation Nationale des producteurs de glaces. Dans cette hypothèse, le gouvernement va instaurer un prix plancher. Ce prix tout comme le prix plafond, vise à maintenir le prix à un niveau différent du niveau d'équilibre. Alors que le prix plafond détermine un maximum légal, le prix plancher détermine un minimum légal.

Quand le gouvernement impose un prix plancher aux cornets de glace, deux résultats peuvent être envisagés. Si le gouvernement impose un prix plancher à 2 dollars le cornet quand le prix d'équilibre est à 3 dollars, nous sommes dans la situation illustrée par la planche A de la figure 6.4. Comme le prix d'équilibre est supérieur au prix plancher, celui-ci ne constitue pas une contrainte. Les forces de marché déterminent librement l'équilibre et le prix plancher n'a aucun effet.

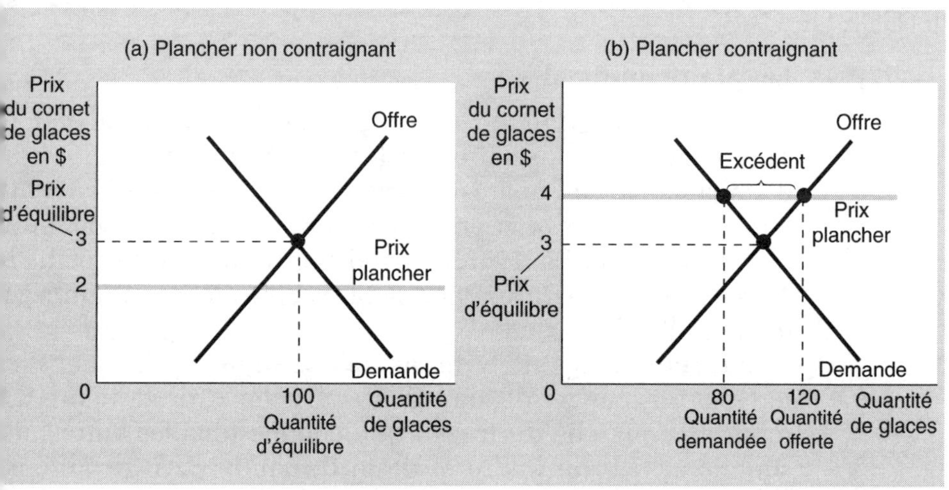

FIG. 6.4 **Marché avec un prix plancher.** Sur la planche A, le gouvernement impose un prix plancher de 2 dollars, qui est inférieur au prix d'équilibre de 3 dollars, et le prix plancher est sans effet. Le marché se déplace vers l'équilibre de l'offre et de la demande. Quantités offerte et demandée sont identiques et égales à 100 cornets. Sur la planche B, le gouvernement impose un prix plancher de 4 dollars, donc supérieur au prix d'équilibre. Le prix de marché est donc égal à 4 dollars. Comme 120 cornets sont offerts et seulement 80 demandés, il existe un excédent de 40 cornets.

La planche B de la figure 6.4 montre ce qui se passe si le gouvernement impose un prix plancher à 4 dollars le cornet. Dans ce cas, parce que le prix d'équilibre de 3 dollars est inférieur au prix plancher, ce dernier constitue une contrainte pour le marché. L'offre et la demande tendent à pousser le prix vers le niveau d'équilibre, mais le prix ne peut pas descendre en dessous du prix plancher. Le prix de marché est donc égal au prix plancher. À ce prix, la quantité offerte (120 cornets) dépasse largement la quantité demandée (80 cornets). Certains des vendeurs qui souhaiteraient vendre à ce prix-là ne pourront le faire. *Ainsi, un prix plancher contraignant génère un surplus.*

De même que les prix plafonds et les pénuries engendrent des comportements nuisibles de rationnement, les prix planchers et les surplus vont susciter des comportements biaisés. Dans le cas d'un prix plancher, les vendeurs ne parviennent pas à vendre tout ce qu'ils souhaiteraient au prix du marché. Ceux qui feront appel aux préférences des acheteurs, par exemple sur une base familiale ou raciale, s'en sortiront mieux que les autres. Alors que sur un marché libre, c'est le prix qui organise le rationnement, et les vendeurs peuvent vendre tout ce qu'ils veulent au prix d'équilibre.

ÉTUDE DE CAS

Le salaire minimal

Un exemple typique de prix plancher est fourni par le salaire minimal – salaire en dessous duquel il est interdit d'embaucher. Le Congrès américain adopta cette loi en 1938 afin d'assurer aux ouvriers américains un niveau de vie minimal acceptable. En 1996, le salaire minimum légal était de 4,75 dollars de l'heure. Dans certains États, le minimum légal est plus élevé.

Pour étudier les effets du salaire minimum légal, il faut s'intéresser au marché du travail. La planche A de la figure 6.5 montre ce marché du travail qui, comme tous les autres, est soumis au jeu de l'offre et de la demande. Les travailleurs déterminent l'offre de travail, tandis que les entreprises sont à l'origine de la demande. En l'absence d'intervention gouvernementale, le salaire s'ajuste de manière à équilibrer l'offre et la demande de travail.

La planche B de la figure 6.5 montre ce même marché en présence d'un salaire minimum. Si ce salaire minimum est supérieur au salaire d'équilibre, comme c'est le cas ici, la quantité de travail offerte excède la quantité demandée. Il en résulte donc un certain chômage. Ainsi, le salaire minimum augmente les revenus de ceux qui ont du travail, mais réduit les ressources des personnes qui ne peuvent pas trouver d'emploi.

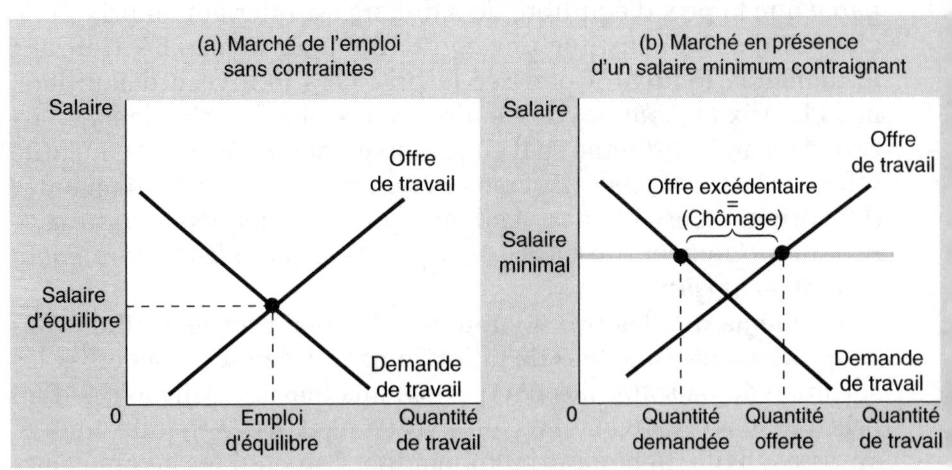

FIG. 6.5 **Effet du salaire minimum sur le marché de l'emploi.** La planche A montre un marché de l'emploi sur lequel le salaire s'ajuste de manière à équilibrer l'offre et la demande. La planche B montre l'effet d'un salaire minimum contraignant. Comme ce salaire minimum est un prix plancher, il crée un excédent : la quantité de travail offerte excède la quantité demandée, générant ainsi du chômage.

Pour bien saisir les conséquences du salaire minimum, il faut se rappeler que le marché de l'emploi n'est pas unique : l'économie est en effet constituée de plusieurs marchés du travail, pour des qualifications différentes. L'impact du salaire minimum sera différent selon la qualification et l'expérience des travailleurs. Ceux qui sont très qualifiés et bénéficient d'une longue expérience ne sont pas concernés par le salaire minimum, puisque leur rémunération d'équilibre est située bien au-dessus du salaire minimum. Pour ces travailleurs, le salaire minimum n'est donc pas une contrainte.

En revanche, l'impact du salaire minimum est violent sur le marché de l'emploi des jeunes. En effet, le salaire d'équilibre des jeunes tend à être peu élevé, puisqu'il s'agit là de la population la moins qualifiée et la plus dépourvue d'expérience. En outre, certains jeunes acceptent une rémunération inférieure contre une formation sur le tas (certains sont même prêts à ne pas être payés du tout ; heureusement que le salaire minimal ne s'applique pas dans ces cas-là, car sinon ces emplois n'existeraient pas). Le salaire minimum est donc en général plus contraignant pour les jeunes que pour les autres.

De nombreux économistes se sont penchés sur les conséquences du salaire minimum sur l'emploi des jeunes. Ces études ont comparé l'évolution dans le temps du salaire minimum avec le nombre de jeunes disposant d'un emploi. Même si le débat sur l'effet du salaire minimal sur l'emploi reste ouvert, ces études ont montré qu'une augmentation de 10 % du salaire minimum réduisait l'emploi des jeunes de 1 à 3 %. Notez par ailleurs qu'une augmentation de 10 % du salaire minimal ne se traduit pas par une augmentation équivalente du salaire moyen des jeunes. En effet une telle augmentation ne concerne pas les jeunes qui touchent un salaire supérieur au salaire minimal. En outre, l'application des lois sur le salaire minimal n'est pas parfaite. Un impact sur l'emploi des jeunes de 1 % à 3 % peut donc être considéré comme substantiel.

Le salaire minimal ne se contente pas d'affecter la quantité de travail demandée, il joue aussi sur la quantité offerte. Puisqu'il accroît la rémunération des jeunes, il incite un plus grand nombre de jeunes gens à chercher du travail. Les études ont montré qu'un salaire minimal supérieur incitait un certain nombre de jeunes à abandonner leurs études pour chercher un emploi, et éventuellement à en trouver, au détriment d'autres adolescents ayant abandonné leurs études antérieurement, et qui se retrouvent donc sans emploi.

Ce salaire minimum est l'objet de débats perpétuels. Le partisans d'un salaire minimum plus élevé prétendent qu' contribue à améliorer le niveau de vie des travailleurs le moins payés. Encore font-ils remarquer à juste titre que salaire minimum ne fournit qu'un niveau de vie à pein acceptable. En 1994, avec un salaire minimum de 4,25 dolla de l'heure, deux adultes travaillant 40 heures par semaine, 5 semaines par an, atteignaient un revenu familial d 17 680 dollars, niveau de revenu inférieur à celui de la famil médiane. La plupart des défenseurs du salaire minimal lu reconnaissent des défauts, notamment en matière d'emplo mais considèrent que, tout compte fait, il améliore la situatio des travailleurs les moins favorisés.

Les détracteurs du salaire minimum considèrent que cel n'est pas le meilleur moyen de venir en aide aux travailleur du bas de l'échelle. Non seulement cette mesure contribue augmenter le chômage, encourage certains jeunes à abandon ner leur scolarité, et empêche certains travailleurs sans qual fication d'obtenir la formation sur le tas dont ils ont besoin mais encore elle est mal ciblée. Nombre de travailleurs béné ficiaires du salaire minimum sont des adolescents issus de classe moyenne qui travaillent à temps partiel pour se faire d l'argent de poche. Tous les bénéficiaires du salaire minima ne sont donc pas des chefs de famille luttant pour sortir leu famille de la pauvreté.

L'appréciation du contrôle des prix

L'un des *dix principes de l'économie* du chapitre 1 affirmait qu les marchés constituent généralement une organisation efficace d l'activité économique. C'est pourquoi les économistes sont prati quement toujours opposés au contrôle des prix. En effet ils n considèrent pas les prix comme le résultat d'un processus plus o moins aléatoire. Mais bien comme le résultat de millions de déci sions d'entrepreneurs et de consommateurs, synthétisées dans le courbes d'offre et de demande. Les prix ont pour fonction essen tielle d'équilibrer l'offre et la demande et par conséquent de coor donner l'activité économique. Si les prix sont déterminés d manière administrative par les hommes politiques, l'économie n reçoit plus les signaux nécessaires à une allocation efficace des res sources.

Un autre des *dix principes* énonçait que le gouvernement peu parfois améliorer les résultats de l'activité de marché. Les homme politiques recourent au contrôle des prix parce qu'ils trouvent les résultats du libre jeu du marché injustes. Souvent, le contrôle des prix est censé favoriser les plus pauvres. Typiquement, le contrôle des loyers cherche à rendre le logement accessible à tous et le salaire minimum vise à aider les gens à sortir de la pauvreté.

Pourtant, ces contrôles finissent souvent par faire du mal à ceux qu'ils prétendent aider. Peut-être le contrôle des loyers maintient-il les loyers à un niveau acceptable, mais il décourage certainement les propriétaires d'entretenir leurs appartements et rend les logements difficiles à trouver. Le salaire minimum augmentera peut-être les revenus de certains salariés, mais il en empêche d'autres de trouver du travail.

On peut aider les défavorisés autrement qu'en contrôlant les prix. En matière de logement, le gouvernement pourrait aider les plus pauvres en leur payant une partie des loyers nécessaires à leur logement. Contrairement au contrôle des loyers, de telles subventions ne réduiraient pas la quantité de logements offerte et n'engendreraient donc aucune pénurie. De la même façon, des subventions de salaire augmenteraient le niveau de vie des travailleurs les moins payés sans pour autant décourager leur embauche par les entreprises. Le *crédit d'impôt sur le revenu,* mesure gouvernementale qui complète les revenus des travailleurs à faible salaire, constitue un exemple de subventions de salaire.

Si ces diverses mesures sont moins dommageables à l'économie que le contrôle des prix, elles ne sont pour autant pas parfaites. Les subventions gouvernementales, que ce soit pour les loyers ou pour les salaires, ne sont pas gratuites, et nécessitent d'être financées par des impôts plus élevés. Et comme nous allons le voir dans la prochaine section, les impôts ont un coût.

■ **VÉRIFIEZ VOS CONNAISSANCES** Définir un « prix plafond » et un « prix plancher », et donner un exemple de chacun. Lequel contribue à la pénurie, lequel génère un excédent ? Pourquoi ?

2 LES IMPÔTS

Tous les gouvernements, du gouvernement central à l'administration d'une petite ville, financent les dépenses publiques par l'impôt. Les impôts constituent un instrument politique important, dont les effets sur notre vie courante sont très divers, et nous reviendrons sur ce sujet à plusieurs reprises dans cet ouvrage. Ici, nous allons commencer à étudier l'impact des impôts sur l'économie.

Imaginons qu'un gouvernement local décide d'organiser une fê annuelle de la glace, avec parade, feu d'artifice et discours officie Pour financer cette manifestation, il décide d'imposer une taxe 0,50 dollars sur la vente des cornets de glace. À l'annonce de ce mesure, nos deux lobbies glaciers se mettent en campagne. L'Org nisation nationale des fabricants de glaces prétend que ses membr ont déjà du mal à dégager des résultats dans un marché aus concurrentiel et que ce sont les acheteurs qui devraient payer taxe. L'Association américaine des consommateurs de glac répond que les consommateurs de glaces ont du mal à joindre l deux bouts et que ce sont les fabricants qui devraient payer la tax Le maire de la ville, dans un esprit de compromis, suggère de co per la poire en deux et de faire payer la moitié de la taxe par l acheteurs et l'autre moitié par les vendeurs.

Pour analyser cette dernière proposition, il nous faut nous pos une question simple, mais subtile : quand le gouvernement lève u taxe sur un produit, qui la paye ? Les acheteurs du produit, ou l vendeurs ? Si acheteurs et vendeurs supportent ensemble le poi de la taxe, comment ce poids est-il réparti entre eux ? Le gouvern ment peut-il décréter la répartition du fardeau fiscal, comn cherche à le faire le maire dans notre exemple, ou cette répartiti est-elle décidée par des forces économiques fondamentales ? L économistes parlent d'*incidence fiscale* pour traiter de ces suje En utilisant une fois de plus les concepts d'offre et de demand nous allons découvrir des choses surprenantes concernant cet incidence fiscale.

L'impact sur le marché **des taxes payées par les acheteurs**

Commençons par envisager une taxe imposée aux acheteurs d'u produit. Imaginons par exemple que le gouvernement local adop une disposition imposant aux acheteurs de cornets de glace d'e voyer 50 centimes à l'État pour chaque cornet acheté. Comme cette disposition va-t-elle affecter les acheteurs et les vendeurs glaces ? Pour répondre à cette question, nous allons suivre les tro étapes de raisonnement exposées dans le chapitre 4 : (1) Décider la mesure touche la courbe de demande ou la courbe d'offr (2) Décider de la direction dans laquelle se déplace la courb (3) Considérer l'impact de ce déplacement sur le niveau d'équilib

L'effet immédiat de la taxe porte sur la demande. La cour d'offre n'est pas affectée puisque les vendeurs proposeront l mêmes quantités à tous niveaux de prix. En revanche, les acheteu doivent maintenant payer, outre le prix normal du cornet, une ta au gouvernement chaque fois qu'ils achètent une glace. L'existence de la taxe va donc déplacer la courbe de demande.

La direction de ce changement est facile à déterminer. Comme la taxe rend l'achat de glaces moins attirant, la quantité demandée est inférieure pour tous niveaux de prix. La courbe de demande subit donc un déplacement vers la gauche (ou si l'on préfère vers le bas).

Dans ce cas précis, on peut même préciser de combien la courbe se déplace. Le prix effectivement payé par les acheteurs est maintenant plus élevé de 50 centimes, montant de la taxe. Si le prix de marché est de 3 dollars, le prix réellement payé sera de 3,50 dollars. Comme les acheteurs sont guidés par le prix effectivement payé, taxes incluses, ils demandent une quantité égale à celle qu'ils auraient demandée si le prix avait été de 50 centimes plus élevé. En d'autres termes, pour inciter les acheteurs à consommer une quantité donnée, le prix de marché doit baisser de 50 centimes pour compenser l'effet de la taxe. Cette dernière déplace donc la courbe de demande vers le bas d'un montant exactement égal à la taxe (50 centimes), comme on peut le constater sur la figure 6.6.

Comparons l'ancien équilibre et le nouveau. On constate sur le graphique que le prix d'équilibre du cornet de glace est passé de 3 à

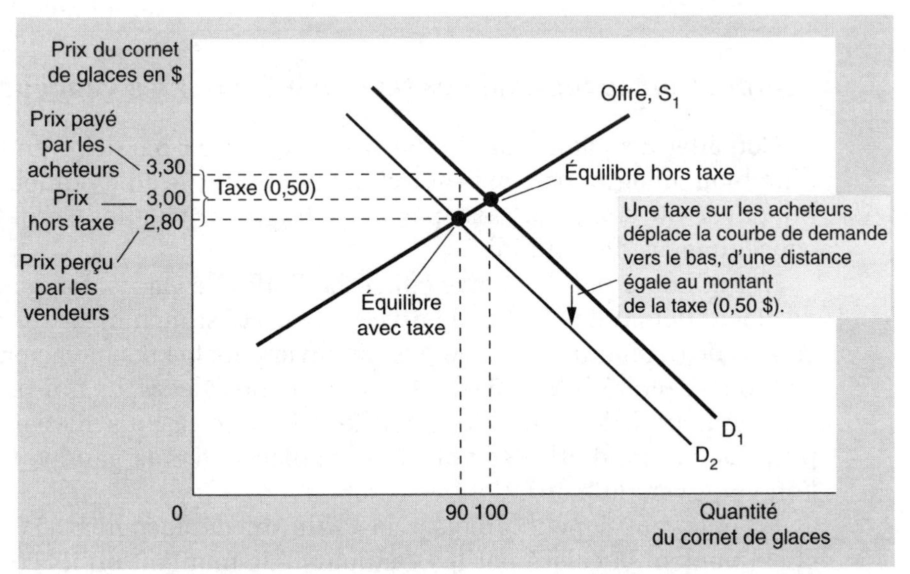

FIG. 6.6 **Taxe sur les acheteurs.** Si une taxe de 50 centimes frappe les acheteurs, la courbe de demande descend de 50 centimes, de D_1 à D_2. La quantité d'équilibre tombe de 100 à 90 cornets. Le prix perçu par les vendeurs baisse de 3 dollars à 2,80 dollars. Les acheteurs paient un prix supérieur (taxe incluse), qui passe de 3 dollars à 3,30 dollars. Même si la taxe est imposée aux acheteurs, le poids réel est partagé entre acheteurs et vendeurs.

2,80 dollars et que la quantité d'équilibre est tombée de 100 90 cornets. Au nouvel équilibre, les acheteurs consomment moir et les producteurs vendent moins : la taxe a donc réduit la taille d marché.

Revenons-en au problème de l'incidence fiscale : qui en défin tive paie la taxe ? Même si légalement ce sont les acheteurs qu envoient les 50 centimes au gouvernement, acheteurs et vendeu partagent en fait le poids de la nouvelle fiscalité. Comme le prix d marché diminue de 3 dollars à 2,80 dollars suite à l'introduction d la taxe, les vendeurs touchent moins par cornet qu'à l'époque où n'y avait pas de taxe. L'introduction de la taxe nuit donc aux affair des vendeurs. Quant aux acheteurs, s'ils versent aux vendeurs u prix inférieur, le prix complet qu'ils ont à payer taxe incluse pas de 3 dollars à 3,30 dollars. La situation des acheteurs s'est donc el aussi détériorée.

En résumé, nous pouvons tirer deux enseignements de cette an lyse :

(1) *Les taxes nuisent à l'activité de marché. Quand un produit e taxé, la quantité vendue est inférieure dans le nouvel équilibre.*

(2) *Acheteurs et vendeurs partagent le fardeau fiscal. Au no veau point d'équilibre, les acheteurs paient le produit plus cher, les vendeurs reçoivent moins.*

L'impact sur le marché des taxes payées par les vendeurs

Considérons maintenant une taxe supportée par les vendeu d'un bien. Imaginons que le gouvernement impose aux vendeurs d lui payer 50 cents de taxe par cornet vendu. Quelles seront l conséquences de cette loi ?

L'effet immédiat de la taxe concerne l'offre de glaces. La quanti de glaces demandée à chaque niveau de prix est inchangée, donc courbe de demande ne bouge pas. En revanche, la taxe payée par l vendeurs renchérit le coût de distribution des glaces, ce qui pous les vendeurs à fournir une quantité inférieure à tous niveaux d prix. La courbe d'offre se voit donc déplacée vers la gauche (ou l'on veut, vers le haut).

Là encore, on peut préciser la taille du déplacement. Le pri effectivement encaissé par les vendeurs – le montant qu'ils conse vent après avoir payé la taxe – est inférieur de 50 centimes. Si prix de marché ressort à 3 dollars, le prix effectivement encaissé p les vendeurs sera de 2,50 dollars. Quel que soit le prix de march les vendeurs offriront au marché une quantité égale à celle qu'i auraient offerte si le prix avait été inférieur de 50 centime

Autrement dit, pour que les vendeurs continuent à offrir une quantité donnée, il faut que le prix de marché soit accru de 50 centimes, pour compenser l'effet de la taxe. La courbe d'offre est donc déplacée vers le *haut* d'un montant exactement égal à celui de la taxe (50 centimes), comme on peut le constater sur la figure 6.7.

Quand le marché se déplace vers le nouveau point d'équilibre, le prix augmente de 3 dollars à 3,30 dollars, et la quantité d'équilibre diminue de 100 à 90 cornets. Une fois encore, la taxe aura réduit la taille du marché. Et une fois encore, acheteurs et vendeurs supportent le fardeau fiscal. Comme le prix de marché augmente, les acheteurs paient leur produit 0,30 dollar de plus qu'avant. Les vendeurs commencent par encaisser un meilleur prix, mais ce qu'il leur en reste après paiement de la taxe est inférieur (2,80 dollars au lieu de 3 dollars).

Les figures 6.6 et 6.7 nous amènent à une conclusion surprenante : *les taxes sur les acheteurs et celles sur les vendeurs sont équivalentes.* Dans les deux cas, la taxe crée une distorsion entre le prix payé par les acheteurs et celui reçu par les vendeurs. Cette distorsion est la même que la taxe soit payée par les acheteurs ou

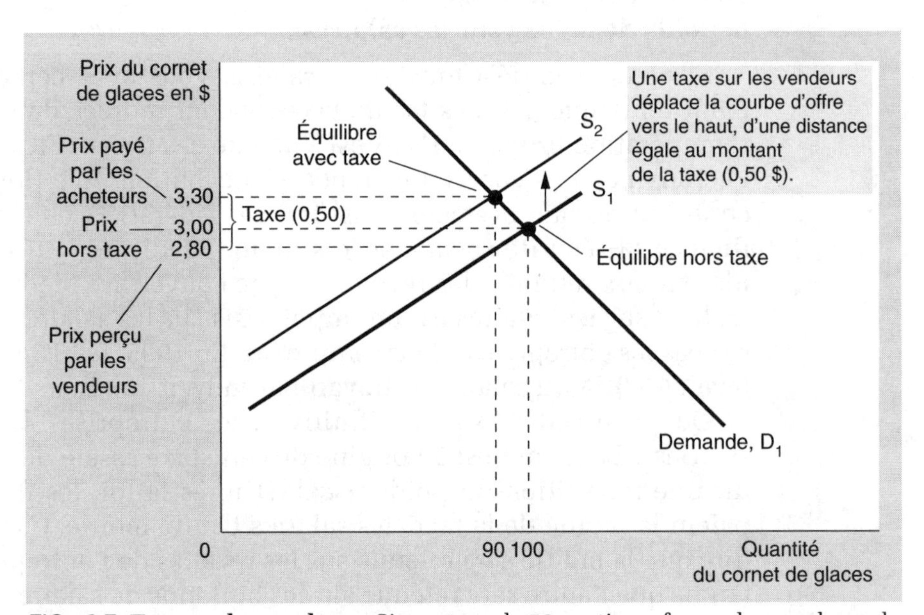

FIG. 6.7 **Taxe sur les vendeurs.** Si une taxe de 50 centimes frappe les vendeurs, la courbe d'offre est relevée de 50 centimes, de S_1 à S_2. La quantité d'équilibre est réduite de 100 à 90 cornets. Le prix payé par les acheteurs passe de 3 dollars à 3,30 dollars. Le prix perçu par les vendeurs (après paiement de la taxe) est réduit de 3 dollars à 2,80 dollars. Même si la taxe est imposée aux vendeurs, le poids réel est partagé entre acheteurs et vendeurs.

qu'elle soit payée par les vendeurs. Dans les deux cas, elle induit u
déplacement des courbes d'offre ou de demande. Au nouveau poi
d'équilibre, acheteurs et vendeurs supportent ensemble le fardea
fiscal. La seule différence entre les deux types de taxe réside da
l'identité des agents qui envoient l'argent au gouvernement.

L'équivalence de ces deux taxes est peut-être plus facile à com
prendre si l'on imagine que le gouvernement perçoit une dîme d
0,50 dollar dans une boîte sur le comptoir des vendeurs de glace
Si la taxe doit être payée par les acheteurs, chaque acheteur do
laisser 50 centimes dans la boîte pour chaque cornet acheté. Si l
taxe est payée par les vendeurs, ceux-ci doivent placer 50 centim
dans la boîte pour chaque cornet vendu. Que les 50 centimes aille
directement de la poche du consommateur à la boîte ou qu'ils
aillent indirectement en passant d'abord par la poche du vende
ne change rien à l'affaire. Quand le marché atteint son nouvel équ
libre, acheteurs et vendeurs se partagent le fardeau fiscal.

ÉTUDE DE CAS

Le Congrès peut-il répartir le poids de la taxe sur les salaires ?

Si vous avez déjà touché un salaire, vous avez certain
ment remarqué que des tas de taxes étaient retirées de vot
rémunération brute. La FICA est l'une de ces taxes ; FICA e
l'acronyme de Federal Insurance Contribution Act (loi d
contribution au système d'assurance fédéral). Cette tax
finance la sécurité sociale et le système Medicare, qui fou
nissent aux retraités des revenus et une couverture médical
La taxe sur les salaires est un impôt assis sur les salaires ve
sés par les entreprises à leurs employés. En 1995, la FICA pr
levait 15,3 % du salaire du travailleur moyen aux États-Uni

Qui paie cette taxe en définitive : les entreprises ou le
salariés ? La loi qui est à l'origine de cette taxe essaie de déf
nir une répartition du poids fiscal. D'après la loi, les firme
paient la moitié de la taxe, les salariés l'autre moitié. C'est-à
dire que la moitié sera retenue sur les recettes de l'entrepris
tandis que l'autre sera retenue sur les bulletins de salaires de
employés. Ce qui est donc retenu sur votre bulletin de paie e
la part financée par l'employé.

Notre analyse de l'incidence fiscale montre qu'il est impo
sible de décréter ainsi la répartition du fardeau fiscal d'un
taxe. Une taxe sur les salaires n'est rien d'autre qu'une tax

sur un produit particulier, à savoir le travail. Le point essentiel, c'est qu'elle crée une distorsion entre le salaire payé par l'entreprise et celui reçu par l'employé. La figure 6.8 montre le résultat. Quand une taxe sur les salaires est instaurée, les sommes reçues par les travailleurs diminuent, tandis que celles versées par les entreprises augmentent. Quelle que soit la façon dont le gouvernement répartit la charge de l'impôt, ce sont en définitive les entreprises et les salariés qui supportent cette taxe. Mais cette répartition n'a rien à voir avec la répartition décrétée par l'administration fiscale : sur la figure 6.8, elle n'est pas de 50/50, et il en aurait été de même si elle avait été imposée entièrement aux entreprises ou entièrement aux salariés.

Cet exemple montre que la principale leçon de l'étude de l'incidence fiscale est souvent ignorée par le public. Les hommes politiques peuvent décréter qu'une taxe sera payée par les acheteurs ou par les vendeurs, mais ils ne peuvent décider de la répartition réelle du fardeau fiscal, qui dépendra en fait de l'offre et de la demande.

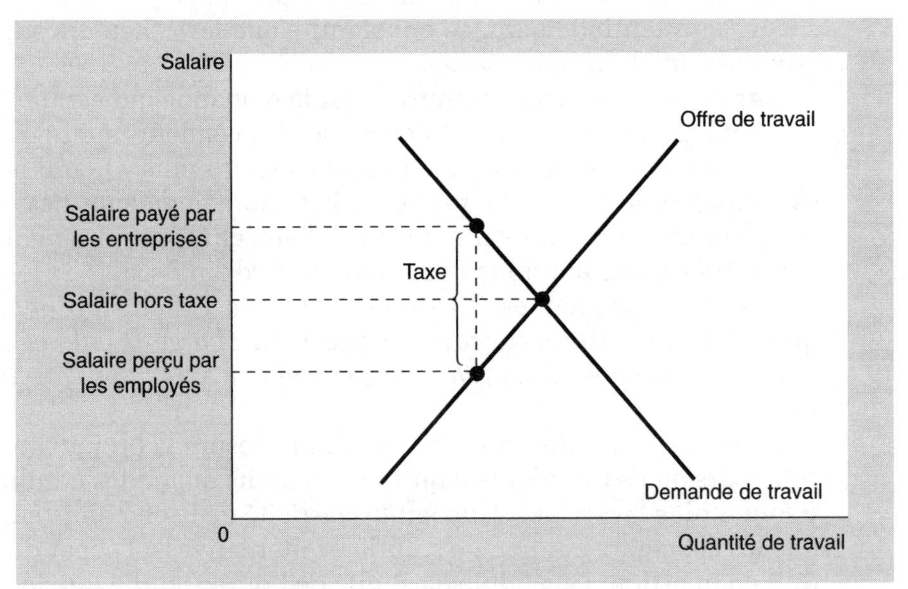

FIG. 6.8 **Taxe sur les salaires.** La taxe sur les salaires introduit une distorsion entre ce que les travailleurs reçoivent et ce que paient les entreprises. En comparant les salaires avec et sans la taxe, on constate que salariés et entreprises supportent tout le fardeau fiscal. La répartition entre ces deux agents économiques est la même quelle que soit la façon dont l'administration fiscale la définit.

Élasticité et incidence fiscale

Quand un produit est taxé, acheteurs et vendeurs du produit supportent la charge fiscale. Mais comment celle-ci est-elle répartie exactement ? Très rarement de manière égale. Pour étudier cette répartition, considérons l'impact de la taxation sur les deux marchés de la figure 6.9. Dans les deux cas, le graphique indique la courbe de demande initiale, la courbe d'offre initiale ainsi que la taxe qui crée une distorsion entre le montant payé par les acheteurs et celui reçu par les vendeurs. (Le graphique ne fait pas figurer les nouvelles courbes de demande ou d'offre. Selon que la taxe est imposée aux acheteurs ou aux vendeurs, la courbe de demande ou d'offre sera déplacée, mais nous avons vu que cela ne changeait rien quant au raisonnement sur l'incidence fiscale.)

La différence entre les deux planches tient à l'élasticité relative de l'offre et de la demande. La planche A illustre le cas d'une taxe levée sur un marché dont l'offre est très élastique et la demande plutôt rigide. Les vendeurs sont donc très sensibles au prix du bien tandis que les acheteurs le sont beaucoup moins. Vous remarquerez que le prix encaissé par les vendeurs ne tombe pas trop quand la taxe est décidée, ce qui signifie qu'ils ne supportent qu'une faible partie du fardeau fiscal. Au contraire, le prix payé par les acheteurs s'élève substantiellement, ce qui signifie que les acheteurs supportent l'essentiel du poids fiscal.

Sur la planche B, au contraire, c'est la demande qui est très élastique et l'offre plutôt rigide. Dans ce cas, les vendeurs sont peu sensibles au prix et les acheteurs le sont beaucoup plus. Quand la taxe est imposée, le prix payé par les acheteurs n'augmente pas beaucoup tandis que celui reçu par les vendeurs chute notoirement. Les vendeurs supportent donc l'essentiel du fardeau fiscal.

Ces deux graphiques illustrent donc une conclusion générale quant à la répartition du fardeau fiscal. *La charge fiscale est supportée par le côté du marché qui présente la plus faible élasticité prix.*

Pourquoi cela ? En un sens, l'élasticité mesure la propension des acheteurs ou des vendeurs à quitter le marché quand les conditions y sont moins favorables. Une faible élasticité de la demande signifie que les acheteurs ont peu de solutions alternatives à l'achat du produit en question. Une faible élasticité de l'offre signifie que les vendeurs ont peu d'alternatives à la production de ce bien. Quand le produit est taxé, le côté du marché qui a le moins de solutions de rechange est celui qui a le plus de difficultés à quitter le marché ; c'est donc lui qui va supporter l'essentiel du poids fiscal.

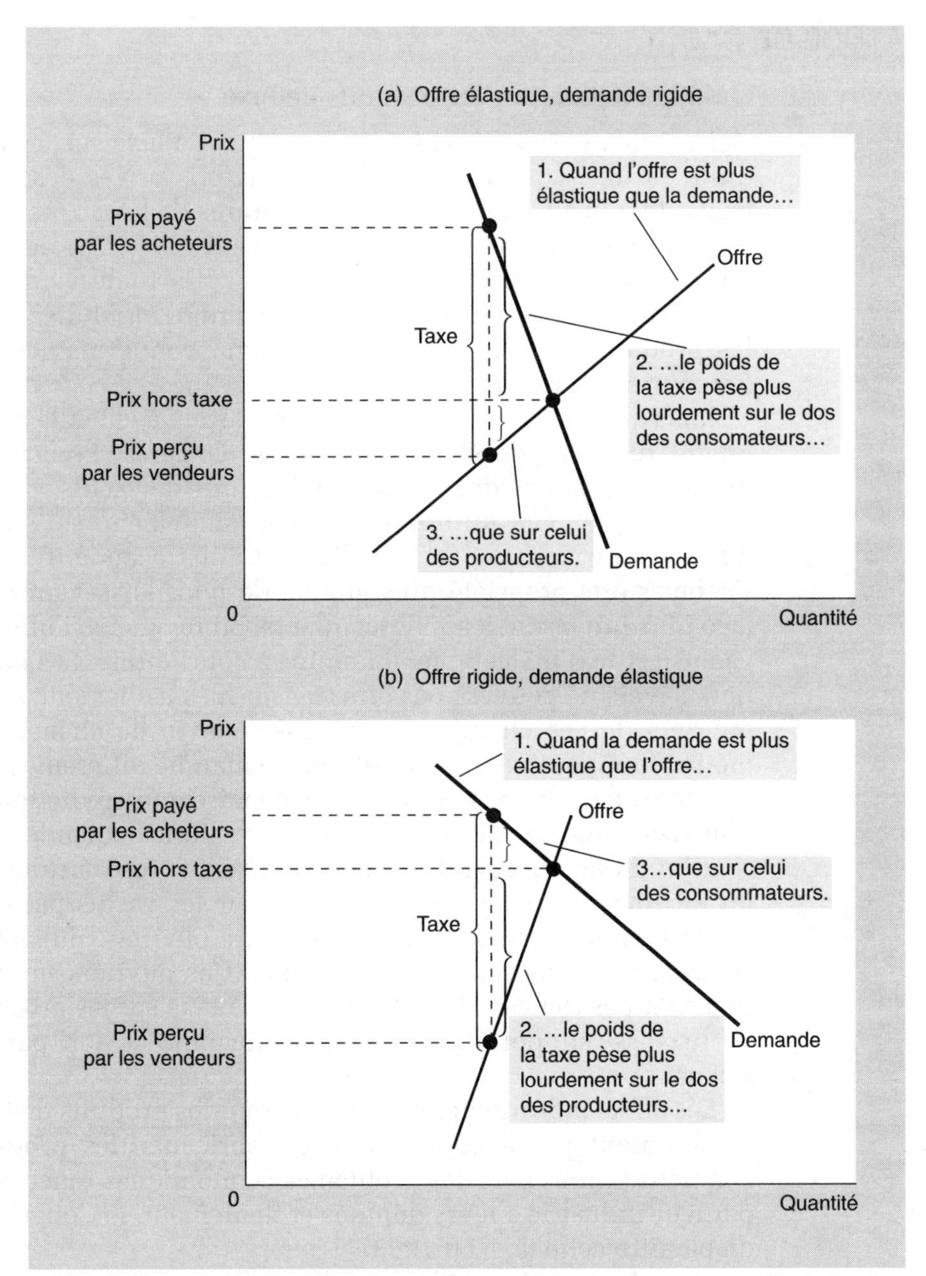

FIG. 6.9 **La répartition de la charge fiscale.** Sur la planche A, la courbe d'offre est élastique et la demande est rigide. Dans ce cas, le prix perçu par les vendeurs ne baisse que peu, tandis que celui payé par les acheteurs augmente substantiellement. Ainsi, ce sont les acheteurs qui supportent l'essentiel du poids fiscal. Sur la planche B, la courbe d'offre est rigide, tandis que la demande est élastique. Dans ce cas, le prix reçu par les vendeurs baisse significativement, tandis que celui payé par les acheteurs n'augmente que faiblement. Dans ce cas, ce sont les vendeurs qui supportent l'essentiel du poids fiscal.

ÉTUDE DE CAS

Qui paie la taxe sur les produits de luxe ?

En 1990, le Congrès adopta une nouvelle taxe sur les produits de luxe comme les yachts, les avions privés, les manteaux de fourrure, les bijoux et les voitures de luxe. L'objet de cette taxe était de tirer des recettes fiscales de la part de ceux qui pouvaient le plus facilement payer. De toute évidence, seuls les riches peuvent se payer ce genre de produits. Taxer les produits de luxe semblait donc une bonne manière de faire payer les riches.

Mais quand les forces de marché se mirent à jouer, le résultat fut différent de ce qu'attendait le Congrès. Prenez par exemple le marché des yachts. La demande de yachts est plutôt élastique. Un millionnaire peut facilement se passer d'acheter un yacht et utiliser l'argent ainsi économisé pour s'acheter une propriété plus grande ou pour laisser un héritage plus important à ses descendants. En revanche, l'offre de yachts est très inélastique, au moins à court terme. Les chantiers navals ne peuvent pas être transformés facilement, et les ouvriers de ces chantiers n'ont guère envie de changer de métier en réponse à des conditions de marché différentes.

Notre analyse nous permet donc de faire une prédiction en toute certitude dans ce cas. En présence d'une demande élastique et d'une offre rigide, le fardeau fiscal repose surtout sur les épaules des fournisseurs. La taxe sur les yachts pénalise surtout les fabricants de navires et leurs ouvriers, puisqu'ils encaissent moins pour leurs produits. Ces ouvriers ne sont pourtant pas riches. Ainsi, le poids de la taxe sur les produits de luxe est supporté par la classe moyenne et non par les riches.

Les effets indésirables de cette taxe sur les produits de luxe ne tardèrent pas à apparaître. Les fabricants des produits concernés firent part des problèmes économiques rencontrés par leur industrie à leurs députés et finalement, le Congrès fit disparaître cette taxe en 1993.

■ **VÉRIFIEZ VOS CONNAISSANCES** À l'aide d'une figure offre-demande montrer comment une taxe sur les acheteurs de voitures neuves de 1 000 dollars affecte la quantité vendue et le prix des véhicules. Sur une autre figure, montrer comment ces mêmes grandeurs sont affectées par une taxe de 1 000 dollars sur les vendeurs de voitures. Sur chacune des figures, montrer la modification du prix payé par les acheteurs et reçu par les vendeurs.

6.3 CONCLUSION

Deux types de lois régissent l'économie : les lois de l'offre et de la demande, et les lois adoptées par le gouvernement. Ce chapitre a commencé à montrer comment ces deux types de lois se répondent. Les contrôles de prix et les taxes affectent fréquemment de nombreux marchés de notre économie, et leurs effets font l'objet de débats dans la presse et dans les cercles politiques. Des connaissances économiques minimales permettent de comprendre et d'évaluer correctement ce genre de politiques.

Dans des chapitres suivants, nous examinerons plus en détail les politiques économiques. Nous étudierons plus précisément les effets des impôts et considérerons un spectre beaucoup plus large de politiques économiques. Mais les enseignements de ce chapitre demeureront. Pour l'analyse des politiques économiques, l'offre et la demande sont les deux concepts essentiels.

RÉSUMÉ

- Un prix plafond est un maximum imposé par la loi au prix d'un bien. Le contrôle des loyers immobiliers en est un exemple. Si ce plafond est inférieur au prix d'équilibre, la quantité demandée excède la quantité offerte. Du fait de la pénurie qui en résulte, les vendeurs doivent discriminer entre les acheteurs pour écouler leurs produits.
- Un prix plancher est un minimum imposé par la loi au prix d'un bien. Le salaire minimal légal en est un exemple. Si ce prix plancher est supérieur au prix d'équilibre, la quantité offerte excède la quantité demandée. Du fait de l'excédent qui en résulte, les acheteurs doivent discriminer entre les vendeurs.
- Quand le gouvernement impose une taxe sur un produit, la quantité d'équilibre de ce produit diminue. C'est-à-dire que la taxe réduit la taille du marché.
- Une taxe sur un produit introduit une distorsion entre le prix payé par les acheteurs et celui reçu par les vendeurs. Quand le marché se déplace vers le nouvel équilibre, les acheteurs paient plus et les vendeurs touchent moins. En ce sens, acheteurs et vendeurs supportent ensemble le fardeau fiscal. L'incidence d'une taxe n'a rien à voir avec l'identité des payeurs de l'impôt.
- L'incidence fiscale dépend des élasticités-prix de l'offre et de la demande. La charge fiscale tend à être surtout supportée par le côté du marché qui présente la plus faible élasticité-prix, parce que ce côté du marché s'adapte moins facilement à la taxe en modifiant la quantité achetée ou vendue.

CONCEPTS CLÉS – DÉFINITIONS

Prix plafond : prix maximal auquel un produit peut être vendu d'après l loi.

Prix plancher : prix minimal auquel un produit peut être vendu d'après l loi.

Incidence fiscale : étude de la question : qui, en définitive, supporte l'im pôt ?

QUESTIONS DE RÉVISION

1. Donnez un exemple de prix plafond et un exemple de prix plancher.
2. Qu'est-ce qui induit une pénurie de bien : le prix plancher ou le pri plafond ? Qu'est-ce qui induit un excédent ?
3. Expliquez pourquoi les économistes sont en général opposés a contrôle des prix.
4. Quelle est la différence entre une taxe payée par les acheteurs et un taxe payée par les vendeurs ?
5. Comment une taxe sur un produit affecte-t-elle le prix payé par le acheteurs, celui reçu par les vendeurs et la quantité vendue ?
6. Comment s'effectue la répartition du poids de la taxe entre les ache teurs et les vendeurs ?

PROBLÈMES D'APPLICATION

1. Supposons que le gouvernement fédéral oblige les buveurs de bière payer 2 dollars de taxes sur chaque pack de bière acheté (en fait, le gou vernement fédéral ainsi que les gouvernements locaux imposent de taxes sur la bière) :

   a. Dessinez un diagramme offre-demande pour le marché de l bière en l'absence de taxes. Montrez le prix payé par les acheteurs, celu reçu par les vendeurs et la quantité vendue. Quelle est la différenc entre le prix payé par les acheteurs et celui reçu par les vendeurs ?

   b. Dessinez le même diagramme en présence de la taxe. Montrez l prix payé par les acheteurs, celui perçu par les vendeurs et la quantit vendue. Quelle est la différence entre le prix payé par les consomma teurs et celui perçu par les producteurs ? La quantité vendue a-t-ell augmenté ou diminué ?
2. Le gouvernement trouve que le prix de marché du fromage est trop bas

   a. Supposons que le gouvernement impose un prix planche contraignant sur le marché du fromage. À l'aide d'un diagramme offre demande, montrez l'effet de cette politique sur le prix du fromage, et l quantité vendue. Y a-t-il excédent ou pénurie de fromage ?

b. Les producteurs de fromage se plaignent de ce que leurs revenus ont diminué. Cela est-il possible ? Expliquez.

c. En réponse aux doléances des producteurs, le gouvernement accepte d'acheter tout l'excédent au prix plancher. Qui bénéficie de cette nouvelle politique ? Qui en pâtit ?

3. Si le gouvernement impose une taxe de 1 000 dollars sur les voitures de luxe, le prix payé par les consommateurs augmentera-t-il de moins de 1 000 dollars, de plus de 1 000 dollars ou exactement de 1 000 dollars ? Expliquez.
4. Une étude récente a montré que les plans d'offre et de demande de frisbees étaient les suivants :

Prix	*Qté demandée*	*Qté offerte*
11 $	1 million	15 millions
10 $	2	12
9 $	4	9
8 $	6	6
7 $	8	3
6 $	10	1

a. Quels sont les prix et quantités d'équilibre sur ce marché ?

b. Les fabricants de frisbees parviennent à persuader le gouvernement que la production de frisbees améliore la connaissance de l'aérodynamie, ce qui est bon pour la défense nationale. Le Congrès, impressionné, impose un prix plancher de 2 dollars supérieur au prix d'équilibre. Quel est le nouveau prix de marché ? Combien de frisbees sont vendus à ce prix-là ?

c. Les jeunes, furieux, organisent une marche sur Washington et réclament une réduction du prix des frisbees. Le Congrès retire son prix plancher et impose un prix plafond inférieur d'un dollar à l'ancien plancher. Quel est le nouveau prix de marché ? Combien de frisbees sont vendus à ce prix-là ?

5. Le Congrès et le Président décident de réduire la pollution atmosphérique en diminuant la consommation d'essence. Ils imposent une taxe de 50 centimes par litre d'essence :

a. Cette taxe doit-elle être imposée aux producteurs ou aux consommateurs ? Expliquez soigneusement en utilisant un diagramme offre-demande.

b. Si la demande était plus élastique, cette taxe serait-elle plus ou moins efficace pour réduire la consommation d'essence ? Expliquez verbalement et à l'aide d'un graphique.

c. Les consommateurs d'essence bénéficient-ils ou au contraire pâtissent-ils de cette mesure ?

d. Les travailleurs de l'industrie pétrolière bénéficient-ils ou pâtissent-ils de cette mesure ?

6. Une étude de cas dans le présent chapitre a présenté la loi sur le salai minimum. Supposons que ce minimum soit supérieur au salai d'équilibre sur le marché de l'emploi non qualifié :

   a. À l'aide d'un diagramme offre-demande, montrez le salaire d marché, le nombre de travailleurs employés et le nombre de ceux qu ne le sont pas. Indiquez aussi le montant total versé aux travailleu employés.

   Supposons maintenant que le ministre du Travail propose une au mentation du salaire minimum légal.

   b. Quel sera l'effet de cette augmentation sur l'emploi ? Cett variation de l'emploi dépend-elle de l'élasticité de la demande, d l'élasticité de l'offre, des deux élasticités ou d'aucune ?

   c. Quel sera l'effet de cette augmentation sur le chômage ? Mêm question que b, s'agissant des élasticités.

   d. Si la demande d'emplois non qualifiés était rigide, l'augmenta tion proposée du salaire minimum augmenterait-elle ou diminuerai elle la rémunération totale versée aux travailleurs ? Votre répons serait-elle la même si la demande était élastique ?

7. Considérez les politiques suivantes, destinées à limiter la violence e réduisant l'usage des armes à feu. Illustrez chacune des proposition par un diagramme offre-demande du marché des armes à feu :

   a. Une taxe sur les acheteurs d'armes à feu.
   b. Une taxe sur les vendeurs de ces armes.
   c. Un prix plancher pour ces armes.
   d. Une taxe sur les munitions.

8. Le gouvernement américain gère deux programmes touchant le march des cigarettes. Les campagnes de publicité et l'obligation d'inscrire le dangers du tabac sur les paquets visent à rendre le public conscient de risques qu'il prend en fumant. Au même moment, le ministère d l'Agriculture maintient un plan de soutien des prix du tabac, qui éta blit ce prix à un niveau supérieur au prix d'équilibre :

   a. Comment ces deux programmes affectent-ils la consommatio de cigarettes ? Illustrez votre réponse par un graphique.

   b. Quel est l'effet combiné de ces deux programmes sur le prix de cigarettes ?

   c. Les taxes sur les cigarettes sont aussi très élevées. Quel effet ce taxes ont-elles sur la consommation ?

9. *(Cette question nécessite des connaissances d'algèbre.)* Le marché de billets pour les concerts classiques peut être décrit par les courbe d'offre et de demande suivantes :

$$Q_D = 20\,000 - 90P \qquad Q_0 = 10\,000 + 110P$$

   a. Quels sont les prix et quantité d'équilibre sur ce marché ?

   b. Les amateurs de musique classique persuadent le Congrès d'im poser un prix plafond sur les billets de 40 dollars. Combien de billet seront maintenant vendus sur le marché ? Pensez-vous que cette politique augmentera le nombre de tickets de concert classique vendus ?

10. *(Cette question nécessite des connaissances d'algèbre.)* Supposons que la demande de pizzas s'exprime de la façon suivante : $Q_D = 20 - 2P$, où Q_D représente la quantité demandée et P le prix. La courbe d'offre s'exprime de la façon suivante : $Q_0 = P - 1$, où Q_0 est la quantité offerte. Imaginons maintenant que le gouvernement impose une taxe de 3 dollars par pizza. Combien les consommateurs vont-ils payer de plus pour leur pizza ? (Indice : les prix dans les équations de demande et d'offre ne sont plus identiques. Le prix qui détermine la quantité demandée est maintenant égal au prix qui détermine la quantité offerte plus 3 dollars.)
11. Une subvention est l'inverse d'une taxe. Avec une taxe de 50 centimes par cornet, le gouvernement touche 50 centimes chaque fois qu'un cornet de glace est acheté ; avec une subvention de 50 centimes par cornet, le gouvernement verse 50 centimes aux acheteurs quand ils achètent des glaces :

    a. Montrez l'effet d'une subvention de 50 centimes par cornet sur la courbe de demande de glaces, sur le prix effectivement payé par les consommateurs, le prix effectivement reçu par les vendeurs et la quantité de cornets vendue.

    b. Les consommateurs bénéficient-ils ou pâtissent-ils de cette politique ? Qu'en est-il du gouvernement ?

Partie III

Offre et demande —
2. Marchés et bien-être

CHAPITRE 7

CONSOMMATEURS, PRODUCTEURS ET EFFICIENCE DES MARCHÉS

Dans ce chapitre, vous allez :

- ▶ étudier la relation existant entre la volonté d'acheter des acheteurs et la courbe de demande
- ▶ apprendre à définir et mesurer le surplus du consommateur
- ▶ examiner le lien entre les coûts de production des vendeurs et la courbe d'offre
- ▶ apprendre à définir et mesurer le surplus du producteur
- ▶ constater que l'équilibre de l'offre et de la demande maximise le surplus total du marché

Quand les consommateurs vont acheter leur dinde pour le dîner de Noël, ils sont toujours déçus de constater que le prix de la dinde est aussi élevé. Pourtant, au même moment, les fermiers qui apportent au marché les dindes qu'ils ont élevées souhaiteraient que leur prix soit encore plus haut. Ces opinions divergentes ne sont guère surprenantes : les acheteurs veulent toujours payer moins et les vendeurs recevoir plus. Du point de vue de la société en général, existe-t-il un « bon prix » pour la dinde de Noël ?

Dans les chapitres précédents, nous avons vu comment l'offre et la demande, dans les économies de marché, déterminaient les prix des biens et services ainsi que les quantités vendues. Mais jusqu'ici nous avons décrit le processus d'allocation des ressources rares sans vraiment nous demander si cette allocation était avantageuse. Autrement dit, notre analyse était *positive* (ce qui est) plutôt que *normative* (ce qui devrait être). Nous savons que le prix de la dinde s'ajuste de manière à ce que la quantité fournie égale la quantité demandée. Mais à ce prix d'équilibre, la quantité de dinde produite et consommée est-elle trop faible, trop importante ou juste comme il faut ?

Dans le présent chapitre, nous aborderons le sujet de *l'économie du bien-être*, c'est-à-dire l'étude de l'impact de l'allocation des ressources sur le bien-être économique. Nous examinerons d'abord les avantages que retirent acheteurs et vendeurs de leur participation au processus de marché. Nous verrons ensuite comment la société peut maximiser ces avantages. Ce qui nous amènera à tirer une conclusion importante : l'équilibre de l'offre et de la demande sur un marché maximise les avantages reçus par les acheteurs et les vendeurs.

Dans le chapitre 1, l'un des *dix principes de l'économie* affirmait que les marchés constituent généralement une manière efficace d'organiser l'activité économique. L'étude de l'économie de bien-être explique ce principe plus en détail. Et fournit la réponse à notre question sur le « bon prix » de la dinde de Noël : le prix qui équilibre l'offre et la demande de dinde est le meilleur prix parce qu'il maximise le bien-être total des consommateurs et des producteurs de dinde.

7.1 LE SURPLUS DU CONSOMMATEUR

Commençons par voir quels sont les avantages retirés par les acheteurs participant à l'activité du marché.

La volonté d'acheter

Imaginons que vous possédiez un exemplaire en parfait état du premier disque d'Elvis Presley. N'étant pas un fan de ce chanteur, vous décidez de vendre le disque et d'organiser des enchères. Quatre fans d'Elvis se présentent à la séance de vente aux enchères : John, Paul, George et Ringo. Chacun d'entre eux souhaiterait avoir l'album, mais il y a une somme limite que chacun est prêt à consacrer à cet achat. Le tableau 7.1 indique ce prix maximum que chacun des quatre acheteurs potentiels est prêt à mettre. Ce maximum définit la *volonté d'acheter* de chacun, et mesure la valeur accordée par chacun au produit. Chacun des acheteurs serait ravi d'obtenir le disque à un prix inférieur à sa volonté d'acheter, refuserait de l'acheter à un prix supérieur, et serait indifférent au fait de l'obtenir exactement à ce prix-là.

Pour vendre votre album, vous commencez par proposer un prix faible, mettons 10 dollars. Comme les quatre acheteurs sont prêts à payer beaucoup plus, le prix augmente rapidement. L'enchère cesse quand John propose de payer 80 dollars (ou un peu plus). À ce moment-là, Paul, George et Ringo se retirent de la compétition, car ils ne souhaitent pas mettre 80 dollars dans cet achat. John vous donne 80 dollars et vous lui cédez votre disque. Vous remarquerez que le disque est parti chez celui qui lui accordait le plus de valeur.

Quel avantage John retire-t-il de l'achat de cet album d'Elvis Presley ? Dans un sens, il a fait une bonne affaire : alors qu'il était prêt à payer 100 dollars pour ce disque, il a pu se le procurer à 80 dollars seulement. On dit que John a reçu un *surplus du consommateur* de 20 dollars. *Ce surplus du consommateur se définit comme la différence entre la somme qu'un consommateur est prêt à consacrer à un achat et la somme qu'il paie effectivement.*

Le surplus du consommateur mesure l'avantage retiré par les consommateurs participant à l'activité de marché. Dans notre exemple, John fait un profit de 20 dollars puisqu'il obtient pour

TABLEAU 7.1 **Sommes maximales que les acheteurs sont prêts à payer.**

Acheteur	*Somme maximale*
John	100 $
Paul	80 $
George	70 $
Ringo	50 $

80 dollars un produit qu'il valorisait à 100 dollars. Paul, George e
Ringo n'ont retiré aucun bénéfice de leur participation au
enchères, puisqu'ils n'ont pas obtenu l'album et n'ont rien payé.

Considérons maintenant un exemple différent. Imaginons qu
vous déteniez deux albums identiques d'Elvis Presley, disponible
à la vente. Vous organisez la même séance d'enchères. Pour reste
simple, imaginons qu'aucun acheteur ne souhaite acquérir les deu
albums, et que ceux-ci seront vendus le même prix. Dans ces condi
tions, les prix montent jusqu'à ce qu'il ne reste plus que deux ache
teurs. Ici, les enchères cessent quand John et Paul proposent 70 dol
lars (ou un peu plus). À ce prix, John et Paul seront ravis d'acquéri
les deux albums, et George et Ringo ne sont pas prêts à payer plu
cher. John et Paul reçoivent chacun un surplus du consommateu
égal au prix qu'il était prêt à payer diminué du prix effectivemen
payé. Le surplus du consommateur de John est donc de 30 dollars
tandis que celui de Paul est de 10 dollars. Le surplus de John es
plus élevé que précédemment, car il obtient le même album à u
prix inférieur. Le surplus total sur le marché est de 40 dollars

La mesure du surplus du consommateur à l'aide de la courbe de demande

Le surplus du consommateur est intimement lié à la courbe d
demande d'un produit. Pour montrer cette relation, revenons
notre exemple et considérons la courbe de demande de ce disqu
rare d'Elvis Presley.

Le plan de demande de l'album peut être déduit des somme
maximales que chacun des acheteurs est prêt à payer pour l'acquéri
Le tableau 7.2 indique ce plan de demande, induit du tableau 7.1. S
le prix dépasse 100 dollars, la demande est réduite à zéro, puis
qu'aucun acheteur n'est prêt à mettre ce prix-là. Si le prix est com
pris entre 80 et 100 dollars, la demande est égale à un, puisque seu
John accepte de payer aussi cher. Si le prix est compris entre 80 e
70 dollars, la demande est égale à deux, car John et Paul sont prêt
à payer un tel prix. Et ainsi de suite. Comme vous le constatez, l
demande est déduite des sommes maximales que les acheteurs son
prêts à consacrer à leur acquisition.

La figure 7.1 représente la courbe de demande qui correspond
ce plan. Vous constaterez la relation existant entre la hauteur de l
courbe de demande et l'importance de la somme maximale que le
acheteurs sont prêts à payer. Pour toutes les quantités, le prix indi
qué par la courbe de demande montre la somme maximale qu
l'*acheteur marginal* est prêt à payer, l'acheteur marginal étant celu

TABLEAU 7.2 **Plan de demande des acheteurs du tableau 7.1.**

Prix	*Acheteurs*	*Qté demandée*
> 100 $	Aucun	0
80 à 100 $	John	1
70 à 80 $	John, Paul	2
50 à 70 $	John, Paul, George	3
50 $ ou moins	John, Paul, George et Ringo	4

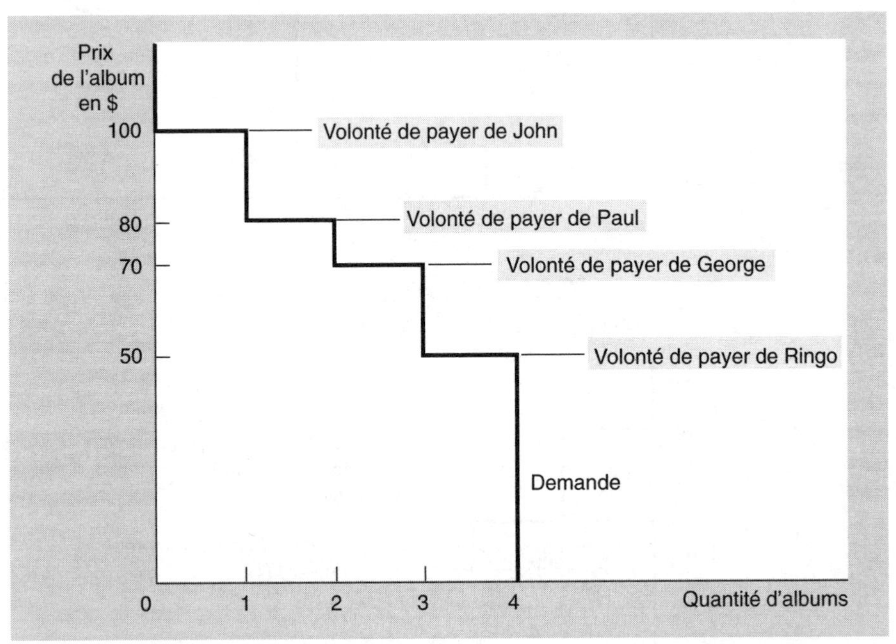

FIG. 7.1 **La courbe de demande.** Ce graphique montre la courbe de demande construite à partir du plan de demande du tableau 7.2. Remarquez que la hauteur de la courbe reflète la volonté d'acheter des consommateurs.

qui serait le premier à quitter le marché si le prix était supérieur. Pour une quantité de 4 albums par exemple, la courbe de demande a une hauteur de 50 dollars, prix que Ringo (l'acheteur marginal) est prêt à payer pour un album. Pour une quantité de 3 albums, la hauteur de la courbe est de 70 dollars, prix que George (qui est maintenant l'acheteur marginal) est prêt à payer.

Comme la courbe de demande reflète ces sommes maximales que les acheteurs sont prêts à payer pour l'acquisition des biens, elle peut être utilisée pour calculer le surplus du consommateur. La

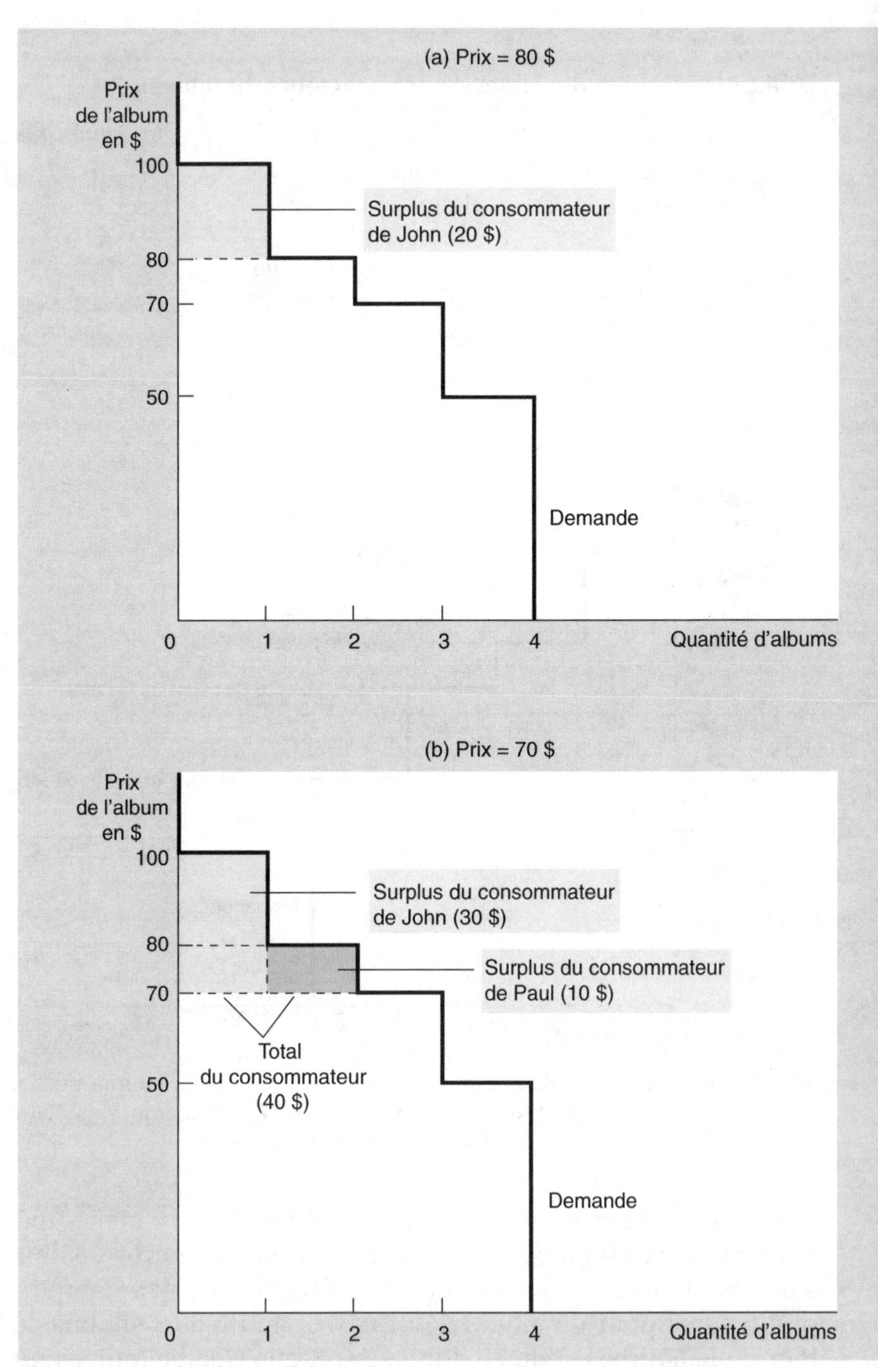

FIG. 7.2 **La mesure du surplus du consommateur à partir de la courbe de demande.** Sur la planche A, le prix du bien est de 80 dollars, la quantité demandée est de 1, et le surplus du consommateur de 20 dollars. Sur la planche B, le prix est de 70 dollars, la quantité demandée est 2, et le surplus du consommateur 40 dollars.

figure 7.2 calcule ce surplus du consommateur à partir de la courbe de demande de notre exemple. Sur la planche A, le prix est de 80 dollars (ou un peu plus), et la quantité demandée est de 1. Vous noterez que la surface comprise entre la courbe de demande et le prix est de 20 dollars. Ce montant est exactement égal au surplus du consommateur que nous avions calculé antérieurement quand un seul album est vendu.

Sur la planche B, on calcule le surplus du consommateur quand le prix est de 70 dollars. Dans ce cas, la surface comprise entre la courbe de demande et le prix est égale à la somme des surfaces des deux rectangles. Le surplus du consommateur de John à ce prix est de 30 dollars, et celui de Paul de 10 dollars. Cette surface totale est de 40 dollars, ce qui correspond une fois encore au montant que nous avions trouvé plus tôt.

Cette conclusion vaut pour toutes les courbes de demande : *la surface comprise entre la courbe de demande et le prix mesure le surplus du consommateur sur le marché.* En effet, la hauteur de la courbe de demande reflète la valeur que les acheteurs accordent à un bien, telle que mesurée par leur volonté d'acheter le bien en question. La différence entre cette somme maximale que les acheteurs sont prêts à payer et le prix effectivement payé constitue le surplus du consommateur. Ainsi, la surface située sous la courbe de demande et au-dessus du prix représente la somme des surplus de tous les consommateurs du marché.

Une baisse de prix augmente le surplus du consommateur

Comme les acheteurs préfèrent payer moins cher un produit, une baisse de prix améliore leur situation. Reste à savoir de combien progresse le bien-être des consommateurs quand le prix d'un bien diminue. Le concept de surplus du consommateur permet de répondre précisément à cette question.

La figure 7.3 nous montre une courbe de demande traditionnelle, à pente négative. Si cette courbe de demande a une allure différente de celle des courbes de demande en escalier que nous venons de voir, les raisonnements tenus s'appliquent de la même manière : le surplus du consommateur est l'aire comprise entre le prix et la courbe de demande. Sur la planche A, le surplus du consommateur au prix P_1 est la surface du triangle ABC.

Supposons maintenant que le prix descende de P_1 à P_2, comme sur la planche B. Le surplus du consommateur est maintenant égal à la surface ADF. L'augmentation du surplus due à la diminution de prix est égale à la surface du trapèze BCFD.

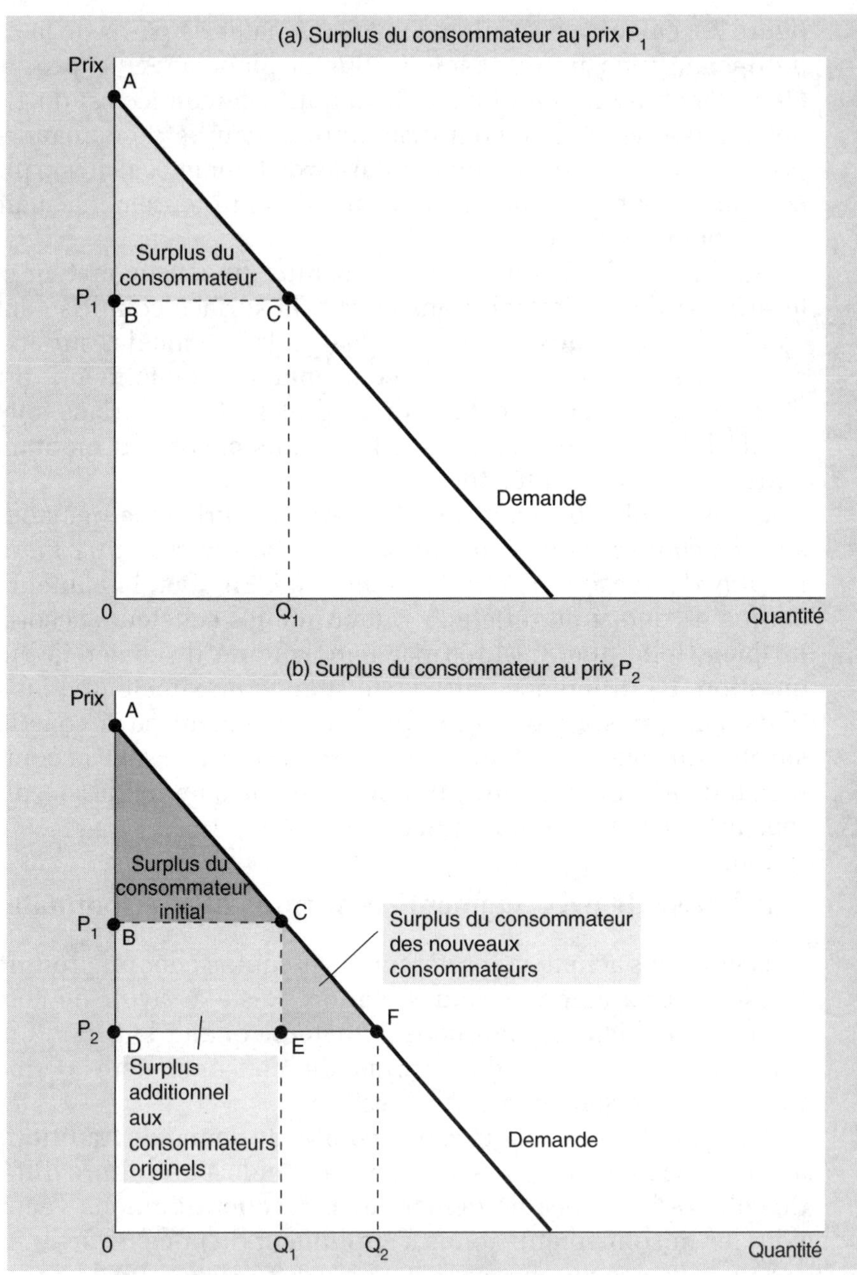

FIG. 7.3 **Effet du prix sur le surplus du consommateur.** Sur la planche A, le prix est P_1, la quantité demandée Q_1 et le surplus du consommateur sont égaux à la surface du triangle ABC. Si le prix baisse de P_1 à P_2, comme sur la planche B, la quantité demandée s'élève de Q_1 à Q_2 et le surplus du consommateur augmente et devient la surface du triangle ADF. Cette augmentation du surplus du consommateur (aire BCFD) provient en partie de ce que les consommateurs existant paient moins cher (aire BCED) et en partie de l'arrivée de nouveaux consommateurs à ce prix inférieur (aire CEF).

Cet accroissement du surplus du consommateur est composé de deux éléments. D'une part, les acheteurs qui achetaient une quantité Q_1 de produit au prix P_1 sont avantagés puisqu'ils paient moins cher. L'augmentation de leur surplus correspond à la surface du rectangle BCED. D'autre part, des acheteurs nouveaux et qui ne pourraient pas acheter à l'ancien prix seront intéressés par l'acquisition du produit au nouveau prix, de sorte que la quantité demandée augmente de Q_1 à Q_2. Ces consommateurs reçoivent un surplus du consommateur égal à la surface du triangle CEF.

Que mesure le surplus du consommateur ?

Notre objectif, en développant le concept de surplus du consommateur, est de porter des jugements normatifs sur les résultats de l'activité de marché. Maintenant que nous savons ce qu'est le surplus du consommateur, voyons s'il constitue une bonne mesure du bien-être économique.

Imaginez-vous dans la peau d'un homme politique qui essaie de concevoir un système économique de qualité. Devez-vous vous intéresser au surplus du consommateur ? Ce surplus, égal à la différence entre ce qu'un acheteur est prêt à payer pour un produit et le prix effectivement déboursé, mesure le bénéfice que les acheteurs retirent d'un produit, *tel que le perçoivent les acheteurs eux-mêmes.* Ainsi, le surplus du consommateur est un bon indicateur du bien-être économique si les hommes politiques cherchent à respecter les préférences des acheteurs.

Dans certains cas, les hommes politiques peuvent décider de ne pas tenir compte du surplus du consommateur, car ils ne souhaitent pas tenir compte des préférences des consommateurs. Par exemple, les drogués sont prêts à payer un prix élevé pour avoir leurs doses d'héroïne. Pourtant, il est difficile d'affirmer que les drogués retirent un réel bénéfice de la possibilité d'acheter leur drogue moins cher (c'est néanmoins ce qu'ils prétendent). Du point de vue de la société, la volonté de payer n'est pas, dans ce cas, une bonne mesure du bénéfice des acheteurs, et donc le surplus du consommateur n'est pas un bon indicateur du bien-être économique, parce que les drogués ne cherchent pas leur propre intérêt.

Néanmoins, sur la plupart des marchés, le surplus du consommateur constitue une bonne mesure du bien-être économique. Les économistes font en général l'hypothèse que les consommateurs sont rationnels dans leurs décisions et que leurs préférences doivent être respectées. Dans ce cas, les consommateurs eux-mêmes sont les meilleurs juges du bénéfice qu'ils retirent de l'achat d'un produit.

■ **VÉRIFIEZ VOS CONNAISSANCES** Dessiner une courbe de demande d dinde. Sur le graphique, déterminer un prix pour la dinde et le surplus d consommateur qui en résulte. Expliquer de manière discursive ce qu mesure ce surplus du consommateur.

7.2 LE SURPLUS DU PRODUCTEUR

Envisageons maintenant l'autre côté du marché et intéresson nous au bénéfice que les vendeurs retirent de leur participation l'activité de marché. Comme vous allez le constater, l'analyse e très proche de celle développée au sujet des acheteurs.

Coût et volonté de vendre

Imaginons que le propriétaire d'une maison veuille la fai repeindre. Quatre entreprises de peinture sont prêtes à faire le tr vail si le prix est correct. Le propriétaire demande donc quat devis et décide de donner le contrat à l'entreprise la mieux-disant

Chaque entreprise est prête à réaliser les travaux si le monta qu'elle reçoit du propriétaire est supérieur au coût des travaux. Ic le terme de *coût* doit être interprété au sens de coût d'opportunité ce coût comprend non seulement les dépenses de peinture (pots d peinture, pinceaux, etc.), mais aussi la valeur que les peintre accordent à leur temps. Le tableau 7.3 indique les coûts de chacu des peintres. Comme ce coût constitue la limite inférieure du pai ment accepté, on peut considérer ce coût comme une mesure de volonté de vendre les services de peinture. Chaque peintre sera ravi de vendre ses services à un prix supérieur à son coût, refusera de travailler à un prix inférieur, et serait indifférent à l'idée de tr vailler pour un prix exactement égal à ce coût.

Quand le propriétaire met les peintres en concurrence, le prix d départ sera peut-être élevé, mais il chutera rapidement car le

TABLEAU 7.3 **Coûts de quatre vendeurs.**

Vendeur	*Coût*
Mary	900 $
Louise	800 $
Georgia	600 $
Grand-mère	500 $

peintres se battront pour réaliser les travaux. Quand Grand-mère propose de réaliser les travaux pour 600 dollars (ou un peu moins), elle reste seule à offrir ses prestations. Grand-mère est contente de travailler à ce prix-là, car son coût n'est que de 500 dollars. Mary, Louise et Georgia refusent de travailler pour moins de 600 dollars. Vous noterez que le contrat aura été adjugé au peintre qui peut réaliser les travaux au moindre coût.

Quel bénéfice Grand-mère retire-t-elle de cette adjudication ? Comme elle était prête à faire le travail pour 500 dollars et qu'elle en obtient 600, on dit qu'elle perçoit un surplus du producteur de 100 dollars. *Le surplus du producteur est le montant perçu par un vendeur diminué du coût de production.* Il mesure le bénéfice retiré par les vendeurs qui participent à l'activité du marché.

Considérons maintenant un exemple légèrement différent. Supposons que le propriétaire ait deux maisons à faire repeindre. De nouveau, il met les peintres en concurrence. Imaginons aussi qu'aucun peintre ne peut peindre les deux maisons. Dans ces conditions, le prix baissera jusqu'à ce qu'il ne reste que deux peintres.

Dans notre exemple, l'enchère cessera quand Georgia et Grand-mère proposeront de faire le travail pour 800 dollars (ou un peu moins). À ce prix, Georgia et Grand-mère sont prêtes à faire les travaux, tandis que Mary et Louise ne sont pas prêtes à proposer un prix inférieur. À ce prix de 800 dollars, Grand-mère reçoit un surplus du producteur de 300 dollars, et Georgia un surplus de 200 dollars. Le surplus du producteur total sur ce marché est donc de 500 dollars.

La mesure du surplus du producteur à l'aide de la courbe d'offre

De même que le surplus du consommateur est intimement lié à la courbe de demande, le surplus du producteur est lié à la courbe d'offre. Continuons notre exemple pour le constater.

Construisons le plan d'offre des services de peinture à partir des coûts de production de nos quatre peintres. Le tableau 7.4 indique le plan d'offre correspondant aux coûts du tableau 7.3. Si le prix est inférieur à 500 dollars, personne ne veut réaliser les travaux et la quantité offerte est donc égale à zéro. Si le prix est compris entre 500 et 600 dollars, seule Grand-mère accepte de faire les travaux, et la quantité offerte est égale à 1. Si le prix est compris entre 600 et 800 dollars, Grand-mère et Georgia acceptent de faire les travaux, et la quantité offerte est égale à 2. Et ainsi de suite. La courbe d'offre est ainsi déduite des coûts des quatre peintres.

TABLEAU 7.4 **Le plan d'offre des vendeurs du tableau 7.3.**

Prix	*Vendeurs*	*Qté offerte*
900 $ ou plus	Mary, Louise, Georgia et Grand-mère	4
800 à 900 $	Louise, Georgia, Grand-mère	3
600 à 800 $	Georgia, Grand-mère	2
500 à 600 $	Grand-mère	1
moins de 500 $	Aucun	0

La figure 7.4 montre cette courbe d'offre construite à partir du plan d'offre précédent. Vous constaterez que la hauteur de la courbe est fonction des coûts des vendeurs. Pour chaque quantité, le prix donné par la courbe indique le coût du *vendeur marginal*, celui qui serait le premier à quitter le marché si le prix était inférieur. Pour une quantité de 4 maisons par exemple, la courbe d'offre a une hauteur de 900 dollars, le coût supporté par Mary (vendeur marginal) pour faire le travail. Pour une quantité de 3 maisons, la hauteur de la courbe est de 800 dollars, coût supporté par Louise (qui est maintenant le vendeur marginal) pour effectuer les travaux.

Comme la courbe d'offre reflète les coûts des vendeurs, nous pouvons l'utiliser pour mesurer le surplus du producteur. La figure 7.5

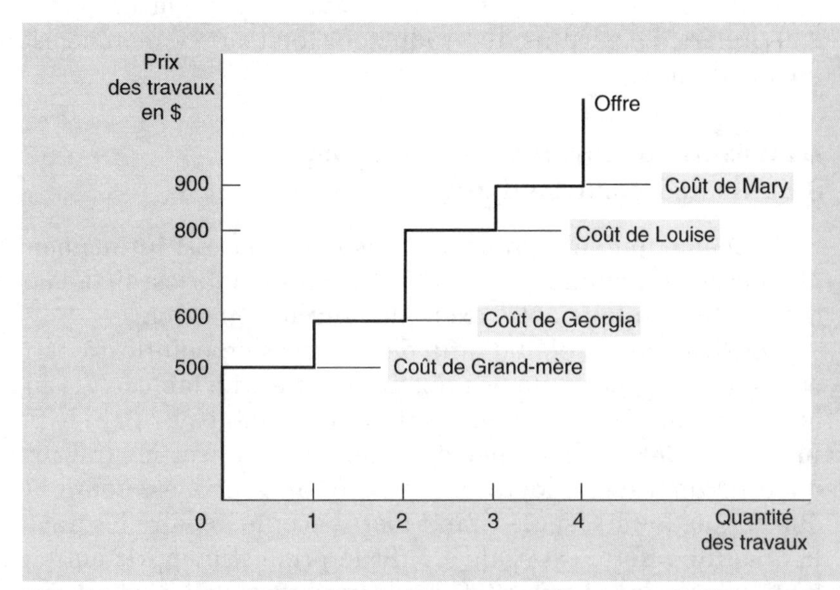

FIG. 7.4 **La courbe d'offre.** Ce graphique montre la courbe d'offre correspondant au plan d'offre du tableau 7.4. Remarquez que la hauteur de la courbe reflète les coûts supportés par les vendeurs.

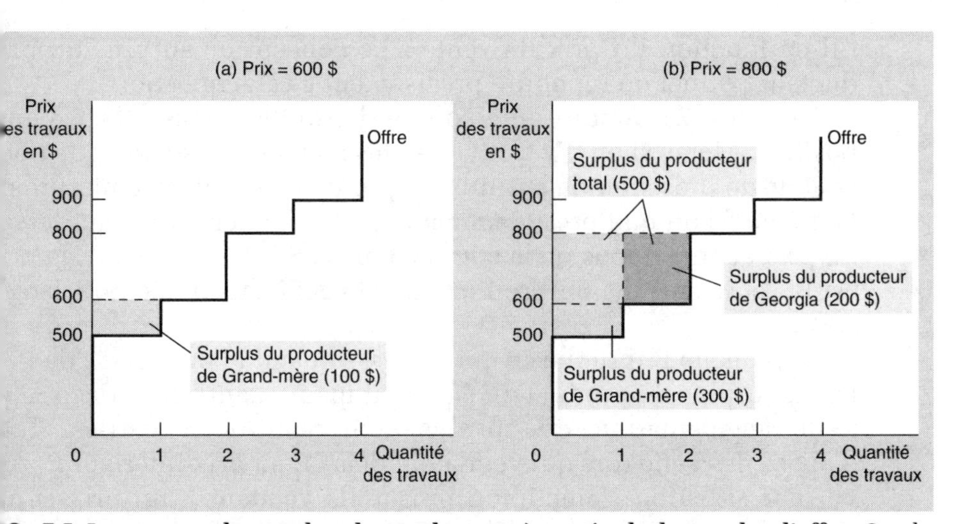

G. 7.5 **La mesure du surplus du producteur à partir de la courbe d'offre.** Sur la lanche A, le prix du bien est de 600 dollars, la quantité offerte est de 1, et le surplus du roducteur est de 100 dollars. Sur la planche B, le prix du bien est de 800 dollars, la quantité offerte est de 2, et le surplus du producteur est de 500 dollars.

calcule ce surplus dans notre exemple. Sur la planche A, nous supposons que le prix est de 600 dollars. La quantité offerte est alors égale à 1. La surface sous le prix et au-dessus de la courbe est égale à 100 dollars. Ce montant est exactement le surplus du producteur qui revient à Grand-mère.

De même, sur la planche B, nous supposons que le prix est de 800 dollars. Dans ce cas, la surface sous le prix et au-dessus de la courbe est égale à la surface de deux rectangles. Cette surface est égale à 500 dollars, le surplus du producteur que nous trouvons pour Georgia et Grand-mère quand les deux maisons doivent être peintes.

Cet exemple permet de tirer une conclusion générale, qui s'applique à toutes les courbes d'offre : *la surface sous le prix et au-dessus de la courbe d'offre mesure le surplus total du producteur sur un marché.* Cela tient au fait que la hauteur de la courbe mesure les coûts des vendeurs. La différence entre le prix et le coût de production définit le surplus du producteur de chaque vendeur. La surface totale est la somme des surplus de tous les vendeurs.

Un prix supérieur augmente le surplus du producteur

Personne ne sera surpris d'apprendre que les vendeurs cherchent toujours à obtenir le meilleur prix pour les produits qu'ils vendent. Comment le bien-être économique des vendeurs évolue-t-il en fonction du prix de vente ? Le concept de surplus du pro ducteur permet de répondre précisément à cette question.

La figure 7.6 montre une courbe d'offre traditionnelle, à pent positive. Même si on n'y trouve pas les marches d'escalier que nou venons de présenter, le surplus du producteur peut être mesuré d la même façon que précédemment, par la surface située au-dessu du prix et en dessous de la courbe d'offre. Sur la planche A, le pri est P_1, et le surplus du producteur est égal à la surface du triangl ABC.

La planche B indique ce qui se passe quand le prix passe de P_1 P_2. Le surplus du producteur équivaut maintenant à la surface AD Cette augmentation du surplus comprend deux parties. To d'abord, les vendeurs qui vendaient déjà Q_1 au prix inférieur P_1 or vu leur situation s'améliorer, puisqu'ils vendent à un prix supé rieur. La surface du rectangle BCED représente l'accroissement d surplus du producteur pour ces vendeurs initiaux. Ensuite, de nou veaux vendeurs apparaissent sur le marché, pour profiter de ce pri supérieur. La quantité offerte augmente donc de Q_1 à Q_2. Le surplu du producteur de ces nouveaux entrants est représenté par la su face du triangle CEF.

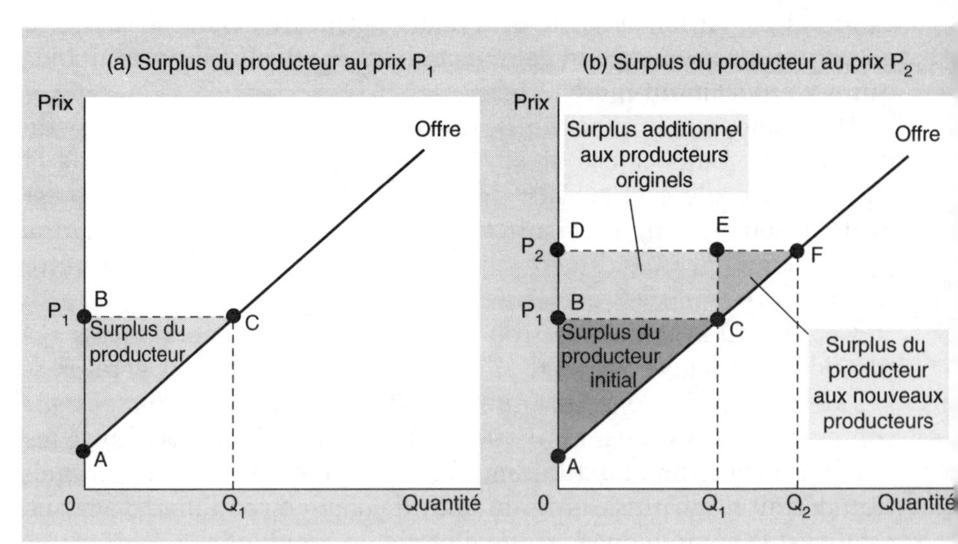

FIG. 7.6 **Effet du prix sur le surplus du producteur.** Sur la planche A, le prix est P_1, quantité demandée est Q_1, et le surplus du producteur est égal à la surface du triangl ABC. Quand le prix augmente de P_1 à P_2, comme sur la planche B, la quantité offerte pass de Q_1 à Q_2 et le surplus du producteur devient la surface du triangle ADF. Cette augme tation du surplus du producteur (aire BCFD) s'explique en partie par le fait que les pr ducteurs existants touchent plus (aire BCED) et en partie par l'arrivée de nouveaux pr ducteurs à ce prix supérieur (aire CEF).

Comme on vient de le constater, le surplus du producteur mesure le bien-être des vendeurs, de la même manière que le surplus du consommateur mesure le bien-être des acheteurs. Ces deux mesures de bien-être économique sont très semblables et il est naturel de les utiliser ensemble. C'est précisément ce que nous allons faire dans la prochaine section.

■ **VÉRIFIEZ VOS CONNAISSANCES** Dessiner une courbe d'offre de dinde. Sur le graphique, montrer le prix de la dinde et le surplus du producteur qui résulte de ce prix. Expliquer de manière discursive ce que mesure ce surplus du producteur.

7.3 L'EFFICIENCE DES MARCHÉS

Les surplus du consommateur et du producteur constituent les outils de base de l'économie du bien-être. Ils permettent de répondre à cette question fondamentale : les marchés libres allouent-ils les ressources rares de manière efficace ?

Le planificateur social charitable

Imaginons la situation d'un planificateur social charitable qui cherche à maximiser le bien-être économique de chacun des membres de la société. Pourrait-il y parvenir en modifiant les résultats de l'activité du marché ?

Pour répondre à cette question, le planificateur doit d'abord mesurer le bien-être économique de la société dans son ensemble. Cela peut être fait en additionnant le surplus du consommateur et celui du producteur pour tous les agents. Le surplus du consommateur étant le bénéfice que retirent les acheteurs de leur participation à l'activité de marché, et le surplus du producteur étant le bénéfice qu'en retirent les vendeurs, il est logique de prendre le surplus total comme une mesure du bien-être économique de la société.

Rappelons ici comment sont calculés ces deux surplus. Le surplus du consommateur est égal à :

Valeur accordée par les acheteurs – Prix payé par eux.

Quant au surplus du producteur, il est égal à :

Somme perçue par les vendeurs – Coûts supportés par les vendeurs.

Si l'on additionne ces deux surplus, on obtient :

Surplus total = Valeur accordée par les acheteurs
– Prix payé par les acheteurs + Somme perçue par les vendeurs
– Coûts supportés par les vendeurs.

POUR VOTRE CULTURE GÉNÉRALE

La « main invisible » du marché

ADAM SMITH

L'efficience des marchés libres est à première vue surprenante. En effet, personne ne s'occupe particulièrement d'assurer le bien-être économique général. Sur ces marchés se rencontrent des acheteurs et des vendeurs, tous principalement motivés par leur intérêt personnel. Pourtant, malgré une prise de décision totalement décentralisée et des décideurs plutôt égoïstes, le résultat, loin d'être chaotique, est efficient.

Cette vertu des marchés libres avait été bien perçue par le grand économiste Adam Smith qui, en 1776, écrivait dans son grand classique, De la Richesse des Nations :

L'homme a en permanence besoin de son prochain, mais il ne doit pas attendre cette aide de la bienveillance du voisin. Il vaut mieux montrer à celui-ci l'avantage personnel qu'il retirera du fait d'avoir fait quelque chose pour lui... Nous n'attendons pas notre repas de la charité du boucher, du marchand de vins et du boulanger, mais de leur compréhension de ce qu'est leur intérêt personnel...

L'individu... ne cherche pas particulièrement à promouvoir l'intérêt général, et ne sait pas comment il y contribue... Il cherche seulement à poursuivre son intérêt personnel et ce faisant, il se trouve poussé par une main invisible à promouvoir un objectif qui n'a rien à voir avec ses intentions propres. En poursuivant son intérêt personnel, il en fait plus pour l'intérêt général qu'il n'en ferait en cherchant activement à promouvoir ce dernier.

Smith nous dit que les acteurs de l'économie sont mus par des motivations égoïstes, et que la « main invisible » du marché coordonne ces motivations de manière à assurer le bien-être économique collectif.

Cette vision de Smith est toujours valide aujourd'hui. L'analyse développée dans ce chapitre nous a permis de l'exprimer en termes plus précis, en montrant que l'équilibre de l'offre et de la demande maximise la somme des surplus du consommateur et du producteur.

Comme le prix payé par les acheteurs est égal à la somme perçue par les vendeurs, les deux termes du milieu s'annulent, et le surplus total s'écrit donc ainsi :

Surplus total = Valeur accordée par les acheteurs
– Coûts supportés par les vendeurs

Le surplus total d'un marché est donc égal à la différence entre la valeur que les acheteurs accordent au bien, telle qu'elle est mesurée par leur volonté d'acheter, et les coûts de production supportés par les vendeurs.

Si les ressources sont allouées de sorte que ce surplus total est maximal, on parle d'une allocation *efficiente*. Si l'allocation n'est pas efficiente, tous les avantages de l'échange ne sont pas réalisés.

Ce sera par exemple le cas si un bien n'est pas produit par le fabricant qui jouit du meilleur coût de production. Dans ce cas, faire fabriquer le produit par le producteur au moindre coût diminuera le coût total supporté par les vendeurs et augmentera le surplus total. De manière similaire, l'allocation est inefficiente si un bien est consommé par les acheteurs qui ne lui accordent pas la valeur la plus élevée.

Outre cette notion d'efficience, notre planificateur social peut s'intéresser au concept de *justice*, c'est-à-dire une distribution équitable du bien-être économique entre acheteurs et vendeurs. On pourrait comparer les avantages de l'échange à un gâteau qui doit être réparti entre les divers participants de marché. En améliorant l'efficience, on accroît la taille du gâteau. En raisonnant en termes de justice, on cherche à le partager de manière équitable. Juger de l'équité des résultats de l'activité de marché est beaucoup plus difficile que de juger de l'efficience dudit marché. Si l'efficience est un objectif positif, l'équité en revanche implique des jugements de valeur qui sortent du domaine de l'économie et nous entraînent vers le monde de la philosophie politique.

Dans ce chapitre, nous considérons que l'efficience seule constitue l'objectif de notre planificateur social. Mais n'oubliez pas que les hommes politiques accordent au moins autant d'importance à la notion de justice. Ils s'intéressent à la fois à la taille du gâteau et la façon dont les parts sont distribuées entre les membres de la société.

L'évaluation des résultats du marché

La figure 7.7 montre les surplus du consommateur et du producteur lorsqu'un marché se trouve en situation d'équilibre. Le surplus du consommateur est égal à la surface de l'aire située au-dessus du prix et en dessous de la courbe de demande, tandis que le surplus du producteur est égal à la surface de l'aire située en dessous du prix et au-dessus de la courbe d'offre. Ainsi, la surface totale comprise entre les deux courbes, jusqu'au point d'équilibre du marché, représente le surplus total du marché.

Cette allocation des ressources est-elle efficiente ? Maximise-t-elle le surplus total ? Pour répondre à ces questions, rappelons-nous qu'à l'équilibre, le prix détermine les acheteurs et les vendeurs participant à l'échange. Ceux des acheteurs qui accordent au bien une valeur supérieure à son prix (segment AE de la courbe de demande) décident de l'acquérir ; ceux qui lui accordent une valeur inférieure (segment EB) n'en font rien. De la même façon, ceux des producteurs dont les coûts sont inférieurs au prix (segment CE de la

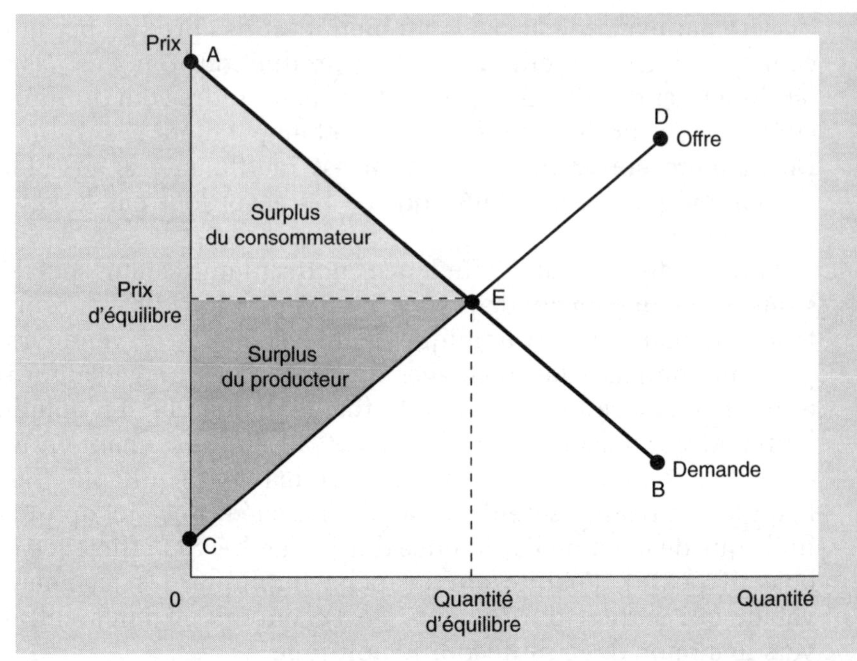

FIG. 7.7 **Surplus du consommateur et du producteur à l'équilibre du marché.** I surplus total – la somme du surplus du consommateur et de celui du producteur est égal à la surface comprise entre les courbes d'offre et de demande, à gauche d la quantité d'équilibre.

courbe d'offre) décident de produire et vendre le produit, tandi que ceux dont les coûts sont supérieurs (segment ED) ne participer pas au marché.

Ces observations nous amènent à tirer deux enseignements rela tifs aux résultats de marché :

1. *Les marchés libres dirigent les biens offerts vers les acheteur qui leur accordent la valeur la plus élevée, telle qu'elle est mesuré par la volonté d'acheter des consommateurs.*

2. *Les marchés libres dirigent la demande vers les producteur qui produisent de la manière la plus efficiente, telle qu'elle es mesurée par les coûts.*

Ainsi, étant donné la quantité produite et vendue à l'équilibre d marché, le planificateur social ne pourra pas augmenter le bien-êtr économique en modifiant l'allocation des consommations entre le acheteurs ou l'allocation des productions entre les vendeurs.

Le planificateur pourrait-il alors accroître la prospérité général en modifiant la quantité produite et vendue ? La réponse est encor négative, et nous amène à énoncer un troisième principe relatif au résultats de marché :

3. *Les marchés libres produisent la quantité de bien qui maximise la somme des surplus du consommateur et du producteur.*

La figure 7.8 nous le démontre. Rappelez-vous que la courbe de demande reflète la valeur accordée au produit par les acheteurs et la courbe d'offre les coûts de production supportés par les vendeurs. Pour des quantités inférieures à la quantité d'équilibre, la valeur accordée par les acheteurs excède les coûts supportés par les vendeurs. Dans cette région, une augmentation de la production se traduira donc par une augmentation du surplus total, et ce jusqu'à ce que la quantité atteigne son niveau d'équilibre. Pour des quantités supérieures à celle d'équilibre, la valeur accordée par les acheteurs est inférieure aux coûts supportés par les vendeurs. Produire plus que la quantité d'équilibre reviendrait donc à diminuer le surplus total.

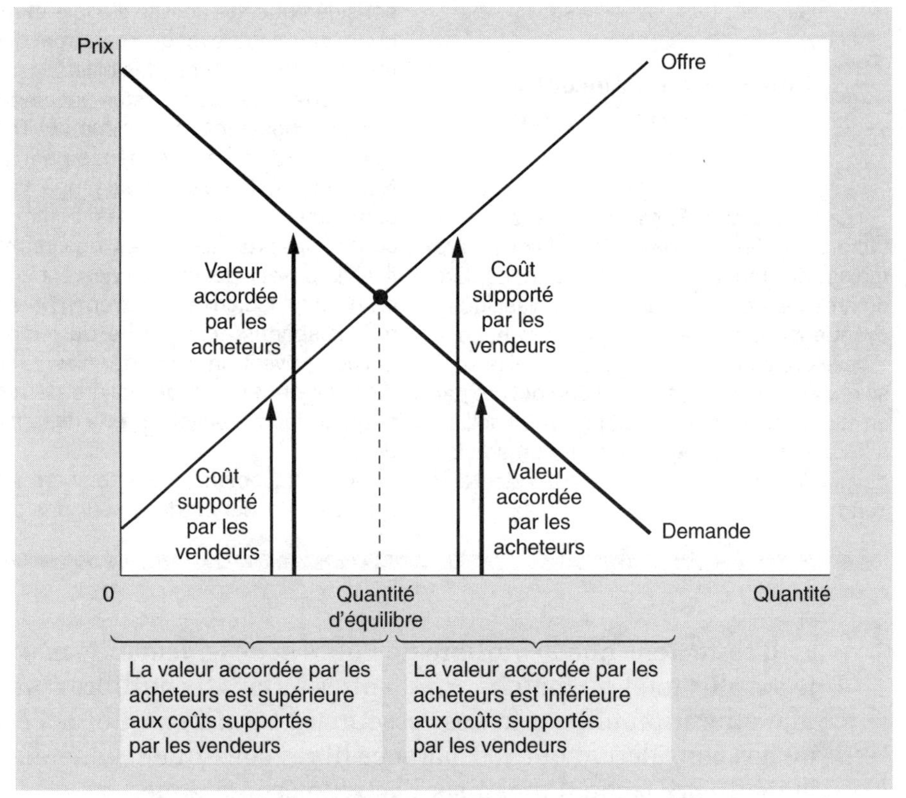

FIG. 7.8 **L'efficience de la quantité d'équilibre.** En dessous de la quantité d'équilibre (à gauche du point d'équilibre sur le graphique), la valeur accordée par les acheteurs excède le coût supporté par les vendeurs. Au-dessus de la quantité d'équilibre, le coût supporté par les vendeurs excède la valeur accordée par les acheteurs. C'est donc l'équilibre de marché qui maximise le surplus total.

DANS VOS JOURNAUX

La course aux billets

Si l'économie est efficace dans l'allocation de ses ressources, les biens doivent revenir aux consommateurs qui leur accordent le plus de valeur. La course aux billets est l'un des moyens d'assurer cette allocation efficace. Certains individus achètent des places de théâtre, de concert, d'événement sportif afin de les revendre à un prix supérieur, en s'adressant aux consommateurs qui ont la volonté d'acheter la plus élevée. Comme le prouve cet article, tout le monde n'est pas d'accord sur la légalité de cette pratique.

Billets ? L'offre rencontre la demande sur le trottoir

JOHN TIERNEY

La course aux billets est une affaire rentable pour Kevin Thomas, qui n'est pas le moins du monde gêné. Il se considère comme l'entrepreneur américain classique : ayant abandonné ses études assez jeune, il a développé une compétence, travaille sept soirs par semaine, gagne 40 000 dollars par an et a réussi à mettre de côté 75 000 dollars à 26 ans, tout cela en proposant un service devant les théâtres et les stades de New York.

Il n'a qu'une critique à formuler : « J'ai été arrêté une trentaine de fois l'année dernière », se plaignait-il récemment après avoir réalisé un profit de 280 dollars sur un match de base-ball. « On s'y fait – je donne un faux nom aux flics, je paie l'amende s'il le faut, mais tout cela me paraît injuste. En fait mon boulot est très proche de celui du trader qui achète le plus bas possible, pour revendre aussi cher que possible. Tant que les gens sont prêts à m'acheter mes billets, où est le mal ? »

Les responsables de la ville de New York considèrent cette activité illégale et mènent la vie dure à ces revendeurs qui font des profits sur le prix de vente des billets.

Pourtant les économistes ont tendance à voir les choses plutôt comme M. Thomas. Pour eux, la campagne menée par l'État de New York est aussi ridicule que la vieille campagne conduite par les communistes contre « les profiteurs ». Les mesures restrictives imposées par la ville énervent le public, réduisent l'audience des événements culturels et sportifs, font perdre du temps à la police, privent la ville de New York de dizaines de millions de dollars de recettes fiscales et font s'envoler le prix de tout un tas de billets.

« Politiquement, il est toujours intéressant de se poser en défenseur des pauvres

Il reste donc que l'équilibre de l'offre et de la demande maximise le surplus total du marché. En d'autres termes, l'équilibre constitue une allocation efficiente des ressources. C'est pourquoi les économistes considèrent que les marchés libres constituent généralement la meilleure façon d'organiser l'activité économique.

■ **VÉRIFIEZ VOS CONNAISSANCES** Dessiner l'offre et la demande de dinde. À l'équilibre, montrer les surplus du consommateur et du producteur. Expliquer pourquoi une production supérieure diminuerait le surplus total.

n déclarant illégaux les prix élevés, affirme Villiam J. Baumol, directeur du Centre 'Économie appliquée de l'Université de lew York. Je ne serais pas surpris de voir un our les politiciens chercher à résoudre le roblème du Sida en déclarant celui-ci hors-a-loi. Cela ne ferait aucun mal, parce qu'il ne e passerait tien, mais quand vous interdisez ertains types de prix, vous créez de réels roblèmes. »

Baumol fut l'un des économistes qui pro-osa la vente de billets de théâtre du jour nême à moitié prix, dans un kiosque de imes Square. Cette proposition fut jugée op radicale par les propriétaires de théâtre n 1973. Pourtant cela a permis de faire venir ne nouvelle clientèle au théâtre, avec des illets qui, sans cela, seraient restés inven-lus. Voilà une parfaite illustration du principe elon lequel acheteurs et vendeurs bénéfi-ient tous d'un prix d'équilibre.

Une autre illustration nous est donnée ar les queues devant le Musée d'art noderne, dans lesquelles des gens atten-lent jusqu'à deux heures pour obtenir un illet d'entrée à l'exposition Matisse. Il existe ourtant une alternative : acheter son billet l'entrée à l'un de ces revendeurs qui fuient a police ; au lieu de le payer 12,50 dollars, n le paiera alors entre 20 et 50 dollars selon s cas.

« Point n'est besoin d'accorder une aleur extraordinaire à son propre temps our accepter de payer 10 ou 15 dollars afin l'éviter de passer deux heures debout dans la rue devant le Musée », explique Richard H. Thaler, économiste de l'Université Cornell. « Certains considèrent qu'il est plus juste d'obliger tout le monde à faire la queue, mais cela revient à obliger tout le monde à entre-prendre une activité totalement improduc-tive, et cela constitue une discrimination en faveur de ceux qui ont le plus de temps libre. La revente de billets offre une alternative à la queue, et je ne vois aucune raison de l'inter-dire. »

Les responsables politiques font remar-quer qu'en l'absence d'interdiction de cette revente sauvage, les prix des billets seraient beaucoup trop élevés pour la plupart des gens. Pourtant, la Californie n'interdit pas cette pratique, et le prix des billets n'y est pas significativement plus élevé qu'ailleurs. Et même si les revendeurs voulaient pousser les prix au ciel, ils ne trouveraient pas grand monde pour payer 100 dollars un billet.

La légalisation de la revente sauvage ne serait pas forcément une bonne nouvelle pour tout le monde. M. Thomas par exemple craint que la concurrence ne l'oblige à fer-mer boutique. Après 16 ans de métier – il a débuté à 10 ans devant le Yankee Stadium – peut-être est-il de toutes façons temps de passer à autre chose ?

Source. — New York Times, 26 décembre 1992, p. A.1,

7.4 CONCLUSION : EFFICIENCE ET DÉFICIENCE DES MARCHÉS

Au cours de ce chapitre, nous avons présenté les concepts de base de l'économie du bien-être – surplus du consommateur et du producteur – et nous les avons utilisés pour apprécier l'efficience des marchés libres. Nous avons montré que l'offre et la demande permettaient d'allouer les ressources de manière efficace. C'est-à-dire qu'alors même que chaque acheteur et chaque vendeur n'est préoccupé que par son seul intérêt, la main invisible les pousse tou vers un équilibre qui maximise les avantages retirés par tous.

Mais attention tout de même. Pour conclure à l'efficience de marchés, il nous a fallu faire certaines hypothèses quant à leu mode de fonctionnement. Si ces hypothèses ne sont plus vérifiées les conclusions sur l'efficience des marchés seront malmenées. Ce hypothèses seront analysées en détail dans des chapitres ultérieurs mais notons déjà deux des plus importantes.

Tout d'abord, notre analyse suppose que les marchés soient par faitement concurrentiels. Dans le monde réel, la concurrence n'es parfois pas aussi parfaite que supposée ici. Sur certains marchés, u seul acheteur ou un seul vendeur (ou parfois un petit nombre d l'un ou de l'autre) peut se trouver en situation de contrôler le pri du marché. Cette capacité d'influencer les prix est appelée *pouvoi de marché*. Ce pouvoir peut être une source d'inefficience des mar chés, car il maintient le prix et la quantité à des niveaux différent des niveaux d'équilibre naturel.

Ensuite, nous avons supposé que seuls les acheteurs et les ven deurs étaient intéressés par les résultats de l'activité de marché Mais en réalité les décisions des acheteurs et des vendeurs ont de répercussions sur des gens qui n'ont pas participé à l'activité d marché. La pollution est un exemple classique de résultat de mar ché qui affecte des gens qui n'étaient pas partie prenante à l'activit du marché lui-même. Ces résultats secondaires, appelés *externali tés*, font que le bien-être économique ne dépend pas uniquement d la valeur accordée aux biens par les acheteurs et des coûts de pro duction supportés par les vendeurs. Comme les acheteurs et les ven deurs ne tiennent pas compte de ces résultats secondaires quand il décident de leur consommation et de leur production, l'équilibre d marché peut s'avérer inefficient du point de vue général.

Le pouvoir de marché et les externalités constituent de exemples du phénomène général appelé *déficience de marché* l'incapacité d'un marché livré à lui-même d'allouer les ressource efficacement. Quand les marchés sont inefficients, les politique publiques peuvent améliorer partiellement la situation et accroîtr l'efficacité économique. Les micro-économistes consacrent beau coup d'efforts à l'étude des déficiences de marché potentielles et à la réflexion sur les moyens d'y remédier. En poursuivant vos étude d'économie, vous constaterez que les concepts d'économie du bien être présentés ici sont largement utilisés à cette fin.

Malgré l'existence de ces exceptions, la main invisible s'avèr extraordinairement puissante. Sur de nombreux marchés, no hypothèses sont respectées et leurs conclusions valides. En outre notre analyse de l'économie du bien-être et de l'efficience des marchés éclaire de façon intéressante les effets des diverses politiques publiques. Dans les deux chapitres suivants, nous allons utiliser les concepts que nous venons de développer pour étudier deux sujets politiques : les effets des impôts et ceux du commerce international sur le bien-être économique.

RÉSUMÉ

- Le surplus du consommateur est égal à la somme maximale qu'un acheteur est prêt à consacrer à un achat diminuée du montant effectivement payé pour cet achat ; il mesure le bénéfice retiré par les acheteurs lors de leur participation à l'activité de marché. Ce surplus peut être calculé en mesurant la surface située sous la courbe de demande et au-dessus du prix.
- Le surplus du producteur est égal à la somme perçue par les vendeurs d'un bien diminuée des coûts de production, et il mesure le bénéfice retiré par les vendeurs lors de leur participation à l'activité de marché. On peut le calculer en mesurant la surface située sous le prix et au-dessus de la courbe d'offre.
- Une allocation des ressources qui maximise la somme des surplus du consommateur et du producteur est dite efficiente. Les hommes politiques sont préoccupés par l'efficience, mais aussi par l'équité, des mesures économiques adoptées.
- L'équilibre de l'offre et de la demande maximise la somme des surplus du consommateur et du producteur. Ainsi, la main invisible du marché pousse les acheteurs et les vendeurs à allouer les ressources de manière efficace.
- L'allocation des ressources par les marchés n'est pas toujours efficiente, notamment en cas de déficience, de marché comme les externalités ou le pouvoir de marché.

CONCEPTS CLÉS – DÉFINITIONS

Économie du bien-être : analyse de la manière dont les mécanismes de l'économie de marché contribuent ou non au bien-être général.

Volonté d'acheter : prix maximum qu'un consommateur est disposé à payer pour acheter un bien.

Surplus du consommateur : différence entre le prix maximum qu'un consommateur est disposé à payer pour acheter un bien et le prix effectif de ce dernier.

Surplus du producteur : différence entre le prix reçu par le producteur à l'occasion de la vente d'un produit et le coût de production.

Coût : valeur de l'ensemble des frais encourus à l'occasion de la production d'un bien.

Efficience : capacité à maximiser le bien-être ou surplus total de l'ensemble des agents.

Équité : aptitude de la répartition du bien-être entre l'ensemble des agents à être juste.

QUESTIONS DE RÉVISION

1. Expliquez la relation existant entre la volonté d'acheter des acheteurs le surplus du consommateur et la courbe de demande.
2. Expliquez la relation existant entre les coûts supportés par les vendeurs, le surplus du producteur et la courbe d'offre.
3. Sur un graphique offre-demande, montrez les surplus du consommateur et du producteur au point d'équilibre.
4. Qu'est-ce que l'efficience ? Est-ce le seul objectif des décideurs politiques ?
5. Quel rôle joue la main invisible ?
6. Citez deux exemples de déficience de marché. Expliquez pourquo chacun peut être source d'inefficacité économique.

PROBLÈMES D'APPLICATION

1. Une gelée endommage les récoltes de citron de Californie. Quel es l'effet sur le surplus du consommateur sur le marché du citron ? Que est l'effet sur le surplus du consommateur sur le marché des boisson à base de citron ? Illustrez votre réponse par des graphiques.
2. Supposons que la demande de pain français augmente. Quel sera l'effet sur le surplus du producteur sur le marché du pain français ? Quel sera l'effet sur le surplus du producteur sur le marché de la farine ? Illustrez votre réponse par des graphiques.
3. Par une journée de forte chaleur, Bert est très assoiffé. Voici la valeur qu'il accorde à une bouteille d'eau :
   1re bouteille : 7 dollars
   2e bouteille : 5 dollars
   3e bouteille : 3 dollars
   4e bouteille : 1 dollar.

   a. Sur la base de cette information, déterminez le plan de demande de Bert. Dessinez sa courbe de demande.

   b. Si le prix de la bouteille s'établit à 4 dollars, combien de bouteilles Bert achète-t-il ? Quel est le surplus du consommateur qu'il retire de cet achat ? Identifiez ce surplus sur le graphique.

   c. Si le prix tombe à 2 dollars, quelle sera la quantité demandée ? Comment évolue le surplus du consommateur de Bert ? Montrez ces changements sur le graphique.
4. Ernie possède une pompe à eau. Pomper de grandes quantités d'eau es plus fatiguant que pomper de petites quantités, aussi le coût de production des bouteilles d'eau est croissant. Voici ces coûts :
   1re bouteille : 1 dollar
   2e bouteille : 3 dollars
   3e bouteille : 5 dollars
   4e bouteille : 7 dollars.

   a. Sur la base de ces informations, déterminez le plan d'offre d'Ernie. Dessinez sa courbe d'offre.

b. Si le prix de la bouteille s'établit à 4 dollars, combien de bouteilles produit Ernie ? Quel est alors son surplus du producteur ? Montrez ce surplus sur le graphique.

c. Si le prix s'élève à 6 dollars, comment évolue la quantité offerte ? Comment évolue le surplus du producteur ? Montrez ces changements sur le graphique.

5. Prenez un marché sur lequel Bert (pb 3) est l'acheteur et Ernie (pb 4) est le vendeur :

   a. Avec le plan d'offre d'Ernie et le plan de demande de Bert, déterminez les quantités fournies et demandées au prix de 2 dollars, 4 dollars et 6 dollars. Lequel de ces prix assure l'équilibre de l'offre et de la demande ?

   b. Quels sont les surplus du consommateur, du producteur et le surplus total au point d'équilibre ?

   c. Si Ernie produit et si Bert consomme une bouteille de moins, comment évolue le surplus total ?

   d. Si Ernie produit et Bert consomme une bouteille de plus, comment évolue le surplus total ?

6. Le coût de production des ordinateurs a considérablement baissé au cours des dernières années. Voyons quelques conséquences de ce fait :

   a. À l'aide d'un graphique offre-demande, montrez l'effet de la baisse des coûts de production sur le prix et la quantité d'ordinateurs vendus.

   b. Sur votre graphique, montrez l'effet sur les surplus du consommateur et du producteur.

   c. Supposons que l'offre d'ordinateurs soit très élastique. À qui profite le plus cette baisse des coûts de production : aux consommateurs ou aux producteurs d'ordinateurs ?

7. Quatre clients sont prêts à payer les sommes suivantes pour une coupe de cheveux :

   Phil : 7 dollars Oprah : 2 dollars Sally : 8 dollars
   Geraldo : 5 dollars

   Il existe quatre salons de coiffure qui opèrent avec les coûts suivants :

   A : 3 dollars B : 6 dollars C : 4 dollars D : 2 dollars

   Chacun de ces salons ne peut produire qu'une coupe de cheveux.

   a. Pour une efficience maximale, combien de coupes doivent avoir lieu ? Quelles sont les firmes qui doivent faire ces coupes, et quels doivent être les clients ? Quelle est la taille du surplus total maximal ?

   b. Supposons que les firmes A, C et D effectuent les coupes, et que les clients soient Phil, Oprah et Geraldo. Comment peut-on modifier l'allocation des affaires de sorte que le surplus total soit augmenté ?

8. Un planificateur social charitable découvre un marché sur lequel l'offre et la demande déterminent le prix et la quantité d'équilibre. À l'aide d'un graphique de ce marché, montrez la réduction du surplus total qui interviendrait si le planificateur décidait de réduire la production d'une unité. Expliquez de manière discursive. Sur un autre graphique, montrez la réduction du surplus total qui interviendrait si

le planificateur décidait d'augmenter la production d'une unit
Expliquez.

9. Voyons comment l'assurance médicale affecte la quantité de sui
médical. Supposons que l'acte médical typique coûte 100 dollars, ma
que l'assuré ne débourse que 20 dollars, la compagnie d'assuran
payant les 80 dollars restant (la compagnie d'assurance amortit ce co
en augmentant ses cotisations sur l'ensemble des assurés) :
   a. Dessinez la courbe de demande de soins médicaux (sur vot
graphique, l'axe des abscisses doit représenter le nombre d'actes méd
caux). Montrez la quantité d'actes demandée si le coût unitaire est
100 dollars.
   b. Sur votre graphique, montrez la quantité demandée si le coût
l'acte est de 20 dollars. Si le coût social de l'acte est vraiment
100 dollars, et si les individus sont assurés comme décrit plus haut,
nombre d'actes médicaux pratiqués maximise-t-il le surplus total
Expliquez.
   c. Les économistes accusent souvent le système de l'assuran
maladie de favoriser une surconsommation d'actes médicaux. Éta
donné votre analyse précédente, en quoi peut-on considérer « exce
sive » la consommation de services médicaux ?
   d. Quel genre de politique permettrait d'éviter cette consomm
tion excessive ?

10. À la fin des années 80 et au début des années 90, plusieurs régions
Californie ont connu de sévères sécheresses :
   a. À l'aide d'un graphique, montrez les effets de cette sécheres
sur le prix et la quantité d'équilibre de l'eau.
   b. Cependant, de nombreuses communautés n'ont pas laissé
prix de l'eau augmenter. Quel est l'effet de cette politique sur le marc
de l'eau ? Montrez sur votre graphique l'excédent ou la pénurie suscit
   Un article du *Wall Street Journal* de 1991 rapportait que « les ré
dents de Los Angeles devaient diminuer leur consommation d'eau
10 % au 1er mars et encore de 5 % au 1er mai, par rapport à leur conso
mation de 1986. » L'auteur de l'article critiquait cette mesure, sur le pl
de l'efficience comme sur celui de l'équité, en affirmant que « non se
lement cette mesure favorisait les familles qui avaient « gaspillé » l'e
en 1986, mais encore qu'elle encourageait peu les consommateurs prê
à faire des efforts plus importants, et qu'elle punissait ceux qui ne po
vaient pas facilement réduire leur consommation d'eau. »
   c. En quoi ce système d'allocation de l'eau est-il inefficient ? E
quoi est-il injuste ?
   d. Supposons qu'au contraire le prix de l'eau augmente jusqu'à
que la quantité demandée égale la quantité offerte. Cette allocati
serait-elle plus efficiente ? Serait-elle plus juste ? Que pourrait-on fai
pour améliorer l'équité ?

11. Quelle est l'hypothèse centrale qui justifie l'utilisation par les écon
mistes du surplus du consommateur comme une mesure du bien-êt
économique ? L'existence de la publicité peut-elle nous amener
revoir notre hypothèse ?

CHAPITRE 8

APPLICATION : LE COÛT DES TAXES

Dans ce chapitre, vous allez :

- examiner comment les taxes réduisent les surplus du consommateur et du producteur
- comprendre la signification et les causes de la perte sèche induite par les taxes
- voir pourquoi certaines taxes créent des pertes sèches plus importantes que d'autres
- observer comment la recette fiscale et la perte sèche varient avec la taille de la taxe

Les impôts sont souvent l'objet de débats politiques animés. L
Révolution américaine de 1776 trouva son origine dans la colè
des colons américains face aux impôts britanniques. Plus de deu
siècles plus tard, Ronald Reagan fut élu Président sur la base d'u
programme de réduction importante des impôts, et durant les hu
années qu'il passa à la Maison Blanche, la tranche marginale d'im
pôt sur le revenu fut ramenée de 70 à 28 %. Et si en 1992, Bi
Clinton l'emporta sur George Bush, ce fut en grande partie parc
que ce dernier ne tint pas la promesse faite durant sa campagne d
1988, de ne pas augmenter les impôts.

Nous avons commencé à nous intéresser aux taxes dans le cha
pitre 6. Nous avons vu alors comment une taxe influait sur le pri
d'un bien et sur la quantité vendue, et comment le jeu de l'offre
de la demande répartissait le fardeau fiscal entre les acheteurs et le
vendeurs. Dans ce chapitre, nous allons préciser notre analyse
voir l'impact des taxes sur le bien-être économique des agents éco
nomiques.

Cet impact peut paraître évident à première vue. Le gouverne
ment lève des impôts pour accroître ses revenus, et ces impôts do
vent être payés par quelqu'un. Comme nous l'avons vu dans le cha
pitre 6, acheteurs et vendeurs sont pénalisés par la taxation d'u
produit : la taxe augmente le prix payé par les acheteurs et rédu
celui perçu par les vendeurs. Mais pour comprendre l'intégralité d
phénomène, il nous faut comparer la perte supportée par les ache
teurs et les vendeurs aux recettes tirés de la taxe par le gouverne
ment. Les concepts de surplus du consommateur et du producteu
vont nous permettre de mener cette comparaison. Et nous allon
constater que le coût des taxes est supérieur aux recettes fiscales.

8.1 LA PERTE SÈCHE GÉNÉRÉE PAR LES TAXES

Commençons cette analyse en rappelant l'une des conclusion
surprenantes du chapitre 6 : peu importe qu'une taxe soit perçu
sur les acheteurs ou sur les vendeurs d'un bien. Si la taxe est impo
sée aux acheteurs, la courbe de demande descend d'un monta
égal à la taxe ; si elle est imposée aux vendeurs, la courbe d'off
monte d'un même montant. Dans tous les cas, quand une taxe e
imposée, le prix payé par les acheteurs est plus élevé et celui perç
par les vendeurs, inférieur. En fin de compte, acheteurs et vendeu
supportent ensemble le fardeau fiscal.

La figure 8.1 illustre ces effets. Le graphique ne fait pas figurer d
déplacement de courbe, même si l'une des courbes doit se déplace

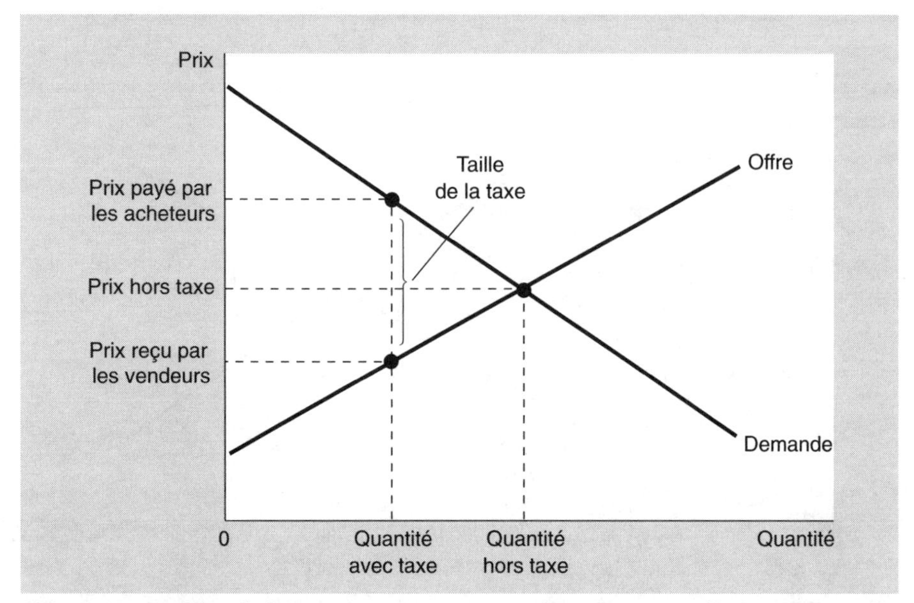

FIG. 8.1 **Les effets de la taxe.** Une taxe sur un bien crée une distorsion entre le prix payé par les acheteurs et le prix reçu par les vendeurs. La quantité vendue diminue.

selon que la taxe est imposée aux acheteurs ou aux vendeurs. Eu égard à notre propos, la visualisation de la translation est inutile. En revanche, il importe de réaliser que la taxe crée une distorsion entre le prix payé par les acheteurs et celui perçu par les vendeurs. Du fait de cette distorsion, la quantité vendue est inférieure à ce qu'elle aurait été en l'absence de taxe. Autrement dit, l'apparition de la taxe réduit le marché du bien taxé. Tout cela a été présenté dans le chapitre 6.

L'effet d'une taxe sur le bien-être des agents économiques

Utilisons maintenant les outils de l'économie du bien-être pour comparer les recettes et les coûts d'une taxe. Pour ce faire, il nous faut tenir compte des effets de la taxe sur les acheteurs, les vendeurs et le gouvernement. Le bien-être des acheteurs est mesuré par le surplus du consommateur – la somme que les acheteurs sont prêts à consacrer à l'achat d'un bien, diminué du prix effectivement payé. Le bien-être des vendeurs est mesuré par le surplus du producteur – la somme perçue par les vendeurs d'un bien, diminuée des coûts de production. Ces outils ont été présentés dans le chapitre précédent.

Qu'en est-il du gouvernement ? Celui-ci n'étant pas un individu, on ne peut pas parler de son bien-être comme nous le faisons pour

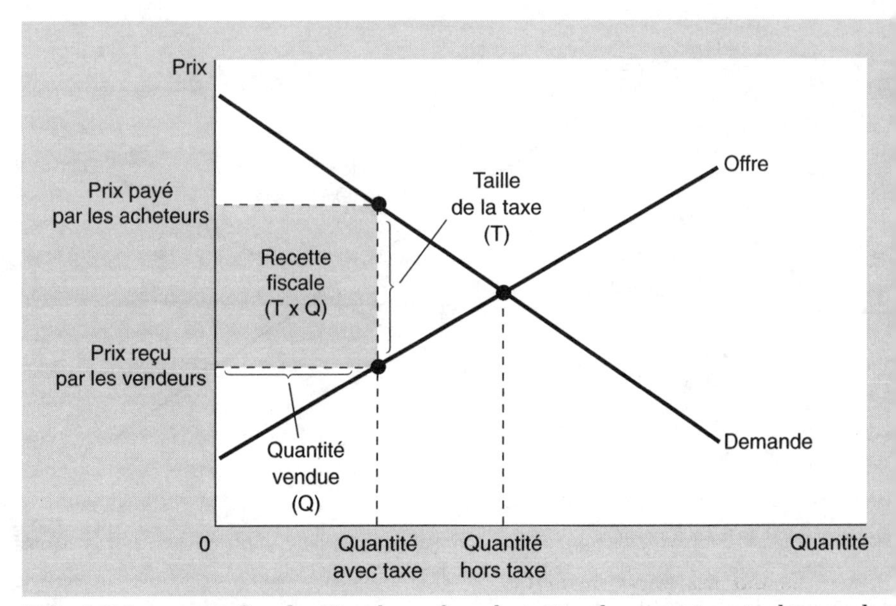

FIG. 8.2 **La recette fiscale.** C'est la surface du rectangle compris entre les courbes d'offre et de demande (T x Q) ; elle représente le revenu collecté par le gouvernement et est égale au produit de la taille de la taxe T par la quantité vendue Q.

les acheteurs ou les vendeurs. Mais il est impossible d'ignorer le rôle du gouvernement dans une telle affaire. Si T est la taille de la taxe et Q la quantité vendue, le gouvernement perçoit une recette fiscale égale à T x Q. Cette recette servira à financer des services divers, comme la construction de routes, l'entretien des forces de police, l'éducation publique, l'aide aux défavorisés, etc. Donc, pour évaluer les effets de la taxe sur le bien-être économique, nous utilisons la recette fiscale pour mesurer l'avantage retiré par le gouvernement, même si in fine on peut considérer que cet avantage profite à la communauté tout entière.

La figure 8.2 fait apparaître la recette fiscale comme un rectangle situé entre les courbes d'offre et de demande. Sa hauteur est égale à la taille de la taxe T, et sa largeur est égale à la quantité vendue Q. La surface d'un rectangle étant égale au produit de sa hauteur par sa largeur, elle ressort ici à T x Q, ce qui est exactement la recette fiscale.

Le bien-être en l'absence de taxe

Pour voir l'impact de la taxe sur le bien-être, commençons par rappeler ce qu'était celui-ci avant l'apparition de la taxe. La figure 8.3 fait apparaître les courbes d'offre et de demande ainsi que les diverses régions importantes, libellées de A à F.

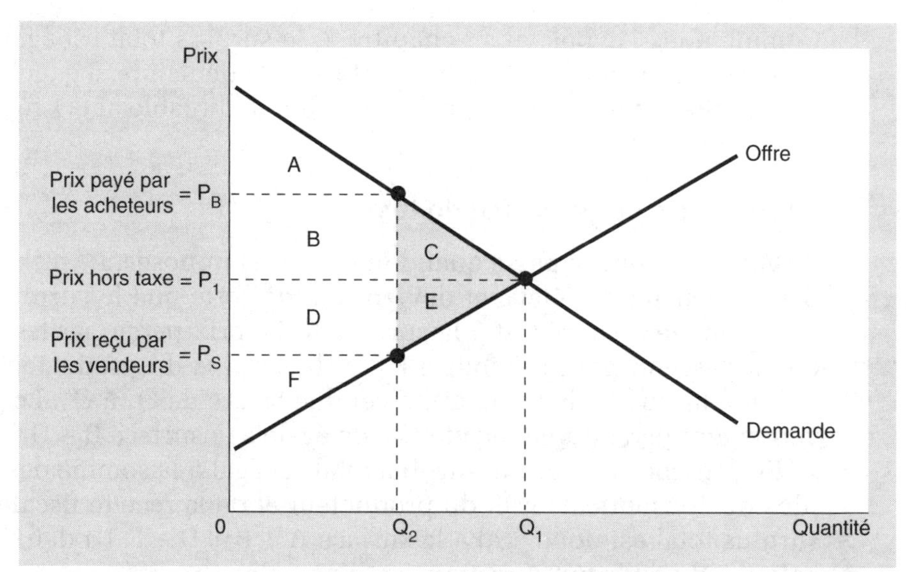

FIG. 8.3 **Les effets de la taxe sur le bien-être.** La taxe réduit les surplus du consommateur (B + C) et du producteur (D + E) plus qu'elle n'accroît la recette fiscale (B + D). La différence, appelée perte sèche générée par la taxe, est représentée par la surface C + E.

TABLEAU 8.1 **Impact de la taxe sur le bien-être.**

	Sans taxe	*Avec taxe*	*Variation*
Surplus du consommateur	A + B + C	A	– (B + C)
Surplus du producteur	D + E + F	F	– (D + E)
Recette fiscale	0	B + D	B + D
Surplus total	A + B + C + D + E + F	A + B + D + F	– (C + E)

Note. — Ce tableau fait référence aux régions figurant sur la figure 8.3.

En l'absence de taxe, le prix et la quantité d'équilibre se trouvent à l'intersection des deux courbes. Le prix est P_0, la quantité vendue Q_0. Comme la courbe de demande reflète la volonté d'acheter des acheteurs, le surplus du consommateur est la surface comprise entre la courbe de demande et le prix, soit A + B + C. De la même façon, parce que la courbe d'offre reflète les coûts supportés par les vendeurs, le surplus du producteur est la surface comprise entre le prix et la courbe d'offre, soit D + E + F. En l'absence de taxe, la recette fiscale est évidemment égale à zéro.

Le surplus total, somme des surplus du consommateur et du producteur, est représenté par la surface entière, soit A + B + C + D + E + F.

Comme nous l'avons vu au chapitre 7, le surplus total est égal à la surface située entre les courbes d'offre et de demande, à gauche de la quantité d'équilibre. La première colonne du tableau 8.1 résume ces conclusions.

Le bien-être en présence de taxe

Voyons ce qui se passe quand une taxe est imposée. Le prix payé par les acheteurs s'élève et devient P_B, de sorte que le surplus du consommateur est réduit à la surface A. Le prix perçu par les vendeurs descend pour s'établir à P_S, et le surplus du producteur est réduit à la surface F. La quantité vendue baisse de Q_1 à Q_2. Le gouvernement perçoit une recette fiscale égale à la surface B + D.

En présence de taxe, le surplus total est égal à la somme des surplus du consommateur et du producteur et de la recette fiscale. Ce surplus total est donc égal à la surface A + B + D + F. La deuxième colonne du tableau 8.1 résume ces éléments.

Comparaison du bien-être

On peut maintenant mesurer l'impact de la taxe en comparant le bien-être avant et après l'apparition de la taxe. C'est ce qui apparaît dans la troisième colonne du tableau 8.1. Du fait de la taxe, le surplus du consommateur diminue de la surface B + C, et le surplus du producteur diminue de la surface D + E. La recette fiscale augmente de la surface B + D. Comme il fallait s'y attendre, la taxe pénalise à la fois les acheteurs et les vendeurs, et favorise le gouvernement.

La variation du bien-être général est égale à la somme de la variation du surplus du consommateur (qui est négative), de la variation du surplus du producteur (qui est elle aussi négative) et de la variation de la recette fiscale (qui est positive). Il ressort en définitive que le surplus total du marché a diminué de la surface C + E. *Ainsi, les pertes supportées par les acheteurs et les vendeurs sont supérieures au profit réalisé par le gouvernement.*

Cette réduction du surplus total due à la taxe (la surface C + E) est appelée *perte sèche* de la taxe, et s'explique par le fait que la taxe modifie les comportements. Dans le chapitre 7, nous avons vu qu'en temps normal, les marchés allouent les ressources rares de manière efficace. C'est-à-dire que l'équilibre de l'offre et de la demande maximise le surplus total. Quand une taxe augmente le prix payé par les acheteurs et réduit celui perçu par les vendeurs, elle incite les acheteurs à consommer moins et les vendeurs à produire moins. Petit à petit, la taille du marché se réduit par rapport à l'optimum qu'est le niveau d'équilibre. Donc, dans la mesure où les taxes modifient les comportements, elles conduisent les marchés à allouer les ressources de manière inefficace.

Perte sèche et avantages de l'échange

L'exemple suivant permet de mieux saisir l'origine de la perte sèche suscitée par les taxes. Imaginons que Joe fasse le ménage chaque semaine chez Jane pour 100 dollars. Le coût d'opportunité pour Joe est de 80 dollars, et Jane accorde à une maison bien propre une valeur de 120 dollars. Joe et Jane retirent donc chacun un bénéfice de 20 dollars de cette opération. Le surplus total est donc de 40 dollars, et il mesure les avantages de l'échange dans cette transaction particulière.

Imaginons maintenant que le gouvernement impose une taxe de 50 dollars sur les services de nettoyage. L'existence de cette taxe va les pénaliser tous les deux. La somme maximale que Jane est prête à payer est de 120 dollars. Mais alors, il ne resterait plus que 70 dollars à Joe, après paiement de la taxe, ce qui est inférieur à son coût. Inversement, pour que Joe couvre son coût d'opportunité de 80 dollars, il faudrait que Jane le paie 130 dollars, ce qui est supérieur à la valeur qu'elle accorde au service rendu. Dans ces conditions, Jane et Joe ne font plus affaire ensemble. Joe est donc sans revenu, et Jane vit dans une maison moins propre.

La taxe a pénalisé Joe et Jane d'un montant total de 40 dollars, puisqu'ils ont perdu ce surplus total. Du même coup, le gouvernement ne perçoit rien de Joe et Jane. Ces 40 dollars constituent donc bien une perte sèche : il s'agit d'une perte pour le vendeur et l'acheteur, non compensée par une recette pour le gouvernement. Cet exemple montre bien l'origine ultime de la perte sèche suscitée par une taxe. *Les taxes génèrent des pertes sèches parce qu'elles empêchent les acheteurs et les vendeurs de réaliser l'intégralité des avantages de l'échange.*

Cette perte est représentée sur la figure 8.3 par la surface du triangle situé entre les courbes d'offre et de demande (surface C + E). Rappelez-vous que la courbe de demande reflète la valeur accordée à un bien par les acheteurs, tandis que la courbe d'offre reflète les coûts supportés par les producteurs. Quand la taxe augmente le prix payé par les acheteurs et diminue celui perçu par les vendeurs, acheteurs et vendeurs marginaux quittent le marché, et la quantité vendue diminue. Pourtant, comme on le constate sur la figure 8.4, la valeur accordée au bien par ces acheteurs reste supérieure aux coûts supportés par ces vendeurs. Comme dans notre exemple de Joe et Jane, les avantages de l'échange – la différence entre la valeur

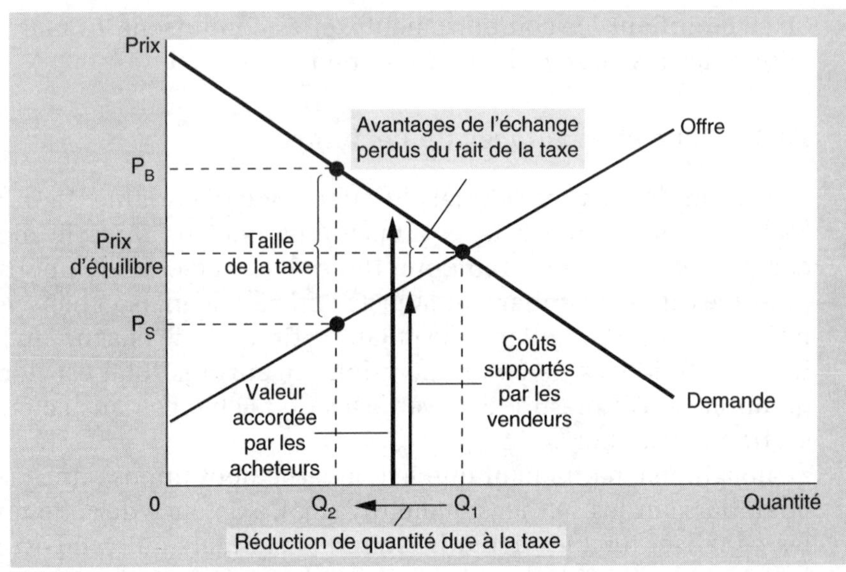

FIG. 8.4 **La perte sèche.** Quand le gouvernement impose une taxe sur un produit, la quantité vendue tombe de Q_1 à Q_2. Par conséquent, une partie des gains potentiels de l'échange entre acheteurs et vendeurs n'est pas réalisée. Ce sont ces gains potentiels non réalisés qui forment la perte sèche.

accordée par les acheteurs et les coûts supportés par les vendeurs – sont inférieurs au montant de la taxe. Dès que celle-ci est imposée, ces échanges ne sont plus réalisés. La perte sèche est donc égale au surplus total perdu parce que la taxe supprime le caractère mutuellement avantageux des échanges.

■ **VÉRIFIEZ VOS CONNAISSANCES** Dessiner les courbes d'offre et de demande de biscuits. Si le gouvernement impose une taxe sur les biscuits, montrer ce qui arrivera à la quantité vendue, au prix payé par les acheteurs, à celui perçu par les vendeurs. Sur le graphique, montrer la perte sèche générée par la taxe. Expliquer la signification de cette perte sèche.

8.2 LES DÉTERMINANTS DE LA PERTE SÈCHE

Qu'est-ce qui détermine l'importance de la perte sèche générée par la taxe ? La réponse réside dans les élasticités de l'offre et de la demande, qui mesurent la sensibilité des quantités offerte et demandée aux variations de prix.

Voyons d'abord le rôle de l'élasticité de l'offre. Sur les deux premières planches de la figure 8.5, la courbe de demande et la taille de la taxe sont identiques. La seule différence tient à l'élasticité de l'offre. Sur la planche A, la courbe d'offre est relativement rigide : la quantité offerte n'est que peu affectée par des variations de prix. Sur la planche B, l'offre est relativement élastique : la quantité offerte est plus sensible aux variations de prix. Vous noterez que la perte sèche, c'est-à-dire la surface du triangle entre les courbes d'offre et de demande, est plus importante quand l'offre est plus élastique.

De la même façon, la figure 8.5 montre comment l'élasticité de la demande affecte l'importance de la perte sèche. Sur la planche C, la demande est relativement rigide, et la perte sèche est faible. Sur la planche D, la demande est plus élastique, et la perte sèche est plus importante.

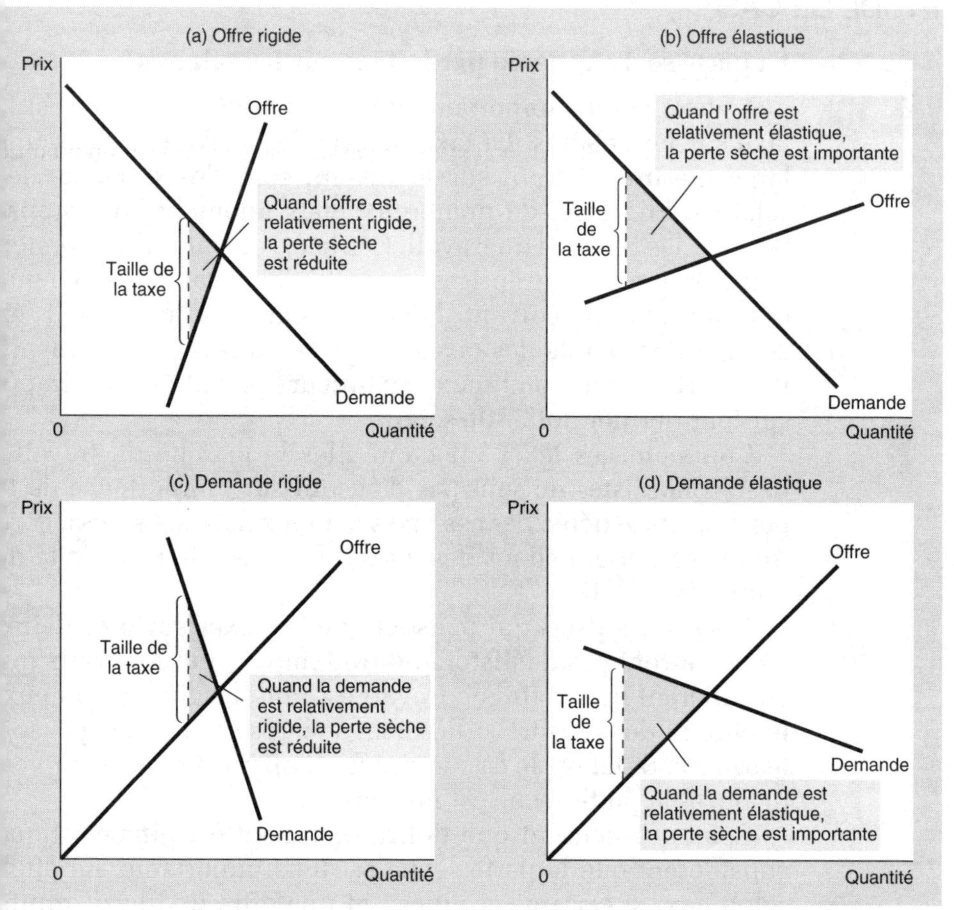

FIG. 8.5 **Taxe et élasticités.** Sur les planches A et B, la courbe de demande et la taille de la taxe sont identiques, mais l'élasticité-prix de l'offre est différente. Plus l'offre est élastique, plus la perte sèche est importante. Sur les planches C et D, la courbe d'offre et la taille de la taxe sont identiques, mais l'élasticité-prix de la demande est différente. Plus la demande est élastique, plus importante est la perte sèche générée par la taxe.

Ce résultat s'explique facilement. Une taxe génère une perte sèche parce qu'elle pousse les acheteurs et les vendeurs à modifier leur comportement. Les acheteurs consomment moins, puisqu'ils paient plus cher. Les vendeurs produisent moins, puisqu'ils perçoivent moins. De ce fait, la taille du marché diminue par rapport à l'optimum. Les élasticités de l'offre et de la demande mesurent la réponse des acheteurs et des vendeurs aux changements de prix, et déterminent donc la distorsion que la taxe crée. Et donc, *plus les élasticités de l'offre et de la demande sont élevées, plus la perte sèche générée par une taxe sera importante.*

ÉTUDE DE CAS

La perte sèche générée par la taxe sur les salaires

La taxe la plus importante de l'économie américaine est la taxe sur les salaires. La taxe de sécurité sociale et, dans une large mesure, l'impôt sur le revenu sont des taxes sur les salaires. En outre, de nombreux États rajoutent leur propre taxe sur les revenus du travail. Ces taxes créent une distorsion entre ce que les entreprises versent à leurs salariés et ce que ces derniers perçoivent effectivement. Si l'on prend en compte l'ensemble des taxes frappant les revenus du travail il ressort que de nombreux travailleurs paient 50 % d'impôt sur leur dernier dollar de salaire.

Comment ces taxes affectent-elles le marché du travail ? Les économistes ne sont pas d'accord sur l'importance de la perte sèche générée par ces taxes sur les salaires. Le désaccord trouve son origine dans des vues différentes de l'élasticité de l'offre de travail.

Les économistes qui pensent que les taxes sur les salaires n'engendrent pas de distorsion trop importante sont ceux qui considèrent que l'offre de travail est plutôt rigide. Selon eux la plupart des gens travailleraient à temps plein, quel que soit le salaire. Si tel est le cas, la courbe d'offre est quasiment verticale, et la perte sèche est minime.

Ceux qui pensent que l'offre de travail est plus élastique considèrent que la perte sèche est plus importante. En effet selon eux, si certains groupes ont une offre de travail plutôt rigide, d'autres répondent mieux aux incitations. En voici quelques exemples :

– de nombreux travailleurs régulent le nombre d'heures travaillées, notamment en faisant des heures supplémentaires

Plus la prime est élevée, plus ils accepteront de faire des heures supplémentaires ;

– dans de nombreuses familles, il existe un deuxième travailleur potentiel – souvent la mère de famille – qui décide soit de travailler gratuitement chez lui, soit de travailler contre un salaire à l'extérieur. Pour prendre cette décision, ces personnes comparent les salaires qu'elles pourraient gagner aux avantages procurés par le fait de rester chez soi (par exemple, les économies en matière de garde d'enfants) ;

– les travailleurs plus âgés décident de la date à laquelle ils prennent leur retraite, et cette décision est en partie fondée sur la rémunération perdue. Une fois à la retraite, les salaires potentiels les amèneront à considérer la possibilité de travailler à temps partiel ;

– certains peuvent être attirés par une activité économique illégale, comme le trafic de drogue, ou du travail au noir. Les économistes appellent cela *l'économie souterraine.* Avant d'opter pour une activité criminelle ou une activité légale, les individus comparent les revenus qu'ils espèrent gagner illégalement avec les salaires qu'ils percevraient dans une activité légitime.

Dans tous les exemples précités, la quantité offerte de travail dépend du salaire (le prix du travail). Donc les décisions de ces agents économiques sont perturbées par l'existence de taxes sur les salaires. Celles-ci incitent les gens à travailler moins, les mères de famille à rester à la maison, les personnes plus âgées à prendre leur retraite plus tôt, et les individus sans scrupule à s'engager dans des activités criminelles.

ÉTUDE DE CAS

Henry George et la taxe foncière

Henry George était un économiste et philosophe social américain du siècle dernier. Dans un ouvrage publié en 1879, intitulé « Progrès et Pauvreté », George avançait l'idée que le gouvernement devrait tirer l'ensemble de ses revenus d'une taxe foncière. Selon lui, cette « taxe unique » aurait été à la fois équitable et efficiente. Ses idées lui valurent un certain succès politique, et en 1886, il ne manqua que de très peu la Mairie de New York (et il devança très largement le candidat républicain Theodore Roosevelt).

Son idée de taxe foncière unique était motivée par une volonté de distribution du bien-être économique. Il déplorait le « contraste choquant entre une richesse agressive et une pauvreté inhumaine » et considérait que les propriétaires terriens bénéficiaient plus que de raison du développement économique rapide du pays.

Examinons les arguments de George à l'aide des outils de la science économique moderne. Voyons d'abord l'offre et la demande sur le marché des terres à louer. La population augmentant sous l'effet de l'immigration et les revenus progressant grâce au développement technologique, la demande de terrain croît régulièrement. Cependant, la quantité de terres disponibles étant finie, l'offre est parfaitement rigide. L'augmentation rapide de la demande conjuguée avec une offre totalement rigide conduisent à un accroissement continue des loyers, de sorte que la croissance économique rend les riches propriétaires terriens de plus en plus riches.

Voyons maintenant l'impact d'une taxe foncière. Comme nous l'avons vu au chapitre 6, le poids de la taxe repose surtout sur le côté du marché qui est le moins élastique. La taxe foncière proposée repose sur ce principe. Les propriétaires de terrains n'ont pas d'autre alternative que de proposer toutes leurs terres au marché et d'en tirer le maximum. L'élasticité de l'offre est nulle, et les propriétaires terriens supporteraient donc tout le poids de la taxe.

Qu'en est-il de l'efficience ? Comme nous venons de le voir la perte sèche générée par une taxe dépend des élasticités de l'offre et de la demande. De nouveau, le cas de la taxe foncière est un peu extrême. Dans la mesure où l'élasticité de l'offre est nulle, la taxe ne modifie en rien l'allocation des ressources. Il n'y a donc pas de perte sèche, et le revenu perçu par le gouvernement correspond exactement à la perte de revenus supportée par les propriétaires.

Si cette taxe foncière paraît attirante en théorie, elle n'est pas aussi simple à mettre en œuvre. Pour que cette taxe soit neutre en terme de comportement des agents, il faut qu'elle porte sur la terre nue. Or la valeur d'un terrain dépend largement des aménagements réalisés, comme la coupe des arbres, l'existence de canalisations et la présence de routes permettant l'accès. Pour s'en rendre compte, il suffit de comparer un hectare de terrain à Las Vegas et un hectare de terrain dans la Vallée de la Mort. La terre nue est la même dans les deux cas : c'est du désert pur et dur. Pourtant le terrain à Las

Vegas vaut beaucoup plus cher compte tenu des aménagements réalisés.

Contrairement à l'offre de terre nue, l'offre d'aménagements a une élasticité non nulle. Si la taxe foncière prenait en compte les aménagements, elle modifierait les comportements : les propriétaires seraient moins enclins à aménager leurs terrains.

Aujourd'hui, l'idée d'une taxe foncière unique telle que développée par Henry George n'est guère suivie par les économistes. Non seulement les aménagements posent problème, mais encore la taxe ne permettrait pas de financer les besoins actuels d'un gouvernement. Cependant, plusieurs des arguments développés par George demeurent valides. Écoutez cette opinion émise par l'éminent économiste Milton Friedman, un siècle après la parution du livre de George : « À mon avis, l'impôt le moins mauvais serait un impôt sur la valeur de la terre nue, selon l'idée bien ancienne d'Henry George. »

■ **VÉRIFIEZ VOS CONNAISSANCES** La demande de bière est plus élastique que la demande de lait. Laquelle des deux taxes suivantes, sur la bière ou sur le lait, générerait la perte sèche la plus importante ? Pourquoi ?

8.3 PERTE SÈCHE ET RECETTE FISCALE EN CAS DE VARIATION DES TAXES

Les taxes sont rarement invariables. Les hommes politiques sont toujours à l'affût d'une augmentation des impôts, parfois d'une réduction. Nous allons voir ce que deviennent la perte sèche et la recette fiscale quand le niveau des taxes est modifié.

La figure 8.6 illustre les effets d'une taxe petite, moyenne ou grosse, les courbes d'offre et de demande demeurant identiques. La perte sèche – la réduction du surplus total qui résulte de la diminution du marché – est égale à la surface du triangle compris entre les courbes d'offre et de demande. Pour une petite taxe, cette surface est petite (planche A), mais la perte sèche augmente avec l'importance de la taxe (planches B et C).

En fait, la perte sèche augmente plus rapidement que la taxe. En effet, la perte sèche est mesurée par la surface d'un triangle, et celle-ci varie comme le carré de sa taille. Si la taxe est doublée, la base et la hauteur du triangle sont doublées, et la perte sèche est multipliée par quatre. Si la taxe est triplée, la perte sèche est multipliée par neuf.

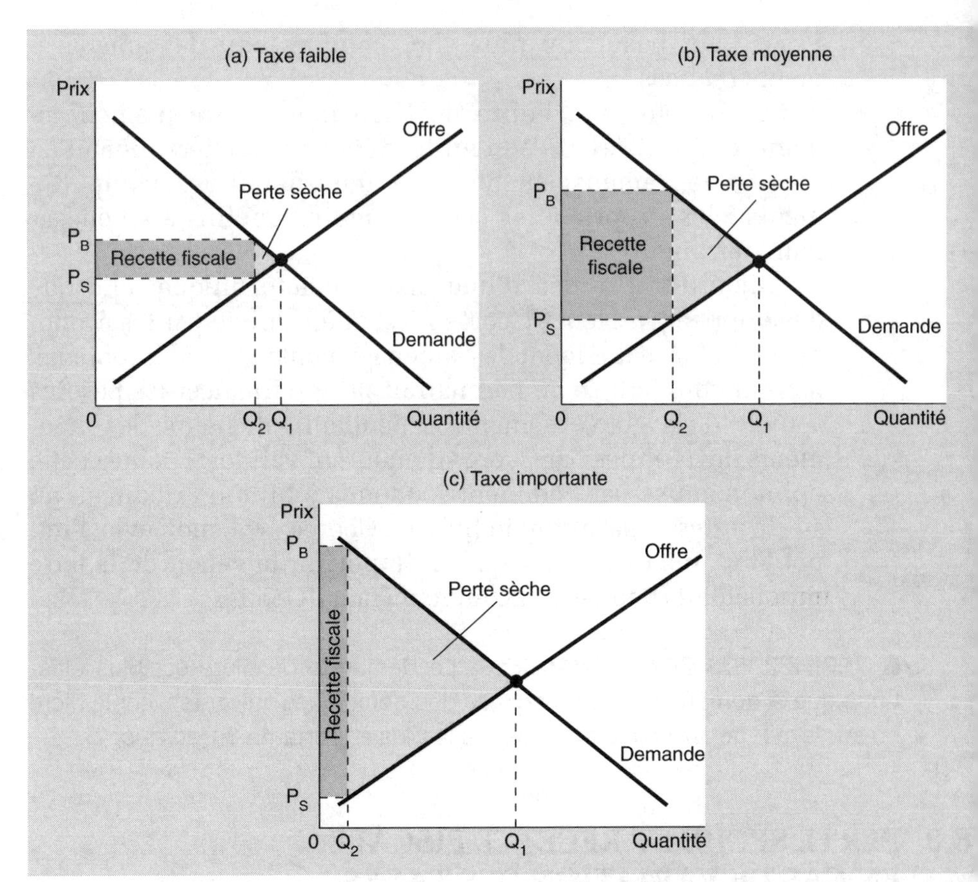

FIG. 8.6 **Perte sèche et recette fiscale pour trois tailles différentes de taxe.** La perte sèche est la réduction du surplus total due à la taxe. La recette fiscale est le produit de la taille de la taxe par la quantité vendue. Sur la planche A, une petite taxe génère une petite perte sèche et une faible recette fiscale. Sur la planche B, une taxe plus importante génère une perte sèche plus importante et une recette fiscale plus grande. Sur la planche C, une taxe énorme génère une énorme perte sèche, mais comme elle a énormément réduit la taille du marché, elle ne rapporte pas une énorme recette fiscale.

La recette fiscale est le produit de la taille de la taxe par la quantité vendue. Comme le démontre la figure 8.6, la recette fiscale est égale à la surface du rectangle compris entre les courbes d'offre et de demande. Pour une petite taxe (planche A), la recette fiscale est faible. Quand la taxe augmente (planche A à planche B), la recette fiscale commence par augmenter elle aussi. Mais à partir d'un certain moment, si la taxe continue d'augmenter (planche B à planche C), la recette fiscale va se mettre à baisser, parce qu'une taxe plus élevée va réduire la taille du marché. Une taxe gigantesque ne rapporterait rien au gouvernement, puisque personne n'achèterait ni ne vendrait le produit.

La figure 8.7 résume ces résultats. Au fur et à mesure que la taxe augmente, la perte sèche augmente, mais plus rapidement. En revanche, la recette fiscale, qui commence par augmenter avec la taxe, finit par diminuer, le marché se réduisant.

ÉTUDE DE CAS

La courbe de Laffer

Un jour de 1974, l'économiste Arthur Laffer déjeunait dans un restaurant de Washington avec quelques journalistes et hommes politiques influents. Sur une serviette de table, il leur dessina une figure pour illustrer la relation entre la taille d'une taxe et la recette fiscale. Cette figure ressemblait beaucoup à la planche B de notre figure 8.7. Laffer indiqua que les États-Unis se trouvaient sur la partie droite de la courbe. Les impôts étaient tellement élevés, disait-il, que les réduire augmenterait en fait les rentrées fiscales.

La plupart des économistes considéraient cette idée comme farfelue. En termes scientifiques, cette affirmation selon laquelle réduire les impôts pouvait accroître les recettes fiscales était une évidence. La vraie question était de savoir si Laffer avait raison sur le plan pratique, c'est-à-dire de savoir si les taux d'imposition aux États-Unis avaient atteint des niveaux aussi extrêmes.

Pourtant la *courbe de Laffer* (c'est ainsi qu'elle est connue depuis) retint l'attention de Ronald Reagan. David Stockman, ministre du Budget de la première administration Reagan, rapporte l'histoire suivante :

Reagan avait vécu la courbe de Laffer. « J'ai commencé à gagner pas mal d'argent en tournant des films pendant la Seconde Guerre Mondiale », avait-il l'habitude de raconter. À cette époque, le taux marginal d'imposition atteignait 90 %. « Dès qu'on avait tourné quatre films, on était dans la tranche maximale. Alors on s'arrêtait là, et on partait à la campagne. » Les taux d'imposition étant très élevés, les gens cessaient de travailler. Avec des taux plus bas, les gens travaillaient plus. Son expérience personnelle le prouvait.

Lors de la campagne présidentielle de 1981, Reagan fit de la baisse des impôts la pierre angulaire de son programme. Il prétendait que les impôts étaient si élevés qu'ils décourageaient le travail, et que des impôts plus faibles inciteraient les gens à travailler plus, ce qui ne manquerait pas de relancer

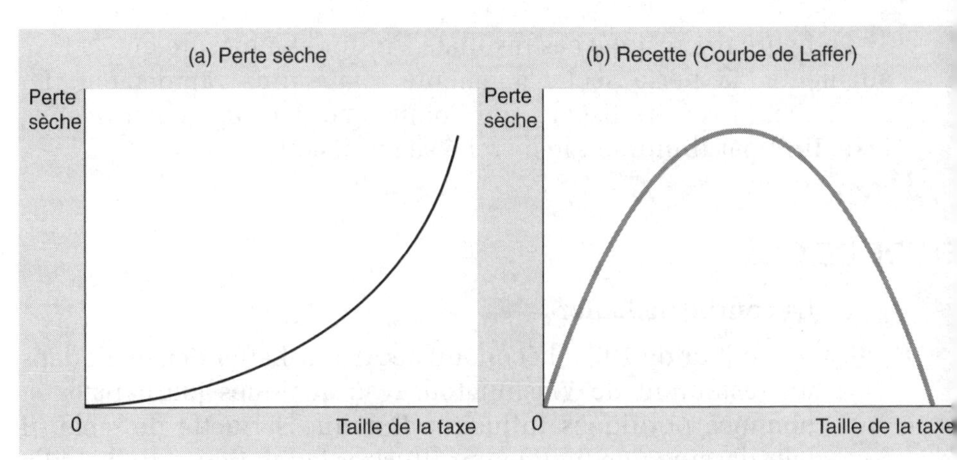

FIG. 8.7 **Perte sèche et recette fiscale varient avec la taille de la taxe.** La planche A montre que la perte sèche augmente avec la taille de la taxe. La planche B montre que l recette fiscale commence par augmenter, puis finit par diminuer. Cette relation est parfoi appelée courbe de Laffer.

l'économie et peut-être même d'augmenter les recettes fis cales. George Bush, lui-même candidat à la Présidence a même moment, qualifia ces idées d'« économie vaudoue ».

L'histoire donna raison à Bush contre Laffer. Quand Reaga diminua les impôts après l'élection, les recettes fiscales plon gèrent au lieu d'augmenter. Les recettes fiscales de l'impôt su le revenu des personnes physiques chutèrent de 9 % entr 1980 et 1984, alors même que le revenu moyen augmentait d 4 % sur la même période. Une fois la politique de réductio d'impôts lancée, il était difficile de l'arrêter. C'est ainsi qu débuta une longue période pendant laquelle le gouvernemen se montra incapable de financer ses dépenses. Durant le deux mandats de Reagan à la Présidence, et pendant de nom breuses années ultérieures, le gouvernement opéra avec u énorme déficit budgétaire.

L'argumentation de Laffer n'est pourtant pas sans mérite Même si une réduction généralisée des taux d'impositio réduit les recettes fiscales, il est clair que certains contri buables sont du mauvais côté de la courbe de Laffer. Dans le années 1980, les recettes fiscales en provenance des Améri cains les plus riches, ceux qui étaient les plus imposés, on effectivement augmenté, alors que les taux d'imposition bais saient. L'idée selon laquelle les rentrées fiscales augmenten si les taux d'imposition diminuent est vraie quand elle es appliquée aux plus hauts revenus. La solution proposée pa Laffer trouverait un meilleur terrain d'application dan d'autres pays que les États-Unis, où les taux d'imposition sont beaucoup plus élevés, comme la Suède où, au début des années 80, le taux marginal d'imposition était de l'ordre de 80 %. Il est clair que de tels taux sont dissuasifs. Les calculs montrent qu'effectivement la Suède aurait pu accroître ses recettes fiscales en diminuant le taux d'imposition.

Ces idées connurent un nouveau succès quand Bill Clinton s'installa à la Maison Blanche en 1993. Afin d'augmenter les recettes du gouvernement, Clinton augmenta les taux d'imposition des personnes aux plus hauts revenus, jusqu'à 40 %. Plusieurs économistes critiquèrent ces propositions, considérant que cela ferait rentrer beaucoup moins d'argent que prévu par l'administration Clinton. De même, quand Bob Dole fit campagne contre Clinton en 1996, il proposa de réduire l'imposition des personnes physiques. Selon lui, 28 % de la réduction d'impôt seraient récupérés par une accélération de la reprise économique. Les économistes n'étaient pas tous d'accord sur ce taux de récupération de 28 %, certains le jugeant trop optimiste, d'autres (les partisans de Laffer) trop pessimiste.

Si les responsables politiques s'opposent sur ces sujets, c'est parce qu'ils ne sont pas d'accord sur l'évaluation des élasticités pertinentes. Plus la demande et l'offre sont élastiques, plus les impôts modifient les comportements des acheteurs et des vendeurs, et plus il y a de chances pour qu'une réduction de la fiscalité accroisse les rentrées fiscales. Mais une chose est parfaitement claire : il est impossible de calculer ce que rapportera ou coûtera au gouvernement une modification des impôts, à la seule vue des taux d'imposition. Il faut tenir compte des modifications comportementales engendrées par les variations d'imposition.

■ **VÉRIFIEZ VOS CONNAISSANCES** Si le gouvernement double les taxes sur l'essence, est-on certain que les recettes fiscales augmenteront ? Peut-on être sûr que la perte sèche engendrée par la taxe sur le carburant augmentera ? Expliquer.

8.4 CONCLUSION

Oliver Wendell Holmes a dit un jour que les impôts étaient le prix à payer pour vivre dans une société civilisée. De fait, il est impossible de vivre sans un minimum de fiscalité. Tout le monde

DANS VOS JOURNAUX

L'Ukraine doit-elle diminuer les impôts pour augmenter ses recettes fiscales ?

Plus les impôts sont élevés, plus un pays a de chances de se retrouver du mauvais côté de la courbe de Laffer. Selon l'article suivant, l'Ukraine vient juste d'en faire l'expérience.

Une grosse réduction d'impôts pour relancer l'économie : pas ici, en Ukraine

PETER PASSELL

Les propositions de Bob Dole de relance de l'économie par la baisse des impôts n'ont pas convaincu les Américains, sensibles au problème du déficit budgétaire. Mais les partisans de ce genre de pratique existent ailleurs dans le monde : en Ukraine par exemple.

Le gouvernement ukrainien tente de convaincre ses banquiers et le Fonds monétaire international du bien-fondé de sa politique de réduction d'impôts pour relancer une économie moribonde. Et ils reçoivent le soutien de certains économistes, comme Jeffrey Sachs, directeur de l'Institut Harvard pour le développement international : « L'Ukraine est certainement l'un des pays dans lesquels une baisse des impôts peut générer de meilleures rentrées fiscales », déclare Sachs.

La chute du communisme en Ukraine a certainement décentralisé le pouvoir économique, mais contrairement à ce qui s'est passé dans d'autres républiques ex-soviétiques, la bureaucratie ukrainienne a conservé la haute main sur le monde industriel. Le monde des affaires y est englué dans une fiscalité très lourde, des réglementations contraignantes et une corruption sérieuse.

Du coup, l'économie locale est en plein décomposition. Certaines études indépen dantes font état d'une réduction des deu tiers du produit national issu des activité légales depuis 1989.

L'économie étant de plus en plus réduite la fiscalité est de plus en plus lourde. La tax sur les salaires par exemple atteint 52 %, e ce n'est pas le seul impôt payé par le entreprises. « Aucune entreprise ne peut sur vivre dans un tel environnement », déclar Sachs.

En fait, les entreprises survivent sur l marché parallèle, qui échappe aux régle mentations et aux impôts. Sur la base de l consommation d'électricité, on estime qu l'économie parallèle est aujourd'hui plu importante que l'économie officielle.

Le risque politique est donc évident, et l Président ukrainien en est bien conscien C'est pourquoi il soutient le clan des parti sans du marché libre contre les apparat chiks, et engage des réformes d'envergur conseillées par les occidentaux...

Au cœur de ces réformes on trouve un dérégulation et une réduction de la fiscalité visant à faire émerger une partie au moins d l'économie souterraine. La taxe sur le salaires va passer de 52 à 15 %, et les entre prises collecteront des fonds destinés au retraites des employés et gérés par des ins titutions spécialisées internationales.

Et l'on peut être raisonnablement opti miste. Une étude de 1996 indique que 40 % de l'économie parallèle rejoindrait le mond officiel d'ici à 3 ans, et encore 40 % d'ici 6 ans si les réformes sont jugées crédible Cette crédibilité est certainement l'aspect l plus sensible du projet pour assurer son suc cès à terme...

Source. — *New York Times*, 14 novembre 199 p. D2.

attend du gouvernement qu'il procure un certain nombre de services, comme le réseau routier, la police, la défense nationale, etc. Ces services publics doivent être financés par les impôts.

Ce chapitre a permis de commencer à apprécier le prix d'une société civilisée. L'un des *dix principes de l'économie* présentés au chapitre 1 affirmait qu'en général, les marchés constituaient une manière efficace d'organiser l'économie. Quand le gouvernement impose des taxes sur les acheteurs ou les vendeurs, l'efficacité globale diminue. Les impôts sont coûteux non seulement parce qu'ils transfèrent des ressources des ménages vers le gouvernement, mais aussi parce qu'ils contribuent à modifier les comportements et à fausser les résultats de marché.

RÉSUMÉ

- Une taxe imposée sur un produit réduit le bien-être des acheteurs et des vendeurs de ce produit, et la diminution des surplus du consommateur et du producteur est en général supérieure aux rentrées fiscales perçues par le gouvernement. Cette baisse du surplus total – surplus du consommateur, surplus du producteur et recette fiscale – est appelée perte sèche générée par la taxe.
- Les taxes engendrent des pertes sèches car elles poussent les acheteurs à consommer moins et les vendeurs à produire moins, ce qui se traduit par une contraction du marché en dessous du point qui maximise le surplus total. Dans la mesure où les élasticités de l'offre et de la demande mesurent la sensibilité des agents économiques aux conditions de marché, les pertes sèches seront d'autant plus élevées que les élasticités sont grandes.
- Plus une taxe est élevée, plus elle modifie les comportements, et plus la perte sèche qu'elle génère croît. La recette fiscale commence par augmenter avec l'accroissement de la taxe. Mais, si celle-ci augmente trop, la recette fiscale finira par baisser, car le marché se sera trop contracté.

CONCEPT CLÉ – DÉFINITION

Perte sèche : réduction du surplus total du fait de l'impôt.

QUESTIONS DE RÉVISION

1. Si la vente d'un bien est taxée, qu'arrive-t-il au surplus du consommateur et du producteur ? Comment les variations de ces surplus se comparent-elles à la recette fiscale ? Expliquez.

2. Dessinez un graphique offre-demande avec une taxe sur la vente d'u bien. Montrer la perte sèche et la recette fiscale.
3. Comment les élasticités de l'offre et de la demande influent-elles sur l perte sèche générée par une taxe ? Pourquoi ?
4. Qu'arrive-t-il à la perte sèche et à la recette fiscale quand une taxe es augmentée ?

PROBLÈMES D'APPLICATION

1. Le marché de la pizza est caractérisé par une courbe de demande pente négative et une courbe d'offre à pente positive :

   a. Dessinez l'équilibre du marché. Indiquez le prix, la quantité, l surplus du consommateur et celui du producteur. Y a-t-il une pert sèche ? Pourquoi ?

   b. Supposons que le gouvernement impose aux pizzerias de lu payer une taxe de 1 dollar par pizza vendue. Montrez l'effet de cett taxe sur le marché de la pizza, en indiquant clairement les surplus d consommateur et du producteur, la recette fiscale et la perte sèche Comparez chacun de ces éléments avec ce qu'il était avant l'apparitio de la taxe.

   c. Si la taxe était retirée, consommateurs et vendeurs de pizzas s porteraient mieux, mais le gouvernement perdrait ses revenus Supposons que les consommateurs et les producteurs soient d'accor pour transférer volontairement une partie de leurs gains au gouverne ment. Est-il possible que tout le monde (gouvernement inclus) se port mieux que lorsque la taxe existait ? Expliquez à l'aide des diverses sur faces de votre graphique.
2. Considérez les deux affirmations suivantes. Êtes-vous d'accord Pourquoi ?

   a. « Si le gouvernement taxe les terrains, les riches propriétaire repasseront cette taxe sur leurs locataires moins riches ».

   b. « Si le gouvernement taxe les immeubles d'appartements, le riches propriétaires repasseront cette taxe sur leurs locataires moin riches ».
3. Considérez les deux affirmations suivantes. Êtes-vous d'accord Pourquoi ?

   a. « Une taxe qui ne génère pas de perte sèche ne rapporte rien a gouvernement ».

   b. « Une taxe qui ne rapporte rien au gouvernement ne peut pa générer de perte sèche ».
4. Considérez le marché des élastiques en caoutchouc :

   a. Si ce marché a une offre très élastique et une demande très rigide, comment le fardeau fiscal sera-t-il réparti entre consommateurs et producteurs ? Expliquez votre réponse à l'aide des concepts de surplus du consommateur et de surplus du producteur.

b. Même question si l'offre est très rigide et la demande très élastique. Comparez avec la réponse précédente.

5. Imaginons que le gouvernement impose une taxe sur le fuel domestique :

   a. La perte sèche générée par cette taxe sera plus importante un ou cinq ans après l'introduction de la taxe ? Expliquez.

   b. Même question pour la recette fiscale. Expliquez.

6. En sortant d'un cours d'économie, un de vos amis vous fait remarquer qu'il serait astucieux de taxer la nourriture pour augmenter les revenus du gouvernement, puisque la demande de nourriture est relativement rigide. Dans quel sens est-ce « astucieux » ? Dans quel sens ce n'est pas « astucieux » ?

7. En novembre 1993, le sénateur Daniel Patrick Moynihan proposa d'imposer une taxe de 10 000 % sur certaines munitions à tête creuse :

   a. Pensez-vous qu'une telle taxe rapporterait beaucoup au gouvernement ? Pourquoi ?

   b. Même si la taxe ne devait rien rapporter au gouvernement, quelle pourrait être l'objet de cette taxe ?

8. Le gouvernement impose une taxe sur l'achat de chaussettes :

   a. Montrez l'impact de cette taxe sur le prix et la quantité d'équilibre du marché de la chaussette. Indiquez les aires suivantes, avant et après l'introduction de la taxe : somme totale dépensée par les acheteurs, somme totale perçue par les vendeurs, et recette fiscale.

   b. Le prix payé par les consommateurs augmente-t-il ou baisse-t-il ? Pouvez-vous dire si la somme totale dépensée par les acheteurs a augmenté ou baissé ? Expliquez soigneusement. Si la consommation totale a baissé, le surplus du consommateur a-t-il pu augmenter ? Expliquez.

   c. Le prix perçu par les producteurs a-t-il augmenté ou baissé ? Pouvez-vous dire si la somme totale perçue par les producteurs a augmenté ou baissé ? Expliquez.

9. La plupart des États imposent une taxe sur l'achat des véhicules neufs. Supposons que cette taxe soit de 100 dollars actuellement dans le New Jersey, et que le gouvernement envisage de la passer à 150 dollars l'année prochaine :

   a. Montrez l'effet de cette taxe sur la quantité de voitures vendues au New Jersey, sur le prix payé par les consommateurs, et sur le prix encaissé par les vendeurs.

   b. Faites un tableau présentant les surplus du consommateur, du producteur, la recette fiscale et le surplus total, avant et après l'augmentation de la taxe.

   c. Quel est l'impact sur la recette fiscale ? Est-il positif ou négatif ?

   d. Quel est l'impact sur la perte sèche ? Est-il positif ou négatif ?

   e. Indiquez une raison pour laquelle la demande de voitures dans le New Jersey pourrait être plutôt élastique. De ce fait, cette nouvelle taxe a-t-elle plus ou moins de chances d'accroître les recettes du gouvernement ? Comment les États pourraient-ils réduire l'élasticité de l demande ?

10. Il y a plusieurs années, le gouvernement britannique imposa une « pol tax », qui obligeait chaque individu, quel que soit son niveau d revenu, à payer un montant fixe au gouvernement. Quel est l'effe d'une telle taxe sur l'efficience économique ? Quel est l'effet su l'équité ? Pensez-vous que cette taxe fut populaire ?
11. Ce chapitre a présenté les effets des taxes sur le bien-être économique Envisagez maintenant la politique inverse. Supposons que le gouver nement subventionne un produit : il donne 2 dollars par produi acheté, au bénéfice de l'acheteur. Quel est l'effet de cette subventio sur les surplus du consommateur, du producteur, la recette fiscale et l surplus total ? Une subvention génère-t-elle une perte sèche Expliquez.
12. *(Ce problème nécessite des connaissances d'algèbre et n'est pas évi dent.)* Imaginons un marché décrit par les équations d'offre et d demande suivantes :

$$Q_0 = 2P$$
$$Q_D = 300 - P$$

a. Indiquez le prix et la quantité d'équilibre.

b. Supposons qu'une taxe T soit imposée aux acheteurs, de sort que la demande devient :

$$Q_D = 300 - (P + T)$$

Indiquez le nouvel équilibre. Qu'advient-il du prix reçu par les vendeurs, du prix payé par les acheteurs, et de la quantité vendue ?

c. La recette fiscale est égale à T x Q. Exprimez-la en fonction de T, à l'aide de la réponse b. Représentez-la graphiquement entre 0 et 300.

d. La perte sèche est égale à la surface du triangle compris entre les courbes d'offre et de demande. La surface d'un triangle étant égale à 0,5 x base x hauteur, exprimez la perte sèche en fonction de T (en regardant de côté, la base du triangle est T, et la hauteur la différence entre les quantités vendues avec ou sans taxe).

e. Le gouvernement impose maintenant une taxe de 200 dollars par unité de produit. Est-ce une bonne politique ? Pourquoi ? Pouvez-vous en proposer une meilleure ?

CHAPITRE 9

APPLICATION : LE COMMERCE INTERNATIONAL

Dans ce chapitre, vous allez :

- voir ce qui fait qu'un pays importe ou exporte un produit
- observer qui profite et qui pâtit du commerce international
- apprendre que les gains réalisés par ceux qui profitent du commerce international excèdent les pertes supportées par les perdants
- examiner l'effet des taxes douanières sur le bien-être
- étudier les arguments avancés par les partisans des protections douanières

Si vous jetez un œil sur l'étiquette apposée sur les vêtements qu
vous portez, vous verrez qu'une bonne partie de ces vêtements a é
fabriquée dans un autre pays. Il y a une centaine d'années, l'indu
trie textile et de l'habillement représentait une part importante d
l'économie américaine ; ce n'est plus le cas aujourd'hui. Confron
tées à des concurrents étrangers capables de produire des articles d
qualité à des coûts inférieurs, les entreprises américaines ont eu d
plus en plus de mal à réaliser des profits dans ces secteurs indu
triels. Elles ont fini par fermer et licencier leur personnel. Aujou
d'hui, la majeure partie des tissus et de l'habillement consomm
aux États-Unis est produite à l'étranger et importée.

L'histoire de l'industrie textile soulève d'importantes questior
en matière de politique économique : quel effet le commerce inte
national a-t-il sur le bien-être économique ? Quels sont les gagnan
et les perdants du commerce international, et comment se comp
rent les gains et les pertes ?

Au cours du chapitre 3, nous avons commencé à étudier le com
merce international par le biais de l'avantage comparatif. Selon c
principe, tous les pays peuvent bénéficier du commerce internati
nal parce que l'échange permet à chacun de se spécialiser dans c
qu'il fait le mieux. Mais l'analyse du chapitre 3 était incomplèt
Elle ne nous disait rien sur la manière dont ces gains étaient réal
sés, ni sur leur répartition entre les divers acteurs économiques.

Nous allons donc poursuivre cette étude et répondre à ces que
tions. Dans les chapitres précédents, nous avons développé un ce
tain nombre d'outils nécessaires à l'étude du fonctionnement de
marchés : offre, demande, équilibre, surplus du consommateur
du producteur, etc. Avec ces outils, nous allons en apprendre plu
sur les effets du commerce international sur la prospérité général

9.1 LES DÉTERMINANTS DE L'ÉCHANGE

Considérons le marché du fer, qui se prête bien à cette étude de
avantages et coûts de l'échange international : de nombreux pays d
par le monde produisent du fer, et les échanges sont nombreux. E
outre, on trouve fréquemment des politiques protectionniste
visant à favoriser l'industrie métallurgique domestique. Ici, nou
allons étudier le marché du fer dans le pays imaginaire d'Isoland.

L'équilibre sans échange

Au moment où notre histoire débute, le marché du fer d'Isolan
est séparé du reste du monde. La loi interdit toute importation o

exportation de fer, et les peines encourues en cas de violation sont telles que personne n'ose contrevenir à la règle.

Puisqu'il n'y a aucun commerce avec l'étranger, le marché n'oppose que des acheteurs et des vendeurs locaux. Comme le montre la figure 9.1, le prix domestique s'ajuste de manière à équilibrer la demande et l'offre locales. La figure met en évidence les surplus du consommateur et du producteur, en situation d'équilibre sans échange. La somme des deux surplus mesure les gains totaux retirés par les acheteurs et les vendeurs participant à l'activité de ce marché.

Supposons maintenant qu'un nouveau Président soit élu, sur la base d'un programme de réformes et d'idées nouvelles. Le Président consulte un panel d'économistes et demande une évaluation de la politique commerciale du pays. Il souhaite en particulier des réponses aux trois questions suivantes :

– Si le gouvernement autorisait les importations et les exportations de fer, qu'adviendrait-il du prix du fer sur le marché domestique et de la quantité vendue ?

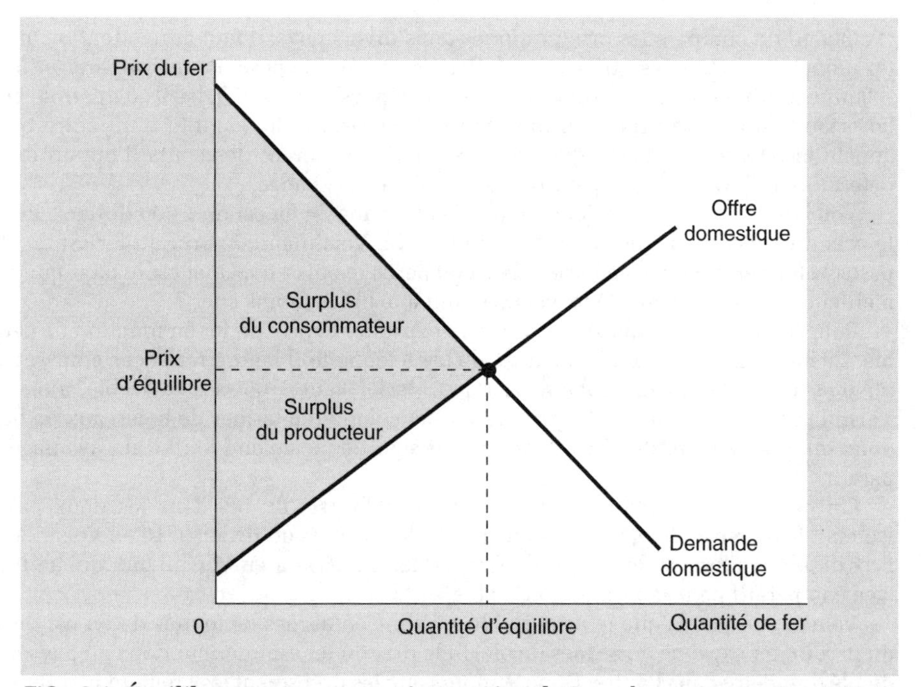

FIG. 9.1 **Équilibre sans commerce international.** Quand une économie ne participe pas au commerce mondial, le prix s'ajuste de manière à équilibrer l'offre et la demande domestiques. Cette figure montre les surplus du consommateur et du producteur, à l'équilibre sans échange international.

– Quels seraient les gagnants et les perdants d'une telle opéra tion, et comment se compareraient les gains et les pertes ?

– Faudrait-il lever une taxe douanière ou imposer un quota su les importations de fer ?

Après avoir relu les chapitres relatifs à l'offre et la demande dan leur manuel d'économie préféré (celui-ci bien entendu), l'équip d'économistes se mit au travail.

Prix mondial et avantage comparatif

La première question que se posent nos économistes consiste déterminer si Isoland risque de devenir un importateur ou u exportateur de fer. Autrement dit, les habitants du pays achèteront ils ou vendront-ils leur fer sur le marché mondial s'ils en avaient l possibilité ?

POUR VOTRE CULTURE GÉNÉRALE

La comparaison des prix et l'avantage comparatif

Quand on compare les prix pratiqués dans divers pays, il faut faire attention aux uni tés monétaires. Un pays utilisera le dollar, et un autre le peso. Pour comparer utilement il faut recourir à un étalon utilisé dans les deux pays : onces d'or, barils de pétrole brut o boisseaux de blé. Le prix d'un bien mesuré en termes de quantité d'un autre bien es appelé le *prix relatif*. Parce que les prix relatifs mesurent des coûts d'opportunité, il déterminent l'avantage comparatif et les schémas d'échange.

Voici un exemple. En Isoland, le prix de la tonne de fer est de 1 000 dollars, alors qu le prix du boisseau de blé est de 200 dollars. En Voisinland, le prix du fer est de 10 00 pesos la tonne, et le prix de blé est de 1 000 pesos le boisseau. Quel est le pays qui offre l meilleur prix pour le fer ? Quel est celui qui a le blé le moins cher ?

Pour répondre à ces questions, on peut exprimer le prix du fer en fonction de celui d blé. Ce qui nous indiquera la quantité de blé à laquelle il faudra renoncer pour se procu rer une tonne de fer. En Isoland, la tonne de fer vaut 5 boisseaux de blé, alors qu'e Voisinland, elle en vaut 10. Le prix du fer en Isoland (en termes de boisseaux de blé) es donc inférieur à celui de Voisinland, ce qui signifie qu'Isoland jouit d'un avantage com paratif.

On peut aussi comparer de la même façon le prix du blé dans les deux pays. E Isoland, le boisseau de blé vaut 1/5 de tonne de fer, alors qu'il vaut 1/10 en Voisinland. L prix du blé (en termes de tonnes de fer) est donc inférieur en Voisinland, qui a un avan tage comparatif pour la production de blé.

Vous remarquerez que le prix du blé exprimé en termes de tonnes de fer est l'invers du prix du fer exprimé en termes de blé. Si le prix du fer est inférieur dans un pays, le pri du blé doit l'être dans l'autre. Donc, à moins que les prix soient exactement identiques, u pays doit avoir un avantage comparatif sur un produit et un autre pays doit l'avoir sur u autre bien.

Pour répondre à cette question, il suffit de comparer le prix du fer à Isoland avec le prix pratiqué dans les autres pays. On appelle celui-ci le *prix mondial.* Si le prix mondial est supérieur au prix domestique, Isoland devrait devenir exportateur de fer. Les producteurs de fer locaux seraient ravis de vendre leur fer à un prix supérieur dans d'autres pays. Inversement, si le prix mondial est inférieur au prix domestique, Isoland devrait devenir importateur de fer. Les acheteurs de fer locaux préféreraient acheter leur fer moins cher à l'étranger.

En fait, comparer le prix mondial et le prix domestique avant l'échange revient à déterminer si Isoland jouit d'un avantage comparatif pour ce qui est de la production de fer. Le prix domestique reflète le coût d'opportunité du fer : il nous indique ce à quoi un isolandien doit renoncer pour obtenir une unité de fer. Si le prix domestique est faible, le coût de production du fer à Isoland est faible aussi, et il est probable qu'Isoland bénéficie d'un avantage comparatif par rapport au reste du monde pour la production de fer. Si le prix domestique est élevé, le coût de production local est important, et les autres pays ont probablement un avantage comparatif par rapport à Isoland.

Nous avons vu au chapitre 3 qu'en définitive le commerce international est fondé sur l'avantage comparatif. Il est profitable à tous car il permet à chacun de se spécialiser dans ce pourquoi il est le meilleur. En comparant le prix mondial et le prix domestique du fer, on sait si Isoland est mieux ou moins bien placé que le reste du monde pour produire du fer.

■ **VÉRIFIEZ VOS CONNAISSANCES** En Autarka, le commerce international est interdit. On peut y acheter un costume en laine contre 3 onces d'or. Dans les pays voisins, le même costume se négocie 2 onces d'or. Si l'interdiction de commercer est levée, verra-t-on des importations ou des exportations de costumes ?

.2 GAGNANTS ET PERDANTS DU COMMERCE INTERNATIONAL

Pour analyser les effets du commerce international sur la prospérité du pays, les économistes font l'hypothèse que l'économie d'Isoland est suffisamment petite par rapport au reste du monde pour que ses décisions soient sans effet sur les marchés mondiaux. Cette hypothèse implique une conséquence importante : le change-

ment de politique du pays n'aura aucune influence sur le prix mon
dial du fer. Les Isolandais sont des *preneurs de prix* sur le march
mondial. C'est-à-dire qu'ils prennent le prix tel qu'il est sur le ma
ché. Ils peuvent vendre du fer à ce prix et être exportateurs, o
acheter du fer à ce prix et être importateurs.

Cette hypothèse d'économie négligeable n'est pas indispensabl
pour analyser les gains et les pertes du commerce international
Mais les économistes isolandais savent par expérience que cett
hypothèse facilite grandement le travail. Ils savent aussi que le
enseignements resteront vrais dans le cas plus compliqué d'un
économie de grande taille.

Gains et pertes d'un pays exportateur

La figure 9.2 montre le marché du fer isolandais dans l'hypo
thèse où le prix domestique avant l'échange est inférieur au pri
mondial. Une fois le commerce international autorisé, le pri
domestique augmente jusqu'au niveau du prix mondial. Aucu
vendeur de fer n'acceptera un prix inférieur au prix mondial e
aucun acheteur ne voudra acheter à un prix supérieur au prix mon
dial.

Maintenant que le prix domestique est devenu égal au prix mon
dial, la quantité domestique fournie est différente de la quantit
domestique demandée. La courbe d'offre indique la quantité de fe
proposée par les vendeurs isolandais. La courbe de demand
indique la quantité de fer demandée par les acheteurs isolandais
Comme la quantité domestique offerte est supérieure à la quantit
domestique demandée, Isoland vend du fer aux autres pays e
Isoland devient un exportateur de fer.

Même si les quantités offertes et demandées sont différente
l'une de l'autre, le marché du fer est pourtant en situation d'équi
libre, car il y a maintenant un troisième participant : le reste d
monde. On peut considérer que la droite horizontale passant par l
prix mondial représente la demande de fer du reste du monde. Cett
courbe de demande est parfaitement élastique parce qu'Isoland es
une petite économie et peut donc vendre tout le fer qu'elle veut a
prix mondial.

Voyons maintenant ce qui a été gagné ou perdu depuis l'ouver
ture de l'économie au commerce international. De toute évidence
tout le monde n'est pas gagnant. L'échange international a poussé l
prix domestique vers le prix mondial. Les vendeurs domestique
bénéficient de ce prix supérieur, mais les acheteurs domestiques
perdent puisqu'ils doivent payer plus cher leur fer.

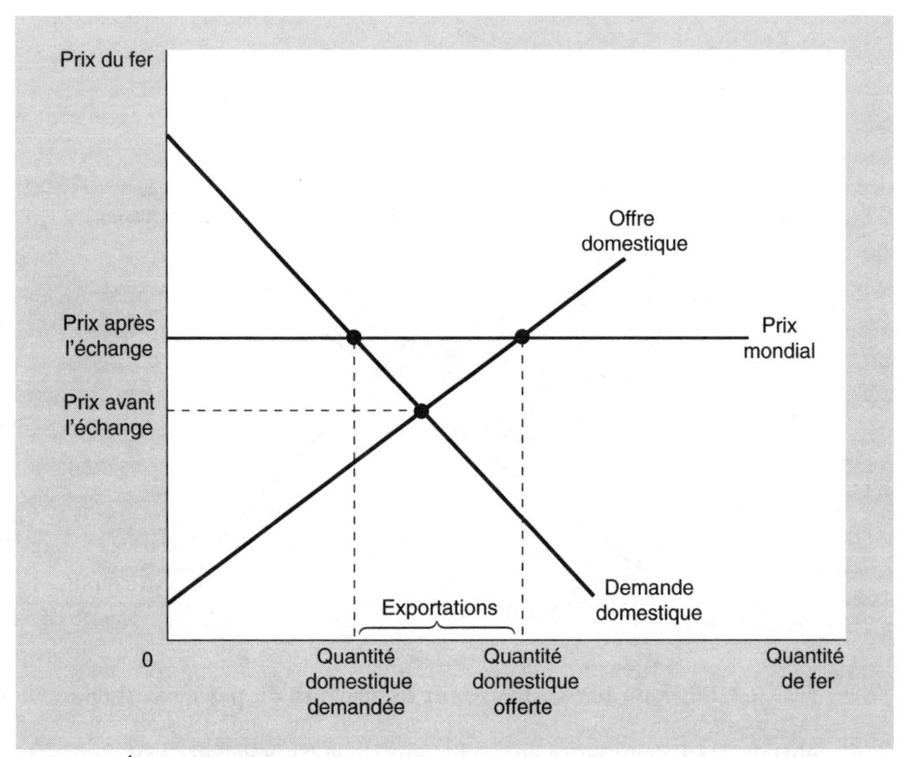

FIG. 9.2 **Échange international : cas du pays exportateur.** Quand l'échange est autorisé, le prix domestique monte pour atteindre le niveau du prix mondial. La courbe d'offre montre la quantité produite intérieurement, et la courbe de demande la quantité consommée à l'intérieur du pays. Les exportations comblent la différence entre la quantité fournie intérieurement et la quantité demandée au prix mondial.

Pour mesurer ces gains et pertes, considérons les variations des surplus du consommateur et du producteur. Elles apparaissent sur la figure 9.3 et sont résumées dans le tableau 9.1. Avant l'échange, le prix équilibre l'offre et la demande domestiques. Le surplus du consommateur, surface comprise entre la courbe de demande et le prix, est égal à A + B. Le surplus du producteur, surface comprise entre la courbe d'offre et le prix, est égal à C. Le surplus total avant l'échange, somme des deux précédents, est donc égal à A + B + C.

Une fois l'échange autorisé, le prix domestique s'élève jusqu'au niveau du prix mondial. Le surplus du consommateur devient A (région comprise entre la courbe de demande et le prix mondial). Le surplus du producteur devient B + C + D (région comprise entre la courbe d'offre et le prix mondial). Le surplus total suite à l'échange est donc égal à A + B + C + D.

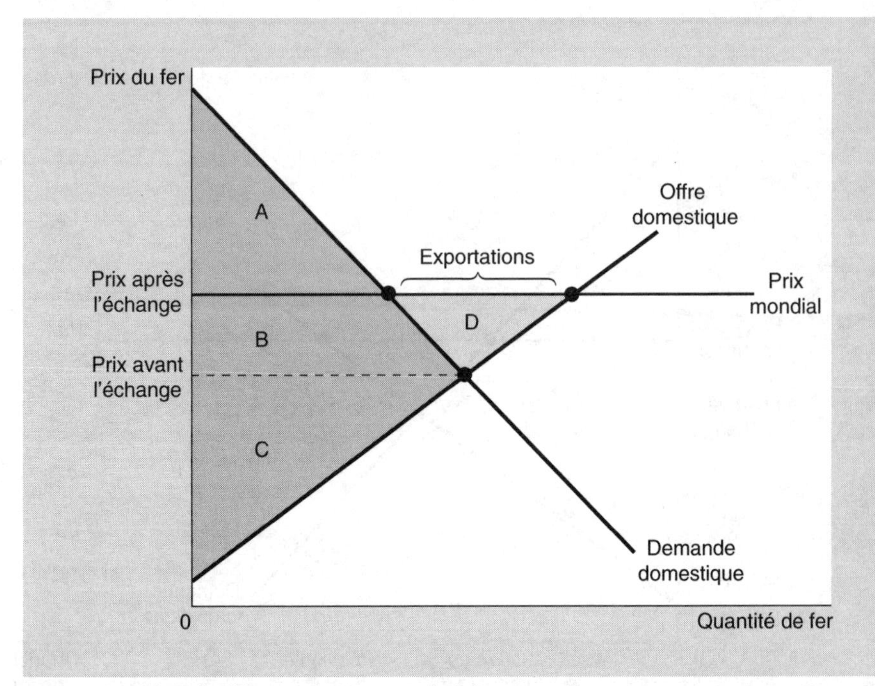

FIG. 9.3 **Effets du libre-échange sur le bien-être du pays exportateur.** Quand le prix domestique s'aligne sur le prix mondial, les vendeurs sont gagnants (le surplus du producteur passe de C à B + C + D), et les acheteurs sont perdants (le surplus du consommateur passe de A + B à A). Le surplus total a progressé de D, ce qui prouve que le bien-être du pays a été amélioré.

TABLEAU 9.1 **Effets du commerce international sur la prospérité d'un pays. Cas d'un pays exportateur.**

	Avant l'échange	*Après l'échange*	*Échange*
Surplus du consommateur	A + B	A	– B
Surplus du producteur	C	B + C + D	+ (B + D)
Surplus total	A + B + C	A + B + C + D	+ D

Note. — Ce tableau fait référence aux régions figurant sur la figure 9.3.

Ces calculs nous permettent de voir qui profite et qui pâtit de l'échange dans un pays exportateur. Les vendeurs profitent de l'échange, puisque le surplus du producteur augmente de la surface B + D. En revanche, les acheteurs pâtissent de l'échange, puisque le surplus du consommateur diminue de la surface B. Les gains des vendeurs excèdent les pertes des acheteurs, et le surplus total isolandais augmente de la surface D.

Cette analyse nous amène à tirer deux conclusions :

– *Quand un pays devient exportateur d'un bien, les producteurs domestiques profitent de cette nouvelle situation, tandis que les consommateurs domestiques en pâtissent.*

– *L'échange international accroît le bien-être économique d'un pays, car les gains réalisés par les uns sont supérieurs aux pertes supportées par les autres.*

Gains et pertes d'un pays importateur

Imaginons maintenant que le prix domestique avant l'échange soit supérieur au prix mondial. Une fois encore, dès que l'échange international est autorisé, le prix domestique va s'aligner sur le prix mondial. Comme le montre la figure 9.4, la quantité domestique fournie est inférieure à la quantité domestique demandée. La différence est comblée par des achats à l'étranger, et Isoland devient un pays importateur.

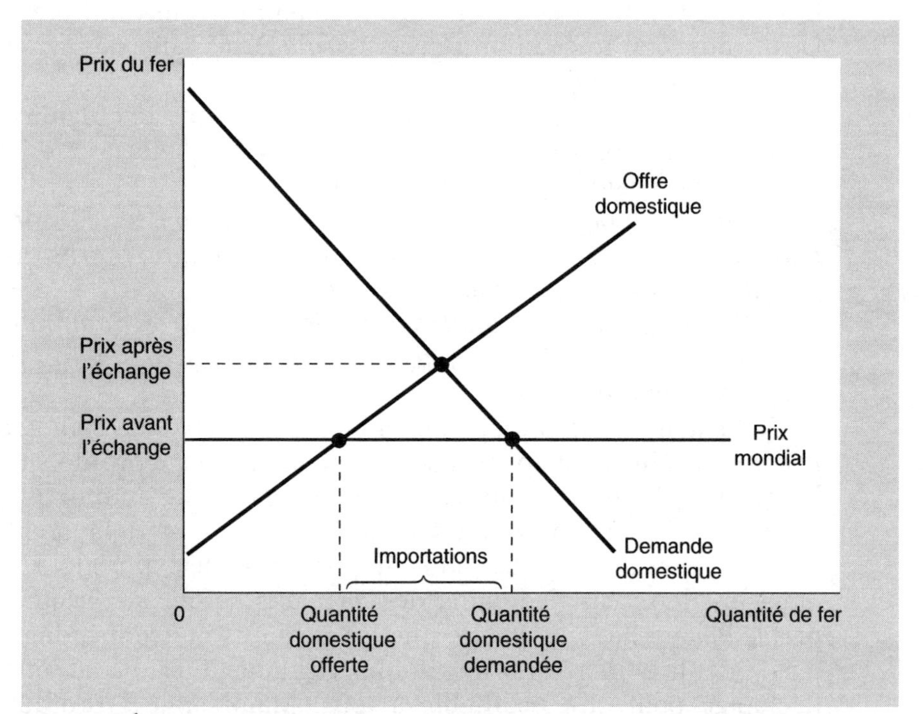

FIG. 9.4 **Échange international : cas du pays importateur.** Quand l'échange est autorisé, le prix domestique baisse pour atteindre le prix mondial. La courbe d'offre indique la quantité produite intérieurement, et la courbe de demande la quantité consommée à l'intérieur du pays. Les importations comblent la différence entre la quantité demandée et la quantité fournie au prix mondial.

Dans ce cas, la droite horizontale passant par le prix mondial repr
sente l'offre en provenance du reste du monde. Cette courbe d'offre e
parfaitement élastique parce qu'Isoland est une petite économie, q
peut acheter autant de fer qu'elle le souhaite au prix mondial.

Voyons maintenant les gains et les pertes dus à cet échang
Comme il fallait s'y attendre, tout le monde ne profite pas de la no
velle situation. L'échange poussant le prix domestique vers le ba
les acheteurs domestiques sont favorisés, tandis que les vendeu
domestiques sont défavorisés.

Les variations des surplus du consommateur et du product
mesurent ces gains et ces pertes. Elles apparaissent sur la figure 9.
et sont résumées sur le tableau 9.2. Avant l'échange, A représente
surplus du consommateur, B + C le surplus du producteur
A + B + C le surplus total. Après l'ouverture internationale, le su
plus du consommateur devient A + B + D, le surplus du product
devient C et le surplus total est égal à A + B + C + D.

De toute évidence, les acheteurs ont profité de la situatio
puisque le surplus du consommateur a augmenté de la surfac
B + D. Les vendeurs en revanche ont vu leur surplus diminuer de
Le surplus total a néanmoins progressé de D, les gains des acheteu
étant supérieurs aux pertes des vendeurs.

Cette analyse nous permet de tirer les deux conclusions su
vantes, qui ne sont pas sans rappeler celles auxquelles nous avio
abouti concernant le pays exportateur :

– *Quand un pays devient importateur d'un bien, les consomm
teurs domestiques profitent de la nouvelle situation, tandis que l
producteurs domestiques en pâtissent.*

– *L'échange international accroît le bien-être économique d
pays, car les gains réalisés par les uns sont supérieurs aux pert
supportées par les autres.*

Cette analyse terminée, on comprend mieux ce *principe d
l'économie* cité au chapitre 1 selon lequel l'échange profite à tout
les parties. Quand Isoland ouvre son marché du fer au monde ext
rieur, cette décision sera favorable à certains et défavorables
d'autres, que le pays devienne importateur ou exportateur. Ma
dans les deux cas, les gains des gagnants seront supérieurs au
pertes des perdants, de sorte que les gagnants peuvent indemnis
les perdants et demeurer néanmoins gagnants. C'est en ce sens q
l'échange peut être profitable à tous. Mais sera-t-il profitable
tous ? Probablement pas. En pratique, ce genre d'indemnisation d
perdants est rarissime. Sans cette indemnisation, l'ouverture a
commerce international est une politique qui accroît la taille d
gâteau, mais qui réduit la part de certains.

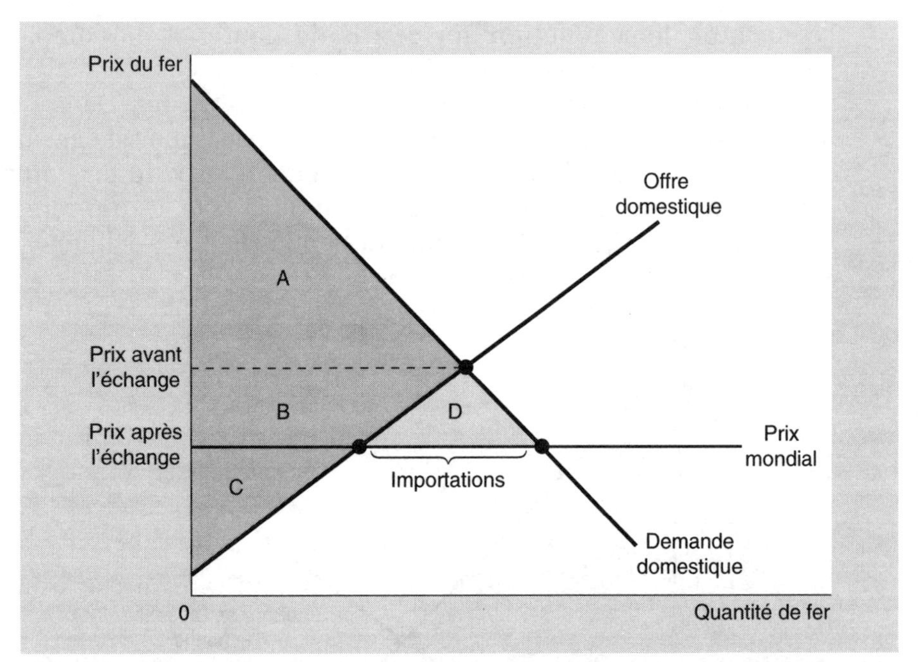

FIG. 9.5 **Effets du libre-échange sur le bien-être du pays importateur.** Quand le prix domestique s'aligne sur le prix mondial, les acheteurs sont gagnants (le surplus du consommateur passe de A à A + B + D), et les vendeurs sont perdants (le surplus du producteur passe de B + C à C). Le surplus total augmente de D, ce qui prouve que le bien-être du pays s'est amélioré.

TABLEAU 9.2 **Effets du commerce international sur la prospérité d'un pays. Cas d'un pays importateur.**

	Avant l'échange	*Après l'échange*	*Échange*
Surplus du consommateur	A	A + B + D	+ (B + D)
Surplus du producteur	B + C	C	– B
Surplus total	A + B + C	A + B + C + D	+ D

Note. — Ce tableau fait référence aux régions figurant sur la figure 9.3.

Effets des barrières douanières sur le bien-être

Les économistes isolandais s'intéressent ensuite aux effets d'une *taxe sur les importations*. De toute évidence, cette taxe serait sans effet si Isoland doit devenir exportateur de fer. Si personne ne cherche à importer du fer, une taxe sur les importations ne sert à rien. En revanche, la taxe devra être prise en compte si Isoland devient importateur de fer. Les économistes décident donc de

concentrer leur attention sur ce cas de figure, et de comparer l
bien-être avec et sans taxe à l'importation.

La figure 9.6 montre le marché isolandais du fer. Dans l'hypo
thèse d'ouverture internationale, le prix domestique est égal au pri
mondial. La taxe à l'importation augmente le prix du fer – import
et mondial – d'un montant égal à celui de la taxe, ce qui ramène l
prix du fer vers le niveau qu'il aurait en l'absence d'échange.

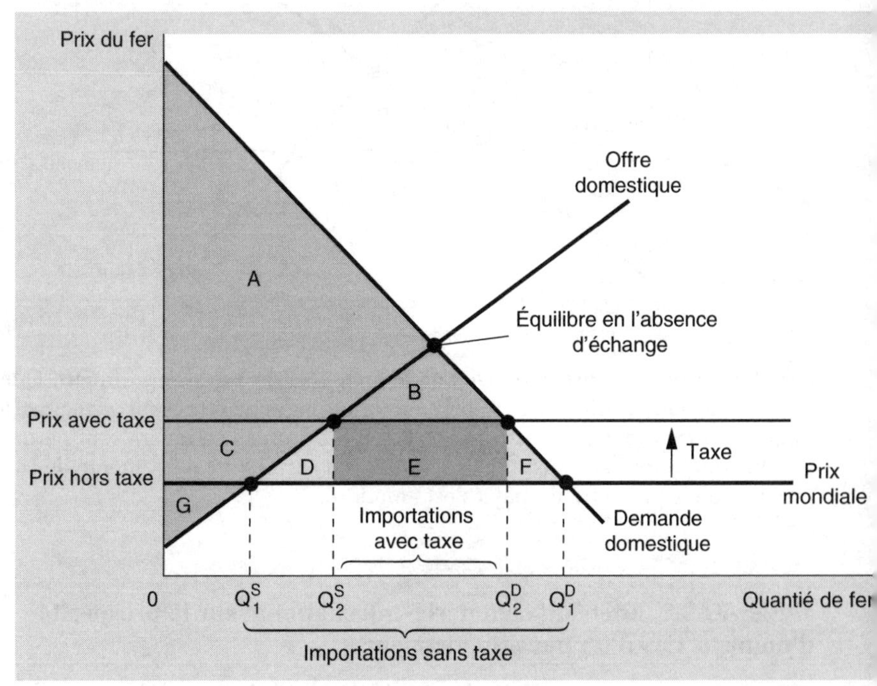

FIG. 9.6 **Effets d'une taxe à l'importation.** Cette taxe réduit la quantité d'import
tions et pousse le marché vers un point plus proche de l'équilibre sans échang
international. Le surplus total est diminué de D + F. Ces deux triangles représen
tent la perte sèche générée par la taxe.

TABLEAU 9.3 **Effets d'une taxe douanière sur la prospérité.**

	Sans taxe	*Avec taxe*	Δ
Surplus du consommateur	A + B + C + D + E + F	A + B	– (C + D + E + F
Surplus du producteur	G	C + G	+ C
Recette fiscale	0	E	+ E
Surplus total	A + B + C + D + E + F + G	A + B + C + E + G	– (D + F)

Note. — Ce tableau fait référence aux régions figurant sur le graphique 9.6.

Cette variation de prix affecte le comportement des acheteurs et des vendeurs. Comme la taxe accroît le prix du fer, elle réduit la quantité demandée intérieurement (de Q_1^D à Q_2^D) et accroît la quantité offerte intérieurement (de Q_1^S à Q_2^S). *La taxe a donc réduit les importations et poussé le marché domestique vers un point plus proche de son équilibre sans échange.*

Voyons maintenant les gains et les pertes générés par cette taxe. Celle-ci augmentant le prix domestique, les vendeurs locaux bénéficient de la taxe, tandis que les acheteurs sont défavorisés. En outre, le gouvernement engrange quelques recettes. Une fois de plus, regardons les variations des surplus, résumées sur le tableau 9.3 (voir page 240).

En l'absence de taxe, le prix domestique est égal au prix mondial. Le surplus du consommateur est égal à A + B + C + D + E + F. Le surplus du producteur est égal à G. Le gouvernement ne perçoit aucune recette fiscale. Le surplus total est égal à A + B + C + D + E + F + G.

Une fois la taxe imposée, le prix domestique est égal au prix mondial plus le montant de la taxe. Le surplus du consommateur est A + B. Celui du producteur est C + G. La recette fiscale, égale à la quantité importée multipliée par la taxe, est égale à E. Le surplus total en présence d'une taxe à l'importation est donc de A + B + C + E + G.

Le surplus du consommateur a donc été réduit, celui du producteur augmenté, et la recette fiscale a crû. Mais le surplus total du marché a baissé de D + F, qui représente la perte sèche de la taxe.

Ce qui ne doit pas nous surprendre, puisque nous sommes en présence d'une taxe. Celle-ci modifie les comportements et conduit à une allocation des ressources moins efficiente. Deux effets sont apparus ici. D'abord, la taxe, en augmentant le prix domestique du fer a incité les producteurs locaux à produire plus qu'ils ne l'auraient fait normalement. Ensuite, elle incite les consommateurs locaux à consommer moins de fer qu'ils ne l'auraient fait en l'absence de taxe. La surface D représente la perte sèche liée à la surproduction de fer, et la surface F celle liée à la sous-consommation. La perte sèche totale est égale à la somme de ces deux triangles.

Effets d'un quota d'importation

Les économistes isolandais s'intéressent ensuite aux effets d'un quota d'importation – une quantité d'importation à ne pas dépasser. Le gouvernement distribue par exemple des permis d'importer, qui donnent chacun le droit d'importer 1 tonne de fer. Les économistes veulent donc comparer le bien-être du pays libre-échangiste et celui du pays qui pratique cette politique de restriction des importations.

La figure 9.7 montre les effets sur le marché isolandais du fer du quota d'importation. Comme les isolandais ne peuvent acheter tou le fer qu'ils veulent à l'étranger, l'offre de fer n'est plus parfaitemen élastique au prix mondial. Tant que le prix domestique du fer es supérieur au prix mondial, les importateurs importent ce à quoi il ont droit, et l'offre de fer en Isoland est égale à la somme de l'offr domestique et du quota d'importation. La courbe d'offre au-dessu du prix mondial est déplacée vers la droite d'une distance exacte ment égale au quota (en dessous du prix mondial, la courbe d'offr est inchangée, puisque l'importation n'est pas intéressante).

Le prix du fer en Isoland s'établit de manière à équilibrer l'offr (domestique plus quota) et la demande. Comme on le constate su le graphique, ce quota fait monter le prix du fer au-dessus du pri mondial. La quantité domestique demandée chute de Q_1^D à Q_2^D et l quantité domestique offerte augmente de Q_1^S à Q_2^S. Le quota a don réduit les importations.

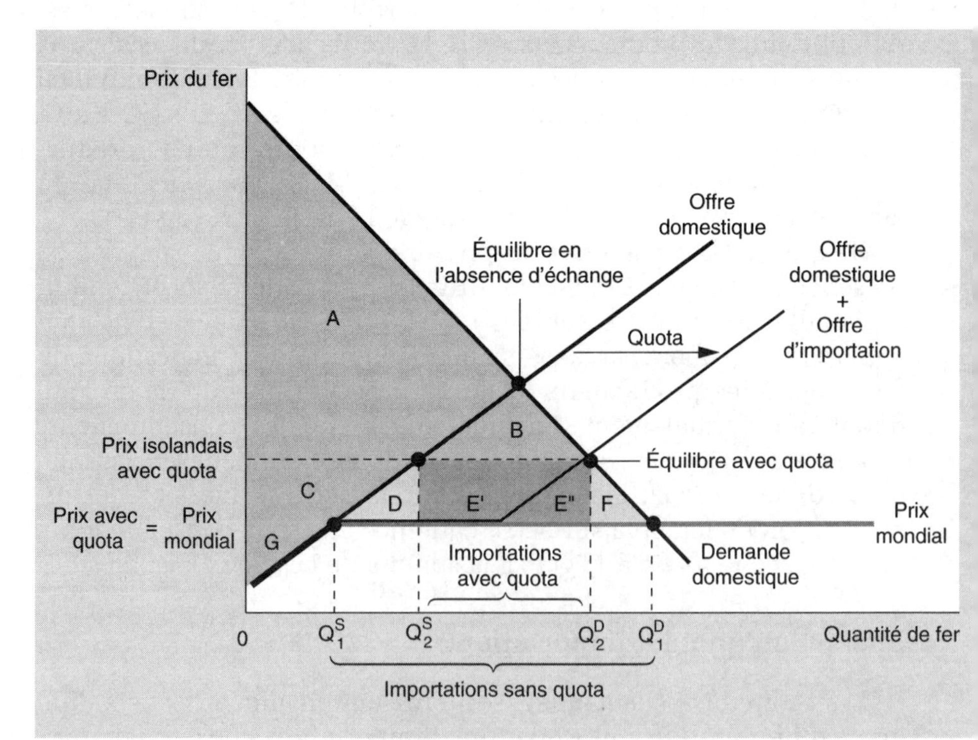

FIG. 9.7 **Effets d'un quota d'importation.** Comme une taxe à l'importation, le quot réduit les importations, et pousse le marché vers un point proche de l'équilibre en l'ab sence de commerce international. Le surplus total diminue de la surface D + F. Ces deu triangles représentent la perte sèche de la taxe. En outre, le quota transfère le reven E' + E" aux détenteurs des permis d'importer.

TABLEAU 9.4 **Le quota d'importation et le bien-être économique.**

	Avant le quota	*Après le quota*	*Variations*
Surplus consomm.	A + B + C+ D + E' + E'' + F	A + B	– (C + D + E' + E'' + F)
Surplus product.	G	C + G	+ C
Surplus importat.	0	E' + E''	+ E
Surplus total	A + B + C + D + E' + E'' + F + G	A + B + C + E' + E'' + G	– (E' + E'')

Voyons maintenant les gains et les pertes engendrés par le quota. Le prix domestique passant au-dessus du prix mondial, les producteurs domestiques sont favorisés, et les acheteurs domestiques défavorisés. En outre, les détenteurs de permis d'importer font un profit, puisqu'ils achètent au prix mondial et revendent au prix domestique supérieur. Considérons donc les surplus du consommateur, du producteur et de l'importateur, représentés sur le tableau 9.4.

Avant l'imposition du quota, le prix domestique est égal au prix mondial. Le surplus du consommateur est la surface A + B + C + D + E' + E'' + F. Le surplus du producteur est la surface G. Le surplus de l'importateur est nul, puisqu'il n'y a pas de permis d'importer. Le surplus total est donc : A + B + C + D + E' + E'' + F + G.

Avec l'imposition du quota, le prix domestique devient supérieur au prix mondial. Le surplus du consommateur devient A + B, celui du producteur devient C + G. Les importateurs gagnent la différence entre le prix domestique et le prix mondial. Leur surplus devient donc E' + E''. Le surplus total est donc devenu : A + B + C + E' + E'' + G.

Le surplus total a donc diminué de la surface D + F, qui représente la perte sèche générée par le quota.

La figure 9.7 est très similaire à la figure 9.6. Taxe à l'importation et quota d'importation accroissent le prix domestique du bien, réduisent le bien-être des consommateurs, améliorent le bien-être des producteurs et génèrent une perte sèche. Il n'y a qu'une différence entre ces deux politiques restrictives : la taxe procure des recettes fiscales au gouvernement (surface E de la figure 9.6), tandis que le quota apporte un bénéfice aux importateurs (surface E' + E'' sur la figure 9.7).

Ces deux politiques peuvent être encore plus semblables. Le gouvernement peut par exemple tarifer l'utilisation des permis d'importer. Le droit d'importer une tonne de fer vaut exactement la différence de prix entre le fer domestique et le fer mondial ; le gouvernement peut vendre ce permis d'importer pour un prix égal à ce différentiel. Si tel est le cas, surplus du producteur, du consommateur et recettes fiscales sont exactement les mêmes sous les deux politiques.

Néanmoins, dans la pratique, les pays qui restreignent les importations le font rarement par l'émission de droits d'importer. Par exemple, le gouvernement américain a souvent tenté de persuader le Japon de « limiter volontairement » ses ventes de voitures aux États-Unis. Dans ce cas, le gouvernement japonais distribue des droits aux entreprises japonaises, et le surplus généré par ces droits (surface E' + E'') revient aux entreprises en question. Du point de vue strictement américain, cette politique est pire qu'une taxe sur les voitures importées. En effet, une taxe et un quota d'importation augmentent tous les deux les prix, limitent l'échange et génèrent une perte sèche, mais au moins la taxe procure des recettes au gouvernement américain plutôt qu'aux fabricants automobiles japonais.

Notons toutefois qu'un quota d'importation peut être à l'origine d'une perte sèche supérieure à celle générée par une taxe à l'importation. Si le gouvernement décide de distribuer des permis d'importer, tout le monde comprendra vite que ces permis iront en priorité à ceux qui auront été les plus efficaces dans leur lobby auprès du gouvernement. Il y a alors un coût implicite supplémentaire : le coût du lobbying. Les revenus procurés par la distribution des permis d'importer servent en partie à financer les coûts du lobbying. La perte sèche est en conséquence constituée non seulement des pertes liées à la surproduction (surface D) et à la sous-consommation (surface F), mais aussi du bout de la surface E' + E'' consacrée aux dépenses de lobbying.

■ **VÉRIFIEZ VOS CONNAISSANCES** Dessiner les courbes d'offre et de demande des costumes en laine en Autarka. Avec l'ouverture internationale, le prix du costume tombe de 3 à 2 onces d'or. Sur le graphique, quelles sont les variations des surplus du consommateur, du producteur et le surplus total ?

9.3 CONCLUSIONS EN MATIÈRE DE POLITIQUE TARIFAIRE

L'équipe d'économistes peut donc répondre au Président, par le courrier suivant :

Monsieur le Président,

Vous nous avez posé trois questions relatives à l'ouverture de notre pays au commerce international. Après une étude approfondie, nous sommes en mesure de fournir les réponses suivantes.

Question : Si le gouvernement autorise les importations et les exportations de fer, qu'adviendra-t-il du prix et de la quantité vendue sur le marché domestique ?

Réponse : une fois l'ouverture autorisée, le prix domestique tendra vers le prix mondial.

Si celui-ci est supérieur au prix domestique, ce dernier augmentera. Cette augmentation réduira la consommation de fer des Isolandais, et accroîtra la production locale. Isoland deviendra donc un pays exportateur de fer, parce qu'Isoland bénéficiait d'un avantage comparatif à produire du fer.

Si le prix mondial est inférieur au prix domestique, notre prix baissera. Ce qui fera augmenter la consommation locale et baisser la production. Isoland deviendra donc un pays importateur de fer, car dans ce cas c'est le reste du monde qui jouit d'un avantage comparatif.

Question : Qui profitera et qui pâtira de la nouvelle situation, et comment se compareront les gains et les pertes ?

Réponse : La réponse est différente selon que le prix domestique monte ou baisse suite à l'ouverture des frontières. Si le prix augmente, les producteurs de fer sont gagnants, et les consommateurs perdants. Si le prix baisse, les consommateurs sont gagnants et les producteurs perdants. Mais dans les deux cas, les gains l'emportent sur les pertes. Et la prospérité du pays s'accroît.

Question : Faut-il imposer une taxe ou un quota sur les importations ?

Réponse : Cette taxe générera une perte sèche. La recette fiscale sera inférieure aux pertes supportées par les acheteurs et les vendeurs. La perte sèche est due au fait que la taxe ramènera l'économie vers notre équilibre actuel, en l'absence d'ouverture internationale. Cette taxe réduit donc les gains de l'échange international. Un quota d'importation a des conséquences très similaires à celles d'une taxe sur les importations, et génère des pertes sèches comparables. La meilleure politique, du strict point de vue de l'efficience économique, consiste donc à autoriser l'ouverture internationale sans la moindre restriction douanière, sous forme de taxe ou autre.

Nous espérons que ces réponses vous permettront de prendre une décision quant à la nouvelle politique à mettre en œuvre.

Vos fidèles serviteurs,
L'équipe d'économistes isolandais.

■ **VÉRIFIEZ VOS CONNAISSANCES** Dessiner les courbes d'offre et de demande de costumes de laine en Autarka. Quand le pays s'ouvre au commerce international, le prix des costumes baisse de 3 à 2 onces d'or. Sur le graphique, montrez les effets sur les surplus du consommateur, du producteur et le surplus total. Que se passerait-il si le gouvernement imposait une taxe sur les importations de costumes ?

9.4 ARGUMENTS EN FAVEUR DES RESTRICTIONS DOUANIÈRES

La lettre évoquée ci-dessus a convaincu le Président d'autoriser les importations et les exportations de fer. Cependant, le Président note que le prix isolandais est supérieur au prix mondial. L'ouverture des frontières devrait donc se traduire par une baisse du prix domestique, ce qui n'arrangera pas les affaires des producteurs nationaux. Avant de mettre en œuvre la nouvelle politique, le Président demande leur avis aux producteurs de fer isolandais.

Comme il fallait s'y attendre, les compagnies sidérurgiques sont opposées à l'ouverture des frontières, et considèrent que le gouvernement devrait protéger l'industrie sidérurgique nationale contre la concurrence étrangère. Voyons ci-dessous quelques-uns des arguments qu'elles pourraient développer pour étayer leur position, et les réponses qu'y feraient les économistes.

L'argument de l'emploi

Les opposants au commerce libre prétendent que l'échange est destructeur d'emplois domestiques. Dans notre exemple, l'échange ferait baisser le prix du fer, donc la quantité produite en Isoland, et par conséquent l'emploi dans l'industrie sidérurgique locale. Certains travailleurs se retrouveraient au chômage.

Cependant, le libre commerce crée des emplois en même temps qu'il en détruit. Quand Isoland achète du fer à l'étranger, les autres pays se procurent ainsi des ressources pour acheter des produits isolandais. Les travailleurs isolandais se déplaceraient donc de l'industrie sidérurgique aux industries pour lesquelles le pays bénéficie d'un avantage comparatif. La transition sera peut-être difficile à court terme, mais à long terme elle bénéficiera à tous les Isolandais.

Les opposants au libre commerce international sont souvent sceptiques quant à ces créations d'emplois, et peuvent répondre que *tout* peut être produit moins cher à l'étranger. Auquel cas, les Isolandais ne trouveraient aucun travail rentable. Mais rappelons-nous (chapitre 3) que les gains de l'échange sont fondés sur l'avan-

DANS VOS JOURNAUX

L'ALENA et les tomates mexicaines

En 1993, le Président Clinton défendit la signature de l'Accord de libre-échange nord-américain, arguant du fait qu'il serait favorable aux trois pays signataires, le Canada, les États-Unis et le Mexique. En 1996, alors qu'il était candidat à la réélection, les arguments politiques semblaient avoir pris le pas sur le raisonnement économique. Les producteurs américains de tomates demandèrent vigoureusement à être protégés contre la concurrence mexicaine. Les consommateurs américains de tomates, beaucoup plus nombreux, mais bien moins organisés, se sont montrés beaucoup moins efficaces dans la défense de leurs intérêts.

Le Président protège les producteurs de Floride : le Mexique renonce à ses exportations à bas prix

DAVID SANGER

Afin de calmer la Floride, à quelques semaines des élections, le Président Clinton a réussi à convaincre le Mexique d'imposer un prix minimum sur ses exportations de tomates vers les États-Unis.

Cet accord satisfait à la fois les producteurs de tomates et l'administration Clinton. Depuis des années, la Floride demandait une protection contre la concurrence étrangère des 800 millions de dollars de tomates qui passent chaque année la frontière.

Cette décision, qui se traduira certainement par une hausse du prix des tomates cet hiver, est le dernier exemple des efforts réalisés par l'administration en place pour résoudre des problèmes commerciaux qui empoisonnent la vie politique.

En début d'année, l'administration freina l'ouverture de la frontière sud aux camions mexicains, aux prétextes que ceux-ci ne satisfaisaient pas aux critères de sécurité américains et qu'ils pouvaient transporter de la drogue. Elle a aussi limité les importations de bois en provenance du Canada. Le Mexique et le Canada accusent d'ailleurs régulièrement les États-Unis de ne pas respecter l'esprit de l'ALENA.

Le négociateur américain de ces divers accords est l'un des plus proches conseillers du Président Clinton, le ministre du Commerce Mickey Kantor, qui fut aussi le directeur de la campagne électorale de Clinton en 1992.

Dans un communiqué de Washington, M. Kantor déclare que « cet accord constitue une aide importante aux producteurs de tomates de Floride et des autres États producteurs, et permettra de sauver des emplois dans ce secteur. Les producteurs mexicains auront toujours accès au marché américain, mais en des termes plus justes. »

Certains commentateurs sont un peu plus durs dans leur jugement de l'accord : « Le calcul est vite fait, commente un observateur, la Floride représente 25 voix, le Mexique aucune. »

Source. — *New York Times,* 12 octobre 1996, p. A1.

tage comparatif, non sur l'avantage absolu. Même si un pays est meilleur qu'un autre pour tout produire, les deux pays ont intérêt à commercer. Les travailleurs de chaque pays trouveront finalement un emploi dans les industries qui bénéficient d'un avantage comparatif.

L'argument de la sécurité nationale

Quand une industrie est menacée par la concurrence étrangère les partisans des politiques protectionnistes font remarquer que l'industrie en question est vitale pour la sécurité nationale. Dans notre exemple, les compagnies sidérurgiques ne manqueront pas de mettre en avant qu'il faut du fer pour fabriquer des canons et des tanks. En cas d'ouverture des frontières, Isoland deviendrait dépendante de l'étranger pour son approvisionnement en fer. Si une guerre devait éclater plus tard, Isoland pourrait être dans l'incapacité de produire assez de fer pour se défendre.

Les économistes reconnaissent la validité de l'argument pour certaines industries sensibles. Néanmoins ils considèrent que cet argument est trop fréquemment utilisé par des producteurs qui cherchent à faire de l'argent sur le dos des consommateurs. L'industrie horlogère américaine, par exemple, a longtemps utilisé cet argument, prétendant que ses travailleurs très qualifiés seraient utiles en temps de guerre. Il est tentant pour certains d'exagérer leur rôle en matière de défense nationale afin d'obtenir une protection contre la concurrence étrangère.

L'argument de l'industrie naissante

Certaines industries naissantes plaident parfois pour une protection temporaire facilitant leur démarrage. L'idée étant qu'après la période de protection, l'industrie devenue solide sera capable de faire face à la concurrence. De façon comparable, certaines industries vieillissantes demandent une protection pour leur permettre de s'adapter aux nouvelles conditions économiques. Roger Smith Président de General Motors, demanda une protection douanière « pour permettre à l'industrie automobile américaine de se remettre sur pieds ».

Les économistes sont en général assez sceptiques devant ces déclarations. D'abord parce qu'il est difficile de mettre en œuvre ce genre de politique. Pour le faire efficacement, le gouvernement devrait déterminer quels seront les secteurs industriels profitables à terme et si les bénéfices de cette politique seront supérieurs aux coûts de la protection supportés par les consommateurs. Cet exercice est extrêmement difficile. D'autant plus difficile que la machine politique tend à protéger les industries politiquement puissantes. Et une fois qu'une industrie politiquement puissante est protégée contre la concurrence étrangère, cette politique « temporaire » est difficile à remettre en cause.

En outre, les économistes doutent même du bien-fondé de l'argument de l'industrie naissante. Imaginons par exemple que l'industrie métallurgique isolandaise soit jeune et incapable de lutter contre la concurrence étrangère. On peut penser qu'à long terme, l'industrie isolandaise s'en sortira. Si tel est le cas, les propriétaires des entreprises concernées devraient accepter de supporter des pertes temporaires, dans l'espoir de réaliser des profits ultérieurs. La protection n'est aucunement nécessaire à la croissance d'une industrie. Dans de nombreux secteurs industriels – comme le secteur des biotechnologies par exemple – les firmes jeunes enregistrent des pertes avant de grandir et de devenir profitables. Et nombreuses sont celles qui y réussissent, même sans la moindre protection contre la concurrence étrangère.

L'argument de la concurrence déloyale

Un argument traditionnel consiste à dire que la liberté du commerce international n'est valable que si tout le monde adopte les mêmes règles. Si les entreprises des pays voisins sont soumises à des règles différentes, la concurrence est faussée, dit l'argument. Par exemple, imaginons que Voisinland subventionne largement son industrie sidérurgique en accordant aux entreprises sidérurgiques des avantages fiscaux importants. L'industrie sidérurgique isolandaise pourrait demander à être protégée de la concurrence étrangère, puisque celle-ci ne joue pas selon les mêmes règles.

Mais serait-il dommageable pour Isoland d'acheter du fer subventionné à l'étranger ? Cela ne serait certainement pas très bon pour les producteurs de fer locaux, mais les consommateurs bénéficieraient de prix inférieurs. Et il resterait que les gains des consommateurs seraient supérieurs aux pertes des producteurs. Si la politique de subvention pratiquée à Voisinland est une mauvaise politique, ce sont les contribuables voisinlandais qui en paient le prix. Isoland peut profiter de cette opportunité pour acheter du fer à meilleur prix.

L'argument de la protection comme facteur de négociation

Certains hommes politiques qui prétendent défendre le libre-échange international font remarquer que les politiques protectionnistes constituent des facteurs de négociation dans les discussions commerciales avec les partenaires étrangers. Selon eux, la menace d'une restriction douanière peut aider à faire disparaître une barrière douanière déjà imposée par l'étranger. Par exemple, Isoland pourrait menacer d'imposer une barrière douanière sur le fer si

Voisinland ne fait pas disparaître sa taxe sur l'importation de blé. Si Voisinland abolit cette taxe en réponse à la menace d'Isoland, le résultat final sera un commerce international plus libre.

Le problème de cette stratégie de négociation, c'est que la menace peut être sans effet. Si tel est le cas, le pays se trouve confronté à une

DANS VOS JOURNAUX

L'invasion des poulets

Quand les producteurs domestiques se plaignent de la concurrence étrangère, ils prétendent souvent que les consommateurs sont lésés par la mauvaise qualité des produits étrangers. L'article suivant décrit les réactions des producteurs russes de poulets face à la concurrence des poulets américains.

Un poulet américain dans chaque assiette ? Niet !

MICHAEL GORDON

Moscou, 23 février. Une petite escarmouche commerciale est en train de se développer entre la Russie et les États-Unis. Elle ne porte pas sur des biens de consommation ou de la haute technologie, mais sur des poulets américains qui envahissent le marché russe.

Au point que le gouvernement russe menace d'interdire les importations de poulets en provenance des États-Unis.

Officiellement, la raison de cette interdiction serait une menace pour la santé publique russe, un argument étrange dans un pays particulièrement laxiste dans ce domaine, et dans lequel la quasi-totalité de la population fume.

Le ministère de l'Agriculture russe a annoncé que cette interdiction serait nécessaire pour protéger les consommateurs russes contre les maladies véhiculées par la volaille américaine, jusqu'à ce que les Américains aient remédié au problème.

Selon les producteurs américains, il ne s'agit de rien d'autre que de protectionnisme. Les producteurs russes n'ont cessé de se plaindre de la concurrence américaine, qui selon eux cherche à détruire la production russe, et ils ont, semble-t-il, trouvé un moyen de se défendre...

La première invasion de poulets congelés eut lieu sous l'administration Bush, et ce poulet emporta un énorme succès auprès des consommateurs.

Avec la chute de l'Union soviétique, les exportations de poulets américains continuèrent de progresser, et la production locale chuta de 40 %, emportée par l'augmentation du prix du grain et la disparition des subventions.

Bizarrement, les exportations de poulets représentent le tiers des exportations américaines en Russie.

Si le conflit devait durer, les États-Unis pourraient répliquer de plusieurs manières, en commençant par faire remarquer à la Russie que ce comportement est en contradiction avec sa volonté de rejoindre l'Organisation mondiale du commerce.

Certains experts considèrent néanmoins qu'il existe un contrepoids important en Russie même : les consommateurs. Les consommateurs russes préfèrent le poulet américain qui, malgré les déclarations du gouvernement russe, est symbole de qualité. Et maintenant, les consommateurs votent.

Source. — *New York Times,* 24 février 1996, p. 33, 34.

situation difficile. Il peut mettre sa menace à exécution, ce qui réduira la prospérité du pays. Ou il ne fait rien, et il perd la face sur la scène internationale. Confronté à un tel choix, le pays préférera certainement ne jamais avoir énoncé une telle menace.

ÉTUDE DE CAS

Le Gatt et l'approche multilatérale du libre-échange.

Il y a deux façons d'organiser le libre-échange international. Un pays peut décider *unilatéralement* de faire disparaître les restrictions douanières qu'il imposait jusqu'alors. C'est ce que fit la Grande-Bretagne au XIXe siècle, et l'attitude qu'adoptèrent plus récemment le Chili et la Corée du Sud.

Ou bien un pays peut engager des négociations *multilatérales* avec ses partenaires commerciaux de façon à ce que tous lèvent les barrières douanières, organisant ainsi un commerce plus libre.

Le meilleur exemple d'approche multilatérale est le Gatt, General Agreement on Tariffs and Trade. Le Gatt est une série permanente de négociations entre la plupart des pays du monde en vue de promouvoir le libre-échange. Les États-Unis prirent une part active à la création du Gatt après la Seconde Guerre mondiale. Le Gatt fut d'abord une réponse aux nombreuses barrières douanières imposées pendant la grande dépression des années 1930. De nombreux économistes considèrent d'ailleurs que si cette période fut aussi terrible, c'est en partie à cause de ces fameuses barrières douanières. Le Gatt aura finalement réussi à réduire ces taxes entre les pays membres, de 40 % juste après la guerre à environ 5 % aujourd'hui.

Quels sont les avantages et les inconvénients de l'approche multilatérale ? Le principal avantage réside dans le fait que cette approche organise une liberté de commerce à la fois plus rapide et plus vaste que l'approche unilatérale, puisque les barrières douanières tombent non seulement « à la maison », mais aussi chez les voisins. En revanche, en cas d'échec des négociations, il pourrait résulter un monde plus contraignant.

En outre, l'approche multilatérale présente un avantage politique. Sur la plupart des marchés, les producteurs sont moins nombreux et mieux organisés que les consommateurs, et jouissent donc d'une plus grande influence politique. Réduire la taxe isolandaise sur l'importation de fer risque d'être difficile si on considère isolément et unilatéralement cette mesure, car les producteurs vont s'y opposer tandis que les nombreux consommateurs à qui cette mesure bénéficierait sont trop peu organisés pour pouvoir faire connaître leur opinion efficacement. Supposons maintenant que Voisinland accepte de réduire sa taxe sur le blé importé si Isoland diminue sa taxe sur l'importation de fer. Cette fois, les fermiers isolandais, eux aussi politiquement influents, vont appuyer l'accord. De sorte qu'une approche multilatérale permet parfois d'organiser un soutien politique plus facilement qu'une approche unilatérale.

■ **VÉRIFIEZ VOS CONNAISSANCES** L'industrie textile d'Autarka propose d'interdire les importations de costumes de laine. Énoncer cinq arguments qui pourraient être avancés par les partisans de cette restriction au commerce. Répondre à chacun d'eux.

9.5 CONCLUSION

Les économistes et le grand public sont souvent opposés sur la question du libre-échange. En 1993, par exemple, les États-Unis devaient ratifier l'Accord nord-américain de libre-échange, dont le but était de baisser les restrictions douanières entre les États-Unis, le Canada et le Mexique. Les sondages montraient que la population était divisée en deux camps égaux, et l'accord ne fut voté que de justesse par le Congrès. Les opposants à cet accord l'accusaient de menacer l'emploi et le niveau de vie américains. Au contraire, les économistes étaient quasiment tous favorables à l'accord, considérant que le libre-échange est le meilleur moyen d'allouer efficacement les ressources et donc d'améliorer le niveau de vie des trois pays considérés.

Les États-Unis sont d'ailleurs considérés comme la preuve vivante des vertus du libre-échange. Tout au long de son histoire, le pays a autorisé l'échange le plus libre entre les États et a bénéficié de la spécialisation que l'échange rend possible. La Floride cultive des oranges, le Texas extrait du pétrole, la Californie produit du vin, etc. Les Américains ne connaîtraient pas le même niveau de vie s'ils ne pouvaient consommer que les biens et services produits dans leur État. Et ce qui est vrai à l'intérieur des États-Unis l'est aussi pour le monde entier.

Pour mieux comprendre la vision économique de l'échange, poursuivons notre parabole. Supposons que le Président isolandais passe outre les recommandations des économistes et n'autorise pas la liberté du commerce du fer. Le pays reste dans son état d'équilibre sans échange international.

Puis un jour un inventeur isolandais découvre un nouveau procédé permettant de produire du fer à très bas prix. Le procédé est assez mystérieux, et l'inventeur tient à protéger son secret de fabrication. Ce qui est étrange, c'est que notre inventeur n'a besoin ni de main-d'œuvre ni de minerai de fer pour assurer sa production. Le seul produit dont il a besoin, c'est du blé.

L'inventeur est considéré par tous comme un génie. Comme le fer est présent partout, cette invention se traduit par une baisse généralisée des prix et les Isolandais peuvent jouir d'un niveau de vie plus élevé. Les ouvriers sidérurgistes sont d'abord au chômage, quand leurs usines ferment, mais ils finissent par retrouver du travail dans d'autres secteurs industriels. Certains deviennent agriculteurs et récoltent le blé dont l'inventeur a besoin pour produire du fer. D'autres se sont recyclés dans les industries qui se sont développées avec l'augmentation du niveau de vie de la population. Et tout le monde accepte ces changements, pourtant parfois douloureux, comme des conséquences inévitables du progrès.

Plusieurs années plus tard, un journaliste curieux décide d'en savoir plus sur ce mystérieux procédé de fabrication. Il parvient à infiltrer l'organisation de l'inventeur et découvre la fraude. L'inventeur n'a jamais produit la moindre tonne de fer. En fait, il exporte illégalement du blé à l'étranger et importe tout aussi illégalement du fer. La seule chose que l'inventeur a découverte, c'est l'avantage du libre-échange.

Quand la vérité est devenue publique, le gouvernement met fin aux agissements de l'inventeur. Le prix du fer augmente, et les ouvriers retrouvent leurs usines sidérurgiques. Le niveau de vie redescend à son niveau précédent. L'inventeur finit ses jours en prison. Après tout, ce n'était pas vraiment un inventeur, ce n'était qu'un vulgaire économiste...

RÉSUMÉ

- Les effets du libre-échange peuvent être connus en comparant le prix domestique en l'absence d'échange au prix mondial. Un prix domestique bas signifie que le pays bénéficie d'un avantage comparatif pour la production de ce bien, et ce pays est appelé à devenir exportateur. Un prix domestique élevé signifie que le reste du monde jouit d'un avantage comparatif, et ce pays est appelé à devenir importateur du produit considéré.

- Quand un pays autorise l'échange et devient exportateur d'un bien, le producteurs de ce bien profitent de cette nouvelle situation, tandis qu les consommateurs en font les frais. Quand un pays devient impor tateur d'un produit, les consommateurs bénéficient de cette nouvell situation, tandis que les producteurs en font les frais. Mais dan les deux cas, les gains procurés par l'échange sont supérieurs au pertes.
- Une taxe sur les importations pousse un marché vers l'équilibre qu'i connaîtrait en l'absence d'échange, et donc réduit les gains liés l'échange. Bien que cela profite aux producteurs et rapporte de l'argen au gouvernement, ces gains sont inférieurs aux pertes supportées pa les consommateurs.
- Un quota d'importation produit des effets similaires à ceux d'une tax à l'importation. La différence tient au fait qu'avec un quota d'importa tion, les importateurs perçoivent le revenu que le gouvernement tou cherait avec une taxe à l'importation.
- Les opposants au libre-échange ont développé de nombreux argu ments : protection de l'emploi, de la capacité de défense national aide aux industries naissantes, lutte contre la concurrence déloyal réponse aux restrictions commerciales imposées par les autres. Bie que certains de ces arguments soient parfois valables dans certains ca précis, les économistes considèrent que le libre-échange est générale ment la meilleure politique à suivre.

CONCEPTS CLÉS – DÉFINITIONS

Prix mondial : prix sur le marché mondial du bien en question.
Taxe à l'importation : taxe frappant les produits fabriqués à l'étranger e vendus dans le pays.
Quota d'importation : quantité maximale de produit fabriqué à l'étrange qui peut être vendue dans le pays.

QUESTIONS DE RÉVISION

1. Que nous apprend le prix domestique en l'absence d'échange su l'avantage comparatif d'un pays ?
2. Quand un pays devient-il exportateur d'un bien ? Importateur ?
3. Dessiner le diagramme offre-demande d'un pays importateur. Quel sont les surplus du consommateur et du producteur avant l'échange Après l'échange ? Quelle est la variation du surplus total ?
4. Énoncer cinq arguments souvent utilisés pour limiter l'échange inter national. Comment les économistes y répondent-ils ?

PROBLÈMES D'APPLICATION

1. Les États-Unis ne représentent qu'une faible part du marché mondial de l'orange :
   a. Dessinez un graphique montrant l'équilibre sur le marché américain de l'orange en l'absence d'échange international. Identifiez le prix d'équilibre, la quantité d'équilibre, le surplus du consommateur et celui du producteur.
   b. Supposons le prix mondial de l'orange inférieur au prix américain et le marché américain ouvert au commerce mondial. Identifiez le nouveau prix d'équilibre, la quantité consommée, la quantité produite intérieurement et la quantité importée. Montrez les variations des surplus du consommateur et du producteur. Le surplus total domestique a-t-il augmenté ou diminué ?
2. Le prix mondial du vin est inférieur au prix domestique américain :
   a. En supposant que les importations américaines de vin ne représentent qu'une faible part de la production mondiale, dessinez le marché américain du vin dans l'hypothèse de libre-échange. Identifiez le surplus du consommateur, le surplus du producteur et le surplus total.
   b. Supposons maintenant qu'un hiver particulièrement rigoureux détruise les récoltes de raisin européen. Quel sera l'effet sur le prix mondial du vin ? Sur la base de votre réponse à la question *a*, montrez l'effet sur les surplus du consommateur, du producteur et total aux États-Unis. Quels sont les gagnants et les perdants ? La situation générale des États-Unis s'améliore-t-elle ou se détériore-t-elle ?
3. Le prix mondial du coton est inférieur au prix domestique du pays A et supérieur au prix domestique du pays B. À l'aide de graphiques offre-demande et de tableaux de bien-être, montrez les avantages de l'échange pour chaque pays. Comparez les résultats.
4. Si le prix mondial d'un bien est supérieur au prix domestique dans un pays, quel sera l'effet d'une taxe à l'importation ? Si le prix mondial est inférieur au prix domestique, quel sera l'effet d'une taxe d'un montant supérieur à cette différence ?
5. Supposons que le Congrès impose une taxe à l'importation d'automobiles, de façon à protéger l'industrie automobile américaine contre la concurrence étrangère. En supposant que les États-Unis soient preneurs de prix sur le marché automobile mondial, montrez sur un graphique : la variation des importations, la perte pour les consommateurs américains, le gain pour les constructeurs américains, la recette fiscale et la perte sèche générée par la taxe. La perte supportée par les consommateurs peut être décomposée en trois éléments : un transfert vers les producteurs domestiques, un transfert vers le gouvernement, et une perte sèche. Identifiez ces trois éléments sur votre graphique.
6. Selon un article du *New York Times* du 5 novembre 1993, « de nombreux cultivateurs de blé du Midwest sont opposés à l'Accord nord-

américain de libre-échange, alors que les cultivateurs de maïs y sont favorables. » Supposons que les États-Unis soient preneurs de prix sur les marchés du blé et du maïs, et qu'en l'absence de l'accord en question, les États-Unis ne participent pas au commerce international de ces denrées (ces deux hypothèses sont fausses, mais cela n'influe pas sur les réponses qualitatives aux questions suivantes) :

a. Sur cette base, pensez-vous que le prix mondial du blé est supérieur ou inférieur au prix domestique ? Même question pour le prix du maïs. Analysez les conséquences de l'accord sur le bien-être dans les deux cas.

b. En considérant les deux marchés ensemble, l'accord améliore-t-il ou pas la situation des agriculteurs américains ? Même question pour les consommateurs américains. Même question pour les États-Unis en général.

7. Le tableau suivant présente les plans de demande et d'offre de montres aux États-Unis et en Suisse :

   a. En l'absence d'échange international, quels sont les prix et quantités d'équilibre sur le marché américain et le marché suisse ?

   b. Imaginons que le commerce s'établisse, mais uniquement entre les États-Unis et la Suisse. Quel est le nouveau prix d'équilibre sur le marché mondial des montres ? Comparez-le aux prix antérieurs dans les deux pays.

   c. Quelle est la production totale de montres dans les deux pays dans le nouvel équilibre ? Quel est le pays exportateur ? Combien exporte-t-il ?

   d. Quand le commerce est instauré, quel est l'impact sur la quantité de montres produite aux États-Unis, et donc sur l'emploi dans ce secteur industriel ? Même question pour la Suisse. Qui bénéficie et qui pâtit de l'ouverture de l'échange international ?

8. Imaginez que les viticulteurs de l'État de Washington fassent pression sur le gouvernement de leur État pour que celui-ci impose une taxe sur les vins importés de Californie. Ils prétendent que cette mesure procurerait des recettes supplémentaires au gouvernement et accroîtrait l'emploi dans l'industrie viticole de l'État de Washington. Que pensez-vous de ces affirmations ? Est-ce une politique pertinente ?

9. Dans une lettre adressée au *Wall Street Journal* (27 août 1990), le sénateur Ernest Hollings écrivait que « les consommateurs ne bénéficient pas des importations à prix bas. Consultez les catalogues de vente par correspondance, et vous constaterez que les consommateurs paient le même prix pour des vêtements importés ou fabriqués aux États-Unis. » Commentez cette opinion.

10. Au moment où un gouvernement décide d'imposer un quota à l'importation de voitures étrangères, trois propositions sont examinées : (1) la vente aux enchères de permis d'importer ; (2) la distribution au hasard de ces permis d'importer ; (3) la distribution des permis sur la base du principe « premier demandeur – premier servi ». Comparez les

effets de ces politiques. Laquelle générera la perte sèche la plus élevée ? Laquelle générera la perte la moins élevée ? Pourquoi ?

11. *(Question difficile.)* Un article du *Wall Street Journal* (26 juin 1990) consacré aux cultivateurs de betteraves sucrières expliquait que « le gouvernement soutient le prix domestique du sucre en limitant les importations de sucre à faible coût. Les producteurs bénéficient d'un prix administratif de 22 cents la livre, soit près de 9 cents de plus que le prix mondial actuel. » Le gouvernement maintient ces prix en imposant un quota d'importation :

    a. Illustrez l'effet de ce quota sur le marché du sucre américain. Indiquez les prix et quantités, sur un marché libre et sur un marché avec quota d'importation

    b. Montrez les effets du quota à l'aide des outils d'analyse du bien-être.

    c. L'article signalait aussi que « les opposants à cette politique affirmaient que ce quota avait privé d'exportations de nombreux pays exportateurs de sucre des Caraïbes, d'Amérique latine et d'Extrême Orient, fragilisant ainsi leurs économies, causant de l'instabilité politique et rendant finalement le Tiers-Monde encore plus dépendant de l'aide financière américaine ». Notre analyse habituelle du bien-être ne concernait que les consommateurs et les producteurs américains. Quelle place doit-on accorder, selon vous, aux effets sur le bien-être des pays tiers, dans la définition d'une politique économique ?

    d. Plus loin, l'article disait « qu'aux États-Unis, ce programme avait permis la croissance spectaculaire de l'industrie de sirop de maïs ». Pourquoi le programme sur le sucre a-t-il eu un tel effet ? (Le sucre et le sirop de maïs sont-ils des substituts ou des produits complémentaires ?)

12. *(Cette question est plus difficile.)* Prenez un petit pays exportateur de fer. Imaginez qu'un gouvernement désireux d'encourager le commerce international décide de subventionner les exportations en payant une certaine somme pour chaque tonne vendue à l'étranger. Quel est l'impact de cette subvention sur le prix domestique, la quantité produite, la quantité consommée, et la quantité exportée ? Quel est l'impact sur les surplus du consommateur et du producteur, sur les recettes gouvernementales, et le surplus total ? *(Indice : l'analyse d'une subvention est identique à celle d'une taxe à l'importation.)*

PARTIE IV

L'analyse économique du secteur public

CHAPITRE 10

LES EXTERNALITÉS

Dans ce chapitre, vous allez :

- apprendre ce que sont les externalités
- comprendre pourquoi les externalités peuvent nuire à l'efficience des marchés
- voir comment les agents économiques peuvent parfois résoudre eux-mêmes les problèmes d'externalités
- envisager les cas où les solutions privées sont inefficaces
- examiner les diverses politiques gouvernementales visant à résoudre les problèmes d'externalités

Les industries qui fabriquent du papier produisent aussi, a cours du procédé de fabrication, un composé chimique, appel dioxine. D'après les scientifiques, une fois que la dioxine est libéré dans l'environnement, les risques de cancer, de malformatio fœtale et de complications de santé sont accrus.

La production et l'émission de dioxine sont-elles des problème pour la société ? Au cours des chapitres 4 à 9, nous avons vu com ment le jeu de l'offre et de la demande sur les marchés permettai d'allouer les ressources rares de manière efficace. Pour reprendre l métaphore d'Adam Smith, la main invisible du marché conduit le acheteurs et vendeurs égoïstes à maximiser le bénéfice global que l société retire de l'activité de marché. Cette idée est à la base de l'u des *dix principes de l'économie* du chapitre 1 : en général, les mar chés constituent une manière efficace d'organiser l'activité écono mique. Mais peut-on conclure que la main invisible empêchera le usines papetières d'émettre trop de dioxine ?

Si les marchés font des tas de choses très bien, ils ne font pas tou parfaitement. Dans le présent chapitre, nous allons commencer à étu dier un autre des *dix principes de l'économie* : le gouvernement peu parfois améliorer les résultats de l'activité du marché. Nous allon voir que les marchés ont parfois du mal à allouer les ressources d manière efficace, que le gouvernement peut parfois améliorer cett allocation et quelles sont les politiques les plus appropriées.

Les déficiences de marché examinées dans ce chapitre rentren toutes dans la catégorie des « externalités ». Une *externalité*, c'es l'impact des actions de quelqu'un sur le bien-être d'autrui sans qu cet impact soit pris en considération par le marché. Si cet impact es négatif, on parle d'une *externalité négative* ; si l'impact est béné fique, on parle d'*externalité positive*. L'analyse des résultats d marché n'est donc plus limitée aux seuls participants (acheteurs e vendeurs), mais elle est étendue à tous ceux qui sont susceptible d'être affectés par l'activité en question. Dans la mesure où ache teurs et vendeurs sont peu concernés par les conséquences externe de leurs décisions de demande et d'offre, l'équilibre de marché peu ne pas être efficient, c'est-à-dire de pas maximiser le bénéfice tota pour la société. L'émission de dioxine dans l'environnement est u exemple d'externalité négative. Les industries papetières, motivée par leur strict intérêt, risquent d'en émettre trop, si le gouvernemen ne prend pas des mesures de contrôle.

Il existe de nombreux types d'externalités, et donc des réponse politiques variées. En voici quelques exemples :

– Les gaz d'échappement émis par les automobiles sont un externalité négative, puisque chaque conducteur crée de la pollu tion que les autres doivent respirer. Les gens ont donc tendance à polluer trop. Le gouvernement fédéral essaie de limiter ce problème en fixant des standards de pollution pour les véhicules neufs. Par ailleurs il taxe l'essence pour dissuader les gens de rouler trop.

– Les bâtiments historiques restaurés créent une externalité positive, puisque les passants et les visiteurs apprécient leur beauté et leur portée historique. Les propriétaires de ces bâtiments ne retirent pas l'intégralité des bénéfices de leur restauration, et par conséquent sont peu incités à l'entreprendre. De nombreux gouvernements contrôlent donc la dégradation de bâtiments historiques et accordent des avantages fiscaux aux propriétaires qui acceptent de les restaurer.

– Les chiens qui aboient émettent une externalité puisque le bruit qu'ils font indispose les voisins. Les propriétaires des chiens ne supportent pas l'intégralité de la nuisance auditive, et donc ne prennent pas assez de précautions pour empêcher leurs chiens d'aboyer. Le gouvernement répond à ce problème par l'interdiction de troubler le calme.

– La recherche technologique est porteuse d'externalités positives parce qu'elle génère un savoir que tout le monde peut utiliser. Comme les inventeurs ne peuvent retenir tous les avantages de leurs inventions, ils ont tendance à ne pas consacrer assez de ressources à la recherche. L'émission de brevets par le gouvernement contribue à résoudre ce problème.

Dans tous ces cas, un décideur n'a pas tenu compte de toutes les conséquences de ses décisions. Le gouvernement essaie donc d'influer sur ce comportement de manière à protéger les récepteurs.

.0.1 EXTERNALITÉS ET DÉFICIENCE DE MARCHÉ

Dans cette section, nous allons utiliser les concepts développés dans le chapitre 7 pour étudier l'impact des externalités sur le bien-être économique. Nous allons voir précisément pourquoi les externalités conduisent les marchés à effectuer une allocation inefficace des ressources. Plus loin dans ce chapitre, nous verrons diverses façons de remédier à ce genre de problème.

L'économie du bien-être : résumé

Commençons par revoir rapidement les conclusions du chapitre 7. Pour donner un aspect concret à cette discussion, prenons un marché particulier, celui de l'aluminium. La figure 10.1 montre les courbes d'offre et de demande sur ce marché.

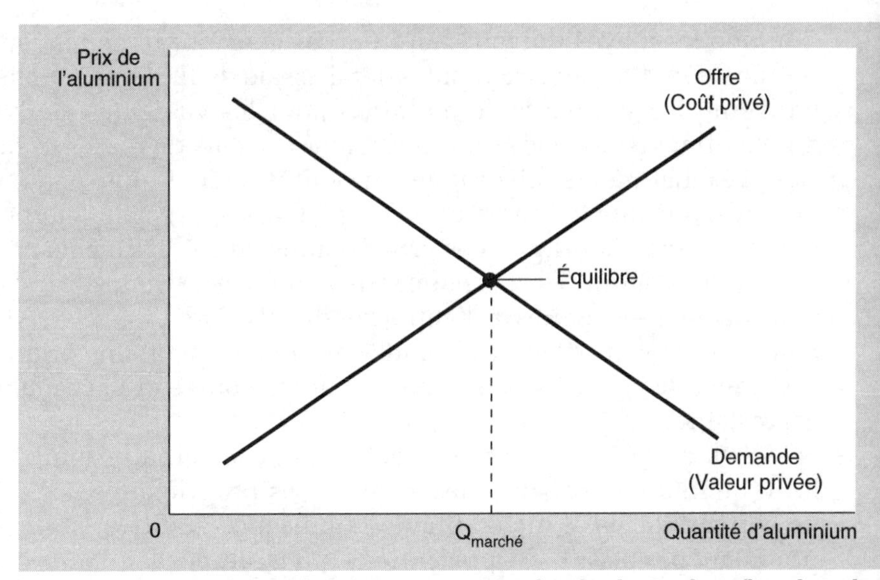

FIG. 10.1 **Le marché de l'aluminium.** La courbe de demande reflète la valeu accordée par les acheteurs, la courbe d'offre reflète les coûts supportés par les ven deurs. La quantité d'équilibre $Q_{marché}$ maximise la différence entre valeur et coûts En l'absence d'externalités, l'équilibre de marché est donc socialement optimal.

Les courbes d'offre et de demande sont porteuses de quantit d'informations sur les coûts et les avantages du produit. La courb de demande reflète la valeur accordée à l'aluminium par le consommateurs, mesurée par les prix qu'ils sont prêts à payer pou en acquérir. Pour chaque quantité, la hauteur de la courbe d demande indique la volonté d'acheter du consommateur marginal Autrement dit, la courbe de demande indique la valeur de la der nière unité d'aluminium achetée.

La courbe d'offre, quant à elle, reflète les coûts supportés par le vendeurs. Pour chaque quantité, la hauteur de cette courbe indiqu le coût du vendeur marginal. En d'autres termes, la courbe d'offr indique le coût de la dernière unité d'aluminium vendue.

Sans intervention gouvernementale, le prix de l'aluminium s'éta blit à un niveau qui équilibre l'offre et la demande. La quantité d'équi libre ($Q_{marché}$) est efficiente en ce sens qu'elle maximise la somme de surplus du consommateur et du producteur. Le marché alloue les res sources de manière à maximiser la valeur accordée par les consom mateurs diminuée des coûts supportés par les producteurs.

Les externalités négatives à la production

Supposons maintenant que les usines d'aluminium sont pol luantes. Pour chaque unité d'aluminium produite, une certain quantité de toxines pénètre dans l'atmosphère. Cette pollution augmentant les risques de troubles de santé chez tous ceux qui respirent l'air, il s'agit là d'une externalité négative. Quel en est l'impact sur l'efficience du marché ?

Du fait de cet externalité, le coût *social* de production est supérieur au coût supporté par les producteurs. Pour chaque unité produite, le *coût social* comprend le coût privé supporté par les fabricants et le coût public supporté par les innocents pollués. La figure 10.2 fait apparaître le coût social de production. La courbe de coût social est située au-dessus de la courbe d'offre du fait des coûts externes imposés à la société par les producteurs d'aluminium. La différence entre les deux courbes représente le coût de la pollution émise.

Quelle quantité d'aluminium faudrait-il produire ? Voyons ce que ferait un planificateur social charitable. Celui-ci cherche à maximiser le surplus total du marché – la valeur accordée par les consommateurs moins les coûts de production. Le planificateur sait que les coûts de production doivent inclure les coûts externes.

Il choisira donc le niveau de production pour lequel la courbe de demande coupe la courbe de coût social. Cette intersection définit la quantité optimale d'aluminium du point de vue de la société tout entière. Si l'on produit moins, la valeur accordée par les acheteurs excède les coûts de production (coûts externes compris). Si l'on

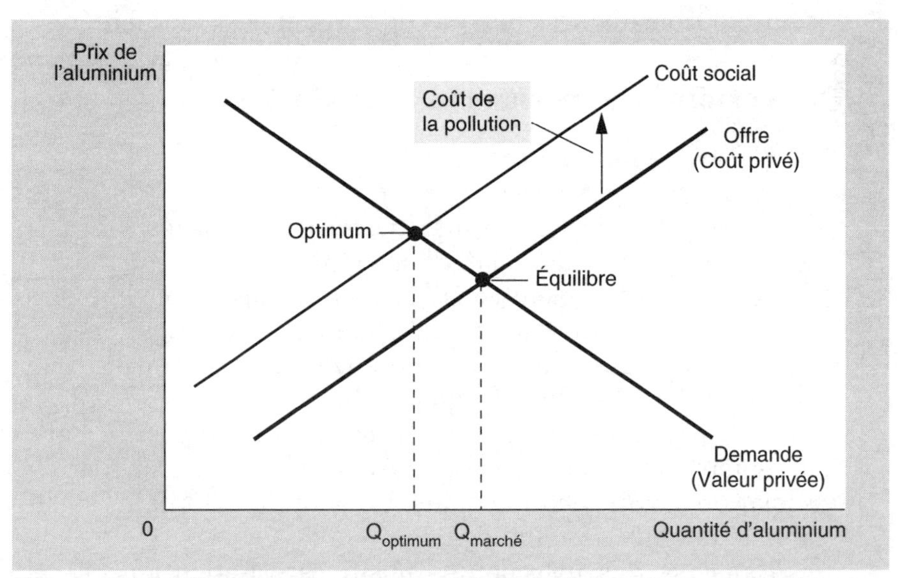

FIG. 10.2 **La pollution et l'optimum social.** En présence d'une externalité négative à la production, le coût social de production de l'aluminium est supérieur au coût privé. La quantité optimale d'aluminium $Q_{optimum}$ est donc inférieure à la quantité d'équilibre du marché.

produit plus, le coût social de production de l'unité supplémentaire est supérieur à la valeur accordée par les acheteurs.

Vous noterez que la quantité d'équilibre du marché ($Q_{marché}$) est supérieure à la quantité d'équilibre social ($Q_{optimum}$). Ce qui s'explique par le fait que l'équilibre du marché ne prend en compte que les coûts privés de production. À l'équilibre du marché, le consommateur marginal accorde à l'aluminium une valeur inférieure à son coût social de production : au point $Q_{marché}$, la courbe de demande se trouve en dessous de la courbe de coût social. Donc, une réduction de la consommation et de la production en dessous de ce niveau d'équilibre augmenterait le bien-être économique général.

Comment notre planificateur social peut-il atteindre cet optimum ? Une solution consiste à taxer les producteurs pour chaque tonne d'aluminium produite. Dans cette hypothèse, la taxe pousse la courbe d'offre vers le haut jusqu'à la faire coïncider avec la courbe de coût social. Au nouveau point d'équilibre, les producteurs d'aluminium fabriqueraient la quantité optimale du point de vue social.

Ce genre de taxe permet d'*internaliser* l'externalité puisqu'elle conduit les acheteurs et les vendeurs à intégrer les conséquences de leurs décisions. Les producteurs d'aluminium seraient implicitement amenés à prendre en compte le coût de la pollution puisque la taxe leur ferait payer ce coût externe. Dans la suite de ce chapitre, nous verrons d'autres moyens de corriger ces externalités.

Les externalités positives à la production

S'il y a de nombreux marchés sur lesquels le coût social de production est supérieur au coût privé, il existe aussi des marchés où l'inverse est vrai. Sur ces marchés, les externalités sont favorables aux tiers et le coût social de la production est inférieur au coût privé. C'est notamment le cas du marché des robots industriels.

Les robots sont à la frontière d'une technologie changeant de plus en plus rapidement. Quand une entreprise construit un robot, il y a de bonnes chances qu'elle invente un modèle plus performant. Ce nouveau modèle profitera non seulement à l'entreprise elle-même, mais aussi à la société entière car il entrera dans le fonds social de savoir technologique. Ce genre d'externalité positive est appelé *retombée technologique*.

L'analyse des externalités positives est identique à celle des externalités négatives.

La figure 10.3 montre le marché des robots. Du fait des retombées technologiques, le coût social de production d'un robot est inférieur

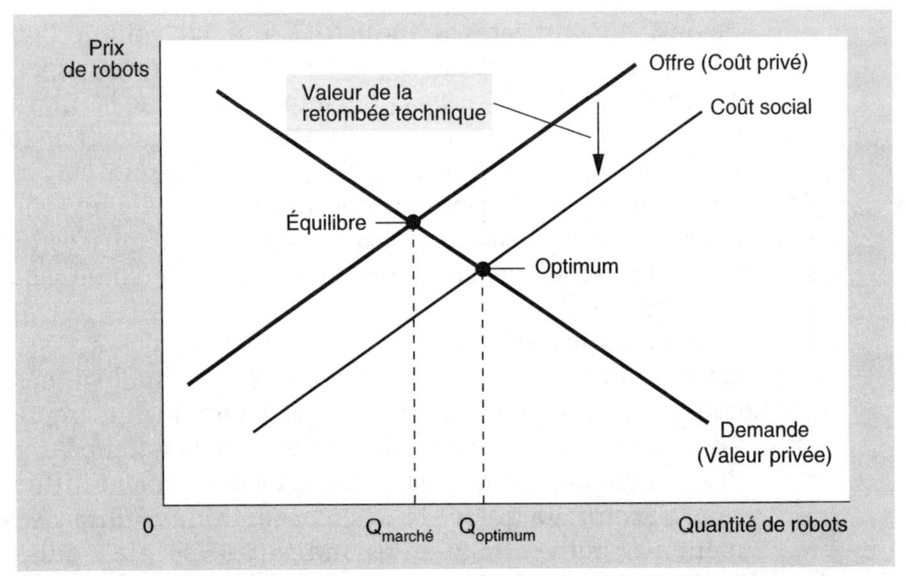

FIG. 10.3 **Les retombées technologiques et l'optimum social.** En présence d'externalités positives à la production, le coût social de production des robots est inférieur au coût privé. La quantité optimale de robots $Q_{optimum}$ est donc supérieure à la quantité d'équilibre du marché $Q_{marché}$.

au coût privé. Le planificateur social déciderait donc de produire plus de robots que ne le ferait le marché spontanément.

Dans ce cas, le gouvernement pourrait internaliser l'externalité en subventionnant la production de robots. En payant les producteurs pour chaque robot produit, la courbe d'offre se déplacerait vers le bas d'un montant égal à la subvention, ce qui augmenterait la quantité d'équilibre. Pour assurer l'égalité de l'équilibre du marché avec l'équilibre social, il suffit que la valeur de la subvention soit identique à la retombée technologique.

ÉTUDE DE CAS

Le débat sur la politique technologique

Quelle est l'importance de ces retombées technologiques, et comment les traiter politiquement ? Ce sont là des questions d'importance, car le progrès technologique est à la base de l'élévation constante des niveaux de vie de génération en génération. Ce sont aussi des questions difficiles, sur lesquelles les économistes ne sont pas toujours d'accord.

Certains considèrent que les retombées technologiques ont tendance à se répandre partout et que le gouvernement devrait encourager les industries qui en sont à l'origine. Ainsi, si la fabrication des puces électroniques génère des retombées technologiques plus importantes que la production de pommes de terre frites, le gouvernement devrait avantager fiscalement les producteurs de puces plus que les producteurs de frites. L'ensemble des interventions gouvernementales visant à promouvoir les industries génératrices de progrès technologique constitue la *politique technologique* du gouvernement.

D'autres économistes sont plutôt sceptiques à l'égard de cette politique. Même si les retombées technologiques sont courantes, le succès d'une politique technologique repose sur la capacité du gouvernement à mesurer ces retombées sur les divers marchés. Ce qui est au mieux extrêmement difficile. Et sans mesure adéquate, le système politique finira certainement par subventionner les industries les plus puissantes politiquement, plutôt que celles qui génèrent les retombées les plus importantes.

Une politique appréciée de tous est en revanche celle qui consiste à protéger les inventions par les brevets. Cette loi protège les droits des inventeurs en leur conférant l'exclusivité de l'usage de leur invention pendant un certain temps. Le brevet internalise l'externalité en donnant à l'entreprise un droit de propriété sur son invention. Si d'autres firmes veulent utiliser la même technologie, elles doivent en obtenir l'autorisation de la part de l'inventeur et verser à celui-ci des royalties. Les entreprises sont donc ainsi incitées à développer les activités de recherche.

Les externalités à la consommation

Toutes les externalités présentées jusqu'à présent concernaient le processus de production. Mais certaines sont liées à la consommation. Typiquement, la consommation d'alcool génère des externalités négatives dans la mesure où elle accroît le risque de conduite en état d'ivresse avec les conséquences désastreuses que cela peut avoir. Au contraire, la consommation d'éducation est à l'origine d'externalités positives, car une population plus cultivée conduit généralement à un meilleur gouvernement, ce qui profite à tout le monde.

L'analyse des externalités à la consommation est similaire à celle des externalités à la production. Comme le montre la figure 10.4, la courbe de demande ne reflète plus la valeur sociale du bien. Dans le

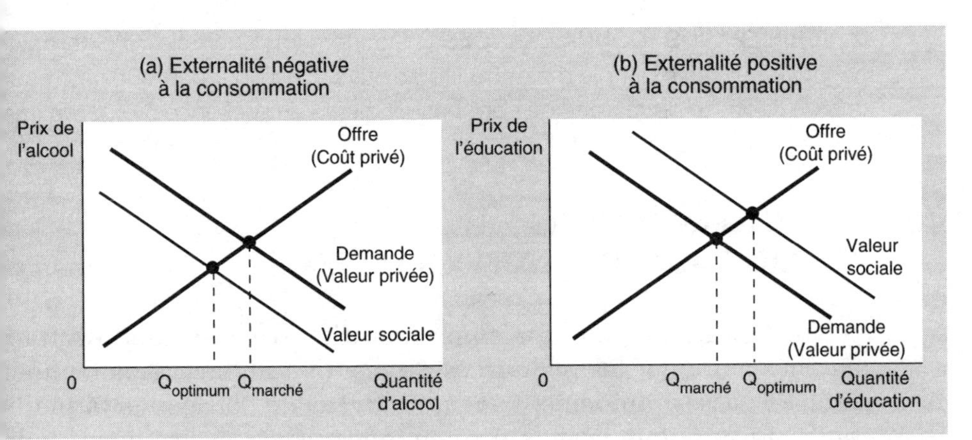

FIG. 10.4 **Externalités à la consommation.** La planche A illustre le cas d'une externalité négative à la consommation, comme le marché des boissons alcoolisées. La courbe représentative de la valeur sociale est en dessous de la courbe de demande, et la quantité optimale du point de vue social $Q_{optimum}$ est inférieure à la quantité d'équilibre du marché. La planche B illustre le cas d'une externalité positive, comme le marché de l'éducation. La courbe représentative de la valeur sociale est au-dessus de la courbe de demande, et la quantité optimale du point de vue social $Q_{optimum}$ est supérieure à la quantité d'équilibre du marché.

cas d'une externalité négative (planche A), la valeur sociale est inférieure à la valeur privée, et la quantité sociale optimale est inférieure à celle déterminée par le marché privé. Dans le cas d'une externalité positive (planche B), la valeur sociale est supérieure à la valeur privée, et la quantité sociale optimale est supérieure à celle déterminée par le marché privé.

Une fois encore, le gouvernement peut corriger la déficience de marché en internalisant l'externalité. Et le remède n'est guère différent de celui d'une externalité à la production. Pour rapprocher l'équilibre de marché de l'équilibre social, il faudra appliquer une taxe dans le cas d'une externalité négative et une subvention dans le cas d'une externalité positive. C'est d'ailleurs exactement ce que fait le gouvernement : les boissons alcoolisées sont parmi les biens les plus taxés de notre économie, alors que l'éducation est hautement subventionnée à travers l'éducation publique et les bourses d'étude.

Ces quelques exemples permettent de tirer les conclusions suivantes : *les externalités négatives, à la production ou à la consommation, conduisent les marchés à produire plus que l'optimum social. Les externalités positives, à la production ou à la consommation, conduisent les marchés à produire moins que l'optimum social. Pour corriger ces défauts, le gouvernement peut internaliser l'externalité en taxant les biens en cas d'externalité négative et en les subventionnant en cas d'externalité positive.*

■ **VÉRIFIEZ VOS CONNAISSANCES** Donner un exemple d'externalité négative puis un exemple d'externalité positive. Expliquer pourquoi les résultats de l'activité de marché ne sont pas efficients en présence d'externalités.

10.2 SOLUTIONS PRIVÉES AU PROBLÈME DES EXTERNALITÉS

Nous avons vu pourquoi la présence d'externalités conduisait les marchés à allouer les ressources de manière inefficace, mais nous sommes passés rapidement sur les moyens de corriger cette inefficacité. En pratique, agents économiques privés et décideurs politiques ont apporté divers types de réponses. Toutes visent à rapprocher l'allocation de l'optimum social.

Les types de solutions privées

L'intervention du gouvernement n'est pas toujours nécessaire pour corriger l'allocation déficiente des ressources ; dans certains cas, les acteurs économiques eux-mêmes ont développé des solutions privées.

Parfois, le problème des externalités trouve une solution dans un code moral ou des sanctions sociales. Prenez le cas des ordures. Bien qu'il existe des lois contre la pollution des voies publiques, celles-ci sont rarement appliquées strictement. Pourtant, la plupart des gens évitent de jeter des papiers ou des ordures n'importe où, simplement parce que cela ne se fait pas. La règle d'or enseignée aux enfants stipule « qu'il ne faut pas faire aux autres ce que l'on n'aimerait pas qu'ils nous fassent ». Cette règle morale nous apprend à tenir compte des conséquences de nos actions sur autrui. En termes économiques, elle nous incite à internaliser les externalités.

Les organisations caritatives privées constituent une autre solution au problème des externalités. Par exemple, le Sierra Club est une organisation à but non lucratif, financée par des dons privés, dont l'objectif est de protéger l'environnement. Les collèges et les universités privés sont en partie financés par les contributions d'anciens élèves, d'entreprises et de fondations qui considèrent que l'éducation est génératrice d'externalités positives pour la société.

Le problème des externalités peut aussi trouver une solution de marché, appuyée sur les intérêts propres des parties concernées. Parfois, la solution prend la forme de l'intégration de plusieurs industries. Imaginez par exemple un cultivateur de pommes situé

DANS VOS JOURNAUX

Un citoyen excédé s'exprime

Le courrier suivant propose une solu-on à un problème d'externalité. La solu-on proposée vous paraît-elle correcte ?

Fumeurs, ramassez vos mégots

Au moment où les citoyens, les respon-ables politiques et les organisations de anté publique tentent de nettoyer l'industrie u tabac, il serait bon de rappeler aux meurs qu'ils doivent aussi nettoyer autour eux.

Tous les jours, je constate que des meurs jettent leurs mégots dans la rue et r les trottoirs, parfois à quelques mètres ulement d'une poubelle ou d'un cendrier. Apparemment, ils ont l'air de trouver ce comportement tout à fait normal. C'est un scandale.

Il n'est pas normal que je ne puisse pas apprécier une pause sur un banc public pace que le sol autour de moi est jonché de mégots de cigarettes. Il s'agit là d'un dépôt d'ordures sur la voie publique. Les non fumeurs et les fumeurs consciencieux devraient apprendre à ces pollueurs à utiliser les poubelles comme tout le monde.

Howie Breinan
Cambridge, Massachussetts.

Source. — *Boston Globe,* mercredi 7 août 1996, p. A14.

non loin d'un apiculteur. Chacune de ces activités génère une externalité positive sur l'autre : en pollinisant les fleurs sur les arbres, les abeilles contribuent à la production des pommes ; et les abeilles utilisent le nectar qu'elles récoltent sur les pommiers pour faire du miel. Comme chaque entreprise a tendance à méconnaître les externalités positives au moment de prendre des décisions, le cultivateur ne plante pas assez d'arbres et l'apiculteur n'élève pas assez d'abeilles. Ces externalités seraient internalisées si le cultivateur achetait l'élevage d'abeilles ou si l'apiculteur achetait le champ de pommiers : les deux activités seraient alors logées au sein de la même entreprise, qui pourrait donc déterminer le nombre d'arbres et d'insectes optimal. L'internalisation des externalités est l'une des raisons qui conduisent les entreprises à s'engager dans des activités différentes.

Une autre solution consisterait pour les parties prenantes à passer un contrat. Un contrat entre notre cultivateur et notre apiculteur pourrait résoudre le problème. Le contrat spécifierait le nombre d'arbres, le nombre d'abeilles et éventuellement une rémunération à verser par une partie à l'autre. Ce contrat pourrait ainsi corriger l'inefficience générée par ces externalités, et du coup améliorer la situation des deux parties.

Le théorème de Coase

Les réponses du marché au problème des externalités sont-elle efficaces ? Le *théorème de Coase* affirme que, dans certains cas, ce réponses sont extrêmement efficaces. D'après ce théorème, si le parties peuvent négocier un arrangement à coût nul quant à l'allo cation des ressources, alors le marché saura résoudre le problème allouer les ressources de manière efficace.

Prenons un exemple. Dick possède un chien appelé Spot. Spo aboie fréquemment, ce qui gêne Jane, la voisine de Dick. Dick pro fite de son chien, mais celui-ci est porteur d'externalités négative pour Jane. Dick doit-il se séparer de Spot, ou bien Jane doit-elle sup porter les aboiements de Spot ?

Voyons d'abord la solution optimale du point de vue social. Pou cela, comparons le bénéfice que Dick retire de la possession de so chien au coût supporté par Jane quand le chien aboie. Si le bénéfic est supérieur au coût, alors Dick doit garder son chien et Jane sup porter les aboiements. Si les coûts sont supérieurs au bénéfice, alor Dick devrait se séparer de son chien.

D'après le théorème de Coase, le marché doit pouvoir trouve une solution optimale tout seul. Comment ? Jane peut proposer Dick de le payer pour qu'il se sépare de son chien. Dick accepter cette proposition si la somme proposée par Jane est au moins égal au bénéfice que lui procure son chien.

En négociant ce montant, Dick et Jane trouveront l'optimun Supposons par exemple que Dick évalue le bénéfice à 500 dollars Jane le coût à 800 dollars. Si Jane propose à Dick 600 dollars pou se séparer du chien, Dick acceptera très certainement. Les deux pa ties seront satisfaites, et le résultat efficient aura été atteint.

Bien sûr, il se peut que Jane n'offre aucun prix que Dick sera prêt à accepter. Si Dick évalue le bénéfice à 1 000 dollars et Jane l coût à 800 dollars, Dick finira par conserver son chien et Jane devr supporter les aboiements. Mais compte tenu des coûts et des bén fices, il s'agit encore d'un résultat optimal.

Jusqu'ici, nous avons supposé que Dick avait le droit de conse ver son chien malgré les aboiements de ce dernier. Nous avons don supposé que Dick garderait Spot tant que les sommes proposées pa Jane sont insuffisantes pour l'inciter à s'en séparer. Que se passe rait-il si Jane avait un droit constitutionnel à vivre dans la tra quillité ?

Selon le théorème de Coase, la répartition initiale des droits es sans effet sur la capacité du marché à trouver une solution eff ciente. Imaginons par exemple que Jane puisse obliger légalemen

Dick à se séparer de Spot. Même si ce droit joue en faveur de Jane, il ne changera rien au résultat final. En effet, Dick pourrait offrir de l'argent à Jane pour pouvoir conserver son chien. Là encore, si le bénéfice pour Dick excède le coût pour Jane, ils finiront par se mettre d'accord et Dick conservera son chien.

Même si Dick et Jane peuvent parvenir à un accord efficace quelle que soit la distribution initiale des droits, celle-ci est néanmoins importante : elle détermine en effet la répartition du bien-être économique. Avoir le droit de posséder un chien qui aboie ou avoir le droit de dormir en paix déterminera qui devra payer une compensation à qui. Mais dans les deux cas, les deux parties peuvent trouver un accord qui résoudra efficacement le problème de l'externalité. Dick ne gardera son chien que si le bénéfice que celui-ci lui procure est supérieur au coût supporté par Jane.

En résumé : *le théorème de Coase affirme que des acteurs privés peuvent résoudre eux-mêmes les problèmes d'externalités. Quelle que soit la distribution initiale des droits, les parties concernées peuvent toujours passer un accord qui soit profitable à toutes et donc aboutisse à un résultat efficient.*

Pourquoi les solutions privées ne marchent pas toujours

Malgré la logique du théorème de Coase, le marché ne parvient pas toujours à résoudre les problèmes d'externalités. En effet le théorème ne tient que lorsque les parties prenantes peuvent sans difficulté parvenir à un accord et ensuite le faire respecter. Dans la réalité, la négociation n'aboutit pas systématiquement, même si un accord bénéfique à toutes les parties est théoriquement possible.

Parfois, le problème ne sera pas résolu du fait des *coûts de transaction* que les parties doivent supporter lors de la négociation. Revenons à notre exemple et imaginons que Dick et Jane ne parlent pas la même langue. Il leur faut donc engager un traducteur pour pouvoir négocier. Si les frais de traduction sont supérieurs au bénéfice attendu de l'accord, Dick et Jane peuvent décider de laisser les choses en l'état. Dans le monde réel, ce seraient plutôt les frais juridiques qui poseraient problème : le coût des avocats qui rédigent et font appliquer les contrats négociés.

Dans d'autres cas, la négociation n'aboutira pas. La multiplication des guerres ou des grèves est là pour démontrer qu'il n'est pas toujours facile de parvenir à un accord, et que le coût de l'échec est élevé. La difficulté vient de ce que chaque partie essaie de négocier un meilleur arrangement. Supposons par exemple que Dick retire un bénéfice de 500 dollars de la possession de son chien, et que

Jane estime à 800 dollars le coût des aboiements. Il y a donc plusieurs prix de négociation possibles. Dick peut demander 750 dollars, et Jane peut n'offrir que 550 dollars. Tant que dure la négociation, les aboiements persistent.

La négociation est d'autant plus difficile que le nombre de parties prenantes est important, car il devient très coûteux de coordonner le tout. Imaginons par exemple une usine qui pollue les eaux d'un lac voisin. Cette pollution constitue une externalité négative pour les pêcheurs locaux. D'après le théorème de Coase, l'entreprise et les pêcheurs devraient pouvoir passer un accord aux termes duquel les pêcheurs paieraient l'usine pour qu'elle cesse de polluer le lac. Mais si les pêcheurs sont nombreux, il sera quasiment impossible de les réunir pour organiser une négociation efficace.

Si la négociation privée est inefficace, le gouvernement peut parfois jouer un rôle. En effet, le gouvernement est une institution destinée aux actions collectives. Dans notre exemple, le gouvernement pourra agir pour le compte des pêcheurs. Dans la section suivante, nous allons voir comment le gouvernement peut essayer de corriger les problèmes d'externalités.

■ **VÉRIFIEZ VOS CONNAISSANCES** Donner un exemple de solution privée à un problème d'externalité. Qu'est-ce que le théorème de Coase ? Pourquoi les acteurs privés sont-ils parfois incapables de résoudre par eux-mêmes les problèmes d'externalités ?

10.3 EXTERNALITÉS ET SOLUTIONS PUBLIQUES

Quand une externalité conduit un marché à allouer les ressources de manière non optimale, le gouvernement peut intervenir de deux manières. Il peut adopter une attitude autoritaire et imposer des règles aux parties. Ou il peut adopter des solutions de marché, qui inciteront les décideurs privés à résoudre le problème eux-mêmes.

L'attitude autoritaire

Le gouvernement peut rendre obligatoire, ou au contraire interdire, tel ou tel comportement. Il est par exemple interdit de déverser des produits chimiques toxiques dans les réserves d'eau. Dans ce cas précis, les coûts externes pour la communauté sont infiniment supérieurs aux avantages pour le pollueur. Le gouvernement interdit donc tout simplement un tel comportement.

Malheureusement, dans la plupart des cas de pollution, les choses ne sont pas aussi simples. N'en déplaise aux écologistes, il est impossible d'éliminer tout comportement polluant. Tous les moyens de transport – y compris le cheval – génèrent certains types de pollution. Il serait ridicule pour le gouvernement d'interdire toute forme de transport. Plutôt que d'essayer d'éliminer toute forme de pollution, il vaut mieux en mesurer les coûts et les bénéfices pour décider quel type et quelle quantité de pollution accepter. Aux États-Unis l'Agence de protection de l'environnement (EPA) est l'organisation gouvernementale chargée d'élaborer et de faire respecter les lois assurant la protection de l'environnement.

Les lois écologiques sont diverses. L'EPA peut fixer le montant maximal de pollution qu'une usine peut émettre. Dans certains cas, l'EPA peut obliger une entreprise à utiliser certaines technologies qui réduisent les émissions toxiques. Dans tous les cas, pour que les règles soient sensées, il faut que l'EPA connaisse parfaitement les spécificités du secteur industriel concerné et l'ensemble des technologies susceptibles d'être utilisées dans le process industriel. Une information difficile à obtenir pour le gouvernement.

Taxes pigoviennes et subventions

Plutôt que d'imposer ou d'interdire, le gouvernement peut essayer d'inciter pour promouvoir une attitude socialement efficiente. Comme nous l'avons vu plus haut, le gouvernement peut internaliser les externalités en taxant les activités qui génèrent des externalités négatives et en subventionnant celles qui produisent des externalités positives. Les taxes dont l'objet est de corriger les effets d'externalités négatives sont appelées des *taxes pigoviennes*, du nom de l'économiste Arthur Pigou (1877-1959), qui en fut l'un des premiers partisans.

En général, les économistes préfèrent les taxes pigoviennes aux solutions autoritaires pour lutter contre la pollution, car elles permettent de réduire celle-ci à moindre coût.

Imaginons que deux usines – une aciérie et une usine chimique – déversent chacune 500 tonnes de déchets toxiques par an dans la rivière voisine. L'EPA, qui souhaite réduire le niveau de pollution, envisage deux solutions :

– réglementation : chaque usine ne pourrait pas déverser plus de 300 tonnes de déchets par an ;

– taxe pigovienne : les usines devront payer 50 000 dollars de taxes par tonne de déchets déversée.

La réglementation fixerait le niveau de pollution, tandis que la taxe incitera les responsables industriels à réduire le niveau de pollution. Quelle est la meilleure solution ?

La plupart des économistes préféreront la taxe. D'abord parce qu'elle sera aussi efficace que la réglementation pour réduire le niveau de pollution. Plus la taxe sera élevée, plus la pollution diminuera. Avec une taxe colossale, les usines cesseront leur activité et la pollution sera nulle.

Mais surtout, la taxe réduit la pollution à moindre coût. La réglementation oblige les deux usines à réduire leurs émissions toxiques d'un même montant, mais rien n'indique qu'il s'agit là de la meilleure solution pour la qualité de l'eau. Il est parfaitement possible que l'aciérie puisse réduire sa pollution à un coût inférieur à celui de l'usine chimique. Si tel est le cas, l'aciérie réduira substantiellement son niveau de pollution de façon à ne pas payer trop de taxes, tandis que l'usine chimique réduira moins le sien et paiera plus d'impôts.

Pratiquement, la taxe pigovienne revient à définir un prix pour le droit de polluer. De même que les marchés allouent les biens à ceux qui leur accordent la valeur la plus élevée, la taxe pigovienne « alloue » la pollution aux usines pour lesquelles la réduction du niveau de pollution est la plus coûteuse. Quel que soit le niveau de pollution choisi par l'EPA, la taxe permettra de l'atteindre au meilleur coût.

Les économistes considèrent aussi que la taxe pigovienne est meilleure pour l'environnement. Dans le cadre de la réglementation, les usines ne réduiront pas leurs émissions toxiques en dessous du niveau requis par la loi, de 300 tonnes par an. Alors que la taxe incitera les entreprises à développer des technologies « propres » qui leur permettront de diminuer le montant de taxe à payer.

Les taxes pigoviennes sont différentes des taxes habituelles. Comme nous l'avons vu au chapitre 8, les taxes classiques modifient les comportements et aboutissent à une allocation des ressources inefficace. La réduction du bien-être économique – surplus du consommateur et du producteur – est supérieure à la recette fiscale pour le gouvernement, d'où la perte sèche. Mais en présence d'externalités, la société se soucie du bien-être des agents. Les taxes pigoviennes corrigent les incitations et poussent l'allocation des ressources vers l'optimum social. Alors même qu'elles permettent au gouvernement de lever des fonds, elles accroissent l'efficacité économique.

Permis de pollution négociables

Imaginons que le gouvernement, ne tenant pas compte de l'opinion des économistes, décide d'appliquer la réglementation obligeant les deux entreprises à limiter leurs déchets toxiques à 300 tonnes par an. Quelque temps plus tard, les représentants des entreprises se rendent à l'EPA avec la proposition suivante. L'usine chimique a besoin d'augmenter ses émissions toxiques de 100 tonnes. L'aciérie est prête à réduire les siennes du même montant, si l'usine chimique lui verse 5 000 000 dollars. L'EPA est-elle d'accord sur le principe d'une telle opération ?

Du point de vue de l'efficacité économique, cette opération est intéressante. Puisqu'il s'agit d'un accord passé volontairement entre les deux entreprises, c'est qu'elles en tirent chacune un bénéfice. Par ailleurs, cet accord ne lèse aucun tiers puisque le niveau de pollution demeure inchangé. Le bien-être social est donc accru, si l'aciérie vend son droit de polluer à l'usine chimique.

La même logique s'applique pour tout transfert d'un droit de polluer d'une entreprise à une autre. Si l'EPA autorise ce genre d'opérations, elle aura créé un nouveau marché : celui des permis de polluer. Ce marché sera, comme tous les autres, dirigé par les forces de l'offre et de la demande. Grâce à la main invisible, ces droits de polluer seront alloués efficacement. Les entreprises qui ont du mal à réduire leur niveau de pollution seront prêtes à payer cher pour ces droits. Celles qui sont capables de contrôler leur niveau de pollution à moindre coût vendront leurs droits.

L'avantage de ce marché des droits de polluer, c'est que la distribution initiale des permis entre les firmes n'a aucune importance du point de vue de l'efficacité économique. On retrouve ici la même logique que celle qui sous-tend le théorème de Coase. Les entreprises qui peuvent réduire leur niveau de pollution à faible coût vendront leurs permis de polluer, et les entreprises pour lesquelles le contrôle de la pollution est très coûteux achèteront tous les permis dont elles ont besoin. Tant qu'il existera un marché libre des permis de polluer, l'allocation finale sera efficace, quelle que soit l'allocation initiale.

L'utilisation des permis de polluer et les taxes pigoviennes sont des politiques proches l'une de l'autre. Dans les deux cas, les entreprises paient pour la pollution dont elles sont responsables. Dans le cas des taxes pigoviennes, les entreprises paient un impôt au gouvernement. Dans le cas des permis de polluer, les entreprises polluantes paient pour les permis (pour une entreprise qui possède déjà un permis de polluer, le coût d'opportunité de la pollution est égal à ce que lui aurait rapporté la vente de son permis sur le marché). Taxes pigoviennes et permis de polluer internalisent tous deux l'externalité qu'est la pollution en faisant payer les entreprises responsables.

DANS VOS JOURNAUX

Les permis de polluer en action

L'influence des économistes sur les responsables politiques chargés de la protection de l'environnement est croissante. Comme en témoigne cet article du Wall Street Journal.

Échange de fumées Le rôle des marchés dans la lutte contre la pollution

Torrance, Californie. Dans cette petite communauté de bungalows et de palmiers, où les pompes à essence et les tondeuses à gazon sont soumises à un strict contrôle antipollution, la firme Mobil vient d'obtenir le droit d'émettre 900 livres de plus de vapeurs toxiques dans l'air chaque jour.

Pourquoi les militants écologiques ne sont-ils pas en train de manifester à la porte de l'usine ?

En fait, Mobil ouvre ici une nouvelle ère dans le domaine de la protection de l'environnement. Pour 3 millions de dollars, la raffinerie a acquis des droits de pollution auprès de la ville voisine, South Gate. La vil avait elle-même acquis ces droits de Gene ral Motors, qui les avait vendus en 198 après la fermeture de son usine dans le environs. La raffinerie de Torrance émett bien moins de pollution que General Moto en son temps.

Cette transaction s'est effectuée dans cadre d'une version rudimentaire de régle mentation de marché. Si ces possibilité existent depuis les années 1970, les règle sont tellement compliquées que les opéra tions sont plutôt rares.

Cela va bientôt changer. Les régulateur semblent de plus en plus convaincus qu l'attitude autoritaire – qui consiste à fixer u plafond à la quantité de pollution autorisée est inefficace pour ce qui est de protége l'environnement. Les autorités, encouragée par les économistes, souhaitent livrer l'a mosphère terrestre aux forces de marché e laisser celui-ci protéger le monde contre le pluies acides et le réchauffement global...

Ce qui ne réjouit pas tout le monde. Ce tains écologistes trouvent immoral d'achete ou de vendre le droit de polluer. D'autre

La similitude des deux politiques apparaît clairement si l'o considère le marché de la pollution. Les deux planches de l figure 10.5 montrent la courbe de demande du droit de polluer meilleur marché sera ce droit, plus les entreprises pollueront. Sur l planche A, le gouvernement fixe le prix de la pollution par l'inte médiaire d'une taxe pigovienne. Dans ce cas, l'offre de droits d pollution est parfaitement élastique, puisque les entreprises peu vent polluer autant qu'elles veulent tant qu'elles paient la taxe C'est donc la position de la courbe de demande qui déterminera l quantité de pollution. Sur la planche B, l'EPA fixe la quantité d pollution en émettant un certain nombre de permis de pollue L'offre de pollution est alors parfaitement rigide (la quantité de po lution étant fixée par le nombre de permis de polluer émis), et l

onsidèrent que les autorités ne pourront mais faire appliquer des règles inspirées u fonctionnement des marchés, qui nécesitent des outils de mesure particulièrement récis. Quant à certains pollueurs, ils douent de la volonté réelle des autorités de laisser faire le marché là où une attitude autoriaire a été la règle pendant des années.

Pourtant à Washington, en Californie et illeurs, la nouvelle attitude l'a emporté sur opposition, en faisant remarquer que la églementation traditionnelle n'incitait aucuement les pollueurs à faire mieux que ce qui ur était imposé. Par le biais du marché, les rmes seront incitées à trouver les meilleures olutions, et les moins chères, pour réduire s niveaux de pollution.

L'idée de faire de la pollution un produit égociable n'est pas nouvelle. Au début du iècle, un économiste anglais, A.C. Pigou ffirmait qu'il fallait définir un prix de marché our l'air pur et l'eau claire et l'inclure dans s coûts du pollueur, comme le coût du travail et celui des matières premières. Ce n'est u'en 1975 que l'EPA lança un embryon de arché de la pollution en autorisant les ntreprises à acheter et vendre des droits de olluer...

Le département de contrôle de la qualité e l'air en Californie du Sud met actuellement sur pied un programme plus vaste.

À Los Angeles, la réglementation très stricte a obligé les entreprises à dépenser des milliards de dollars pour diminuer les émissions polluantes, et l'air de la ville est meilleur qu'il y a quinze ans. Pourtant, les niveaux de pollution atteints furent considérés dangereux pendant 184 jours l'année dernière, et la loi impose une réduction des émissions toxiques de 5 % par an jusqu'en 2010. En attendant, les entreprises fuient la Californie du Sud, effrayées par les coûts de la lutte antipollution.

Après un an de consultations et d'études de faisabilité, il a été décidé le mois dernier de mettre en place une réglementation fondée sur les mécanismes de marché et le département de contrôle prépare un marché pour trois des émanations toxiques les plus dangereuses. Cette nouvelle démarche a suscité une coopération inhabituelle entre groupes traditionnellement concurrents et contribué à modifier la perception des réglementations fondées sur les mécanismes de marché.

Source. — D'après le *Wall Street Journal*, 14 avril 1992.

position de la courbe de demande déterminera le prix de la pollution. Pour une courbe de demande de pollution donnée, le gouvernement peut obtenir un même résultat soit en fixant un prix par l'intermédiaire d'une taxe pigovienne, soit en fixant une quantité par l'intermédiaire d'un permis de polluer.

Dans certains cas néanmoins, l'émission de permis de polluer peut être préférable à l'imposition d'une taxe pigovienne. Supposons que le gouvernement veuille limiter à 600 tonnes la quantité de déchets jetée dans la rivière. Comme l'EPA ne connaît pas précisément la demande de pollution, il lui est difficile de définir la taxe qui permettra d'atteindre l'objectif désiré. Il est plus facile de mettre 600 permis de polluer aux enchères. Le produit de l'enchère sera égal au montant de la taxe pigovienne.

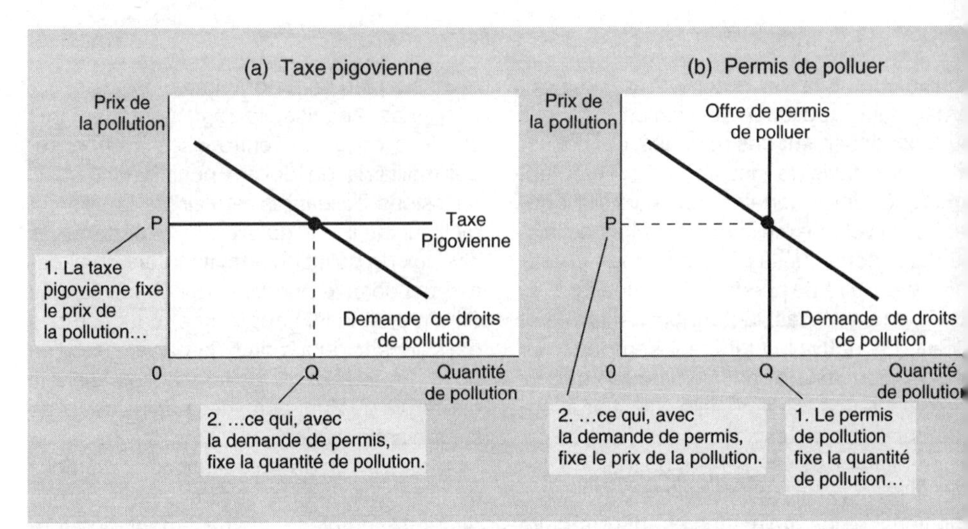

FIG. 10.5 **Taxes pigoviennes ou permis de polluer.** Sur la planche A, l'EPA fixe un pri de pollution en imposant une taxe pigovienne, et la courbe de demande détermine l niveau de pollution. Sur la planche B, l'EPA détermine la quantité de pollution en émet tant un nombre limité de permis de polluer, et la courbe de demande établit le prix de l pollution. Le résultat est identique dans les deux cas.

Les objections à l'analyse économique de la pollution

« On ne peut vendre à personne le droit de polluer. » Cette affir mation du sénateur Edmund Muskie (1971) est caractéristique d l'opinion de certains écologistes. L'air pur et l'eau claire sont de droits de l'homme fondamentaux que l'on ne peut considérer en termes économiques. Comment peut-on mettre un prix sur la puret de l'air ? Notre environnement est essentiel à notre survie, et nou devrions le protéger par tous les moyens possibles, sans considéra tions de coût, disent certains.

Les économistes ne reconnaissent pas ce genre d'argumentation Pour les économistes, une politique écologique doit débuter par l reconnaissance de ce Principe de l'Économie selon lequel les gen doivent faire des choix. De toute évidence, l'air pur et l'eau clair ont de la valeur. Mais cette valeur doit être comparée à leur coû d'opportunité – ce à quoi il faut renoncer pour les obtenir. Élimine toute forme de pollution est impossible. Il faudrait pour cela renon cer à bien des avancées technologiques qui nous ont permis de joui du niveau de vie que nous connaissons actuellement. Rares son ceux qui accepteraient une alimentation défectueuse, une assis tance médicale médiocre et un logement insalubre dans le seul bu de protéger au maximum l'environnement.

Pour les économistes, les écologistes extrémistes nuisent à leur propre cause quand ils ne raisonnent pas en termes économiques. Un environnement sain est un bien comme un autre. En fait, c'est même un luxe : les pays riches peuvent s'offrir plus facilement un environnement sain que les pays pauvres, et par conséquent ont en général adopté des lois contraignantes de protection de l'environnement. Comme c'est le cas pour les autres biens, la demande d'air pur et d'eau claire réagit au prix. Meilleur marché sera la protection de l'environnement, plus le public en voudra. L'approche économique des taxes pigoviennes et des permis de polluer contribue à réduire le coût de la protection de l'environnement. Cela devrait donc augmenter la demande du public pour un environnement sain.

■ **VÉRIFIEZ VOS CONNAISSANCES** Une usine de colle et une aciérie émettent des fumées toxiques quand elles sont inhalées en grande quantité. Décrire trois politiques que les autorités locales peuvent mettre en œuvre pour répondre à cette externalité. Quels sont les avantages et les inconvénients de chaque solution ?

10.4 CONCLUSION

La main invisible est certes puissante, mais pas omnipotente. L'équilibre de marché maximise la somme des surplus du producteur et du consommateur. Si acheteurs et vendeurs sont les seules parties concernées, ce résultat est optimal sur le plan social. Mais en présence d'externalités, comme la pollution, il faut tenir compte des effets sur les tiers. La main invisible du marché peut, dans ce cas, être prise en défaut.

Dans certains cas, les parties peuvent résoudre elles-mêmes les problèmes d'externalités. Le théorème de Coase affirme qu'elles peuvent entamer des négociations et parvenir à un accord qui constituera une solution efficace. Cela n'est pas toujours possible, notamment quand le nombre de parties prenantes est trop élevé pour rendre la négociation réalisable.

Si les solutions privées ne sont pas praticables, le gouvernement peut entrer en lice. Même dans cette hypothèse, les forces du marché ne doivent pas être écartées. En effet, le gouvernement peut résoudre le problème en faisant supporter aux responsables les coûts de leurs actions. Les taxes pigoviennes sur les émissions toxiques et les permis de polluer, par exemple, visent à internaliser l'externalité qu'est la pollution. Ce genre de politique est de plus en plus pratiqué par les agences chargées de la protection de l'environnement. Les forces de marché, proprement encadrées, sont souvent la meilleure réponse aux déficiences de marché.

RÉSUMÉ

- Quand une transaction entre un acheteur et un vendeur a un effet direct sur des tiers, cet effet est appelé externalité. En présence d'externalités négatives, comme la pollution, la quantité d'équilibre du marché est supérieure à l'optimum social. En présence d'externalités positives, comme les retombées technologiques, l'équilibre de marché est inférieur à l'optimum social.
- Les tiers affectés par les externalités peuvent parfois résoudre leur problème en privé. Si une entreprise génère une externalité pour une autre firme, les deux entreprises peuvent internaliser cette externalité en fusionnant. Ou bien les parties concernées peuvent résoudre leur problème contractuellement. Selon le théorème de Coase, si les intéressés peuvent négocier sans supporter de coûts, ils peuvent toujours parvenir à un accord par lequel les ressources seront allouées efficacement. Néanmoins, dans de nombreux cas, la négociation entre parties trop nombreuses est très difficile, et le théorème ne s'applique pas.
- Si les solutions privées ne sont pas satisfaisantes pour résoudre certaines externalités, comme la pollution, le gouvernement entre en piste. Il peut contrôler les activités socialement inefficaces en interdisant ou imposant tel ou tel type de comportement. Ou bien il peut internaliser les externalités par l'intermédiaire des taxes pigoviennes. Ou bien encore il peut émettre un nombre limité de droits de polluer. Le résultat final sera alors très proche de celui obtenu avec les taxes pigoviennes.

CONCEPTS CLÉS – DÉFINITIONS

Externalité : impact des actions d'un agent sur le bien-être des personnes non concernées *a priori* par ces actions.

Internaliser une externalité : créer des incitations ou des mécanismes pour que les gens prennent en compte tous les effets possibles de leurs actions.

Théorème de Coase : théorème selon lequel la possibilité pour les agents de négocier sans coûts de transaction conduira à résoudre leurs problèmes d'effets externes.

Coûts de transaction : coûts à supporter pour négocier et se mettre d'accord sur une solution.

Taxes pigoviennes : taxes à instituer pour corriger les effets négatifs des externalités.

QUESTIONS DE RÉVISION

1. À l'aide d'un graphique offre-demande, expliquer les effets d'une externalité négative à la production.
2. Énumérer quelques-unes des solutions privées au problème des externalités.
3. Imaginons un non-fumeur qui partage une chambre avec un fumeur. Selon le théorème de Coase, qu'est-ce qui déterminera si le fumeur fumera dans la chambre ? Ce résultat est-il efficient ? Comment les deux parties aboutissent-elles à cette solution ?
4. Pourquoi les économistes préfèrent-ils les taxes pigoviennes aux réglementations antipollution pour protéger l'environnement ?

PROBLÈMES D'APPLICATION

1. Êtes-vous d'accord avec les affirmations suivantes ? Pourquoi ?
   a. « Les avantages des taxes pigoviennes doivent être comparés à la perte sèche que ces taxes génèrent. »
   b. « Une externalité négative à la production appelle une taxe pigovienne sur les producteurs, tandis qu'une externalité négative à la consommation appelle une taxe pigovienne sur les consommateurs. »
2. Considérons le marché des extincteurs :
   a. Pourquoi les extincteurs produisent-ils des externalités positives à la consommation ?
   b. Dessinez un graphique du marché des extincteurs, identifiant la courbe de demande, la courbe de valeur sociale, la courbe d'offre et la courbe de coût social.
   c. Indiquez la quantité d'équilibre du marché et la quantité optimale socialement. Expliquez pourquoi ces deux quantités diffèrent.
   d. Si le bénéfice externe est de 10 dollars par extincteur, quelle politique gouvernementale pourrait donner un résultat socialement optimal ?
3. Les dons aux organisations caritatives sont déductibles de l'impôt sur le revenu. En quoi cette mesure encourage-t-elle les solutions privées aux problèmes d'externalités ?
4. Selon des rumeurs, le gouvernement suisse subventionnerait l'élevage de bétail, surtout dans les régions touristiques. Pour quelle raison cette politique pourrait-elle être efficace ?
5. Supposez qu'un État envisage d'interdire l'utilisation des pneus neige compte tenu des dommages que ceux-ci font aux autoroutes. Si l'État ne se soucie que d'efficacité économique, montrez sur un graphique la situation dans laquelle les pneus devraient être totalement interdits. Puis montrez la situation dans laquelle l'utilisation des pneus devrait être réduite par rapport à l'équilibre spontané, sans aller toutefois jusqu'à l'interdiction totale.

6. L'utilisation et la production de cannettes d'aluminium génèrent toutes deux des coûts externes :
   a. Quels sont les coûts externes de la production de cannettes ? Quels sont ceux de leur utilisation ?
   b. Dessinez un graphique du marché des cannettes d'aluminium, avec la courbe de demande, la courbe d'offre, la courbe de valeur sociale et la courbe de coût social. Indiquez la quantité de cannettes vendues sur le marché et la quantité socialement désirable.
7. Une consommation excessive d'alcool accroît le nombre d'accidents automobiles et impose donc un coût externe à ceux qui ne boivent pas avant de conduire :
   a. Dessinez le marché de l'alcool, avec la courbe de demande, la courbe de valeur sociale, la courbe d'offre, la courbe de coût social, l'équilibre de marché et l'optimum social.
   b. Sur votre graphique, montrez la région correspondant à la perte sèche de l'équilibre de marché. (Indice : la perte sèche intervient quand on consomme des quantités pour lesquelles le coût social excède la valeur sociale.) Expliquez.
8. a. Si la société souhaite réduire le niveau global de pollution, pourquoi est-il efficace d'avoir des réductions différentes selon les entreprises ?
   b. Les réglementations autoritaires impliquent généralement des réductions uniformes. Pourquoi ces mesures sont-elles généralement inefficaces pour identifier les entreprises qui devraient le plus réduire leur niveau de pollution ?
   c. Selon les économistes, les taxes pigoviennes et les permis de polluer négociables permettent de réduire efficacement la pollution. Comment ces deux politiques identifient-elles les firmes qui doivent entreprendre les réductions les plus importantes ?
9. La rivière Pristine est polluée par deux usines voisines. Acme Industries et Chimie Creative déversent chacune 100 tonnes de déchets dans la rivière chaque année. Réduire ces émissions d'une tonne coûte 10 dollars à Acme et 100 dollars à Chimie. Les autorités locales souhaitent réduire le niveau global de pollution de 200 à 50 tonnes :
   a. Si le gouvernement avait connaissance des coûts impliqués par ces réductions, quelles réductions imposerait-il pour atteindre l'objectif global ? Quel en serait le coût pour chaque firme et le coût total pour les deux entreprises ?
   b. En général, le gouvernement ne connaît pas le coût impliqué par la réduction des émissions toxiques. S'il décide d'atteindre son objectif en imposant des réductions uniformes à toutes les entreprises, calculez la réduction entreprise par chaque firme, le coût pour chacune d'entre elles et le coût total.
   c. Comparez les coûts totaux trouvés en a) et b). Si le gouvernement ignore les coûts individuels de réduction des niveaux de pollu-

tion, existe-t-il un autre moyen pour lui d'atteindre son objectif au même coût que celui trouvé en a) ? Expliquez.

10. La figure 10.5 montre que, pour toute courbe de demande de pollution, le gouvernement peut obtenir le même résultat en fixant un prix à l'aide d'une taxe pigovienne ou en fixant une quantité par l'émission de permis de polluer. Imaginons une sérieuse avancée technologique dans le domaine du contrôle de la pollution :

    a. À l'aide de graphiques similaires à la figure 10.5, montrez les effets de cette avancée technologique sur la demande de permis de polluer.

    b. Quel en sera l'effet sur le prix et la quantité de pollution sous chaque politique ? Expliquez.

11. Imaginons que le gouvernement décide d'émettre des permis de polluer négociables pour une certaine forme de pollution :

    a. En termes d'efficacité économique, est-il important de savoir si le gouvernement distribue ces droits ou les met aux enchères ? Est-ce important d'un point de vue différent ?

    b. Si le gouvernement décide de distribuer ces permis, cette allocation entre les entreprises est-elle importante du point de vue de l'efficacité économique ? Ou d'un autre point de vue ?

12. L'article du *Wall Street Journal* cité plus haut présente la négociation des droits de polluer en Californie du Sud. Quel serait le principal avantage d'autoriser cette négociation sur toute la côte ouest des États-Unis ? Quel en serait le principal inconvénient ?

13. Le dioxyde de carbone est le principal facteur de réchauffement de la planète. Cette molécule est émise en quantités variables par les différents pays, mais en un an elle est répartie équitablement tout autour du globe. Dans un article publié dans le *Boston Globe* (3 juillet 1990), Martin et Kathleen Feldstein affirment que la solution au problème « ne consiste pas à demander aux divers pays émetteurs de stabiliser leurs émissions à leur niveau actuel », comme cela est souvent avancé. Il faut en fait, disent ces auteurs, « que les émissions soient réduites dans les pays qui peuvent le faire à moindre coût, ces coûts étant financés par le reste du monde. »

    a. Pourquoi la coopération internationale est-elle nécessaire pour atteindre un résultat efficace ?

    b. Est-il possible de concevoir un système de compensation tel que tous les pays soient avantagés par rapport à une solution de réduction uniforme ? Expliquez.

14. Certains individus s'opposent aux politiques de réduction de la pollution fondées sur les mécanismes de marché, car celles-ci attribuent une valeur financière à l'air pur. Les économistes répondent que la société attribue une valeur financière implicite au nettoyage de l'environnement, même dans le cas des réglementations autoritaires. Expliquez en quoi cela est vrai.

15. *(Ce problème est plus difficile.)* La Vallée Heureuse héberge trois entreprises industrielles.

Firme	*Pollution initiale*	*Coût de réduction d'une unité*
A	70 unités	20 $
B	80 unités	25 $
C	50 unités	10 $

Le gouvernement souhaite réduire le niveau global de pollution à 120 unités, et distribue à chaque entreprise 40 permis de polluer :

a. Qui revendra ces permis, et combien ? Qui en achètera, et combien ? Expliquez brièvement pourquoi acheteurs et vendeurs sont prêts à négocier. Quel est le coût total de la réduction du niveau de pollution dans ce cas ?

b. Quel serait ce coût total si les permis n'étaient pas négociables ?

CHAPITRE 

BIENS PUBLICS ET RESSOURCES COMMUNES

Dans ce chapitre, vous allez :

▶ apprendre à définir les biens publics et les ressources communes

▶ voir pourquoi les marchés privés ne peuvent fournir des biens publics

▶ étudier quelques-uns des biens publics importants de notre économie

▶ noter pourquoi l'analyse coût-bénéfice des biens publics est à la fois nécessaire et difficile

▶ comprendre pourquoi les gens ont tendance à consommer trop de ressources communes

▶ étudier quelques-unes des ressources communes importantes de notre économie

Une chanson célèbre affirme que « les meilleures choses de la vie sont gratuites ». La liste des biens gratuits est longue. La nature nous en fournit certains, comme les rivières, les montagnes, les plages, les lacs et les océans. Le gouvernement en met d'autres à notre disposition, comme les aires de jeu, les parcs et les défilés. Dans tous les cas, le consommateur du bien en question ne paie rien pour jouir du produit.

Ces biens gratuits constituent un défi pour l'analyse économique. La plupart des biens dans notre économie s'échangent sur des marchés, où les acheteurs paient le produit qu'ils achètent et les vendeurs reçoivent de l'argent pour le produit qu'ils vendent. Pour tous ces biens, les prix sont les signaux qui guident les décisions des acheteurs et des vendeurs. Quand des produits sont disponibles gratuitement, les forces qui normalement allouent les ressources dans l'économie sont absentes.

Dans ce chapitre, nous allons examiner les problèmes que posent ces biens pour lesquels il n'existe pas de prix de marché. Notre analyse éclairera l'un des *dix principes de l'économie* du chapitre 1 : le gouvernement peut parfois améliorer un résultat de marché. Quand il n'y a pas de prix attaché à un bien, les marchés privés ne peuvent assurer que le bien sera produit et consommé dans les proportions adéquates. Dans ces circonstances, l'intervention gouvernementale peut partiellement corriger la déficience de marché et accroître la prospérité générale.

11.1 LES DIFFÉRENTS TYPES DE BIENS

Comment les marchés fournissent-ils aux gens les produits qu'ils veulent ? La réponse dépend du bien étudié. Comme nous l'avons vu au chapitre 7, on peut faire confiance au marché pour fournir le nombre de cornets de glace désiré : le prix du cornet va s'ajuster de manière à équilibrer l'offre et la demande, et cet équilibre maximise la somme des surplus du consommateur et du producteur. Néanmoins, le chapitre 10 a montré que le marché ne savait pas empêcher les fabricants d'aluminium de polluer l'air que nous respirons : acheteurs et vendeurs se soucient peu des effets de leurs décisions sur les tiers. Les marchés fonctionnent donc correctement quand le produit est une glace, et beaucoup moins bien quand le produit est l'air ambiant.

Il est pratique de regrouper les biens existants selon deux caractéristiques :

– *la confiscabilité* du bien : peut-on empêcher quelqu'un de l'utiliser ?

– *l'exclusivité* du bien : l'utilisation du produit par quelqu'un nuit-elle à son utilisation par quelqu'un d'autre ?

En fonction de ces deux caractéristiques, la figure 11.1 répartit les biens en quatre catégories :

1. Les **biens privés** sont à la fois confiscables et exclusifs. Un cornet de glace est confiscable, puisqu'il est possible d'empêcher quelqu'un d'en manger : il suffit de le lui retirer des mains. C'est aussi un produit exclusif, puisque si le cornet est consommé par quelqu'un il est indisponible à la consommation pour quelqu'un d'autre. La plupart des biens de l'économie sont, comme les cornets de glace, des biens privés. Tout au long de nos analyses de l'offre et de la demande des chapitres 4, 5 et 6 et de l'efficience des marchés des chapitres 7, 8 et 9, nous avons implicitement supposé que tous les biens étaient privés.

2. Les **biens publics** ne sont ni confiscables ni exclusifs. On ne peut empêcher personne de consommer un bien public, et cette consommation ne nuit pas à celle d'autrui. La défense nationale est un exemple typique de bien public. Quand un pays se défend contre une agression extérieure, tous les citoyens sans exception sont défendus et le fait qu'un citoyen particulier soit défendu ne réduit pas la protection dont dispose le voisin.

Confiscable ? \ Exclusif ?	Oui	Non
Oui	**Biens privés** • Cornet de glace • Vêtements • Routes à péage embouteillées	**Monopoles naturels** • Lutte contre l'incendie • TV par câble • Routes à péage fluides
Non	**Ressources communes** • Poissons marins • Environnement • Routes embouteillées	**Biens publics** • Défense nationale • Savoir • Routes fluides

FIG. 11.1. **Quatre types de biens.** Les divers types de biens peuvent être regroupés en quatre catégories en fonction des réponses aux deux questions suivantes : (1) le bien est-il confiscable, c'est-à-dire peut-on empêcher quelqu'un de l'utiliser ? (2) Le bien est-il exclusif, c'est-à-dire sa consommation par l'un diminue-t-elle sa consommation par les autres ? Ce graphique donne des exemples de biens dans chaque catégorie.

3. Les **ressources communes** sont exclusifs mais non confi cables. Les poissons qui peuplent les océans sont des biens excl sifs : tout poisson pêché n'est plus disponible pour les autr pêcheurs. En revanche, les poissons ne sont pas confiscables : il e impossible de faire payer les pêcheurs pour les poissons qu'i pêchent.

4. Si un bien est confiscable, mais non exclusif, on parle d'u **monopole naturel** pour ce bien. C'est le cas de la lutte contre l'i cendie dans une petite ville. Il est facile d'empêcher quelqu'un d'e bénéficier : il suffit de laisser la maison brûler. En revanche, il n s'agit pas d'un bien exclusif. Les forces d'intervention sont dime sionnées de telle sorte que la protection accordée aux uns n'en pêche pas les autres de faire appel aux pompiers. Autrement di quand une communauté se dote d'un département de lutte cont l'incendie, le coût de la protection de la maison marginale est négl geable. Ces monopoles naturels seront examinés en détail au ch pitre 14.

Dans ce chapitre, nous nous intéressons aux biens qui ne so pas confiscables et sont donc disponibles gratuitement pour tous les biens publics et les ressources communes. Comme nous le ve rons, ce sujet est connexe à celui des externalités. Pour les bie publics comme les ressources communes, l'externalité appara parce qu'aucun prix particulier n'est attaché au bien. Si une pe sonne privée devait fournir un bien public, comme la défense nati nale par exemple, tous les autres s'en trouveraient ravis mais n paieraient rien pour le service. De la même manière, quand une pe sonne utilise une ressource commune, comme les poissons, l autres sont lésées, et pourtant ils ne reçoivent aucune compens tion. Compte tenu de ces effets externes, les décisions privées d consommer et de produire peuvent conduire à des résultats ineff caces, et l'intervention gouvernementale peut permettre d'améli rer la situation.

■ **VÉRIFIEZ VOS CONNAISSANCES** Définir les biens publics et les re sources communes et donner un exemple de chaque.

11.2 LES BIENS PUBLICS

Pour comprendre en quoi ces biens publics sont différents d autres et les problèmes qu'ils posent à la société, prenons l'exemp d'un feu d'artifice. Ce bien n'est pas excluable (on ne peut emp cher personne de voir le feu d'artifice) et n'est pas divisible (si John voit le feu d'artifice, cela n'empêche nullement Carla de l'apprécier aussi).

Le problème du passager clandestin

Les habitants de Smalltown adorent assister au feu d'artifice du 4 juillet. Chacun des 500 habitants de la ville estime à 10 dollars le plaisir d'assister à cette manifestation. Le coût de l'opération pour la municipalité est de 1 000 dollars. Dans la mesure où ce coût est inférieur aux 5 000 dollars de plaisir retiré par les habitants de la ville, il est efficient pour ceux-ci d'organiser un tel feu d'artifice le 4 juillet.

Un marché privé parviendrait-il au même résultat ? Probablement pas. Imaginons qu'Ellen, entrepreneur privé de Smalltown, décide d'organiser un feu d'artifice. Elle aura certainement du mal à vendre ses tickets, car tous ses clients potentiels auront vite fait de comprendre qu'ils pourront voir le feu d'artifice même sans acheter le moindre billet. Le feu d'artifice n'étant pas un bien confiscable, les gens ont intérêt à être des passagers clandestins. Un *passager clandestin* est quelqu'un qui profite d'un bien sans payer pour ce bien.

Cette déficience de marché trouve son origine dans une externalité. Si Ellen organise son feu d'artifice, elle générera une externalité positive pour ceux qui en profiteront sans avoir acheté de billets. Dans sa décision d'organiser ou pas son feu d'artifice, Ellen ignore ces bénéfices externes. Même si le feu d'artifice est socialement désiré, il n'est pas rentable du point de vue privé. Par conséquent, Ellen prendra la décision de ne pas organiser de feu d'artifice, ce qui est socialement inefficace.

Comme l'initiative privée ne peut pas satisfaire la demande de feu d'artifice des habitants de Smalltown, la solution est évidente : la municipalité va sponsoriser la manifestation du 4 juillet. Le conseil municipal peut décider d'imposer une taxe de 2 dollars à tous les résidents et de consacrer cette recette à louer les services d'Ellen. Les citoyens s'en trouvent avantagés de 8 dollars : les 10 dollars de valeur accordée au feu d'artifice moins les 2 dollars de taxe locale. En tant qu'employée municipale, Ellen a permis à Smalltown d'atteindre un résultat efficace, alors qu'elle n'aurait pas réussi en tant qu'entrepreneur privé.

Si cet exemple est un peu caricatural, il n'en reste pas moins réaliste. En fait, la plupart des municipalités aux États-Unis paient quelqu'un pour organiser les feux d'artifice du 4 juillet. En outre, cette petite histoire permet de tirer une conclusion générale qua aux biens publics : *Parce que les biens publics ne sont pas confi cables, le problème du passager clandestin empêche les march privés de les fournir. Le gouvernement peut remédier au problèm S'il considère que le bénéfice social est supérieur au coût, il pe fournir le bien public et le financer par l'impôt, améliorant ainsi situation individuelle de chacun.*

Quelques biens publics importants

Les biens publics sont légions. On trouvera ci-dessous les tro plus importants.

La défense nationale

C'est l'exemple typique de bien public. C'est aussi l'un des pl coûteux. En 1994, le gouvernement américain a consacré 292 mi liards de dollars à la défense, soit environ 1 121 dollars par hab tant. Il est difficile de savoir si un tel montant est trop élevé ou tro faible, mais tout le monde s'accorde à reconnaître que le gouvern ment doit consacrer des ressources à la défense du pays. Même l économistes partisans d'un gouvernement minimal reconnaisse que la défense est un bien public qui doit être fourni par le gouve nement.

La recherche fondamentale

La création du savoir est un bien public. Quand un mathémat cien démontre un nouveau théorème, celui-ci entre dans le fonds c connaissances que chacun peut utiliser gratuitement. Comme savoir est un bien public, les entreprises privées ont tendance à comporter en passagers clandestins du savoir des autres et, p conséquent, à consacrer trop peu de ressources à la création c savoir nouveau.

Il est essentiel de distinguer ici le savoir général du savoir spéc fique ou technique. Ce dernier, comme l'invention d'une pile c meilleure qualité, peut être breveté. L'inventeur retire alors l'esse tiel du bénéfice de l'invention, même s'il n'en retire pas l'int gralité. En revanche, un mathématicien ne peut breveter un thé rème ; ce genre de savoir général est accessible à tous. Autreme dit, les brevets et la propriété intellectuelle font du savoir technol gique un bien confiscable, alors que le savoir fondamental ne l'e pas.

Le gouvernement essaie de fournir le bien public qu'est ce savoir fondamental de diverses manières. Des agences gouvernementales comme l'Institut national pour la santé et la fondation nationale des sciences subventionnent la recherche fondamentale en médecine, mathématique, physique, chimie, biologie et même économie. Certains justifient le financement public du programme spatial américain par l'accroissement des connaissances qu'il engendre. Et il est vrai qu'un certain nombre de produits utilisent aujourd'hui des technologies mises au point pour envoyer des hommes sur la Lune ; c'est le cas par exemple des gilets pare-balles et d'une boisson instantanée comme Tang. Il est néanmoins difficile de déterminer la taille adéquate de l'intervention gouvernementale, dans la mesure où les bénéfices de la recherche fondamentale sont peu mesurables. En outre, les membres du Congrès qui ont à se prononcer sur l'allocation des fonds publics à la recherche manquent en général d'expérience scientifique et ne sont donc pas les mieux placés pour apprécier les domaines qui ont le plus de chances de donner les meilleurs résultats.

Les programmes de lutte contre la pauvreté

De nombreux programmes gouvernementaux visent à aider les plus défavorisés. Le système d'aide aux familles avec enfants à charge, programme appelé tout simplement « Welfare » aux États-Unis, procure de maigres ressources aux familles nécessiteuses. Le système des tickets alimentaires permet aux personnes à très faible revenu de se nourrir à moindre coût. Ces différents programmes sont financés par les impôts prélevés sur les foyers qui en ont les moyens.

Le rôle du gouvernement dans la lutte contre la pauvreté fait l'objet de débats entre économistes. Le chapitre 20 examinera cette question plus en détail, mais notons dès maintenant un point important : les partisans des programmes de lutte contre la pauvreté considèrent que ce service est un bien public.

Imaginons que chacun préfère vivre dans une société sans pauvreté. Même si cette préférence est généralisée, la pauvreté persistera. Aucun individu ne peut résoudre le problème à lui tout seul, car la tâche est surhumaine. Les organisations caritatives privées sont insuffisantes elles aussi : ceux qui ne donnent rien sont des passagers clandestins sur la générosité des autres. Dans ce cas, imposer ceux qui ont les moyens pour améliorer le niveau de vie des plus pauvres est socialement efficace. Les pauvres voient leur situation s'améliorer et ceux qui financent cette amélioration profitent d'une société dans laquelle la pauvreté recule.

ÉTUDE DE CAS

Les phares maritimes sont-ils des biens publics ?

Certains biens peuvent être privés ou publics selon les ci constances. Ainsi, un feu d'artifice est un bien public quar il est proposé par une ville aux nombreux habitants, mais u bien privé quand il est organisé dans un parc d'amusemer comme Disney World dont les visiteurs ont payé l'entrée.

Le phare maritime constitue un autre exemple. Les écon mistes ont longtemps utilisé le phare comme l'exemp typique de bien public. Le phare indique l'emplacement d zones maritimes dangereuses pour permettre aux navires c croiser sans danger. Le bénéfice que retire chaque capitair du service rendu par le phare n'est ni confiscable, ni exclusi et chaque officier a donc intérêt à se comporter en passag clandestin et à profiter du service sans le payer. Du fait de c problème de passager clandestin, les marchés privés ont d mal à fournir les phares dont les marins ont besoin. Par cons quent, la plupart des phares sont gérés par le gouvernement

Dans certains cas cependant, les phares sont quasiment d biens privés. Sur les côtes anglaises au XIXe siècle certair phares étaient propriété privée et gérés de manière privée. I propriétaire du phare ne faisait rien payer aux navires, ma adressait sa facture aux autorités portuaires locales. Si celle ci ne payaient pas, le propriétaire du phare l'éteignait, et l navires évitaient ce port mal signalé.

Pour savoir si un bien est un bien public, il faut connaît le nombre de bénéficiaires du service rendu, et s'il est po sible d'empêcher ces bénéficiaires de profiter du bien e question. Le problème du passager clandestin se pose dès qu le nombre de bénéficiaires est important et qu'il est impo sible d'en exclure ne serait-ce qu'un seul. Si le phare rend se vice à de nombreux navires, c'est un bien public. E revanche, s'il rend principalement service aux autorités po tuaires, c'est plutôt un bien privé.

La difficulté de l'analyse coût-bénéfice

Jusqu'ici, nous avons vu que le gouvernement fournissait l biens publics parce que les marchés privés ne pouvaient pas l produire de manière efficace. Mais décider du principe de l'inte vention gouvernementale est la première étape du raisonnement.

faut ensuite décider quels biens publics seront produits et dans quelles quantités.

Imaginons que le gouvernement envisage un projet public, comme la construction d'une autoroute. Pour décider si ce projet doit voir le jour, il faut comparer les bénéfices retirés par tous ceux qui emprunteront l'autoroute aux coûts de construction et d'entretien de l'ouvrage. Le gouvernement confiera cette tâche à une équipe d'économistes et d'ingénieurs qui devront réaliser une *étude coût-bénéfice* dont le but est d'estimer les coûts et les bénéfices que la société devra supporter et retirer de la mise en place de ce projet.

Ce genre d'analyse est très compliqué. Dans la mesure où l'autoroute sera accessible à tous gratuitement, il n'existe pas de prix permettant d'en apprécier la valeur. Il n'est pas envisageable d'interroger les gens et de leur demander quelle valeur ils attribuent à l'autoroute. D'abord, parce que tirer un résultat quantifié d'un questionnaire est malaisé. Ensuite, parce que les personnes interrogées peuvent ne pas dire la vérité. Celles qui ont envie de voir l'autoroute construite exagéreront les bénéfices supposés. Alors que les opposants à la construction exagéreront en sens inverse les inconvénients supposés.

Il est donc beaucoup plus difficile de fournir des biens publics en quantité optimale que de fournir des biens privés. Ceux-ci sont fournis par les marchés. Les acheteurs d'un bien privé font savoir la valeur qu'ils lui accordent par le prix qu'ils sont prêts à payer pour l'acquérir. Les vendeurs font connaître les coûts qu'ils supportent par le prix de vente qu'ils sont prêts à accepter. S'agissant d'un bien public en revanche, l'absence de prix rend l'analyse coût-bénéfice extrêmement difficile. Coûts et bénéfices ne pourront donc qu'être approchés dans le meilleur des cas.

.TUDE DE CAS

Combien vaut une vie humaine ?

Imaginez que vous soyez élu au conseil municipal de votre ville. Vous devez vous prononcer sur un projet de signalisation routière visant à remplacer un stop par un feu rouge à une intersection réputée dangereuse. La ville devra dépenser 10 000 dollars pour installer et gérer ce feu, qui améliorera la sécurité routière. Les ingénieurs estiment, sur la base d'études menées dans des circonstances similaires, que la présence du feu réduira le risque d'accident mortel de 1,6 à 1,1 % pendant la durée de vie de l'installation. Cela suffit-il à justifier une dépense de 10 000 dollars?

Pour répondre à la question, il faut mener une analys coût-bénéfice. Et vous allez tout de suite buter sur un obstac de taille. Pour comparer utilement des coûts et des bénéfice il faut qu'ils soient tous exprimés dans les mêmes unités. Et le coût est clairement mesuré en dollars, le bénéfice – la po sibilité de sauver des vies humaines – est difficile à exprim en unités monétaires. Pour pouvoir décider, il vous fa mettre un prix sur la vie humaine.

Vous pouvez être tenté d'affirmer que la vie humaine n' pas de prix. En effet, quelle que soit la somme que l'on vo paie, vous n'êtes probablement pas prêt à donner votre vie e échange. Ce qui incite à penser que la vie humaine a un valeur monétaire infinie.

Mais cette attitude conduirait à des résultats aberrants e termes d'analyse coût-bénéfice. En effet, si l'on accorde un valeur infinie à la vie humaine, il faut placer des feux chaque coin de rue. Et on devrait tous conduire de grosse voitures équipées de tous les équipements de sécurité exi tant à l'heure actuelle. Pourtant, on ne trouve pas des feux tous les coins de rue, et les gens choisissent souvent d'achete des voitures plus petites qui ne sont pas équipées de l'ABS o d'airbags latéraux. Dans nos décisions privées, comme da les décisions publiques, nous acceptons parfois de risque notre vie pour économiser un peu d'argent.

Une fois acceptée l'idée selon laquelle la vie humaine une valeur monétaire implicite, il reste à déterminer cett valeur. Une solution, souvent retenue par les tribunau consiste à considérer les sommes qui auraient été gagnées pa l'individu disparu s'il était resté en vie. Cette solution est sou vent critiquée par les économistes, puisqu'elle implique qu la vie d'un retraité n'a plus de valeur.

Une solution plus acceptable consiste à examiner le risques que les gens sont prêts à prendre volontairement e combien il faut les payer pour les prendre. Le risque de mo talité est très variable selon les métiers. Les ouvriers du bât ment spécialisés dans l'érection des gratte-ciels sont plu exposés que les secrétaires de la banque. En comparant le salaires dans des métiers plus ou moins risqués, en tenan compte de la formation, de l'expérience et d'autres facteur déterminants des rémunérations, les économistes arrivent se faire une idée de la valeur que les gens accordent à leu propre vie. Ces études aboutissent à la conclusion qu'une vi humaine vaut approximativement 10 millions de dollars.

Nous pouvons maintenant revenir à notre exemple initial et répondre aux ingénieurs. L'installation du feu permettra de réduire le risque de mortalité de 0,5 %. Le bénéfice attendu de cette installation peut donc être évalué à 0,005 x 10 000 000 de dollars, soit 50 000 dollars. Le bénéfice estimé étant donc très supérieur au coût de 10 000 dollars, le projet doit être accepté.

■ **VÉRIFIEZ VOS CONNAISSANCES** Qu'est-ce que le problème du passager clandestin ? ■ Pourquoi ce problème incite-t-il le gouvernement à fournir des biens publics ? ■ Comment le gouvernement doit-il décider s'il doit ou non fournir un bien public ?

11.3 LES RESSOURCES COMMUNES

Les ressources communes, comme les biens publics, ne sont pas confiscables : elles sont disponibles pour quiconque veut les utiliser gratuitement. Elles sont aussi exclusives : quand un individu consomme une ressource commune, il y en a moins pour les autres. Les ressources communes posent donc un nouveau problème. Une fois le bien produit, les hommes politiques doivent se préoccuper de sa consommation. Ce problème est bien illustré par l'histoire classique suivante, appelée la *tragédie des pâtures communautaires.*

La tragédie des pâtures communautaires

Envisagez la vie d'une communauté médiévale. L'une des activités économiques importantes de la communauté consiste à élever des moutons. De nombreuses familles de la communauté possèdent quelques moutons et retirent des revenus de la vente de la laine, utilisée pour la confection des vêtements.

Au moment où débute notre histoire, les moutons passent l'essentiel de leur temps à paître sur les terrains qui entourent la ville, connus sous le nom de pâtures communes. Ces terres n'appartiennent à personne. Les habitants de la ville sont collectivement propriétaires de ces terrains et tous ont la possibilité d'y faire paître leurs moutons. Cette propriété collective fonctionne sans problème, parce que la terre ne manque pas. Tant que chacun peut accéder aux bons pâturages, les pâtures communautaires ne constituent pas un bien confiscable, et en autoriser l'accès gratuit ne pose aucun problème. Tout le monde est content.

Avec le temps, la population de la ville croît, ainsi que le nombre de moutons paissant sur les pâtures communautaires. L'herbe commence à manquer, puis finit par disparaître totalement. Les pâtures communautaires étant devenues arides, l'élevage du mouton est bientôt impossible et la plupart des familles perdent leur principale source de revenu.

Quelle est la cause de cette tragédie ? Pourquoi a-t-on laissé les moutons se multiplier au point qu'ils finissent par ruiner la pâture ? Parce que les comportements privés et publics sont différents. La destruction des pâturages est le fruit de l'absence d'action collective des éleveurs. Si ceux-ci avaient pu s'organiser collectivement, ils auraient contrôlé la taille de l'élevage pour éviter la destruction des pâturages. Mais comme chaque famille ne détient qu'une part négligeable du cheptel total, aucune n'est véritablement incitée à limiter la croissance de son propre élevage.

Fondamentalement, c'est une externalité qui est à l'origine du problème. Quand les moutons d'une famille paissent sur les terres communes, cela réduit la quantité d'herbe disponible pour les moutons du voisin. Comme les gens méconnaissent cette externalité négative quand ils décident du nombre de moutons à élever, le nombre total de bêtes est trop important.

Si cette tragédie avait été prévue, elle aurait pu être évitée de plusieurs façons. La ville aurait pu limiter le nombre de moutons par famille, internaliser l'externalité en taxant les moutons, ou mettre aux enchères un nombre limité de permis de paître. Notre cité médiévale aurait pu traiter son problème comme les villes modernes le font face au problème de la pollution.

S'agissant de terrain, il y a cependant une solution plus simple. La ville aurait pu répartir les terres parmi les familles. Chaque famille aurait alors pu poser des enclos et éviter une surconsommation d'herbe sur sa parcelle de terre. La terre serait alors devenue un bien privé au lieu d'une ressource commune. C'est ce qui se passa en Angleterre au XVIIe siècle, durant le grand mouvement de clôture.

Cette tragédie des pâtures communautaires illustre une conclusion générale : *quand un individu consomme une ressource commune, il réduit la quantité disponible pour les autres. Du fait de cette externalité négative, les ressources communes sont souvent consommées avec excès. Le gouvernement peut limiter cette consommation, par une réglementation ou des taxes appropriées. Parfois, le gouvernement peut transformer la ressource commune en un bien privé.*

Cette conclusion n'est pas nouvelle. Il y a plus de deux mille ans, le philosophe grec Aristote avait clairement indiqué l'origine de ce problème : « On fait moins attention à ce qui est commun à tous, car l'homme s'intéresse plus à ce qui lui est propre qu'à ce qu'il partage avec d'autres. »

ÉTUDE DE CAS

Capitalisme, communisme et ressources communes.

L'un des *dix principes de l'économie* affirme que les marchés constituent généralement une organisation efficace de l'économie. Mais les économies de marché ne fonctionnent bien que dans un système de propriété privée des ressources, et moins bien quand celles-ci sont détenues collectivement. C'est pourquoi propriété privée et organisation de marché sont inextricablement liées, et constituent cette philosophie politique appelée *capitalisme.*

Les opposants au capitalisme critiquent cette notion de propriété privée. En effet, celle-ci autoriserait une distribution inégale de la richesse. Les plus chanceux, les plus talentueux ou les plus audacieux finissent par accaparer une part des ressources de la société plus importante que les autres. D'où l'idée développée par certains d'abolir la propriété privée afin de parvenir un jour à l'avènement d'une société sans classes. Karl Marx, le père philosophique du *communisme,* souhaitait voir les ressources de la société distribuées « de chacun selon ses moyens, à chacun selon ses besoins ». La propriété collective des ressources, affirmait Marx, permettrait d'éviter les grandes inégalités caractéristiques du capitalisme.

Pourtant la propriété collective est loin d'être une panacée. L'histoire a démontré le caractère utopique de la société sans classes chère à Marx. Dans la pratique, les pays communistes se sont avérés beaucoup moins égalitaires que ce qu'espérait le philosophe. Ils ont simplement remplacé les inégalités économiques par des inégalités politiques. Dans une économie capitaliste, les riches le sont devenus parce qu'ils ont su fournir des biens et services que les autres étaient prêts à payer. Dans un système communiste, les riches le sont devenus car ils ont su obtenir des faveurs de la part des autorités politiques.

En outre, l'abolition de la propriété privée est extrêmement coûteuse en termes d'efficacité économique. Comme nous l'avons vu, quand les ressources sont détenues collectivement, les gens ne les utilisent pas de manière efficace. En théorie, une décision gouvernementale peut toujours remplacer une décision privée, mais cela ne fonctionne jamais très bien en pratique. La planification centralisée est une tâche impossible dans une économie moderne et complexe. En fait, les expériences de l'URSS et de l'Europe de l'Est antérieurement à l'effondrement du communisme témoignent *a contrario* des vertus de la propriété privée et du processus de décision décentralisée. L'échec du communisme, c'est la tragédie des pâtures communautaires à l'échelle d'un continent.

Quelques ressources communes importantes

Les exemples de ressources communes sont nombreux. Dans la plupart des cas, le problème des pâtures communautaires finit par se poser : les acteurs privés tendent à consommer trop de ces ressources communes. Les gouvernements sont amenés à intervenir pour limiter cette surconsommation.

L'air pur et l'eau claire

Nous avons vu dans le chapitre 10 que les marchés avaient du mal à protéger l'environnement. La pollution est une externalité négative qu'il est possible de gérer par la réglementation ou les taxes pigoviennes. Ce cas de déficience de marché peut être analysé comme un problème de ressource commune. L'air pur et l'eau claire sont des ressources communes au même titre que les pâturages communautaires, et la pollution excessive est similaire à l'excessive consommation d'herbe. La dégradation de l'environnement est en fait une tragédie moderne des pâtures communautaires.

Les champs de pétrole

Prenez une nappe de pétrole souterraine gigantesque au point de courir sous différentes concessions. Chacun des propriétaires de champs pétroliers peut forer et extraire du pétrole, mais chaque tonne extraite est une tonne de moins pour les autres propriétaires. Le pétrole est une ressource commune.

De même que le nombre de moutons paissant sur les pâtures communautaires était trop important, il y aura trop de puits de pétrole tirant sur la nappe. Comme chaque foreur impose une externalité négative aux autres, le bénéfice social du percement d'un puits est inférieur au bénéfice qu'en retire le propriétaire du puits. C'est-à-dire que le percement d'un nouveau puits peut être rentable pour son propriétaire tout en étant indésirable pour la société entière. Si les propriétaires de champs pétroliers sont seuls à décider du nombre de forages à effectuer, il y aura trop de puits percés.

Pour assurer une extraction de pétrole au meilleur coût, ce problème de ressource commune doit être traité par une espèce d'action collective des propriétaires. Le théorème de Coase affirme qu'il est toujours possible de trouver une solution privée. Les propriétaires pourraient se mettre d'accord sur la meilleure manière d'extraire le pétrole et de répartir les bénéfices. C'est-à-dire qu'ils agiraient comme s'ils travaillaient tous dans une seule et unique entreprise pétrolière.

Si les propriétaires sont trop nombreux, la solution privée peut ne pas être praticable. L'intervention gouvernementale sera alors nécessaire pour éviter un gaspillage des ressources pétrolières.

Les bouchons routiers

Les routes sont soit des biens publics soit des ressources communes. Si une route est bien dégagée, son utilisation par un individu ne gêne personne d'autre. Dans ce cas, l'utilisation n'est pas exclusive, et la route est un bien public. En revanche s'il existe un énorme bouchon, l'utilisation de la route génère une externalité négative. Plus la route est encombrée, plus les conducteurs doivent conduire lentement. Dans ce cas, la route est une ressource commune.

Pour faire face à ce problème, le gouvernement exige le paiement d'un droit d'utilisation, sous forme de péage. Le péage est en fait une taxe pigovienne sur l'externalité qu'est l'encombrement des routes. Sur les routes locales, le péage ne peut pas être mis en place, car le coût de collecte serait trop élevé.

Parfois, ce problème d'encombrement ne survient qu'à certains moments de la journée. Si un pont est encombré aux heures de pointe, l'externalité est plus importante pendant ces créneaux horaires que pendant le reste de la journée, et le droit d'utilisation du pont doit être supérieur à ce moment-là, de manière à inciter les conducteurs à modifier leurs horaires de passage.

Une autre solution au problème du trafic routier consiste à taxer l'essence. Une augmentation du prix de l'essence tend à réduire la quantité de circulation. Une taxe sur l'essence réduit donc l'encombrement des routes.

Cette taxe n'est néanmoins pas une bonne solution au problème évoqué. En effet, elle va modifier des tas d'autres décisions qui n'ont rien à voir avec la conduite sur des routes encombrées. D'abord, la taxe sur l'essence dissuade aussi de conduire sur des

DANS VOS JOURNAUX

La solution singapourienne

Le péage est une solution simple au problème de l'encombrement routier, pas assez utilisée aux dires de certains économistes. Dans l'article suivant, l'économiste Lester Thurow décrit la politique suivie avec succès par Singapour pour traiter ce problème.

L'économie du péage routier

LESTER C. THUROW

Commençons par reconnaître l'évidence. Aucune ville n'a réussi à résoudre ses problèmes de circulation ou de pollution par l'ouverture de nouvelles voies de circulation.

Certaines villes disposent d'un nombre colossal de routes (Los Angeles), d'autres en ont peu (Shangaï, où la voiture est un produit récent), mais les niveaux d'encombrement et de pollution sont finalement peu différents. Plus les axes de circulation sont nombreux, plus les gens sont incités à prendre leur voiture, à habiter loin de leur lieu de travail, et donc à consommer de la route... Une analyse récente des problèmes de circula tion à Londres a conclu que même en rasar tout le centre de la ville pour construire d nouvelles routes, la situation ne s'amélior rait pas d'un iota.

Les économistes ont toujours propos une réponse théorique aux problèmes de congestion de la pollution automobiles : péage routier, faisant payer les gens pou leur consommation routière, en fonction de routes utilisées, de l'heure de la journée du jour de l'année, et du niveau de pollutio existant à ce moment-là. Avec un niveau d prix adéquat, on doit pouvoir atteindre niveau optimal d'utilisation routière.

Singapour est la première ville à avoir e le courage de mettre en place un tel sys tème. Beaucoup d'idées séduisantes e théorie se sont avérées difficilement prat cables. Après dix ans de pratique, l'expé rience singapourienne a démontré que c système fonctionne parfaitement ! Singa pour est la seule ville au monde qui n souffre pas de problèmes de congestio routière et de pollution automobile.

À Singapour, le centre ville est ceintu de postes de péage. Pour pénétrer dans

routes dégagées, alors qu'il n'y a pas d'externalités dans ce cas-là Ensuite, elle incite les gens à acheter des véhicules plus légers, qu consomment moins d'essence mais sont moins solides en cas d'ac cident. Une taxe sur les carburants modifie donc les décisions de agents économiques et génère une perte sèche, qui compense pa tiellement les avantages d'une moindre congestion.

Poissons, baleines et autres animaux sauvages

De nombreuses espèces animales sont des ressources communes Les poissons et les baleines, par exemple, ont une valeur commer ciale et tout le monde peut aller en pêcher. Personne n'est vérita

entre, les voitures doivent payer un droit ont le coût varie en fonction de l'axe utilisé, e l'heure de la journée et du niveau de poltion du jour. Les prix sont modifiés en peranence pour réguler le trafic.

En outre, Singapour calcule le nombre de oitures que la ville peut tolérer en dehors du entre pour éviter la pollution et met aux nchères chaque mois un certain nombre de roits d'acquisition de véhicules neufs. Les aques minéralogiques indiquent l'utilisaon possible du véhicule. Une plaque autoriant l'utilisation de la voiture à tout moment st beaucoup plus chère qu'une plaque autorisant l'usage que le week-end, quand s risques d'encombrement sont réduits. es prix de tous ces droits fluctuent avec offre et la demande.

Du coup, Singapour ne dépense pas des rtunes en projets d'infrastructure qui n'aportent finalement aucune solution au proème. Les revenus procurés par ce système e péage permettent de diminuer les autres npôts...

Mais alors pourquoi Londres vient-elle e rejeter un projet similaire ? Parce que cela urait pu être interprété comme une ingénce évidente du gouvernement, et parce ue le public aurait mal compris un système ui permet aux riches de conduire plus que s pauvres.

Deux arguments qui négligent le fait qu'il existe déjà des péages, et que les nouvelles technologies disponibles permettent de résoudre ces deux difficultés.

Les véhicules peuvent être équipés de codes à barre magnétiques, lisibles par des machines disposées à divers endroits de la ville. Chaque fois qu'une voiture passe devant un lecteur, un certain montant est déduit de l'allocation du conducteur, en fonction du temps, du moment de la journée, etc.

À l'intérieur de la voiture, un compteur indique au conducteur l'état de ses dépenses et le crédit qui lui reste.

Pour les égalitaristes qui considèrent que le droit de conduire doit être indépendant du revenu, la solution pourrait être la suivante : chaque véhicule est doté d'un même crédit chaque année, et ceux qui conduisent moins vendent à ceux qui conduisent davantage les droits qu'ils n'ont pas consommés (ou qu'ils n'ont pas l'intention de consommer).

Au lieu de rapporter de l'argent à la municipalité, ce système en rapporte à ceux qui ont décidé d'habiter près de leur lieu de travail ou d'utiliser les transports publics. Et comme les pauvres conduisent moins que les riches, ce système redistribue de la richesse des riches aux pauvres...

Source. — The Boston Globe, 28 février 1995.

blement incité à assurer la survie de l'espèce jusqu'à l'année d'après. De même que la surconsommation de pâturage finit par faire disparaître les pâtures communautaires, une pêche excessive peut finir par éliminer des populations marines de valeur.

L'océan demeure l'une des ressources communes les moins régulées. Deux problèmes s'opposent à des solutions simples. D'abord, nombreux sont les pays qui ont accès à l'océan, ce qui implique qu'une solution doit faire l'objet d'une négociation internationale entre pays ne partageant pas forcément les mêmes valeurs. Ensuite, les océans sont tellement vastes qu'il est difficile de faire respecter un accord international. C'est pourquoi les conflits autour de la pêche sont nombreux entre pays habituellement partenaires.

Au sein des États-Unis, de nombreuses lois visent à protéger l vie animale sauvage. Par exemple, le gouvernement taxe les permi de chasser et de pêcher, et limite les saisons pendant lesquelles son autorisées ces activités. Les pêcheurs doivent remettre à l'eau le petits poissons, et les chasseurs ne peuvent abattre qu'un nombr limité de bêtes. Ces lois limitent la consommation de la ressourc commune et aident à assurer la survie des espèces.

ÉTUDE DE CAS

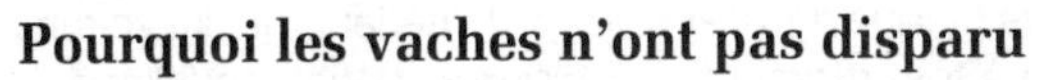

Pourquoi les vaches n'ont pas disparu

Tout au long de notre histoire, de nombreuses espèces ani males ont disparu ou ont été menacées de disparaître. Quan les premiers Européens ont débarqué en Amérique du Nord plus de 60 millions de buffles vivaient sur ce continen Pourtant au XIXe siècle, la chasse au buffle était devenu

DANS VOS JOURNAUX

Le billet d'entrée à Yellowstone doit-il coûter aussi cher que celui de Disney World ?

Les parcs nationaux, tout comme les routes, peuvent être des biens publics ou des ressources communes. Tant qu'il n'y a pas foule, la visite du parc n'est pas un bien exclusif. En revanche, dès que le parc est vraiment une attraction populaire, il connaît les mêmes problèmes que notre cité médiévale. Dans l'article ci-dessous, publié dans le New York Times, *un économiste propose d'augmenter les droits d'entrée pour résoudre le problème.*

Sauver les parcs et gagner de l'argent

ALLEN R. SANDERSON

Il est de notoriété publique que nos parcs nationaux sont surpeuplés, mal entretenus et virtuellement en faillite. Certains ont suggéré de résoudre ces problèmes en exigeant des réservations préalables aux visites, e fermant certains coins au public et e demandant au Congrès d'accroître les sub ventions au service des parcs nationaux. L solution la plus évidente aux yeux d'un éco nomiste consiste tout simplement à aug menter le prix du billet d'entrée.

Quand le service des parcs nationau fut créé en 1916, le prix d'admission Yellowstone pour une famille de cinq pe sonnes visitant en voiture était de 7,50 do lars (*NDT* : situé à l'ouest des États-Unis, Yellowstone National Park est le premier pa national du pays et une attraction pour de millions d'Américains et d'étrangers chaqu année) ; aujourd'hui, ce prix n'est que d 10 dollars. Si le prix du billet de 1916 ava seulement évolué comme l'inflation, l'entré au parc coûterait aujourd'hui 120 dolla environ, c'est-à-dire à peu près ce que même famille paierait pour passer une jou

populaire au point que les troupeaux finirent par disparaître ; en 1900, le gouvernement américain dû interdire la chasse au buffle, dont la population était devenue inférieure à 400 animaux. Certains pays africains d'aujourd'hui connaissent un problème similaire avec les éléphants, dont les défenses sont recherchées pour leur ivoire.

Pourtant ce sort n'est pas réservé à tous les animaux. La vache, par exemple, est une source évidente de nourriture, mais personne ne craint une disparition de l'espèce. Au contraire même, la demande de viande de bœuf semble assurer que l'espèce survivra.

Comment la valeur commerciale de l'ivoire peut-elle menacer la survie de l'éléphant, alors que la valeur commerciale du bœuf assure la survie de la race bovine ? La raison en est simple : les éléphants sont des ressources communes, tandis que les bovins sont des biens privés. Les éléphants vivent librement, sans appartenir à quiconque. Les braconniers sont

---

née à Disney World, admirer les grandes illusions de David Copperfield, ou assister à un match de football américain de haut niveau.

Rien de surprenant donc à ce que nos pauvres parcs soient malmenés par des populations de visiteurs surdimensionnées. Nous traitons nos trésors historiques et naturels comme des biens gratuits, alors qu'ils ne le sont pas. Nous semblons ignorer les coûts de maintenance de ces attractions et nous satisfaire du système de gestion de l'encombrement le plus inefficace qui soit – quand le parc est surpeuplé, aucune entrée supplémentaire n'est admise. Le prix du billet d'entrée dans le parc n'a pas évolué comme celui des autres formes de loisirs. Globalement, il représente à peine un dollar par personne...

Une augmentation des tarifs, par exemple à 20 dollars par personne, se traduirait soit par une réduction de l'encombrement et de la détérioration des parcs du fait d'une baisse de la fréquentation, soit par une hausse substantielle des revenus du service des parcs nationaux (en admettant que la loi autorise ce service à conserver les sommes ainsi collectées). L'augmentation des revenus est l'issue la plus probable. Après avoir dépensé plusieurs centaines de dollars pour atteindre Yellowstone, les visiteurs ne seraient pas effrayés par un billet d'entrée à 20 dollars.

Ces ressources nouvelles permettraient de développer de nouvelles attractions pour le public, soit dans le cadre du service des parcs nationaux, soit en dehors de celui-ci, les entrepreneurs privés ouvrant leurs propres parcs, ce qu'ils ne peuvent pas faire aujourd'hui face à un concurrent public qui pratique des tarifs n'ayant rien à voir avec la réalité économique...

Finalement, il faut savoir ce que l'on veut. Soit on apprécie à leur juste valeur le Grand Canyon et Yosemite et il n'y a pas de raison de ne pas payer le droit d'entrée correspondant, soit on considère ces merveilles naturelles comme quantité négligeable et il n'y a pas de raison de se plaindre de leur état actuel de délabrement.

Source. — The New York Times, 30 septembre 1995, page 19.

fortement incités à en tuer le plus possible. Et comme les braconniers sont nombreux, chacun d'entre eux est peu motivé par la survie de l'espèce. Les bovins, en revanche, sont élevés sur des propriétés privées. Chaque éleveur fait tout son possible pour maintenir une population bovine de bonne taille, puisque c'est son gagne-pain.

Les gouvernements ont essayé de résoudre le problème des éléphants de deux manières. Certains pays, comme le Kenya, la Tanzanie ou l'Ouganda, ont interdit la chasse à l'éléphant et la vente d'ivoire. Ces lois sont difficiles à faire respecter, et la population animale a continué à diminuer. D'autres pays, comme le Bostwana, le Malawi, la Namibie ou le Zimbabwe, ont transformé les éléphants en biens privés. Ils ne peuvent plus être abattus que par leurs propriétaires. Les propriétaires sont alors incités à sauvegarder les espèces peuplant leurs terres et, dans ces pays, la population des éléphants a recommencé à croître. La propriété privée et la recherche du profit jouant maintenant pour lui, l'éléphant africain devrait un jour être aussi protégé que la vache de l'extinction de l'espèce.

■ **VÉRIFIEZ VOS CONNAISSANCES** Pourquoi les gouvernements essaient-ils de limiter l'utilisation des ressources communes ?

11.4 CONCLUSION : L'IMPORTANCE DES DROITS DE PROPRIÉTÉ

Dans ce chapitre ainsi que dans le précédent, nous avons vu qu'il existe des biens que les marchés ont du mal à fournir de manière efficace. Les marchés ne peuvent garantir que l'air que nous respirons est pur ou que notre pays sera défendu en cas d'agression étrangère. La société a délégué au gouvernement la responsabilité de protéger l'environnement et d'organiser la défense nationale.

Si les problèmes que nous avons évoqués dans ces chapitres concernaient des marchés très différents les uns des autres, ils partageaient une caractéristique commune. Dans tous ces cas où les marchés ne peuvent allouer efficacement les ressources, c'est parce que les droits de propriété sont flous ou inexistants. C'est-à-dire qu'un bien, qui a pourtant de la valeur, n'appartient à personne en particulier, et que personne en particulier ne détient l'autorité légale d'en contrôler l'utilisation. Par exemple, tout le monde accorde de la valeur au fait de respirer de l'air pur ou de pouvoir être défendu en cas de guerre, mais personne ne peut mettre un prix sur ce service et en tirer profit. Une usine pollue toujours trop, car personne ne fait payer l'usine pour la pollution qu'elle émet. Le marché ne rendra pas le service de défense nationale, car personne ne peut faire payer la population pour ce service.

Quand l'absence de droits de propriété donne lieu à une déficience de marché, le gouvernement peut partiellement résoudre le problème. Parfois, comme avec l'émission de permis de polluer, le gouvernement contribue à définir des droits de propriété et donc permet aux forces de marché d'intervenir. Dans d'autres circonstances, comme avec la réglementation des périodes de chasse, le gouvernement prendra des mesures visant à contraindre les comportements individuels. Dans d'autres cas encore, comme pour l'organisation de la défense nationale, la solution consiste simplement pour le gouvernement à fournir le bien ou service que le marché ne saurait fournir. Dans tous ces cas, si la politique est bien conçue et correctement gérée, elle peut améliorer l'allocation des ressources et contribuer à l'élévation de la prospérité générale.

RÉSUMÉ

- Les biens diffèrent selon qu'ils sont confiscables ou qu'ils sont exclusifs. Un bien est dit confiscable s'il est possible d'empêcher quelqu'un de l'utiliser. Un bien est dit exclusif si son utilisation par quelqu'un rend impossible son utilisation par quelqu'un d'autre. Les marchés fonctionnent mieux pour les biens privés, qui sont à la fois confiscables et exclusifs, que pour les autres types de biens.
- Les biens publics ne sont ni confiscables ni exclusifs, comme par exemple les feux d'artifice, la défense nationale, ou la recherche fondamentale. Comme les gens ne paient pas pour leur utilisation des biens publics, ils sont incités à se comporter en passagers clandestins quand le produit est proposé de manière privée. C'est pourquoi les gouvernements proposent ces biens publics, dans des quantités déterminées par une analyse comparative des coûts et des bénéfices de cette fourniture.
- Les ressources communes sont exclusives, mais pas confiscables, comme par exemple les pâtures communes, l'air pur et les routes encombrées. Comme les gens ne paient rien pour l'utilisation de ces ressources communes, ils ont tendance à les consommer excessivement. Le gouvernement essaie donc d'en limiter la consommation.

CONCEPTS CLÉS – DÉFINITIONS

Confiscabilité : possibilité de priver de la consommation d'un bien celu qui ne veut pas le payer.

Exclusivité : capacité d'un bien à ne pouvoir être consommé simultané ment par plusieurs personnes, la consommation de l'un réduisant cell des autres.

Biens privés : biens respectant les caractéristiques de confiscabilité e d'exclusivité.

Biens publics : biens ne respectant ni les caractéristiques de confiscabilit ni les caractéristiques d'exclusivité.

Ressources communes : biens ne respectant pas la caractéristique d confiscabilité mais respectant par contre celle d'exclusivité.

Passager clandestin : personne qui peut bénéficier de l'existence d'u bien sans avoir à le payer.

Analyse coût-bénéfice : analyse des bénéfices et coûts de la productio d'un bien public du point de vue de la société.

Tragédie des pâtures communes : parabole qui décrit comment des res sources communes sont utilisées plus que cela n'est souhaitable d point de vue de la société.

QUESTIONS DE RÉVISION

1. Expliquer ce que l'on entend par l'expression « bien confiscable », e par l'expression « bien exclusif ». Une pizza est-elle confiscable ? Est elle exclusive ?
2. Définir et donner un exemple d'un bien public. Le marché privé peut il fournir ce bien ? Expliquer.
3. Définir et donner un exemple de ressource commune. Sans interven tion gouvernementale, cette ressource sera-t-elle sur ou sous-utilisée Pourquoi ?

PROBLÈMES D'APPLICATION

1. Dans ce chapitre nous avons affirmé que biens publics et ressource communes étaient liés à des externalités :

   a. Les externalités associées aux biens publics sont-elles générale ment positives ou négatives ? Illustrez votre réponse par des exemples La quantité de biens publics fournie par un marché privé est-elle géné ralement supérieure ou inférieure à la quantité optimale ?

   b. Mêmes questions s'agissant des ressources communes.
2. Envisagez les biens et services fournis par le gouvernement :

   a. En reprenant la classification de la figure 11.1, expliquez dan quelle catégorie entrent les biens suivants :

   – services de police,

– déblaiement de la neige,
– éducation,
– routes rurales,
– voirie municipale.

b. Pourquoi à votre avis le gouvernement fournit-il des biens qui ne sont pas des biens publics ?

3. Le texte affirme que les entreprises privées ne consacrent pas assez de ressources à la recherche fondamentale :

a. Expliquez pourquoi. Placez la recherche fondamentale dans l'une des catégories illustrées sur la figure 11.1.

b. Quel type de politique ont adoptée les États-Unis pour faire face à ce problème ?

c. On prétend souvent que cette politique conforte les capacités technologiques des producteurs américains vis-à-vis de leurs concurrents étrangers. Cette opinion s'accorde-t-elle avec votre classification de la recherche fondamentale (question a) ? *(Indice : un bien peut-il être confiscable pour certains et pas pour d'autres ?)*

4. Pourquoi trouve-t-on plus d'ordures le long des routes que dans les jardins des particuliers ?
5. À Washington, le trajet en métro coûte plus cher durant les heures de pointe que pendant le reste de la journée. Pourquoi une telle différence ?
6. Les entreprises de bûcherons aux États-Unis abattent de nombreux arbres sur des terrains publics et sur des terrains privés. Discutez de l'efficacité probable des politiques de coupe sur chaque type de terrain, en l'absence d'intervention gouvernementale. Comment le gouvernement devrait-il gérer la politique de coupe sur les terrains publics ? De telles réglementations doivent-elles s'appliquer aux terrains privés ?
7. Dans un article du 19 mars 1994 de l'*Economist*, on trouve la phrase suivante : « Au cours des dix dernières années, la plupart des plus riches pêcheries du monde ont été exploitées jusqu'à épuisement. » L'article envisage ensuite diverses solutions publiques ou privées à ce problème :

a. « N'accusons pas les pêcheurs de pêcher avec excès. Leur comportement est parfaitement rationnel. » En quoi la pêche excessive peut-elle être un comportement rationnel pour les pêcheurs ?

b. « Une communauté, animée par un intérêt égoïste mutuel et un sentiment d'obligation commune, peut gérer d'elle-même une ressource commune. » Expliquez les principes de fonctionnement d'une telle gestion, et les difficultés rencontrées dans la pratique.

c. « Jusqu'en 1976, la plupart des gisements de poissons étaient ouverts à tous, ce qui rendait leur conservation impossible. Puis un accord international a étendu l'application des lois nationales de 12 à 200 milles des côtes. » En appliquant la théorie des droits de propriété, montrez comment cet accord a contribué à limiter le problème.

d. L'article stipule que de nombreux gouvernements adoptent de mesures d'aides aux pêcheurs qui les incitent à pêcher encore plus Ces politiques n'encouragent-elles pas un cercle vicieux de pêch excessive ?

e. « Les pêcheurs ne géreront les pêcheries à long terme, comm les éleveurs le font avec leurs élevages terrestres, que lorsqu'ils auron une pleine et entière propriété des zones de pêche. » Commentez cett affirmation.

f. Quelles autres politiques peut-on envisager pour éviter un pêche excessive ?

8. Dans une économie de marché, l'information relative aux qualités e aux modes de fonctionnement des biens et services est un produit e tant que tel. Comment le marché privé fournit-il cette information ? L gouvernement joue-t-il un rôle dans cette diffusion de l'information ?
9. Les personnes à revenu élevé sont prêtes à dépenser plus que les autre pour réduire le risque de décès. Par exemple, elles dépenseront proba blement plus en équipements de sécurité pour leur voiture. Une ana lyse coût-bénéfice doit-elle tenir compte de ce fait pour évaluer un pro jet public ? Prenez par exemple une ville riche et une ville pauvre qu envisagent toutes deux l'installation de feux de circulation. La vill riche doit-elle retenir une valeur plus élevée pour le coût d'une vi humaine ? Pourquoi ou pourquoi pas ?

CHAPITRE 12

LA MISE AU POINT D'UN SYSTÈME FISCAL

Dans ce chapitre, vous allez :

- observer comment le gouvernement américain se procure des ressources et comment il les emploie
- étudier le coût des impôts en termes d'efficacité
- considérer diverses manières de juger de l'équité d'un système fiscal
- voir pourquoi il est essentiel de considérer l'incidence fiscale pour juger de l'équité d'un système fiscal
- examiner le compromis entre efficacité et justice dans la conception d'un système fiscal

Al Capone, célèbre gangster des années 1920 et dirigeant d'un véritable grande entreprise criminelle, ne fut jamais arrêté pour le innombrables crimes commis sous sa responsabilité. Il finit pour tant en prison – condamné pour fraude fiscale. Il avait certainemen oublié cet adage de Benjamin Franklin : « Dans ce bas monde, rie n'est certain si ce n'est la mort et les impôts. »

À l'époque où Franklin s'exprimait ainsi (1789), l'Américai moyen consacrait moins de 5 % de ses revenus aux impôts, un tau qui resta identique pendant les cent années suivantes. Au cours d xxe siècle en revanche, les impôts n'ont cessé d'augmente Aujourd'hui, toutes taxes confondues – impôt sur le revenu, sur le sociétés, taxe sur les salaires, taxe sur le chiffre d'affaires et taxe foncières – les impôts consomment 35 % du revenu américai moyen.

Les impôts sont inévitables : en tant que citoyens nous attendon du gouvernement qu'il nous procure un certain nombre de biens e services. Les deux derniers chapitres ont permis d'approfondir l'u des *dix principes de l'économie* : le gouvernement peut parfoi améliorer les résultats de l'activité du marché. Quand le gouverne ment traite le problème des externalités (comme la pollution d l'air), quand il fournit des biens publics (comme la défense natio nale), ou réglemente l'utilisation des ressources communes (comm la pêche sur un lac public), il contribue à améliorer la prospérit générale. Mais cette intervention a un coût. Pour la financer, comm pour financer les autres fonctions du gouvernement, ce dernier doi lever des ressources par l'impôt.

Nous nous sommes déjà intéressés à la fiscalité quand nou avons vu dans des chapitres antérieurs que la taxe imposée sur u bien en affectait l'offre et la demande. Au chapitre 6, nous avon appris qu'une taxe réduit la quantité vendue sur un marché et qu le fardeau fiscal réel se répartit entre acheteurs et vendeurs en fonc tion de l'élasticité de l'offre et de la demande. Au chapitre 8 nou avons vu qu'une taxe génère une perte sèche, car la réduction d surplus du consommateur et du surplus du producteur est supé rieure à la recette fiscale pour le gouvernement.

Dans ce chapitre, nous capitalisons sur ces connaissances pou présenter les systèmes fiscaux. Nous commencerons par un survo de la situation financière du gouvernement américain. Il est en effe indispensable de connaître certaines données de base concernan les ressources et les dépenses de notre gouvernement.

Nous verrons ensuite les principes fondamentaux du systèm fiscal. La plupart des gens s'accordent à reconnaître que le coû social des impôts doit être aussi réduit que possible et que le far deau fiscal doit être réparti de manière aussi juste que possible. On attend donc d'un système fiscal qu'il soit à la fois *efficace* et *équitable*. Nous verrons que cela est plus facile à dire qu'à faire.

12.1 SURVOL DE LA SITUATION FINANCIÈRE DU GOUVERNEMENT AMÉRICAIN

Quelle part du revenu national le gouvernement prélève-t-il sous forme de taxes diverses ? La figure 12.1 indique le budget du gouvernement – fédéral, des États et local – en pourcentage du revenu total des États-Unis. Il permet de constater qu'au fil du temps le gouvernement a pris une part croissante du revenu national. Ou, en d'autres termes, la croissance du gouvernement a dépassé celle de l'ensemble de l'économie.

Mais la taille du gouvernement n'est qu'un aspect du phénomène. Car derrière ce total, il ne faut pas oublier les milliers de décisions individuelles relatives aux dépenses et aux impôts. Examinons les grandes masses qui constituent ce budget gouvernemental.

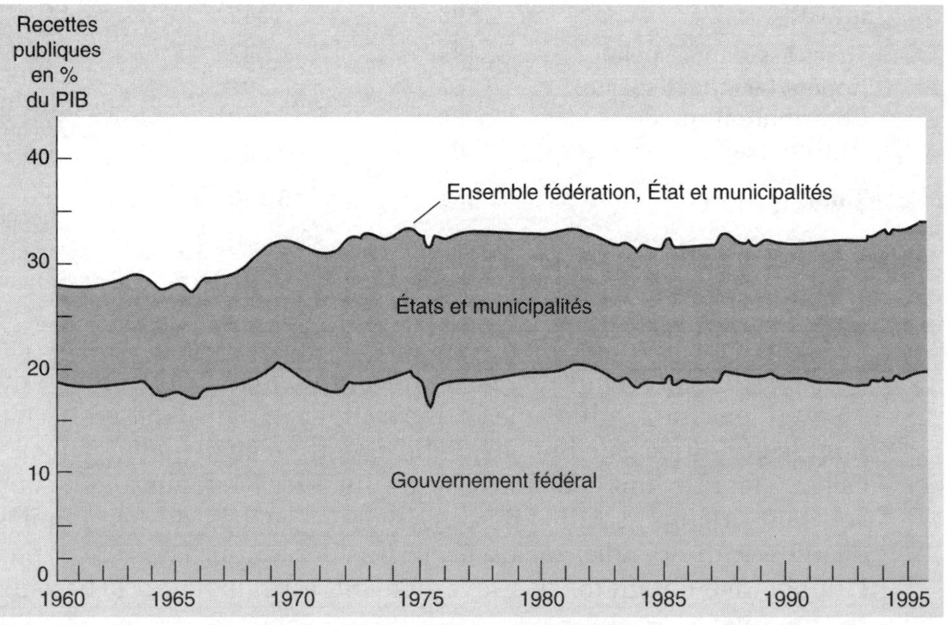

FIG. 12.1 **Recettes du gouvernement en pourcentage du PIB.** Ce graphique montre l'évolution des recettes des gouvernements fédéraux, des États et locaux en proportion du Produit intérieur brut (PIB), qui mesure le revenu total généré par l'économie. On y constate la part croissante du gouvernement dans l'économie nationale.

Le gouvernement fédéral

Le gouvernement fédéral collecte environ les deux tiers des taxes payées dans notre économie. Il récolte ses fonds de diverses sources et les dépense de manière encore plus diverse.

Recettes

Le tableau 12.1 indique ce que furent les recettes du gouvernement fédéral en 1995. Les recettes totales s'élevèrent cette année-là à 1 351 milliards de dollars, une somme véritablement astronomique et difficile à appréhender. Pour la ramener à l'échelle humaine, divisons-la par la taille de la population américaine de l'époque, qui était de 263 millions d'individus. Nous constatons alors que chaque Américain a versé 5 132 dollars au gouvernement fédéral. Une famille de quatre personnes a donc payé 20 528 dollars.

TABLEAU 12.1 **Recettes du gouvernement fédéral en 1995.**

Impôts	*Milliards de $*	*$ par personne*	*% recettes*
I.R.P.P.	590	2 243	44
Taxes assurance sociale	485	1 842	36
Impôts/bénéfices sociaux	157	597	12
Contributions diverses	58	219	4
Autres taxes	61	233	4
Total	**1 351**	**5 132**	**100**

Source. — Rapport économique au Président, 1996, tableau B-77.

La principale source de revenu pour le gouvernement fédéral est *l'impôt sur les revenus des personnes physiques.* À l'approche du 15 avril, chaque famille américaine remplit une déclaration fiscale dont le but est de calculer ce qu'elle devra verser au gouvernement. Chaque famille doit déclarer l'intégralité de ses revenus, quelle que soit leur origine : salaires perçus, intérêts touchés sur les sommes épargnées, dividendes encaissés, profits des entreprises gérées, etc. L'*impôt* (le montant dû au gouvernement) est calculé sur la base du revenu total.

L'impôt dû n'est pas simplement proportionnel au revenu. Le mode de calcul est plus compliqué. Le revenu imposable est obtenu en déduisant du revenu total un certain nombre de dépenses déductibles et un montant fonction du nombre de personnes à charge (essentiellement les enfants). L'impôt dû est alors calculé en appliquant au revenu imposable la formule figurant sur le tableau 12.2. Ce tableau indique les *taux marginaux d'imposition*. Comme ceux-ci augmentent avec le revenu, les familles à revenu élevé paient proportionnellement plus d'impôts (les impôts représentent une part plus importante de leurs revenus).

TABLEAU 12.2 **Taux d'imposition des personnes physiques en 1995.**

Un revenu imposable de...	*est imposable au taux de...*
Jusqu'à 39 000 $	15 %
De 39 000 à 94 250 $	28 %
De 94 250 à 143 600 $	31 %
De 143 600 à 256 500 $	36 %
Au-delà de 256 500 $	39,6 %

Nota. — Ces taux d'imposition s'appliquent à un couple marié.

Autre source de revenu très importante, les *taxes d'assurance sociale* viennent au deuxième rang des recettes fédérales. Ce sont des taxes sur les salaires versés par les entreprises à leurs employés. Elles sont qualifiées de taxes d'assurance sociale, car elles sont destinées à financer la sécurité sociale et le système Medicare, qui gèrent respectivement les retraites et les soins médicaux des personnes âgées. Le tableau 12.1 montre que l'Américain moyen a payé 1 842 dollars de taxes d'assurance sociale en 1993.

Vient ensuite *l'impôt sur les bénéfices des sociétés*. L'assiette de l'impôt est le résultat de l'entreprise, c'est-à-dire la différence entre son chiffre d'affaires et les diverses charges supportées par l'entreprise. Vous remarquerez que ces profits d'entreprise sont en fait imposés deux fois. Une première fois par l'impôt sur les sociétés ; et une deuxième fois quand l'individu paie l'impôt sur le revenu pour la partie relative aux dividendes versés par l'entreprise qui a fait du profit.

Viennent ensuite les taxes diverses sur certains biens comme l'essence, le tabac ou l'alcool.

La catégorie « autres ressources » du tableau 12.1 regroupe des petites rentrées fiscales d'origine variée, comme les droits de douane par exemple, et les intérêts perçus par le gouvernement sur ses dépôts d'argent auprès de la banque centrale.

Ces deux dernières catégories représentent chacune moins de 5 % des recettes fiscales.

Dépenses

Le tableau 12.3 indique les dépenses fédérales de l'année 1993. Celles-ci ont atteint un total de 1 514 milliards de dollars, soit 5 757 dollars par personne. Ce tableau indique aussi les grandes masses de dépenses par catégorie.

TABLEAU 12.3 **Dépenses du gouvernement fédéral en 1995.**

Type de dépenses	*Milliards de $*	*$ par personne*	*% des dépenses*
Sécurité sociale	336	1 277	22
Défense nationale	272	1 035	18
Aide aux défavorisés	220	837	14
Intérêts sur la dette	232	883	15
Medicare	160	608	11
Santé 99	115	436	8
Autres 100	179	682	12
Total	**1 514**	**5 757**	**100**

Source. — Rapport économique au Président, 1996, tableau B-77.

La *sécurité sociale* représente la plus grande part des dépenses ; il s'agit de transferts au profit des personnes âgées (on parle de transfert quand il s'agit d'un paiement effectué sans contrepartie de la part du bénéficiaire). Ces dépenses représentaient 22 % du total dépensé par le gouvernement fédéral, et ce chiffre ne cesse d'augmenter. Cela s'explique par le vieillissement de la population : du fait de l'allongement de la durée de vie et de la réduction de la fécondité, la population des personnes âgées croît plus rapidement que l'ensemble de la population. La plupart des analystes s'attendent à une poursuite de cette tendance à l'avenir.

La *défense nationale* constitue le deuxième poste de dépenses. Ce poste inclut les salaires du personnel militaire et les dépenses de matériel (acquisition et entretien), comme les fusils, les bombardiers et les porte-avions. Ces dépenses fluctuent en fonction du climat des relations internationales et grimpent sérieusement en période de guerre.

On trouve ensuite les *intérêts payés* sur les dettes. Quand un individu emprunte de l'argent à sa banque, celle-ci réclame le paiement d'un intérêt. Il en est de même quand le gouvernement emprunte de l'argent au public. Plus le gouvernement est endetté, plus il doit payer d'intérêts.

Les *dépenses sociales* viennent ensuite. Il s'agit là des transferts au profit des défavorisés, comme le programme d'aide aux familles avec enfants à charge, communément appelé « Welfare », ou le programme des tickets alimentaires qui fournit à certaines familles dans le besoin des tickets échangeables contre de la nourriture. Le gouvernement fédéral reverse une partie de ces sommes aux États et gouvernements locaux qui gèrent le programme à l'échelon local.

Le programme *Medicare,* qui gère les dépenses de santé des personnes âgées, arrive ensuite. Ces dépenses croissent régulièrement. D'abord car la population âgée croît plus rapidement que le reste de la population. Ensuite parce que le coût des soins croît plus rapidement que le coût des autres biens et services. La croissance rapide de ce poste budgétaire a amené le Président Clinton à proposer une réforme du système Medicare.

On trouve ensuite les dépenses de santé autres que Medicare. Ce qui inclut le programme Medicaid, qui fournit des soins aux défavorisés, et le financement de la recherche médicale, par le biais par exemple de l'Institut national de la santé.

La catégorie des « autres dépenses » recouvre les frais de fonctionnement du gouvernement dans ses autres fonctions : on y trouve le financement du système judiciaire fédéral, celui du programme spatial ou les aides aux agriculteurs, de même que les rémunérations versées aux parlementaires et au Président.

Vous aurez certainement remarqué que les dépenses totales du gouvernement sont supérieures aux recettes totales de 163 milliards de dollars. Cette différence est appelée *déficit budgétaire.* Pour combler ce déficit, le gouvernement doit emprunter de l'argent au public. Si les recettes sont supérieures aux dépenses, le gouvernement est en situation d'*excédent budgétaire,* et les sommes excédentaires servent à rembourser les dettes contractées antérieurement.

Les États et les gouvernements locaux

États et gouvernements locaux collectent environ le tiers des impôts payés aux États-Unis. Voyons quelles sont ces ressources et les dépenses correspondantes.

Recettes

Le tableau 12.4 résume ces recettes par grandes masses. En 1992, les recettes totales s'élevaient à 973 milliards de dollars, soit 3 811 dollars par personne.

TABLEAU 12.4 **Recettes des États et des gouvernements locaux en 1992.**

Taxes	*Milliards de $*	*$ par personne*	*% des recettes*
Taxe sur les ventes	196	779	20
Taxes foncières	178	698	18
I.R.P.P.	116	453	12
Impôt sur bénéfices sociaux	24	93	2
Transfert du gvt fédéral	179	702	18
Autres	280	1 096	29
Total	**973**	**3 811**	**100**

Source. — Rapport économique au Président, 1996, tableau B-82.

Les deux recettes principales sont les taxes sur les ventes et les taxes foncières. Les premières sont perçues par les magasins et boutiques qui collectent, pour le compte du gouvernement, une taxe d'un certain pourcentage sur le prix de chaque article vendu (dans certains États, certains produits dits de première nécessité, comme de la nourriture ou des vêtements, ne supportent pas cette taxe). Les taxes foncières sont des impôts sur la valeur estimée des terrains et constructions, payés par les propriétaires. Ces deux taxes fournissent conjointement 40 % des recettes des États et des gouvernements locaux.

Ces derniers recourent aussi à l'impôt sur le revenu des personnes physiques et sur les bénéfices des sociétés. La plupart du temps, ces impôts sont semblables à ceux levés par le gouvernement fédéral, mais ils prennent parfois une allure différente. Certains États, par exemple, imposent plus lourdement les revenus du capital (intérêts et dividendes) que les salaires. D'autres n'imposent pas du tout les revenus.

Par ailleurs, États et gouvernements locaux reçoivent des fonds du gouvernement fédéral, dans le cadre d'une espèce de politique de redistribution qui revient à transférer des ressources des États qui paient beaucoup d'impôts à ceux qui en paient moins. Ces fonds sont en général liés à des programmes précis que le gouvernement souhaite subventionner.

Enfin, des ressources diverses viennent compléter la liste, et apparaissent sous le vocable « divers » du tableau 12.4. On y trouve par exemple les recettes provenant de l'émission des permis de chasse ou de pêche, les péages des ponts et autoroutes, la vente des tickets de bus ou de métro.

Dépenses

Elles figurent sur le tableau 12.5 pour l'année 1992.

La dépense la plus importante, de loin, concerne l'éducation. Les gouvernements locaux financent les écoles publiques. Les États contribuent au financement des universités publiques. En 1992, les dépenses d'éducation représentaient le tiers du budget des États et gouvernements locaux.

La politique sociale est le deuxième poste de dépense, avec notamment les programmes d'aide aux défavorisés. Certains de ces programmes sont des programmes fédéraux, gérés à l'échelon local.

Le réseau routier arrive ensuite. Il s'agit là de la construction de routes nouvelles et de l'entretien des routes existantes.

Le poste « divers » regroupe tous les autres services fournis à l'échelon local, comme par exemple, les bibliothèques, les forces de police, d'entretien sanitaire, de lutte contre l'incendie, d'entretien des espaces publics, de déblaiement de la neige, etc.

TABLEAU 12.5 **Dépenses des États et des gouvernements locaux en 1995.**

Catégories	*Milliards de $*	*$ par personne*	*% des recettes*
Éducation	326	1 278	33
Aide publiques	158	619	16
Réseau autoroutier	67	261	7
Autres	425	1 663	44
Total	**976**	**3 820**	**100**

Source. — Rapport économique au Président, 1996, tableau B-82.

■ **VÉRIFIEZ VOS CONNAISSANCES** Quelles sont les deux principales sources de revenu du gouvernement fédéral ? ■ Quelles sont les deux principales sources de revenu des États et gouvernements locaux ?

12.2 IMPÔTS ET EFFICACITÉ ÉCONOMIQUE

Maintenant que nous connaissons les grandes lignes de la politique fiscale américaine, essayons d'en apprécier la qualité. De toute évidence, tout système fiscal a pour objet de procurer des ressources financières au gouvernement. Mais il y a plusieurs manières d'y parvenir. Les décideurs politiques qui conçoivent une politique fiscale ont en général deux objectifs en vue : l'efficacité et la justice.

Un système fiscal est plus efficace qu'un autre s'il procure le mêmes ressources à un coût moindre pour les contribuables. Mai quels sont les coûts des impôts pour les contribuables ? Le coût l plus évident, c'est le paiement même de l'impôt. Ce transfert d contribuable au gouvernement est inévitable dès lors que l'on parl de système fiscal, mais il existe deux autres coûts qu'il est possibl d'éviter ou tout au moins de minimiser. D'abord les impôts génèren des pertes sèches car ils modifient les décisions des agents écono miques ; ensuite, ils imposent un fardeau administratif aux contri buables. Un système fiscal sera donc d'autant plus efficace qu'i générera moins de pertes sèches et qu'il imposera un fardeau admi nistratif moins lourd aux contribuables.

Les pertes sèches

L'existence des impôts affecte les décisions individuelles. Si l gouvernement décide de lever une taxe sur les cornets de glace, le gens en mangeront moins et mangeront plus de yaourts glacés. Si l gouvernement taxe les habitations, les gens vivront dans des petit logements et dépenseront davantage de ressources dans d'autre biens. Si le gouvernement taxe fortement les revenus du travail, le gens travailleront moins et prendront plus de loisirs.

Parce que les impôts affectent les comportements, ils génèren des pertes sèches. Comme nous l'avons vu au chapitre 8, la pert sèche correspond à la diminution de bien-être du contribuable no compensée par une augmentation de revenu pour le gouvernement Autrement dit, c'est la baisse d'efficacité liée au fait que les gen allouent les ressources en fonction des incitations fiscales et no plus en fonction des vrais coûts et bénéfices des biens et service consommés.

Prenons un exemple. Supposons que Joe apprécie la valeu d'une pizza à 8 dollars, tandis que Jane ne lui accorde que 6 dollar de valeur. S'il n'y a aucun impôt sur la pizza, le prix de celle-c reflétera son coût de fabrication. Quand le prix de la pizza est d 5 dollars, Joe et Jane en achètent une chacun. Le surplus d consommateur de Joe est donc de 3 dollars, celui de Jane de 1 dol lar. Le surplus total est de 4 dollars.

Supposons maintenant que le gouvernement impose une taxe d 2 dollars sur la pizza, poussant le prix de celle-ci à 7 dollars. Jo achète toujours sa pizza, mais son surplus du consommateur n'es plus que de 1 dollar. Jane se passe de pizza puisque son coût es maintenant supérieur à la valeur qu'elle accorde au produit. Le gou vernement perçoit 2 dollars sur la pizza achetée par Joe. Le surplu total du consommateur a diminué de 3 dollars, passant de 4 dollars à 1 dollar. Comme la recette fiscale n'a augmenté que de 2 dollars, il y a bien une perte sèche, de 1 dollar précisément.

Vous remarquerez que la perte sèche n'est pas liée à Joe, qui paie l'impôt, mais à Jane, qui ne le paie pas. La diminution du surplus de Joe (2 dollars) est exactement compensée par la recette fiscale perçue par le gouvernement. La perte sèche est une conséquence de la modification de comportement de Jane. Quand le prix de la pizza augmente du fait de la taxe, la situation de Jane est moins brillante qu'auparavant, et pourtant il n'y a aucune recette fiscale pour compenser cette détérioration. Cette réduction du bien-être de Jane constitue la perte sèche de la taxe.

ÉTUDE DE CAS

Faut-il imposer le revenu ou la consommation ?

L'impôt sur le revenu procure d'énormes ressources au gouvernement. L'un des inconvénients de cet impôt est son effet dissuasif sur l'épargne.

Prenez un jeune de 25 ans qui envisage d'économiser 100 dollars. S'il les place sur un compte d'épargne qui rapporte 8 % par an et n'y touche plus avant d'atteindre l'âge de 65 ans, il aura 2 172 dollars sur son compte au moment où il prendra sa retraite. Maintenant, si le gouvernement lui prend le quart des intérêts perçus annuellement au titre de l'impôt sur le revenu, le taux d'intérêt effectivement perçu après impôt n'est plus que de 6 %. Après 40 ans, les 100 dollars initiaux capitalisés à 6 % seront devenus 1 029 dollars, soit moins de la moitié du résultat obtenu en l'absence d'impôt. Donc, dans la mesure où l'épargne est imposée, elle est beaucoup moins attirante.

Certains économistes proposent d'éliminer ce problème en modifiant complètement le système fiscal. Plutôt que d'imposer les montants *gagnés* par les gens, le gouvernement pourrait imposer les montants *dépensés* par les gens. Dans cette hypothèse, l'épargne ne serait pas imposée, sauf quand elle est consommée. Ce système fiscal alternatif, appelé *taxe à la consommation*, n'affecterait pas les décisions d'épargne des agents économiques.

Cette proposition bénéficie d'un certain soutien politique. Le député Bill Archer, Président de la très influente Commission House Ways and Means, a demandé le remplacement de

l'actuel impôt sur le revenu par un système de taxe à l
consommation. En outre, certaines dispositions du code de
impôts actuel prévoient des mécanismes de ce type. Le
contribuables ont la possibilité de placer une partie limitée d
leur épargne sur des comptes spéciaux, comme les Compte
d'Épargne Retraite, les plans Keogh et 401(k), dans lesquel
les sommes épargnées ne sont pas soumises à taxation tan
qu'elles ne sont pas retirées. Pour un individu dont tout
l'épargne serait placée sur des comptes de ce type, le systèm
actuel n'est pas très différent d'un système taxant la consom
mation.

Le fardeau administratif

Si vous interrogez le contribuable moyen aux alentours d
15 avril sur ce qu'il pense du système fiscal actuel, il vous parler
certainement de la complexité des formulaires à remplir. Le fardea
administratif d'un système fiscal est l'une des sources d'inefficacit
qu'il génère. Outre le temps passé début avril à remplir les déclara
tions, il ne faut pas oublier le temps passé tout au long de l'année à
conserver les éléments dont on aura besoin pour justifier ses reve
nus et ses charges déductibles et les ressources consacrées par l
gouvernement aux actions nécessaires pour faire respecter les loi
fiscales.

De nombreux contribuables – surtout parmi ceux qui paient l
plus d'impôts – font appel aux services d'avocats spécialisés e
d'experts-comptables pour remplir leurs déclarations fiscales. Ce
experts aident leurs clients à organiser leurs affaires de telle sort
que l'impôt dû soit le moins important possible. Cette attitude, par
faitement légale, n'a rien à voir avec l'évasion fiscale.

Certains détracteurs de notre système fiscal actuel considèren
que ces conseillers fiscaux abusent des échappatoires qui existen
dans tout système. Dans certains cas, ces échappatoires sont de
erreurs d'origine parlementaire : elles naissent d'omissions o
d'ambiguïtés de la loi fiscale. Le plus souvent, le Congrès a seule
ment voulu faciliter certains comportements. Par exemple, l
régime fiscal applicable aux obligations municipales est plus favo
rable que la moyenne, car le Congrès souhaitait faciliter le finance
ment des gouvernements locaux. Ces dispositions profitent à la foi
aux autorités municipales et aux contribuables. Ces échappatoire
sont bien connues de tous les spécialistes, et ce qui est considér
comme échappatoire par les uns est perçu comme un avantage fis
cal justifié par les autres.

Toutes les ressources mobilisées pour satisfaire aux obligations fiscales sont une espèce de perte sèche. Le gouvernement ne reçoit en effet que le montant payé. Alors que le contribuable paie non seulement ce montant, mais aussi le temps et l'argent consacrés à la préparation, au calcul de l'impôt, aux stratégies d'évitement, etc.

Ce fardeau fiscal pourrait être diminué en simplifiant les lois fiscales. Mais cette simplification est politiquement difficile. Tout le monde est prêt à sacrifier les échappatoires dont bénéficient les autres, mais personne ne veut renoncer aux siennes propres. Finalement, la complexité du système résulte pour une bonne part du jeu politique, dans lequel chacun essaie d'obtenir des avantages particuliers.

Taux d'imposition marginaux et taux moyens

Pour discuter de l'efficacité et de l'équité d'un système fiscal, il faut distinguer deux notions : celle de taux marginal d'imposition et celle de taux moyen d'imposition. Le *taux d'imposition moyen* est égal à l'impôt payé au total divisé par le revenu total. Le *taux marginal d'imposition* est l'impôt payé sur le dernier dollar de revenu.

Prenons l'exemple suivant. Supposons que le gouvernement taxe à 20 % les 50 000 premiers dollars de revenu, et à 50 % les revenus supérieurs à 50 000 dollars. Avec un tel barème, un individu qui gagne 60 000 dollars paie 15 000 dollars d'impôts ([0,2 x 50 000] + [0,5 x 10 000]). Pour ce contribuable, le taux moyen d'imposition est de 25 %, c'est-à-dire 15 000/60 000. Mais le taux marginal d'imposition est de 50 %, car le contribuable paierait 50 centimes d'impôt en plus s'il touchait un dollar de plus de revenu.

Le taux marginal et le taux moyen nous renseignent sur le fonctionnement du système fiscal. Si l'on veut apprécier le sacrifice monétaire consenti par le contribuable, mieux vaut utiliser le taux moyen qui mesure la part du revenu destinée aux impôts. Si l'on veut juger des distorsions créées par le système fiscal dans les comportements individuels, mieux vaut utiliser le taux marginal. L'un des *dix principes de l'économie* du chapitre 1 affirmait que les gens raisonnent à la marge. Par application de ce principe, on peut se référer au taux marginal d'imposition pour juger du caractère dissuasif de l'impôt sur le travail. C'est donc le taux marginal qui détermine la perte sèche générée par l'impôt sur le revenu.

L'impôt *per capita*

Imaginons que le gouvernement impose une taxe de 4 000 dollars à chacun, quel que soit le niveau de revenu de l'individu. On parle alors d'un *impôt* per capita.

DANS VOS JOURNAUX

Les PME et les lois fiscales

Les dirigeants des petites entreprises sont particulièrement sensibles au poids des responsabilités fiscales. Ces petites entreprises doivent respecter les mêmes lois que les plus grandes. Mais du fait de leur petite taille, elles devront y consacrer une part proportionnellement plus grande de leurs ressources. Une étude réalisée aux États-Unis concluait que le fardeau administratif de la fiscalité est dix fois plus important pour une petite entreprise que pour une grande. L'article suivant du New York Times *décrit ces coûts.*

Respecter les obligations fiscales : une lourde tâche pour les petites entreprises

ROBERT D. HERSHEY, JR

Pour le fisc américain qui récolte chaque année plus de 1 000 milliards de dollars, la société Dante's Restaurant, petite chaîne de restaurants en Pennsylvanie, ne représente qu'une goutte d'eau dans la mer.

Mais pour Lewis Karmin, responsable financier de l'entreprise, le respect des obligations fiscales est un casse-tête perma nent. Tous les quinze jours, il faut envoyer le déclarations à la sécurité sociale et les info mations sur les retenues d'impôt (*NDT :* au États-Unis, l'impôt sur le revenu est retenu la source), tous les trimestres il faut payer le taxes sur les salaires et les résultats estimé de la société, et bien entendu maintenir e permanence une comptabilité précise d toute une myriade d'informations comme le pourboires, etc.

Et tout ceci ne concerne que les obliga tions vis-à-vis du gouvernement fédéra auxquelles il faut rajouter ce qui est dû l'État et aux gouvernements locaux, ce q dans le cas des 10 restaurants de Dante finit par être très compliqué.

« Il faut faire attention à tout... » décla M. Karmin, d'un air sombre.

Telle est pourtant la réalité du systèm fiscal américain, une monstruosité faite d lois compliquées, dont la taille a triplé pa rapport à l'époque où Jimmy Carter la qual fiait de « honte pour la race humaine ».

L'administration fiscale américain emploie une armée de 115 000 fonctior naires, opérant avec un budget de 7 milliard

Ce genre d'impôt met clairement en évidence la différence entr taux moyen et taux marginal. Pour un contribuable qui gagnerai 20 000 dollars, le taux moyen de cet impôt *per capita* serait d 20 % ; pour un contribuable qui gagnerait 40 000 dollars, le tau moyen serait de 10 % seulement. Dans les deux cas, le taux margi nal est de 0 %, puisque des revenus supplémentaires ne change raient rien à l'impôt dû.

Ce système fiscal est le plus efficace possible. Dans la mesure o les décisions de l'individu sont sans effet sur le montant d'impô dû, l'impôt n'induit aucune modification de comportement, et don ne génère aucune perte sèche. En outre, le fardeau administratif es réduit au minimum puisqu'il n'y a aucun calcul compliqué à faire

dollars. Ce qui n'est rien à côté des coûts pportés par les contribuables qui font leur ossible pour respecter leurs obligations fisales.

On estime que le respect des seules oblitions fiscales fédérales coûte chaque nnée aux entreprises américaines plusieurs entaines de milliards de dollars... Les andes entreprises sont en permanence ontrôlées. En 1992, l'une d'elles a rendu un pport de 21 000 pages, réunies en) volumes. Mais ce sont les petites entreises qui sont les plus durement touchées.

Selon Arthur Hall, l'un des dirigeants de Tax Foundation, la quincaillerie du coin, la oulangerie ou la station-service qui gèrent es bilans inférieurs à 1 million de dollars – atégorie qui regroupe 90 % du tissu indusel du pays – dépensent 390 dollars pour)0 dollars envoyés à Washington. Autreent dit, le gouvernement a touché 4,1 milrds de dollars en provenance de ces etites entreprises en 1990, alors qu'il en ura coûté 15,9 milliards à ces entreprises paperasserie administrative...

« Ce qui signifie que l'impôt sur les bénéces des sociétés est une source de revenu articulièrement inefficace pour le gouverement » déclare Arthur Hall...

Même si les critiques sont souvent adresées à l'administration fiscale, hommes d'affaires et décideurs politiques font remarquer que la faute incombe surtout au Congrès qui, souvent animé de bonnes intentions, ne cesse de modifier les règles. Il en résulte un ensemble d'une telle complexité que même les contribuables les mieux intentionnés finissent par être dissuadés de chercher à savoir combien ils doivent payer d'impôts...

Depuis 1981, Washington a adopté 10 lois nouvelles essentielles, qui ont généré des changements dont l'effet cumulé est « impressionnant pour les petites entreprises », déclare Edward Koos, fiscaliste au département des petites et moyennes entreprises.

Harold Apolinsky, du Conseil des Petites Entreprises, a calculé que 9 371 sections du Code des Impôts ont été modifiées depuis 1981, résultat d'un lobbying permanent de la part des politiquement puissants. « Si les grandes entreprises ont les moyens de supporter une telle complexité, ce n'est pas le cas des petites entreprises » déclare Apolinsky.

Source. — The New York Times, dimanche 30 janvier 1994, Business Section, page 4.

et qu'il n'est nullement besoin d'embaucher une armée de fiscalistes et de comptables.

Si ce système est d'une telle efficacité, pourquoi ne le rencontre-t-on pas plus souvent en réalité ? Parce que l'efficacité n'est que l'un des buts d'un système fiscal. L'impôt *per capita*, exigeant des riches et des pauvres qu'ils paient la même somme, serait considéré comme injuste et inacceptable par une majorité de gens. Il faut donc considérer maintenant ce deuxième objectif qu'est l'équité.

■ **VÉRIFIEZ VOS CONNAISSANCES** Qu'entend-on par l'efficacité d'un système fiscal ■ Qu'est-ce qui peut nuire à l'efficacité d'un système fiscal ?

12.3 IMPÔTS ET ÉQUITÉ

Depuis l'époque où les colons américains jetaient dans le port d Boston les balles de thé importé pour protester contre les taxes ex gées par l'Angleterre, le débat sur la politique fiscale a toujours ét animé. Cette fureur ne doit pas grand-chose à l'aspect efficacit L'essentiel du débat porte sur la répartition de l'impôt. Le sénateu Russel Long caricatura ce débat de la façon suivante :

« Ne vous taxez pas vous-même.
Ne me taxez pas.
Taxez plutôt le gars caché derrière l'arbre. »

Bien entendu, à partir du moment où l'on admet que le gouve nement doit fournir certains biens et services, quelqu'un doit lui e fournir les moyens. Comment répartir alors le fardeau fiscal au sei de la population ? Comment juger de l'équité d'un système fiscal Tout le monde affirme qu'un système fiscal doit être équitable, ma apparemment tout le monde n'a pas la même notion de l'équité.

Le principe des bénéfices

Un vieux principe de taxation, dit *principe des bénéfices*, stipul que les gens devraient payer des impôts en fonction des bénéfice qu'ils retirent des services rendus par le gouvernement. Ce princip essaie de rapprocher biens publics et biens privés. Il paraît norm qu'une personne qui va souvent au cinéma paie plus pour se billets de cinéma qu'une personne qui y va rarement. De la mêm façon, quelqu'un qui profite beaucoup d'un bien public devra payer plus que celui qui en profite peu.

La taxe sur les carburants est par exemple justifiée par ce prir cipe des bénéfices. Dans certains États, les produits de cet imp financent la construction et l'entretien du réseau routier. Dans l mesure où ceux qui paient l'impôt sont les mêmes que ceux qui ut lisent les routes, on peut considérer la taxe sur l'essence comme u moyen de financement équitable du service rendu.

On peut aussi utiliser ce principe pour justifier que les riche paient plus d'impôts que les pauvres. Simplement parce que le riches bénéficient plus que les autres des services publics. Prene par exemple la protection contre le vol, fonction assurée par le forces de police. Ceux qui ont beaucoup à perdre bénéficient plu de ce service que ceux qui n'ont rien. Par application du princip des bénéfices, les riches devraient donc contribuer plus au financ ment de ce service que les autres. Cet argument pourrait êtr employé pour tout un tas d'autres services publics, comme l défense nationale, le système judiciaire, etc.

Ce principe permettrait même de justifier que les riches financent les programmes de lutte contre la pauvreté. Comme nous l'avons vu dans le chapitre 11, les gens préfèrent vivre dans une société sans pauvreté, et les programmes de lutte contre celle-ci peuvent donc être considérés comme des biens publics. Si les riches accordent plus de valeur à ce bien public que la classe moyenne, peut-être simplement parce qu'ils ont plus à dépenser, on peut concevoir qu'ils doivent payer plus pour le financement de tels programmes.

Le principe de la capacité de payer

Un autre principe fiscal, appelé *principe de la capacité de payer,* affirme que le fardeau fiscal doit reposer sur les épaules les plus larges, c'est-à-dire sur ceux qui ont le plus de moyens. Ce principe est parfois justifié par l'idée que les citoyens doivent consentir un « sacrifice égal » pour financer le gouvernement. Cependant, l'importance du sacrifice individuel dépend non seulement du paiement effectué, mais aussi des ressources de l'individu. Un impôt de 1 000 dollars payé par une personne de peu de moyens peut représenter un sacrifice plus important qu'un impôt de 10 000 dollars payé par un multimillionnaire.

Ce principe de capacité à payer nous amène à présenter deux notions connexes d'équité : l'équité verticale et l'équité horizontale. *L'équité verticale* voudrait que les contribuables les plus fortunés paient le plus d'impôts. *L'équité horizontale* voudrait que des contribuables aux fortunes comparables paient des impôts comparables. Même si ces notions sont largement acceptées par tous, il reste difficile de les utiliser pour juger de l'équité d'un système fiscal.

L'équité verticale

Si l'impôt est fondé sur la capacité à payer, les riches doivent payer plus que les pauvres. Mais de combien ? Une bonne partie du débat porte sur cette question.

Prenons les trois systèmes fiscaux présentés dans le tableau 12.6 (voir page 328). Dans chacun des systèmes, les riches paient plus que les pauvres. En revanche, le rythme d'accroissement de l'impôt diffère selon les systèmes. Le premier système est dit *proportionnel*, car les contribuables paient tous la même proportion de leurs revenus sous forme d'impôts. Le deuxième est dit *régressif*, car l'impôt diminue en pourcentage quand le revenu croît, alors que le dernier est dit *progressif*, car l'impôt augmente en pourcentage avec l revenu.

Lequel des trois systèmes est le plus juste ? Il n'y a pas d réponse évidente à cette question, et la théorie économique n'e fournira aucune. L'équité, comme la beauté, est une notion très per sonnelle.

TABLEAU 12.6 **Trois systèmes fiscaux.**

	Proportionnel		*Dégressif*		*Progressif*	
Revenu	Impôt	%	Impôt	%	Impôt	%
50 000 $	12 500	25	15 000	30	10 000	20
100 000 $	25 000	25	25 000	25	25 000	25
200 000 $	50 000	25	40 000	20	60 000	30

ÉTUDE DE CAS

La répartition du fardeau fiscal

Le débat sur la politique fiscale tourne souvent autour de l question de savoir si les riches paient assez d'impôts Question à laquelle il est impossible de répondre objective ment. Pour que vous puissiez vous faire votre propre idée, i importe de savoir comment le fardeau fiscal est aujourd'hu réparti, dans notre système actuel.

Le tableau 12.7 (voir page 329) indique la répartition d fardeau fiscal fédéral entre les diverses classes de revenus Les familles sont classées en fonction de leurs revenus, e réparties en cinq groupes de même taille, appelés quintiles La deuxième colonne du tableau indique le revenu moyen d chaque groupe. Le revenu moyen du groupe le plus pauvr s'élevait à 7 386 dollars en 1990, tandis que celui du groupe l plus riche atteignait 99 197 dollars.

Les troisième et quatrième colonnes indiquent la distribu tion des revenus et des impôts payés entre les cinq groupes Le groupe le plus pauvre reçoit 3,7 % de la totalité des reve nus, et paie 1,4 % de la totalité des impôts. Le groupe le plu riche reçoit 51,4 % des revenus, et paie 58,2 % de la totalit des impôts.

TABLEAU 12.7 **Le poids des impôts fédéraux en 1990.**

Quintile	*Revenu moyen*	*% du revenu total*	*% des impôts totaux*	*Impôts en % du revenu*	*Impôts-transferts en % du revenu*
Inférieur	7 386 $	3,7	1,4	8,9	– 29,8
2e	18 380 $	9,2	6,4	15,8	– 2,1
3e	29 849 $	14,5	12,5	19,5	9,5
4e	43 363 $	21,7	21,2	22,1	16,2
Supérieur	99 197 $	51,4	58,2	25,5	23,1

Source. — *Greenbook 1993*, Commitee on Ways and Means, Assemblée Nationale, 7 juillet 1993.

La colonne suivante fait apparaître le poids des impôts par rapport aux revenus. Comme vous le constatez, le système fiscal fédéral est progressif. Les familles les moins fortunées consacrent 8,9 % de leurs revenus aux impôts, tandis que les plus riches y consacrent 25,5 % de leurs revenus.

Mais ces chiffres sur les impôts payés ne suffisent pas à se faire une idée précise du fardeau gouvernemental, car ils ne tiennent pas compte des transferts effectués au bénéfice des familles. La dernière colonne du tableau traite cette question, et indique le poids des impôts diminués des transferts en pourcentage des revenus. Les transferts sont les divers programmes d'aide au bénéfice des familles, allocations diverses, Sécurité Sociale, etc.

La prise en compte de ces transferts modifie sensiblement la répartition du fardeau fiscal. En effet, le groupe le plus riche continue de consacrer environ le quart de ses revenus au paiement des impôts, même en tenant compte des transferts, alors que les deux groupes les moins fortunés reçoivent des transferts plus importants que les impôts qu'ils paient. Le groupe le plus pauvre voit ses revenus augmenter de 29,8 % par rapport à ce qu'ils seraient sans impôts et transferts. Pour apprécier véritablement la progressivité du système fiscal, il faut considérer non seulement ce que les gens paient, mais aussi ce qu'ils reçoivent du gouvernement.

L'équité horizontale

Si les impôts sont assis sur la capacité de payer, deux contribuables semblables devraient payer les mêmes impôts. Comment savoir si deux contribuables sont semblables ?

Imaginons que les familles Smith et Jones perçoivent chacune un revenu de 50 000 dollars. Les Smith sont sans enfant, mais M. Smith est atteint d'une maladie qui nécessite des soins médicaux pour un montant de 20 000 dollars. Les Jones sont en bonne santé, mais ils ont quatre enfants. Deux de ces enfants sont au collège et les frais de scolarité s'élèvent à 30 000 dollars. Ces deux familles doivent-elles payer les mêmes impôts sous prétexte qu'elles perçoivent le même revenu ? Serait-il plus juste d'accorder un avantage fiscal aux Smith pour leur permettre de faire face à leurs dépenses médicales ? Serait-il plus juste d'accorder cet avantage aux Jones pour leur permettre de faire face aux dépenses d'éducation de leurs enfants ?

Une fois encore, il n'y a pas de réponse évidente à ces questions. Dans la réalité, les lois fiscales essaient de prendre en compte certaines des spécificités familiales pour le calcul de l'impôt dû.

ÉTUDE DE CAS

Équité horizontale et mariage

L'exemple du mariage montre bien la difficulté qu'il y a à assurer une équité horizontale dans la pratique. Prenez deux couples identiques, si ce n'est que l'un est marié, l'autre pas. Selon le code des impôts actuellement en vigueur, ces deux couples paient des impôts très différents, parce qu'un couple marié est considéré comme un contribuable unique. Quand deux individus se marient, ils cessent de payer des impôts individuellement et les paient en tant que famille. Si tous les deux perçoivent des revenus, leur revenu imposable est accru par leur mariage.

Prenons un exemple du fonctionnement de cette « taxe nuptiale ». Imaginons que le gouvernement impose 25 % d'impôts sur les revenus supérieurs à 10 000 dollars, tandis que ceux qui sont inférieurs à ce seuil sont exonérés d'impôts, et voyons comment ce système affecte deux couples donnés.

Commençons par Sam et Sally. Sam est un poète dont les revenus sont inexistants, mais Sally est une avocate qui gagne 100 000 dollars par an. Avant leur mariage, Sam ne paie aucun impôt et Sally paie 25 % de 90 000 dollars (100 000 de revenus moins 10 000 exonérés), soit 22 500 dollars. Après leur mariage, la situation est identique. Dans leur cas, l'impôt n'affecte pas leur décision de convoler en justes noces.

Examinons maintenant le cas de John et Joan, deux professeurs de collège, qui gagnent chacun 50 000 dollars par an.

Avant d'être mariés, ils paient chacun 10 000 dollars d'impôts (soit 25 % de 40 000 dollars), pour un total de 20 000 dollars. Une fois mariés, le revenu total atteint 100 000 dollars, et ils doivent donc payer 25 % de 90 000 dollars, soit 22 500 dollars. Leur mariage leur coûte donc 2 500 dollars d'impôts en plus. C'est cette augmentation que l'on appelle la taxe nuptiale.

Pour résoudre le problème de John et Joan, il suffirait par exemple de faire passer le revenu exonéré d'impôts pour un couple marié de 10 000 à 20 000 dollars. Mais alors nous aurions un autre problème. Car dans ce cas, Sam et Sally mariés ne paieraient plus que 20 000 dollars d'impôts, soit 2 500 dollars de moins que ce qu'ils payaient en tant que célibataires. L'élimination de la taxe nuptiale sur John et Joan ferait donc apparaître une subvention au mariage de Sam et Sally.

Cet exemple montre bien un problème très simple pour lequel il n'existe pas de solution évidente. Essayez par exemple de concevoir un système fiscal respectant les quatre conditions suivantes :

1. Deux couples mariés touchant des revenus identiques doivent payer les mêmes impôts ;
2. Quand deux personnes se marient, l'impôt payé par le couple doit être identique à la somme des deux impôts individuels antérieurs ;
3. Une personne ou un couple sans revenu ne doit pas payer d'impôts ;
4. Le barème d'imposition doit être progressif.

Vous constaterez qu'il est impossible de respecter ces quatre conditions à la fois. Une solution qui respecterait les trois premières conditions violerait la dernière : la seule forme d'imposition qui respecte les trois premières conditions est la taxe proportionnelle.

Certains économistes ont proposé de faire de l'individu l'unité d'imposition, plutôt que la famille, une solution adoptée par de nombreux pays européens. Cela permettrait de traiter également des couples mariés et non mariés. Mais la première des conditions évoquées ci-dessus ne serait plus respectée : des familles ayant les mêmes revenus ne paieraient pas les mêmes impôts (dans notre exemple, chaque couple marié paierait les mêmes impôts qu'avant le mariage. Sam et Sally paieraient donc 22 500 dollars, tandis que John et Joan paieraient 20 000 dollars; pourtant, les deux couples perçoivent le même revenu global). Ce système est-il meilleur que celui qui impose une taxe nuptiale ? Difficile à dire.

Incidence fiscale et équité

La question de savoir qui supporte l'impôt est cruciale quand on juge de l'équité d'un système fiscal. Comme nous l'avons vu au chapitre 6, le fardeau fiscal ne repose pas forcément sur les épaules de celui qui est imposé. Comme les impôts modifient l'offre et la demande, ils affectent les prix d'équilibre. Et par conséquent, ils touchent les gens au-delà même de ceux qui paient l'impôt. Ces effets indirects ne doivent pas être ignorés quand on juge de l'équité horizontale et verticale d'un impôt.

Pourtant ces effets indirects sont fréquemment implicitement ignorés et on considère trop souvent que le poids de l'impôt repose sur le premier sur lequel il tombe. Cette hypothèse est pourtant généralement fausse.

Par exemple, un individu manquant de culture économique pourra considérer qu'une taxe sur les manteaux de fourrure est verticalement équitable dans la mesure où la plupart des acheteurs de ces manteaux sont riches. Néanmoins, si ces acheteurs peuvent facilement remplacer ces manteaux par d'autres articles de luxe, la taxe n'aura comme effet qu'une diminution des ventes. Finalement, le poids de la taxe reposera plus sur les fabricants et les vendeurs de manteaux de fourrure que sur les acheteurs. Et si les ouvriers qui confectionnent les manteaux sont plus affectés que les acheteurs, on peut se poser des questions sur l'équité verticale de la taxe en question.

ÉTUDE DE CAS

Qui paie l'impôt sur les bénéfices des sociétés ?

L'impôt sur les bénéfices des sociétés est assez populaire parmi les électeurs. Après tout, les entreprises ne sont pas des gens. Les électeurs sont toujours prêts à faire porter à des épaules impersonnelles le poids des impôts dont ils ne veulent pas.

Mais encore faut-il savoir qui paie vraiment cet impôt sur les bénéfices des sociétés. C'est une question difficile, et qui divise les économistes, mais une chose est certaine : *tous les impôts sont payés par des gens.* Quand le gouvernement lève un impôt sur une entreprise, celle-ci joue en fait plus le rôle d'un collecteur d'impôt que d'un contribuable. Le fardeau fiscal repose en fait sur des individus : propriétaires, clients ou employés de l'entreprise.

De nombreux économistes considèrent que les employés et les clients de l'entreprise supportent l'essentiel du poids de cet impôt. Prenons un exemple. Supposons que le gouvernement décide d'augmenter l'impôt sur les sociétés automobiles. Les propriétaires de ces entreprises sont les premiers affectés, puisqu'ils perçoivent un profit inférieur. Et ces propriétaires réagiront à cette augmentation : puisque la production d'automobiles est moins rentable, ils investiront moins dans la construction de nouvelles usines, et plus ailleurs – par exemple dans la construction d'usines dans d'autres secteurs industriels ou bien dans d'autres pays. Avec moins d'usines automobiles, l'offre de voitures baisse ainsi que la demande de travailleurs. Ainsi, l'impôt sur les sociétés fabriquant des automobiles se traduit par une augmentation du prix des voitures et une diminution des salaires des employés.

Cet impôt est apprécié du public, car il donne l'impression d'être payé par des entreprises richissimes. Pourtant, ceux qui supportent finalement cet impôt – clients et employés – ne sont généralement pas riches. Si cet aspect des choses était mieux connu, cet impôt serait certainement moins populaire qu'il ne l'est.

ÉTUDE DE CAS

L'impôt à taux unique

Un sujet qui revient régulièrement dans le débat économique américain est celui du remplacement de l'actuel système d'imposition des personnes physiques par un système beaucoup plus simple, l'impôt à taux unique. Ce système fut proposé dans les années 80 par l'économiste Robert Hall et le politologue Alvin Rabushka. Depuis lors, cette idée a été reprise, de la droite à la gauche par divers hommes politiques, comme Jerry Brown, ancien gouverneur de Californie et candidat à l'investiture démocrate, ou Steve Forbes, le patron de presse multimillionnaire et candidat à l'investiture républicaine.

Si les détails des diverses propositions étaient légèrement différents entre eux, le cœur du système reposait toujours sur un taux d'imposition unique et faible, pour l'ensemble de la population : par exemple 19 %. Et encore tous les revenus ne seraient pas pris en compte, une certaine partie d'entre eux étant exclue de l'assiette de l'impôt. Par exemple, si les dix mille premiers dollars de revenus ne sont pas imposables, l'impôt dû serait de :

Impôt = 0,19 x (Revenu – 10 000 dollars).

Du fait de l'exclusion des 10 000 dollars initiaux, cet impôt est progressif, même si le taux marginal est constant. Certaines propositions envisageaient même pour les personnes aux revenus les plus bas (inférieurs à 10 000 dollars dans notre exemple) la possibilité d'un impôt négatif, c'est-à-dire d'une subvention de la part du gouvernement.

Une telle révolution du système fiscal reposerait tous les problèmes discutés dans ce chapitre, et notamment celui du compromis entre équité et efficacité. On trouvera ci-dessous quelques-uns des arguments avancés par les partisans de ce système d'impôt à taux unique :

– ce système éliminerait la plupart des exonérations fiscales actuellement accordées, par exemple pour les intérêts d'emprunt finançant l'achat d'un logement principal, ou les dons aux œuvres de charité. Cet élargissement de l'assiette de l'impôt permet d'en réduire le taux marginal, ce qui accroît l'efficacité économique globale. Pour ses partisans, ce système permettrait donc d'agrandir le gâteau ;

– cet impôt étant très simple à calculer, le fardeau administratif de l'impôt serait grandement réduit. La déclaration fiscale pourrait tenir sur une carte postale. Comme tout le monde paierait le même taux sur tous les types de revenus, personne n'aurait véritablement intérêt à dépenser des fortunes en conseils fiscaux pour trouver des échappatoires ;

– comme tout le monde paierait le même taux, l'impôt pourrait être prélevé à la source, ce qui réduirait encore le fardeau administratif. Les revenus tirés des profits d'entreprise pourraient ainsi être taxés directement au niveau de l'entreprise, plutôt qu'au niveau des milliers de bénéficiaires ;

– cet impôt remplacerait à la fois l'impôt sur le revenu des personnes physiques et l'impôt sur les sociétés. Tous les revenus, qu'ils viennent du travail ou de la propriété d'actions, seraient taxés une seule fois au même taux marginal. Cela éliminerait l'actuelle double taxation des bénéfices de l'entreprise ;

– dans le calcul des sommes imposables, les entreprises pourraient déduire l'ensemble des dépenses liées aux affaires licites, y compris les investissements. Du coup, cet impôt se rapprocherait d'un impôt sur la consommation, ce qui inciterait les gens à investir davantage.

En un mot comme en cent, les partisans d'un tel système lui trouvent de nombreux avantages en matière d'efficacité économique.

Les adversaires du système reconnaissent ces avantages, mais lui reprochent de trop négliger l'équité verticale. Cet impôt serait moins progressif que le système actuel et plus particulièrement transférerait une partie du fardeau fiscal des épaules les plus riches vers celles de la classe moyenne. Ce souci est peut-être justifié, mais la réalité du phénomène n'est pas prouvée. Nous savons que le fardeau fiscal n'est pas toujours supporté par celui qui envoie le chèque au gouvernement. Si effectivement cet impôt à taux unique devait se montrer favorable à l'épargne, il provoquerait une accélération de la croissance économique, qui bénéficierait à tous les contribuables. L'impact précis de cette accélération est malheureusement impossible à déterminer.

■ **VÉRIFIEZ VOS CONNAISSANCES** Expliquer le principe des bénéfices et le principe de la capacité de payer. ■ Que sont l'équité verticale et l'équité horizontale ? ■ Pourquoi faut-il savoir qui paie vraiment l'impôt pour pouvoir juger de l'équité d'un système fiscal ?

12.4 CONCLUSION : LE COMPROMIS ENTRE EFFICACITÉ ET ÉQUITÉ

Tout le monde reconnaît qu'un système fiscal doit être à la fois juste et efficace. Mais ces deux objectifs sont souvent contradictoires. De nombreuses modifications des dispositions fiscales améliorent l'efficacité au détriment de la justice, ou vice-versa. La société est donc confrontée à un choix difficile entre efficacité et justice, et si le débat sur la question est si animé, c'est parce que les gens accordent des valeurs différentes à ces deux objectifs.

L'histoire récente témoigne des diverses conceptions d'efficacité et de justice fiscales en cours dans les sphères politiques. Quand Ronald Reagan fut élu président en 1980, la tranche marginale d'imposition était de 50 %, et même de 70 % sur les intérêts perçus. Ces taux étaient considérés comme dissuasifs par le nouveau Président pour lequel ils coûtaient trop cher en termes d'efficacité économique. La réforme fiscale fut donc l'une des priorités de son administration, et Reagan ratifia de sérieuses diminutions d'impôts en 1981 et 1986. Quand Reagan laissa la place à son successeur, le taux marginal d'imposition était retombé à 28 %. Durant les quatre années de la présidence Bush, il remonta légèrement pour se stabiliser à 31 %.

Le candidat Bill Clinton déclarait que les riches ne payaient pas assez d'impôts. En d'autres termes, il affirmait que les faibles taux d'imposition appliqués aux plus riches contribuables ne s'accordaient pas avec sa conception de l'équité verticale. L'une des premières mesures économiques mises en œuvre par son administration consista à relever les tranches supérieures du barème d'imposition. En 1993, la tranche marginale était revenue à 40 %.

La science économique est incapable de trouver l'équilibre parfait entre l'efficacité et la justice. Cela relève en effet au moins autant de la philosophie politique que de l'économie. Mais les économistes ont un rôle important à jouer dans le débat autour de la question fiscale : ils peuvent éclairer ce débat et éviter que ne soient adoptées des politiques qui sacrifieraient l'efficacité économique sans améliorer en rien la justice.

RÉSUMÉ

- Le gouvernement américain se procure des ressources par l'impôt. Les impôts qui rapportent le plus au gouvernement fédéral sont l'impôt sur le revenu des personnes physiques et la taxe sur les salaires. Ceux qui rapportent le plus aux États et gouvernements locaux sont les taxes sur le chiffre d'affaires et les taxes foncières.
- L'efficacité d'un système fiscal est mesurée par les coûts qu'il impose aux contribuables. Outre le paiement de l'impôt lui-même, les contribuables supportent deux types de coûts : une perte sèche générée par les modifications de comportement induites par l'impôt, et le poids des formalités administratives impliquées par le respect des lois fiscales.
- L'équité d'un système fiscal est mesurée par la façon dont le fardeau fiscal est réparti sur la population. Selon le principe des bénéfices, il est juste de faire payer les gens en fonction des services que leur a rendus le gouvernement. Selon le principe de la capacité de payer, il est juste de faire payer ceux qui ont le plus de moyens financiers. Pour juger de l'équité d'un système fiscal, il est important de se rappeler que le poids réel de l'impôt ne repose pas forcément sur ceux qui envoient le chèque au gouvernement.

- Dans l'établissement de tout système fiscal, les hommes politiques doivent faire face à un choix entre efficacité et justice. Si le débat sur la question fiscale est animé, c'est parce que tout le monde ne s'accorde pas sur les mêmes priorités.

CONCEPTS CLÉS – DÉFINITIONS

Taux moyen d'imposition : ratio de l'impôt total au revenu total.
Taux marginal d'imposition : impôt payé sur le dollar marginal de revenu.
Déficit budgétaire : excédent des dépenses publiques sur les recettes publiques.
Excédent budgétaire : excédent des recettes publiques sur les dépenses publiques.
Impôt *per capita* : impôt dont le montant est identique pour chacun.
Principe des bénéfices : idée selon laquelle les gens doivent payer des impôts proportionnels aux bénéfices qu'ils retirent des services publics.
Principe de la capacité de payer : idée selon laquelle les impôts doivent être supportés en priorité par ceux qui ont les moyens de le faire.
Équité verticale : idée selon laquelle les contribuables les plus riches doivent payer davantage d'impôts.
Équité horizontale : idée selon laquelle des contribuables qui ont la même capacité de payer doivent payer des impôts comparables.
Impôt proportionnel : impôt tel que tous les contribuables paient le même taux d'impôt.
Impôt dégressif : impôt tel que les plus hauts revenus paient proportionnellement moins que les moins élevés.
Impôt progressif : impôt tel que les plus hauts revenus paient proportionnellement plus que les moins élevés.

QUESTIONS DE RÉVISION

1. Au cours des dernières décennies, le gouvernement a-t-il vu son poids augmenter plus ou moins vite que le reste de l'économie ?
2. Quelles sont les deux sources de revenus les plus importantes pour le gouvernement fédéral ?
3. Expliquer pourquoi les bénéfices des entreprises sont imposés deux fois.
4. Pourquoi le fardeau fiscal supporté par les contribuables est-il plus lourd que les recettes fiscales du gouvernement ?
5. Pourquoi certains économistes proposent-ils de taxer la consommation plutôt que le revenu ?
6. Citer deux arguments justifiant le fait que les contribuables aisés doivent payer plus d'impôts que les contribuables moins fortunés.

7. Qu'est-ce que le concept d'équité horizontale, et pourquoi est-il difficile à mettre en œuvre ?

PROBLÈMES D'APPLICATION

1. Dans certains États, des produits de première nécessité (nourriture et vêtements) sont exonérés de taxes. Quels sont les mérites de cette exonération ? Appréciez l'efficacité et l'équité de cette disposition.
2. Les dépenses gouvernementales n'ont cessé de croître en proportion du revenu national dans notre pays. Comment peut-on expliquer cette tendance ? Faut-il s'attendre à la voir continuer ?
3. Procurez-vous une édition récente du Rapport économique au Président et répondez aux questions suivantes, en apportant des réponses chiffrées :

   a. La figure 12.1 montre que le budget gouvernemental a crû au fil du temps en pourcentage du revenu national. Cette croissance est-elle plus le fait du gouvernement fédéral ou des gouvernements locaux ?

   b. Considérant l'ensemble des ressources gouvernementales, comment leur composition a-t-elle évolué au cours du temps ? Les impôts sur le revenu des personnes sont-ils plus ou moins importants qu'avant ? Même question pour les taxes d'assurance sociale et l'impôt sur les sociétés.

   c. Considérant l'ensemble des dépenses gouvernementales, comment a évolué la part relative des transferts et des achats de biens et services ?
4. Nous avons vu dans ce chapitre que la population âgée croît plus rapidement que la population totale. En particulièrement, le nombre de travailleurs progresse lentement, alors que le nombre de retraités croît rapidement. Inquiets pour l'avenir du programme de sécurité sociale, certains parlementaires ont proposé un gel de ce programme :

   a. Si les dépenses devaient être gelées, qu'adviendrait-il des retraites des bénéficiaires ? Des impôts payés par les travailleurs ?

   b. Si les retraites individuelles devaient être gelées, qu'adviendrait-il des dépenses totales ? Des impôts payés par les travailleurs ?

   c. Si les impôts devaient être gelés, qu'adviendrait-il des dépenses totales ? Des retraites ?

   d. Que peut-on conclure des réponses a., b. et c. quant à la difficulté des choix auxquels sont confrontés les hommes politiques ?
5. Expliquez l'effet sur les comportements individuels des dispositions fiscales suivantes :

   – les dons aux œuvres caritatives sont déductibles des impôts,

   – les ventes de bière sont imposées,

   – les plus-values en capital sont imposées quand elles sont réalisées, mais ne le sont pas tant qu'elles restent latentes.

6. Imaginons que votre État décide d'augmenter sa taxe sur le chiffre d'affaires de 5 à 6 %. Le gouvernement attend de cette mesure une augmentation de 20 % des recettes de cet impôt. Est-ce possible ? Expliquez.
7. Considérez les programmes d'aide aux défavorisés, comme l'AFDC et l'EITC :
   a. Quand une femme qui a des enfants et de très faibles revenus gagne un dollar supplémentaire, ses allocations AFDC diminuent. Quel est l'effet de cette particularité sur l'offre de travail émanant des femmes à faible revenu ? Expliquez ;
   b. Le programme EITC (système de crédit d'impôt) est d'autant plus avantageux que les bénéficiaires gagnent davantage (jusqu'à une certaine limite). Quel est l'effet de cette particularité sur l'offre de travail émanant des individus à faible revenu ? Expliquez ;
   c. Quels seraient les inconvénients de l'élimination de l'AFDC et de l'élargissement de l'EITC ?
8. Une réforme fiscale de 1986 a annulé l'exonération dont bénéficiaient les intérêts payés sur les crédits à la consommation (principalement les cartes de crédit et les crédits automobiles), mais confirmé l'exonération des paiements d'intérêts sur les hypothèques et les prêts à la construction. Comment ont évolué à votre avis les crédits à la consommation et les crédits immobiliers ?
9. Pour chacun des financements ci-dessous, indiquez s'ils relèvent du principe des bénéfices ou du principe de la capacité de payer :
   – les visiteurs des parcs nationaux paient un droit d'entrée,
   – les taxes foncières locales financent l'école primaire et secondaire,
   – un trust aéroportuaire collecte une taxe sur chaque billet d'avion vendu et utilise ces sommes pour améliorer les infrastructures et le contrôle aériens.
10. La taxe fédérale sur les salaires atteint 15,3 % des salaires, jusqu'à un certain montant, au-delà duquel le taux diminue rapidement :
    a. S'il n'y avait pas de limite, cet impôt serait-il proportionnel, progressif ou dégressif ? Même question compte tenu du fait qu'il y a une limite.
    b. Les prestations sociales qu'un individu reçoit sont fonction du montant de taxe sur les salaires payé. Les gens qui touchent des revenus plus élevés et donc paient plus de taxe sur les salaires reçoivent plus de prestations que les autres ; mais pas proportionnellement plus. Le système de sécurité sociale doit-il être considéré comme plus ou moins progressif que le système de la taxe sur les salaires ?
11. Un système d'impôt sur le revenu comprend des taux moyens et des taux marginaux d'imposition :
    a. Pour le système fiscal proportionnel présenté dans le tableau 12.6, quels sont les taux moyens d'imposition des personnes gagnant 50 000 dollars, 100 000 dollars et 200 000 dollars ? Quels sont

les taux moyens correspondants, pour les systèmes progressif et dégressif ?

b. Pour le système fiscal proportionnel, calculez le taux marginal d'imposition quand le revenu passe de 50 000 à 100 000 dollars. Même question quand le revenu passe de 100 000 à 200 000 dollars. Faire les mêmes calculs pour les deux autres systèmes.

c. Décrivez la relation existant entre les taux moyens et les taux marginaux pour chacun des trois systèmes. Quel est le taux à considérer pour accepter ou refuser un emploi qui offre un salaire légèrement supérieur au salaire actuel ? Quel est le taux à considérer pour juger de l'équité verticale d'un système fiscal ?

12. Quelle est la justification d'un impôt sur la consommation en remplacement de l'impôt sur le revenu ? Si ce remplacement devait avoir lieu, le nouveau système serait-il plus ou moins progressif que l'ancien ? Expliquez.
13. Le code des impôts américain stipule que les taxes d'assurances sociales doivent être payées pour moitié par les employés et pour moitié par les entreprises. Cette répartition légale du fardeau fiscal coïncide-t-elle avec la répartition réelle ? Expliquez.
14. Quand un agent commercial invite un client à déjeuner, une partie de cette dépense est une charge déductible par l'entreprise. Certains parlementaires ont fait remarquer que cette disposition favorisait les hommes d'affaires aisés et devait être éliminée. Cette argumentation a soulevé plus d'opposition de la part des restaurateurs que des entreprises elles-mêmes. Expliquez.

Partie V

Comportement de l'entreprise et économie industrielle

CHAPITRE 13

LES COÛTS DE PRODUCTION

Dans ce chapitre, vous allez :

- ▶ examiner les éléments constitutifs des coûts de production de l'entreprise
- ▶ établir la relation entre le processus de production et les coûts totaux supportés par l'entreprise
- ▶ apprendre la signification du coût moyen et du coût marginal, et voir en quoi ils sont liés
- ▶ étudier la forme des courbes de coûts de l'entreprise typique
- ▶ examiner la relation entre les coûts de court terme et ceux de long terme

Les biens et services que vous utilisez tous les jours sont produits par des entreprises. General Motors produit des automobiles, General Electric des ampoules électriques et General Mills des céréales pour le petit-déjeuner. Des dizaines de milliers d'entreprises constituent le tissu industriel du pays. Certaines, comme les trois entreprises citées ci-dessus, sont de très grandes entreprises qui emploient des milliers de salariés et dont le capital est détenu par des milliers d'actionnaires qui se partagent les bénéfices de l'entreprise. D'autres, comme le coiffeur local ou le marchand de bonbons, sont des petites entreprises ; elles n'ont que peu d'employés et sont détenues par un seul propriétaire.

Dans les chapitres précédents, nous avons décrit le comportement des entreprises à l'aide de la courbe d'offre. D'après la loi de l'offre, les entreprises acceptent de produire et de vendre une quantité d'autant plus grande de biens que le prix est plus élevé, ce qui se traduit par une courbe d'offre à pente positive. Pour de nombreuses analyses, cette loi de l'offre suffit à caractériser le comportement des entreprises.

Dans ce chapitre ainsi que le suivant, nous allons examiner ce comportement des entreprises plus en détail. Ce qui vous permettra de mieux comprendre ce qui se cache derrière la courbe d'offre du marché. En outre, vous allez commencer à découvrir un nouveau pan de la science économique : *l'économie industrielle,* qui s'intéresse au comportement de l'entreprise en relation avec la structure du marché sur lequel elle vend ses produits. Votre ville, par exemple, vous offre probablement le choix entre plusieurs pizzerias, mais un seul opérateur de télévision câblée. Quelles conséquences cette différence peut-elle avoir sur les prix pratiqués et sur l'efficacité du marché ? Le domaine de l'économie industrielle répond à ces questions.

Pour démarrer, nous allons étudier les coûts de production. Toutes les entreprises, de Delta Airlines au pâtissier du coin de la rue, supportent des coûts pour fabriquer les biens et services qu'elles vous vendent. Nous verrons dans les chapitres qui suivent que ces coûts jouent un rôle essentiel dans la fixation des prix et des quantités de production. Déterminer le montant de ces coûts n'est pas aussi simple qu'on pourrait le croire.

13.1 QU'EST-CE QU'UN COÛT ?

Pour étudier le comportement des entreprises, prenons l'exemple de la firme de biscuits suivante : Gourmande Hélène. Hélène, propriétaire de l'entreprise, achète de la farine, du sucre, des arômes et divers ingrédients nécessaires pour fabriquer des biscuits. Elle achète aussi des fours et emploie quelques salariés pour faire tourner ces machines. Finalement, elle produit des biscuits et les vend au public. En étudiant les problèmes qu'Hélène doit résoudre, nous en apprendrons plus long sur ceux qui se présentent à toutes les entreprises du pays, sur tous les types de marchés.

Chiffre d'affaires, coûts et profit

Commençons par l'objectif de l'entreprise. On peut imaginer qu'Hélène a monté son entreprise dans un élan altruiste visant à fournir des biscuits au monde entier, ou bien pour satisfaire sa propre gourmandise. Mais il est plus probable qu'Hélène s'est lancée dans cette aventure industrielle pour gagner de l'argent. Les économistes considèrent que l'objectif d'une entreprise est de réaliser le meilleur bénéfice possible, et cette hypothèse semble tenir dans la plupart des cas.

Qu'est-ce que le profit d'une entreprise ? Les sommes que l'entreprise reçoit en contrepartie de ses ventes constituent le *chiffre d'affaires* de l'entreprise. Les sommes consacrées par l'entreprise à l'achat des facteurs nécessaires à la production (farine, sucre, employés, fours, etc.) constituent les *coûts*. Hélène conservera la partie du chiffre d'affaires qui n'aura pas été consommée par des coûts. Le profit est donc défini par la différence entre le chiffre d'affaires et l'ensemble des coûts. Soit :

Profit = Chiffre d'affaires – Coûts.

Le profit de l'entreprise n'est autre que le surplus du producteur présenté au chapitre 7. L'objectif d'Hélène est donc de rendre ce *profit* aussi important que possible.

Encore faut-il savoir mesurer précisément ce chiffre d'affaires et ces coûts. Pas de difficultés particulières pour le chiffre d'affaires : c'est le produit de la quantité vendue par le prix de vente. Si Hélène fabrique 10 000 biscuits et les vend à 2 dollars le biscuit, elle réalise un chiffre d'affaires de 20 000 dollars. En revanche, la mesure des coûts est plus subtile.

Les coûts en tant que coûts d'opportunité

Pour mesurer les coûts d'une entreprise, il importe de conserver à l'esprit l'un des *dix principes de l'économie* : le coût d'un bien est ce à quoi l'on est prêt à renoncer pour l'acquérir. Le *coût d'opportunité* d'un bien fait directement référence à tout ce à quoi il a fallu renoncer pour obtenir le bien en question. *Quand nous parlons des coûts de production d'une entreprise, nous incluons tous les coûts d'opportunité impliqués par la fabrication des biens et services.*

Certains de ces coûts d'opportunité sont assez évidents, mais d'autres le sont moins. Si Hélène consacre 1 000 dollars à l'achat de sucre, ces 1 000 dollars constituent un coût d'opportunité car ils ne peuvent plus être utilisés à autre chose. Même raisonnement pour les salaires versés par Hélène à ses employés. Ces coûts sont dits explicites. Certains coûts d'opportunité sont en revanche *implicites.* Imaginons qu'Hélène soit douée en informatique : elle pourrait gagner 100 dollars de l'heure en tant que programmeur. Chaque heure consacrée à la fabrication de biscuits « coûte » 100 dollars à Hélène, et cela fait partie de ses coûts de production.

Cette analyse met clairement en évidence les différentes conceptions de l'entreprise que peuvent avoir les économistes et les comptables. Les économistes s'intéressent aux décisions de tarification et de production des entreprises, et considèrent donc l'ensemble des coûts d'opportunité quand ils mesurent des coûts. Les comptables, pour leur part, mesurent les flux financiers entrant et sortant de l'entreprise. Ils ne considèrent donc que les coûts explicites.

Cette différence de vue est facile à constater dans le cas de Gourmande Hélène. Quand Hélène renonce à gagner sa vie en tant que programmeur, les comptables ne compteront pas ce coût d'opportunité comme un coût de production de l'entreprise. Comme il n'y a aucune sortie de fonds correspondant à ce coût, il n'apparaît pas dans les états financiers de la firme. L'économiste en revanche en tiendra compte, car ce coût d'opportunité joue sur les décisions qu'Hélène peut prendre dans sa vie d'entrepreneur. Si par exemple le salaire des programmeurs explose et atteint 500 dollars de l'heure (au lieu de 100 dollars précédemment), Hélène peut très bien décider que le coût d'opportunité est maintenant trop élevé, et qu'il vaut mieux fermer son entreprise de biscuits pour se consacrer à l'informatique.

Le coût du capital est un coût d'opportunité

Le coût du capital investi dans une affaire est un coût implicite important. Imaginons qu'Hélène ait consacré 300 000 dollars précédemment épargnés à l'acquisition de son affaire. Si cet argent était resté sur le compte d'épargne qui sert 5 % d'intérêt annuel, Hélène aurait touché 15 000 dollars d'intérêts par an. Pour acquérir son affaire de biscuits, Hélène a donc dû renoncer à toucher ces

15 000 dollars annuels, qui constituent donc un coût d'opportunité de l'affaire en question.

Nous savons maintenant que les économistes et les comptables ne traitent pas les coûts de l'entreprise de la même manière, et ceci est particulièrement vrai du coût du capital. L'économiste considère ces 15 000 dollars comme un coût implicite de l'entreprise, tandis que le comptable les ignore totalement puisqu'il n'y a aucune sortie de fonds pour payer ce coût.

Pour aller plus avant dans cette différence de traitement, modifions légèrement notre exemple et imaginons qu'Hélène n'a pris que 100 000 dollars dans son compte d'épargne et a emprunté les 200 000 dollars restants, à 5 % d'intérêt annuel. Le comptable d'Hélène, qui ne tient compte que des coûts explicites, fera apparaître ces 10 000 dollars d'intérêts payés chaque année comme un coût de l'entreprise, puisque cet argent sort de l'entreprise. En revanche, pour l'économiste, le coût d'opportunité de la détention de cette affaire est toujours de 15 000 dollars. Ce coût d'opportunité est égal à la somme de l'intérêt payé à la banque (10 000 dollars de coût explicite) et de l'intérêt auquel il a fallu renoncer (5 000 dollars de coût implicite).

Profit économique et profit comptable

Revenons-en au profit de l'entreprise. Puisque les économistes et les comptables ne mesurent pas les coûts de la même façon, il doit en être de même du profit. L'économiste mesure un profit économique, égal à la différence entre le chiffre d'affaires et l'ensemble des coûts d'opportunité liés à la production de biens et services. Le comptable mesure le profit comptable, égal à la différence entre le chiffre d'affaires et les coûts explicites.

La figure 13.1 résume cette différence de conception. Dans la mesure où les comptables ignorent les coûts implicites, le profit comptable est toujours supérieur au profit économique. Pour qu'une activité soit rentable économiquement, il faut que le chiffre d'affaires couvre l'ensemble des coûts d'opportunité, explicites et implicites.

■ **VÉRIFIEZ VOS CONNAISSANCES** McDonald le fermier donne des leçons de banjo pour 20 dollars de l'heure. Un jour, il consacre 10 heures de son temps à planter des graines qu'il a achetées pour 100 dollars. Quel est son coût d'opportunité ? Si ces graines lui donnent un jour une récolte valant 200 dollars, McDonald a-t-il réalisé un profit comptable ? Et un profit économique ?

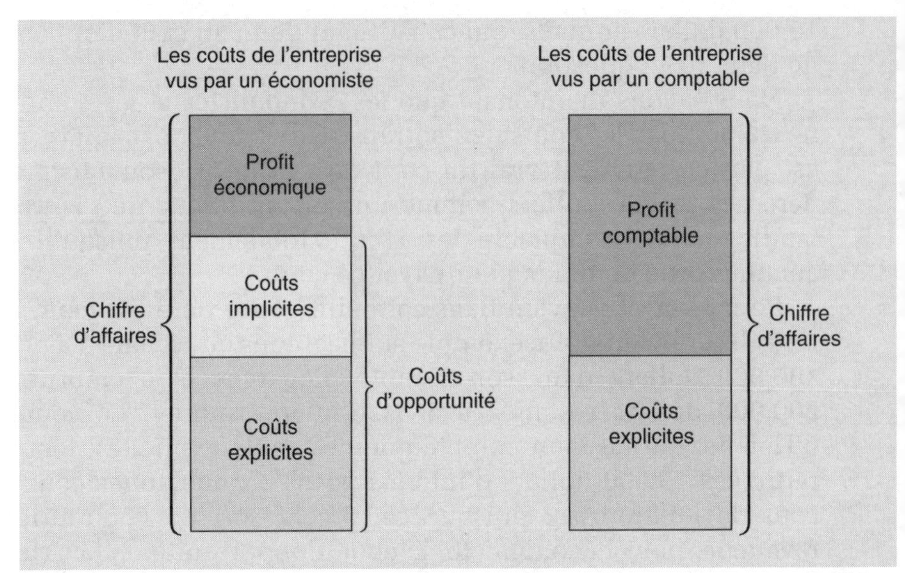

FIG. 13.1 **Économistes et comptables.** Les économistes prennent en compte l'ensemble des coûts d'opportunité de l'entreprise, tandis que les comptables ne retiennent que les coûts explicites. De sorte que le profit économique est inférieur au profit comptable.

13.2 PRODUCTION ET COÛTS

Les entreprises supportent des coûts pour l'acquisition des facteurs de production. Nous allons examiner ici la relation existant entre le processus de production de l'entreprise et l'ensemble de ses coûts, en reprenant l'exemple de Gourmande Hélène.

La fonction de production

Pour simplifier l'analyse, imaginons que la taille de l'usine d'Hélène soit constante et que la quantité de biscuits produits soit directement fonction du nombre d'employés. Le tableau 13.1 montre comment la quantité produite évolue en fonction du nombre de travailleurs. Si personne ne travaille, Hélène ne produit aucun biscuit. Avec un employé, elle en fabrique 50 à l'heure. Avec 2 employés, elle en produit 90, et ainsi de suite.

La figure 13.2 illustre les deux premières colonnes du tableau. Le nombre d'employés est sur l'axe horizontal, le nombre de biscuits produits sur l'axe vertical. Cette relation entre un facteur de production (les employés) et la quantité produite (biscuits) est appelée fonction de production.

TABLEAU 13.1 **Fonction de production et coût total : l'usine de biscuits de Gourmande Hélène**

Nombre d'employés	*Production (Qté de biscuits produits à l'heure)*	*Produit marginal du travail*	*Coût de l'usine*	*Coûts salariaux*	*Coûts des facteurs de production (usine + salaires)*
0	0		30 $	0 $	30 $
		50			
1	50		30 $	10 $	40 $
		40			
2	90		30 $	20 $	50 $
		30			
3	120		30 $	30 $	60 $
		20			
4	140		30 $	40 $	70 $
		10			
5	150		30 $	50 $	80 $

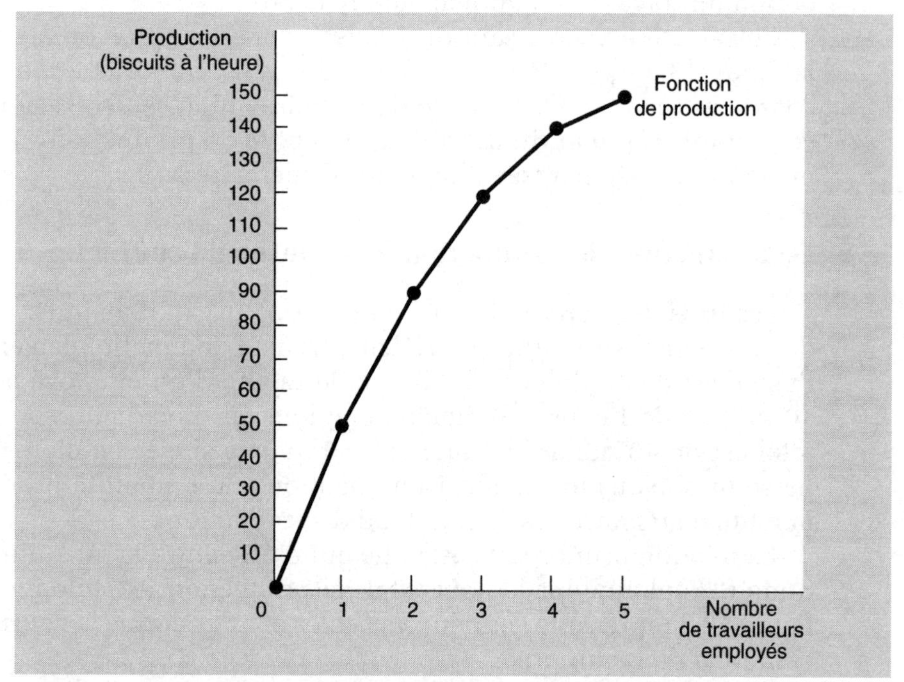

FIG. 13.2 **La fonction de production de la Gourmande Hélène.** Une fonction de production exprime la relation entre le nombre d'employés et la quantité produite. Le nombre de travailleurs (axe horizontal) provient de la première colonne du tableau 13.1, et la quantité produite (axe vertical) provient de la deuxième colonne. La fonction de production s'aplatit quand la production augmente, ce qui s'explique par la décroissance du produit marginal.

Nous savons depuis le premier chapitre que les gens rationnels raisonnent à la marge. La troisième colonne du tableau nous indique le produit marginal d'un travailleur. Le produit marginal d'un facteur de production est égal à l'augmentation de la production induite par une unité supplémentaire du facteur. Quand le nombre d'employés passe de 1 à 2, la production de biscuits passe de 50 à 90, et le produit marginal du second travailleur est donc de 40 biscuits. Si on rajoute un troisième employé, la production passe à 120 biscuits, et le produit marginal de ce troisième travailleur est de 30 biscuits.

Vous remarquerez que lorsque le nombre d'employés augmente, leur produit marginal diminue. Celui du deuxième travailleur était de 40 biscuits, celui du troisième de 30 seulement, et celui du quatrième de 20 biscuits. Cette propriété est qualifiée de produit marginal décroissant. Les premiers travailleurs disposent de tout l'espace et tout l'équipement disponibles. Plus ils sont nombreux, plus ils doivent partager les équipements et moins ils ont de place pour évoluer. Avec l'augmentation du nombre de travailleurs, la contribution du travailleur supplémentaire décroît.

Ce caractère décroissant du produit marginal apparaît aussi sur la figure 13.2 : plus le nombre d'employés est important, moins la courbe est pentue. Or la pente de la courbe représente exactement ce produit marginal du travailleur (quantité de production supplémentaire divisée par travailleur supplémentaire).

De la fonction de production à la courbe de coût total

Les trois dernières colonnes du tableau 13.1 indiquent les coûts de production supportés par Hélène. Le coût de fonctionnement de l'usine est de 30 dollars de l'heure, le salaire d'un employé est de 10 dollars de l'heure. Si Hélène emploie un travailleur, son coût total est de 40 dollars ; il monte à 50 dollars si elle emploie deux personnes. Nous avons ainsi une relation entre quantité produite, nombre de travailleurs et coût total de production.

La relation primordiale est celle qui existe entre la quantité produite (2e colonne) et le coût total de production (6e colonne). La figure 13.3 représente ces deux variables et nous donne la courbe de coût total de l'entreprise.

Vous remarquerez que cette courbe est de plus en plus pentue avec l'augmentation de la quantité produite. La forme de cette courbe de coût total reflète la forme de la fonction de production de la figure 13.2. Pour produire de grandes quantités de biscuits, Hélène doit employer beaucoup de monde. Comme sa cuisine est

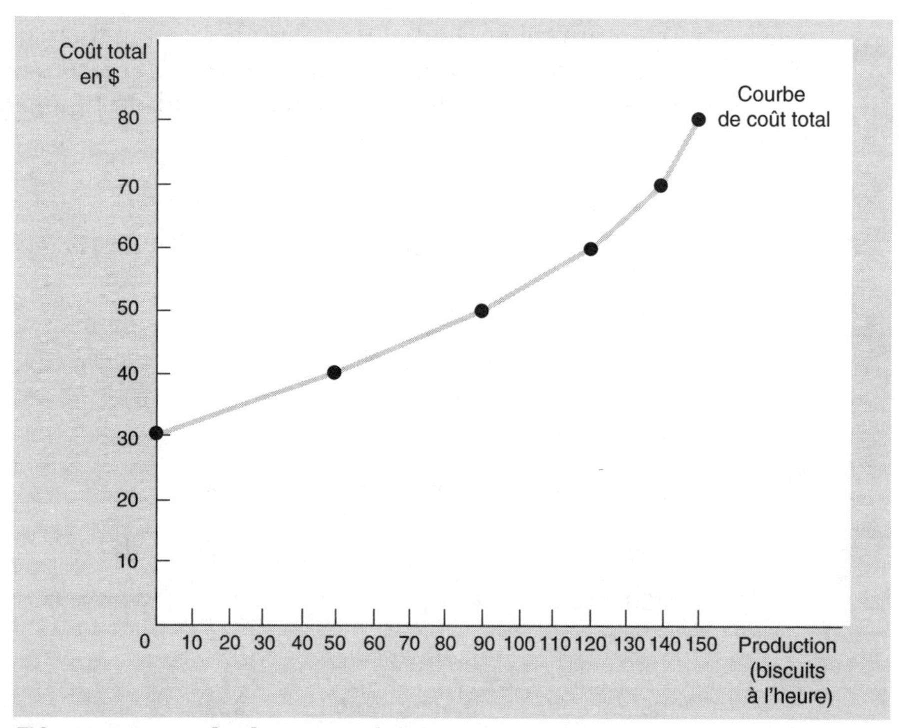

FIG. 13.3 **La courbe de coût total de la Gourmande Hélène.** Une courbe de coût total illustre la relation entre la quantité produite et le coût de production. Ici la quantité produite (axe horizontal) provient de la deuxième colonne du tableau 13.1, et le coût total (axe vertical) de la sixième colonne. La courbe de coût total devient plus pentue avec l'augmentation de la production, du fait de la décroissance du produit marginal.

déjà bien encombrée, la production d'un biscuit supplémentaire doit être coûteuse. Ainsi, quand la quantité produite augmente, la courbe de coût total devient plus pentue.

■ **VÉRIFIEZ VOS CONNAISSANCES** Si Jones ne sème pas de graines, il ne récolte rien. S'il sème 1 sac de graines, il récolte 3 boisseaux de blé. S'il sème 2 sacs, il récolte 5 boisseaux, et 6 boisseaux s'il plante 3 sacs. Un sac de graines coûte 100 dollars, et c'est là son seul coût de production. Dessiner la fonction de production de l'agriculteur et sa courbe de coût total. Expliquer leurs formes.

13.3 LES DIVERSES FAÇONS DE MESURER LES COÛTS

Notre analyse nous a montré comment la courbe de coût total de l'entreprise reflète sa fonction de production. À partir des données de coût total, nous pouvons calculer diverses autres mesures de coûts qui jouent un rôle essentiel dans les choix en matière de prix et de production. Pour le constater, nous allons étudier l'exemple de l'entreprise voisine de celle d'Hélène, le stand de limonade de Thelma (tableau 13.2).

TABLEAU 13.2 **Diverses mesures des coûts : stand limonadier de Thelma.**

Quantité limonade (verres/heure)	*Coût total* $	*Coût fixe* $	*Coût variable* $	*Coût fixe moyen* $	*Coût moyen variable* $	*Coût total moyen* $	*Coût marginal* $
0	3,00	3,00	0,00	–	–	–	
							0,30
1	3,30	3,00	0,30	3,00	0,30	3,30	
							0,50
2	3,80	3,00	0,80	1,50	0,40	1,90	
							0,70
3	4,50	3,00	1,50	1,00	0,50	1,57	
							0,90
4	5,40	3,00	2,40	0,75	0,60	1,35	
							1,10
5	6,50	3,00	3,50	0,60	0,70	1,30	
							1,30
6	7,80	3,00	4,80	0,50	0,80	1,30	
							1,50
7	9,30	3,00	6,30	0,43	0,90	1,33	
							1,70
8	11,00	3,00	8,00	0,38	4,00	1,38	
							1,90
9	12,90	3,00	9,90	0,33	1,10	1,43	
							2,10
10	15,00	3,00	12,00	0,30	1,20	1,50	

Les deux premières colonnes du tableau nous donnent le nombre de verres de limonade produits à l'heure et le coût total de cette production. La courbe de coût total est tracée sur la figure 13.4. Sa forme est similaire à celle de Gourmande Hélène. En particulier, elle devient plus pentue quand la quantité produite augmente, ce qui reflète le caractère décroissant du produit marginal.

Coûts fixes et coûts variables

Les coûts supportés par Thelma sont de deux types. Certains coûts, appelés *coûts fixes*, sont indépendants de la quantité produite. C'est le cas par exemple du loyer que Thelma paie pour le ter-

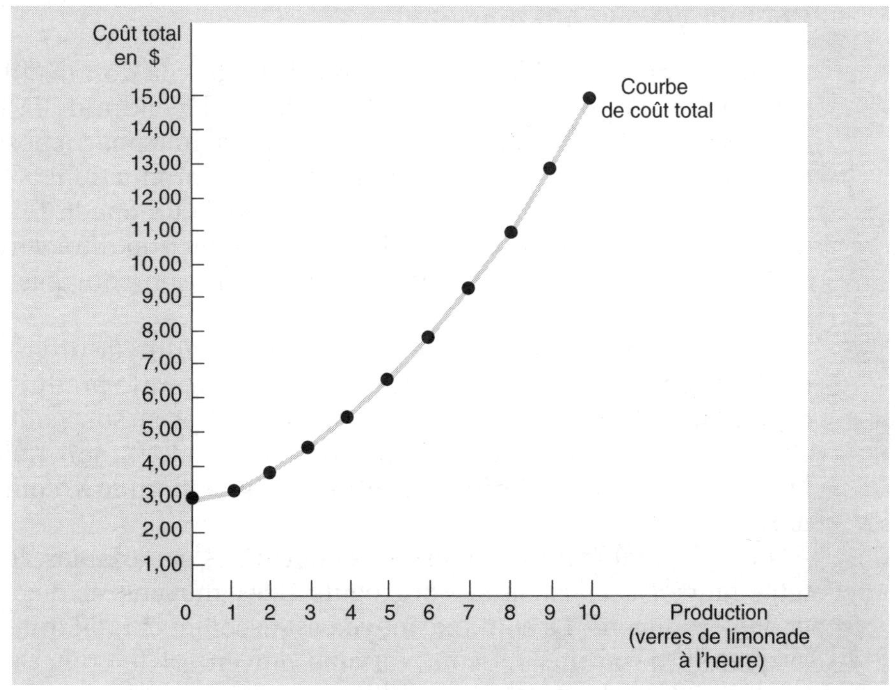

FIG. 13.4 **La courbe de coût total du stand de Thelma.** Ici la quantité produite (axe horizontal) provient de la première colonne du tableau 13.2, et le coût total (axe vertical) de la deuxième colonne. Comme sur le graphique précédent, la courbe de coût total devient plus pentue avec l'augmentation de la production, du fait de la décroissance du produit marginal.

rain et les murs de son entreprise : ce loyer reste identique, quel que soit la quantité de limonade produite. De même, si Thelma a besoin d'embaucher un comptable à temps plein pour gérer sa comptabilité, ce salaire constituera un coût fixe. La troisième colonne du tableau 13.2 montre ce coût fixe, égal dans notre exemple à 3 dollars de l'heure.

D'autres coûts, en revanche, varient avec la quantité produite : il s'agit des *coûts variables*. C'est le cas du sucre et des citrons : plus Thelma fabrique de limonade, plus elle a besoin de sucre et de citrons. Même chose si Hélène doit embaucher des travailleurs supplémentaires pour fabriquer plus de limonade : ces salaires seront des coûts variables. La quatrième colonne du tableau indique ces coûts variables. Le coût variable est nul si Thelma ne produit rien, il est de 0,30 dollar pour un verre de limonade, 0,80 dollar pour deux verres et ainsi de suite.

Le coût total supporté par l'entreprise est la somme des coûts fixes et variables. Il apparaît dans la deuxième colonne du tableau 13.2.

Coût moyen et coût marginal

En tant que propriétaire de l'entreprise, Thelma doit décider d son niveau de production. Et cette décision dépendra de la faço dont les coûts évoluent avec la production. Thelma pourra poser le deux questions suivantes au responsable de la production :

– combien coûte la fabrication d'un verre de limonade ?

– combien coûte l'augmentation de la production d'un verre ?

Si ces deux questions sont similaires, elles ne sont pas ider tiques.

Pour répondre à la première question, il suffit de diviser le coûts totaux supportés par l'entreprise par la quantité produite. Pa exemple, si l'entreprise produit deux verres, et si son coût tota s'élève à 3,80 dollars, le coût d'un verre sera de 3,80/2, soit 1,90 do lar. Ce coût total divisé par la quantité produite indique le coût tota moyen.

Le coût total étant la somme des coûts fixes et variables, le coû total moyen est la somme des coûts fixes moyens et des coût variables moyens. Le coût fixe moyen est le coût fixe total divisé pa la quantité produite. Le coût variable moyen est le coût variabl total divisé par la quantité produite.

Mais ce coût total moyen ne nous renseigne pas sur la variatio de coûts engendrée par une production supplémentaire. La de nière colonne du tableau 13.1 montre la variation de coût tota quand la production est accrue d'une unité. C'est ce que l'o appelle le coût marginal. Par exemple, si Thelma augmente sa pro duction de 2 à 3 verres, le coût total passe de 3,80 dollars à 4,50 do lars, de telle sorte que le coût marginal ressort à 0,70 dolla (4,50 – 3,80).

Il est utile de formaliser ces définitions. Si Q indique la quantité CT le coût total, CTM le coût total moyen et Cm le coût margina nous avons :

$$CTM = CT/Q$$
$$Cm = \Delta CT/\Delta Q,$$

où Δ représente la variation de la grandeur considérée. Ces équa tions montrent comment le coût total moyen et le coût margina sont calculés à partir du coût total.

Comme nous le verrons plus précisément dans le prochain cha pitre, ces données seront extrêmement utiles à Thelma quand ell devra décider combien de verres produire. Mais n'oublions pas qu ces concepts de coût moyen et coût marginal n'apportent aucun information nouvelle quant aux coûts de production de Thelma. Il ne sont qu'une formulation différente d'informations déjà conte nues dans les coûts totaux de l'entreprise. Le coût total moyen nous indique le coût d'une unité de production quand tous les coûts sont divisés par la quantité totale produite. Le coût marginal nous indique la variation de coût total générée par un accroissement d'une unité de la production.

La forme des courbes de coûts

De même que les courbes d'offre et de demande nous ont été indispensables pour analyser le comportement des marchés, les courbes de coût moyen et marginal sont indispensables pour analyser le comportement des entreprises. La figure 13.5 montre les coûts de l'entreprise de Thelma, tels qu'ils ressortent du tableau 13.2. L'axe horizontal mesure la quantité produite par l'entreprise, et

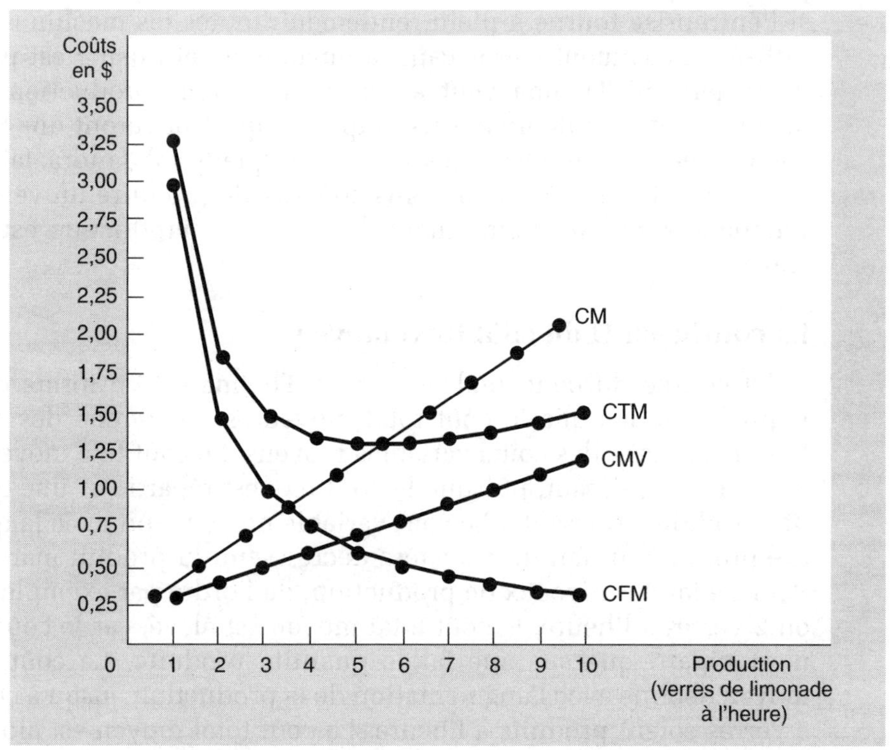

FIG. 13.5 **Courbes de coûts moyen et marginal de Thelma.** Le graphique illustre le coût total moyen (CTM), le coût fixe moyen (CFM), le coût variable moyen (CVM), et le coût marginal (CM) de l'entreprise de Thelma. Ces courbes ont été dessinées à partir des informations du tableau 13.2. Elles font apparaître trois caractéristiques typiques des courbes de coûts : (1) Le coût marginal augmente avec la production. (2) La courbe de coût moyen est en forme de U. (3) La courbe de coût marginal coupe la courbe de coût moyen au point le plus bas de celle-ci.

l'axe vertical mesure les coûts moyen et marginal. Sur le graphiqu apparaissent quatre courbes : le coût total moyen (CTM), le coût fix moyen (CFM), le coût variable moyen (CVM) et le coût margina (CM).

La forme des courbes représentées ici est caractéristique de l plupart des entreprises de notre économie. Examinons trois points la forme du coût marginal, la forme du coût total moyen, et la rela tion entre ces deux courbes.

Coût marginal croissant

Le coût marginal du stand de Thelma augmente avec la quantit produite. Quand Thelma ne produit qu'une faible quantité de limo nade, elle n'utilise qu'une petite partie de son matériel. Elle peu donc facilement mettre en marche une machine supplémentaire, e par conséquent accroître sa production à faible coût. En revanche si l'entreprise tourne à plein rendement, toutes les machines son utilisées quasiment à leur capacité maximale et l'usine est plein d'ouvriers. Si Thelma veut alors augmenter sa production, ell devra embaucher de nouveaux employés qui trouveront une usin encombrée, et des machines devant lesquelles il faudra faire l queue. Il est donc beaucoup plus coûteux de produire un verre d limonade supplémentaire quand le niveau de production est déj élevé.

La courbe en U du coût total moyen

La courbe du coût total moyen de Thelma est en forme de U Rappelons-nous que le coût total moyen est la somme des coût fixes moyens et des coûts variables moyens. Le coût fixe moyen es toujours décroissant, puisque le coût fixe est réparti sur une quan tité produite croissante. Le coût variable moyen croît avec la quan tité produite du fait du caractère décroissant du produit marginal Pour de faibles niveaux de production, de l'ordre par exemple de ou 2 verres à l'heure, le coût total moyen est élevé, car le coût fix n'est réparti que sur une faible quantité produite. Le coût tota moyen décline avec l'augmentation de la production, jusqu'à ce qu 5 verres soient produits à l'heure. Le coût total moyen est alors d 1,30 dollar le verre. Si l'entreprise produit plus de 6 verres, le coû total moyen commence à remonter, car le coût variable progress rapidement.

Le bas de la courbe en U indique la quantité qui minimise le coû total moyen. On l'appelle échelle optimale de production. Pou Thelma, la quantité efficace est de 5 ou 6 verres de limonade. Si ell produit plus ou moins que cela, le coût total moyen sera supérieur au minimum de 1,30 dollar.

La relation entre coût marginal et coût total moyen

Si vous regardez la figure 13.5 (ou le tableau 13.2), vous constaterez quelque chose qui peut sembler étonnant à première vue. Quand le coût marginal est inférieur au coût total moyen, ce dernier diminue. Quand le coût marginal est supérieur au coût total moyen, ce dernier augmente. Cette situation n'est pas particulière à l'entreprise de Thelma : elle est vraie pour toutes les entreprises du monde.

L'analogie suivante vous permettra de comprendre pourquoi. Le coût total moyen est comparable à votre note moyenne. Le coût marginal est la note que vous obtiendrez au prochain examen. Si cette prochaine note est inférieure à votre moyenne actuelle, cette moyenne baissera. Si la prochaine note est supérieure à votre moyenne actuelle, cette moyenne augmentera. Les principes mathématiques s'appliquent de la même manière aux notes et aux coûts.

Cette relation entre coût marginal et coût total moyen a une conséquence primordiale. La courbe de coût marginal coupe la courbe de coût total moyen à la quantité optimale de production. Pourquoi ? Pour de faibles niveaux de production, le coût marginal est inférieur au coût moyen, et celui-ci baisse. Après l'intersection des deux courbes, le coût marginal est supérieur au coût moyen. Pour la raison évoquée plus haut, le coût moyen doit commencer à augmenter à ce moment-là. Ce point d'intersection doit donc être le minimum du coût total moyen. Comme nous le verrons dans le prochain chapitre, ce point de coût moyen minimal joue un rôle crucial dans l'analyse de la concurrence.

Quelques courbes de coûts typiques

Dans les exemples que nous avons étudiés jusqu'ici, les entreprises montrent un produit marginal décroissant et donc un coût marginal croissant pour tous les niveaux de production. Mais en général, la décroissance du produit marginal n'intervient pas dès le début de la production. En fonction des processus de production, le deuxième ou le troisième employé peuvent avoir des produits marginaux croissants, parce qu'une équipe de travailleurs peut se répartir les tâches et s'organiser de manière plus efficace qu'un travailleur unique. Dans ce cas, le produit marginal commence par augmenter, avant de se mettre à diminuer.

Le tableau 13.3 indique les divers types de coûts d'une tel entreprise, ici la Croissanterie de Big Bob. Ces informations so représentées graphiquement sur la figure 13.6. La planche A mont la relation entre coût total et quantité produite, et la planche montre les coûts total moyen, fixe moyen, variable moyen et marg nal. Tant que l'entreprise produit de 0 à 4 croissants à l'heure, produit marginal croît et le coût marginal décline. Au-delà 5 croissants, le produit marginal commence à diminuer et la courb de coût marginal commence à monter. Cette combinaison de pr duit marginal croissant puis décroissant donne aussi à la courbe coût variable moyen une forme de U.

TABLEAU 13.3 **Diverses mesures des coûts : Croissanterie de Big Bob.**

Quantité de croissants/ heure	*Coût total* $	*Coût fixe* $	*Coût variable* $	*Coût fixe moyen* $	*Coût variable moyen* $	*Coût total moyen* $	*Coût margin* $
0	2,00	2,00	0,00	–	–	–	
							1,00
1	3,00	2,00	1,00	2,00	1,00	3,00	
							0,80
2	3,80	2,00	1,80	1,00	0,90	0,90	
							0,60
3	4,40	2,00	2,40	0,67	0,80	1,47	
							0,40
4	4,80	2,00	2,80	0,50	0,70	1,00	
							0,40
5	5,20	2,00	3,20	0,40	0,64	1,04	
							0,60
6	5,80	2,00	3,80	0,33	0,63	0,96	
							0,80
7	6,60	2,00	4,60	0,29	0,66	0,95	
							1,00
8	7,60	2,00	5,60	0,25	0,70	0,95	
							1,20
9	8,80	2,00	6,80	0,22	0,76	0,98	
							1,40
10	10,20	2,00	8,20	0,20	0,82	1,02	
							1,60
11	11,80	2,00	9,80	0,18	0,89	1,07	
							1,80
12	13,60	2,00	11,60	0,17	0,97	1,14	
							2,00
13	15,60	2,00	13,60	0,15	1,05	1,20	
							2,20
14	17,80	2,00	15,80	0,14	1,13	1,27	

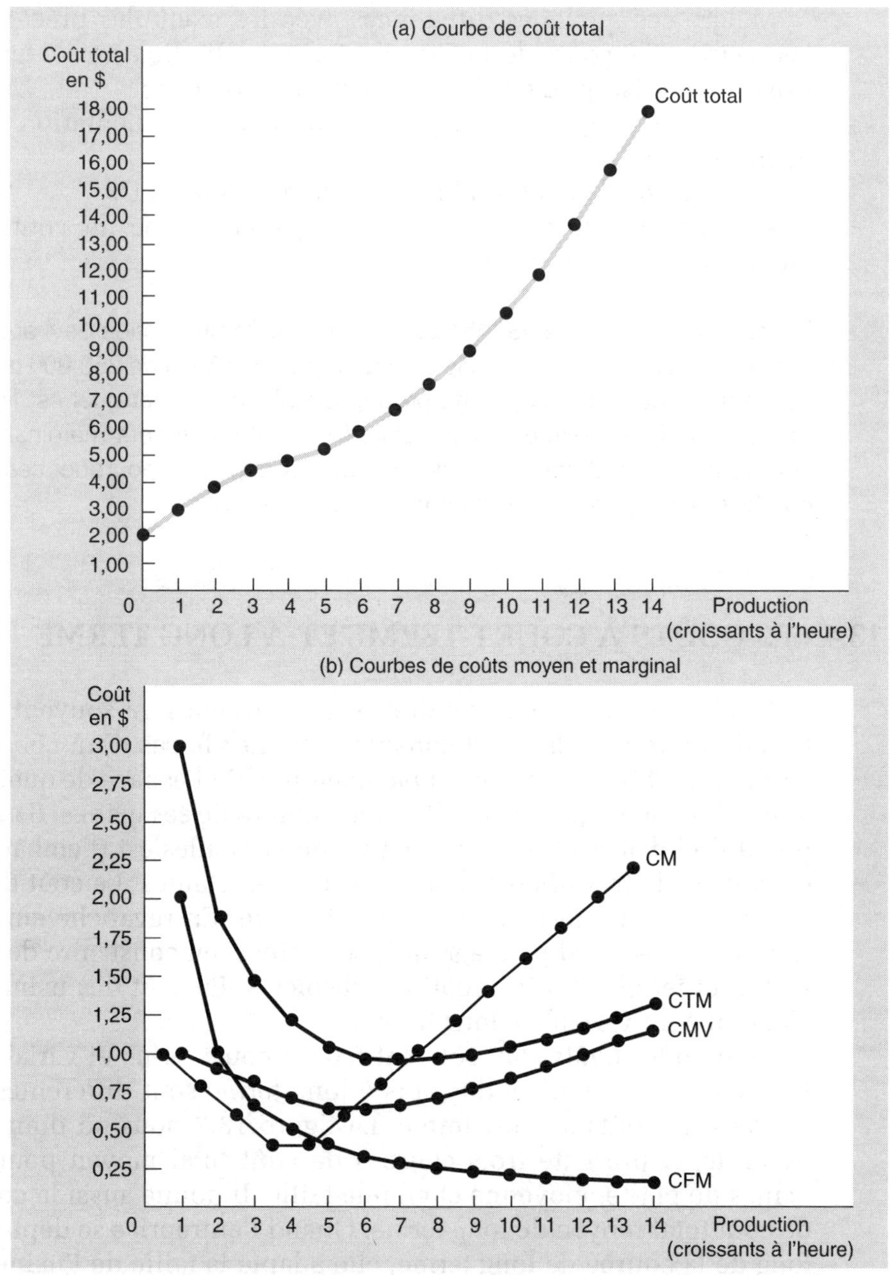

FIG. 13.6 **Les courbes de coût de la Croissanterie de Big Bob.** De nombreuses entreprises, comme celle représentée ici, enregistrent d'abord un produit marginal croissant avant de le voir décroître, et présentent donc des courbes de coûts telles que celles figurant sur ce graphique. La planche A illustre la relation entre coût total et quantité produite. La planche B montre la relation entre les divers coûts et la quantité produite. Ces courbes représentent les données du tableau 13.3. Remarquez que le coût marginal et le coût moyen variable commencent par diminuer avant de remonter.

Malgré ces quelques différences avec les exemples précédent les courbes de coûts de la Croissanterie de Big Bob présentent le trois caractéristiques qu'il est important de retenir :

– le coût marginal finit par croître avec l'augmentation de l quantité produite,

– la courbe de coût total moyen est en forme de U,

– la courbe de coût marginal coupe la courbe de coût tot moyen au minimum de cette dernière.

■ **VÉRIFIEZ VOS CONNAISSANCES** Si le coût de production de 4 automo biles est de 225 000 dollars et le coût d'en produire 5 est de 250 000 dollar quel est le coût total moyen de production d'une auto, et quel est le coû marginal de la 5ᵉ voiture ? ■ Dessiner les courbes de coût marginal et d coût total moyen d'une entreprise typique, et expliquer pourquoi ces deu courbes se coupent à l'endroit précis où elles le font.

13.4 LES COÛTS À COURT TERME ET À LONG TERME

La répartition des coûts entre fixes et variables est souvent fonc tion de l'horizon temporel considéré. Prenez le cas d'un construc teur automobile, comme Ford par exemple. En l'espace de quelque mois, il ne peut ajuster la taille ni le nombre de ses usines. Sa seul possibilité d'accroître sa production de véhicules est d'embauche davantage de travailleurs dans les usines existantes. Le coût de ce usines est donc un coût fixe à court terme. En revanche sur plu sieurs années, Ford peut agrandir ses usines, en construire de nou velles, et fermer des installations obsolètes. Le coût des usines es alors un coût variable à long terme.

Comme les coûts sont souvent fixes à court terme et variables long terme, les courbes de coûts à long terme sont différentes de courbes de coûts à court terme. La figure 13.7 nous en donne u exemple. Il présente trois courbes de coût total moyen pour de usines de petite, moyenne et grande taille. Il donne aussi la courb de coût total moyen de long terme. Quand l'entreprise se déplace l long de la courbe de long terme, elle adapte la taille de l'usine à l quantité de production.

Ce graphique montre la relation entre les coûts à court et à lon termes. La courbe de long terme est un U beaucoup plus plat que le courbes de court terme. Cela s'explique par la plus grande sou plesse dont les entreprises font preuve à long terme. Si Ford veu augmenter sa production de 1 000 à 1 200 voitures par jour, il n

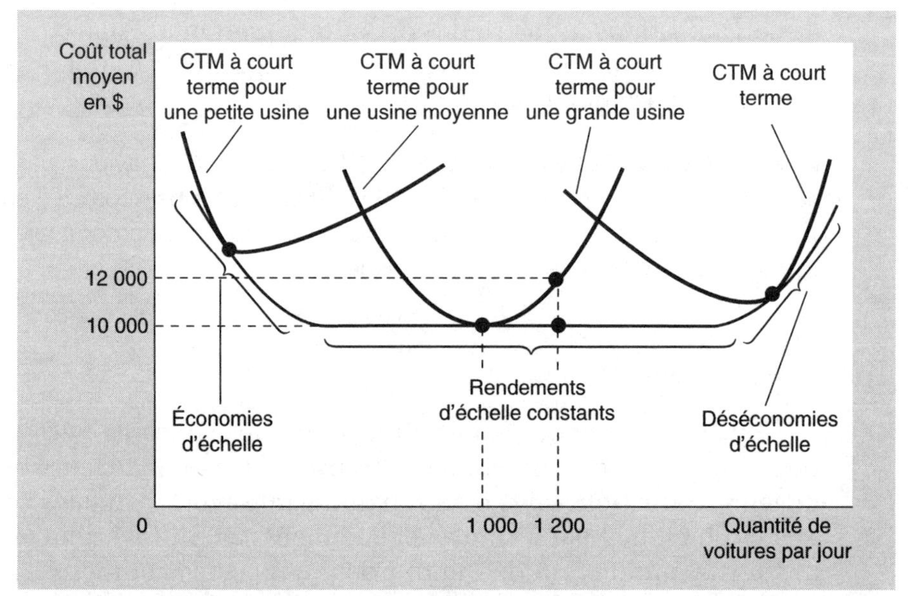

FIG. 13.7 **Le coût total moyen à court et à long termes.** Parce que les coûts fixes sont variables à long terme, la courbe de coût total moyen de court terme diffère de la courbe de coût total moyen de long terme.

peut rien faire d'autre à court terme qu'embaucher davantage d'ouvriers. Du fait du produit marginal décroissant, le coût moyen passe de 10 000 à 12 000 dollars par véhicule. À long terme en revanche, Ford peut accroître à la fois la taille de l'usine et le personnel, et le coût moyen reste à 10 000 dollars.

Même si la courbe de long terme est moins pentue que les courbes de court terme, elle a toujours une forme de U. Si le coût total moyen de long terme diminue quand la production augmente, on parle *d'économies d'échelle.* S'il augmente en même temps que la production, on parle de *déséconomies d'échelle.* S'il reste constant malgré l'augmentation de la production, on parle de rendements d'échelle constants. Dans cet exemple, Ford connaît des économies d'échelle pour de faibles niveaux de production, des rendements d'échelle constants pour une production intermédiaire et déséconomies d'échelle quand la production est élevée.

Les économies d'échelle sont peut-être dues au fait que les chaînes de montage modernes nécessitent un grand nombre de travailleurs, chacun spécialisé sur une tâche particulière. Si la production est trop faible, Ford ne peut pas tirer profit de cette organisation et le coût total moyen serait supérieur. Les déséconomies d'échelle peuvent s'expliquer par la difficulté qu'il y a à contrôler des organisations industrielles de taille importante. Plus la production est importante, plus l'équipe de dirigeants est submergée et moins elle parvient à contrôler les coûts.

■ **VÉRIFIEZ VOS CONNAISSANCES** Si Boeing produit 9 avions par mois, son coût total à long terme est de 9 000 000 de dollars par mois. S'il en produit 10, le coût passe à 9 500 000 dollars par mois. Boeing connaît-il des économies ou des déséconomies d'échelle ?

13.5 CONCLUSION

L'objet de ce chapitre était d'introduire les concepts nécessaires pour comprendre comment les entreprises décident de leurs prix et de leur production. Vous devez maintenant savoir ce que les économistes entendent par « coûts » et comment ces coûts varient avec le niveau de production de l'entreprise. Les seules courbes de coûts ne peuvent nous renseigner sur les décisions de l'entreprise. Mais comme nous le verrons dans le prochain chapitre, elles constituent un élément essentiel de la prise de décision.

RÉSUMÉ

- L'objectif de l'entreprise est de maximiser son profit, égal à la différence entre le chiffre d'affaires et les coûts.
- Pour analyser le comportement de l'entreprise, il est crucial d'inclure tous les coûts d'opportunité de la production. Certains de ces coûts d'opportunité sont explicites, comme les salaires versés aux employés. D'autres coûts d'opportunité sont implicites, comme le salaire auquel renonce le patron de l'entreprise en dirigeant celle-ci plutôt qu'en faisant autre chose.
- Les coûts d'une entreprise reflètent son processus de production. La fonction de production d'une entreprise devient en général moins pentue quand la quantité produite augmente, car le produit marginal des facteurs de production tend à diminuer. Par conséquent, la pente de la courbe de coût total de l'entreprise croît avec l'augmentation de la production.
- Les coûts d'une entreprise se divisent en coûts fixes et coûts variables. Les coûts fixes sont indépendants du niveau de production de l'entreprise. Les coûts variables évoluent avec la quantité produite.
- S'agissant des coûts totaux d'une entreprise, deux mesures sont essentielles : le coût moyen, égal à la totalité des coûts divisée par la production totale ; le coût marginal, qui indique l'augmentation de coûts engendrée par une augmentation d'une unité de la production.

- Pour analyser le comportement des entreprises, il est pratique de dessiner les courbes de coût moyen et de coût marginal. En général, le coût marginal augmente avec la quantité produite. Le coût moyen commence par diminuer avec l'augmentation de production, puis augmente quand la quantité produite continue de croître. La courbe de coût marginal coupe toujours la courbe de coût moyen au point où le coût moyen est le plus faible.

CONCEPTS CLÉS – DÉFINITIONS

Chiffre d'affaires : produit des ventes de l'entreprise.
Coût total : somme totale dépensée par l'entreprise pour acheter les facteurs nécessaires à la production.
Profit : différence entre chiffre d'affaires et ensemble des coûts.
Fonction de production : relation entre quantité de facteurs de production et quantité produite.
Produit marginal : augmentation de la production induite par une unité supplémentaire de facteur de production.
Produit marginal décroissant : propriété selon laquelle le produit marginal d'un facteur de production décroît quand la quantité de facteur augmente.
Coûts fixes : coûts indépendants de la quantité produite.
Coûts variables : coûts qui évoluent en fonction de la quantité produite.
Coût total moyen : coût total divisé par la production.
Coûts fixes moyens : coûts fixes divisés par la production.
Coûts variables moyens : coûts variables divisés par la production.
Coût marginal : augmentation du coût total induite par la production d'une unité supplémentaire.
Échelle de production optimale : quantité de production qui minimise le coût total moyen.
Économies d'échelle : propriété du coût moyen total de long terme qui diminue avec l'augmentation de la production.
Déséconomies d'échelle : propriété du coût moyen total de long terme qui croît avec l'augmentation de la production.
Rendements d'échelle constants : propriété du coût total moyen qui reste invariable malgré l'augmentation de la production.

QUESTIONS DE RÉVISION

1. Quelle relation existe-t-il entre le chiffre d'affaires, les coûts et le profit d'une entreprise ?
2. Donner un exemple de coût d'opportunité qu'un comptable ne considérera pas comme un coût. Pourquoi le comptable ne tiendra-t-il pas compte de ce coût ?

3. Définir le coût total, le coût moyen et le coût marginal. Quelle relation existe-t-il entre ces coûts ?
4. Dessiner les courbes de coûts marginal et moyen pour une entreprise typique. Expliquer pourquoi ces courbes ont les formes particulières dessinées.
5. Pourquoi et comment les courbes de coût moyen total d'une entreprise diffèrent-elles à court et à long terme ?

PROBLÈMES D'APPLICATION

1. Dans ce chapitre nous avons vu plusieurs concepts de coûts : coût d'opportunité, coût total, coût fixe, coût variable, coût moyen, coût marginal. Complétez les phrases suivantes avec le type de coût adéquat :

   a. Le coût d'entreprendre une action est son ...

   b. Le ... décroît quand le coût marginal est situé en dessous, et croît quand le coût marginal est situé au-dessus.

   c. Un coût indépendant de la quantité produite est un ...

   d. Dans l'industrie des glaces, à court terme, les coûts de la crème et du sucre est inclu dans le ..., mais le coût de l'usine ne l'est pas.

   e. Le profit est égal à la différence entre le chiffre d'affaires et ...

   f. Le coût de production d'une unité supplémentaire est le ...
2. Votre tante envisage d'ouvrir un magasin d'outillage. Elle estime à 500 000 dollars annuels la location du local et l'achat du stock. En outre, elle devra renoncer à son poste de comptable, qui lui rapporte 50 000 dollars par an :

   a. Définissez un coût d'opportunité.

   b. Quel est le coût d'opportunité, pour votre tante, de l'exploitation annuelle du magasin ? Si votre tante espère réaliser un chiffre d'affaires annuel de 510 000 dollars, doit-elle se lancer dans l'aventure ? Expliquez.
3. Votre université facture séparément les frais de scolarité et d'hébergement :

   a. Quel est le coût qui n'est pas un coût d'opportunité ?

   b. Citez un coût d'opportunité explicite d'une année universitaire.

   c. Citez un coût d'opportunité implicite.
4. Un pêcheur professionnel note la relation suivante entre nombre d'heures de pêche et poissons pêchés :

Heures	*Poissons (en livres)*
0	0
1	10
2	18
3	24
4	38
5	40

a. Quel est le produit marginal de chaque heure de pêche ?

b. Dessinez la fonction de production du pêcheur. Expliquez sa forme.

c. Le pêcheur a un coût fixe de 10 dollars (sa canne à pêche). Le coût d'opportunité de son temps est de 5 dollars de l'heure. Dessinez la courbe de coût total du pêcheur. Expliquez sa forme.

5. Vous avez lancé avec votre compagnon de chambre un service de livraison de croissants sur le campus. Énumérez certains de vos coûts fixes et expliquez pourquoi ils sont fixes. Même question pour les coûts variables.
6. Soit l'information suivante sur les coûts d'une pizzeria :

Qté (douzaines)	*Coût total*	*Coût variable*
0	300 $	0 $
1	350	50
2	390	90
3	420	120
4	450	150
5	490	190
6	540	240

a. Quel est le coût fixe de cette pizzeria ?

b. Calculez le coût marginal d'une douzaine de pizzas, en termes de coût total. Faites le même calcul sur les coûts variables uniquement. Quelle relation existe-t-il entre ces grandeurs ? Commentez.

7. Vous envisagez d'ouvrir un stand de limonade. Le stand lui-même coûte 200 dollars. Les ingrédients nécessaires pour faire un verre sont de 0,50 dollar :

a. Quel est le coût fixe de l'affaire ? Quel est le coût variable par verre ?

b. Dressez un tableau montrant le coût total, le coût moyen et le coût marginal pour une production allant de 0 à 10 litres (il y a 10 verres dans un litre). Dessinez les trois courbes de coût.

8. Votre cousin Vinnie ouvre une entreprise de peinture dont le coût fixe est de 200 dollars, et dont le coût variable s'établit de la façon suivante :

Nombre de maisons peintes par mois	*Coût variable*
1	10
2	20
3	40
4	80
5	160
6	320
7	640

Pour chaque quantité, calculez les coûts fixe moyen, variable moye
et moyen total. Quelle est l'échelle de production optimale de cett
entreprise ?

9. Un bar présente les caractéristiques de coût suivantes :

Quantité	*Coût variable*	*Coût total*
0	0 $	30 $
1	10	40
2	25	55
3	45	75
4	70	100
5	100	130
6	135	165

a. Pour chaque quantité, calculez les coûts variable moyen, tota
moyen et marginal.

b. Dessinez les trois courbes. Quelle relation existe-t-il entre l
courbe de coût marginal et la courbe de coût total moyen ? Entre l
courbe de coût marginal et la courbe de coût variable moyen
Expliquez.

10. Voici le coût total de long terme de trois entreprises différentes :

Quantité	*1*	*2*	*3*	*4*	*5*	*6*	*7*
Firme A	60	70	80	90	100	110	120
Firme B	11	24	39	56	75	96	119
Firme C	21	34	49	66	85	106	129

Ces entreprises enregistrent-elles des économies ou des déséconomie
d'échelle ?

CHAPITRE 14

L'ENTREPRISE CONCURRENTIELLE

Dans ce chapitre, vous allez :

- apprendre les caractéristiques d'un marché concurrentiel
- examiner comment les entreprises concurrentielles décident de la quantité à produire
- voir comment elles décident d'interrompre provisoirement leur activité
- voir comment elles décident d'entrer ou de sortir d'un marché
- observer comment le comportement des entreprises détermine les courbes d'offre du marché à court et long termes

Si la station-service qui est à côté de chez vous augmente le pri de l'essence de 20 %, elle va rapidement enregistrer une forte chut de ses ventes : ses clients iront immédiatement acheter leur essenc dans une autre station-service. En revanche, si la compagnie de di tribution d'eau augmente ses tarifs de 20 %, la quantité d'eau di tribuée ne diminuera pas beaucoup. Les gens arroseront un pe moins leur jardin, feront un peu plus attention en prenant leu douche, mais il est difficile de réduire fortement sa consommatio d'eau. La différence entre le marché de l'essence et celui de l'eau e évidente : il y a énormément de stations-service, mais une seul compagnie de distribution d'eau. Et cette différence est lourde d conséquences sur le comportement des firmes qui opèrent sur l marché en question.

Dans ce chapitre, nous nous intéressons aux entreprises en situa tion de concurrence, comme les stations-service évoquées ci-de sus. Vous vous rappelez certainement qu'un marché est considér comme concurrentiel si tous les acheteurs et tous les vendeurs so petits par rapport à la taille du marché et n'ont donc pas la possib lité d'influencer les prix du marché. Si au contraire une entrepris a la possibilité d'influencer le prix de marché pour les produi qu'elle vend, on dit qu'elle jouit d'un *pouvoir de marché*. Dans le trois chapitres suivants, nous examinerons le comportement de entreprises à pouvoir de marché.

L'analyse que nous mènerons ici éclairera les décisions qui s cachent derrière la courbe d'offre d'un marché concurrentiel. Nou verrons en particulier que la courbe d'offre de l'entreprise est trè directement liée à ses coûts de production (une idée déjà présenté dans le chapitre 7). Mais lequel des coûts de l'entreprise – fix variable, moyen, marginal – est-il le plus important pour décider d la quantité produite ? Nous allons voir que ces diverses mesures de coûts jouent un certain rôle dans la décision de l'entreprise de pro duire en telle quantité.

14.1 QU'EST-CE QU'UN MARCHÉ CONCURRENTIEL ?

Notre objet ici est d'étudier le comportement des firmes en situa tion de concurrence. Commençons par examiner ce qu'est un ma ché concurrentiel.

La concurrence

Nous en avons rapidement donné la définition dans le ch pitre 4, mais revenons dessus un instant. Un *marché concurrentie* parfois appelé *marché de concurrence pure et parfaite*, présente deux caractéristiques :

1. Les acheteurs, tout comme les vendeurs, sont très nombreux sur le marché.
2. Les biens offerts par les vendeurs sont quasiment identiques.

Du fait de ces deux conditions, les actions d'un acheteur ou d'un vendeur isolé n'ont qu'un impact négligeable sur le marché dans son ensemble. Chaque acheteur et chaque vendeur prennent le prix de marché comme il vient.

Le marché du lait est un bon exemple. Aucun acheteur n'a les moyens d'influencer le marché, car la quantité qu'il achète est infime. De même, les vendeurs ne maîtrisent pas les prix, car il existe des milliers d'autres vendeurs qui vendent quasiment le même produit. Le vendeur n'a aucune raison de vendre moins cher que le prix de marché, et s'il cherche à vendre plus cher, les clients iront ailleurs. Ces acheteurs et ces vendeurs, qui doivent prendre le prix de marché tel qu'il est, sont appelés des *preneurs de prix.*

Outre les deux conditions précédentes, il en est une troisième parfois considérée comme caractéristique des marchés de concurrence parfaite :

3. Les entreprises peuvent entrer et sortir librement sur ce marché.

Le marché du lait satisfera cette condition si n'importe qui peut s'installer comme producteur de lait, et si tout producteur qui le souhaite peut fermer son exploitation. Cette troisième condition n'est pas indispensable à l'analyse de l'entreprise concurrentielle, car elle n'est pas nécessaire pour que les entreprises soient des preneurs de prix. En revanche, quand cette condition est satisfaite, l'analyse peut être poussée plus avant, ce qui permet d'aboutir à d'importantes conclusions supplémentaires.

Le chiffre d'affaires de la firme concurrentielle

L'entreprise en situation de concurrence, comme toutes les autres, tente de maximiser son profit, égal à la différence entre chiffre d'affaires et coûts. Voyons d'abord le chiffre d'affaires de cette entreprise concurrentielle, et prenons un exemple concret : le cas de la ferme laitière de la famille Smith.

La ferme Smith produit une quantité Q de lait et vend chaque unité au prix de marché P. Son chiffre d'affaires total est donc égal à P x Q. Si le litre de lait est vendu 6 dollars et si la ferme en vend 1 000, elle réalise un chiffre d'affaires de 6 000 dollars.

La ferme Smith est infime par rapport à la taille du marché mondial ; elle prend donc le prix dicté par les conditions du marché. Ce qui signifie notamment que le prix du lait est indépendant de la quantité produite et vendue par la ferme Smith. Si les Smith doublent leur production, le prix du lait reste identique, mais les Smith doublent leur chiffre d'affaires. Le chiffre d'affaires est donc proportionnel à la quantité produite.

Le tableau 14.1 indique le chiffre d'affaires de la ferme Smith. Les deux premières colonnes indiquent la quantité produite et le prix de vente. La troisième colonne fait ressortir le chiffre d'affaires. Le prix du litre de lait étant de 6 dollars par hypothèse, le chiffre d'affaires total est donc égal au nombre de litres vendus multiplié par 6 dollars.

Ceci étant, la famille Smith peut se poser les questions suivantes :

– combien rapporte en moyenne un litre de lait ?

– quel chiffre d'affaires additionnel fera-t-on si l'on produit un litre de plus ?

La quatrième et la cinquième colonnes du tableau 14.1 apportent les réponses à ces questions.

La quatrième colonne donne le *chiffre d'affaires moyen*, c'est-à-dire le chiffre d'affaires total divisé par la quantité produite (3e colonne divisée par la 1re). *Cela permet de connaître le chiffre d'affaires par unité de production.* Il apparaît clairement sur le tableau 14.1 que ce chiffre d'affaires moyen est de 6 dollars, soit le prix d'un litre de lait. Ce qui illustre une conclusion qui s'applique non seulement aux entreprises concurrentielles, mais aussi aux autres. Le chiffre d'affaires total est le produit du prix par la quantité (P x Q) ; le chiffre d'affaires moyen est égal au précédent (P x Q) divisé par la quantité (Q). Donc, pour toutes les entreprises, *le chiffre d'affaires moyen est égal au prix du produit vendu.*

La cinquième colonne montre le *chiffre d'affaires marginal*, soit la variation de chiffre d'affaires induite par la production d'une unité supplémentaire. *Cela permet de connaître le chiffre d'affaires par unité de production additionnelle.* Sur le tableau 14.1, le chiffre d'affaires marginal est de 6 dollars, prix du litre de lait. Ce résultat n'est vrai que pour les entreprises concurrentielles. Le chiffre d'affaires total est égal à P x Q, et P est fixé pour une entreprise en situation de concurrence. Donc pour chaque augmentation d'une unité de Q, le chiffre d'affaires total augmente de P dollars. *Pour une entreprise concurrentielle, le chiffre d'affaires marginal est égal au prix du bien vendu.*

TABLEAU 14.1 **Chiffres d'affaires total, moyen et marginal pour une entreprise concurrentielle.**

Quantité (Q)	*Prix (P)*	*CA total (CAT = P x Q)*	*CA moyen (CAM = CAT/Q)*	*CA marginal (CAm = ΔCAT/ΔQ)*
1 litre	6 $	6 $	6 $	
2 litres	6	12	6	6 $
3	6	18	6	6
4	6	24	6	6
5	6	30	6	6
6	6	36	6	6
7	6	42	6	6
8	6	48	6	6

■ **VÉRIFIEZ VOS CONNAISSANCES** Si une entreprise concurrentielle double ses ventes, qu'advient-il du prix du produit et du chiffre d'affaires total ?

14.2 LA MAXIMISATION DU PROFIT ET LA COURBE D'OFFRE DE L'ENTREPRISE CONCURRENTIELLE

L'entreprise concurrentielle cherche à maximiser son profit, égal à la différence entre chiffre d'affaires et coûts. Nous venons de présenter le chiffre d'affaires, et le chapitre précédent avait exploré les coûts de la firme. Nous allons donc pouvoir examiner comment la firme maximise son profit, et comment cette maximisation conduit à définir la courbe d'offre de l'entreprise.

Un exemple simple de maximisation du profit

Examinons la décision de production de l'entreprise dans le cadre de l'exemple présenté au tableau 14.2. La première colonne indique le nombre de litres de lait produits. La deuxième, le chiffre d'affaires de l'entreprise, égal au produit du nombre de litres produits par 6 dollars. La troisième colonne nous montre les coûts de l'entreprise, qui comprennent les coûts fixes de 3 dollars et les coûts variables, fonction de la production.

La quatrième colonne nous indique le profit de l'entreprise. Si l'entreprise ne produit rien, elle perd 3 dollars. Si elle produit

1 litre, elle gagne 1 dollar. Si elle produit 2 litres, elle gagne 4 dollars, et ainsi de suite. La famille Smith doit donc choisir la quantité qui génère le profit maximal ; dans cet exemple, la production sera de 4 ou 5 litres de lait, ce qui donne un profit de 7 dollars.

Mais les Smith pourraient raisonner autrement, en comparant pour chaque unité produite le chiffre d'affaires marginal et le coût marginal. Les deux dernières colonnes du tableau 14.2 font apparaître ces variables, tirées du chiffre d'affaires et du coût total. Le premier litre produit dégage un chiffre d'affaires marginal de 6 dollars et un coût marginal de 2 dollars ; la production de ce litre a donc généré un profit de 4 dollars. Le deuxième litre de lait produit a donné 6 dollars de chiffre d'affaires et 3 dollars de coût, dégageant ainsi un profit marginal de 3 dollars. Tant que le chiffre d'affaires marginal est supérieur au coût marginal, l'augmentation de la production se traduit par une augmentation du profit de l'entreprise. Quand la production atteint 5 litres, la situation change du tout au tout. En effet, la production d'un 6e litre procurerait 6 dollars de chiffre d'affaires, mais 7 dollars de coût, de sorte que cette production réduirait le profit d'un dollar. Par conséquent, les Smith ne produiront pas plus de 5 litres.

TABLEAU 14.2 **Exemple numérique de maximisation du profit.**

Quantité (Q)	*CA total (CAT)*	*Coût total (CT)*	*Profit (CAT – CT)*	*CA marginal CAm = ΔCAT/ΔQ*	*Coût marginal (CM = ΔCT/ΔQ)*
0 litre	0 $	3 $	– 3 $		
				6 $	2 $
1	6	5	1		
				6	3
2 litres	12	8	4		
				6	4
3	18	12	6		
				6	5
4	24	17	7		
				6	6
5	30	23	7		
				6	7
6	36	30	6		
				6	8
7	42	38	4		
				6	9
8	48	47	1		

L'un des *dix principes de l'économie* veut que les gens sensés raisonnent à la marge. C'est ce que nous venons de voir dans le cas de la famille Smith. Si le chiffre d'affaires marginal est supérieur au coût marginal, comme c'est le cas pour 1, 2 ou 3 litres de lait, les Smith doivent accroître leur production. Si le chiffre d'affaires marginal est inférieur au coût marginal, comme c'est le cas pour 6, 7 ou 8 litres, les Smith doivent réduire leur production. En raisonnant ainsi en termes marginaux, les Smith sont naturellement amenés à produire la quantité qui maximise le profit.

Coût marginal et décision d'offre

La figure 14.1 montre les courbes de coûts d'une entreprise typique, comme la ferme Smith. Ces courbes présentent les caractéristiques traditionnelles : la courbe de coût marginal (CM) a une pente positive ; la courbe de coût total moyen (CTM) est en forme de U ; et la courbe de coût marginal (CM) intercepte la courbe de coût moyen au minimum de cette dernière. La figure fait aussi

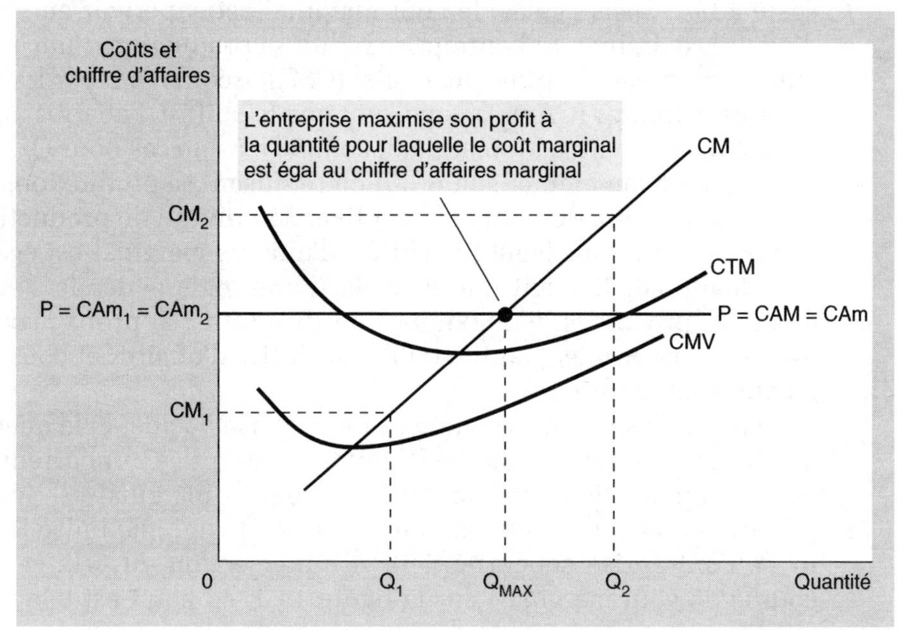

FIG. 14.1 **La maximisation du profit pour une entreprise concurrentielle.** Cette figure montre les courbes de coût marginal (CM), de coût total moyen (CTM) et de coût variable moyen (CVM). Il indique aussi le prix de marché (P), qui est égal au chiffre d'affaires marginal (CAm) et au chiffre d'affaires moyen (CAM). Pour la quantité Q_1, le chiffre d'affaires marginal (CAm_1) est supérieur au coût marginal (CM_1), et il est donc profitable d'accroître la production. Pour la quantité Q_2, le coût marginal (CM_2) est supérieur au chiffre d'affaires marginal (CAm_2), et il est donc profitable de réduire la production. La quantité optimale de production Qmax, qui maximise le profit de l'entreprise, se trouve donc à l'intersection de la courbe de prix et de la courbe de coût marginal.

apparaître le prix (P) du produit, sous forme d'une droite horizontale, ce prix étant égal au chiffre d'affaires moyen (CAM) et au chiffre d'affaires marginal (CAm). La courbe représentative du prix est une droite horizontale car l'entreprise est un preneur de prix : le prix est le même quelle que soit la quantité produite par l'entreprise.

Cette figure permet de déterminer la quantité de production qui maximise le profit. Imaginons que la firme produise Q_1. Pour ce niveau de production, le chiffre d'affaires marginal est supérieur au coût marginal, ce qui signifie que si l'entreprise accroît d'une unité sa production, son revenu additionnel (CAm_1) sera supérieur à ses coûts supplémentaires (CM_1). Le profit serait donc accru. Donc, tant que le chiffre d'affaires marginal est supérieur au coût marginal, comme c'est le cas pour Q_1, l'entreprise peut augmenter son profit en accroissant sa production.

Un raisonnement identique s'applique si la quantité produite est égale à Q_2 ; Dans ce cas, le coût marginal est supérieur au chiffre d'affaires marginal. Si l'entreprise réduit sa production d'une unité, elle économiserait plus de coûts (CM_2) qu'elle ne perdrait de chiffres d'affaires (CAm_2). Donc, tant que le chiffre d'affaires marginal est inférieur au coût marginal, comme c'est le cas pour Q_2, l'entreprise peut augmenter son profit en réduisant sa production.

L'entreprise va donc finalement fixer son niveau de production à Qmax, niveau pour lequel le chiffre d'affaires marginal est égal au coût marginal. Il s'agit d'ailleurs là d'une règle générale s'appliquant au processus de maximisation du profit : le profit maximal est atteint pour une quantité telle que chiffre d'affaires et coût marginaux sont identiques.

Cette analyse montre comment l'entreprise décide de la quantité qu'elle mettra sur le marché. Comme l'entreprise concurrentielle est un preneur de prix, son chiffre d'affaires marginal est égal au prix du marché. On trouvera donc la quantité qui maximise le profit de l'entreprise concurrentielle à l'intersection du prix et de la courbe de coût marginal. Sur la figure 14.1, ce point est dénommé Q_{MAX}.

La figure 14.2 montre comment une entreprise concurrentielle réagit à une augmentation du prix du marché. Au prix P_1, l'entreprise produit Q_1, quantité qui égalise le coût marginal au prix. Si le prix passe à P_2 ($P_2 > P_1$), l'entreprise constate que son chiffre d'affaires marginal devient supérieur au coût marginal à l'ancien niveau de production, et elle augmente donc sa production. La nouvelle quantité qui maximise le profit, Q_2, se trouve de nouveau à l'intersection de la courbe de coût marginal et du nouveau prix. En

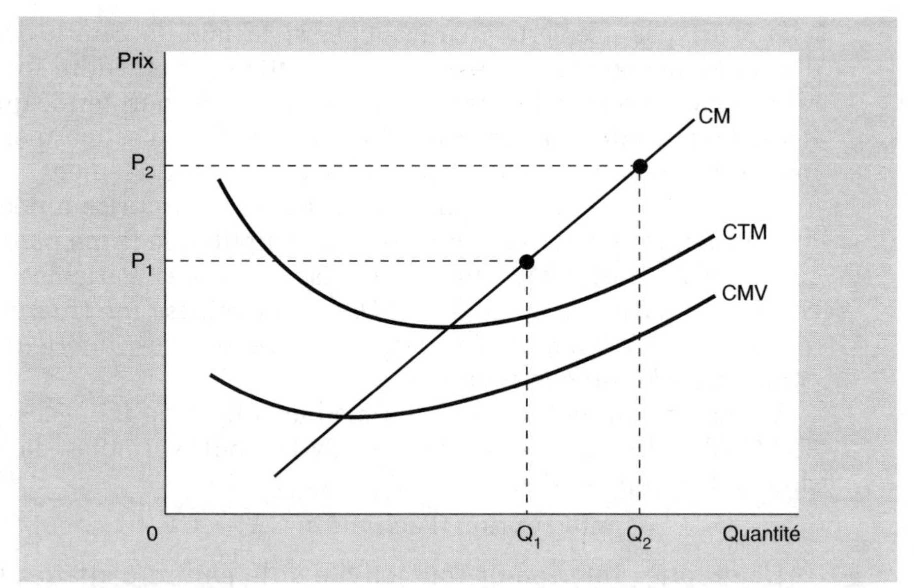

FIG. 14.2 **La courbe de coût marginal en tant que courbe d'offre de l'entreprise concurrentielle.** Une augmentation du prix de P_1 à P_2 se traduit par une augmentation de la quantité optimale de production de Q_1 à Q_2. Comme la courbe de coût marginal indique la quantité produite par l'entreprise à chaque niveau de prix, elle constitue la courbe d'offre de l'entreprise.

fait, comme la courbe de coût marginal est celle qui détermine la quantité offerte par l'entreprise, c'est aussi la courbe d'offre de l'entreprise.

La décision d'interrompre provisoirement la production

Dans certains cas, l'entreprise peut décider de fermer et d'interrompre sa production.

Il faut ici distinguer deux cas : l'interruption momentanée et la cessation définitive d'activité. L'*interruption d'activité* correspond à la décision de ne rien produire à court terme, du fait des conditions de marché. La *cessation d'activité* revient à quitter définitivement le marché en question. Ces décisions sont différentes à court et à long terme, car les coûts fixes sont généralement des coûts perdus à court terme mais pas à long terme. Ainsi, une firme qui décide d'interrompre son activité ne récupérera pas ses coûts fixes, tandis qu'une entreprise qui ferme définitivement ne supportera plus ni coûts fixes ni coûts variables.

Prenons l'exemple de la ferme Smith. Le coût d'achat de la terre est l'un des coûts fixes de l'entreprise. Si la famille Smith décide de ne rien produire pendant une saison, cette terre est inutilisée, et son coût n'est pas couvert. En revanche, si la famille Smith décide d'abandonner son exploitation agricole, elle peut revendre son terrain. Donc le coût de la terre est un coût perdu à court terme quand il s'agit de décider d'interrompre l'activité, mais il n'est pas perdu à long terme quand il s'agit de cesser l'activité définitivement.

Voyons maintenant ce qui va pousser une entreprise à décider d'interrompre son activité. En cas d'interruption, la firme perd son chiffre d'affaires, mais elle économise ses coûts variables (elle continue à payer les coûts fixes). *Donc, l'entreprise interrompt son activité si le chiffre d'affaires auquel elle renonce est inférieur aux coûts variables qu'elle économise.*

Un minimum de formalisation mathématique est ici nécessaire. Soit CAT le chiffre d'affaires total, et CV les coûts variables ; la décision de l'entreprise s'écrit alors :

$$\text{interruption d'activité si } CAT < CV.$$

L'entreprise interrompt son activité si le chiffre d'affaires total est inférieur au coût variable. En divisant les deux membres de l'inégalité par Q, on obtient :

$$\text{interruption d'activité si } CAT/Q < CV/Q.$$

Cette expression peut être simplifiée. En effet, CAT/Q n'est autre que le chiffre d'affaires moyen, que l'on sait être égal au prix (P) du produit. Quant à CV/Q, c'est le coût variable moyen CVM. La décision d'interruption d'activité de l'entreprise s'écrit donc finalement comme suit :

$$\text{interruption d'activité si } P < CVM.$$

L'entreprise décidera donc d'interrompre son activité si le prix du produit est inférieur au coût variable moyen de production. Ce critère est assez intuitif : l'entreprise compare le prix qu'elle reçoit par unité de production au coût variable qu'elle devra supporter pour produire cette unité. Si le prix ne couvre pas le coût variable, il vaut mieux arrêter. Elle pourra toujours rouvrir ses portes plus tard, quand les conditions auront changé, notamment quand le prix sera redevenu supérieur au coût variable moyen.

Nous savons maintenant quel est le comportement de la firme qui cherche à maximiser son profit. Si elle décide de produire, elle produit une quantité telle que le coût marginal est égal au prix du produit. Mais si le prix est inférieur au coût variable moyen pour cette quantité, l'entreprise décide d'interrompre son activité. Ces résultats sont illustrés sur la figure 14.3. *La courbe d'offre à court terme de l'entreprise concurrentielle est la partie de sa courbe de coût marginal située au-dessus du coût variable moyen.*

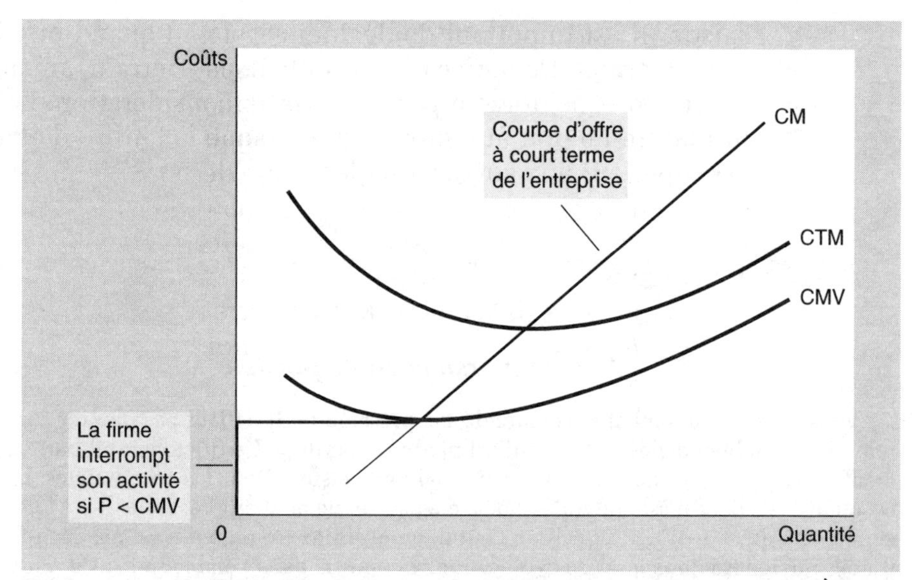

FIG. 14.3 **La courbe d'offre à court terme de l'entreprise concurrentielle.** À court terme, la courbe d'offre de l'entreprise concurrentielle est constituée de la partie de la courbe de coût marginal située au-dessus du coût variable moyen. Si le prix tombe en dessous de ce coût variable moyen, mieux vaut interrompre la production.

ÉTUDE DE CAS

Les restaurants vides et les golfs miniatures hors saison

Vous êtes certainement déjà rentré dans un restaurant quasiment vide, et vous vous êtes demandé pourquoi il restait ouvert, alors que le peu de chiffre d'affaires réalisé ne couvrait pas les coûts du restaurant.

Pour décider s'il doit rester ouvert à midi, le restaurateur doit bien distinguer les coûts fixes des coûts variables. Une bonne partie des coûts de restauration relève des coûts fixes : loyer, équipement de la cuisine, mobilier, services de table, etc. Fermer à l'heure du déjeuner ne permettrait pas de réduire ces coûts. Seuls les coûts variables sont pertinents, comme le coût de la nourriture servie et les salaires du personnel supplémentaire. Le restaurateur ne fermera son restaurant à midi que si le chiffre d'affaires réalisé avec les quelques clients présents est insuffisant pour couvrir les frais variables.

Le gérant d'un golf miniature dans une station balnéaire est confronté à une décision de même nature en dehors de la saison estivale. Comme le chiffre d'affaires varie de saison en

saison, il est important de décider sagement quand ouvrir et quand fermer. De nouveau, les coûts fixes – terrain, aménagement, etc. – ne doivent pas être pris en considération. Le golf miniature ne doit être ouvert que lorsque le chiffre d'affaires est supérieur aux coûts variables.

POUR VOTRE CULTURE GÉNÉRALE

Lait renversé et coûts perdus

Vous avez certainement déjà entendu l'expression : « Il ne faut pas pleurer sur le lait renversé », ou bien celle-ci : « Ce qui est perdu est perdu ». Ces dictons sont particulièrement vrais, appliqués au processus rationnel de décision. Pour les économistes, un coût est qualifié de coût perdu quand il a déjà été payé et ne peut être récupéré. Une fois qu'un coût est perdu, il ne s'agit plus d'un coût d'opportunité. Comme il n'est pas récupérable, il doit être ignoré dans la prise de décision, y compris dans l'établissement d'une stratégie commerciale.

Notre analyse de la décision d'interruption d'activité est une illustration de ce principe. Par hypothèse, une entreprise ne peut pas récupérer ses coûts fixes lors d'une interruption (momentanée) de son activité. Par conséquent, ceux-ci sont des coûts perdus à court terme, et l'entreprise peut les ignorer pour décider de sa production. La courbe d'offre à court terme de l'entreprise est donc la partie de sa courbe de coût marginal située au-dessus du coût variable moyen, et les coûts fixes n'interviennent pas dans cette décision.

La reconnaissance de ce fait est essentielle pour comprendre certaines décisions du monde des affaires. Au début des années 1990 par exemple, la plupart des compagnies aériennes américaines déclaraient des pertes importantes : 475 millions de dollars pour American Airlines, 565 pour Delta et 601 pour US Air, pour la seule année 1992. Et pourtant, ces entreprises n'ont pas cessé de vendre des billets et de transporter des voyageurs. Cette décision peut paraître étonnante à première vue : si cette activité ne dégage que des pertes, pourquoi les propriétaires de ces compagnies n'arrêtent-ils pas toute activité ?

Pour comprendre cette décision, il faut savoir que la plupart des coûts d'une compagnie aérienne sont des coûts perdus à court terme. Si l'entreprise a acheté un avion et ne peut pas le revendre, le coût d'acquisition de l'avion est un coût perdu. Le coût d'opportunité d'un vol aérien est alors réduit aux coûts variables de kérosène et de salaires du personnel navigant. Tant que le chiffre d'affaires est supérieur à ces coûts variables, la compagnie a intérêt à poursuivre son activité. Et c'est ce qui a été fait.

Ce principe s'applique à de nombreuses décisions de la vie courante. Supposons par exemple que vous accordiez une valeur de 10 dollars au fait d'assister à la projection d'un film qui vient de sortir. Vous payez votre billet de cinéma 7 dollars, mais avant de pénétrer dans la salle, vous le perdez. Devez-vous acheter un autre billet ? Ou devez-vous rentrer chez vous et refuser de payer un total de 14 dollars pour voir votre film ? La réponse est que vous devez acheter un autre billet de cinéma. L'avantage que vous retirez de votre séance de cinéma (10 dollars) est toujours supérieur au coût d'opportunité (les 7 dollars du second billet). Les 7 premiers dollars du billet perdu constituent un coût perdu. Il n'y a pas de raison de pleurer dessus.

La décision de démarrer ou de cesser une activité industrielle

Cette décision est proche de la précédente. Si l'entreprise cesse totalement son activité, elle ne réalisera plus de chiffre d'affaires, mais elle économisera ses coûts fixes et variables. *Donc l'entreprise décide de cesser son activité si le chiffre d'affaires est inférieur au coût total.*

Si CT est le coût total, et CAT le chiffre d'affaires total, la décision de la firme peut s'écrire :

$$\text{cessation d'activité si } CAT < CT.$$

En divisant les deux membres de l'inégalité par Q, on obtient :

$$\text{cessation d'activité si } CAT/Q < CT/Q.$$

Et comme CAT/Q est le chiffre d'affaires moyen, égal au prix du produit, et CT/Q est le coût total moyen CTM, on peut écrire :

$$\text{cessation d'activité si } P < CTM.$$

L'entreprise décidera donc de cesser son activité si le prix est inférieur au coût total moyen de production.

L'analyse est similaire pour un entrepreneur qui décide de créer une entreprise. Cela n'a de sens que si l'entreprise est profitable, ce qui arrivera si le prix du produit est supérieur au coût moyen de production :

$$\text{création d'entreprise si } P > CTM.$$

Ce critère de décision de démarrage est exactement l'inverse du critère de décision de cessation d'activité.

La stratégie de l'entreprise à long terme est donc la suivante. Si la firme est dans le marché, elle produit une quantité telle que le coût marginal est égal au prix du produit. Mais si le prix est inférieur au coût total moyen pour cette quantité, la firme décide de cesser son activité (ou de ne pas la démarrer). Ces résultats sont illustrés par la figure 14.4. *La courbe d'offre à long terme de l'entreprise concurrentielle est la partie de sa courbe de coût marginal située au-dessus du coût total moyen.*

Le profit de l'entreprise sur la figure de l'entreprise concurrentielle

Examinons le profit de l'entreprise plus précisément. Le profit est égal au chiffre d'affaires total (CAT) moins les coûts totaux (CT) :

$$\text{Profit} = CAT - CT.$$

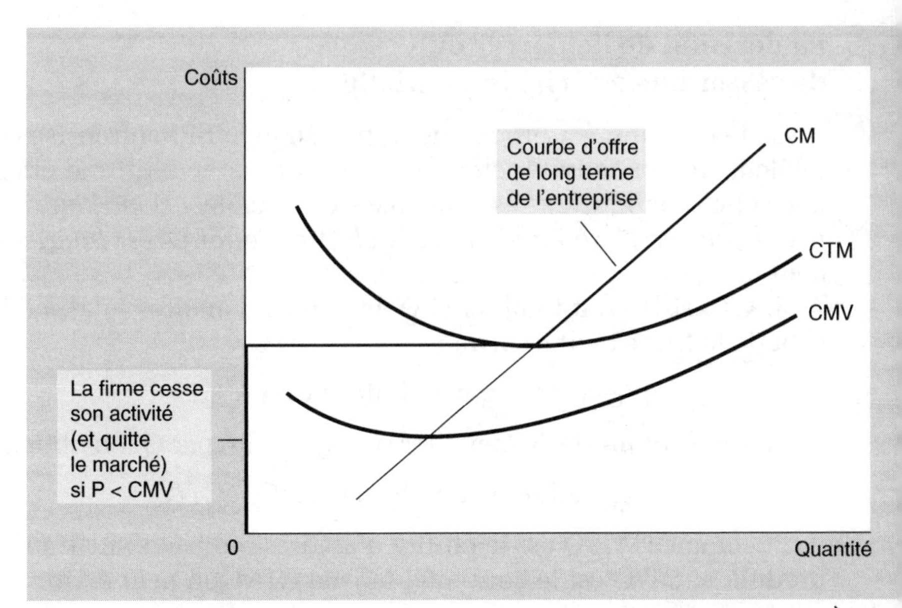

FIG. 14.4 **La courbe d'offre à long terme de l'entreprise concurrentielle.** À long terme, la courbe d'offre de l'entreprise concurrentielle est constituée de la partie de la courbe de coût marginal située au-dessus du coût total moyen. Si le prix tombe en dessous de ce coût total moyen, mieux vaut cesser toute activité.

Ce que l'on peut écrire ainsi :

$$\text{Profit} = (\text{CAT}/Q - \text{CT}/Q) \times Q.$$

Mais CAT/Q est le chiffre d'affaires moyen, égal à P, et CT/Q est le coût total moyen CTM. On peut donc écrire :

$$\text{Profit} = (P - \text{CTM}) \times Q.$$

Cette définition du profit de l'entreprise permet de le mesurer graphiquement.

La planche A de la figure 14.5 montre le cas d'une entreprise réalisant un profit positif. Comme nous le savons déjà, l'entreprise maximise son profit en produisant la quantité pour laquelle le prix est égal au coût marginal. Le profit est représenté par le rectangle hachuré : sa hauteur est la différence entre le prix et le coût moyen, P – CTM ; sa largeur est égale à la quantité produite, Q ; sa surface, (P – CTM) x Q, est donc égale au profit.

La planche B illustre le cas d'une entreprise réalisant des pertes (ou un profit négatif). Dans ce cas de figure, maximiser le profit signifie minimiser les pertes, résultat de nouveau obtenu par la production de la quantité pour laquelle le prix est égal au coût marginal. Le rectangle hachuré a pour hauteur CTM – P, et pour largeur Q. Sa

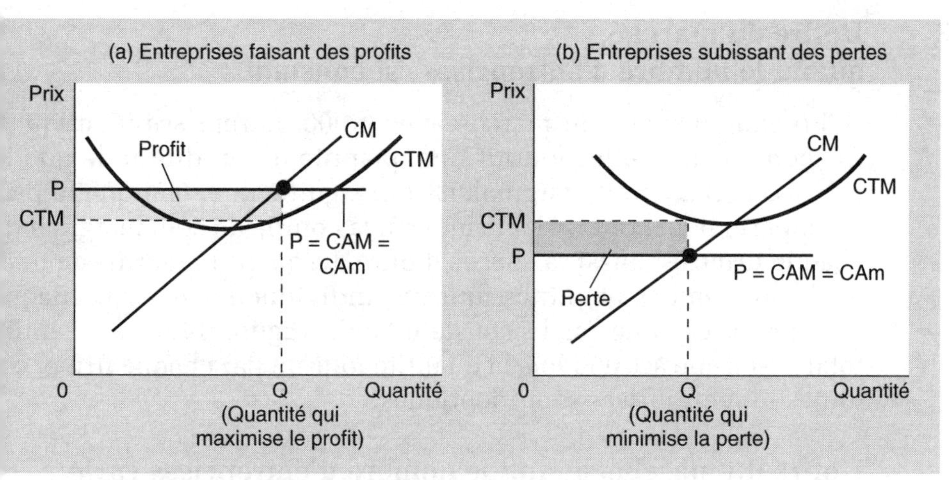

IG. 14.5 **Définition graphique du profit.** La surface du rectangle compris entre le prix et ȝ coût total moyen représente le profit de l'entreprise. La hauteur de ce rectangle est la ifférence entre le prix et le coût moyen, et la largeur est la quantité produite. Sur la lanche A, le prix est supérieur au coût moyen et l'entreprise est bénéficiaire. Sur la lanche B, le prix est inférieur au coût moyen et l'entreprise est déficitaire.

surface, (CTM – P) x Q, représente la perte de l'entreprise. Une entreprise qui reste dans cette situation où elle ne parvient pas à couvrir son coût moyen finira par cesser son activité.

■ **VÉRIFIEZ VOS CONNAISSANCES** Dans le cas d'une entreprise concurrentielle qui cherche à maximiser son profit, comparer le prix et le coût marginal. Expliquer ■ Dans quelles circonstances une entreprise de ce type-là décide-t-elle d'interrompre son activité ?

14.3 LA COURBE D'OFFRE DU MARCHÉ CONCURRENTIEL

Après avoir vu le cas de la firme individuelle, voyons maintenant ce qu'il en est de l'offre du marché dans son ensemble. Deux situations doivent être envisagées : celle où le nombre d'entreprises sur le marché reste constant ; celle où ce nombre varie, du fait de l'arrivée de nouvelles entreprises ou du départ d'anciennes.

Ces deux situations sont importantes, car elles concernent des horizons temporels différents. À court terme, l'hypothèse d'un nombre constant d'entreprises est valable, car on ne peut pas entrer sur un marché ou le quitter du jour au lendemain. En revanche, sur un horizon plus lointain, le nombre d'entreprises s'adaptera aux conditions de marché.

L'offre du marché, quand le nombre d'entreprises est constant

Prenons d'abord un marché avec 1 000 entreprises identiques Chacune d'entre elles fournit une quantité de produit telle que l prix est égal au coût marginal. Ce qui signifie que, tant que le pri est supérieur au coût variable moyen, la courbe de coût marginal d chaque firme est aussi sa courbe d'offre. La quantité fournie au tota est la somme des quantités fournies individuellement par chaqu entreprise. Comme on le constate sur la figure 14.6, la quantit totale est égale à 1 000 fois la quantité fournie par chaque firme, ca toutes les entreprises sont identiques.

L'offre du marché, quand le nombre d'entreprises varie

Supposons que toutes les entreprises utilisent la même techno logie et les mêmes facteurs de production. Elles ont donc toutes le mêmes courbes de coût, qu'elles soient en activité sur ce marché o pas encore.

Si les firmes en activité sont profitables, de nouvelles entreprise seront attirées. L'arrivée de celles-ci se traduira par une augmenta tion de la quantité offerte et par une diminution des prix et des pro fits réalisés. Inversement, si les firmes existantes perdent de l'ar gent, certaines d'entre elles cesseront leur activité et quitteront l

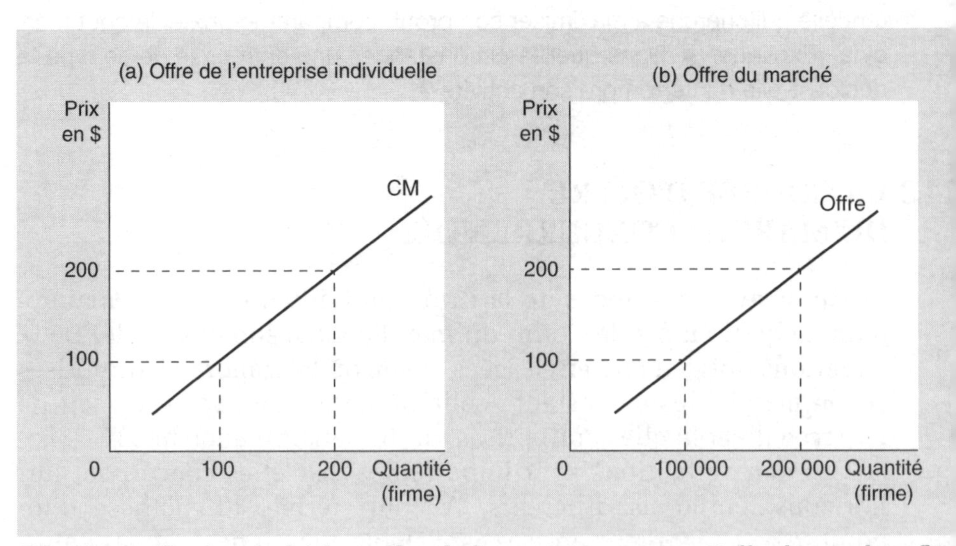

FIG. 14.6 **L'offre du marché, le nombre de firmes étant constant.** L'offre du marché reflèt alors les courbes de coût marginal des entreprises. Ici, dans le cas d'un marché constitu de 1 000 entreprises, la quantité offerte par le marché est égale à 1 000 fois la quantit offerte par chaque entreprise.

marché, ce qui fera baisser le nombre d'entreprises, et donc la quantité offerte, et finalement les prix et profits augmenteront. *À l'issue de ce phénomène d'entrées et sorties d'entreprises, celles qui restent sur le marché doivent réaliser un profit nul.* Rappelons-nous que le profit de l'entreprise s'écrit :

$$\text{Profit} = (P - CTM) \times Q.$$

Cette équation montre que la firme réalisera un profit nul si le prix est égal au coût total moyen. Si le prix est supérieur au coût moyen, l'entreprise gagne de l'argent, ce qui attire les concurrents. Si le prix est inférieur au coût moyen, la firme perd de l'argent, ce qui suscite des fermetures. *Le processus d'entrées et sorties ne cesse que lorsque le prix et le coût moyen sont identiques.*

Cette analyse nous conduit à une conclusion étonnante. Nous savons que les entreprises concurrentielles produisent une quantité telle que le prix est égal au coût marginal. Or nous venons de voir que le jeu des créations et fermetures d'entreprises force le prix à être égal au coût moyen. Si le prix doit être égal à la fois au coût marginal et au coût moyen, il faut nécessairement que ces deux coûts soient identiques. Ce qui n'arrive que lorsque l'entreprise opère au minimum de son coût moyen. *Par conséquent, l'équilibre du marché concurrentiel à long terme suppose que les entreprises produisent la quantité optimale.*

POUR VOTRE CULTURE

Pourquoi des entreprises concurrentielles continuent-elles à opérer si leur profit est nul ?

À première vue, il peut sembler bizarre de constater que les entreprises ne doivent pas gagner d'argent à long terme. Si le profit doit tendre vers zéro, on peut se demander quel est l'intérêt de demeurer en activité.

Pour bien comprendre cette condition de profit nul, rappelons-nous que le profit est égal au chiffre d'affaires moins les coûts, et que ceux-ci incluent tous les coûts d'opportunité de l'entreprise. Notamment, le coût d'opportunité du temps et de l'argent que les propriétaires de l'entreprise consacrent à l'affaire en question.

Supposons par exemple que la famille Smith a investi 1 000 000 de dollars dans l'ouverture de sa ferme et renoncé à des emplois qui lui auraient rapporté 200 000 dollars annuellement. Le coût d'opportunité de l'exploitation agricole doit donc inclure les intérêts non touchés sur le million de dollars et les salaires non perçus. Même si le profit tend vers zéro, les revenus de l'exploitation agricole compensent ces coûts d'opportunité.

N'oubliez pas que les économistes et les comptables mesurent les coûts différemment. Les comptables ne retiennent que les flux financiers et donc ne tiennent pas compte de tous les coûts d'opportunité. Même en situation de profit économique nul, les comptes de la famille Smith feront apparaître des bénéfices comptables.

La figure 14.7A illustre le cas d'une entreprise en situatio d'équilibre à long terme. Le prix est égal au coût marginal, donc l firme maximise son profit. Le prix est aussi égal au coût moyen, d sorte que le profit est nul. Aucun nouvel entrant ne peut être attir sur le marché ; aucune firme en activité n'est incitée à le quitter.

Nous pouvons donc maintenant déterminer la courbe d'offre long terme du marché. Sur un marché où le nombre d'entreprise peut varier, il n'y a qu'un seul prix qui peut garantir un profit nul le minimum du coût moyen. La courbe d'offre du marché à lon terme doit donc être horizontale à ce niveau de prix, comme sur l figure 14.7B. Tout prix supérieur à ce niveau générera du profit donc des entrées sur le marché, et donc une offre supplémentaire Tout prix inférieur à ce niveau générera des pertes, donc des sortie du marché, et donc une diminution de l'offre. En fait, le nombr d'entreprises sur le marché s'adapte de manière à ce que le prix soi égal au minimum du coût moyen ; il y a alors assez d'entreprise pour satisfaire toute la demande exprimée à ce prix-là.

Modification de la demande à court terme et à long terme

Comme le nombre d'entreprises sur le marché est fixe à cour terme et variable à long terme, les variations de la demande ont de effets différents selon l'horizon temporel considéré. Voyons quel

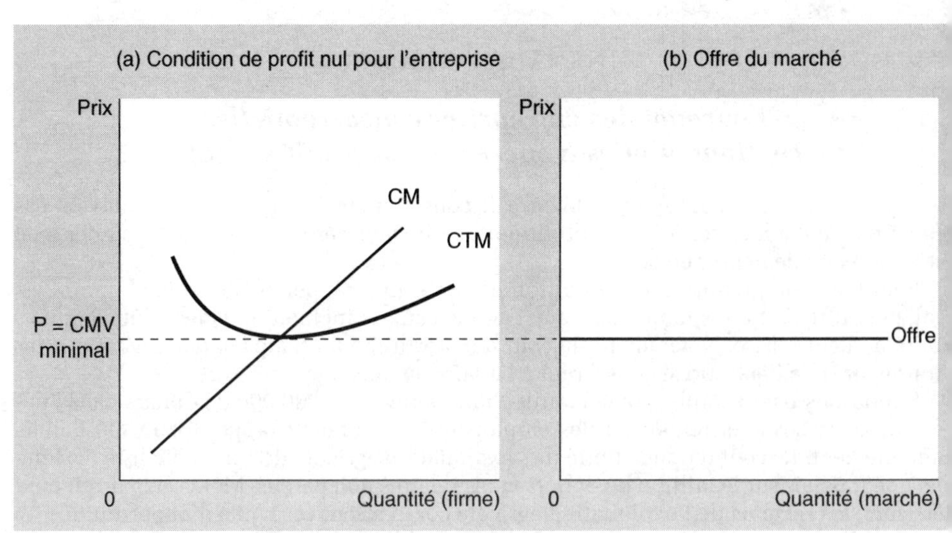

FIG. 14.7 **L'offre du marché, le nombre de firmes variant.** Les entreprises viendront o quitteront le marché jusqu'à ce que le profit soit nul. À long terme, le prix égale le mini mum du coût moyen, comme sur la planche A. Le nombre d'entreprises varie de sorte qu la demande est entièrement satisfaite à ce prix-là. La courbe d'offre du marché à lon terme est horizontale à ce niveau de prix, comme sur la planche B.

sont ces effets, comment le marché réagit et comment les entrées et sorties d'entreprises le conduisent vers son équilibre de long terme.

Imaginons le marché du lait en situation d'équilibre de long terme. Les entreprises réalisent un profit nul, et le prix est égal au minimum du coût moyen. Cette situation est illustrée sur la figure 14.8A. L'équilibre de long terme est marqué par le point A, la quantité vendue sur le marché est Q_1 et le prix est P_1.

Supposons maintenant que les scientifiques découvrent des vertus thérapeutiques au lait. La demande du produit se déplace vers la droite de D_1 vers D_2, comme sur la figure 14.8B. À court terme, le point d'équilibre passe de A à B, et cette augmentation de la demande pousse le prix vers le haut, de P_1 à P_2. Toutes les entreprises existantes augmentent alors leur production. Comme chaque courbe d'offre individuelle reflète la courbe de coût marginal, la taille de l'augmentation de production dépendra de la pente de la courbe de coût marginal. Au nouvel équilibre de court terme, le prix du lait est supérieur au coût moyen, et les entreprises font du profit.

Mais au fil du temps, ces profits incitent de nouvelles entreprises à entrer sur ce marché. D'autres agriculteurs, par exemple, peuvent abandonner d'autres formes de culture au profit de la production laitière. Le nombre d'entreprises en activité croissant, l'offre se déplace vers la droite, de S_1 à S_2, ce qui fait retomber le prix du lait. Le prix finira par redevenir égal au minimum du coût moyen, les profits tendront vers zéro et les entreprises cesseront d'entrer sur ce marché. Le marché aura alors atteint un nouvel équilibre de long terme, illustré par le pont C. Le prix du lait est retombé à P_1, mais la quantité vendue a augmenté jusqu'à Q_3. Chaque entreprise produit de nouveau sa quantité optimale, mais comme les firmes sont plus nombreuses sur ce marché, la quantité produite et vendue est supérieure.

Pourquoi la courbe d'offre à long terme peut avoir une pente positive

Jusqu'ici, nous avons vu que la courbe d'offre à long terme du marché devait être horizontale, du fait des entrées et sorties d'entreprises. En effet, il existe par hypothèse un grand nombre d'entrants potentiels, qui supportent tous les mêmes coûts. Par conséquent, la courbe d'offre à long terme du marché est une droite horizontale qui passe par le minimum de coût moyen. Quand la demande du produit croît, les producteurs se multiplient et la quantité offerte progresse sans que le prix soit affecté.

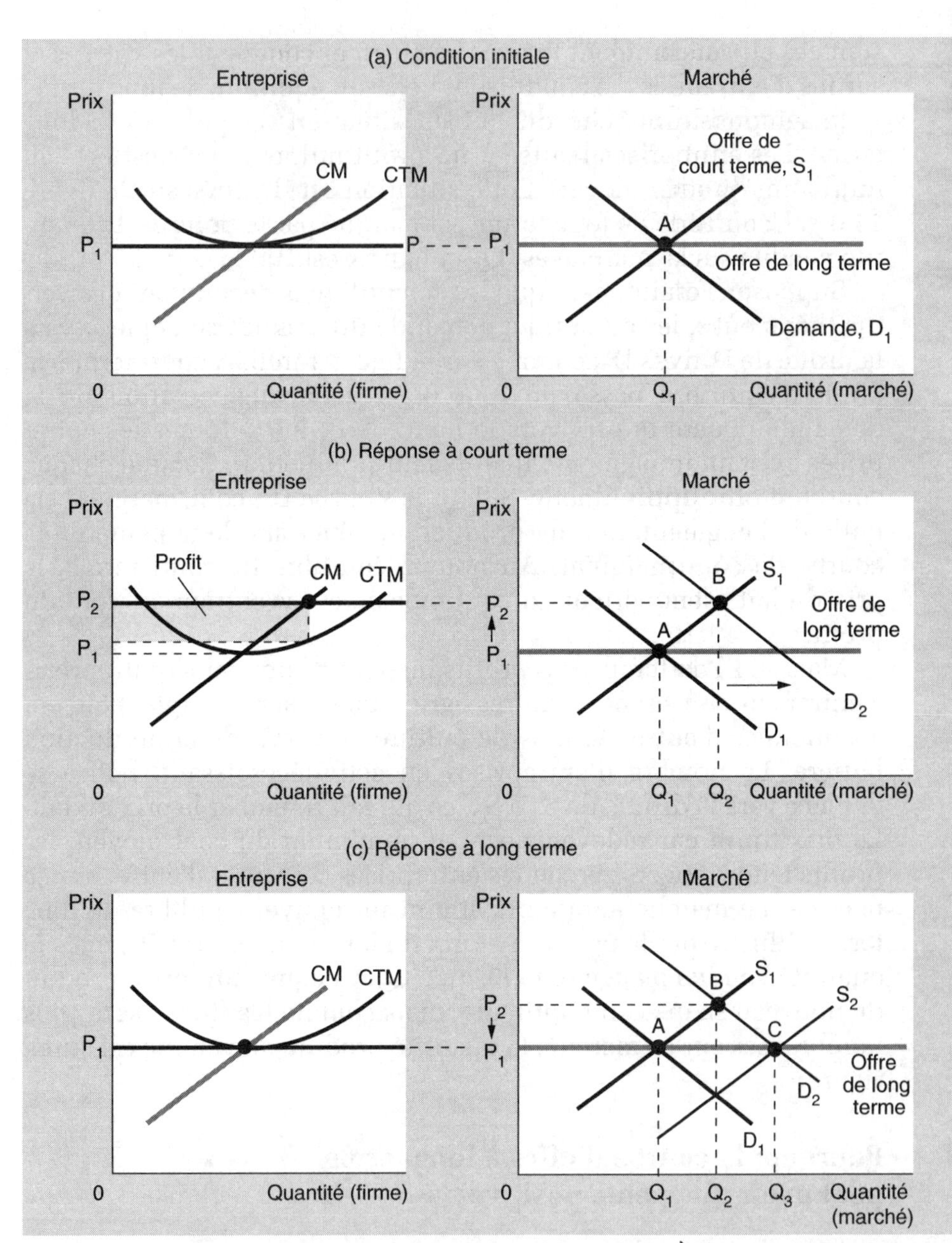

FIG. 14.8 **Augmentation de la demande à court et long termes.** À l'origine, le marché est en situation d'équilibre à long terme, comme sur la planche A, au point A : les firmes réalisent un profit nul et le prix est égal au coût moyen minimal. La planche B montre l'effet à court terme d'une augmentation de la demande de D_1 à D_2. L'équilibre passe de A à B, le prix grimpe de P_1 à P_2 et la quantité offerte sur le marché passe de Q_1 à Q_2. Comme le prix devient supérieur au coût moyen, les entreprises font du profit, ce qui attire de nouveaux entrants sur le marché, poussant ainsi la courbe d'offre à court terme vers la droite, de S_1 à S_2, comme sur la planche C. Au nouvel équilibre de long terme, au point C, le prix est retombé à P_1, mais la quantité offerte a augmenté en Q_3. Les profits sont redevenus nuls, mais le marché peut satisfaire une demande supérieure, puisque les entreprises y sont plus nombreuses.

Il y a néanmoins deux raisons qui peuvent donner à cette courbe d'offre une pente positive.

La première raison tient au fait que certains des facteurs de production ne sont disponibles qu'en quantité limitée. Considérez le marché des produits de la ferme. Tout le monde peut décider d'acheter de la terre et d'ouvrir une ferme. Mais plus le nombre de fermiers augmente, plus la terre vaut cher, ce qui augmente le coût du terrain pour tous les fermiers en activité. Comme il n'y a qu'une quantité limitée de terre, la courbe d'offre du marché des produits fermiers a une pente positive, alors que l'entrée sur le marché est gratuite.

La deuxième, c'est que les entreprises peuvent avoir des coûts différents. Prenons par exemple le marché des services de peinture en bâtiment. N'importe qui peut s'installer sur ce marché, mais tout le monde ne supporte pas les mêmes coûts. Les coûts varient en partie parce que tout le monde ne travaille pas à la même vitesse, et en partie parce que certains ont de meilleures utilisations alternatives de leur temps que d'autres. Pour un niveau de prix donné, ceux qui supportent les moindres coûts sont plus susceptibles d'entrer sur le marché que ceux qui supportent les coûts les plus élevés. Afin d'accroître la quantité offerte de services de peinture, il faut attirer de nouveaux entrants. Comme ceux-ci supportent des coûts plus élevés, il faut que le prix soit lui aussi plus élevé. C'est ainsi que la courbe d'offre de services de peinture aura une pente positive, même si l'entrée sur le marché est gratuite.

Notez bien que si les entreprises supportent des coûts différents, certaines feront des profits même à long terme. Dans ce cas, le prix de marché reflétera le coût moyen de la firme marginale – celle qui quitterait le marché en premier si le prix était inférieur. Cette entreprise ne dégage aucun bénéfice, mais les autres, qui ont des coûts inférieurs, font des profits (comme nous l'avons vu au chapitre 7, ce profit constitue le surplus du producteur). L'entrée sur le marché des nouveaux arrivants n'élimine pas ce profit, car ceux-ci ont des coûts supérieurs à ceux des entreprises déjà présentes sur le marché. Les entreprises à coûts supérieurs n'entreront que dans la mesure où le prix grimpe, leur laissant donc la possibilité de dégager un profit.

Pour ces deux raisons, la courbe d'offre à long terme du marché peut avoir une pente positive plutôt que nulle, ce qui signifie qu'il faut un prix supérieur pour susciter une augmentation de la quantité offerte. Mais il reste que, *parce que les entreprises peuvent plus facilement entrer sur le marché ou le quitter à long terme qu'à court terme, la courbe d'offre à long terme est plus élastique que la courbe d'offre à court terme.*

■ **VÉRIFIEZ VOS CONNAISSANCES** Dans une perspective de long terme, sur un marché où le nombre d'entreprises varie, le prix de marché est-il égal au coût marginal, au coût moyen, aux deux ou à aucun ? Expliquer à l'aide d'un graphique.

14.4 CONCLUSION

Nous avons étudié le comportement de la firme concurrentielle qui cherche à maximiser son profit, et appliqué à cette entreprise l'un des *dix principes de l'économie*, selon lequel les gens rationnels raisonnent à la marge. L'analyse en termes marginaux nous a fourni une théorie de la courbe d'offre du marché concurrentiel et donc une meilleure compréhension des résultats de l'activité de marché.

Nous avons notamment appris que lorsque vous achetez un bien produit par une entreprise opérant sur un marché concurrentiel, vous êtes assuré de le payer un prix proche du coût de production. Plus particulièrement, si les entreprises sont en situation de concurrence et cherchent à maximiser leur profit, le prix du bien est égal au coût marginal de production. En outre, si les firmes ont la possibilité d'entrer ou de sortir du marché gratuitement, le prix est aussi égal au minimum du coût moyen de production.

Même si nous avons jusqu'ici fait l'hypothèse que les entreprises sont des preneurs de prix, les concepts développés nous serviront pour analyser le comportement des entreprises sur des marchés moins concurrentiels. Dans les trois prochains chapitres, nous allons étudier le comportement des entreprises à pouvoir de marché. L'analyse en termes marginaux nous amènera à tirer des conclusions différentes.

RÉSUMÉ

- Parce que l'entreprise en situation de concurrence est un preneur de prix, son chiffre d'affaires est proportionnel à la quantité produite. Le prix constitue à la fois son chiffre d'affaires moyen et son chiffre d'affaires marginal.
- Pour maximiser son profit, l'entreprise produit une quantité telle que le chiffre d'affaires marginal est égal au coût marginal. Comme le chiffre d'affaires marginal est égal au prix, la firme produit une quantité telle que le prix est égal au coût marginal. La courbe de coût marginal de l'entreprise est donc aussi sa courbe d'offre.

- À court terme, alors même que l'entreprise ne peut pas récupérer ces coûts fixes, elle décidera d'interrompre son activité si le prix du bien est inférieur au coût variable moyen. À long terme, quand l'entreprise peut récupérer à la fois ses coûts fixes et variables, la firme choisira de cesser son activité si le prix est inférieur au coût total moyen.
- Le profit des entreprises tend vers zéro à long terme sur un marché sur lequel les entreprises peuvent entrer ou sortir librement. Dans le cadre de cet équilibre de long terme, toutes les firmes produisent la quantité optimale, le prix est égal au minimum du coût moyen, et le nombre d'entreprises varie de manière à satisfaire la quantité demandée à ce prix.
- Selon l'horizon temporel, les variations de la demande auront des effets différents. À court terme, une augmentation de la demande fait monter le prix et accroît les profits, tandis qu'une diminution de la demande fait baisser le prix et génère des pertes. Mais si les entreprises peuvent entrer et sortir librement du marché, leur nombre s'adaptera à long terme de façon à retrouver un équilibre sans profit.

CONCEPTS CLÉS – DÉFINITIONS

Marché concurrentiel : marché sur lequel de nombreux acheteurs et vendeurs échangent des produits identiques, de telle sorte que chaque acheteur et chaque vendeur est un preneur de prix.

Chiffre d'affaires moyen : chiffre d'affaires total divisé par la quantité vendue.

Chiffre d'affaires marginal : variation du chiffre d'affaires total engendrée par la vente d'une unité supplémentaire.

QUESTIONS DE RÉVISION

1. Qu'entend-on par « entreprise concurrentielle » ?
2. Dessiner les courbes de coût d'une entreprise typique. Pour un prix donné, expliquer comment la firme détermine le niveau de production qui maximise le profit.
3. Dans quelles circonstances une entreprise décidera-t-elle d'interrompre son activité ? Expliquer.
4. Dans quelles circonstances une entreprise décidera-t-elle de cesser son activité ? Expliquer.
5. Quand le prix est-il égal au coût marginal de l'entreprise : à court terme, à long terme, les deux ? Expliquer.
6. Quand le prix est-il égal au minimum du coût moyen : à court terme, à long terme, les deux ? Expliquer.

PROBLÈMES D'APPLICATION

1. Quelles sont les caractéristiques d'un marché concurrentiel ? Parmi les boissons suivantes, lesquelles vous semblent le mieux correspondre à cette description ? Pourquoi pas les autres ?
   – eau du robinet,
   – eau en bouteilles,
   – sodas,
   – bière.
2. Le temps passé par votre amie au laboratoire a fini par payer : elle a mis au point un produit qui permet aux étudiants de faire en 5 minutes l'équivalent d'une heure d'études. Elle a déjà vendu 200 doses, et son coût moyen a l'allure suivante :

Qté	*Coût moyen*
199	199 $
200	200
201	201

   Un nouveau client lui propose 300 dollars pour une dose supplémentaire. Doit-elle accepter de la produire ? Expliquez.
3. L'industrie de la réglisse est concurrentielle. Chaque entreprise produit 2 millions de bâtons de réglisse par an. Chaque bâton coûte en moyenne 20 centimes à produire, et se vend pour 30 centimes :
   a. Quel est le coût marginal d'un bâton ?
   b. Cette industrie a-t-elle atteint son point d'équilibre à long terme ? Pourquoi ?
4. Vous allez dîner dans le meilleur restaurant de la ville, et commandez une langouste à 40 dollars. Après en avoir mangé la moitié, vous êtes rassasié. Votre amie veut que vous finissiez votre dîner, parce que vous ne pouvez pas l'emporter chez vous et parce que « vous l'avez déjà payé ». Que devez-vous faire ? Explicitez votre réponse en fonction de ce que nous avons vu dans ce chapitre.
5. Voici un court extrait d'un article du *Wall Street Journal* du 23 juillet 1991 : « Par rapport au sommet atteint en 1976, la consommation de bœuf par habitant aux États-Unis a baissé de 28,6 % Sur la même période, le cheptel total américain a atteint son point le plus bas depuis 30 ans. » :
   a. À l'aide de graphiques de la firme individuelle et de l'industrie dans son ensemble, montrez les effets de la réduction de demande de bœuf. Annotez soigneusement les graphiques et expliquez tous les changements que vous identifiez.
   b. Sur un nouveau graphique, montrez l'effet à long terme de cette réduction de demande de bœuf. Expliquez de manière discursive.
6. « Des prix élevés contribuent généralement à l'expansion industrielle, ce qui finit par faire baisser les prix et les profits des industriels. » Expliquez avec les graphiques adaptés.

7. De nombreux petits bateaux sont fabriqués en fibres de verre, qui est un dérivé du pétrole. Supposons que le prix du pétrole augmente :
   a. À l'aide de graphiques, montrez l'effet de cette augmentation sur les courbes de coût d'un chantier naval et sur la courbe d'offre du marché.
   b. Comment réagissent les profits des chantiers navals à court terme ? À long terme, le nombre de chantiers navals augmente-t-il ou diminue-t-il ?
8. Supposons que l'industrie textile américaine soit concurrentielle, et qu'il n'y ait pas d'échange international. À l'équilibre de long terme, le prix d'un rouleau de tissu est de 30 dollars :
   a. Décrivez cet équilibre pour le marché et pour le fabricant individuel, à l'aide de graphiques.

   Supposons maintenant que des producteurs étrangers proposent de vendre de grandes quantités pour 25 dollars seulement.

   b. En supposant que les producteurs américains supportent des coûts fixes élevés, quel sera l'effet à court terme de ces importations sur la quantité produite par le fabricant individuel ? Quel en sera l'effet sur son profit ? Illustrez votre réponse graphiquement.
   c. Quel sera l'effet à long terme sur l'industrie textile américaine ?
9. Supposons qu'il y ait 1 000 vendeurs de bretzels dans la ville de New York. Chacun d'entre eux a une courbe de coût moyen en U. La courbe de demande de bretzels a une pente négative, et le marché des bretzels a atteint le point d'équilibre de long terme :
   a. Dessinez cet équilibre, avec des graphiques pour le marché dans son ensemble et pour le vendeur individuel.
   b. La ville décide de réduire le nombre de vendeurs à 800. Quel sera l'effet de cette réduction sur le marché et sur le vendeur qui demeure en activité ? Illustrez votre réponse de graphiques.
   c. La ville décide d'augmenter le coût de la licence pour les 800 vendeurs qui restent en activité. Quel sera l'effet de cette augmentation sur la quantité vendue par chaque vendeur, et sur les profits réalisés ? La ville veut tirer le maximum de recettes, tout en s'assurant qu'il reste bien 800 vendeurs en activité. Quelle doit être l'augmentation décidée par la ville ? Faites référence aux graphiques.
10. Supposons que l'industrie aurifère soit concurrentielle :
   a. Dessinez l'équilibre de long terme pour le marché et pour une mine particulière.
   b. Imaginons qu'une augmentation de la demande de bijoux gonfle la demande d'or. Sur vos graphiques, montrez ce qui arrive, à court terme, au marché et à la mine individuelle.
   c. Si la demande d'or demeure élevée, qu'adviendra-t-il du prix à long terme ? Plus particulièrement, le nouveau prix d'équilibre de long terme sera-t-il plus élevé, moins élevé ou égal au prix d'équilibre de court terme de la question b) ? Expliquez.

11. *(Ce problème est plus difficile.)* Le 1er juillet 1994, le *New York Times* rapportait une proposition de l'administration Clinton visant à lever l'interdiction d'exporter le pétrole du versant nord de l'Alaska. Selon l'article, l'administration considérait que « le principal effet de cette interdiction fut de fournir aux raffineurs de Californie du pétrole brut à un prix inférieur au prix mondial... Cette interdiction a constitué une subvention aux raffineurs californiens, dont le public n'a pas profité. » Analysons ces propos à l'aide de notre connaissance du comportement de l'entreprise :
a. Dessinez les courbes de coûts d'un raffineur californien et d'un raffineur situé ailleurs aux États-Unis. Supposez que les Californiens s'approvisionnent en pétrole d'Alaska, bon marché, tandis que les autres achètent leur pétrole plus cher au Moyen-Orient.
b. Toutes les raffineries produisent de l'essence pour le marché national, sur lequel le prix est unique. Dans une perspective d'équilibre de long terme, ce prix de l'essence dépendra-t-il des coûts de raffineurs californiens ou des coûts supportés par tous les autres producteurs ? Expliquez. *(Indice : la Californie ne peut à elle seule approvisionner la totalité du marché mondial.)* Dessinez les graphiques illustrant les profits réalisés par les raffineries californiennes et les autres.

CHAPITRE 15

LE MONOPOLE

Dans ce chapitre, vous allez :

- comprendre pourquoi sur certains marchés on ne trouve qu'un seul vendeur
- voir comment un monopole détermine la quantité à produire et le prix de vente du produit
- examiner l'effet des décisions du monopole sur le bien-être économique
- survoler les diverses politiques menées pour résoudre les problèmes posés par les monopoles
- savoir pourquoi les monopoles essaient de faire payer des prix différents à des clients différents

Si vous avez un ordinateur personnel, il utilise certainement une version de Windows, le système d'exploitation de la firme Microsoft. Quand cette entreprise conçut ce système d'exploitation, il y a plusieurs années, elle déposa un brevet. De ce fait, Microsoft est la seule entreprise au monde à pouvoir fabriquer et vendre Windows. Si vous voulez obtenir ce produit, vous n'avez pas d'autre possibilité que de payer à Microsoft les 100 dollars que la firme demande pour son logiciel. Microsoft a le monopole de la fabrication et de la vente de Windows.

Une entreprise est considérée comme un *monopole* si elle est la seule à vendre son produit et si ce produit n'a pas de substituts proches. Sur les marchés concurrentiels présentés au chapitre précédent, de nombreuses entreprises proposaient des produits proches les uns des autres, et une firme particulière n'avait aucune influence sur le prix du produit. Le monopole au contraire, parce qu'il n'a pas de concurrents évidents, peut décider du prix de son produit. Alors que l'entreprise concurrentielle est un preneur de prix, le monopole est un donneur de prix.

Nous allons étudier dans ce chapitre les conséquences de cette faculté, qui modifie les relations entre le prix et les coûts de l'entreprise. Une entreprise concurrentielle prend le prix comme une donnée exogène et détermine la quantité offerte de sorte que le prix soit égal au coût marginal. Dans le cas du monopole, le prix est supérieur au coût marginal. Ce qui est particulièrement vrai dans le cas du Windows de Microsoft. Le coût marginal de Windows – le coût supplémentaire supporté par Microsoft pour imprimer une copie supplémentaire du programme – est de quelques dollars. Le prix de marché de Windows est donc très supérieur au coût marginal.

Il n'est guère surprenant de constater que les monopoles demandent des prix élevés pour leurs produits. En effet, les clients sont bien obligés de payer ce que le monopole exige. Mais alors, pourquoi Windows n'est-il pas vendu 1 000 dollars ? Voire 10 000 dollars ? Tout simplement parce qu'à ces prix-là, les acheteurs seraient beaucoup plus rares. Les ordinateurs se vendraient moins, les gens utiliseraient d'autres systèmes d'exploitation ou feraient des copies pirates. Les monopoles ne peuvent pas réaliser des profits infinis, car les prix élevés nuisent au développement des ventes. Si les monopoles peuvent contrôler le prix de vente de leurs produits, ils ne peuvent pas faire des profits illimités.

Nous allons aussi considérer les conséquences des décisions du monopole en matière de production et de prix sur la société dans son ensemble. Les monopoles, comme les entreprises concurrentielles, cherchent à maximiser leur profit. Mais les implications sont différentes pour les entreprises concurrentielles et pour les monopoles. Comme nous l'avons vu au chapitre 7, acheteurs et vendeurs d'un marché concurrentiel sont poussés par une main invisible à promouvoir l'intérêt économique général. Dans le cas du monopole, et parce qu'il n'existe pas de concurrence, le résultat de l'activité de marché peut ne pas être la meilleure solution pour la société.

L'un des *dix principes de l'économie* affirmait que le gouvernement peut parfois améliorer les résultats spontanés de l'activité de marché. Ce chapitre en apportera une fois de plus la preuve. Nous verrons quels types de problèmes l'existence de monopoles peut poser, et quels types de réponse politique peuvent être apportés. Le ministère de la Justice, par exemple, a réagi à l'annonce du rachat d'Intuit par Microsoft. Intuit, autre fabricant de logiciel, détient le brevet de Quicken, leader des logiciels de finance personnelle. Après plusieurs mois d'enquête, le ministère de la Justice décida que la fusion de Microsoft et d'Intuit fournirait à l'entreprise résultante un pouvoir de marché exorbitant ; le rachat d'Intuit par Microsoft ne fut donc pas autorisé, et aujourd'hui ces deux entreprises sont indépendantes l'une de l'autre.

15.1 POURQUOI LES MONOPOLES EXISTENT

Ce sont principalement les *barrières à l'entrée* qui font naître les monopoles. Le monopole reste le seul vendeur sur un marché parce que les autres entreprises n'ont pas les moyens de pénétrer sur le marché et de concurrencer le monopole. Ces barrières à l'entrée s'expliquent de la façon suivante :

– une ressource essentielle est entièrement détenue par une seule entreprise ;

– le gouvernement a accordé à une entreprise le droit exclusif de produire un bien ;

– les coûts de production sont tels qu'un producteur unique est plus efficace qu'une multitude de producteurs.

Passons en revue ces trois origines possibles des barrières à l'entrée.

Monopole sur un facteur de production

C'est le cas le plus évident, où une entreprise détient un facteur de production essentiel. Prenez le cas du marché de l'eau dans une petite ville à l'époque de la conquête de l'Ouest. Si une vingtaine d'habitants possèdent des puits en état de marche, on peut appliquer le modèle concurrentiel décrit au chapitre 14. Le prix du litre d'eau s'établira à un niveau égal au coût marginal de pompage de litre supplémentaire. Mais s'il n'y a qu'un seul puits en ville, et aucun autre moyen de se procurer de l'eau, le propriétaire du puits a un monopole sur l'eau, et jouit d'un pouvoir que n'ont pas les entreprises concurrentielles. Dans le cas d'un produit de première nécessité comme l'eau, le monopoliste pourrait demander un prix très élevé, même si le coût marginal est faible.

Si cette origine de monopole est toujours possible, elle est devenue rare en pratique. Dans les économies modernes, avec un commerce international très développé, il y a très peu d'exemples de firmes qui possèdent une ressource sans équivalent proche.

ÉTUDE DE CAS

Le monopole diamantaire de DeBeers

Un exemple traditionnel de monopole né de la détention d'une ressource clé est fourni par la compagnie sud-africaine DeBeers, qui contrôle approximativement 80 % de la production mondiale de diamants. Même si sa part de marché n'est pas de 100 %, elle est suffisamment colossale pour autoriser l'entreprise à influencer le prix mondial du diamant.

Quelle est l'étendue du pouvoir de marché de DeBeers ? La réponse dépend en partie de l'existence de substituts à ses produits. Si l'on considère que les émeraudes, les rubis et les saphirs sont des substituts aux diamants, alors le pouvoir de marché de DeBeers est relativement minime. Si l'entreprise augmente trop le prix de ses diamants, les gens se porteront vers d'autres pierres précieuses. Si, en revanche, ces autres pierres sont considérées comme très différentes des diamants, alors DeBeers jouit d'un pouvoir de marché important.

DeBeers consacre des sommes importantes à la publicité. À première vue, cela peut sembler étonnant. Si un monopole est le seul à proposer un produit, pourquoi ferait-il de la publicité ? L'objet de la publicité de DeBeers est de positionner différemment le diamant dans l'esprit du public, pour faire la différence avec les autres pierres précieuses. Quand la publicité vous annonce qu'« un diamant est éternel », cela implique que tel n'est pas le cas pour les émeraudes, les rubis ou les saphirs. Si la publicité atteint ses objectifs, les consommateurs considéreront les diamants comme un produit sans équivalent, ce qui conférera à DeBeers un pouvoir de marché plus important.

Les monopoles créés par le gouvernement

La plupart du temps, les monopoles naissent de l'exclusivité accordée par le gouvernement à un individu ou une entreprise pour vendre un bien ou un service. Parfois, le monopole est le résultat d'un lobby politique actif. Les rois, par exemple, avaient pour habitude d'accorder des monopoles commerciaux à leurs amis ou alliés. Parfois, l'octroi d'un monopole par le gouvernement est une décision d'intérêt public.

Les lois de protection de la propriété industrielle sont à l'origine de la plupart des monopoles créés par le gouvernement. Quand une entreprise pharmaceutique découvre un nouveau médicament, elle peut demander un brevet, qui lui sera accordé par le gouvernement si celui-ci considère le produit comme vraiment original. Ce brevet confère à l'entreprise le droit exclusif, pendant 17 ans, de fabriquer et de commercialiser le nouveau produit. De la même façon, quand un auteur termine un roman, il fait enregistrer son copyright, qui lui assure que personne ne peut imprimer l'ouvrage sans son autorisation. Le copyright fait de l'auteur un monopoliste pour la vente du livre.

Les implications de ces lois sont évidentes. Comme elles confèrent un monopole à un producteur, elles contribuent à pousser les prix vers le haut par rapport à ce qu'ils seraient en situation de concurrence. Mais ce faisant, elles encouragent aussi des comportements favorables socialement. Si des monopoles sont accordés aux laboratoires pharmaceutiques, c'est pour les encourager à effectuer de la recherche ; si les auteurs d'ouvrages ont un monopole sur leur production, c'est pour les inciter à écrire plus de livres.

Les lois de propriété industrielle ont donc des coûts et des bénéfices. Les avantages sont essentiellement liés à l'incitation à la création ; les inconvénients sont les coûts impliqués par la politique de prix du monopole, que nous étudierons plus loin dans ce chapitre.

Les monopoles naturels

On parle d'un *monopole naturel* quand une entreprise seule peut fournir un bien ou service au marché à un coût inférieur à celui auquel plusieurs entreprises pourraient fournir le même bien ou service. Cette situation se rencontre généralement en présence d'économies d'échelle. La figure 15.1 montre le coût moyen d'une entreprise qui présente des économies d'échelle. Dans cette situation, une entreprise unique peut fournir toutes quantités au moindre coût. Ce qui revient à dire que, quel que soit le niveau de

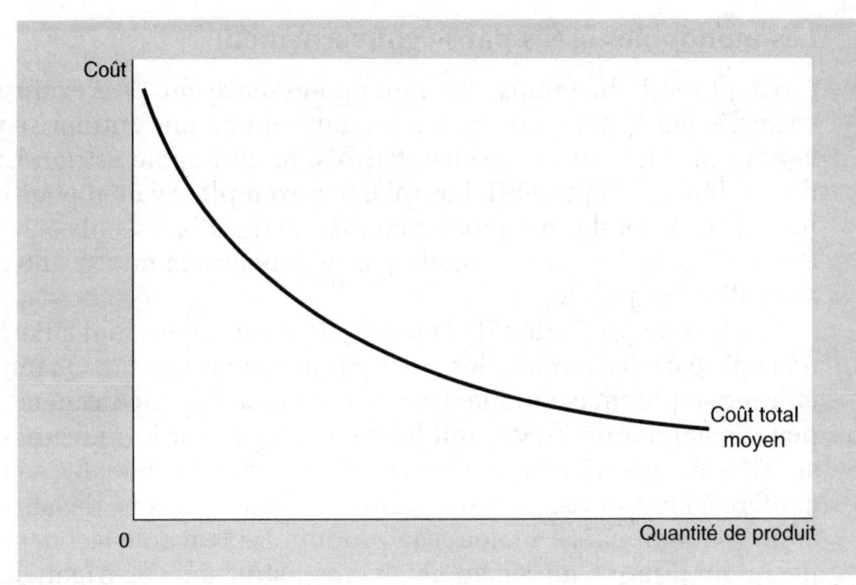

FIG. 15.1 **L'origine du monopole dans les économies d'échelle.** Si la courbe d coût moyen d'une entreprise est continuellement décroissante, l'entreprise est e situation de monopole naturel. Dans cette hypothèse, l'existence de plusieurs pro ducteurs se traduirait par une production unitaire inférieure et un coût moyen uni taire supérieur. Par conséquent, une firme unique produit à moindre coût qu'un multitude d'entreprises concurrentes.

production, un nombre plus élevé de producteurs se traduirait pa une production inférieure par entreprise et par un coût moye supérieur.

La distribution d'eau constitue un exemple classique de mono pole naturel. Pour alimenter en eau courante tous les habitant d'une ville, l'entreprise chargée de la distribution doit construir un réseau de canalisations souterraines qui couvre toute la ville. S plusieurs entreprises devaient se faire concurrence dans ce service elles devraient toutes supporter le coût fixe de la construction d réseau nécessaire. Le coût moyen de l'eau distribuée est donc infé rieur si une entreprise unique alimente tout le monde.

Nous avons présenté d'autres monopoles naturels dans notr étude des biens publics et des ressources communes au chapitre 11 Nous avions alors noté que certains biens étaient confiscables, mai pas exclusifs. Comme par un exemple un pont jamais encombré ca peu emprunté. Le pont est confiscable, car un péage peut en inter dire l'accès ; il n'est pas exclusif, car son utilisation par les un n'empêche pas les autres de l'emprunter. Comme la construction d pont représente un coût fixe important, alors que le voyageur addi tionnel ne représente qu'un coût marginal négligeable, le coû moyen d'un passage sur le pont (coût total divisé par le nombre de passages) diminue quand le nombre de passages croît. Le pont est donc un monopole naturel.

Un monopole naturel est peu préoccupé par l'érosion de sa position monopolistique. En temps normal, une entreprise a du mal à maintenir une telle position si elle ne contrôle pas une ressource unique ou si sa position n'est pas assurée par une mesure gouvernementale. En effet, les profits du monopole attirent de nouveaux entrants qui rendent le marché plus concurrentiel. Mais personne n'a vraiment intérêt à concurrencer un monopole naturel. Le candidat à l'entrée sait bien qu'il ne pourra pas avoir des coûts aussi bas que le monopole si deux firmes se partagent le marché.

Dans certains cas, c'est la taille du marché qui décidera de l'apparition d'un monopole naturel. Prenez un pont enjambant une rivière. Si la population est de petite taille, le pont est un monopole naturel. Un seul pont suffit à satisfaire l'intégralité de la demande de traversées. Mais quand la population s'accroît, le pont devient encombré. Pour satisfaire la demande, il faudra deux ou trois ponts sur la rivière. Ainsi, l'élargissement d'un marché peut transformer un monopole naturel en marché concurrentiel.

■ **VÉRIFIEZ VOS CONNAISSANCES** Quelles sont les trois raisons qui peuvent conduire à l'apparition de monopoles ? Donner deux exemples de monopoles, et les raisons de leur apparition.

5.2 LES POLITIQUES DE PRODUCTION ET DE PRIX DES MONOPOLES

Maintenant que nous savons pourquoi les monopoles apparaissent, voyons comment ils décident de leur production et de leur prix. Cette analyse nous permettra de savoir dans quelle mesure les monopoles sont socialement souhaitables et quel type de mesure politique le gouvernement peut adopter sur un marché monopolistique.

Monopole et concurrence parfaite

La différence essentielle entre une entreprise concurrentielle et un monopole réside dans la capacité de ce dernier à influer sur le prix du marché, alors que la première prend le prix de marché comme une donnée exogène. En jouant sur la quantité qu'il offre au marché, le monopole peut modifier le prix du produit qu'il est le seul à proposer.

Regardons les courbes de demande auxquelles font face ces deu types d'entreprise. Nous avons vu au chapitre 14 qu'une entrepris concurrentielle, qui peut vendre autant qu'elle veut au prix du ma ché, est confrontée à une courbe de demande horizontale, comm sur la figure 15.2A. En effet, parce que cette entreprise vend au ma ché un produit pour lequel il existe des tas de substituts parfaits (le produits de toutes les autres entreprises du marché), la courbe d demande est parfaitement élastique.

En revanche, comme le monopole est le seul fournisseur du bie sur le marché, sa courbe de demande est la courbe de demande d marché, dont la pente est négative comme sur la figure 15.2B. Si monopole augmente ses prix, il vend moins. Vu autrement, si monopole réduit la quantité vendue, il augmente ses prix.

Cette courbe de demande du marché impose une contrainte su le pouvoir de marché du monopole. En effet, celui-ci préférera vendre de grandes quantités à des prix élevés, ce que la courbe d demande du marché rend impossible. Cette courbe décrit les com binaisons de quantités et de prix disponibles pour le monopole. E modifiant la quantité produite (ou le prix demandé), le monopo peut choisir n'importe quel point de la courbe de demande, mais ne peut pas se situer ailleurs que sur cette courbe.

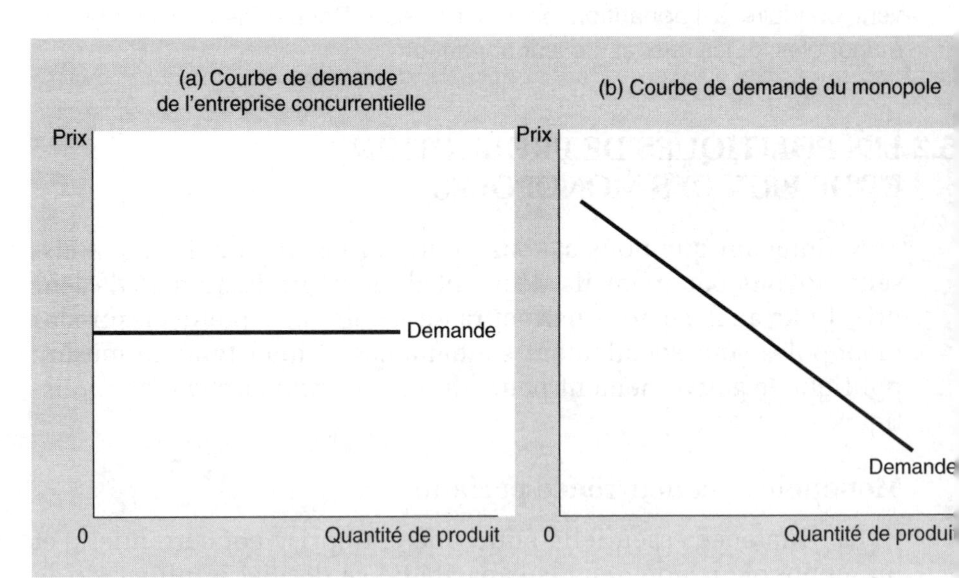

FIG. 15.2 **Les courbes de demande du monopole et de l'entreprise concurrentielle.** Par que les entreprises concurrentielles sont preneurs de prix, elles font face à une courbe demande horizontale (planche A). Comme le monopole est le seul producteur du marc il est face à la demande du marché, qui est décroissante (planche B). Pour vendre plus, monopole doit donc accepter de vendre moins cher.

Quel point de la courbe de demande doit-il choisir ? Nous faisons ici l'hypothèse que le monopole cherche à maximiser son profit, toujours égal à la différence entre le chiffre d'affaires et les coûts. Nous devons donc analyser plus en détail le chiffre d'affaires du monopole.

Le chiffre d'affaires du monopole

Imaginons une ville avec un monopole de distribution d'eau. Le tableau 15.1 montre l'évolution du chiffre d'affaires en fonction du volume d'eau distribué.

Les deux premières colonnes décrivent la demande. Si le monopole produit 1 litre d'eau, il peut le vendre 10 dollars. S'il produit 2 litres d'eau, il doit baisser son prix à 9 dollars pour vendre ses 2 litres. Pour vendre 3 litres, il doit baisser son prix à 8 dollars. Et ainsi de suite. Nous retrouvons là la courbe de demande typique, avec sa pente négative.

La troisième colonne montre le *chiffre d'affaires total* du monopole. C'est le produit de la quantité vendue (1re colonne) par le prix (2e colonne).

La quatrième colonne indique le *chiffre d'affaires moyen*, c'est-à-dire le chiffre d'affaires par unité vendue. C'est le chiffre d'affaires total divisé par la quantité vendue. Comme nous l'avons vu au chapitre 13, il est toujours égal au prix du bien, que l'entreprise soit concurrentielle ou monopolistique.

TABLEAU 15.1 **Chiffre d'affaires total moyen et marginal du monopole.**

Quantité d'eau (Q)	*Prix (P)*	*CA total (TR = P x Q)*	*CA moyen (AR = TR/Q)*	*CA marginal (MR = ΔTR/ΔQ)*
0 litre	11 $	0 $	–	
				10 $
1 litre	10	10	10 $	
				8
2 litres	9	18	9	
				6
3	8	24	8	
				4
4	7	28	7	
				2
5	6	30	6	
				0
6	5	30	5	
				– 2
7	4	28	4	
				– 4
8	3	24	3	

La cinquième colonne indique le *chiffre d'affaires marginal*, c'est-à-dire le chiffre d'affaires supplémentaire réalisé par l'entreprise quand elle vend une unité de plus (ou la variation de chiffre d'affaires par unité de production supplémentaire). Si l'entreprise produit 3 litres d'eau, elle réalise un chiffre d'affaires de 24 dollars. Si sa production passe à 4 litres, le chiffre d'affaires passe à 28 dollars. Le chiffre d'affaires marginal est alors de 4 dollars.

Ce tableau met en évidence un résultat extrêmement important pour comprendre le comportement des monopoles : *le chiffre d'affaires marginal d'un monopole est toujours inférieur au prix de vente du produit.* Par exemple, quand la production passe de 3 à 4 litres, le chiffre d'affaires n'augmente que de 4 dollars, alors que le prix de vente du litre est de 7 dollars. Cela s'explique par le fait que le monopole est confronté à une courbe de demande décroissante. Pour augmenter la quantité vendue, le monopole doit baisser ses prix. Pour pouvoir vendre son quatrième litre d'eau, le monopole doit baisser le prix de ses trois premiers litres.

Le chiffre d'affaires marginal du monopole est donc très différent de celui de l'entreprise concurrentielle. Quand un monopole augmente la quantité vendue, cela a un double effet sur le chiffre d'affaires, P x Q :

– un *effet quantité positif :* Q augmente ;
– un *effet prix négatif :* P baisse.

Comme la firme concurrentielle peut vendre tout ce qu'elle veut au prix du marché, elle n'a pas à se soucier de l'effet prix. Quand sa production augmente d'une unité, elle reçoit le prix de marché pour cette unité supplémentaire, sans que cela n'affecte ses ventes antérieures. L'entreprise concurrentielle est un preneur de prix ; son chiffre d'affaires marginal est égal au prix du bien. Pour augmenter sa production d'une unité, le monopole doit baisser le prix de chaque unité vendue, ce qui réduit le chiffre d'affaires réalisé sur les quantités présentes. Le chiffre d'affaires du monopole est donc inférieur au prix.

La figure 15.3 montre les courbes de demande et de coût marginal d'un monopole (comme le prix est égal au chiffre d'affaires moyen, la courbe de demande est aussi la courbe de chiffre d'affaires moyen). Les deux courbes ont toujours la même origine sur l'axe des ordonnées, car le chiffre d'affaires marginal de la première unité vendue est égal au prix du bien. Mais ensuite, comme nous venons de le voir, le chiffre d'affaires marginal est inférieur au prix. La courbe de chiffre d'affaires marginal du monopole est donc située en dessous de sa courbe de demande.

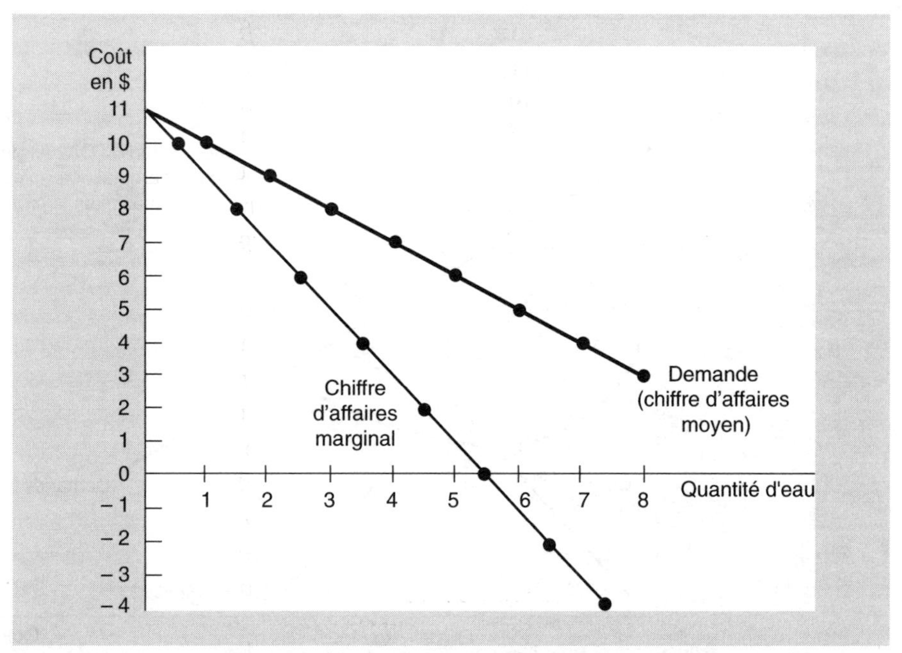

FIG. 15.3 **Les courbes de demande et de chiffre d'affaires marginal du monopole.** La courbe de demande indique la relation entre la quantité et le prix du bien. La courbe de chiffre d'affaires marginal indique la variation de chiffre d'affaires pour une production additionnelle d'une unité. Comme le prix de toute la production doit diminuer pour que le monopole augmente sa production, le chiffre d'affaires marginal est toujours inférieur au prix.

Vous constatez sur la figure (comme sur le tableau 15.1) que le chiffre d'affaires marginal peut même devenir négatif. Cela arrive quand l'effet prix (négatif) l'emporte sur l'effet quantité (positif). Dans cette situation, quand l'entreprise accroît sa production d'une unité, le prix tombe tellement que le chiffre d'affaires total est réduit.

La maximisation du profit

Après avoir vu comment évolue le chiffre d'affaires du monopole, nous allons voir comment cette entreprise particulière maximise son profit. Le principe qui veut que les gens rationnels raisonnent à la marge s'applique autant au monopole qu'à l'entreprise concurrentielle. Nous allons l'appliquer au problème de la détermination de la quantité optimale pour le monopole.

Sur la figure 15.4 sont tracées les courbes de demande, de chiffre d'affaires marginal et de coûts d'un monopole. Les courbes de

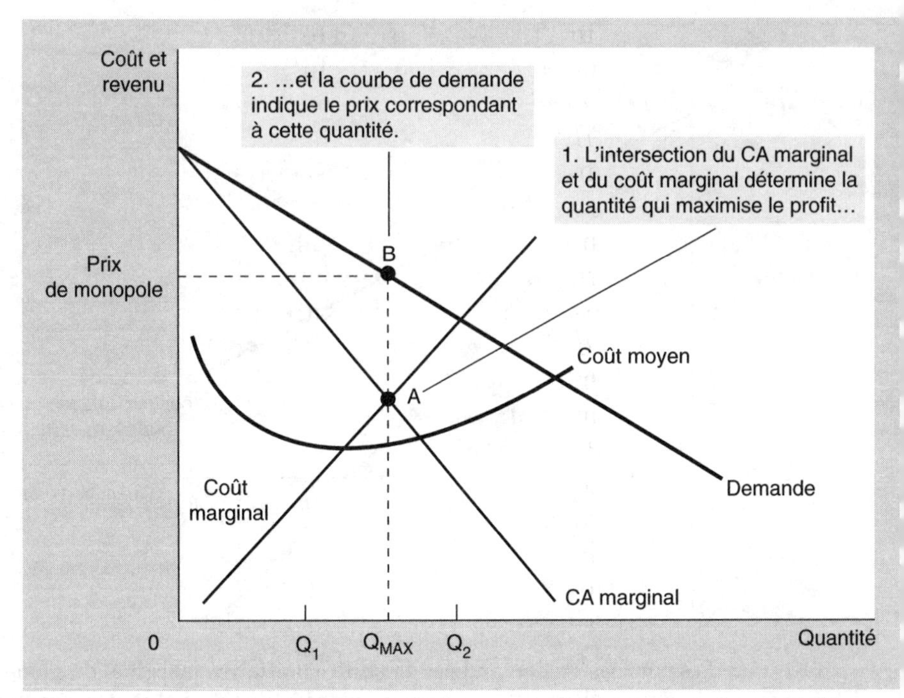

FIG. 15.4 **La maximisation du profit du monopole.** Le monopole maximise son profit en choisissant une quantité telle que le chiffre d'affaires égale le coût marginal (point A). Puis il détermine sur la courbe de demande le prix qui incitera les consommateurs à acheter cette quantité (point B).

demande et de chiffre d'affaires marginal sont semblables à celles de la figure 15.3. Les courbes de coûts sont similaires à celles présentées au chapitre 13 et utilisées dans le cadre de l'entreprise concurrentielle au chapitre 14. Nous avons là toute l'information nécessaire pour déterminer la quantité de production qui maximise le profit du monopole.

Supposons pour commencer que la firme produise une quantité Q_1. Le coût marginal est alors inférieur au chiffre d'affaires marginal. En augmentant sa production d'une unité, l'entreprise peut accroître son profit. Tant que le coût marginal est inférieur au chiffre d'affaires marginal, le monopole peut améliorer ses résultats en augmentant sa production.

Si maintenant le monopole produit une quantité Q_2, le coût marginal est supérieur au chiffre d'affaires marginal. Si l'entreprise réduit sa production d'une unité, l'économie de coût sera supérieure à la perte de chiffre d'affaires. Tant que le coût marginal est supérieur au chiffre d'affaires marginal, le monopole peut améliorer son profit en réduisant sa production.

La quantité optimale de production est donc Q_{max}, quantité pour laquelle le coût marginal est égal au chiffre d'affaires marginal. *La quantité optimale de production du monopole se trouve donc à l'intersection des courbes de coût marginal et de chiffre d'affaires marginal.* Sur la figure 15.4, cette intersection est marquée par le point A.

Le chapitre 14 nous a montré que la même règle s'appliquait aux entreprises concurrentielles. Mais il y a néanmoins une différence : le chiffre d'affaires marginal d'une entreprise concurrentielle est égal au prix du produit, alors qu'il est inférieur au prix dans le cas d'un monopole. On a donc :

– entreprise concurrentielle : P = CAm = CM,
– monopole : P > CAm = CM.

L'égalité entre coût marginal et chiffre d'affaires marginal pour la quantité qui maximise le profit est valable dans les deux cas. Ce qui change, c'est la relation entre prix et chiffre d'affaires marginal.

Comment le monopole détermine-t-il le prix qui maximise son profit ? La réponse est donnée par la courbe de demande, qui indique ce que les consommateurs sont prêts à payer. Le monopole, après avoir déterminé la quantité pour laquelle le chiffre d'affaires marginal est égal au coût marginal, consulte la courbe de demande pour trouver le prix correspondant à cette quantité. Sur la figure 15.4, le prix qui maximise le profit se trouve au point B.

POUR VOTRE CULTURE GÉNÉRALE

Pourquoi le monopole n'a pas de courbe d'offre

Vous avez peut-être remarqué que nous n'avons jamais mentionné de courbe d'offre du marché dans l'analyse précédente. Alors que jusqu'ici toutes nos analyses concernaient à la fois la demande et l'offre.

Où est passée la courbe d'offre ? Même si les monopoles doivent décider quelle quantité produire (comme nous venons de le voir), ils n'ont pas de courbe d'offre. Celle-ci indique la quantité fournie par l'entreprise à tous niveaux de prix. Cette notion a un sens quand on parle d'entreprises concurrentielles, qui sont preneurs de prix. Mais le monopole est un donneur de prix, pas un preneur. Il n'y a donc pas de raison de se demander combien le monopole produira à chaque niveau de prix, puisqu'il fixe le prix au moment même où il décide de sa production.

En fait, pour le monopole, la décision de production est inséparable de la courbe de demande. La forme de celle-ci détermine la forme de la courbe de chiffre d'affaires marginal, qui elle-même détermine la quantité de production qui maximise le profit. Sur un marché concurrentiel, il est possible de décider de la production sans se préoccuper de la courbe de demande, ce qui est impossible sur un marché monopolistique. Voilà pourquoi on n'évoque jamais la courbe d'offre du monopole.

On constate donc une différence essentielle entre marchés concurrentiels et marchés de monopoles. *Sur les marchés concurrentiels, le prix est égal au coût marginal, alors que sur les marchés monopolistiques, le prix est supérieur au coût marginal.* Cette constatation est indispensable à la compréhension du coût social du monopole.

Le profit du monopole

Quel est le profit réalisé par le monopole ? Le profit est toujours égal au chiffre d'affaires total (CAT) diminué des coûts totaux (CT) :

$$\text{Profit} = \text{CAT} - \text{CT}$$

Ce qui peut s'écrire ainsi :

$$\text{Profit} = (\text{CAT}/Q - \text{CT}/Q) \times Q.$$

CAT/Q est le chiffre d'affaires moyen, égal au prix P, et CT/Q est le coût total moyen CTM. On a donc finalement :

$$\text{Profit} = (P - \text{CTM}) \times Q.$$

Cette équation (qui est identique à l'équation définissant le profit de l'entreprise concurrentielle) nous permet de mesurer le profit

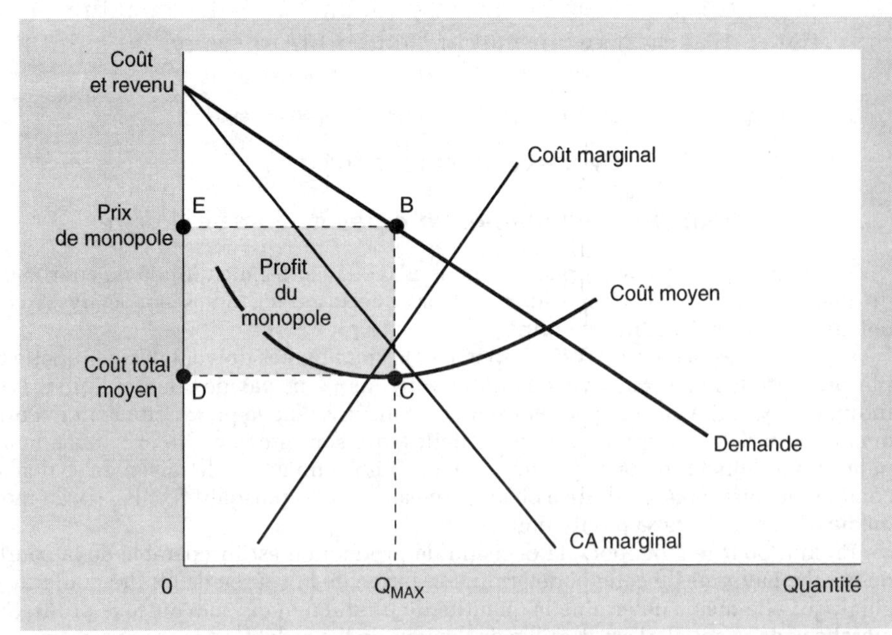

FIG. 15.5 **Le profit du monopole.** La surface du rectangle BCDE représente le profit du monopole. La hauteur BC représente le profit par unité de production, égal à la différence entre le prix et le coût moyen. La largeur DC est le nombre d'unités vendues.

graphiquement. Regardez la zone hachurée de la figure 15.5. Sa hauteur (segment BC) représente la différence entre le prix et le coût moyen, P – CTM, c'est-à-dire le profit par unité vendue. Sa largeur (segment DC) représente la quantité vendue Q_{MAX}. La surface de la zone hachurée est donc égale au profit du monopole.

ÉTUDE DE CAS

Médicaments publics et médicaments monopolistiques

Nous avons vu que les prix sont déterminés différemment selon que le marché est concurrentiel ou monopolistique. Le marché des médicaments fournit une illustration intéressante de cette différence. Quand une entreprise pharmaceutique découvre un nouveau médicament, le gouvernement lui octroie le monopole de son exploitation pendant quelques années, à l'issue desquelles le monopole disparaît. Tout le monde peut fabriquer et vendre le médicament en question, et son marché redevient concurrentiel.

Comment se comporte le prix du médicament à l'expiration du brevet ? La figure 15.6 montre le marché d'un médicament typique. Le coût marginal de production du médicament y est constant (ce qui est pratiquement vrai pour la plupart des médicaments). Pendant la durée de vie du brevet, le monopole maximise son profit en produisant la quantité pour laquelle le coût marginal est égal au chiffre d'affaires marginal. Il demande donc un prix nettement supérieur au coût marginal. Mais à l'expiration du brevet, le profit réalisé attire des concurrents. Le marché devenant plus concurrentiel, le prix descend vers le coût marginal.

L'expérience confirme cette théorie. Quand un médicament tombe dans le domaine public, d'autres fabricants apparaissent et vendent des produits dits « génériques », chimiquement identiques au produit initial du monopole. Et le prix de ces produits génériques est très inférieur au prix du produit monopolistique.

L'expiration du brevet ne signifie pas la perte de tout son pouvoir de marché pour le monopole. Certains consommateurs resteront fidèles au produit initial, peut-être par crainte d'une différence avec les produits génériques. Le monopole peut donc continuer à demander un prix légèrement supérieur à celui de ses nouveaux concurrents.

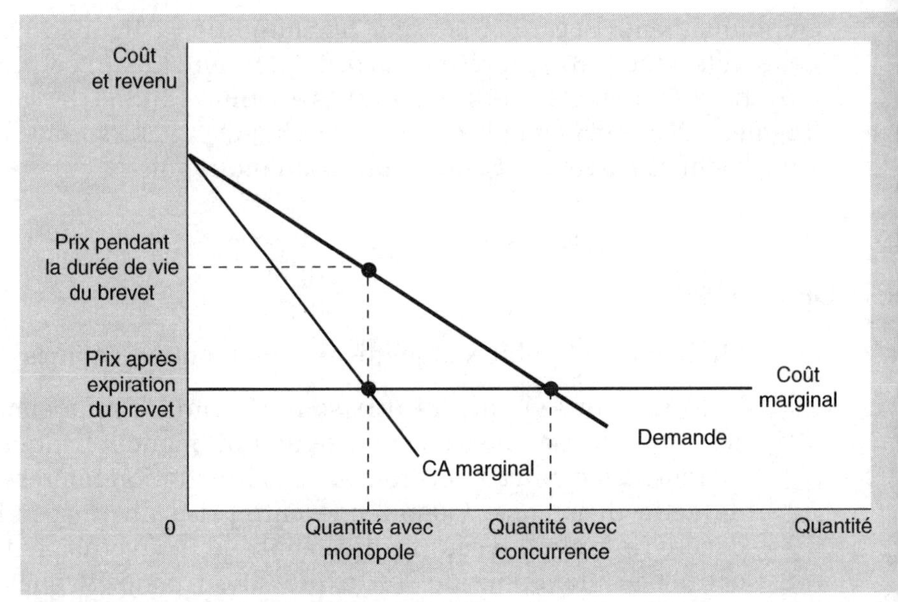

FIG. 15.6 **Le marché des médicaments.** Si un brevet confère à une entreprise le monopole de la vente d'un produit, la firme fait payer un prix de monopole bien supérieur au coût marginal du produit. À l'expiration du brevet, le marché devient concurrentiel avec l'entrée de nouveaux producteurs. Le prix tombe alors au niveau du coût marginal.

■ **VÉRIFIEZ VOS CONNAISSANCES** Expliquer comment un monopole détermine la quantité à produire et le prix à demander.

15.3 LE COÛT SOCIAL DU MONOPOLE

Le monopole constitue-t-il une organisation de marché efficace ? Nous avons vu qu'il exigeait un prix supérieur au coût marginal. Du point de vue des consommateurs, cela n'est guère souhaitable. Mais le monopole réalise des profits confortables grâce au prix élevé qu'il pratique, ce qui satisfait ses actionnaires. Les bénéfices pour les actionnaires pourraient-ils être supérieurs aux coûts pour les consommateurs, ce qui rendrait le monopole efficace du point de vue social ?

Il est possible de répondre à cette question en reproduisant ici l'analyse conduite au chapitre 7. Nous allons utiliser la notion de surplus total pour mesurer le bien-être économique. Ce surplus total est la somme des surplus du consommateur et du producteur. Le surplus du consommateur est égal à la différence entre ce qu'un acheteur est prêt à payer pour un bien et ce qu'il paie effectivement. Le surplus du producteur est égal à la différence entre ce qu'il touche sur la vente de ses produits et ses coûts de production. Dans le cas présent, il n'y a qu'un seul producteur.

Les résultats de cette analyse sont assez évidents. Le chapitre 7 nous a montré que l'équilibre de l'offre et de la demande sur un marché concurrentiel était le résultat non seulement naturel mais aussi souhaitable. La main invisible du marché conduit à une allocation des ressources telle que le surplus total est maximal. Le monopole impliquant une allocation différente, il faut s'attendre à ce que le résultat soit suboptimal.

La perte sèche

Imaginons ce qui se passerait si le monopole était dirigé par un planificateur social charitable. Ce dernier se soucie non seulement du profit de l'entreprise, mais aussi des bénéfices retirés par les clients de l'entreprise. Il essaie donc de maximiser le surplus total. N'oublions pas que le surplus total est égal à la différence entre la valeur accordée au produit par les consommateurs et les coûts de production supportés par le monopole.

La figure 15.7 indique le niveau de production que notre planificateur social choisirait. La courbe de demande reflète la valeur que les acheteurs accordent au produit, mesurée par leur volonté de payer. La courbe de coût marginal reflète les coûts du monopole. *La quantité socialement optimale se trouve donc à l'intersection de la courbe de demande et de la courbe de coût marginal.* Pour une quantité moindre, la valeur accordée par les consommateurs est supérieure au coût marginal, et le surplus total pourrait être augmenté par un accroissement de production. Pour une quantité supérieure, le coût marginal est supérieur à la valeur pour les consommateurs, et le surplus total pourrait être augmenté par une baisse de la production.

Ce résultat socialement optimal pourrait donc être obtenu en demandant un prix correspondant à l'intersection de la demande et du coût marginal. Comme l'entreprise concurrentielle, le planificateur social demanderait un prix égal au coût marginal. Comme ce prix indiquerait clairement aux consommateurs le coût de production du produit, les acheteurs pourraient consommer des quantités optimales.

Comparons la production du monopole à celle que choisirait le planificateur social. Le monopole fixe sa production à l'intersection du coût marginal et du chiffre d'affaires marginal ; le planificateur

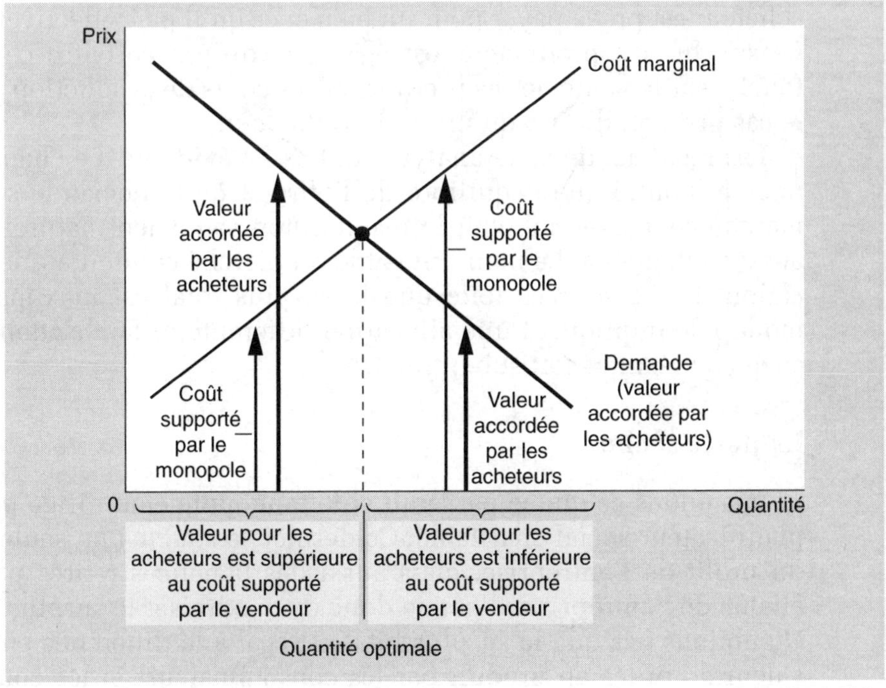

FIG. 15.7 **Le niveau optimal de production.** Un planificateur social charitable cherchant à maximiser le surplus total du marché choisirait un niveau de production situé à l'intersection des courbes de demande et de coût marginal. Pour une production inférieure, la valeur accordée au bien par l'acheteur marginal (telle que reflétée par la courbe de demande) est supérieure au coût marginal de production. Pour une production supérieure, la valeur pour l'acheteur marginal est inférieure au coût marginal.

à l'intersection de la demande et du coût marginal. La figure 15.8 illustre cette comparaison. *Le monopole produit moins que l'optimum social.*

Cette inefficacité est aussi visible au niveau du prix du monopole. La courbe de demande du marché décrivant une relation inverse entre le prix et la quantité demandée, une quantité trop faible correspond à un prix trop élevé. Quand le monopole demande un prix supérieur au coût marginal, certains consommateurs accordent au bien une valeur comprise entre le coût marginal et le prix du produit. Ces consommateurs n'achètent pas le bien en question, alors qu'ils lui accordent une valeur supérieure au coût de production, d'où l'inefficience. Le prix pratiqué par le monopole est tel que certains échanges, mutuellement bénéficiaires, n'ont pas lieu.

De même que nous avons mesuré le coût des taxes par le triangle représentant la perte sèche au chapitre 8, nous pouvons mesurer le coût du monopole par la perte sèche qu'il génère. Celle-ci apparaît

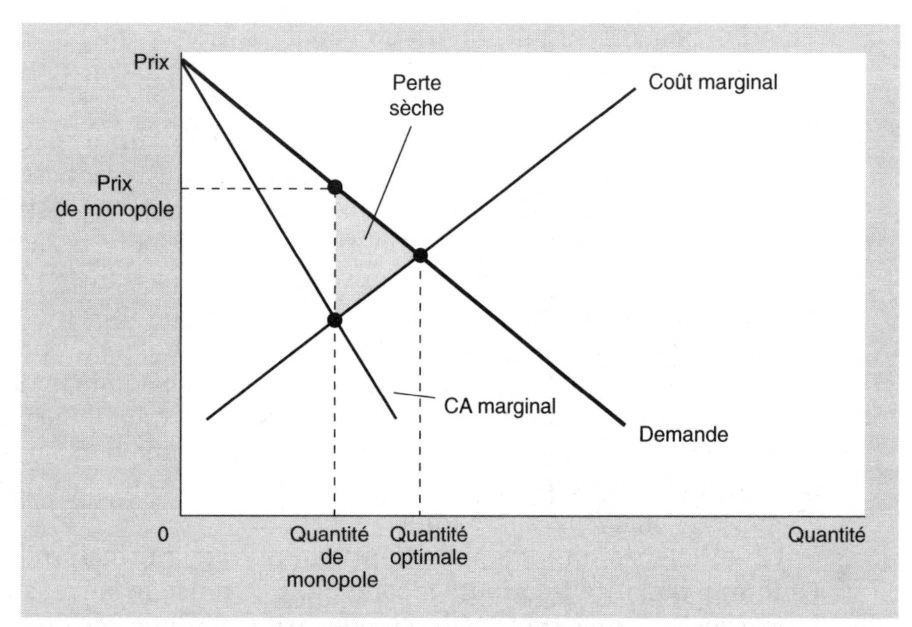

FIG. 15.8 **L'inefficience du monopole.** Comme le monopole fait payer un prix supérieur au coût marginal, les acheteurs qui accordent au bien une valeur supérieure à son coût ne l'achètent pas tous. La quantité produite et vendue par le monopole est donc inférieure à l'optimum social. La perte sèche est représentée par le triangle situé entre la courbe de demande (qui reflète la valeur accordée par les consommateurs) et la courbe de coût marginal (qui reflète le coût de production du monopole).

sur la figure 15.8. La surface du triangle compris entre la courbe de demande et la courbe de coût marginal représente le surplus total perdu du fait de la politique de prix pratiquée par le monopole.

Cette perte sèche est en quelque sorte comparable à celle générée par une taxe, qui crée une distorsion entre le prix payé par les consommateurs et les coûts supportés par les producteurs. Comme le monopole pratique un prix supérieur à son coût marginal, il crée une distorsion de même nature. Dans les deux cas, cette distorsion se traduit par une production inférieure à l'optimum social. La différence entre ces deux situations se limite à l'identité des bénéficiaires : c'est, dans le cas de la taxe, le gouvernement qui perçoit une recette fiscale, tandis que, dans le cas du monopole, c'est une entreprise privée qui encaisse le profit.

Le profit du monopole : un coût social ?

Il est tentant d'accuser les monopoles de faire de l'argent sur le dos du public. Et il est vrai que, grâce à son pouvoir de marché, le monopole engrange des profits supérieurs à ceux qu'il réaliserait en situation concurrentielle. Pourtant, l'analyse économique du monopole montre que le profit de l'entreprise n'est pas un problème social en soi.

Sur un marché monopolistique, comme sur les autres marchés, le bien-être économique doit comprendre celui des producteurs et des consommateurs. Quand un consommateur paie un dollar de plus au producteur du fait du monopole, il ne s'agit que d'un transfert du consommateur au propriétaire du monopole, transfert qui ne modifie en rien le surplus total. Autrement dit, le profit du monopole ne réduit aucunement la taille du gâteau ; la part du producteur est simplement plus grande que celle des consommateurs. Le profit du monopole n'est donc pas un problème économique en soi, sauf à considérer qu'il faut privilégier les consommateurs au détriment des producteurs, jugement de valeur qui n'entre pas dans le champ de l'analyse économique.

L'inefficience du monopole tient au fait que la firme produit et vend une quantité inférieure à celle qui maximise le surplus total. La perte sèche mesure la réduction du gâteau qui en résulte. Cette inefficience est une conséquence de la politique de prix suivie par le monopole : les consommateurs réduisent leurs achats quand le prix dépasse le coût marginal. Mais le profit réalisé sur les unités qui sont vendues ne constitue pas un problème. Car *si le prix élevé demandé par le monopole n'avait pas découragé quelques acheteurs, le surplus du producteur aurait augmenté et le surplus du consommateur baissé du même montant, ce qui aurait laissé le surplus total inchangé.*

Il y a cependant une exception à cette conclusion. Supposons que le monopole doive supporter des coûts additionnels pour maintenir sa position sur le marché. Par exemple, le monopole doit embaucher des spécialistes du lobby pour convaincre les hommes politiques de renouveler son droit exclusif d'exploitation. Dans ce cas, le monopole consacrera une partie de ses profits pour financer ces dépenses supplémentaires. Si tel est le cas, le coût social du monopole comprendra à la fois ces coûts et la perte sèche résultant de la politique de prix.

■ **VÉRIFIEZ VOS CONNAISSANCES** Comparer la quantité produite par un monopole et la quantité qui maximise le surplus total.

15.4 LE MONDE POLITIQUE ET LES MONOPOLES

Nous venons de voir que les monopoles, contrairement aux entreprises concurrentielles, n'allouent pas les ressources de manière efficace. En effet, ils produisent moins que l'optimum social, et pratiquent des prix supérieurs au coût marginal. Face à cette constatation, le gouvernement peut adopter l'une des quatre attitudes suivantes :

- essayer de rendre concurrentiels les marchés sur lesquels opèrent des monopoles ;
- réglementer le comportement des monopoles ;
- transformer des monopoles privés en entreprises publiques ;
- ne rien faire du tout.

Améliorer la concurrence par les lois antitrust

Si General Motors et Ford décidaient de fusionner, ces deux entreprises devraient demander l'aval du gouvernement. Il est probable que les économistes et les juristes du ministère de la Justice considéreront que cette fusion rendrait le marché américain de l'automobile moins concurrentiel, donc réduirait le bien-être économique du pays dans son ensemble. L'affaire sera donc portée devant les tribunaux, et si la justice donne raison au gouvernement, la fusion n'aura pas lieu. C'est précisément ce qui s'est passé quand Microsoft a voulu racheter Intuit en 1994.

Ce sont les lois antitrust qui confèrent au gouvernement cette possibilité d'intervenir dans les affaires des entreprises privées. La première et la plus importante de ces lois est le Sherman Antitrust Act, adopté par le Congrès en 1890 pour limiter le pouvoir de marché des grands trusts de l'époque. Le Clayton Act de 1914 renforça les prérogatives gouvernementales et autorisa les poursuites légales. Selon les propres termes de la Cour suprême des États-Unis, ces lois antitrust constituent une « charte de liberté économique visant à préserver la liberté du commerce et de la concurrence ».

Ces lois donnent au gouvernement de multiples moyens d'action. Elles l'autorisent à s'opposer à des fusions, comme dans notre exemple General Motors-Ford. Elles l'autorisent aussi à démanteler des entreprises. En 1984 par exemple, le gouvernement cassa le géant des télécommunications AT&T en huit entreprises plus petites. Enfin ces lois interdisent aux entreprises d'organiser leurs activités de manière à réduire la concurrence ; le chapitre 16 présentera certaines de ces lois.

Bien entendu, ce corps législatif a des avantages, mais aussi des coûts. Des entreprises peuvent fusionner non pas pour devenir des monopoles, mais tout simplement pour réduire les coûts de production par une meilleure organisation conjointe. On parle alors de l'exploitation de *synergies* entre les entreprises. De nombreuses banques ont fusionné récemment aux États-Unis, ce qui leur a permis de réduire le personnel administratif. Pour que les lois antitrust puissent accroître le bien-être économique, le gouvernement doit pouvoir distinguer les fusions utiles des autres. C'est-à-dire mesurer et comparer le bénéfice social des synergies au coût social d'une concurrence réduite. Les opposants aux lois antitrust considèrent que le gouvernement n'est pas à même de mener cette analyse comparative compliquée dans les meilleures conditions.

Réglementer

Le gouvernement peut aussi réglementer le comportement des monopoles. C'est la solution utilisée dans le cas des monopoles naturels, comme la distribution d'eau ou d'électricité. Ces entreprises voient leurs prix contrôlés par le gouvernement.

Quel prix accepter pour un monopole naturel ? Question difficile. On pourrait penser que le prix doit être égal au coût marginal du monopole, ce qui assurerait une allocation efficace des ressources.

Deux difficultés pratiques rendent cette solution difficile à mettre en œuvre. La première est illustrée par la figure 15.9. Les monopoles naturels, par définition, ont un coût moyen décroissant

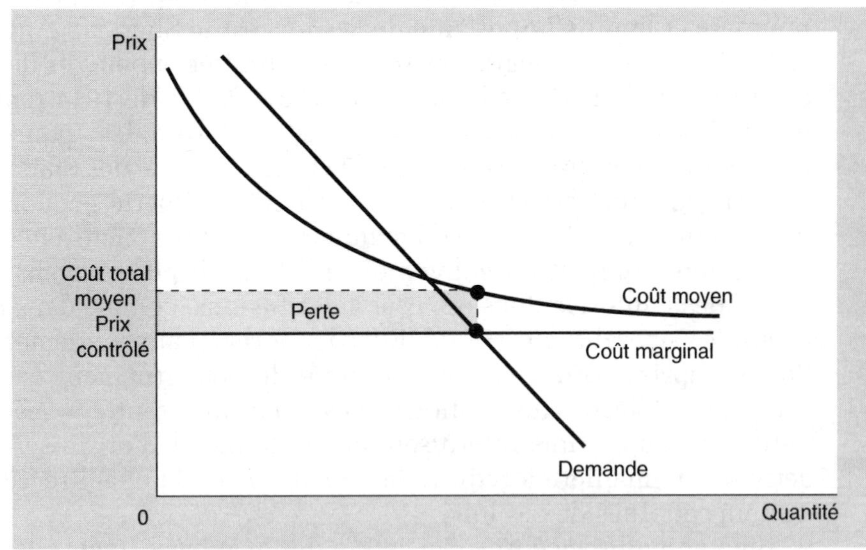

FIG. 15.9 **La tarification au coût marginal du monopole naturel.** Comme un monopole naturel a un coût moyen décroissant, son coût marginal est inférieur au coût moyen. Si la réglementation oblige le monopole naturel à pratiquer une tarification au coût marginal, le prix sera inférieur au coût moyen et le monopole sera déficitaire.

DANS VOS JOURNAUX

Le pouvoir de marché de Boeing

En 1996, Boeing, premier avionneur civil mondial, proposa de fusionner avec McDonnell Douglas, deuxième avionneur américain et troisième mondial. Cette fusion allait-elle conférer à Boeing un pouvoir de marché exorbitant, ou bien la concurrence d'Airbus, l'avionneur européen, allait-elle suffire à maintenir les prix pratiqués par Boeing à un niveau proche de ses coûts de production ? Avant de donner leur avis, les instances américaines durent se poser cette question. Comme l'indique l'article suivant, les compagnies aériennes, qui achètent les avions, n'étaient pas opposées à la fusion, ce qui donne une sérieuse indication sur la réponse à apporter à la question posée.

Les compagnies aériennes ne sont pas préoccupées par la fusion Boeing-McDonnell

ADAM BRYANT

Les principaux dirigeants de compagnies aériennes ne semblent pas opposés à une fusion de Boeing et McDonnell Douglas, qui ramènerait pourtant le nombre d'avionneurs civils de trois à deux.

Et cette opinion est importante, car ces dirigeants vont être interrogés par les agences fédérales chargées d'instruire le dossier de cette fusion.

Le président d'American Airlines, principal client des avions McDonnell, a déclaré hier que la leçon à tirer de cette proposition était que les besoins de capitaux dans l'industrie aéronautique étaient tels qu'il n'y avait de place que pour deux gros avionneurs, Boeing et Airbus.

Cette fusion permettrait en fait à American de bénéficier d'un meilleur service en matières de pièces détachées que si McDonnell l'assurait tout seul.

« C'est certainement la meilleure des solutions », déclare-t-il. Et d'ajouter qu'il ne craignait pas une remontée du prix des avions consécutive à la fusion. « En rationalisant la production et en faisant l'hypothèse que deux constructeurs sont suffisants pour maintenir une discipline tarifaire, nous devrions même payer moins cher. »

« Le n° 1 mondial est Boeing, le n° 2 est Airbus ; c'est là qu'est la véritable concurrence », déclare un représentant de TWA. « Il ne s'agit pas ici d'une fusion de Coca avec Pepsi ».

Source. — New York Times, 19 décembre 1996, p. D2.

Comme nous l'avons vu au chapitre 13, quand le coût moyen décroît, le coût marginal est inférieur au coût moyen. Si la réglementation impose un prix égal au coût marginal, ce prix sera inférieur au coût moyen et le monopole sera déficitaire. Plutôt que de demander un tel prix, le monopole préférera quitter le marché.

Il y a plusieurs manières de tourner cette difficulté, mais aucune n'est parfaite. On peut par exemple subventionner le monopole. Mais le gouvernement devra lever des impôts pour financer cette subvention, et on retrouvera alors une perte sèche. Ou bien la réglementation peut autoriser un prix supérieur au coût marginal. Si par exemple le prix est égal au coût moyen, le monopole ne gagnera ni ne perdra d'argent. Mais une telle politique de prix conduira de nouveau à une perte sèche, car le prix ne reflétera plus le coût marginal de production. En fait, fixer le prix au niveau du coût moyen revient à taxer le produit vendu par le monopole.

Le deuxième problème, c'est qu'une telle solution n'incite guère le monopole à réduire ses coûts. Sur un marché concurrentiel, chaque entreprise a intérêt à avoir les coûts les plus bas possibles, pour réaliser les plus gros bénéfices. Si le monopole sait que le gouvernement fera baisser le prix chaque fois que l'entreprise réduira ses coûts, il n'a rien à gagner à cette réduction. Dans la pratique, le gouvernement le laissera faire un petit bénéfice, et acceptera donc un prix légèrement supérieur au coût marginal.

Transformer le monopole en entreprise publique

Le gouvernement, plutôt que de contrôler les prix pratiqués par le monopole privé, peut décider de le gérer directement. Cette solution est fréquente en Europe, où les gouvernements possèdent et administrent les entreprises qui assurent les télécommunications, la distribution de l'eau ou encore celle de l'électricité. Aux États-Unis, le système postal est géré par le gouvernement, la distribution du courrier ordinaire étant souvent considérée comme un monopole naturel.

En général, les économistes préfèrent que les monopoles naturels soient des entreprises privées plutôt que des entreprises publiques. La question cruciale est de savoir comment le caractère privé ou public de l'entreprise affecte les coûts de production. Les actionnaires privés sont incités à réduire les coûts de production car cela se traduira par des bénéfices supérieurs. Si les dirigeants du monopole sont incapables de contrôler correctement leurs coûts de production, les actionnaires changeront de dirigeants. En revanche, si les bureaucrates qui gèrent le monopole public ne sont pas à la hauteur de leur tâche, ce sont les clients et les contribuables qui souffrent, et ils n'ont d'autre recours que le jeu politique. Les bureaucrates peuvent très bien constituer une caste s'opposant aux réductions de coûts. En d'autres termes, pour ce qui est d'assurer la gestion performante d'une entreprise, l'intérêt financier est beaucoup plus efficace que le bulletin de vote.

Ne rien faire

Toutes les mesures précitées sont imparfaites. Certains économistes ont donc conclu qu'il valait mieux pour le gouvernement ne rien faire pour essayer de corriger les inefficiences liées aux monopoles. Écoutons George Stigler, qui a obtenu le Prix Nobel d'économie pour ses travaux sur l'organisation industrielle :

« Un théorème économique célèbre affirme qu'une économie de concurrence produira le revenu maximal qu'il est possible de générer à partir d'un stock donné de ressources. Aucune économie réelle ne satisfait entièrement les conditions supposées par le théorème en question, et aucune économie réelle n'est idéale, les déficiences de marché constituant la différence entre l'idéal et la réalité. Je considère cependant que, s'agissant de l'économie américaine, les déficiences de marché sont bien moins graves que les déficiences politiques liées à l'inadéquation des politiques économiques menées par le système politique. »

Cette citation fait clairement apparaître que le jugement sur le rôle du gouvernement dans l'économie relève autant de la politique que de l'économie.

■ **VÉRIFIEZ VOS CONNAISSANCES** Décrire les solutions politiques aux problèmes d'inefficience posés par les monopoles. Citer les problèmes posés en retour par ces solutions politiques.

15.5 DISCRIMINATION TARIFAIRE

Nous avons supposé jusqu'ici que l'entreprise faisait payer le même prix à tous ses clients. Mais en réalité les entreprises essaient souvent de faire payer des prix différents à des clients différents, une pratique appelée *discrimination tarifaire*.

Remarquons d'abord qu'une telle discrimination n'est pas possible sur un marché concurrentiel. Aucune entreprise n'a intérêt à vendre moins cher que le prix de marché, puisqu'elle peut vendre tout ce qu'elle veut à ce prix. Et si une entreprise tente de vendre plus cher à un client, celui-ci s'adressera à un concurrent. Pour qu'une entreprise puisse pratiquer une discrimination tarifaire, il faut qu'elle jouisse d'un certain pouvoir de marché.

Une parabole des prix

Considérons l'exemple suivant pour mieux comprendre l'intérêt qu'a un monopole à pratiquer une discrimination tarifaire. Vous êtes le Président de la maison d'édition Litplus. Votre meilleur auteur vient de terminer son dernier roman. Vous lui avez versé 2 millions de dollars pour acheter le droit exclusif de publier l'ouvrage. Imaginons un coût d'impression nul. Le profit de votre mai-

DANS VOS JOURNAUX

L'avenir de l'électricité

Pendant des années, les entreprises chargées de la distribution d'électricité aux États-Unis avaient un caractère de monopole réglementé. L'article suivant nous explique comment cette situation est en train de changer.

La fin du dernier grand monopole

JAMES DAO

Alors que les Américains s'habituent tout juste aux stratégies marketing développées par les compagnies de téléphone, un autre secteur industriel va rentrer dans le monde concurrentiel : celui de l'électricité.

Depuis les premières ampoules électriques jusqu'à aujourd'hui, le choix était restreint en matière de fournisseur d'électricité. Mais à la demande des gros consommateurs, principalement les grandes entreprises, de nombreux États ont commencé à admettre qu'une certaine dose de concurrence réussirait à faire baisser les prix et à améliorer la qualité du service, ce qu'aucun règlement n'avait obtenu jusque-là.

Au moins 41 États, dont la Californie, l'État de New York et le Texas, ont ou vont adopter des projets mettant fin au monopole de la distribution d'électricité et encourageant les entreprises à se lancer sur ce créneau.

Pourquoi un tel revirement contre l'un des derniers grands monopoles américains ? Pendant des décennies, c'est une situation de monopole naturel qui a prévalu, parce que seules quelques entreprises pouvaient réunir les capitaux nécessaires à la fabrication des centrales et des lignes de transmission. Au fil du temps, les plus grosses firmes absorbèrent les plus petites, et fournirent un service plus efficace.

Mais depuis quelques années, la baisse du prix du fuel et les nouvelles technologies ont considérablement réduit le coût de fonctionnement d'une centrale électrique, ce qui a permis à quelques entreprises nouvelles de produire de l'énergie à des coûts inférieurs à ceux supportés par les usines les plus anciennes. Et les acheteurs ont demandé la possibilité de s'approvisionner auprès de ces nouveaux fournisseurs plus compétitifs.

Si les fournisseurs traditionnels d'énergie s'opposent à ces demandes, le sujet a pris une telle importance dans certaines régions du pays, comme le Nord-Est et la Californie, que législateurs et gouverneurs s'empressent de déréguler cette industrie.

« L'énergie sera certainement moins chère », déclare le professeur Hogan, « mais

son d'édition sera donc égal au chiffre d'affaires réalisé sur cet ouvrage, diminué des 2 millions versés à l'auteur. Dans le cadre de ces hypothèses, quel prix de vente du livre allez-vous fixer ?

Pour commencer, il vous faut estimer ce que pourrait être la demande pour cet ouvrage. Votre département marketing prétend que le livre attirera deux types de lecteurs. Les 100 000 fans de l'auteur, qui sont prêts à payer 30 dollars pour le dernier ouvrage de leur auteur préféré. Et probablement 400 000 lecteurs supplémentaires, qui ne paieront pas plus de 5 dollars.

en outre, elle sera vendue de tant de manières différentes que les acheteurs oublieront vite les anciennes habitudes contractées face à un vendeur unique ».

Il est probable que l'actuel réseau de lignes haute tension demeurera inchangé, toujours géré par des agences gouvernementales ou des entreprises réglementées. Mais ces entreprises seront obligées d'ouvrir leur système à des fournisseurs concurrentiels, comme les compagnies locales de téléphone autorisent les fournisseurs d'appel longue distance à utiliser leurs lignes, moyennant rémunération.

C'est aux deux extrémités de la chaîne que les changements s'opéreront. Aujourd'hui, les compagnies monopolistes contrôlent la circulation des électrons du début à la fin, de la centrale de production au compteur installé chez le consommateur. Dans le nouveau paysage, ce processus devrait être divisé en trois segments, chacun animé par des catégories différentes d'entreprises.

D'un côté, il y aura les producteurs d'énergie, en concurrence pour vendre de la puissance électrique sur un marché au comptant, un peu comme un marché de marchandises. De l'autre côté, on trouvera les détaillants qui vendront l'électricité aux particuliers et aux entreprises. Entre ces deux extrémités seront les transporteurs qui feront payer un tarif pour l'utilisation de leurs lignes. Prix de gros et de détail seront déterminés par le jeu de la concurrence, et non plus par une agence gouvernementale, si ce n'est peut-être dans les régions dans lesquelles la concurrence sera difficile à mettre en œuvre. Du fait de cette nouvelle concurrence, les fournisseurs actuels devront fermer ou moderniser leurs installations obsolètes et baisser leurs prix…

Une chose est certaine : la dérégulation va déclencher une véritable chasse au client, comparable à celle que l'on a connu dans le monde des télécommunications après le démantèlement d'AT&T.

Le New Hampshire nous offre une vitrine sur l'avenir. Une douzaine d'entreprises se battent déjà, dans le cadre d'un projet pilote, pour vendre de l'électricité à certaines entreprises et quelques particuliers.

Jusqu'ici, les résultats font chaud au cœur des capitalistes. Les clients potentiels sont bombardés de publicité, d'appels et de cadeaux. À peine l'un des fournisseurs offrait-il une réduction de 25 dollars sur l'abonnement qu'un concurrent montait la barre à 50 dollars. Et les cadeaux pleuvent, même sur les clients qui refusent les services. Plusieurs vendeurs vendent de l'« électricité propre » produite par des usines hydroélectriques. D'autres proposent des ensembles regroupant service électrique, carte de crédit et service téléphonique longue distance…

Source. — New York Times, 4 août 1996, p. 5

Quel est le prix qui maximise votre profit ? 30 dollars est le prix le plus élevé que vous pouvez demander pour conserver tout le marché des 100 000 fans. 5 dollars est le prix le plus élevé que vous pouvez demander pour conserver tout le marché des 400 000 lecteurs moins enthousiastes.

La solution du problème est simple. Avec un prix de vente de 30 dollars, Litplus vend 100 000 exemplaires, fait un chiffre d'affaires de 3 millions de dollar, et un profit de 1 million de dollars. Avec un prix de 5 dollars, l'éditeur vend 500 000 exemplaires, fait un chiffre d'affaires de 2,5 millions de dollars et un profit de 500 000 dollars. Litplus maximise donc son profit en vendant le livre à 30 dollars, malgré l'absence des 400 000 lecteurs moins enthousiastes.

Mais cette décision génère une perte sèche. Il y a 400 000 lecteurs qui sont prêts à payer 5 dollars un livre dont le coût de production est nul. En vendant le livre 30 dollars, Litplus renonce à 2 millions de dollars de surplus total. Cette perte sèche est l'inefficience normale du monopole qui demande un prix supérieur au coût marginal.

Imaginons maintenant que votre département marketing découvre que ces deux catégories de lecteurs constituent en fait deux marchés différents : tous les fans vivent en Australie et tous les autres vivent aux États-Unis. Et il est difficile pour les lecteurs d'un pays d'acheter leurs livres dans l'autre. Quel impact cette découverte a-t-elle sur votre stratégie marketing ?

Vous pouvez accroître sensiblement votre profit, en vendant 30 dollars le livre aux Australiens et 5 dollars aux Américains. Votre chiffre d'affaires total atteint alors 5 millions de dollars, et votre bénéfice s'élève à 3 millions, soit trois fois plus que le bénéfice réalisé avec un prix de vente unique de 30 dollars pour tous les clients. Bien entendu, vous décidez de mettre en œuvre cette stratégie de discrimination tarifaire.

Cette petite histoire de pure fiction décrit en fait la stratégie suivie par de nombreux éditeurs. Les manuels, par exemple, sont souvent vendus moins chers en Europe qu'aux États-Unis. Et les différences de prix entre livres reliés et couverture souple sont encore plus importantes. Quand un éditeur sort un nouveau roman, il le publie d'abord dans une édition reliée, plus chère, puis plus tard en format de poche beaucoup moins cher. La différence de prix est nettement supérieure à la différence des coûts d'impression. En fait, l'éditeur tient le même raisonnement que le patron de Litplus. En vendant l'édition reliée aux fans et le format de poche aux autres, l'éditeur pratique une certaine discrimination tarifaire.

La morale de l'histoire

Notre parabole de Litplus nous permet de tirer trois enseignements relatifs à la discrimination tarifaire.

Le premier, c'est que la discrimination tarifaire est une stratégie rationnelle pour un monopole qui cherche à maximiser son profit. Pratiquement, le monopole qui pratique la discrimination tarifaire fait payer à chaque client un prix proche du maximum que le client est prêt à payer, ce qui n'est pas possible avec un prix unique.

Le deuxième enseignement, c'est que cette discrimination repose sur la capacité de séparer les clients en fonction de leur volonté de payer. Dans notre exemple, la distinction était effectuée à l'aide d'un critère géographique, mais d'autres critères, comme l'âge ou le revenu, sont tout aussi pratiqués.

Remarquons d'ailleurs à ce sujet que certaines forces de marché peuvent empêcher une entreprise de pratiquer des tarifs différents selon les clients. C'est le cas de *l'arbitrage* notamment, qui consiste à acheter un produit sur un marché où le prix est bas pour le revendre sur un marché où le prix est plus élevé, de manière à bénéficier de la différence de prix. Dans notre exemple, si les libraires australiens pouvaient se procurer le livre aux États-Unis pour le revendre aux lecteurs australiens, Litplus ne vendrait plus un seul ouvrage à 30 dollars.

Le troisième enseignement est certainement le plus surprenant : la discrimination tarifaire peut accroître le bien-être économique. Rappelez-vous qu'avec un prix unique de 30 dollars, Litplus génère une perte sèche car 400 000 lecteurs qui accordent au livre une valeur supérieure au coût de production restent sans ouvrage. En revanche, quand Litplus propose deux prix, tous les lecteurs achètent l'ouvrage et le résultat est efficient. La discrimination tarifaire peut donc éliminer l'inefficience inhérente à la politique de prix du monopole.

Notez que l'élévation du bien-être consécutive à la discrimination tarifaire est entièrement due à un accroissement du surplus du producteur, celui du consommateur étant inchangé. Dans notre exemple, les consommateurs paient un prix exactement égal à la valeur qu'ils accordent à l'ouvrage ; leur situation n'est donc pas améliorée. C'est l'accroissement du bénéfice de Litplus qui constitue l'augmentation du surplus total.

L'analyse de la discrimination tarifaire

Revenons plus précisément sur l'effet de la discrimination tarifaire sur la prospérité générale. Supposons d'abord que le monopole pratique une discrimination tarifaire parfaite, c'est-à-dire qu'il connaît la disposition à payer de chaque client et fait payer à chacun un prix correspondant. À chaque transaction, le monopole engrange le surplus total.

La figure 15.10 montre les surplus du consommateur et du producteur avec et sans discrimination tarifaire. En l'absence de dis-

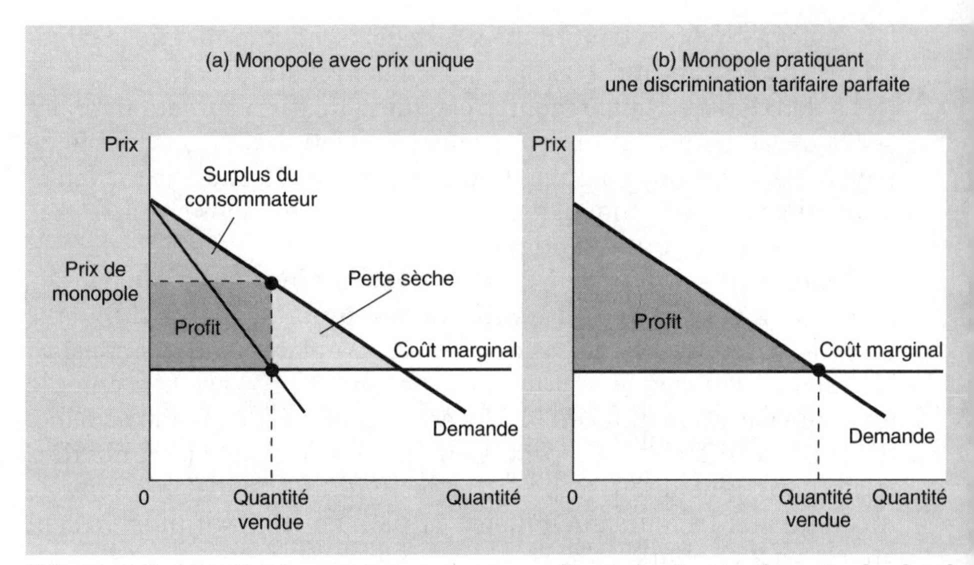

FIG. 15.10 **Le bien-être économique avec ou sans discrimination tarifaire.** Sur la planche A, le monopole fait payer le même prix à tous ses clients. Le surplus total sur le marché est égal à la somme du profit (le surplus du producteur) et du surplus du consommateur. Sur la planche B, le monopole pratique une discrimination tarifaire parfaite. Le surplus du consommateur est nul, et le surplus total est réduit au seul profit du monopole. On constate, en comparant ces deux planches, que la discrimination tarifaire parfaite augmente le profit et le surplus total, mais diminue le surplus du consommateur.

crimination (planche A), la firme fait payer un prix unique, supérieur au coût marginal. Cela génère une perte sèche, car certains clients qui accordent au bien une valeur supérieure au coût marginal ne sont pas prêts à payer le prix demandé. Mais si la firme pratique une discrimination parfaite (planche B), tous les clients qui accordent au produit une valeur supérieure au coût marginal l'achètent et paient le prix qui correspond à leur disposition à payer. Il n'y a donc aucune perte sèche, et tout le surplus se retrouve dans la poche du monopole sous forme de profit.

Dans la réalité, la discrimination parfaite n'est pas possible. Les clients n'affichent pas leur disposition à payer. La discrimination tarifaire n'est pas individuelle, mais catégorielle : les jeunes et les vieux, les jours de semaine et les week-ends, les Américains et les Australiens, etc. Dans chaque catégorie, on trouvera des individus avec des volontés de payer différentes, ce qui rend impossible une discrimination parfaite.

Quel est alors l'impact d'une telle discrimination sur la prospérité ? L'analyse est extrêmement compliquée et il n'y a pas de réponse générale à la question. Le résultat de la discrimination imparfaite peut être meilleur, moins bon ou identique à celui obtenu avec un prix unique. La seule certitude, c'est que la discrimination tarifaire améliore le profit du monopole, sans quoi il ferait payer le même prix à tout le monde.

Exemples de discrimination tarifaire

Maintenant que nous savons ce que sont les mécanismes de la discrimination tarifaire, considérons quelques exemples.

Tickets de cinéma

En général, les places de cinéma sont moins chères pour les enfants et les personnes âgées que pour le reste des clients. Sur un marché concurrentiel, le prix est égal au coût marginal de production, et le coût marginal d'un siège de cinéma est le même quel que soit l'âge du spectateur. Pourtant, cette politique de discrimination s'explique si le cinéma a un certain pouvoir de marché et si les enfants et les personnes âgées ont une disposition à payer inférieure à celle des autres. En pratiquant cette discrimination tarifaire, les cinémas accroissent leur profit.

Billets d'avion

Les places d'avion sont vendues à des prix très différents. La plupart des compagnies aériennes proposent des prix inférieurs pour un aller et retour si le voyageur reste à sa destination le samedi soir, ce qui peut sembler étrange à première vue. En fait cela permet de distinguer les clients qui voyagent pour affaires de ceux qui voyagent en privé. Celui qui voyage pour affaires a certainement une disposition à payer plus élevée et ne souhaite probablement pas rester le samedi soir à sa destination. En revanche, celui qui voyage pour des raisons personnelles voudra payer moins cher et acceptera plus probablement de rester le samedi soir. Il est donc rationnel pour les compagnies aériennes de pratiquer cette discrimination tarifaire.

Coupons de réduction

De nombreuses sociétés offrent au public des coupons de réduction dans les journaux et les magazines. L'acheteur envoie son coupon et bénéficie d'une réduction de 50 cents sur son prochain achat. Pourquoi l'entreprise propose-t-elle des coupons de réduction plutôt que de baisser le prix du produit de 50 cents ?

Parce que le coupon permet de discriminer. L'entreprise sait très bien que tous ses consommateurs ne vont pas lui renvoyer des cou-

DANS VOS JOURNAUX

Qui sera le meilleur monopole ?

Quelle entité économique dans notre pays a le mieux réussi à exercer son pouvoir de marché et à maintenir ses prix à des niveaux supérieurs à ceux qui résulteraient d'une concurrence normale ? Robert Barro, professeur d'économie à Harvard et collaborateur du Wall Street Journal, *nous relate ici la première (et unique) compétition annuelle devant sacrer le meilleur des monopoles.*

Jouons au Monopoly

ROBERT J. BARRO

Avec la fin de l'été approche le moment d'organiser le premier concours visant à déterminer le meilleur des monopoles en activité aux États-Unis. Les candidats au titre, sélectionnés par un panel d'économistes de Harvard, sont les suivants :

1. Le Service postal américain.
2. L'Opep (Organisation des pays exportateurs de pétrole).
3. Les entreprises de télévision câblée.
4. Les universités d'Ivy League (pour ce qui est de la gestion des bourses d'études aux étudiants). [*NDT* : l'Ivy League regroupe « la crème » des universités américaines.]
5. La NCAA (National Collegiate Athletic Association) (pour ce qui est de la gestion des rémunérations des athlètes étudiants).

Chacun des candidats présente des caractéristiques typiques d'un monopole et peut sérieusement espérer remporter le titre.

Le Service postal américain prétend être le monopole le plus ancien en activité aux États-Unis, et peut se vanter de voir son statut établi par la Constitution. Ce monopole sur la livraison du courrier ordinaire lui a assuré d'énormes revenus, et des salaires avantageux pour ses employés, alors que toutes les études montrent que des compagnies privées pourraient rendre le même service à des coûts inférieurs.

En revanche, la position monopolistique du Service postal a été quelque peu malmenée : d'abord par la concurrence sur la livraison des colis ; ensuite, par l'apparition récente des services de livraison rapide ; et surtout par la multiplication des fax. Dans la mesure où le fax est amené à supplanter une portion substantielle du courrier ordinaire, le fait que le Congrès n'ait pas voulu lui accorder le statut de courrier (qui l'aurait immédiatement placé dans le domaine du monopole du Service postal) démontre une perte d'influence politique importante. De telle sorte qu'il est difficile aujourd'hui d'être très optimiste sur l'avenir du plus ancien des monopoles.

L'Opep s'est montrée très efficace pour générer des milliards de dollars de revenus pour ses membres entre 1973 et le début des années quatre-vingt. Pour comprendre le fonctionnement de ce cartel, il faut distinguer les bons des méchants.

Les bons, comme l'Arabie Saoudite ou le Koweit, sont ceux qui ont limité leur production pétrolière et donc maintenu le prix du pétrole à des niveaux élevés. Les méchants, comme la Lybie ou l'Irak (quand ce pays avait le droit de produire du pétrole), sont ceux qui ont produit autant qu'ils pouvaient et donc contribué à rabaisser le prix du pétrole.

Les bons sont à l'origine de l'explosion des ressources financières que le Moyen-Orient connut au milieu des années soixante-dix, et sont donc responsables des difficultés économiques rencontrées par le reste du monde. Malheureusement pour eux, ces pays n'ont pas réussi à imposer leur discipline aux autres membres du cartel, n'ont pas pu empêcher les autres producteurs de pétrole non membres de l'Opep d'augmenter leur production ni les consommateurs de modifier leurs habitudes. Et c'est ainsi que les prix du pétrole se sont effondrés en 1986…

De toute façon, il n'est même pas certain que l'Opep constitue un candidat recevable dans cette compétition : il n'est pas américain, et ses membres seraient probablement arrêtés pour entrave à la concurrence s'ils organisaient une réunion officielle sur le territoire américain.

La plupart des compagnies de télévision câblée jouissent d'un monopole territorial accordé par le gouvernement. Ce qui tend à confirmer l'idée (avancée par George Stigler, me semble-t-il) qu'un monopole privé ne saurait durer s'il ne bénéficie pas d'une protection réglementaire.

Mais la flambée des prix et les réductions de service semblent fatiguer sérieusement les clients et leurs représentants politiques. Il ne serait guère surprenant de voir dans un proche avenir une détérioration du pouvoir de marché de ces entreprises... Cette crainte quant à l'avenir de ce monopole sape ses chances d'emporter le titre de la compétition.

Les dirigeants des universités d'Ivy League se rencontrent en sessions quasi-publiques afin de déterminer les prix d'admission (frais de scolarité moins bourses) en fonction des caractéristiques des candidats, et notamment de leurs ressources financières. Dans certains cas, certaines universités ont partagé leurs informations afin de décider du prix à demander à un candidat. Ce comportement fait rêver les compagnies aériennes, parmi d'autres industries, qui font de leur mieux pour pratiquer une discrimination tarifaire poussée.

En outre, les universités ont glissé une dose de moralité dans leur comportement : les candidats riches – et plus particulièrement ceux qui sont à la fois riches et intelligents – paient plus cher qu'ils ne devraient, pour subventionner les études de ceux qui sont intelligents mais pauvres. On peut se demander si cela ne devrait pas plutôt être aux contribuables de jouer ce rôle...

En tout état de cause, le cartel des universités a été malmené par le ministère de la Justice, qui a considéré que les réunions visant à déterminer les droits d'entrée comme des violations des lois antitrust. Dans la mesure où les universités se sont engagées à cesser ces pratiques, on peut penser que le coût futur de la formation universitaire de qualité sera plus en ligne avec celui résultant d'une pratique concurrentielle normale.

Le dernier candidat, la NCAA, a remporté un indéniable succès en arrivant à contenir les « salaires » versés aux athlètes étudiants. Non seulement la NCAA se débrouille pour imposer un plafond aux revenus (de sorte par exemple que les versements n'excèdent pas la somme des frais de scolarité, d'hébergement et de nourriture), mais elle a réussi à monopoliser les arguments moraux.

Prenez un jeune d'un ghetto typique, bon joueur de basket-ball, mais pas assez bon pour rejoindre les rangs de la NBA (*NDT* : National Basket-ball Association, qui regroupe les meilleurs professionnels du basket). En l'absence de la NCAA, ce jeune joueur pourrait gagner très correctement sa vie pendant une période de quatre ans. Mais la NCAA a fait ce qu'il fallait pour que le jeune soit toujours aussi pauvre à l'issue des quatre ans en question, et a même réussi à convaincre quasiment tout le monde qu'il serait immoral pour le collège de payer au joueur un salaire compétitif pour ses services.

Pour la plupart des économistes, cette entrave au libre jeu du marché – sans que l'on puisse la justifier par la moindre déficience de marché – est totalement inacceptable. D'autant plus qu'il s'agit là d'un transfert des ghettos aux collèges huppés. Au moins le candidat numéro 4, les universités d'Ivy League, fait subventionner les pauvres par les riches, et non l'inverse.

La NCAA doit défendre une politique qui empêche des tas de jeunes peu favorisés de gagner leur vie. Et elle y arrive tellement bien qu'elle passe même pour une institution de haute moralité. Et quand la NCAA punit les écoles qui ne respectent pas les règles du cartel (en payant trop les athlètes-étudiants), tout le monde considère qu'elle a raison et que les fautifs sont les écoles ou les organisations qui ont payé les athlètes, et non le cartel. Devant une telle accumulation de faits remarquables, la décision du panel d'économistes fut unanime, et la NCAA déclarée vainqueur du concours du meilleur monopole aux États-Unis.

Le panel chercha aussi à décerner une récompense au monopole le moins efficace du pays. La tâche fut plus facile, et la récompense décernée à l'Association économique américaine, incapable de mettre des barrières à l'entrée dans la profession, ce qui fait que n'importe qui peut prétendre être économiste aujourd'hui.

Source. — *The Wall Street Journal,* 27 août 1991.

pons. Le cadre supérieur, très occupé et disposant de moyens financiers élevés, ne va pas perdre de temps à découper des coupons dans les journaux. Un chômeur, dont la volonté de payer est moins élevée, enverra les coupons. En faisant payer moins cher uniquement ceux qui renvoient les coupons, l'entreprise pratique une discrimination avec succès.

Les bourses d'études

La plupart des collèges et des universités accordent des bourses aux étudiants peu fortunés. Il s'agit là d'une forme de discrimination. Les étudiants fortunés, qui ont plus de moyens, ont une disposition à payer supérieure à celle des étudiants peu fortunés. En faisant payer des frais de scolarité élevés et en proposant des bourses, les établissements font payer des prix liés à la valeur que les étudiants accordent à l'enseignement dispensé. Ce comportement est identique à celui d'un monopole qui pratique la discrimination tarifaire.

Prix de gros

Jusqu'ici nos exemples de discrimination tarifaire faisaient payer des prix différents à des catégories différentes de clients. La discrimination tarifaire peut prendre une forme différente, quand le monopole fait payer des prix différents au même client, selon la quantité achetée. De nombreuses entreprises proposent des prix inférieurs pour de grandes quantités. La pâtisserie du coin de la rue vous vendra un croissant pour 1 dollar, mais 12 pour 10 dollars seulement. Il s'agit là d'une forme de discrimination, car le client paie des prix différents pour la première et la douzième unités achetées. Ces prix de gros sont efficaces, car la disposition à payer des clients diminue quand la quantité augmente.

■ **VÉRIFIEZ VOS CONNAISSANCES** Donner deux exemples de discrimination tarifaire ■ Comment la discrimination parfaite affecte-t-elle les surplus du consommateur, du producteur et total ?

15.6 CONCLUSION : L'IMPORTANCE DU MONOPOLE

Ce chapitre a présenté le comportement des entreprises qui peuvent décider du prix qu'elles pratiquent. Nous avons vu que le monopole génère une perte sèche, puisqu'il produit moins que l'op timum social et pratique des prix supérieurs au coût marginal. Ces inefficiences peuvent être partiellement corrigées par une intervention gouvernementale prudente, et dans certains cas, par une discrimination tarifaire.

Quelle importance doit-on accorder aux problèmes posés par les monopoles ? Il y a deux réponses à cette question.

En un sens, les monopoles sont fréquents. La plupart des entreprises peuvent décider du prix qu'elles pratiquent, parce que leurs produits ne sont pas exactement identiques à ceux des concurrents. Une Ford Mustang n'est pas identique à une Chevrolet Corvette. Les glaces de Ben & Jerry sont différentes de celles de Breyer. Chacun de ces produits présente une courbe de demande décroissante, qui confère à chaque producteur un certain pouvoir de marché.

Mais les entreprises qui jouissent d'un réel pouvoir monopolistique sont en fait assez rares. Rares sont les produits vraiment uniques. La plupart ont des substituts relativement proches. Ben et Jerry peut augmenter le prix de ses glaces sans perdre la totalité de son chiffre d'affaires ; mais s'il l'augmente trop, ses ventes vont chuter de manière significative.

Finalement, le pouvoir monopolistique est plus une question de degré. De nombreuses firmes ont un certain pouvoir de monopole. Mais il est généralement assez limité. On ne se trompera pas trop en supposant que ces entreprises opèrent sur des marchés concurrentiels, même si ce n'est pas vraiment le cas.

RÉSUMÉ

- Un monopole est l'unique vendeur sur son marché. Il apparaît dans l'un des trois cas suivants : une entreprise est la seule à détenir une ressource essentielle ; le gouvernement accorde un droit d'exploitation exclusif à une entreprise ; une entreprise unique fournit le marché dans des conditions de coûts meilleures qu'une multitude d'entreprises.
- Parce que le monopole est le seul vendeur sur son marché, il fait face à une courbe de demande décroissante. Quand il augmente sa production d'une unité, le prix du produit baisse, ce qui réduit le chiffre d'affaires total de l'entreprise. Par conséquent, le chiffre d'affaires marginal du monopole est toujours inférieur au prix du bien.
- Comme une entreprise concurrentielle, un monopole maximise son profit en produisant une quantité telle que le coût marginal est égal au chiffre d'affaires marginal. Le monopole détermine ensuite le prix auquel cette quantité est demandée. Contrairement à ce qui se passe avec l'entreprise concurrentielle, le prix pratiqué par le monopole est

supérieur au chiffre d'affaires marginal, donc supérieur au coût marginal.

- Le niveau de production qui maximise le profit du monopole est inférieur au niveau qui maximise le surplus total. Quand le monopole fixe un prix supérieur au coût marginal, certains consommateurs qui accordent au produit une valeur légèrement supérieure au coût marginal ne l'achètent pas. Le monopole génère donc une perte sèche comparable à celle générée par les taxes.
- Le gouvernement peut essayer de corriger ces inefficiences : il peut émettre des lois antitrusts, visant à rendre un secteur industriel plus compétitif ; il peut contrôler les prix pratiqués par le monopole ; il peut transformer un monopole privé en entreprise publique ; finalement, il peut ne rien faire, si la déficience de marché semble mineure comparée aux inévitables imperfections des politiques mises en œuvre.
- Les monopoles peuvent accroître leurs profits en vendant un même produit à des prix différents, fondés sur la volonté de payer des clients. Cette discrimination tarifaire peut accroître la prospérité générale en mettant le produit à la portée de consommateurs qui ne l'auraient pas acheté autrement. Dans l'hypothèse extrême d'une discrimination parfaite, la perte sèche est même complètement éliminée. Dans la réalité, avec une discrimination imparfaite, la discrimination tarifaire améliorera ou n'améliorera pas le résultat par rapport à celui obtenu avec un tarif unique.

CONCEPTS CLÉS – DÉFINITIONS

Monopole : entreprise qui est l'unique vendeur d'un produit sans substituts.

Monopole naturel : monopole qui naît du fait qu'un fournisseur unique peut proposer au marché un bien ou un service dans de meilleures conditions de coûts que ne pourraient le faire plusieurs entreprises concurrentes.

Discrimination tarifaire : pratique commerciale qui consiste à vendre un même bien à des prix différents à des clients différents.

QUESTIONS DE RÉVISION

1. Donner un exemple de monopole d'origine gouvernementale. La création de ce monopole fut-elle une bonne politique ? Expliquer.
2. Définir un monopole naturel. En quoi la taille d'un marché importe-t-elle pour la définition d'un monopole naturel ?
3. Pourquoi le chiffre d'affaires marginal d'un monopole est-il inférieur au prix du produit vendu ?

4. Dessiner les courbes de demande, de chiffre d'affaires marginal et de coût marginal d'un monopole. Déterminer le niveau de production qui maximise le profit. Quel est le prix correspondant ?
5. Sur la figure de la question précédente, indiquer le niveau de production qui maximise le surplus total. Montrer la perte sèche générée par le monopole. Expliquer la réponse.
6. D'où le gouvernement tire-t-il son pouvoir de réglementer les fusions d'entreprises ? Du point de vue de la prospérité générale, donner deux raisons, une bonne et une mauvaise, pour lesquelles deux entreprises peuvent vouloir fusionner.
7. Décrire les deux problèmes qui se posent quand la réglementation impose à un monopole de fixer son prix à hauteur de son coût marginal.
8. Donner deux exemples de discrimination tarifaire. Expliquer dans chaque cas pourquoi le monopole a décidé de suivre cette stratégie.

PROBLÈMES D'APPLICATION

1. Définissez le chiffre d'affaires marginal d'une entreprise. Si le prix d'un bien est toujours positif, le chiffre d'affaires marginal d'un monopole peut-il être négatif ? Expliquez.
2. Laquelle des deux entreprises, monopole ou entreprise concurrentielle, se trouve confrontée à la courbe de demande la plus élastique ? Quelle est la caractéristique du bien vendu qui explique cette plus grande élasticité ? Expliquez.
3. Imaginons que la loi impose à un monopole naturel de fixer un prix égal à son prix moyen. Sur un graphique, indiquez le prix en question et la perte sèche pour la société.
4. Prenez la distribution du courrier. En général, quelle est la forme de la courbe de coût moyen ? Cette courbe est-elle la même dans les zones rurales et dans les grandes villes ? Comment cette courbe a-t-elle pu évoluer au fil du temps ? Expliquez.
5. Imaginez que la Compagnie des sources claires détient le monopole de la distribution de bouteilles d'eau en Californie. Si le prix de l'eau du robinet augmente, quel sera l'impact de cette augmentation sur le niveau de production optimal, le prix et le profit de la Compagnie ? Expliquez de manière discursive et à l'aide d'un graphique.
6. Plusieurs supermarchés concurrents approvisionnent une petite ville ; leur coût marginal est constant :

   a. À l'aide d'un graphique, montrez les surplus du consommateur, du producteur et total.

   b. Tous les supermarchés fusionnent pour devenir une seule et même chaîne. Sur un nouveau graphique, indiquez les surplus. Par rapport à la situation antérieure, quel est le transfert des consommateurs aux producteurs ? Quelle est la perte sèche ?

7. Johnny Rockabilly vient de terminer son dernier CD. D'après sa maison de disques, la demande devrait avoir l'allure suivante :

Prix	*Nombre de CD*
24 $	10 000
22	20 000
20	30 000
18	40 000
16	50 000
14	60 000

Le coût fixe de production d'un CD est nul, et le coût variable est de 5 dollars pièce :

a. Calculez le chiffre d'affaires correspondant à chacune des quantités évoquées ci-dessus. Quel est le chiffre d'affaires marginal correspondant à chaque augmentation de 10 000 unités ?

b. Quelle est la quantité de CD qui maximise le profit ? Quel est le prix correspondant ? Quel est le profit correspondant ?

c. Si vous êtes l'agent de Johnny, quelle rémunération lui conseillez-vous de réclamer au studio d'enregistrement ? Pourquoi ?

8. En 1969, le gouvernement américain accusa IBM d'être devenu un monopole sur le marché informatique. Il remarqua (à juste titre) qu'une part énorme des gros ordinateurs vendus aux États-Unis était fabriquée par IBM. Cette société répondit que sa part de marché, tous types d'ordinateurs confondus, était beaucoup plus réduite (et cela était vrai). Sur la base de ces éléments, pensez-vous que le gouvernement était fondé à attaquer IBM en violation des lois antitrusts ? Expliquez.

9. Une entreprise envisage de construire un pont sur une rivière. Le coût de construction serait de 2 millions de dollars et les coûts de maintenance nuls. Le tableau suivant indique la demande de passages anticipée pendant la durée de vie de l'ouvrage :

Prix (par passage)	*Qté de passages (en ‰)*
8 $	0
7	100
6	200
5	300
4	400
3	500
2	600
1	700
0	800

a. Si l'entreprise construit ce pont, quel sera le prix qui maximise le profit ? Correspond-il au niveau optimal de production ? Pourquoi ?

b. Si l'entreprise cherche à maximiser son profit, doit-elle ou non construire le pont ? Quel sera le profit ou la perte ?

c. Si c'est le gouvernement qui construit le pont, quel prix devra-t-il faire payer ?

d. Le gouvernement doit-il construire le pont ? Expliquez.

10. Le laboratoire pharmaceutique Placebo détient un brevet sur l'une de ses découvertes :

    a. En supposant que la production suscite un coût marginal croissant, indiquez le prix et la quantité qui maximisent le profit du laboratoire sur un graphique. Indiquez aussi le profit du laboratoire.

    b. Supposons que le gouvernement impose une taxe sur chaque flacon vendu. Sur un nouveau graphique, indiquez les nouveaux prix, quantité et profit. Comment se comparent-ils aux précédents ?

    c. Même si cela n'est pas évident sur vos graphiques, cette taxe ampute le profit de Placebo. Expliquez pourquoi.

    d. Au lieu d'une taxe par flacon, le gouvernement impose une taxe fixe de 10 000 dollars, que le laboratoire doit payer quelle que soit la quantité vendue. Quel est l'effet de cette taxe sur les prix, quantité et profit du laboratoire ? Expliquez.

11. Larry, Curly et Moe dirigent le seul saloon de la ville. Larry veut vendre le maximum de boissons sans perdre d'argent. Curly veut faire le plus gros chiffre d'affaires possible. Moe veut réaliser le profit maximal. À l'aide d'un graphique unique des courbes de demande et de coûts du saloon, indiquez les combinaisons de prix et quantité qui correspondent aux désirs de chacun des partenaires. Expliquez.

12. Pendant très longtemps, AT&T a été un monopole réglementé, fournissant les services de communications téléphoniques locales et longue distance :

    a. Expliquez pourquoi, à l'origine, le service de communications longue distance était un monopole naturel.

    b. Au cours des 20 dernières années, plusieurs entreprises ont lancé des satellites de communication, chacun pouvant transmettre un nombre limité d'appels. Comment le rôle du satellite a-t-il modifié la structure de coût des appels longue distance ?

    Après une dure bataille avec le gouvernement, AT&T accepta l'ouverture du marché de l'appel longue distance à la concurrence. Il accepta aussi de rétrocéder son secteur d'appels locaux aux « Baby Bells » (*NDT* : compagnies de téléphone issues du démantèlement de l'ancien réseau AT&T) qui demeurent soumises à une réglementation stricte.

    c. Pourquoi est-il efficient d'avoir de la concurrence dans le domaine de l'appel longue distance et des monopoles réglementés dans le domaine de l'appel local ?

13. Une société d'informatique a développé une nouvelle puce informatique, et a obtenu un brevet :

    a. Dessinez un graphique montrant les surplus du consommateur, du producteur et leur total sur le marché de cette nouvelle puce.

    b. Comment ces grandeurs sont-elles modifiées si l'entreprise peut pratiquer une discrimination parfaite ? Quelle est la modification de perte sèche ? Quels sont les transferts ?

14. Expliquez pourquoi un monopole produit toujours une quantité pou laquelle la courbe de demande est élastique. *(Indice : si la demande e rigide et que l'entreprise augmente son prix, comment évoluent chiffre d'affaires total et le coût total ?)*
15. Les trois grandes compagnies d'automobiles aux États-Unis sont GM Ford et Chrysler. Si elles étaient seules au monde, leur pouvo monopolistique serait beaucoup plus important. Que pourrait faire gouvernement pour renforcer le pouvoir monopolistique de ces entre prises ? *(Indice : cette mesure fut adoptée dans les années quatre vingt.)*
16. Le chanteur Bruce Springsteen détient le monopole d'une ressourc rare : lui-même. Il est le seul à pouvoir organiser un concert de Bruc Springsteen. Faut-il en conclure que le gouvernement doit réglemente le prix d'entrée à ces concerts ? Pourquoi ?
17. La discrimination tarifaire a en général un certain coût. L'exemple de coupons de réduction mentionné dans le texte consomme du temps des ressources de la part du vendeur comme de l'acheteur. Cette ques tion porte sur les conséquences d'une discrimination coûteuse Imaginons pour simplifier que les coûts du monopole soient propor tionnels à la production, de sorte que coût moyen et coût margina soient constants et égaux l'un à l'autre :

    a. Dessinez les courbes de coûts, de demande et de chiffre d'a faires marginal pour le monopole. Indiquez le prix que demanderait monopole en l'absence de discrimination.

    b. Sur votre graphique, indiquez la surface correspondant au pro fit du monopole, que l'on appellera X. Indiquez le surplus du consom mateur (Y) et la perte sèche (Z).

    c. Supposons maintenant que le monopole pratique une discrim nation parfaite. Quel est alors le profit du monopole (donnez votr réponse en termes de X, Y et Z) ?

    d. Comment la discrimination tarifaire affecte-t-elle le profit d monopole ? Quel en est l'effet sur le surplus total ? Quel est le plu important des deux effets ? Expliquez en termes de X, Y et Z.

    e. Supposons maintenant la discrimination coûteuse. Imaginon par exemple que le monopole doive supporter un coût fixe C pour pou voir discriminer. Comment le monopole décidera-t-il de payer ou no ce coût fixe ? *(Donnez votre réponse en termes de X, Y, Z et C.)*

    f. Quelle serait la décision d'un planificateur social charitabl intéressé par le surplus total, concernant la discrimination tarifaire *(Toujours en termes de X, Y, Z et C.)*

    g. Comparez les réponses des deux dernières questions. En quoi décision du monopole diffère-t-elle de celle du planificateur social Est-il concevable que le monopole pratique une discrimination tar faire alors que celle-ci n'est pas socialement désirable ?

CHAPITRE 16

L'OLIGOPOLE

Dans ce chapitre, vous allez :

- découvrir la structure de marché intermédiaire entre le marché concurrentiel et le monopole
- considérer les résultats possibles de l'activité de marché en présence d'un oligopole
- examiner le dilemme du prisonnier et ses applications à l'oligopole et autres problèmes
- voir comment les lois antitrusts tentent de promouvoir une certaine concurrence sur les marchés oligopolistiques

Quand vous entrez dans un magasin pour acheter des balles de tennis, il y a de fortes chances pour que vous en ressortiez avec des balles de l'une des quatre marques suivantes : Wilson, Penn, Dunlop ou Spaulding. À elles quatre, ces maisons fabriquent toutes les balles de tennis vendues aux États-Unis. Elles déterminent ensemble la quantité de balles produites et, avec la courbe de demande du marché, le prix auquel elles seront vendues.

Comment décrire ce marché ? Sur un marché concurrentiel, chaque entreprise est tellement petite comparée au marché lui-même qu'elle ne saurait influer sur le prix du produit et donc prend le prix de marché comme une donnée exogène. Dans le cas du monopole, un producteur unique alimente tout le marché, et décide du prix et de la quantité sur la courbe de demande.

Le marché des balles de tennis ne correspond ni à l'une ni à l'autre de ces structures de marché. Concurrence parfaite et monopole sont des formes extrêmes de modèles de marché. La concurrence parfaite nécessite la présence d'une multitude d'entreprises proposant des produits quasiment identiques ; le monopole suppose une entreprise unique. Si l'étude des marchés commence par ces formes extrêmes, c'est parce qu'elles sont plus faciles à comprendre. Mais la plupart des secteurs d'activité de l'économie réelle sont situés quelque part entre ces deux extrêmes. Les entreprises concernées ont des concurrents, mais la concurrence n'est pas telle que les entreprises deviennent des preneurs de prix. Pour décrire cette situation intermédiaire, les économistes parlent de *concurrence imparfaite.*

Dans ce chapitre, nous allons présenter les diverses formes de concurrence imparfaite, et étudier plus particulièrement le cas de l'oligopole. L'oligopole est caractérisé par la présence d'un petit nombre de vendeurs. Par conséquent, les décisions de l'un d'entre eux ont des répercussions importantes sur les profits de tous les autres. Les entreprises oligopolistiques sont donc dépendantes les unes des autres. Dans ce chapitre, nous allons voir comment cette interdépendance affecte le comportement des entreprises et quels problèmes elle pose en termes de politique économique.

16.1 ENTRE LE MONOPOLE ET LA CONCURRENCE PARFAITE

Les deux chapitres précédents ont été consacrés au marché concurrentiel et au marché monopolistique. Dans le chapitre 14, nous avons appris que, sur un marché de concurrence parfaite, le prix est égal au coût de production marginal. Nous avons aussi appris qu'à long terme, du fait des entrées et sorties d'entreprises sur le marché, le profit tend vers zéro, de sorte que le prix est aussi égal au coût moyen. Dans le chapitre 15, nous avons vu que les entreprises qui jouissent d'un pouvoir de marché peuvent l'utiliser pour maintenir les prix à un niveau supérieur au coût marginal, ce qui procure un profit à l'entreprise et une perte sèche pour la société.

Ces deux situations ont permis de mettre en avant un certain nombre d'idées fondamentales sur le fonctionnement des marchés. Mais la plupart des marchés comprennent en fait des éléments relevant à la fois des deux cas de figure. L'entreprise moyenne est bien dans une situation de concurrence, mais peut-être pas aussi extrême que celle décrite sous le nom de concurrence pure et parfaite. Toute entreprise a un certain pouvoir de marché, mais pas aussi extrême que celui du monopole. Autrement dit, une entreprise normale dans notre économie est imparfaitement concurrentielle.

Deux types de marchés correspondent à cette définition. Un *oligopole* est un marché sur lequel on ne trouve que quelques vendeurs, qui proposent des produits proches les uns des autres. Le marché des balles de tennis en est un exemple. Le marché mondial du pétrole brut en est un autre : quelques pays du Moyen-Orient détiennent la majorité des réserves mondiales. Un *marché de concurrence monopolistique* existe quand plusieurs entreprises vendent des produits similaires mais non identiques. C'est le cas par exemple des marchés des films, des CD ou des jeux pour ordinateurs. Sur ces marchés, chaque firme détient le monopole du produit qu'elle vend, mais d'autres entreprises s'adressent aux mêmes clients avec des produits comparables.

La figure 16.1 résume ces quatre types de marché. La première question à se poser est : combien y a-t-il d'entreprises sur ce marché ? S'il n'y en a qu'une, nous avons affaire à un monopole. S'il n'y en a que quelques-unes, nous sommes face à un oligopole. Si les entreprises sont nombreuses, il faut se poser une deuxième question : les produits proposés sont-ils similaires ou bien différenciés ? Dans le premier cas, nous avons une situation de concurrence parfaite, dans le deuxième cas, un marché de concurrence monopolistique.

Dans la réalité, les choses ne sont pas aussi simples que sur ce graphique, et il est parfois difficile de choisir un type de structure de marché pour décrire la réalité. Par exemple, personne ne sait quelle est la frontière entre « quelques » entreprises et de « nom-

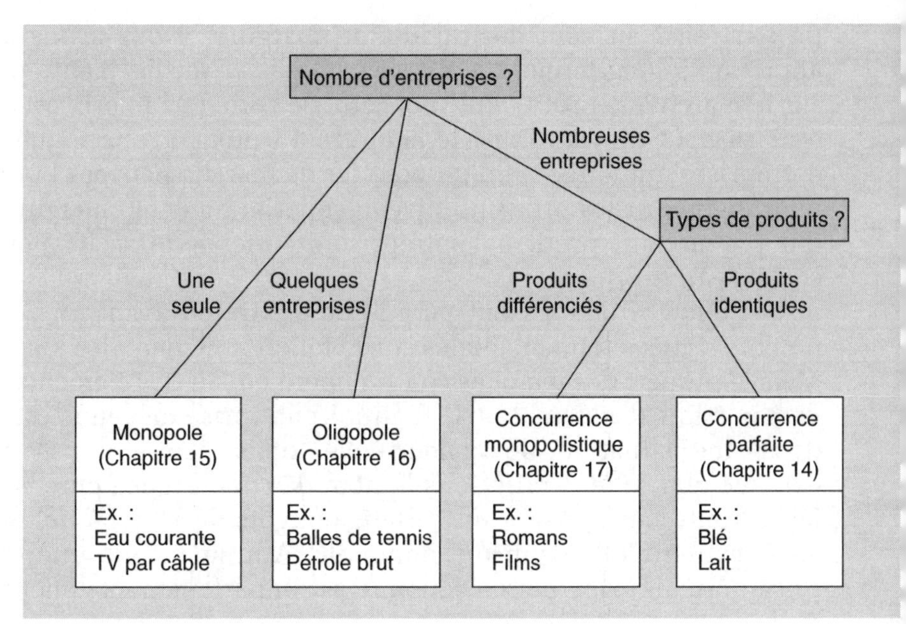

FIG. 16.1 **Les quatre structures de marché.** Les économistes spécialistes de l'organisation industrielle répartissent les marchés en quatre catégories : monopole, oligopole, concurrence monopolistique, et concurrence parfaite.

breuses » entreprises. (La douzaine de fabricants d'automobiles aux États-Unis constituent-ils un marché de concurrence monopolistique ou un oligopole ? Le débat reste ouvert.) De même, il n'est pas toujours facile de déterminer si les produits sont différenciés ou identiques. (Différentes marques de lait constituent-elles un même produit ? Une fois encore, la question est sans réponse.) Pour analyser les marchés tels qu'ils existent réellement, les économistes doivent avoir en tête les caractéristiques de tous les types de marché et appliquer les enseignements appropriés dans chaque cas.

Maintenant que nous savons comment les économistes définissent les grands types de marché, nous pouvons en poursuivre l'analyse. Le prochain chapitre s'intéressera à la concurrence monopolistique. Celui-ci est consacré à l'oligopole.

16.2 DES MARCHÉS OÙ LES VENDEURS SONT PEU NOMBREUX

L'oligopole décrivant un petit groupe de vendeurs offrant des produits similaires ou identiques, la dualité coopération-isolationisme est d'une extrême importance. Collectivement, les membres de l'oligopole s'en sortent mieux s'ils coopèrent et fonctionnent comme un monopole, en produisant une quantité inférieure et en faisant payer un prix supérieur. Mais comme chacun des membres n'est véritablement intéressé que par son propre profit, il est difficile de maintenir une cohérence de groupe.

L'exemple du duopole

Pour comprendre le comportement des oligopoles, commençons par étudier le cas d'un oligopole à deux membres, appelé *duopole.* Il s'agit là de la forme la plus simple d'oligopole, mais les formes plus complexes rencontrent les mêmes problèmes.

Imaginons une ville dans laquelle deux habitants seulement – Jack et Jill – produisent de l'eau potable. Tous les samedis, Jack et Jill décident de la production, apportent l'eau en ville et la vendent au mieux de leurs intérêts. Pour simplifier, supposons que Jack et Jill puissent produire autant qu'ils veulent à coût nul. C'est-à-dire que le coût marginal de l'eau est nul.

Le tableau 16.1 indique le plan de demande d'eau de la ville. La première colonne montre la quantité totale demandée, et la deuxième indique le prix. Si nos deux producteurs vendent un total de 10 litres d'eau, l'eau vaut 110 dollars le litre. S'ils vendent 20 litres, le prix tombe à 100 dollars le litre. Et ainsi de suite. La représentation graphique de ces données ferait apparaître la traditionnelle courbe de demande décroissante.

La troisième colonne du tableau indique le chiffre d'affaires total généré par la vente de l'eau. C'est le produit de la quantité par le prix. Comme le coût de production est nul, le chiffre d'affaires est aussi le profit des producteurs.

Voyons maintenant comment l'organisation industrielle de la distribution d'eau affecte le prix et la quantité vendue.

Concurrence, monopoles et cartels

Avant de poursuivre notre exemple du duopole, revenons un instant sur les deux structures de marché que nous connaissons déjà : le marché concurrentiel et le marché de monopole.

Voyons ce qui se passerait si le marché de l'eau était parfaitement concurrentiel. Nous savons que sur un tel marché, le prix est égal au coût marginal, nul dans notre exemple. L'eau serait donc gratuite et 120 litres seraient vendus. Le prix de l'eau refléterait son coût de production, et la quantité optimale serait produite et consommée.

TABLEAU 16.1 **Le plan de demande d'eau.**

Quantité	*Prix*	*CA total et Profit total*
0 l	120 $	0 $
10	110	1 100
20	100	2 000
30	90	2 700
40	80	3 200
50	70	3 500
60	60	3 600
70	50	3 500
80	40	3 200
90	30	2 700
100	20	2 000
110	10	1 100
120	0	0

Examinons maintenant ce qui se passerait si le marché était monopolistique. Le tableau 16.1 indique que le profit maximal est atteint pour une quantité de 60 litres et un prix de 60 dollars le litre. Un monopole produirait donc cette quantité et demanderait ce prix. Le prix serait donc supérieur au coût marginal, et l'on aurait une déficience de marché, puisque la quantité produite et consommée serait bien inférieure à l'optimum social de 120 litres.

Qu'en sera-t-il sur notre marché de duopole ? Jack et Jill peuvent se rencontrer et décider d'un commun accord de produire telle quantité à tel prix. Un tel accord entre entreprises sur les quantités et les prix est appelé une *entente.* Les entreprises liées par cet accord constituent un *cartel.* Quand un cartel est formé, le marché devient un marché de monopole et l'analyse du chapitre précédent doit être appliquée. Si Jack et Jill s'entendent, ils agiront comme le monopole l'aurait fait puisque c'est ainsi qu'ils réaliseront le profit maximal. Les deux compères produiront donc 60 litres d'eau, vendus à 60 dollars le litre. Le prix de l'eau sera supérieur à son coût marginal, et le résultat suboptimal.

Le cartel doit établir non seulement le niveau total de production, mais aussi la répartition de cette production entre les membres. Jack et Jill doivent se mettre d'accord sur la quantité que chacun devra produire, pour que le total soit de 60 litres. Chacun cherchera à produire un maximum, sachant que cela signifie un profit plus important. Si Jack et Jill décident de répartir équitablement la production, chacun produira 30 litres, vendus au prix de 60 dollars le litre et chacun réalisera un profit de 1 800 dollars.

L'équilibre pour un oligopole

La mise en place d'un cartel n'est pas toujours possible. Comme nous le verrons plus loin dans ce chapitre, les lois antitrust s'opposent à ces ententes. En outre, la rivalité entre les membres d'un cartel rend souvent celui-ci très fragile. Voyons donc ce qui se passe si Jack et Jill décident indépendamment l'un de l'autre de produire et vendre de l'eau.

On pourrait penser que les deux protagonistes adopteront par eux-mêmes le comportement du monopole, puisque c'est celui qui maximise le profit cumulé. Mais en l'absence d'accord formel, ce résultat est très peu probable. Supposons que Jack s'attende à ce que Jill produise 30 litres (soit la moitié de la quantité optimale pour le monopole). Jack tiendra le raisonnement suivant :

« Je pourrais moi aussi produire 30 litres d'eau. Nous vendrions alors un total de 60 litres à 60 dollars le litre. Mon profit serait de 1 800 dollars. Mais je pourrais aussi produire 40 litres. La production totale serait alors de 70 litres et le prix du litre 50 dollars. Mon profit serait alors de 2 000 dollars. Le profit total dégagé sur ce marché serait inférieur, mais le mien serait supérieur car ma part de marché serait plus importante. »

Bien entendu, Jill peut tenir exactement le même raisonnement. Si tel était le cas, Jack et Jill produiraient chacun 40 litres. La production totale serait donc de 80 litres et le prix de 40 dollars le litre. Ainsi, *si les membres d'un duopole poursuivent leur intérêt personnel, ils produisent une quantité totale supérieure à celle du monopole, demandent un prix inférieur à celui du monopole, et réalisent un profit inférieur à celui du monopole.*

En revanche, ce raisonnement ne les amènera pas à atteindre l'équilibre concurrentiel. Voyons ce qui se passe quand chacun des protagonistes produit 40 litres. Au prix de 40 dollars, chacun réalise un profit de 1 600 dollars. Dans ce cas, le raisonnement individuel de Jack aboutit à une conclusion différente :

« Mon profit est de 1 600 dollars. Mais si j'augmente ma production à 50 litres, pour une production totale de 90 litres, le prix tombera à 30 dollars le litre, et mon profit ne sera plus que de 1 500 dollars. Je n'ai donc pas intérêt à produire plus que mes 40 litres actuels. »

Cette situation dans laquelle Jack et Jill produisent chacun 40 litres est donc une sorte d'équilibre. On l'appelle équilibre de

Nash, du nom de l'économiste John Nash. L'*équilibre de Nash* décrit une situation dans laquelle des agents économiques interdépendants choisissent chacun la meilleure stratégie étant donnée celles choisies par les autres. Dans notre exemple, puisque Jill produit 40 litres, la meilleure stratégie pour Jack consiste à produire 40 litres aussi. Le même raisonnement tient en sens inverse. Une fois cet équilibre de Nash atteint, aucun des protagonistes ne devrait rien modifier à sa stratégie.

Cet exemple illustre bien le conflit permanent entre coopération et isolationnisme. Les membres de l'oligopole s'en sortiraient mieux s'ils coopéraient et se comportaient comme un monopole. Mais comme chacun est motivé par son intérêt propre, ils n'atteignent pas l'équilibre du monopole qui maximise le profit cumulé. Chaque membre de l'oligopole est tenté d'accroître sa production pour augmenter sa part de marché. Chacun s'y essayant, la production augmente et le prix dégringole.

Pourtant, la poursuite de l'intérêt propre ne permet pas d'atteindre l'équilibre concurrentiel. Les membres de l'oligopole savent bien que toute augmentation de production se traduit par une baisse de prix. Ils n'iront donc pas jusqu'à produire une quantité telle que le prix soit égal au coût marginal.

Pour résumer : *quand les membres d'un oligopole décident individuellement de leur production pour maximiser leur profit, ils produisent une quantité supérieure à celle produite par un monopole, mais inférieure à celle produite sur un marché concurrentiel. Le prix pratiqué par l'oligopole est supérieur à celui pratiqué sur le marché concurrentiel (coût marginal), mais inférieur au prix du monopole.*

L'importance de la taille de l'oligopole

Voyons quel effet la taille de l'oligopole peut avoir sur le résultat de l'activité du marché. Supposons par exemple que John et Joan découvrent des puits sur leur terrain et décident de rejoindre Jack et Jill dans l'oligopole des producteurs d'eau. Le plan de demande du tableau 16.1 est inchangé, mais les producteurs sont plus nombreux. Quel impact aura cette augmentation du nombre de producteurs sur la quantité et le prix de l'eau ?

Les producteurs peuvent essayer de s'organiser en cartel et de produire la quantité du monopole pour réaliser le profit cumulé maximal. Mais il leur faut se mettre d'accord sur une répartition de la production entre les membres. Plus les protagonistes sont nombreux, plus cet accord est difficile à négocier et à faire respecter.

Si les producteurs ne forment pas un cartel – peut-être parce que la loi s'y oppose – ils doivent décider individuellement de leur production. Le propriétaire d'un puits peut augmenter sa production d'un litre à tout moment. Ce qui aura deux effets contradictoires :

– un *effet quantité* : comme le prix est supérieur au coût marginal, chaque litre supplémentaire accroît le profit de l'entreprise ;

– un *effet prix* : quand la production augmente, le prix baisse, ce qui fait baisser le profit sur toutes les unités vendues.

Si l'effet quantité est supérieur à l'effet prix, le propriétaire du puits augmentera sa production. Dans le cas contraire, il ne le fera pas (il vaudrait même mieux réduire la production). Chaque membre de l'oligopole accroît sa production jusqu'à ce que ces deux effets se compensent exactement, la production des autres firmes étant donnée.

Voyons maintenant comment cette analyse marginale menée par les membres de l'oligopole est affectée par le nombre de membres. Plus celui-ci est grand, plus la part des profits reçue par chacun des vendeurs est petite, et moins chaque vendeur se sent concerné par l'impact de ses propres décisions sur le prix du marché. Quand la taille d'un oligopole s'accroît, l'effet prix diminue. Si l'oligopole devient énorme, l'effet prix disparaît complètement, ne laissant que l'effet quantité. Dans ce cas extrême, chaque membre de l'oligopole accroît sa production tant que le prix demeure supérieur au coût marginal.

En fait, un grand oligopole n'est rien d'autre qu'un groupe d'entreprises concurrentielles. L'entreprise concurrentielle étant preneur de prix, l'effet prix est absent de son raisonnement, et elle ne considère que l'effet quantité quand elle décide de sa production. Ainsi, *quand un oligopole s'étend, le marché tend à devenir concurrentiel. Le prix tend vers le coût marginal et la quantité produite tend vers l'optimum social.*

Cette analyse éclaire d'un jour nouveau les effets du commerce international. Supposons que Toyota et Honda soient les seuls fabricants d'automobiles au Japon, que Volkswagen et Mercedes soient les seuls en Allemagne et que Ford et GM soient les seuls aux États-Unis. Si le commerce international des autos est interdit, chaque pays se retrouve avec un duopole, et donc une situation assez éloignée de la concurrence parfaite. Grâce au commerce international, le marché de l'automobile devient mondial et l'oligopole comprend 6 membres. L'ouverture d'un pays au commerce international améliore les situations de concurrence et contribue à maintenir les prix à un niveau aussi proche que possible du coût marginal. La théorie de l'oligopole fournit donc une raison supplémentaire, à côté la théorie de l'avantage comparatif, de préférer le libre-échange à l'autarcie.

ÉTUDE DE CAS

L'Opep et le marché mondial du pétrole

Les pays producteurs de pétrole sont peu nombreux, et principalement situés au Moyen-Orient ; ils constituent un oligopole.

Les principaux producteurs de pétrole ont formé un cartel dans les années soixante, appelé Organisation des pays exportateurs de pétrole (Opep). À l'origine, ce cartel comprenait les membres suivants : Iran, Irak, Koweit et Arabie Saoudite et Venezuela. En 1973, huit membres supplémentaires l'avaient rejoint : Qatar, Indonésie, Libye, Émirats Arabes Unis, Algérie, Nigeria, Équateur et Gabon. Ces pays contrôlaient à peu près les trois quarts des réserves pétrolières mondiales. L'Opep essaya de faire monter le prix du pétrole en réduisant la quantité produite globalement. Ce qui impliquait d'imposer des quotas de production par pays.

L'Opep dut faire face au même problème que Jack et Jill. Les pays membres voulaient maintenir le pétrole à un prix élevé. Mais chaque membre était tenté d'augmenter sa propre production pour accroître sa part des profits. À peine un accord était-il signé que certains pays commençaient à tricher.

De 1973 à 1985, l'Opep a réussi à maintenir une certaine discipline dans ses rangs, et donc à faire monter le prix du pétrole. Le baril, qui coûtait 2,64 dollars en 1972, passa à 11,17 dollars en 1974 puis à 35,10 dollars en 1981. À partir de cette date, les membres n'arrivèrent plus à se mettre d'accord sur des quotas de production, et l'Opep ne parvint plus à maintenir la discipline nécessaire. En 1986, le prix du baril était retombé à 12,52 dollars.

Aujourd'hui, les membres du cartel se rencontrent encore deux fois par an, mais l'organisation est incapable de trouver un accord durablement respecté (voir l'encadré suivant). Les pays producteurs décident donc individuellement de leur production pétrolière, et le marché mondial du pétrole est redevenu assez concurrentiel. Le prix du pétrole a retrouvé son niveau pré-cartel, à l'inflation près.

DANS VOS JOURNAUX

Querelle à l'intérieur de l'Opep

Comme tous les cartels, l'Opep a du mal à maintenir la discipline entre ses membres. L'article suivant décrit les problèmes rencontrés par l'Opep en 1996, quand les Nations Unies eurent autorisé le retour de l'Iraq sur le marché mondial du pétrole.

On s'attend à ce que l'Opep reporte ses réactions face aux décisions de l'Irak concernant sa production de pétrole brut

YOUSSEF IBRAHIM

Vienne, 6 juin. L'Opep est apparue bien embêtée aujourd'hui, coincée entre sa certitude de voir les cours du pétrole baisser si la production de ses 11 membres n'est pas réduite et son incapacité à calmer ses membres qui refusent de voir leurs parts de marché diminuer.

Par conséquent, il semble bien que l'organisation va autoriser l'Iraq à extraire 800 000 barils par jour, sans pour autant obtenir de réduction de la part des autres producteurs en contrepartie. En effet, les exportations de brut iraquien ont été autorisées par les Nations Unies après avoir été suspendues pendant la Guerre du Golfe.

L'Arabie Saoudite et le Venezuela, deux des plus gros producteurs, avec 8,4 et 3 millions de barils jour respectivement, ont clairement annoncé qu'ils ne ralentiraient pas leur production, malgré les demandes des autres pays membres...

Apparemment les Saoudiens ont adopté une nouvelle attitude intransigeante, considérant comme permanente l'augmentation de leur production (3 millions de barils jour) décidée en son temps pour compenser l'absence de production de la part de l'Iraq sanctionné par l'ONU.

Le ministre iraquien du pétrole a annoncé hier que les premiers contrats d'exportation de brut seraient signés d'ici à 10 jours, et que la production du pays allait doubler ou tripler. Selon lui, les exportations pourraient atteindre 1,2 million de barils jour d'ici à trois mois, un niveau beaucoup plus élevé que celui prévu par l'Opep (700 000 à 800 000 barils). Si tel est effectivement le cas, le prix du baril pourrait encore baisser d'environ 3 dollars.

Et le ministre d'annoncer qu'il espérait bien voir disparaître complètement l'embargo imposé par les Nations Unies, auquel cas la production iraquienne pourrait retrouver ses niveaux antérieurs à la Guerre, soit environ 3 millions de barils par jour. Deux membres du Conseil de Sécurité de l'ONU, la France et la Russie, se sont déclarés favorables à la levée totale de l'embargo.

Cela serait une bonne nouvelle pour l'Iraq et pour tous les pays consommateurs, mais une catastrophe pour certains membres de l'Opep, comme le Venezuela, qui traversent actuellement une période de difficultés économiques.

Source. — New York Times, 7 juin 1996.

■ **VÉRIFIEZ VOS CONNAISSANCES** Si les membres d'un oligopole pouvaient se mettre d'accord sur une quantité à produire, quelle serait celle-ci ? ■ Si les mêmes membres agissent individuellement, la quantité totale produite sera-t-elle supérieure ou inférieure à la quantité précédente ? Pourquoi ?

16.3 LA THÉORIE DES JEUX ET L'ANALYSE ÉCONOMIQUE DE LA COOPÉRATION

Comme nous l'avons vu, les oligopoles aimeraient pouvoir se comporter en monopoles, mais cela nécessite une étroite concertation entre les membres, qu'il est souvent difficile d'organiser. Nous allons nous intéresser de plus près aux problèmes que l'on rencontre quand la coopération est souhaitable mais difficile à mettre en œuvre. Pour ce faire, il faudra découvrir la théorie des jeux.

La t*héorie des jeux* étudie le comportement d'agents dans des situations stratégiques, c'est-à-dire dans lesquelles chacun, quand il décide de ses actions, doit tenir compte des réactions des autres. Sur un marché oligopolistique, chaque entreprise sait que son profit dépend non seulement de sa propre production mais aussi de celle des autres. Chaque fois qu'un membre décide de sa production, il doit s'interroger sur l'effet de cette décision sur celles prises par les autres firmes.

La théorie des jeux est inutile pour comprendre le fonctionnement d'un marché concurrentiel ou d'un marché de monopole. Sur le premier, chaque entreprise étant marginale par rapport au marché, les interactions avec d'autres firmes sont quasi-nulles. Sur le deuxième, elles n'existent pas par construction, puisque le producteur est unique. En revanche, la théorie des jeux est indispensable pour comprendre le fonctionnement des oligopoles.

Le *dilemme du prisonnier* est un thème central de la théorie des jeux. Il démontre la difficulté de maintenir la coopération entre les protagonistes. Il est fréquent de constater une absence de coopération, là où pourtant elle aurait été bénéfique à tous. L'oligopole n'est qu'un exemple parmi d'autres. La morale de l'histoire qui suit s'applique à tous les cas où un groupe tente de maintenir une coopération entre ses membres.

Le dilemme du prisonnier

Il raconte l'histoire de deux criminels arrêtés par la police. Appelons-les Bonnie et Clyde. La police peut sans problème les accuser de porter des armes prohibées, ce qui les enverrait passer une année chacun en prison. Mais la police les suspecte d'être les auteurs conjoints d'un vol à main armée, et manque de preuves pour étayer son accusation.

Bonie et Clyde sont interrogés séparément, et se voient chacun proposer l'arrangement suivant :

« Pour l'instant, nous en avons assez pour t'envoyer passer un an derrière les barreaux. Mais si tu reconnais avoir participé à l'attaque de la banque et si tu témoignes contre ton partenaire, nous te promettons l'immunité et tu pourras sortir d'ici libre comme l'air. Ton partenaire, lui, fera 20 ans de prison. Si vous reconnaissez les faits tous les deux, ton témoignage n'est plus nécessaire, nous pourrons faire l'économie d'un procès et vous ferez chacun 8 ans de prison. »

Si Bonnie et Clyde, criminels endurcis, ne se soucient que de leur propre sort, quel choix attendez-vous d'eux ? Vont-ils parler ou rester muets ?

Le tableau 16.2 résume les diverses possibilités. Chaque partenaire a le choix entre deux stratégies : avouer ou nier. La peine encourue dépend non seulement du choix de chacun, mais aussi du choix de l'autre.

TABLEAU 16.2 **Le dilemme du prisonnier.**

		Décision de Bonnie	
		Avoue	Nie
Décision de Clyde	Avoue	8 ans de prison chacun	Bonnie : 20 ans Clyde : libre
	Nie	Bonnie : libre Clyde : 20 ans	1 an de prison chacun

Mettons-nous dans la peau de Bonnie. Elle tient le raisonnement suivant :

« Je ne sais pas ce que Clyde va raconter. S'il se tait, j'ai intérêt à avouer, car alors je n'irai pas en prison, plutôt que d'y passer un an. S'il avoue de son côté, il vaut mieux pour moi avouer aussi, car dans ce cas ce seront 8 ans de prison au lieu de 20. Finalement, quoi que fasse Clyde, il vaut mieux pour moi reconnaître les faits. »

Dans le jargon de la théorie des jeux, cette stratégie est appelée *stratégie dominante* puisque c'est la meilleure stratégie pour un joueur quelle que soient les stratégies adoptées par les autres joueurs. Dans notre exemple, la confession est la stratégie dominante pour Bonnie. Si elle reconnaît les faits, elle passera moins longtemps en prison, quelle que soit l'attitude de Clyde.

Voyons maintenant la décision de Clyde. Il est confronté exactement au même choix, et tient le même raisonnement. La confession est aussi la stratégie dominante pour Clyde.

Finalement les deux compères avouent, et passent chacun 8 ans en prison alors que, s'ils étaient restés silencieux *tous les deux*, ils n'auraient passé qu'un an derrière les barreaux. Mais chacun ayant poursuivi son propre intérêt, ils se retrouvent tous les deux dans une situation moins favorable pour chacun.

Pour bien réaliser la difficulté de maintenir une coopération entre les protagonistes, imaginez qu'avant leur arrestation les deux compères se soient promis de ne rien avouer. De toute évidence, il s'agit là de la meilleure stratégie s'ils s'y tiennent tous les deux, puisque cela les enverrait en prison pour un an seulement. Mais les criminels tiendraient-ils leur promesse ? Une fois qu'ils sont séparés, la logique individuelle reprend ses droits et les pousse à avouer. La coopération est difficile à maintenir, car elle est individuellement irrationnelle.

L'oligopole et le dilemme du prisonnier

Quel rapport y a-t-il entre le dilemme du prisonnier et les marchés ou la concurrence imparfaite ? Il s'avère que le jeu auquel participent les membres d'un oligopole est identique à celui auquel jouent nos deux prisonniers.

Imaginons un oligopole à deux membres, que nous appellerons Iran et Irak. Les deux membres sont producteurs de pétrole. À l'issue de laborieuses négociations, les deux pays s'accordent pour réduire la production, de manière à soutenir le prix mondial du pétrole brut. Une fois l'accord signé, chacun des signataires se demande s'il doit le respecter ou l'ignorer. Le tableau 16.3 montre les diverses stratégies envisageables et leurs résultats.

Si vous êtes un dirigeant irakien, vous tenez le raisonnement suivant :

« J'ai le choix entre contrôler ma production comme promis et l'augmenter pour vendre plus de pétrole sur le marché mondial. Si l'Iran respecte les termes de l'accord, notre profit sera de 60 milliards de dollars si la production est élevée et de 50 milliards seulement si elle est réduite. Dans cette hypothèse, mieux vaut produire beaucoup. Si en revanche l'Iran ne respecte pas l'accord signé, alors notre profit sera de 40 milliards si la production est élevée et de 30 milliards seulement si elle est réduite. Une fois encore, il vaut mieux produire beaucoup. En fait, quoi que fasse l'Iran, il vaut mieux pour nous ne pas respecter les termes de l'accord et produire plus de pétrole. »

TABLEAU 16.3 **Le jeu de l'oligopole.**

		Irak	
		Prod. élevée	Prod. faible
Iran	Prod. élevée	40 MDS $ chacun	Irak = 30 MDS $ Iran = 60 MDS $
	Prod. faible	Irak = 60 MDS $ Iran = 30 MDS $	50 MDS $ chacun

Produire beaucoup est la stratégie dominante pour l'Irak. Mais cela est vrai aussi pour l'Iran, qui se trouve exactement dans la même situation. Finalement les deux pays produisent beaucoup et perçoivent des revenus inférieurs.

Cet exemple illustre la difficulté pour un oligopole de maintenir le niveau de profit du monopole. Si le comportement monopolistique est conjointement rationnel pour les membres de l'oligopole, chacun de ceux-ci est tenté de tricher individuellement. *De même que l'intérêt égoïste pousse le prisonnier à avouer, il rend très difficile le maintien de la coopération indispensable pour que l'oligopole se comporte comme un monopole (production réduite, prix élevé et profit de monopole).*

Autres exemples de dilemmes du prisonnier

Le dilemme du prisonnier ne s'applique pas qu'aux oligopoles. On trouvera ci-dessous trois exemples dans lesquels la poursuite de l'intérêt personnel s'oppose à la coopération et conduit à un résultat inférieur collectivement.

La course aux armements

La similitude avec le dilemme du prisonnier est très forte. Prenez deux pays, comme les États-Unis et l'Union soviétique, qui se demandent s'ils doivent fabriquer de nouvelles armes ou au contraire désarmer. Chacun préfère avoir plus d'armes que le voisin, car cela lui confère un poids supérieur dans la gestion des

DANS VOS JOURNAUX

Les pirates des temps modernes

Les compagnies de transport maritime transocéanique, qui ont réussi pendant des années à animer un cartel, ont aujourd'hui du mal à assurer la coopération de leurs membres.

Les compagnies transocéaniques se battent sur les prix

ANNA MATHEWS

La haute mer est aujourd'hui le théâtre d'un nouveau combat : la guerre des prix.

Après avoir animé tranquillement un cartel légal pendant des années, les compagnies de transport maritime transocéanique se battent les unes contre les autres, sur le front des prix : certains tarifs ont déjà baissé de plus de 10 %, la plus forte baisse en 10 ans. Pour les seuls États-Unis, ce sont 460 milliards de dollars annuels de fret qui sont concernés, depuis les magnétoscopes en provenance du Japon aux eaux minérales de France.

Les tarifs « commencent enfin à refléter l'état de l'offre et de la demande », déclare un spécialiste du transport mondial de l'Université de l'Ohio.

Il s'agit là d'une révolution dans ce milieu industriel. Depuis le milieu du XIXe siècle, ces grandes lignes commerciales tenaient des conférences plus ou moins régulières afin de déterminer les tarifs de fret. Ces conférences ont toujours lieu, parfois même deux fois par semaine, et les dirigeants des géants de l'industrie, comme Sea-Land Services ou le japonais Nippon Yusen Kaisha Line, y définissent les tarifs applicables à des milliers de catégories de produits de grande consommation.

Ce genre d'entente demeure légal car les lois américaines autorisent ces compagnies à fixer ainsi leurs tarifs, qui concernent encore 60 % du trafic conteneurisé mondial.

Mais l'industrie du transport maritime est victime de son succès passé, qui s'est traduit par un boom extraordinaire de la construction navale. Dans les trois ans qui viennent, 653 nouveaux navires vont prendre la mer...

En outre, le pouvoir du cartel est malmené par certaines compagnies asiatiques qui fixent leurs prix elles-mêmes. Avec un meilleur service et des tarifs plus attirants, ces compagnies ont augmenté leurs parts de marché et contraint certains membres du cartel à baisser leurs propres tarifs.

Les détaillants américains sentent déjà la différence. Pour eux, les frais de transport représentent 5 à 10 % des coûts totaux... Pour Emerson Electronics, une firme de Saint-Louis, qui dépense environ 10 millions de dollars par an en transport maritime, cela permet de réduire considérablement les coûts.

Mais les transporteurs internationaux – une industrie au chiffre d'affaires de 80 milliards de dollars par an – font grise mine. Malgré la baisse des tarifs, les compagnies en question ont réussi à faire des profits, mais sont préoccupées par la surcapacité ambiante. 15 des plus grandes compagnies ont déjà annoncé un plan de réduction de l'espace utilisé, afin de faire remonter les prix. L'industrie a déjà essayé ce genre de pratique, sans beaucoup de succès d'ailleurs...

Source. — Wall Street Journal, 29 octobre 1996, p. A2.

affaires mondiales. Mais chacun aimerait aussi pouvoir vivre tranquille sans être menacé par les armes de l'autre.

Le tableau 16.4 illustre ce jeu mortel. Si l'Union soviétique décide de produire des armes, les États-Unis ont intérêt à en faire autant pour éviter de perdre la suprématie militaire. Si l'Union soviétique décide de désarmer, les États-Unis sont encore plus gagnants en augmentant leur production militaire, car leur suprématie est alors accrue. Donc pour chacun des pays, la stratégie dominante consiste à produire plus d'armements. La course aux armements se poursuit donc, et les deux pays vivent dans un monde plus dangereux.

À l'époque de la Guerre Froide, les deux pays en question ont multiplié les négociations et les accords de désarmement. Et ils ont buté sur la même difficulté que les membres d'un oligopole tentant de maintenir un cartel. De même que les membres d'un oligopole ont du mal à s'accorder sur les niveaux de production et sur la répartition de celle-ci, les États-Unis et l'Union soviétique ont toujours eu du mal à se mettre d'accord sur l'arsenal autorisé. Et chaque pays craignait toujours que l'autre ne respecte pas l'accord de désarmement. La logique implacable de l'intérêt personnel conduit chaque participant à préférer une stratégie individuelle qui s'avère moins favorable pour chacun.

TABLEAU 16.4 **La course aux armements.**

		États-Unis	
		Armer	Désarmer
Union soviétique	Armer	Risque pour chacun	USA = risque et faiblesse URSS = protection et puissance
	Désarmer	USA = protection et puissance URSS = risque et faiblesse	Protection pour chacun

La publicité

Quand deux entreprises font de la publicité pour attirer les mêmes clients, elles jouent aussi un jeu proche de celui du

dilemme du prisonnier. Prenez deux fabricants de cigarette
comme Marlboro et Camel. Si aucun des deux ne fait de publicit
ils se partagent le marché. S'ils font tous les deux de la publicité, il
se partagent aussi le marché, mais leurs profits sont moindres pui
qu'ils ont dû supporter les dépenses de publicité. Si l'un des fabr
cants fait de la publicité et l'autre pas, le premier détourne de
clients du second.

Le tableau 16.5 montre les conséquences des actions des deu
firmes sur leurs résultats. Vous constatez que faire de la publicit
est la stratégie dominante pour chaque entreprise. Les deux entr
prises font donc de la publicité, alors qu'elles bénéficieraient de n
pas en faire du tout.

Ce résultat fut corroboré en 1971 quand le Congrès interdit l
publicité pour le tabac à la télévision. À la surprise générale, le
producteurs de cigarettes ne s'opposèrent pas à cette mesure. Le
dépenses publicitaires tombèrent et les profits des entreprises d
tabac augmentèrent. La loi avait fait pour les fabricants de cigarette
ce qu'ils ne pouvaient pas faire par eux-mêmes : elle avait résolu l
dilemme du prisonnier en imposant la solution « moins de publ
cité, plus de profits ».

TABLEAU 16.5 **La publicité.**

		Marlboro	
		Publicité	Pas de publicité
Camel	Publicité	3 MDS $ de profit chacun	Marlboro = 2 MDS $ Camel = 5 MDS $
	Pas de publicité	Marlboro = 5 MDS $ Camel = 2 MDS $	4 MDS $ de profit chacun

Les ressources communes

Au chapitre 11, nous avons vu que les gens ont tendance à su
consommer les ressources communes. Ceci peut s'analyser comm
un dilemme du prisonnier.

Imaginons que deux compagnies pétrolières, Exxon et Arco, possèdent des champs de pétrole adjacents. Ces champs donnent accès à une même nappe de pétrole évaluée à 12 millions de dollars. Forer un puits coûte 1 million de dollars. Si chaque compagnie perce un puits, chacune récupérera la moitié de la nappe et fera un profit de 5 millions de dollars (6 millions de chiffre d'affaires moins 1 million de coût de forage).

Comme la nappe de pétrole est une ressource commune, elle ne sera pas utilisée efficacement. Imaginons que chaque compagnie puisse percer un deuxième puits. Si une compagnie détient deux des trois puits, elle pompe les deux tiers de la nappe et réalise un profit de 6 millions de dollars. Si les deux compagnies percent un deuxième puits, elles se partagent de nouveau la nappe à 50/50, mais leur profit individuel n'est plus que de 4 millions (du fait du coût du second puits).

Le tableau 16.6 illustre ce jeu. La stratégie dominante consiste évidemment à percer deux puits. Une fois de plus, la logique individuelle aboutira à un résultat inférieur à celui qui aurait été obtenu dans le cadre coopératif.

TABLEAU 16.6 **Les ressources communes.**

		Exxon	
		2 puits	1 puit
Arco	2 puits	4 M $ de profit chacun	Exxon = 3 M $ Arco = 6 M $
	1 puit	Exxon = 6 M $ Arco = 3 M $	5 M $ de profit chacun

Le dilemme du prisonnier et le bien-être économique

Applicable à maintes situations de la vie courante, le dilemme du prisonnier montre combien il est difficile d'assurer la coopération entre protagonistes, même lorsque celle-ci est favorable à tous. De toute évidence, cette absence de coopération est le problème particulier des parties prenantes. Est-ce aussi un problème pour l'ensemble de la société ? Cela dépend des circonstances.

Dans certains cas, l'équilibre sans coopération n'est pas meilleur pour la société que pour les joueurs. C'est le cas dans la course aux armements, qui met les deux pays en situation de risque accru. Et aussi dans le cas de l'exploitation pétrolière précité, puisque les seconds puits percés constituent un gaspillage. Dans ces deux cas il aurait mieux valu pour la société que les joueurs coopèrent.

En revanche, dans le cas de membres d'un oligopole cherchant à maintenir un profit de monopole, l'absence de coopération est favorable socialement. En effet, si le comportement de monopole est bon pour l'entreprise, il ne l'est pas pour les consommateurs de ses produits. En termes de surplus total, le résultat du marché concurrentiel est préférable. Quand les membres d'un oligopole ne parviennent pas à s'entendre, la quantité produite tend vers ce niveau optimal. En d'autres termes, la main invisible ne conduit les marchés à allouer les ressources efficacement que lorsqu'ils sont concurrentiels, et les marchés ne sont concurrentiels que lorsque les entreprises ne parviennent pas à s'entendre entre elles.

De la même façon, prenez le cas de la police interrogeant deux suspects. L'absence de coopération entre ceux-ci est favorable socialement, puisqu'elle met plus de criminels derrière les barreaux. Le dilemme du prisonnier est un vrai dilemme pour le prisonnier mais une bénédiction pour le reste de la société.

Pourquoi les gens coopèrent parfois

La coopération est difficile, mais est-elle impossible ? Tous les suspects interrogés par la police ne dénoncent pas leurs complices. Les cartels parviennent de temps en temps à faire vivre un accord malgré les incitations individuelles à la tricherie. Très souvent, cela s'explique par le fait que les joueurs jouent souvent, et non pas une seule fois.

La coopération est plus facilement maintenue dans les jeux répétés. Voyons cela en revenant à nos deux compères Jack et Jill. Ils aimeraient bien sauvegarder le résultat de monopole, qui leur ferait produire 30 litres chacun, mais la poursuite de leur intérêt propre les conduit à produire 40 litres. Le tableau 16.7 illustre le jeu en question. La production de 40 litres est la stratégie dominante pour chacun d'eux.

Imaginons que Jack et Jill essaient de monter un cartel. Pour maximiser le profit total, ils s'entendent sur une production limitée à 30 litres chacun. Mais s'ils n'envisagent de jouer qu'une seule fois, aucun des deux protagonistes n'est incité à respecter l'accord en question, et la production s'établira à 40 litres.

TABLEAU 16.7 **L'oligopole de Jack et Jill.**

		Jack	
		Vend 40 L	Vend 30 L
Arco	Vend 40 L	1 600 $ de profit chacun	Jack = 1 500 $ Jill = 2 000 $
	Vend 30 L	Jack = 2 000 $ Jill = 1 500 $	1 800 $ de profit chacun

Supposons maintenant que les deux joueurs sachent qu'ils devront reprendre leur partie chaque semaine. À la signature de l'accord, ils prévoient ce qui se passera si l'une des parties ne respecte pas ses obligations. Par exemple, ils peuvent décider que si l'une des parties produit 40 litres, l'autre pourra en faire autant. Cette pénalité est facile à mettre en place, puisque si l'une des parties produit beaucoup, l'autre a toutes les raisons d'en faire autant.

La menace de cette mesure peut suffire à maintenir la coopération. Celui qui ne respectera pas l'accord pourra augmenter son profit de 1 800 à 2 000 dollars. Mais seulement pour une semaine. Ensuite, son profit tombera à 1 600 dollars et ne bougera plus. Si les joueurs sont plus attirés par les profits à long terme, ils devraient coopérer. Donc, *dans une situation de dilemme du prisonnier répété, les deux joueurs peuvent maintenir la coopération nécessaire pour atteindre le résultat optimal.*

ÉTUDE DE CAS

Le tournoi de dilemme du prisonnier

Supposons que vous jouez au dilemme du prisonnier avec une personne interrogée dans une autre pièce. Supposons en outre que le jeu sera répété fréquemment, et que le score final sera le nombre d'années de prison. L'objectif est donc d'avoir le score le plus réduit possible. Quelle stratégie devez-vous adopter ? Devez-vous avouer ou nier ? Quelles implications auront sur vos décisions celles prises par l'autre joueur ?

C'est là un jeu compliqué. Pour encourager la coopération, les joueurs doivent se pénaliser mutuellement en cas de non-coopération. Mais la stratégie punitive évoquée précédemment – dès qu'un joueur triche, l'autre en fait autant jusqu'à la fin du jeu – n'est certainement pas la plus efficace. Si la partie est répétée fréquemment, il vaut mieux adopter une stratégie qui revient à la coopération après une période de punition.

Pour étudier la meilleure stratégie, le sociologue politique Robert Axelrod a organisé un tournoi. Les participants devaient envoyer des programmes informatiques conçus pour jouer au dilemme du prisonnier de manière répétée. Chaque programme jouait le jeu contre tous les autres programmes. Le gagnant était celui qui finissait avec la peine de prison la plus faible.

La stratégie qui l'emporta était une stratégie simple, connue sous le nom de *tit-for-tat.* Elle consistait à coopérer d'abord, puis ensuite à faire la même chose que ce qu'avait fait l'adversaire au tour précédent. Donc le joueur qui suit cette stratégie commence par coopérer, jusqu'à ce que l'adversaire triche. Le joueur triche alors jusqu'à ce que l'adversaire se remette à coopérer. À la surprise d'Axelrod, cette stratégie élémentaire s'avéra supérieure à toutes les stratégies plus compliquées en concurrence avec elle.

Cette stratégie a en fait une longue histoire. C'est en fait la stratégie bien connue « œil pour œil, dent pour dent ». Le tournoi de dilemme du prisonnier tendrait à prouver qu'elle constitue une règle de vie efficace dans bien des situations réelles de la vie courante.

■ **VÉRIFIEZ VOS CONNAISSANCES** Raconter l'histoire du dilemme du prisonnier. Dessiner la matrice des choix possibles et indiquer le résultat le plus probable ■ Comment le dilemme du prisonnier s'applique-t-il aux oligopoles ?

16.4 MESURES POLITIQUES ET OLIGOPOLES

L'un des *dix principes de l'économie* présentés au chapitre I stipulait que le gouvernement peut parfois améliorer les résultats de l'activité de marché. Ce principe s'applique facilement aux oligopoles. Nous avons vu que la coopération entre les membres d'un oligopole est défavorable socialement, puisqu'elle aboutit à une production suboptimale et un prix trop élevé. L'intervention politique doit donc essayer de pousser les entreprises à se concurrencer plutôt qu'à s'entendre. Voyons quels sont les moyens politiques envisageables et le débat autour de ce genre d'intervention gouvernementale.

Entrave à la concurrence et lois antitrust

La loi est un moyen de favoriser la concurrence. En temps normal, la liberté de négocier des contrats est un aspect essentiel de l'économie de marché. Les entreprises et les ménages passent leur vie à se mettre d'accord sur des opérations mutuellement favorables. Et ils s'appuient sur le système judiciaire pour faire respecter les engagements contractés. Pourtant, depuis des siècles, les tribunaux en Angleterre et aux États-Unis considèrent comme contraires au bien public les accords passés entre concurrents en vue de réduire la production et d'augmenter les prix. Ils refusaient donc de faire respecter de tels accords.

Le Sherman Antitrust Act de 1890 a précisé et renforcé cette mesure :

« Tout contrat ou entente, quelle qu'en soit la forme, visant à limiter le commerce entre les États, ou le commerce international, est réputé être illégal... Quiconque se posera en monopole, ou essaiera de le faire, ou conspirera avec d'autres pour établir une position de monopole, que ce soit dans le commerce entre États ou dans le commerce international, sera reconnu coupable de pratique criminelle et poursuivi... »

Avec le Sherman Act, l'accord entre entreprises oligopolistiques devient un acte criminel.

Le Clayton Act de 1914 est allé encore plus loin, en établissant qu'une personne en mesure de prouver qu'elle a été lésée par une entente visant à limiter la concurrence pouvait ester en justice et demander des dommages et intérêts à l'encontre des contrevenants, la réparation pouvant atteindre trois fois le montant des dommages subis. L'objet de cette mesure était d'encourager les poursuites judiciaires contre les oligopoles.

Aujourd'hui, le ministère de la Justice et des personnes physiques peuvent intenter des actions en justice pour s'opposer aux pratiques anticoncurrentielles. Comme nous l'avons vu au chapitre 14, ces lois cherchent à éviter que des fusions fournissent un pouvoir de marché excessif à une entreprise unique. En outre, elles interdisent aux entreprises oligopolistiques d'agir de concert afin de limiter la concurrence.

ÉTUDE DE CAS

Un coup de téléphone illégal

Les membres d'un oligopole ont intérêt à s'entendre en vue de réduire la production, augmenter les prix et accroître leurs profits. Déjà au XVIIIe siècle, Adam Smith était conscient de ce danger. Dans *De la Richesse des Nations,* il écrivait : « Les membres d'une même corporation se rencontrent rarement mais quand cela arrive la conversation ne tarde pas à tourner à la conspiration contre le public, ou à une manipulation des prix. »

Pour illustrer de manière contemporaine cette affirmation de Smith, voici l'extrait d'une conversation téléphonique entre deux patrons de compagnies aériennes au début des années 1980 (cette conversation fut rapportée par le *New York Times* du 24 février 1983). Robert Crandall était alors Président d'American Airlines et Howard Putnam, Président de Braniff Airways.

Crandall : « Nom de Zeus, il est complètement stupide de continuer à se bouffer le nez comme çà et de ne pas gagner un centime.

Putnam : Que proposez-vous ?

Crandall : C'est simple. Vous augmentez vos tarifs de 20 % Le lendemain, j'en fais autant avec les miens.

Putnam : Robert, nous ne...

Crandall : Vous ferez plus de fric et moi aussi.

Putnam : On ne peut pas parler prix !

Crandall : Et m..., Howard. On peut parler de ce qu'on veut. »

Putnam avait raison ; le Sherman Antitrust Act interdit aux dirigeants d'entreprise de parler de fixation de prix sur leur marché. Après que Putnam eût remis un enregistrement de cette conversation au ministère de la Justice, des poursuites furent lancées contre Crandall.

Deux ans plus tard, Crandall et le ministère de la Justice se mirent d'accord sur une limitation des activités de Crandall incluant notamment une quasi-interdiction de rencontrer d'autres dirigeants de compagnies aériennes. Selon les termes mêmes du ministère de la Justice, cet accord « protégera la concurrence entre compagnies aériennes, en empêchant American Airlines et Crandall de tenter d'adopter un comportement monopolistique par l'intermédiaire d'accords avec les concurrents sur les prix du service rendu ».

La controverse sur la politique antitrust

L'essentiel du débat porte sur la question de savoir quel type de comportement les lois antitrust doivent interdire. La majorité des observateurs semble s'accorder sur l'interdiction des accords de fixation de prix entre firmes concurrentes. Pourtant, certaines pratiques qui ne semblent pas *a priori* critiquables ont fait l'objet de condamnation. En voici deux exemples.

Prix de vente au réseau

Imaginons que Superduper Électronique vende des magnétoscopes à des détaillants. Si cette entreprise exige des détaillants qu'ils vendent le magnétoscope au public à 350 dollars, il y a fixation d'un prix de vente. Tout détaillant qui vendrait moins cher que 350 dollars violerait l'accord avec le fournisseur.

À première vue, cette pratique peut sembler anticoncurrentielle et donc critiquable socialement, puisqu'elle empêche les détaillants de se faire concurrence par les prix. C'est pourquoi les tribunaux ont souvent considéré cette pratique comme une violation des lois antitrust.

Mais les économistes ont pris la défense de cette pratique commerciale, s'appuyant sur deux arguments. D'abord, ils font remarquer qu'elle ne vise pas à entraver la concurrence. Si Superduper Électronique dispose d'un certain pouvoir de marché, il lui est plus facile de l'exercer à travers le prix de vente aux détaillants. En outre, Superduper n'a rien à gagner à limiter la concurrence entre détaillants. Un cartel vendant moins qu'un groupe d'entreprises concurrentielles, Superduper a tout à gagner à avoir des détaillants en situation de concurrence réelle.

Par ailleurs, cette pratique poursuit un but légitime. Superduper peut vouloir que ses détaillants offrent à leurs clients un magasin de qualité et une force de vente compétente. Sans la contrainte évoquée ici, les clients pourraient se rendre dans l'un des détaillants en question, y récupérer tous les renseignements voulus puis aller acheter le modèle désiré chez un détaillant moins cher n'offrant aucun service. Dans une certaine mesure, la qualité du service est un bien public pour les détaillants qui vendent les magnétoscopes de Superduper. Comme nous l'avons vu au chapitre 11, quand quelqu'un fournit un bien public, d'autres peuvent en profiter sans avoir à payer. Dans ce cas précis, des détaillants « discounters » pourraient jouer les passagers clandestins sur le service rendu par d'autres, ce qui se traduirait par une baisse généralisée de la qualité de service. La contrainte imposée par Superduper à ses détaillants est une façon de régler ce problème de passager clandestin.

DANS VOS JOURNAUX

Faut-il condamner Toys'R'Us ?

L'application des lois antitrust n'est pas facile. Ce qui est considéré par l'un comme une entrave à la concurrence est vu par l'autre comme une pratique commerciale légitime. L'article suivant décrit une pratique de la chaîne de magasins de jouets Toys'R'Us qui fait l'objet de critiques. Certains détaillants « discounters » accusent Toys'R'Us de jouer de son pouvoir de marché pour les exclure du marché du jouet. Toys'R'Us accuse les discounters de jouer les passagers clandestins sur sa propre publicité.

Toys'R'Us s'attend à être condamné pour violation des lois antitrust

JENNIFER STEINHAUER

La société Toys'R'Us, le plus important marchand de jouets des États-Unis, a annoncé hier qu'elle s'attendait à faire l'objet de poursuites par le gouvernement pour violation des lois antitrust, et qu'elle se défendrait contre toute attaque visant ses pratiques commerciales...

Le cœur du débat porte sur la question de savoir si Toys'R'Us enfreint la loi quand le marchand de jouets annonce à des fabricants comme Mattel et Hasbro qu'il n'achètera plus leurs produits s'ils continuent à les vendre aussi à des « discount clubs » qui les revendent moins cher que Toys'R'Us. Les « discount clubs » vendent des produits à des prix très bas à des clients qui paient un droit d'adhésion au club en question.

S'il est clair qu'un détaillant a le droit de choisir ses fournisseurs, on peut se demander s'il peut utiliser sa taille et son pouvoir de marché pour inciter les fabricants à éliminer ses propres concurrents. Dans le cas de Toys'R'Us, avec son chiffre d'affaires de 9 milliards de dollars et sa part de marché supérieure à 20 %, le pouvoir de marché est considérable...

L'affaire a débuté quand des « discount clubs » se sont plaints de ce que certains fabricants refusaient de leur vendre des produits, à la demande de Toys'R'Us.

Toys'R'Us défend ses pratiques en disant que la société doit faire face à une concurrence féroce, non seulement de la part des « discount clubs », mais aussi des grandes chaînes de discount comme Walmart ou Target.

« Nous sommes vraiment surpris de faire l'objet de telles accusations », déclarait hier soir Michaël Goldstein, le PDG de Toys'R'Us.

Toys'R'Us dépense des millions de dollars tout au long de l'année pour faire de la publicité sur les jouets et « six semaines avant Noël, les « discount clubs » proposent les meilleurs produits à des prix imbattables, sans avoir eu à dépenser un sou d'investissement ».

« Compte tenu de cela, et de l'apport de Toys'R'Us à l'industrie du jouet, nous avons annoncé aux fabricants que nous refusions de proposer les mêmes jouets que les « discount clubs ». Il s'agit ici de défendre notre capacité concurrentielle... »

Source. — *The New York Times,* 22 mai 1996, p. D1, D7.

Cet exemple illustre un principe important : *certaines pratiques commerciales qui semblent constituer des entraves à la concurrence peuvent avoir des objectifs parfaitement légitimes.* Ce qui rend l'application des lois antitrust plus difficile. Les économistes, avocats et juges concernés doivent définir les comportements contraires au jeu concurrentiel, ce qui est loin d'être facile.

La vente liée

Imaginons que les studios de cinéma Faitdufric produisent deux nouveautés : Exterminator et Hamlet. Si le studio propose aux cinémas les deux films dans le cadre d'un package assorti d'un prix unique, on parlera de *vente liée.*

Quand cette pratique fut portée devant les tribunaux, la Cour suprême des États-Unis en prononça l'interdiction. La cour tint le raisonnement suivant. Imaginons que Exterminator soit un gros succès, alors que Hamlet soit un film d'art déficitaire. Le studio profiterait alors de la forte demande d'Exterminator pour forcer les gens à acheter Hamlet. La vente forcée aurait alors permis au studio d'accroître son pouvoir de marché.

Cet argument laisse les économistes sceptiques. Imaginons que les cinémas acceptent de payer 20 000 dollars pour Exterminator, et rien pour Hamlet. Le maximum qu'un cinéma accepterait de payer pour les deux films ensemble serait donc de 20 000 dollars. Obliger le cinéma à prendre un film sans valeur n'augmente pas la volonté de payer du cinéma. Et le studio ne peut accroître son pouvoir de marché par le simple fait de lier les deux ventes.

Pourquoi cette pratique existe-t-elle ? Peut-être parce que c'est une forme de discrimination tarifaire. Supposons qu'il y ait deux cinémas. Le cinéma de ville est prêt à payer 16 000 dollars pour Exterminator, et 5 000 dollars pour Hamlet. Le cinéma de campagne est prêt à payer 14 000 dollars pour Exterminator, et 6 000 dollars pour Hamlet. Si le studio pratique des prix différents pour ses films, sa meilleure stratégie consiste à demander 14 000 dollars pour Exterminator, et 5 000 dollars pour Hamlet, soit un total de 19 000 dollars par cinéma. En proposant les deux films en package à 20 000 dollars, le studio s'en sort mieux. Si des cinémas différents accordent des valeurs différentes aux films, la vente liée permet au producteur d'accroître son profit en proposant un prix de package plus proche de la volonté totale de payer des acheteurs.

Cette pratique reste critiquée. L'argument de la Cour suprême, selon lequel la vente liée permettrait au producteur d'étendre son pouvoir de marché à d'autres biens, ne semble pas très fondé. Mais certains économistes ont montré que dans certains cas la vente liée pouvait constituer une entrave à la concurrence. En l'état actuel des connaissances, il est donc difficile de dire si cette pratique est critiquable ou non.

Le débat sur la vente liée a pris une importance évidente tout récemment. Comme nous l'avons vu au chapitre 15, Microsoft dispose d'un quasi-monopole sur les systèmes d'exploitation des ordinateurs personnels. Quasiment tous les ordinateurs personnels du monde utilisent un système Microsoft, DOS, Windows ou Windows 95. D'autres sociétés de logiciels prétendent que Microsoft tente de consolider son pouvoir de marché en intégrant dans ses systèmes d'exploitation des logiciels qui n'ont rien à voir, permettant par exemple de « surfer sur Internet ». Le ministère de la Justice américain suit en permanence ce dossier.

■ **VÉRIFIEZ VOS CONNAISSANCES** Quel genre d'accord les entreprises n'ont-elles pas le droit de passer ? ■ Pourquoi les lois antitrusts sont-elles critiquées ?

16.5 CONCLUSION

Les oligopoles aimeraient être des monopoles, mais l'intérêt personnel des participants les pousse à se comporter plutôt comme des entreprises concurrentielles. L'oligopole ressemblera donc plus à un monopole ou plus à une entreprise concurrentielle selon que les participants sont plus ou moins nombreux et plus ou moins coopératifs. La parabole du dilemme du prisonnier montre qu'il est difficile d'assurer la coopération des membres, même quand celle-ci est de toute évidence favorable à tous.

Le comportement des entreprises oligopolistiques est limité par les lois antitrust, qui font d'ailleurs l'objet de discussions acérées. Si les accords visant à fixer des prix réduisent clairement le bien-être économique général, certaines pratiques commerciales qui semblent constituer des entraves à la concurrence ont parfois des objectifs parfaitement légitimes. Il faut donc être très prudent dans le maniement des lois antitrust.

RÉSUMÉ

- Les membres d'un oligopole maximisent leurs profits en formant un cartel qui se comporte comme un monopole. Mais s'ils décident individuellement de leurs niveaux de production, la quantité produite est supérieure et le prix inférieur à ceux qui seraient pratiqués par un monopole. Plus l'oligopole comporte de membres, plus la quantité produite et le prix sont proches de ce qu'ils seraient en situation de concurrence parfaite.
- Le dilemme du prisonnier montre que l'intérêt personnel s'oppose souvent à la coopération, même lorsque celle-ci bénéficie à tous les participants. Cette logique s'applique à de nombreuses situations,

comme la course aux armements, la publicité, l'utilisation des ressources communes, et les oligopoles.

- La puissance publique a recours aux lois antitrust pour empêcher les oligopoles d'adopter une attitude susceptible d'entraver la concurrence. L'application de ces lois ne fait pas l'unanimité, car certaines pratiques commerciales qui semblent constituer des entraves à la concurrence peuvent être en fait parfaitement justifiées par des objectifs commerciaux légitimes.

CONCEPTS CLÉS – DÉFINITIONS

Oligopole : marché sur lequel un petit nombre de vendeurs proposent des produits similaires ou identiques.

Concurrence monopolistique : marché sur lequel de nombreuses firmes proposent des produits similaires mais pas identiques.

Entente : accord passé entre producteurs sur les quantités à produire ou les prix des produits.

Cartel : groupe d'entreprises agissant de concert.

Équilibre de Nash : situation dans laquelle les acteurs économiques choisissent leur meilleure stratégie – celles choisies par les autres joueurs étant données.

Théorie des jeux : étude du comportement des gens dans des situations stratégiques.

Dilemme du prisonnier : un « jeu » particulier entre deux criminels arrêtés, qui illustre la difficulté de maintenir la coopération même lorsque celle-ci est favorable à tous.

Stratégie dominante : stratégie qui est la meilleure pour un joueur, quelles que soient les stratégies choisies par les autres joueurs.

QUESTIONS DE RÉVISION

1. Si un groupe de vendeurs devait former un cartel, quel type de quantité et de prix chercheraient-ils à pratiquer ?
2. Comparer les prix et quantité pratiqués par un oligopole à ceux pratiqués par un monopole.
3. Comparer les prix et quantité pratiqués par un oligopole à ceux pratiqués par une entreprise concurrentielle.
4. Quelle influence le nombre de membres d'un oligopole exerce-t-il sur le résultat de l'activité de marché ?
5. Qu'est-ce que le dilemme du prisonnier, et quel rapport a-t-il avec l'oligopole ?
6. Donner deux exemples différents de celui de l'oligopole illustrant l'utilité du dilemme du prisonnier pour expliquer certains comportements.

7. Quels genres de comportements sont interdits par les lois antitrust ?
8. Quel est le problème posé par le prix de vente au réseau de distributeurs ?

PROBLÈMES D'APPLICATION

1. Le *New York Times* du 30 novembre 1993 rapportait l'information suivante : « L'incapacité de l'OPEP de convenir d'une réduction de la production de pétrole brut a plongé le marché dans de sérieuses turbulences à l'issue desquelles le prix du pétrole atteignait son niveau le plus bas depuis juin 1990. »

   a. Pourquoi les membres de l'Opep essayaient-ils de réduire la production ?

   b. Pourquoi n'ont-ils pas réussi à se mettre d'accord ? Pourquoi le marché a-t-il connu de « sérieuses turbulences » ?

   c. L'article rapportait aussi cette opinion formulée par les dirigeants de l'Opep : « Les pays non membres de l'organisation, comme la Norvège et la Grande-Bretagne, devraient eux aussi faire des efforts et réduire leur production. » Que suggère cette phrase pour ce qui est des relations souhaitées entre l'Opep et les deux pays mentionnés ?
2. La Russie et l'Afrique du Sud comptent pour une énorme part dans l'offre mondiale de diamants. Supposons que le coût marginal d'extraction d'un diamant soit de 1 000 dollars, et que la demande soit décrite par le plan suivant :

Prix	*Quantité*
8 000 $	5000
7 000	6 000
6 000	7 000
5 000	8 000
4 000	9 000
3 000	10 000
2 000	11 000
1 000	12 000

   a. Quels seraient le prix et la quantité produite si le marché était concurrentiel ?

   b. Même question pour un monopole.

   c. Si la Russie et l'Afrique du Sud forment un cartel, quels seront les prix et quantité ? Si les deux pays se répartissent le marché équitablement, quels seront la production et le profit de l'Afrique du Sud ? Comment évoluerait le profit de ce pays s'il augmente sa production de 1 000 unités alors que la Russie s'en tient à l'accord passé ?

   d. À partir de la réponse à la question précédente, expliquez pourquoi les cartels ont souvent du mal à fonctionner.

3. Ce chapitre s'est intéressé aux oligopoles de vendeurs. Mais il existe aussi des oligopoles d'acheteurs :
   a. Si un oligopole de vendeurs tente d'accroître le prix du produit vendu, quel est l'objectif d'un oligopole d'acheteurs ?
   b. Les propriétaires des grandes équipes de base-ball forment un oligopole sur le marché des joueurs de base-ball. Quel peut être leur objectif en matière de politique salariale ? Pourquoi est-il difficile à atteindre ?
   c. Les joueurs de base-ball ont fait grève en 1994, pour marquer leur opposition aux plafonds de salaires que les propriétaires des équipes souhaitaient imposer. Si les propriétaires s'étaient mis d'accord sur les salaires à payer, pourquoi avaient-ils besoin d'imposer un plafond ?
4. Pourquoi la théorie des jeux est-elle utile pour comprendre le fonctionnement des marchés sur lesquels s'affrontent peu d'entreprises, et inutile pour comprendre le fonctionnement des marchés de concurrence parfaite ?
5. Décrivez plusieurs activités de votre vie qui pourraient être illustrées par le dilemme du prisonnier. Quel est leur point commun ?
6. Considérez les relations commerciales entre les États-Unis et le Mexique. Supposons que les dirigeants des deux pays analysent les diverses voies possibles en matière de tarifs douaniers de la façon suivante :

		USA	
		Tarif élevé	Tarif faible
Mexique	Tarif élevé	USA = + 20 MDS $ Mex = + 20 MDS $	USA = + 10 MDS $ Mex = + 30 MDS $
	Tarif faible	USA = + 30 MDS $ Mex = + 10 MDS $	USA = + 25 MDS $ Mex = + 25 MDS $

   a. Quelle est la stratégie dominante pour les États-Unis ? Pour le Mexique ? Expliquez.
   b. Définissez l'équilibre de Nash. Quel est-il dans notre exemple ?
   c. En 1993, le Congrès a ratifié l'Accord de libre-échange nord-américain, selon lequel les États-Unis et le Mexique devaient diminuer simultanément leurs tarifs douaniers. Cette décision paraît-elle justifiée par le tableau précédent ?
   d. Compte tenu de ce que vous connaissez des avantages de l'échange (chapitres 3 et 9), les résultats présentés dans le tableau vous paraissent-ils représentatifs de la prospérité économique dans chacun des quatre cas ?

7. Imaginons qu'un projet vous soit confié, ainsi qu'à l'un de vos camarades de classe, qui doive faire l'objet d'une notation unique pour les deux élèves. Chacun d'entre vous veut avoir une bonne note, mais chacun veut en faire le moins possible. Le tableau suivant résume les possibilités :

		Votre décision	
		Travail	Loisir
Décision de votre collègue	Travail	Vous = A + désagrément Lui = A + désagrément	Vous = B + plaisir Lui = B + désagrément
	Loisir	Vous = B + désagrément Lui = B + plaisir	Vous = D + plaisir Lui = D + plaisir

Supposons que vous préférez vous amuser, et que travailler présente le même désagrément qu'avoir une note inférieure de deux échelons :

a. Réécrire le tableau en combinant la note et le désagrément pour chaque cas possible.

b. Si ni l'un ni l'autre des deux étudiants ne peut savoir ce que fait l'autre, quel est le résultat le plus probable ? Sera-t-il différent si vous devez retravailler plus tard avec la même personne ? Expliquez.

8. Dans ce chapitre nous avons dit que l'interdiction faite aux fabricants de cigarettes de passer de la publicité à la télévision a amélioré leurs profits. Cette décision était-elle de ce fait intéressante du point de vue social ? Expliquez.

9. Nous avons rapporté dans ce chapitre une conversation téléphonique entre les présidents d'American Airlines et de Braniff Airways. Analysons le jeu joué par ces deux entreprises. Imaginons que chacune a le choix entre demander un prix faible ou un prix élevé par billet d'avion. Si une compagnie demande 100 dollars, elle réalisera un profit faible si l'autre demande aussi 100 dollars, et un profit important si l'autre demande 200 dollars. Si une compagnie demande 200 dollars, elle réalisera un tout petit profit si l'autre demande 100 dollars, et un profit moyen si l'autre demande aussi 200 dollars :

a. Dessinez le tableau des résultats possibles.

b. Quel est l'équilibre de Nash de ce jeu ? Expliquez.

c. Existe-t-il un résultat préférable à l'équilibre de Nash pour les deux entreprises ? Comment l'atteindre ? Qui serait perdant dans ce cas ?

10. Les éleveurs Jones et Smith font paître leurs troupeaux sur les mêmes terres. S'il n'y a pas plus de 20 vaches sur le pâturage, chacune produit 4 000 dollars de lait. Quand le nombre de vaches augmente, elles ont

moins d'herbe à consommer et leur production laitière diminue. 30 vaches ne produisent plus que 3 000 dollars de lait chacune, 40 vaches 2 000 dollars chacune. Les vaches coûtent 1 000 dollars pièce :

a. Supposons que chacun des éleveurs puisse acheter 10 ou 20 vaches, mais qu'aucun ne sache combien en achète l'autre. Calculez les résultats obtenus dans chacun des cas de figure.

b. Quel est le résultat le plus probable ? Quel serait le meilleur résultat ? Expliquez.

c. La superficie des pâtures communes a diminué au fil du temps. Pourquoi ? *(Vous pouvez relire le chapitre 11.)*

CHAPITRE 17

LA CONCURRENCE MONOPOLISTIQUE

Dans ce chapitre, vous allez :

- examiner la concurrence entre firmes qui vendent des produits différenciés
- comparer l'équilibre de concurrence parfaite à celui de concurrence monopolistique
- juger de la qualité des résultats de l'activité d'un marché de concurrence monopolistique
- étudier le débat sur les effets de la publicité
- étudier le débat sur les rôles des marques

Vous voulez vous acheter un livre pour vos prochaines vacances. Dans votre librairie habituelle, vous trouvez un roman policier de John Grisham, un roman d'horreur de Stephen King, un roman à l'eau de rose de Danielle Steel, une autobiographie de Dennis Rodman, parmi d'autres ouvrages. Quand vous choisissez un livre à acheter, sur quel type de marché êtes-vous ?

D'un côté, le marché des romans paraît assez concurrentiel. En parcourant les linéaires du libraire vous découvrez des milliers d'auteurs et des centaines d'éditeurs qui cherchent à attirer votre attention. L'acheteur est donc confronté à des milliers de produits différents. Et comme n'importe qui peut écrire et faire publier un livre, cette activité n'est pas très rentable. Pour un auteur à succès, des centaines tirent le diable par la queue.

Mais par ailleurs, ce marché peut sembler assez monopolistique. Comme chaque ouvrage est unique, les éditeurs ont une certaine latitude dans le choix du prix de vente. Les vendeurs sont donc plutôt des donneurs de prix que des preneurs de prix. Et il est clair que le prix d'un livre est très supérieur à son coût marginal. Le prix d'un livre broché typique est de l'ordre de 25 dollars, quand son coût marginal n'excède pas 5 dollars.

Dans ce chapitre, nous allons étudier les marchés qui ont certaines caractéristiques de la concurrence parfaite et certaines autres du monopole. On parle alors de *concurrence monopolistique*. De tels marchés présentent les caractéristiques suivantes :

– *nombreux vendeurs :* plusieurs entreprises essaient d'attirer les mêmes clients ;

– *produits différents* : chaque entreprise produit un bien légèrement différent de celui de ses concurrents. De sorte que l'entreprise n'est pas un preneur de prix, et fait face à une demande décroissante ;

– *pas de barrière à l'entrée* : les entreprises peuvent entrer ou sortir de ce marché sans contraintes. Le nombre de firmes en activité s'ajuste donc de telle sorte que le profit tend vers zéro.

Il est évident que la liste des marchés de ce genre est très longue : livres, CD, films, jeux pour ordinateurs, restaurants, boissons non alcoolisées, biscuits, dentifrices, etc.

La concurrence monopolistique, tout comme l'oligopole, constitue une forme de structure de marché intermédiaire entre la concurrence parfaite et le monopole. Mais la concurrence monopolistique se distingue nettement de l'oligopole. Ce dernier est très éloigné de l'idéal de concurrence parfaite décrit au chapitre 14, car les vendeurs sont peu nombreux. Du coup, la concurrence féroce est peu probable, et les relations stratégiques entre vendeurs sont extrêmement importantes. En revanche, dans le cadre de la concurrence monopolistique, les vendeurs sont nombreux et de taille réduite par rapport à l'ensemble du marché. La différence avec l'idéal de concurrence parfaite tient au fait que les produits vendus ne sont pas identiques.

17.1 LA CONCURRENCE QUAND LES PRODUITS SONT DIFFÉRENTS

Nous allons d'abord nous concentrer sur les décisions de l'entreprise individuelle. Ensuite nous allons voir ce qui se passe à long terme avec les entrées et sorties de firmes sur le marché. Puis nous allons comparer les équilibres de marché dans le cas de la concurrence monopolistique et dans celui de la concurrence parfaite. Enfin nous verrons si le résultat obtenu sur un marché de concurrence monopolistique est socialement favorable ou non.

L'entreprise de concurrence monopolistique à court terme

Chacune des entreprises opérant sur un marché de concurrence monopolistique est un peu comme un monopole. Parce que son produit est différent de ceux offerts par les concurrents, la courbe de demande est décroissante (contrairement à l'entreprise concurrentielle pour laquelle la courbe de demande est horizontale au prix du marché). Pour maximiser son profit, cette entreprise applique la règle du monopole : elle choisit la quantité pour laquelle le chiffre d'affaires marginal est égal au coût marginal, puis trouve sur la courbe de demande le prix correspondant à cette quantité.

La figure 17.1 montre les courbes de coût, de demande et de chiffre d'affaires marginal pour deux entreprises typiques, opérant chacune sur un marché de concurrence monopolistique. Sur les deux planches de ce graphique, la quantité optimale se trouve à l'intersection des courbes de chiffre d'affaires marginal et de coût marginal. Les deux planches présentent deux résultats en termes de profit de l'entreprise. Sur la planche A, le prix est supérieur au coût moyen et la firme est bénéficiaire. Sur la planche B, le prix est inférieur au coût moyen et l'entreprise est déficitaire, et le mieux qu'elle puisse faire consiste à limiter les pertes.

Jusque-là, rien de bien nouveau. L'entreprise opérant sur un marché de concurrence monopolistique détermine sa quantité et son prix comme le fait un monopole. À court terme, ces deux structures de marché sont similaires.

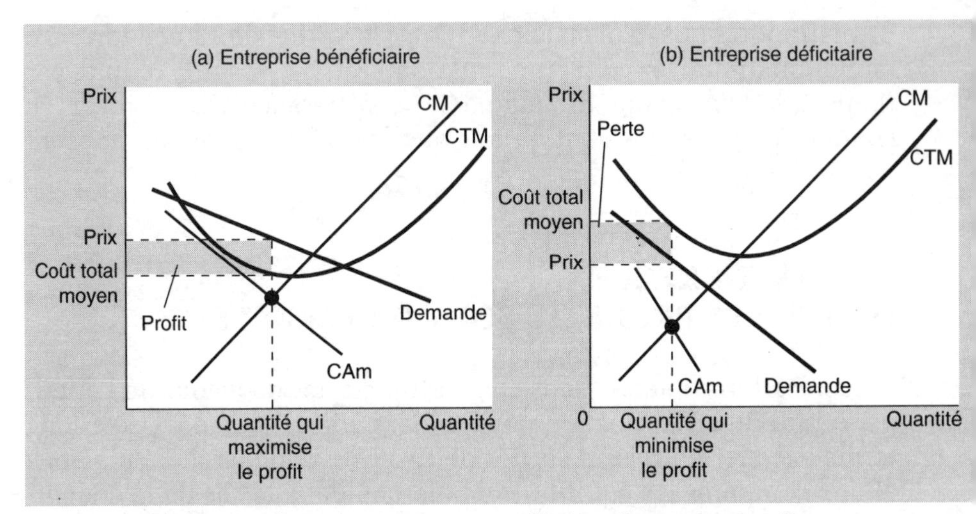

FIG. 17.1 **L'entreprise de concurrence monopolistique à court terme.** Comme un monopole, une entreprise opérant sur un marché de concurrence monopolistique maximise son profit en produisant une quantité pour laquelle le chiffre d'affaires marginal est égal au coût marginal. Sur la planche A, l'entreprise est bénéficiaire parce qu'à cette quantité, le prix est supérieur au coût moyen. Sur la planche B, l'entreprise est déficitaire car le prix est inférieur au coût moyen.

L'équilibre de long terme

Les situations décrites par la figure 17.1 ne durent pas longtemps. Si les entreprises sont bénéficiaires comme sur la planche A, de nouvelles firmes vont pénétrer sur le marché. Ce qui va augmenter le nombre de produits offerts aux consommateurs et donc réduire la demande pour chaque produit existant. Autrement dit, le profit suscite l'apparition de nouveaux joueurs, ce qui se traduit par un déplacement vers la gauche des courbes de demande des entreprises déjà présentes sur le marché. Et cette diminution de la demande fait baisser les profits.

En sens inverse, si les firmes sont déficitaires comme sur la planche B, elles vont quitter le marché. Cette réduction du nombre de vendeurs va se traduire pour ceux qui restent sur le marché par une augmentation de la demande, qui elle-même engendrera de meilleurs résultats (en l'occurrence des pertes inférieures).

Ce processus d'ajustement durera jusqu'à ce que les entreprises réalisent un profit économique nul. Cet équilibre de long terme est illustré par la figure 17.2. Quand cet équilibre est atteint, plus personne n'a intérêt à entrer ou à sortir du marché.

Vous remarquerez que sur cette figure la courbe de demande effleure à peine celle de coût moyen. Mathématiquement, on dit

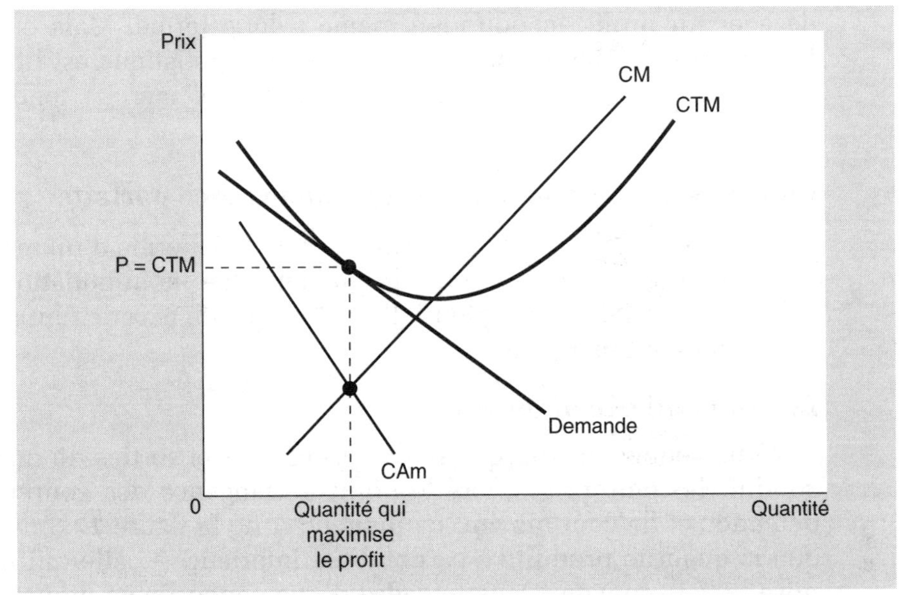

FIG. 17.2 **L'entreprise de concurrence monopolistique à long terme.** Si les entreprises sont bénéficiaires, de nouveaux concurrents apparaissent et les courbes de demande se déplacent vers la gauche. Si les entreprises sont déficitaires, certaines disparaissent et les courbes de demande se déplacent vers la droite. Suite à ces déplacements, les entreprises finissent par se retrouver en situation d'équilibre de long terme, comme sur cette figure. Le prix est alors égal au coût moyen et les firmes réalisent un profit nul.

que les deux courbes sont tangentes. Cela doit être le cas dès que le profit est devenu nul. Comme le profit unitaire est la différence entre le prix (trouvé sur la courbe de demande) et le coût moyen, le profit maximal est nul lorsque ces deux courbes se touchent sans se croiser.

Pour résumer, l'équilibre à long terme sur un marché de concurrence monopolistique présente les deux caractéristiques suivantes :

1. Comme sur un marché monopolistique, le prix y est supérieur au coût marginal. Cela est dû au fait que le processus de maximisation du profit implique l'égalité du chiffre d'affaires marginal et du coût marginal, et que la courbe de demande décroissante rend le chiffre d'affaires marginal inférieur au prix.

2. Comme sur un marché concurrentiel, le prix est égal au coût moyen. Cela est dû au fait que les entrées et sorties de concurrents poussent le profit économique vers zéro.

Cette seconde caractéristique montre bien la différence entre le monopole et le marché de concurrence monopolistique. Comme le monopole est l'unique vendeur d'un produit sans substituts, il peut dégager un profit économique même à long terme. Mais comm l'entrée sur un marché de concurrence monopolistique est libre, l profit économique d'une entreprise sur un tel marché tend ver zéro.

Concurrence monopolistique et concurrence parfaite

La figure 17.3 compare les équilibres de long terme d'un march concurrentiel et d'un marché de concurrence monopolistique. I existe deux différences essentielles : la capacité excédentaire et l marge sur coût marginal.

La capacité excédentaire

Nous venons de voir que le jeu des entrées et sorties du march conduit les entreprises vers le point de tangence des courbes d demande et de coût moyen. La planche A de la figure 17.3 montr que la quantité produite à ce point est inférieure à celle qui mini mise le coût moyen. Dans le cadre d'une concurrence monopolis tique, les entreprises opèrent sur la partie décroissante de leu courbe de coût moyen.

Ce qui constitue une énorme différence avec la concurrence par faite. Comme on le constate sur la planche B de la figure 17.3, le je des entrées et sorties sur un marché concurrentiel pousse les entre prises à produire au minimum de leur coût moyen. Cette quantité

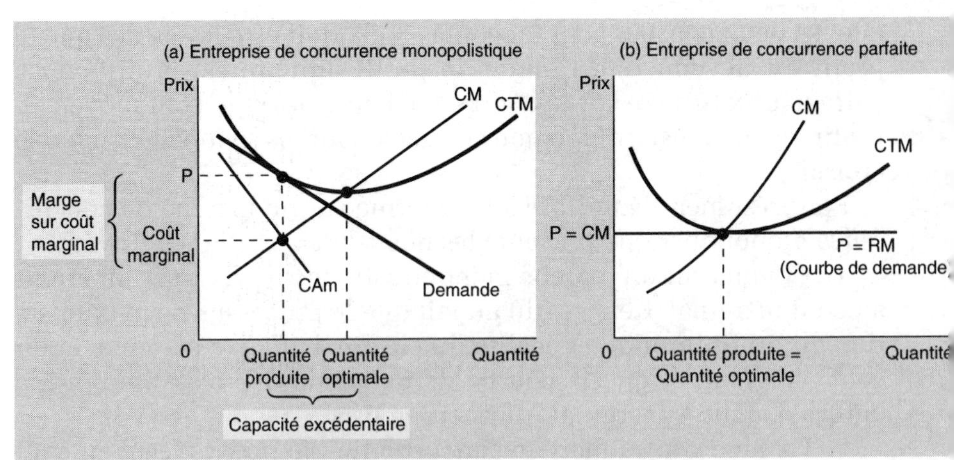

FIG. 17.3 **Concurrence parfaite et concurrence monopolistique.** La planche A montr l'équilibre de long terme d'un marché de concurrence monopolistique, la planche B celu d'un marché de concurrence parfaite. Il existe deux différences essentielles. (1) Les entre prises concurrentielles produisent la quantité optimale, qui minimise le coût moyen alors que les autres produisent moins. (2) En concurrence parfaite, le prix est égal au coû marginal, alors qu'il lui est supérieur en concurrence monopolistique.

qui minimise le coût moyen de l'entreprise, est appelée *quantité optimale de production* (voir le chapitre 13). À long terme, les entreprises concurrentielles produisent ces quantités optimales, tandis que celles opérant sur des marchés de concurrence monopolistique produisent moins. Elles présentent donc des *capacités excédentaires*. Donc ces entreprises, contrairement aux entreprises concurrentielles, pourraient accroître leur production tout en diminuant le coût moyen de production.

La marge sur coût marginal

La deuxième différence porte sur la relation entre le prix et le coût marginal. Pour l'entreprise concurrentielle, le prix est égal au coût marginal. Pour la firme de concurrence monopolistique, le prix est supérieur au coût marginal, car cette entreprise a un certain pouvoir de marché.

Comment cette marge s'accorde-t-elle avec le jeu des entrées/sorties et le profit nul ? Cette dernière condition assure seulement que le prix est égal au coût moyen. Elle ne garantit pas que le prix est égal au coût marginal. À l'équilibre de long terme, comme les entreprises opèrent sur la partie décroissante de leur courbe de coût moyen, le coût marginal est inférieur au coût moyen. Pour que le prix soit égal au coût moyen, il faut donc qu'il soit supérieur au coût marginal.

Il y a donc là une différence de comportement essentielle entre les deux types d'entreprises. Posez la question suivante à ces entreprises : « Aimeriez-vous avoir un client supplémentaire au prix actuel ? » L'entreprise concurrentielle vous répondra que cela lui est égal. Comme le prix est exactement égal au coût marginal, le profit réalisé sur l'unité additionnelle est nul. En revanche, sur un marché de concurrence monopolistique, une entreprise sera toujours ravie d'avoir un client supplémentaire, car chaque unité supplémentaire vendue au prix proposé représente un profit additionnel (puisque le prix est supérieur au coût marginal). Un vieil adage affirme que l'on reconnaît un marché de concurrence monopolistique à ce que les vendeurs envoient des cartes de vœux à leurs clients.

Concurrence monopolistique et bien-être général

Le résultat de l'activité d'un marché de concurrence monopolistique est-il intéressant du point de vue social ? Peut-on l'améliorer par des mesures interventionnistes ? Il est difficile de répondre à ces questions.

La marge sur coût marginal est une inefficience. Certains consommateurs qui accordent au produit une valeur supérieure au coût marginal (mais inférieure au prix) ne l'achèteront pas. On retrouve donc la perte sèche traditionnelle dans le cas du monopole.

Même si ce résultat est moins favorable que l'idéal du prix égal au coût marginal, il n'est pas facile d'améliorer la situation. En effet, il faudrait réglementer toutes les entreprises qui produisent des biens différents mais similaires. Ces produits sont tellement courants que cette tâche serait proprement surhumaine.

En outre, ce genre de réglementation rencontrerait les mêmes types de problèmes que ceux rencontrés par le contrôle réglementaire des monopoles naturels. Dans la mesure où les entreprises concernées ont tendance à réaliser des profits nuls, les obliger à diminuer leurs prix les pousserait dans le rouge. Le gouvernement devrait donc les aider à demeurer en activité, par exemple en les subventionnant ; autant les laisser fonctionner naturellement.

Une autre inefficience sociale possible tient au nombre d'entreprises en activité, qui peut ne pas être « idéal ». Les entrées sur le marché peuvent être trop nombreuses ou au contraire trop rares. On peut concevoir ce problème sous l'angle des externalités. Chaque fois qu'un nouveau joueur envisage d'entrer sur le marché avec un produit nouveau, il estime le profit qu'il pourra réaliser. Mais son entrée provoquera deux effets externes :

– *diversité des produits* : l'apparition du nouveau produit fournit aux consommateurs un surplus du consommateur additionnel ; il s'agit donc là d'une externalité positive ;

– *raréfaction des affaires* : avec l'apparition d'un produit nouveau, les firmes déjà en activité perdent des clients et donc du profit ; il y a donc là une externalité négative.

Donc sur un marché de concurrence monopolistique, l'entrée de nouvelles entreprises génère des externalités positives et négatives. Selon leur importance relative, le marché peut connaître une pénurie ou au contraire un excès de produits.

Ces deux externalités sont étroitement liées aux conditions de concurrence. La première est due au fait que le nouvel entrant propose un produit différent de ceux déjà sur le marché. La deuxième s'explique par le fait que ces entreprises demandent un prix supérieur au coût marginal et sont donc toujours à la recherche d'un client supplémentaire. En sens contraire, parce que les entreprises concurrentielles produisent des produits identiques et pratiquent un prix égal au coût marginal, ces externalités n'existent pas sur un marché de concurrence parfaite.

POUR VOTRE CULTURE GÉNÉRALE

La capacité excédentaire est-elle un problème social ?

Nous avons vu que sur un marché de concurrence monopolistique les entreprises produisent une quantité inférieure à celle qui minimise le coût moyen (contrairement aux entreprises concurrentielles qui produisent exactement cette quantité optimale). Certains économistes ont considéré, dans le passé, que cette capacité excédentaire était une source d'inefficience.

Ce n'est plus le cas aujourd'hui. En effet, il n'y a pas de raison de vouloir que toutes les entreprises produisent au minimum du coût moyen. Prenez-le cas d'un éditeur. La publication d'un roman coûtera par exemple 50 000 dollars de coût fixe (pour l'auteur) et 5 dollars de coût variable par ouvrage imprimé (coût d'impression). Dans cette hypothèse, le coût total moyen d'un livre diminue quand la quantité produite augmente, puisque les coûts fixes sont répartis sur une quantité plus grande. Le coût moyen est minimal pour une quantité infinie de livres. Une production infinie n'est certainement pas ce dont la société a besoin.

Les entreprises opérant sur un marché de concurrence monopolistique connaissent donc des capacités excédentaires, mais cela ne nous renseigne guère sur le caractère favorable ou pas du résultat de l'activité de marché.

Finalement, la seule conclusion qu'il est possible de tirer, c'est qu'un marché de concurrence monopolistique ne présente pas des caractéristiques aussi socialement favorables que celles des marchés concurrentiels. La main invisible ne garantit pas la maximisation du surplus total sur un marché de concurrence monopolistique. Cependant, les inefficiences étant subtiles, difficiles à mesurer et difficiles à corriger, l'intervention de la puissance publique n'est jamais évidente.

■ **VÉRIFIEZ VOS CONNAISSANCES** Citer les trois caractéristiques essentielles de la concurrence monopolistique ■ Dessiner le graphique décrivant l'équilibre de long terme d'un tel marché, et commenter. En quoi cet équilibre diffère-t-il de l'équilibre d'un marché concurrentiel ?

17.2 LA PUBLICITÉ

Il est aujourd'hui impossible de passer une seule journée sans être confronté à une forme ou une autre de publicité. Que ce soit en lisant le journal, en regardant la télévision ou en conduisant sa voiture, on est agressé par des entreprises qui veulent nous convaincre d'acheter leurs produits. C'est là une caractéristique de la concurrence monopolistique. Quand les entreprises vendent des produits différents et à un prix supérieur au coût marginal, elles ont intérêt à attirer le maximum de clients vers leurs produits.

Les dépenses publicitaires varient énormément d'un produit à l'autre. Les entreprises qui vendent des produits de consommation clairement différenciés, comme les médicaments sans ordonnance, les parfums, les boissons non alcoolisées, les lames de rasoir, les céréales du petit-déjeuner, les aliments pour animaux domestiques consacrent facilement 10 à 20 % de leur chiffre d'affaires à la publicité. Les entreprises qui fabriquent des biens industriels, comme des satellites de communication ou des laminoirs, dépensent très peu en publicité. Quant à celles qui proposent des produits homogènes, comme le blé, les cacahuètes ou le pétrole brut, elles ne font aucune publicité. Globalement, pour l'économie américaine dans son ensemble, les dépenses de publicité s'élèvent environ à 100 milliards de dollars, soit 2 % du revenu total des entreprises américaines.

La publicité prend des visages multiples. La moitié des dépenses concerne l'achat d'espace dans les journaux et les magazines, et un tiers environ est consacré aux spots publicitaires à la radio ou à la télévision. Quant au solde, il recouvre divers moyens de toucher les consommateurs potentiels, comme les mailings, les opérations promotionnelles, etc.

Le débat sur la publicité

Les ressources financières consacrées à la publicité sont-elles gaspillées ? Ou la publicité est-elle utile ? L'évaluation de l'utilité sociale de la publicité est difficile et les économistes sont assez divisés sur le sujet. Examinons les arguments des deux camps en présence.

La critique de la publicité

Les détracteurs de la publicité prétendent que celle-ci cherche à manipuler les goûts des gens. Le contenu de la publicité est en effet plus psychologique qu'informatif. Prenez par exemple le spot publicitaire typique d'une boisson non alcoolisée, tel qu'on le voit à la télévision. Il ne vous parlera pas des qualités du produit, ni de son prix. Il vous montrera un groupe de jeunes gens heureux, réunis sur une plage sous un soleil radieux. Ils tiennent tous à la main une cannette de la boisson en question. Cette publicité cherche à vous transmettre un message inconscient (même s'il n'est pas d'une grande subtilité) : « Vous aussi vous pouvez être heureux et avoir de nombreux amis, si seulement vous buvez la boisson Untel ». Les opposants à la publicité diront que ce message crée artificiellement un désir qui n'existe pas spontanément.

D'autres diront que la publicité constitue un obstacle à la concurrence. La publicité chercherait à faire croire aux gens que les produits sont plus différents qu'ils ne le sont en réalité. En insistant sur la différenciation des produits et en cherchant à fidéliser une clientèle sur une marque donnée, la publicité rendrait les consommateurs moins sensibles aux différences de prix entre produits similaires. Face à une courbe de demande moins élastique, les entreprises peuvent pratiquer une grosse marge sur coût marginal.

La défense de la publicité

Les défenseurs de la publicité mettent en avant l'information du public. La publicité informe les gens des prix des produits, de l'existence de nouveaux produits, et des endroits où on peut les trouver. Grâce à ces informations, les consommateurs sont à même de faire des choix rationnels, et l'allocation des ressources est donc plus efficace.

Les avocats de la publicité considèrent qu'elle favorise la concurrence. Parce qu'elle permet au public d'être informé sur l'ensemble des offres disponibles, les consommateurs sont mieux placés pour profiter des différences de prix. Chaque entreprise a donc un pouvoir de marché plus réduit. En outre, la publicité faciliterait l'entrée de nouveaux concurrents, dans la mesure où elle fournit à ceux-ci un moyen de toucher les clients des firmes existantes.

Au fil du temps, cette dernière opinion semble avoir prévalu. Ce que l'on peut constater en étudiant l'évolution de la réglementation relative à la publicité pour certaines professions contrôlées, comme les avocats, les médecins ou les pharmaciens. Par le passé, la plupart de ces professions ne pouvaient pas faire de publicité, celle-ci étant considérée comme contraire à l'éthique de la profession. Plus récemment, les tribunaux ont considéré cette interdiction comme une entrave à la concurrence, et ces lois ont été amendées.

ÉTUDE DE CAS

La publicité et le prix des lunettes

Quel effet la publicité a-t-elle sur le prix du produit promu ? D'un côté, la publicité peut faire croire aux gens que les produits sont plus différents qu'ils ne le sont en réalité. Si tel est le cas, elle rend les marchés moins concurrentiels et les courbes de demande moins élastiques, ce qui permet aux entreprises de demander des prix plus élevés. Mais d'un autre côté, elle permet aux consommateurs d'identifier plus facilement les firmes qui offrent les produits au meilleur prix. Si tel est le cas, elle rend les marchés plus concurrentiels et les courbes de demande plus élastiques, ce qui tend à faire baisser les prix.

Dans un article publié dans le *Journal of Law and Economics* en 1972, l'économiste Lee Benham testa ces deux opinions contradictoires. Au cours des années soixante aux États-Unis, les divers États avaient adopté des règles très différentes quant à la publicité autorisée aux opticiens. Dans certains États, la publicité était autorisée pour les lunettes et les examens oculaires. Mais dans la plupart des États, elle était simplement interdite. En Floride par exemple, la loi stipulait :

« Il est interdit à toute personne, entreprise ou corporation de faire de la publicité, directement ou indirectement, par quelque moyen que ce soit, sur les prix ou les conditions de paiement des lunettes de vue, des montures, des verres correcteurs ou de tout autre service relevant du métier d'opticien… Cette disposition a été adoptée dans l'intérêt du public, afin de préserver sa sécurité… »

Ce texte fut très largement soutenu par les opticiens.

Benham s'appuya sur les différentes législations pour tester les deux opinions contradictoires quant à l'utilité de la publicité. Les résultats furent surprenants. Dans les États où la publicité était interdite, le prix moyen d'une paire de lunettes était de 33 dollars (ce qui n'est pas aussi bon marché qu'on pourrait le croire, car il s'agit d'un prix de 1963 ; pour avoir l'équivalent d'aujourd'hui, il faut multiplier ce prix par cinq). Dans les États où la publicité était autorisée, le prix moyen de la même paire de lunettes n'était que de 26 dollars. La publicité avait donc réduit le prix de plus de 20 %. Au moins sur le marché des lunettes, et probablement sur beaucoup d'autres, la publicité semble avoir favorisé la concurrence et fait baisser les prix.

La publicité comme message de qualité

Très souvent la publicité semble ne pas véhiculer d'information sur le produit promu. Prenez l'exemple d'une entreprise introduisant sur le marché une nouvelle céréale pour le petit-déjeuner. La publicité typique nous montrera un acteur connu en train de manger la céréale en question et de se régaler. Quel genre d'information une telle publicité véhicule-t-elle ?

En fait, beaucoup plus qu'il n'y paraît. Les avocats de la publicité affirment que même un message apparemment purement affectif en dit long aux consommateurs sur la qualité du produit. Le simple fait que l'entreprise accepte de consacrer des sommes énormes à cette publicité est un signal donné aux consommateurs sur la qualité du produit en question.

Prenons le cas de deux entreprises concurrentes, comme Post et Kellogg. Chacune vient de mettre au point une nouvelle recette de céréale, qui sera vendue 1 dollar sur le marché. Pour simplifier, imaginons un coût marginal de production nul, de sorte que le profit soit de 1 dollar. Chaque entreprise sait qu'en dépensant 10 millions de dollars en publicité, 1 million de consommateurs essaieront la nouvelle céréale. Et les deux concurrents savent que si la céréale plaît au public, il y reviendra.

Voyons d'abord le cas de Post. Sur la base des tests effectués, Post sait que sa nouvelle recette n'a rien de génial. Même si la publicité permet d'attirer 1 million de consommateurs, il y a peu de chances que ceux-ci demeurent fidèles à un produit qui n'a rien d'extraordinaire. Post décide donc qu'il ne vaut pas le coup de dépenser 10 millions en publicité pour ne récupérer qu'1 million de profit. Post ne fait pas de publicité et renvoie son chef cuisinier à ses fourneaux.

Que fait Kellogg ? Cette entreprise sait que sa nouvelle céréale est très bonne. Tous ceux qui l'essaieront en achèteront une boîte par mois pendant un an. Les 10 millions de dollars consacrés à la publicité devraient donc ramener 36 millions de dollars de chiffre d'affaires sur l'année. Dans ce cas, la publicité est intéressante, car Kellogg a un bon produit qui sera consommé régulièrement par le public. Et Kellogg décide de lancer sa campagne publicitaire.

Voyons maintenant comment réagit le public. Nous avons fait l'hypothèse que les consommateurs allaient goûter la nouvelle céréale dont ils ont vu la publicité. Ce comportement est-il rationnel ? Un consommateur doit-il essayer un produit nouveau juste parce que le fabricant a décidé d'en faire la publicité ?

En fait, il est tout à fait rationnel d'essayer un produit nouveau dont on voit la publicité. Dans notre exemple, les consommateurs essaient la nouvelle céréale de Kellogg car cette entreprise a lancé une campagne de publicité sur son nouveau produit. Et Kellogg a pris cette décision car elle sait que son produit est un produit de qualité (Post n'a pas lancé de campagne car son produit n'était pas assez bon). En acceptant de financer une campagne coûteuse, Kellogg annonce implicitement la qualité de son produit. Le consommateur se dira, à juste titre : « Si Kellogg dépense tant d'argent pour promouvoir son nouveau produit, il doit être sacrément bon ! »

Le plus surprenant dans cette histoire, c'est que le message publicitaire est quasiment sans importance. Le simple fait d'en faire la publicité proclame la qualité du produit. Le message publicitaire est moins important que l'appréciation de son coût par le public. Ce qui signifie qu'une publicité mesquine n'aura pas d'effet. Dans notre exemple, si la campagne envisagée coûtait moins de 3 millions de dollars, les deux entreprises se lanceraient dans l'aventure. Comme les deux produits, le bon et le mauvais, auraient fait l'objet d'une publicité, les consommateurs n'auraient rien pu en conclure quant à la qualité du produit. Avec le temps, les consommateurs finiraient par ne plus s'intéresser à ces campagnes de faible envergure.

Voilà pourquoi des entreprises paient des fortunes aux acteurs connus pour tourner des spots publicitaires qui, apparemment, ne donnent aucune information sur le produit promu. L'information, c'est l'existence même du spot et son coût.

Les marques de fabrication

La publicité est très liée à l'existence de marques de fabrication. Sur la plupart des marchés, on rencontre deux types d'entreprises. Celles qui vendent des produits dont la marque est bien connue, et celles qui vendent des produits génériques substituables. Sur le même linéaire, on trouvera l'aspirine Bayer et des aspirines génériques. Ou bien des cannettes de Pepsi à côté d'autres types de sodas moins connus. En général, l'entreprise possédant une marque connue fait plus de publicité et demande un prix plus élevé.

De même qu'il existe un débat autour de la publicité, il en existe un autour de l'utilité des marques. Voyons les arguments des deux camps en présence.

Les adversaires des marques prétendent que celles-ci incitent les clients à voir des différences là où il n'y en a pas. La plupart du temps, le produit générique est identique au produit de marque. Selon ces détracteurs, la volonté de payer plus pour un produit de marque est un comportement irrationnel induit par la publicité. L'économiste Edward Chamberlin, l'un des pères de la théorie de la concurrence monopolistique, était persuadé que l'existence de marques était nuisible, et proposa au gouvernement de refuser d'accorder un droit de marque aux entreprises.

Plus récemment, les économistes ont plutôt défendu les marques comme un moyen d'assurer aux consommateurs que le produit acheté est de qualité. Il y a ici deux arguments liés l'un à l'autre. D'abord, le nom de marque fournit une information sur la qualité quand celle-ci ne peut pas être jugée avant l'achat. Ensuite, ces marques incitent les entreprises à maintenir un niveau de qualité, compte tenu de l'enjeu financier.

Prenons l'exemple d'une marque connue : les hamburgers McDonald's. Supposons que vous rouliez en voiture dans un coin inconnu et vous souhaitiez vous arrêter pour déjeuner. Vous apercevez un McDonald's et un restaurant local côte à côte. Lequel choisissez-vous ? Le restaurant local offrira peut-être une nourriture de meilleure qualité et à un meilleur prix, mais vous n'avez aucun moyen de le savoir. En revanche, les produits McDonald's sont les mêmes partout dans le monde. Par la marque, vous avez une idée de la qualité du produit offert.

Et vous savez que l'entreprise fera son possible pour défendre ce niveau de qualité. Typiquement, si des clients devaient tomber malades après avoir mangé un hamburger McDonald's, la nouvelle serait désastreuse pour la firme. L'entreprise perdrait rapidement la réputation acquise par de longues et coûteuses campagnes de publicité. Et les ventes chuteraient non seulement dans le restaurant en question, mais aussi dans tous les restaurants du pays, avec un résultat catastrophique sur les profits de l'entreprise. Si la même mésaventure devait arriver au restaurant local d'à côté, il serait peut-être amené à fermer, mais l'impact ne serait pas comparable à celui que l'on vient de décrire. McDonald's a donc plus intérêt que le restaurant voisin à défendre un niveau de qualité.

Pour résumer : le débat sur les marques tourne autour de la question de savoir s'il est rationnel pour les consommateurs de préférer une marque plutôt qu'un produit générique. Les détracteurs des marques prétendent qu'il s'agit d'un comportement irrationnel induit par la publicité. Les défenseurs des marques considèrent que les consommateurs ont raison de payer plus pour un produit de marque, compte tenu du niveau de confiance sur la qualité du produit.

TUDE DE CAS

Marques de fabrique et communisme

L'expérience de l'ex-Union soviétique semble apporter de l'eau au moulin des avocats des marques. Dans un régime communiste, l'organisme de planification centralisée remplace la main invisible. Et pourtant, tout comme les consommateurs dans une économie de marché, les planificateurs soviétiques ont dû apprendre la valeur des marques de fabrique pour maintenir la qualité d'un produit.

Dans un article publié en 1960 dans le *Journal of Politic Economy*, l'expert de l'économie soviétique Marshall Gold man décrivait ainsi l'expérience soviétique :

« En Union soviétique, les objectifs de production ont ét définis en termes quantitatifs, de sorte que la qualité est sou vent sacrifiée… Pour faire face à ce problème, les Soviétique ont recours à la différenciation volontaire des produits. Afi de distinguer les divers fabricants, chaque firme doit fair apparaître son nom sur le produit ou sur l'emballage. »

Goldman cite un expert soviétique du marketing :

« Cette identification facilite la tâche de ceux qui souha tent se plaindre auprès du fabricant de la qualité médiocr des produits. C'est donc notre meilleure arme dans la bataill pour la qualité… La marque permet au consommateur d sélectionner le produit qu'il veut… Ce qui oblige les autre fabricants à proposer des produits dont la qualité correspon aux attentes du public. »

Goldman fait remarquer que « ces arguments sont d'un clarté limpide et auraient pu être énoncés par un économist bourgeois ».

■ **VÉRIFIEZ VOS CONNAISSANCES** Comment la publicité pourrait-el rendre les marchés moins concurrentiels ? Comment pourrait-elle les rend plus concurrentiels ? ■ Citer les arguments favorables et défavorables au marques de fabrique.

17.3 CONCLUSION

La concurrence monopolistique porte bien son nom : elle associ certaines caractéristiques du monopole à certaines de la concu rence parfaite. Comme un monopole, l'entreprise opérant sur u marché de concurrence monopolistique est confrontée à une courb de demande décroissante, et donc pratique un prix supérieur a coût marginal. Mais comme sur un marché concurrentiel, il y a d nombreuses firmes en concurrence, et les entrées et sorties d concurrents poussent les profits vers zéro.

Comme ces entreprises produisent des biens différents les un des autres, elles font de la publicité pour attirer les consommateu vers leurs propres marques. Dans une certaine mesure, la publicit manipule les goûts du public, assure une fidélisation parfois irr

DANS VOS JOURNAUX

Les chaînes de TV comme marques de fabrication

Les marques véhiculent de l'informa-ion aux consommateurs sur les produits roposés par les entreprises. Établir la éputation d'une marque – et s'assurer u'elle véhicule l'information adéquate – st une stratégie essentielle pour les entre-rises, y compris les chaînes de TV.

Une saison pendant laquelle l'image est reine

STUART ELLIOTT

Une guerre marketing visant à promou-oir les programmes de TV de l'automne a nondé les écrans de marques.

La marque est un moyen d'assurer une mage ou une identité à un produit ; c'est insi par exemple que Coca-Cola cherche à e distinguer de Pepsi-Cola. Depuis le mois le mai dernier, les téléspectateurs sont gressés par les messages publicitaires des haînes qui préparent la saison 96-97.

Avec une ambition nouvelle de la part de es chaînes : imposer une image de marque leurs programmes, alors que, dans le assé, l'objet de leur publicité était unique-nent de promouvoir telle ou telle émission.

« La conception ancienne considérait ue les gens regardaient des émissions, pas une chaîne TV », déclare Bob Bibb, responsable marketing de WB, l'une des chaînes du groupe Time Warner. « C'était l'époque où le choix était limité à trois chaînes, et il était facile de trouver l'émission que l'on voulait ».

La chaîne WB utilise une grenouille de dessin animé pour personnifier sa marque. « En fait, ce n'est pas une grenouille, c'est une attitude, que l'on retrouve dans l'ensemble des programmes », déclare Bibb.

En matière de télévision, le secret de la marque consiste à sélectionner des programmes qui semblent avoir quelque chose en commun et qui sont susceptibles de plaire à un certain segment d'audience. « Il faut développer une espèce de relation avec nos téléspectateurs, de sorte qu'ils en viennent à attendre certaines choses de nous », déclare Alan Cohen, le n° 2 d'ABC-TV.

Cela signifie qu'il faut définir la chaîne de telle sorte que « lorsque les gens regardent ABC, ils sachent qu'ils regardent ABC », et cela doit être fait de manière à séduire la cible d'audience privilégiée d'ABC, les familles citadines avec enfants...

Source. — *New York Times,* 20 septembre 1996, p. D1.

tionnelle et freine la concurrence. Mais d'une façon plus générale, elle fournit de l'information, assoit les marques de qualité et encourage la concurrence entre producteurs.

La concurrence monopolistique est la réalité de nombreux marchés de notre économie. On peut donc regretter que cette théorie ne permette pas de tirer d'enseignements univoques quant aux interventions publiques. D'un point de vue théorique, l'allocation des ressources par un marché de concurrence monopolistique n'est pas optimale. Mais sur le plan pratique, il n'est pas possible d'améliorer ce résultat imparfait.

RÉSUMÉ

- Un marché de concurrence monopolistique présente trois caractéris tiques : plusieurs entreprises, produits différents et entrée libre.
- L'équilibre de ce genre de marché est différent de celui du march concurrentiel sur deux points liés l'un à l'autre. Les entreprises pré sentent des capacités excédentaires : elles opèrent sur la partie décrois sante de la courbe de coût moyen. Elles pratiquent un prix supérieu au coût marginal.
- La concurrence monopolistique ne présente pas la même efficacit sociale que la concurrence parfaite. Il existe une perte sèche, puisqu le prix est supérieur au coût marginal. En outre, le nombre de firmes (e donc le nombre de produits proposés) peut être trop élevé ou tro faible. Mais ces imperfections ne sont pas corrigibles par des interven tions politiques.
- La différenciation des produits, caractéristique de la concurrenc monopolistique, conduit au développement de la publicité et de marques de fabrique. Les détracteurs de ces formes de stratégie com merciale leur reprochent de capitaliser sur l'irrationalité des consom mateurs et d'entraver la concurrence. Leurs avocats considèren qu'elles contribuent à informer la clientèle et qu'elles favorisent l concurrence sur les prix et la qualité des produits proposés.

CONCEPTS CLÉS – DÉFINITIONS

Concurrence monopolistique : marché sur lequel de nombreuses entre prises vendent des produits similaires, mais différenciés.

QUESTIONS DE RÉVISION

1. Décrire les trois caractéristiques de la concurrence monopolistique. E quoi cette organisation de marché ressemble-t-elle au monopole ? E quoi ressemble-t-elle à la concurrence parfaite ?
2. Représenter graphiquement l'équilibre à long terme d'un marché d concurrence monopolistique. Quelle est la relation entre le prix et l coût moyen ? Quelle est la relation entre prix et coût marginal ?
3. Sur un tel marché, une entreprise produit-elle plus ou moins que l'op timum ? Pourquoi est-il difficile de corriger cette imperfection ?
4. En quoi la publicité peut-elle être nuisible à la prospérité ? En quo peut-elle être favorable ?
5. Comment une publicité apparemment sans contenu informatif peut elle informer la clientèle ?
6. Donner deux avantages de l'utilisation des marques.

PROBLÈMES D'APPLICATION

1. Qualifiez les marchés suivants (en expliquant votre réponse) de monopoles, concurrence parfaite ou concurrence monopolistique :
   - crayons n° 2,
   - bouteilles d'eau minérale,
   - cuivre,
   - communications téléphoniques locales,
   - beurre de cacahuètes,
   - rouge à lèvres.
2. Quelle différence y a-t-il entre les produits proposés par une entreprise concurrentielle et une entreprise opérant sur un marché de concurrence monopolistique ?
3. Nous avons dit dans ce chapitre que les firmes opérant sur un marché de concurrence monopolistique pouvaient augmenter leur production et diminuer leur coût moyen. Pourquoi ne le font-elles pas ?
4. Sparkle est l'une des entreprises opérant sur le marché de la pâte dentifrice, qui est au point d'équilibre de long terme :

   a. Dessinez un graphique indiquant les courbes de demande, de chiffre d'affaires marginal, de coût moyen et de coût marginal. Indiquez le niveau de production qui maximise le profit de l'entreprise et le prix correspondant.

   b. Quel est le profit de Sparkle ? Expliquez.

   c. Sur votre graphique, montrez le surplus du consommateur et la perte sèche par rapport à l'optimum de production.

   d. Si le gouvernement obligeait Sparkle à produire la quantité socialement optimale, qu'adviendrait-il de Sparkle ? Qu'adviendrait-il des clients de l'entreprise ?
5. Un marché de concurrence monopolistique propose-t-il toujours le nombre optimal de produits ? Expliquez.
6. Complétez le tableau suivant avec OUI, NON, ou PEUT-ÊTRE.

Sur les marchés décrits à droite, les entreprises :	*Concurrence parfaite*	*Concurrence mono-polistique*	*Monopole*
1) offrent des produits différents			
2) ont des capacités excédentaires			
3) font de la publicité			
4) choisissent Q/CAM = CM			
5) choisissent Q/prix = CM			
6) sont bénéficiaires à long terme			
7) ont une courbe de demande décroissante			
8) ont un CAM inférieur au prix			
9) sont confrontées à l'apparition de concurrents			
10) quittent le marché si elles sont déficitaires à long terme			

7. Nous avons dit dans ce chapitre que les entreprises opérant sur un marché de concurrence monopolistique envoyaient des cartes de vœux à leurs clients pour Noël. Pourquoi font-elles cela ? Expliquez de manière discursive et à l'aide d'un graphique.
8. Si vous deviez vous lancer sur le marché des glaces, feriez-vous des glaces identiques à celles existant déjà ? Expliquez votre décision à l'aide des arguments développés dans ce chapitre.
9. Décrivez trois spots publicitaires vus à la télévision. En quoi étaient-ils socialement utiles ? Ou socialement inutiles ? Ces publicités vous ont-elles incité à acheter le produit, et pourquoi ?
10. Pour chacun des couples d'entreprises suivants, indiquez celle qui a le plus de chances de faire de la publicité :
    – une ferme familiale et un restaurant familial,
    – un fabricant de pelleteuses et un fabricant d'automobiles,
    – une entreprise qui a inventé une montre très fiable et une autre qui a inventé une montre moins fiable qui coûte aussi cher à produire
11. Il y a vingt ans, le marché du poulet était parfaitement concurrentiel Puis Frank Perdue a commencé à vendre du poulet sous son nom :
    a. Comment Perdue a-t-il réussi à créer une marque de poulet ? Qu'y a-t-il gagné ?
    b. Quel fut l'avantage pour la société ? Quel fut l'inconvénient ?
12. Les fabricants du Tylenol (un antidouleur) font beaucoup de publicité et ont beaucoup de clients fidèles. Alors que les fabricants des produits génériques comparables ne font aucune publicité et ne sont achetés que pour leur faible prix. Imaginons que les coûts marginaux de production du Tylenol et des produits génériques soient identiques et constants :
    a. Dessinez la demande de Tylenol, et les courbes de chiffre d'affaires marginal et de coût marginal. Indiquez le prix pratiqué par Tylenol et la marge sur coût marginal.
    b. Même question pour le produit générique. En quoi les graphiques sont-ils différents ? Quel fabricant pratique la plus forte marge ? Expliquez.
    c. Quelle est l'entreprise qui a le plus intérêt à contrôler la qualité de sa production ? Pourquoi ?

PARTIE VI

L'analyse économique du marché du travail

CHAPITRE 18

LES MARCHÉS DES FACTEURS DE PRODUCTION

Dans ce chapitre, vous allez :

- analyser la demande de travail exprimée par l'entreprise concurrentielle
- apprendre que les salaires d'équilibre sont égaux à la valeur du produit marginal du travail
- examiner comment sont rémunérés les autres facteurs de production, terre et capital
- voir comment une variation de l'offre de l'un des facteurs affecte les revenus de tous les facteurs

Vos études finies, votre revenu dépendra essentiellement du type d'emploi que vous occuperez. Si vous devenez programmeur informatique, vous gagnerez plus que si vous êtes pompiste. Cela n'est guère surprenant, mais pourtant cela n'est pas évident à expliquer. En effet, aucune loi ne dit qu'un programmeur doit être mieux rémunéré qu'un pompiste. Aucun principe d'éthique ne permet d'affirmer qu'un programmeur est plus méritant qu'un pompiste. Qu'est-ce donc qui fait que certains emplois sont plus rémunérateurs que d'autres ?

Votre revenu n'est bien sûr qu'une goutte d'eau dans la mer qu'est le revenu national. En 1995, le revenu total des résidents américains était d'environ 7 000 milliards de dollars. Ces revenus ont plusieurs origines. Les trois quarts proviennent des salaires perçus par les travailleurs. Le reste est représenté par les loyers, profits et intérêts perçus par les propriétaires terriens et les détenteurs de capital – le stock d'équipement et de structures de l'économie. Comment est déterminée la part qui revient aux salariés ? Celle qui revient aux propriétaires terriens ? Et celle qui revient aux détenteurs de capital ? Pourquoi certains salariés sont-ils mieux payés que d'autres ? Pourquoi certains propriétaires touchent-ils des loyers supérieurs, et certains capitalistes de plus importants profits que leurs voisins ? En particulier, pourquoi les programmeurs gagnent-ils mieux leur vie que les pompistes ?

Comme souvent en économie, la réponse à ces questions est fournie par la loi de l'offre et de la demande. L'offre et la demande de travail, de terre et de capital déterminent les rémunérations versées aux travailleurs, aux propriétaires terriens et aux détenteurs de capital. Pour comprendre pourquoi certains sont mieux rémunérés que d'autres, il faut donc regarder en détail le fonctionnement des marchés concernés. C'est ce que nous allons faire dans ce chapitre et les deux suivants.

Ce chapitre présente les bases de l'analyse des marchés des *facteurs de production*. Nous avons vu dans le chapitre 2 que les facteurs de production sont les facteurs nécessaires à la production des biens et services. Les trois principaux sont le travail, la terre et le capital. Quand une entreprise informatique élabore un nouveau logiciel, elle consomme du temps de programmeur (travail), l'espace physique sur lequel le bureau est installé (terre) ainsi que diverses machines (capital). De même, quand une station-service délivre de l'essence à ses clients, elle consomme du temps de pompiste (travail), de l'espace (terre) et des réservoirs et pompes à essence (capital).

Les marchés des facteurs de production diffèrent des marchés traditionnels que nous avons analysés jusqu'alors, dans la mesure où la demande d'un facteur de production est une *demande dérivée*. En effet, la demande d'un facteur de production découle de la décision de la firme de proposer un bien ou un service sur un autre marché. L'entreprise informatique n'a besoin de programmeurs que parce qu'elle vend des logiciels, et les stations-service ont besoin de pompistes pour vendre de l'essence aux automobilistes.

Dans ce chapitre, nous allons voir comment une entreprise concurrentielle, qui cherche à maximiser son profit, décide de la quantité de facteur de production dont elle a besoin. Nous commencerons par examiner la demande de travail, puisqu'il s'agit du facteur de production le plus important. Nous verrons plus tard dans le chapitre que les conclusions tirées sur le marché du travail s'appliquent directement aux marchés des autres facteurs de production.

Cette analyse nous amènera à voir comment les revenus sont distribués dans l'économie américaine, entre travailleurs, propriétaires fonciers et capitalistes. Le chapitre 19 étudiera plus particulièrement les raisons pour lesquelles certains gagnent plus que d'autres. Et le chapitre 20 examinera le degré d'inégalité sociale qui résulte de cette distribution, ainsi que le rôle du gouvernement dans la correction de cette inégalité.

18.1 LA DEMANDE DE TRAVAIL DE LA FIRME

Comme les autres marchés de l'économie, le marché du travail est régi par les forces de l'offre et de la demande, comme illustré par la figure 18.1. Sur la planche A, l'offre et la demande de pommes déterminent le prix des pommes. Sur la planche B, l'offre et la demande de cueilleurs de pommes déterminent le salaire de ces travailleurs.

Mais comme nous l'avons vu, la demande de travail est une demande dérivée. Nous allons donc considérer précisément les entreprises qui demandent du travail et qui l'utilisent pour produire des biens et services vendus au public. C'est en étudiant la relation entre production de biens et demande de travail que l'on comprend comment sont déterminés les salaires d'équilibre.

L'entreprise concurrentielle maximise son profit

Prenons l'exemple d'une entreprise qui possède des champs de pommiers et qui se demande chaque semaine combien de cueilleurs embaucher pour récolter les fruits. Une fois la décision

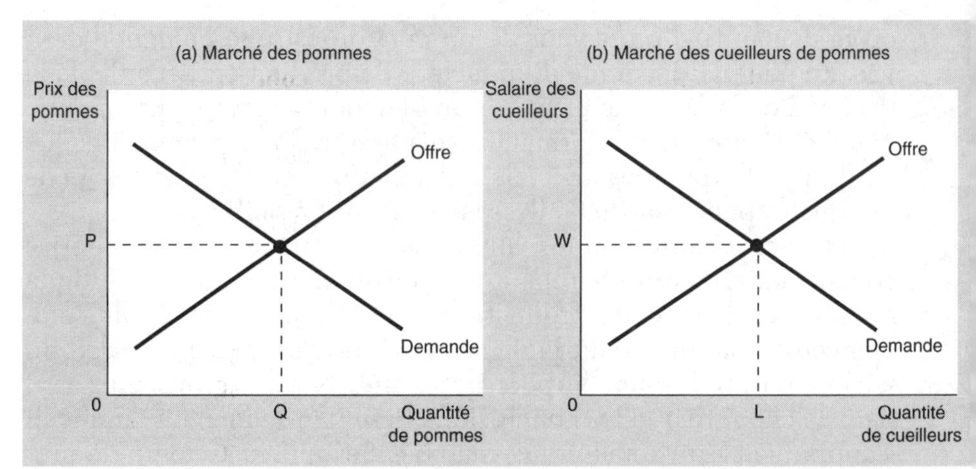

FIG. 18.1 **L'universalité de l'offre et la demande.** Les concepts élémentaires d'offre et de demande s'appliquent aussi bien au marché des biens et services qu'à celui du travail. La planche A montre comment offre et demande de pommes déterminent le prix des pommes. La planche B montre comment l'offre et la demande de cueilleurs déterminent les salaires de ceux-ci.

prise, les cueilleurs récoltent autant de pommes que possible, la firme les vend, paie ses employés et conserve un bénéfice si possible.

Faisons deux hypothèses s'agissant de notre entreprise. Supposons d'abord l'entreprise *concurrentielle*, tant sur le marché des pommes (où elle est en position de vendeur) que sur celui des cueilleurs (où elle occupe une position d'acheteur). L'entreprise concurrentielle est preneuse de prix. Pour elle, le prix des pommes est ce qu'il est, de même que les salaires des cueilleurs sont ce qu'ils sont. La firme peut seulement choisir combien de pommes récolter et combien de travailleurs embaucher.

Supposons ensuite que l'entreprise cherche à maximiser son profit. Le nombre de pommes vendues ou le nombre de cueilleurs embauchés lui importent moins que le profit réalisé, c'est-à-dire la différence entre le produit des ventes et les coûts de production. L'offre de pommes et la demande de travail dépendent donc de l'objectif premier, qui est de maximiser le profit.

La fonction de production et le produit marginal du travail

Pour décider de l'embauche à effectuer, l'entreprise doit savoir quelle relation existe entre le nombre de cueilleurs et le nombre de pommes récoltées. Le tableau 18.1 donne un exemple numérique. On y trouve en première colonne le nombre de travailleurs et en deuxième colonne le nombre de pommes récoltées chaque semaine.

TABLEAU 18.1 **La décision d'embauche de l'entreprise concurrentielle.**

Travail	*Production*	*Produit marginal du travail*	*Valeur du produit marginal du travail*	*Salaire*	*Profit marginal*
L (*Nombre de travailleurs*)	*Q* (*Boisseaux sur semaine*)	$PMT = \Delta Q / \Delta L$	$V \cdot PMT = P \times PMT$	*W*	$\Delta Profit = V \cdot PMT - W$
0	0				
1	100	100	1 000 $	500 $	500 $
2	180	80	800 $	500 $	300 $
3	240	60	600 $	500 $	100 $
4	280	40	400 $	500 $	– 100 $
5	300	20	200 $	500 $	– 300 $

Ces deux colonnes de chiffres décrivent la capacité de production de l'entreprise. Cette relation entre quantité de facteurs de production et quantité produite est appelée *fonction de production*. Ici, le facteur est le cueilleur, et la production est la pomme. Les autres facteurs – les pommiers, le terrain, les camions, etc. – sont supposés fixes pour l'instant. Cette fonction de production indique qu'un travailleur récoltera 100 boisseaux de pommes par semaine ; que deux travailleurs récolteront 180 boisseaux par semaine, etc.

La figure 18.2 fournit une représentation graphique de ce tableau. Le nombre de travailleurs apparaît sur l'axe horizontal, le nombre de pommes récoltées sur l'axe vertical. Nous avons donc là la représentation graphique de la fonction de production.

L'un des *dix principes de l'économie* nous dit que les gens rationnels raisonnent à la marge. C'est pourquoi la troisième colonne du tableau nous indique le *produit marginal du travail*, c'est-à-dire le surplus de production généré par un travailleur supplémentaire. Si la firme passe de un à deux employés, la production passe de 100 à 180 boisseaux par semaine. Le produit marginal du second employé est donc de 80 boisseaux.

Vous remarquerez que le produit marginal du travail décroît quand le nombre de travailleurs augmente. Il s'agit là d'une nouvelle illustration de la *loi des rendements décroissants*, exprimée au chapitre 13. Tant qu'il y a peu de cueilleurs, ceux-ci commencent par récolter les fruits sur les meilleurs arbres. Avec l'augmentation du nombre de cueilleurs, des arbres de moins en moins porteurs sont traités. Et la contribution de chaque travailleur supplémentaire se trouve donc réduite. C'est pour cette raison que la

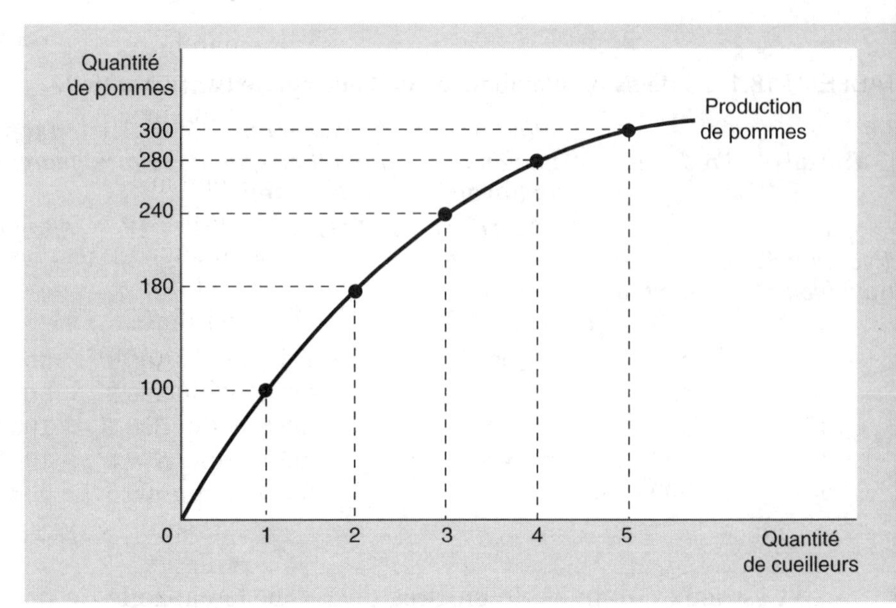

FIG. 18.2 **La fonction de production.** C'est la relation entre les facteurs de production (cueilleurs) et la production elle-même (pommes). Quand la production augmente, la fonction de production s'aplatit, reflétant ainsi le caractère décroissant du produit marginal.

fonction de production de la figure 18.2 devient de plus en plus plate au fur et à mesure que le nombre de travailleurs augmente.

La valeur du produit marginal et la demande de travail

Notre entreprise s'intéresse plus à l'argent qu'aux pommes. Elle cherche donc à savoir combien chaque travailleur supplémentaire lui apportera de profit additionnel. Or ce profit additionnel est égal à la différence entre la contribution au chiffre d'affaires de ce travailleur supplémentaire et son salaire.

Pour mesurer la contribution au chiffre d'affaires du travailleur supplémentaire, il faut convertir le produit marginal du travail (mesuré en pommes) en valeur (exprimée en dollars). Le prix des pommes nous permet de faire cette conversion. Si le boisseau de pommes se vend 10 dollars, le travailleur supplémentaire qui produit 80 boisseaux additionnels génère 800 dollars de chiffre d'affaires supplémentaire.

La *valeur du produit marginal* d'un facteur de production est égale au produit marginal du facteur multiplié par le prix de marché du bien. La quatrième colonne du tableau 18.1 indique cette valeur du produit marginal du travail, pour un prix de vente des pommes de 10 dollars le boisseau. Le prix de marché étant fixe pour une entreprise concurrentielle, la valeur du produit marginal (comme le produit marginal lui-même) décroît quand le nombre de travailleurs augmente.

Combien de travailleurs la firme va-t-elle embaucher ? Supposons que le salaire d'un cueilleur de pommes soit de 500 dollars la semaine. Dans ce cas, le premier travailleur embauché est rentable : il génère un chiffre d'affaires de 1 000 dollars, et donc un profit de 500 dollars. Le deuxième cueilleur est lui aussi rentable, puisqu'il génère un chiffre d'affaires additionnel de 800 dollars, donc un profit de 300 dollars. Le troisième embauché génère 600 dollars de chiffre d'affaires supplémentaire et un profit de 100 dollars. Au-delà en revanche, l'embauche est contre-productive pour l'entreprise. Un quatrième travailleur ne générerait que 400 dollars de chiffre d'affaires supplémentaire, alors que son salaire est de 500 dollars ; l'embaucher impliquerait donc une perte de 100 dollars pour l'entreprise. Celle-ci n'embauche donc que trois cueilleurs.

Considérons cette décision graphiquement. La figure 18.3 indique la valeur du produit marginal. La courbe a une pente négative,

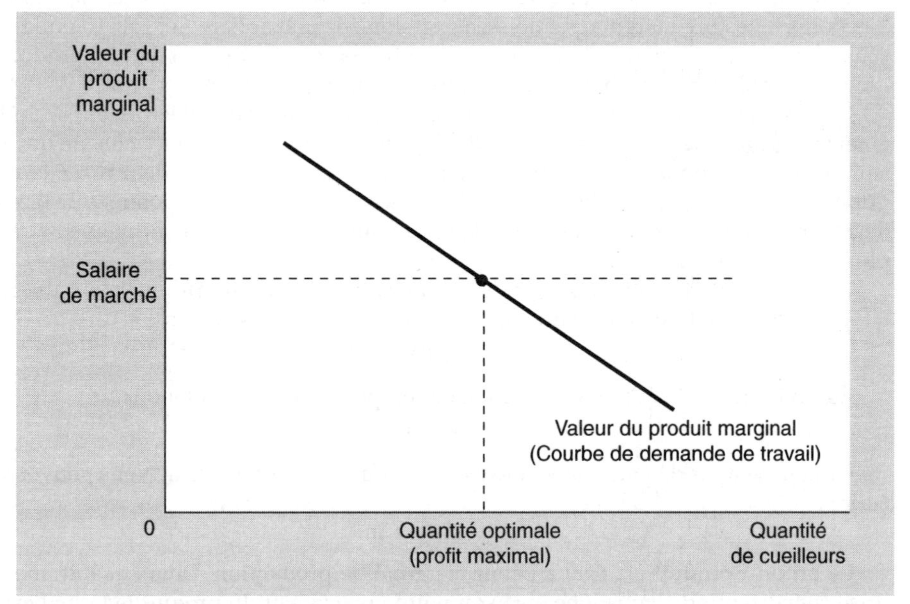

FIG. 18.3 **La valeur du produit marginal du travail.** La figure montre que la valeur du produit marginal (produit marginal multiplié par le prix) dépend du nombre de travailleurs. La courbe de la pente est négative, car le produit marginal est décroissant. Pour une entreprise concurrentielle cherchant à maximiser son profit, cette courbe de valeur du produit marginal est aussi la courbe de demande de travail.

puisque la valeur diminue quand le nombre de travailleurs augmente. La droite horizontale indique le salaire de marché. Pour maximiser son profit, la firme embauche des travailleurs jusqu'à ce que ces deux courbes se coupent. Si l'entreprise emploie moins de travailleurs, la valeur du produit marginal est supérieure au salaire, ce qui signifie qu'un travailleur supplémentaire augmenterait le profit. Si la firme emploie plus de travailleurs, la valeur du produit

POUR VOTRE CULTURE GÉNÉRALE

Demande de facteur et offre de produit : les deux faces d'une même pièce

Dans le chapitre 14, nous avons vu qu'une entreprise concurrentielle cherchant à maximiser son profit produisait une quantité telle que le prix du produit est égal au coût marginal de production. Et nous venons de voir que cette même entreprise emploie une quantité de travail telle que le salaire est égal à la valeur du produit marginal. Ces deux décisions – quantité de production et quantité de travail employée – constituent en fait les deux faces d'une même pièce.

Voyons la relation qui lie le produit marginal du travail (PMT) au coût marginal (Cm). Imaginons qu'un travailleur supplémentaire coûte 500 dollars et génère un produit marginal de 50 boisseaux de pommes. Dans ce cas, produire 50 boisseaux de plus coûte 500 dollars ; le coût marginal du boisseau est donc de 500 dollars/50, soit 10 dollars. Plus généralement, si W est le salaire, et si une unité de travail supplémentaire produit PMT unités de production, le coût marginal d'une unité de production est : Cm = W/PMT.

Cette analyse montre la relation étroite entre produit marginal décroissant et coût marginal croissant. Quand les cueilleurs sont déjà nombreux sur le champ, chaque travailleur supplémentaire apporte une contribution inférieure à celle du travailleur précédent (PMT diminue). De même, quand la firme produit une grande quantité de pommes, le terrain est déjà bien encombré de travailleurs, et la production d'un boisseau supplémentaire coûte plus cher (Cm augmente).

Revenons maintenant à notre critère de maximisation du profit : la valeur du produit marginal doit être égale au salaire. Mathématiquement, cela s'écrit :

$$P \times PMT = W.$$

En divisant les deux membres de l'équation par PMT, nous obtenons :

$$P = W/PMT.$$

Or nous venons de voir que W/PMT est égal au coût marginal Cm. Nous pouvons donc écrire :

$$P = Cm.$$

Le prix du produit est égal au coût marginal de production. Donc, quand une entreprise concurrentielle embauche jusqu'au point où la valeur du produit marginal est égale au salaire, elle produit aussi jusqu'au point où le prix est égal au coût marginal. Notre analyse de la demande de travail n'est qu'une autre façon de voir la décision de production présentée au chapitre 14.

marginal est inférieure au salaire, et l'embauche d'un travailleur supplémentaire fait perdre de l'argent à l'entreprise.

Donc, *une entreprise concurrentielle, qui cherche à maximiser son profit, embauche des travailleurs jusqu'à ce que la valeur du produit marginal du travail soit égale au salaire.*

On peut donc maintenant proposer une théorie de la demande de travail. La courbe de demande de travail de l'entreprise nous indique la quantité de travail demandée à chaque niveau de salaire. Or nous venons de voir que la firme choisit une quantité de travail telle que la valeur du produit marginal est égale au salaire. Donc, *la courbe de valeur du produit marginal est très exactement la courbe de demande de travail de l'entreprise concurrentielle qui cherche à maximiser son profit.*

■ **VÉRIFIEZ VOS CONNAISSANCES** Définir le produit marginal du travail, et la valeur du produit marginal du travail ■ Décrire comment une entreprise concurrentielle cherchant à maximiser son profit décide de la quantité de travailleurs à embaucher.

18.2 L'ÉQUILIBRE DU MARCHÉ DU TRAVAIL

Après avoir vu comment la firme individuelle prend ses décisions d'embauche, revenons sur le marché du travail, sur lequel l'entreprise n'est que l'un des multiples acheteurs.

La productivité marginale à l'équilibre

Nous savons maintenant deux choses concernant la détermination des salaires sur un marché du travail concurrentiel :

– le salaire s'établit à un niveau qui équilibre l'offre et la demande de travail ;

– le salaire est égal à la valeur du produit marginal du travail.

Il peut paraître surprenant que le salaire puisse remplir ces deux conditions à la fois. En fait il n'y a aucun mystère là-dessous, mais il est important de comprendre pourquoi.

La figure 18.4 montre le marché du travail à l'équilibre. Salaire et quantité de travail se sont établis à des niveaux qui équilibrent l'offre et la demande. À ce niveau d'équilibre, chaque entreprise a suivi la règle qui lui assure la maximisation de son profit : elle a embauché des travailleurs jusqu'à ce que le salaire soit égal à la valeur du produit marginal du travail. De ce fait, le salaire doit être égal à la valeur du produit marginal du travail quand il place le marché en situation d'équilibre.

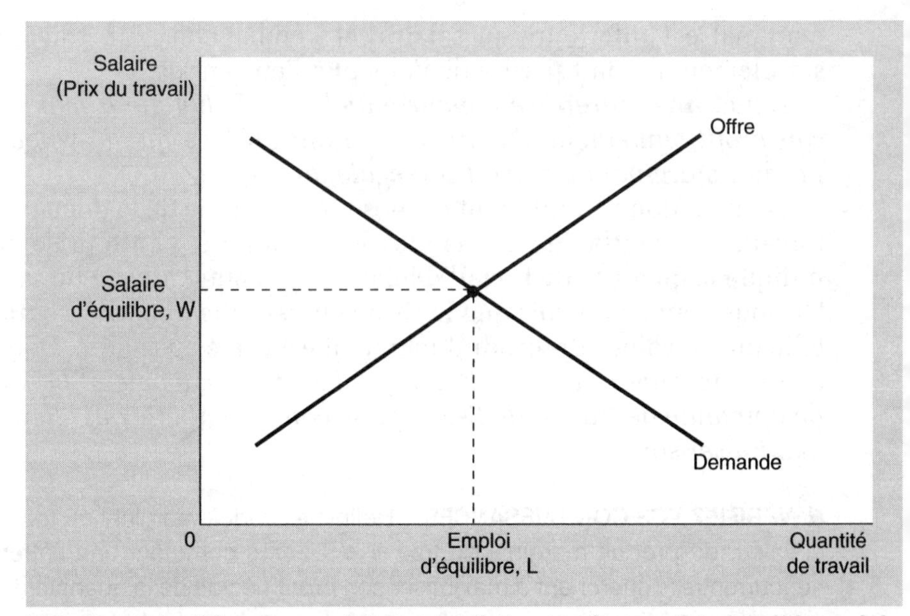

FIG. 18.4 **L'équilibre du marché du travail.** Le prix du travail (salaire) dépend de l'offre et de la demande. Comme la courbe de demande reflète la valeur du produit marginal du travail, à l'équilibre les travailleurs perçoivent un salaire égal à la valeur de leur contribution marginale à la production.

D'où la conclusion importante suivante : *Tout événement qui affecte l'offre ou la demande de travail doit modifier le niveau du salaire d'équilibre et la valeur du produit marginal du travail d'un même montant, puisque ces deux grandeurs doivent toujours être identiques.* Prenons quelques exemples pour voir comment cela fonctionne.

Variations de l'offre de travail

Imaginons que le nombre de travailleurs prêts à cueillir des pommes augmente suite à une vague d'immigration. Comme le montre la figure 18.5, l'offre de travail se déplace vers la droite de S_1 à S_2. Au salaire initial W_1, la quantité de travail fournie excède la quantité demandée. Et ce surplus exerce une pression à la baisse sur les salaires : la baisse des salaires de W_1 à W_2 autorise l'entreprise à embaucher des travailleurs supplémentaires. L'augmentation du nombre de travailleurs se traduit par une diminution du produit marginal du travail, et donc de la valeur de celui-ci. Au nouveau point d'équilibre, salaire et valeur du produit marginal du travail sont inférieurs à leur niveau antérieur à la vague d'immigration.

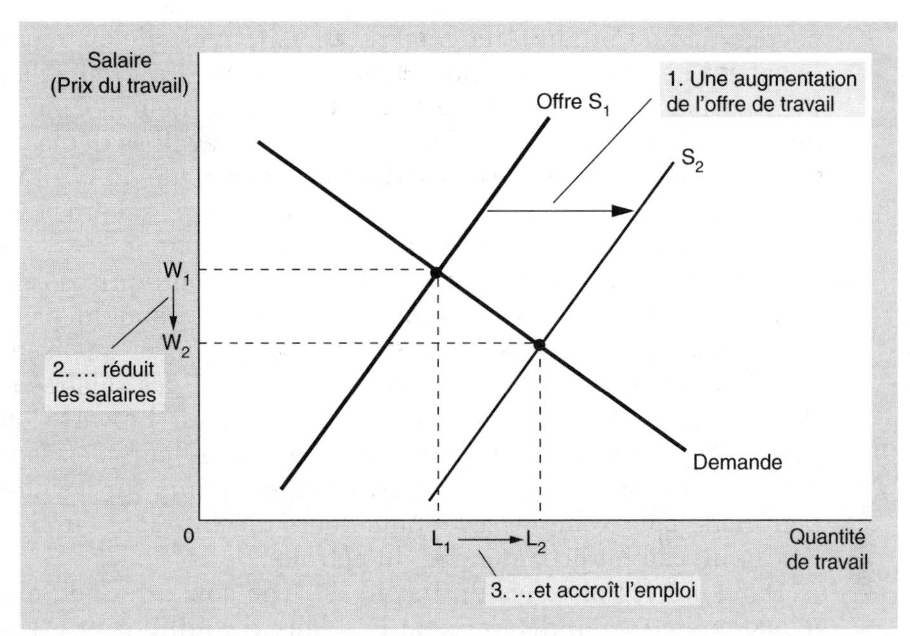

FIG. 18.5 **Variation de l'offre de travail.** Si l'offre augmente de S_1 à S_2, le salaire d'équilibre tombe de W_1 à W_2. À ce salaire inférieur, la firme embauche davantage, et l'emploi augmente de L_1 à L_2. La baisse de salaire reflète la diminution de la valeur du produit marginal du travail : le nombre de travailleurs ayant crû, la production additionnelle du travailleur supplémentaire est plus faible.

L'épisode suivant illustre parfaitement ce genre de phénomène. Dans les années 80, plusieurs milliers de Palestiniens quittaient leur domicile de la Rive Ouest ou de la Bande de Gaza pour aller travailler en Israël, principalement dans des entreprises agricoles ou de bâtiment. En 1988, du fait des tensions politiques entre communautés, Israël prit diverses mesures dont le résultat fut une réduction du nombre de travailleurs palestiniens. Le couvre-feu fut imposé, les permis de travail contrôlés plus fréquemment et l'interdiction pour les Palestiniens de rester la nuit en Israël fut renforcée. Le résultat économique fut parfaitement conforme à la théorie : le nombre de Palestiniens travaillant en Israël diminua de moitié, et le salaire de ceux qui purent continuer à travailler augmenta de près de 50 %. La réduction du nombre de travailleurs palestiniens augmenta la valeur du produit marginal du travail des employés restant.

Variations de la demande de travail

Imaginons maintenant qu'une augmentation de la popularité des pommes pousse leur prix vers le haut. Cette augmentation ne change rien au produit marginal du travail, mais elle en augmente la valeur. Le prix des pommes étant plus élevé, il est rentable pour l'entreprise d'embaucher de nouveaux travailleurs. Comme le montre la figure 18.6, quand la demande de travail se déplace vers la droite de D_1 à D_2, le salaire d'équilibre augmente de W_1 à W_2, et l'emploi croît lui aussi de L_1 à L_2. Une fois encore, salaire et valeur du produit marginal du travail évoluent de concert.

Cette analyse montre que la prospérité des entreprises est souvent liée à celle des employés du secteur. Quand le prix des pommes augmente, les producteurs de pommes réalisent de meilleurs bénéfices et leurs employés touchent des salaires supérieurs. Quand le prix des pommes baisse, c'est l'inverse qui se passe. Ce phénomène est bien connu des travailleurs des secteurs réputés pour la volatilité des prix. Les travailleurs sur les champs pétroliers, par exemple, savent que leurs revenus sont étroitement liés au niveau du prix mondial du pétrole.

Donc sur les marchés du travail de type concurrentiel, offre et demande de travail déterminent le salaire d'équilibre, et les variations de l'offre ou de la demande se traduisent par des fluctuations de ce salaire d'équilibre. Au même moment, le processus de maxi-

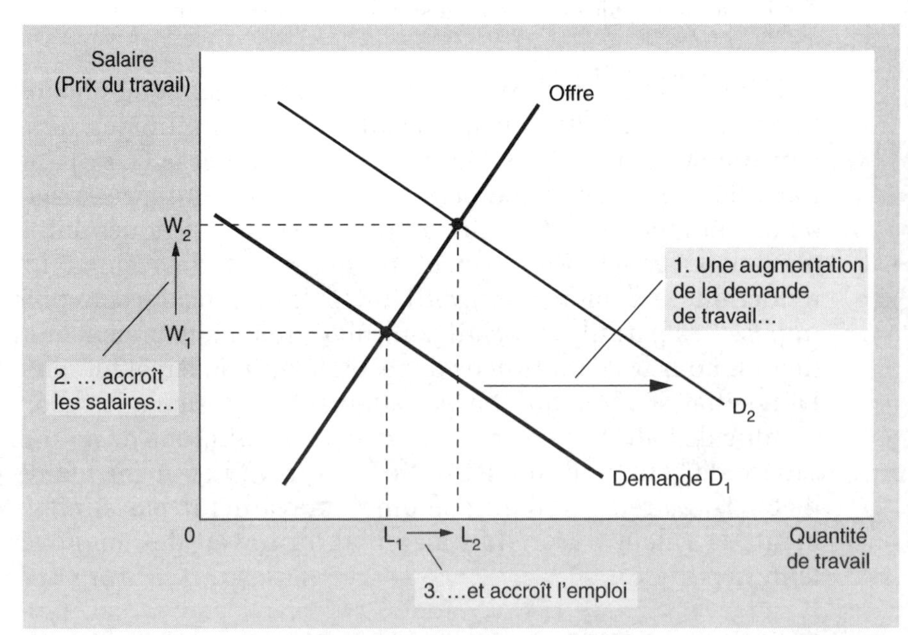

FIG. 18.6 **Variation de la demande de travail.** Si la demande augmente de D_1 à D_2, le salaire d'équilibre passe de W_1 à W_2 et l'emploi augmente aussi de L_1 à L_2. De nouveau, la variation du salaire reflète la variation de la valeur du produit marginal du travail.

misation du profit par les entreprises qui demandent du travail assure l'égalité entre salaire et valeur du produit marginal du travail.

ÉTUDE DE CAS

Productivité et salaires

L'un des *dix principes de l'économie* du chapitre 1 affirmait que notre niveau de vie est fondé sur notre capacité de production de biens et services. Nous allons voir comment ce principe s'applique au marché du travail. Plus particulièrement, notre analyse montre que le salaire est égal à la productivité du travail, mesurée par la valeur de son produit marginal. Tout simplement, les travailleurs plus productifs sont mieux payés que les travailleurs moins productifs.

C'est d'ailleurs ce qui explique que les travailleurs contemporains sont mieux payés que leurs homologues des générations antérieures. Le tableau 18.2 montre l'évolution de la productivité et des salaires (après correction de l'inflation). De 1959 à 1994, la productivité, mesurée en termes de production à l'heure travaillée, a crû en moyenne de 1,8 % par an ; à ce rythme, la productivité double tous les 40 ans. Sur la même période, les salaires ont progressé de 1,2 %, un rythme similaire, bien que légèrement plus lent.

Le même tableau montre aussi que la croissance de la productivité a ralenti aux alentours de 1973, passant de 2,9 à 1 % par an. Cette baisse de la croissance de la productivité

TABLEAU 8.2 **Évolution de la productivité et des salaires aux États-Unis.**

Période	*Croissance de la productivité*	*Croissance des salaires*
1959-94	1,8 %	1,2 %
1959-73	2,9 %	2,4%
1973-94	1,0%	0,3%

Source. — Rapport économique au Président, 1996, tableau B-45, p. 332. La croissance de la productivité est mesurée par le taux annuel de croissance de la production horaire des secteurs non agricoles. La croissance des salaires est mesurée par le taux de croissance des salaires des secteurs non agricoles. Ces données expriment donc des moyennes de productivité plutôt que des productivités marginales, mais productivités moyenne et marginale évoluent de la même manière.

TABLEAU 18.3 Évolution de la productivité et des salaires dans le monde

Période	*Croissance de la productivité*	*Croissance des salaires*
Corée du Sud	8,5 %	7,9 %
Hong Kong	5,5	4,9
Singapour	5,3	5,0
Indonésie	4,0	4,4
Japon	3,6	2,0
Inde	3,1	3,4
Angleterre	2,4	2,4
États-Unis	1,7	0,5
Brésil	0,4	− 2,4
Mexique	− 0,2	− 3,0
Argentine	− 0,9	− 1,3
Iran	− 1,4	− 7,9

Source. — Rapport sur le développement du monde, 1994, tableau 1, p. 162-163, e tableau 7, p. 174-175. La croissance de la productivité est mesurée par la variatio annuelle du produit national brut par tête d'habitant de 1980 à 1992. La croissanc des salaires est mesurée par la variation annuelle des rémunérations par tête d'em ployé dans les secteurs industriels de 1980 à 1991.

coïncide avec un ralentissement de la croissance des salaire de 2,1 points. Du fait de ce ralentissement de la productivité les jeunes travailleurs ne peuvent pas espérer la même pro gression de niveau de vie que leurs parents. Un ralentisse ment de 1,9 point ne paraît pas énorme, mais accumulé su plusieurs années, ses conséquences sont très importantes. S la productivité et les salaires avaient continué à progresse au-delà de 1973 au même rythme que précédemment, les tra vailleurs d'aujourd'hui toucheraient des salaires supérieur de moitié à leurs salaires actuels.

Cette relation entre productivité et salaire éclaire auss l'expérience internationale. Le tableau 18.3 présente l'évolu tion de la productivité et des salaires dans un certain nombr de pays, classés en fonction de la croissance de la producti vité. Même si ces données internationales manquent de préci sion, les deux variables sont clairement liées. En Corée d Sud, à Hong Kong, et à Singapour, où la productivité a cr rapidement, les salaires sont montés rapidement. A Mexique, en Argentine ou en Iran, où la productivité a baissé les salaires en ont fait autant. Les États-Unis se situent a milieu de la distribution : comparées au reste du monde, le croissances de productivité et de salaire aux États-Unis n'ont rien de remarquable, ni dans un sens ni dans l'autre.

Pourquoi la productivité et les salaires varient-ils tant dans le temps et dans l'espace ? Pour répondre à cette question, il faudrait réfléchir sur les caractéristiques de la croissance économique de long terme, sujet qui déborde largement le cadre de ce chapitre. Notons néanmoins trois déterminants essentiels de la productivité :

– le *capital physique* : plus les structures et les équipements de production sont développés, plus les travailleurs produisent ;

– le *capital humain* : plus les travailleurs sont instruits, plus ils produisent ;

– la *compétence technologique* : plus les technologies auxquelles les travailleurs ont accès sont développées, plus ils produisent.

Capital physique, capital humain et savoir technologique sont les sources ultimes des différences de productivité, de salaire et de niveau de vie.

■ **VÉRIFIEZ VOS CONNAISSANCES** Quel est l'impact d'une vague d'immigration sur l'offre de travail, la demande de travail, le produit marginal du travail et le salaire d'équilibre ?

8.3 LES AUTRES FACTEURS DE PRODUCTION : TERRE ET CAPITAL

Les entreprises doivent non seulement décider de la quantité de travail qu'elles vont employer, mais aussi des quantités des autres facteurs de production dont elles auront besoin. Dans notre exemple, notre entreprise fruitière devra décider de la superficie de son champ de pommier et du nombre d'échelles nécessaires. Globalement, les facteurs de production sont divisés en trois catégories : travail, terre et capital.

Travail et terre sont des concepts évidents, mais il en va autrement du capital. Par capital, les économistes entendent le stock de structures et d'équipements de production nécessaire au processus productif. Il s'agit donc des biens d'équipement produits antérieurement et utilisés présentement pour la production de nouveaux biens et services. Dans notre exemple, le capital inclura les échelles utilisées par les cueilleurs, les camions pour le transport des pommes, les entrepôts dans lesquels sont conservés les fruits, e jusqu'aux arbres eux-mêmes.

L'équilibre sur les marchés de la terre et du capital

Comment est calculée la rémunération des propriétaires foncier et des détenteurs du capital ? Avant de répondre à cette question, i importe de distinguer deux prix : le prix d'achat et le prix de l'utili sation. Le prix d'achat est le prix payé par la personne qui décide d détenir le facteur de production pour une période indéfinie. Le pri d'utilisation ou loyer est le prix payé par la personne qui décid d'utiliser ce facteur de production pendant une période donnée Ces deux types de prix sont déterminés par des processus diffé rents.

Appliquons aux marchés fonciers et du capital la théorie déve loppée sur le marché du travail. Le salaire n'est d'ailleurs rie d'autre que le loyer du travail. De sorte que ce qui a été dit s'agissan du salaire s'applique quasiment mot pour mot à la déterminatio des loyers fonciers ou du capital. Comme on le constate sur l figure 18.7, le loyer foncier et le loyer du capital sont déterminé par l'offre et la demande. En outre, la demande elle-même s'ex plique de la même façon que la demande de travail. Pour détermi ner sa demande de terrain ou d'échelles, l'entreprise fruitière suit l même logique que celle qui préside à la décision d'embauche. L demande croît jusqu'au point où le prix du facteur est égal à l

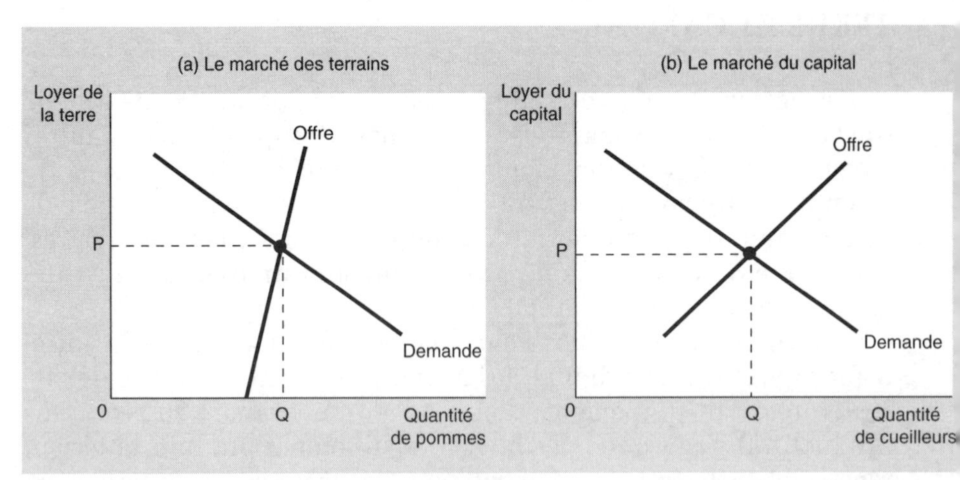

FIG. 18.7 **Les marchés de la terre et du capital.** Les rémunérations de ces deux facteur de production sont elles aussi fonction de l'offre et la demande. La demande quant à ell est fonction de la valeur du produit marginal du facteur.

POUR VOTRE CULTURE GÉNÉRALE

Les divers types de revenus du capital

Dans la pratique, la plupart du temps, les entreprises possèdent le capital qu'elles utilisent et elles en perçoivent donc les loyers.

Ces revenus finissent par repartir vers les ménages de diverses manières. Les ménages qui ont prêté de l'argent aux entreprises perçoivent des intérêts. C'est le cas des détenteurs d'obligations et des détenteurs de dépôts bancaires. Quand vous touchez des intérêts sur votre compte en banque, ce revenu fait partie des revenus du capital de l'économie.

Une partie des revenus du capital retourne vers les ménages sous forme de dividendes. Les dividendes rémunèrent les actionnaires des entreprises, c'est-à-dire les personnes qui détiennent une partie du capital des entreprises et qui ont de ce fait droit à une partie équivalente des profits de celles-ci.

Ces détails institutionnels sont à la fois intéressants et importants, mais ils ne modifient en rien nos conclusions quant à la rémunération du capital. Celle-ci est égale à la valeur du produit marginal du capital, que cette rémunération prenne la forme d'intérêts ou de dividendes.

valeur de son produit marginal. La courbe de demande de chaque facteur reflète donc la productivité marginale dudit facteur.

On peut donc maintenant expliquer la répartition des revenus entre travailleurs, propriétaires fonciers et détenteurs de capital. Tant que les entreprises qui utilisent ces facteurs sont des entreprises concurrentielles cherchant à maximiser leur profit, le loyer de chaque facteur de production doit être égal à la valeur de son produit marginal. *Travail, terrain et capital perçoivent donc une rémunération égale à la valeur de leur contribution marginale au processus de production.*

Qu'en est-il du prix d'achat ? De toute évidence, prix d'acquisition et loyer sont liés : les acheteurs sont prêts à payer d'autant plus un facteur de production qu'il leur rapportera un loyer plus élevé. Or, comme nous venons de le voir, le loyer d'équilibre est égal à la valeur du produit marginal du facteur. Donc le prix d'achat d'un terrain ou d'une unité de capital dépend à la fois de la valeur présente du produit marginal du facteur et de la valeur attendue à l'avenir.

Relations entre facteurs de production

Nous avons vu que la rémunération d'un facteur de production est égale à la valeur de son produit marginal. Le produit marginal d'un facteur, quant à lui, dépend de la quantité de facteur disponible. Selon la loi des rendements décroissants, un facteur abondant génère un produit marginal faible, et son prix est donc peu élevé, tandis qu'un facteur de production rare génère un produit marginal élevé et connaît donc un prix élevé. De ce fait, quand l'offre d'un facteur diminue, son prix d'équilibre augmente.

Mais quand l'offre d'un facteur est modifiée, l'impact ne se réduit pas au seul marché de ce facteur. La plupart du temps, les facteurs de production sont utilisés conjointement, de sorte que la productivité de chacun dépend des quantités des autres facteurs utilisés dans le processus de production. Et donc, toute modification de l'offre de l'un des facteurs se traduira par des variations des revenus des autres.

Imaginons par exemple qu'un ouragan emporte une grande quantité d'échelles utilisées par les cueilleurs de pommes. L'offre d'échelles ayant diminué, leur loyer augmente. Les propriétaires qui ont eu la chance de conserver leurs échelles reçoivent donc une rémunération supérieure quand ils louent leurs échelles aux entreprises fruitières.

Mais l'impact va au-delà du seul marché des échelles. Comme il y a moins d'échelles disponibles, les cueilleurs ont un produit marginal inférieur. La diminution de l'offre d'échelles réduit donc la demande de cueilleurs, ce qui se traduit par une diminution du salaire d'équilibre.

D'où une conclusion importante : *un événement qui affecte l'offre d'un facteur de production quelconque a des répercussions sur les rémunérations de tous les facteurs. Les fluctuations de la rémunération d'un facteur de production s'expliquent par les conséquences d'un événement sur la valeur du produit marginal du facteur en question.*

ÉTUDE DE CAS

L'analyse économique de la Mort noire

Au XIVe siècle en Europe, une épidémie de peste bubonique élimina en quelques années le tiers de la population. Cette catastrophe naturelle, connue sous le nom de peste noire, permet de tester en grandeur réelle la théorie évoquée ci-dessus sur les facteurs de production. Quels furent les effets sur les heureux survivants ? Comment ont évolué les salaires de ces survivants et les loyers perçus par les propriétaires fonciers ?

La population ayant considérablement diminué, l'offre de travail se trouve réduite, et donc le produit marginal du travail augmente. Donc la peste noire a dû se traduire par une augmentation des salaires.

Travail et terre étant utilisés conjointement dans le processus de production, la réduction de l'offre de travail a aussi affecté le marché foncier, autre facteur de production essentiel dans l'Europe médiévale. Les travailleurs agricoles disponibles étant moins nombreux, une unité supplémentaire de terrain génère moins de produit additionnel. Donc la peste noire a dû se traduire par une diminution des loyers fonciers.

C'est effectivement ce qui s'est passé historiquement. Les salaires ont été multipliés par deux, et les rentes foncières ont diminué de moitié. La peste noire a enrichi les paysans et appauvri les propriétaires terriens.

■ **VÉRIFIEZ VOS CONNAISSANCES** Comment est déterminée la rémunération des propriétaires fonciers et des détenteurs de capital ? ■ Quel serait l'impact d'une augmentation de l'offre de capital sur les revenus des détenteurs de capital ? Quel en serait l'impact sur les revenus des travailleurs ?

18.4 CONCLUSION

Ce chapitre a montré comment le travail, la terre et le capital sont rémunérés pour leur contribution au processus de production. La théorie développée ici est appelée *théorie néo-classique de la distribution*. Selon cette théorie, la rémunération de chacun des facteurs dépend de l'offre et de la demande du facteur en question. Cette demande est elle-même fonction de la productivité marginale du facteur considéré. À l'équilibre, chaque facteur de production perçoit une rémunération égale à la valeur de sa contribution marginale au processus de production.

Cette théorie néo-classique de la distribution est largement acceptée. La plupart des économistes l'utilisent pour expliquer comment les 7 000 milliards de dollars de revenus de l'économie américaine se répartissent entre ses divers membres. Dans les deux chapitres suivants, nous allons nous intéresser à cette distribution plus en détail, dans le cadre général de la théorie néo-classique.

Mais déjà vous pouvez répondre à la question qui ouvrait ce chapitre : pourquoi les programmeurs sont-ils mieux payés que les pompistes ? Parce qu'ils produisent un bien dont la valeur de marché est plus importante que celle du service rendu par les pompistes. Les gens sont prêts à payer cher un bon jeu informatique, mais pas le fait d'avoir leur pare-brise nettoyé et leur réservoir rempli. Les salaires de ces travailleurs reflètent les prix de marché des biens et services qu'ils produisent. Si demain les gens se fatiguent des ordinateurs et décident de passer plus de temps dans leur automobile, les prix de ces produits changeront, ainsi que les salaires d'équilibre de ces deux groupes de travailleurs.

RÉSUMÉ

- Le revenu national est réparti sur les marchés des facteurs de production. Les trois facteurs les plus importants sont le travail, la terre et le capital.
- La demande de facteurs de production est une demande dérivée qui émane des entreprises qui en ont besoin pour produire les biens et services proposés au public. Les entreprises concurrentielles cherchant à maximiser leur profit utilisent chacune des facteurs de production jusqu'à ce que la valeur de leur produit marginal soit égale au prix du facteur.
- Le prix de chaque facteur est le prix qui équilibre l'offre et la demande du facteur en question. Comme la demande reflète la valeur du produit marginal du facteur de production, à l'équilibre chaque facteur est rémunéré en fonction de sa contribution marginale au processus productif.
- Les facteurs de production étant utilisés conjointement, le produit marginal de l'un quelconque des facteurs est fonction des quantités disponibles des autres facteurs. Par conséquent, une variation de l'offre de l'un des facteurs affectera la rémunération de tous les facteurs.

CONCEPTS CLÉS – DÉFINITIONS

Facteurs de production : facteurs entrant dans le processus de production des biens et services

Fonction de production : relation entre quantité produite et quantité de facteur utilisée.

Produit marginal du travail : augmentation de production générée par une unité supplémentaire de travail.

Produit marginal décroissant : produit marginal d'un facteur décroissant au fur et à mesure que la quantité de facteur augmente.

Valeur du produit marginal : produit marginal d'un facteur multiplié par le prix du bien produit.

Capital : équipement et structures de production utilisés pour la production de biens et services.

QUESTIONS DE RÉVISION

1. Expliquer la relation existant entre la fonction de production d'une firme et le produit marginal du travail.
2. Expliquer la relation existant entre le produit marginal du travail et la valeur de ce produit marginal.
3. Expliquer la relation existant entre la valeur du produit marginal du travail et la demande d'emploi exprimée par l'entreprise.
4. Si la population des États-Unis progressait soudainement sous l'impulsion d'une nouvelle vague d'immigration, qu'adviendrait-il des salaires ? Comment évolueraient les loyers perçus par les propriétaires fonciers et les détenteurs de capital ?

PROBLÈMES D'APPLICATION

1. Imaginons que le Président fasse adopter une loi obligeant les Américains à consommer une tarte aux pommes par jour, pour des raisons de santé publique :
   a. Quel serait l'effet de cette loi sur le prix d'équilibre des pommes ?
   b. Quel en serait l'impact sur le produit marginal des cueilleurs de pommes et sur sa valeur ?
   c. Quel en serait l'impact sur la demande de cueilleurs et sur les salaires de ces derniers ?
2. Henry Ford a dit un jour : « Ce n'est pas le patron qui paie les salaires ; il ne fait que remettre l'argent. C'est le produit qui paie les salaires. » Expliquez.
3. Expliquez l'effet de chacun des événements suivants sur le marché du travail dans l'industrie des ordinateurs :
   a. Le Congrès finance l'achat d'un ordinateur personnel pour chaque étudiant à l'université
   b. Le nombre d'étudiants dans les branches scientifiques et notamment informatiques augmente
   c. Les entreprises d'ordinateurs construisent de nouvelles usines de production.
4. Expliquez pourquoi une entreprise concurrentielle cherchant à maximiser son profit utilise un facteur de production jusqu'à ce que la valeur de son produit marginal soit égale au prix du facteur, plutôt que d'en utiliser une quantité moindre qui présenterait une valeur du produit marginal supérieure.

5. Votre oncle ouvre une boutique de sandwich est qui emploie 7 personnes. Les employés sont payés 6 dollars de l'heure et un sandwich se vend 3 dollars. Si votre oncle maximise son profit, quelle est la valeur du produit marginal du dernier travailleur embauché ? Quel est le produit marginal de ce travailleur ?
6. Pendant les années 80, de nombreux pays étrangers investirent aux États-Unis. Par exemple, Toyota, BMW et plusieurs autres fabricants automobiles ont construit des usines sur le territoire américain :

   a. Sur un graphique du marché américain du capital, montrez l'effet de cet apport de capital sur le loyer du capital aux États-Unis et sur la quantité de capital utilisée.

   b. Sur un graphique du marché américain du travail, montrez l'effet de cet apport de capital sur le salaire payé aux ouvriers américains.
7. Imaginons qu'une entreprise concurrentielle n'utilise que le facteur travail pour sa production. Elle peut payer ses employés 50 dollars par jour. La fonction de production de l'entreprise est la suivante :

Jours travaillés	*Unités produites*
0	0
1	7
2	13
3	19
4	25
5	28
6	29

   Chaque unité produite est vendue 10 dollars. Dessinez la courbe de demande de la firme. Combien de jours de travail doit-elle utiliser ? Montrez ce point sur le graphique.
8. *(Question plus difficile.)* Récemment certains hommes politiques ont proposé d'obliger les entreprises à verser à leurs employés des compléments de rémunération, par exemple sous la forme d'assurance-maladie. Voyons les effets d'une telle politique sur le marché du travail :

   a. Imaginons que la loi oblige l'entreprise à verser 3 dollars supplémentaires par heure travaillée. Quel est l'effet sur le profit marginal réalisé par l'entreprise ? Quel est l'effet sur la demande de travail ? Dessinez un graphique avec le salaire sur l'axe vertical.

   b. Si l'offre de travail n'est pas affectée par la loi, quel sera l'impact sur l'emploi et les salaires ?

   c. Pourquoi l'offre de travail risque-t-elle d'être modifiée en réaction à la loi ? Cette modification amplifierait-elle ou amoindrirait-elle l'effet précédent ?

   d. Nous savons que les salaires des travailleurs les moins qualifiés et les moins expérimentés sont maintenus au-dessus du niveau d'équilibre par l'existence d'un salaire minimal légal. Quel serait l'effet de la loi sur les travailleurs en question ?

9. *(Question plus difficile.)* Sur certains marchés, l'offre de travail est administrée par les syndicats :

   a. Expliquez en quoi la situation d'un syndicat rappelle celle d'un monopole.

   b. L'objectif d'un monopole est de maximiser son profit. Existe-t-il un objectif similaire pour un syndicat ?

   c. Comment se compare le salaire proposé par le syndicat avec le salaire qui résulterait d'une confrontation concurrentielle ? Comment se compare l'emploi dans les deux situations ?

   d. Quels sont les objectifs que se fixent les syndicats qui les rendent différents des entreprises monopolistiques ?

CHAPITRE 19

REVENUS ET DISCRIMINATION

Dans ce chapitre, vous allez :

- examiner comment les salaires compensent les différences de conditions de travail
- apprendre ce que sont et comparer deux théories économiques de l'éducation : celle du capital humain et la théorie du signal
- comprendre pourquoi certaines superstars peuvent toucher des salaires pharamineux
- voir pourquoi il est difficile de mesurer l'impact d'une discrimination salariale
- observer quand les forces du marché peuvent corriger cette discrimination, et quand elles ne le peuvent pas
- étudier les éléments du débat sur la valeur comparable comme base du système de rémunérations

En 1994, un joueur de base-ball d'une grande équipe gagnait en moyenne 1 200 000 dollars par an, un docteur 177 000 dollars et un ouvrier 22 000 dollars. Ces trois exemples illustrent la très grande disparité des revenus caractéristique de notre économie. Cette disparité explique pourquoi certains vivent dans des résidences somptueuses, roulent en limousine et passent leurs vacances sur la côte d'Azur, tandis que d'autres partagent de petits appartements, prennent le bus et passent leurs vacances dans leur jardin.

Pourquoi les revenus varient-ils autant d'un individu à l'autre Le chapitre 18, qui a présenté la théorie néo-classique du marché du travail, a apporté une réponse à cette question. Nous y avons vu que le salaire était déterminé par le jeu de l'offre et de la demande d travail. La demande de travail reflète la productivité marginale du travail. À l'équilibre, chaque travailleur perçoit une rémunération égale à la valeur de sa contribution marginale au processus de production de biens et services.

Cette théorie du marché du travail, bien que largement admise par les économistes, ne constitue qu'un point de départ du raisonnement. Pour comprendre la grande disparité des rémunération dans l'économie, il faut aller au-delà de ce cadre général et considérer plus précisément les déterminants de l'offre et de la demande des différents types de travail. Tel est l'objet de ce chapitre.

19.1 QUELQUES DÉTERMINANTS DES SALAIRES D'ÉQUILIBRE

Les travailleurs se distinguent entre eux de multiples façons. Le emplois présentent eux-mêmes des caractéristiques différentes, à la fois en termes de rémunération et de caractéristiques non monétaires. Nous allons examiner ici comment les caractéristiques de travailleurs et des emplois affectent l'offre et de la demande de travail, ainsi que les salaires d'équilibre.

Les différentiels compensatoires

Quand un travailleur décide d'accepter un emploi, le salaire n'est que l'un des paramètres considérés. Certains travaux sont sympathiques, amusants et sans danger ; d'autres sont difficiles abrutissants et dangereux. Plus ces caractéristiques non pécuniaire sont attirantes, plus il y a de gens prêts à accepter ce travail à un niveau de salaire donné. Autrement dit, l'offre est plus important pour les métiers sympathiques et amusants que pour ceux qui son difficiles et abrutissants. Par conséquent, les « bons » métiers auront tendance à avoir des salaires d'équilibre inférieurs à ceux des « mauvais » métiers.

Supposons par exemple que vous cherchiez un travail pour cet été sur la plage voisine. Deux possibilités vous sont offertes. Vous pouvez être plagiste ou nettoyeur de plage. En tant que plagiste, vous vous occupez des clients et vous vous assurez que leurs besoins sont satisfaits. En tant que nettoyeur, vous ramassez les détritus qui s'accumulent sur la plage. La plupart des gens préfèrent le travail de plagiste à celui de nettoyeur de plage si les salaires proposés sont les mêmes. La ville propose donc un salaire supérieur au futur éboueur côtier.

Les économistes utilisent le terme de *différentiel compensatoire* pour qualifier les différences de salaire liées à des caractéristiques non financières des différents métiers. Ces différentiels compensatoires sont très fréquents dans notre économie. En voici quelques exemples :

◆ Les mineurs sont bien mieux payés que les autres ouvriers de compétence équivalente. Cette rémunération plus élevée compense la nature difficile et dangereuse du métier de mineur de fond, ainsi que les problèmes de santé à long terme inévitablement rencontrés par ces ouvriers.

◆ Les travailleurs de nuit sont mieux rémunérés que leurs collègues de jour. Cette rémunération supérieure vient compenser un style de vie (travail la nuit et sommeil le jour) que la plupart des gens refusent.

◆ Les professeurs sont moins bien payés que les avocats ou les médecins, alors qu'ils ont des niveaux de formation équivalents. Cette rémunération inférieure compense le plaisir personnel et intellectuel qu'offrent les métiers de l'enseignement. En fait, enseigner l'économie est tellement amusant qu'on se demande même pourquoi les professeurs d'économie touchent un salaire !

Le capital humain

Comme nous l'avons vu au chapitre 18, le terme « capital » fait en général référence à un stock d'équipement. Le capital du fermier inclura son tracteur, celui de l'industriel son usine et celui du professeur son tableau noir. La caractéristique essentielle du capital, c'est que c'est un facteur de production qui a lui-même été produit.

Le *capital humain*, moins tangible qu'un capital physique, n'en est pas moins extrêmement important pour la production. Le capital humain recouvre l'ensemble des investissements dans l'homme.

Le plus important est bien entendu l'éducation. Comme toute forme de capital, il représente une dépense effectuée à un moment donné pour accroître la productivité future. Mais, contrairement aux autres formes de capital, l'investissement éducatif est inextricablement lié à un individu particulier, et c'est précisément cette relation qui lui confère le caractère de capital humain.

Comme il fallait s'y attendre, les individus au capital humain plus développé gagnent mieux leur vie que les autres. Aux États-Unis, les diplômés de l'enseignement supérieur gagnent 65 % de plus que les diplômés de l'enseignement secondaire. Et cette différence est valable dans le monde entier. Elle est même beaucoup plus grande dans les pays en voie de développement, où les qualifications élevées sont rares.

Il est facile de comprendre pourquoi la formation accroît les salaires. Les entreprises qui demandent du travail sont prêtes à payer plus cher des travailleurs mieux formés, car ceux-ci ont un meilleur rendement marginal. Les travailleurs n'accepteront de payer le coût d'une formation que si cela en vaut la peine. Pratiquement, les différences de salaires entre travailleurs de formations différentes constituent un différentiel compensatoire pour le coût de la formation.

ÉTUDE DE CAS

La valeur croissante des compétences

« Les riches sont de plus en plus riches, et les pauvres de plus en plus pauvres. » Voilà un adage bien connu. Mais qui n'est pas toujours vrai. Néanmoins, il a été assez vérifié récemment. De nombreuses études démontrent en effet que la disparité des salaires des travailleurs qualifiés et des non qualifiés s'est accrue au cours des 20 dernières années.

La figure 19.1 illustre le ratio des salaires moyens du diplômé de l'enseignement supérieur et du bachelier sans formation complémentaire. En 1976, les premiers gagnaient 55 % de plus en moyenne que les seconds. En 1994, la différence était de 84 %. Il est clair qu'il y a intérêt à poursuivre une formation aussi longue que possible.

Pourquoi cette disparité a-t-elle augmenté récemment ? Personne ne le sait vraiment. Mais les économistes ont proposé deux explications possibles. Ces deux explications considèrent que la demande de travail qualifié a progressé plus rapidement que la demande de travail non qualifié, ce

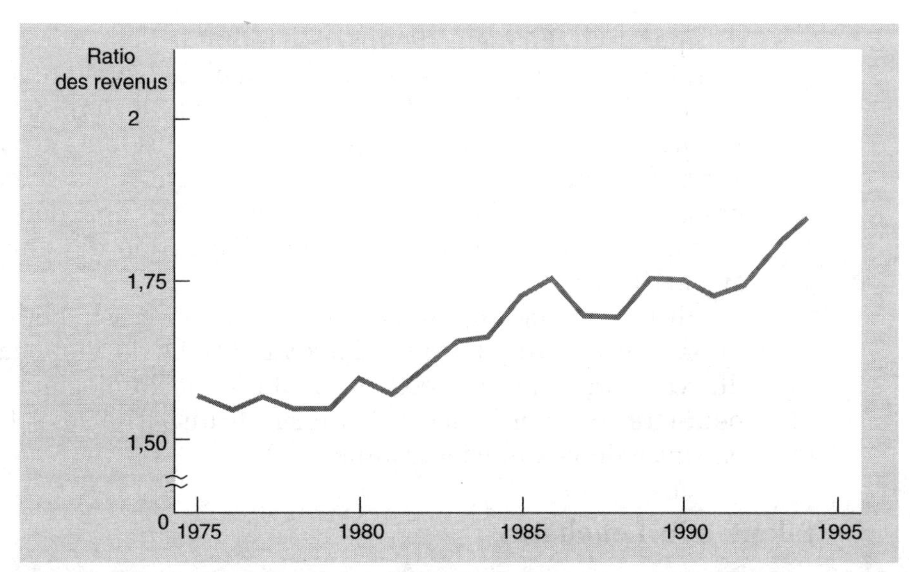

FIG. 19.1 **Ratio des revenus des diplômés de l'enseignement supérieur par rapport à ceux des diplômés de l'enseignement secondaire.** Cette figure met clairement en évidence l'élargissement du fossé séparant les rémunérations de ces deux groupes de salariés au cours des 20 dernières années.

Source. — Ministère du Travail et calculs de l'auteur.

qui se serait traduit par une évolution divergente des salaires et donc finalement par une plus grande disparité.

La première hypothèse considère que l'échange international a modifié la demande relative de travail qualifié. Au cours de l'histoire récente, les échanges commerciaux avec l'étranger ont énormément progressé. Aux États-Unis, les importations, qui ne représentaient que 5 % de la production totale en 1970, en représentaient 11 % en 1995. Sur la même période, les exportations passaient de 6 à 10 %. Comme la main-d'œuvre non qualifiée est pléthorique et bon marché dans bon nombre de pays étrangers, les États-Unis ont tendance à importer des biens fabriqués par cette main-d'œuvre sans qualification, et à exporter des biens fabriqués par des ouvriers qualifiés. Ainsi, avec le développement du commerce international, la demande intérieure de main-d'œuvre qualifiée augmente, tandis que la demande de main-d'œuvre non qualifiée diminue.

La deuxième hypothèse considère que l'évolution technologique est responsable d'une demande accrue de main-d'œuvre qualifiée. L'exemple de l'ordinateur est symptomatique. L'existence de l'ordinateur accroît la demande d'ouvriers capables de s'en servir. En même temps, elle réduit la demande de travailleurs non qualifiés, car les tâches habituellement remplies par ces derniers le sont de plus en plus par les ordinateurs. Aujourd'hui, les entreprises conservent toutes leurs archives sur ordinateurs, et non plus dans les immenses classeurs du passé. Cette modification s'est traduite par une demande accrue de programmeurs et par une disparition des attachés aux écritures.

Il est difficile d'apprécier la validité de ces hypothèses. Elles peuvent être toutes les deux valides. Le développement du commerce international et l'évolution technologique sont peut-être coresponsables de la plus forte disparité des salaires observée depuis plusieurs années.

Talent, effort et chance

Pourquoi les joueurs de base-ball de première division sont-ils mieux payés que les joueurs de seconde division ? Certainement pas pour des raisons de différentiel compensatoire. Le fait de jouer en première division n'est pas moins plaisant que de jouer en seconde ; c'est même plutôt le contraire. La première division ne nécessite pas davantage d'expérience ou de formation. Dans une large mesure, les joueurs de première division sont mieux payés parce qu'ils sont meilleurs.

Le talent est un facteur important de différenciation des travailleurs. Du fait de l'hérédité et de l'éducation, les gens présentent des aptitudes physiques et mentales très variées. Certains sont forts, d'autres faibles. Certains sont très à l'aise en public, d'autres plutôt timides. Ces caractéristiques personnelles, ainsi que beaucoup d'autres, affectent la productivité de l'individu et jouent donc un rôle dans la détermination de sa rémunération.

À côté des talents, l'effort joue un rôle essentiel. Certains individus sont durs à la peine, d'autres plutôt paresseux. En général, les premiers sont mieux payés que les seconds. Dans certains cas, les employés sont rémunérés directement en fonction de leur contribution : c'est le cas des vendeurs qui touchent une commission sur le chiffre d'affaires qu'ils réalisent. Plus généralement, l'effort au travail est récompensé par une augmentation de salaire ou un bonus de fin d'année.

Mais la chance joue aussi un rôle dans la détermination des salaires. Une personne qui aura consacré du temps à maîtriser une technologie qui devient obsolète du jour au lendemain gagnera moins que d'autres qui auront consacré le même temps à d'autres études. Il s'agit là d'un manque de chance, un phénomène que les économistes reconnaissent, sans pouvoir en dire davantage.

Quelle est l'importance relative de ces trois facteurs : chance, talent et effort ? Difficile à évaluer, car ils ne sont pas vraiment mesurables. Mais il est clair qu'ils sont tous très importants dans la détermination des salaires. Quand les spécialistes du travail étudient les salaires, ils comparent un salaire à un niveau de formation, une expérience professionnelle, un âge et des caractéristiques de poste. Si ces facteurs jouent un rôle dans la détermination du salaire, il reste que la disparité est trop grande pour être expliquée par ces seules caractéristiques objectives. La chance, le talent et l'effort doivent donc bien jouer un rôle déterminant dans la fixation des salaires.

ÉTUDE DE CAS

Les avantages de la beauté

Les gens sont différents les uns des autres. La beauté est l'un des éléments de différence. L'acteur Mel Gibson, par exemple, est bel homme. Ce qui explique, au moins en partie, le succès de ses films. Et des films à succès se traduisent par des revenus élevés pour l'acteur.

Les avantages économiques de la beauté sont-ils importants ? Les économistes spécialistes du travail Daniel Hamermesh et Jeff Biddle ont essayé de répondre à cette question dans une étude récente, menée aux États-Unis et au Canada, dont les résultats furent publiés en décembre 1994 dans le magazine *American Economic Review*. Les questionneurs devaient noter l'apparence physique des personnes interrogées, et Hamermesh et Biddle ont comparé les salaires des personnes interrogées non seulement aux critères objectifs – formation, expérience, etc. –, mais aussi à la beauté physique.

Le résultat de l'étude, c'est que la beauté rapporte. Les individus les moins attirants physiquement gagnent 5 à 10 % de moins que les personnes d'apparence moyenne. Et celles-ci gagnent 5 % de moins que les individus les mieux dotés physiquement. Et ces résultats sont valables pour les hommes comme pour les femmes.

Comment expliquer ces différences de rémunération ? Cette prime de beauté peut s'interpréter de plusieurs façons.

On peut considérer qu'il s'agit tout simplement d'un déterminant supplémentaire de la productivité et du salaire.

Certaines personnes ont la chance d'avoir un physique de star de cinéma, d'autres n'ont pas cette chance. Un physique agréable est un atout dans tous les métiers de contact : la vente, l'art dramatique, peut-être même l'enseignement. Un employé physiquement attirant est donc un actif pour son employeur. Si celui-ci accepte de le payer plus cher, cela reflète les préférences des consommateurs.

Une deuxième interprétation considère que la beauté est une mesure indirecte des autres formes de talent. Le caractère plus ou moins attirant d'un individu ne repose pas uniquement sur des facteurs génétiques. La façon de s'habiller, de se coiffer, de se tenir, de parler sont autant d'éléments importants dans ce domaine. Peut-être que quelqu'un qui est capable de projeter une image flatteuse de sa personne est aussi capable de véhiculer une image flatteuse de l'entreprise qui l'emploie.

Une troisième interprétation considère que la prime de beauté est une forme de discrimination, sujet dont nous reparlerons bientôt.

Une autre théorie de l'éducation : le signal

Nous avons vu plus haut la théorie du capital humain, selon laquelle les salaires des travailleurs sont en corrélation positive avec leur formation, car celle-ci accroît leur productivité. Cette théorie est largement répandue, mais certains économistes en ont proposé une autre, selon laquelle les entreprises se servent des diplômes comme d'un moyen de distinguer les travailleurs talentueux des autres. Selon cette théorie, quand vous obtenez un diplôme, vous ne devenez pas plus productifs, mais vous *indiquez* aux entreprises votre niveau de talent. Comme il est plus facile aux gens talentueux d'obtenir des diplômes, il est rationnel pour une entreprise d'interpréter l'obtention d'un diplôme donné comme un signe de capacité.

Ces deux théories, du capital humain et du signal, sont à la fois similaires et différentes. Toutes deux expliquent pourquoi les travailleurs mieux formés gagnent plus que les travailleurs moins bien formés. Selon la théorie du capital, la formation améliore la productivité du travailleur ; pour la théorie du signal, la formation est synonyme de talent. En revanche, ces deux théories divergent largement quand il s'agit de discuter des effets des politiques éducatives. Selon la théorie du capital humain, améliorer la formation de tous permettrait d'accroître la productivité de tous les travailleurs et donc de faire monter tous les salaires. Selon la théorie du signal la formation est sans effet sur la productivité, et donc une meilleure éducation généralisée ne changerait rien aux salaires.

Les adversaires de la théorie du signal considèrent qu'il s'agit là d'un moyen fort coûteux de sélectionner les candidats. Tests d'aptitude et périodes d'essai sont des moyens beaucoup plus économiques de juger des aptitudes des candidats que de les envoyer pendant 5 ans à l'université uniquement pour prouver qu'ils ont des capacités intellectuelles. Et comme les entreprises continuent à faire confiance aux diplômes pour recruter leurs employés, plutôt qu'à ces alternatives moins coûteuses, on peut penser que la formation a quelque impact positif sur la productivité des travailleurs.

ÉTUDE DE CAS

Capital humain, aptitudes et scolarité obligatoire

La poursuite des études améliore-t-elle les salaires parce qu'elle a un effet favorable sur la productivité, ou donne-t-elle seulement l'impression d'améliorer la productivité parce que les personnes aux meilleures capacités poursuivent des études plus longues ? Cette question est importante à la fois pour juger les diverses théories de l'éducation et pour apprécier les résultats des politiques éducatives.

Si l'on pouvait mener des expériences de laboratoire, il serait facile de répondre. Nous choisirions des sujets en âge scolaire et les répartirions au hasard en plusieurs groupes. Chacun des groupes suivrait des études de durées différentes, et l'on noterait ensuite les niveaux de salaires obtenus par chacun des membres. En comparant les niveaux de formation et les niveaux de salaire, il serait alors possible de savoir si effectivement la formation améliore la productivité. Les sujets ayant été répartis dans les groupes de manière aléatoire, nous serions sûrs que les différences de salaires ne seraient pas le fait des différences d'aptitudes individuelles.

Si une telle expérience est difficile à mener, il se trouve que les lois américaines nous permettent de réaliser une expérience similaire. La scolarité est obligatoire aux États-Unis, mais l'âge limite est variable selon les États, de 16 à 18 ans. En outre, ces lois n'ont pas toujours été les mêmes. Entre 1970 et 1980, le Wyoming a ramené la scolarité obligatoire de 17 à 16 ans, alors que l'État de Washington la faisait passer de 16 à 18 ans. Ces différences dans le temps et dans l'espace nous permettent d'apprécier les effets de la durée des études.

D'autant plus que les jeunes entrent à l'école à des âges différents ; de sorte que ceux qui ont commencé leurs études plus tôt passent plus de temps à l'école que ceux qui ont débuté plus tard. Ces différences constituent un élément supplémentaire d'expérience.

Une étude menée par les économistes Joshua Angrist et Alan Krueger, dont les résultats furent publiés en novembre 1991 dans le *Quaterly Journal of Economics*, a mis en évidence la relation entre scolarité et salaires. Comme la durée obligatoire des études est fonction de l'État dans lequel vit l'étudiant et de son mois de naissance, et non de ses aptitudes, il a été possible de distinguer entre l'effet de productivité et l'effet de signalisation de l'éducation. L'étude a montré que les étudiants qui avaient l'obligation de suivre des études plus longues gagnaient mieux leur vie que ceux qui n'y avaient pas été obligés. Un résultat qui tend à confirmer la théorie du capital humain, selon laquelle la formation exerce un effet positif sur la productivité.

Cela ne nous dit pas pour autant si les lois sur la scolarité obligatoire sont souhaitables. Pour cela, il faut analyser plus finement les avantages et les coûts de cette obligation. Il faudrait au moins comparer les avantages aux coûts d'opportunité que constituent les salaires qui ne sont pas perçus pendant la durée des études. Par ailleurs, obliger un jeune à poursuivre des études n'est pas sans conséquences sur les autres membres de la société. D'un côté la scolarité obligatoire peut réduire le taux de criminalité juvénile, dans la mesure où les jeunes qui étudient ont moins de chances de devenir délinquants. D'un autre côté, obliger un jeune non motivé à poursuivre des études peut nuire à la qualité des études des autres jeunes, qui seront ralentis dans leur processus d'apprentissage.

La rémunération des superstars

Si la plupart des acteurs vivent difficilement et doivent se trouver des petits boulots pour survivre, Jim Carrey a empoché 29 millions de dollars en 1995. De même, alors que l'immense majorité des gens qui jouent au basket le fait gratuitement en tant que hobby, Shaquille O'Neal, qui joue pour les Lakers de Los Angeles, perçoit un salaire annuel de 17 millions de dollars. Jim Carrey et Shaquille O'Neal sont des superstars, chacun dans son domaine, et l'intérêt que leur porte le public est reflété par leurs rémunérations astronomiques.

Pourquoi ces individus gagnent-ils autant d'argent ? On sait qu'en moyenne les gens plus talentueux gagnent mieux leur vie que les gens moins aptes. Un bon plombier gagne plus qu'un plombier médiocre. Pour autant, les meilleurs plombiers du monde ne gagnent pas les fortunes que touchent les meilleurs acteurs de cinéma ou les géants du stade. Comment expliquer ces différences ?

Pour comprendre les salaires extraordinaires de Carrey ou O'Neal, il faut revenir sur les caractéristiques spécifiques des marchés sur lesquels ces stars vendent leurs services. Les superstars apparaissent sur des marchés qui présentent deux caractéristiques :

– chaque consommateur veut profiter du bien offert par le meilleur producteur ;

– le bien est produit avec une technologie qui permet au meilleur producteur de fournir ses services à chaque consommateur à très bas prix.

Si Jim Carrey passe pour le meilleur acteur comique du moment, tout le monde voudra voir son dernier film ; voir deux films d'un acteur deux fois moins drôle ne constitue pas un substitut satisfaisant. Par ailleurs, *tout le monde peut voir* une comédie de Jim Carrey. Parce que les multiples copies d'un film ne coûtent quasiment rien, Jim Carrey peut fournir ses services à des millions de consommateurs simultanément. De même, les matches des Lakers étant diffusés sur tous les grands réseaux de télévision, des millions de fans peuvent apprécier les qualités sportives de Shaquille O'Neal.

Voilà pourquoi il n'y a pas de superstar parmi les plombiers. Toutes choses égales par ailleurs, chacun préfère s'assurer les services du meilleur plombier, mais celui-ci ne peut fournir ses services qu'à un nombre limité de clients.

■ **VÉRIFIEZ VOS CONNAISSANCES** Joe gagne mieux sa vie que John. Indiquer plusieurs justifications possibles de cet état de fait.

19.2 L'ANALYSE ÉCONOMIQUE DE LA DISCRIMINATION

Les différences de salaires peuvent aussi s'expliquer par une discrimination. Il y a discrimination lorsque le marché propose des opportunités différentes à des individus qui ne diffèrent que par la race, le sexe, l'âge ou d'autres caractéristiques personnelles. Cette discrimination est un sujet de débat pour les hommes politiques et d'étude pour les économistes. Nous nous intéressons ici à l'analyse économique de la discrimination, afin de distinguer le mythe de la réalité.

La mesure de la discrimination sur le marché du travail

Quel est l'effet de la discrimination sur les rémunérations des divers groupes de travailleurs ? Cette question est importante, mais il n'est pas facile d'y répondre.

En 1988, le travailleur noir américain gagnait 20 % de moins que son homologue blanc. La femme au travail gagnait 30 % de moins que l'homme. Ces différences sont-elles la conséquence d'une discrimination ? Sinon, comment s'expliquent-elles ?

Même si ces différences de salaires sont difficiles à expliquer intégralement, la simple observation d'une différence de traitement entre groupes – noirs et blancs, hommes et femmes – ne permet pas de conclure qu'il y a discrimination. Sur un marché du travail sans la moindre discrimination, des personnes différentes ont des salaires différents. Les capitaux humains sont différents et les emplois que les gens sont prêts à accepter et capables de remplir le sont aussi. Les différences de salaires constatées sont, semble-t-il, en grande partie dues au jeu des facteurs déterminants présentés précédemment.

Prenez par exemple le rôle du capital humain. 80 % de la population active masculine et blanche ont passé leur baccalauréat et 25 % ont entrepris des études supérieures. Les chiffres correspondant sont de 67 % et 12 % pour la population noire. Ainsi, des durées de formation différentes expliquent au moins une partie de la différence entre les salaires des blancs et des noirs. De même, à l'intérieur de la population blanche, 25 % des hommes ont entrepris des études supérieures contre seulement 19 % des femmes. Là encore, la formation peut expliquer une partie au moins du différentiel de salaire entre hommes et femmes.

En fait, le capital humain joue un rôle certainement plus important encore que ces chiffres sur les durées de formation ne le suggèrent. Pendant des années, les écoles publiques dans les villes à majorité noire étaient moins bonnes que celles que l'on trouvait dans les villes à majorité blanche. De même, pendant des années, les jeunes filles étaient orientées vers des matières autres que scientifiques ou mathématiques, alors que celles-ci offraient les meilleures perspectives en termes de salaires. Si l'on pouvait mesurer non seulement la quantité mais aussi la qualité de la formation suivie, les différences de capital humain entre ces groupes apparaîtraient encore plus grandes.

Le capital humain accumulé sous forme d'expérience professionnelle explique aussi une partie des différences de salaires. En particulier, les femmes ont en général moins d'expérience que les hommes. D'abord parce que la participation massive des femmes au monde du travail est un phénomène récent, de sorte que la femme au travail est en moyenne plus jeune que l'homme. Ensuite, parce que les femmes interrompent plus souvent leur carrière professionnelle pour élever les enfants. Pour ces deux raisons, l'expérience professionnelle de la travailleuse moyenne est inférieure à celle du travailleur moyen.

Les différentiels compensatoires constituent une autre source de différence. Certains sociologues ont suggéré que les femmes prennent des emplois plus plaisants en moyenne que ceux pris par les hommes, ce qui expliquerait certaines différences de rémunération. Par exemple, les femmes ont plus de chances d'être secrétaires et les hommes conducteurs de camion. Les salaires de ces deux métiers dépendent en partie des aspects non pécuniaires. Comme ceux-ci sont difficiles à mesurer, il n'est pas évident de juger de l'importance des différentiels compensatoires pour expliquer les différences de salaires entre groupes.

Finalement, l'étude des différences de salaires entre ces groupes ne permet pas de tirer de conclusion quant à l'existence d'une réelle discrimination. La plupart des économistes considèrent qu'une partie des différences de rémunérations est attribuable à la discrimination, mais personne ne peut dire quelle est cette part. La seule conclusion qui recueille l'unanimité est négative : *comme les différences de salaires entre groupes reflètent en partie les différences de capital humain et de caractéristiques d'emplois, elles ne permettent pas de conclure quoi que ce soit sur l'importance de la discrimination sur le marché du travail.*

Bien entendu, les différences de capital humain entre groupes sociologiques peuvent elles-mêmes être le produit d'une discrimination. La qualité inférieure des écoles ouvertes historiquement aux noirs est certainement partiellement responsable des performances scolaires de ceux-ci. Mais ce genre de discrimination a lieu bien avant l'arrivée sur le marché du travail. Le problème est dès lors un problème politique, même si le symptôme est économique.

La discrimination par les employeurs

S'il s'avère qu'un certain groupe sociologique gagne moins qu'un autre, même après correction des différences de capital humain et de caractéristiques d'emploi, qui est responsable de cette différence ?

Il semble naturel d'accuser les employeurs de pratiquer une discrimination sur les salaires. Après tout, ce sont les employeurs qui prennent les décisions d'embauche, qui fixent la demande de travail et les salaires. Si certains groupes de travailleurs gagnent moins que ce qu'ils devraient gagner, on peut penser que les employeurs sont responsables de cet état de fait.

Les économistes sont néanmoins sceptiques. Ils considèrent en effet que les économies de marché, largement concurrentielles, sécrètent au fil du temps l'antidote contre la discrimination. Cet antidote est le profit.

Imaginez une économie qui pratiquerait une discrimination fondée sur la couleur des cheveux. Blonds et bruns ont les mêmes compétences, expériences, sérieux, etc. Mais pour certaines raisons, les employeurs ne veulent pas de blonds. La demande de blonds est donc inférieure à ce qu'elle devrait être et, par conséquent, les blonds sont moins bien payés que les bruns.

Combien de temps cette situation va-t-elle durer ? Dans cette économie, il y a un moyen facile de l'emporter sur les concurrents : il suffit d'embaucher des blonds. Puisque cela permettra d'avoir des coûts inférieurs à ceux des entreprises qui n'embauchent que des bruns. Au fil du temps, les entreprises blondes seront de plus en plus nombreuses. Les entreprises brunes commenceront à perdre de l'argent face à cette nouvelle concurrence, et quitteront le marché. La demande de blonds augmentant, les salaires proposés augmenteront aussi. Finalement, le différentiel de salaire entre blonds et bruns disparaîtra complètement.

En termes simples, les patrons qui ne se soucient que de leur profit sont avantagés par rapport à ceux qui se soucient aussi de discrimination. De sorte que les firmes qui ne pratiquent pas de discrimination finissent par remplacer les autres. C'est ainsi que les économies de marché savent résoudre naturellement le problème de la discrimination, même si la solution demande un certain temps pour être efficace.

ÉTUDE DE CAS

Tramways, ségrégation raciale et profit

Au début du siècle, les tramways dans la plupart des villes du sud des États-Unis pratiquaient la ségrégation raciale typique dans ces régions. Les passagers blancs s'asseyaient à l'avant du tramway, les noirs à l'arrière. Qu'est-ce qui était à l'origine de cette pratique ? Comment était-elle perçue par les entreprises gérant les tramways ?

Dans un article publié en 1986 par le *Journal of Economic History*, l'économiste Jennifer Roback aborde ces questions. Elle a montré que ces pratiques étaient des conséquences des lois raciales. Avant l'adoption de celles-ci, la discrimination raciale des sièges était rare ; on distinguait plutôt les fumeurs et les non-fumeurs.

En outre, les entreprises qui géraient les tramways étaient en général opposées à cette discrimination qui augmentait leurs coûts et diminuait leurs profits. Un dirigeant de l'une de ces entreprises se plaignit au conseil municipal d'avoir « à trimbaler un grand nombre de fauteuils vides ».

Voici comment Roback décrit la situation dans l'une de ces villes du sud :

« La compagnie de tramway ne mit en place la politique de ségrégation que sous la contrainte. La loi de l'État, l'agitation publique et la menace d'arrêter le Président de la compagnie furent nécessaires pour amener l'entreprise à séparer les races dans ses tramways... Rien ne prouve que cette attitude était motivée par des convictions philosophiques sur l'égalité des races ou des droits civils. Tout prouve au contraire qu'elle était due à des motifs économiques : la ségrégation coûtait cher... Les dirigeants de l'entreprise aimaient ou n'aimaient pas les noirs, mais ils n'étaient pas prêts à laisser leurs préférences philosophiques grignoter leurs profits. »

Cette histoire des tramways sudistes illustre un principe général. Les dirigeants d'entreprise sont en général plus motivés par le profit que par la discrimination à l'encontre de tel ou tel groupe. Si une entreprise s'adonne à ce genre de pratiques, c'est souvent parce qu'elle y est obligée par la loi, comme dans l'exemple précédent.

La discrimination par les clients et le gouvernement

Si l'envie de gagner de l'argent est un bon antidote contre la discrimination salariale, il n'est néanmoins pas sans limites. Nous allons examiner ici les deux plus importantes : les préférences de la clientèle et la politique du gouvernement.

Revenons à notre exemple des blonds et des bruns. Imaginons que les restaurants préfèrent embaucher des bruns. Par conséquent, les serveurs blonds perçoivent des salaires inférieurs à ceux des bruns. Donc, un restaurant pourrait n'embaucher que des blonds et opérer avec des coûts inférieurs à ceux de ses concurrents. Si les clients ne se soucient que de la qualité de la nourriture et de son prix, les restaurants qui pratiquent la discrimination finiront par fermer, et le différentiel de salaires par disparaître.

Mais il est possible que les clients préfèrent être servis par du personnel brun. Si cette préférence est marquée, l'entrée sur le marché de restaurants « blonds » ne va pas faire disparaître le différentiel de salaires. On voit alors cohabiter deux types de restaurants. Les restaurants blonds, qui embauchent des blonds, ont des coûts inférieurs et font payer moins cher. Et des restaurants bruns, qui opèrent avec des coûts supérieurs et qui font payer des prix plus élevés. Les clients qui n'accordent aucune importance à la couleur des cheveux iront dans les restaurants blonds, moins chers. Les autres iront dans les restaurants bruns. Leur préférence discriminatoire leur coûtera plus cher.

La discrimination peut aussi durer sur un marché concurrentiel parce que le gouvernement l'exige. Si celui-ci stipule que les blonds peuvent faire la plonge dans les restaurants, mais pas servir la clientèle, le différentiel de salaires persistera, même sur un marché concurrentiel. L'histoire précédente des tramways est un autre exemple. Plus récemment, en Afrique du Sud avant l'abandon de l'apartheid, certains métiers étaient interdits aux noirs. Ce genre de lois empêche le jeu des forces égalisatrices du marché libre et concurrentiel.

Pour résumer : *L'économie sait se prémunir naturellement contre la discrimination par les employeurs. L'entrée de firmes uniquement motivées par le profit se charge d'éliminer les différences de salaires discriminatoires. Ces différences ne peuvent persister sur un marché concurrentiel que si les clients sont prêts à payer pour leur maintien ou si le gouvernement les rend obligatoires.*

ÉTUDE DE CAS

La discrimination dans le sport

Comme nous l'avons vu, mesurer la discrimination est assez difficile. Pour savoir si un groupe donné fait l'objet de pratiques discriminatoires, il faut tenir compte des différences de productivité entre ce groupe et les autres. Or, il est extrêmement difficile de mesurer la contribution d'un individu à la production de biens et services.

Une équipe sportive est une entreprise dans laquelle cette quantification est plus facile à réaliser. En effet, les équipes professionnelles ont plusieurs mesures objectives de productivité. Au base-ball par exemple, il est possible de calculer la moyenne de tirs par joueur, la fréquence des « home runs », le nombre de bases volées, etc.

L'analyse de ces données montre que la discrimination raciale est fréquente, et qu'elle est surtout le fait des clients. Le *Journal of Labor Economics* publia en 1988 une étude sur les salaires des joueurs de basket, qui montrait que les joueurs noirs gagnaient en moyenne 20 % de moins que les joueurs blancs comparables. L'étude montra aussi que le public des matches était d'autant plus nombreux que la proportion de joueurs blancs était plus élevée. Du fait des préférences du public, les joueurs noirs sont moins rentables que les blancs pour les dirigeants des équipes. Donc le différentiel salarial discriminatoire risque de durer, même si les patrons d'équipe ne sont préoccupés que par leur profit.

Des conclusions identiques valent pour le base-ball. Une étude sur des données datant des années 60 montre que les joueurs noirs étaient moins bien payés que les blancs, et que le public était moins nombreux quand les pitchers étaient noirs, même si ceux-ci obtenaient en moyenne de meilleurs résultats que les blancs. Des études plus récentes en revanche n'ont pas relevé de traces de discrimination raciale au niveau des salaires des joueurs de base-ball.

Une autre étude, publiée dans le *Quarterly Journal of Economics*, s'attachait à examiner le prix de marché des vieilles cartes de base-ball. La discrimination y était assez évidente. Les cartes des tireurs noirs s'échangeaient 10 % moins cher que celles des tireurs blancs comparables. Les cartes des pitchers noirs coûtaient 13 % moins cher que celles des blancs. Tout ceci tend à prouver que les fans de base-ball pratiquent une certaine discrimination.

Le débat autour de la valeur comparable

Les ingénieurs doivent-ils être mieux payés que les bibliothécaires ? Cette question est au cœur du débat sur la doctrine de la *valeur comparable*, selon laquelle des emplois comparables devraient être rémunérés de la même façon.

Les avocats de la valeur comparable font remarquer que les emplois typiquement masculins sont mieux payés que les emplois typiquement féminins. Ils considèrent que ces différences constituent une forme de discrimination à l'encontre des femmes. Même si les femmes étaient payées comme les hommes pour le même emploi, ce différentiel « sexiste » persisterait jusqu'à ce que des

DANS VOS JOURNAUX

Hommes, femmes et salaires

Pourquoi une femme au travail gagne-t-elle moins en moyenne qu'un homme ? Dans l'article suivant, l'économiste June O'Neill propose diverses réponses. À l'époque où cet article fut écrit, O'Neill était professeur d'économie. Aujourd'hui, elle est le Directeur de la commission du Budget au Congrès.

L'écart de salaire se réduit

JUNE E. O'NEILL

Pendant la période qui a suivi la Seconde Guerre mondiale, les salaires des femmes étaient en moyenne inférieurs de 40 % à ceux des hommes. Cet écart s'est maintenu dans les années 60 et 70, malgré le développement du mouvement féministe, les législations et les diverses mesures adoptées.

Mais depuis les années Reagan, l'écart se réduit progressivement. Il n'est probablement plus que de l'ordre de 20 % aujourd'hui, et encore ce chiffre est-il sans doute un majorant. Comment expliquer cette réduction ?

La réponse doit moins à la politique et aux manifestations qu'aux réalités du marché du travail. Si les compétences élémentaires sont acquises à l'école, c'est l'expérience professionnelle qui développe les compétences spécialisées rémunérées par le marché. Dans les trente ans qui ont suivi la fin de la Seconde Guerre mondiale, les femmes sont entrées en masse sur le marché du travail. Mais ces femmes en avaient été tenues éloignées pendant très longtemps, pour élever leurs enfants. La compétence moyenne de la population active féminine s'est donc trouvée diluée. Voilà pourquoi il aura fallu trente ans avant que l'écart ne commence à se réduire.

La femme au travail aujourd'hui, surtout si elle a moins de 40 ans, a quasiment la même expérience professionnelle que l'homme. Le recul de l'âge du mariage, la baisse du taux de natalité, et la tendance croissante des mères d'enfants en bas âge à travailler, se sont traduits par l'allongement de l'expérience professionnelle des femmes.

Et l'impact sur les futurs salaires des femmes sera d'autant plus important que leur expérience professionnelle aura été

emplois comparables soient rémunérés de manière identique. Ces théoriciens voudraient donc voir les emplois classés en fonction de critères objectifs : formation, expérience, responsabilités, conditions de travail, etc. Dans ce système, deux emplois appartenant à la même catégorie seraient rémunérés de la même façon. Un bibliothécaire titulaire d'un doctorat, ayant dix ans d'expérience et travaillant quarante heures par semaine serait payé comme un ingénieur titulaire d'un doctorat, ayant dix ans d'expérience et travaillant quarante heures par semaine.

Ces propositions sont critiquées par la majorité des économistes, qui considèrent que personne n'est mieux placé que le marché pour juger des salaires à verser. En outre, il serait impossible de mesurer

mieux anticipée. Dans le passé, les femmes investissaient moins dans leur formation car elles considéraient qu'elles ne travailleraient pas suffisamment longtemps pour justifier cet investissement.

Les études montrent que même à la fin des années 60, moins de 30 % des jeunes femmes pensaient qu'elles travailleraient encore à 35 ans ; en fait, à l'âge de 35 ans, plus de 70 % d'entre elles étaient encore dans la population active. Cette sous-estimation de leur vie professionnelle future a certainement beaucoup joué sur la préparation des carrières féminines (ou plutôt sur l'absence de préparation). Aujourd'hui, une large majorité de jeunes femmes se voit travailler à 35 ans.

Du coup, les femmes poursuivent des études plus longues. Dans les années 80, un peu plus de la moitié des diplômes de maîtrise délivrés aux États-Unis l'ont été à des femmes, contre à peine 35 % en 1960. En 1968, les femmes récoltèrent 8 % des diplômes de médecine, 3 % des MBA et 4 % des diplômes de droit délivrés cette année ; en 1986, les chiffres correspondant étaient de 31 %, 31 % et 39 %.

Mais les femmes gagnent toujours moins que les hommes. 26 % de moins en 1992, sur les âges compris entre 25 et 64 ans. 13 % de moins seulement sur les âges de 25 à 34 ans, où les progrès de l'éducation féminine sont les plus spectaculaires.

Certains économistes attribuent cette différence à « une discrimination évidente par les employeurs et les collègues masculins ». Mais la discrimination est difficile à mesurer directement, car les différences de productivité sont elles-mêmes très difficiles à quantifier.

Si les comparaisons sont faites entre hommes et femmes présentant des expériences professionnelles et des situations personnelles similaires, les différences de salaire s'avèrent très réduites. Par exemple, pour les personnes de 27 à 33 ans, sans enfants, l'écart est inférieur à 2 % ...

Il est vrai que les hommes et les femmes n'ont pas les mêmes rémunérations. Mais je pense que l'écart est largement dû à des priorités différentes accordées par les uns et les autres au monde du travail et au monde familial. Tant que les rôles dans la cellule familiale ne seront pas plus égalitaires, les femmes auront des plans de carrière et des rémunérations différents de ceux des hommes. La technologie a réduit le poids des tâches ménagères, mais l'éducation des enfants est plus difficile à confier au marché.

Source. — Wall Street Journal, 7 octobre 1994.

précisément tous les facteurs objectifs de différenciation des emplois. Enfin, le fait que les emplois dits traditionnellement féminins soient moins rémunérés que les emplois masculins ne constitue en rien une pratique discriminatoire. Les femmes ont traditionnellement consacré plus de temps que les hommes à l'éducation des enfants. Elles sont donc plus attirées par les emplois à horaire flexible ou qui présentent des caractéristiques compatibles avec la prise en charge des enfants. D'une certaine manière, la différence de salaires entre sexes est un différentiel compensatoire.

Les économistes font aussi remarquer que l'application du concept de valeur comparable aurait un effet secondaire dramatique. Les avocats de ce concept souhaitent voir les salaires des emplois féminins augmenter de manière légale. Ce qui reviendrait à imposer un salaire minimum à ces emplois. La quantité offerte augmenterait donc, et la quantité demandée diminuerait. Il en résulterait donc un taux de chômage plus élevé chez les femmes. Finalement, une mesure destinée à défendre les intérêts des femmes se retournerait contre elles.

Le débat sur ce sujet n'est pas clos. D'une façon générale, les tribunaux ne cautionnent pas l'idée selon laquelle les différences de salaires entre hommes et femmes sont de nature discriminatoire. Mais ce mouvement de la valeur comparable a néanmoins connu un certain succès politique. En 1985 par exemple, un syndicat de fonctionnaires a accusé l'État de Washington de discrimination sur la base du concept en question. L'affaire fut jugée par le juge Anthony Kennedy, qui devint plus tard membre de la Cour suprême des États-Unis. Kennedy débouta les plaignants, et affirma que « aucune loi ou aucune logique ne peut faire de l'économie de marché une entreprise suspecte ». Malgré leur défaite devant les tribunaux, les syndicats finirent par l'emporter, dans la mesure où l'État de Washington, succombant aux pressions politiques, accepta de mettre en place un système de rémunération de ses employés fondé sur le concept de valeur comparable.

■ **VÉRIFIEZ VOS CONNAISSANCES** Pourquoi est-il difficile de savoir si un groupe donné de travailleurs fait l'objet de discrimination ? ■ Expliquer comment les entreprises uniquement préoccupées par leurs profits tendent à faire disparaître les différences de salaires discriminatoires ■ Pour quelles raisons une politique salariale discriminatoire peut-elle persister ?

19.3 CONCLUSION

Sur un marché concurrentiel, les travailleurs touchent une rémunération égale à la valeur de leur contribution marginale à la production de biens et services. Néanmoins, de nombreux facteurs viennent obscurcir le débat. Les entreprises paient mieux les employés plus talentueux, plus efficaces, et mieux formés, car ils sont plus productifs. Elles paient moins bien les employés qui font l'objet d'une discrimination de la part des clients, car ces employés contribuent moins au développement des affaires.

La théorie néo-classique du marché du travail que nous avons développée dans les deux derniers chapitres explique pourquoi certains travailleurs sont mieux payés que d'autres. Elle ne garantit pas que la distribution des revenus est égalitaire, ou acceptable ou même souhaitable. Ce sujet-là sera traité dans le prochain chapitre.

RÉSUMÉ

- Les salaires perçus par les travailleurs sont différents les uns des autres pour diverses raisons. Dans une certaine mesure, les différences de salaires compensent certaines caractéristiques des emplois : les travaux durs et peu agréables sont généralement mieux payés que les travaux faciles et sympathiques.
- Les travailleurs sont d'autant mieux payés que leur capital humain est plus important. Le rendement du capital humain est élevé et s'est accru au cours des années récentes.
- Si la durée de la formation, l'expérience professionnelle et les caractéristiques des emplois jouent sur le niveau de rémunération, conformément à la théorie, la dispersion des salaires ne peut pas être expliquée par les seuls facteurs mesurables par les économistes. La chance, le talent et les efforts déployés par chacun sont aussi des facteurs déterminants du salaire.
- Certains économistes ont suggéré que les travailleurs les mieux formés gagnent des salaires plus élevés non pas parce que l'éducation améliore leur productivité, mais parce qu'elle est un moyen de faire connaître aux employeurs leurs plus grandes aptitudes naturelles. Si cette théorie de l'éducation comme signal est vérifiée, l'amélioration de la formation générale n'aura aucun effet sur les salaires.
- Certaines différences de salaires résultent de pratiques discriminatoires, fondées sur la race, le sexe ou d'autres facteurs. Quantifier ces discriminations demeure très difficile, car il faut aussi tenir compte des différences de capital humain et de conditions de travail.
- Les marchés concurrentiels limitent l'impact de la discrimination sur les salaires. En effet, si les salaires d'un groupe d'individus sont inférieurs à ceux d'un autre groupe, pour des raisons autres que des différences de productivité marginale, une entreprise non discriminante pourra être plus rentable que les entreprises discriminantes. La recherche du profit maximal permet donc de lutter contre les pratiques discriminatoires. Néanmoins, la discrimination peut persister si la clientèle accepte de payer pour elle ou si le gouvernement l'impose par la loi.

CONCEPTS CLÉS – DÉFINITIONS

Différentiel compensatoire : différence de salaires visant à compenser des différences des caractéristiques non pécuniaires de différents emplois.

Capital humain : accumulation des investissements en l'homme, comme l'éducation et la formation professionnelle.

Discrimination : différence d'opportunités offertes à des individus qui ne diffèrent que par la race, le groupe ethnique, le sexe, l'âge ou d'autres caractéristiques personnelles.

Valeur comparable : doctrine selon laquelle des emplois dits comparables doivent être rémunérés de la même façon.

QUESTIONS DE RÉVISION

1. Pourquoi les mineurs de fond sont-ils mieux payés que des ouvriers ayant une formation comparable ?
2. En quoi la formation scolaire est-elle une forme de capital ?
3. Comment l'éducation peut-elle avoir une conséquence positive sur les salaires sans en avoir sur la productivité du travailleur ?
4. Pourquoi est-il difficile d'affirmer qu'une différence de salaire résulte de pratique discriminatoire ?
5. Le jeu de la concurrence tend-il à accroître ou à diminuer la discrimination raciale ?
6. Donner un exemple de persistance de la discrimination sur un marché concurrentiel.

PROBLÈMES D'APPLICATION

1. Les étudiants travaillent souvent l'été comme stagiaires pour des entreprises privées ou le gouvernement. Ces stages sont peu rémunérés, parfois même pas du tout :
   a. Quel est le coût d'opportunité de tels emplois ?
   b. Expliquez pourquoi les étudiants acceptent de prendre ces emplois.
   c. Si l'on devait comparer les salaires touchés dix ans plus tard par ces stagiaires et par ceux qui avaient opté pour des jobs d'été plus rémunérateurs, que constaterait-on à votre avis ?
2. Comme nous l'avons vu au chapitre 6, la loi sur le salaire minimal perturbe le marché des emplois faiblement rémunérés. Pour limiter cette perturbation, certains économistes ont proposé un salaire minimal à deux étages : un salaire minimal normal pour les adultes, et un salaire « sous-minimal » pour les jeunes. Donnez deux raisons pour lesquelles un salaire minimal unique perturbe plus le marché de l'emploi des jeunes que celui des adultes.
3. Un résultat fondamental de l'analyse économique du marché du travail démontre que les travailleurs qui ont plus d'expérience professionnelle sont mieux payés que ceux qui en ont moins, à formation équivalente. Pourquoi en est-il ainsi ? Certaines études montrent que l'expérience dans des emplois similaires constitue un avantage en termes de salaire. Expliquez.
4. Les salaires des diplômés de l'enseignement supérieur ont stagné dans les années 70 et progressé dans les années 80. Pourtant les économistes considèrent que la demande n'a cessé de croître pendant toutes ces années. Comment expliquer ce phénomène ?

5. Les pays en voie de développement ont proportionnellement moins de travailleurs qualifiés que les pays industrialisés. L'appréciation des compétences professionnelles est-elle, d'après vous, plus ou moins élevée dans les pays développés ou dans les autres ?
6. Le *New York Times* du 13 décembre 1993 rapportait l'intention de l'administration Clinton de « lancer un programme de reconversion pour les chômeurs, un programme d'apprentissage pour les jeunes qui ne poursuivent pas leurs études et un programme de prêts pour les jeunes qui n'ont pas les moyens de financer leurs études supérieures ». Selon l'administration Clinton, ces mesures devraient contribuer à réduire l'inégalité des revenus. Qu'en pensez-vous ? *(Répondez à l'aide de graphiques.)*
7. Dans certaines universités, les professeurs d'économie sont mieux payés que les professeurs d'autres disciplines :
   a. Comment expliquer cela ?
   b. D'autres universités paient tous les professeurs de la même manière. Mais dans certaines, les professeurs d'économie ont moins d'heures de cours à faire que les autres professeurs. Quel rôle jouent ces différences d'horaires ?
8. Quand le matériel d'enregistrement fit son apparition à la fin du siècle dernier, les musiciens ont pu faire apprécier leur musique à de larges audiences à faible coût. Quelle en a été la conséquence sur la rémunération des meilleurs musiciens ? Et sur la rémunération des musiciens moyens ?
9. Alan dirige une entreprise de conseil économique. Il embauche principalement des femmes car « elles coûtent moins cher que les hommes, leurs débouchés étant moins nombreux ». Cette attitude est-elle honorable ou critiquable ? Si tous les employeurs réagissaient ainsi, comment évoluerait le différentiel de salaire entre les sexes ?
10. Imaginons que la différence de salaires entre blancs et noirs soit totalement expliquée par la durée de la formation scolaire et la qualité de cette formation (ce n'est pas le cas en réalité). Cela signifierait-il qu'il n'y a aucune discrimination raciale ? Pourquoi ?
11. Une étude de cas présentée dans ce chapitre a montré comment les préférences des clients pouvaient affecter les salaires des sportifs. Les fans de sport connaissent tout de leurs joueurs préférés, personnalité, vie privée, race, etc. Donnez quelques exemples de secteurs industriels dans lesquels les préférences de la clientèle peuvent influer sur les salaires versés aux employés.
12. Imaginons que toutes les jeunes femmes soient poussées vers des métiers de secrétaires, d'infirmières et de professeurs ; les hommes, quant à eux, peuvent occuper ces trois emplois, plus tous les autres disponibles :
    a. Dessinez un graphique du marché de l'emploi de ces trois marchés combinés. Puis dessinez un graphique du marché de tous les autres emplois. Sur lequel trouvera-t-on les salaires les plus élevés ? Qui perçoit le meilleur salaire : les hommes ou les femmes ?

b. Imaginons maintenant que les femmes comme les hommes puissent embrasser toutes les carrières qu'elles désirent. Quels seront les effets de ce changement sur les deux marchés représentés plus haut ? Quel en sera l'effet sur les salaires moyens perçus par les hommes et les femmes ?

13. Ce chapitre a étudié la discrimination pratiquée par les employeurs, les clients ou le gouvernement. Envisageons maintenant la discrimination pratiquée par les travailleurs. Imaginons que des bruns refusent de travailler à côté des blonds. Cette discrimination peut-elle expliquer un salaire moins élevé pour les blonds ? Si un tel différentiel existait, que ferait une entreprise cherchant à maximiser son profit ? Si ces entreprises sont nombreuses, que se passera-t-il au fil du temps ?

CHAPITRE 20

LA DISTRIBUTION DES REVENUS

Dans ce chapitre, vous allez :

- examiner le degré d'inégalité économique qui caractérise notre société
- étudier certains problèmes que l'on rencontre quand on cherche à quantifier l'inégalité économique
- voir ce que pensent les philosophes politiques du rôle du gouvernement dans la redistribution des revenus
- présenter les différentes mesures destinées à aider les familles les plus défavorisées

« La seule différence entre les riches et les pauvres, » dit un jour Mary Colum à Ernest Hemingway, « c'est que les riches ont plus d'argent. » Peut-être, mais cette affirmation soulève de nombreuses questions. Et le fossé qui sépare les riches des pauvres est un sujet d'étude non seulement fascinant, mais aussi très important, à la fois pour les riches, pour les pauvres et aussi pour tous ceux qui se trouvent entre les deux.

Dans les deux chapitres précédents, nous avons vu pourquoi les gens perçoivent des revenus différents. Nous avons vu que ceux-ci dépendent du statut de travailleur ou d'inactif de la personne considérée et, si la personne travaille, de son salaire. Ce dernier, quant à lui, varie en fonction du capital humain, des différentiels compensatoires, de la discrimination, etc. Dans la mesure où les revenus du travail constituent les trois quarts des revenus de l'économie américaine, les facteurs déterminants des salaires sont donc largement responsables de la distribution des revenus parmi les membres de la société. Autrement dit, ils déterminent qui est riche et qui est pauvre.

Dans ce chapitre, nous allons discuter de la distribution des revenus dans la société. Ce sujet soulève un certain nombre de questions fondamentales quant au rôle de la politique économique. L'un des *dix principes de l'économie* nous dit que le gouvernement peut parfois améliorer les résultats de l'activité de marché ; cette possibilité est particulièrement importante quand on parle de distribution des revenus. La main invisible du marché alloue certainement les ressources rares de manière efficace, mais rien ne dit qu'elle le fait de manière équitable. Par conséquent, de nombreux économistes – mais pas tous – considèrent que le gouvernement doit intervenir pour assurer une meilleure équité dans la répartition des revenus. Mais alors on bute sur un autre des *dix principes de l'économie*, selon lequel les gens doivent faire des choix. Quand le gouvernement adopte des mesures de redistribution des revenus afin de promouvoir une plus grande équité, il perturbe les incitations, modifie les comportements et nuit à l'efficacité de l'allocation des ressources.

Nous allons commencer par mesurer l'inégalité qui règne chez nous. Nous verrons ensuite diverses opinions sur le rôle du gouvernement en matière de distribution des revenus. Nous terminerons en présentant divers programmes publics d'aide aux familles défavorisées.

20.1 LA MESURE DE L'INÉGALITÉ

Nous commençons par examiner les quatre questions suivantes :

◆ Quelle est l'importance de l'inégalité dans notre société ?

◆ Combien de personnes vivent dans un état de pauvreté ?

◆ Quelles sont les difficultés que l'on rencontre quand on mesure l'inégalité sociale ?

◆ Quelle est l'importance de la mobilité économique dans notre société ?

Si l'on veut s'intéresser aux politiques visant à corriger l'inégalité, encore faut-il être capable de la mesurer correctement.

L'inégalité des revenus aux États-Unis

Il y a plusieurs façons de mesurer l'inégalité dans une économie. Le tableau 20.1 présente une façon simple de traiter le problème. On y trouve la proportion des familles qui se trouvent dans chacune des sept catégories de revenu. Vous pouvez d'ailleurs situer votre propre famille dans cette échelle de revenus.

TABLEAU 20.1 **La distribution des revenus aux États-Unis en 1994.**

Revenu familial annuel en $	*Pourcentage/famille*
Moins de 10 000	8,7
10 000-14 999	6,9
15 000-24 999	15,0
25 000-34 999	14,3
35 000-49 999	18,0
50 000-74 999	19,9
75 000 et plus	17,2

Source. — U.S. Bureau of the Census.

Pour effectuer des comparaisons significatives, à la fois dans le temps et dans l'espace, les économistes préfèrent présenter les données comme sur le tableau 20.2, qui a été obtenu de la façon suivante. Imaginons que toutes les familles américaines aient été classées en fonction de leur revenu annuel. Puis elles ont été divisées en 5 groupes de taille identique, et on a calculé la part des revenus totaux qui revient à chacun des 5 groupes. C'est ainsi que fut construit le tableau 20.2.

TABLEAU 20.2 **L'inégalité des revenus aux États-Unis.**

Année	*20 % les moins riches*	*Deuxième quintile*	*Troisième quintile*	*Quatrième quintile*	*20 % les plus riches*	*5 % les plus riches*
1994	4,2	10,0	15,7	23,3	46,9	20,1
1992	4,4	10,5	16,5	24,0	44,6	17,6
1990	4,6	10,8	16,6	23,8	44,3	17,4
1980	5,2	11,5	17,5	24,3	41,5	15,3
1970	5,5	12,2	17,6	23,8	40,9	15,6
1960	4,8	12,2	17,8	24,0	41,3	15,9
1955	4,5	12,0	17,4	23,4	42,7	17,3
1935	4,1	9,2	14,1	20,9	51,7	26,5

Ce tableau indique la part des revenus totaux revenant à chaque quintile, ainsi que la part revenant aux 5 % supérieurs.
Source. — Bureau américain du recensement.

Ce tableau nous permet d'apprécier la distribution des revenus dans notre économie. Si cette distribution était parfaitement égalitaire, chaque groupe recevrait 20 % des revenus. Si au contraire elle était très inégalitaire, quelques familles recevraient 100 % des revenus, et toutes les autres ne recevraient rien.

L'économie réelle se situe quelque part entre ces deux extrêmes. Pour l'année 1994, le tableau indique que le quintile inférieur a reçu 4,2 % des revenus, tandis que le quintile supérieur en a reçu 46,9 %. Ces deux quintiles comprennent le même nombre de familles, mais celles du quintile supérieur ont perçu dix fois plus de revenus que celles du quintile inférieur.

La dernière colonne du tableau 20.2 indique la part des revenus touchée par les familles les plus riches. En 1994, 5 % des familles touchaient 20,1 % des revenus, c'est-à-dire quasiment autant que les 40 % de familles les plus pauvres.

Ce tableau montre aussi l'évolution de cette distribution des revenus depuis 1935. En première approximation, on peut considérer que cette distribution a été remarquablement stable dans le temps. Sur les soixante dernières années, les familles les plus pauvres ont toujours touché 4 à 5 % des revenus totaux, et les plus riches 40 à 50 %. Une étude plus approfondie permet de dégager quelques tendances plus précises. De 1935 à 1970, la distribution des revenus avait tendance à être plus égalitaire. La part revenant au quintile inférieur avait progressé de 4,1 à 5,5 %, tandis que celle revenant au quintile supérieur avait reculé de 51,7 à 40,9 %. Mais récemment, cette tendance a été inversée. De 1970 à 1994, la part revenant au quintile inférieur a reculé de 5,5 à 4,2 %, et celle revenant au quintile supérieur a progressé de 40,9 à 46,9 %. Nous avons présenté dans le chapitre précédent quelques-unes des raisons de cette inversion de tendance. Le développement du commerce international avec les pays à faibles coûts salariaux et le progrès technologique ont réduit la demande de travailleurs non qualifiés et accru la demande de travailleurs de plus en plus qualifiés. Les salaires des travailleurs les moins qualifiés ont donc baissé par rapport à ceux des travailleurs plus qualifiés, et cet écart s'est traduit par une plus grande inégalité économique.

ÉTUDE DE CAS

Mouvement féministe et distribution des revenus

Au cours des quarante dernières années, la place de la femme dans l'économie a considérablement évolué. La proportion de femmes au travail a progressé de 32 % dans les années 50 à 54 % dans les années 90, et le salaire gagné par la femme est devenu un élément déterminant du revenu du foyer.

Si le mouvement féministe a permis de réduire l'écart entre les rémunérations des hommes et des femmes, il a en revanche accru l'inégalité des revenus entre foyers, parce que l'entrée des femmes dans la population active est très variable selon les classes de revenus. Il est clair que l'effet essentiel a concerné les femmes des ménages qui avaient déjà des revenus élevés. Les femmes des foyers à faible revenu travaillaient déjà par obligation, et leur comportement n'a donc pas beaucoup changé.

En fait, le mouvement féministe a modifié le comportement des femmes dont les maris gagnaient correctement leur vie. Dans les années 50, un ingénieur ou un docteur épousait une femme qui restait à la maison pour s'occuper des enfants. Aujourd'hui, un ingénieur ou un docteur ont toutes les chances d'épouser une femme ingénieur ou une femme médecin. Les ménages les plus riches sont donc devenus encore plus riches, évolution responsable d'une plus grande inégalité dans la distribution des revenus entre les familles.

Cet exemple montre que la distribution des revenus dépend de facteurs sociologiques autant que de facteurs économiques. Et l'amélioration des possibilités d'emploi offertes aux femmes a certainement été une très bonne chose pour la société, même si elle s'est traduite par une moindre égalité économique.

Quand on constate une modification dans la répartition des revenus, il est bon de s'interroger sur les origines de ce changement avant de décider s'il constitue un problème social.

ÉTUDE DE CAS

L'inégalité des revenus dans le monde

Comment l'inégalité économique aux États-Unis se compare-t-elle avec celles des autres pays ? La question est intéressante, mais il est difficile d'y répondre. En effet, les données disponibles ne sont pas toujours directement comparables ; certains pays par exemple fournissent des informations sur les revenus individuels, tandis que d'autres présentent des données sur les revenus des ménages.

Cette précaution ayant été prise, considérons le tableau 20.3 qui compare la répartition des revenus aux États-Unis avec celles de 6 autres grands pays. Les pays sont classés par inégalité croissante. En tête de liste figure le Japon, où le ratio des revenus entre les deux classes extrêmes est de l'ordre de 4, et en queue de peloton on trouve le Brésil, où ce ratio est de 30. S'il y a une certaine inégalité des revenus partout dans le monde, le degré d'inégalité est lui-même très variable.

On constate que les États-Unis figurent au milieu du tableau, un niveau équivalent à celui de la Grande-Bretagne. La similitude des systèmes économiques de ces deux pays se retrouve dans une inégalité économique comparable.

TABLEAU 20.3 **L'inégalité des revenus dans le monde.**

Pays	*20 % les moins riches*	*Second quintile*	*Troisième quintile*	*Quatrième quintile*	*20 % les plus riches*
Japon	8,7	13,2	17,5	23,1	37,5
Corée du Sud	7,4	12,3	16,3	21,8	42,2
Chine	6,4	11,0	16,4	24,4	41,8
États-Unis	4,7	11,0	17,4	25,0	41,9
Royaume-Uni	4,6	10,0	16,8	24,3	44,3
Mexique	4,1	7,8	12,3	19,9	55,9
Brésil	2,1	4,9	8,9	16,8	67,5

Ce tableau indique la part des revenus totaux revenant à chaque quintile.
Source. — Rapport mondial sur le développement, 1994, p. 220-221.

Le taux de pauvreté

Le taux de pauvreté est une mesure traditionnelle de l'inégalité des revenus. Il mesure le pourcentage des familles dont le revenu est inférieur à un certain niveau, appelé *seuil de pauvreté.* Ce seuil est calculé approximativement comme trois fois le coût d'un régime alimentaire adéquat. Il est réévalué chaque année pour tenir compte de l'inflation, et varie en fonction de la taille de la famille.

En 1994, une famille américaine typique touchait un revenu de l'ordre de 39 000 dollars, et le seuil de pauvreté pour une famille de quatre personnes était fixé à 15 141 dollars. Le taux de pauvreté était de 14,5 %, ce qui signifie que 14,5 % des familles percevaient des revenus inférieurs au seuil de pauvreté compte tenu de leur taille.

La figure 20.1 illustre l'évolution du taux de pauvreté depuis 1959, date des premières statistiques de ce type. Vous constaterez que ce taux a beaucoup baissé de 1959 à 1973, passant de 22,4 % à 11,1 %. Cette baisse n'a rien de surprenant, puisque le revenu moyen dans l'économie (après correction des effets de l'inflation) a progressé de 50 % sur cette période. Et comme le seuil de pauvreté est une valeur absolue et non pas relative, les revenus des familles finissent par passer au-dessus, poussés vers le haut par la croissance économique. Comme l'a dit un jour J.F. Kennedy, quand la marée monte, tous les navires sont soulevés.

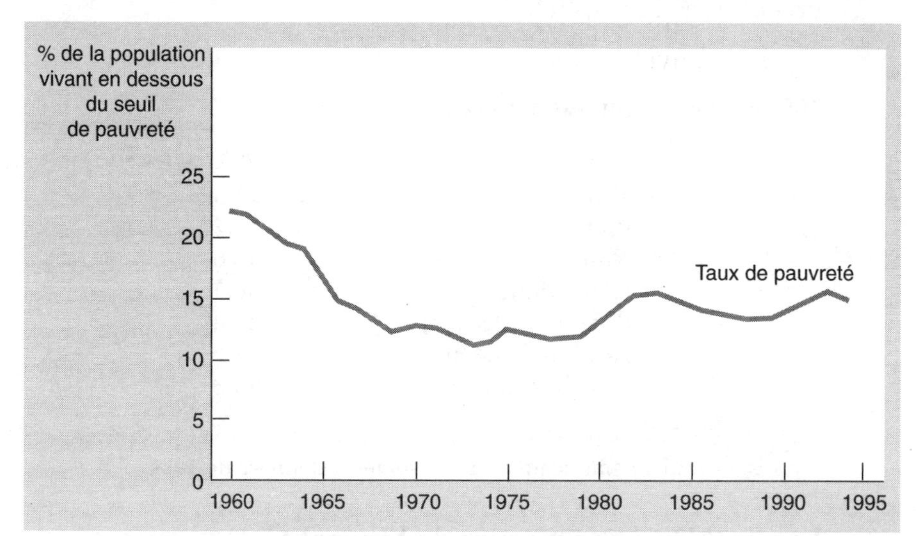

FIG. 20.1 **Le taux de pauvreté.** Ce taux indique la part de la population dont le revenu est inférieur au seuil de pauvreté.

Source. — Bureau américain du recensement.

Depuis le début des années 1970, la marée montante de l'économie semble avoir laissé quelques navires de côté. Malgré une croissance continue de revenu moyen (croissance moins rapide il est vrai), le taux de pauvreté n'a pas régressé, il aurait même plutôt progressé. On retrouve donc ici l'inégalité croissante relevée dans le tableau 20.2. Si la croissance économique a poussé vers le haut le revenu de la famille typique, l'inégalité croissante a empêché les plus défavorisées de profiter de la prospérité générale.

La pauvreté est une maladie économique qui touche tous les groupes de la société, mais là encore de façon très variable. Le tableau 20.4 montre les taux de pauvreté relatifs à certains groupes de la population, et met en évidence trois faits frappants :

◆ D'abord, pauvreté et race sont très liées. Les noirs et les hispaniques ont trois fois plus de chances de connaître la pauvreté que les blancs.

◆ Ensuite, la pauvreté est liée à l'âge. Les enfants ont plus de chances d'appartenir à des familles pauvres que les personnes âgées.

◆ Enfin, la pauvreté est liée à la composition de la famille. Une famille sans présence paternelle a plus de deux fois plus de chances de vivre pauvrement qu'une famille traditionnelle.

Ces trois caractéristiques décrivent la société américaine et indiquent les groupes à risque de pauvreté. Et ces effets sont cumulatifs : plus de la moitié des familles noires ou hispaniques sans père vivent dans la pauvreté.

TABLEAU 20.4 **Qui est pauvre ?**

Groupe	*Taux de pauvreté (%)*
Tous	14,5
Blancs	11,7
Noirs	30,6
Hispaniques	30,7
Enfants (< 15 ans)	21,8
Adultes (> 64 ans)	11,7
Familles sans père	38,6

Source. — Bureau américain du recensement. Données de 1994.

Les problèmes de mesure de l'inégalité

Les informations présentées ci-dessus nous permettent de nous faire une idée du degré d'inégalité caractéristique de notre société.

Mais leur interprétation n'est pas aussi simple que l'on pourrait croire. En effet, ces informations portent sur les revenus annuels des ménages. Mais ce qui importe en définitive, plus que les revenus, c'est la capacité de maintenir un certain niveau de vie. Pour diverses raisons, ces données ne fournissent qu'une image partielle de l'inégalité des niveaux de vie. Ces raisons sont les suivantes.

Transferts en nature

Les classements présentés plus haut sont établis à partir des revenus pécuniaires des familles, ce qui exclut tous les transferts en nature. Des programmes publics d'aide aux défavorisés distribuent des tickets alimentaires, des tickets de logement et des services médicaux. Ces transferts à destination des pauvres, qui prennent la forme de biens et services, sont appelés transferts en nature et ne sont pas pris en compte dans les mesures traditionnelles d'inégalité économique.

Comme ces transferts bénéficient aux membres les plus pauvres de la société, leur non-prise en compte affecte sérieusement la précision des mesures. Selon une étude du Bureau du recensement, si ces transferts étaient évalués à leur valeur de marché et inclus dans les revenus des familles bénéficiaires, le nombre de familles vivant en dessous du seuil de pauvreté diminuerait de 10 %. Ces transferts sont donc très significatifs pour évaluer correctement l'inégalité.

Au fil du temps, les politiques d'aide aux défavorisés évoluent ainsi que les parts relatives des transferts en nature et des transferts pécuniaires. De sorte que ce qui apparaît comme une modification du taux de pauvreté peut très bien n'être qu'une évolution de la nature de l'aide aux défavorisés.

Le cycle de vie économique

Les revenus varient au cours de la vie d'un individu. Les jeunes ont des revenus peu élevés. Ceux-ci augmentent avec la maturité et l'expérience professionnelle, et atteignent un maximum aux alentours de 50 ans. Quand l'individu prend sa retraite, ses revenus chutent de manière significative. Cette évolution régulière est appelée *cycle de vie économique.*

Dans la mesure où les gens peuvent emprunter et épargner afin de lisser les fluctuations de leurs revenus, le niveau de vie dépend davantage du revenu touché sur une vie entière que sur le revenu annuel. Les jeunes empruntent de l'argent, pour financer leurs

DANS VOS JOURNAUX

Le taux de pauvreté est-il correctement mesuré ?

Le taux de pauvreté est une statistique très suivie, mais, comme le démontre l'article suivant, fort imparfaite.

Les vieux défauts des nouvelles données sur le taux de pauvreté

DANA MILBANK

Il y a des mensonges, des mensonges éhontés et des statistiques. Et puis les chiffres sur la pauvreté.

Ce matin, le gouvernement va annoncer les derniers chiffres sur le taux de pauvreté dans notre pays, ainsi que des informations sur les revenus des ménages, qui nous apprendront que les riches sont de plus en plus riches et les pauvres de plus en plus pauvres. Les hommes politiques vont se battre sur la validité des chiffres. Les groupes de pression vont les déformer. Et les fonctionnaires vont s'appuyer dessus pour fixer les conditions d'éligibilité aux programmes d'aide gouvernementale, tickets alimentaires, Medicaid et autres...

Rappel : il faut se méfier des statistiques.

C'est ce que pensent les conservateurs. La Fondation Heritage traite ces informations de « campagne de désinformation à la soviétique », et le Census Bureau de « village Potemkine ».

Les libéraux sont d'accord là-dessus. Selon Rebecca Blank, spécialiste de la pauvreté de l'Université Northwestern, les données utilisées « sont complètement périmées, et la méthode d'analyse ne tient pas la route ».

Même le Bureau du recensement reconnaît qu'il y a quelques difficultés. « Il est clair que cet essai de quantification a de nombreux défauts connus depuis des années », déclare Daniel Weinberg, responsable du Bureau.

Le principal défaut : la méthodologie remonte à 1963 et ignore les gigantesques modifications des programmes d'aide. Pourtant, une commission de 13 professeurs a dépensé 1 million de dollars et émis un rapport de 500 pages recommandant une mise à jour méthodologique ; en pure perte jusqu'à présent.

Les implications politiques d'une telle refonte sont en effet importantes, et le Congrès voudra certainement être consulté sur le sujet.

Même en 1963, la méthodologie n'était pas adaptée. L'objet initial de l'étude était de fournir des indications sur la population âgée, mais le Président Johnson, qui voulait des informations sur la pauvreté, s'est approprié l'étude en question.

La méthodologie toujours employée aujourd'hui repose sur des estimations du ministère de l'Agriculture, concernant les dépenses alimentaires nécessaires pour faire vivre un individu pendant un an, estimations ensuite multipliées par trois pour tenir compte des dépenses non alimentaires et ajustées enfin en fonction de la taille de la famille.

Mais le seuil de pauvreté ainsi calculé ne tient compte que des revenus avant impôts, et ignore les transferts en nature comme les tickets alimentaires et les crédits d'impôts comme les Earned Income Tax Credits. La prise en compte de ces éléments réduirait sensiblement le nombre de pauvres. Il ne tient pas compte non plus des allocations pour la garde des enfants ou le transport, et ne considère pas les différences régionales de coût de la vie, sous-estimant ainsi la pauvreté urbaine et surestimant la pauvreté rurale.

Tous les experts, de toutes tendances politiques, s'accordent à reconnaître que les imperfections sont telles que l'interprétation des données est devenue impossible...

Source. — Wall Street Journal, 5 octobre 1995, p. B1.

études ou pour s'acheter une maison, puis remboursent ces emprunts quand leurs revenus progressent. Le taux d'épargne est maximal chez l'adulte d'âge moyen. Celui-ci épargne en vue de sa retraite, de sorte que la diminution des revenus à ce moment-là ne se traduit pas par une chute du niveau de vie équivalente.

Ce cycle est source d'inégalité dans la distribution des revenus année après année, mais il ne génère pas forcément une réelle inégalité en matière de bien-être économique. Pour apprécier l'inégalité de notre société, la distribution des revenus perçus tout au long de la vie est plus importante que celle des revenus perçus annuellement. Malheureusement, les informations sur ces revenus sont indisponibles. Mais quand on étudie des données sur l'inégalité, il est indispensable de conserver à l'esprit l'existence de ce cycle de vie économique. Sur une vie entière, les revenus sont distribués de façon plus équitable qu'ils ne le sont annuellement.

Revenu permanent et revenu temporaire

Les revenus perçus sont soumis à des tas de forces aléatoires ou de courte durée. Une année, une gelée peut détruire entièrement une récolte d'oranges en Floride, et les agriculteurs de Floride se retrouveront momentanément sans revenus. Au même moment, le prix des oranges montant, les cultivateurs de Californie verront leurs revenus progresser. L'année d'après, c'est le contraire qui peut arriver.

De même que les gens empruntent et épargnent pour lisser leurs revenus sur leur cycle de vie économique, ils peuvent emprunter et épargner pour lisser les variations temporaires de revenus. Quand les agriculteurs de Californie font une bonne année, ils mettent probablement quelque argent de côté, car ils savent que leur bonne fortune ne durera pas éternellement. De même, les agriculteurs de Floride sont obligés de tirer sur leurs réserves ou d'emprunter pour faire face à leur mauvaise fortune passagère. Tant qu'une famille arrive à emprunter et épargner pour lisser les variations temporaires de revenu, celles-ci n'affectent pas le niveau de vie. La capacité d'une famille d'acheter des biens et services s'appuie sur son *revenu permanent*, c'est-à-dire son revenu normal ou moyen.

Pour apprécier l'inégalité des niveaux de vie, la distribution des revenus permanents est plus importante que la distribution des revenus annuels. Si le revenu permanent est un concept difficile à mesurer, il n'en est pas moins un concept très important. Comme le revenu permanent exclut les variations provisoires, il est distribué de façon plus équitable que le revenu courant.

La mobilité économique

On parle souvent des « riches » et des « pauvres », comme si ces groupes étaient composés des mêmes individus années après années. Ce n'est pourtant pas le cas, et la mobilité économique, c'est-à-dire le passage d'une classe de revenu à une autre, est importante aux États-Unis.

La mobilité économique a plusieurs origines. Elle reflète parfois une variation temporaire de ressources, parfois une tendance plus fondamentale. La progression sur l'échelle sociale est parfois due à la chance, parfois au labeur ; la régression peut tenir au manque de chance ou à la fainéantise.

La mobilité économique étant importante, bon nombre de ceux qui vivent en dessous du seuil de pauvreté n'y vivent que temporairement. Seules quelques familles connaissent une pauvreté durable. Sur une période de dix ans, une famille sur quatre tombe en dessous du seuil de pauvreté au moins une fois. Mais moins de 3 % des familles restent en dessous de ce seuil huit ans ou plus. Et comme il est probable que les provisoirement pauvres et les durablement pauvres rencontrent des problèmes très différents, il est important de pouvoir distinguer entre les deux catégories quand on met en place des mesures d'aides aux défavorisés.

Une autre façon d'apprécier la mobilité économique consiste à étudier la persistance du succès économique de génération en génération. Là encore, la mobilité est assez grande. Si un père gagne 20 % de plus que le revenu moyen de sa génération, son fils gagnera certainement 8 % de plus que le revenu moyen de sa propre génération. Et il n'y a plus aucune corrélation entre le revenu d'un grand-père et celui de son petit-fils.

Conséquence de cette grande mobilité économique, l'économie américaine est remplie de millionnaires partis de rien (et de fils de riches qui ont dilapidé l'héritage familial). Selon des estimations de 1996, 2,7 millions de foyers américains possédaient une richesse nette (actifs moins dettes) d'au moins 1 million de dollars. Ces familles représentaient les 2,8 % les plus riches de la population. 80 % de ces millionnaires étaient partis de rien, seulement 20 % avaient hérité de leurs fortunes.

■ **VÉRIFIEZ VOS CONNAISSANCES** Que mesure le taux de pauvreté ? ■ Décrire trois problèmes de mesure du taux de pauvreté.

20.2 PHILOSOPHIE POLITIQUE ET REDISTRIBUTION DES REVENUS

Après voir vu comment les revenus sont répartis dans l'économie et les difficultés rencontrées pour mesurer l'inégalité, examinons maintenant la question politique : quelle doit être l'attitude du gouvernement devant l'inégalité économique ?

Cette question dépasse le seul cadre de l'économie. En effet, celle-ci ne saurait nous dire si l'objet de la politique est de rendre notre société plus égalitaire. Il s'agit ici plus de philosophie politique. Mais comme le rôle du gouvernement en tant qu'agent redistributeur de revenus se trouve au cœur de bien des débats économiques, nous allons momentanément laisser l'économie de côté et nous intéresser à la philosophie.

L'utilitarisme

L'*utilitarisme* représente l'une des écoles de pensée importantes dans le domaine de la philosophie politique, qui fut fondée par les philosophes anglais Jeremy Bentham (1748-1832) et John Stuart Mill (1806-1873). Cette école cherche à appliquer aux questions de morale et de politique la logique de la prise de décision individuelle.

La notion centrale de l'utilitarisme est l'*utilité*, c'est-à-dire le niveau de satisfaction ou de bonheur qu'un individu retire dans des circonstances données. Cette utilité est la mesure du bien-être et, pour les utilitaristes, sa maximisation doit être l'objectif de toutes les actions, publiques et privées. Le rôle du gouvernement, dans cette optique, consiste à maximiser la somme des utilités individuelles de tous les membres de la société.

L'analyse utilitariste de la redistribution des revenus est fondée sur l'hypothèse de l'*utilité marginale décroissante*. On peut admettre en effet qu'un dollar supplémentaire accroît plus l'utilité d'un pauvre que celle d'un millionnaire. Autrement dit, plus les revenus sont élevés, moins le bien-être procuré par un dollar additionnel est important. Cette hypothèse acceptable, couplée à l'objectif de maximisation de l'utilité totale, conduit les utilitaristes à considérer que le gouvernement doit organiser une distribution des revenus aussi égalitaire que possible.

L'argument est simple. Imaginons que Peter et Paul soient identiques en tous points, si ce n'est que Peter gagne 80 000 dollars et Paul 20 000 dollars. Retirer un dollar à Peter pour le donner à Paul réduira l'utilité de Peter et augmentera celle de Paul. Mais compte tenu de l'hypothèse de l'utilité marginale décroissante, la réduction d'utilité subie par Peter sera inférieure à l'augmentation enregistrée par Paul. La redistribution des revenus aura ainsi permis d'accroître l'utilité totale, ce qui est le but recherché par les utilitaristes.

À première vue, cet argument semble indiquer que le gouvernement doit redistribuer les revenus jusqu'à ce que tout le monde reçoive le même revenu. Cela serait le cas si les revenus totaux – 100 000 dollars dans notre exemple – étaient constants. Mais tel n'est pas le cas. Les utilitaristes sont opposés à l'égalité complète des revenus, parce qu'ils reconnaissent le bien-fondé du principe d'économie selon lequel les gens réagissent aux incitations.

Pour prendre à Peter de quoi donner à Paul, le gouvernement doit mettre en place des politiques de redistribution des revenus, comme le système fiscal américain et le système d'aides aux pauvres. Dans le cadre de ces mesures, les riches paient davantage d'impôts, et les pauvres reçoivent davantage d'allocations. Mais comme nous l'avons vu aux chapitres 8 et 12, les impôts affectent les incitations et génèrent des pertes sèches. Si le gouvernement confisque le revenu supplémentaire d'un travail additionnel, Peter et Paul sont moins incités à travailler beaucoup. Travaillant moins, le revenu total diminue, de même que l'utilité totale. Le gouvernement utilitariste doit donc comparer les avantages d'une plus grande égalité aux inconvénients d'une incitation au travail inférieure. Pour maximiser l'utilité totale, le gouvernement ne peut pas aller jusqu'à fabriquer une société parfaitement égalitaire.

Une parabole classique illustre la logique utilitaire. Imaginons que Peter et Paul soient deux voyageurs assoiffés, coincés dans deux parties différentes du désert. L'oasis de Peter est riche en eau ; celle de Paul n'a que peu d'eau. Si le gouvernement pouvait transporter l'eau d'une oasis à l'autre gratuitement, il pourrait maximiser l'utilité totale en mettant autant d'eau dans chaque oasis. Mais imaginons que le gouvernement n'a qu'un camion-citerne percé. À chaque voyage, une partie de l'eau est perdue dans le désert. Dans ce cas, le gouvernement utilitaire essaiera toujours de transporter de l'eau de Peter vers Paul, compte tenu de la soif de Paul et de la fuite du camion. Mais il n'essaiera pas d'obtenir une complète égalité.

Le libéralisme

Le *libéralisme* est une deuxième façon de voir l'inégalité, parfaitement illustrée par l'ouvrage du philosophe John Rawls, *A Theory of Justice*.

Rawls commence par l'idée que les institutions sociales, les lois et les politiques doivent être justes. Puis il pose la question suivante : comment peut-on, nous les membres de la société, se mettre d'accord sur la signification de la justice ? Le point de vue de chacun est forcément marqué par les circonstances particulières propres à chaque individu : plus ou moins intelligent, plus ou moins dur à la peine, plus ou moins cultivé, plus ou moins riche, etc. Dès lors, comment peut-on décider *objectivement* de ce que doit être une société juste ?

Rawls propose l'expérience intellectuelle suivante. Imaginons qu'avant notre naissance, nous nous réunissions pour définir les règles qui doivent régir la société. Dans ce cas, aucun d'entre nous ne peut savoir ce qu'il deviendra plus tard, une fois sur terre. Dans cette position originelle, nous concevons le monde derrière « un voile d'ignorance ».

« Les principes de justice sont déterminés derrière un voile d'ignorance. Ce qui garantit que personne n'est avantagé ou désavantagé dans le choix de ces principes par les forces du destin ou les contingences sociales. Tout le monde étant au même point et personne ne pouvant concevoir des principes qui seraient favorables à une condition particulière, les principes de justice résultent d'un accord entre les parties. » Rawls prétend qu'en réfléchissant ainsi à la politique, nous pouvons déterminer objectivement des politiques justes.

Rawls se demande ensuite ce qu'une politique ainsi conçue derrière ce voile d'ignorance pourrait chercher à réaliser. Plus particulièrement, il se demande quel type de répartition des revenus serait considérée comme juste par un individu qui ne saurait pas s'il allait se retrouver en haut, au milieu ou au bas de l'échelle sociale. Et il considère que tout le monde serait préoccupé par son propre sort s'il devait se retrouver dans le bas de l'échelle sociale. Par conséquent, une politique juste doit faire tout son possible pour améliorer le sort des plus défavorisés. C'est-à-dire qu'au lieu de maximiser l'utilité totale comme les utilitaristes, Rawls maximise l'utilité minimale. Cette règle établie par Rawls est appelée *critère du maximin.*

Comme cette règle s'appuie sur le sort de la personne la plus défavorisée de la société, elle justifie la mise en œuvre de politiques de redistribution des revenus. En transférant de la richesse des riches vers les pauvres, la société améliore la qualité de vie des plus défavorisés. Mais ce critère du maximin ne justifie pas une société parfaitement égalitaire. En effet, il autorise une certaine disparité des revenus, car celle-ci joue un rôle incitatif et accroît la faculté de la société de venir en aide aux plus pauvres. Néanmoins, comme Rawls fonde son raisonnement sur le sort du plus défavorisé, sa politique est plus fortement redistributive que celle proposée par les utilitaristes.

Cette opinion ne fait pas l'unanimité, mais l'expérience intellectuelle de pensée derrière le voile d'ignorance est intéressante et nous permet de concevoir la redistribution des revenus comme une espèce d'*assurance sociale*. En mettant en place des politiques d'aide aux défavorisés, nous nous couvrons contre une mauvaise fortune qui pourrait nous affecter une fois le voile d'ignorance levé et qui nous placerait dans l'une de ces familles pauvres.

Mais rien ne prouve que, même derrière le voile d'ignorance, les gens rationnels seraient si réticents au risque qu'ils accepteraient ce critère du maximin. En fait, puisque par hypothèse au départ personne ne sait où il finira une fois le voile levé, chacun considérera toutes les possibilités comme étant équiprobables. Dans ce cas, la politique la plus rationnelle derrière le voile d'ignorance consiste à maximiser l'utilité moyenne des membres de la société. La notion de justice résultant d'un tel procédé serait alors plus utilitariste que rawlsienne.

Le libertarisme

Voici une troisième façon d'aborder le problème de l'inégalité. Les deux philosophies précédentes – utilitarisme et libéralisme – considèrent le revenu total généré par la société comme une ressource commune qu'un planificateur social peut redistribuer librement afin d'atteindre un objectif social. Les libertariens au contraire considèrent que la société ne génère aucun revenu par elle-même : seuls ses membres génèrent des revenus. Les libertariens considèrent donc que le gouvernement ne devrait jamais prendre aux uns pour donner aux autres dans le but d'assurer une certaine répartition des revenus.

Dans son ouvrage célèbre, *Anarchy, State and Utopia*, le philosophe Robert Nozick écrit par exemple : « Nous ne sommes pas des enfants à qui l'on aurait donné des parts de gâteau qui devraient être redécoupées car la première coupe était mal faite. Il n'y a aucune distribution *centralisée*, personne n'est en position de contrôler les ressources ou de décider comment elles doivent être réparties. Ce que chacun reçoit, il le reçoit des autres en échange de quelque chose ou en cadeau. Dans une société libre, des gens différents contrôlent des ressources variées et les propriétés de chacun évoluent au gré des échanges et des actions individuelles. »

Par conséquent, Nozick refuse même de se poser la question de savoir quel degré d'inégalité est acceptable socialement. Cette question, à laquelle utilitaristes et libéraux cherchent à répondre, est nulle et non avenue pour les libertariens.

Pour ceux-ci, l'évaluation des *résultats* économiques est moins importante que l'évaluation des *procédés* par lesquels ces résultats ont été obtenus. Si la distribution des revenus est obtenue de façon injuste – par exemple par le vol ou l'extorsion – le gouvernement a le droit et même le devoir d'intervenir pour corriger la situation. Mais tant que le processus de distribution des revenus est juste, la distribution en résultant l'est aussi, quel que soit son degré d'inégalité.

Nozick critique le libéralisme de Rawls en comparant la distribution des revenus dans la société à la distribution des notes dans un cours. Imaginons que quelqu'un vous demande de juger de l'équité des notes obtenues dans ce cours d'économie. Est-ce que vous allez vous imaginer derrière un voile d'ignorance et déterminer une distribution des notes indépendantes des capacités intellectuelles et du travail des étudiants ? Ou est-ce que vous allez faire en sorte que l'affectation des notes aux étudiants soit propre et sans favoritisme, quel que soit le résultat final ? Dans le cas des notes, l'argument de Nozick est sans appel.

Les libertariens concluent que l'égalité des chances est beaucoup plus importante que l'égalité des résultats. Ils considèrent que le gouvernement doit protéger les libertés et les droits individuels pour garantir à chacun les mêmes opportunités d'utiliser ses talents et de connaître le succès. Une fois ces « règles du jeu » déterminées, le gouvernement n'a plus aucune raison de modifier la distribution des revenus résultant de leur application.

■ **VÉRIFIEZ VOS CONNAISSANCES** Pam gagne mieux sa vie que Pauline. Quelqu'un propose de taxer Pam pour financer Pauline. Comment réagiraient à cette proposition un utilitariste, un libéral et un libertarien ?

20.3 MESURES POLITIQUES DE LUTTE CONTRE LA PAUVRETÉ

Nous venons de voir que les philosophes ne partagent pas les mêmes vues quant au rôle du gouvernement en matière de redistribution des revenus. Le même débat se retrouve dans le grand public, même si une majorité de gens considère que le gouvernement doit au moins aider les plus pauvres. L'expression populaire veut que le gouvernement tende un « filet de sécurité » pour éviter aux gens de tomber trop bas.

DANS VOS JOURNAUX

La réforme de 1996 du système d'assistance sociale

En 1996, l'administration Clinton a engagé une réforme profonde du système d'assistance sociale, défendue dans l'article suivant par l'économiste Gary Becker.

Les atouts du nouveau système d'assistance sociale

GARY BECKER

La réforme du système d'assistance sociale mise en œuvre par le Président Clinton ne réduit pas significativement les dépenses d'aide sociale. Elle est néanmoins novatrice dans la mesure où elle établit fermement le principe selon lequel il ne suffit pas d'être pauvre pour être bénéficiaire des aides.

Si ces aides permettent à la plupart des familles concernées de surmonter des difficultés provisoires, 40 % des familles en bénéficient pendant plus de 2 ans. Malheureusement, tout prouve qu'il est d'autant plus difficile de se passer des allocations qu'on en a profité plus longtemps.

Voilà pourquoi la limitation dans le temps des avantages du système d'aides constitue une avancée importante. Les bénéficiaires des aides perdent celles-ci si le chef de famille ne s'est pas mis au travail dans les deux ans, et dans tous les cas, les aides ne peuvent durer au-delà d'une période de 5 ans.

Cette mesure a été fortement critiquée. Je pense néanmoins qu'elle va dans la bonne direction. La limite temporelle des subsides est une bonne chose, non seulement car elle limite les dépenses publiques, mais surtout parce qu'une trop longue période d'assistance érode irrémédiablement les compétences professionnelles et crée des habitudes de dépendance à l'égard du gouvernement qui sont dommageables à l'individu et à la société entière.

Certains démocrates du Congrès qui ont voté contre la réforme prétendent que de nombreux enfants deviendront d'innocentes victimes si leurs mères deviennent inéligibles aux programmes d'aide. Mais il ne faut pas comparer le système issu de la réforme à ce que pourrait être un système idéal, mais plutôt à l'ancien système, aujourd'hui complètement dépassé.

La lutte contre la pauvreté est l'une des tâches les plus compliquées qui soient. Les familles pauvres constituent un terrain de prédilection pour la drogue, le vagabondage, les problèmes de santé, les grossesses juvéniles, l'analphabétisme, le chômage et l'échec scolaire. Les membres de ces familles sont à la fois plus enclins à devenir criminels et à être victimes de crimes. S'il est difficile de distinguer les causes de la pauvreté de ses conséquences, la pauvreté et les pires misères sociales restent inextricablement liées.

Mettez-vous dans la peau d'un responsable politique qui cherche à réduire le nombre de personnes vivant en dessous du seuil de pauvreté. Comment allez-vous vous y prendre ? Nous allons passer en revue quelques-unes des options ouvertes. Et nous verrons qu'aucune n'est parfaite et qu'il n'est pas facile de choisir la meilleure.

Au cours des 50 dernières années, plus de 5 000 milliards de dollars ont été consacrés aux divers programmes d'aide aux défavorisés. Le nombre de familles bénéficiaires est passé de moins de 8 millions en 1970 à presque 15 millions en 1990. Et pourtant, les cas d'enfance maltraitée continuent de progresser en nombre.

L'exposition prolongée au système d'assistance sociale est nuisible pour les enfants, en dépit des avantages pécuniaires, principalement parce qu'elle corrompt leurs systèmes de valeurs. Ces enfants finissent par considérer qu'il est plus normal de vivre aux crochets du gouvernement que d'être indépendant financièrement et psychologiquement. C'est pourquoi une aide, même de cinq années, me paraît trop longue. L'obligation imposée aux parents de trouver un emploi, même modeste, est une bonne chose pour inculquer aux enfants le sens du travail et des responsabilités.

La nouvelle loi décentralise la gestion des programmes d'assistance sociale en accordant aux États la possibilité de gérer, dans les limites imposées par le gouvernement fédéral, les sommes que celui-ci leur aura transférées.

Il faut bien remarquer que toutes les innovations en matière d'assistance sociale au cours des dix dernières années ont vu le jour en Californie, au Michigan, au New Jersey, au Wisconsin et quelques autres États. Il est probable que la nouvelle disposition décentralisatrice permettra de limiter la bureaucratie et d'améliorer l'efficacité économique du système.

De toute évidence cette nouvelle loi n'est pas parfaite. Par exemple, il n'est pas certain que l'exclusion des immigrés légaux de tout un cas de programmes d'aide aura un effet sérieux sur l'immigration. Mais cette loi constitue un grand pas en avant vers la reconnaissance de l'un des principes fondamentaux de l'économie, selon lequel les actions des gouvernements affectent sérieusement les comportements et les systèmes de valeurs du public.

Cette réforme devrait être suivie de refontes similaires des systèmes de sécurité sociale, du programme Medicare et de quelques autres, visant à rappeler aux familles qu'elles doivent se prendre en charge elles-mêmes. On peut attendre de tout cela un taux d'épargne plus élevé en préparation de la retraite, quelques économies dans les dépenses de santé et globalement une société aux valeurs plus saines.

Source. — *Business Week,* 23 septembre 1996, p. 22.

Salaire minimal

Le salaire minimal légal a toujours été sujet à controverse. Ses partisans le considèrent comme un moyen d'aider les pauvres qui ne coûte rien au gouvernement. Ses opposants y voient une mesure qui se retourne contre ceux qu'elle est supposée aider.

Comme nous l'avons vu au chapitre 6, le salaire minimal pousse le salaire au-delà du point d'équilibre naturel de l'offre et de la demande pour les travailleurs peu qualifiés ou sans expérience. Il rend donc le coût du travail plus élevé et réduit la quantité de travail demandée par les entreprises. Il en résulte donc un taux de chômage plus élevé chez les travailleurs en question. Ceux qui ont un emploi bénéficient d'un salaire plus élevé, mais ceux qui auraient pu en trouver un à un salaire inférieur restent au chômage.

L'ampleur de ces conséquences est directement fonction de l'élasticité de la demande. Les partisans d'un salaire minimal élevé prétendent que la demande de travailleurs non qualifiés est relativement rigide, et par conséquent peu sensible à l'élévation du salaire minimal. Les adversaires de cette mesure trouvent la demande plus élastique, surtout à long terme lorsque les entreprises ont la possibilité d'adapter leur production et l'emploi plus complètement. Ils font en outre remarquer que de nombreux bénéficiaires de ce salaire minimal sont des adolescents des classes moyennes, de sorte que la politique est mal ciblée si son objectif est d'aider les plus pauvres à survivre par leur travail.

Aide publique

Pour améliorer le niveau de vie des pauvres, le gouvernement peut compléter leurs revenus, par un système d'aide publique. Ce système comprend divers programmes d'assistance, regroupés sous le vocable général de *welfare*. L'aide aux familles avec enfants à charge vise à aider les familles dans lesquelles aucun adulte ne peut subvenir à leurs besoins financiers. C'est typiquement le cas des familles sans père, avec une mère qui doit s'occuper des jeunes enfants. Un autre programme, dit de revenu complémentaire, fournit une aide financière aux pauvres malades ou infirmes. Vous remarquerez que, pour bénéficier de l'aide apportée par ces deux programmes, le fait d'être pauvre est insuffisant ; il faut aussi avoir des enfants à charge, ou bien être malade.

Ces programmes sont souvent accusés de faire naître des comportements pervers pour bénéficier de l'aide. Ainsi le programme d'aide aux familles avec enfants à charge pousse les pères à abandonner leurs familles, puisque celles-ci ne peuvent bénéficier de l'aide que si le père est absent. Ce programme encourage aussi les naissances illégitimes, puisque des jeunes femmes célibataires et pauvres ne pourront être aidées que si elles ont des enfants. On l'a vu, les femmes célibataires mères de famille constituent un foyer important de pauvreté ; comme ce programme d'aide a tendance à accroître le nombre de ces femmes célibataires chefs de famille, on l'accuse souvent d'aggraver un problème qu'il est supposé corriger.

Ces comportements pervers sont-ils fréquents ? Personne ne le sait précisément. Les avocats des programmes d'aide font valoir que la condition de mère célibataire, sans ressources, n'est guère agréable et qu'il est peu probable qu'elle soit choisie sciemment. En outre, rien ne prouve, contrairement à ce qu'affirment les adversaires de ces programmes d'aide, que le déclin de la cellule familiale biparentale soit une conséquence du système d'assistance sociale. Depuis le début des années 70, les allocations corrigées des effets de l'inflation ont baissé, et pourtant la proportion d'enfants vivant dans une famille monoparentale a progressé.

Impôt sur le revenu négatif

Chaque fois qu'un gouvernement met en place un système d'imposition, il affecte la répartition des revenus. C'est même l'objet du système d'impôt progressif, qui fait payer davantage d'impôts aux bénéficiaires des revenus les plus élevés.

Plusieurs économistes ont proposé de compléter les revenus des pauvres à l'aide d'un *impôt sur le revenu négatif*. Selon ce système d'imposition, toutes les familles déclarent leurs revenus au gouvernement. La plupart paieront un impôt sur leurs revenus. Les plus pauvres recevront une subvention, c'est-à-dire paieront un impôt négatif.

Imaginons par exemple que le gouvernement utilise la formule suivante pour calculer l'impôt dû :

Impôt dû = (1/3 du revenu) moins 10 000 dollars.

Dans ce cas, une famille qui gagnerait 60 000 dollars devrait 10 000 dollars d'impôts, et une famille qui gagnerait 90 000 dollars en devrait 20 000 dollars au titre de l'impôt sur le revenu. Une famille dont les revenus seraient de 30 000 dollars ne paierait pas d'impôt. Et une famille qui ne gagnerait que 15 000 dollars devrait un impôt négatif de 5 000 dollars, c'est-à-dire recevrait un chèque de 5 000 dollars du gouvernement.

Avec un tel système, les familles nécessiteuses recevraient une assistance pécuniaire sans avoir à faire de démarche particulière. Le seul critère retenu serait celui d'un revenu inférieur à un certain montant. Cette caractéristique peut être vue comme un avantage ou un inconvénient. L'impôt sur le revenu négatif n'induit *a priori* pas les comportements pervers (éclatement des familles, multiplication des naissances illégitimes, etc.) que certains accusent les programmes traditionnels de susciter. Mais il constitue une forme de subvention aux paresseux qui, aux yeux de certains, ne méritent pas de bénéficier de l'aide du gouvernement.

Dans le système fiscal actuel, il est une disposition proche du principe de l'impôt négatif sur le revenu, qui permet aux familles de travailleurs pauvres de percevoir des remboursements d'impôts supérieurs à l'impôt payé durant l'année en cours. C'est le principe du crédit d'impôt (Earned Income Tax Credit). Ce système ne bénéficiant qu'aux familles ayant un emploi, il ne saurait constituer une incitation à la paresse, mais en sens inverse il ne peut non plus constituer une solution au problème de la pauvreté liée à l'inactivité, que ce soit pour cause de chômage, de maladie ou d'infirmité.

Transferts en nature

Une autre manière d'aider les pauvres consiste à leur fournir directement certains des biens et services dont ils ont besoin. Les associations caritatives leur proposent des abris, de la nourriture et des jouets pour Noël. Le gouvernement met à leur disposition des tickets alimentaires qui leur permettent d'acheter de la nourriture ; les magasins se font ensuite rembourser les tickets par le gouvernement. Le gouvernement gère aussi le programme *Medicaid*, qui propose des services médicaux aux défavorisés.

Ces transferts en nature sont-ils plus efficaces que l'aide financière ? Il n'y a pas de réponse claire à la question.

Les partisans des transferts en nature font remarquer que ceux-ci fournissent aux pauvres ce dont ils ont le plus besoin. L'alcool et la drogue font plus de ravages parmi les pauvres que dans la société entière. En donnant aux pauvres de la nourriture et du logement, la société améliore leur qualité de vie sans pour autant subventionner leurs vices. C'est la raison pour laquelle les transferts en nature sont politiquement préférés aux paiements en numéraire.

Les partisans de l'aide financière accusent les transferts en nature d'être à la fois inefficaces et paternalistes. Le gouvernement ne sait en effet pas ce dont les pauvres ont le plus besoin. La plupart des pauvres sont des gens ordinaires qui traversent une mauvaise passe. Malgré leur infortune, ils demeurent les mieux placés pour savoir ce dont ils ont besoin. Plutôt que de leur fournir des biens et services dont ils n'ont que faire, mieux vaut leur donner des moyens financiers qui leur permettent d'acheter ce dont ils pensent avoir le plus besoin.

Programmes de lutte contre la pauvreté et incitations au travail

Les mesures destinées à soulager la misère ont parfois pour effet de décourager les gens d'essayer de s'en sortir. Prenons l'exemple suivant. Imaginons qu'une famille doive gagner 15 000 dollars pour avoir un niveau de vie acceptable. Et supposons que, dans le cadre d'une politique de lutte contre la pauvreté, le gouvernement assure à chaque famille ce revenu minimal. Si une famille gagne moins, le gouvernement comble la différence. Quel effet peut-on attendre d'une telle politique ?

Examinons le cas de la famille Jones, qui comprend Mme Jones et ses trois jeunes enfants. Mme Jones travaille à plein temps chez McDonald's et gagne 14 000 dollars. Sa famille est donc juste en dessous du seuil de pauvreté. Dans le cadre de la politique mise en place, les Jones reçoivent un chèque de 1 000 dollars du gouvernement.

Supposons maintenant que McDonald's annonce à Mme Jones que son emploi passe à mi-temps seulement. Le revenu familial tombe alors à 7 000 dollars et le gouvernement envoie un chèque de 8 000 dollars.

Dans ces conditions, quel intérêt Mme Jones a-t-elle à rechercher un nouvel emploi à temps complet ? Aucun. Chaque dollar gagné par Mme Jones réduira d'autant son allocation gouvernementale. C'est comme si le gouvernement lui imposait un impôt de 100 %. Avec un taux marginal d'imposition de 100 %, Mme Jones n'a pas intérêt à travailler.

Le programme de lutte contre la pauvreté a donc finalement incité les Jones à demeurer pauvres. Mme Jones ne cherche pas un autre emploi ; elle pourrait même décider de quitter son poste actuel et de rester chez elle. Les enfants Jones seront ravis d'avoir leur maman à la maison, mais il sera difficile de leur apprendre qu'il faut travailler pour vivre. Les Jones sont tombés dans le piège de la pauvreté.

Si cette histoire est un peu caricaturale, elle demeure néanmoins réaliste. Les programmes d'aide publique, de Medicaid, les tickets alimentaires et les crédits d'impôt sont tous liés aux revenus de la famille. Quand ceux-ci augmentent, les bénéfices que retire la famille de ces programmes diminuent et finalement la famille peut ne plus bénéficier d'aucune aide. Tous ces divers programmes mis bout à bout, il n'est pas rare de constater un taux effectif d'imposition de l'ordre de 100 %. Il excède même parfois 100 %, de sorte que la famille n'a pas intérêt à gagner plus. Ces divers programmes de lutte contre la pauvreté affectent donc l'attitude des gens face au travail, et développent une sorte de « culture de la pauvreté ».

On pourrait penser qu'il suffirait de diminuer les bénéfices des programmes progressivement au fur et à mesure que les revenus augmentent, pour résoudre le problème. Par exemple, si une famille perd 30 cents d'aide pour chaque dollar qu'elle gagne, le taux effectif d'imposition est de 30 %. C'est moins bien qu'un taux de 0 %, mais cela n'élimine pas complètement l'incitation à travailler.

Le problème posé par cette solution, c'est qu'elle accroît considérablement le coût des programmes d'aide aux défavorisés. En effet, plus le système est progressif, plus le nombre de bénéficiaires

DANS VOS JOURNAUX

L'épargne et le piège de la pauvreté

Parmi les effets pervers des programmes de lutte contre la pauvreté, citons celui-ci : ils n'encouragent pas à épargner. L'article suivant, publié par le Wall Street Journal, *décrit les mésaventures d'une jeune femme pauvre qui voulait mettre un peu d'argent de côté.*

Pour les parents pauvres, épargner est illégal

ROBERT L. ROSE

Un penny épargné est un penny gagné. En général.

Prenez le cas de Grace Capetillo, une mère de 36 ans dotée d'un réel talent pour économiser. Pour économiser sur l'habillement, Mme Capetillo s'habille avec ce qu'elle trouve dans les ventes de charité. Pour économiser sur la nourriture, elle ne mange que des pâtes et des soupes de poulet à 39 cents.

Quand Michelle, la fillette de cinq ans de Mme Capetillo, demanda à sa mère 'Li'l Miss Make-up pour Noël, Grace Capetillo n'alla pas chez Toys'R'Us, où la poupée est vendue 19,99 dollars. Elle en trouva une chez Goodwill, pour 1,89 dollar. Elle la nettoya et mit un ruban dans les cheveux de la poupée avant de l'offrir à sa fille. Elle trouva aussi chez Goodwill le célèbre M. Potato Head, qu'elle monta elle-même avec des pièces récupérées dans le bac des jouets cassés. Il lui en coûta 79 cents, ce qui lui permit d'économiser 3,18 dollars.

Grâce à ces efforts constants, Mme Capetillo a réussi à mettre 3 000 dollars de côté sur un compte d'épargne, en quatre ans. Son objectif était d'épargner assez pour pouvoir acheter un lave-linge et peut-être un jour payer des études à sa fille. Certains considéreront cela comme un exemple à suivre dans une communauté plus réputée pour ses taudis que pour ses aspirations sociales. Seulement voilà : Mme Capetillo bénéficie de programmes d'aide publique : elle touche 440 dollars par mois d'allocations plus 60 dollars de tickets alimentaires. Et dès lors, elle n'a pas le droit d'épargner. Quand son crime fut repéré, la réaction ne se fit pas attendre : Mme Capetillo fut accusée d'épargner sur le dos des contribuables.

est grand et plus coûteux est le programme. Il faut donc choisir entre faire payer aux pauvres un taux d'imposition effectif élevé ou faire payer à tous les contribuables des programmes d'aide aux pauvres très coûteux.

En 1996, le Congrès à majorité républicaine a sérieusement modifié la loi régissant les programmes d'assistance sociale, afin d'essayer de résoudre le problème. Dans le cadre du nouveau système, les bénéfices de l'aide sont limités à un petit nombre d'années, ce qui devrait, selon les promoteurs de la réforme, limiter les effets pervers d'une aide à durée indéterminée. Les opposants à la réforme ont argué du fait qu'elle allait placer de nombreuses familles avec enfants en dessous du seuil de pauvreté. Le Président Clinton, qui s'était engagé pendant la campagne de 1992 « à mettre

Le mois dernier, le Département des Affaires Sociales du comté de Milwaukee l'envoya devant les tribunaux, l'accusa de fraude et demanda qu'elle rende les économies augmentées d'une amende substantielle, le tout pour un total de 15 545 dollars. Mme Capetillo se défendit en disant qu'elle ne savait pas qu'elle ne pouvait pas épargner, mais la loi stipule que le programme dont elle avait bénéficié devait cesser de s'appliquer dès que le bénéficiaire avait accumulé une épargne de 1 000 dollars.

L'oncle Sam voulait récupérer ses billes...

Mme Capetillo décida donc de manger ses économies pour continuer à recevoir une aide financière. Elle s'acheta un lave-linge, un four d'occasion pour remplacer le sien trop vétuste, un réfrigérateur à 40 dollars et un lit pour sa fille. Mais le chef d'accusation de fraude était toujours là.

Vint le jour du procès. Au début, le juge sembla ne pas bien comprendre ce qui était reproché à Mme Capetillo. Il ne voyait pas de fraude, puisqu'elle n'avait pas perçu d'allocations en même temps qu'un salaire.

Quand on lui eut expliqué, le juge fit clairement comprendre qu'il trouvait cette loi idiote. « Je me demande s'il existe une façon plus efficace de décourager les pauvres d'épargner », dit le juge avant de rajouter qu'il était « amusant » de constater cela au moment même où le Président Bush présentait son programme de Comptes d'Épargne Familiale. « Apparemment, cette mesure ne doit concerner que les riches. »

Mais tout le monde n'était pas d'accord avec le juge. Une représentante du programme d'aide fit remarquer qu'avec une telle épargne, on pouvait se demander si Mme Capetillo devait même toucher des allocations. « Nous ne sommes pas une entreprise de crédit. Nous sommes là pour aider les gens qui traversent une passe difficile. »

Mme Capetillo aurait pu se défendre. Son avocat et même le juge étaient sûrs qu'un jury prendrait fait et cause pour elle. La partie civile reconnut même que si l'argent avait été dépensé au lieu d'être épargné, elle n'aurait rien eu à dire.

Mais pour Mme Capetillo, une seule apparition au tribunal fut déjà trop. Elle était tellement terrorisée qu'elle pouvait à peine prononcer un mot. Elle préféra plaider coupable de n'avoir pas fait connaître son changement de situation. Le juge lui infligea une peine d'un an de mise à l'épreuve et la condamna à reverser 1 000 dollars ...

Source. — Wall Street Journal, 6 février 1990, pages 1 et 11.

un terme au système actuel d'assistance sociale », a signé cette loi, contre l'avis de bon nombre des membres de son parti.

■ **VÉRIFIEZ VOS CONNAISSANCES** Présenter trois mesures d'aide aux défavorisés, ainsi que leurs avantages et inconvénients.

20.4 CONCLUSION

La réflexion sur la distribution des revenus au sein de la société n'est pas nouvelle. Déjà le philosophe grec Platon considérait que, dans une société idéale, les plus riches ne devaient pas gagner plus de quatre fois plus que les plus pauvres. Et même s'il est difficile de prendre la mesure exacte du degré d'inégalité sociale, il est clair que la société américaine contemporaine est loin de cet idéal platonicien.

L'un des *dix principes de l'économie* présentés au chapitre I affirme que le gouvernement peut parfois améliorer le résultat de l'activité de marché. Mais il semble difficile de trouver un accord sur la manière d'appliquer ce principe à la répartition des revenus. Philosophes et responsables politiques contemporains ont du mal à s'accorder sur un niveau acceptable d'inégalité, et sur la nécessité d'une intervention politique pour corriger une distribution des revenus jugée trop inégalitaire. Ce désaccord se retrouve dans chaque discussion de politique économique. Chaque fois qu'un impôt est modifié, par exemple, la question se pose de savoir qui en supportera l'essentiel : les riches, les pauvres ou la classe moyenne.

Un autre des *dix principes de l'économie* nous dit que les gens doivent faire des choix. Il ne faut pas oublier ce principe quand on considère l'inégalité économique. Les politiques qui pénalisent ceux qui ont réussi et récompensent ceux qui n'ont pas réussi n'incitent pas à se dépasser pour réussir. Plus le gâteau est réparti équitablement, plus il est petit. Telle est la seule conclusion qui fait (presque) l'unanimité en la matière.

RÉSUMÉ

- La disparité des revenus au sein de notre société est énorme. Le quintile supérieur des familles perçoit des revenus dix fois supérieurs à ceux du quintile inférieur.
- Compte tenu des transferts en nature, du cycle de vie économique, des revenus temporaires et de la mobilité économique, autant d'éléments importants pour comprendre les fluctuations des revenus, il est difficile de mesurer le degré d'inégalité à partir des informations annuelles sur la distribution des revenus. En fait, le bien-être économique est certainement distribué plus équitablement que les revenus annuels.
- Les philosophes politiques ne sont pas d'accord sur le rôle du gouvernement en matière d'égalité des revenus. L'utilitarisme (de John Stuart Mills, par exemple) est une philosophie qui vise à maximiser la somme des utilités de tous les membres de la société. Le libéralisme (de John Rawls par exemple) définirait une distribution des revenus dans l'hypothèse d'un voile d'ignorance qui empêcherait chacun de nous de savoir à l'avance quelle part des revenus lui reviendra. Le libertarisme (de Robert Nozick, par exemple) limite le rôle du gouvernement à assurer l'équité des processus économiques, et ne se préoccupe pas de l'inégalité qui en résultera éventuellement.

- De nombreuses mesures visent à lutter contre la pauvreté : salaire minimal, aide publique, impôt négatif sur le revenu, transferts en nature. Toutes ces mesures comportent des avantages et des inconvénients. D'une façon générale, elles présentent le risque d'introduire des incitations perverses. Dans certains cas, dans la mesure où l'aide financière diminue avec l'augmentation des revenus, les pauvres sont soumis à un taux d'imposition marginal effectivement proche de 100 % (parfois même supérieur). Avec des taux d'imposition à ce niveau, une famille se fait facilement piéger par la pauvreté et se trouve peu incitée à se sortir de sa situation par ses propres moyens.

CONCEPTS CLÉS – DÉFINITIONS

Taux de pauvreté : pourcentage de la population dont le revenu est inférieur au seuil de pauvreté.

Seuil de pauvreté : niveau de revenu défini par le gouvernement fédéral pour chaque taille de famille, en dessous duquel la famille est réputée vivre dans la pauvreté.

Transferts en nature : subventions accordées aux défavorisés, sous la forme de biens et services et non en numéraire.

Cycle de vie économique : courbe d'évolution des revenus d'un individu au cours de sa vie.

Revenu permanent : revenu normal d'un individu.

Utilitarisme : philosophie politique selon laquelle le gouvernement doit choisir des politiques visant à maximiser l'utilité totale de l'ensemble de la société.

Utilité : une mesure de la satisfaction ou du bonheur.

Libéralisme : philosophie politique selon laquelle le gouvernement doit adopter des politiques jugées équitables par un observateur impartial placé sous un « voile d'ignorance » quant à sa situation future.

Critère du maximin : idée selon laquelle le gouvernement doit chercher à maximiser le bien-être des plus défavorisés.

Libertarisme : philosophie politique selon laquelle le gouvernement devrait se contenter d'assurer l'ordre et le respect des contrats privés, et ne pas se préoccuper de la distribution des revenus.

Welfare (assistance sociale) : ensemble des programmes publics d'aide aux défavorisés.

Impôt sur le revenu négatif : système fiscal qui collecte des impôts sur les revenus élevés et qui subventionne les familles aux revenus faibles.

QUESTIONS DE RÉVISION

1. Les revenus des 20 % de la population américaine les plus riches sont-ils deux fois, quatre fois ou dix fois plus élevés que ceux des 20 % les moins riches ?

2. Quels sont les groupes sociologiques les plus frappés par la pauvreté ?
3. En quoi les variations de revenus liées à des phénomènes temporaires ou au cycle de vie économique compliquent-elles la mesure de l'inégalité économique ?
4. Comment un utilitariste, un libéral et un libertarien définiraient-ils le degré d'inégalité acceptable ?
5. Quels sont les avantages et les inconvénients des transferts en nature à destination des défavorisés ?

PROBLÈMES D'APPLICATION

1. Le tableau 20.2 montre une inégalité des revenus croissante au cours des 20 dernières années aux États-Unis. Quelques-unes des raisons de ce phénomène ont été présentées au chapitre 18. Quelles sont-elles ?
2. La part des revenus revenant au quintile supérieur de la population était particulièrement élevée en 1935. Pourquoi ?
3. On constate sur le tableau 20.4 que la proportion d'enfants dans les familles pauvres est deux fois supérieure à la proportion de personnes âgées. Comment les différents programmes d'aide sociale ont-ils pu aboutir à une telle situation ? *(Indice : revoir le chapitre 12.)*
4. Les économistes considèrent souvent les variations de revenu liées au cycle de vie économique comme un cas particulier de variation temporaire par rapport au revenu permanent. Dans cette optique, comment se comparent votre revenu actuel et votre revenu permanent ? Votre revenu actuel reflète-t-il correctement votre niveau de vie ?
5. Ce chapitre a suggéré que les gens peuvent lisser les variations temporaires de revenus pour maintenir un niveau de consommation étale, grâce à l'épargne et l'emprunt :
   a. Quels sont les obstacles possibles à ce lissage ?
   b. Qu'en concluez-vous quant à la pertinence des mesures d'inégalité uniquement fondées sur le revenu permanent ?
6. Nous avons présenté dans ce chapitre l'importance de la mobilité économique :
   a. Quelles mesures pourrait adopter le gouvernement afin de favoriser la mobilité économique au sein d'une même génération ?
   b. Même question, mais entre générations cette fois.
   c. Devrait-on réduire les dépenses d'aide publique et augmenter celles des programmes favorisant la mobilité économique ? Quels seraient les avantages et les inconvénients d'une telle attitude ?
7. Prenez deux communautés. Dans l'une, 10 familles perçoivent un revenu de 100 dollars chacune, et 10 autres perçoivent 20 dollars. Dans l'autre communauté, 10 familles ont des revenus de 200 dollars chacune, et 10 autres de 22 dollars :
   a. Quelle est la communauté la plus inégalitaire en matière de distribution des revenus ? Quelle est celle qui risque le plus de connaître un problème de pauvreté ?

b. Quelle distribution des revenus préférerait Rawls ? Expliquez.
c. Quelle distribution préférez-vous ? Expliquez.

8. Nous avons utilisé dans ce chapitre l'analogie avec le camion citerne qui fuyait pour illustrer l'une des contraintes de la redistribution des revenus :
   a. Quels sont les éléments du système américain de redistribution qui créent les fuites du camion-citerne ? Soyez précis.
   b. À votre avis, qui, des Républicains ou des Démocrates, considère que les fuites sont les plus importantes ? Comment cette opinion influe-t-elle sur leur vision du degré de redistribution à mettre en œuvre ?
9. Imaginons une société de 10 personnes et deux distributions possibles des revenus. Première possibilité : 9 personnes touchent 30 000 dollars et une personne touche 10 000 dollars. Deuxième possibilité : tout le monde touche 25 000 dollars :
   a. Dans le cas de la première distribution, quel serait l'argument utilitariste en faveur de la redistribution des revenus ?
   b. Quelle distribution aurait la préférence de Rawls ? Expliquez.
   c. Quelle distribution aurait la préférence de Nozick ? Expliquez.
10. Une personne qui préférerait voir le gouvernement aider les enfants pauvres plutôt que les adultes serait selon vous plutôt favorable aux transferts en nature ou à une aide pécuniaire ?
11. Nous avons dit dans ce chapitre que le taux de pauvreté serait significativement inférieur si les transferts en nature étaient pris en compte à leur valeur de marché. Le programme Medicaid est le plus gros consommateur de ressources, les dépenses par famille bénéficiaire avoisinant les 5 000 dollars :
   a. Si au lieu de cette assistance le gouvernement adressait à chaque famille un chèque de 5 000 dollars, pensez-vous que ces familles le consacreraient à souscrire une assurance maladie ? (Rappelez-vous que le seuil de pauvreté est situé à 15 000 dollars pour une famille de quatre personnes.)
   b. Compte tenu de votre réponse à la question *a*, que pensez-vous de l'idée selon laquelle les transferts en nature devraient être évalués à leur coût pour le gouvernement ?
   c. Compte tenu de votre réponse à la question *a*, pensez-vous qu'il vaut mieux aider les nécessiteux par des transferts en nature ou par une aide pécuniaire ? Expliquez.
12. Imaginons que l'impôt dû par une famille soit égal à la moitié du revenu perçu, moins 10 000 dollars. Certaines familles paieront des impôts, certaines recevront une subvention du gouvernement :
   a. Prenez des familles dont les revenus avant impôts sont de 0 dollar, 10 000 dollars, 20 000 dollars, 30 000 dollars et 40 000 dollars. Construisez un tableau indiquant les revenus avant impôts, l'impôt payé ou la subvention reçue et le revenu après impôts pour chaque famille.

b. Quel est le taux marginal d'imposition dans ce système fiscal ? Quel est le niveau maximal de revenu autorisant une subvention du gouvernement ?

c. Supposons une modification du système fiscal, l'impôt étant maintenant égal au quart du revenu, moins 10 000 dollars. Quel est le taux marginal d'imposition du nouveau dispositif ? Quel est le niveau maximal de revenu autorisant une subvention du gouvernement ?

d. Quel est le principal avantage de chacun des deux dispositifs fiscaux présentés ?

13. Catherine et Nicolas sont deux utilitaristes. Catherine pense que l'offre de travail est très élastique, tandis que Nicolas pense qu'elle est très rigide. Que sont, d'après vous, leurs visions de la distribution des revenus ?

14. Considérez les deux affirmations suivantes. Êtes-vous d'accord ou non avec elles ? Qu'impliquent-elles dans le domaine politique, notamment en matière de fiscalité des successions ?

a. « Tous les parents ont le droit de travailler dur et d'épargner afin d'assurer à leurs enfants une vie meilleure. »

b. « Aucun enfant ne devrait pâtir de la paresse ou de la mauvaise fortune de ses parents. »

PARTIE VII

Théorie avancée

CHAPITRE 21

LA THÉORIE DU CHOIX DU CONSOMMATEUR

Dans ce chapitre, vous allez :

- voir comment la contrainte budgétaire représente les choix offerts au consommateur
- apprendre à représenter les préférences du consommateur par des courbes d'indifférence
- étudier la formation du choix optimal pour le consommateur
- voir comment le consommateur réagit aux variations de revenu et de prix
- décomposer l'effet d'une variation de prix en effet de revenu et effet de substitution
- appliquer la théorie du choix du consommateur à quatre questions relatives au comportement des ménages

Quand vous entrez dans un magasin, il y a certainement des milliers d'articles que vous aimeriez acheter. Mais vous ne pouvez pas vous le permettre, car vos moyens financiers sont limités. Alors vous regardez les prix des articles proposés et vous achetez ceux qui, compte tenu de vos moyens, satisfont le mieux vos besoins et vos envies.

Dans ce chapitre, nous allons étudier la théorie économique qui décrit le processus du choix effectué par les consommateurs. Jusqu'à présent, nous avons résumé les préférences des consommateurs à la courbe de demande. Et nous avons vu que cette dernière reflète la volonté d'un consommateur de payer un certain bien ou service. Quand le prix augmente, les consommateurs ne sont prêts à payer qu'une moindre quantité : la quantité demandée diminue. Nous allons maintenant examiner plus précisément les décisions qui se cachent derrière la courbe de demande. La théorie du choix du consommateur présentée dans ce chapitre permettra une meilleure compréhension de la demande, de même que la théorie de l'entreprise concurrentielle a permis une meilleure compréhension de l'offre.

L'un des *dix principes de l'économie* affirme que les gens doivent faire des choix. La théorie du choix du consommateur s'intéresse aux choix que doivent effectuer les consommateurs. Quand un individu consacre davantage de temps à ses loisirs, son revenu diminue et sa consommation devra être réduite. S'il dépense davantage aujourd'hui et donc épargne moins, il devra accepter une consommation moindre à l'avenir. La théorie du consommateur étudie le comportement des individus face à ce genre de choix.

Après avoir développé la théorie élémentaire du choix du consommateur, nous l'appliquerons à l'examen de plusieurs questions relatives aux décisions des ménages. Nous allons notamment nous demander :

– si toutes les courbes de demande sont décroissantes,
– comment les salaires influent sur l'offre de travail,
– comment les taux d'intérêt influent sur l'épargne ménagère,
– si les pauvres préfèrent les transferts en liquide ou en nature.

À première vue, ces questions semblent sans rapport les unes avec les autres. Mais comme nous le verrons, la théorie du choix du consommateur permet de répondre à chacune d'entre elles.

21.1 LA CONTRAINTE BUDGÉTAIRE DU CONSOMMATEUR : CE QU'IL PEUT S'OFFRIR

La plupart des gens rêvent de consommer plus ou mieux : de prendre des vacances plus longues, de conduire des voitures de luxe ou de manger dans les grands restaurants. Et s'ils consomment moins qu'ils ne le souhaitent, c'est parce que leurs revenus limitent leurs dépenses. La théorie du choix du consommateur débute par l'examen de la relation entre revenu et dépense.

Pour simplifier, nous supposerons que le consommateur a le choix entre deux biens seulement : du Pepsi et des pizzas. Cette simplification ne change en rien les principes de la discussion, même si dans la réalité les gens ont des milliers de possibilités de consommation.

Voyons d'abord comment le revenu du consommateur limite ses dépenses de Pepsi et de pizzas. Supposons que le consommateur gagne 1 000 dollars par mois, entièrement consacrés à l'achat de Pepsi et de pizzas. Une cannette de Pepsi coûte 2 dollars et une pizza 10 dollars.

Le tableau 21.1 indique quelques-unes des combinaisons de Pepsi et de pizzas que le consommateur peut décider de consommer. La première ligne du tableau montre que si notre consommateur consacre l'intégralité de son revenu à l'achat de pizzas, il pourra en manger 100 par mois, mais ne pourra pas boire de Pepsi. La deuxième ligne montre une autre combinaison possible : 90 pizzas et 50 cannettes de Pepsi. Et ainsi de suite. Chaque combinaison présentée coûte exactement 1 000 dollars.

La figure 21.1 montre l'ensemble des combinaisons parmi lesquelles le consommateur peut choisir. L'axe vertical représente le nombre de cannettes de Pepsi, et l'axe horizontal le nombre de pizzas. Trois points figurent sur cette figure. Au point A, le consommateur achète 100 pizzas et aucun Pepsi. Au point B, il achète 500 cannettes de Pepsi et pas de pizza. Au point C, il achète 50 pizzas et 250 cannettes de Pepsi. À ce point C, situé exactement au milieu de la droite AB, le consommateur consacre la même somme (500 dollars) à l'achat de pizzas et à l'achat de Pepsi.

Bien entendu, ces trois points ne sont que des exemples de consommation parmi toutes les combinaisons possibles, représentées par les points de la droite AB. Cette droite, appelée *contrainte budgétaire* du consommateur, indique l'ensemble des combinaisons de consommation que le consommateur peut s'offrir. Dans ce cas précis, elle illustre le choix que le consommateur doit faire entre le Pepsi et les pizzas.

TABLEAU 21.1 **Les possibilités de consommation.**

Nombre Pepsi	*Nombre pizzas*	*Dépense Pepsi ($)*	*Dépense pizzas ($)*	*Dépense totale ($)*
0	100	0	1 000	1 000
50	90	100	900	1 000
100	80	200	800	1 000
150	70	300	700	1 000
200	60	400	600	1 000
250	50	500	500	1 000
300	40	600	400	1 000
350	30	700	300	1 000
400	20	800	200	1 000
450	10	900	100	1 000
500	0	1 000	0	1 000

Revenu = 1 000 $; Pepsi = 2 $; pizza = 10 $.

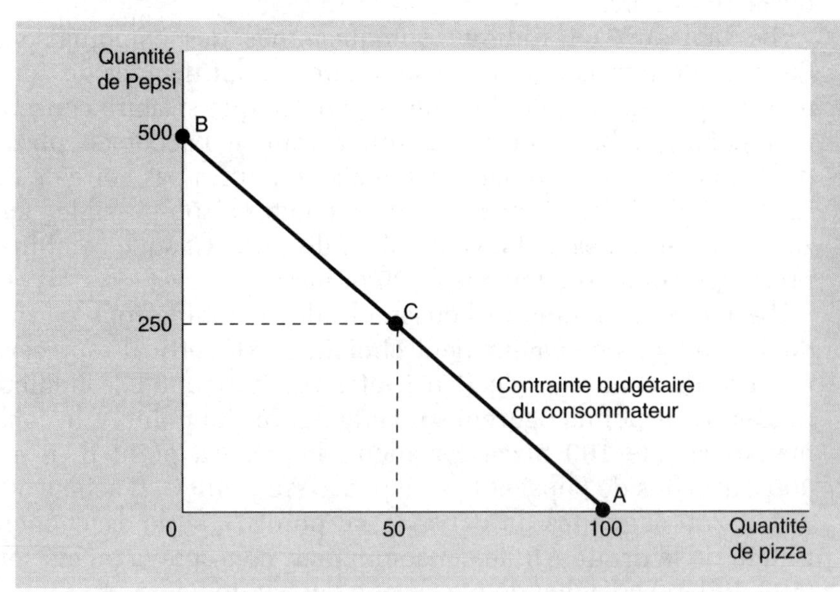

FIG. 21.1 **La contrainte budgétaire du consommateur** montre les diverses combinaisons de biens qu'un consommateur peut se permettre d'acheter. Ici, il achète du Pepsi et des pizzas. Plus il achète de Pepsi, moins il peut acheter de pizzas.

La pente de cette droite indique le taux d'échange entre les deux biens. Du point A au point B, la distance verticale est de 500 cannettes, tandis que la distance horizontale est de 100 pizzas. La pente est donc de 5 cannettes par pizza (en fait, la pente est négative, puisque la contrainte budgétaire est décroissante, mais nous pouvons omettre le signe dans cette discussion).

Vous noterez que la pente de la contrainte budgétaire est égale au *prix relatif* des deux biens en question. Une pizza coûte 5 fois plus cher qu'une cannette de Pepsi. Le consommateur peut donc échanger 1 pizza pour 5 Pepsi. Cet échange est reflété par une contrainte budgétaire de pente égale à – 5.

■ **VÉRIFIEZ VOS CONNAISSANCES** Dessiner la contrainte budgétaire d'un individu qui gagne 1 000 dollars, quand le Pepsi coûte 5 dollars et la pizza 10 dollars. Quelle est la pente de cette contrainte budgétaire ?

21.2 LES PRÉFÉRENCES DU CONSOMMATEUR : CE QU'IL SOUHAITE S'OFFRIR

Les choix du consommateur sont fonction non seulement de sa contrainte budgétaire (ce qu'il peut s'acheter), mais aussi de ses préférences en matière de biens et services (ce qu'il souhaite s'acheter). Nous devons donc étudier maintenant les préférences du consommateur.

Les courbes d'indifférence représentent les préférences du consommateur

Si vous proposez au consommateur deux combinaisons parmi celles qui sont possibles, il choisira celle qui convient le mieux à ses goûts. Si les deux combinaisons proposées lui conviennent également, on dira que le consommateur est *indifférent* devant ce choix.

Ces préférences peuvent être représentées graphiquement, comme la contrainte budgétaire. On parle alors de *courbes d'indifférence*. La courbe d'indifférence indique les combinaisons de Pepsi et de pizzas qui laissent le consommateur également satisfait.

La figure 21.2 montre deux courbes d'indifférence possibles. Les combinaisons A, B et C étant situées sur la même courbe d'indifférence, le consommateur n'a pas de préférence entre elles. Bien sûr, si la consommation de pizzas est réduite, comme de A à B, il faut que la consommation de Pepsi augmente pour que le consommateur conserve le même niveau de satisfaction.

La pente de cette courbe d'indifférence indique comment la consommation de Pepsi doit augmenter pour compenser une dimi-

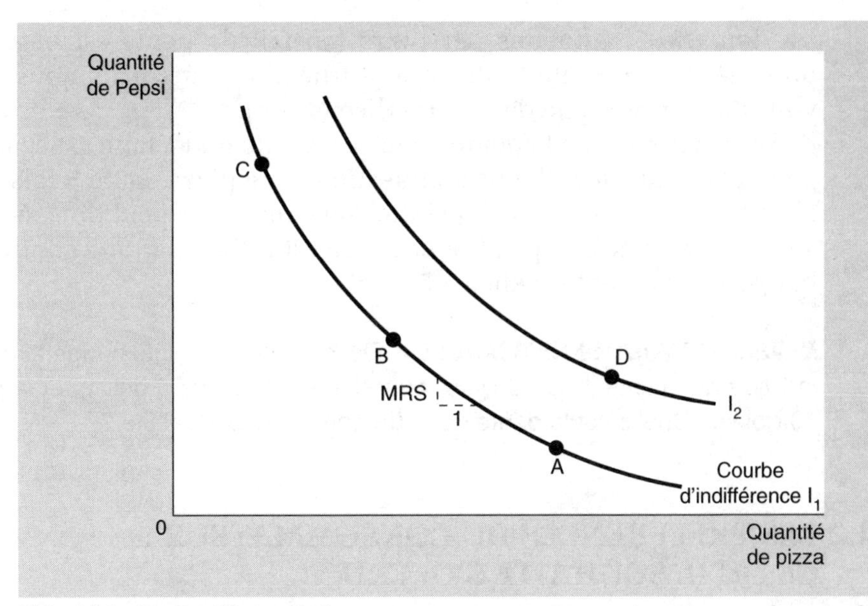

FIG. 21.2. **Les préférences du consommateur** sont représentées par les courbes d'indifférence, qui indiquent les combinaisons de Pepsi et de pizzas qui procurent la même satisfaction au consommateur. Les points situés sur les courbes supérieures sont préférés aux points situés sur les courbes inférieures. Le taux marginal de substitution (TMS) indique le taux auquel le consommateur est prêt à échanger du Pepsi contre des pizzas.

nution d'une unité de la consommation de pizzas, afin de maintenir un niveau de satisfaction constant chez le consommateur. Cette pente est appelée *taux marginal de substitution* (TMS) entre Pepsi et pizzas, et indique le taux auquel le consommateur est prêt à substituer un produit à l'autre.

Sur la figure 21.2, le taux marginal de substitution dépend de la consommation des deux biens. Au point A, où la consommation de pizzas est élevée et celle de Pepsi faible, le taux marginal de substitution est faible : le consommateur n'a besoin que d'un peu de Pepsi supplémentaire pour abandonner une pizza. Au point C, où la consommation de pizzas est faible et celle de Pepsi élevée, le taux marginal de substitution est élevé : le consommateur veut beaucoup de Pepsi supplémentaire pour abandonner une pizza.

Le consommateur n'a pas de préférence entre les points d'une même courbe d'indifférence, mais il préfère certaines courbes d'indifférence aux autres. Parce qu'un individu préfère consommer plus, les courbes d'indifférence élevées sont préférées à celles qui sont plus basses. Sur la figure 21.2, les points de la courbe I_2 sont préférés à ceux de la courbe I_1.

L'ensemble des courbes d'indifférence fournit un classement complet des préférences du consommateur. Il nous indique que le point D est préféré au point A (ce qui semble évident, puisqu'en D il y a à la fois plus de pizza et plus de Pepsi). Il nous indique aussi que le point D est préféré au point C, car D est situé sur une courbe supérieure. Même si il y a moins de Pepsi en D qu'en C, la quantité supérieure de pizzas suffit à compenser cette infériorité. Nous pouvons donc nous référer à l'ensemble des courbes d'indifférence pour classer les combinaisons de Pepsi et de pizzas.

Quatre propriétés des courbes d'indifférence

Puisque les courbes d'indifférence représentent les préférences des consommateurs, elles doivent avoir certaines propriétés qui reflètent ces préférences. Voici les quatre plus importantes, vérifiées dans la plupart des cas, mais pas dans tous les cas.

Propriété n° 1 : *les courbes d'indifférence les plus élevées sont préférées aux moins élevées*

En général, on préfère avoir plus de quelque chose que moins (c'est pourquoi on appelle le quelque chose en question un « bien » et non un « mal »). Cette préférence pour des quantités supérieures est reflétée par les courbes d'indifférence. Comme on le constate sur la figure 21.2, les courbes les plus élevées donnent des quantités de biens supérieures à celles des courbes moins élevées. C'est pourquoi les consommateurs préfèrent les courbes plus élevées.

Propriété n° 2 : *les courbes d'indifférence ont une pente négative*

Cette pente reflète le taux auquel le consommateur est prêt à substituer un bien à l'autre. Dans la plupart des cas, le consommateur aime les deux biens en question. De sorte que si la quantité de l'un diminue, il faut que celle de l'autre augmente pour compenser. Voilà pourquoi, la plupart du temps, les courbes d'indifférence ont une pente négative.

Propriété n° 3 : *les courbes d'indifférence ne se croisent pas*

Imaginons que deux courbes d'indifférence se croisent, comme sur la figure 21.3. Dans ce cas, les points A et B étant sur la même courbe d'indifférence procurent la même satisfaction au consommateur. Ce qui est vrai aussi pour les points B et C. Mais alors cela signifie que les points A et C satisfont également le consommateur, alors que le point C offre une plus grande quantité des deux produits. Ce qui contredit le principe selon lequel le consommateur préfère plus que moins. Donc les courbes d'indifférence ne peuvent pas se croiser.

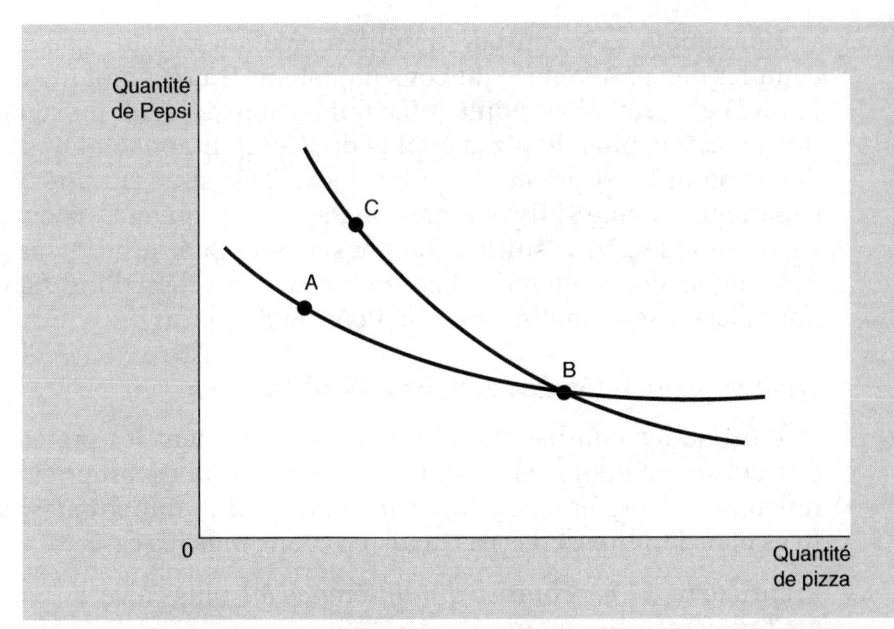

FIG. 21.3 **Deux courbes d'indifférence ne se croisent pas.** Une situation comme celle-ci ne peut exister. Les courbes d'indifférence représentées ici indiquent que le consommateur est également satisfait par les points A, B et C alors qu'en C il dispose des deux biens en quantités supérieures à celles de A.

Propriété n° 4 : *les courbes d'indifférence sont concaves*

La pente de la courbe d'indifférence est le taux marginal de substitution, c'est-à-dire le taux auquel le consommateur est prêt à échanger un produit contre l'autre. On considère généralement que ce taux marginal de substitution est fonction de la quantité consommée de chaque bien. Notamment, les gens échangent plus facilement les biens qu'ils ont en abondance et échangent difficilement ceux qu'ils n'ont qu'en faible quantité. C'est la raison pour laquelle les courbes d'indifférence sont concaves.

Prenons l'exemple de la figure 21.4. Au point A, le consommateur a beaucoup de Pepsi, mais peu de pizza. Il a faim, mais pas très soif. Pour lui faire renoncer à une pizza, il faut lui donner 6 cannettes de Pepsi : le taux marginal de substitution est de 6 cannettes par pizza. Au point B au contraire, le consommateur a peu de Pepsi, mais beaucoup de pizzas. Il a soif, mais pas très faim. Il est prêt à donner une pizza pour obtenir une cannette de Pepsi. Le taux marginal de substitution est de 1 cannette par pizza. La concavité des courbes d'indifférence traduit donc le fait qu'un consommateur renonce plus facilement à un bien qu'il possède en abondance.

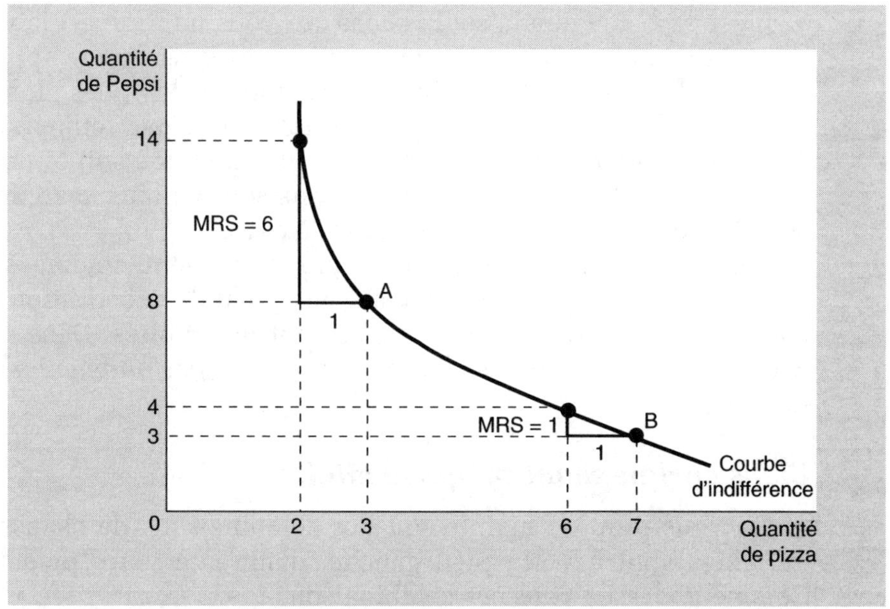

FIG. 21.4 **Courbes d'indifférence concaves.** Les courbes d'indifférence sont généralement concaves. Cette forme implique que le taux marginal de substitution dépend de la quantité des deux biens consommée par l'individu. Au point A, le consommateur a peu de pizzas et beaucoup de Pepsi, il faudra beaucoup de Pepsi supplémentaire pour l'inciter à renoncer à une pizza. Le taux marginal de substitution est de 6 cannettes de Pepsi pour une pizza. Au point B, le consommateur a beaucoup de pizza et peu de Pepsi, et il suffit d'un peu de Pepsi supplémentaire pour l'inciter à renoncer à une pizza. Le taux marginal de substitution est d'une cannette de Pepsi par pizza.

Deux exemples extrêmes de courbes d'indifférence

La forme de la courbe d'indifférence nous renseigne sur la volonté du consommateur d'échanger deux biens l'un contre l'autre. Les biens qui sont facilement substituables impliquent des courbes d'indifférence peu concaves, tandis que des biens qu'il est difficile de substituer l'un à l'autre présentent des courbes d'indifférence très concaves. Prenons les exemples extrêmes suivants pour illustrer ce propos.

Biens parfaitement substituables

On vous propose diverses combinaisons de nickels et de dimes. Comment allez-vous classer ces diverses combinaisons ? [NDT : nickels et dimes sont les plus petites pièces de monnaie américaines ; une dime = deux nickels.]

Il est probable que la seule chose qui vous importe est la valeur monétaire totale de la combinaison. Si tel est le cas, votre appréciation de la combinaison sera fonction du nombre de dimes plus deux fois le nombre de nickels. Autrement dit, vous serez toujours prêts à échanger une dime contre deux nickels, quel que soit le nombre de nickels et de dimes dans la combinaison. Le taux marginal de substitution est donc constant, et égal à deux.

Votre préférence se représente graphiquement comme sur la planche A de la figure 21.5. Le taux marginal de substitution étant constant, les courbes d'indifférence sont des droites. Dans ce cas extrême, on dira que les deux *biens* sont *parfaitement substituables.*

Biens parfaitement complémentaires

On vous propose maintenant des combinaisons de chaussures. Certaines vont à votre pied gauche, d'autres à votre pied droit. Comment classez-vous ces combinaisons ?

Vous ne vous intéresseriez qu'au nombre de paires de chaussures. Ainsi, cinq chaussures gauches et sept chaussures droites ne vous permettent de faire que cinq paires complètes. Avoir une chaussure droite supplémentaire ne présente aucun intérêt si une chaussure gauche ne vient pas avec.

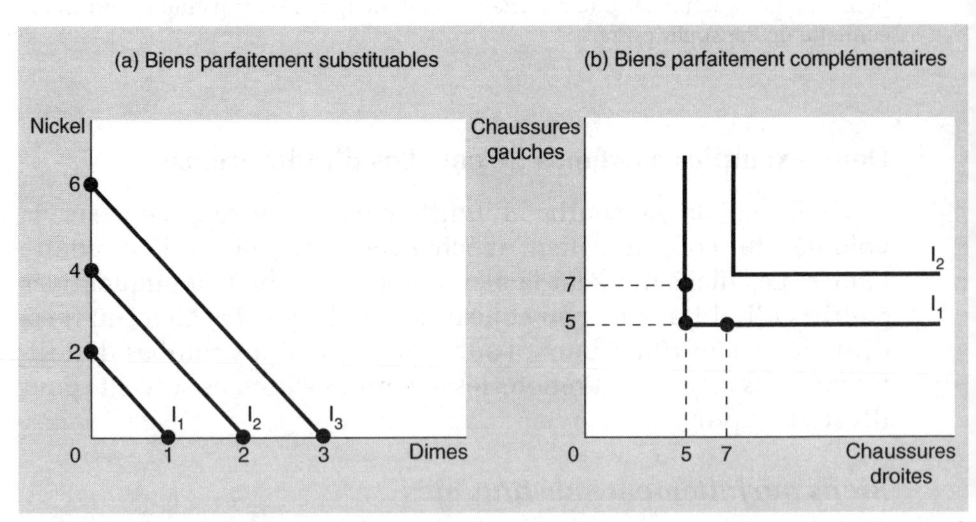

FIG. 21.5 **Biens parfaitement substituables et parfaitement complémentaires.** Quand deux biens sont parfaitement substituables, les courbes d'indifférence sont des lignes droites (exemple des nickels et des dimes).
Quand deux biens sont parfaitement complémentaires, les courbes d'indifférence présentent un angle droit (exemple des chaussures droite et gauche).

POUR VOTRE CULTURE

Utilité : une autre façon de représenter les préférences du consommateur

Nous avons utilisé les courbes d'indifférence pour représenter les préférences du consommateur. Le concept d'utilité est une représentation alternative. L'*utilité* est une mesure abstraite de la satisfaction ou du plaisir retiré par un consommateur d'une combinaison de biens. Les économistes disent qu'un consommateur préfère une combinaison à une autre si la première offre une utilité supérieure.

Courbes d'indifférence et utilité sont très liées. Le consommateur préférant les courbes d'indifférence plus élevées, les combinaisons de biens situées sur des courbes plus élevées offrent une utilité supérieure. Toutes les combinaisons situées sur une même courbe d'indifférence procurent la même utilité au consommateur. Une courbe d'indifférence peut donc être interprétée comme une courbe de même utilité.

S'agissant de la théorie du choix du consommateur, les économistes peuvent employer des expressions différentes pour exprimer la même chose. Certains diront que l'objectif du consommateur est de maximiser son utilité. D'autres diront qu'il tentera de se placer sur la courbe d'indifférence la plus élevée. Il s'agit en fait de la même chose.

Ce genre de préférence est représenté par les courbes d'indifférence de la planche B de la figure 21.5. Une combinaison de cinq chaussures droites et cinq chaussures gauches est aussi satisfaisante qu'une combinaison de cinq chaussures gauches et sept chaussures droites (ou qu'une combinaison de sept chaussures gauches et cinq chaussures droites). Ces courbes d'indifférence présentent donc un angle droit. On parle alors de *biens parfaitement complémentaires.*

La plupart du temps, les biens ne sont ni parfaitement substituables, ni parfaitement complémentaires. Les courbes sont alors simplement concaves, sans aller jusqu'à présenter un angle droit.

■ **VÉRIFIEZ VOS CONNAISSANCES** Dessiner quelques courbes d'indifférence entre Pepsi et pizzas. Expliquer les quatre propriétés des courbes d'indifférence.

21.3 L'OPTIMISATION : LA DÉCISION DU CONSOMMATEUR

Après avoir vu la contrainte budgétaire du consommateur et ses préférences, il est temps d'étudier la décision d'achat du consommateur.

Le choix optimal du consommateur

Reprenons notre exemple du Pepsi et des pizzas. Notre consommateur voudrait obtenir la meilleure combinaison possible, c'est-à-dire celle située sur la courbe d'indifférence la plus élevée possible. Mais il doit aussi respecter sa contrainte budgétaire qui indique les ressources totales dont il dispose.

La figure 21.6 montre la contrainte budgétaire du consommateur ainsi que trois des différentes courbes d'indifférence possibles. La courbe d'indifférence la plus élevée que le consommateur peut atteindre est celle qui touche à peine la contrainte budgétaire, c'est-à-dire la courbe I_2 sur la figure. Le point de tangence est appelé *optimum* et dénoté par la lettre O. Le consommateur préférerait le point A, mais celui-ci est situé au-dessus de la contrainte budgétaire. Il pourrait se placer en B, mais celui-ci étant sur une courbe d'indifférence inférieure, procure une moindre satisfaction au consommateur. L'optimum représente la meilleure combinaison de Pepsi et de pizzas disponible pour le consommateur, compte tenu de ses moyens financiers.

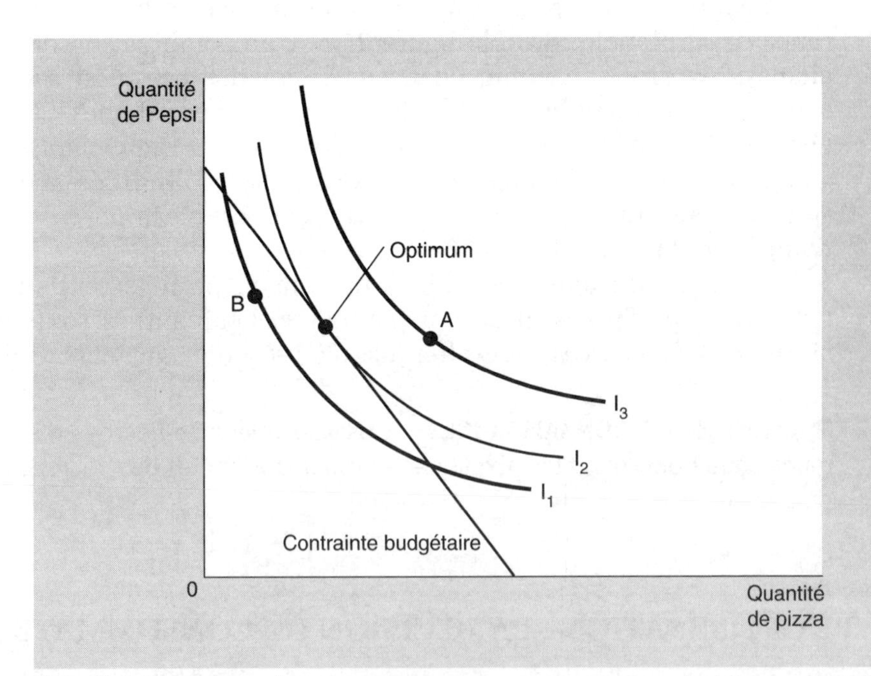

FIG. 21.6 **L'optimum du consommateur.** Le consommateur choisit un point de la contrainte budgétaire qui touche la courbe d'indifférence la plus élevée possible. En ce point, appelé optimum, le taux marginal de substitution est égal au prix relatif des deux biens.

Vous remarquerez qu'à l'optimum, les pentes de la courbe d'indifférence et de la contrainte budgétaire sont identiques. On dit que les deux courbes sont *tangentes*. La pente de la courbe d'indifférence est égale au taux marginal de substitution (TMS) entre Pepsi et pizzas, et la pente de la contrainte budgétaire est égale au prix relatif du Pepsi et de la pizza. *La combinaison optimale pour le consommateur est donc celle pour laquelle le taux marginal de substitution est égal au prix relatif.*

Nous avons vu dans le chapitre 7 que le prix de marché reflète la valeur marginale accordée à un bien par les consommateurs. L'analyse du choix du consommateur aboutit à la même conclusion, par un chemin différent. Pour choisir entre deux biens, le consommateur considère comme donné le prix relatif des deux biens et choisit un optimum auquel le taux marginal de substitution est égal à ce prix relatif. Le prix relatif est le taux auquel le *marché* est prêt à échanger un bien contre un autre ; le taux marginal de substitution est le taux auquel le consommateur est prêt à faire l'échange. À l'optimum, la valorisation des deux biens par le consommateur est égale à celle effectuée par le marché. Par conséquent, les prix de marché des divers produits reflètent la valeur que les consommateurs leur accordent.

Choix du consommateur et variations de revenu

Voyons maintenant ce qui se passe si le revenu du consommateur évolue et passe par exemple de 1 000 à 2 000 dollars. L'augmentation de revenu déplace vers le haut la contrainte budgétaire, comme sur la figure 21.7. Le prix relatif des deux biens n'ayant pas changé, la pente de la nouvelle contrainte budgétaire est identique à celle de la contrainte initiale. L'augmentation de revenu se traduit donc par une élévation de la contrainte budgétaire, la nouvelle contrainte étant parallèle à l'ancienne.

Ce qui permet au consommateur de choisir une meilleure combinaison de Pepsi et de pizzas. Le consommateur peut atteindre une courbe d'indifférence plus élevée. L'optimum du consommateur passe du point appelé « optimum originel », à celui intitulé « nouvel optimum ».

Vous constatez sur la figure 21.7 que le consommateur a choisi de consommer plus des deux biens. Cette conclusion n'est pas inhérente à la logique du modèle, mais c'est la plus fréquente. Quand un individu veut plus d'un bien alors que son revenu augmente, on parle d'un *bien normal*. Les courbes d'indifférence de la figure 21.7 ont été dessinées en considérant que le Pepsi et la pizza sont des biens normaux.

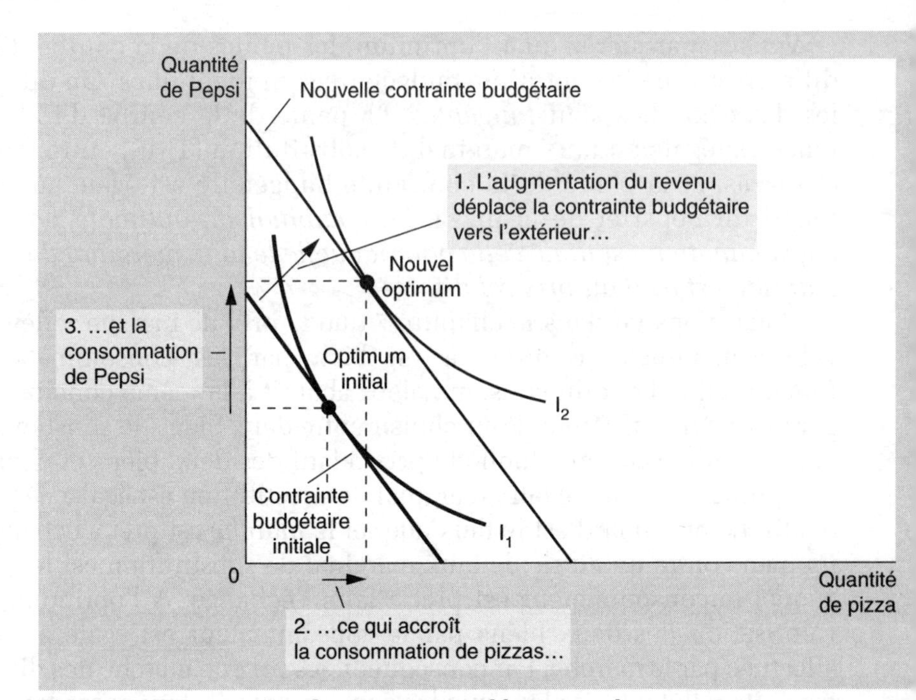

FIG. 21.7 **Augmentation de revenu.** Quand le revenu du consommateur augmente, la contrainte budgétaire se déplace vers l'extérieur. Si les deux biens sont normaux, le consommateur achètera plus de chacun d'entre eux. Ici, le consommateur achète davantage de Pepsi et davantage de pizza.

La figure 21.8 illustre un exemple dans lequel l'augmentation de revenu conduit un consommateur à consommer plus de pizzas, mais moins de Pepsi. Quand un consommateur achète moins d'un bien alors que son revenu augmente, on parle d'un *bien inférieur*. La figure 21.8 considère donc la pizza comme un bien normal et le Pepsi comme un bien inférieur.

La plupart des biens sont normaux, mais il existe quelques biens inférieurs. L'exemple typique est celui du trajet en autobus. Les consommateurs à haut revenu sont certainement propriétaires d'une voiture et donc moins susceptibles de prendre le bus que les consommateurs à faible revenu. Les trajets en autobus constituent donc un bien inférieur.

Choix du consommateur et variations de prix

Voyons maintenant l'impact des variations de prix de l'un des biens sur les choix du consommateur. Imaginons ici que le prix du Pepsi passe de 2 dollars à 1 dollar. Ce prix inférieur accroît les pos-

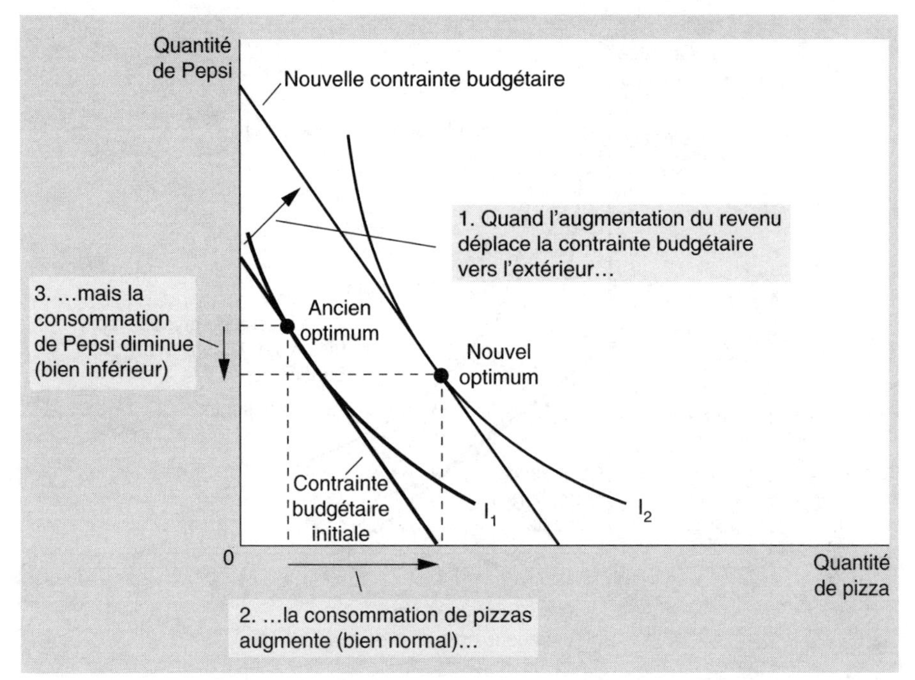

FIG. 21.8 **Bien inférieur.** Un bien est dit inférieur si le consommateur en achète moins quand son revenu augmente. C'est le cas du Pepsi ici. Quand le revenu du consommateur progresse et sa contrainte budgétaire se déplace vers l'extérieur, le consommateur achète davantage de pizzas mais moins de Pepsi.

sibilités ouvertes au consommateur. Ce qui revient à dire que la contrainte budgétaire est déplacée vers le haut.

Sur la figure 21.9, examinons plus précisément l'impact de cette baisse de prix sur la contrainte budgétaire. Si le consommateur dépense ses 1 000 dollars en pizzas, le prix du Pepsi est sans importance. Le point A est donc inchangé. Si le consommateur dépense ses 1 000 dollars en Pepsi, il peut maintenant acheter 1 000 cannettes au lieu de 500. Le point B devient donc le point D.

Ce déplacement se traduit aussi par une modification de la pente de la contrainte budgétaire. Nous savons que cette pente est égale au prix relatif des deux biens. Au nouveau prix du Pepsi, le consommateur peut échanger une pizza contre 10 cannettes de Pepsi (et non plus 5 comme avant). La contrainte budgétaire est donc plus pentue.

Bien entendu, cette modification de la contrainte budgétaire affecte la consommation des deux biens. Sur la base des courbes d'indifférence représentées sur la figure, vous constatez que le consommateur achète plus de Pepsi et moins de pizzas.

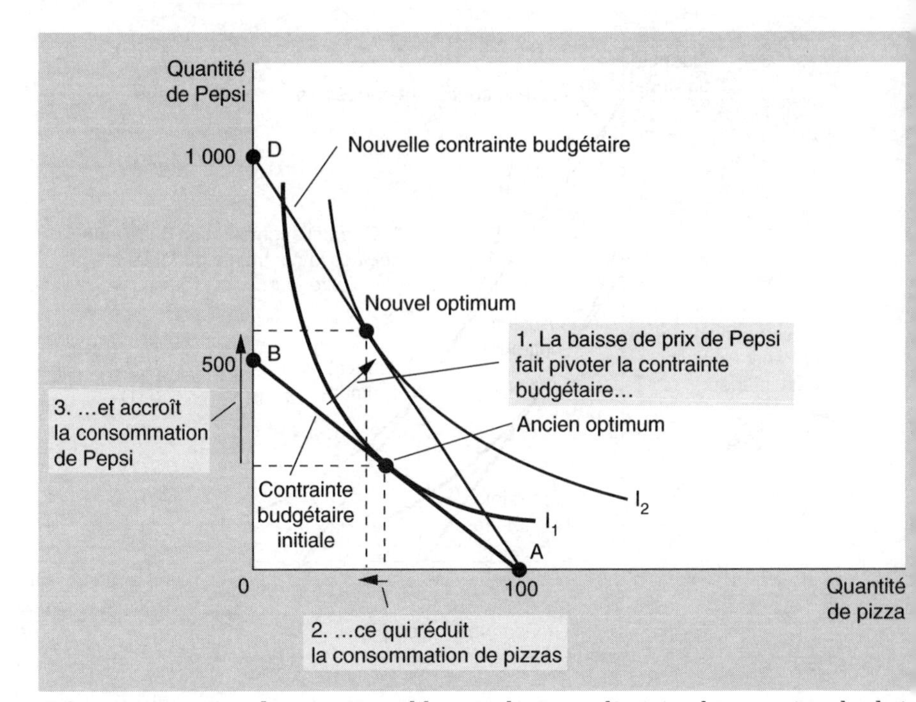

FIG. 21.9 **Variation de prix.** Quand le prix du Pepsi diminue, la contrainte budgétaire se déplace vers l'extérieur et sa pente est modifiée. Le consommateur modifie sa consommation de Pepsi et de pizzas. Ici, il consomme davantage de Pepsi, et moins de pizzas.

Effets de revenu et de substitution

Les économistes décomposent l'impact des variations du prix d'un bien en deux effets : un *effet de revenu* et un *effet de substitution*. Voyons comment notre consommateur réagit à l'annonce de la baisse du prix du Pepsi. Il peut se dire :

– « Chouette ! Puisque le Pepsi est moins cher, mon pouvoir d'achat est plus élevé. C'est comme si j'étais plus riche qu'avant. Et puisque je suis plus riche, je peux acheter plus de Pepsi et plus de pizzas. » C'est l'effet de revenu.

– « Maintenant que le Pepsi est moins cher, je peux en avoir plus pour chaque pizza à laquelle je renonce. Et puisque la pizza est maintenant relativement plus chère, j'achèterai moins de pizzas et plus de Pepsi. » C'est l'effet de substitution.

Lequel des deux raisonnements vous paraît préférable ?

En fait, ils sont tous les deux acceptables. La baisse du prix du Pepsi est favorable au consommateur. Si les deux biens sont des biens normaux, le consommateur répartira son avantage entre les deux biens. Cet effet de revenu pousse le consommateur à acheter plus de pizzas et plus de Pepsi. Mais en même temps, la consommation de Pepsi est devenue relativement moins chère que celle de pizzas. Cet effet de substitution pousse le consommateur à choisir plus de Pepsi et moins de pizzas.

Voyons le résultat final de ces deux effets. Le consommateur achète certainement plus de Pepsi, puisque les deux effets jouent dans ce sens. Les choses sont moins claires pour ce qui est des pizzas, puisque les deux effets sont contradictoires en ce qui concerne les pizzas. Cette conclusion est résumée dans le tableau 21.2.

On peut interpréter les effets de revenu et de substitution à l'aide des courbes d'indifférence. *L'effet de revenu correspond au passage à une courbe supérieure. L'effet de substitution correspond à un déplacement le long d'une même courbe d'indifférence.*

La figure 21.10 décompose graphiquement le changement de choix du consommateur en effet de revenu et effet de substitution. Quand le prix du Pepsi baisse, le consommateur passe de l'ancien optimum (point A) au nouvel optimum (point C). On peut considérer que ce changement s'est effectué en deux temps. Dans un premier temps, le consommateur se déplace sur la courbe d'indifférence initiale I_1, de A à B. Il est également satisfait par ces deux points, mais en B, le taux marginal de substitution reflète le nouveau prix relatif. Ensuite, le consommateur passe sur une courbe d'indifférence supérieure I_2, en passant de B à C. Bien qu'étant sur des courbes d'indifférence différentes, B et C offrent le même taux marginal de substitution : la pente de la courbe d'indifférence I_1 au point B est égale à celle de la courbe d'indifférence I_2 au point C.

TABLEAU 21.2 **Effets de revenu et de substitution quand le prix du Pepsi baisse.**

Bien	*Effet de revenu*	*Effet de substitution*	*Effet total*
Pepsi	Le consommateur est plus riche, donc il achète plus de Pepsi	Le Pepsi est relativement moins cher, donc le consommateur achète plus de Pepsi	Le consommateur achète plus de Pepsi
Pizza	Le consommateur est plus riche, donc il achète plus de pizzas	La pizza est relativement plus chère, donc le consommateur achète moins de pizzas	L'effet total sur les pizzas est indéterminé

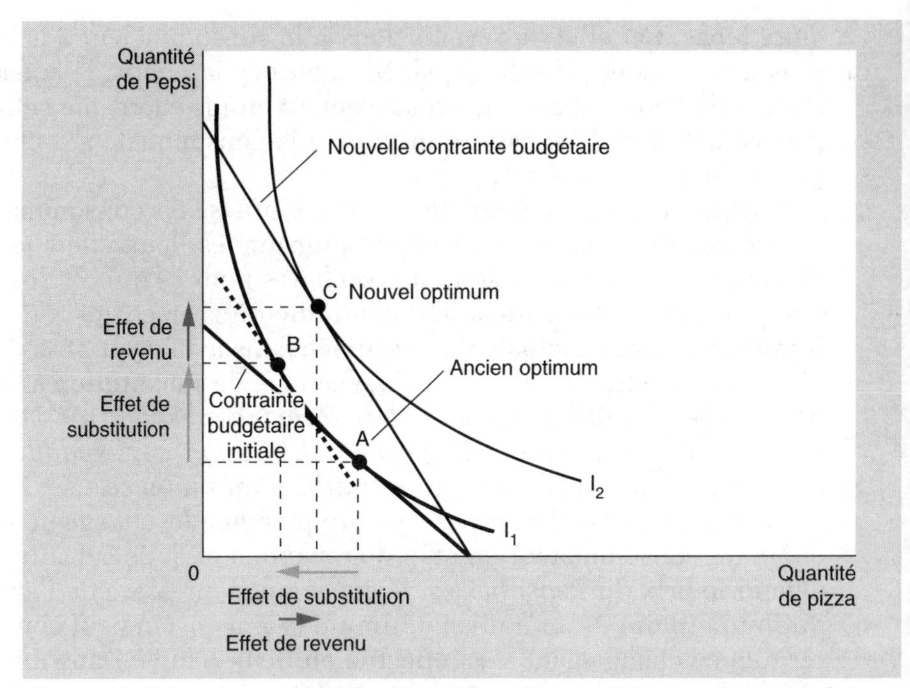

FIG. 21.10 **Effets de revenu et de substitution.** Une modification de prix induit un effet de revenu et un effet de substitution. L'effet de substitution, *i.e.* le mouvement vers un point où le taux marginal de substitution est différent, est dénoté ici par le passage de A à B sur la courbe d'indifférence I_1. L'effet de revenu, *i.e.* le passage à une courbe d'indifférence supérieure, est ici dénoté par le passage de B (courbe I_1) à C (courbe I_2).

Le consommateur ne choisit jamais le point B, mais celui-ci permet de clarifier les choses. Le passage de A à B correspond à l'effet de revenu, et celui de B à C à l'effet de substitution.

La courbe de demande

Nous avons vu comment des variations de prix d'un bien affectent la contrainte budgétaire du consommateur et donc les quantités des deux biens qu'il décide d'acheter. La courbe de demande du bien va refléter ces décisions de consommation.

La figure 21.11 montre la demande de Pepsi. Sur la planche A, on constate que lorsque le prix passe de 2 à 1 dollar, la contrainte budgétaire se déplace vers l'extérieur. Les effets de revenu et de substitution poussent le consommateur à acheter plus de Pepsi, de 50 à 150 cannettes. La planche B montre la courbe de demande qui reflète ces décisions. En ce sens, la théorie du choix du consommateur nous donne les fondements théoriques des courbes de demande que nous utilisons depuis le début de cet ouvrage.

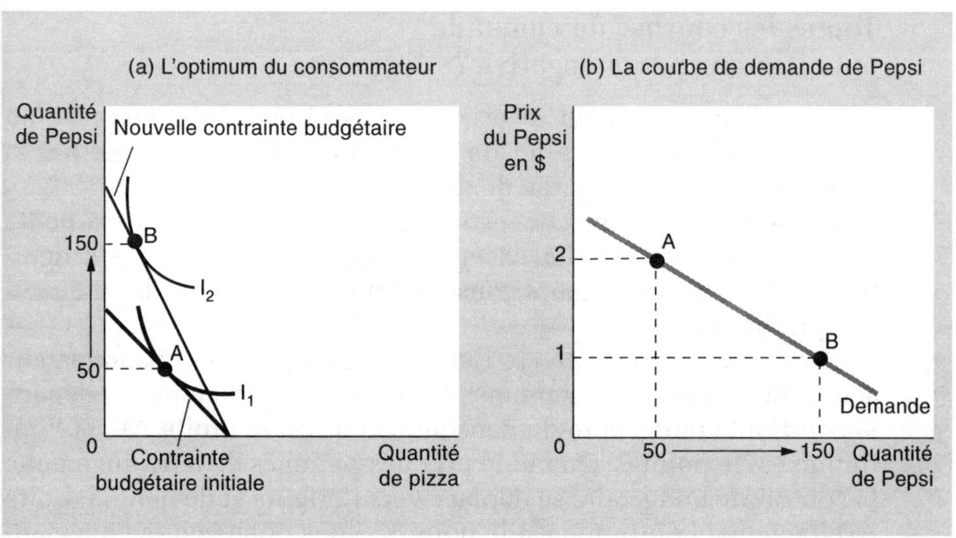

FIG. 21.11 **Détermination de la courbe de demande.** La planche A montre que lorsque le prix du Pepsi tombe de 2 dollars à 1 dollar, l'optimum du consommateur passe du point A au point B, et la quantité de Pepsi augmente de 50 à 150 cannettes. La planche B montre la courbe de demande qui reflète cette relation entre prix et quantité demandée.

S'il est réconfortant de constater que la courbe de demande naît naturellement de la théorie du choix du consommateur, cette constatation n'est pas indispensable. Il n'est pas nécessaire de développer un cadre d'analyse rigoureux pour expliquer que les gens réagissent aux variations de prix. Néanmoins la théorie du choix du consommateur est tout à fait utile, puisqu'elle nous permet d'étudier plus précisément le comportement des ménages.

■ **VÉRIFIEZ VOS CONNAISSANCES** Dessiner une contrainte budgétaire et des courbes d'indifférence entre Pepsi et pizzas. Montrer comment la contrainte budgétaire et l'optimum du consommateur sont affectés par une augmentation du prix des pizzas. Sur la figure, faire apparaître les deux effets de revenu et de substitution.

21.4 QUATRE APPLICATIONS

Utilisons cette théorie du choix du consommateur pour éclairer quatre problèmes économiques intéressants, qui paraissent sans rapport à première vue, mais qui, en fait, impliquent tous une décision prise par les ménages.

Toutes les courbes de demande ont-elles une pente négative ?

Normalement, quand le prix d'un produit baisse, les gens en consomment plus. Cette loi de la demande est représentée par la pente négative de la courbe de demande.

On peut néanmoins concevoir une courbe de demande à pente positive, qui constitue une exception à la loi de la demande et signifie que les consommateurs consomment davantage un bien quand son prix monte.

Regardez la figure 21.12. Dans cet exemple, le consommateur achète deux biens : des pommes de terre et de la viande. Au départ, la contrainte budgétaire du consommateur est la droite AB, et l'optimum est le point C. Quand le prix des pommes de terre augmente, la contrainte budgétaire se déplace vers l'origine et devient la droite AD. Le nouvel optimum est le point E. Vous noterez que l'augmentation du prix des pommes de terre a poussé le consommateur à en acheter plus.

Pourquoi le consommateur réagit-il de cette façon étrange ? Parce que les pommes de terre sont ici un bien fortement inférieur. Quand les pommes de terre augmentent, le consommateur est plus

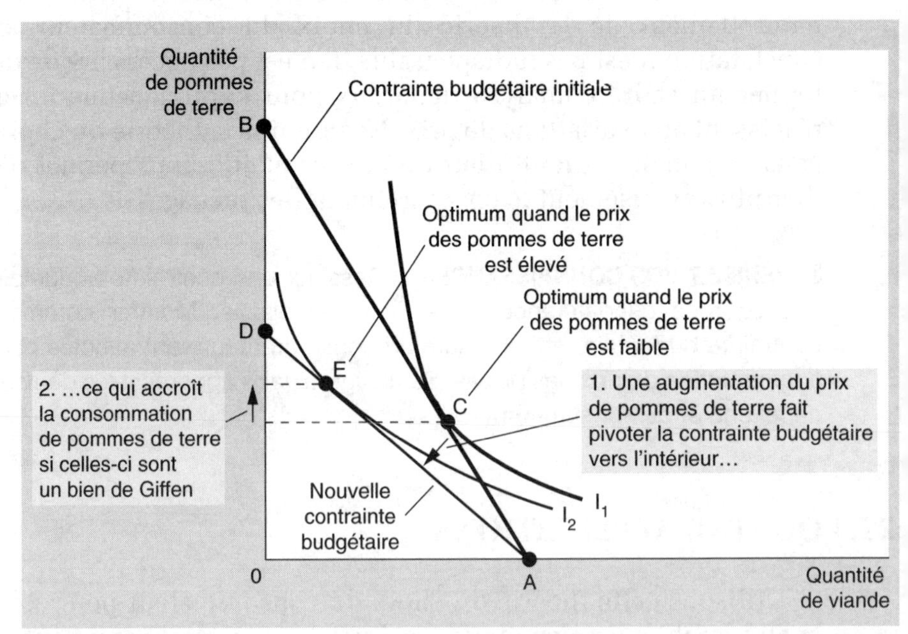

FIG. 21.12 **Bien de Giffen.** Quand le prix des pommes de terre augmente, l'optimum du consommateur passe de C à E. Le consommateur achète donc plus de pommes de terre, malgré l'augmentation de leur prix.

pauvre qu'avant. L'effet de revenu le pousse à consommer moins de viande et plus de pommes de terre. En même temps, les pommes de terre devenant proportionnellement plus chères que la viande, l'effet de substitution pousse le consommateur à vouloir plus de viande et moins de pommes de terre. Mais dans ce cas, l'effet de revenu l'emporte sur celui de substitution et, finalement, le consommateur achète moins de viande et plus de pommes de terre, malgré l'augmentation du prix de celles-ci.

Les économistes appellent *bien de Giffen* (du nom de l'économiste Robert Giffen, qui fut le premier à étudier ce phénomène) un produit qui ne respecte pas la loi de la demande. Dans notre exemple, les pommes de terre sont un bien de Giffen. Les biens de Giffen sont des biens inférieurs pour lesquels l'effet de revenu l'emporte sur l'effet de substitution. Leurs courbes de demande ont donc une pente positive.

Les économistes ne sont pas tous d'accord sur la question de savoir s'il existe réellement des biens de Giffen. Certains historiens ont émis l'idée que la pomme de terre a été un bien de Giffen pendant la grande famine irlandaise du XIXe siècle. La pomme de terre était alors une composante tellement essentielle de l'alimentation que l'augmentation de son prix a généré un énorme effet de revenu. La réduction de niveau de vie des gens les a poussés à abandonner la consommation de viande, devenue luxueuse, et à acheter plus d'une denrée de base. Il est donc possible que l'augmentation du prix de la pomme de terre ait eu pour effet d'en accroître la consommation.

En tout état de cause, les biens de Giffen sont très rares. Sur le papier, la théorie du choix du consommateur autorise des courbes de demande à pente positive. Dans la réalité, celles-ci sont tellement rares (si même elles existent véritablement) que la loi de la demande est pratiquement inviolable.

Comment les salaires influent-ils sur l'offre de travail ?

Jusqu'à présent, la théorie du choix du consommateur nous a renseignés sur la façon dont un individu répartit son revenu entre deux biens. Elle peut aussi nous éclairer sur la manière dont cet individu répartit son temps entre travail et loisirs.

Prenez le cas de Sally, ingénieur informatique travaillant à son compte. Elle est éveillée 100 heures par semaine. Elle consacre une partie de ce temps à ses loisirs préférés : vélo, télévision, économie, etc. Le reste du temps, elle travaille sur son ordinateur à développer des logiciels. Pour chaque heure de travail, elle gagne 50 dollars qu'elle peut dépenser en biens de consommation. Cette rémunération (50 dollars de l'heure) reflète le choix que doit faire Sally entre travail et loisirs. Chaque heure de loisirs sacrifiée lui autorise 50 dollars de consommation supplémentaire.

La figure 21.13 illustre la contrainte budgétaire de Sally. Si elle consacre ses 100 heures aux loisirs, elle ne peut pas consommer. Si elle travaille pendant 100 heures, elle gagne une consommation hebdomadaire de 5 000 dollars. Si elle travaille 40 heures par semaine, elle garde 60 heures pour ses loisirs et gagne 2 000 dollars de consommation hebdomadaire.

La figure 21.13 représente les préférences de Sally à l'aide des courbes d'indifférence. Consommation et loisirs sont les deux « biens » entre lesquels Sally doit choisir. Comme Sally préfère toujours plus de loisirs et plus de consommation, elle préfère les courbes plus élevées. La combinaison optimale de consommation et de loisirs est représentée par le point O, point de tangence de la contrainte budgétaire et de la courbe d'indifférence la plus élevée.

Voyons maintenant ce qui se passe si la rémunération de Sally passe de 50 à 60 dollars de l'heure. La figure 21.14 illustre deux résultats possibles. Dans les deux cas, la contrainte budgétaire se déplace vers l'extérieur et devient plus pentue. Avec cette nouvelle rémunération, Sally peut consommer plus pour chaque heure de loisirs abandonnée.

Les deux planches montrent des préférences différentes et les réponses à l'augmentation de rémunération qui en découlent. Dans

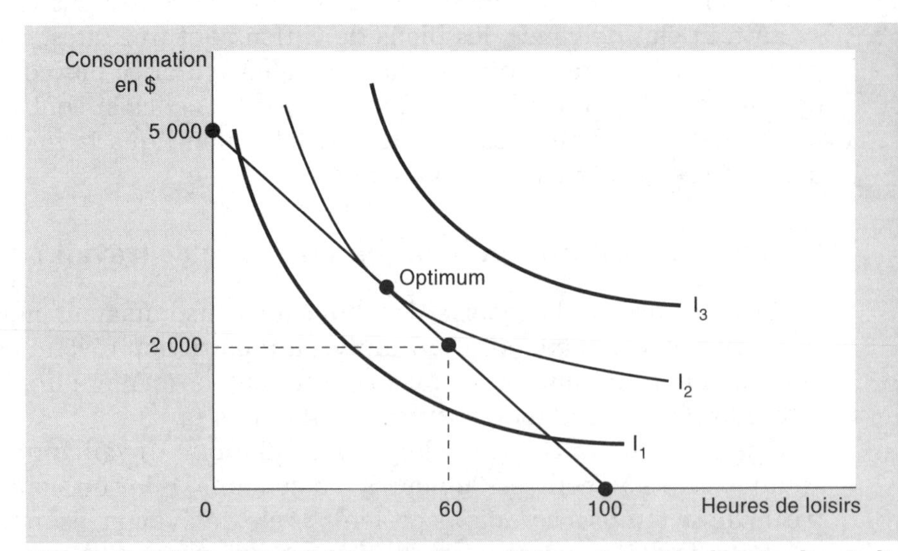

FIG. 21.13 **Décision travail-loisir.** On trouve ici la contrainte budgétaire d'un individu qui se demande combien de temps travailler, les courbes d'indifférence entre consommation et loisirs, et l'optimum.

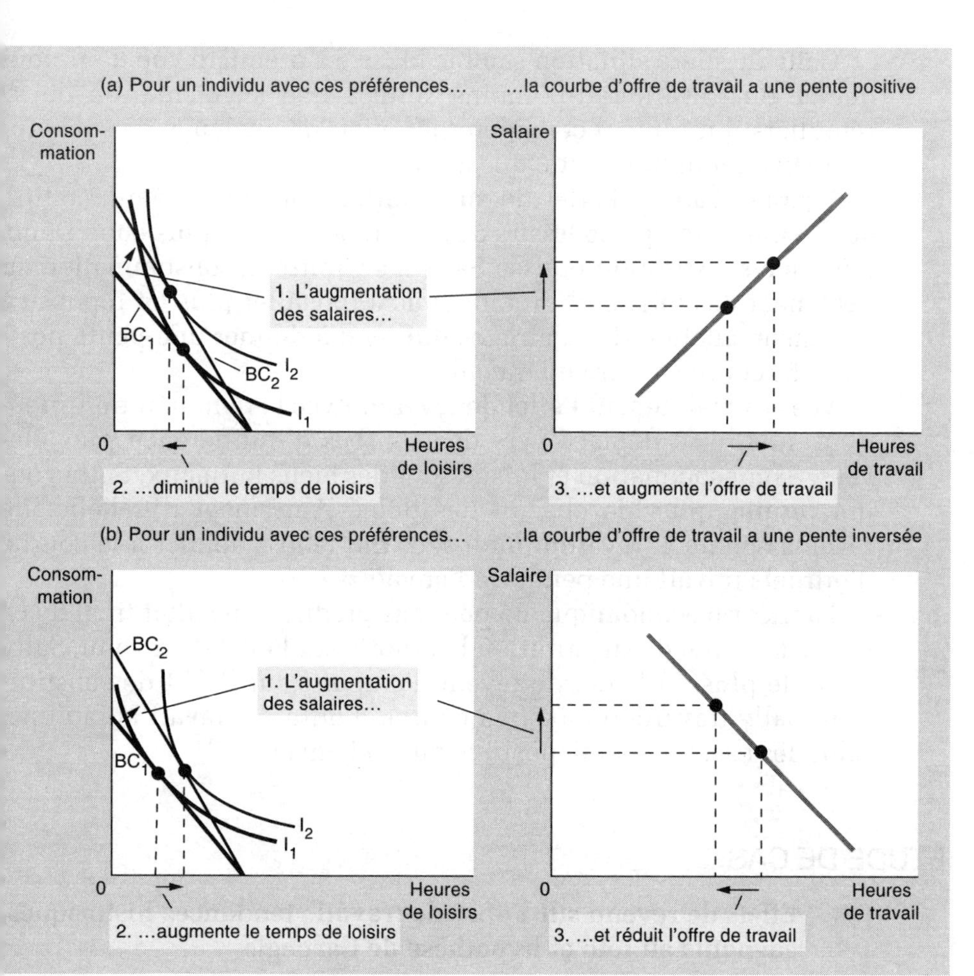

FIG. 21.14 **Augmentation de salaire.** Les deux planches montrent les réactions possibles à une augmentation de salaire. Sur la planche A, le salaire augmente et les loisirs diminuent. La courbe d'offre de travail est donc croissante. Sur la planche B, revenu et loisirs augmentent. La courbe d'offre de travail a une pente inversée.

les deux cas, la consommation augmente. La différence se trouve au niveau des loisirs. Sur la planche A, Sally consacre moins de temps aux loisirs, alors que sur la planche B elle y consacre plus de temps.

Le choix que fait Sally déterminera la quantité de travail qu'elle offre, puisque le temps qui n'est pas consacré aux loisirs l'est au travail. La figure 21.14 fait aussi apparaître la courbe d'offre de travail de Sally impliquée par sa décision. Sur la planche A, la rémunération plus élevée incite Sally à travailler plus, et la courbe d'offre a une pente positive. Sur la planche B, cette même augmentation de salaire incite Sally à travailler moins et la courbe d'offre de travail a une pente « à l'envers ».

Cette dernière situation semble bizarre à première vue. Pourquoi quelqu'un travaillerait-il moins suite à une augmentation de sa rémunération ? Il faut considérer les effets de revenu et de substitution pour répondre à cette question.

Voyons d'abord l'effet de substitution. Quand la rémunération augmente, le temps de loisirs devient relativement plus cher. Donc, l'effet de substitution pousse Sally à accroître la consommation au détriment des loisirs. Il l'incite donc à travailler plus en réponse à une augmentation de salaire, ce qui tend à donner une pente positive à la courbe d'offre de travail.

Voyons maintenant l'effet de revenu. Avec la rémunération supérieure, Sally se déplace vers des courbes d'indifférence plus élevées. Si consommation et loisirs sont des biens normaux, Sally voudra profiter plus de chacun des deux. Autrement dit, l'effet de revenu l'incite à travailler moins, ce qui tend à donner à la courbe d'offre de travail une pente « à l'envers ».

La théorie économique ne peut pas prédire le résultat final de ce jeu-là. Si l'effet de substitution l'emporte sur l'effet de revenu, Sally travaille plus. Si l'effet de revenu l'emporte sur l'effet de substitution, Sally travaille moins. La courbe d'offre de travail aura donc, selon les cas, une pente positive ou « à l'envers ».

ÉTUDE DE CAS

Effets de revenu sur l'offre de travail : tendances historiques, gagnants au loto et hypothèse de Carnegie

À première vue, l'idée d'une courbe d'offre de travail à pente « à l'envers » semble n'être qu'une curiosité théorique. Cela n'est pourtant pas le cas. Et on peut prouver que la courbe d'offre de travail, conçue à long terme, a bien une pente inversée. Il y a une centaine d'années, la plupart des gens travaillaient 6 jours par semaine, au lieu des 5 qui constituent la norme aujourd'hui. Et tandis que la durée hebdomadaire du travail diminuait, le salaire du travailleur moyen augmentait (après correction de l'inflation).

Voici comment les économistes expliquent cette double évolution. Avec le temps, le progrès technologique améliore la productivité des travailleurs et par conséquent la demande de travail. Cette demande croissante se traduit par une hausse des salaires d'équilibre. Les salaires augmentant, l'intérêt du travail croît. Et pourtant, au lieu de travailler davantage, les gens préfèrent consacrer davantage de temps aux loisirs.

Autrement dit, l'effet de revenu est supérieur à l'effet de substitution.

On trouve d'ailleurs une confirmation de cet état de fait en observant les gagnants au loto. Les gros gagnants enregistrent une énorme progression de leur richesse, et donc un déplacement important de leur contrainte budgétaire. Mais comme leur salaire n'a pas varié, la pente de la nouvelle contrainte est identique à la pente de l'ancienne. Il n'y a donc aucun effet de substitution. L'étude du comportement de ces gagnants permet donc d'isoler l'effet de revenu sur l'offre de travail.

Et les résultats sont remarquables. Des gagnants de plus de 25 000 dollars, 25 % cessent de travailler dans l'année, et 9 % décident de travailler moins. Parmi les gagnants de plus d'un million de dollars, 40 % cessent toute activité. L'effet de revenu sur l'offre de travail est donc substantiel dans ces cas-là.

Une étude publiée en mars 1993 dans le *Quarterly Journal of Economics*, portant sur le comportement des personnes bénéficiant d'un héritage, donne des résultats similaires. L'étude montre qu'un individu qui hérite de plus de 150 000 dollars a quatre fois plus de chances d'arrêter de travailler qu'une personne qui reçoit moins de 25 000 dollars d'héritage. Cela n'aurait pas surpris Andrew Carnegie, le grand capitaine d'industrie du XIXe siècle, qui déclarait que « les parents qui laissent des fortunes à leurs enfants nuisent au développement des talents de ceux-ci et ne les incitent pas à fournir leurs meilleurs efforts dans la vie. » Carnegie considérait donc l'effet de revenu important et, de son point de vue paternaliste, regrettable. Tout au long de sa vie, et lors de sa mort, Carnegie légua des fortunes aux œuvres de charité.

Comment les taux d'intérêt influent-ils sur l'épargne des ménages ?

L'une des décisions économiques importantes à laquelle est confronté chaque individu consiste à déterminer la part du revenu qui va être consommée immédiatement et celle qui va être épargnée pour une consommation future. La théorie du choix du consommateur nous éclaire sur la façon dont ce choix est fait.

Prenez le cas de Sam qui travaille actuellement et prépare sa future retraite. Pour simplifier, divisons la vie de Sam en deux périodes. Au début, il est jeune et travaille ; puis il est vieux et prend sa retraite. Tant qu'il est jeune, Sam gagne 100 000 dollars, répartis entre consommation et épargne. Quand il est vieux, il consomme ce qu'il a épargné plus les intérêts de cette épargne.

Imaginons que le taux d'intérêt est de 10 %. Pour chaque dollar épargné pendant sa jeunesse, Sam peut donc consommer 1,10 dollar quand il est vieux. Sam doit donc choisir entre deux biens que l'on pourrait appeler « consommation de jeunesse » et « consommation de vieillesse ». C'est le taux d'intérêt qui détermine le prix relatif de ces deux biens.

La figure 21.15 montre la contrainte budgétaire de Sam. S'il n'épargne pas, il consomme 100 000 dollars tant qu'il est jeune, et rien quand il est vieux. S'il épargne tout, il ne consomme rien quand il est jeune et tout quand il est vieux. La contrainte budgétaire fait apparaître ces deux possibilités, ainsi que toutes les autres.

Les courbes d'indifférence représentent les préférences de Sam pour ce qui est de la consommation entre les deux périodes. Comme Sam préfère consommer plus à chaque période, il préfère les points situés sur les courbes d'indifférence les plus élevées. La combinaison optimale est marquée par le point O, point de tangence de la contrainte budgétaire et de la courbe d'indifférence la plus élevée. Sam consomme alors 50 000 dollars pendant qu'il est jeune, et 55 000 dollars dans sa vieillesse.

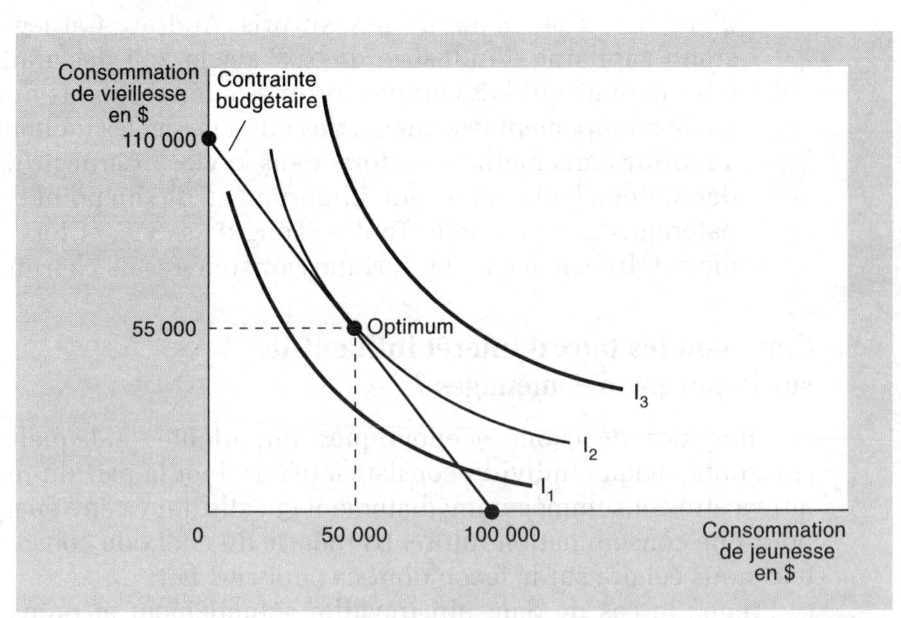

FIG. 21.15 **Décision consommation-épargne.** On trouve ici la contrainte budgétaire d'un individu qui se demande combien consommer sur chacune des deux périodes de sa vie, les courbes d'indifférence représentant ses préférences, et l'optimum.

Voyons maintenant ce qui se passe quand les taux d'intérêt passent de 10 à 20 %. La figure 21.16 indique deux résultats possibles. Dans les deux cas, la contrainte budgétaire se déplace vers l'extérieur et devient plus pentue.

Les deux planches montrent différentes préférences et leurs conséquences en matière de réponse à la variation de taux d'intérêt. Dans les deux cas, la consommation en fin de vie augmente. Mais sur la planche A, Sam réduit sa consommation pendant qu'il est jeune, alors que sur la planche B, il consomme plus dans sa jeunesse.

L'épargne de Sam est égale à son revenu moins ce qu'il consomme tant qu'il est jeune. Sur la planche A, la consommation de jeunesse diminue quand le taux d'intérêt augmente, donc l'épargne doit augmenter. Au contraire, elle doit diminuer sur la planche B.

La situation de la planche B peut paraître étrange : Sam épargne moins alors que l'épargne rapporte plus. Pourtant ce comportement est courant et s'explique facilement par les effets de revenu et de substitution de l'augmentation du taux d'intérêt.

Commençons par l'effet de substitution. Avec l'augmentation des taux d'intérêt, la consommation de vieillesse devient relativement

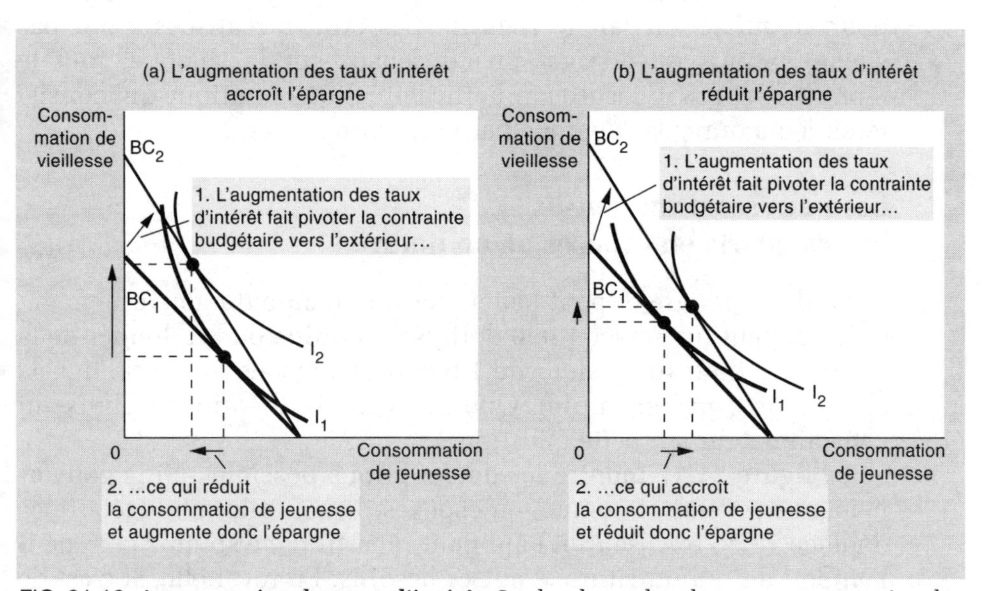

FIG. 21.16 **Augmentation des taux d'intérêt.** Sur les deux planches une augmentation des taux d'intérêt pousse la contrainte budgétaire vers l'extérieur. Sur la planche A, la consommation de jeunesse baisse, et celle de vieillesse augmente. Il en résulte donc une augmentation de l'épargne de jeunesse. Sur la planche B, la consommation augmente sur les deux périodes. Il en résulte une diminution de l'épargne de jeunesse.

moins coûteuse que la consommation de jeunesse. Donc l'effet de substitution pousse Sam à consommer plus dans ses vieux jours et moins dans sa jeunesse. L'effet de substitution incite Sam à épargner plus.

Voyons maintenant l'effet de revenu. L'augmentation du taux d'intérêt propulse Sam vers une courbe d'indifférence supérieure. Si les deux biens considérés sont normaux, Sam cherchera à consommer plus dans chaque période. Donc l'effet de revenu l'incite à épargner moins.

Le résultat final est donc indéterminé *a priori*. Si l'effet de substitution l'emporte sur l'effet de revenu, Sam épargnera plus. Sinon, il épargnera moins. La théorie du choix du consommateur nous apprend donc qu'une augmentation du taux d'intérêt peut encourager ou au contraire décourager l'épargne.

Si ce résultat ambigu est intéressant du point de vue théorique, il manque d'intérêt en termes de politique économique. La sensibilité de l'épargne aux taux d'intérêt est en effet un sujet de discussion majeur. Certains économistes recommandent de réduire la fiscalité des revenus de l'épargne, de manière à rendre celle-ci plus intéressante et donc à inciter le public à épargner davantage. D'autres font remarquer que la compensation mutuelle des effets de substitution et de revenu ne changera rien au taux d'épargne des ménages, et pourrait même en fait le réduire. Les études réalisées n'ont pas encore permis de dégager un consensus sur le sujet, et tout le monde n'est pas d'accord sur l'efficacité d'une politique qui consisterait à encourager l'épargne par la fiscalité.

Les pauvres préfèrent-ils les transferts en espèces ou en nature ?

Paul est pauvre et peut bénéficier d'une aide du gouvernement. Celui-ci peut lui verser 1 000 dollars en liquide ou lui donner de la nourriture pour une valeur de 1 000 dollars (sous forme de tickets alimentaires par exemple). Que nous dit la théorie du choix du consommateur sur cette question ?

La figure 21.17 montre les deux options possibles. Si le gouvernement lui verse la somme en espèces, la contrainte budgétaire se déplace vers l'extérieur et Paul peut répartir cette somme comme il l'entend entre nourriture et autres besoins. En revanche, si c'est de la nourriture qu'il obtient, alors sa nouvelle contrainte budgétaire est plus compliquée. Elle présente en effet un coude à 1 000 dollars de nourriture, puisque Paul doit consommer au moins ce montant de nourriture.

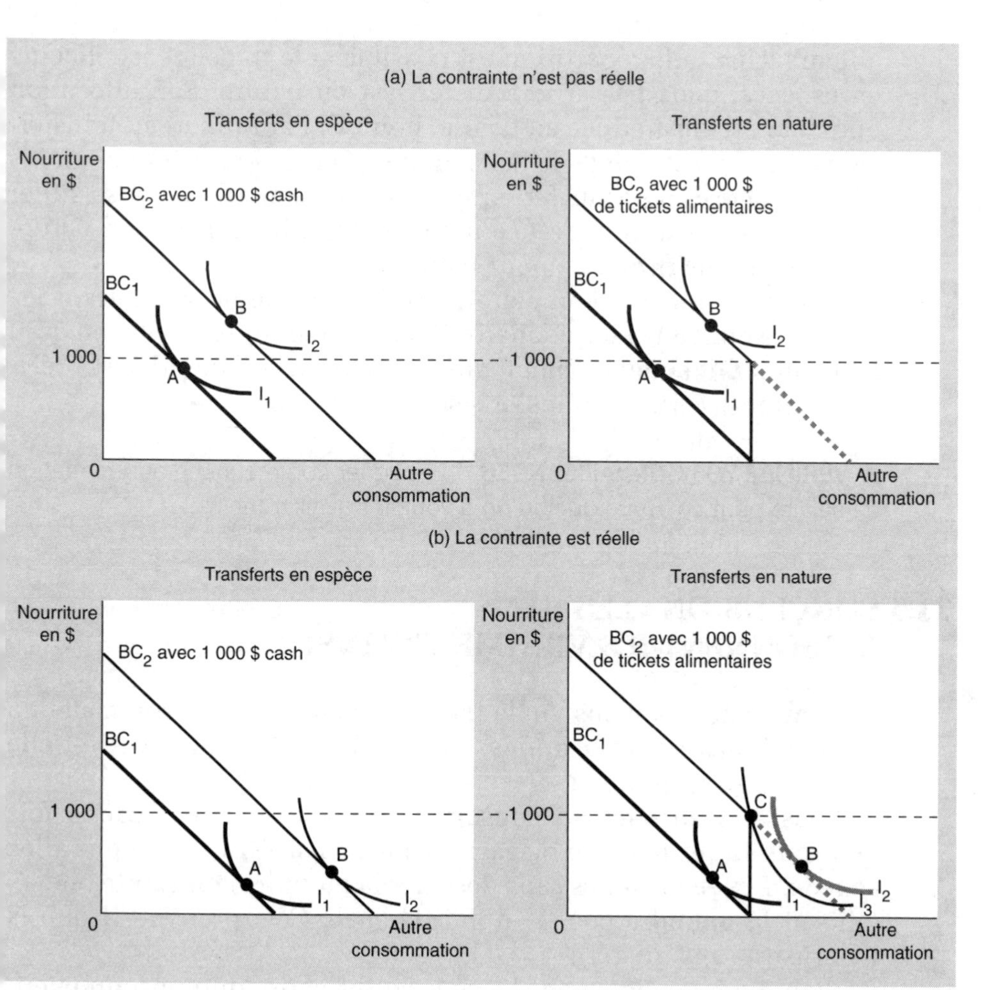

FIG. 21.17 **Transferts en nature ou en espèces.** Les deux planches comparent un transfert en espèces et un transfert en nature (nourriture) de même valeur. Sur la planche A, le transfert en nature n'impose pas de véritable contrainte et le consommateur se retrouve sur la même courbe d'indifférence quelle que soit la politique choisie. Sur la planche B, la contrainte est réelle et le consommateur se retrouve sur une courbe d'indifférence inférieure dans le cas du transfert en nature.

Bien entendu, il faut tenir compte des préférences de Paul pour répondre à la question. Sur la planche A, Paul choisirait de consommer 1 000 dollars de nourriture s'il recevait l'aide en espèces. Dans ce cas, la contrainte du transfert en nature n'est que théorique, et le choix de Paul entre consommation alimentaire et non alimentaire est le même quelle que soit la forme de l'aide. Sa consommation passe du point A au point B quoi qu'il arrive.

Sur la planche B, les choses sont différentes. En effet, Paul préférerait dépenser moins de 1 000 dollars en nourriture, et plus ailleurs. Une telle répartition est possible si le transfert est effectué en espèces, mais pas si le transfert est en nature. Son allocation optimale est alors située au coude, point C. Par rapport au transfert en espèces, il est obligé de consommer plus de nourriture et moins d'autres choses. Ce transfert en nature oblige aussi Paul à se situer sur une courbe d'indifférence moins élevée. Le transfert en nature est donc moins favorable pour Paul.

La conclusion que l'on peut tirer est donc simple. Si un transfert en nature oblige le récipiendaire à consommer plus de ce bien qu'il ne l'aurait fait spontanément, alors le transfert en liquide est préférable. Sinon, les deux transferts sont équivalents.

■ **VÉRIFIEZ VOS CONNAISSANCES** Expliquer comment une augmentation de salaire peut conduire quelqu'un à vouloir travailler moins.

21.5 CONCLUSION : LES GENS RAISONNENT-ILS VRAIMENT AINSI ?

Comme nous l'avons vu, la théorie du choix du consommateur a de nombreuses applications. Mais peut-être vous laisse-t-elle quelque peu sceptique ?

Vous êtes en effet un consommateur vous-même. Chaque fois que vous entrez dans un magasin, vous choisissez ce que vous allez acheter. Et vous le faites sans dessiner la moindre contrainte budgétaire ni la moindre courbe d'indifférence. Cela prouve-t-il que la théorie est sans intérêt ?

Bien évidemment, non. La théorie du choix du consommateur n'est qu'un modèle, et comme nous l'avons vu au chapitre 2, les modèles ne sont pas censés reproduire exactement la réalité.

Cette théorie peut être considérée comme une métaphore du choix des consommateurs. Aucun acheteur (sauf peut-être un économiste de temps en temps) ne suit le processus d'optimisation décrit dans ce chapitre. Mais tous les consommateurs savent que leurs choix sont limités par leurs moyens financiers. Et compte tenu de ces moyens limités, ils font leur possible pour obtenir la meilleure satisfaction possible. La théorie du choix du consommateur essaie de décrire ce processus psychologique implicite d'une manière qui autorise l'analyse économique explicite.

Une théorie ne vaut que par ses applications. Nous en avons vu quatre en fin de chapitre. Si vous poursuivez des études d'économie, vous verrez que cette théorie fournit un cadre d'analyses extrêmement utile.

RÉSUMÉ

- La contrainte budgétaire du consommateur indique l'ensemble des combinaisons de biens qu'un consommateur peut effectuer compte tenu de ses moyens financiers et des prix des biens en question. La pente de cette contrainte budgétaire dépend du prix relatif des biens.
- Les préférences du consommateur sont représentées par les courbes d'indifférence. Une courbe d'indifférence réunit les combinaisons de biens qui procurent une même satisfaction au consommateur. Le consommateur préfère les courbes d'indifférence élevées aux courbes plus basses. En tout point, la pente de la courbe d'indifférence est égale au taux marginal de substitution du consommateur – le taux auquel il est prêt à échanger un bien contre l'autre.
- L'optimum du consommateur se trouve au point de tangence de la contrainte budgétaire et de la courbe d'indifférence la plus élevée possible. La pente de la courbe d'indifférence (le taux marginal de substitution entre les biens) est alors égale à celle de la contrainte budgétaire (le prix relatif des biens).
- Une modification de prix induit un effet de revenu et un effet de substitution. L'effet de revenu correspond au passage à une courbe d'indifférence différente. L'effet de substitution correspond à un déplacement le long de la même courbe d'indifférence, vers un point où la pente est différente.
- La théorie du choix du consommateur a de nombreuses applications. Elle explique pourquoi les courbes de demande peuvent avoir une pente positive, pourquoi des salaires plus élevés peuvent se traduire soit par une augmentation soit par une diminution de l'offre de travail, pourquoi l'épargne augmente ou diminue quand les taux d'intérêt augmentent, et pourquoi les pauvres préfèrent les transferts monétaires plutôt qu'en nature.

CONCEPTS CLÉS – DÉFINITIONS

Contrainte budgétaire : limite des combinaisons de consommation qu'un consommateur peut se permettre.

Courbes d'indifférence : courbes représentant des combinaisons de consommation procurant la même satisfaction au consommateur.

Taux marginal de substitution : taux auquel un consommateur est prêt à échanger un bien contre un autre.

Biens parfaitement substituables : deux biens dont les courbes d'indifférence sont des droites.

Biens parfaitement complémentaires : deux biens dont les courbes d'indifférence forment un angle droit.

Bien normal : bien dont la quantité demandée croît avec l'augmentation du revenu.

Bien inférieur : bien dont la quantité demandée décroît avec l'augmentation du revenu.

Effet de revenu : modification de la consommation résultant du passage sur une nouvelle courbe d'indifférence, provoquée par un changement de prix.

Effet de substitution : modification de la consommation résultant du déplacement, sur la même courbe d'indifférence, vers un point où le taux marginal de substitution est différent, provoquée par un changement prix.

Bien de Giffen : bien dont la quantité demandée croît avec l'augmentation du prix.

QUESTIONS DE RÉVISION

1. Un consommateur gagne 500 dollars. Un Coca coûte 1 dollar et une boîte de crackers 2 dollars. Dessiner la contrainte budgétaire du consommateur. Quelle en est la pente ?
2. Dessiner les courbes d'indifférence du consommateur pour le Coca et les crackers. Décrire et expliquer quatre propriétés de ces courbes d'indifférence.
3. Choisir un point sur l'une des courbes dessinées, et montrer le taux marginal de substitution. Que nous apprend-il ?
4. Combiner la contrainte budgétaire et les courbes d'indifférence. Indiquer la combinaison optimale. Quel est le taux marginal de substitution à l'optimum ?
5. Imaginer que le revenu du consommateur passe de 500 à 600 dollars. Que se passe-t-il si Coca et crackers sont des biens normaux ? Même question si les crackers sont un bien inférieur.
6. Le prix des crackers passe de 2 à 2,50 dollars la boîte (le revenu demeure constant à 500 dollars). Comment évoluent les achats de Coca et de crackers ? Séparer l'effet de revenu de l'effet de substitution.
7. L'augmentation du prix des crackers peut-elle inciter le consommateur à en consommer plus ? Expliquer.

PROBLÈMES D'APPLICATION

1. Jennifer répartit son revenu entre café et croissants. Une gelée au Brésil pousse le prix du café vers le haut :

   a. Quel impact cette gelée a-t-elle sur la contrainte budgétaire de Jennifer ?

   b. Quel est son effet sur l'optimum de Jennifer, en supposant l'effet de substitution supérieur à l'effet de revenu pour les croissants ?

   c. Même question si l'effet de revenu l'emporte sur celui de substitution.

2. Comparez les deux couples de produits suivants :
   a. Coca et Pepsi.
   b. Skis et fixations de ski.
   Dans quel cas les courbes d'indifférence seront-elles plutôt droites, et dans quel cas seront-elles très concaves ? Dans quel cas le consommateur sera-t-il le plus sensible au changement du prix relatif des deux produits ?
3. Mario ne mange que du fromage et des crackers :
   a. Ces deux produits peuvent-ils être des biens inférieurs pour Mario ? Expliquez.
   b. Supposons que le fromage soit un bien normal et les crackers un bien inférieur. Si le prix du fromage baisse, comment évolue la consommation de crackers ? Et celle de fromage ? Expliquez.
4. Supposons que Jim ne consomme que du lait et des biscuits :
   a. En 1997, Jim gagne 100 dollars, le lait coûte 2 dollars la brique et les biscuits 4 dollars la douzaine. Dessinez la contrainte budgétaire de Jim.
   b. En 1998, tous les prix augmentent de 10 %, ainsi que le salaire de Jim. Dessinez la nouvelle contrainte budgétaire de Jim. Comparez le nouvel optimum de Jim à l'ancien.
5. Considérez votre décision sur le nombre d'heures de travail :
   a. Dessinez votre contrainte budgétaire en supposant que vous ne payez pas d'impôt sur le revenu. Puis, sur le même graphique, dessinez la contrainte budgétaire qui suppose que vous payez 15 % d'impôts.
   b. Montrez comment l'impôt peut vous conduire à travailler plus, moins ou autant. Expliquez.
6. Sarah est éveillée 100 heures par semaine. Sur un graphique, montrez les contraintes budgétaires de Sarah si elle gagne 6 dollars, 8 dollars ou 10 dollars de l'heure. Dessinez les courbes d'indifférence qui génèrent une courbe d'offre de travail croissante quand le salaire est compris entre 6 et 8 dollars, et inversée quand le salaire est compris entre 8 et 10 dollars.
7. Dessinez la courbe d'indifférence de quelqu'un qui décide de la durée de son travail. Supposez que le salaire augmente. Est-il possible de voir la consommation diminuer ? Est-ce probable ? Expliquez.
8. Au cours des cinquante dernières années, la proportion de femmes mariées dans la population active a plus que doublé. L'augmentation des salaires féminins sur cette période est l'un des facteurs explicatifs. L'augmentation des salaires masculins, qui a amélioré le niveau de vie des femmes mariées, en est un autre :
   a. Sur un graphique de courbes d'indifférence, montrez et expliquez comment l'augmentation de salaire d'une épouse peut se traduire par une baisse de son nombre d'heures travaillées. Quelle hypothèse devez-vous faire quant aux loisirs, pour aboutir à ce résultat ?
   b. Sur un autre graphique, montrez et expliquez comment une augmentation de salaire féminin affecte la décision d'une femme de travailler plus ou moins longtemps.

9. Vous avez un emploi qui vous rapporte 30 000 dollars par an et vous en mettez de côté une partie sur un compte d'épargne qui rapporte 5 % d'intérêt annuel. À l'aide d'un graphique de contrainte budgétaire et de courbes d'indifférence, montrez comment votre consommation évolue dans les situations suivantes (pour simplifier, supposons que vous ne payez pas d'impôts) :
   a. Votre salaire augmente à 40 000 dollars.
   b. Le taux d'intérêt augmente à 8 %.
10. Un individu vit deux périodes : la jeunesse pendant laquelle il gagne sa vie, et la vieillesse pendant laquelle il consomme une partie du revenu épargné précédemment. Si les taux d'intérêt baissent, comment sera affectée la consommation de jeunesse ? Et celle de vieillesse ? Expliquez.
11. Imaginons que votre État verse à chaque ville une subvention de 5 millions de dollars par an. Pour l'instant, cette subvention est utilisable à la discrétion de la ville récipiendaire, mais il est question d'obliger les villes à consacrer ces 5 millions de dollars à l'éducation :
   a. Dessinez la contrainte budgétaire de votre ville dans le cadre de la politique actuelle, en supposant que sa seule autre ressource financière soit une taxe foncière qui rapporte 10 millions par an. Sur le même graphique, dessinez la contrainte budgétaire liée à la nouvelle politique envisagée.
   b. Pourquoi votre ville dépensera-t-elle plus en éducation dans le cadre de la nouvelle politique qu'elle ne le fait actuellement ? Expliquez.
   c. Imaginez deux villes qui perçoivent les mêmes revenus et bénéficient de la même aide de l'État. L'une a une importante population en âge scolaire, et l'autre comporte une part importante de retraités. Dans laquelle des deux villes la proposition ci-dessus a-t-elle plus de chances de déboucher sur un accroissement des dépenses d'éducation ? Expliquez.
12. *(Question plus difficile.)* Le programme d'aide aux familles avec enfants à charge fournit un complément de revenus aux familles dans le besoin. Les allocations maximales vont aux familles qui ne gagnent aucun revenu, puis elles diminuent avec l'augmentation des revenus, jusqu'à disparaître :
   a. Dessinez la contrainte budgétaire d'une famille en l'absence d'aide. Puis sur le même graphique, la contrainte budgétaire avec aide.
   b. Avec des courbes d'indifférence, montrez comment l'aide peut réduire le nombre d'heures de travail de la famille en question. Expliquez en termes d'effets de revenu et de substitution.
   c. En reprenant votre graphique, montrez l'effet du programme d'aide sur le bien-être de la famille.
13. *(Question plus difficile.)* Prenez un individu qui ne paie pas d'impôts sur ses premiers 10 000 dollars de revenu et 15 % sur les revenus supérieurs à 10 000 dollars. Le Congrès réfléchit à deux moyens de dimi-

nuer la pression fiscale : diminuer le taux d'imposition, ou augmenter le seuil de non-imposition :

a. Comment l'offre de travail de notre individu serait-elle affectée par une diminution du taux d'imposition, le salaire étant de 30 000 dollars ? L'explication doit être discursive et faire appel aux effets de revenu et de substitution.

b. Même question si le seuil de non-imposition est relevé.

14. *(Question plus difficile.)* Une personne se demande combien consommer et combien épargner en vue de la retraite. Les préférences de la personne sont les suivantes :
Utilité = Minimum {consommation de jeunesse, consommation de vieillesse}.

a. Dessinez les courbes d'indifférence de cette personne (rappelez-vous que les courbes d'indifférence indiquent les combinaisons de consommation des deux périodes qui offrent le même niveau d'utilité).

b. Dessinez la contrainte budgétaire et l'optimum.

c. Si les taux d'intérêt augmentent, la personne épargne-t-elle plus ou moins ? Expliquez en termes d'effets de revenu et de substitution.

Partie VIII

Les données macroéconomiques

CHAPITRE 22

LE REVENU NATIONAL

Dans ce chapitre, vous allez :

▶ voir pourquoi le revenu total d'un pays est égal à sa dépense totale

▶ définir et calculer le Produit intérieur brut (PIB)

▶ décomposer le PIB en quatre éléments

▶ apprendre la différence entre le PIB réel et le PIB nominal

▶ nous demander si la PIB constitue un bon indicateur de la prospérité économique

À l'issue de vos études, quand vous commencerez à chercher un emploi, votre succès dépendra dans une large mesure des conditions économiques qui prévaudront à ce moment-là. Certaines années, les affaires sont bonnes et les entreprises embauchent facilement. D'autres années, l'économie tourne moins bien, les entreprises licencient et il est plus difficile de trouver du travail.

Notre vie de tous les jours est profondément marquée par les conditions économiques générales, et celles-ci sont largement commentées dans les journaux. Quand vous ouvrez votre journal, il y a de fortes chances pour que vous tombiez sur quelque statistique économique : sur le revenu national, l'inflation, le chômage, la consommation des ménages ou les échanges commerciaux. Toutes ces statistiques sont dites *macro-économiques*. Elles ne nous apprennent rien sur une entreprise ou un ménage particulier, mais nous renseignent sur l'état de l'économie entière.

Depuis le chapitre 2, nous savons que l'économie est divisée en deux branches : la micro-économie et la macro-économie. La micro-économie étudie les comportements des ménages et des entreprises individuelles ainsi que leurs interactions sur les marchés. La macro-économie étudie l'économie dans son ensemble. L'objet de la macro-économie est d'expliquer les modifications économiques qui affectent tout à la fois les ménages, les entreprises et les marchés. Elle se pose de nombreuses questions, comme par exemple : pourquoi les revenus moyens des divers pays sont-ils différents ? Pourquoi les prix grimpent-ils rapidement à certains moments et sont-ils stables à d'autres moments ? Pourquoi la production et l'emploi progressent-ils certaines années et régressent-ils d'autres années ? Toutes ces questions sont d'ordre macro-économique, car elles concernent le fonctionnement de l'économie tout entière.

Bien évidemment ces deux branches sont très liées l'une à l'autre. Les concepts d'offre et de demande, par exemple, sont aussi essentiels pour l'analyse micro-économique que pour l'analyse macro-économique. Mais l'étude de l'économie entière soulève de nouveaux problèmes intéressants.

Dans ce chapitre et le suivant, nous allons étudier certaines des données utilisées par les économistes et les responsables politiques pour suivre la vie économique du pays. Ces données reflètent les changements économiques que la macro-économie cherche à expliquer.

Ce chapitre est consacré au Produit intérieur brut, ou PIB, qui mesure le revenu total généré par la nation. C'est la statistique économique la plus étudiée, car elle est censée constituer la meilleure mesure globale du bien-être économique du pays.

22.1 LE REVENU ET LES DÉPENSES DE L'ÉCONOMIE

Une personne dont les revenus sont élevés peut plus facilement s'offrir un niveau de vie élevé qu'un individu dont les revenus sont maigres. Ce qui est vrai pour l'individu l'est aussi pour une économie entière.

Quand on veut savoir comment tourne l'économie, il est naturel de regarder le revenu total généré par l'ensemble de la population. C'est précisément ce que fait le Produit intérieur brut.

Cette donnée unique qu'est le PIB mesure deux choses en même temps : le revenu total de chaque acteur de l'économie et la dépense totale de l'économie en biens et services. Si le PIB parvient à mesurer en même temps le revenu et la dépense du pays, c'est parce que ces deux concepts sont identiques. *Pour l'économie globale, le revenu doit être égal à la dépense.*

Et cela pour une raison simple : chaque transaction met en jeu deux parties, un acheteur et un vendeur. Chaque dollar dépensé par l'acheteur est un dollar de revenu pour le vendeur.

Supposons que Karen donne 100 dollars à Doug pour nettoyer sa maison. Dans cette transaction, Doug offre ses services, que Karen achète. La transaction accroît également le revenu et la dépense nationaux. Doug a gagné 100 dollars que Karen a dépensés. Le PIB a augmenté de 100 dollars, qu'il soit mesuré en tant que revenu ou en tant que dépense.

Le diagramme de flux circulaire de la figure 22.1 est une autre façon de concevoir l'égalité revenu-dépense. Ce diagramme décrit l'ensemble des relations économiques entre ménages et entreprises. Les ménages achètent des biens et services aux entreprises. Celles-ci consacrent l'argent qu'elles ont touché à payer les salaires des employés et les profits aux propriétaires. L'argent circule continuellement des ménages aux entreprises (sur le marché des biens et services) puis de nouveau aux ménages (sur le marché des facteurs de production).

Le PIB peut alors être calculé de deux façons : on peut calculer la dépense totale des ménages ou calculer le total des revenus versés par les entreprises. Le résultat sera le même dans les deux cas.

Bien sûr, l'économie réelle est plus compliquée que cela. En particulier, les ménages ne dépensent pas la totalité de leurs revenus. Une partie sert à payer les impôts, une partie est épargnée et placée pour une consommation ultérieure. En outre, les ménages ne consomment pas l'intégralité des biens et services produits dans une économie. Certains sont achetés par le gouvernement, d'autres par des entreprises qui comptent les utiliser pour leur propre pro-

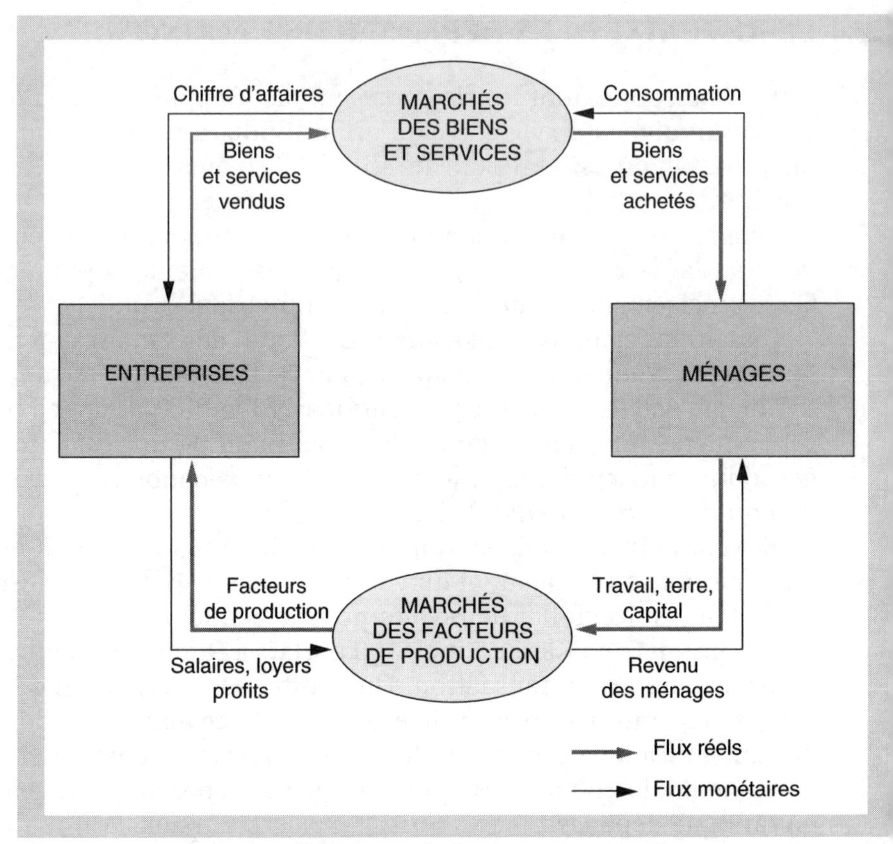

FIG. 22.1 **Le diagramme de flux circulaire.** Les ménages achètent aux entreprises des biens et services. Les entreprises utilisent l'argent retiré de ces ventes pour payer les salaires des employés, les loyers aux propriétaires de terrain et les profits aux propriétaires. Le PIB est égal à la fois à la dépense totale effectuée par les ménages et à la somme des salaires, loyers et profits versés par les entreprises en rémunération des facteurs de production utilisés.

duction. Mais que l'acheteur soit un ménage, le gouvernement ou une entreprise, la transaction met toujours face à face un acheteur et un vendeur. De sorte que pour l'économie dans son ensemble, revenu et dépense sont forcément identiques.

■ **VÉRIFIEZ VOS CONNAISSANCES** Que mesure le PIB ? Comment peut-il mesurer deux notions en même temps ?

22.2 LA DÉFINITION DU PIB

Après avoir vu la signification du PIB en termes généraux, voyons maintenant sa définition précise :

« Le PIB est la valeur de marché de l'ensemble des biens et services finals produits par un pays sur une période donnée. »

La définition paraît simple, mais il y a quelques subtilités auxquelles il faut faire attention. Examinons chacun des éléments de cette définition.

« La valeur de marché... »

Vous savez qu'on ne peut pas additionner des pommes et des oranges. C'est pourtant ce que fait le PIB, qui additionne des tas de produits différents de manière à obtenir une mesure unique de la valeur de l'activité économique. Pour ce faire, le PIB passe par les prix de marché qui reflètent la valeur des biens. Si une orange coûte deux fois plus cher qu'une pomme, l'orange contribue deux fois plus au PIB que la pomme.

«...de l'ensemble... »

Le PIB inclut tous les produits fabriqués et vendus légalement dans l'économie. Non seulement les pommes et les oranges, mais aussi les livres et les films, les coupes de cheveux et les services médicaux, etc.

Il inclut également la valeur de marché du service de logement rendu par le stock immobilier de l'économie. Pour ce qui est des logements loués, le calcul est simple : le loyer constitue la dépense du locataire et le revenu du propriétaire. Pour ce qui est des logements occupés par leur propriétaire, le gouvernement estime le loyer qui serait payé si le logement était en location. En fait, le PIB fait comme si le propriétaire se payait à lui-même un loyer.

Il existe en revanche quelques produits qui sont exclus du calcul, car leur mesure est trop compliquée. Par exemple, les produits illicites ne sont pas pris en compte : c'est le cas des drogues notamment. De même, les produits fabriqués et consommés à la maison n'apparaissent pas dans le PIB. Les légumes que vous achetez chez l'épicier sont inclus dans le calcul du PIB ; ceux que vous cultivez dans votre jardin ne le sont pas.

Ce qui conduit parfois à des paradoxes amusants. Quand Karen paie Doug pour nettoyer sa maison, cette transaction est incluse dans le PIB. Mais si Karen et Doug se marient, la valeur de ce service ne sera plus incluse dans le PIB, même si Doug continue à nettoyer la maison, car il ne s'agira alors plus d'une transaction de marché. Le mariage de Doug et Karen aura donc fait baisser le PIB.

« des biens et services... »

Le PIB comprend non seulement les biens (nourriture, vête-ments, voitures), mais aussi les services (coupe de cheveux, ménage, visite médicale). Quand vous achetez un bouquin d'écono-mie, vous achetez un bien et son prix d'achat fait partie du PIB. Quand vous payez pour assister à une conférence d'économie, vous achetez un service et le prix d'entrée à la conférence fait également partie du PIB.

«...finals... »

Le papier produit par l'industrie papetière et utilisé par l'éditeur dans la fabrication d'un livre est un produit intermédiaire, tandis que le livre est un produit final. Le PIB ne s'intéresse qu'aux pro-duits finals, puisque la valeur des produits intermédiaires est déjà incluse dans celle du produit final. Si l'on ajoutait la valeur du papier à celle du livre, la valeur du papier serait comptée deux fois.

Il existe une exception importante à cette règle : quand un pro-duit intermédiaire est produit et stocké en vue d'une utilisation ultérieure, au lieu d'être consommé immédiatement, il est consi-déré comme final pour le moment. La valeur des stocks est en effet incluse dans le PIB. Au moment du déstockage, le PIB sera donc diminué d'autant.

«...produits... »

Le PIB ne tient compte que des biens et services qui viennent d'être produits. Les transactions sur des biens et services produits dans le passé ne sont pas intégrées dans le calcul. Quand General Motors fabrique et vend une voiture, la valeur de celle-ci est incluse dans le PIB. Quand un individu vend sa voiture à une autre per-sonne, cette transaction n'apparaît pas dans le PIB.

«...par un pays... »

Le PIB mesure la valeur de la production réalisée à l'intérieur des frontières d'un pays. Si un Canadien travaille temporairement aux États-Unis, sa production est incluse dans le PIB américain. En revanche, si un citoyen américain possède une usine en Haïti, la production de cette usine n'est pas incluse dans le PIB américain (en revanche, elle apparaît dans le PIB haïtien). Les biens et services ne sont donc inclus dans le PIB que dans la mesure où ils ont été produits à l'intérieur du pays, quelle que soit la nationalité du producteur.

Il existe une autre statistique, le *Produit national brut (PNB)*, qui traite différemment la question. Le PNB représente en effet la valeur de la production des ressortissants d'un pays. Quand un Canadien travaille aux États-Unis, sa production est incluse dans le PNB canadien, pas dans le PNB américain. Quand un citoyen américain possède une usine en Haïti, le profit de celle-ci apparaît dans le PNB américain.

Aujourd'hui, le PIB est utilisé beaucoup plus fréquemment que le PNB. En tout état de cause, la différence entre les deux est réduite et ces deux grandeurs évoluent de la même manière. Aux États-Unis comme dans les autres pays du monde, les résidents sont à l'origine de l'essentiel de la production domestique, et donc PIB et PNB sont proches l'un de l'autre.

«...sur une période donnée. »

Le PIB mesure la valeur de la production d'une période de temps donnée, en général un an, ou un trimestre.

Quand le gouvernement annonce le PIB trimestriel, il le fait « en termes annuels ». Le chiffre annoncé est donc égal à quatre fois le chiffre mesuré sur le trimestre. Cela permet de comparer plus facilement les chiffres trimestriels et les chiffres annuels.

Quand le gouvernement publie ses données de PIB trimestriel, il le fait après avoir corrigé des variations saisonnières les données brutes. Ces données brutes font clairement apparaître que l'économie produit plus de biens et services à certains moments de l'année, et moins à d'autres : la période de Noël par exemple est l'un des points hauts de l'activité économique. Les économistes s'intéressent surtout aux données fondamentales, non affectées par ces fluctuations saisonnières. C'est pourquoi les statistiques de PIB sont toujours corrigées des variations saisonnières.

Répétons la définition du PIB :

« Le PIB est la valeur de marché de l'ensemble des biens et services finals produits par un pays sur une période donnée. »

Vous devez maintenant réaliser que ce PIB est une mesure sophistiquée de la valeur de l'activité économique et, dans des cours d'économie plus avancés, vous découvrirez quelques subtilités supplémentaires de calcul du PIB.

■ **VÉRIFIEZ VOS CONNAISSANCES** Qu'est-ce qui contribue le plus au PIB : la production d'un kilo de hamburger ou celle d'un kilo de caviar ? Pourquoi ?

POUR VOTRE CULTURE GÉNÉRALE

Trois autres mesures du revenu

Le PIB n'est pas la seule mesure du revenu calculée par les services statistiques du gouvernement. En voici quelques autres, rapidement décrites, qui diffèrent du PIB par la prise en compte de tel ou tel élément :

– le *Produit national net* (PNN) est le revenu total des résidents d'un pays, après déduction de l'amortissement, c'est-à-dire de l'usure du stock d'équipement du pays (camions qui rouillent et ampoules grillées, etc.). Dans les comptes de la nation, cet amortissement est dénommé « consommation de capital fixe » ;

– le *Revenu personnel* représente les revenus perçus par les ménages. Contrairement au PIB et au PNN, il n'intègre pas les profits réinvestis par les entreprises, c'est-à-dire la part des profits que les entreprises n'ont pas distribuée aux actionnaires. Toujours contrairement au PIB et au PNN, il intègre les intérêts perçus par les ménages sur leurs obligations d'État et les allocations dont ils peuvent bénéficier au titre d'un programme d'aide ;

– le *Revenu personnel disponible* est égal au précédent après déduction des impôts dus.

Ces diverses mesures de revenu sont différentes dans les détails de calcul, mais elles racontent toutes la même histoire économique. Quand le PIB croît rapidement, les autres mesures progressent aussi, et quand le PIB décline, les autres mesures du revenu déclinent aussi. Pour ce qui est de suivre les fluctuations économiques majeures, peu importe la mesure du revenu retenue.

22.3 LES COMPOSANTES DU PIB

Les dépenses au sein d'une économie prennent des formes très diverses. Au même moment, la famille Jones prend des vacances à Disney World ; General Motors construit une nouvelle usine automobile ; la Marine américaine produit un nouveau sous-marin ; et British Airways achète un nouvel avion à Boeing. Le PIB inclut toutes ces formes de dépenses qui concernent des biens et services produits à l'intérieur des États-Unis.

Les économistes cherchent à regrouper les types de dépenses aux fins d'analyse, et considèrent quatre types de dépenses :

– la consommation (C),
– l'investissement (I),
– les dépenses publiques (G),
– les exportations nettes (XN).

$$Y = C + I + G + XN.$$

Cette équation est une identité, *i.e.* une équation vérifiée par la nature même des variables qui la composent. Chaque dollar du PIB dépensé allant dans l'une des quatre composantes du PIB, le total des quatre doit être égal au PIB.

Nous venons juste de citer un exemple de chaque. La consommation inclut les dépenses des ménages en biens et services, comme la famille Jones à Disney World. L'investissement correspond aux achats d'équipements et de structures, comme l'usine de General Motors. S'y trouve inclus par convention l'achat d'un logement par les ménages. Les dépenses gouvernementales regroupent les achats de biens et services par le gouvernement, local ou fédéral, comme l'achat d'un sous-marin par la Marine. Les exportations nettes sont la différence entre les exportations et les importations. Une vente à l'étranger réalisée par une entreprise domestique, comme la vente d'un avion par Boeing à British Airways, accroît les exportations nettes.

Ce « nettes » d'« exportations nettes » peut être source de confusion. Quand un ménage, une entreprise ou le gouvernement achète un produit à l'étranger, cet achat réduit les exportations nettes, mais il ne réduit pas le PIB. En effet, cet achat apparaît dans une autre composante au même moment. Imaginons qu'un ménage achète pour 20 000 dollars une voiture au fabricant japonais Toyota. Cette transaction augmente la consommation de 20 000 dollars, puisque les achats d'automobile font partie de la consommation des ménages. Elle réduit aussi les exportations nettes de 20 000 dollars, puisqu'il s'agit d'une voiture importée. Autrement dit, les exportations nettes incluent les biens et services produits à l'étranger (affectés d'un signe moins), car ces biens et services sont inclus dans la consommation, l'investissement ou les dépenses gouvernementales (affectés d'un signe plus).

La notion de « dépenses publiques » demande aussi à être précisée. Quand le gouvernement paie le salaire d'un général d'armée, ce salaire fait clairement partie des dépenses gouvernementales. Mais qu'en est-il d'une pension de sécurité sociale versée par le gouvernement à une personne âgée ? Il s'agit là d'un transfert, puisque ce versement n'a pas eu lieu en échange d'un bien ou d'un service. Du point de vue macro-économique, les transferts sont comme des impôts négatifs : ils accroissent les revenus des ménages, mais ils ne changent rien à la production de l'économie. Ces transferts ne sont donc pas inclus dans les dépenses publiques pour le calcul du PIB.

Le tableau 22.1 indique les composantes du PIB américain en 1992. Cette année-là, le PIB américain était proche de 6 000 milliards de dollars. La population américaine de l'époque étant de 255 millions d'individus, le PIB par tête ressortait à 23 298 dollars. La consommation en représentait les deux tiers, soit 16 036 dollars

TABLEAU 22.1 **Le PIB américain et ses composantes en 1996.**

	Total (Mds $)	*Par tête ($)*	%
PIB	7 576	28 589	100
Consommation	5 152	19 441	68
Investissement	1 116	4 211	15
Dépenses gouvernementales	1 407	5 309	19
Exportations nettes	– 99	– 373	– 1

Source. — Ministère du Commerce.

par tête. L'investissement s'élevait à 3 016 dollars par personne, le dépenses gouvernementales à 4 365 dollars par personne et le exportations nettes à – 119 dollars par tête. Le signe moins indiqu que cette année-là, les Américains ont moins gagné en vendant au étrangers qu'ils n'ont dépensé en achetant aux étrangers.

■ **VÉRIFIEZ VOS CONNAISSANCES** Quelles sont les quatre composante des dépenses ? Laquelle est la plus importante ?

22.4 PIB RÉEL ET PIB NOMINAL

Si l'on constate une augmentation du PIB d'une année à l'autr on peut conclure soit à une augmentation de la production de bien et services soit à une augmentation de leur prix. Il est souvent util de distinguer les deux effets, notamment pour juger de la croissanc réelle de la production.

Pour ce faire, les économistes s'intéressent au PIB réel, qui fou nit la réponse à la question suivante : « Quelle serait la valeur de biens et services produits cette année, valorisés avec les prix e vigueur à tel moment du passé ? ».

Voyons à l'aide d'un exemple simple comment on peut procéde pour calculer ce PIB réel.

Un exemple chiffré

Le tableau 22.2 nous montre une économie qui ne produit qu deux biens, des pommes et des oranges. Le tableau fait apparaîtr les quantités produites et les prix de vente pour les années 200 2002 et 2003.

TABLEAU 22.2 **PIB nominal et réel.**

Prix et quantités

Année	Prix des pommes	Quantité des pommes	Prix des oranges	Quantité d'oranges
2001	1 $	100	2 $	50
2002	2 $	150	3 $	100

Calcul du PIB nominal

2001 (1 $ la pomme x 100 pommes) + (2 $ l'orange x 50 oranges) = 200 $
2002 (2 $ la pomme x 150 pommes) + (3 $ l'orange x 100 oranges) = 600 $

Calcul du PIB réel (base 2001)

2001 (1 $ la pomme x 100 pommes) + (2 $ l'orange x 50 oranges) = 200 $
2002 (1 $ la pomme x 150 pommes) + (2 $ l'orange x 100 oranges) = 350 $

Calcul du déflateur du PIB

2001 (200 $/200 $) x 100 = 100
2002 (600 $/350 $) x 100 = 171

Ce tableau montre comment calculer le PIB nominal, le PIB réel et le déflateur du PIB pour une économie qui ne produit que des pommes et des oranges.

En 2001, 100 pommes sont vendues à 1 dollar pièce, pour une dépense totale de 100 dollars. La même année, 50 oranges sont vendues à 2 dollars pièce, pour une dépense totale de 100 dollars également. Au niveau de l'économie entière, la dépense totale sur les deux biens a donc été de 200 dollars. Ce montant représente le *PIB nominal.*

En 2002, ce PIB nominal est passé de 200 à 600 dollars. Il passe à 1 200 dollars en 2003. Cette augmentation s'explique en partie par une augmentation de la production de pommes et d'oranges, et en partie par une augmentation des prix de vente.

Pour mesurer la production à prix constants, les économistes calculent le *PIB réel*. Pour ce faire, il faut choisir une année de base. Ensuite, on utilisera les prix de cette année de base pour évaluer les productions des années ultérieures.

Prenons 2001 comme année de base dans notre exemple. Le tableau 22.2 illustre le calcul suivant. Pour calculer le PIB réel de 2001, on utilise les prix des pommes et des oranges de 2001 et les quantités produites en 2001. Donc le PIB nominal est égal au PIB réel pour l'année de base. Pour calculer le PIB réel de 2002, on multiplie les quantités produites en 2002 par les prix de 2001 (année de base). De la même manière, le PIB réel de 2003 est calculé à partir des prix de 2001 et des quantités de 2003. On constate alors que le

PIB réel est passé de 200 dollars en 2001 à 350 dollars en 2002, puis à 500 dollars en 2003, cette augmentation étant entièrement imputable à un accroissement de la production, puisque les prix ont été maintenus constants.

En résumé : *le PIB nominal évalue la production de biens et services à l'aide des prix courants. Le PIB réel évalue cette même production à l'aide des prix d'une année de base.* Puisqu'il n'est pas affecté par les variations de prix, le PIB réel mesure la production de biens et services de l'économie.

Il reflète la capacité de l'économie de satisfaire les besoins et les désirs des membres de la société. Le PIB réel est donc une meilleure mesure du bien-être économique que ne l'est le PIB nominal. Quand les économistes parlent du PIB, il s'agit donc le plus souvent du PIB réel. Et quand ils parlent de croissance économique, ils la mesurent en termes de taux de variation du PIB réel.

Le déflateur du PIB

À partir des PIB nominal et réel, on peut calculer une troisième statistique intéressante : le déflateur du PIB, qui indique le niveau actuel des prix par rapport à celui de l'année de base. Autrement dit, le déflateur du PIB nous indique la part de la variation du PIB nominal imputable à une variation des prix et non à une variation des quantités.

Le déflateur du PIB est défini comme le ratio du PIB nominal au PIB réel, multiplié par 100. Une variation du prix d'un bien ou d'un service, non accompagnée d'une variation de la quantité produite, n'affecte que le PIB nominal, pas le PIB réel. Cette modification de prix est donc reflétée dans le déflateur du PIB.

Sur notre exemple, pour l'année 2001, PIB réel et nominal sont tous deux égaux à 200 dollars, donc le déflateur est égal à 100 (le déflateur est toujours égal à 100 l'année de base). En 2002, le PIB nominal est de 600 dollars, le PIB réel est de 350 dollars, donc le déflateur est de 171.

Le PIB nominal mesurant la valeur de la production aux prix courants, alors que le PIB réel la mesure aux prix de l'année de base, le déflateur du PIB mesure la variation de prix entre l'année courante et l'année de base. Dans notre exemple, les prix ont augmenté de 71 % d'une année à l'autre.

Le déflateur du PIB est l'une des deux mesures couramment utilisées par les économistes pour apprécier l'évolution des prix. L'autre mesure, l'indice des prix à la consommation, sera présentée dans le chapitre suivant.

ÉTUDE DE CAS

L'évolution récente du PIB réel

La figure 22.2 nous montre l'évolution du PIB réel de l'économie américaine depuis 1970, trimestriellement.

Le fait le plus marquant est la croissance de cette variable dans le temps. Le PIB réel américain a quasiment doublé en 25 ans ; il a progressé en moyenne de 3 % par an sur toute cette période. Cette croissance régulière autorise l'Américain moyen à jouir d'un niveau de vie supérieur à celui de ses parents et de ses grands-parents.

La deuxième constatation importante, c'est que cette croissance peut être interrompue de temps en temps. Certaines années, le PIB réel régresse : on parle alors de récession. Ces périodes sont indiquées par des zones grises sur la figure. Au cours de ces périodes, le revenu national diminue, le chômage croît, les profits des entreprises reculent, les faillites bancaires sont plus fréquentes, etc.

La macro-économie cherche à expliquer ces fluctuations à court terme et à long terme de l'économie. Nous verrons plus tard qu'il nous faudra deux modèles différents pour ce faire. Comme les fluctuations de court terme représentent des déviations autour d'une tendance de long terme, nous allons commencer par étudier le comportement de l'économie à long terme. Les chapitres 24 à 30 examinent comment les principales variables macro-économiques, PIB réel inclus, sont déterminées à long terme. Les chapitres 31 à 33 seront consacrés aux fluctuations de court terme.

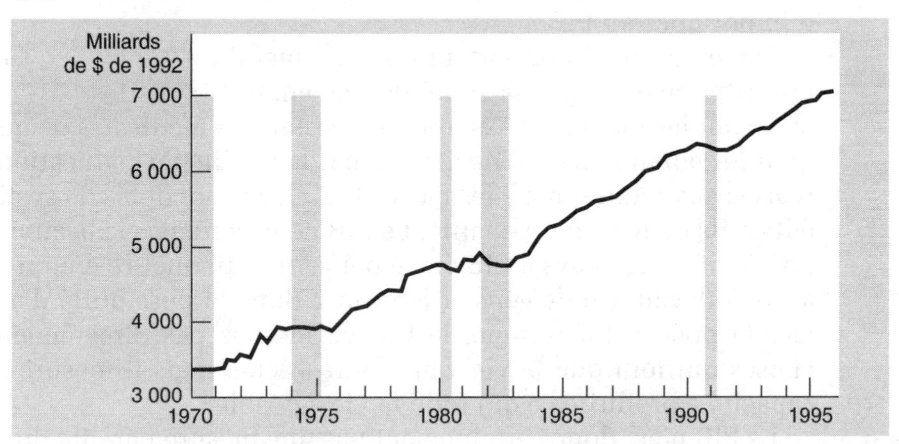

FIG. 22.2 **Le PIB réel américain.** Cette figure montre l'évolution du PIB réel américain, trimestre par trimestre, depuis 1970. Les périodes de récession – PIB en baisse – sont indiquées par du gris.

Source. — Ministère du Commerce.

■ **VÉRIFIEZ VOS CONNAISSANCES** Définir le PIB nominal et le PIB réel. Lequel fournit la meilleure mesure du bien-être économique et pourquoi ?

22.5 PIB ET BIEN-ÊTRE ÉCONOMIQUE

Nous avons dit plus haut que le PIB était la meilleure mesure globale du bien-être économique de la société. Maintenant que nous savons précisément comment il est calculé, nous pouvons apprécier cette affirmation.

Le PIB mesure à la fois le revenu total de l'économie et la dépense totale en biens et services. Le PIB par tête nous indique donc le revenu et la dépense de l'Américain moyen. Chacun préférant gagner plus et dépenser plus, le PIB *per capita* semble donc être une mesure naturelle du bien-être économique individuel de l'individu moyen.

Néanmoins, tout le monde n'est pas d'accord sur ce point. En 1968, alors qu'il était candidat à l'élection présidentielle, le sénateur Robert Kennedy s'exprimait ainsi :

« [Le PIB] ne reflète pas la santé de nos enfants, la qualité de leur éducation ou le plaisir de leurs jeux. Il n'inclut pas la beauté de notre poésie, la force de nos mariages, l'intelligence du débat public ou la probité de nos fonctionnaires. Il ne mesure pas notre courage, ni notre sagesse, ni notre dévotion à notre pays. En fait, il mesure tout sauf ce qui fait que la vie vaut d'être vécue, et nous dit tout sur l'Amérique, sauf pourquoi nous sommes fiers d'être Américains. »

Robert Kennedy a raison. Pourquoi attache-t-on alors autant d'importance au PIB ?

Parce qu'un PIB important nous permet de vivre mieux. Certes, le PIB ne mesure pas la santé de nos enfants, mais les pays à PIB élevé ont les moyens d'assurer des prestations médicales de qualité pour les enfants. Le PIB ne mesure pas la qualité de l'éducation dispensée aux jeunes, mais les pays à PIB élevé sont dotés de systèmes éducatifs de meilleure qualité. Le PIB ne mesure pas la beauté de la poésie, mais les pays à PIB élevé peuvent se permettre d'apprendre à lire à davantage de gens et leur offre donc la possibilité d'apprécier la poésie. En résumé, le PIB ne mesure pas directement ces choses qui font que la vie vaut d'être vécue, mais il mesure notre capacité à produire ce qui rend la vie agréable.

Le PIB n'est donc certainement pas une mesure parfaite du bien-être. Des choses essentielles ne sont pas prises en compte dans le PIB. Les loisirs, par exemple. Si tout le monde travaillait sept jours par semaine, au lieu de cinq aujourd'hui, la production de biens et services serait nettement supérieure, et le PIB bien plus élevé. Mais la perte du week-end et de ses possibilités de loisirs ne serait certainement pas une bonne chose en termes de qualité de vie.

Autre exemple d'élément qui n'entre pas dans le calcul du PIB, la qualité de l'environnement. Si le gouvernement éliminait toute la réglementation antipollution, les entreprises pourraient produire davantage sans se préoccuper de la pollution qu'elles génèrent. Le PIB augmenterait donc, mais le bien-être social pourrait bien décliner.

Et comme le PIB valorise les biens et services à l'aide des prix de marché, il exclut par construction toutes les activités qui s'exercent en dehors des marchés. L'éducation des enfants par exemple contribue de toute évidence au bien-être social, mais n'est pourtant pas reflétée par le PIB. Si les parents décidaient de travailler moins afin de consacrer davantage de temps à leurs enfants, la production de biens et services diminuerait et le PIB déclinerait, une diminution qui ne signifierait pas nécessairement une détérioration des conditions de vie.

Par conséquent, on pourra conclure que le PIB est un indicateur correct du bien-être social, dans la plupart des cas, même s'il est important de se souvenir de ce qu'il prend en compte et de ce qu'il ignore.

ÉTUDE DE CAS

Différences internationales de PIB et de qualité de vie

L'examen des données internationales est intéressant, car les pays riches et pauvres ont des PIB *per capita* très différents. Si un PIB élevé doit signifier une meilleure qualité de vie, on doit trouver une forte corrélation entre PIB et indicateurs de qualité de vie.

Et tel est bien le cas. Le tableau 22.3 énumère douze des pays les plus peuplés du monde, classés par PIB *per capita*. Il indique aussi l'espérance de vie (durée probable de vie à la naissance) et le taux d'analphabétisme (proportion de la population qui ne sait pas lire). Le schéma est très clair. Dans les pays riches, comme le Japon, les États-Unis ou l'Allemagne, les gens s'attendent à vivre près de 80 ans, et quasiment tout le monde sait lire. Dans les pays pauvres, comme le Nigeria, l'Inde ou le Bangladesh, les gens vivent rarement au-delà de la cinquantaine, et la moitié au moins de la population est analphabète.

Les données relatives aux autres aspects de la qualité de la vie viennent confirmer cette constatation. Les pays où le PIB par tête est modeste connaissent des taux de natalité considérables, des taux de mortalité infantile plus élevés qu'ailleurs, plus de problèmes de malnutrition etc. Dans ces pays, les taux de scolarisation sont faibles, et le corps enseignant est insuffisant au regard de la population. Dans ces pays, on trouve moins de radios, de télévisions, de téléphones, moins de routes et moins de ménages qui profitent des bienfaits de l'électricité. Les données internationales montrent clairement que la qualité de vie des citoyens est directement fonction du niveau du PIB.

TABLEAU 22.3 **PIB, espérance de vie et alphabétisme.**

Pays	*PIB* per capita *(1993) ($)*	*Espérance de vie (années)*	*Alphabétisme (%)*
Japon	24 680	76	99
USA	20 660	80	99
Allemagne	18 840	76	99
Brésil	7 010	71	89
Russie	5 500	67	82
Mexique	4 760	67	99
Indonésie	3 270	63	83
Chine	2 330	69	80
Pakistan	2 160	62	36
Nigeria	1 540	51	54
Inde	1 290	56	37
Bangladesh	1 240	61	51

Source. — Rapport mondial sur le développement humain 1996.

■ **VÉRIFIEZ VOS CONNAISSANCES** Pourquoi les responsables politiques s'intéressent-ils au PIB ?

22.6 CONCLUSION

Dans ce chapitre nous avons vu comment les économistes mesurent le revenu total d'un pays. Cette mesure n'est évidemment qu'un point de départ. L'objet de la macro-économie est d'expliquer les facteurs déterminants, à court et à long termes, du produit intérieur brut. Pourquoi, par exemple, le PIB est-il élevé au Japon et aux États-Unis, et faible en Inde et au Nigeria ? Que peuvent faire les autorités des pays pauvres pour assurer une croissance plus rapide de leur PIB ? Pourquoi le PIB américain croît-il fortement certaines années et décroît-il d'autres années ? Que peut faire le gouvernement américain pour limiter les effets de ces fluctuations ? Nous répondrons à ces questions dans quelque temps.

Pour le moment, rappelons seulement l'importance de la mesure du PIB. Nous avons tous une idée de la santé de l'économie, fondée sur notre expérience personnelle. Les économistes doivent être plus précis : ils ont besoin de données concrètes et précises sur lesquelles asseoir leurs jugements. La quantification de l'économie par des statistiques telles que le PIB est donc le premier pas vers une science économique.

RÉSUMÉ

- Toute transaction mettant face à face un acheteur et un vendeur, la dépense totale et le revenu total de l'économie entière doivent être identiques.
- Le Produit intérieur brut (PIB) mesure à la fois la dépense totale de l'économie en biens et services nouvellement produits et le revenu total généré par la production de ces biens et services. Le PIB est la valeur de marché de l'ensemble des biens et services finaux produits par un pays sur une période donnée.
- On distingue quatre composantes du PIB : la consommation, l'investissement, les dépenses publiques et les exportations nettes. La consommation regroupe les dépenses des ménages en biens et services, à l'exception des achats de logements neufs. L'investissement recouvre les dépenses d'équipement, y compris l'achat de logements neufs par les ménages. Les dépenses publiques recouvrent les achats de biens et services par l'ensemble des agences gouvernementales. Les exportations nettes sont égales à la valeur des biens et services produits domestiquement et vendus à l'étranger (exportations) diminuée de la valeur des biens et services produits à l'étranger et vendus à l'intérieur du pays (importations).
- Le PIB nominal évalue la production de l'économie aux prix courants. Le PIB réel évalue la production aux prix (constants) d'une année de référence. Le déflateur du PIB – ratio du PIB nominal au PIB réel – indique le niveau des prix dans l'économie.
- Le PIB est un bon indicateur du bien-être économique, car les gens préfèrent gagner plus que moins. Mais ce n'est pas un indicateur parfait. Par exemple, le PIB ne tient pas compte de la valeur des loisirs, ni de celle d'un environnement propre et sain.

CONCEPTS CLÉS – DÉFINITIONS

Micro-économie : étude du comportement individuel des ménages et des entreprises, et de leurs interactions sur les marchés.

Macro-économie : étude des phénomènes économiques d'ensemble, comme l'inflation, le chômage et la croissance économique.

Produit intérieur brut (PIB) : valeur de marché de l'ensemble des biens et services finaux produits à l'intérieur d'un pays sur une période donnée.

Produit national brut (PNB) : valeur de marché de l'ensemble des biens et services finals produits par les résidents d'un pays sur une période donnée.

Consommation : achats de biens et services par les ménages, non compris les acquisitions de logements neufs.

Investissement : achats de biens d'équipement, de stocks, de structures, y compris les achats de logements neufs par les ménages.

Dépenses publiques : achats de biens et services effectués par les agences gouvernementales.

Exportations nettes : achats par les étrangers de biens produits à l'intérieur du pays (exportations) diminués des achats par les résidents de biens produits à l'étranger (importations).

PIB nominal : production de biens et services, valorisée aux prix courants.

PIB réel : production de biens et services, valorisée à prix constants.

Déflateur du PIB : mesure du niveau des prix calculée en divisant le PIB nominal par le PIB réel.

QUESTIONS DE RÉVISION

1. Expliquer pourquoi le revenu total de l'économie est égal à la dépense totale.
2. Qu'est-ce qui contribue le plus au PIB : la production d'une voiture économique ou la production d'une voiture de luxe ? Pourquoi ?
3. Un fermier vend du blé à un boulanger pour 2 dollars. Le boulanger utilise ce blé pour faire du pain, qui est vendu 3 dollars. Quelle est la contribution du boulanger au PIB ?
4. Il y a plusieurs années de cela, Peggy s'était constitué une belle collection de disques pour 500 dollars. Aujourd'hui, elle vend sa collection pour 100 dollars. Comment cette vente affecte-t-elle le PIB actuel ?
5. Énumérer les quatre composantes du PIB et donner un exemple de chaque.
6. En 2001, l'économie produit 100 miches de pain, vendues à 2 dollars. En 2002, elle produit 200 miches de pain, vendues 3 dollars. Calculer le PIB nominal, le PIB réel et le déflateur du PIB pour chaque année

(l'année 2001 sera l'année de référence). Quel est le pourcentage de variation de chaque statistique entre les deux années ?

7. Pourquoi est-il souhaitable d'avoir un PIB important ? Donner un exemple de quelque chose qui augmenterait le PIB, mais ne serait pas souhaitable.

PROBLÈMES D'APPLICATION

1. Quelles composantes du PIB seraient affectées par les transactions suivantes :
   a. Une famille achète un nouveau réfrigérateur.
   b. La tante Jane achète une nouvelle maison.
   c. Ford vend une Thunderbird de son stock.
   d. Vous achetez une pizza.
   e. La Californie refait l'autoroute 101.
   f. Vos parents achètent une bouteille de vin français.
   g. Honda agrandit son usine de l'Ohio.
2. La rubrique des « dépenses publiques » du PIB n'inclut pas les transferts comme la sécurité sociale. Expliquez la raison d'être de cette exclusion.
3. Pourquoi les achats de logements par les ménages sont-ils inclus dans les investissements plutôt que dans la consommation ? Pourrait-on en faire autant avec les achats de véhicules neufs ? À quels autres biens de consommation cette logique pourrait-elle s'appliquer ?
4. Le PIB n'inclut pas la valeur des biens d'occasion revendus. Pourquoi une telle inclusion rendrait-elle le PIB moins intéressant ?
5. Quel est l'intérêt de calculer le PIB à partir du prix des produits et non de leur poids ?
6. Prenez les données suivantes concernant le PIB américain :

	PIB nominal	*Déflateur (base 1987)*
1993	6 343	124
1994	6 738	126

   a. Quel fut le taux de croissance du PIB nominal entre 93 et 94 ?
   b. Quel fut le taux de croissance du déflateur du PIB entre 93 et 94 ?
   c. Quel fut le revenu réel en 93 mesuré en termes de prix de 87 ?
   d. Même question pour 94.
   e. Quel fut le taux de croissance du revenu réel entre 93 et 94 ?
   f. Le taux de croissance du revenu nominal a-t-il été supérieur ou inférieur au taux de croissance du revenu réel ? Expliquez.
7. Si les prix augmentent, les revenus des vendeurs s'élèvent. Mais cet accroissement n'apparaît pas dans le PIB réel. Pourquoi les économistes préfèrent-ils mesurer le bien-être économique par le PIB réel ?

8. Vers la fin de chaque mois, une estimation corrigée du PIB est publiée. Trouvez à la bibliothèque un article vous indiquant les chiffres les plus récents. Commentez les variations du PIB nominal et réel, ainsi que des composantes du PIB.
9. Si un agriculteur vend la même quantité de maïs que l'année précédente, mais à un prix plus élevé, son revenu a augmenté. Peut-on dire si cela est favorable ? Expliquez.
10. Un ami vous apprend que le PIB chinois est trois fois plus élevé que le PIB suédois. Cela signifie-t-il que l'économie chinoise se porte mieux que l'économie suédoise ? Pourquoi ?
11. Les biens et services qui ne sont pas échangés sur un marché, comme par exemple les repas pris à la maison, ne sont généralement pas inclus dans le PIB. Si vous revenez à la première colonne du tableau 22.3, pensez-vous que cette exclusion puisse nuire à la comparaison du bien-être économique indien et américain ? Expliquez.
12. Depuis le début des années 90, le gouvernement utilise le PIB plutôt que le PNB pour mesurer le bien-être économique. Quel devrait être l'indicateur préféré du gouvernement si celui-ci cherchait à mesurer le revenu total des Américains ? Même question si le gouvernement cherche à mesurer l'activité économique développée sur le territoire américain.
13. Depuis 1970, la proportion de femmes dans la population active a crû considérablement :
    a. Quel effet cela a-t-il pu avoir sur le PIB ?
    b. Imaginez un indicateur de bien-être qui tiendrait compte du travail fait à la maison et du temps consacré au loisir. Comment cet indicateur aurait-il été affecté par le changement évoqué ci-dessus ?

CHAPITRE 23

MESURER LE COÛT DE LA VIE

Dans ce chapitre, vous allez :

- apprendre à construire l'indice des prix à la consommation (IPC)
- comprendre pourquoi l, IPC est une mesure imparfaite du coût de la vie
- comparer l'IPC et le déflateur du PIB
- voir comment utiliser l'indice des prix pour comparer des sommes d'argent dans le temps
- remarquer la différence entre taux d'intérêt nominal et réel

En 1931, alors que les États-Unis traversaient la Grande Dépression, la star du base-ball Babe Ruth gagnait 80 000 dollars. Un tel salaire était extraordinaire à l'époque. À un journaliste qui lui demandait quel effet lui faisait le fait de gagner plus que Herbert Hoover, le Président des États-Unis, Ruth répondit : « J'ai été meilleur que lui cette année. »

Aujourd'hui, le joueur de base-ball moyen gagne dix fois le salaire de Ruth. Et les stars peuvent gagner jusqu'à cent fois plus. On pourrait penser que le base-ball est devenu un sport plus lucratif au cours des soixante dernières années. Mais d'un autre côté tout le monde sait que le coût de la vie n'est plus le même qu'en 1931. Le pouvoir d'achat d'un dollar de 1931 était supérieur à celui du même dollar aujourd'hui. Il est donc difficile de dire *a priori* si Ruth a connu un niveau de vie supérieur à celui des joueurs contemporains.

Dans le chapitre précédent, nous avons vu comment les économistes mesurent la quantité de biens et services produite par l'économie, avec le PIB. Dans ce chapitre, nous allons voir comment ils mesurent le coût de la vie. Ce chapitre introduit la notion d'*indice des prix à la consommation*, la statistique la plus utilisée pour mesurer le niveau des prix dans l'économie. Pour pouvoir comparer le salaire de 1931 à celui d'aujourd'hui, il faut trouver une manière de transformer ces dollars en pouvoirs d'achat. C'est très exactement ce que fait l'indice des prix à la consommation (IPC). Après avoir vu comment il est calculé, nous verrons comment l'utiliser pour comparer les dollars de diverses époques.

L'indice des prix à la consommation permet de repérer les variations du coût de la vie. Quand il monte, une famille doit dépenser davantage d'argent pour conserver le même niveau de vie. Les économistes parlent d'*inflation* pour caractériser ces époques pendant lesquelles le niveau général des prix progresse. Le taux d'inflation est le taux de variation du niveau général des prix d'une période à l'autre. L'inflation est une variable essentielle à l'analyse macroéconomique et un facteur très important pour ce qui est du choix des politiques économiques.

23.1 L'INDICE DES PRIX À LA CONSOMMATION

L'*indice des prix à la consommation (IPC)* mesure le coût des biens et services achetés par un consommateur typique. Il est calculé et publié chaque mois par le ministère du Travail. Nous allons voir ici comment il est calculé, quels problèmes pose ce calcul, et comment l'IPC se compare à l'autre mesure importante du niveau des prix, le déflateur du PIB.

Le calcul de l'IPC

Pour calculer l'indice des prix à la consommation, il faut récolter des informations sur les prix de plusieurs milliers de biens et services. Pour notre part, nous allons considérer une économie élémentaire dans laquelle les consommateurs ne peuvent acheter que deux produits : des pommes et des oranges. Le tableau 23.1 décrit les cinq étapes par lesquelles passe le ministère du Travail pour calculer l'IPC.

Composition du panier. La première étape consiste à déterminer les prix les plus importants pour le consommateur typique. Si celui-ci consomme plus de pommes que d'oranges, alors le prix des pommes est plus important que celui des oranges et il faut lui don-

TABLEAU 23.1 **Le calcul de l'IPC et du taux d'inflation : un exemple.**

Étape n° 1 : déterminer la composition du panier du consommateur

4 pommes, 2 oranges

Étape n° 2 : trouver les prix des produits

Année	Prix des pommes	Prix des oranges
2001	1 $	2 $
2002	2 $	3 $
2003	3 $	4 $

Étape n° 3 : calculer le coût du panier

2001 (4 pommes à 1 $) + (2 oranges à 2 $) = 8 $
2002 (4 pommes à 2 $) + (2 oranges à 3 $) = 14 $
2003 (4 pommes à 3 $) + (2 oranges à 4 $) = 20 $

Étape n° 4 : choisir une année de référence (2001) et calculer l'IPC

2001 8 $/8 $ x 100 = 100
2002 14 $/8 $ x 100 = 175
2003 20 $/8 $ x 100 = 250

Étape n° 5 : calculer le taux d'inflation

2002 (175 – 100)/100 x 100 = 75 %
2003 (250 – 175)/175 x 100 = 43 %

Ce tableau indique le mode de calcul de l'indice des prix et du taux d'inflation dans une économie où les consommateurs n'achètent que des pommes et des oranges.

ner un poids plus élevé dans le calcul. Le ministère du Travail enquête auprès des consommateurs pour déterminer la composition du panier de biens et services consommés par l'individu moyen. Dans notre exemple, le panier du consommateur est constitué de 4 pommes et 2 oranges.

Trouver les prix. La deuxième étape consiste à trouver les prix de chacun des produits. Le tableau indique les prix des pommes et des oranges pour trois années différentes.

Calculer le prix du panier. La troisième étape consiste à calculer le prix du panier du consommateur à chaque époque. Vous remarquerez que la composition du panier reste la même, seuls les prix changeant, ce qui permet d'isoler l'effet d'une variation de prix par rapport à une éventuelle variation de quantité.

Choisir une année de base et calculer l'indice. La quatrième étape choisit une année comme année de référence. Le prix des paniers des années suivantes sera divisé par le prix du panier de l'année de référence, et le résultat sera multiplié par 100, pour obtenir l'indice des prix à la consommation.

Dans notre exemple, c'est 2001 qui est l'année de référence. Le panier du consommateur coûte alors 8 dollars. L'IPC de 2001 est égal à 100 (l'indice est toujours égal à 100 pour l'année de référence). L'IPC monte à 175 en 2002, et 250 en 2003. Le panier de biens qui coûtait 100 dollars l'année de base en coûte 175 en 2002 et 250 en 2003. Ce qui signifie qu'en 2003, l'indice des prix est 2,5 fois plus élevé qu'en 2001.

Calculer le taux d'inflation. La cinquième et dernière étape consiste à calculer le *taux d'inflation,* qui est le taux de variation de l'IPC d'une période à l'autre. Dans notre exemple, l'IPC a progressé de 75 % entre 2002 et 2001, et de 42 % entre 2003 et 2002. L'inflation était donc de 75 % en 2002 et de 42 % en 2003.

Le ministère du Travail fait exactement ce calcul, mais sur les milliers de produits composant le panier du consommateur, et publie l'IPC pour l'économie dans son ensemble. Le ministère fournit aussi les résultats du calcul pour certaines régions du pays (Boston, New York et Los Angeles par exemple), ainsi que pour certaines catégories de produits (comme la nourriture, le vêtement ou l'énergie). Il calcule aussi un *indice des prix à la production,* qui mesure le coût d'achat d'un panier de biens et services par les entreprises plutôt que par les consommateurs. Dans la mesure où les entreprises finissent en général par transférer sur le consommateur la hausse de leurs coûts de production, cet indice constitue souvent un indicateur avancé de l'inflation à venir. Ces informations sont annoncées dans les journaux télévisés et la presse écrite.

POUR VOTRE CULTURE GÉNÉRALE

Qu'y a-t-il dans le panier du consommateur ?

Pour définir le panier du consommateur, le ministère du Travail essaie de tenir compte de tous les biens et services achetés par le consommateur typique. En outre, il essaie de leur accorder un poids correspondant à la part qu'ils représentent dans les achats du consommateur.

La figure 23.1 décompose le panier en grandes catégories de biens et services. Le logement constitue de loin la dépense la plus importante, avec 41 % du budget du consommateur. Ce chiffre inclut l'habitation elle-même (28 %), les dépenses d'énergie (7 %) et l'ameublement et l'entretien (6 %). La deuxième catégorie importante, avec 17 % du budget total, est l'alimentation, qu'elle soit domestique (10 %), en restaurant (6 %) ou en boissons alcoolisées (2 %). Les dépenses de transport consomment également 17 % du total : voitures, essence, autobus, métro, etc. Les dépenses médicales représentent 7 % du total, les appareils et l'entretien 6 %, les loisirs 4 %.

Dans la dernière catégorie du tableau, on trouve le reste des dépenses, pour 9 % du budget total. C'est une catégorie fourre-tout, dans laquelle on trouve les biens et services qui ne rentrent directement dans aucune des catégories précédentes. L'achat de ce livre, par exemple, rentre dans cette catégorie fourre-tout (même si vous avez trouvé ce livre cher à l'achat, sachez que les ouvrages et les fournitures scolaires ne représentent que 0,25 % du budget du consommateur moyen).

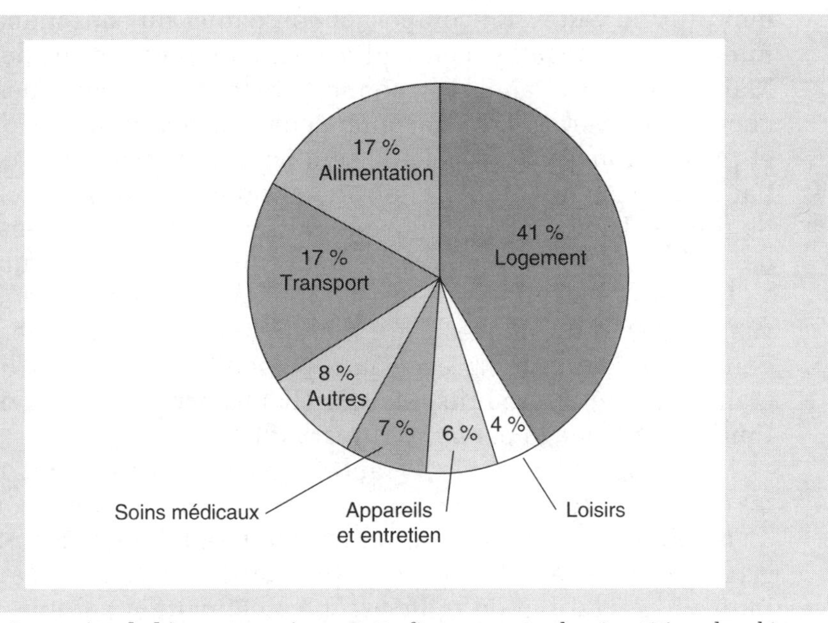

FIG. 23.1 **Le panier de biens et services.** Cette figure montre la répartition des dépenses du consommateur typique en diverses catégories de biens et services. Le ministère du Travail parle « d'importance relative » de chaque catégorie.

Source. — Statistiques du ministère du Travail.

Les problèmes posés par le calcul de l'indice des prix

L'indice des prix cherche à mesurer les variations du coût de la vie. Quand les prix augmentent, le pouvoir d'achat d'un dollar baisse, et il faut donc plus de dollars pour maintenir un niveau de vie constant. L'IPC essaie de mesurer l'augmentation de revenu nécessaire pour conserver un niveau de vie constant.

Mais l'indice des prix n'est pas un indicateur parfait du coût de la vie. Il y a en fait trois difficultés, bien connues, mais difficiles à résoudre.

Le premier problème est lié à la *substitution*. Les prix ne changent pas tous de la même manière au même moment. Certains prix augmentent plus que d'autres, et les consommateurs achètent généralement moins de ces produits au profit de ceux dont les prix ont moins monté, voire baissé. Mais l'IPC est calculé sur la base d'un panier invariable dans sa composition. En ne tenant pas compte de cet effet de substitution, l'indice des prix a tendance à surestimer l'augmentation du coût de la vie.

Prenons un exemple simple. L'année de référence, les pommes vertes sont moins chères que les rouges, et les consommateurs achètent plus de vertes. En composant son panier du consommateur, le ministère du Travail y mettra plus de pommes vertes que de rouges. Mais l'année suivante, les pommes rouges sont devenues moins cher que les vertes. Les consommateurs achèteront moins de vertes et plus de rouges. Mais cela ne sera pas reflété par l'indice calculé par le gouvernement, qui continuera à prendre plus de vertes que de rouges. L'indice fera donc apparaître une augmentation du coût de la vie supérieure à celle réellement subie par les consommateurs.

Le deuxième problème, c'est l'*introduction des produits nouveaux*. Quand un nouveau produit apparaît sur le marché, le pouvoir d'achat d'un dollar est accru, puisqu'il peut acheter une plus grande variété de produits. Mais ce changement n'est pas reflété par l'indice, puisque le panier est invariable.

Reprenons un exemple. Quand les magnétoscopes sont apparus, les consommateurs pouvaient regarder un film chez eux moins cher qu'au cinéma. Le nouveau produit améliorait donc le bien-être des gens en leur offrant de nouvelles possibilités de consommation. Un indice parfait aurait dû refléter cette amélioration par une diminution du coût de la vie. Pourtant l'introduction d'un nouveau produit ne fait jamais baisser l'indice des prix. De temps en temps, le gouvernement réajuste la composition du panier du consommateur, par exemple pour y inclure les magnétoscopes. Ultérieurement, les variations de prix des magnétoscopes seront reflétées par l'indice

DANS VOS JOURNAUX

Acheter l'indice des prix

Derrière chaque statistique macro-économique se cachent des milliers d'informations élémentaires sur l'économie. L'article suivant nous en dit plus sur un individu qui collecte ces données.

L'IPC est-il précis ? Demandez à ceux qui fournissent les chiffres

CHRISTINA DUFF

Trenton, New Jersey. Le directeur financier de l'hôpital n'est peut-être pas très coopératif, mais il en faut davantage pour décourager Sabina Bloom, agent du gouvernement.

Mme Bloom veut connaître les prix exacts de certains services hospitaliers. Et même si on lui répond que rien n'a changé, elle demande à consulter les feuilles de tarif pour s'assurer que quelques centimes n'ont pas été rajoutés ou retranchés ici ou là. Mme Bloom est l'une des 300 personnes employées sur le terrain par le Service des statistiques du ministère du Travail, chargées de récolter les données nécessaires au calcul de l'indice des prix à la consommation.

Mme Bloom parcourt 1 500 kilomètres par mois, afin de visiter 150 sites. Son objectif : recenser les prix de certains produits, encore et encore. Si les prix ont changé, elle doit trouver pourquoi. Chaque mois, ce sont environ 90 000 prix qui sont ainsi envoyés à Washington pour y être traités avant de ressortir sous la forme de l'IPC du mois.

Le choix des biens à prendre en considération n'est pas chose facile. Sur la base d'études de consommation, le ministère du Travail sélectionne des magasins populaires et des articles grand public. Puis un article particulier (taille, couleur, style, etc.) est choisi, généralement un article qui génère un chiffre d'affaires élevé dans sa catégorie.

Quand le produit précis recherché ne peut être trouvé, il faut alors choisir un substitut. Ce qui n'est pas facile non plus. Prenez le cas d'une coupe de cheveux. Si le coiffeur part, il faut que son remplaçant ait une expérience similaire. S'il est débutant, il demandera probablement moins cher.

La tâche de ces détectives des prix est d'ailleurs rendue plus difficile encore par le fait que la composition du panier n'est revue que tous les 10 ans. Les téléphones cellulaires ne sont donc pas pris en compte, car ils ne rentrent dans aucune des catégories recensées. Ils seront probablement pris en compte dans le panier qui sortira en 1998.

Certains changements à l'intérieur d'une catégorie sont effectués tous les cinq ans. Par exemple dans la catégorie des « voitures neuves », si les ventes de voitures américaines l'emportent de beaucoup sur celles de voitures importées, les agents recenseront plus de Ford que de Toyota. Mais ces changements sont de toute façon trop peu fréquents, font remarquer les critiques, et le panier contient trop de produits largement passés de mode.

Les agents du gouvernement n'y peuvent pas grand-chose. Il ne leur reste qu'à interroger les employés et les propriétaires des boutiques afin d'essayer de trouver les réponses aux questions qu'ils se posent. En espérant qu'ils auront la chance de tomber sur quelqu'un de compréhensif.

Source. — Wall Street Journal, 16 janvier 1997, p. A1.

DANS VOS JOURNAUX

La Commission de l'IPC

En 1996, une Commission nommée par le Congrès, regroupant plusieurs économistes de renom, fut chargée d'étudier les imperfections de l'IPC. Dans l'article suivant, le président de la commission, Michaël Boskin, présente les conclusions des travaux menés.

Victimes de statistiques erronées

MICHAËL BOSKIN

De même que les particules sub-atomiques constituent les pièces élémentaires de la physique, prix et quantités sont les pièces élémentaires de l'économie, les fondations sur lesquelles reposent toutes les analyses, les théories et les politiques économiques. Si ces prix et leurs variations ne sont pas connus avec précision, les fondations de l'édifice économique seront branlantes. Nous serons alors victimes de statistiques erronées.

La mesure précise de l'inflation est particulièrement importante, non seulement pour la mise en œuvre d'une politique monétaire adéquate, mais aussi parce que de nombreux contrats privés incluent des clauses d'indexation. Le tiers des rubriques du budget fédéral fait l'objet d'un réajustement automatique chaque année en fonction du taux d'inflation, de même que les tranches du barème de l'impôt sur le revenu des personnes physiques.

Hier, la Commission que j'ai présidée a publié son rapport. Mes quatre éminents collègues et moi-même avons conclu que l'IPC, tel qu'il est conçu actuellement, surestime le taux réel d'inflation d'environ 1,1 % par an. Si le taux d'inflation officiellement calculé ressort à 3 % par an, il est probable que le coût de la vie n'a véritablement augmenté que d'environ 2 %. La différence est faible, mais elle devient importante quand elle concerne des périodes longues. Sur une douzaine d'années par exemple, l'endettement national cumulé généré par cette surindexation atteindrait 1 000 milliards de dollars !

Les résultats de cette surestimation de l'inflation sont remarquables en matière d'analyse économique. Les revenus horaires réels ont effectivement progressé de 13 % entre 1973 et 1995, alors qu'on considère généralement qu'ils ont baissé du même montant. Il y a sans aucun doute un ralentissement de la croissance des salaires réels, du fait du ralentissement de la croissance, mais certainement pas une diminution en valeur absolue. Le revenu réel médian d'une famille américaine a progressé de 36 % sur cette période, et non de 4 % comme l'indiquent les statistiques officielles fondées sur l'IPC.

La Commission a donc recommandé au Congrès et au Président de prendre une

des prix. Mais la réduction du coût de la vie liée à l'apparition des magnétoscopes sur le marché n'a jamais été prise en compte.

Le troisième problème est celui des *changements de qualité*. Si la qualité d'un produit s'améliore d'une année à l'autre, la valeur d'un dollar augmente, même si le prix du produit est constant. Le ministère fait son possible pour intégrer ces changements de qualité, en ajustant le prix du produit en fonction de la nouvelle qua-

décision claire quant à l'indexation du budget. Si l'objet de celle-ci est une compensation pure et simple de l'augmentation du coût de la vie, alors il faut adopter de nouvelles règles...

Pourquoi l'IPC surestime-t-il ainsi l'inflation ? La faiblesse du concept d'indice des prix tient directement à ce qui en fait sa force, à savoir la simplicité du concept de panier fixe de consommation. En fait, avec le temps et les réactions du public aux variations de prix, le panier du consommateur est de moins en moins fixe.

Que fait le consommateur typique aujourd'hui ? Il saute dans sa voiture pour aller acheter un magnétoscope chez un discounter, et sur le chemin du retour à la maison s'arrête au supermarché pour acheter un morceau de bœuf. Comme le prix de celui-ci a monté, il achète du poulet. Arrivé chez lui, il décongèle quelques légumes au micro-ondes, et allume la télé pour regarder les nouvelles du soir. La voiture de notre consommateur est équipée de pneus à carcasse radiale, qui durent trois à cinq fois plus longtemps que les pneus classiques, et donc réduisent les coûts de maintenance et d'usure ; le magnétoscope acheté 170 dollars chez le discounter aurait coûté plus de 200 dollars chez un vendeur normal, et plus de 1 000 dollars il y a vingt ans ; en prenant du poulet plutôt que du bœuf, le consommateur a protégé sa famille contre la hausse du prix de la viande ; le four à micro-ondes n'existait pas il y a trente ans ; la télévision est en couleurs, reçoit une cinquantaine de chaînes, offre une image et un son de bien meilleures qualités que sa contrepartie d'il y a vingt-cinq ans, et ne tombe jamais en panne.

Le panier de consommation de l'IPC a été déterminé en 1982-83. Les produits nouveaux ne sont introduits qu'au rythme d'une fois tous les dix ans environ ; les magnétoscopes et les fours à micro-ondes par exemple n'ont été introduits dans l'indice qu'environ 10 ans après leur généralisation chez les consommateurs, alors que leur prix avait déjà baissé de 80 %. Cette baisse tendancielle des prix, classique notamment pour les biens durables, n'apparaît jamais dans l'indice. Et malgré les efforts du ministère du Travail, il est clair que les améliorations des produits en termes de sécurité, de durée de vie, d'économies d'énergie ne sont guère reflétées dans l'IPC.

La Commission a donc recommandé l'utilisation d'un indice du coût de la vie intégrant les substitutions effectuées par les consommateurs, à la place de l'actuel panier fixe. D'autres recommandations portent sur des méthodes permettant d'intégrer les produits nouveaux plus rapidement et de tenir mieux compte des modifications de qualité. L'idée générale étant de créer un système évolutif qui n'aurait pas besoin d'être totalement remis à plat tous les 10-15 ans.

Il y a donc là une occasion historique d'améliorer singulièrement la qualité de l'une des statistiques économiques majeures. Notre indice actuel est devenu trop imprécis.

Source. — Wall Street Journal, 5 décembre 1996.

lité. Il essaie en fait de calculer le prix d'un panier de biens de qualité constante. Cet objectif est extrêmement difficile à atteindre, car la qualité est très difficile à mesurer.

Le débat fait rage au sein des économistes sur l'ampleur de ces difficultés et les solutions envisageables. La plupart des études considèrent que le taux d'inflation annuel est surestimé de 0,5 à 1,5 %, du fait de ces trois problèmes. De sorte que certains ont proposé de ne plus indexer certains programmes gouvernementaux sur l'IPC, mais plutôt sur l'IPC moins 1 %. Un remède vraiment peu satisfaisant intellectuellement, qui aurait pour conséquence de réduire les dépenses publiques de plusieurs milliards chaque année.

Le déflateur du PIB et l'indice des prix à la consommation

Le chapitre précédent a présenté le déflateur du PIB comme le rapport du PIB nominal au PIB réel. Ce déflateur du PIB compare les prix courants à ceux de l'année de référence.

Déflateur du PIB et IPC sont tous deux suivis attentivement par les économistes et les responsables politiques, et ils évoluent de manière comparable. Il existe néanmoins deux différences importantes qui peuvent causer quelques divergences.

La première différence, c'est que le déflateur du PIB reflète les prix de tous les biens et services produits à l'intérieur des frontières, tandis que l'IPC ne s'intéresse qu'au prix des produits achetés par les consommateurs. Si Boeing a augmenté le prix de vente de ses avions à l'armée de l'air américaine, cette augmentation ne se retrouvera pas dans l'IPC, alors qu'elle apparaîtra dans le déflateur du PIB.

En sens inverse, l'augmentation du prix d'un bien de consommation importé, comme une voiture étrangère par exemple, apparaîtra dans l'indice des prix et pas dans le déflateur du PIB.

Ce principe pose de sérieux problèmes avec le prix du pétrole. Si les États-Unis produisent du pétrole, la majorité du pétrole consommé ici est importée du Moyen-Orient. Par conséquent, le pétrole et ses dérivés représentent une part beaucoup plus grande de la consommation que du PIB. Quand le prix du pétrole augmente, l'IPC augmente beaucoup plus vite que le déflateur du PIB.

La deuxième différence, plus subtile, porte sur les pondérations accordées aux divers prix pour obtenir une mesure unique. L'IPC compare le prix d'un panier constant au prix de ce panier l'année de référence. Les modifications du panier ne sont que peu fréquentes. En revanche, le déflateur compare les prix des biens produits dans l'année aux prix des mêmes biens l'année de référence. Cet ensemble de biens change donc tous les ans. Et comme tous les biens et services ne voient pas leur prix varier du même montant, il en résulte des différences qui peuvent être importantes.

La figure 23.2 montre le taux d'inflation mesuré par le déflateur du PIB et par l'IPC, de 1965 à nos jours. Vous constatez quelques divergences entre les deux mesures, que l'on peut toujours expli-

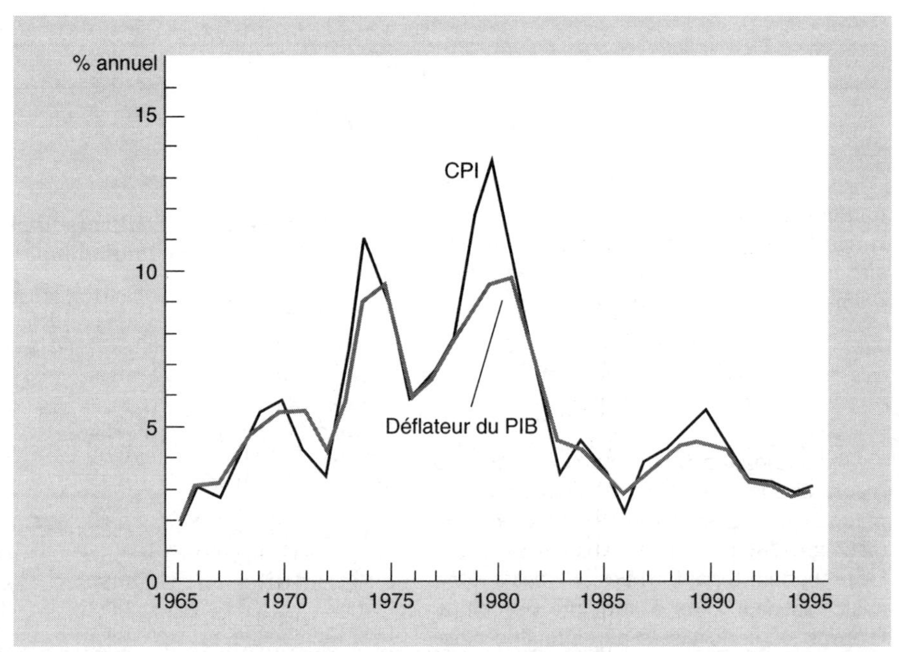

FIG. 23.2 **Deux mesures de l'inflation.** Cette figure montre l'inflation – l'augmentation du niveau général des prix – mesurée par le déflateur du PIB et par l'indice des prix à la consommation. Ces deux indicateurs sont très proches l'un de l'autre.

Source. — Ministère du Travail, ministère du Commerce.

quer par l'une ou l'autre des deux difficultés évoquées ci-dessus. Mais vous remarquerez surtout que ces divergences sont exceptionnelles. À la fin des années 70, les deux indicateurs faisaient apparaître des taux d'inflation élevés, et des taux nettement inférieurs au début des années 90.

■ **VÉRIFIEZ VOS CONNAISSANCES** Expliquer comment est calculé l'indice des prix à la consommation.

23.2 CORRIGER DE L'INFLATION LES VARIABLES ÉCONOMIQUES

Mesurer le niveau des prix de l'économie doit permettre de comparer dans le temps les données exprimées en unités monétaires. Voyons maintenant comment utiliser cet indice des prix pour comparer un chiffre en dollars du passé avec un chiffre en dollars d'aujourd'hui.

DANS VOS JOURNAUX

M. Indice visite Hollywood

Quel est le film le plus populaire de tous les temps ? Comme l'indique l'article suivant, la réponse à cette question nécessite une certaine connaissance des mécanismes de calcul d'indice des prix.

Toujours en tête

Independance Day a établi un nouveau record en matière de recettes cinématographiques, en réalisant 100 millions de dollars de chiffre d'affaires en moins d'une semaine. Le précédent tenant du titre, *Jurassic Park*, avait mis neuf jours à atteindre ce chiffre. D'après les spécialistes de l'industrie cinématographique, *Independance Day* devrait rapporter plus de 400 millions de dollars aux États-Unis seulement, battant ainsi le recors établi par *E.T.* dans les années 80.

Mais les dollars dont on parle ici sont des dollars d'aujourd'hui. Une firme de Los Angeles a calculé les recettes rapportées par les grands succès du cinéma américain, récents et plus anciens. Et l'on constate que même si *Independance Day* atteint effectivement les 400 millions de dollars de recettes, le film sera encore très loin derrière le record établi il y a plus d'un demi-siècle par Scarlett et Rhett.

Recettes des 20 meilleurs films, corrigées de l'inflation.

Titre	*Année*	*Recette domestique (en $ de 1996)*
Autant en emporte le vent	1939	859 millions
La guerre des étoiles	1977	628
Les 10 commandements	1956	570
Sound of Music	1965	568
Les dents de la mer	1975	557
E.T.	1982	552
Docteur Jivago	1965	540
Le livre de la Jungle	1967	483
Blanche-Neige	1937	474
Ben-Hur	1959	468
Les 101 dalmatiens	1961	458
L'exorciste	1973	410
L'arnaque	1973	397
Jurassic Park	1993	375
Le lauréat	1967	372
Le parrain	1972	368
Le retour du Jedi	1983	364
Fantasia	1940	361
L'Empire contre-attaque	1980	361
Forrest Gump	1994	346

Source. — US News and World Report, 29 juillet 1996, p. 8.

Comparer les sommes d'argent au cours du temps

Revenons au salaire de Babe Ruth. Comment se comparent les 80 000 dollars qu'il gagnait en 1931 aux salaires des joueurs contemporains ?

Pour répondre à la question, il faut d'abord connaître les niveaux des prix en 1931 et aujourd'hui. Puis, il faut exprimer le salaire de 1931 en dollars d'aujourd'hui, c'est-à-dire corrigé de l'inflation.

Les statistiques gouvernementales nous indiquent 8,7 comme indice des prix en 1931 et 107,6 en 1995 (l'année de référence est

1992). Les prix ont donc été multipliés par 12,4 (*i.e.* 107,6/8,7) entre 1995 et 1931. Pour exprimer le salaire de Babe Ruth en dollars de 1995, il faut procéder comme suit :

Salaire 95 = Salaire 31 x (Prix 95/Prix 31)
= 80 000 x 12,4
= 989 425 dollars.

Le salaire de Babe Ruth était donc équivalent à un salaire de près d'un million de dollars d'aujourd'hui. C'est une rémunération très importante, mais très inférieure à celle des superstars du base-ball contemporain. Cal Ripken a par exemple touché 5,1 millions de dollars en 1995.

Qu'en est-il du salaire du Président des États-Unis ? Herbert Hoover gagnait 75 000 dollars en 1931, ce qui est équivalent à près de 930 000 dollars de 1995. Sa rémunération était donc très nettement supérieure à celle du Président Clinton, qui touche 200 000 dollars par an. Finalement, l'année 1931 ne fut pas si mauvaise que çà pour le Président Hoover.

L'indexation

Le genre de correction que nous venons de voir est très fréquent en économie. Quand une somme d'argent est automatiquement corrigée de l'inflation, par la loi ou contractuellement, on parle d'*indexation* sur l'inflation.

Par exemple, de nombreux accords salariaux conclus entre patronat et syndicats prévoient une certaine indexation des salaires sur l'inflation, pour assurer un maintien du niveau de vie des travailleurs.

De même, la loi prévoit ce genre de dispositions dans certains cas. C'est ainsi que les allocations de sécurité sociale sont automatiquement réévaluées chaque année en tenant compte de l'inflation ; de même, les tranches du barème d'imposition des revenus sont relevées.

Néanmoins, l'indexation du système fiscal est loin d'être complète et nous verrons plus en détail dans le chapitre 28 certaines imperfections et leurs conséquences.

Taux d'intérêt réel et nominal

La correction de l'inflation est essentielle quand on compare des taux d'intérêt dans le temps. Comme les taux d'intérêt indiquent le rendement futur de l'épargne actuelle, ou le coût des emprunts actuels, ils amènent toujours à comparer des sommes d'argent à des moments différents. Il est donc nécessaire de savoir corriger des effets de l'inflation, pour bien comprendre les taux d'intérêt.

Imaginons que Cath dépose 1 000 dollars sur un compte qui lui rapporte 10 % par an. À la fin de la première année, Cath a accumulé 100 dollars d'intérêts, et peut donc retirer 1 100 dollars de la banque. Est-elle plus riche de 100 dollars qu'un an plus tôt ?

Tout dépend de ce que l'on entend par « plus riche ». Elle a bien 100 dollars de plus que précédemment. Mais si les prix ont augmenté pendant l'année, un dollar vaut moins que ce qu'il valait un an plus tôt. Autrement dit, son pouvoir d'achat n'a pas augmenté de 10 %. Si le taux d'inflation a été de 4 %, la quantité de biens qu'elle peut acheter n'a augmenté que de 6 %. Et si l'inflation a été de 15 %, le prix des biens et services a augmenté plus rapidement que le nombre de dollars sur son compte, de sorte que son pouvoir d'achat a diminué de 5 %.

Le taux d'intérêt servi par la banque est appelé *taux d'intérêt nominal,* et le taux d'intérêt corrigé de l'inflation est appelé *taux d'intérêt réel.* La relation entre ces trois données s'exprime ainsi :

Taux d'intérêt réel = Taux d'intérêt nominal – Taux d'inflation.

Le taux nominal vous indique à quel rythme croît votre compte en banque ; le taux réel vous indique à quel rythme croît votre pouvoir d'achat.

La figure 23.3 montre l'évolution des taux d'intérêt nominal et réel aux États-Unis depuis 1965. Le taux d'intérêt représenté est le taux des Bons du Trésor à 3 mois. Le taux d'intérêt réel est obtenu en retranchant le taux d'inflation du taux d'intérêt nominal.

Vous constaterez que ces deux taux n'évoluent pas toujours simultanément. À la fin des années 70, les taux nominaux étaient élevés, mais l'inflation aussi, de sorte que les taux réels étaient faibles. Ils étaient même négatifs à certains moments. Au contraire, dans les années 80, les taux réels étaient relativement élevés. Dans les chapitres suivants, quand nous étudierons les causes et les conséquences des variations de taux d'intérêt, il ne faudra pas oublier cette différence entre taux nominal et taux réel.

■ **VÉRIFIEZ VOS CONNAISSANCES** En 1914, Henry Ford payait ses employés 5 dollars la journée. L'indice des prix de l'époque était de 11 ; sachant qu'il est maintenant de 131, quel est l'équivalent actuel du salaire journalier payé par Ford en 1914 ?

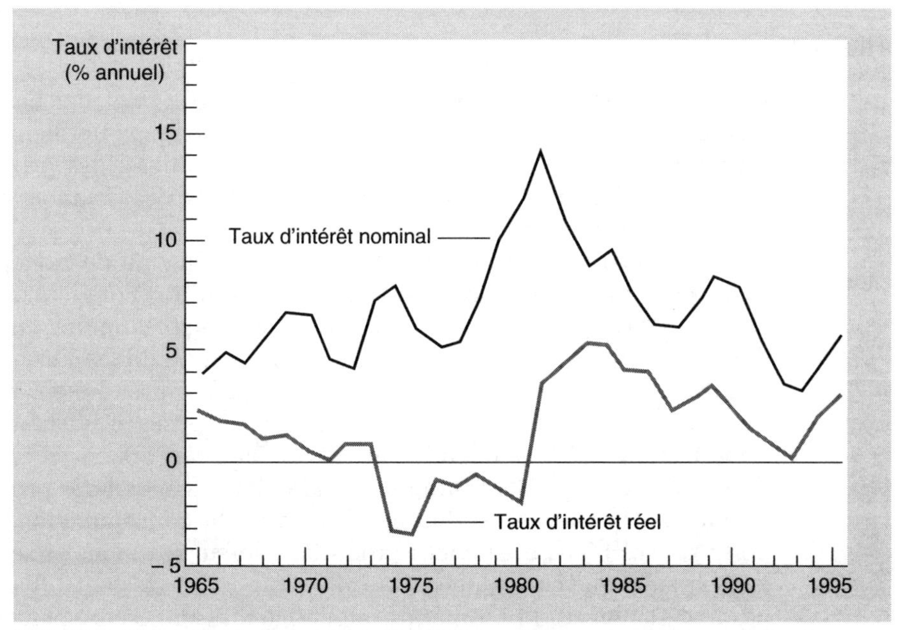

FIG. 23.3 **Taux d'intérêt nominal et réel.** Cette figure montre les taux nominaux et réels depuis 1965. Le taux nominal est le taux des Bons du Trésor à trois mois. Le taux réel est le précédent diminué du taux d'inflation mesuré par l'indice des prix à la consommation. Taux nominal et réel peuvent diverger sensiblement.

Source. — Ministère du Travail, ministère des Finances.

23.3 CONCLUSION

« Un nickel ne vaut même plus une dime », annonça un jour le joueur de base-ball Yogi Berra. Il est vrai qu'au cours de l'histoire récente, l'argent n'a cessé de perdre de la valeur, son pouvoir d'achat étant constamment érodé par une inflation plus ou moins élevée. N'oublions donc pas qu'un dollar d'aujourd'hui vaut moins qu'un dollar d'il y a vingt ans, et très certainement plus qu'un dollar de 2015.

Dans ce chapitre, nous avons vu comment les économistes mesurent le niveau général des prix dans l'économie et comment ils utilisent les indices de prix pour corriger les variables économiques des effets de l'inflation. Mais ce n'est qu'un point de départ. Nous ne savons toujours pas quelles sont les causes et les conséquences de l'inflation. Ce sujet sera traité bientôt. Nous allons maintenant développer les modèles qui expliquent les mouvements à long terme et à court terme de ces variables macro-économiques.

RÉSUMÉ

- L'indice des prix à la consommation compare le coût d'achat d'un panier de biens et services au coût d'achat du même panier l'année de référence. L'indice des prix mesure le niveau général des prix dans l'économie. Le taux d'inflation est égal au taux de variation de cet indice d'une année à l'autre.
- Cet indice des prix est un indicateur imparfait du coût de la vie, pour trois raisons. Il ne tient pas compte de la possibilité qu'ont les consommateurs de se porter vers des produits substituables moins chers. Il n'intègre pas l'accroissement de pouvoir d'achat du dollar consécutif à l'apparition de nouveaux produits. Il ne peut pas prendre en compte les modifications de qualité des produits proposés. Du fait de ces imperfections, l'IPC surestime l'inflation d'environ 1 %.
- Si le déflateur du PIB mesure lui aussi le niveau général des prix dans l'économie, il diffère de l'indice des prix à la consommation car il porte sur les biens et services produits, non sur les biens et services consommés. Par conséquent, les biens importés affectent l'IPC mais pas le déflateur du PIB. En outre, alors que l'IPC utilise un panier fixe de biens et services, le déflateur du PIB prend automatiquement en compte les évolutions dans la nature de la production puisque l'ensemble des biens et services est évalué par le PIB.
- Pour comparer efficacement des sommes d'argent à différentes périodes, il faut comparer leur pouvoir d'achat, c'est-à-dire multiplier la valeur ancienne par le ratio des indices des prix.
- De nombreux contrats privés et dispositions légales prévoient des clauses d'indexation pour compenser les effets de l'inflation. En matière fiscale, cette indexation est très incomplète.
- La prise en compte de l'inflation est essentielle pour analyser des données relatives aux taux d'intérêt. Le taux nominal est le taux annoncé, qui indique le taux de croissance du compte en banque. Le taux réel, égal à la différence entre le taux nominal et le taux d'inflation, indique le taux de croissance du pouvoir d'achat du compte en banque.

CONCEPTS CLÉS – DÉFINITIONS

Indice des prix à la consommation : mesure du coût de la vie calculée sur le coût d'un panier de biens et services achetés par un consommateur typique.

Taux d'inflation : taux de variation de l'indice des prix à la consommation entre deux périodes.

Indice des prix à la production : mesure du coût de la vie calculée sur un panier de biens et services achetés par une entreprise typique.

Indexation : réajustement automatique des données monétaires en fonction du taux d'inflation.

Taux d'intérêt nominal : taux d'intérêt utilisé couramment.
Taux d'intérêt réel : taux d'intérêt nominal corrigé des effets de l'inflation.

QUESTIONS DE RÉVISION

1. Des deux événements suivants, quel est celui qui exerce le plus gros effet sur l'indice des prix : une augmentation de 10 % du prix du poulet, ou une augmentation de 10 % du prix du caviar ? Pourquoi ?
2. Décrire les trois problèmes posés par l'indice des prix en tant qu'indicateur de coût de la vie.
3. Si le prix d'un sous-marin augmente, quel est l'indice des prix le plus touché : l'IPC ou le déflateur du PIB ? Pourquoi ?
4. Sur une longue période de temps, le prix d'une friandise est passé de 10 à 60 cents. Sur la même période, l'IPC est passé de 150 à 300. Quelle est la variation du prix de la friandise, corrigée des effets de l'inflation ?
5. Expliquer ce que sont les taux d'intérêt nominal et réel, et définir la relation qui existe entre eux.
6. Donner un exemple d'indexation incomplète du système fiscal.

PROBLÈMES D'APPLICATION

1. Imaginons que les gens ne consomment que trois biens :

	Prix 98	*Qté 98*	*Prix 99*	*Qté 99*
Balles tennis	2 $	100	2 $	100
Raquettes	40 $	10	60 $	10
Gatorade	1 $	200	2 $	200

   a. Quelles sont les variations de prix de chacun des produits ? Quel est le taux d'inflation général ?

   b. Les raquettes deviennent-elles plus ou moins chères par rapport au Gatorade ? Le bien-être de certains décline-t-il plus vite que celui de certains autres ? Expliquez.

2. Imaginons une communauté de végétariens qui ne consomment que des choux, du brocoli et des carottes. En 1998, ils achètent 100 choux pour 200 dollars, 50 bottes de brocoli pour 75 dollars et 500 carottes pour 50 dollars. En 1999, ils achètent 75 choux pour 225 dollars, 80 bottes de brocoli pour 120 dollars et 500 carottes pour 100 dollars. 1998 étant l'année de référence, calculez les indices des prix des deux années et le taux d'inflation en 1999.
3. De 1947 à 1997, l'IPC aux États-Unis a progressé de 637 %. Compte tenu de cette information, ajustez les prix de 1947 indiqués ci-dessous. Quels sont les biens et services qui coûtaient moins en 1997 qu'en

1947 après correction des effets de l'inflation ? Quels sont ceux qui coûtaient davantage ?

Bien/service	*Prix 1947*	*Prix 1997*
Une année universitaire	130 $	2 470 $
Un litre d'essence	0,23 $	1,22 $
Un coup de téléphone de 3 minutes de New York à Los Angeles	2,50 $	0,45 $
Une journée d'hôpital en soins intensifs	35 $	2 300 $
Un hamburger McDo	0,15 $	0,59 $

4. Les lois de protection de l'environnement ont rendu obligatoire en 1994 l'addition à l'essence d'un produit réduisant la pollution aérienne. Cette addition s'est traduite par une augmentation du prix de l'essence. Le ministère du Travail a considéré qu'il s'agissait d'une amélioration de la qualité du produit :
   a. Compte tenu de cette décision, cette augmentation du prix de l'essence a-t-elle eu un effet sur l'IPC ?
   b. Comment défendre la décision du ministère ? Comment s'y opposer ?
5. Quels types de problèmes de calcul de l'indice des prix posent les situations suivantes :
   a. L'invention du Walkman par Sony.
   b. L'introduction de l'air bag dans les voitures.
   c. L'augmentation des achats d'ordinateurs personnels suite à la baisse des prix.
   d. Une plus grande quantité de raisins dans chaque paquet de Raisin Bran.
   e. Une plus grande utilisation de véhicules qui consomment moins depuis l'augmentation du prix de l'essence.
6. Le *New York Times* coûtait 15 cents en 1970 et 40 cents en 1990. Ces mêmes années, le salaire en usine était en moyenne de 3,35 dollars et de 10,82 dollars de l'heure :
   a. Quelle est l'augmentation du prix du journal ?
   b. Même question pour le salaire manufacturier ?
   c. Combien de minutes un ouvrier doit-il travailler pour pouvoir se payer le journal en 70 et en 90 ?
   d. Exprimé en termes de journal, le pouvoir d'achat des travailleurs a-t-il augmenté ou diminué ?
7. Nous avons vu dans ce chapitre que les allocations de sécurité sociale sont indexées sur l'IPC, même si la plupart des économistes considèrent que celui-ci surestime l'inflation :
   a. Si les personnes âgées consomment le même panier que la population générale, leur niveau de vie s'améliore-t-il chaque année ? Expliquez.

b. En fait, les personnes âgées consomment plus de services médicaux que les jeunes, et les coûts de ces services ont progressé plus rapidement que l'inflation générale. Que faut-il faire pour déterminer si le niveau de vie des personnes âgées s'améliore ou pas ?

8. Un emprunteur et un prêteur se mettent d'accord sur le taux d'intérêt qui rémunérera un prêt. Mais l'inflation s'avère supérieure aux prévisions :

   a. Le taux d'intérêt réel sera-t-il supérieur ou inférieur aux prévisions ?

   b. Le prêteur est-il avantagé ou désavantagé par cette inflation plus forte que prévu ? Même question pour l'emprunteur.

   c. Dans les années 70, l'inflation fut largement supérieure à ce qui avait été prévu au début de la décennie. Quel fut l'impact sur les ménages qui s'étaient endettés à la fin des années 60 pour acquérir leur maison ? Quel fut l'impact sur les banques prêteuses ?

9. Le code des impôts ne connaît que le taux d'intérêt nominal. Le taux d'intérêt réel après impôt se définit comme le taux d'intérêt nominal après impôt diminué du taux d'inflation :

   a. Si l'inflation est nulle, le taux d'intérêt nominal de 3 % et le taux d'imposition de 33 %, quel est le taux d'intérêt réel ? Quel est ce même taux après-impôt ? Quel est le taux effectif d'imposition sur le revenu réel (*i.e.* la réduction en pourcentage du taux réel due à l'impôt) ?

   b. Supposons que l'inflation soit maintenant de 3 %, et le taux d'intérêt nominal de 6 %. Répondre aux trois mêmes questions que *a*.

   c. Utilisez vos réponses aux deux questions pour expliquer pourquoi l'inflation et notre système fiscal découragent l'épargne.

10. Jusqu'en 1985, les tranches du barème d'imposition n'étaient pas indexées. Quand l'inflation a gonflé les revenus nominaux de la population dans les années 70, comment les recettes fiscales réelles ontelles réagi ?

PARTIE IX

L'économie réelle à long terme

CHAPITRE 24

PRODUCTION ET CROISSANCE

Dans ce chapitre, vous allez :

- constater que la croissance économique est très inégale dans le monde
- comprendre pourquoi la productivité est un facteur déterminant du niveau de vie d'un pays
- analyser les facteurs qui sous-tendent la productivité d'un pays
- voir comment les politiques mises en œuvre par un pays affectent sa productivité

En voyageant à travers le monde, vous constaterez des différences de niveau de vie considérables. L'Américain, le Japonais ou l'Allemand moyens ont des revenus plus de dix fois supérieurs à ceux de l'Indien ou du Nigérian moyens. Ces différences de revenus se traduisent par des qualités de vie très inégales. Les pays riches ont plus d'automobiles, de téléphones, de télévisions, une meilleure alimentation, des logements plus sûrs, de meilleurs soins médicaux et une espérance de vie plus longue.

Au sein même d'un pays, les variations de vie dans le temps peuvent être importantes. Sur les cent dernières années aux États-Unis, le revenu moyen, mesuré par le PIB réel par tête d'habitant, a crû de 2 % par an. Ce pourcentage paraît faible, mais il assure néanmoins un doublement des revenus tous les 35 ans. Le revenu moyen d'aujourd'hui est pratiquement huit fois supérieur à celui d'il y a cent ans. Par conséquent, l'Américain moyen d'aujourd'hui jouit d'une prospérité économique très supérieure à celle qu'ont connue ses parents, ses grands-parents et ses arrière-grands-parents.

Les taux de croissance sont très variables selon les pays. À Hong-Kong, Singapour ou Taïwan, le taux de croissance a été de 7 % pendant plusieurs années. À ce rythme, le revenu moyen double tous les dix ans. En l'espace d'une génération, ces pays qui figuraient parmi les plus pauvres ont paru devoir rattraper les plus riches du monde. Au contraire, certains pays africains, comme le Tchad, l'Éthiopie ou le Nigeria, ont vu leurs revenus stagner pendant des années.

Comment expliquer ces énormes différences ? Que peuvent faire les pays riches pour conserver de tels niveaux de vie ? Que peuvent faire les pays pauvres pour s'en sortir ? Ces questions figurent parmi les plus importantes de la macro-économie, comme le dit l'économiste Robert Lucas : « Les conséquences humaines de telles questions sont tout simplement stupéfiantes : une fois que l'on commence à y réfléchir, il est difficile de penser à quoi que ce soit d'autre. »

Dans les deux chapitres précédents, nous avons vu comment les économistes mesurent les quantités et les prix. Dans ce chapitre, nous allons commencer à étudier les forces qui déterminent ces variables. Nous savons que le PIB mesure à la fois le revenu total généré par l'économie et la dépense totale de l'économie en biens et services. Le niveau du PIB réel est un bon indicateur de la prospérité économique, et son taux de croissance est un bon indicateur du progrès économique. Nous allons nous concentrer ici sur les déterminants à long terme du niveau et de la croissance du PIB réel. Plus tard, nous étudierons les fluctuations de court terme de ce PIB réel.

Nous procéderons par étapes. Dans un premier temps, nous examinerons quelques données relatives au PIB réel par habitant dans le monde, ce qui nous permettra de constater l'énorme disparité de prospérité et de niveau de vie. Ensuite, nous examinerons le rôle de la productivité – la quantité de biens et services produite par heure travaillée – dans la détermination du niveau de vie d'un pays. Enfin, nous étudierons la relation entre productivité et politiques économiques engagées par un pays.

24.1 LA CROISSANCE ÉCONOMIQUE DANS LE MONDE

Le tableau 24.1 présente le PIB réel par habitant de 13 pays. Pour chacun des pays, les données couvrent un siècle d'histoire économique (les dates varient légèrement en fonction de la disponibilité des données).

Ce tableau montre l'énorme disparité des niveaux de vie d'un pays à l'autre. Le revenu par habitant est aux États-Unis dix fois supérieur au revenu chinois, et trente fois supérieur au revenu indien. Le revenu moyen du Mexicain de 1987 était égal au revenu moyen de l'Américain de 1870. Le revenu moyen de l'Indien de 1987 était inférieur de moitié à celui de l'Américain d'il y a un siècle.

La dernière colonne du tableau indique les taux de croissance de chaque pays, qui montre à quel rythme le PIB réel par habitant a progressé chaque année. Aux États-Unis, ce taux de croissance ressort à 1,76 % par an pendant 120 ans. Il s'agit bien entendu d'un taux moyen sur cette longue période.

Les pays du tableau 24.1 sont classés par taux de croissance décroissants. Le Japon est en tête de liste, avec un taux de croissance moyen de 3 %. Il y a un siècle, le Japon n'était pas riche. Le revenu moyen y était à peine supérieur à celui du Mexique et très largement inférieur à celui de l'Argentine. Mais grâce à un taux de croissance longtemps extraordinaire, le Japon est une grande puissance d'aujourd'hui, avec un revenu proche de celui des États-Unis. En fin de liste, on trouve le Bangladesh, qui n'a enregistré quasiment aucune croissance économique en un siècle. Un habitant de ce pays vit dans la plus extrême pauvreté, sans aucune amélioration par rapport à la situation qu'ont vécue ses ancêtres.

Compte tenu de la disparité des taux de croissance économique, le classement des pays en fonction de leurs revenus varie énormément dans le temps. Le Japon a énormément progressé ; deux pays

TABLEAU 24.1 **La disparité des taux de croissance dans le monde.**

Pays	Période	*PIB réel/ habitant début de période ($)*	*PIB réel/ habitant fin de période ($)*	*Taux de croissance (annuel) (%)*
Japon	1890-1990	842	16 144	3,00
Brésil	1900-1987	436	3 417	2,39
Canada	1870-1990	1 330	17 070	2,15
RFA	1870-1990	1 223	14 288	2,07
USA	1870-1990	2 244	18 258	1,76
Chine	1900-1987	401	1 748	1,71
Mexique	1900-1987	649	2 667	1,64
UK	1870-1990	2 693	13 589	1,36
Argentine	1900-1987	1 284	3 302	1,09
Indonésie	1900-1987	499	1 200	1,01
Pakistan	1900-1987	413	885	0,88
Inde	1900-1987	378	662	0,65
Bangladesh	1900-1987	349	375	0,08

Source. — Robert Barro et Xavier Sala-i-Martin, *Economic Growth* (New York : McGraw-Hill, 1995), tableaux 10.2 et 10.3 et calculs de l'auteur. PIB réel mesuré en dollars de 1985.

ont bien reculé, la Grande-Bretagne et l'Argentine. En 1870, la Grande-Bretagne était le pays le plus riche du monde, avec un revenu supérieur de 20 % à celui des États-Unis et double de celui du Canada. Aujourd'hui, le revenu anglais est bien loin derrière ceux de ses deux anciennes colonies. En 1890, le revenu argentin était trois fois supérieur à celui du Brésil, son voisin. Aujourd'hui, les deux pays sont à égalité.

Il est donc clair que les pays riches ne sont pas assurés de le demeurer, et que les pays pauvres peuvent progresser. Comment expliquer ces changements ? Pourquoi certains pays progressent-ils tandis que d'autres s'enfoncent ? Nous allons maintenant répondre à ces questions.

■ **VÉRIFIEZ VOS CONNAISSANCES** Quel est le taux de croissance du PIB réel par habitant aux États-Unis ? Citer un pays qui enregistre une croissance supérieure, et un pays qui connaît une croissance inférieure.

POUR VOTRE CULTURE GÉNÉRALE

La magie de la composition et la règle des 70

On pourrait être tenté de négliger les faibles différences de taux de croissance entre pays : quelle différence peut bien faire 1 % de taux de croissance en plus ou en moins ?

Une énorme différence, dès lors que la période sur laquelle elle s'applique est suffisamment longue, grâce au phénomène de *composition*, c'est-à-dire d'accumulation dans le temps.

Prenons un exemple. Deux jeunes diplômés, Jerry et Elaine, trouvent leur premier emploi en même temps, à l'âge de 22 ans. Ils gagnent tous les deux 33 000 dollars par an, mais Jerry vit dans une économie qui connaît un taux de croissance de 1 % par an, tandis qu'Elaine vit dans une économie qui progresse au rythme de 3 % par an. Quarante ans plus tard, quand ils ont tous les deux 62 ans, Jerry gagne 45 000 dollars par an, tandis qu'Elaine en gagne 98 000. Son salaire est alors deux fois supérieur à celui de Jerry.

On peut utiliser l'approximation suivante, dite *règle des 70*, pour calculer ces compositions. Quand une variable croît au rythme de x % par an, elle double de valeur en 70/x années. Dans l'économie de Jerry, avec son taux de croissance de 1 % par an, il faut donc 70 ans pour que les revenus doublent. Dans celle d'Elaine, avec un taux de croissance de 3 %, il faut 70/3, soit 23 ans pour obtenir le même résultat.

Cette règle des 70 s'applique aussi à la croissance d'un compte bancaire qui rapporte des intérêts. Voici un exemple. Benjamin Franklin disparut en 1791 en laissant 5 000 dollars qui devaient être investis pendant 200 ans pour financer la recherche médicale et scientifique. Si cet investissement avait rapporté 7 % par an (ce qui est parfaitement possible), sa valeur aurait doublé tous les dix ans. Sur 200 ans, elle aurait doublé 20 fois. Après une composition de 200 ans, la somme initiale serait devenue : 2^{20} x 5 000 dollars, soit approximativement 5 milliards de dollars (en fait, les 5 000 dollars de Franklin ne sont devenus que 2 milliards, car il y a eu quelques pertes en cours de route).

Les taux de croissance, composés sur des périodes longues, peuvent donc donner des résultats spectaculaires. C'est pourquoi Einstein qualifia un jour la composition de « plus grande découverte mathématique de tous les temps ».

24.2 LA PRODUCTIVITÉ : SON RÔLE ET SES DÉTERMINANTS

D'une certaine façon, expliquer cette grande disparité des niveaux de vie dans le monde est facile. L'explication tient en un seul mot : *productivité.* Mais il va falloir s'intéresser de près aux divers facteurs qui déterminent la productivité d'un pays pour bien comprendre l'origine de la disparité évoquée.

Pourquoi la productivité est-elle aussi importante ?

Commençons par développer un modèle très simple d'économie. Imaginez Robinson Crusoé perdu sur son île déserte. Il pêche son poisson, cultive ses légumes et fabrique ses vêtements. De quoi dépend son niveau de vie ?

La réponse est simple. Si Crusoé est bon pêcheur, bon cultivateur et bon tailleur, il vit bien. Sinon, il vit mal. Crusoé ne consomme que ce qu'il produit lui-même. Son niveau de vie est donc inexorablement lié à ses capacités productives.

La notion de *productivité* fait référence à la quantité de biens et services qu'un travailleur peut produire en une heure de travail. Dans le cas de Robinson, les choses sont simples. Plus il attrape de poissons à l'heure, plus il a à manger. S'il trouve un meilleur coin de pêche, sa productivité augmente et il s'en porte mieux : il peut soit manger davantage de poissons, soit pêcher moins et consacrer davantage de temps à une autre activité.

Ce raisonnement vaut aussi pour un pays. Le chapitre 22 a montré que le produit intérieur brut (PIB) mesurait deux choses simultanément : le revenu total et la dépense totale d'une économie. Et nous avons vu qu'au niveau de l'économie dans son ensemble, ces deux données étaient égales. Le revenu de l'économie est égal à la production.

Comme Crusoé, un pays vivra bien s'il est capable de produire de grandes quantités de biens et services. Les Américains vivent mieux que les Nigérians parce que les travailleurs américains sont plus productifs que leurs homologues nigérians. Les Japonais ont vu leur niveau de vie progresser plus rapidement que celui des Argentins, car la productivité des travailleurs japonais a progressé plus rapidement. Ce principe fut annoncé dès le premier chapitre : notre niveau de vie dépend de notre capacité productive.

Pour comprendre la disparité des niveaux de vie, il faut donc s'intéresser à la production des biens et services. Mais ce n'est qu'une première étape. Il faut maintenant se poser la question suivante : pourquoi certains pays sont-ils plus productifs que d'autres ?

Les déterminants de la productivité

Si le niveau de vie de Robinson Crusoé est déterminé par sa productivité, celle-ci est elle-même fonction de divers facteurs. Robinson attrapera davantage de poissons s'il a davantage de cannes à pêche, s'il a appris à pêcher correctement, si l'île est naturellement poissonneuse, et s'il a réussi à dénicher les meilleurs endroits pour pêcher. Chacun de ces déterminants de la productivité de notre naufragé – que nous appellerons ici *capital physique, capital humain, ressources naturelles* et *savoir technologique* – a une contrepartie équivalente dans une économie complexe.

Capital physique

Les travailleurs sont d'autant plus efficaces dans leur ouvrage qu'ils disposent d'outils nombreux et adaptés. Ce stock d'équipement et de structures de production de biens et services est appelé *capital physique*, ou tout simplement *capital*. Un ébéniste qui n'a qu'une scie et un marteau fabriquera moins de meubles par semaine que son collègue armé de tout l'outillage moderne.

Nous avons vu au chapitre 2 que les facteurs nécessaires à la production des biens et services – travail, capital, etc. – sont appelés *facteurs de production*. La caractéristique essentielle du capital, c'est que c'est un facteur de production *produit*. C'est-à-dire qu'il est lui-même le résultat d'un processus de production. L'ordinateur grâce auquel cette phrase vient d'être écrite est un des facteurs de production de ce livre. Mais deux ans plus tôt, il était un produit fini élaboré par le fabricant d'ordinateurs. Le capital est donc un facteur de production utilisé pour la production de toutes sortes de biens et services, y compris du capital.

Capital humain

C'est le terme que les économistes emploient pour désigner l'ensemble des connaissances et des talents acquis par les travailleurs au travers de l'éducation, l'apprentissage et l'expérience. Il regroupe toutes les compétences acquises de la maternelle à l'université, et plus tard dans la vie active par l'expérience professionnelle.

S'il s'agit là de facteurs moins tangibles que des usines, des ordinateurs ou des laminoirs, le capital humain n'est pas très éloigné du capital physique. Comme ce dernier, il accroît notre capacité productive. Comme le capital physique, c'est un facteur de production produit. La production du capital humain nécessite des facteurs comme des professeurs, des bibliothèques et du temps d'étude. En fait, les étudiants peuvent être perçus comme les travailleurs qui fabriquent le capital humain de demain.

Travail

C'est le facteur de production le plus évident. Il regroupe toutes les personnes qui contribuent à la production de biens et services : les agriculteurs, les ouvriers en usine, les commerciaux, les professeurs, etc. Tous ces individus participent à l'élaboration du PIB.

Ressources naturelles

Il s'agit des facteurs de production qui nous sont fournis par la nature : terrains, rivières, gisements minéraux, etc. On en trouve deux catégories : les renouvelables et les non renouvelables. Une forêt est une ressource naturelle renouvelable : une fois un arbre coupé, on peut en planter un autre. Le pétrole est une ressource naturelle non renouvelable. Une fois tout le pétrole consommé, il n'y en aura plus.

Les différences de niveaux de vie dans le monde s'expliquent en partie par des dotations inégales en ressources naturelles. Le succès historique des États-Unis doit beaucoup à l'abondance et à la qualité de la terre américaine, parfaitement adaptée à l'agriculture. Certains pays du Moyen-Orient, comme le Koweit ou l'Arabie Saoudite, sont des pays riches simplement parce qu'ils ont la chance de posséder des réserves pétrolières colossales.

Si les ressources naturelles sont importantes, elles ne sont pas indispensables. Le Japon est par exemple l'un des pays les plus riches du monde alors qu'il est très pauvrement doté en ressources naturelles. Et cela, grâce au commerce international : le Japon importe les ressources naturelles dont il a besoin, comme le pétrole, et vend des produits manufacturés aux économies riches en ressources naturelles.

ÉTUDE DE CAS

Les ressources naturelles peuvent-elles limiter la croissance ?

La population mondiale est bien plus importante aujourd'hui qu'au début du siècle, et pour beaucoup le niveau de vie a considérablement progressé. La question de savoir si le niveau de vie et la population continueront de croître à l'avenir intéresse tout le monde.

Pour de nombreux observateurs, les ressources naturelles constituent une limite à la croissance des économies. De fait, puisque certaines ressources naturelles sont non renouvelables, on voit mal comment la population, la production et les niveaux de vie pourraient croître à l'infini. Certains gisements finiront par s'épuiser, ce qui amènera probablement un ralentissement de la croissance et peut-être même une réduction des niveaux de vie…

En fait les économistes sont moins inquiets que cela. En effet, pour eux, le progrès technologique fournit souvent les moyens de contourner ces limites. L'utilisation des ressources naturelles s'est nettement améliorée au cours des quarante dernières années. Les voitures modernes consomment beaucoup moins d'essence. Les maisons sont mieux isolées et conservent mieux l'énergie. Des puits de pétrole modernes gaspillent moins de brut au cours du processus d'extraction. Les processus de recyclage permettent de réutiliser certaines ressources non renouvelables. Le développement de certains combustibles alternatifs, comme l'éthanol, permet de substituer des ressources renouvelables à des ressources non renouvelables.

Il y a cinquante ans, certains s'inquiétaient de la trop grande consommation d'étain et de cuivre, qui étaient deux ressources naturelles cruciales : l'étain était utilisé pour l'emballage de la nourriture (conserves) et le cuivre pour les câbles téléphoniques. Aujourd'hui, le plastique a largement remplacé l'étain et la fibre optique, faite de sable, a remplacé le fil de cuivre. Le progrès technologique a rendu ces deux ressources naturelles beaucoup moins essentielles.

Ces efforts sont-ils suffisants pour assurer une croissance économique continuel ? On peut répondre à la question en regardant les prix des ressources naturelles. Dans une économie de marché, la rareté se traduit par des prix élevés. Si les ressources naturelles devaient commencer à manquer, leurs prix s'envoleraient. Or c'est plutôt le contraire que l'on constate. Les prix de la plupart des ressources naturelles (corrigés de l'inflation) sont stables ou en baisse, ce qui n'incite pas à penser que ces ressources naturelles peuvent constituer une limite à la croissance économique.

Savoir technologique

Quatrième déterminant de la productivité, le savoir technologique regroupe l'ensemble des connaissances applicables au processus de production. Il y a un siècle, la plupart des Américains travaillaient aux champs, car la technologie agricole de l'époque nécessitait un travail énorme pour nourrir la population. Aujourd'hui, grâce au progrès technologique, une infime partie de la population suffit à nourrir tout le monde. Cette révolution technologique a permis de libérer du travail pour la production d'autres biens et services.

Le savoir technologique apparaît sous plusieurs formes. Il est parfois exclusif : il n'est alors connu que de l'entreprise qui l'a mis au point. La recette du Coca Cola est un secret bien gardé par la firme du même nom. Il peut aussi être connu de tous. Après l'introduction des lignes de montage par Henry Ford, tous les fabricants automobiles en ont fait autant. Dans certains cas, le savoir n'est

DANS VOS JOURNAUX

Ordinateurs et productivité

La révolution informatique est l'une des dernières avancées du savoir technologique, qui n'a pas encore produit sur la productivité les conséquences que l'on en attend, comme le souligne l'article suivant.

Qu'est-ce que l'ordinateur nous a apporté récemment ?

LOUIS UCHITELLE

À la fin du siècle dernier, tout le monde attendait des voies ferrées et du moteur électrique qu'ils transforment l'Amérique, pour en faire une nation industrielle beaucoup plus productive. Et ce fut le cas. À la fin du XXe siècle, les ordinateurs devaient accomplir le même miracle.

Et ce ne fut pas le cas.

Les ordinateurs sont des machines extraordinaires. Mais dont la contribution économique laisse encore à désirer ; particulièrement, ils n'ont pas réussi à recréer la forte croissance qui a caractérisé tant de décennies passées. De ce point de vue, ils ont été plutôt décevants.

Le débat porte ici sur la productivité. Ceux qui pensent que les ordinateurs sont la source d'un nouveau miracle économique, et ils sont légion, prétendent que l'on ne peut mesurer en termes monétaires leur contribution à l'amélioration de la qualité de la vie. Le problème, c'est que la qualité est plus une vue de l'esprit qu'un fait tangible.

Depuis longtemps, on mesure la productivité par la quantité de biens et services, exprimée en unités monétaires, produite par heure travaillée. Un ouvrier qui produit 100 crayons à l'heure, chacun vendu 50 centimes, produit 50 dollars de l'heure. Et plus chaque travailleur produit, plus grande est la richesse nationale. Plus généralement, la productivité est la production en dollars obtenue à partir des divers facteurs de production, travail inclus.

Vue ainsi, la contribution de la révolution informatique de ces 25 dernières années est décevante. Certes, elle a amélioré la productivité et la croissance économique, mais pas de façon spectaculaire comme certains l'annonçaient.

exclusif que pour une période donnée, par exemple quand une entreprise obtient un brevet. À l'expiration du brevet, le savoir redevient public.

Il est important de distinguer le savoir technologique du capital humain, deux notions liées mais différentes. Le savoir technologique recouvre ce que la société connaît du fonctionnement du monde. Le capital humain recouvre les ressources consacrées à la transmission de cette connaissance à la population active. Disons que le savoir, c'est la qualité des manuels d'enseignement, tandis que le capital humain c'est le temps consacré par la population à leur lecture. La productivité des travailleurs dépend à la fois de la qualité des manuels et du temps consacré à leur étude.

Et l'on bute d'ailleurs là sur un paradoxe qui n'a cessé d'étonner économistes et responsables politiques contemporains : comment une période caractérisée par une performance économique moyenne – comparée aux standards historiques – a-t-elle pu enregistrer un tel progrès technologique et un marché boursier aussi performant ?

Peut-être que les statistiques sont erronées. Certains économistes viennent de déclarer au Congrès que la croissance réelle a en fait été plus importante qu'on ne le considère habituellement, car les statistiques officielles surestiment l'inflation. Ceci s'explique en partie par le fait que la contribution économique des ordinateurs n'a pas été prise en compte. Certaines hausses de prix auraient en fait dû être caractérisées comme des hausses de production liées aux ordinateurs.

Mais il peut y avoir une autre explication. Il se pourrait que l'ordinateur soit une de ces inventions, comme l'ampoule électrique il y a quelques décennies, qui améliore grandement la qualité de la vie sans pour autant stimuler la richesse nationale. Si l'ampoule électrique a permis aux usines de travailler la nuit et aux étudiants d'étudier plus confortablement, sa contribution mesurable au développement économique est bien inférieure à l'amélioration de qualité de vie qu'elle a apportée.

Faut-il alors modifier les paramètres de calcul de la productivité et de la richesse nationale pour intégrer le confort apporté par l'ordinateur ?

Cela n'a jamais été fait car la notion de confort est difficile à mesurer et à transcrire en termes monétaires. Trop souvent d'ailleurs ce confort a profité à la consommation plus qu'à la production. « Le temps passé à surfer sur Internet ne constitue pas un produit », fait remarquer un économiste d'Harvard.

Certains essayent d'avoir une perspective plus large. Les enfants qui utilisent l'ordinateur pour travailler chez eux seront certainement de meilleurs étudiants, dit-on. Ce qui finira par se faire sentir en termes de productivité un jour ou l'autre. Cela n'est pas encore le cas, et il faudra sûrement attendre encore un certain temps avant de pouvoir affirmer que l'ordinateur aura contribué de manière sensible à la productivité nationale...

Source. — New York Times, 8 décembre 96, section 4, p. 1.

La fonction de production

Les économistes utilisent une *fonction de production* pour décrire la relation entre quantité de facteurs de production et production. Soit Y la quantité de production, L la quantité de travail, K la quantité de capital physique, H celle de capital humain et N celle de ressources naturelles. On peut alors écrire :

$$Y = A\,F\,(L, K, H, N),$$

équation dans laquelle F ( ) est une fonction qui indique comment les facteurs de production sont combinés entre eux dans le processus de production. A est une variable qui reflète le niveau de la technologie de production disponible. Avec le progrès technologique, A croît, et l'économie produit davantage pour une combinaison donnée des facteurs de production.

La plupart des fonctions de production présentent une caractéristique appelée *rendements d'échelle constants*, qui signifie que le doublement de tous les facteurs de production se traduira par un doublement de la quantité produite. Mathématiquement, la fonction décrite ci-dessus offre des rendements d'échelle constants si, pour toute valeur positive x

$$xY = A\ F\ (xL, xK, xH, xN).$$

Les fonctions de production de ce type-là ont une propriété intéressante. Écrivons x = 1/L. L'équation devient alors :

$$Y/L = A\ F\ (1, K/L, H/L, N/L).$$

Or Y/L est la production par travailleur, c'est-à-dire la productivité. Cette équation nous indique que la productivité est une fonction du capital physique par travailleur (K/L), du capital humain par travailleur (H/L), et des ressources naturelles par travailleur (N/L). Elle dépend aussi de la technologie, reflétée par la variable A. Cette équation résume donc sous forme mathématique les quatre déterminants de la productivité que nous venons de présenter.

■ **VÉRIFIEZ VOS CONNAISSANCES** Énumérer et décrire les quatre déterminants de la productivité d'un pays.

24.3 CROISSANCE ÉCONOMIQUE ET POLITIQUES ÉCONOMIQUES

Après avoir vu que le niveau de vie dépend de la capacité productive, et que celle-ci repose sur le capital physique, le capital humain, les ressources naturelles et la technologie, posons-nous la question qui hante les responsables politiques de par le monde : que peut-on faire pour améliorer la productivité et donc les niveaux de vie ?

Encourager l'épargne et l'investissement

Comme le capital est un facteur de production produit, une société peut agir sur la quantité de capital dont elle dispose. Si l'économie produit aujourd'hui de grandes quantités de biens de capital, son stock de capital croîtra et permettra à l'avenir de produire encore plus de biens et services. Ainsi, on peut accroître la productivité future en consacrant plus de ressources à la production de capital.

Mais comme les ressources ne sont pas illimitées, il faut en consacrer moins à la production de biens de consommation. Pour investir plus en capital, il faut donc consommer moins et épargner plus. L'accumulation de capital n'est pas gratuite : la société doit payer un prix immédiat pour améliorer son niveau de vie futur.

Le prochain chapitre sera consacré à l'étude détaillée des relations entre épargne, investissement et politiques économiques. Pour l'instant, notons qu'encourager l'épargne et l'investissement est l'un des moyens de stimuler la croissance économique et d'améliorer le niveau de vie à long terme.

La figure 24.1, qui nous donne des informations sur 15 pays, permet de constater l'influence de l'investissement sur la croissance économique. Sur la planche A, on trouve les taux de croissance de chacun des pays sur 31 ans. Les pays sont classés par taux de croissance décroissants. La planche B indique la part du PIB consacrée à l'investissement. La corrélation entre investissement et taux de croissance, sans être parfaite, est très forte. Les pays qui consacrent une part importante de leur PIB à l'investissement, comme le Japon ou Singapour, connaissent des taux de croissance

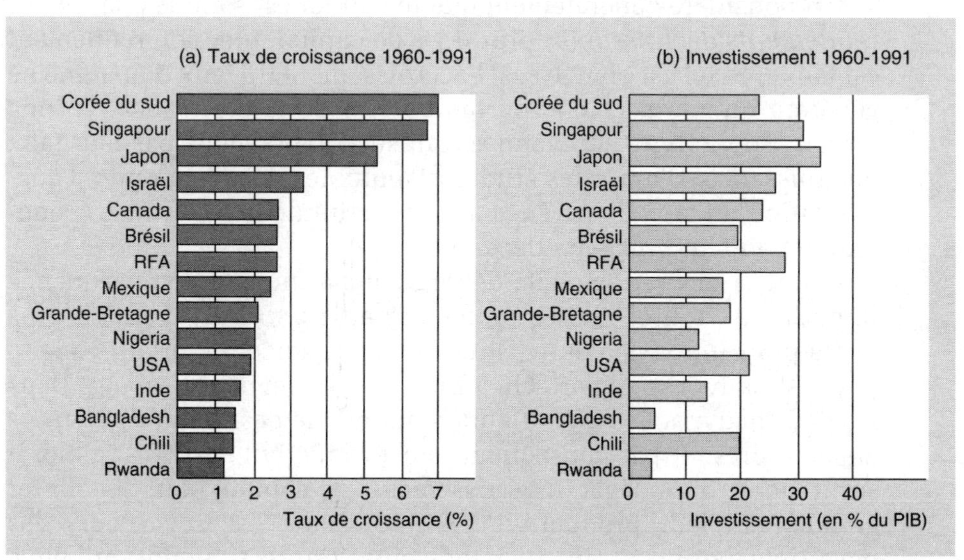

FIG. 24.1 **Croissance et investissement.** La planche A indique les taux de croissance du PIB réel par habitant de 15 pays, de 1960 à 1991. La planche B indique la part du PIB consacrée par chacun des pays à l'investissement sur la même période. On constate une forte corrélation positive entre investissement et croissance.

élevés. Ceux qui investissent peu, comme le Rwanda, n'ont quasiment pas de croissance.

L'interprétation de ces données pose néanmoins un problème. Corrélation n'est pas causalité, et il est difficile de distinguer la cause de la conséquence. Peut-être qu'un investissement élevé engendre une forte croissance, mais peut-être aussi qu'une forte croissance autorise un investissement conséquent. Ces données sont donc insuffisantes. Il n'en reste pas moins que l'effet de l'accumulation de capital sur la productivité est tel que la plupart des économistes interprètent ces données dans le sens d'une forte croissance stimulée par un investissement élevé.

La loi des rendements décroissants et l'effet de rattrapage

Imaginons qu'un gouvernement adopte une série de mesures destinées à encourager l'épargne nationale. Que se passe-t-il ? Le pays épargnant davantage, il a moins besoin de ressources pour produire des biens de consommation ; il y en a donc davantage de disponibles pour fabriquer des biens de capital. Le stock de capital augmente, ce qui accroît la productivité et stimule la croissance économique. Mais pendant combien de temps ? Si le taux d'épargne se stabilise à son nouveau niveau, la croissance du PIB est-elle accélérée indéfiniment ou seulement pendant quelque temps ?

On considère généralement que le capital est soumis à la *loi des rendements décroissants* : plus il y a de capital, plus son rendement est faible. Si tel est bien le cas, l'accroissement du taux d'épargne ne générera qu'une accélération temporaire de la croissance. À long terme, productivité et revenu seront supérieurs, mais pas leur taux de croissance. D'après les études disponibles dans le monde, l'augmentation du taux d'épargne nationale stimule la croissance économique pendant plusieurs décennies.

Cette loi des rendements décroissants a une autre conséquence importante : toutes choses égales par ailleurs, il est d'autant plus facile pour un pays d'enregistrer une croissance importante que le pays est pauvre au départ. On parle alors d'*effet de rattrapage*. Dans les pays pauvres, les travailleurs n'ont même pas les outils les plus élémentaires, et par conséquent leur productivité est très faible. Il suffit donc d'un léger investissement en capital pour améliorer grandement leur productivité. Au contraire, les travailleurs des pays riches utilisent un stock de capital impressionnant, qui est à l'origine de leur productivité élevée. Mais en sens contraire, il faut un investissement colossal pour améliorer sensiblement la productivité de ces pays. Les données internationales confirment que les pays pauvres ont tendance à enregistrer des taux de croissance plus élevés que ceux des pays riches, à égalité d'investissement relatif.

Cet effet de rattrapage explique certains résultats étonnants de la figure 24.1. Sur la période de 31 ans, la Corée du Sud et les États-Unis ont consacré la même part de leur PIB à l'investissement. La croissance qui en a résulté a été de 2 % aux États-Unis, et de plus de 6 % en Corée du Sud. En 1960, le PIB par habitant de la Corée était à peine le dixième de celui des États-Unis. Le stock de capital initial étant si faible au départ, l'accumulation subséquente a donné des résultats spectaculaires en termes de croissance en Corée.

Il reste que même après plusieurs décennies de croissance plus rapide en Corée, le PIB par habitant y est encore inférieur à celui des États-Unis.

Encourager l'investissement étranger

Jusqu'ici nous avons vu comment un pays pouvait consacrer davantage de ressources à l'épargne et l'investissement, et par conséquent stimuler son taux de croissance. Mais la création de capital peut aussi être le fait des étrangers.

Il existe deux types d'investissement étranger. L'*investissement direct,* quand Ford monte une usine automobile au Mexique. Et l'*investissement en portefeuille,* quand une entreprise américaine achète tout ou partie du capital d'une entreprise mexicaine. Dans les deux cas, les Américains ont procuré aux Mexicains des ressources utilisées pour accroître le stock de capital au sud du Rio Grande. Autrement dit, l'épargne américaine a financé l'investissement mexicain.

Quand des étrangers investissent dans un pays, ils espèrent un retour sur leur investissement. L'usine automobile ouverte par Ford améliore la productivité mexicaine et le PIB du Mexique, mais une partie des revenus supplémentaires part aux États-Unis sous forme de profits. Quand un investisseur américain achète des actions mexicaines, il a droit à une partie des profits réalisés par l'entreprise mexicaine.

L'investissement étranger affecte donc différemment le PIB et le PNB. Quand Ford ouvre son usine au Mexique, une partie des revenus générés par l'usine revient à des personnes qui ne résident pas au Mexique. Par conséquent, cet investissement augmente le PIB mexicain plus qu'il n'accroît le PNB du Mexique.

L'investissement étranger est l'une des voies de croissance d'un pays. En effet l'investissement augmente le stock de capital du pays, ce qui accroît la productivité et les salaires. Pour les pays les moins développés, c'est aussi un moyen de se familiariser avec les technologies modernes utilisées par les pays les plus développés. Voilà pourquoi les pays en voie de développement sont en général favorables à l'investissement étranger, ce qui passe souvent par l'abandon des contraintes imposées sur la détention de capital domestique par des mains étrangères.

La Banque mondiale est l'une des organisations chargée de favoriser les flux d'investissement à destination des pays pauvres. Elle se procure des ressources financières auprès des pays développés et accorde des prêts aux pays moins développés, destinés à financer des routes, des systèmes sanitaires, des écoles et d'autres types de capital. Elle conseille aussi ces pays sur l'utilisation des fonds prêtés. La Banque mondiale, et son organisation sœur, le Fonds monétaire international, furent créées à l'issue de la Seconde Guerre Mondiale. L'une des leçons de cette guerre fut en effet que la détresse économique peut induire l'instabilité politique, la tension internationale et finalement le conflit armé. Chacun a donc intérêt à promouvoir une certaine prospérité économique partout dans le monde, ce que la Banque mondiale et le Fonds monétaire international tentent de réaliser.

Favoriser l'éducation

L'éducation – *i.e.* l'investissement en capital humain – est au moins aussi importante que l'investissement en capital physique pour ce qui est de la croissance économique à long terme. Aux États-Unis, chaque année de formation supplémentaire se traduit par une hausse des revenus de 10 %. Dans les pays moins développés, où le capital humain est bien plus rare, le rendement peut être largement supérieur. Le gouvernement a donc tout intérêt à organiser un système éducatif de qualité et à inciter la population à l'utiliser efficacement.

Bien sûr, l'investissement en capital humain présente un coût d'opportunité. Un étudiant qui poursuit des études ne perçoit pas de salaire pendant qu'il étudie. Dans les pays peu développés, les jeunes abandonnent leurs études trop tôt, car ils doivent travailler pour aider leur famille à survivre.

Le capital humain est particulièrement important pour le développement économique car il est porteur d'externalités positives. Un individu correctement formé pourra par exemple émettre des idées sur la meilleure façon de produire des biens et services. Quand ces idées pénètrent le savoir commun de la société, tout le

DANS VOS JOURNAUX

La Banque mondiale

La Banque mondiale encourage l'investissement dans les pays les plus pauvres et les moins stables du monde.

La Banque mondiale s'intéresse aux zones que le monde occidental évite

PAUL LEWIS

Washington, 18 septembre. La Banque mondiale a annoncé aujourd'hui un programme destiné à encourager l'investissement privé dans les pays que le monde occidental a généralement tendance à éviter.

Elle vient de sélectionner 16 pays ou régions, pauvres ou au passé politique troublé. Elle va y envoyer des représentants chargés d'évaluer les opportunités commerciales ouvertes aux entrepreneurs locaux et étrangers. Ces régions incluent notamment l'Albanie, la Bosnie-Herzégovine, le Cambodge, le Kazakstan, l'Ouzbékistan, la Mongolie, le Salvador et la Bande de Gaza.

Au même moment, la Banque vient d'approuver un financement record de 3,2 milliards de dollars pour 264 projets d'investissement privés dans les pays développés, ce qui représente une augmentation de 12 % par rapport à l'année précédente et la cinquième année de croissance à deux chiffres. Ces mêmes projets ont été financés à hauteur de 16,4 milliards de dollars par des investisseurs privés.

Il s'agit là d'un nouveau signe de la politique active entreprise par la Banque depuis qu'elle est dirigée par James D. Wolfensohn. Sous son impulsion, la Banque a cherché à encourager l'investissement privé afin de compenser la réduction de l'aide en provenance des pays riches.

Dans le cadre de ce programme, la Banque offre aux investisseurs de meilleures garanties contre les risques politiques, comme des politiques inattendues de contrôle des prix ou même des expropriations pures et simples. En coopération avec le Fonds monétaire international, elle cherche à réduire la dette des pays où celle-ci est la plus lourde.

Si l'aide officielle stagne depuis plusieurs années autour de 65 milliards de dollars par an, l'aide privée a été multipliée par quatre depuis 1990, pour atteindre 167 milliards de dollars l'année dernière...

Source. — *New York Times,* 19 septembre 1996, p. D2.

monde les utilise, et elles constituent un bénéfice externe de l'éducation. Le rendement social est alors largement supérieur au rendement individuel, ce qui justifie les efforts financiers accordés à l'investissement en capital humain, sous forme de programmes d'éducation nationale.

Les pays pauvres sont eux aussi confrontés au problème de la *fuite des cerveaux,* c'est-à-dire l'émigration vers les pays riches des jeunes les mieux formés. Si le capital humain est bien porteur d'externalités positives, alors cette fuite des cerveaux appauvrit les habitants qui demeurent au pays. Et les dirigeants de ces pays sont confrontés à un choix difficile. D'un côté il semble naturel que les étudiants puissent profiter des systèmes éducatifs de meilleure qualité des pays développés. De l'autre, si ces étudiants formés à l'étranger ne rentrent pas chez eux, cette fuite des cerveaux aura contribué à réduire le capital humain du pays pauvre.

Défendre les droits de propriété et assurer la stabilité politique

Dans les économies de marché, la production résulte des interactions de millions d'individus et d'entreprises. Quand vous achetez une voiture, vous achetez le produit d'un concessionnaire automobile, d'un fabricant automobile, d'une compagnie métallurgique, d'une entreprise d'extraction minière, etc. Cette répartition du processus de production entre plusieurs entités autorise l'économie à utiliser les facteurs de production de la manière la plus efficace possible. Pour ce faire, il a fallu coordonner les transactions réalisées par la multitude d'entités concernées. Comme nous l'avons vu plus haut, ce sont les prix qui assurent cette coordination.

Pour que les prix jouent correctement leur rôle, il faut que tout le monde reconnaisse les *droits de propriété,* c'est-à-dire le droit des détenteurs d'une ressource de l'utiliser comme bon leur semble. Une compagnie minière ne fera aucun effort pour extraire du minerai si elle s'attend à ce que celui-ci lui soit dérobé. Elle ne le fera que si elle espère pouvoir gagner sa vie en vendant le minerai. Les tribunaux sont donc importants dans une économie de marché, dans la mesure où ils assurent la défense des droits de propriété. Le système judiciaire pénal décourage le vol pur et simple. Le système judiciaire civil s'assure que les acheteurs et les vendeurs respectent bien leurs obligations.

Dans les pays développés, on a tendance à considérer les droits de propriété comme une évidence ; les habitants des pays moins développés savent que l'absence de droits de propriété pose de sérieux problèmes. En outre, dans de nombreux pays, le système judiciaire est peu efficace : les contrats sont rarement respectés, la fraude demeure impunie. Dans les situations extrêmes, le gouvernement est non seulement incapable de faire respecter les droits de propriété, mais il ne les respecte pas lui-même. Pour pouvoir opérer dans certains pays, les entreprises doivent verser des dessous-de-table aux représentants du gouvernement. Cette corruption freine le bon fonctionnement des marchés, décourage l'épargne locale et l'investissement étranger.

Le problème de l'instabilité politique est étroitement lié au précédent. Si révolutions et coups d'État sont fréquents, l'incertitude est grande quant au respect des droits de propriété. Si un gouvernement révolutionnaire confisque le capital des entreprises, comme ce fut le cas lors des révolutions communistes, les ménages locaux n'ont aucun intérêt à épargner, investir et lancer des entreprises nouvelles. Et la même chose vaut pour les étrangers. La simple menace d'une révolution peut affecter sérieusement le niveau de vie d'un pays.

La prospérité économique repose ainsi partiellement sur la prospérité politique. Un pays dans lequel le système judiciaire est efficace, les hommes politiques honnêtes et la Constitution bien établie et respectée bénéficiera d'un meilleur niveau de vie qu'un pays où les tribunaux sont inefficaces, les responsables politiques corrompus et les révolutions fréquentes.

ÉTUDE DE CAS

Quelle est l'origine de la famine ?

La famine est une menace constante pour les pays les plus pauvres. Et régulièrement, les images effrayantes de populations entières mourant de faim parcourent nos écrans de télévision.

On pourrait penser que la famine trouve son origine dans une croissance démographique démesurée. Après tout, s'il y avait moins de bouches à nourrir, chacune aurait plus à manger. La réduction du taux de croissance démographique pourrait donc être un remède à la famine. Il se trouve que cette apparente logique est prise en défaut.

La plupart du temps, la famine n'est pas due à une insuffisance de nourriture, mais à une mauvaise distribution de celle-ci. La nourriture est bien disponible, mais elle ne parvient pas à ceux qui en ont besoin. Cette mauvaise distribution est en général due au non-respect des droits de propriété et à l'instabilité politique.

La famine qui a ravagé la Somalie au début des années 90 en constitue une bonne illustration. Les combats entre factions rivales empêchaient les camions de ravitaillement d'atteindre les populations affamées. Le Président George Bush finit par envoyer des soldats américains pour rétablir l'ordre et tenter de permettre une distribution efficace de la nourriture.

DANS VOS JOURNAUX

La solution Sachs au problème africain

Jeffrey Sachs a conseillé de nombreux gouvernements cherchant à stimuler la croissance économique dans leur pays : la Bolivie, la Pologne, la Russie figurent parmi ses clients récents. Sachs s'est aussi montré critique à l'égard des politiques menées par la Banque mondiale et le Fonds monétaire international. Dans l'article suivant, tiré de The Economist, *Sachs présente ses idées pour sortir l'Afrique de sa pauvreté endémique.*

La croissance africaine : du rêve à la réalité

JEFFREY SACHS

On connaît l'histoire du paysan qui va voir le prêtre pour lui demander conseil au sujet de la mort fréquente de ses poules. Le prêtre lui recommande de prier, mais les poules continuent à mourir. Le prêtre recommande alors de diffuser de la musique dans le poulailler, mais les poules meurent toujours. Alors le prêtre conseille au paysan de repeindre son poulailler en couleurs vives. Cela n'empêche pas les dernières poules de disparaître. « Quel dommage », dit alors le prêtre au paysan, « j'avais encore des tas d'idées. »

Depuis leur indépendance, les pays africains ont compté sur l'aide financière de la part du monde développé pour engager une croissance économique qui n'est toujours pas au rendez-vous. Et depuis les années 80, les politiques suivies par les nations africaines sont définies lors de rencontres perpétuellement renouvelées entre leurs gouvernements, la Banque mondiale, le Fonds monétaire international, divers créanciers etc.

Tant de bonnes idées, et si peu de résultats. La production par tête a reculé de 0,7 % de 78 à 87, et de 0,6 % de 87 à 94. On parle d'une légère croissance pour 95, peut-être de l'ordre de 0,6 %, un chiffre très inférieur à celui des pays développés.

Si encore ces performances économiques étaient dues à une espèce de malédiction africaine ou à un mystère insondable. Mais ce n'est pas le cas. La piètre performance économique du continent africain s'explique très bien par les variables économiques traditionnelles.

On sait que la croissance du PIB par tête est fonction :

– du niveau initial de revenu du pays, les pays les plus pauvres tendant à connaître des croissances plus rapides que les pays riches ;

– de l'orientation générale de l'économie, en termes de libre-échange, de libéralisation des marchés domestiques, d'importance du secteur privé par opposition au secteur étatique, de protection des droits de propriété, et d'imposition marginale faible ;

– du taux d'épargne national, lui-même fortement dépendant du taux d'épargne du gouvernement ; et finalement

– de la géographie et des ressources naturelles du pays.

Dans ces quatre facteurs réside l'explication du drame africain. Alors que ce continent aurait dû connaître une croissance supérieure à celle du reste du monde, du fait de l'effet de rattrapage traditionnel, la croissance n'a jamais été là. C'est principalement

Favoriser le libre-échange

Certains des pays les plus pauvres du monde ont essayé de stimuler leur croissance économique en pratiquant des politiques autarciques, visant à protéger les industries nationales de la concurrence étrangère en imposant des barrières douanières de toutes sortes.

parce qu'il y existe des barrières douanières trop nombreuses, des taux d'imposition excessifs, des taux d'épargne insuffisants et des conditions structurelles défavorables, comme par exemple une mauvaise ouverture sur la mer (15 des 53 pays n'ont aucun débouché maritime).

Si ces politiques sont à blâmer, pourquoi ont-elles été mises en œuvre ? Les origines historiques de cette défiance à l'égard du marché sont faciles à comprendre. Après un siècle de pillage colonial, les nations africaines ont considéré, de façon erronée mais compréhensible, le commerce international et les capitales étrangères comme des menaces pour leur souveraineté. L'autosuffisance et le leadership étatique devinrent rapidement la norme, et le continent s'enfonça rapidement dans un exil économique auto-imposé...

Dès 1775 Adam Smith faisait remarquer qu'il suffisait, « pour passer de la plus extrême barbarie à la plus grande opulence, d'assurer la paix, une administration juste et de faibles impôts ». Rien de bien compliqué en somme.

La paix est toujours difficile à promouvoir, mais la tâche n'est pas insurmontable. La plupart des grands conflits qui ont ravagé le continent sont terminés. Et les drames actuels, au Libéria, au Rwanda ou en Somalie seraient résolus plus rapidement si l'Ouest acceptait d'apporter son soutien aux efforts de paix d'origine africaine.

L'administration juste n'est pas une justice parfaite. La libéralisation des marchés est une étape importante pour établir le pouvoir de la loi. Le libre-échange, la convertibilité des monnaies et la création d'entreprises privées réduisent largement les champs d'action de la corruption administrative et incitent le gouvernement à s'occuper des vrais biens publics que sont le maintien de l'ordre, le système judiciaire, la santé publique et l'éducation, la stabilité monétaire, etc.

Quant aux impôts, il faut qu'ils soient simples et modérés. Cela est primordial dans le domaine du commerce international, dans la mesure où la croissance économique sera largement fonction du degré d'intégration dans le commerce mondial. L'élimination des barrières à l'importation et des taxes sur les exportations agricoles contribuerait à grandement améliorer les choses. Les taux d'imposition des entreprises ne devraient pas dépasser 20 % ou 30 %, comme en Asie du Sud-Est, au lieu des 40 % ou plus actuellement pratiqués...

Tout cela n'est possible que si le gouvernement lui-même contrôle ses dépenses. Les économies asiatiques ont démontré qu'un pays peut fonctionner avec des dépenses publiques de l'ordre de 20 % ou moins du PIB (13 % en Chine), 5 % pour l'éducation, 3 % pour la santé, 2 % pour l'administration, 3 % pour l'armée et la police. Les dépenses d'investissement du gouvernement peuvent être réduites à 5 % du PIB si le secteur privé est autorisé à fournir les infrastructures élémentaires, telles que les télécommunications, les équipements portuaires, l'énergie, etc.

Évidemment, cet agenda laisse peu de place aux transferts sociaux et aux dépenses sociales en dehors de la santé et l'éducation ; plus de subventions aux entreprises publiques, plus d'aide alimentaire ou au logement des travailleurs urbains, et évidemment, plus de paiements des intérêts de la dette. Ces pays en faillite doivent repartir de zéro, avec des politiques économiques appropriées.

Source. — Economist, 29 juin 1996, p. 19.

Pourtant ces pays feraient mieux de pratiquer des politiques d'ouverture au monde extérieur. Les chapitres 3 et 9 ont montré comment le libre-échange favorisait l'amélioration des niveaux de vie de tout un chacun. D'une certaine façon, le commerce est une espèce d'industrie. Quand un pays exporte du blé et importe du métal, c'est un peu comme s'il avait découvert une technologie permettant de produire du métal à partir du blé. Un pays qui élimine les entraves au commerce international connaît un type de croissance économique similaire à celui qu'il connaîtrait s'il avait fait un progrès technologique énorme.

Ces politiques autarciques sont d'autant plus catastrophiques que ces économies en voie de développement sont petites. Le PIB total de l'Argentine correspond à peu près à celui de la ville de Philadelphie. Imaginez ce qui arriverait si le conseil municipal décidait d'interrompre toute relation avec l'extérieur de la ville : les habitants de Philadelphie devraient alors produire l'ensemble des biens et services qu'ils consomment, fournir la totalité des capitaux nécessaires à leur développement, etc. Le niveau de vie des habitants s'effondrerait rapidement. C'est exactement ce qui s'est passé en Argentine, qui a vécu repliée sur elle-même pendant la majorité du XXe siècle, alors que les pays ouverts sur le monde, comme la Corée du Sud, Singapour et Taiwan ont enregistré des taux de croissance parmi les plus élevés du monde.

L'ampleur des relations commerciales internationales d'un pays dépend non seulement des politiques économiques, mais aussi de la géographie. Les pays qui bénéficient d'une ouverture sur la mer commercent plus facilement. Ce n'est d'ailleurs pas un hasard si plusieurs des plus grandes villes du monde, comme New York, San Francisco, Hong-Kong, sont situées à proximité immédiate de la mer. Les pays continentaux, sans ouverture sur la mer, ont en général des niveaux de revenus inférieurs aux autres.

Contrôler la croissance démographique

Le travail étant un facteur de production, une population importante autorise une grosse production de biens et services. Les pays très peuplés, comme les États-Unis ou le Japon, ont donc des PIB supérieurs à ceux des petits pays comme le Luxembourg ou les Pays-Bas. Mais ce qui importe, ce n'est pas le PIB total, mais le PIB par tête d'habitant, qui indique la quantité de biens et services disponibles pour l'habitant moyen.

Comment la croissance démographique affecte-t-elle le PIB par habitant ? Il est clair qu'une forte croissance démographique réduit le PIB par habitant. En effet, si la population croît trop rapidement, les autres facteurs de production seront répartis inefficacement. Typiquement, il sera difficile de doter chaque travailleur d'un capital suffisant. Or un capital par travailleur inférieur conduit nécessairement à une productivité inférieure et donc un PIB par travailleur inférieur.

Ce problème est évident quand on s'intéresse au capital humain. Les pays à forte croissance démographique ont énormément d'enfants, que le système éducatif n'arrive pas à former correctement. En général, quand le taux de croissance démographique est élevé, le système éducatif est complètement dépassé et les résultats scolaires catastrophiques.

Dans les pays développés, États-Unis et Europe de l'Ouest, la population croît au rythme de 1 % par an, et probablement moins à l'avenir. Dans de nombreux pays sous-développés, la croissance démographique atteint 3 % par an, rythme qui fait doubler la population tous les 24 ans.

Le contrôle de la croissance démographique est donc un moyen d'améliorer le niveau de vie des pays les plus pauvres. Dans certains pays comme en Chine, ce contrôle prend une forme légale, puisque la loi limite le nombre d'enfants qu'une famille peut avoir. Ailleurs, le gouvernement fait campagne en faveur des techniques de contrôle des naissances.

Par ailleurs, comme les gens réagissent aux incitations, le gouvernement peut jouer de celles-ci. Avoir un enfant engendre des coûts. Si ceux-ci augmentent, les gens choisiront naturellement d'avoir moins d'enfants. Typiquement, une femme qui peut poursuivre des études supérieures et obtenir un emploi qualifié tend à avoir moins d'enfants que celle qui reste chez elle parce que sans emploi. Offrir aux femmes les mêmes opportunités qu'aux hommes est donc certainement une façon pour les pays pauvres de réduire le taux de croissance démographique.

Encourager la recherche et le développement

Si notre niveau de vie actuel est supérieur à ce qu'il était il y a un siècle, c'est aussi parce que le progrès technique a été colossal. Le téléphone, le transistor, l'ordinateur, le moteur à combustion sont quelques-unes des milliers d'inventions qui ont fabuleusement amélioré nos capacités productives.

Et si l'importance de la recherche privée est considérable, il ne faut pas méconnaître le rôle du secteur public dans ce domaine. En effet, le savoir est dans une certaine mesure un *bien public* : une fois apparue une idée nouvelle, celle-ci vient s'ajouter au fonds de connaissances de la société, et devient utilisable par tous. Le gouvernement doit donc chercher à promouvoir la recherche et le développement de nouvelles technologies.

Pour ce faire, il peut octroyer des subventions pour la recherche, comme celles gérées par la National Science Foundation, ou offrir des déductions fiscales aux firmes qui consacrent certaines sommes à la recherche. Il y a un siècle, le gouvernement américain subventionna la recherche agronomique, et plus récemment la recherche aérospatiale, à travers des institutions comme l'armée de l'air et la NASA, ce qui a permis au pays d'occuper une place de leader mondial dans le domaine des avions et fusées.

La protection des inventions par les brevets est un autre moyen de promouvoir le développement technologique, puisque le brevet garantit à son détenteur le droit exclusif d'exploiter l'idée nouvelle pendant un certain nombre d'années. Le brevet transforme le bien public qu'est l'idée nouvelle en bien privé pour son inventeur, de façon à ce que ce dernier puisse en profiter économiquement.

ÉTUDE DE CAS

Le ralentissement de la productivité

De 1959 à 1973, la productivité par heure travaillée aux États-Unis a progressé au rythme de 3,2 % par an. De 1973 à 1994, ce rythme était retombé à 1,3 %. Bien évidemment, ce ralentissement s'est traduit par une moindre croissance des salaires réels et donc des revenus des ménages, et même, plus généralement, par une espèce d'angoisse économique. Une telle perte d'1,9 points de croissance ne paraît pas énorme, mais sur plusieurs années ses conséquences sont colossales. Si elle n'avait pas eu lieu, le revenu des Américains serait aujourd'hui supérieur de 50 % à ce qu'il est.

Ce ralentissement de la croissance est l'un des problèmes majeurs auxquels les responsables politiques doivent faire face. Et il n'est pas facile de trouver l'origine précise de ce ralentissement, ni les moyens de l'endiguer.

Deux éléments sont clairement établis. Premièrement, cette faible progression est mondiale. Quelque part au milieu des années 70, la croissance économique a ralenti partout dans le monde occidental : États-Unis, Canada, France, Allemagne, Italie, Japon et Grande-Bretagne. Pour expliquer ce ralentissement de la croissance, il faut donc regarder hors de nos frontières.

Deuxièmement, l'origine du problème ne se trouve pas dans les facteurs de production aisément mesurables, comme le capital physique ou le capital humain (mesuré par exemple en termes d'années de scolarisation). Rien n'indique un ralentissement de la croissance de ces facteurs de production.

Ces facteurs ne pouvant être incriminés, il reste la technologie. De nombreux économistes attribuent le ralentissement de la croissance économique à une moindre créativité dans le domaine des techniques de production. Mais comme cette créativité est difficile à mesurer, il n'est pas facile de confirmer ou d'infirmer cette opinion.

On peut même trouver bizarre l'idée selon laquelle les vingt dernières années auraient été des années de progrès technologique moins rapide. Ce furent les années de l'ordinateur, une révolution technologique qui a touché tous les secteurs et toutes les entreprises de l'économie. Pourtant, pour des raisons encore inconnues, cette révolution ne s'est pas encore traduite par une croissance économique plus rapide. Comme le dit l'économiste Robert Solow : « L'ère de l'ordinateur est visible partout, sauf dans les statistiques de productivité. »

Cette tendance au ralentissement de la croissance va-t-elle s'inverser ? Le scénario optimiste considère que l'ordinateur, une fois qu'il aura été totalement digéré par la société, autorisera une nouvelle ère de croissance forte. Les historiens de l'économie font remarquer que l'électricité n'a eu de réel impact sur la productivité et le niveau de vie que de nombreuses décennies après sa découverte, car il a fallu du temps pour comprendre le meilleur parti à tirer de cette découverte. Peut-être en ira-t-il de même avec l'ordinateur.

Le scénario pessimiste annonce une période de croissance ralentie succédant à un siècle de croissance fantastique. Certaines données semblent confirmer cette opinion. La figure 24.2 montre la croissance moyenne du PIB par habitant dans le monde développé depuis 1870. Le ralentissement cité ici est visible dans les deux derniers chiffres : passage de 3,7 % à 2,2 %. Mais en fait, par comparaison avec le passé, l'anomalie n'est pas tant ce ralentissement que l'explosion enregistrée dans les années 50 et 60. Peut-être que les deux décennies qui ont succédé à la Seconde Guerre mondiale furent des années de progrès technologique extraordinairement rapide, et que le ralentissement enregistré depuis s'explique par le retour à un taux de croissance plus normal des avancées technologiques.

■ **VÉRIFIEZ VOS CONNAISSANCES** Décrire trois moyens politiques d'améliorer le niveau de vie d'un pays. Ces politiques présentent-elles des inconvénients ?

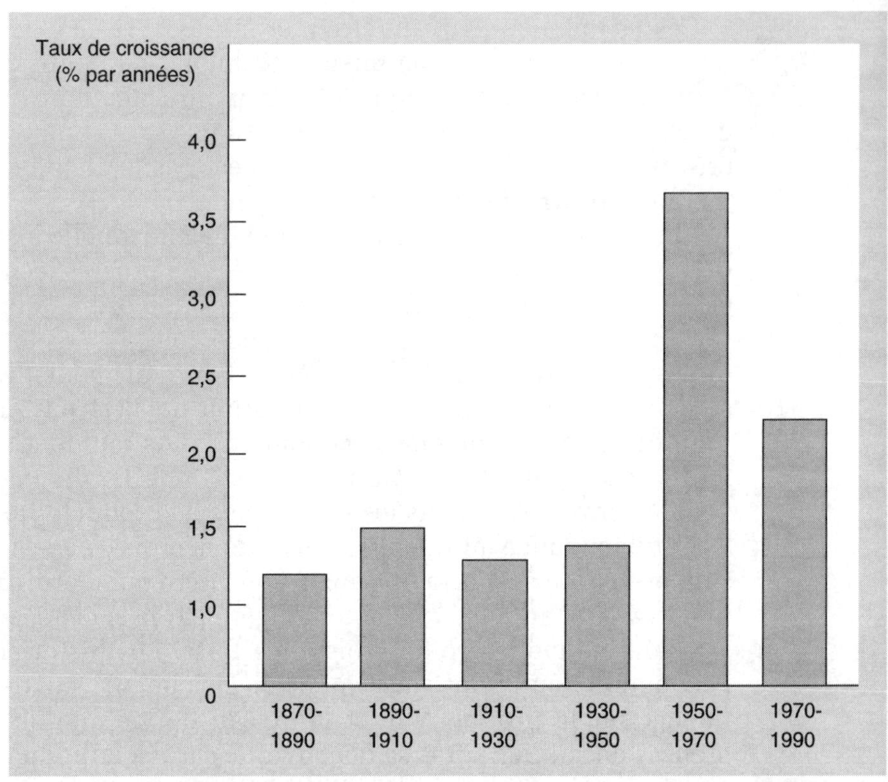

FIG. 24.2 **La croissance du PIB réel par habitant.** Cette figure montre la croissance du PIB réel par habitant de 16 pays riches, comprenant les pays d'Europe occidentale, les États-Unis, le Canada, le Japon et l'Australie. On y constate sa poussée extraordinaire dans les années 50-60 et son ralentissement à partir des années 70.

24.4 CONCLUSION : L'IMPORTANCE DE LA CROISSANCE À LONG TERME

Ce chapitre a présenté les facteurs déterminants du niveau de vie d'un pays, et les moyens politiques permettant de l'améliorer. Ce chapitre peut être résumé par ce principe d'économie selon lequel notre niveau de vie repose surtout sur notre capacité productive. Pour améliorer notre niveau de vie, il faut accroître notre capacité productive, en accumulant des facteurs de production et en les utilisant le plus efficacement possible.

Les économistes ne sont pas tous d'accord quant au rôle que doit jouer le gouvernement dans la poursuite de cette croissance économique. Au minimum, il doit aider la main invisible en assurant le respect des droits de propriété et la stabilité politique. Pour certains, il doit même intervenir plus directement dans la conduite des affaires industrielles, afin d'aider au développement technologique du pays. De toute évidence, ces questions sont au cœur du débat économique.

De la réussite ou l'échec des gouvernants actuels dans ce domaine dépend le monde que connaîtront les futures générations.

RÉSUMÉ

- La prospérité économique, mesurée par le PIB par habitant, est très variable d'un pays à l'autre. Le revenu moyen dans les pays les plus riches du monde est environ dix fois supérieur au revenu moyen dans les pays les plus pauvres. Parce que les taux de croissance du PIB réel sont variables, les classements des pays les uns par rapport aux autres sont instables dans le temps.
- Le niveau de vie d'une économie repose sur sa capacité à produire des biens et services. La productivité est quant à elle fonction des quantités de capital physique, de capital humain, de ressources naturelles et de savoir technologique dont les travailleurs peuvent disposer.
- Les mesures adoptées par le gouvernement peuvent influer sur le taux de croissance de l'économie : l'encouragement de l'épargne et de l'investissement, l'encouragement de l'investissement étranger, le développement de l'éducation, la défense des droits de propriété et le maintien d'une stabilité politique, le développement du libre-échange, le contrôle de la croissance démographique et l'incitation à la recherche et au développement scientifique sont autant de moyens de stimuler la croissance à long terme.
- L'accumulation du capital est soumise à la loi des rendements décroissants : plus l'économie est dotée en capital, moins le capital supplémentaire a d'effet sur la production. De ce fait, un taux d'épargne supérieur engendrera une certaine période de croissance plus rapide, mais la croissance finira par ralentir. Le rendement du capital est particulièrement élevé dans les pays pauvres, ce qui doit leur permettre de rattraper les pays riches en termes de croissance économique.

CONCEPTS CLÉS – DÉFINITIONS

Productivité : somme de biens et services produits par heure de temps de travail.

Capital physique : stock d'immeubles et d'équipement nécessaire à la production des biens et services.

Capital humain : ensemble de connaissances et d'aptitudes que les travailleurs acquièrent à travers l'éducation, la formation et l'expérience.

Ressources naturelles : ressources et matières premières entrant dans la production de biens et services, telles que la terre, les rivières ou les ressources minières.

Savoir technologique : connaissances de la société quant à la meilleure manière de produire les biens et services.

Rendements décroissants : caractéristique selon laquelle l'effet d'une unité additionnelle d'intrant diminue lorsque la quantité d'intrant augmente.

Effets de rattrapage : caractéristique selon laquelle les pays qui partent d'un bas niveau de vie ont tendance à croître plus rapidement que les pays qui sont déjà riches.

QUESTIONS DE RÉVISION

1. Quelles sont les deux grandeurs mesurées par le PIB ? Qu'est-ce que cela signifie quant aux déterminants du niveau de vie d'une société ?
2. Énumérer et décrire les quatre déterminants de la productivité.
3. En quel sens l'éducation est-elle une forme de capital ?
4. Expliquer comment un taux d'épargne élevé induit un niveau de vie élevé. Qu'est-ce qui pourrait empêcher un responsable politique d'encourager l'épargne ?
5. Un taux d'épargne supérieur engendre-t-il une croissance plus rapide indéfiniment ou temporairement ?
6. Pourquoi l'élimination d'une barrière douanière stimule-t-elle la croissance économique ?
5. Quel est l'impact du taux de croissance démographique sur le PIB par habitant ?
6. Décrire deux moyens par lesquels le gouvernement peut encourager le progrès technologique.

PROBLÈMES D'APPLICATION

1. La plupart des pays, États-Unis compris, importent de grandes quantités de biens et services. Pourtant, ce chapitre affirme qu'un pays ne bénéficie d'un niveau de vie élevé que s'il est capable de produire par lui-même. Peut-on réconcilier ces deux éléments apparemment contradictoires ?
2. Énumérez les facteurs de production nécessaires pour produire les biens et services suivants :
   - automobiles,
   - formation supérieure,

– voyages en avion,
– fruits et légumes.

3. Le revenu par tête d'habitant aux États-Unis est d'environ huit fois supérieur à ce qu'il était un siècle plus tôt. De nombreux pays ont connu des taux de croissance équivalents :
   a. Donnez quelques exemples caractéristiques démontrant que votre niveau de vie est différent de celui de vos arrière-grands-parents.
   b. Expliquez comment chacun des facteurs de production a évolué au cours de ce siècle aux États-Unis. Soyez précis.
4. Ce chapitre a montré que le secteur agricole utilise de moins en moins de facteur travail. Y a-t-il d'autres secteurs de l'économie qui auraient connu une évolution similaire plus récemment ? Ce changement est-il un signe de succès ou d'échec du point de vue de la société dans son ensemble ?
5. Imaginez qu'une société décide de réduire sa consommation au profit de l'investissement :
   a. Quelles seront les conséquences de cette décision sur la croissance économique ?
   b. Qui profitera le plus de cette modification ? Qui en souffrira le plus ?
6. Une société décide quelle part de ses ressources allouer à la consommation et quelle part allouer à l'investissement. Certaines de ces décisions concernent les dépenses privées ; d'autres concernent des dépenses publiques :
   a. Décrivez certaines formes de dépenses privées qui relèvent de la consommation, et d'autres qui relèvent de l'investissement.
   b. Même question pour les dépenses publiques.
7. Quel est le coût d'opportunité d'un investissement en capital ? Un pays peut-il « surinvestir » en capital ? Quel est le coût d'opportunité de l'investissement en capital humain ? Un pays peut-il surinvestir en capital humain ? Expliquez.
8. Imaginez qu'une entreprise automobile entièrement détenue par des capitaux allemands ouvre une nouvelle usine en Caroline du Sud :
   a. De quelle sorte d'investissement étranger s'agit-il ?
   b. Quel sera l'effet de cet investissement sur le PIB américain ? L'effet sur le PNB américain sera-t-il supérieur ou inférieur ?
9. Dans les années 80, les investisseurs japonais ont multiplié les investissements, directs et en portefeuille, aux États-Unis. À l'époque, de nombreux Américains s'opposèrent à ces investissements :
   a. En quoi valait-il mieux pour les États-Unis bénéficier de ces investissements plutôt que ne rien recevoir du tout ?
   b. En quoi aurait-il mieux valu que les Américains eux-mêmes fissent ces investissements ?
10. Dans les pays d'Asie du sud en 1992, il n'y avait que 56 jeunes femmes inscrites dans l'enseignement secondaire pour 100 jeunes garçons (*World Bank Development Report 1995,* page 219). Décrivez trois

façons d'accélérer la croissance économique en proposant aux femmes les mêmes opportunités de formation qu'aux hommes.

11. Imaginez que le gouvernement allonge la durée des brevets. Quel serait l'effet sur les programmes de recherche ? Cette modification risquerait-elle de réduire le taux de croissance économique ? Expliquez.
12. Les données internationales montrent une forte corrélation entre stabilité politique et croissance économique :
    a. Par quel mécanisme la stabilité politique peut-elle favoriser la croissance économique ?
    b. Par quel mécanisme la croissance économique peut-elle favoriser la stabilité politique ?

CHAPITRE 25

ÉPARGNE, INVESTISSEMENT ET SYSTÈME FINANCIER

Dans ce chapitre, vous allez :

- découvrir quelques-unes des institutions financières des États-Unis
- examiner les relations existant entre le système financier et les variables macro-économiques
- développer un modèle d'offre et de demande de fonds prêtables sur les marchés financiers
- utiliser ce modèle pour analyser diverses mesures politiques
- évaluer l'impact d'un déficit budgétaire gouvernemental sur l'économie

Vous venez de terminer vos études et, votre diplôme d'économie en poche, vous décidez de créer votre entreprise, dans le domaine de la prévision économique. Avant de pouvoir vendre vos prévisions, il va falloir que vous achetiez des ordinateurs, des bureaux et du matériel pour les équiper. Vous allez donc devoir investir avant de réaliser votre premier dollar de chiffre d'affaires.

Où allez-vous trouver les fonds nécessaires au financement de ces investissements ? Peut-être vos économies couvriront-elles une partie du besoin de financement, mais il est probable qu'elles ne suffiront pas. Il vous faudra donc obtenir de l'argent des autres.

Pour ce faire, plusieurs possibilités s'offrent à vous. Vous pouvez emprunter les fonds nécessaires, à une banque ou à un ami, et vous engager à les rendre à une certaine date, augmentés de l'intérêt convenu. Ou bien vous pouvez convaincre quelqu'un de vous fournir les sommes dont vous avez besoin contre une part des profits futurs. Dans les deux cas, votre investissement est financé par l'épargne de quelqu'un d'autre que vous.

Le *système financier* regroupe l'ensemble des institutions qui ont pour objet de mettre en relation les besoins de financement des uns et les capacités d'épargne des autres. Comme nous l'avons vu dans le chapitre précédent, épargne et investissement sont deux facteurs clés de la croissance économique. Mais nous n'avons pas encore vu comment l'économie coordonne son épargne et son investissement. Comment sont rapprochés les besoins d'investissement des uns et les capacités d'épargne des autres ? Comment est assuré l'équilibre de ces besoins et de ces capacités ?

Ce chapitre décrit le fonctionnement des marchés financiers. Nous allons d'abord présenter la grande variété d'institutions financières qui peuplent notre économie. Ensuite, nous étudierons les relations entre marchés financiers et quelques grandes variables macro-économiques comme l'épargne ou l'investissement. Nous développerons enfin un modèle de l'offre et la demande de fonds. Notre analyse montrera comment sont déterminés les taux d'intérêt et comment ceux-ci contribuent à l'allocation efficace des ressources dans l'économie. Elle montrera aussi l'impact sur les taux d'intérêt de certaines politiques économiques.

25.1 LES INSTITUTIONS FINANCIÈRES DE L'ÉCONOMIE AMÉRICAINE

Vus de haut, les marchés financiers transfèrent des ressources des épargnants (qui consomment moins que ce qu'ils gagnent) aux emprunteurs (qui consomment plus que ce qu'ils gagnent). Les motivations de l'épargne sont diverses : financer les futures études des enfants, préparer sa retraite. Il en est de même pour l'emprunt : acheter un logement ou créer une entreprise. Les épargnants placent leur argent sur les marchés financiers dans l'espoir de le récupérer plus tard assorti d'un intérêt. Les emprunteurs viennent chercher de l'argent sur les marchés financiers tout en sachant qu'ils devront le rendre plus tard, avec intérêt.

La rencontre des uns et des autres est organisée de plusieurs manières au sein du système financier. Les institutions financières peuvent être regroupées en deux catégories : les marchés financiers et les intermédiaires financiers. Examinons-les tour à tour.

Les marchés financiers

Les marchés financiers regroupent les diverses institutions par lesquelles les épargnants apportent directement des fonds aux emprunteurs. Les deux plus importants sont le marché obligataire et le marché des actions.

Le marché obligataire

Si Intel, le fabricant de puces électroniques, veut financer la construction d'une nouvelle usine, il peut emprunter directement au public, sans passer par le système bancaire. Pour ce faire, il émet des *obligations*, qui sont des reconnaissances de dette. Ces obligations précisent la date à laquelle l'emprunt doit être remboursé, appelée date d'expiration, et le taux d'intérêt qui sera versé au prêteur pendant la durée de vie de l'emprunt. L'acheteur de l'obligation donne des fonds à Intel contre la promesse d'un intérêt et du remboursement du capital fourni. Cet acheteur peut conserver l'obligation jusqu'à sa date d'expiration, ou la revendre plus tôt à quelqu'un d'autre.

Il y a des millions d'obligations différentes en circulation dans l'économie. Quand les grandes entreprises, le gouvernement fédéral, les gouvernements locaux ont besoin de financer la construction d'une nouvelle usine, l'achat d'un nouveau bombardier, ou la construction d'un nouvel établissement scolaire, ils émettent en général des obligations. Vous trouverez dans les journaux financiers les informations relatives aux prix et aux taux d'intérêt attachés aux obligations les plus importantes. Trois caractéristiques sont essentielles.

La première est le *terme* de l'obligation, c'est-à-dire la date à laquelle s'éteint la dette. Certains emprunts ne courent que sur quelques mois, d'autres peuvent aller jusqu'à trente ans (le gouvernement britannique émet même des obligations à durée de vie infinie, appelées rentes perpétuelles : l'intérêt est payé à jamais, mais le capital n'est jamais remboursé). Le taux d'intérêt de l'obligation dépend de son terme. En général, les obligations longues offrent des taux d'intérêt supérieurs à ceux des obligations courtes, car leur risque est supérieur puisqu'il faut attendre plus longtemps le remboursement du capital prêté.

La deuxième caractéristique importante est le *risque de signature*, qui mesure la probabilité que l'emprunteur ne puisse pas payer l'intérêt dû ou rembourser le capital. Les emprunteurs peuvent parfois faire faillite et être incapables de rembourser leurs dettes. Si les prêteurs estiment ce risque important, ils demandent un intérêt plus élevé en compensation. Le gouvernement américain étant considéré comme une bonne signature, les obligations qu'il émet proposent des taux relativement faibles. En revanche, certaines entreprises plus ou moins en difficulté émettent des obligations risquées, dites « junk bonds » (obligations poubelles), qui offrent des taux d'intérêt élevés. Diverses institutions privées, comme l'agence Standard and Poor's, apprécient le risque de signature des émetteurs et le publient sous forme d'une notation.

La troisième caractéristique est le *traitement fiscal* de l'obligation, c'est-à-dire le sort réservé par les lois fiscales aux revenus tirés de l'obligation. La plupart du temps, les revenus obligataires sont soumis à l'impôt, mais il y a quelques exceptions. Par exemple, les acheteurs d'obligations municipales ne paient pas l'impôt fédéral sur le revenu de ces obligations. Parce qu'elles offrent cet avantage fiscal, les obligations municipales offrent des taux d'intérêt inférieurs à ceux des obligations émises par les entreprises ou le gouvernement fédéral.

Le marché des actions

Intel pourrait aussi financer la création de sa nouvelle usine de semi-conducteurs en proposant des parts de son capital. Les *actions* sont des titres de propriété sur une entreprise et donnent droit à une part des profits réalisés. Si par exemple Intel émet un million d'actions, chaque action confère la propriété d'un millionième de l'entreprise.

Mais si les entreprises peuvent émettre des actions ou des obligations pour financer leurs investissements, ces deux catégories de titres sont très différentes. Le porteur d'actions Intel est propriétaire d'une partie de l'entreprise, tandis que le porteur d'obligations est un créancier de celle-ci. Si Intel s'avère très profitable, l'actionnaire recevra une partie des profits, tandis que le porteur d'obligations ne touchera que l'intérêt de son prêt. Mais si les profits disparaissent, les actionnaires ne recevront plus rien, tandis que les détenteurs d'obligations toucheront toujours leurs intérêts. Les actions sont donc plus risquées, mais aussi potentiellement plus rémunératrices que les obligations.

Une fois les actions émises par l'entreprise, elles sont négociées par le public sur les marchés d'actions organisés. Notez que ces transactions ne rapportent rien à l'entreprise émettrice des actions. Aux États-Unis, les marchés d'actions les plus importants sont le New York Stock Exchange, l'American Stock Exchange et le NASDAQ (National Association of Securities Dealers Automated Quotation system). Toutes les économies développées ont au moins un marché d'actions sur lequel s'échangent les actions des entreprises locales.

Le prix des actions est défini par le jeu de l'offre et de la demande. L'action étant un titre de propriété sur l'entreprise, la demande en détermine le prix, reflétant les anticipations du public quant à la profitabilité future de l'entreprise. Si le public est optimiste, la demande croît, et le prix monte. À l'inverse, si les investisseurs s'attendent à une baisse des résultats, voire à des pertes, le cours de l'action tombe.

Plusieurs indices sont calculés afin de donner une idée du niveau général des prix des actions sur un marché. Le plus célèbre est le *Dow Jones Industrial Average*, calculé depuis 1896, qui indique la moyenne des cours des actions de 30 des plus importantes entreprises cotées, comme General Motors, General Electric, Coca Cola, AT&T et IBM. Le Standard and Poor's 500 est un autre indice très utilisé, calculé à partir du cours des actions de 500 entreprises. Dans la mesure où le prix des actions reflète la rentabilité attendue des entreprises, ces indices sont suivis de près en tant qu'indicateurs des conditions économiques futures.

Les intermédiaires financiers

Les intermédiaires financiers regroupent les institutions par l'intermédiaire desquelles les épargnants peuvent fournir des fonds à ceux qui en ont besoin. Les deux plus importants sont les banques et les fonds mutuels.

Les banques

Si le patron de l'épicerie du coin de la rue souhaite étendre son affaire, il devra probablement recourir à une stratégie différente de

POUR VOTRE CULTURE

Comment lire les pages financières des journaux

La plupart des quotidiens contiennent quelques pages financières consacrées à l'information des investisseurs. Voici quelques exemples d'informations que l'on trouve dans les colonnes consacrées aux marchés financiers.

– *Cours* : le cours de l'action est certainement l'information la plus importante. Plusieurs prix sont indiqués. Le « dernier » cours ou cours de « clôture » est le prix auquel s'est effectuée la dernière transaction du jour. Certains journaux indiquent aussi le « plus haut » et le « plus bas » qui sont les plus haut et plus bas cours atteints au cours de la séance de bourse.

– *Volume* : le nombre de titres échangés pendant la séance. On parle de volume quotidien.

– *Dividende* : la partie des profits reversée aux actionnaires l'est sous forme de dividendes (les profits non distribués servent à financer les investissements ou à renforcer la structure financière de l'entreprise). Les journaux indiquent en général le dernier dividende versé par l'entreprise, et parfois le rendement en dividende, c'est-à-dire le dividende exprimé en pourcentage du cours de l'action.

– *Rapport cours-bénéfice* : le bénéfice est la différence entre les recettes de l'entreprise et l'ensemble des coûts qu'elle a supportés. Une partie des profits est versée aux actionnaires sous forme de dividendes ; l'autre partie est conservée pour financer les investissements. Le rapport cours-bénéfice, appelé PER (price earnings ratio en anglais), est le prix de l'action divisé par le profit réalisé par l'entreprise. Historiquement, il se situe aux alentours de 15. Un PER plus élevé indique que le prix de l'action est élevé au regard des derniers résultats ; cela peut indiquer une surévaluation de l'action ou des anticipations de résultats élevés à l'avenir. Inversement, un PER plus faible indique que le prix de l'action est faible au regard des résultats de l'entreprise, ce qui indique soit une sous-évaluation de l'action soit l'anticipation d'une dégradation des résultats dans le futur.

Pourquoi les journaux reprennent-ils ces informations chaque jour ? Parce que ces informations sont nécessaires aux investisseurs qui se posent chaque jour la question de savoir quels titres acheter et vendre. D'autres investisseurs, en revanche, se contentent d'acheter et de garder des titres sur de longues périodes sans se soucier des fluctuations quotidiennes.

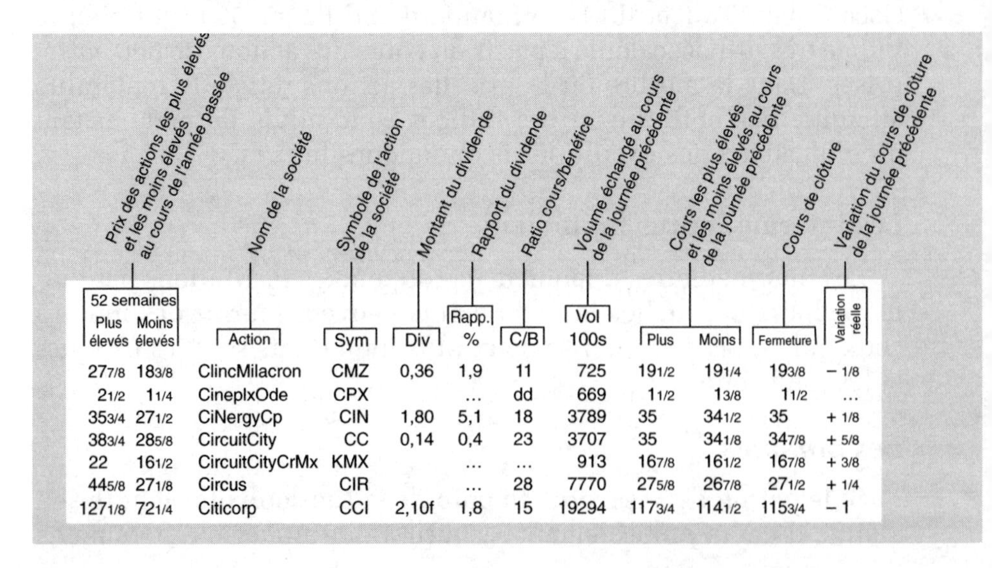

52 semaines Plus élevés	52 semaines Moins élevés	Action	Sym	Div	Rapp. %	C/B	Vol 100s	Plus	Moins	Fermeture	Variation réelle
27 7/8	18 3/8	ClincMilacron	CMZ	0,36	1,9	11	725	19 1/2	19 1/4	19 3/8	– 1/8
2 1/2	1 1/4	CineplxOde	CPX		...	dd	669	1 1/2	1 3/8	1 1/2	...
35 3/4	27 1/2	CiNergyCp	CIN	1,80	5,1	18	3789	35	34 1/2	35	+ 1/8
38 3/4	28 5/8	CircuitCity	CC	0,14	0,4	23	3707	35	34 1/8	34 7/8	+ 5/8
22	16 1/2	CircuitCityCrMx	KMX		...	...	913	16 7/8	16 1/2	16 7/8	+ 3/8
44 5/8	27 1/8	Circus	CIR		...	28	7770	27 5/8	26 7/8	27 1/2	+ 1/4
127 1/8	72 1/4	Citicorp	CCI	2,10f	1,8	15	19294	117 3/4	114 1/2	115 3/4	– 1

celle d'Intel, car il lui sera difficile de lever des fonds sur le marché obligataire ou celui des actions. En effet, les acheteurs de ces produits financiers ont une nette préférence pour les grands émetteurs, bien connus du grand public. L'épicier devra donc solliciter un prêt à sa banque.

Le système bancaire est l'intermédiaire financier le plus connu du grand public. Son objet principal est d'utiliser les sommes déposées par les épargnants pour financer les emprunts des emprunteurs. Les banques versent un intérêt aux déposants, et reçoivent un intérêt payé par les emprunteurs. La différence entre ces deux intérêts doit couvrir les coûts de fonctionnement de la banque et lui laisser un profit qui vient rémunérer ses propriétaires.

Outre leur fonction d'intermédiaire financier, les banques jouent un autre rôle important pour la bonne marche de l'économie : elles facilitent les achats de biens et services en autorisant les gens à émettre des chèques garantis par leurs dépôts. Cette faculté des banques de fournir au public un moyen d'échange monétaire est une particularité du système bancaire. Actions et obligations, comme les dépôts bancaires, sont des actifs représentant la richesse accumulée par le public, mais l'accès à cette richesse n'est pas aussi facile, rapide et économique que l'émission d'un chèque. Pour l'instant, nous ignorerons ce second rôle des banques, sur lequel nous reviendrons dans le chapitre consacré au système monétaire.

Les fonds mutuels

Il s'agit là d'un intermédiaire financier dont l'importance est croissante aux États-Unis. Le fonds mutuel est une institution qui vend des parts au public et utilise les fonds ainsi collectés pour acheter un portefeuille d'actions, d'obligations ou des deux. Le porteur des parts du fonds accepte les risques et les gains du portefeuille en question. Si sa valeur monte, le porteur gagne de l'argent ; si la valeur du portefeuille diminue, le porteur perd de l'argent.

Le principal avantage des fonds mutuels (en France, des Sicav) est de permettre à des épargnants aux moyens financiers limités d'acheter des portefeuilles diversifiés d'actions et d'obligations. Or, la diversification des avoirs réduit le risque financier de l'investissement, en application du vieil adage populaire selon lequel il vaut mieux ne pas mettre tous ses œufs dans le même panier. Avec seulement quelques centaines de dollars, un individu peut acheter quelques parts de Sicav et devenir ainsi indirectement actionnaire de plusieurs centaines d'entreprises. En rémunération de ce service, l'institution prélève entre 0,5 et 2 % du montant des actifs.

Un deuxième avantage, sur lequel insistent les fonds mutuels eux-mêmes, réside dans le fait que ces fonds donnent au grand public l'accès aux conseils des professionnels de la gestion patrimoniale. Ces professionnels consacrent énormément de temps à l'étude des marchés financiers, et des entreprises dans lesquelles ils investissent, de manière à sélectionner les investissements qui présentent les meilleures perspectives de rendement.

Les économistes spécialistes des marchés financiers sont quelque peu sceptiques sur ce deuxième argument. En effet, les intervenants sur les marchés financiers sont tellement nombreux et bien informés que le prix d'un titre est généralement un bon indicateur de la valeur réelle de l'entreprise émettrice. Il est donc difficile de gagner de l'argent en achetant les bons titres et en vendant les mauvais. Autrement dit, il est difficile de battre le marché. D'ailleurs, certains fonds, dits *fonds indiciels*, qui se contentent d'acheter tous les titres qui composent un indice boursier de référence, réalisent en moyenne des performances supérieures à celles qu'obtiennent les fonds qui pratiquent une gestion plus active. Cette performance supérieure s'explique par le fait que ces fonds indiciels supportent des coûts inférieurs, car leurs interventions sur les marchés sont moins fréquentes et ils n'ont pas à payer autant de gestionnaires professionnels.

Pour résumer

L'économie américaine est constituée d'une très grande variété d'institutions financières. Outre les banques, les marchés obligataires et d'actions, les fonds mutuels, il y a aussi les compagnies d'assurances, les fonds de pension, et même les prêteurs sur gages locaux. Mais du point de vue macro-économique, toutes ces institutions, aussi différentes soient-elles, jouent le même rôle : elles rapprochent des épargnants et des emprunteurs.

■ **VÉRIFIEZ VOS CONNAISSANCES** Qu'est-ce qu'une action ? Une obligation ? Quelles sont leurs différences et leurs similitudes ?

25.2 ÉPARGNE ET INVESTISSEMENT DANS LA COMPTABILITÉ NATIONALE

Les événements qui surviennent au sein du système financier sont essentiels pour comprendre l'évolution de l'économie en général. Les diverses institutions financières que nous venons de présenter ont pour mission principale de coordonner l'épargne et l'investissement, deux déterminants cruciaux de la croissance à long terme. Il est donc essentiel de bien comprendre le fonctionnement des marchés financiers et leur sensibilité aux divers événements et politiques susceptibles de les affecter.

Commençons ici par l'analyse économique des marchés financiers, et voyons pour débuter les variables macro-économiques liées à ces marchés. Plus qu'au comportement, nous allons nous intéresser à la *comptabilité*, c'est-à-dire à la façon de définir et d'utiliser les chiffres. Le comptable d'une personne privée aidera celle-ci à calculer ses revenus et ses dépenses. Le même genre de calcul peut être fait pour l'économie entière : on parle alors de comptabilité nationale. Celle-ci s'intéressera particulièrement au PIB et aux diverses statistiques qui lui sont liées.

Les règles de la comptabilité nationale comprennent un certain nombre d'identités remarquables, c'est-à-dire d'équations obligatoirement vérifiées, du fait même de la définition des variables. Ces identités sont importantes, car elles clarifient les relations existant entre différentes grandeurs macro-économiques. On trouvera ci-dessous les identités relatives au fonctionnement des marchés financiers.

Quelques identités importantes

Nous savons que le produit intérieur brut (PIB) est à la fois le revenu total de l'économie et la dépense totale de la même économie. Le PIB (dénoté ici Y) est décomposé en quatre éléments : la consommation (C), l'investissement (I), les dépenses publiques (DP) et les exportations nettes (EXN). On peut alors écrire :

$$Y = C + I + DP + EXN$$

Cette équation est une identité puisque chaque dollar de dépense (membre de gauche) apparaît forcément dans l'une des quatre catégories de droite.

Dans ce chapitre, nous allons simplifier les choses en supposant une économie autarcique, ou fermée, c'est-à-dire une économie qui n'exporte ni n'importe rien, et qui n'emprunte ni ne prête rien à l'étranger. L'analyse macro-économique des économies ouvertes, plus réaliste, sera présentée aux chapitres 29 et 30. L'hypothèse de l'économie fermée permet de tirer des leçons qui s'appliquent dans tous les cas, et en outre elle décrit correctement le cas de l'économie mondiale, puisque les échanges interplanétaires sont encore très réduits...

Dans une économie fermée, par construction les exportations nettes sont nulles (EXN = zéro). On peut donc écrire :

$$Y = C + I + DP.$$

Cette équation indique que le PIB est la somme de la consommation, de l'investissement et des dépenses publiques. Cela est toujours vrai dans une économie autarcique, puisque tout ce qui est vendu est utilisé sur place.

Cette équation peut s'écrire ainsi :

$$I = Y - C - DP.$$

La partie droite de l'équation (Y – C – DP) est le revenu qui reste une fois déduites la consommation et les dépenses gouvernementales ; cela représente l'*épargne nationale*, que l'on note S. On peut donc écrire :

$$I = EP.$$

Ce qui signifie que l'épargne est égale à l'investissement.

Revenons sur la notion d'épargne nationale. Appelons T les recettes fiscales du gouvernement (déduction faite des transferts sociaux). L'équation de l'épargne peut s'écrire de l'une ou l'autre des deux façons suivantes :

$$EP = Y - C - DP$$

$$EP = (Y - T - C) + (T - DP).$$

Ces deux équations sont identiques algébriquement, mais la seconde décompose l'épargne nationale en deux parties : une épargne privée (Y – T – C) et une épargne publique (T – DP).

Considérons l'épargne privée. Les ménages perçoivent des revenus Y, paient des impôts T et consacrent C à la consommation. Ce qui leur reste, Y – T – C, constitue l'*épargne privée*.

Le gouvernement perçoit des recettes fiscales T et dépense G en biens et services. Les recettes fiscales qui restent une fois que le gouvernement a financé les dépenses publiques constituent l'*épargne publique*. Si T est supérieur à DP, le gouvernement enregistre un *excédent budgétaire* puisqu'il reçoit plus qu'il ne dépense. Comme le gouvernement épargne cet excédent, T – DP est appelé épargne publique. Mais souvent, le gouvernement dépense plus qu'il ne gagne, de sorte que DP est supérieur à T. Il y a alors un *déficit budgétaire*, et l'épargne publique T – DP a une valeur négative.

Quel rapport ces équations ont-elles avec les marchés financiers ? Revenons à :

$$EP = I.$$

Pour l'économie dans son ensemble, l'épargne doit être égale à l'investissement. Mais alors se posent quelques questions importantes : quels sont les mécanismes qui sous-tendent cette identité ? Qu'est-ce qui assure la coordination de ceux qui décident d'épargner et de ceux qui décident d'investir ? La réponse est : le système financier. Les institutions financières – banques, marchés obligataires et des actions, fonds mutuels – se trouvent entre les deux membres de l'équation. Ce sont elles qui transforment l'épargne nationale en investissement.

La signification de l'épargne et de l'investissement

Les termes « épargne » et « investissement » sont définis et utilisés très précisément en comptabilité nationale, et leur signification est parfois différente du sens habituel.

Prenons un exemple. Imaginons que Bill gagne plus qu'il ne dépense et dépose l'argent épargné sur son compte en banque ou achète une obligation. Comme son revenu est supérieur à sa consommation, Bill contribue à accroître l'épargne nationale. Bill considère certainement qu'il investit son argent, mais du point de vue de la comptabilité nationale, on parle d'épargne.

Dans la langue macro-économique, l'investissement c'est l'achat de capital neuf. Quand Hillary emprunte à sa banque de quoi construire sa maison, elle ajoute à l'investissement national. De même, quand l'entreprise X émet des actions et utilise les fonds récoltés pour construire une nouvelle usine, on parle d'investissement.

Et si EP = I pour l'économie entière, cela n'est pas vrai à l'échelle individuelle. L'épargne de Bill est supérieure à son investissement, et la différence est déposée à la banque. Hillary investit plus qu'elle n'a épargné, et emprunte à la banque la différence. Cela est possible grâce aux intermédiaires financiers, qui financent les investissements des uns avec l'épargne des autres.

■ **VÉRIFIEZ VOS CONNAISSANCES** Définir l'épargne privée, l'épargne publique, l'épargne nationale et l'investissement. Quelles relations existe-t-il entre ces grandeurs ?

25.3 LE MARCHÉ DES FONDS PRÊTABLES

Nous allons maintenant construire un modèle économique des marchés financiers, dont l'objet est d'expliquer comment ces marchés coordonnent l'épargne et l'investissement. Le modèle nous permettra aussi d'apprécier un certain nombre de mesures gouvernementales susceptibles de toucher l'épargne et l'investissement.

Imaginons pour simplifier que l'économie ne présente qu'un seul marché financier, le *marché des fonds prêtables.* Tous les épargnants y mettent leur épargne, et tous les emprunteurs viennent y chercher des fonds. Sur ce marché unique, le taux d'intérêt est à la fois la rémunération de l'épargne et le coût des emprunts.

Bien entendu, nous avons vu que les intermédiaires financiers sont nombreux dans l'économie américaine. Mais la simplification est l'essence même de la modélisation. C'est pourquoi nous faisons ici l'hypothèse qu'il n'existe qu'un seul marché financier.

L'offre et la demande de fonds prêtables

Comme tous les autres marchés de l'économie, celui-ci est régi par la loi de l'offre et de la demande. Nous allons donc étudier les origines de l'offre et de la demande.

L'offre de fonds provient des ménages qui ont des capacités d'épargne et sont disposés à prêter cet argent. Le prêt peut être direct, si le ménage achète des obligations émises par une entité emprunteuse. Ou indirect, si les sommes disponibles sont déposées à la banque, cette dernière les utilisant pour financer les emprunts des autres. Mais dans les deux cas, l'épargne des ménages est à l'origine de l'offre de fonds prêtables.

La demande de ces fonds émane des entreprises et des ménages qui ont besoin d'argent pour financer leurs investissements : un ménage achetant un logement ou une entreprise construisant une nouvelle usine. En tout état de cause, l'investissement est à l'origine de la demande de fonds prêtables.

Le taux d'intérêt est le prix du prêt. C'est le montant que les emprunteurs paieront et que les prêteurs recevront. Un taux d'intérêt élevé rendant l'emprunt coûteux, la quantité de fonds demandée diminue quand le taux d'intérêt monte. En sens inverse, elle croît quand les taux d'intérêt diminuent. Autrement dit, la courbe de demande est décroissante, et la courbe d'offre est croissante.

La figure 25.1 indique le taux d'intérêt d'équilibre. Au taux d'équilibre indiqué, soit 5 %, les quantités demandées et offertes de fonds prêtables sont égales entre elles et à 1 200 milliards de dollars. Le processus d'ajustement vers le niveau d'équilibre se fait comme sur les autres marchés. Si le taux est inférieur au taux d'équilibre, la quantité offerte de fonds est inférieure à la quantité demandée. La pénurie conduit les prêteurs à élever le taux qu'ils demandent. Le taux d'intérêt finit par s'établir au niveau auquel l'offre et la demande s'équilibrent exactement.

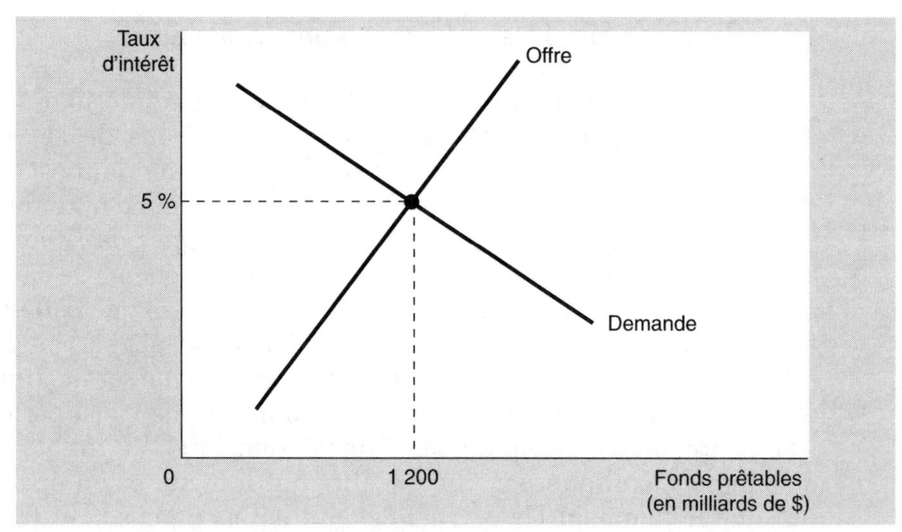

FIG. 25.1 **Le marché des fonds prêtables.** Le taux d'intérêt de l'économie assure l'équilibre de l'offre et de la demande de prêts. C'est l'épargne nationale, publique et privée, qui constitue l'offre de fonds prêtables. La demande émane des entreprises et des ménages qui ont besoin d'argent pour financer leurs investissements. Ici, le taux d'intérêt est de 5 %, et 1 200 milliards de dollars de fonds prêtables sont demandés et fournis.

Vous vous rappelez de la différence entre intérêt nominal et intérêt réel. Le taux d'intérêt nominal est le taux publié, tandis que le taux réel est le précédent diminué du taux d'inflation. C'est le taux d'intérêt réel qui représente le vrai rendement de l'épargne et le vrai coût de l'emprunt. Offre et demande de fonds dépendent donc plus du taux réel que du taux nominal, et l'équilibre de la figure 25.1 doit être interprété comme la détermination du taux d'intérêt réel de l'économie. Dans tout le reste de ce chapitre, chaque fois que le terme *taux d'intérêt* apparaîtra, rappelez-vous qu'il s'agit du taux d'intérêt réel.

Ce modèle montre clairement que les marchés financiers fonctionnent exactement comme tous les autres marchés de l'économie. Une fois que l'on a compris que l'épargne constitue l'offre de fonds et l'investissement la demande de fonds, on sait que la main invisible du marché va assurer l'équilibre par l'intermédiaire du taux d'intérêt. C'est le taux d'intérêt d'équilibre qui coordonne le comportement des épargnants et celui des investisseurs.

Maintenant que nous avons ce petit modèle, nous allons étudier diverses mesures politiques qui concernent l'épargne et l'investissement, en suivant les trois étapes décrites au chapitre 4 : quelle est la composante (offre ou demande) affectée ? Dans quelle direction se déplace-t-elle ? Quel est l'impact sur le niveau d'équilibre ?

1re politique : favoriser l'épargne par la fiscalité

Les familles américaines ont un taux d'épargne inférieur à celui des familles japonaises ou allemandes. Les raisons de ces différences sont mal connues, mais ce taux d'épargne inférieur est considéré par de nombreux responsables politiques comme un handicap pour l'économie américaine. L'un des *dix principes de l'économie* affirme en effet que le niveau de vie d'un pays dépend de sa capacité productive, et nous savons depuis le chapitre 24 que celle-ci est fonction entre autres de son épargne. Si les États-Unis parvenaient à relever leur taux d'épargne, la croissance américaine serait stimulée et les citoyens américains jouiraient d'un niveau de vie supérieur.

De nombreux économistes considèrent que ce faible taux d'épargne s'explique par une fiscalité qui n'incite pas à épargner, puisque notamment les dividendes et intérêts perçus sont frappés par l'impôt sur le revenu des personnes physiques. Prenez un jeune de 25 ans qui épargne 1 000 dollars et achète une obligation à 30 ans qui lui verse un intérêt annuel de 9 %. En l'absence d'impôt, les 1 000 dollars deviennent 13 268 dollars quand notre ami a 55 ans. Mais si l'intérêt est imposé à mettons 33 %, alors le rendement après impôt n'est plus que de 6 %. Dans ce cas, les 1 000 dollars ne valent plus que 5 743 dollars 30 ans plus tard. L'imposition des revenus obligataires a considérablement réduit l'intérêt de l'obligation et n'incite pas vraiment à épargner.

Afin d'encourager l'épargne, certains ont donc proposé d'en modifier la fiscalité. En 1995 par exemple, Bill Archer a proposé de remplacer l'actuel impôt sur le revenu par un impôt sur la consommation. Dans ce système, un revenu épargné ne supporte pas l'impôt tant qu'il n'est pas consommé. Une proposition plus modeste consiste à élargir les possibilités d'exonération fiscale pour certains types de placements d'épargne, comme les comptes individuels de retraite. Quel serait l'impact d'une telle proposition sur le marché des fonds prêtables ?

De toute évidence, cette mesure affecterait l'offre de fonds prêtables, puisqu'elle inciterait à épargner davantage. La demande de fonds serait inchangée.

L'épargne étant imposée moins lourdement qu'actuellement, les ménages consommeraient moins et épargneraient plus. Les comptes en banque seraient gonflés et le public achèterait davantage d'obligations. L'offre de fonds prêtables se déplacerait donc vers la droite de EP_1 à EP_2, sur la figure 25.2.

La figure montre que, suite à ce déplacement vers la droite, le taux d'intérêt d'équilibre est inférieur à son niveau précédent (4 %

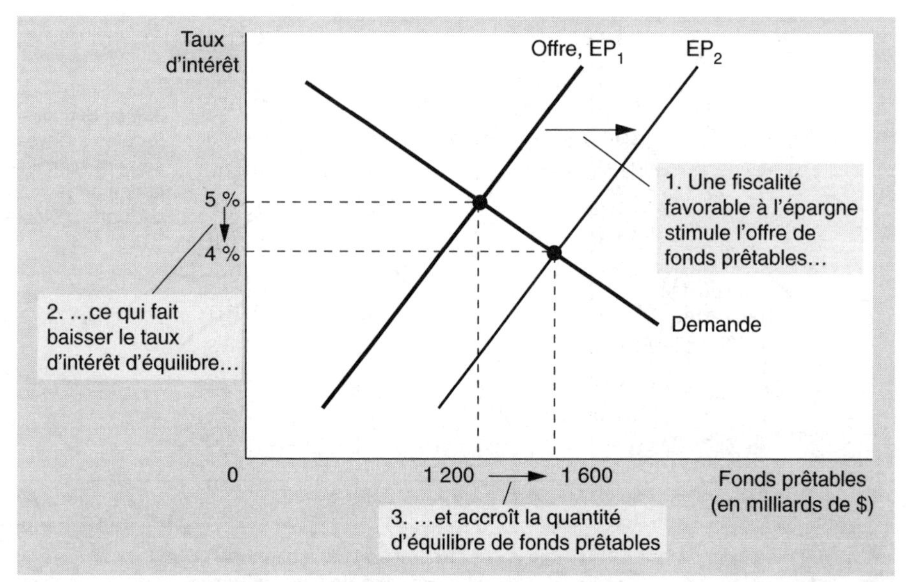

FIG. 25.2 **Augmentation de l'offre.** Si un allégement de la fiscalité incitait les Américains à épargner davantage, l'offre de fonds prêtables se déplacerait vers la droite de EP_1 à EP_2. Ce qui ferait baisser les taux d'intérêt et relancerait l'investissement. Ici, le taux d'intérêt d'équilibre tombe de 5 à 4 %, et la quantité d'équilibre de fonds épargnés et investis passe de 1 200 à 1 600 milliards de dollars.

contre 5 % précédemment). Le taux étant inférieur, la quantité demandée est supérieure, et passe de 1 200 à 1 600 milliards de dollars. Le déplacement de la courbe d'offre pousse l'équilibre le long de la courbe de demande. Ménages et entreprises empruntent davantage pour investir. *Donc une modification de la fiscalité qui encouragerait l'épargne conduirait à une baisse des taux d'intérêt et une augmentation des investissements.*

Si les effets d'une hausse de l'épargne sont unanimement reconnus, les économistes en revanche ne sont pas d'accord sur le type de modification des lois fiscales à mettre en œuvre. De nombreux économistes se déclarent favorables à une fiscalité qui encouragerait l'épargne. D'autres font remarquer qu'il n'est pas certain que cela changerait grand-chose au taux d'épargne national. En outre, l'équité de ces réformes est mise en doute ; dans de nombreux cas, les principaux bénéficiaires de ces mesures seraient les plus riches. Ce débat est discuté plus précisément au chapitre 34.

2e politique : favoriser l'investissement par la fiscalité

Imaginons une loi qui offrirait une déduction fiscale aux entreprises qui ouvrent une nouvelle usine. Quel en serait l'impact sur le marché des fonds prêtables (figure 25.3) ?

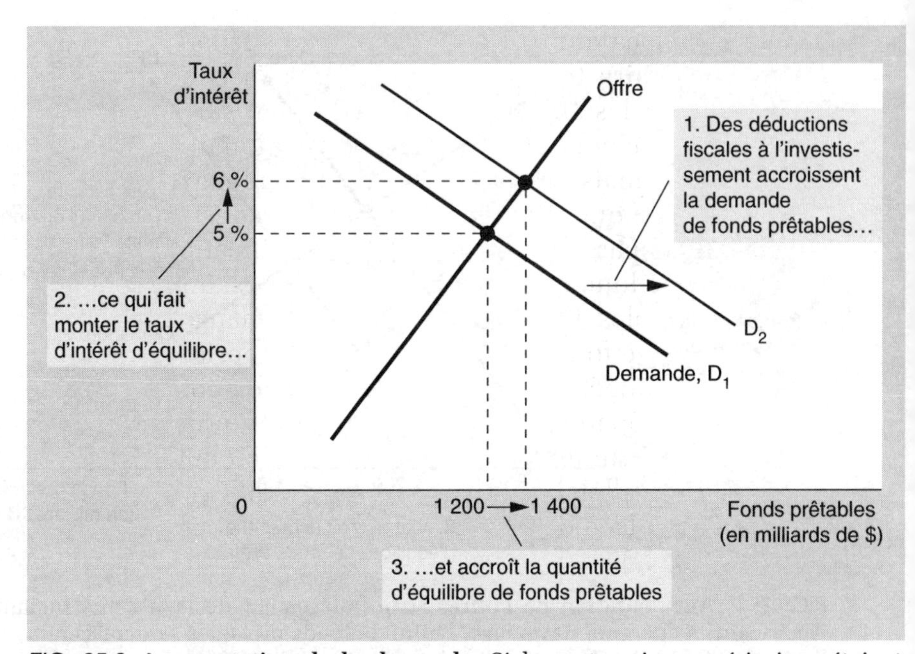

FIG. 25.3 **Augmentation de la demande.** Si les entreprises américaines étaient encouragées à investir davantage par des déductions fiscales appropriées, la demande de fonds prêtables augmenterait. Ce qui ferait grimper les taux d'intérêt et stimulerait l'épargne. Quand la courbe de demande se déplace de D_1 à D_2, le taux d'intérêt passe de 5 à 6 % et la quantité d'équilibre des fonds épargné et investis passe de 1 200 à 1 600 milliards de dollars.

Cette proposition incitant les entreprises à investir davantage, c'est la demande de fonds prêtables qui est affectée (l'offre est inchangée). Et la courbe de demande se déplacerait vers la droite de D_1 à D_2, puisque la quantité de fonds demandée serait supérieure pour tous les niveaux de taux d'intérêt.

La figure 25.3 montre qu'avec une demande de fonds accrue, le taux d'intérêt d'équilibre augmente de 5 % à 6 %. L'élévation du taux d'intérêt conduit à un accroissement de la quantité de fonds prêtés qui passe de 1 200 à 1 400 milliards de dollars, l'épargne des ménages augmentant. Cette modification de comportement est représentée ici par un déplacement le long de la courbe d'offre. *Donc une politique encourageant l'investissement se traduirait par des taux d'intérêt supérieurs et un taux d'épargne plus élevé.*

3e politique : recourir aux déficits budgétaires

Très pratiquée depuis une bonne dizaine d'années, cette politique, qui consiste pour le gouvernement à dépenser plus que ses recettes fiscales, a fait l'objet d'un vaste débat aux États-Unis.

Depuis quelques années, le gouvernement fédéral opère avec un déficit budgétaire très important, ce qui l'a conduit à s'endetter lourdement, et les observateurs s'interrogent sur les conséquences de cette attitude non seulement sur l'allocation des ressources rares de l'économie mais aussi sur la croissance à long terme.

Nous savons que l'épargne nationale est constituée de l'épargne privée et de l'épargne publique. Toute modification du déficit budgétaire affecte donc l'épargne nationale, qui est à l'origine de l'offre de fonds prêtables. Le déficit budgétaire ne change rien en revanche à la demande de fonds prêtables par les entreprises et les ménages.

Le déficit budgétaire signifie que l'épargne publique est négative, ce qui réduit l'épargne nationale. En d'autres termes, quand le gouvernement emprunte pour financer son déficit budgétaire, il réduit l'offre de fonds prêtables aux entreprises et aux ménages. Un déficit budgétaire déplace donc la courbe d'offre vers la gauche de EP_1 à EP_2 (figure 25.4).

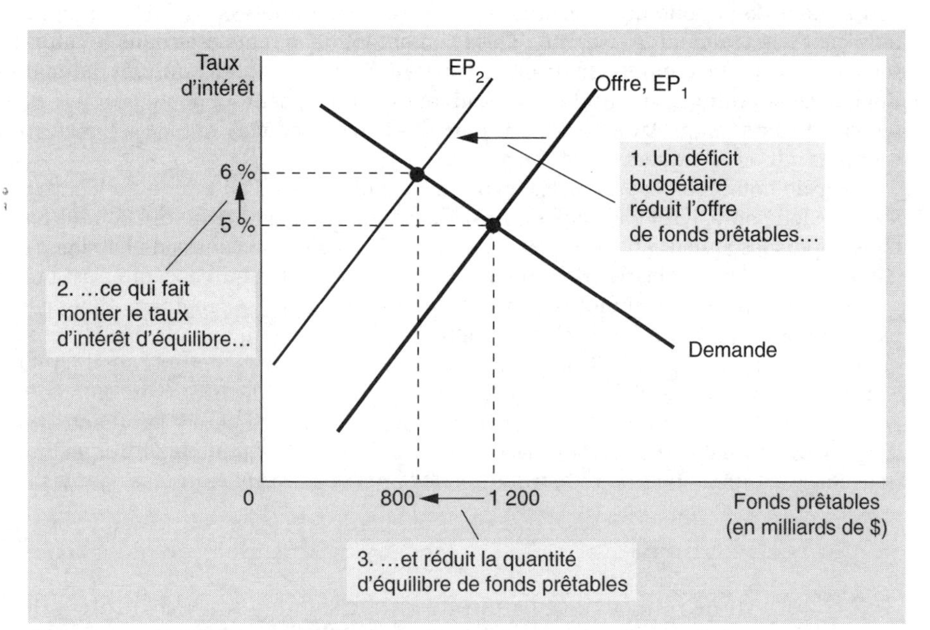

FIG. 25.4 **Les déficits budgétaires du gouvernement.** Quand le gouvernement dépense plus que ses recettes fiscales, le déficit budgétaire qui en résulte réduit l'épargne nationale. L'offre de fonds prêtables diminue donc, et le taux d'intérêt d'équilibre augmente. Quand le gouvernement emprunte pour financer son déficit budgétaire, il évince certains ménages et entreprises qui auraient voulu emprunter pour financer leurs investissements. Ici, l'offre se déplace de EP_1 à EP_2, le taux d'équilibre passe de 5 à 6 %, et la quantité d'équilibre de fonds tombe de 1 200 à 800 milliards de dollars.

POUR VOTRE CULTURE GÉNÉRALE

L'équivalence ricardienne : une autre vision des déficits publics

Certains économistes ne sont pas d'accord avec l'opinion majoritaire selon laquelle le déficit budgétaire entretenu par le gouvernement réduit l'épargne nationale et décourage l'investissement. Ces économistes défendent une théorie appelée *équivalence ricardienne*, du nom de Ricardo, l'économiste du XIXe siècle qui le premier développa cette théorie (et qui émit quelques doutes sur son caractère pratique).

Imaginons que le gouvernement diminue les impôts sans réduire les dépenses publiques. Il en résulte un déficit public et donc une baisse de l'épargne publique. Mais si les ménages épargnent l'intégralité de la réduction d'impôts, sans rien en dépenser, l'épargne privée augmentera d'un montant exactement égal à celui de la baisse de l'épargne publique, de sorte que l'épargne nationale demeurera inchangée. L'offre de fonds prêtables ne bougera pas, le taux d'intérêt d'équilibre non plus. En fait, rien ne bougera (si ce n'est la répartition entre épargne privée et épargne publique). Donc la situation avec déficit est équivalente à la situation sans déficit public.

Pourquoi les ménages épargneraient-ils la totalité de la réduction d'impôts ? D'après la théorie de l'équivalence ricardienne, quand le public constate que le gouvernement gère un déficit public, il s'attend à voir un jour les impôts augmenter pour financer le remboursement de la dette qui s'accumule. La baisse des impôts et le déficit budgétaire ne réduisent pas vraiment la fiscalité : ils se contentent de la repousser dans le futur. En un sens, une baisse des impôts financée par un déficit public est plus un prêt qu'un cadeau. Comme cette politique n'enrichit pas vraiment le public, celui-ci ne devrait pas augmenter sa consommation. Au contraire, il devrait épargner pour faire face à l'augmentation d'impôts qui ne manquera pas de survenir.

Pour de nombreux économistes, cette théorie n'est rien d'autre que de la spéculation intellectuelle pure. Il est clair que les énormes déficits budgétaires qu'ont connus les États-Unis depuis les années 80 n'ont pas été accompagnés par une hausse de l'épargne privée, comme le voudrait la théorie ricardienne. En fait, c'est même l'inverse qui s'est produit.

Cette théorie pose néanmoins une question intéressante : si l'augmentation de la dette publique implique un alourdissement de la fiscalité à l'avenir, et cela est évident, pourquoi les ménages n'épargnent-ils pas davantage dans cette perspective ? Peut-être que les gens ne voient pas aussi loin dans les conséquences des décisions du gouvernement. Peut-être qu'ils espèrent que cet alourdissement de la fiscalité pèsera sur d'autres générations de contribuables. Et de fait, les économistes considèrent que la politique de déficit budgétaire est un facteur de redistribution des impôts entre générations.

La figure montre clairement la hausse des taux d'intérêt, de 5 % à 6 %, qui en résulte. Du fait de cette hausse des taux d'intérêt, les emprunteurs privés sont moins nombreux : les familles achètent moins de logements, et les entreprises construisent moins d'usines. Cette diminution de l'investissement liée aux emprunts du gouvernement est appelée effet d'éviction, et est représentée sur la figure par le déplacement le long de la courbe de demande, d'une quantité demandée de 1 200 à une quantité de 800 milliards de dollars.

Quand le gouvernement emprunte pour financer son déficit budgétaire, il évince des emprunteurs privés qui souhaitaient financer leurs investissements.

En résumé, *quand le gouvernement opère avec un déficit budgétaire, les taux d'intérêt augmentent et l'investissement diminue.* Et comme l'investissement est un facteur essentiel de la croissance à long terme, les déficits budgétaires du gouvernement contribuent à réduire le taux de croissance de l'économie.

ÉTUDE DE CAS

Les déficits budgétaires aux États-Unis et la dette publique

Ces déficits budgétaires sont devenus chroniques depuis une quinzaine d'années. Quand Ronald Reagan devint Président en 1981, il s'attacha à réduire le rôle du gouvernement et diminuer les impôts. Il constata malheureusement qu'il était plus facile de réduire les impôts que les dépenses gouvernementales, politiquement sensibles. Le résultat, ce fut un énorme déficit budgétaire, non seulement pendant les deux mandats de Reagan, mais aussi pendant celui de Bush et maintenant celui de Clinton.

La figure 25.5 montre l'évolution de la dette publique exprimée en pourcentage du PIB. De 1950 à la fin des années 70, ce ratio n'a cessé de diminuer, indiquant que la dette du gouvernement croissait moins rapidement que l'économie. Celle-ci ne vivait donc pas au-dessus de ses moyens. En revanche, quand les déficits publics ont commencé à s'envoler au début des années 80, la dette s'est mise à progresser plus rapidement que l'économie, et le ratio dette/PIB s'est fortement dégradé.

Le tableau 25.1 montre ce qui s'est passé. Au début des années 80, le gouvernement américain, qui jusque-là connaissait de petits excédents budgétaires, entama sa politique de déficit massif. L'épargne publique recula de 2,4 points de PIB. Au même moment, le taux d'épargne privé diminua aussi légèrement, probablement par contagion. L'épargne nationale recula donc au total de 2,9 points de PIB.

En utilisant l'épargne du secteur privé pour financer son déficit budgétaire, le gouvernement détourne des ressources qui devraient normalement être consacrées à l'investissement, ce qui a un effet négatif sur le niveau de vie des générations futures. Tout le monde s'accorde à reconnaître ce point

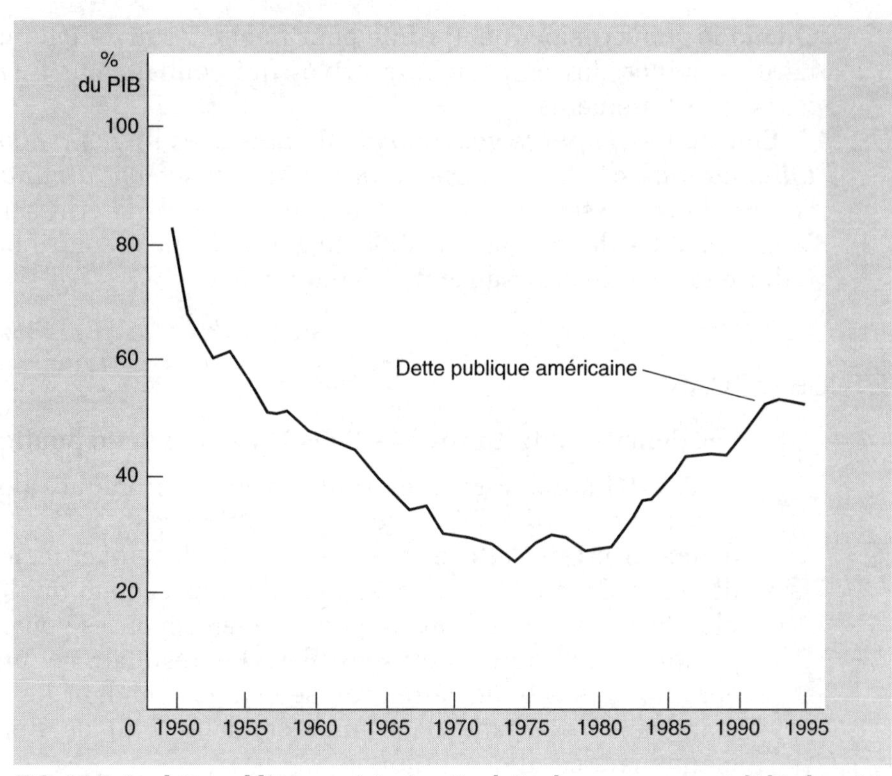

FIG. 25.5 **La dette publique américaine.** La dette du gouvernement fédéral américain, exprimée ici en pourcentage du PIB, était très élevée à l'issue de la Seconde Guerre mondiale, du fait des dépenses militaires. Elle n'a cessé de diminuer dans les années 50 et 60. Elle a commencé à augmenter de nouveau au début des années 80 quand les réductions d'impôts décidées par Ronald Reagan n'ont pas été accompagnées d'une réduction équivalente des dépenses publiques.

et à considérer le déficit budgétaire persistant comme un problème majeur. Quand Bill Clinton prit possession de la Maison Blanche en 1993, la réduction de ces déficits était l'un de ses objectifs prioritaires en matière économique. De même, quand les Républicains prirent le contrôle du Congrès en 1995, cet objectif figurait en tête de liste des tâches à accomplir. Ces divers efforts ont substantiellement réduit l'ampleur du déficit budgétaire, mais ne l'ont certainement pas éliminé totalement.

Pourquoi les déficits ne disparaissent-ils pas, alors qu'ils font l'unanimité contre eux ? Parce que tout le monde n'est pas d'accord sur la façon de procéder. Le président Clinton est favorable à une augmentation des impôts, notamment sur les personnes les plus riches, et à une légère diminution des dépenses. Les Républicains s'opposent à une augmentation

TABLEAU 25.1 **L'épargne nationale aux Etats-Unis (en % du PIB).**

	60-81	*82-94*	*Variation*
Taux d'épargne publique (T – DP)	0,8	– 1,6	– 2,4
Taux d'épargne privée (Y – T – C)	16,1	15,7	– 0,4
Taux d'épargne nationale (Y – C – DP)	16,9	14,0	– 2,9

Note. — Épargnes publique et privée ont été ajustées de l'inflation : seul l'intérêt réel sur la dette nationale est compté comme dépense gouvernementale et revenu du secteur privé.

Source. — Ministère américain du Commerce.

des impôts – ils voudraient même une diminution de la fiscalité pour relancer l'épargne. Ils proposent des réductions des dépenses gouvernementales que Clinton juge trop sévères. C'est ainsi qu'en l'absence d'accord sur les moyens de réduire le déficit budgétaire et compte tenu d'une certaine réticence à prendre des décisions vraiment impopulaires, le déficit budgétaire du gouvernement américain est devenu la norme de cette fin de siècle.

Le débat politique autour du déficit budgétaire est un débat compliqué, qui sera discuté plus avant dans le chapitre 34. Mais les principaux éléments du débat doivent maintenant être clairement perçus : épargne, investissement et taux d'intérêt.

■ **VÉRIFIEZ VOS CONNAISSANCES** Si une majorité d'Américains se mettaient à « vivre pour aujourd'hui, sans penser au lendemain », quel serait l'effet sur l'épargne, l'investissement et les taux d'intérêt ?

25.4 CONCLUSION

Dans Hamlet, Polonius conseille à son fils de ne prêter ni d'emprunter d'argent à personne. Si tout le monde suivait ce conseil, ce chapitre aurait été inutile.

Mais Polonius n'était pas un économiste. Dans notre économie, les gens prêtent et empruntent souvent, pour de bonnes raisons la plupart du temps. Peut-être un jour allez-vous emprunter de l'argent pour monter votre affaire ou acheter une maison ? Et certains vous prêteront de l'argent dans l'espoir que l'intérêt que vous leur servirez les aidera à vivre une retraite aisée. Le système financier a

DANS VOS JOURNAUX

L'amendement constitutionnel du budget équilibré

Récemment, certains membres du Congrès ont proposé d'amender la Constitution afin d'obliger le gouvernement à tenir équilibré son budget. Le Président Clinton s'est opposé à cet amendement. Dans l'article ci-dessous, l'économiste Robert Eisner explique pourquoi.

Le budget équilibré : une mauvaise idée économique

ROBERT EISNER

Avec deux collègues Prix Nobel d'économie, Robert Solow du MIT et James Tobin de Yale, j'ai pris l'initiative de lancer une pétition opposée à l'amendement constitutionnel visant à imposer au gouvernement un budget équilibré. Jusqu'ici, cette pétition a été signée par 35 membres réputés de notre profession, dont sept autres Prix Nobel...

Le problème de cet amendement, c'est qu'il viole les principes élémentaires d'économie saine que nous enseignons tous les jours. Tout comptable sait combien la notion d'équilibre des comptes d'une entreprise est arbitraire. Elle dépend des dépenses courantes, de la vitesse d'amortissement, de ce qui est amorti, de la méthode d'évaluation des stocks, des provisions à caractère exceptionnel, etc. Pour le gouvernement, c'est encore pire.

Quand un individu achète une action ou une obligation, personne ne considère cet achat comme une dépense courante susceptible de le mettre en déficit et de réduire son épargne. Mais la comptabilité nationale opère ainsi. Il y a quelques années, quand le Trésor a racheté divers actifs financiers dans le cadre d'une campagne de sauvetage des caisses d'épargne, le déficit public s'est vu gonfler. Quand le Trésor a revendu les actifs en question, le déficit a diminué.

L'amendement évoqué n'autoriserait l'emprunt que lorsqu'il serait voté à la majorité des trois cinquièmes du Congrès, une barre très haut placée. Mais il faut bien voir que tout le monde emprunte : vous, moi, les entreprises, les gouvernements locaux. Pourquoi seul le gouvernement fédéral serait-il limité dans sa capacité d'emprunter ?

En fait cet amendement est même impraticable puisqu'il prévoit qu'au début de chaque année fiscale, le Président doit transmettre au Congrès un budget pour l'année à venir, dont les dépenses totales ne doivent pas excéder les ressources totales. Qu'est-ce qui empêcherait le Président de gonfler artificiellement les recettes de manière à présenter un budget équilibré ? Et compte tenu de l'inexactitude inhérente à ce genre d'exercice de prévision, il ne serait même pas question de mauvaise foi...

Le projet de loi déclare que « les dépenses totales d'une année ne doivent pas dépasser les recettes totales de la même année ». Mais qui peut savoir ce qui arrivera dans l'économie ? Et si les gens sont davantage malades et font davantage appel au programme Medicare ou Medicaid ? Et si l'économie ralentit, et les rentrées fiscales sont inférieures à ce qui était attendu ? Autant déclarer que les vagues de l'océan ne doivent pas dépasser un certain niveau...

Et pour ce qui serait de contourner l'amendement, rien de plus facile. Il suffirait de vendre par exemple les actifs du gouvernement. On pourrait commencer par les parcs nationaux, puis les réserves pétrolières, les bâtiments publics, y compris le Capitole et la Maison Blanche... Bien sûr, il arrivera un jour où il ne restera plus rien à vendre. Mais peut-être que d'ici là, comme ce fut le cas avec la Prohibition, le public se sera rendu compte de l'imbécillité de cette loi et fera le nécessaire pour qu'elle soit éliminée.

Source. — Wall Street Journal, 22 janvier 1997, p. A14.

pour objet d'assurer la coordination de l'ensemble des activités d'épargne des uns et d'investissement des autres.

Les marchés financiers sont comme les autres marchés de l'économie. Le prix du crédit – le taux d'intérêt – est régi par la loi de l'offre et de la demande. Les événements qui modifient l'offre ou la demande peuvent être analysés à l'aide des concepts présentés au chapitre 4. Et quand les marchés financiers assurent l'équilibre de l'offre et de la demande de fonds prêtables, ils contribuent à allouer de manière efficace les ressources rares de l'économie.

Les marchés financiers présentent néanmoins une particularité. En effet, ils assurent une liaison entre le présent et l'avenir. Ceux qui fournissent des fonds – les épargnants – le font car ils souhaitent convertir une partie de leur revenu présent en pouvoir d'achat futur. Ceux qui viennent chercher des fonds – les emprunteurs – souhaitent investir aujourd'hui pour avoir plus de capital dans le futur. Le bon fonctionnement des marchés financiers est donc important non seulement pour les générations actuelles, mais aussi pour les générations futures.

RÉSUMÉ

- Plusieurs types d'institutions financières opèrent dans une économie. Les plus importantes sont le marché obligataire, le marché des actions, les banques et les fonds mutuels. Toutes ces institutions contribuent à rapprocher l'épargne des ménages des besoins de financement des entreprises ou d'autres ménages.
- Les identités remarquables de la comptabilité nationale mettent en évidence les relations essentielles entre grandeurs macro-économiques. En particulier, dans une économie fermée, l'épargne est égale à l'investissement.
- Le taux d'intérêt est déterminé par la loi de l'offre et de la demande de fonds prêtables. L'offre de ces fonds trouve son origine chez les ménages qui ne consomment pas tout leur revenu et acceptent de prêter le solde. La demande de fonds prêtables émane des ménages et des entreprises qui ont besoin d'emprunter pour investir. Pour mesurer l'effet d'une politique sur les taux d'intérêt, il faut l'analyser en termes d'offre et de demande de fonds prêtables.
- L'épargne nationale est égale à la somme de l'épargne privée et de l'épargne publique. Un déficit budgétaire du gouvernement représente une épargne publique négative, ce qui réduit l'épargne nationale et l'offre de fonds disponibles pour financer les investissements. Quand le déficit budgétaire du gouvernement décourage l'investissement, il joue contre la croissance de la productivité et du PIB.

CONCEPTS CLÉS – DÉFINITIONS

Système financier : ensemble des institutions qui contribuent à rapprocher les capacités d'épargne des uns et les besoins d'investissement des autres.

Marchés financiers : institutions financières qui permettent aux épargnants d'apporter directement des fonds aux investisseurs.

Intermédiaires financiers : institutions financières par l'intermédiaire desquelles les épargnants apportent indirectement des fonds aux investisseurs.

Obligation : titre de créance.

Action : titre de propriété d'une partie du capital d'une entreprise.

Fonds mutuel : institution qui vend des parts au public et consacre les fonds récoltés à l'achat de portefeuilles d'actifs financiers.

Épargne nationale : revenu total de l'économie, diminué de la consommation et des dépenses publiques.

Épargne privée : revenu des ménages, après impôts et consommation.

Épargne publique : solde des recettes fiscales et des dépenses publiques.

Excédent budgétaire : excès de recettes fiscales par rapport aux dépenses publiques.

Déficit budgétaire : insuffisance de recettes fiscales au regard des dépenses publiques.

Marché des fonds prêtables : marché sur lequel se rencontrent les agents économiques à capacité d'épargne (offre de fonds) et les agents à besoin d'investissement (demande de fonds).

Effet d'éviction : baisse de l'investissement résultant des emprunts du gouvernement.

QUESTIONS DE RÉVISION

1. Quel est le rôle du système financier ? Citer et décrire deux marchés financiers et deux intermédiaires financiers de notre économie.
2. Qu'est-ce que l'épargne nationale ? L'épargne privée ? L'épargne publique ? Quelle relation existe-t-il entre ces grandeurs ?
3. Qu'est-ce que l'investissement ? Quelle relation existe-t-il entre investissement et épargne nationale ?
4. Décrire une réforme fiscale qui pourrait se traduire par une hausse de l'épargne privée. Quelles en seraient les conséquences sur le marché des fonds prêtables ?
5. Qu'est-ce que le déficit budgétaire du gouvernement ? Comment affecte-t-il les taux d'intérêt, l'investissement et la croissance économique ?

PROBLÈMES D'APPLICATION

1. Dans chacune des paires d'obligations suivantes, quelle est l'obligation qui paie l'intérêt le plus élevé ? Pourquoi ?
   a. Obligation du gouvernement américain et obligation d'un gouvernement d'Europe centrale.
   b. Obligation expirant en 2000 et obligation expirant en 2025.
   c. Obligation émise par Coca Cola et obligation émise par l'entreprise informatique que vous avez montée dans votre garage.
   d. Obligation émise par le gouvernement fédéral et obligation émise par l'État de New York.
2. La « courbe des taux » est un graphique représentant les taux d'intérêt correspondant à des maturités différentes pour des emprunts obligataires. On trouve la durée de vie de l'emprunt en abscisses et le taux d'intérêt en ordonnées :
   a. Quelle est la pente de cette courbe, d'après les informations contenues dans ce chapitre ?
   b. Dessinez la courbe des taux pour les obligations du gouvernement américain, en prenant les informations dans les pages financières d'un journal spécialisé. Cette courbe a-t-elle la pente attendue ?
3. Théodore Roosevelt a dit un jour : « Il n'y a aucune différence entre parier sur des cartes, des loteries ou des canassons et parier sur le marché des actions. » Quelle est l'utilité sociale du marché des actions ?
4. La baisse des cours des actions est parfois interprétée comme le signe avant-coureur d'une future baisse du PIB. En quoi ce raisonnement peut-il être justifié ?
5. Quel avantage y a-t-il à détenir un portefeuille diversifié, plutôt qu'un portefeuille constitué entièrement des titres d'une seule entreprise ?
6. De nombreuses entreprises encouragent leurs employés à détenir des parts de leur capital. Pourquoi ? Pourquoi un individu pourrait-il refuser d'acheter des actions de l'entreprise pour laquelle il travaille ?
7. Votre compagnon de chambre n'investit que dans les entreprises qui présentent les meilleures perspectives de profit futur. Le rapport cours-bénéfice de telles entreprises est-il plutôt élevé ou plutôt faible ? Quel peut être l'inconvénient de n'investir que dans ce genre d'entreprises ?
8. Expliquez la différence que font les économistes entre épargne et investissement. Parmi les situations suivantes, quelles sont celles qui constituent un investissement, celles qui constituent une épargne ?
   a. Votre famille achète une nouvelle maison.
   b. Vous achetez pour 200 dollars d'actions AT&T.
   c. Votre compagnon de chambre dépose 100 dollars sur son compte en banque
   d. Vous empruntez 1 000 dollars pour acheter une voiture destinée à livrer les pizzas dans votre entreprise de restauration à domicile.

9. a. Imaginez qu'Intel doive emprunter sur le marché obligataire pour financer l'ouverture d'une nouvelle usine. En quoi l'augmentation des taux d'intérêt peut-elle affecter cette décision ?

   b. Imaginons maintenant qu'Intel ait des ressources propres suffisantes pour autofinancer ce projet. L'augmentation des taux d'intérêt peut-elle encore peser sur la décision d'Intel ? Expliquez.

10. Imaginons que le gouvernement emprunte 20 milliards de plus l'année prochaine que cette année :

    a. Analysez cette politique à l'aide d'un diagramme offre-demande. Le taux d'intérêt monte-t-il ou baisse-t-il ?

    b. Quel est l'effet sur l'investissement ? Sur l'épargne privée ? Sur l'épargne publique ? Sur l'épargne nationale ? Quelle est la taille de chacune de ces variations, comparée aux 20 milliards empruntés par le gouvernement ?

    c. Comment l'élasticité de l'offre de fonds prêtables affecte-t-elle la taille de ces variations ?

    d. Même questions pour l'élasticité de la demande de fonds prêtables.

    e. Imaginons que les ménages s'attendent à voir les impôts augmenter demain pour rembourser l'accroissement de dettes du gouvernement. Comment cette anticipation affecte-t-elle l'épargne privée et l'offre de fonds d'aujourd'hui ? Vient-elle accentuer ou au contraire compenser les effets explicités en a) et b) ?

11. Au cours des dix dernières années, l'informatisation des entreprises leur a permis de réduire sensiblement leurs stocks. Illustrez l'effet de ce changement sur le marché des fonds prêtables. Quel a été l'effet sur l'investissement en usine et équipements ?

12. Dans *The Economist* du 5 juin 95, on trouve cette phrase : « Certains économistes craignent que les populations vieillissantes du monde développé consomment leur épargne au moment même où les besoins d'investissement des pays émergents sont les plus importants. » Expliquez un tel phénomène à l'aide d'un graphique offre-demande du marché mondial des fonds prêtables.

13. Nous avons vu dans ce chapitre qu'on pouvait augmenter l'investissement en diminuant les impôts sur l'épargne privée et en réduisant le déficit budgétaire du gouvernement :

    a. Pourquoi est-il difficile de suivre ces deux politiques simultanément ?

    b. Que faudrait-il connaître de l'épargne privée pour voir lequel des deux moyens est le plus efficace pour relancer l'investissement ?

CHAPITRE 26

LE TAUX NATUREL DE CHÔMAGE

Dans ce chapitre, vous allez :

▶ apprendre à mesurer le chômage

▶ voir comment le chômage peut résulter des lois sur le salaire minimal

▶ voir comment le chômage peut résulter des négociations entre entreprises et syndicats

▶ constater que le chômage est une conséquence des salaires efficaces

▶ constater que le chômage est une conséquence du processus de recherche d'emploi

La perte d'un emploi est certainement l'une des expériences les plus stressantes qu'un individu puisse connaître dans sa vie professionnelle. Elle implique à la fois une réduction immédiate du niveau de vie, une certaine angoisse quant à l'avenir et une perte de confiance en soi. On comprend alors pourquoi tant d'hommes politiques cherchent à proposer leur solution pour créer des emplois.

Dans les chapitres précédents nous avons appris qu'un pays qui épargne et investit beaucoup jouit d'une croissance économique supérieure à celle d'une nation qui épargne et investit moins. Un autre facteur important pour la définition du niveau de vie d'un pays est le niveau d'emploi : en effet, tous les gens qui cherchent du travail mais n'en trouvent pas ne contribuent pas à la production de biens et services du pays. Plus il y a de gens qui travaillent plus le niveau du PIB est élevé.

Ce chapitre est consacré à l'étude du chômage. Le problème du chômage doit être analysé de deux façons différentes, à long terme et à court terme. Le *taux naturel de chômage* est le chômage normal d'une économie. Le *chômage conjoncturel* représente les variations du taux de chômage autour de son taux naturel, directement liées aux fluctuations économiques générales. L'explication du chômage cyclique sera fournie dans les chapitres 31, 32 et 33. Ici, nous nous intéresserons uniquement au taux naturel de chômage.

Nous commencerons par le définir, par voir comment il est mesuré, par repérer les problèmes posés par l'interprétation de ces données et nous nous demanderons combien de temps un individu moyen reste au chômage.

Puis nous verrons comment remédier au problème. Nous verrons quelles sont les causes du chômage et ce qui peut être fait pour venir en aide aux chômeurs. Nous présenterons quatre causes de chômage : le salaire minimal, les syndicats, les salaires efficaces et la recherche d'emploi. Nous verrons que le chômage n'est pas une maladie au traitement unique. En fait, le terme de « chômage » recouvre un ensemble de problèmes liés les uns aux autres, et c'est pourquoi il n'existe aucune solution simple permettant à la fois de réduire le taux de chômage naturel de l'économie et d'améliorer la qualité de vie des chômeurs.

26.1 LA DÉFINITION DU CHÔMAGE

Les travailleurs constituent l'une des ressources les plus importantes de l'économie. Les maintenir en situation d'emploi doit donc être une priorité pour les responsables politiques. Commençons par préciser ce que l'on entend par « chômage », comment celui-ci est mesuré par le gouvernement, quelles sont les difficultés de la mesure, et quelle est la durée typique du chômage.

Comment le chômage est-il mesuré ?

Aux États-Unis, c'est le ministère du Travail qui élabore les statistiques de chômage, publiées chaque mois. Les informations publiées concernent non seulement le chômage, mais aussi les types d'emploi, la durée effective de la semaine de travail, et la durée du chômage. Ces statistiques proviennent d'une enquête mensuelle réalisée auprès de 60 000 ménages.

Chacun des membres des familles en question, âgé d'au moins 16 ans, est placé dans l'une des trois catégories suivantes :

- a un emploi,
- est au chômage,
- ne fait pas partie de la population active.

Une personne a un emploi si elle a travaillé la majeure partie de la semaine précédente contre une rémunération. Une personne est au chômage si elle a perdu son emploi, cherche du travail ou attend la date de démarrage d'un nouvel emploi. Une personne qui ne rentre dans aucune des catégories précédentes, comme un étudiant, une personne à la retraite, une femme au foyer, ne fait pas partie de la population active. La figure 26.1 indique cette répartition pour 1995.

La *population active* est définie comme la somme des personnes au travail et des personnes au chômage :

$$\text{Population active} = \text{Personnes au travail} + \text{Personnes au chômage.}$$

Le *taux de chômage* est la proportion de la population active qui est sans emploi :

$$\text{Taux de chômage} = \frac{\text{Personnes au chômage}}{\text{Population active}} \times 100$$

Le ministère du Travail calcule ce taux non seulement pour la population entière, mais aussi pour certains groupes sociologiques : blancs et noirs, hommes et femmes, etc.

Il publie aussi le *taux d'activité de la population,* qui mesure le pourcentage de la population adulte faisant partie de la population active :

$$\text{Taux d'activité de la population} = \frac{\text{Population active}}{\text{Population adulte}} \times 100$$

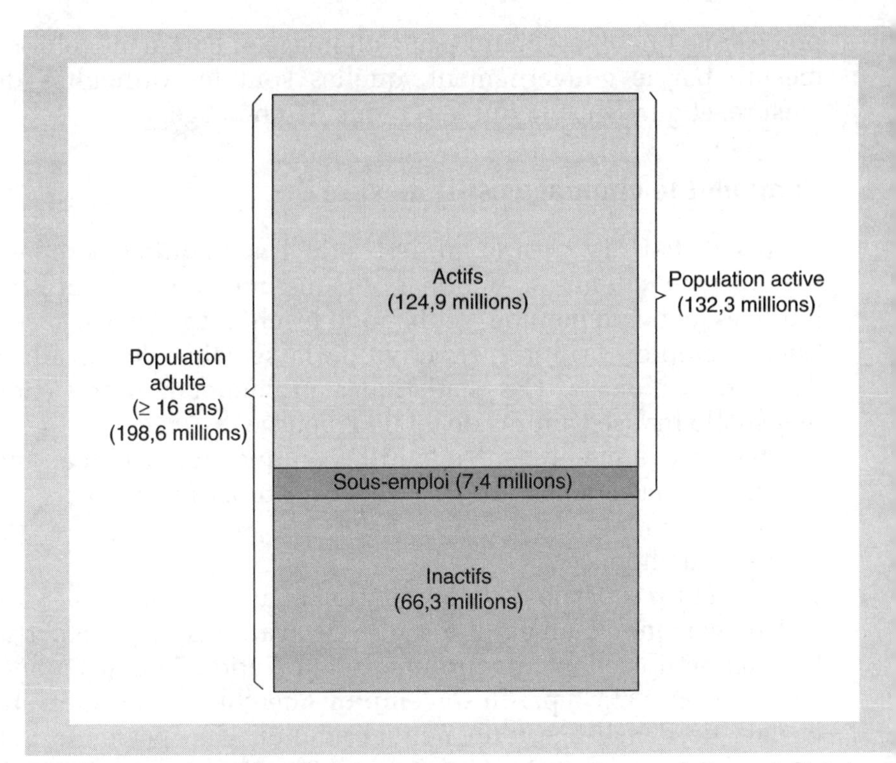

FIG. 26.1 **La répartition de la population en 1995.** La population est divisée en trois catégories : les actifs, les sans emploi et les inactifs.

Source. — Ministère du Travail.

Ce taux d'activité nous indique la part de la population qui a décidé d'être active sur le marché du travail. Comme le taux de chômage, il est calculé simultanément pour des groupes sociologiques plus étroits.

Regardons les données de 1995 : 124,9 millions d'individus avaient un emploi, et 7,4 millions étaient au chômage. La population active était donc de :

$$124{,}9 + 7{,}4 = 132{,}3 \text{ millions d'individus.}$$

Le taux de chômage ressortait à :

$$100 \times (7{,}4/132{,}3) = 5{,}6\ \%.$$

Comme la population adulte s'élevait à l'époque à 198,6 millions d'individus, le taux d'activité de la population ressortait à 100 x (132,3/198,6), soit 66,6 %.

Cette année-là, la population active représentait les deux tiers de la population adulte, et elle comptait 5,6 % de chômeurs.

Le tableau 26.1 donne des informations sur le chômage et le taux d'activité de certains groupes de la population. Trois faits sont remarquables. Premièrement, les femmes participent moins à la population active que les hommes, mais une fois qu'elles sont dedans, elles sont moins touchées par le chômage que les hommes. Deuxièmement, les noirs participent un peu moins que les blancs à la population active, mais ils sont plus durement frappés par le chômage. Enfin, les jeunes connaissent des taux de chômage beaucoup plus élevés que le reste de la population.

TABLEAU 26.1 **Groupes sociologiques et marché de travail.**

Groupe	*Taux de chômage*	*Taux d'activité*
Adultes (≥ 16 ans)		
Total	5,6 %	66,6
Hommes blancs	4,9	75,7
Femmes blanches	4,8	59,0
Hommes noirs	10,6	69,0
Femmes noires	10,2	59,5
Jeunes (16-19 ans)		
Total	17,3 %	53,5
Hommes blancs	15,6	58,5
Femmes blanches	13,4	55,5
Hommes noirs	37,1	40,1
Femmes noires	34,3	39,8

Ce tableau indique les taux de chômage et d'activité d'un certain nombre de sous-groupes de la population en 1995.

Source. — Département des statistiques du ministère de Travail.

Les statistiques du ministère du Travail permettent aux économistes de suivre les évolutions de l'économie. La figure 26.2 montre l'évolution du taux de chômage aux États-Unis depuis 1970. On y constate qu'il y a toujours un certain taux de chômage, et que le taux de chômage varie d'année en année. Le taux de chômage normal de l'économie, autour duquel le chômage fluctue, est appelé *taux naturel de chômage*. Les écarts par rapport à ce taux constituent le *chômage conjoncturel*. Sur la figure, le taux naturel est représenté par une droite horizontale au niveau des 6 %, niveau qui semble être le taux naturel de chômage de l'économie américaine pour la période. La discussion des variations du taux de chômage aura lieu ultérieurement, dans le chapitre consacré aux fluctuations économiques. Pour l'instant, nous cherchons à savoir pourquoi le chômage est une maladie chronique des économies de marché.

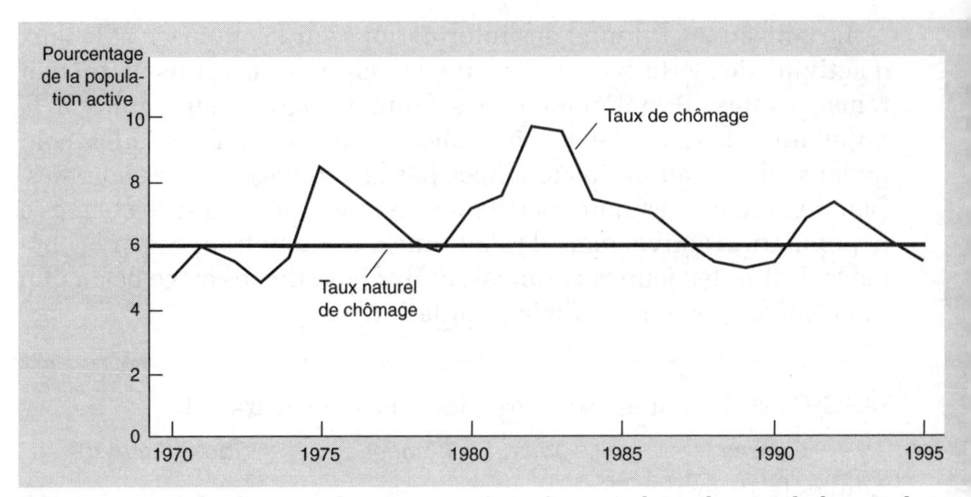

FIG. 26.2 **Taux de chômage depuis 1970.** Cette figure indique la part de la population active sans emploi.

Source. — Ministère du Travail.

ÉTUDE DE CAS

Taux de population active masculine et féminine

La place des femmes dans la société américaine a considérablement évolué au cours du dernier siècle. Les raisons de cette évolution sont nombreuses. Le progrès technologique y est pour une bonne part, dans la mesure où il a réduit le temps consacré aux tâches ménagères, avec des inventions comme la machine à laver, le sèche-linge, le réfrigérateur, le congélateur, la machine à laver la vaisselle, etc. Les progrès de la contraception, et la réduction de la taille de la famille qui en a résulté, sont aussi l'une des causes de l'évolution. De même qu'une révolution dans le domaine de l'attitude sociale et politique envers les femmes. Tous ces développements ont profondément marqué la société américaine en général et son économie en particulier.

C'est certainement sur le marché du travail que l'impact a été le plus impressionnant. La figure 26.3 montre les taux d'activité pour les hommes et les femmes, depuis 1948. À la fin de la Seconde Guerre mondiale, les hommes et les femmes occupaient des places très différentes dans la société. Un tiers des femmes seulement travaillait ou cherchait du travail, contre 87 % des hommes.

Cet écart n'a cessé de se réduire au fil des ans. En 1991, 59 % des femmes se retrouvaient dans la population active,

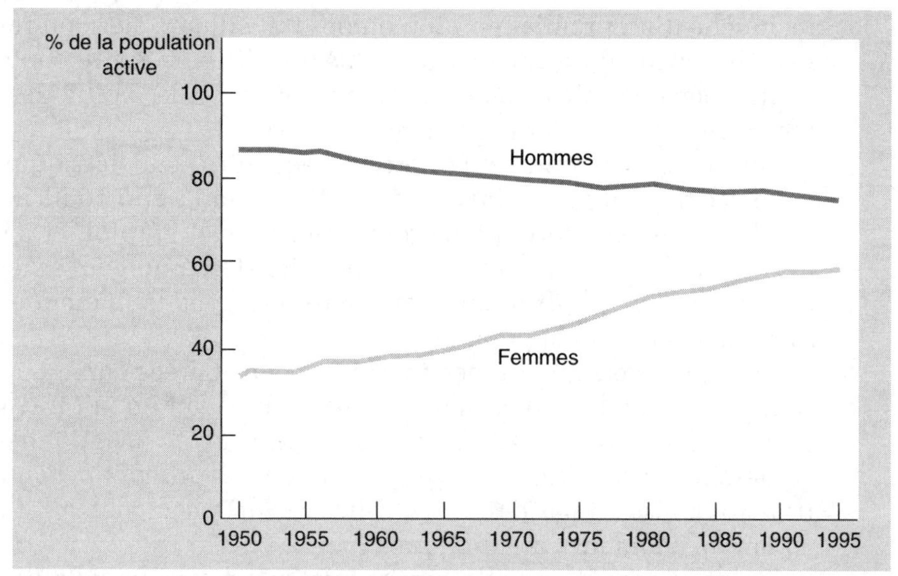

FIG. 26.3 **Hommes et femmes dans la population active depuis 1948.** Les femmes sont de plus en plus nombreuses dans la population active, alors que la part des hommes recule.

Source. — Ministère du Travail.

pour 75 % des hommes. Hommes et femmes, sur le plan du travail au moins, jouent aujourd'hui des rôles comparables.

Si l'augmentation du taux d'activité des femmes est facile à comprendre, la baisse du taux d'activité des hommes est plus surprenante. Ce déclin s'explique de plusieurs manières. D'abord, les études durent plus longtemps qu'il y a cinquante ans. Ensuite, les adultes prennent leur retraite plus tôt et vivent plus longtemps que par le passé. Enfin, avec davantage de femmes au travail, le nombre de pères au foyer a augmenté. Étudiants, retraités et pères au foyer ne font pas partie de la population active.

Le chômage est-il mesuré correctement ?

La mesure du chômage paraît toute simple, mais il n'en est rien. S'il est facile de distinguer quelqu'un qui travaille de quelqu'un sans emploi, il est beaucoup plus difficile de faire la différence entre une personne sans emploi et une personne qui n'entre pas dans la population active.

Les entrées et sorties de la population active sont en effet très nombreuses. Plus du tiers des chômeurs sont des nouveaux entrants dans cette population active. Ce sont des jeunes à la recherche d'un premier emploi, ou des travailleurs âgés qui reviennent au travail après une période sans travailler. En outre, toutes les recherches d'emploi n'aboutissent pas. Environ la moitié des chômeurs finit par quitter la population active.

Du fait de ces entrées et sorties fréquentes, les statistiques de chômage ne sont pas faciles à interpréter. Certains chômeurs ne font pas beaucoup d'efforts pour trouver un nouvel emploi, et s'ils se déclarent chômeurs, c'est pour bénéficier de l'aide gouvernementale. Mais il vaudrait mieux considérer ces gens-là comme ne faisant plus partie de la population active.

En sens inverse, certaines personnes considérées comme ne faisant pas partie de la population active aimeraient en fait travailler. Elles peuvent avoir cherché un emploi, et avoir abandonné leur recherche infructueuse. On parle alors de *travailleurs découragés*. Ils n'apparaissent pas dans les chiffres du chômage, même s'il s'agit en fait de chômeurs involontaires.

Toute imparfaite qu'elle puisse être, la mesure actuelle du chômage est difficile à améliorer. Il faut donc s'en contenter.

Combien de temps les chômeurs restent-ils sans emploi ?

L'une des questions importantes est celle de savoir si le chômage est de courte durée ou au contraire une condition de long terme. S'il n'est que de courte durée, on peut admettre que le problème est moins grave. On peut en effet avoir besoin de quelques semaines pour trouver un emploi qui s'accorde avec nos goûts et nos capacités. En revanche, si le chômage doit durer longtemps, alors le problème est très sérieux. Le chômeur de longue durée est en effet très affecté, à la fois économiquement et psychologiquement.

Les économistes ont donc sérieusement étudié la durée du chômage et ont abouti à une conclusion importante, subtile et apparemment paradoxale. *La plupart du temps, le chômage est de courte durée, mais la plupart du chômage observé à un moment donné est de longue durée.*

Supposons que vous vous rendiez à l'ANPE toutes les semaines de l'année pour rencontrer les chômeurs. Toutes les semaines vous constatez qu'il y a quatre chômeurs dans l'agence. Trois de ces quatre chômeurs sont les mêmes tout au long de l'année, tandis que le quatrième change toutes les semaines. Sur cette base-là, considérerez-vous que le chômage est de longue ou de courte durée ?

Un minimum de calcul permettra de clarifier les choses. Au cours de l'année écoulée, 55 personnes ont été sans emploi à un moment ou à un autre. 52 d'entre elles ont été sans emploi pendant une semaine, et 3 ont été sans emploi pendant toute l'année. Dans cet exemple, 95 % des cas de chômage n'ont duré qu'une semaine. La plupart du temps, le chômage est de courte durée.

Mais trois personnes au chômage toute l'année (52 semaines), cela signifie 156 semaines chômées. Compte tenu des 52 semaines chômées par les personnes restées sans emploi pendant une semaine, cela donne un total de 208 semaines chômées. Dont 75 % (156/208) sont dus aux chômeurs de longue durée. La plupart du chômage observé à un moment donné est de longue durée.

Il faut donc être prudent et précis quand on prend des mesures d'aide aux chômeurs. La plupart des gens qui perdent leur emploi en retrouvent un rapidement. Mais l'essentiel du problème économique posé par le chômage tient à la proportion relativement faible de chômeurs de longue durée.

■ **VÉRIFIEZ VOS CONNAISSANCES** Comment calcule-t-on le taux de chômage ? ■ En quoi le taux calculé surestime-t-il le chômage réel ? En quoi le sous-estime-t-il ?

Maintenant que l'on a une bonne idée de ce qu'est le chômage, se pose la question essentielle : pourquoi y a-t-il du chômage ? Sur la plupart des marchés, les prix s'ajustent de manière à assurer l'équilibre de l'offre et de la demande. Sur un marché du travail parfait, les salaires devraient s'établir à un niveau tel que la demande égale l'offre de travail, ce qui assurerait le plein emploi. La réalité est bien différente, puisque, même lorsque l'économie tourne bien, certains travailleurs sont sans emploi. Le taux de chômage ne tombe donc jamais à zéro ; en fait, il tourne autour de son niveau naturel. Pour comprendre ce niveau naturel de chômage, il faut comprendre les raisons pour lesquelles le marché du travail est loin d'être un marché parfait. Il y en a quatre : l'existence d'un salaire minimal légal, le rôle des syndicats, les salaires efficaces et le processus de recherche d'emploi.

26.2 LE SALAIRE MINIMAL LÉGAL

Le chapitre 6 nous a présenté l'une des causes du chômage : le salaire minimal légal. Si ce salaire minimal légal n'est pas la cause majeure de chômage, il a néanmoins des conséquences importantes sur certains groupes de la population frappés par un taux de chômage particulièrement important. En outre, cette analyse du salaire minimal légal est facilement applicable à d'autres sources de chômage.

La figure 26.4 nous rappelle le mécanisme de ce dysfonctionnement. Quand la loi fixe le salaire à un niveau supérieur à celui qui équilibre l'offre et la demande de travail, cela augmente la quantité de travail fournie et diminue la quantité demandée. Il y a donc davantage de gens prêts à travailler que d'emplois disponibles : certains travailleurs sont sans emploi.

Cette discussion ayant déjà eu lieu dans le chapitre 6, nous n'en dirons pas plus ici. Notons seulement que le salaire minimal n'est une cause de chômage que pour une minorité de chômeurs. En effet, la plupart des travailleurs ont des rémunérations supérieures au minimum légal. Seuls sont concernés les moins qualifiés et les moins expérimentés des travailleurs, et particulièrement les jeunes. Pour ceux-ci, le salaire minimal est une cause de chômage.

La figure 26.4 permet de tirer une conclusion plus générale : *si le salaire est maintenu à un niveau supérieur au niveau d'équilibre, pour quelque raison que ce soit, il en résulte du chômage*. Le salaire minimal n'est qu'un cas particulier. Les deux sections suivantes en présentent deux autres : les syndicats et les salaires d'efficacité. Le raisonnement de base est identique à celui que nous venons de

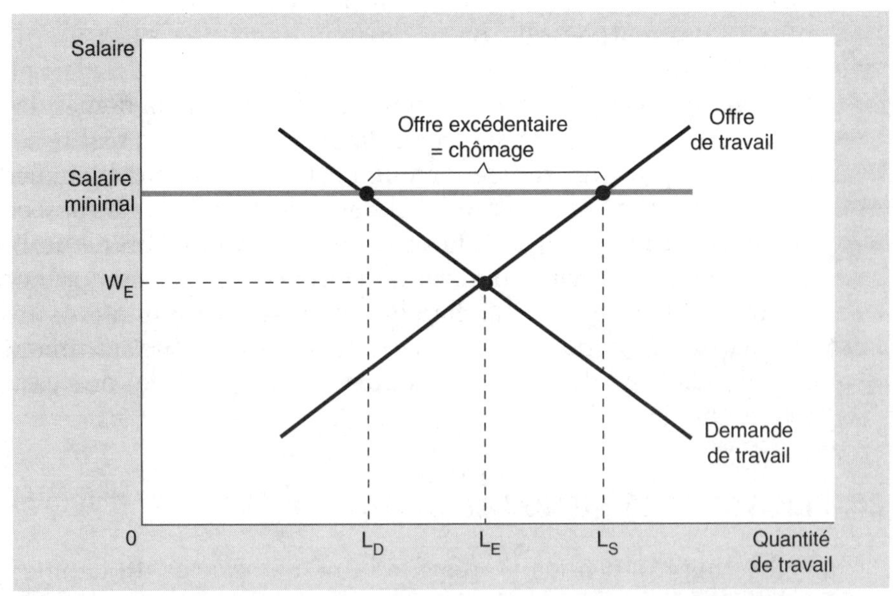

FIG. 26.4 **Chômage causé par un salaire supérieur au niveau d'équilibre.** Sur ce marché du travail, WE est le salaire qui assure l'équilibre de la demande et de l'offre de travail. À ce salaire d'équilibre, la quantité de travail d'équilibre est LE. Quand le salaire est artificiellement maintenu à un niveau supérieur à celui qui assure l'équilibre de l'offre et de la demande de travail, comme par un salaire minimal légal, la quantité de travail offerte augmente à LS et la quantité demandée diminue à LD. L'offre excédentaire de travail, LS – LD, constitue le chômage.

décrire, mais ce sont là des causes beaucoup plus répandues du chômage actuel.

■ VÉRIFIEZ VOS CONNAISSANCES Dessiner les courbes d'offre et de demande de travail sur un marché où le salaire est maintenu à un niveau supérieur au niveau d'équilibre. Montrer la quantité offerte, la quantité demandée et le chômage résultant.

26.3 LES SYNDICATS ET LA NÉGOCIATION COLLECTIVE

Un syndicat est une association de travailleurs représentant ceux-ci dans les discussions avec le patronat ou les pouvoirs publics sur les salaires ou les conditions de travail. Aujourd'hui, 16 % seulement des travailleurs américains sont syndiqués. Le rôle des syndicats est beaucoup moins important aujourd'hui qu'il y a trente ans quand le tiers de la population active était syndiqué, mais dans certains pays européens, il continue d'être puissant. En Suède et au Danemark par exemple, plus des trois quarts des travailleurs sont syndiqués.

L'analyse économique du syndicalisme

Un syndicat est un cartel : c'est un groupe de vendeurs agissant de concert dans l'espoir d'exercer un pouvoir de marché. La plupart des travailleurs négocient leur salaire et leurs conditions de travail individuellement avec leurs employeurs. En revanche, les travailleurs syndiqués négocient en groupe, dans le cadre d'un processus appelé *négociation collective.*

Quand un syndicat négocie avec une entreprise, il réclame en général des salaires plus élevés ou de meilleures conditions de travail que ceux que l'entreprise aurait spontanément proposés. En cas de désaccord, le syndicat peut organiser une *grève.* Celle-ci ayant des conséquences négatives sur la production, les ventes et les profits de l'entreprise, la menace de grève suffit en général à pousser l'entreprise à accorder des salaires supérieurs à ceux qu'elle aurait spontanément proposés. Les économistes spécialisés dans l'étude du monde du travail constatent que les salariés syndiqués gagnent en moyenne entre 10 et 20 % de plus que des travailleurs équivalents non syndiqués.

Quand un syndicat pousse les salaires au-delà du niveau d'équilibre, il en résulte du chômage. Ceux qui conservent un emploi s'en portent mieux, mais ceux qui ont été licenciés sont défavorisés. De fait, les syndicats sont souvent à l'origine de tensions entre les tra-

DANS VOS JOURNAUX

Le débat autour du salaire minimal

En 1996, en pleine campagne présidentielle, le salaire minimal légal devint un sujet de débat. La plupart des Démocrates étaient partisans de l'augmenter, tandis que la plupart des Républicains s'opposaient à une telle augmentation. Finalement, l'augmentation fut votée par le Congrès et signée par le Président. L'article suivant résume la teneur du débat.

La hausse des salaires va faire du mal aux jeunes

ROBERT HERSHEY JR

Il fut un temps où la société Sidewinder Pumps de Lafayette, Louisiane, embauchait une douzaine de jeunes pendant l'été, au salaire minimal, pour leur faire faire des travaux d'aménagement ou d'embellissement des installations. Ces travaux n'étaient pas vraiment indispensables, mais ils permettaient à un certain nombre de jeunes d'apprendre la réalité du travail salarié.

Quand le salaire minimal a augmenté au début des années 90, la firme a réduit ces emplois d'été proposés aux jeunes à trois ou quatre d'entre-eux. Et cet été, compte tenu de la nouvelle augmentation attendue, l'entreprise n'embauchera aucun jeune.

Alors que le Sénat se prépare à voter l'augmentation du salaire minimal légal, qui passera à 4,75 dollars de l'heure, et envisage une hausse supplémentaire l'année prochaine à 5,15 dollars, le débat sur la question a vite tourné à la bataille de chiffres pour savoir si cette mesure n'allait pas nuire aux travailleurs plus qu'elle n'allait les aider.

Selon les économistes, si la conséquence d'une hausse du salaire minimal légal sur l'ensemble de l'économie n'est pas considérable, elle est très défavorable aux jeunes, et particulièrement aux jeunes noirs, ainsi qu'aux adultes sans formation. Et ce sont là des groupes sociologiques qui ont pourtant bien besoin d'apprendre à travailler, à respecter des horaires, et une certaine éthique sociale...

Si l'on regarde ce qui s'est passé lors des deux dernières augmentations – à 3,80 dollars en avril 90 et à 4,25 dollars en avril 91 – on constate que le bas de l'échelle du marché du travail est très sensible à ces mesures.

En mars 90, juste avant l'augmentation du salaire minimal à 3,80 dollars de l'heure, 47,1 % des adolescents avaient un emploi ; ce taux était tombé à 43 % un an plus tard, puis à 39,8 % en juin 92 avant de se redresser à 43,2 % aujourd'hui.

Les observateurs spécialisés font remarquer que la chute de l'emploi des adolescents a parfaitement coïncidé avec les hausses du salaire minimal, alors que le reste de la population active a été touché beaucoup moins rapidement.

Les partisans de la hausse du salaire minimal, plus pratiqué au Sud que dans les autres régions du pays, affirment qu'elle est favorable à des millions de travailleurs du bas de l'échelle des rémunérations et qu'elle permet à certains d'entre eux d'éviter d'avoir à recourir aux divers programmes d'aide sociale.

Ces partisans de la hausse considèrent comme « négligeable » l'éventuelle perte d'emplois générée par l'augmentation. Selon Joseph Stiglitz, qui dirige le comité des conseillers économique du Président, « les statistiques ne sont pas concluantes dans ce domaine ».

L'idée que l'augmentation du salaire minimal pouvait provoquer une destruction d'emplois paraissait quelque peu théorique à certains adolescents noirs interrogés hier. Ce risque leur paraissait plus lointain que le bénéfice immédiat qu'ils voyaient dans cette hausse très attendue.

« Il y a des tas de jeunes qui essayent d'économiser pour financer leurs études ; cette augmentation leur rendra la chose un peu plus facile », disait l'un d'entre eux.

Source. — New York Times, 9 juillet 1996, p. D1, D18.

vailleurs qui bénéficient des salaires négociés par les syndicats et ceux qui perdent leur emploi.

Ces derniers ont le choix entre deux attitudes : rester au chômage en attendant la possibilité d'être embauché et de profiter des salaires syndicaux ; ou chercher du travail dans des entreprises non syndiquées. Ainsi, quand les syndicats font monter les salaires dans toute une partie de l'économie, l'offre de travail est accrue dans une autre partie. Cette augmentation de l'offre contribue à faire baisser les salaires dans les entreprises non syndiquées. Autrement dit, les travailleurs syndiqués ont les avantages du cartel, tandis que les travailleurs non syndiqués supportent une partie des coûts.

Le rôle des syndicats dans l'économie dépend partiellement de la législation applicable aux organisations syndicales et au processus de négociation collective. En temps normal, l'entente entre membres d'un cartel est illégale et les lois antitrust poursuivent les entreprises reconnues coupables de ce genre de pratiques. Mais les syndicats ne sont pas soumis aux exigences des lois antitrust ; les auteurs de ces lois considéraient au contraire que les travailleurs avaient besoin d'un certain pouvoir de marché pour négocier face aux employeurs. Et de fait, certaines lois encouragent la formation de syndicats. C'est notamment le cas du Wagner Act de 1935 qui interdit au patronat de s'opposer à la formation de syndicats et l'oblige à négocier de bonne foi avec eux. Le gouvernement dispose d'une agence spéciale chargée de défendre les droits des travailleurs qui souhaitent se syndiquer.

Le traitement législatif du sujet fait l'objet d'un vaste débat. Certains parlementaires sont favorables à des lois « de droit au travail », qui donnent le droit aux travailleurs d'une entreprise syndiquée de choisir entre rejoindre le syndicat ou rester en dehors. En l'absence de telles lois, les syndicats peuvent faire de l'adhésion une condition préalable d'embauche. D'autres parlementaires ont proposé une loi interdisant aux entreprises d'embaucher des remplaçants pour les ouvriers en grève. Une telle loi rendrait la grève beaucoup plus coûteuse pour l'entreprise, et donc renforcerait le pouvoir de marché des syndicats. L'avenir du mouvement syndical est donc bien entre les mains des responsables politiques de Washington.

Les syndicats sont-ils bons ou mauvais pour l'économie ?

Voilà un sujet sur lequel les économistes ne sont pas d'accord. Examinons les arguments des deux camps.

Les détracteurs des syndicats affirment que ceux-ci ne sont que des cartels. Quand ils poussent les salaires au-delà du niveau qui prévaudrait sur un marché concurrentiel, ils contribuent à la contraction de la quantité de travail demandée, au licenciement de certains travailleurs et à la réduction des salaires dans d'autres secteurs de l'économie. L'allocation du travail qui en résulte est à la fois inefficace et injuste. Inefficace, car le niveau artificiellement élevé de salaire négocié par les syndicats réduit l'emploi dans les entreprises syndiquées ; injuste, car certains travailleurs tirent des avantages au détriment d'autres travailleurs.

Les partisans des syndicats prétendent qu'ils constituent un antidote au pouvoir de marché des firmes qui embauchent. En l'absence de syndicats, les firmes puissantes sur le marché du travail proposeraient des salaires et des conditions de travail inférieurs à ceux en vigueur sur le marché concurrentiel. Le cas extrême est celui de l'« usine de la ville », qui emploie toute la population locale. L'usine de la ville bénéficie d'un pouvoir de marché qu'elle n'aurait pas si d'autres entreprises étaient présentes ; en effet, les travailleurs potentiels n'ont que le choix entre accepter des salaires et des conditions de travail non négociables ou ne pas travailler du tout. Le syndicat est alors un contre-pouvoir efficace.

Les partisans des syndicats affirment aussi que ceux-ci permettent aux entreprises de mieux répondre aux attentes des travailleurs. En effet le salaire n'est pas le seul élément de négociation. Il y a aussi les horaires, les heures supplémentaires, les vacances, les congés maladies, la couverture sociale, les promotions, la sécurité de l'emploi, etc. En représentant les employés, les syndicats aident les entreprises à définir les meilleures caractéristiques des emplois offerts. Et même s'ils poussent les salaires vers le haut, ils contribuent à organiser une force de travail heureuse de son sort et productive.

Finalement, on ne peut rien conclure de tout cela. Comme beaucoup d'autres choses, les syndicats sont probablement bons dans certaines circonstances et mauvais dans d'autres.

■ **VÉRIFIEZ VOS CONNAISSANCES** Comment un syndicat dans l'industrie automobile affecte-t-il les salaires et l'emploi chez General Motors et Ford ? Même question pour les autres industries ?

26.4 LA THÉORIE DES SALAIRES EFFICACES

C'est la troisième raison pour laquelle les économies connaissent toutes un certain niveau de chômage. La théorie des salaires efficaces affirme que les entreprises fonctionnent mieux si les salaires en vigueur sont supérieurs au niveau d'équilibre. Les entreprises

DANS VOS JOURNAUX

Le compromis de l'UAW

Les représentants des syndicats savent bien que des salaires plus élevés signifient moins d'emplois. L'article suivant présente un accord conclu en 1996 entre Ford et l'United Auto Workers (syndicat ouvrier du secteur automobile, NDT), aux termes duquel l'UAW a accepté des salaires inférieurs en échange de certaines garanties d'emploi.

Nouvelle approche syndicale dans l'automobile. Pas de licenciements, mais des salaires inférieurs pour certains

KEITH BRADSHER

Détroit, 17 septembre. Le nouvel accord conclu entre Ford et l'UAW a traité deux problèmes qui empoisonnaient la vie des syndicats depuis une dizaine d'années : les licenciements et le recours accru aux fournisseurs extérieurs.

L'accord contraint Ford à garantir un certain nombre d'emplois et à produire davantage de pièces automobiles par elle-même. Ces obligations marquent une rupture nette avec la tendance de l'industrie automobile de ces quinze dernières années, tendance à licencier massivement en fermant ou en vendant les usines fabricant les pièces détachées, et à se fournir en pièces auprès de fournisseurs non syndiqués.

En contrepartie de ces garanties d'emploi, l'UAW a accepté des salaires inférieurs dans tous les nouveaux secteurs d'activité.

La question se pose donc aujourd'hui de savoir si cet accord va créer un précédent, à la fois dans le secteur automobile et dans les autres secteurs industriels.

Le premier élément de réponse sera donné par les négociations entre le syndicat et les firmes General Motors et Chrysler. Il semblerait qu'un tel accord aurait du mal à être accepté par GM en particulier, qui cherche précisément à réduire encore sa main-d'œuvre.

Au-delà du cercle des fabricants d'automobiles, l'accord risque d'avoir encore moins d'influence. L'année dernière, Caterpillar, le fabricant d'engins de chantier et d'équipements lourds, a pu embaucher des ouvriers de remplacement lors d'une grève déclenchée par l'UAW, et a donc réussi à maintenir son courant d'affaires.

« Voilà plutôt le genre de modèle qui nous intéresse, beaucoup plus que l'accord passé par Ford », déclare le responsable des relations humaines d'un syndicat patronal.

L'accord lui-même est porteur d'un certain nombre de difficultés, comme la cohabitation au sein du même syndicat de travailleurs à salaire bas et de travailleurs à salaire plus élevé. Le fait que les salaires les plus bas seront cantonnés aux nouvelles usines résoudra en partie la difficulté, puisque ces travailleurs ne seront pas directement en contact avec les ouvriers des usines plus anciennes.

Le président de Ford déclarait il y a quelques jours qu'il serait prêt à fabriquer beaucoup plus de pièces détachées qu'aujourd'hui, si les syndicats acceptaient des salaires inférieurs.

Source. — New York Times, 18 septembre 1996, p. A1.

auraient donc intérêt à maintenir des salaires élevés même en présence d'une offre excédentaire de travail.

Le raisonnement est identique aux deux précédents. Dans les trois cas, le chômage s'explique par le fait que le salaire est maintenu à un niveau supérieur à celui qui assure l'équilibre de l'offre et de la demande de travail. Mais il y a maintenant une différence importante. Le salaire minimal légal et les syndicats empêchent les entreprises de réduire les salaires quand il existe un excès d'offre. La présente théorie affirme que cette contrainte est inutile dans la plupart des cas, car les firmes ont intérêt à maintenir des salaires élevés.

Pourquoi une telle situation ? Cela paraît étrange à première vue puisqu'une entreprise qui cherche à maximiser son profit tend à réduire ses coûts autant que possible. L'idée de la théorie des salaires efficaces est qu'il peut être profitable pour l'entreprise de payer des salaires supérieurs, car cela améliore la productivité des travailleurs.

La théorie des salaires efficaces comporte plusieurs variantes, dont les quatre principales sont présentées ci-dessous.

La santé des travailleurs

La variante la plus simple insiste sur le lien existant entre salaire et santé du travailleur. Les ouvriers mieux payés se nourrissent mieux, et sont donc en meilleure santé et donc plus productifs, ce qui est un avantage pour l'entreprise qui les emploie.

Cette forme de la théorie des salaires efficaces ne s'applique pas aux pays développés comme les États-Unis. En effet, les salaires payés dans ces pays sont largement supérieurs à ce qui est nécessaire pour assurer une alimentation équilibrée.

En revanche, dans certains pays pauvres où la malnutrition est un vrai problème, cette théorie peut s'appliquer. Les taux de chômage sont très élevés dans certaines villes africaines par exemple. Les entreprises peuvent craindre qu'une réduction des salaires se traduise par une détérioration de la santé des travailleurs, donc de leur productivité. Autrement dit, des préoccupations d'ordre nutritionnel peuvent expliquer pourquoi les entreprises ne diminuent pas les salaires, même en présence d'une offre de travail excédentaire.

Le taux de rotation du personnel

La deuxième forme de la théorie des salaires efficaces s'intéresse au taux de rotation du personnel. Les gens démissionnent de leur emploi pour tout un tas de raisons : pour rejoindre une autre entreprise, pour partir à l'autre bout du pays, etc. La fréquence de départ des travailleurs est directement fonction des incitations à rester dans l'entreprise et des incitations à prendre un autre emploi. Mieux les gens sont payés, moins ils sont incités à bouger. Une entreprise peut donc réduire le taux de rotation de son personnel en le payant bien.

Pourquoi l'entreprise a-t-elle intérêt à réduire le taux de rotation du personnel ? Parce que l'embauche et la formation de nouveaux employés sont coûteuses. En outre, même formés, les nouveaux entrants n'ont pas la productivité des travailleurs expérimentés. Donc, plus le taux de rotation du personnel est élevé, plus les coûts de production le sont aussi. L'entreprise peut donc gagner à payer des salaires supérieurs au niveau d'équilibre afin de réduire le taux de rotation du personnel.

L'ardeur des employés

La plupart du temps, les employés décident eux-mêmes de l'ardeur qu'ils mettent dans leur travail. Et le contrôle de l'ardeur au travail est à la fois difficile et coûteux. Les travailleurs ouvertement paresseux peuvent finir par être licenciés, mais ce n'est pas toujours facile à faire. En payant de bons salaires, les entreprises incitent leurs employés à faire leur possible pour garder leur emploi.

Cette forme de la théorie des salaires efficaces n'est pas sans rappeler la vieille idée marxiste de « l'armée de réserve des chômeurs ». Marx pensait que le chômage aidait les entreprises en faisant planer une menace sur les travailleurs. On retrouve un même raisonnement dans cette troisième variante de la théorie des salaires efficaces. Si les salaires se trouvaient au niveau d'équilibre, les employés auraient moins de raisons de faire des efforts ; licenciés, ils n'auraient pas de mal à retrouver du travail à salaire équivalent. En proposant des salaires supérieurs au niveau d'équilibre, les entreprises créent du chômage et donc incitent leurs employés à travailler du mieux possible.

La qualité des travailleurs

La quatrième forme de la théorie des salaires efficaces relie salaires et qualité des travailleurs. Quand une entreprise embauche une nouvelle recrue, elle a du mal à en apprécier la qualité *a priori*. En proposant des salaires élevés, la firme attire plus de candidats de valeur.

Prenons un exemple. Imaginons une entreprise qui possède un puits d'eau et qui a besoin d'un employé pour pomper l'eau. Deux candidats se présentent, Bill et Ted. Bill, travailleur efficace et compétent, est prêt à travailler pour 10 dollars de l'heure. En dessous, il préfère monter sa propre affaire. Ted, notoirement incompétent, est prêt à travailler pour 2 dollars de l'heure. En dessous, il préfère aller rêver sur la plage.

POUR VOTRE CULTURE GÉNÉRALE

L'analyse économique en cas d'asymétrie d'information

Dans la plupart des situations de la vie courante, l'information est asymétrique : l'une des parties prenantes à la transaction est plus au fait de la situation que les autres parties. Cela ouvre des tas de possibilités intéressantes pour l'analyse économique, dont nous avons vu une illustration avec la théorie des salaires efficaces.

La quatrième variante de cette théorie, présentée ci-dessus, illustre un principe général appelé *sélection adverse*. Cette situation se présente quand l'une des parties est mieux informée que l'autre des qualités d'un produit ; la personne la moins bien informée risque de se faire vendre un produit de mauvaise qualité. Dans la situation évoquée plus haut par exemple, les travailleurs sont mieux informés de leurs qualités que ne l'est l'entreprise qui se propose de les embaucher. Quand l'entreprise réduit les salaires proposés, la sélection des employés se fait d'une manière moins favorable à l'entreprise.

Ces situations de sélection adverse sont fréquentes. En voici deux exemples :

– les vendeurs de voitures d'occasion connaissent les défauts des véhicules qu'ils vendent, pas les acheteurs. Et comme il est naturel de se séparer d'une mauvaise voiture plutôt que d'une bonne, les acheteurs de voitures d'occasion craignent légitimement d'acheter « un veau ». C'est la raison pour laquelle des tas de gens refusent d'acheter des véhicules d'occasion ;

– les personnes qui prennent des contrats d'assurances-maladie sont mieux informées de leur propre santé que ne le sont les compagnies d'assurances. Et comme les gens les moins bien portants sont les plus susceptibles de prendre une assurances-maladie, le prix de ces assurances reflète le coût d'une personne plus malade que la moyenne. Donc les gens dont la santé est normale sont découragés de prendre ce genre d'assurances.

Dans chaque cas, le marché du produit en question – voitures d'occasion et assurances-maladie – ne fonctionne pas aussi bien qu'il le devrait, du fait de la sélection adverse.

De la même façon, la variante de la théorie des salaires efficaces qui s'attache à l'ardeur des travailleurs est un cas particulier d'un phénomène général, appelé *risque moral*. Un risque moral naît quand une personne, appelée *agent*, doit faire quelque chose dans l'intérêt d'un autre individu, appelé *principal*. Comme ce dernier ne peut pas surveiller en permanence son agent, celui-ci a naturellement tendance à déployer moins d'efforts que ce que souhaiterait le principal. Le terme de « risque moral » recouvre toutes les possibilités de comportement malhonnête ou simplement inefficace de la part de l'agent. Pour réduire ce risque, le principal essaie d'inciter l'agent à se comporter de manière responsable.

Dans un contrat de travail, l'entreprise joue le rôle du principal, et l'employé le rôle de l'agent. Le risque moral est celui d'employés qui n'exercent pas correctement leurs responsabilités. En payant un salaire supérieur au niveau d'équilibre, le principal incite l'agent à se comporter correctement. Le salaire élevé réduit donc le risque moral.

Ce risque moral est caractéristique d'un grand nombre de situations de la vie courante. En voici quelques exemples :

a. Le propriétaire d'une maison couverte par une assurance incendie n'achète pas assez d'extincteurs. Parce que c'est le propriétaire de la maison qui supporte le coût de l'extincteur, alors que la compagnie d'assurances en tire les avantages.

b. Une baby-sitter place les enfants devant la télé, plus que ne le souhaiteraient les parents. Les activités éducatives nécessitent plus d'efforts de la part de la baby-sitter, alors que ce sont les enfants qui en profitent.

c. Une famille vit sur les rives d'une rivière qui peut déborder. La famille profite de la vue, et c'est le gouvernement qui paiera en cas d'inondation.

Essayez d'identifier le principal et l'agent dans les situations évoquées. Comment, à votre avis, le principal peut-il essayer de résoudre le problème du risque moral dans chacun de ces cas ?

Quel salaire l'entreprise doit-elle payer ? Si elle veut minimiser ses coûts salariaux, elle choisira de payer 2 dollars. À ce tarif, la quantité de travail offerte (1) est égale à la quantité demandée. Ted prend l'emploi, et Bill n'est pas candidat.

Imaginons maintenant que l'entreprise sait que seul l'un des candidats est compétent, mais qu'elle ne sait pas lequel des deux. Si l'entreprise embauche le travailleur incompétent, celui-ci risque d'endommager le puits, ce qui coûtera cher à l'entreprise. Si elle propose 10 dollars de l'heure, les deux candidats se présenteront. En choisissant au hasard celui qu'elle embauchera, elle aura donc 50 % de chances de tomber sur celui qui est compétent. En revanche, si elle propose un salaire inférieur, elle est certaine d'embaucher le moins compétent.

Cette histoire illustre un phénomène général. Si l'entreprise fait face à une offre excédentaire de travail, il peut sembler profitable de baisser les salaires proposés. Mais l'entreprise prend alors le risque d'embaucher des employés de moindre qualité. Dans notre exemple, à 10 dollars l'entreprise a deux candidats. Si elle baisse le salaire proposé, le travailleur le plus compétent (qui a d'autres opportunités alternatives) retirera sa candidature. Il vaut donc mieux pour l'entreprise payer un salaire supérieur au niveau d'équilibre.

ÉTUDE DE CAS

Henry Ford et le généreux salaire de 5 dollars la journée

Henry Ford était un visionnaire, qui a introduit les techniques modernes de production. Plutôt que de faire construire ses voitures par de petites équipes d'ouvriers très qualifiés, il organisa des chaînes de montages sur lesquelles des ouvriers sans qualification répétaient à l'infini des tâches simples qui leur avaient été enseignées. Le résultat fut la fameuse Ford Modèle T.

En 1914, Ford innova encore, avec la journée de travail à 5 dollars. Cela ne fait pas beaucoup aujourd'hui, mais à l'époque c'était plus du double du salaire habituellement pratiqué, donc très au-delà du salaire d'équilibre. Quand cette mesure fut annoncée, les ouvriers firent la queue à l'extérieur de l'usine pour être embauchés. Les candidats étaient dix fois plus nombreux que ce dont Ford avait besoin.

Le salaire élevé proposé par Ford procura des résultats conformes à la théorie des salaires efficaces. Le taux de rotation du personnel chuta, l'absentéisme tomba et la productivité grimpa. Payer des salaires élevés fut donc très profitable pour l'entreprise. Ford lui-même dit un jour que la journée à 5 dollars fut « l'une des meilleures décisions de réduction des coûts jamais prises par l'entreprise ».

Les historiens économiques rapportent que Ford et ses associés déclaraient fréquemment que cette politique de salaires élevés fut très bonne pour la firme. Elle améliora la discipline des travailleurs, les rapprocha de l'entreprise qui les employait et augmenta leur efficacité personnelle.

Pourquoi Henry Ford eut-il cette idée de salaire efficace ? Pourquoi d'autres industriels ne l'eurent-ils pas avant lui ? Selon certains, cette idée était en fait étroitement liée à celle de la chaîne de montage. En effet, les travailleurs d'une même chaîne sont étroitement dépendants les uns des autres. Si l'un d'entre eux est absent, ou s'il travaille moins rapidement, la productivité de l'ensemble de la chaîne s'en ressent. Les chaînes de montage ont certainement amélioré la productivité, mais elles ont aussi accru l'importance d'un faible taux de rotation du personnel, d'une meilleure qualité de travail, et d'une plus grande ardeur au travail. Par conséquent, le salaire efficace était véritablement une stratégie appropriée au cas des usines Ford, beaucoup plus qu'aux situations industrielles traditionnelles.

■ **VÉRIFIEZ VOS CONNAISSANCES** Donner quatre raisons qui peuvent pousser les entreprises à payer des salaires supérieurs au niveau d'équilibre.

26.5 LA RECHERCHE D'EMPLOI

La quatrième cause de chômage est la recherche d'emploi, processus qui consiste à rapprocher les offres des demandes d'emploi. En effet, les emplois proposés sont différents, les personnes à la recherche d'un emploi n'ont pas les mêmes motivations ni les mêmes aptitudes, la circulation de l'information n'est pas immédiate, de sorte que le processus de recherche d'emploi prend un certain temps.

Ce cas de chômage est différent des trois précédents, dans lesquels le salaire étant supérieur au niveau d'équilibre, la quantité de travail offerte excédait la quantité demandée. Les travailleurs au chômage attendaient que des opportunités d'emploi s'ouvrent.

Dans le cas de la recherche d'un emploi, le salaire importe peu. Les travailleurs cherchent l'emploi qui leur convient le mieux.

La recherche d'emploi est inévitable

Elle est souvent la conséquence des décisions des consommateurs. Si ceux-ci décident d'acheter plus d'ordinateurs Compaq que d'ordinateurs Dell, Compaq embauche et Dell licencie. Les employés de Dell doivent trouver un nouvel emploi, et Compaq doit choisir de nouveaux employés. Un chômage temporaire résulte de ce processus d'adaptation.

De même, les différentes régions du pays produisant des biens et services différents, l'emploi peut être à la hausse ici et baisser là. Par exemple, quand le prix mondial du pétrole baisse, les producteurs texans diminuent leur production et licencient. Les fabricants d'automobile du Michigan au contraire produisent plus de véhicules et embauchent. On parle de *changements sectoriels* pour désigner ces variations. Ces changements sectoriels sont une source de chômage temporaire, car il faut un certain temps pour que l'emploi s'adapte aux nouvelles conditions.

Comme l'économie évolue en permanence, la recherche d'emploi est inévitable. Il y a un siècle, les quatre secteurs industriels offrant le plus d'emplois étaient le secteur du coton, de la laine, de la confection masculine et du bois. Aujourd'hui, il s'agit de l'automobile, de l'aviation, des communications et des composants électriques. Tout au long de cette transition des emplois furent détruits et d'autres créés. Le résultat final est un niveau de vie incomparablement supérieur et une productivité sans commune mesure. Mais de nombreux travailleurs se sont retrouvés sans emploi et dans l'obligation d'en chercher un.

Mesures économiques et recherche d'emploi

Si la recherche d'emploi est inévitable, on peut néanmoins en réduire l'impact sur les statistiques de chômage en réduisant le temps que dure cette recherche.

C'est l'objectif des programmes gouvernementaux d'aide à la recherche d'emploi. Les agences pour l'emploi centralisent et diffusent les informations relatives aux postes vacants. Les programmes de formation facilitent la reconversion de certains travailleurs vers des secteurs plus porteurs. Le gouvernement fédéral consacre maintenant plus de 4 milliards de dollars par an aux programmes de formation permanente, et le Président Clinton a demandé une augmentation de cet effort.

Les détracteurs de ces mesures considèrent que le gouvernement ne devrait pas intervenir dans le processus de recherche d'emploi, qui fonctionne très bien quand il est mis en œuvre par le marché. Il est vrai que de nombreux travailleurs trouvent un emploi sans que le gouvernement y soit pour quoi que ce soit : petites annonces, chasseurs de têtes, agences de placement privées, bouche-à-oreilles, etc. contribuent en effet à rapprocher offreurs et demandeurs d'emploi. Par ailleurs, de nombreux programmes privés de formation professionnelle sont disponibles sur le marché. Le gouvernement n'est peut-être pas le mieux placé pour diffuser la bonne information aux bonnes personnes ou pour décider quel type de formation est le mieux adapté à telle ou telle situation particulière. Pour certains, ces décisions sont plus efficaces quand elles sont le fait des travailleurs et des entreprises eux-mêmes.

Les allocations chômage

Une mesure gouvernementale qui contribue à accroître le chômage lié à la recherche d'emploi, sans l'avoir voulu bien entendu, est le versement d'*allocations chômage*. L'objet de cette mesure est d'offrir aux travailleurs une protection partielle contre la perte d'emploi, en versant aux travailleurs au chômage une fraction de leurs anciens revenus pendant un certain temps. Cet avantage n'est disponible qu'aux travailleurs licenciés, pas à ceux qui ont démissionné, ont été licenciés pour faute ou qui sont à la recherche d'un premier emploi. Les allocations varient en durée et en montant selon les États, mais en moyenne elles représentent 50 % du salaire antérieur, pendant 26 semaines.

Ces allocations dédramatisent la situation financière du chômeur, mais elles allongent la durée de la recherche d'emploi. L'explication tient encore dans l'un des *dix principes de l'économie* : les gens réagissent aux incitations. Les allocations cessant d'être versées quand le chômeur trouve un nouvel emploi, le chômeur consacre moins d'efforts à sa recherche d'emploi et refuse plus facilement des offres peu intéressantes. En outre, les travailleurs s'intéresseront moins aux clauses relatives à la sécurité de l'emploi s'ils savent qu'une allocation chômage protège leur niveau de vie en cas de licenciement.

Les économistes ont consacré du temps à étudier l'incidence des allocations chômage sur les efforts déployés pour trouver un nouvel emploi.

L'étude dans le temps d'un groupe de chômeurs permet de le constater. En effet, les allocations ne durent qu'un temps, généralement 6 ou 12 mois. Les études montrent qu'à l'approche de la fin de la période de couverture par les allocations, les efforts des chômeurs redoublent.

Des résultats équivalents sont obtenus en examinant deux groupes de chômeurs dont les conditions sont différentes. En 1985, l'Illinois mena une expérience de ce type. L'État tira au hasard un certain nombre d'allocataires et proposa à chacun un bonus de 500 dollars s'il trouvait un emploi dans les 11 semaines suivantes. Les résultats obtenus sur ce groupe furent ensuite comparés à ceux obtenus sur un groupe qui n'avait pas bénéficié de cette offre. La durée moyenne du chômage du groupe pilote s'avéra être inférieure de 7 % à celle du groupe normal. Il est donc clairement établi que le système des allocations chômage n'incite pas à déployer ses meilleurs efforts pour retrouver un emploi rapidement.

Cette politique présente quand même l'énorme avantage de réduire l'incertitude des travailleurs quant à leurs revenus en cas de licenciement. En outre, elle laisse le temps aux chômeurs de trouver l'emploi qui leur convient le mieux, ce qui contribue à améliorer l'efficacité économique globale.

La plupart des économistes s'accordent à reconnaître que la disparition des allocations chômage ferait baisser les statistiques de chômage. Il n'est pas sûr en revanche que le bien-être économique global s'en trouverait amélioré.

■ **VÉRIFIEZ VOS CONNAISSANCES** Quel serait l'effet d'une hausse du prix mondial du pétrole sur la recherche d'emploi aux États-Unis ? Quelles politiques permettraient de corriger le chômage dû à cette hausse de prix ?

26.6 CONCLUSION

Ce chapitre a présenté la mesure du chômage et les raisons pour lesquelles une économie a toujours un taux de chômage non nul. Nous avons vu que le salaire minimal légal, les syndicats, les salaires efficaces et la recherche d'emploi ont une part de responsabilité dans le chômage. Laquelle de ces quatre explications du taux de chômage naturel est la plus importante dans le cas de l'économie américaine, ou d'une autre économie de par le monde ? Personne n'en sait rien, et les économistes ne sont pas d'accord sur ce point.

Le chômage est un problème compliqué pour lequel il n'existe pas de solution évidente. Quand les parlementaires discutent du salaire minimal, des négociations collectives ou des allocations chômage, c'est souvent pour se demander quel impact ces mesures peuvent avoir sur le taux naturel de chômage.

RÉSUMÉ

- Le taux de chômage représente la proportion de la population active sans emploi. Cette statistique est calculée et publiée chaque mois par le ministère du Travail, sur la base d'un sondage effectué auprès de plusieurs milliers de ménages.
- Ce n'est qu'une mesure imparfaite, dans la mesure où certains se déclarent chômeurs alors qu'ils ne cherchent pas vraiment à travailler, et d'autres qui aimeraient travailler ont fini par y renoncer après une recherche infructueuse.
- Dans l'économie américaine, la plupart des chômeurs retrouvent un emploi rapidement. Mais l'essentiel du chômage constaté à un moment donné s'explique par la situation des quelques personnes qui sont sans emploi depuis longtemps.
- Le salaire minimal légal est l'une des causes du chômage. En augmentant artificiellement le salaire des travailleurs les moins qualifiés et les moins expérimentés au-delà du salaire d'équilibre, le salaire minimal légal accroît la quantité de travail fournie et réduit la quantité demandée. L'offre excédentaire de travail qui en résulte constitue le chômage.
- Le pouvoir de marché des syndicats est une deuxième cause de chômage. Les syndicats contribuent à pousser les salaires des industries concernées au-delà du niveau d'équilibre, ce qui se traduit de nouveau par une offre excédentaire de travail.
- La théorie des salaires efficaces fournit une troisième explication au chômage. Selon cette théorie, les firmes peuvent avoir intérêt à offrir des salaires supérieurs au niveau d'équilibre : pour maintenir les travailleurs en bonne santé, pour réduire le taux de rotation du personnel, pour inciter les travailleurs à fournir leurs meilleurs efforts et pour s'assurer les services des travailleurs les meilleurs.
- Le temps passé par les gens à la recherche d'un emploi qui les satisfasse est une quatrième cause de chômage. Les allocations chômage permettent aux chômeurs d'amortir le coût financier du chômage, mais tendent à rallonger la période de recherche d'emploi.

CONCEPTS CLÉS – DÉFINITIONS

Population active : nombre total de travailleurs, incluant ceux qui ont un emploi et ceux qui en cherchent un.

Taux de chômage : fraction de la population active sans emploi.

Taux d'activité : ratio de la population active à la population adulte.

Taux naturel de chômage : taux normal de chômage autour duquel le chômage conjoncturel fluctue.

Chômage conjoncturel : chômage fluctuant autour de son taux naturel.

Travailleurs découragés : individus qui souhaiteraient travailler mais qui ont renoncé à rechercher un emploi.

Syndicat : organisation qui négocie avec le patronat les salaires et les conditions de travail des salariés.

Négociation collective : processus de négociation par lequel patronat et syndicats s'accordent sur les salaires et les conditions de travail.

Grève : arrêt de travail imposé par un syndicat.

Salaires efficaces : salaires supérieurs au salaire d'équilibre, le surplus étant volontairement payé par les entreprises afin d'améliorer la productivité des travailleurs.

Recherche d'emploi : processus par lequel les chômeurs recherchent un emploi correspondant à leurs qualifications et souhaits.

Allocation chômage : programme gouvernemental d'indemnisation des chômeurs.

QUESTIONS DE RÉVISION

1. Comment le ministère du Travail divise-t-il la population pour effectuer ses calculs statistiques sur le chômage ? Comment sont calculés la population active, le taux de chômage et le taux de population active ?
2. Le chômage est-il plutôt de courte durée ou de longue durée ? Expliquer.
3. Le salaire minimal explique-t-il mieux le chômage des jeunes sans diplômes ou des jeunes diplômés ? Pourquoi ?
4. Comment les syndicats peuvent-ils être cause de chômage ?
5. Quels sont les arguments développés par les partisans des syndicats pour défendre leur rôle dans l'économie ?
6. Donner quatre raisons pour lesquelles une entreprise peut espérer améliorer ses profits tout en proposant des salaires élevés ?
7. Pourquoi la recherche d'emploi est-elle inévitable ? Comment le gouvernement pourrait-il en réduire la durée ?

PROBLÈMES D'APPLICATION

1. Le ministère du Travail annonça en novembre 1996 que, parmi tous les adultes de nationalité américaine, 127,6 millions avaient un emploi, 7,2 millions étaient chômeurs et 66,6 millions n'entraient pas dans la définition de la population active. À combien s'élevait alors la population active ? Quel était le taux de population active ? Quel était le taux de chômage ?
2. Nous avons vu sur la figure 26.3 que les hommes représentent une part de moins en moins grande de la population active. Les tranches d'âge

sont diversement affectées par ce phénomène, comme on peut le constater sur le tableau suivant :

Hommes :	*Tous*	*16-24*	*25-54*	*> 55 ans*
1970	80 %	69 %	96 %	56 %
1990	76	72	93	40

Quel est le groupe qui a enregistré la baisse la plus importante ? Compte tenu de cette information, quel est le facteur explicatif de la diminution du rôle des hommes dans la population active ?

3. En sens inverse, les femmes sont proportionnellement plus nombreuses dans la population active. Pour elles aussi, les tranches d'âges sont diversement affectées par le phénomène.

Femmes :	*Toutes*	*15-24*	*25-34*	*35-44*	*45-54 ans*
1970	43	50	45	51	54
1990	58	74	74	77	71

Comment expliquez-vous que le taux de participation des jeunes femmes a enregistré une croissance supérieure à celle des femmes plus âgées ?

4. En novembre 1994, le ministère du Travail annonça que le nombre total des emplois américains avait progressé de 2,6 millions depuis le début de l'année, mais que la baisse du nombre des chômeurs n'avait été que de 1,4 million sur la même période. Comment peut-on concilier ces deux chiffres ? Pourquoi pouvait-on s'attendre à une réduction du nombre de chômeurs plus faible que l'augmentation du nombre de personnes employées ?
5. Parmi les travailleurs suivants, quels sont ceux qui ont le plus de chances de connaître un chômage de longue durée ? Expliquez :
   – un ouvrier du bâtiment, licencié pour cause de mauvais temps,
   – un ouvrier dans une usine isolée,
   – un employé d'une compagnie de transport routier licencié pour cause de concurrence des chemins de fer,
   – un cuisinier qui perd son emploi quand un nouveau restaurant ouvre de l'autre côté de la rue,
   – un bon soudeur qui perd son emploi quand des machines à souder automatiques sont installées.
6. Sur un graphique du marché du travail, montrez l'effet d'une augmentation du salaire minimal sur les salaires payés aux travailleurs, sur l'offre et la demande de travailleurs et sur le volume du chômage.
7. Quelles sont les entreprises qui bénéficient du plus grand pouvoir de marché à l'embauche : celles qui opèrent en milieu rural ou celles qui opèrent en milieu urbain ? D'une façon générale, les entreprises ont-elles un pouvoir de marché à l'embauche plus important aujourd'hui qu'il y a cinquante ans ? Quelles ont été les conséquences de ce changement sur le rôle des syndicats dans l'économie ? Expliquez.

8. Soit une économie avec deux marchés du travail, où il n'y a pas de syndiqués. Un syndicat s'organise sur l'un des deux marchés :
   a. Montrez l'effet de cette apparition sur le marché concerné. En quoi peut-on dire que la quantité de travail utilisée sur ce marché est suboptimale ?
   b. Montrez l'effet de cette apparition sur le marché du travail non syndiqué. Comment évolue le salaire d'équilibre sur ce marché ?
9. On peut démontrer que la demande de travail dans un secteur industriel est d'autant plus élastique que la demande du produit est plus élastique. Voyons les conséquences de cet état de fait sur l'industrie automobile et les travailleurs de l'UAW :
   a. Comment a évolué l'élasticité de la demande de voitures américaines quand les Japonais se sont dotés d'une industrie automobile compétitive ? Même question pour la demande de travailleurs de l'industrie automobile américaine. Expliquez.
   b. Nous avons vu qu'une augmentation de salaire négociée par un syndicat se traduisait par une amélioration de la situation de ceux qui conservent leur emploi, mais aussi par une réduction de l'emploi. Quel fut l'effet sur ce compromis niveau de salaire/niveau de chômage de l'augmentation des importations américaines de voitures japonaises ?
   c. La croissance de l'industrie automobile japonaise a-t-elle augmenté ou réduit l'écart entre le salaire concurrentiel et le salaire négocié par l'UAW ? Expliquez.
10. Chacune des situations suivantes met en jeu une situation de risque moral. Dans chaque cas, identifiez le principal et l'agent, et expliquez pourquoi il y a asymétrie d'information. En quoi l'action décrite contribue-t-elle à résoudre le risque moral ?
    a. Les propriétaires d'appartements à louer demandent une caution à leurs locataires.
    b. Les entreprises offrent à leurs dirigeants des options leur permettant d'acheter des actions de l'entreprise.
    c. Les assurances automobiles proposent des primes réduites aux clients qui font installer des systèmes antivol sur leur véhicule.
11. Imaginons qu'une compagnie d'assurance-vie prenne 5 000 dollars par an pour assurer une famille. Le patron de l'entreprise propose de passer cette prime à 6 000 dollars, pour augmenter les profits. Quel genre de problème économique cette décision risque-t-elle d'entraîner ? Les profits de l'entreprise vont-ils nécessairement croître ?
12. *(Problème plus difficile.)* Imaginons que le Congrès adopte une loi obligeant les entreprises à fournir à leurs employés des avantages supplémentaires (en matière de couverture santé par exemple) qui se traduisent par une augmentation du coût horaire de travail de 4 dollars :
    a. Quel sera l'effet de cette loi sur la demande de travail ? *(Essayez d'apporter des réponses quantifiées à cette question et aux suivantes.)*

b. Si les employés accordent à ces avantages une valeur exactement identique à leur coût, quel est l'effet de cette loi sur l'offre de travail ?

c. Si les salaires sont libres, quel est l'effet de cette loi sur les salaires et sur l'emploi ? Les patrons sont-ils avantagés ou pas ? Même question pour les employés.

d. Mêmes questions que c) si un salaire minimal légal fixe un plancher à l'évolution des salaires.

e. Imaginons maintenant que les travailleurs n'accordent aucune valeur aux avantages proposés. En quoi cela modifie-t-il vos réponses aux questions b), c) et d) ?

PARTIE X

Monnaie et prix à long terme

CHAPITRE 27

LE SYSTÈME MONÉTAIRE

Dans ce chapitre, vous allez :

- ▶ définir la monnaie et voir quelles fonctions elle remplit dans l'économie
- ▶ apprendre ce qu'est le système de réserve fédérale
- ▶ voir comment le système bancaire contribue à l'offre de monnaie
- ▶ examiner les outils utilisés par la Fed pour influer sur l'offre de monnaie

Quand vous allez au restaurant, vous achetez un service : le plaisir de bien manger. En échange de ce service, le restaurateur reçoit quelques bouts de papier verdâtres, ou un seul bout de papier marqué du nom d'une banque et portant votre signature. Contre des billets ou contre un chèque, le restaurateur fait de son mieux pour satisfaire votre appétit, même s'il ne reçoit en échange que des bouts de papier.

Rien d'étrange à cela. Le restaurateur sait en effet que ces bouts de papier lui permettront à son tour de consommer des biens et services. Et que la personne à qui il les donnera en échange d'un bien ou d'un service pourra elle-même les redonner à un autre individu qui… et ainsi de suite.

Dans une société vaste et complexe, l'utilité sociale de l'argent est extraordinaire. Imaginez une situation dans laquelle aucun moyen de paiement particulier ne ferait l'unanimité. Les gens devraient se reposer sur le *troc* pour se procurer ce dont ils ont besoin. Pour payer votre repas au restaurant, vous devriez offrir au restaurateur quelque chose dont il a immédiatement besoin. Vous pourriez faire la plonge dans le restaurant, nettoyer sa voiture ou lui donner des cours d'économie. Pour que ce système fonctionne, il faudrait une *double coïncidence* : il faudrait en effet que le restaurateur et vous déteniez chacun un bien ou service dont l'autre a besoin.

Avec l'argent, tout est beaucoup plus simple. Le restaurateur est content de recevoir de l'argent de vous, sachant que d'autres seront ravis d'en recevoir de lui. C'est ainsi que fonctionne une chaîne sans fin. Le restaurateur paie son chef avec votre argent ; le chef utilise sa paye pour envoyer ses enfants à la crèche ; la crèche utilise la somme payée par le chef pour embaucher des puéricultrices ; et celles-ci consacrent une partie de leur paye pour faire tondre leur pelouse par le fils du voisin. La circulation de l'argent de mains en mains facilite la production et l'échange, ce qui permet à chacun de se consacrer à sa spécialité et donc d'augmenter le niveau de vie global.

Ce chapitre est consacré au rôle de l'argent dans l'économie. Nous verrons ce qu'est l'argent, sous quelles formes on le trouve, comment le système bancaire crée de la monnaie, et comment le gouvernement contrôle la quantité de monnaie. Du fait de l'importance de l'argent dans notre économie, nous consacrerons beaucoup de place dans le reste de cet ouvrage à l'analyse des conséquences des variations de quantité de monnaies sur les grandes variables macro-économiques, comme l'inflation, les taux d'intérêt, la production et l'emploi. Dans le chapitre 28, nous examinerons les conséquences à long terme des variations de la masse monétaire. Les chapitres 31 à 33 étudieront le cas plus compliqué des conséquences à court terme.

27.1 LA SIGNIFICATION DE L'ARGENT

Qu'est-ce que l'argent ? La question paraît étrange. Quand on vous dit que Bill Gates est l'homme le plus riche du monde, vous savez ce que cela signifie : il est riche au point de pouvoir s'offrir tout ce dont il peut avoir envie. Dans ce sens, le terme d'argent est synonyme de richesse.

Les économistes utilisent une définition plus précise de l'argent. Pour eux, l'argent n'est qu'une des formes de la richesse. *L'argent, c'est le stock d'actifs immédiatement disponibles pour acheter des biens ou des services.* Les billets qui sont dans votre portefeuille sont de l'argent car vous pouvez les utiliser pour payer votre repas ou votre chemise. Si vous détenez l'entreprise Microsoft, vous êtes immensément riche, mais vous n'avez pas d'argent pour autant. Pour payer votre repas, il faut d'abord que vous trouviez de l'argent. Pour les économistes, la monnaie n'inclut que les actifs couramment acceptés par tous en paiement des biens et services achetés.

Le rôle de l'argent

L'argent exerce trois fonctions dans une économie : c'est un moyen d'échange, c'est une unité de compte et c'est un moyen de conserver la valeur.

Moyen d'échange : c'est le produit que les acheteurs donnent aux vendeurs quand ils achètent des biens et services. Quand vous achetez une chemise, vous donnez de l'argent en échange du produit acheté. C'est ce transfert d'argent qui matérialise la transaction. Et vous savez que le magasin acceptera votre argent, car c'est le moyen d'échange utilisé par tous.

Unité de compte : c'est l'unité utilisée pour exprimer les prix et enregistrer les dettes. Les prix sont exprimés en unités monétaires. Une chemise vous coûtera 20 dollars et un hamburger 2 dollars. On pourrait dire que le prix d'une chemise est 10 hamburgers, mais cela ne serait guère pratique. Quand vous empruntez de l'argent à votre banque, l'ampleur de vos remboursements futurs est exprimée en dollars, pas en quantité de biens et services. Pour mesurer et enregistrer la valeur économique, l'argent est l'étalon incontournable.

Moyen de conserver la valeur, c'est-à-dire de transférer du pouvoir d'achat du présent au futur. Un vendeur qui reçoit de l'argent en échange de son produit peut le conserver et l'utiliser plus tard pour acheter à son tour. L'argent lui a permis de conserver de la valeur dans le temps. L'argent n'est pas le seul moyen de conserver la valeur dans notre économie. Les obligations, les actions, l'immobilier, les œuvres d'art le permettent aussi. Le terme de *richesse* est utilisé pour décrire l'ensemble des moyens de conserver la valeur, monnaie et actifs non monétaires.

Les économistes parlent de *liquidité* pour décrire la facilité avec laquelle un actif peut être transformé en moyen d'échange. Comme la monnaie est le moyen d'échange de l'économie, c'est par construction l'actif le plus liquide. Actions et obligations peuvent en général être vendues facilement et à faible coût, et sont donc relativement liquides. En revanche, vendre une maison ou un Rembrandt nécessite davantage de temps et d'efforts, et ces actifs sont moins liquides.

La monnaie est donc le plus liquide des actifs, mais ce n'est pas pour autant un moyen parfait de conserver la valeur. En effet, quand les prix montent, la valeur de l'argent diminue, et le pouvoir d'achat du détenteur de monnaie est réduit.

Les formes de monnaie

Quand la monnaie prend la forme d'un produit qui a une valeur intrinsèque, on parle de *monnaie-marchandise*. Le terme de *valeur intrinsèque* fait référence au fait que le produit aurait de la valeur même s'il n'était pas utilisé comme moyen d'échange. L'or en est un bon exemple. L'or a une valeur intrinsèque, car il est employé dans l'industrie et la joaillerie. S'il n'est plus utilisé aujourd'hui comme moyen de paiement, l'or a été historiquement l'une des formes de monnaie les plus pratiquées, car il est relativement facile à transporter, à mesurer et on peut vérifier sa pureté sans trop de difficultés. On parle *d'étalon-or* quand une économie utilise l'or comme monnaie (ou du papier-monnaie convertible en or).

Les cigarettes constituent un autre exemple de monnaie-marchandise. Dans les camps de prisonniers durant la Second Guerre mondiale, les cigarettes étaient utilisées pour conserver la valeur, comme unités de compte et moyen d'échange. De même, quand l'Union soviétique s'effondra à la fin des années 80, les Moscovites préféraient les cigarettes au rouble comme moyen d'échange. Dans ces deux exemples, même les non-fumeurs acceptent des cigarettes en paiement, car ils savent qu'ils pourront les réutiliser pour acheter d'autres biens et services.

Si la monnaie n'a aucune valeur intrinsèque, on parle de *monnaie fiduciaire* : c'est une décision gouvernementale qui en établit le statut. C'est la différence qu'il y a entre les dollars de votre portefeuille et ceux de la boîte de Monopoly. Le gouvernement a décrété que les premiers sont utilisables comme moyen de paiement, alors que les autres ne le sont pas. Chacun des billets porte d'ailleurs une inscription annonçant qu'il peut être utilisé en règlement des dettes publiques et privées.

L'acceptation de la monnaie fiduciaire dépend au moins autant des conventions sociales que de la volonté du gouvernement. Le gouvernement soviétique des années 80 n'a jamais abandonné le rouble comme monnaie, mais la population faisait plus confiance aux cigarettes ou aux dollars américains.

La monnaie aux États-Unis

Comme nous le verrons plus tard, la quantité de monnaie en circulation dans l'économie, appelée *masse monétaire*, exerce une influence énorme sur nombre de variables économiques. Mais avant de voir pourquoi, demandons nous ce qu'est la quantité de monnaie. Plus particulièrement, imaginons qu'on vous demande de mesurer la quantité de monnaie qui tourne dans l'économie américaine. Qu'allez-vous inclure dans votre mesure ?

Vous allez commencer par l'*argent liquide*, les billets et pièces détenus par le public. De toute évidence, ils doivent être inclus dans le stock de monnaie.

Vous pouvez aussi payer vos achats autrement qu'en argent liquide. Les chèques sont acceptés partout. Il faut donc inclure les *comptes de dépôts* ouverts dans les banques, sur lesquels sont tirés les chèques.

Mais vous êtes alors amenés à considérer d'autres types de comptes ouverts dans des institutions financières. On ne peut pas tirer un chèque sur un compte d'épargne, mais on peut facilement transférer de l'argent d'un compte d'épargne vers un compte de dépôt. En outre, il est possible d'émettre des chèques tirés sur des fonds mutuels investis en produits du marché monétaire. Tous ces comptes devraient donc être inclus dans le calcul.

Dans une économie complexe, il est difficile de tracer une frontière claire entre les actifs dits monétaires et les autres. Les pièces qui sont dans votre poche sont des actifs monétaires, l'Empire State Building n'est pas un actif monétaire, mais entre ces deux extrêmes il est de nombreux actifs pour lesquels la réponse est moins évidente. C'est pourquoi il existe diverses mesures de la quantité de

DANS VOS JOURNAUX

La monnaie de l'île de Yap

L'article suivant décrit la monnaie utilisée par les habitants de l'île de Yap. Essayez de déterminer s'il s'agit d'une monnaie-marchandise, d'une monnaie fiduciaire ou de quelque chose entre les deux.

Actifs immobilisés, ou pourquoi il est difficile de reconduire un prêt dans l'île de Yap

ART PINE

Sur cette petite île du Pacifique Sud, la vie est facile et la monnaie solide. Alors que partout dans le monde les changes flottants mettent à mal les systèmes monétaires et les dévaluations sont légion, sur l'île de Yap, la monnaie est solide comme le roc. En fait, c'est du roc. De la pierre à chaux pour être précis.

Depuis 2000 ans, les habitants de Yap utilisent de grandes roues de pierre pour payer les achats importants de l'existence, comme la terre, les canoës et les demandes en mariage. Yap étant d'obédience américaine, le dollar a cours dans les épiceries et les stations-service. Mais la monnaie de pierre continue d'être la norme.

« Payer la terre avec des pierres est beaucoup plus facile qu'avec des dollars, dont nous ne connaissons pas la valeur », déclare un homme qui vient d'acheter un terrain contre une pierre de trente pouces.

Évidemment, les roues de pierre sont peu pratiques comme argent de poche. Pour les transactions de faible valeur, les habitants de Yap ont donc recours à d'autres formes de monnaie, comme la bière. Les 10 000 habitants de l'île consomment 40 000 à 50 000 caisses de bière par an, principalement de la Budweiser.

Ces pierres sont utilisées depuis près de 2000 ans par les habitants de Yap, et leur forme circulaire est inspirée par la lune.

Elles sont déposées contre le mur des maisons ou alignées dans des espèces de « banques » au village. La plupart des pierres ont un diamètre compris entre 75 cm et 1,50 m, mais certaines peuvent atteindre 4 m. Elles sont toutes percées en leur centre ce qui permet de les transporter en les enfilant sur un tronc d'arbre. Il faut parfois jusqu'à 20 hommes pour transporter les plus lourdes.

Les pierres ne valent plus rien si elles sont cassées. Aussi, plutôt que de risquer de les briser au cours d'un transport hasardeux, les habitants laissent les plus lourdes d'entre elles au même endroit et notent mentalement l'identité du propriétaire ; un peu comme les lingots d'or qui ne quittent pas les coffres de la Réserve Fédérale de New York, mais dont le titre de propriété est transféré électroniquement lors des transactions internationales.

L'utilisation de grandes pierres comme monnaie présente quelques avantages évidents. Le marché noir est très vite découragé, et il y a longtemps que les pickpockets ont renoncé à pratiquer leur art. En outre, les îliens ne perdent pas de temps à discuter de la meilleure façon de stabiliser leur système monétaire. Avec seulement 6 600 pierres en circulation dans l'île, la quantité de monnaie ne varie pas...

Peut-être ce genre de monnaie va-t-il connaître une consécration internationale. Washington vient d'apprendre que lors de sa visite aux États-Unis le mois prochain, Tosiho Nakayama, président de la Micronésie, allait apporter l'un de ces disques de pierre, qui devait marquer la contribution micronésienne à la réduction du déficit budgétaire américain.

Source. — Wall Street Journal, mardi 29 mars 1984, page A1.

monnaie en circulation, chacune de ces mesures plaçant différemment la frontière entre actifs monétaires et non monétaires. Le tableau 27.1 montre les deux plus importantes, M1 et M2.

Il n'est pas nécessaire ici d'être extrêmement précis dans la définition de la masse monétaire. Ce qu'il faut retenir, c'est que celle-ci inclut non seulement l'argent liquide mais aussi les dépôts dans les banques et autres institutions financières aisément réalisables en argent liquide.

TABLEAU 27.1 **Deux mesures de la masse monétaire aux États-Unis.**

Appellation	*Montant en 1996*	*Composantes*
M1	1 117 milliards $	Argent liquide Chèques de voyage Comptes courants Autres comptes chèques
M2	3 737 milliards $	M1 + Comptes d'épargne Dépôts à court terme Sicav monétaires

Source. — Réserve fédérale.

ÉTUDE DE CAS

Où se trouve tout cet argent liquide ?

La quantité d'argent liquide est surprenante : 380 milliards de dollars en 1996, soit une moyenne de 1 900 dollars d'argent liquide par adulte américain. Or personne ne se promène avec autant d'argent liquide sur soi. Où est donc cet argent ? On ne le sait pas précisément, mais deux idées sont possibles.

La première, c'est qu'une partie de cet argent liquide se trouve à l'étranger. Dans de nombreux pays au système monétaire fragile, les habitants préfèrent détenir des dollars plutôt que la monnaie nationale. Les dollars servent à conserver la valeur, d'unités de compte et de moyen d'échange.

La deuxième explication voudrait que de grandes quantités d'argent liquide soient conservées par les trafiquants de drogue et autres criminels. Pour un individu normal, conserver sa fortune sous forme de billets dans une valise n'est guère pratique : on peut voler la valise, et en plus la valise ne

POUR VOTRE CULTURE GÉNÉRALE

Cartes de crédit, cartes de paiement et monnaie

Les cartes de crédit, couramment utilisées pour acheter des biens et services, ne sont-elles pas un moyen d'échange ?

En fait, les cartes de crédit ne sont pas comptées dans les diverses mesures de la quantité de monnaie. Car elles constituent plus un moyen de *différer* le paiement qu'un moyen de paiement. Quand vous payez un repas au restaurant avec votre carte de crédit, la banque émettrice de la carte paie au restaurant le montant de la facture. Plus tard, vous devrez rembourser la banque (avec éventuellement un intérêt). Pour ce faire, vous émettrez probablement un chèque sur votre compte en banque ; ce compte, lui, fait partie du stock de monnaie.

La carte de paiement est différente, puisque le montant de l'achat effectué est directement débité sur le compte en banque du détenteur de la carte. Elle est donc beaucoup plus proche du chèque que de la carte de crédit. Les comptes en banque sur lesquels sont garanties les cartes de paiement sont inclus dans la masse monétaire.

Si les cartes de crédit ne sont pas considérées comme une forme d'argent, elles n'en jouent pas moins un rôle important dans le fonctionnement du système monétaire. En effet, elles permettent au public de porter moins d'argent liquide sur lui.

rapporte aucun intérêt, alors que les banques versent un intérêt sur les dépôts. C'est pourquoi la plupart des gens ne transportent sur eux qu'un minimum d'argent liquide. En revanche, les choses sont différentes pour un criminel. Un compte en banque laisse en effet des traces : toutes les opérations effectuées y sont enregistrées. Alors que l'argent liquide est parfaitement anonyme. Pour un criminel, l'argent liquide est peut-être le meilleur moyen de conserver sa richesse.

■ **VÉRIFIEZ VOS CONNAISSANCES** Énumérer et décrire les trois fonctions de la monnaie

27.2 LA RÉSERVE FÉDÉRALE

Quand une économie repose sur un système de monnaie fiduciaire, comme c'est le cas aux États-Unis, quelqu'un doit contrôler le bon fonctionnement du système. Ce quelqu'un, c'est la *banque centrale*. Aux États-Unis, il s'agit de la *Réserve fédérale*, souvent appelée simplement Fed. Si vous regardez attentivement un billet américain, vous verrez qu'il porte le nom de « billet de la Réserve fédérale ». La banque centrale est une institution destinée à contrôler le fonctionnement du système bancaire et réguler la masse monétaire de l'économie. La Banque d'Angleterre, la Banque de France, la Banque du Japon ou la Bundesbank en Allemagne sont d'autres banques centrales.

L'organisation de la Fed

La Réserve fédérale est une institution quasi gouvernementale créée en 1914 par le Congrès des États-Unis, après qu'une série de faillites bancaires l'eut convaincu de la nécessité d'un organisme central pour assurer le bon fonctionnement du système bancaire du pays. Elle est dirigée par un Conseil des Gouverneurs, formé de sept membres nommés par le Président des États-Unis et confirmés par le Sénat. Les gouverneurs sont nommés pour quatorze ans, ce qui leur assure une certaine indépendance politique.

Un des membres est particulièrement important : il s'agit du président, qui dirige l'institution, préside les réunions du conseil et témoigne régulièrement devant les parlementaires. Le Président de la Fed est nommé par le Président des États-Unis ; son mandat est de quatre ans. Au moment où ce livre a été mis sous presse, le président de la Fed était Alan Greenspan.

Le système de Réserve fédérale comprend le conseil, à Washington, et douze banques de Réserve fédérale situées dans des grandes villes du pays. Les présidents de ces banques régionales sont choisis par leur conseil, qui réunit des membres éminents de la communauté bancaire locale.

La mission de la Fed est double. Elle doit d'abord contrôler les banques. Elle supervise leur santé financière et facilite les transactions interbancaires en compensant les chèques. Elle est aussi le banquier des banques : elle leur prête de l'argent quand celles-ci doivent emprunter. Cette fonction de régulateur est largement dévolue aux banques régionales de Réserve fédérale.

La deuxième mission de la Fed, la plus importante, est de contrôler la quantité de monnaie en circulation, c'est-à-dire de mettre en œuvre une *politique monétaire*. C'est la tâche du Comité fédéral de marché (Federal Open-Market Committee).

Le Comité Fédéral de Marché

Le FOMC est composé des sept membres du conseil des gouverneurs et de cinq des douze présidents des banques régionales (tous les présidents de ces banques assistent aux réunions du FOMC, mais seuls cinq membres peuvent voter ; ces cinq membres tournent parmi les douze). Le FOMC se réunit à peu près toutes les six semaines à Washington pour discuter des conditions de l'économie et de la politique monétaire suivie.

Le FOMC a le pouvoir d'augmenter ou de réduire la quantité de monnaie qui circule dans l'économie. Imaginez qu'il imprime des billets et les lâche d'un hélicoptère au-dessus du pays. Ou au contraire qu'il les aspire avec un gigantesque aspirateur avant de les détruire. Si les méthodes employées par la Fed sont un peu plus subtiles, le résultat final est bien le même.

En fait, la Fed utilise surtout les opérations d'*open-market* pour réguler la quantité de monnaie, c'est-à-dire les achats ou ventes d'obligations émises par le gouvernement américain. Si le FOMC cherche à augmenter l'offre de monnaie, la Fed imprime des dollars et les utilise pour acheter des obligations du gouvernement auprès du public. Après cet achat, les dollars sont entre les mains du public, et la quantité de monnaie en circulation a augmenté. Si, au contraire, le FOMC cherche à réduire l'offre de monnaie, la Fed vend au public des obligations qu'elle détient. Après cette vente, le public a moins de liquide, et la quantité de monnaie a diminué.

La Fed est une institution au rôle capital dans l'économie, car les variations de la quantité de monnaie en circulation ont de très importantes conséquences économiques. L'un des *dix principes de l'économie* du chapitre 1 affirme que les prix montent quand le gouvernement imprime trop de monnaie. Un autre principe nous apprend que la société doit faire un choix à court terme entre inflation et chômage. Pour des raisons que nous étudierons plus tard, les décisions du FOMC influent largement sur le taux d'inflation à long terme, et à court terme sur la production et l'emploi. On dit d'ailleurs que le président de la Fed est le deuxième homme le plus puissant des États-Unis.

VÉRIFIEZ VOS CONNAISSANCES Comment la Fed augmente-t-elle la quantité de monnaie en circulation dans l'économie ?

27.3 LES BANQUES ET L'OFFRE DE MONNAIE

Nous avons vu comment la Fed contrôle l'offre de monnaie en achetant ou vendant des obligations émises par le gouvernement américain dans le cadre des opérations d'open-market. Cette explication est incomplète car elle passe sous silence le rôle des banques dans le système monétaire.

N'oublions pas en effet qu'il faut tenir compte non seulement de l'argent liquide, mais aussi des comptes de dépôts ouverts dans les banques. Le comportement de celles-ci peut influer sur la quantité de comptes de dépôts, et donc sur l'offre de monnaie. Nous allons donc examiner le rôle des banques et voir comment elles compliquent la tâche de la Fed.

Le cas simple du taux de réserve de 100 %

Imaginons pour commencer un monde sans banques. L'argent liquide est alors la seule forme de monnaie. Imaginons qu'il y a 100 dollars en circulation.

Puis, quelqu'un ouvre une banque, appelée First National Bank. Cette banque n'est qu'une institution de dépôts, c'est-à-dire qu'elle accepte les dépôts, mais ne consent pas de prêts. L'argent des déposants y est conservé en sécurité, jusqu'à ce qu'il soit retiré ou qu'un chèque soit émis. Ces dépôts que les banques reçoivent et qui ne sont pas transformés en prêts sont appelés *réserves*. Dans cette économie imaginaire, tous les dépôts sont conservés, et le système est un système avec un *taux de réserve de 100 %*.

La situation financière de la First National Bank est résumée dans son compte en T. Voici le compte en T de la FNB si tout l'argent de l'économie est déposé dans cette banque :

FNB

EMPLOIS		RESSOURCES	
Réserves	100 $	Dépôts	100 $

À gauche, on trouve un actif de 100 dollars, les réserves déposées dans les coffres. À droite, on trouve un passif de 100 dollars, le montant dû aux déposants. Actif et passif sont identiques.

Avant l'ouverture de la FNB, l'offre de monnaie était de 100 dollars, la quantité de liquide détenue par la population. Suite à l'ouverture de la banque et la constitution des dépôts par le public, l'offre de monnaie est de 100 dollars, la quantité déposée sur les comptes (il n'y a plus d'argent liquide, puisque tout a été déposé). Chaque dépôt à la banque réduit la quantité d'argent liquide et augmente d'un même montant les comptes de dépôts, ce qui laisse inchangée la quantité de monnaie. *Donc, si les banques mettent en réserve l'intégralité des dépôts, elles n'influent pas sur l'offre de monnaie.*

La création monétaire avec un taux de réserve inférieur à 100 %

Au bout d'un moment, les banquiers de la FNB vont revoir leur politique de réserves. Pourquoi laisser tout cet argent inutilisé ? Pourquoi ne pas consentir de prêts au public, qui serait ravi d'emprunter un peu contre le paiement d'un intérêt ? Bien entendu, la FNB doit conserver quelques réserves pour faire face aux retraits des déposants. Mais si les nouveaux dépôts compensent à peu près les retraits, la FNB peut ne conserver qu'une faible proportion de ses dépôts en réserve.

Imaginons que la FNB décide de conserver sous forme de réserves 10 % des dépôts et de prêter le reste. On dira que son *coefficient de réserve* est de 10 %. Voyons alors l'allure de son compte en T :

FNB

EMPLOIS		RESSOURCES	
Réserves	10 $	Dépôts	100 $
Prêts	90 $		

Le passif de la FNB est toujours de 100 dollars, montant dû aux déposants. Mais la banque a maintenant deux types d'actifs : les 10 dollars de réserves dans ses coffres, et les 90 dollars prêtés au public. Actif et passif sont toujours égaux.

Quel est l'état de l'offre de monnaie ? Avant que la FNB ne consente des prêts, l'offre de monnaie est de 100 dollars, montant déposé à la banque. Mais l'offre de monnaie croît avec les prêts. Les déposants ont toujours 100 dollars déposés à la banque, mais ils ont aussi 90 dollars de liquide emprunté. L'offre de monnaie (égale à la somme du liquide et des comptes de dépôts) est donc maintenant de 190 dollars. *Donc, si les banques ne mettent en réserve qu'une fraction des dépôts, elles créent de la monnaie.*

L'idée selon laquelle les banques créent de la monnaie peut paraître étrange à première vue, mais il ne faut pas oublier que les banques ne créent aucune richesse supplémentaire. Le prêt consenti par la FNB fournit des liquidités à l'emprunteur, ce qui lui permet d'acheter des biens ou des services. Mais en contrepartie, il a contracté une dette envers la banque, de sorte que sa richesse demeure inchangée. En d'autres termes, quand la banque crée un actif (liquidités) elle crée en même temps un passif pour l'emprunteur (la dette). À l'issue de ce processus, l'économie est plus liquide, puisqu'il y a davantage de moyens d'échange, mais elle n'est pas plus riche.

Et cette création monétaire ne s'arrête pas forcément à la seule FNB. Imaginons en effet que l'emprunteur consacre ses 90 dollars à l'achat d'un bien à une personne qui les dépose sur un compte à la Second National Bank. La création monétaire continue. Voici le compte en T de la SNB :

SNB

EMPLOIS		RESSOURCES	
Réserves	9 $	Dépôts	90 $
Prêts	81 $		

Suite au dépôt, la banque a un passif de 90 dollars ; si cette banque opère aussi avec un coefficient de réserve de 10 %, elle gardera 9 dollars en réserve et pourra accorder 81 dollars de prêts, qui constitueront une création monétaire d'autant. Et si ces 81 dollars sont ensuite déposés dans une Third National Bank qui, elle aussi, observe un coefficient de réserve de 10 %, cette dernière banque en gardera 8,10 dollars en réserve et accordera 72,90 dollars de prêts. Et ce processus est sans fin. Chaque fois que de l'argent est déposé à la banque et que celle-ci accorde un prêt, de la monnaie est créée.

Combien d'argent a été créé dans le processus décrit ci-dessus ? Additionnons :

Dépôt initial = 100 dollars
Prêt de FNB = 90,00 dollars [0,9 x 100 dollars]
Prêt de SNB = 81,00 dollars [0,9 x 90 dollars]
Prêt de TNB = 72,90 dollars [0,9 x 81 dollars]
...
...
...
Offre totale de monnaie = 1 000 dollars.

Il s'avère que même si ce processus de création monétaire dure indéfiniment, il ne donnera pas naissance à une quantité infinie de monnaie. Vous pourrez vérifier que les 100 dollars de dépôt initial ne pourront pas créer plus de 1 000 dollars au total. La quantité de monnaie que le système bancaire peut créer à partir d'un dollar de réserve est appelée *multiplicateur monétaire*. Dans cette économie, on dit que le multiplicateur monétaire est de 10, car 100 dollars de réserve dans le système bancaire donnent naissance à 1 000 dollars de monnaie supplémentaire.

Comment est déterminé le multiplicateur monétaire ? C'est tout simplement l'inverse du coefficient de réserve.

Si R est le coefficient de réserve de toutes les banques de l'économie, chaque dollar de réserve peut générer 1/R dollars de monnaie. Dans notre exemple, R = 1/10, et le multiplicateur monétaire est de 10.

La formule réciproque est intéressante. Si une banque a 1 000 dollars de dépôts, et si elle opère avec un coefficient de réserve de 10 %, elle doit donc avoir 100 dollars de réserves. En sens inverse, si le système bancaire n'a que 100 dollars de réserves, il ne peut avoir plus de 1 000 dollars de dépôts. Plus le coefficient de réserves est élevé, plus faible est le multiplicateur monétaire. Dans le cas extrême d'un coefficient de réserve de 100 %, R = 1 et le multiplicateur monétaire est aussi égal à 1. Les banques ne créent donc pas de monnaie.

Les instruments de contrôle monétaire de la Fed

La Fed doit contrôler la quantité de monnaie en circulation dans l'économie. Mais comme les banques jouent un rôle déterminant dans la création monétaire, le contrôle exercé par la Fed est indirect et parfois approximatif. Quand la Fed prend une décision de politique monétaire, elle doit prendre en considération la réponse du système bancaire à ces décisions.

La Fed dispose de trois moyens de contrôle de l'offre monétaire : les opérations d'open-market, les coefficients de réserve obligatoires et le taux d'escompte. Examinons les tour à tour.

Une *opération d'open-market* consiste pour la Fed à acheter ou vendre des obligations d'État. Si la Fed achète ces obligations, les dollars qu'elle a versés au public en contrepartie de son achat viennent augmenter la quantité de monnaie en circulation. Certains de ces dollars seront conservés sous forme liquide, d'autres seront déposés à la banque et celle-ci les utilisera pour créer de la monnaie supplémentaire. Chaque dollar supplémentaire détenu sous forme liquide augmente la masse monétaire d'exactement un dollar. Chaque dollar supplémentaire déposé sur un compte en banque accroît les réserves de la banque et donc la quantité de monnaie que celle-ci peut créer.

Si la Fed vend des obligations, les dollars qu'elle reçoit en contrepartie de sa vente réduisent la quantité de monnaie en circulation. Les dollars qui lui sont versés proviennent des avoirs liquides et bancaires du public, ce qui réduit la masse monétaire. Quand l'argent est retiré d'un compte bancaire, la banque a moins de réserves, et le processus de création monétaire est inversé. Les opérations d'open-market sont faciles à mener. En fait, elles ne sont guère différentes des opérations d'achat et ventes d'obligations par un particulier (si ce n'est que dans ce dernier cas, la masse monétaire n'est pas modifiée). En outre, ces opérations permettent de faire varier la masse monétaire peu ou beaucoup selon les besoins sans avoir à modifier tout un arsenal réglementaire. C'est pourquoi les opérations d'open-market constituent l'instrument de politique monétaire de prédilection de la Fed.

La Fed impose aussi aux banques des *coefficients de réserve obligatoires*. Une augmentation de ces coefficients réduit le multiplicateur monétaire, donc l'offre de monnaie. Inversement, une diminution de ce coefficient augmente le multiplicateur monétaire et accroît la masse monétaire.

La Fed utilise peu ce moyen de contrôle, car des changements fréquents compliqueraient trop la vie des banques. Quand la Fed accroît les obligations de réserves, certaines banques peuvent se trouver à court de réserves. Elles doivent donc interrompre toute activité de prêt tant qu'elles n'ont pas atteint le niveau de réserves requis.

Enfin, la Fed peut modifier son *taux d'escompte*, qui est le taux auquel elle prête de l'argent aux banques. Les banques empruntent à la Fed quand leurs réserves sont trop faibles au regard des obligations de réserves. Cela peut arriver parce que la banque a accordé trop de prêts, ou parce qu'elle a dû faire face à d'importants retraits. Quand la Fed prête de l'argent aux banques, le système bancaire se trouve doté de réserves qu'il n'aurait pas eu autrement, et ces réserves supplémentaires l'autorisent à créer de la monnaie.

L'augmentation du taux d'escompte décourage les banques de venir emprunter auprès de la Fed, donc se traduit par une diminution des réserves du système bancaire, ce qui contribue à réduire l'offre de monnaie. Inversement, une diminution du taux d'escompte incite les banques à emprunter à la Fed, ce qui accroît les réserves et donc la masse monétaire.

La Fed peut aussi utiliser cette arme pour aider des institutions financières en difficulté. Cela fut le cas en 1984 par exemple quand, suite à des rumeurs sur sa mauvaise santé financière, la Continental Illinois Bank dut faire face à d'immenses retraits des déposants. La Fed lui prêta 5 milliards de dollars pour lui éviter la faillite. De même lors du krach boursier d'octobre 1987, de nombreux intermédiaires boursiers durent trouver des liquidités pour financer l'extraordinaire volume d'échanges. La Fed fit immédiatement savoir qu'elle fournirait au marché les liquidités nécessaires. Cette déclaration fut certainement l'une des raisons pour lesquelles le krach n'eut pas davantage de conséquences malheureuses.

Les difficultés du contrôle de la masse monétaire

Mais même si ces trois armes sont puissantes, le contrôle qu'exerce la Fed sur la quantité de monnaie en circulation demeure imprécis. Elle doit en effet faire face à deux problèmes, tous les deux liés au fait que la création monétaire est en grande partie l'œuvre du système bancaire.

D'abord, elle ne contrôle pas les dépôts effectués par les agents économiques. Moins il y a de dépôts, moins le système bancaire peut créer d'argent. Si demain les déposants perdent confiance dans le système bancaire et décident de retirer leurs dépôts et de conserver leur argent chez eux, les réserves du système bancaire fondront et il créera moins de monnaie. La masse monétaire sera donc réduite sans la moindre intervention de la Fed.

Ensuite, elle ne contrôle pas la quantité de prêts consentis par les banques. Si les banques décident de conserver des réserves au-delà des coefficients obligatoires, elles créeront moins de monnaie qu'elles n'auraient pu le faire. Si les banquiers deviennent pessimistes et décident de conserver des réserves excédentaires, et donc d'accorder moins de prêts, le système bancaire créera moins de monnaie qu'il n'aurait pu le faire. Là encore, la masse monétaire baissera sans intervention de la Fed.

De fait, la quantité de monnaie en circulation dépend en partie du comportement des banquiers et des déposants. Comme la Fed ne peut contrôler ni prévoir ces comportements, son contrôle de la masse monétaire ne peut être parfait. Mais la Fed suit attentivement les informations sur les dépôts et les réserves des banques et peut donc réagir rapidement en cas de comportement anormal des banques ou des déposants.

ÉTUDE DE CAS

Panique bancaire et offre de monnaie

Une panique bancaire arrive quand les déposants s'attendent à ce que leur banque fasse faillite, et se précipitent aux guichets pour fermer leurs comptes et récupérer leurs avoirs.

Dans la mesure où les banques ne conservent à titre de réserves qu'une partie (faible) des dépôts, elles ne peuvent faire face au retrait simultané de tous les dépôts. De sorte que même si la banque est solvable (son actif est supérieur à son passif), les déposants ne peuvent pas tous récupérer leurs dépôts. Dans une telle situation, les banques doivent fermer leurs guichets, jusqu'à ce que certains prêts soient remboursés ou qu'un prêteur de dernier ressort (la Fed par exemple) leur prête les liquidités nécessaires au remboursement des déposants.

Ce phénomène complique le contrôle de la quantité de monnaie, comme on l'a constaté au début des années 1930. Après une vague de paniques et de faillites bancaires, ménages et banquiers étaient devenus prudents. Les ménages conservaient leur argent liquide chez eux. Ayant moins de réserves, les banques réduisirent les prêts consentis. Au même moment, les banquiers, craignant de futures paniques, augmentèrent volontairement leurs coefficients de réserve, ce qui contribua à réduire encore plus la création monétaire. De sorte que de 1929 à 1933, l'offre de monnaie chuta de 28 %, sans même que la Fed fasse quoi que ce soit pour cela. Nombreux sont les économistes qui voient dans cette forte contraction de la masse monétaire la cause première du chômage et de la baisse des prix de la période (nous verrons dans quelques chapitres comment les variations de la masse monétaire affectent l'emploi et le niveau général des prix).

Aujourd'hui les paniques bancaires ne constituent plus une menace sérieuse pour le système bancaire ou la Fed. En effet, le gouvernement garantit les dépôts effectués dans la plupart des banques, par l'intermédiaire d'une institution appelée FDIC (Federal Deposit Insurance Corporation). Les épargnants n'ont aucune raison de se précipiter aux guichets des banques puisqu'ils ont la certitude que, même en cas de faillite de la banque, la FDIC leur rendra leurs dépôts.

■ **VÉRIFIEZ VOS CONNAISSANCES** Décrire le processus de création monétaire par le système bancaire.

27.4 CONCLUSION

Il y a quelques années, un livre connut un énorme succès ; il était intitulé : *Les secrets du temple : comment la Fed dirige le pays.* Même s'il y a une légère exagération dans ce titre, il faut reconnaître que le système monétaire joue un rôle crucial dans l'économie. Chaque fois que nous achetons ou vendons quelque chose, nous nous reposons sur cette convention sociale qu'est l'« argent ». Maintenant que nous savons de quoi il s'agit, nous allons pouvoir nous intéresser aux effets économiques des variations de la quantité de monnaie. Ce sera le sujet du prochain chapitre.

RÉSUMÉ

- L'argent est le stock d'actifs immédiatement disponibles pour acheter des biens et services.
- L'argent joue un triple rôle. En tant que moyen d'échange, il matérialise les transactions. En tant qu'unité de compte, il fournit un moyen d'enregistrer les prix et les valeurs économiques. En tant que moyen de conserver la valeur, il permet de transférer le pouvoir d'achat dans le temps.
- La monnaie-marchandise, comme l'or, est une monnaie qui a une valeur intrinsèque : même si elle ne servait pas de monnaie, la marchandise en question vaudrait quelque chose. La monnaie fiduciaire, comme le papier monnaie, n'a aucune valeur intrinsèque.
- La monnaie comprend l'argent liquide et divers types de comptes bancaires, comme les comptes-chèques.
- La Réserve fédérale, ou banque centrale des États-Unis, est une institution quasi gouvernementale chargée de réguler le système monétaire américain. La Fed contrôle l'offre de monnaie principalement par ses opérations d'open-market, qui consistent à acheter des obligations d'État (pour augmenter la masse monétaire) ou à en vendre (pour la réduire). La Fed peut aussi jouer sur les coefficients de réserve obligatoires et le taux d'escompte pour piloter la masse monétaire.
- Quand les banques prêtent une partie de leurs dépôts, elles accroissent la quantité de monnaie en circulation. Compte tenu du rôle important joué par les banques dans le processus de création monétaire, le contrôle exercé par la Fed demeure imparfait.

CONCEPTS CLÉS – DÉFINITIONS

Monnaie : ensemble des actifs que le public utilise couramment pour acheter des biens et services.

Moyen d'échange : bien que les acheteurs donnent aux vendeurs en contrepartie des biens et services achetés.

Unité de compte : étalon avec lequel sont enregistrés les prix et les dettes.

Moyen de conserver la valeur : bien que le public utilise pour transférer du pouvoir d'achat du présent au futur.

Liquidité : facilité avec laquelle un actif peut être transformé en moyen d'échange.

Monnaie-marchandise : monnaie qui vient sous la forme d'une marchandise ayant une valeur intrinsèque.

Monnaie fiduciaire : monnaie sans valeur intrinsèque, dont le statut est décrété par le gouvernement.

Argent liquide : billets et pièces de monnaie aux mains du public.

Comptes courants : comptes ouverts dans les banques auxquels les déposants ont un accès direct par l'émission de chèques.

Réserve fédérale (Fed) : la banque centrale des États-Unis.

Banque centrale : institution chargée de superviser le système bancaire et de réguler la masse monétaire de l'économie.

Masse monétaire : quantité de monnaie disponible dans l'économie.

Politique monétaire : fixation de la masse monétaire par les responsables de la banque centrale.

Opérations d'open-market : opérations d'achat et vente d'obligations d'État par la Banque centrale.

Réserves : dépôts que les banques ont conservés, sans les transformer en prêts.

Coefficient de réserve : la part des dépôts que les banques conservent à titre de réserve.

Multiplicateur monétaire : quantité de monnaie créée par le système bancaire à partir d'un dollar de réserve.

Réserves obligatoires : contraintes imposées par la Fed sur la taille minimale des réserves, exprimée en pourcentage des dépôts que les banques doivent conserver.

Taux d'escompte : taux d'intérêt auquel la Fed prête de l'argent aux banques.

QUESTIONS DE RÉVISION

1. Qu'est ce qui différencie l'argent des autres actifs économiques ?
2. Qu'est-ce qu'une monnaie-marchandise ? Qu'est-ce qu'une monnaie fiduciaire ? Laquelle utilisons-nous ?
3. Que sont les comptes de dépôt, et pourquoi doit-on les inclure dans la définition du stock de monnaie ?
4. Si la Fed souhaite augmenter la quantité de monnaie en circulation, que peut-elle faire ?
5. Qu'est-ce que le taux d'escompte ? Comment évolue la masse monétaire quand la Fed augmente le taux d'escompte ?
6. Qu'est-ce que les coefficients de réserve ? Comment évolue la masse monétaire quand la Fed augmente les coefficients de réserve obligatoires ?
7. Pourquoi la Fed ne peut-elle pas contrôler parfaitement l'offre de monnaie ?

PROBLÈMES D'APPLICATION

1. Parmi les biens suivants, lesquels sont de l'argent aux États-Unis ? Lesquels n'en sont pas ? Expliquez votre réponse en discutant les trois fonctions de la monnaie :
   a. Un penny américain.
   b. Un peso mexicain.

c. Une toile de Picasso.
d. Une carte de crédit en plastique.

2. Tous les mois, le magazine *Yankee* présente une colonne d'échanges dans laquelle des particuliers proposent des échanges de marchandises. Comme ceci par exemple : « Échangerait robe de mariée de grand couturier et six robes de demoiselles d'honneur contre 2 billets d'avion aller-retour et 3 nuits d'hôtel en Angleterre » :
   a. Pourquoi serait-il difficile de faire tourner une économie entière sur ce principe de troc, en se passant de monnaie ?
   b. Compte tenu de votre réponse précédente, quel est l'intérêt d'une telle colonne dans le magazine *Yankee* ?
3. Quelles sont les caractéristiques indispensables pour qu'un bien puisse être considéré comme un bon moyen de conserver sa valeur ? Et comme un bon moyen d'échange ?
4. a. Imaginons que les habitants de Yap découvrent le moyen de produire facilement leurs roues de pierre. Quel serait l'impact de cette découverte ?
   b. Imaginons que quelqu'un découvre un moyen facile de reproduire des billets de 100 dollars. Comment cela affecterait-il le système monétaire américain ?
5. Votre oncle rembourse un emprunt de 100 dollars contracté auprès de la Tenth National Bank, en émettant un chèque de même montant tiré sur son compte de dépôt tenu par la même banque. Montrez l'impact de cette transaction sur le compte en T de votre oncle et sur celui de la banque. La richesse de votre oncle a-t-elle évolué ? Expliquez.
6. La banque X détient 250 millions de dollars de dépôts et maintient un coefficient de réserve de 10 % :
   a. Établissez le bilan de la banque X.
   b. Le plus gros client de la banque décide de retirer 10 millions de dollars en liquide de son compte. Si la banque veut maintenir son coefficient de réserve en réduisant ses prêts, quelle allure aura son compte en T ?
   c. Expliquez l'effet de cette décision de la banque X sur les autres banques ?
   d. Pourquoi la banque X risque-t-elle de rencontrer des difficultés pour mettre en œuvre la décision évoquée en b) ? Quelle pourrait être une solution alternative ?
7. Imaginez que les banques opèrent toutes avec un coefficient de réserve de 10 %. Si vous déposez 100 dollars sur votre compte de dépôts, de combien augmente le montant total des dépôts dans le système bancaire ? De combien augmente l'offre de monnaie ?
8. La Réserve fédérale fait une opération d'open-market en achetant pour 10 millions de dollars d'obligations d'État. Si le coefficient de réserve obligatoire est de 10 %, quelle est l'augmentation maximale de l'offre de monnaie autorisée par cette opération ? Expliquez. Quelle est l'augmentation minimale ? Expliquez. Si l'offre de monnaie augmente de

50 millions de dollars, quel est le coefficient de réserve du système bancaire ?

9. La FNB présente le compte en T suivant :

EMPLOIS		RESSOURCES	
Réserves	100 000 $	Dépôts	500 000 $
Prêts	400 000 $		

a. Si la Fed impose un coefficient de réserve obligatoire de 5 %, quelles sont les réserves excédentaires de la FNB ?

b. Imaginons que toutes les autres banques s'en tiennent au coefficient obligatoire ; si la FNB décide de réduire ses réserves jusqu'à ce niveau obligatoire, de combien augmentera l'offre de monnaie dans toute l'économie ?

10. Imaginons que le coefficient de réserve obligatoire soit de 10 % et qu'aucune banque n'ait de réserves excédentaires :

a. Si la Fed vend 1 million de dollars d'obligations d'État, quel est l'impact sur les réserves et l'offre de monnaie de l'économie ?

b. La Fed réduit son coefficient de réserve obligatoire à 5 %, mais les banques décident de maintenir 5 % de réserves excédentaires. Pourquoi peuvent-elles vouloir faire cela ? Quel est alors l'impact sur le multiplicateur monétaire et sur l'offre de monnaie ?

11. Imaginons que le système bancaire ait des réserves totales de 100 milliards de dollars, que le coefficient de réserve obligatoire soit de 10 %, que les banques s'en tiennent à ce taux et que les ménages n'aient pas d'argent liquide :

a. Quel est le multiplicateur monétaire ? Quel est le stock de monnaie ?

b. Si la Fed pousse à 20 % le coefficient de réserve obligatoire, quel sera l'impact sur les réserves totales et sur le stock total de monnaie ?

12. *(Ce problème est plus difficile.)* Une économie donnée contient 2 000 billets de 1 dollar :

a. S'il n'y a que de l'argent liquide, quelle est la quantité de monnaie ?

b. Si tout l'argent est déposé dans les banques et si celles-ci pratiquent un taux de réserve de 100 %, quelle est la quantité de monnaie ?

c. Si les gens détiennent la moitié de leur richesse en liquide et l'autre moitié sous forme de dépôts bancaires, et si les banques pratiquent un taux de réserve de 100 %, quelle est la quantité de monnaie ?

d. Si tout l'argent est déposé dans les banques et si celles-ci maintiennent un coefficient de réserve de 10 %, quelle est la quantité de monnaie ?

e. Même question si les gens détiennent la moitié de leur richesse en liquide et l'autre moitié sous forme de dépôts bancaires.

CHAPITRE 28

L'INFLATION : SES CAUSES ET SES COÛTS

Dans ce chapitre, vous allez :

- comprendre pourquoi l'inflation est causée par une croissance rapide de l'offre de monnaie
- apprendre la signification de la dichotomie classique et de la neutralité monétaire
- voir pourquoi certains pays impriment tellement de monnaie qu'ils se retrouvent en situation d'hyperinflation
- examiner comment le taux d'intérêt nominal évolue en réaction au taux d'inflation
- considérer les divers coûts imposés par l'inflation

Aujourd'hui, un cornet de glace vous coûte un ou deux dollars. Il y a soixante ans, les choses étaient différentes. Dans un magasin de bonbons de Trenton, dans le New Jersey (tenu par la grand-mère de cet auteur dans les années 30), les consommateurs avaient le choix entre deux tailles de cornets. Le petit cornet coûtait 3 cents ; le grand cornet en coûtait 5.

Cette augmentation du prix des glaces ne vous surprend probablement pas. Dans notre économie, tous les prix ont tendance à grimper avec le temps. Cette élévation du niveau général des prix est appelée *inflation*. Dans le chapitre 23, nous avons vu comment les économistes mesurent le taux d'inflation par la variation en pourcentage de l'indice des prix à la consommation, le déflateur du PIB ou quelque autre indice du niveau général des prix. Ces diverses mesures montrent qu'au cours des 60 ans qui viennent de s'écouler, les prix ont augmenté en moyenne de 5 % par an. Ce qui sur cette période, revient à multiplier les prix par 18.

L'inflation semble tout à fait naturelle et inévitable à un américain de la deuxième moitié du XXe siècle, mais contrairement à ce qu'on pourrait croire, elle n'est pas une fatalité. Au cours du XIXe siècle, il y eut de longues périodes pendant lesquelles les prix baissèrent au lieu de monter : on parle alors de *déflation*. En 1896, le niveau général des prix aux États-Unis était inférieur de 23 % au niveau des prix de 1880, et l'élection présidentielle de 1896 tourna beaucoup autour de cette préoccupation. Les agriculteurs, qui avaient accumulé des dettes importantes, souffrirent beaucoup quand la chute des prix des produits agricoles réduisit leurs revenus et donc leurs possibilités de rembourser leurs emprunts. Ils demandèrent au gouvernement de faire quelque chose pour enrayer cette déflation.

Même si l'inflation est devenue la norme de cette fin de ce siècle, le taux d'inflation lui-même est assez variable. De 1990 à 1996, les prix ont monté en moyenne de 3 % par an. Dans les années 70, ils avaient monté de 7 % par an, ce qui signifie un doublement du niveau des prix en 10 ans. Quand le taux d'inflation est élevé, le public en fait un problème économique majeur. En fait, quand le Président Jimmy Carter se présenta à la réélection en 1980, son adversaire Ronald Reagan désigna cette inflation élevée comme l'un des points noirs de l'administration Carter.

Il suffit de regarder autour de nous pour constater que l'inflation peut prendre des formes variées. Après la Première Guerre mondiale, l'Allemagne a connu une inflation absolument extraordinaire. Un journal qui coûtait 0,30 mark en janvier 1921 en coûtait 70 millions moins de deux ans plus tard. Et tous les produits ont vu leur prix évoluer de la même manière. Dans ces situations extrêmes, on parle d'*hyperinflation*. Cette hyperinflation allemande a tellement détérioré le tissu social allemand qu'elle est souvent considérée comme l'une des causes de la montée du nazisme, qui ellemême conduisit à la Seconde Guerre mondiale. Elle a d'ailleurs profondément marqué les esprits allemands qui sont restés très méfiants à l'égard de l'inflation, et le taux d'inflation en Allemagne depuis 50 ans est toujours inférieur au taux d'inflation américain.

Quelle est l'origine de l'inflation, et de son ampleur ? Ce chapitre apporte la réponse à ces questions, en développant la *théorie quantitative de la monnaie*. Dans le chapitre 1, une version résumée de cette théorie a été présentée sous forme d'un des *dix principes de l'économie* : les prix augmentent quand le gouvernement imprime trop de monnaie. Cette théorie de l'inflation fut déjà discutée par le philosophe du XVIIIe David Hume, et a surtout été défendue par le Prix Nobel d'économie Milton Friedman plus récemment. Cette théorie de l'inflation explique à la fois les inflations modérées comme celle que nous connaissons aux États-Unis et l'hyperinflation comme celle que connut l'Allemagne de l'entre-deux-guerres ou celle qui caractérisa les pays d'Amérique latine il y a quelques années.

Après avoir présenté la théorie de l'inflation, nous nous poserons la question de savoir pourquoi l'inflation est un problème. À première vue, la réponse paraît évidente : l'inflation est un problème parce que les gens ne l'aiment pas. Dans les années 1970, quand l'inflation était élevée dans notre pays, les sondages d'opinion plaçaient l'inflation en tête des préoccupations des citoyens. Le Président Ford se fit l'écho de ce sentiment populaire quand il déclara en 1974 l'inflation « ennemi public numéro un ». Ford arbora même un badge portant l'inscription WIN, signifiant Whip Inflation Now (NDT : Éliminons l'inflation maintenant).

Mais quels sont précisément les coûts qu'impose l'inflation à la société ? La réponse vous paraîtra certainement surprenante. L'identification des divers coûts de l'inflation n'est pas chose évidente. Et de fait, si tous les économistes s'accordent à reconnaître que l'hyperinflation est une calamité, certains considèrent que les problèmes posés par l'inflation sont loin d'être aussi embarrassants que le public le croit.

28.1 LES CAUSES DE L'INFLATION

Notre étude de l'inflation débute par la présentation de la théorie quantitative de la monnaie. La plupart des économistes s'appuient sur cette théorie pour expliquer les déterminants à long terme du niveau général des prix et du taux d'inflation.

Le niveau général des prix et la valeur de l'argent

Imaginons que l'on constate que, sur une période de temps donnée, le prix du cornet de glace soit passé de 5 cents à un dollar. Que peut-on conclure du fait que les gens sont prêts à consacrer tant d'argent à l'achat d'un cornet de glace ? Peut-être que les gens apprécient plus les glaces (un chimiste brillant a peut-être découvert un nouveau parfum). Mais cela est peu probable. Il est beaucoup plus probable que l'appétence du public pour les glaces est restée grosso modo la même, mais qu'au même moment la valeur de l'argent a baissé. *La première idée importante, c'est que l'inflation concerne plus la valeur de l'argent que la valeur des produits.*

Cette idée nous conduit vers une théorie de l'inflation. Quand l'indice des prix monte, les commentateurs sont souvent tentés de regarder les prix individuels qui constituent cet indice : « L'indice des prix a progressé de 3 % le mois dernier, poussé par une hausse de 20 % du prix du café et de 30 % du fuel domestique. » Si cette présentation nous renseigne sur certaines évolutions intéressantes de l'économie, elle passe à côté du point essentiel : l'inflation est un phénomène économique d'ensemble, qui concerne d'abord et avant tout la valeur du moyen d'échange de l'économie.

On peut concevoir le niveau général des prix de deux manières. Jusqu'ici, nous l'avons considéré comme le prix d'un panier de biens et services. Quand le niveau des prix monte, les gens doivent payer davantage les biens et services qu'ils achètent. Mais l'indice des prix peut aussi être considéré comme une mesure de la valeur de la monnaie. Une augmentation du niveau des prix signifie une dévaluation de la monnaie, puisque chaque unité monétaire confère un pouvoir d'achat inférieur.

Exprimons ces idées mathématiquement. Soit P le niveau général des prix, mesuré par exemple par l'indice des prix à la consommation ou le déflateur du PIB. P indique alors le nombre de dollars nécessaires pour acheter un panier de biens et services. Voyons les choses en sens inverse : la quantité de biens et services que l'on peut acheter avec un dollar est de $1/P$. Autrement dit, si P est le prix des biens et services mesuré en termes monétaires, $1/P$ est la valeur de l'argent mesurée en termes de biens et services. Ainsi, quand le niveau général des prix augmente, la valeur de l'argent diminue.

L'offre et la demande de monnaie, et l'équilibre monétaire

Qu'est-ce qui détermine la valeur de l'argent ? La réponse à cette question, comme très souvent en économie, est : l'offre et la demande. De même que l'offre et la demande de bananes déterminent le prix des bananes, l'offre et la demande de monnaie déterminent la valeur de l'argent. Il nous faut donc nous intéresser aux déterminants de l'offre et de la demande de monnaie.

Voyons d'abord l'offre. Nous avons vu dans le chapitre précédent comment la banque centrale et le système bancaire déterminent l'offre de monnaie. Par ses opérations d'open-market, la banque centrale modifie la quantité de réserves disponibles pour les banques, ce qui influe sur la quantité de monnaie que le système bancaire peut créer. Au regard de notre objectif dans ce chapitre, nous pouvons ignorer les complications créées par le système bancaire, et supposer que l'offre de monnaie est directement et précisément contrôlée par la banque centrale.

Voyons maintenant la demande de monnaie. Comme pour les autres biens et services, les déterminants de la demande sont nombreux. La quantité d'argent liquide que les gens décident d'avoir sur eux dépendra par exemple de leur attitude vis-à-vis des cartes de crédit ou de la proximité des distributeurs automatiques de billets. Et comme nous le verrons au chapitre 32, la demande de monnaie est fonction des taux d'intérêt qu'un individu peut percevoir s'il achète une obligation ou s'il dépose son argent à la banque sur un compte rémunéré plutôt que de le conserver dans sa poche.

Si les déterminants de la demande de monnaie sont nombreux, il en est un qui revêt une importance particulière : le niveau moyen des prix dans l'économie. Les gens ont besoin d'argent parce que c'est le moyen d'échange de l'économie. Contrairement aux autres actifs, comme les obligations ou les actions, celui-ci permet aux consommateurs d'acheter les biens et services dont ils ont besoin. La quantité d'argent que les gens décident de détenir est donc fonction des prix de ces biens et services. Plus les prix sont élevés, plus la transaction typique est importante, et plus les gens voudront avoir d'argent dans leur portefeuille ou sur leur compte-chèques. Donc la quantité de monnaie demandée augmente avec le niveau des prix (ou une diminution de la valeur de l'argent, ce qui revient au même).

Qu'est-ce qui garantit que la quantité de monnaie offerte par la Fed équilibre la quantité de monnaie demandée par le public ? La réponse dépend largement de l'horizon temporel considéré. Dans le chapitre 32, nous verrons que les taux d'intérêt jouent un rôle primordial dans la réponse à court terme. Pour ce qui est du long terme, la réponse est à la fois différente et plus simple. *À long terme, le niveau général des prix s'établit à un niveau tel que l'offre et la demande de monnaie sont équilibrées.* Si les prix sont supérieurs à ce niveau d'équilibre, le public souhaite détenir plus d'argent que la Fed n'en a créé, et le niveau général des prix doit baisser pour assurer l'équilibre de l'offre et de la demande. Si les prix sont inférieurs à ce niveau d'équilibre, le public demande moins d'argent que la Fed n'en a imprimé, et le niveau général des prix doit monter pour assurer l'équilibre de l'offre et de la demande. Au niveau d'équilibre, la quantité de monnaie demandée par le public est parfaitement égale à la quantité de monnaie fournie par la Fed.

La figure 28.1 illustre les idées qui viennent d'être présentées. Sur l'axe horizontal, on trouve la quantité de monnaie. L'axe vertical de gauche indique la valeur de l'argent celui de droite indique le niveau général des prix. Vous remarquerez que l'échelle sur cet axe est inversée : quand l'argent a de la valeur, le niveau des prix est faible. La courbe d'offre de monnaie sur cette figure est une droite verticale, puisque la Fed a décidé de la quantité de monnaie disponible. La courbe de demande présente une pente négative, ce qui signifie que lorsque la valeur de l'argent est faible, le public en demande de grandes quantités pour acheter les biens et services. À la valeur d'équilibre de la monnaie (et au niveau des prix d'équilibre), la quantité de monnaie demandée est égale à la quantité offerte.

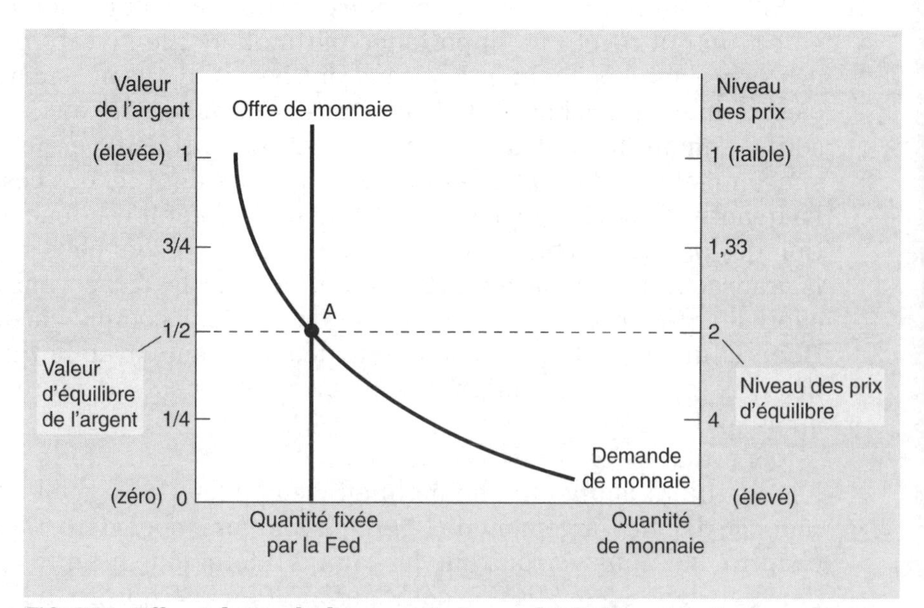

FIG. 28.1 **Offre et demande de monnaie.** La courbe d'offre est verticale car la quantité offerte de monnaie est décidée par la Fed. La demande présente une pente négative, car le public demande d'autant plus d'argent que la valeur de la monnaie est faible. Le niveau général des prix s'établit à un niveau tel qu'offre et demande de monnaie sont équilibrées.

Les effets de la création monétaire

Voyons maintenant les conséquences d'un changement de politique monétaire.

Imaginons que, partant du niveau d'équilibre, la banque centrale double l'offre de monnaie, en imprimant des billets puis en les jetant sur le pays à partir d'une flottille d'hélicoptères. (Ou plus prosaïquement en achetant des obligations d'État au public, lors de ses opérations d'open-market.) Que se passera-t-il suite à une telle injection monétaire ? Comment évoluera le niveau d'équilibre des prix ?

La figure 28.2 montre ce qui arrive. L'injection monétaire déplace la courbe d'offre de monnaie vers la droite, de M_1 à M_2. Pour équilibrer offre et demande de monnaie, la valeur d'équilibre de l'argent (axe gauche) doit diminuer et le niveau général des prix (axe droit) doit augmenter. Autrement dit, quand le nombre de dollars augmente, il en résulte une augmentation du niveau général des prix (de 2 à 4) qui fait tomber la valeur de chaque dollar (de 1/2 à 1/4).

Cette explication de la formation du niveau général des prix et de ses évolutions dans le temps constitue ce que l'on appelle la théorie

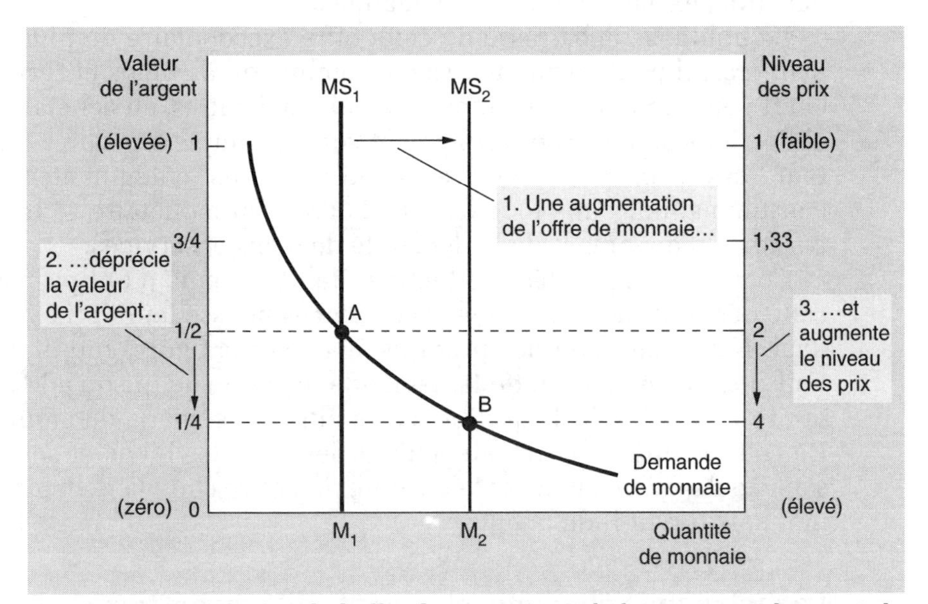

FIG. 28.2 **Augmentation de l'offre de monnaie.** Si la banque centrale accroît la masse monétaire, la courbe d'offre se déplace vers la droite, de MS_1 à MS_2. La valeur de la monnaie (axe gauche) et les prix (axe droit) s'ajustent de manière à équilibrer offre et demande. Par conséquent, la monnaie perd de la valeur, et les prix augmentent.

quantitative de la monnaie. Selon cette théorie, la quantité de monnaie disponible dans l'économie détermine la valeur de l'argent, et la croissance de la quantité de monnaie est la cause première de l'inflation. Comme l'a fait remarquer l'économiste Milton Friedman : « L'inflation est toujours et partout un phénomène monétaire. »

Examen rapide du processus d'ajustement

Comment l'économie passe-t-elle de l'ancien au nouvel équilibre ? Pour répondre complètement à cette question, il faut en savoir plus sur les fluctuations à court terme de l'économie, ce qui sera l'objet du chapitre 31. Il est néanmoins intéressant de considérer rapidement le processus d'ajustement qui suit une variation de la quantité offerte de monnaie.

L'effet immédiat est une offre excédentaire de monnaie. La situation initiale est une situation d'équilibre (point A de la figure 28.2) : au niveau des prix de l'époque (2), le public avait exactement la quantité de monnaie qu'il demandait (M_1). Mais après le passage des hélicoptères, les gens détiennent plus de dollars qu'ils n'en veulent. Au niveau des prix actuels (2), la quantité offerte de monnaie (M_2) excède la quantité demandée.

Le public se débarrasse de cette offre excédentaire de plusieurs manières. Il peut augmenter sa consommation de biens et services. Ou il peut prêter cet argent excédentaire à d'autres, en achetant des obligations ou en déposant l'argent sur un compte bancaire. À leur tour, ces prix permettent à d'autres agents d'augmenter leur consommation. Dans tous les cas, la création monétaire se traduit par un accroissement de la demande de biens et services.

Comme les capacités productives de l'économie n'ont pas varié, cette demande accrue de biens et services pousse leurs prix vers le haut. L'augmentation des prix (jusqu'à 4 sur la figure) induit à son tour une augmentation de la demande de monnaie (jusqu'à M_2), ce qui finit par rétablir l'équilibre entre offre et demande de monnaie. De cette manière, le niveau général des prix des biens et services s'ajuste de façon à assurer l'équilibre de l'offre et de la demande de monnaie (point B de la figure).

La dichotomie classique et la neutralité monétaire

Jusqu'ici nous avons vu qu'une variation de la quantité offerte de monnaie affectait le niveau général des prix. Mais qu'en est-il des autres variables macro-économiques, comme la production, l'emploi, les salaires réels, les taux d'intérêt réels ? Il s'agit là d'une question qui a longtemps hanté les économistes, et sur laquelle le philosophe David Hume s'est prononcé dès le XVIIIe siècle. La réponse que nous lui donnons ici doit beaucoup à l'analyse de Hume.

Hume et ses contemporains considéraient que les variables économiques devaient être divisées en deux groupes : celui des *variables nominales* (mesurées en unités monétaires) et celui des *variables réelles* (mesurées en unités physiques). Le prix du maïs est par exemple une variable nominale, puisque mesurée en dollars, tandis que la production de maïs est une variable réelle, puisque mesurée en tonnes. De la même manière, le PIB nominal est une variable nominale, puisqu'elle mesure en dollars la valeur de la production de biens et services, tandis que le PIB réel est une variable réelle qui mesure la quantité totale de biens et services produits.

Si les prix exprimés en unités monétaires sont bien des variables nominales, les prix relatifs sont des variables réelles. Par exemple, alors que prix du maïs et prix du blé sont deux variables nominales, le prix relatif du maïs par rapport au blé est une variable réelle, puisque mesurée en tonnes de blé par tonne de maïs. Le salaire réel (salaire en dollars corrigé de l'inflation) est une variable réelle qui mesure le taux d'échange entre biens et services et unité de travail. Le taux d'intérêt réel (taux d'intérêt nominal corrigé de l'inflation) est une variable réelle qui mesure le taux d'échange entre biens et services produits aujourd'hui et biens et services produits dans le futur.

Cette séparation des variables en deux groupes est appelée la *dichotomie classique*. Hume la considérait pratique pour analyser l'économie, parce que des forces différentes s'exercent sur les variables réelles et les variables nominales. Hume montra en particulier que les variables nominales sont fortement influencées par les développements qui surviennent dans le système monétaire, tandis que ce dernier n'est pas indispensable pour comprendre les variables réelles.

Cette idée était d'ailleurs implicite dans les discussions menées au cours des chapitres 24, 25 et 26. Ces chapitres consacrés à l'examen du PIB réel, de l'épargne, de l'investissement, et des taux d'intérêt réels et du chômage n'ont jamais fait référence à l'existence de la monnaie. La productivité et les facteurs de production déterminent la production de biens et services. L'offre et la demande de travail déterminent le salaire réel. L'offre et la demande de fonds prêtables déterminent le taux d'intérêt réel. Le chômage est causé par le maintien pour une raison ou une autre du salaire réel à un niveau supérieur au niveau d'équilibre. Ces conclusions importantes n'ont rien à voir avec la quantité de monnaie en circulation dans le système.

Selon Hume, les variations de quantité de monnaie affectent les variables nominales sans toucher les variables réelles. Quand la banque centrale double l'offre de monnaie, le niveau des prix double, les salaires doublent, et toutes les autres valeurs exprimées en dollars doublent. Mais les variables réelles, comme la production, l'emploi, les salaires réels et les taux d'intérêt réels, demeurent inchangés. C'est ce que l'on appelle la *neutralité monétaire.*

L'analogie suivante permet de bien comprendre cette notion de neutralité monétaire. En tant qu'unité de compte, la monnaie est l'étalon qui mesure les transactions économiques. Quand la banque centrale double l'offre de monnaie, tous les prix doublent, et la valeur de l'unité de compte est divisée par deux. Il se passerait la même chose si le gouvernement décidait de réduire la taille d'un mètre de 100 à 50 centimètres. Suite à ce changement, toutes les distances mesurées (variables nominales) doubleraient, mais les distances réelles (variables réelles) seraient les mêmes qu'avant. Le dollar comme le mètre est une unité de mesure, et une modification de sa valeur ne doit pas avoir d'effet réel important.

Cette neutralité monétaire s'applique-t-elle parfaitement au monde que nous connaissons ? La réponse est négative. Le raccourcissement du mètre de 100 à 50 centimètres n'aurait certainement aucun effet à long terme, mais il causerait sans aucun doute une certaine confusion et bon nombre d'erreurs à court terme. La plupart des économistes considèrent aujourd'hui qu'à court terme – sur des périodes d'un an ou deux – les variations monétaires ont un impact important sur les variables réelles (Hume lui-même n'était pas sûr du bien-fondé de sa théorie à court terme). Nous verrons quelques exemples de cette non-neutralité à court terme dans le cadre du chapitre 31, ce qui nous permettra de mieux comprendre les raisons pour lesquelles la Fed est amenée à faire varier la quantité de monnaie dans le temps.

En revanche, la théorie de Hume semble vérifiée à long terme. Sur une dizaine d'années par exemple, les variations monétaires ont d'importants effets sur les variables nominales, mais les effets sont négligeables sur les variables réelles. La neutralité monétaire est donc une conclusion acceptable quand on raisonne à long terme, comme nous l'avons fait dans les chapitres 24, 25 et 26.

Quantité et vitesse de la monnaie

La question suivante nous amène à considérer un nouvel aspect de la théorie quantitative de la monnaie : combien de fois par an un billet est-il utilisé pour payer un bien nouvellement produit ? La réponse à cette question est une variable dénommée *vitesse de la monnaie*. En termes physiques, la notion de vitesse fait référence au déplacement d'un objet. En termes économiques, cette vitesse représente la vitesse à laquelle un billet passe d'un portefeuille à un autre.

Elle est calculée en divisant la valeur nominale de la production (le PIB nominal) par la quantité de monnaie. Si P est le niveau des prix (le déflateur du PIB), Y le PIB nominal et M la quantité de monnaie, la vitesse s'exprime de la façon suivante :

$$V = (P \times Y)/M.$$

Imaginez une économie qui ne produit que des pizzas. Si 100 pizzas sont produites chaque année et vendues 10 dollars pièce, et si la quantité de monnaie est de 50 dollars, alors la vitesse de la monnaie est :

$$V = (10 \text{ dollars} \times 100)/50 \text{ dollars}$$

$$V = 20.$$

Dans cette économie, le public a dépensé 1 000 dollars en pizza dans l'année. Pour que ces 1 000 dollars soient dépensés avec seulement 50 dollars tournant dans l'économie, il a fallu que chaque billet d'un dollar changeât de mains 20 fois.

Cette équation peut s'écrire de la façon suivante :

$$M \times V = P \times Y.$$

Cette équation indique que la quantité de monnaie (M) multipliée par sa vitesse de circulation (V) est égale à la production (Y) multipliée par son prix (P). Cette équation est appelée *équation quantitative*, car elle lie la quantité de monnaie (M) à la valeur nominale de la production (P x Y). Selon cette équation, une augmentation de la quantité de monnaie dans l'économie doit se traduire par l'une des trois variations suivantes : une augmentation des prix, une augmentation de la production ou un ralentissement de la vitesse de circulation.

Il s'avère que la vitesse de circulation de la monnaie est relativement stable. La figure 28.3 montre l'évolution du PIB nominal, de la quantité de monnaie (M2) et de la vitesse de celle-ci depuis 1960 aux États-Unis. Si la vitesse de circulation de la monnaie n'est pas parfaitement constante, elle ne varie pas significativement. En

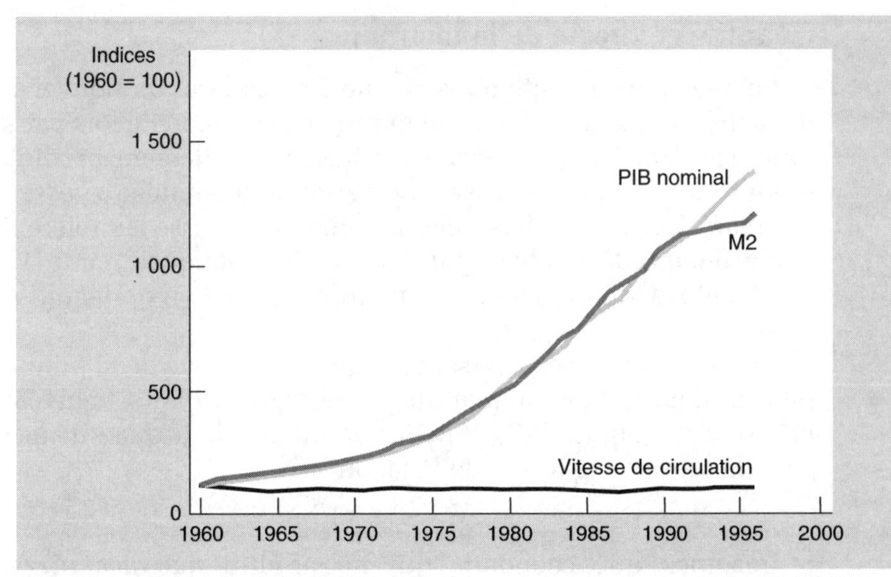

FIG. 28.3 **PIB nominal, masse monétaire et vitesse de la monnaie.** Cette figure indique la valeur nominale de la production, mesurée par le PIB nominal, la masse monétaire mesurée par M_2 et la vitesse de la monnaie, mesurée par le ratio des deux éléments précédents. Ces trois séries ont été basées sur 100 en 1960. On constate que le PIB et la masse monétaire ont considérablement crû, alors que la vitesse de circulation de la monnaie est restée relativement stable.

Source. — Ministère de l'Économie, Federal Reserve.

revanche, la masse monétaire et le PIB nominal ont plus que décuplé sur la période. On peut donc admettre l'hypothèse d'une relative stabilité de la vitesse de circulation de la monnaie.

Nous possédons maintenant tous les éléments nécessaires pour expliquer le niveau d'équilibre des prix et le taux d'inflation. Ces éléments sont les suivants :

1. La vitesse de circulation de la monnaie est relativement stable dans le temps.

2. Parce que cette vitesse est stable, les modifications de la masse monétaire (M) par la Fed se traduisent par des modifications proportionnelles de la valeur nominale de la production (P x Y).

3. Comme nous l'avons vu dans le chapitre 24, la production de biens et services est essentiellement fonction des facteurs de production et de la technologie disponibles. En particulier, parce que la monnaie est neutre, elle n'influence pas la production.

4. La production (Y) étant fonction des facteurs de production et de la technologie, la variation de la masse monétaire décidée par la Fed se traduit par une variation du niveau général des prix (P).

Conclusion : quand la banque centrale augmente rapidement l'offre de monnaie, il en résulte une inflation élevée. Voilà le cœur de la théorie quantitative de la monnaie.

ÉTUDE DE CAS

La monnaie et les prix durant les hyperinflations

Quand un tremblement de terre détruit un pays, il a l'avantage de fournir aux sismologues des tas de données intéressantes, qui permettent d'étudier le phénomène et éventuellement de prévoir les futures catastrophes. De la même manière, les hyperinflations constituent pour les économistes des expériences naturelles qui leur permettent d'étudier les effets des variations monétaires sur l'économie.

Durant une hyperinflation, les variations de la masse monétaire et des prix sont gigantesques. En fait, on parle en général d'hyperinflation quand le taux d'inflation devient supérieur à 50 % *par mois*. Ce qui signifie que les prix ont été multipliés par 100 dans l'année.

Les données relatives à ces périodes d'hyperinflation montrent très clairement un lien entre quantité de monnaies et niveau général des prix. La figure 28.4 présente quatre exemples classiques d'hyperinflations survenues dans les années 1920 en Allemagne, en Pologne, en Hongrie et en Autriche. Chaque figure met en relation la quantité de monnaie de circulation dans l'économie et un indice des prix. La pente de la courbe de monnaie représente le taux de croissance de la masse monétaire, et la pente de la courbe de prix représente le taux d'inflation. Plus la courbe est pentue, plus rapide est la croissance de la masse monétaire et plus rapide est l'inflation.

Vous remarquerez que masse monétaire et niveau des prix évoluent parallèlement. Dans chaque pays, la croissance de la masse monétaire est d'abord modérée, et il en est de même pour l'inflation. Puis la croissance de la masse monétaire commence à s'emballer. Au même moment, l'inflation se met à décoller. Quand la masse monétaire se stabilise, les prix en font autant. Ces épisodes illustrent parfaitement l'un des *dix principes de l'économie* : quand le gouvernement imprime trop de monnaie, les prix montent.

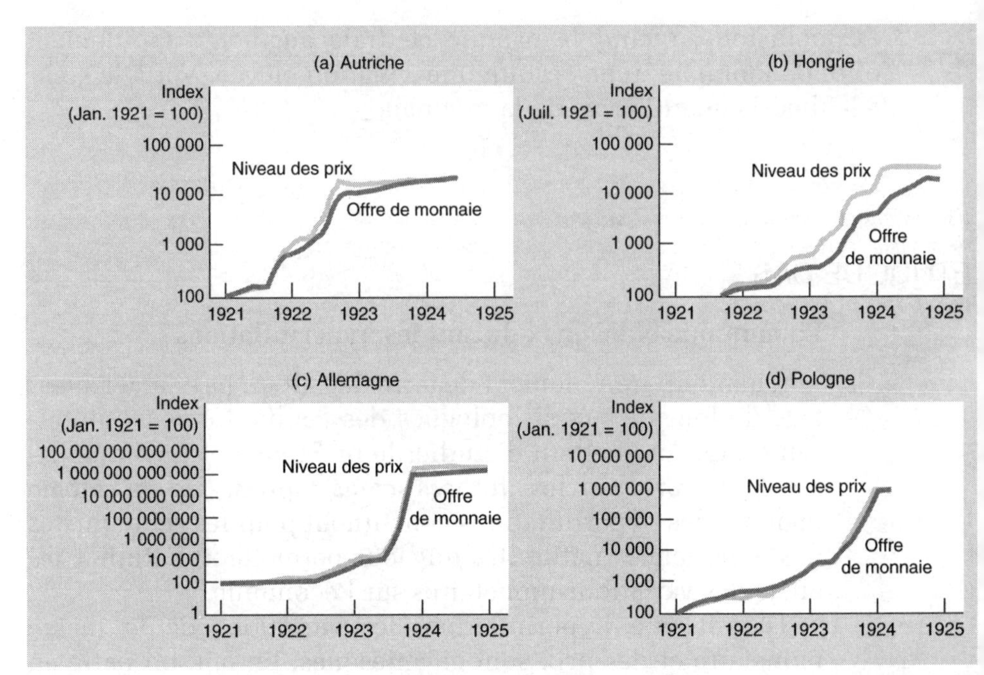

FIG. 28.4 **Masse monétaire et prix durant quatre hyperinflations.** On constate que ces deux variables évoluent de la même manière, ce qui est cohérent avec la théorie quantitative de la monnaie, selon laquelle la croissance de la masse monétaire est la cause première de l'inflation.

Note. — L'axe vertical est construit avec une échelle logarithmique, ce qui signifie que des distances verticales égales représentent des variations égales en pourcentage.

Source. — Adaptation de l'article de Thomas J. Sargent, « La fin de quatre hyperinflations », paru dans l'ouvrage *Inflation*, University of Chicago Press, 1983.

L'impôt inflation

Puisque l'inflation est si simple à expliquer, comment peut-on se retrouver dans une situation d'hyperinflation ? Comment une banque centrale peut-elle imprimer de la monnaie au point que sa valeur s'effondrera certainement ?

Simplement parce que le gouvernement crée de la monnaie pour payer ses propres dépenses. Pour pouvoir financer la construction des routes, payer les salaires des forces de police et subvenir aux besoins des personnes âgées et des pauvres, le gouvernement a besoin de fonds. En temps normal, il se les procure par l'impôt et par l'emprunt. Mais il peut aussi imprimer de la monnaie.

Quand le gouvernement a recours à la création monétaire, on dit qu'il lève un *impôt inflation*. Cet impôt est différent des autres, dans la mesure où personne ne reçoit d'avis d'imposition du gou-

DANS VOS JOURNAUX

L'hyperinflation en Serbie

Chaque fois que le gouvernement utilise la presse à billets pour financer ses dépenses, l'hyperinflation suit. Les habitants de la Serbie l'ont constaté au début des années 1990.

Offre spéciale du jour : 6 millions de dinars pour un Snickers

ROGER THUROW

Belgrade, Yougoslavie. À la boutique Luna, une barre de Snickers coûte 6 millions de dinars. Plus exactement, tel était le prix avant que le gérant de la boutique reçoive le fax de son patron.

« Augmente les prix de 99 % », annonce le document. Cela aurait pu être une augmentation de 100 %, mais les ordinateurs de la boutique ne savent pas prendre en considération les variations à trois chiffres.

Et donc pour la seconde fois en trois jours, M. Nikolic va relever ses prix. Il bloque la porte de la boutique pour empêcher les clients de profiter d'une aubaine commerciale pendant que l'ordinateur imprime de nouvelles étiquettes de prix. Le gérant et deux assistants collent ensuite ces nouvelles étiquettes sur les étals. Ils ne les mettent plus sur les produits directement, car la multiplication des étiquettes rendait l'identification du produit impossible.

Quatre heures plus tard, la boutique rouvre ses portes. Les clients y pénètrent et se frottent les yeux en comptant les zéros. M. Nikolic lui-même a du mal à en croire ses yeux quand il voit l'étiquette d'un magnétoscope.

« S'agit-il bien de milliards ? »... se demande-t-il. 20.391.560.223 dinars pour être précis. Il désigne du doigt son T-shirt, qui porte l'inscription « Toujours plus loin », et fait remarquer que ce slogan pourrait être l'emblème de son pays. « Cela décrit parfaitement la situation économique ambiante. »

Et que pourrait-il dire d'autres ? Depuis que la communauté internationale a imposé des sanctions économiques à ce pays, le taux d'inflation y est de *10 % par jour*. Soit un rythme annuel de 4 milliards de %, si tant est qu'un tel chiffre puisse avoir la moindre signification économique. En Serbie, un dollar américain vous procure 10 millions de dinars à l'hôtel Hyatt, 12 millions chez un changeur sauvage de la Place de la République et 17 millions de dinars dans une banque tenue par les gangs. Les Serbes affirment que le dinar n'a pas plus de valeur que du papier hygiénique. Mais pour l'instant le papier hygiénique ne manque pas.

La presse à billets du gouvernement, cachée quelque part dans le parc situé derrière le champ de courses, tourne 24 heures sur 24. Le gouvernement qui essaye de limiter le mécontentement populaire en jetant l'argent par les fenêtres, a besoin de dinars pour payer les ouvriers qui ne travaillent plus dans les usines fermées ou les bureaux désertés. Il en a besoin pour acheter les récoltes aux fermiers. Il en a besoin pour financer les opérations de contrebande qui lui permettent de contourner les sanctions économiques, et de faire rentrer dans le pays tout ce dont il a besoin, du pétrole aux gourmandises que vend M. Nikolic. Et il en a besoin pour financer les frères serbes qui combattent en Bosnie-Herzégovine et en Croatie.

Les changeurs, devenus experts en papier monnaie, déclarent même que le gouvernement a dû faire appel à des imprimeurs privés pour pouvoir imprimer tous les billets dont il a besoin.

« Nous sommes des experts, ils ne peuvent pas nous tromper, » déclare l'un d'entre eux, en tendant pour 800 millions de billets. « Ceux-ci sortent tout juste des presses. » Il dit les avoir obtenu d'une banque privée qui elle-même les avait récupérés auprès de la Banque Centrale qui était allée les chercher chez l'imprimeur. « C'est la folie collective », déclare le changeur, en riant nerveusement...

Source. — Wall Street Journal, 4 août 1993, p. A1.

vernement. Cet impôt est beaucoup plus subtil. Quand le gouvernement imprime des billets et fait monter les prix, la valeur de vos dollars diminue. L'inflation est donc un impôt qui frappe les porteurs d'argent. Quand le gouvernement lève cet impôt, il prélève des ressources sur les ménages sans avoir à leur envoyer une facture.

L'importance de cet impôt est très variable. Aux États-Unis récemment, il a été plutôt négligeable : moins de 3 % des recettes gouvernementales. Dans les années 1770 en revanche, le Congrès utilisa beaucoup l'impôt inflation pour financer ses dépenses militaires. Comme le nouveau gouvernement avait des difficultés à lever des impôts ou à emprunter, le moyen le plus simple d'obtenir les fonds nécessaires au paiement des soldats révolutionnaires était d'imprimer des billets. Comme il fallait s'y attendre, l'inflation fut grandiose : les prix furent multipliés par plus de 100 en quelques années.

Toutes les hyperinflations du monde se ressemblent. Le gouvernement doit faire face à des dépenses élevées, ses recettes fiscales sont insuffisantes et ses capacités d'emprunt limitées. Il fait donc marcher la presse à billets pour payer ses dépenses. L'injection monétaire se traduit par une inflation élevée, qui dure jusqu'à ce que le gouvernement réduise ses dépenses au point de ne plus avoir besoin de recourir à la presse à billets.

L'effet Fisher

Selon le principe de la neutralité monétaire, une accélération de la croissance de la masse monétaire se traduit par une hausse de l'inflation, mais n'affecte pas les variables réelles. Ce principe trouve une application importante en ce qui concerne l'évolution des taux d'intérêt. Les taux d'intérêt sont des variables très importantes pour les macro-économistes, parce que comme nous l'avons vu au chapitre 25, ils relient l'économie du présent et l'économie à venir par le biais de leur impact sur l'épargne et l'investissement.

Pour bien comprendre la relation entre monnaie, inflation et taux d'intérêt, rappelons-nous la distinction établie au chapitre 22 entre taux d'intérêt nominal et taux d'intérêt réel. Le taux d'intérêt nominal est le taux utilisé dans le langage courant, celui qui indique le taux de croissance de votre compte en banque. Le taux d'intérêt réel est le précédent, corrigé de l'inflation, et il indique le taux de croissance du pouvoir d'achat de votre compte en banque.

On a la relation suivante :

Taux d'intérêt réel = Taux nominal – Taux d'inflation.

Par exemple, si votre banque affiche un taux nominal de 7 % par an et si l'inflation est de 3 % annuelle, la valeur réelle de votre dépôt croît au rythme de 4 % l'an.

Cette équation peut être réécrite de manière à montrer que le taux d'intérêt nominal est égal à la somme du taux d'intérêt réel et du taux d'inflation :

Taux d'intérêt nominal = Taux réel + Taux d'inflation.

Il est intéressant de concevoir ainsi le taux d'intérêt nominal, car ce sont des forces économiques différentes qui déterminent chacun des deux termes du deuxième membre de cette équation. Le taux d'intérêt réel est déterminé par la loi de l'offre et de la demande de fonds prêtables, alors que le taux d'inflation est déterminé par le taux de croissance de la quantité de monnaie en circulation.

Voyons maintenant comment la croissance de la masse monétaire affecte les taux d'intérêt. À long terme, du fait de la neutralité de la monnaie, une variation de la masse monétaire devrait être sans effet sur le taux d'intérêt réel. Celui-ci est en effet une variable réelle. Pour qu'il ne soit pas affecté, il faut que chaque variation du taux d'inflation soit reflétée par un point de variation du taux d'intérêt nominal. Ainsi, une augmentation du taux de croissance monétaire génère non seulement une inflation supérieure, mais aussi un taux d'intérêt nominal plus élevé. Cet ajustement est appelé *effet Fisher*, du nom de l'économiste Irvin Fisher (1867-1947) qui fut le premier à l'étudier.

L'effet Fisher est essentiel pour comprendre les fluctuations temporelles du taux d'intérêt nominal. La figure 28.5 montre l'évolution des taux nominaux et du taux d'inflation aux États-Unis depuis 1950 : il est clair que ces deux variables sont très liées. Le taux d'intérêt nominal a progressé de 1950 jusqu'aux années 1970, parce que l'inflation elle-même a augmenté pendant toutes ces années. Le taux d'intérêt nominal a baissé du début des années 80 au milieu des années 90, parce que la Fed avait finalement réussi à contrôler l'inflation.

■ **VÉRIFIEZ VOS CONNAISSANCES** Un gouvernement fait passer le taux de croissance de la masse monétaire de 5 % à 50 % par an. Comment vont évoluer les prix ? Comment vont évoluer les taux d'intérêt nominaux ? Pourquoi le gouvernement se comporte-t-il ainsi ?

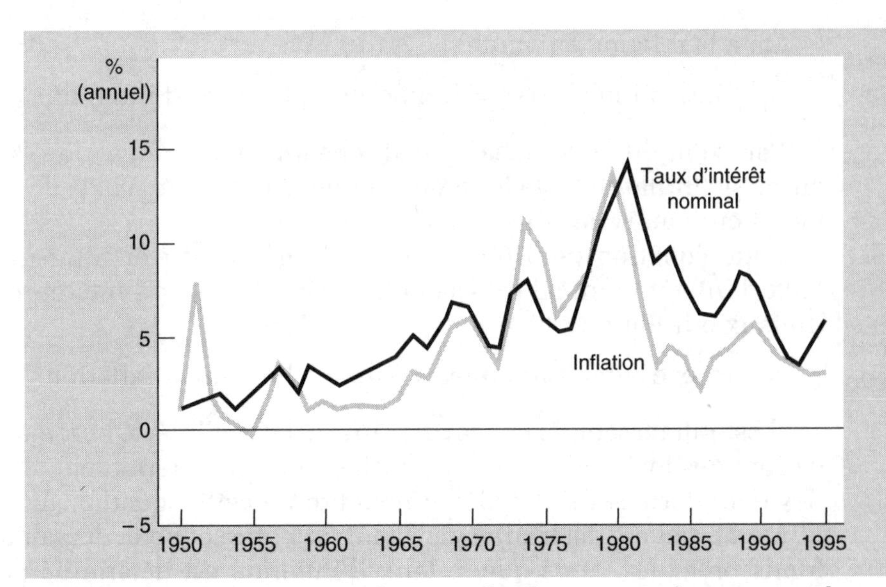

FIG. 28.5 **Taux d'intérêt nominal et taux d'inflation.** Cette figure montre le taux d'intérêt des Bons du Trésor à trois mois et le taux d'inflation, depuis 1950. L'effet Fisher est clairement mis en évidence sur cette figure : quand l'inflation augmente, le taux d'intérêt nominal augmente d'autant.

Source. — Trésor, ministère du Travail.

28.2 LES COÛTS DE L'INFLATION

À la fin des années 70, quand l'inflation aux États-Unis était supérieure à 10 % l'an, toute la politique économique visait à essayer de la réduire. Et alors même que l'inflation restait faible au début des années 90, elle demeurait une variable macro-économique observée avec la plus grande attention. En 1996, une étude montra que *l'inflation* était le terme économique le plus utilisé dans la presse américaine, loin devant le *chômage* et la *productivité*.

Si l'inflation fait l'objet de tant d'attentions et de débats, c'est parce qu'on la considère généralement comme un problème économique majeur. Mais est-ce bien le cas ? Et si oui, pourquoi ? En fait, l'évaluation des coûts imposés par l'inflation n'est pas aussi simple qu'il paraît.

Une perte de pouvoir d'achat ? Le sophisme de l'inflation

Si vous demandez à l'homme de la rue quel est le problème posé par l'inflation, il vous répondra probablement que la réponse est évidente : l'inflation rogne ses revenus. Quand les prix augmentent, le pouvoir d'achat de la monnaie diminue. Et apparemment l'inflation contribue à réduire le niveau de vie.

Cette réponse est pourtant fausse. Quand les prix augmentent, les acheteurs de biens et services paient plus cher ce qu'ils achètent. Mais au même moment, les vendeurs de biens et services touchent plus pour ce qu'ils vendent. *Et comme la plupart des gens vivent de la vente de leurs services, et particulièrement de leur travail, la hausse des revenus accompagne la hausse des prix.* Ainsi l'inflation n'affecte pas le pouvoir d'achat réel des gens.

Si le public se laisse tromper par le sophisme de l'inflation, c'est parce qu'il ne comprend pas le principe de la neutralité monétaire. Un travailleur qui bénéficie d'une augmentation annuelle de 10 % a tendance à interpréter celle-ci comme une récompense de la qualité de son travail. Si un taux d'inflation de 6 % ramène la valeur réelle de l'augmentation à 4 % seulement, le travailleur a l'impression de s'être fait voler une partie de ce qu'il aurait dû gagner. Mais comme nous l'avons vu dans le chapitre 24, les revenus réels sont déterminés par des variables réelles, comme le capital physique, le capital humain, les ressources naturelles et la technologie de production. Les revenus nominaux sont déterminés par les mêmes facteurs, plus le niveau général des prix. Si la Fed ramenait l'inflation de 6 % à 0 %, l'augmentation de salaire de notre travailleur ne serait que de 4 %. Il se sentirait peut-être moins lésé, mais son revenu réel ne progresserait pas plus rapidement.

Si les revenus nominaux évoluent parallèlement aux prix, alors où est le problème ? En fait, il n'existe aucune réponse simple à cette question. Les économistes ont identifié plusieurs coûts générés par l'inflation. Chacun de ces coûts montre en fait qu'une inflation persistante peut avoir des conséquences sur les variables réelles.

Le coût d'usure

On l'a vu, l'inflation est une espèce d'impôt sur les avoirs monétaires. En lui-même cet impôt ne représente pas un coût pour la société : il constitue simplement un transfert de ressources des ménages vers le gouvernement. Mais comme le chapitre 8 l'a démontré, les impôts incitent les gens à modifier leur comportement pour éviter de payer, et cette distorsion des incitations est à l'origine d'une perte sèche pour la société prise dans son ensemble. Comme tous les autres impôts, l'inflation génère une perte sèche car le public gaspille des ressources précieuses à essayer de l'éviter.

Comment peut-on éviter de payer l'impôt inflation ? En ayant moins d'argent sur soi. Et donc en passant à sa banque plus souvent. Par exemple, au lieu de retirer 200 dollars d'argent liquide tous les mois, on retirera 50 dollars par semaine. En multipliant ces voyages à la banque, on conserve ainsi plus d'argent sur le compte qui rapporte un intérêt en ligne avec le taux d'inflation, et on en a moins dans son portefeuille qui perd de la valeur rapidement.

On parle d'un *coût d'usure* de l'inflation, par référence à l'usure des chaussures consécutive à ces fréquents déplacements à la banque. Mais il ne s'agit que d'une métaphore, le véritable coût étant le temps perdu et l'inconfort générés par ces efforts réalisés pour maintenir des avoirs liquides aussi faibles que possible.

Ce coût peut paraître négligeable. Et il l'est quand l'inflation reste faible comme en ce moment aux États-Unis. En cas d'hyperinflation, ce coût devient colossal. L'article suivant, publié par le *Wall Street Journal* du 13 août 1985, relate l'expérience d'un Bolivien pendant l'hyperinflation des années 80 :

Quand Edgar Miranda touche son salaire de professeur (25 millions de pesos), il n'a pas une minute à perdre. Le peso perd de la valeur chaque minute. Aussi, pendant que sa femme court au marché acheter des pâtes et du riz pour un mois, Edgar part avec le reste de sa paie pour la changer sur le marché noir du dollar.

M. Miranda applique la règle n° 1 de la survie dans un monde dévasté par l'inflation. Les augmentations de prix sont ici telles que les chiffres en deviennent incompréhensibles. Au cours des six derniers mois, les prix ont augmenté au rythme annuel de 38 000 %. Officiellement, l'inflation était de 2 000 % l'année précédente, et devrait atteindre 8 000 % cette année, mais les chiffres officieux sont nettement plus élevés. En tout état de cause, la Bolivie transforme Israël (370 % d'inflation) et l'Argentine (1 100 % d'inflation) en pays vertueux sur le plan monétaire !

Que se passerait-il si M. Miranda, qui a 38 ans, ne changeait pas immédiatement ses pesos en dollars ? Le jour où il reçut sa paie, un dollar valait 500 000 pesos. Il obtint donc 50 dollars. Deux jours plus tard, il n'en aurait reçu que 27 dollars.

Comme on le voit dans cet article, ce coût d'usure peut être tout à fait conséquent. M. Miranda ne peut pas se permettre le luxe d'utiliser sa propre monnaie pour conserver la valeur. Il doit rapidement convertir ses pesos en marchandises ou en dollars, qui conservent mieux la valeur que la monnaie bolivienne. Le temps et les efforts consacrés par Edgar Miranda à ces opérations sont un vrai gaspillage de ressources. Si les autorités monétaires poursuivaient une politique monétaire non inflationniste, Miranda serait ravi de conserver ses pesos, et il pourrait utiliser son temps et son énergie de manière plus productive et plus agréable. De fait, peu après la parution de cet article, les Boliviens ont fini par réduire substantiellement leur taux d'inflation, suite à des politiques monétaires restrictives.

Les coûts d'affichage

Les entreprises ne changent pas les prix de leurs produits tous les jours. En fait, les prix affichés sont souvent les mêmes pendant des mois, voire des années. Une étude a montré qu'aux États-Unis, l'entreprise moyenne modifie ses prix une fois par an.

Si les prix ne sont pas modifiés plus fréquemment, c'est parce que cette opération est coûteuse. Le coût est parfois évident, quand il faut rééditer un catalogue de prix et l'envoyer aux clients, et parfois plus subtil, quand il s'agit du coût de la décision de changement de prix ou du coût du désagrément causé aux clients. On parle de *coûts d'affichage* pour décrire cet ensemble de coûts liés aux changements de prix. Là encore, il s'agit d'une métaphore, car ces coûts sont bien plus élevés que de simples coûts d'affichage des nouveaux prix.

L'inflation accroît sensiblement ces coûts d'affichage. Aujourd'hui aux États-Unis, en période d'inflation faible, la modification annuelle des prix est une stratégie raisonnable, mais il faut les réajuster beaucoup plus fréquemment quand l'inflation est plus élevée. En cas d'hyperinflation, les prix doivent être changés au moins une fois par jour.

La variabilité des prix relatifs et l'allocation inefficace des ressources

Imaginez un restaurant qui imprime un nouveau menu, portant les nouveaux prix, tous les mois de janvier. Si le taux d'inflation est nul, les prix relatifs du restaurant – les prix du restaurant comparés aux autres prix de l'économie – seront constants pendant l'année. En revanche, si l'inflation est de 12 %, les prix relatifs du restaurant tomberont automatiquement de 1 % par mois. Les prix du restaurant paraîtront plus élevés en début d'année, juste après l'impression du menu, qu'en fin d'année. Plus le taux d'inflation est élevé, plus cette variation automatique est importante. Comme les prix ne sont pas changés très fréquemment, l'inflation implique une variabilité des prix relatifs d'autant plus grande qu'elle est forte.

En quoi cela importe-t-il ? C'est important car l'économie alloue ses ressources en fonction des prix relatifs. Les consommateurs décident de leurs achats en comparant les qualités et les prix des divers biens et services. Ces décisions vont déterminer la façon dont les facteurs de production seront répartis entre les secteurs et les entreprises. Quand l'inflation induit des distorsions de prix relatifs, elle modifie les choix des consommateurs ce qui nuit à l'efficacité des marchés.

Les distorsions fiscales liées à l'inflation

Pratiquement tous les impôts affectent les incitations, poussent les gens à modifier leur comportement et conduisent à une allocation suboptimale des ressources de l'économie. Le problème est accru en période inflationniste, car le Code des impôts tient rarement compte de l'inflation. Les économistes qui ont étudié la question aboutissent à la conclusion que l'inflation alourdit le fardeau fiscal qui pèse sur les revenus de l'épargne.

Le traitement des plus-values en capital est particulièrement problématique. Imaginons que vous ayez acheté des actions Microsoft en 1980 pour 10 dollars. En 1995, vous les revendez 50 dollars. Selon la loi, vous avez réalisé un profit de 40 dollars qui doit être intégré à vos revenus et devra supporter l'impôt. Mais supposons que le niveau général des prix ait doublé entre 80 et 95. Les 10 dollars investis en 1980 sont donc équivalents (en termes de pouvoir d'achat) à 20 dollars d'aujourd'hui. En revendant le titre à 50 dollars, le gain réel (c'est-à-dire l'accroissement de pouvoir d'achat) n'est en fait que de 30 dollars. En vous imposant sur la base de 40 dollars, le Code des impôts surestime l'ampleur des gains en capital, et surimpose en fait ce type de revenus.

Le traitement fiscal des intérêts est un autre exemple classique. La loi fiscale ne s'intéresse qu'à l'intérêt nominal perçu, alors qu'une partie de celui-ci ne fait que compenser l'inflation. Prenons l'exemple suivant, illustré par le tableau 28.1. Ce tableau compare deux économies qui imposent les intérêts perçus au taux de 25 %. Dans l'Économie 1, l'inflation est nulle, le taux d'intérêt réel et nominal sont égaux à 4 %. Dans cette hypothèse, l'impôt de 25 % réduit l'intérêt réel de 4 % à 3 %. Dans l'Économie 2, le taux d'intérêt réel est toujours de 4 %, mais l'inflation est de 8 %. Par application de l'effet Fisher, le taux d'intérêt nominal est donc de 12 %. Le fisc prélève 25 % de ce revenu, ne laissant donc que 9 % d'intérêt nominal après impôt, soit seulement 1 % d'intérêt réel après impôt. L'épargne est donc beaucoup moins intéressante dans l'économie qui enregistre de l'inflation que dans l'économie qui bénéficie de prix stables.

TABLEAU 28.1 **Comment l'inflation alourdit la fiscalité de l'épargne.**

	Économie 1 Inflation nulle (%)	*Économie 2 Inflation sensible (%)*
Taux d'intérêt réel	4	4
Taux d'inflation	0	8
Taux d'intérêt nominal (= taux int. réel + taux d'infl.	4	12
Taxe payée au gouvernement (= 0,25 % x taux d'int. nominal)	1	3
Taux d'int. nominal après impôt (= 0,75 % x taux d'int. nominal)	3	9
Taux d'int. réel après impôt (= taux d'int. nom. après impôt – taux d'infl.)	3	1

En cas d'inflation nulle, un impôt de 25 % sur l'intérêt perçu réduit le taux d'intérêt réel de 4 % à 3 %. En cas d'inflation de 8 %, ce même impôt réduit le taux d'intérêt réel de 4 % à 1 %.

L'imposition des plus-values en capital et des intérêts perçus sont deux illustrations du télescopage de la loi fiscale avec l'inflation. Il y en a beaucoup d'autres. Du fait de ces incidences fiscales, il est clair qu'une inflation élevée n'incite pas les gens à épargner. Or, comme nous l'avons vu dans les chapitres 24 et 25, l'épargne nationale alimente l'investissement, le facteur clé de la croissance économique à long terme. Quand l'inflation alourdit la fiscalité de l'épargne, elle tend à peser sur la croissance à long terme de l'économie. L'importance de cet effet ne fait en revanche pas l'unanimité parmi les économistes.

On pourrait résoudre le problème en élaborant une fiscalité indexée sur l'inflation. Dans le cas des plus-values en capital, l'impôt pourrait ne s'appliquer qu'à la plus-value réellement réalisée, après prise en compte de l'inflation. De même, dans le cas des intérêts perçus, l'impôt pourrait ne s'appliquer qu'à l'intérêt réellement perçu. Cette indexation existe déjà pour les tranches du barème de l'impôt sur le revenu des personnes physiques, qui sont revues chaque année en tenant compte de l'inflation. Mais elle manque encore pour le traitement des revenus de l'épargne.

Dans un monde idéal, la fiscalité devrait être telle que l'inflation n'aurait pas d'impact sur le montant d'impôts dû. Mais la fiscalité

DANS VOS JOURNAUX

Comment protéger votre épargne contre l'inflation

Nous avons vu que des variations inattendues du taux d'inflation étaient à l'origine d'une redistribution de richesse entre créanciers et débiteurs. Il n'en serait plus de même si les emprunts étaient libellés en termes réels et non en unités monétaires. Début 1997, le Trésor américain émit pour la première fois des obligations au rendement indexé sur l'indice des prix. Dans l'article suivant, deux célèbres économistes discutent des mérites de cette pratique.

Lutter contre l'inflation à long terme

JOHN Y. CAMPBELL ET ROBERT J. SHILLER

Le ministre des Finances Robert Rubin a annoncé jeudi que le gouvernement envisageait d'émettre des obligations indexées sur l'inflation – c'est-à-dire des obligations dont les intérêts et le capital sont révisés en fonction de l'inflation, ce qui garantit leur pouvoir d'achat réel dans l'avenir.

Il s'agit là d'une décision historique. Les économistes avaient préconisé l'utilisation de ce genre de produit financier pendant de longues années, plutôt frustrantes. En 1822, l'économiste Joseph Lowe fut le premier à recommander ce type de véhicule financier. Vers 1870, c'est l'économiste anglais Williams Stanley Jevons qui en fut le principal avocat. Et au début de ce siècle, c'est le fameux Irvin Fisher qui consacra sa vie à promouvoir ces obligations.

Plus récemment, des économistes de toutes tendances politiques – de Milton Friedman à James Tobin, d'Alan Blinder à Alan Greenspan – s'y sont montrés favorables. Pourtant le gouvernement attendit longtemps, parce que le public ne semblait pas montrer un grand intérêt pour le produit.

Espérons que cette attitude changera rapidement. Le succès des obligations indexées dépendra de la compréhension du public – et des achats qu'il fera. Jusqu'à présent, l'inflation a fait des obligations d'État un investissement risqué. En 1966, alors que l'inflation n'était que de 3 % l'an, l'acheteur d'une obligation d'État à 30 ans, qui versait 5 % d'intérêts, pouvait s'attendre à voir son investissement valoir 180 % de sa valeur originale trente ans plus tard. Et pourtant, aujourd'hui, après des années d'inflation supérieure aux prévisions, cet investissement ne vaut que 85 % de sa valeur initiale.

Comme l'inflation a été plutôt modérée ces dernières années, les gens sont moins sensibles à ses effets sur l'épargne. Cette attitude est dangereuse : même une inflation faible finit par dévaluer l'épargne sur de longues périodes.

est très loin d'être idéale. Et une indexation complète rendrait encore plus compliquée une fiscalité déjà considérée comme incompréhensible.

La gêne et l'incompréhension

Imaginons que l'on pose aux gens, lors d'un sondage, la question suivante : « Cette année, le mètre est égal à 100 centimètres. Combien de centimètres vaudra-t-il l'année prochaine ? ». En supposant que les gens ne nous prennent pas pour des fous, ils répondront très

Imaginez que vous partiez à la retraite aujourd'hui, vos revenus provenant d'obligations d'État qui vous rapportent 10 000 dollars par an, quelque soit le taux d'inflation. En l'absence d'inflation, votre retraite aura le même pouvoir d'achat dans vingt ans qu'aujourd'hui. Mais si l'inflation est de 3 % par an, votre retraite dans vingt ans ne vaudra plus que 5 540 dollars d'aujourd'hui. Si l'inflation est de 5 % par an, votre retraite ne vaudra plus que 3 770 dollars actuels et si l'inflation est de 10 % par an, votre retraite est réduite à 1 390 dollars. Lequel de ces scénarios est le plus probable. Personne ne le sait. En dernier ressort, l'inflation dépend des personnes chargées de contrôler notre masse monétaire.

Avec l'allongement de la durée de la vie et donc de la retraite, les effets pernicieux de l'inflation ne doivent pas être pris à la légère. Ne serait-ce que pour cette raison, le lancement d'obligations indexées, qui garantissent un rendement réel sur de longues périodes, est une bénédiction.

Aucun autre investissement n'offre ce genre de garantie. Les obligations classiques effectuent des paiements constants en dollars ; mais les investisseurs devraient être plus attentifs à leur pouvoir d'achat qu'au nombre de dollars qu'ils reçoivent. Les Sicav monétaires sont en partie indexées, puisque les taux à court terme ont tendance à monter quand l'inflation croît. Mais il y a de nombreux autres facteurs qui influent sur les taux d'intérêt, de sorte que le rendement réel d'une sicav monétaire n'est jamais assuré.

Le marché des actions présente en moyenne des rendements élevés, mais il peut baiser aussi bien que monter. Les investisseurs ne doivent pas oublier le marché très déprimé des années 70, et ne pas retenir que le marché haussier des années 80 et 90.

Les obligations d'État indexées sur l'inflation sont utilisées en Grande-Bretagne depuis 15 ans, au Canada depuis 5 ans, et dans de nombreux autres pays, comme l'Australie, la Nouvelle-Zélande et la Suède. En Angleterre, où le marché des obligations indexées est le plus grand du monde, ces obligations ont offert des rendements supérieurs de 3 à 4 % au taux d'inflation. Aux États-Unis, des rendements à long terme de ce type devraient assurer le succès de ce type de produit.

Il est probable que les intermédiaires financiers vont capitaliser sur les avantages d'un tel véhicule d'investissement et proposer des produits financiers innovants. Des fonds spécialisés apparaîtront probablement rapidement, et on peut penser que les prêts et les hypothèques indexés suivront rapidement.

Même si l'administration Clinton n'en retire pas grand prestige aujourd'hui, il y a fort à parier que la décision d'émettre des obligations indexées sera reconnue plus tard par les historiens de l'économie comme un tournant historique.

Source. — New York Times, 18 mai 1996.

certainement « encore 100 centimètres ». Toute autre réponse rendrait la vie impossible.

Quel est le rapport avec l'inflation ? Souvenez-vous que la monnaie est l'unité de compte de l'économie, qui sert à enregistrer les transactions et afficher les prix. La mission de la Réserve fédérale est identique à celle du Bureau des mesures : assurer la stabilité des instruments de mesure couramment utilisés. Quand la banque centrale accroît la quantité de monnaie en circulation et cause de l'inflation, elle grignote la valeur réelle de l'unité de mesure.

Il est difficile d'apprécier les coûts induits par l'incompréhension et la gêne causées par l'inflation. Typiquement, la comptabilité ne donne qu'une image imprécise des résultats d'une entreprise quand les prix ne cessent de croître. Le calcul du profit d'une entreprise est d'autant plus compliqué que l'inflation est plus élevée, car on compare des dollars qui n'ont pas la même valeur. En ce sens, il est plus difficile pour les investisseurs de faire la différence entre les entreprises qui se portent bien et celles qui ont des difficultés : les marchés financiers sont donc relativement moins efficaces quand l'inflation est élevée.

Un coût particulier de l'inflation inattendue : la redistribution arbitraire des richesses

Jusqu'ici, les coûts de l'inflation que nous avons étudiés sont présents même quand l'inflation est stable et prévisible. Si celle-ci constitue une surprise, elle génère alors un coût supplémentaire. En effet, elle redistribue la richesse entre les membres de la société de manière tout à fait arbitraire, parce que la plupart des prêts en cours sont libellés en unités monétaires.

Prenons un exemple. Sam emprunte 20 000 dollars à sa banque pour financer ses études universitaires, à 7 % par an. L'emprunt devra être remboursé dans 10 ans. À ce moment-là, Sam devra 40 000 dollars à sa banque (20 000 dollars et les intérêts composés à 7 % pendant 10 ans). La valeur réelle de la dette dépendra de l'inflation enregistrée pendant la période. Si Sam a de la chance, l'inflation aura été élevée : prix et salaires auront tellement augmenté que les 40 000 dollars dus ne seront que de l'argent de poche. Si au contraire l'économie a connu une période de déflation sévère, les 40 000 dollars représenteront une charge financière beaucoup plus lourde que ce que Sam avait envisagé.

Les variations de prix inattendues redistribuent donc la richesse entre créanciers et débiteurs. L'inflation élevée enrichit les débiteurs au détriment des créanciers, car elle diminue la valeur réelle des dettes ; Sam peut rembourser son emprunt avec des dollars valant moins que ce qu'il avait anticipé. La déflation enrichit les créanciers au détriment des débiteurs, car elle accroît la valeur réelle des dettes ; dans ce cas, Sam rembourse son emprunt avec des dollars qui valent plus qu'il ne l'avait anticipé. Si l'inflation était prévisible, créanciers et débiteurs l'intégreraient dans le calcul de l'intérêt des prêts. Mais comme l'inflation est difficile à prévoir, elle impose un coût supplémentaire que Sam et sa banque préféreraient éviter.

Ce coût de l'inflation surprise doit être analysé parallèlement à un autre facteur : l'expérience prouve que lorsque l'inflation est élevée, elle est aussi très volatile. C'est une évidence quand on regarde les situations économiques des différents pays. Les pays à faible inflation, comme l'Allemagne de cette fin de siècle, ont tendance à connaître un taux d'inflation stable. Les pays à inflation élevée, comme ceux d'Amérique latine, ont en général des taux d'inflation très variables. Il n'y a aucun exemple connu de pays ayant un taux d'inflation à la fois élevé et stable.

Cette relation entre le niveau de l'inflation et sa volatilité nous désigne d'ailleurs un coût supplémentaire. Quand un pays conduit une politique monétaire inflationniste, il devra supporter non seulement les coûts d'une inflation élevée (et prévue), mais aussi la redistribution arbitraire de richesse, conséquence inévitable de l'inflation volatile.

ÉTUDE DE CAS

Le Magicien d'Oz comme allégorie monétaire

Tout le monde a vu au moins une fois le film intitulé « Le magicien d'Oz », tiré d'un conte pour enfant de la fin du XIXe siècle. L'histoire est celle d'une petite fille, Dorothée, perdue dans un pays étrange, loin de chez elle. Ce que les gens n'ont pas remarqué, c'est que cette histoire était en fait une allégorie de la politique monétaire américaine de la fin du siècle dernier.

De 1880 à 1896, le niveau général des prix aux États-Unis baissa de 23 %. Cette baisse inattendue provoqua une redistribution massive des richesses. Tous les agriculteurs de l'ouest du pays étaient endettés auprès des banques de l'est. Avec la baisse des prix, la valeur réelle des dettes s'alourdit, ce qui enrichit les banquiers aux dépens des agriculteurs.

À cette époque, l'étalon-or avait cours aux États-Unis. La quantité d'or déterminait l'offre de monnaie et donc le niveau des prix. Certains proposèrent d'utiliser le métal argent, outre l'or, comme monnaie. Cela aurait sérieusement augmenté la quantité de monnaie, poussé les prix vers le haut et réduit le poids réel de l'endettement des agriculteurs américains.

Le débat était animé, et occupa le devant de la scène politique durant les années 1890. Un slogan populaire de l'époque clamait : « Nous n'avons plus rien. Sauf notre vote ». William Jennings Bryan fut l'un des fervents avocats du métal argent, et il fut le candidat démocrate aux élections présidentielles de 1896. Cette phrase dont il est l'auteur est restée célèbre : « On ne peut pas crucifier l'humanité sur une croix en or. » Il est rare que la politique monétaire soit exprimée en termes si poétiques. Néanmoins, Bryan dut s'incliner devant le candidat républicain William McKinley, et les États-Unis conservèrent leur étalon-or.

Frank Baum, l'auteur du *Magicien d'Oz*, était un journaliste de l'ouest. Quand il prit sa plume pour écrire un conte pour enfants, il mit en scène les protagonistes de la grande bataille politique de son époque. Les critiques contemporains ne sont pas tous d'accord sur l'interprétation à donner à chacun des personnages, mais il est clair pour tout le monde que ce conte illustre le grand débat politique du moment.

Voici les principaux personnages, et leurs contreparties vivantes, tels que repérés par l'historien économique Hugh Rockoff, qui les a décrits dans un article paru en août 1990 dans le *Journal of Political Economy* :

Dorothée	: les valeurs traditionnelles américaines
Toto	: le Parti Prohibitionniste, appelé Teetotaler
Épouvantail	: les agriculteurs
Homme de fer	: les ouvriers industriels
Lion peureux	: William Jennings Bryant
Munchkins	: les habitants de l'est
Sorcière de l'Est	: Grover Cleveland
Sorcière de l'Ouest	: William McKinley
Magicien	: Marcus A. Hanna, leader du Parti Républicain
Oz	: abréviation de l'once d'or.
Chemin doré	: l'étalon-or

À la fin de l'histoire, Dorothée retrouve son chemin. Mais pas seulement en suivant la route pavée d'or (l'étalon-or). Après un voyage long et difficile, elle réalise que le magicien ne pourra l'aider. C'est alors qu'elle découvre les vertus magiques de ses pantoufles *d'argent*. En 1939, quand le film fut tourné, Hollywood transforma les pantoufles d'argent en pantoufles de rubis. Il est clair que Hollywood n'avait rien compris à l'allégorie.

Même si les populistes ne l'emportèrent pas dans le débat sur l'utilisation du métal argent, ils obtinrent finalement l'expansion monétaire et l'inflation qu'ils réclamaient. En 1898, de l'or fut découvert en Alaska, près de la rivière Klondike. Au même moment, l'or continuait d'affluer de la province du Yukon au Canada et des mines sud-africaines. Par conséquent, la masse monétaire et les prix commencèrent à s'élever aux États-Unis et dans tous les pays reposant sur l'étalon-or. Quinze ans plus tard, les prix américains étaient revenus à leur niveau des années 1880, et les agriculteurs purent faire face à leur endettement.

■ **VÉRIFIEZ VOS CONNAISSANCES** Énumérer et décrire les six coûts de l'inflation.

28.3 CONCLUSION

La cause première de l'inflation est simplement la croissance de la masse monétaire. Quand la banque centrale imprime de la monnaie, la valeur de celle-ci tend à diminuer. Pour maintenir des prix stables, la banque centrale doit maintenir un contrôle strict de la masse monétaire.

Les coûts induits de l'inflation sont plus subtils. Ils comprennent des coûts d'usure, des coûts d'affichage, une plus grande instabilité des prix relatifs, un coût fiscal, de la gêne et de l'incompréhension et une redistribution arbitraire des richesses. Ces coûts sont-ils faibles ou importants ? Tout le monde s'accorde à reconnaître qu'ils sont énormes en cas d'hyperinflation. La réponse est plus difficile quand l'inflation est modérée – inférieure à 10 % par an.

Le sujet de l'inflation n'est pas totalement épuisé. Quand la banque centrale réduit le taux de croissance de la masse monétaire, les prix montent moins vite, conformément à la théorie quantitative de la monnaie. Mais pendant que l'économie s'adapte à cette inflation inférieure, cette nouvelle politique monétaire va avoir des conséquences non négligeables sur la production et l'emploi. La neutralité monétaire n'est vraie qu'à long terme ; à court terme, les variables réelles sont sérieusement affectées. Le chapitre 31 examinera les raisons de la non-neutralité monétaire à court terme, ce qui nous permettra d'affiner notre discussion des causes et des coûts de l'inflation.

RÉSUMÉ

- Le niveau général des prix d'une économie s'établit de manière à ce que l'offre et la demande de monnaie s'équilibrent. Lorsque la banque centrale augmente l'offre de monnaie, le niveau général des prix tend à s'élever. Une croissance persistante de l'offre de monnaie entraîne une inflation permanente.
- Le principe de neutralité de la monnaie signifie que des variations de la quantité de monnaie influencent les variables nominales mais pas les variables réelles. La plupart des économistes considèrent que la neutralité monétaire décrit à peu près le fonctionnement de l'économie dans le long terme.
- Un gouvernement peut payer certaines de ses dépenses en « imprimant » de la monnaie. Lorsque les pays recourent à cet « impôt par l'inflation », il en résulte une hyperinflation.
- Une application du principe de neutralité monétaire est l'effet Fisher. Selon cet effet Fisher, lorsque le taux d'inflation augmente, le taux nominal d'intérêt augmente du même montant de telle sorte que le taux d'intérêt réel reste constant.
- Bien des gens considèrent que l'inflation les appauvrit parce qu'elle élève le coût de leurs achats. Ce jugement est erroné car l'inflation augmente aussi leurs revenus nominaux.
- Les économistes ont identifié six coûts de l'inflation : le coût d'usure lié au rognement des avoirs monétaires ; le coût d'affichage lié à la multiplication des révisions de prix ; les variations inattendues de charges fiscales liées à la non-indexation de la fiscalité ; les confusions ou gênes liées à la variation des unités de compte ; et, finalement, les redistributions arbitraires de richesses des créditeurs vers les débiteurs. La plupart de ces coûts sont importants durant l'hyperinflation mais leur importance est plus discutable dans l'hypothèse d'une inflation modérée.

CONCEPTS CLÉS – DÉFINITIONS

Théorie quantitative de la monnaie : théorie selon laquelle le niveau général des prix est fonction de la quantité de monnaie en circulation, et selon laquelle la croissance de la masse monétaire est la cause première de l'inflation.

Vitesse de circulation de la monnaie : rythme auquel la monnaie change de mains.

Équation quantitative : $M \times V = P \times Y$. Cette équation définit la relation entre masse monétaire, vitesse de circulation de la monnaie et valeur monétaire de la production de biens et services.

Variables nominales : variables mesurées en unités monétaires.

Variables réelles : variables mesurées en unités physiques.

Dichotomie classique : séparation théorique entre variables nominales et réelles.

Neutralité monétaire : idée selon laquelle les variations de la masse monétaire n'affectent pas les variables réelles.
Effet Fisher : ajustement unité pour unité du taux d'intérêt nominal au taux d'inflation.
Coût d'usure : ressources gaspillées par le public quand celui-ci tente de réduire ses avoirs monétaires rongés par l'inflation.
Coûts d'affichage : coûts des modifications de prix.

QUESTIONS DE RÉVISION

1. D'après la théorie quantitative de la monnaie, quelle est la conséquence d'un accroissement de la masse monétaire ?
2. Expliquer la différence entre variables nominales et réelles, et donner deux exemples de chacune. Selon le principe de neutralité monétaire, quelles sont les variables affectées par des variations de la masse monétaire ?
3. En quoi l'inflation peut-elle être considérée comme un impôt ? En quoi cette idée explique-t-elle facilement le phénomène d'hyperinflation ?
4. Selon l'effet Fisher, quelle est la conséquence d'une élévation du taux d'inflation sur les taux d'intérêt réels et nominaux ?
5. Quels sont les coûts induits par l'inflation ? Quels sont d'après vous les plus importants pour l'économie américaine ?
6. Si l'inflation s'avère inférieure aux anticipations, qui bénéficie de cette surprise : les créanciers ou les débiteurs ? Expliquer.

PROBLÈMES D'APPLICATION

1. On dit souvent que la Fed essaie de ramener l'inflation américaine vers zéro. En supposant que la vitesse de circulation de la monnaie soit constante, cela veut-il dire que le taux de croissance de la masse monétaire doit être nul ? Si oui, expliquez pourquoi. Sinon, quel doit être le taux de croissance de la masse monétaire ?
2. Nous avons vu dans le chapitre précédent qu'il existe plusieurs mesures de la masse monétaire. Comment l'équation quantitative peut-elle tenir pour toutes ces mesures ?
3. L'économiste John Maynard Keynes a écrit : « Lénine a dit que le meilleur moyen de détruire le système capitaliste était d'attaquer sa monnaie. Grâce à une inflation continuelle, le gouvernement peut secrètement et en toute impunité confisquer une bonne partie de la richesse de ses administrés. » Justifiez l'opinion de Lénine.
4. Imaginez que le taux d'inflation d'un pays augmente brusquement. Comment les détenteurs d'argent sont-ils touchés ? Pourquoi les avoirs monétaires déposés dans les banques sur des comptes rémunérés ne sont-ils pas soumis à l'impôt inflation ? L'augmentation de l'inflation porte-t-elle atteinte aux comptes d'épargne des clients de manières différentes ?

5. L'hyperinflation est rarissime dans les pays dans lesquels la banque centrale est indépendante du gouvernement. Comment expliquer cela ?
6. Les dollars imprimés par le Congrès continental dans les années 1770 étaient appelés « dollars continentaux ». Après la Révolution, on entendait fréquemment cette expression : « Cela ne vaut même pas un continental. » Expliquez ce que l'on entendait par là, et l'origine de cette expression.
7. Bob cultive des haricots et Rita du riz. Bob et Rita sont les seuls acteurs de l'économie et consomment d'égales quantités de riz et de haricots. En 1995, le prix des haricots était de 1 dollar et celui du riz de 3 dollars :

    a. Supposons qu'en 1996 les haricots vaillent 2 dollars et le riz 6 dollars. Quel a été le taux d'inflation ? Cette situation est-elle avantageuse, désavantageuse ou neutre pour Bob ? Pour Rita ?

    b. Supposons qu'en 1996 les haricots vaillent 2 dollars et le riz 4 dollars. Quel a alors été le taux d'inflation ? Mêmes questions que précédemment pour Bob et Rita.

    c. Supposons enfin qu'en 1996 les haricots vaillent 2 dollars et le riz 1,50 dollar. Mêmes questions que précédemment.
8. Quels sont les coûts d'usure que vous supportez quand vous allez à la banque ? Comment mesurer ces coûts en termes monétaires ? Les coûts d'usure supportés par votre professeur d'économie sont-ils différents des vôtres ?
9. Les fonctions de la monnaie dans l'économie sont au nombre de trois. Quelles sont ces fonctions ? Comment l'inflation affecte-t-elle la capacité de la monnaie à remplir correctement chacun de ces rôles ?
10. Imaginons que les Américains attendent une inflation de 3 % pour l'année suivante, mais qu'en fait l'inflation réelle soit de 5 %. Ce taux d'inflation plus élevé que prévu avantage-t-il ou désavantage-t-il :

    a. Le gouvernement fédéral ?

    b. Un propriétaire endetté à taux fixe ?

    c. Un travailleur syndiqué dans la deuxième année de son contrat de travail ?

    d. Un banquier porteur de bons du Trésor ?
11. Donnez un inconvénient de l'inflation inattendue qui n'existe pas quand l'inflation est attendue. Donnez un inconvénient de l'inflation, attendue et inattendue.
12. Expliquez en quoi les affirmations suivantes sont vraies, fausses ou incertaines :

    a. « L'inflation défavorise les emprunteurs et favorise les prêteurs, car les emprunteurs doivent payer des taux d'intérêt élevés. »

    b. « Si les prix évoluent d'une manière telle que le niveau général des prix reste constant, personne n'est avantagé ni désavantagé. »

    c. « L'inflation ne réduit pas le pouvoir d'achat de la plupart des travailleurs. »

PARTIE XI

Analyse macro-économique de l'économie ouverte

CHAPITRE 29

CONCEPTS DE BASE

Dans ce chapitre, vous allez :

- voir comment les exportations nettes mesurent les flux internationaux de biens et services
- voir comment l'investissement net à l'étranger mesure les flux internationaux de capitaux
- comprendre pourquoi exportations nettes et investissement net à l'étranger sont toujours égaux l'un à l'autre
- découvrir la relation existant entre épargne, investissement domestique et investissement net à l'étranger
- apprendre la signification des taux de change nominal et réel
- examiner la théorie de la parité du pouvoir d'achat et son rôle dans la détermination des taux de change

Quand vous achetez une voiture, vous comparez les derniers modèles proposés par Ford et Renault. Quand vous partez en vacances, vous devez choisir entre les plages de Normandie et celles du Mexique. Quand vous placez votre épargne en fonds mutuels, vous devez choisir entre ceux qui achètent des titres nationaux et ceux qui préfèrent les titres étrangers. Dans tous les cas évoqués, vous participez non seulement à l'économie de votre pays, mais aussi aux économies voisines.

L'ouverture au commerce international présente des avantages évidents : l'échange permet aux gens de se spécialiser sur ce qu'ils font de mieux et de consommer la grande diversité de biens et services produits dans le monde entier. L'un des *dix principes de l'économie* du chapitre 1 affirmait que l'échange est bénéfique à tous. Les chapitres 3 et 9 ont examiné en détail les avantages de l'échange. Nous avons vu que le commerce international permettait d'améliorer le niveau de vie de tous les pays en autorisant chacun à se spécialiser dans la production des biens et services pour lesquels il bénéficie d'un avantage comparatif.

Jusqu'ici, notre analyse macro-économique a largement ignoré les relations entre économies. Pour bon nombre de sujets économiques, les relations internationales n'apportent pas grand-chose à l'analyse. Par exemple, pour l'analyse du taux naturel de chômage (chapitre 26) ou des causes de l'inflation (chapitre 28), on peut sans problème se passer des aspects internationaux. De fait, pour simplifier l'analyse, les économistes font souvent l'hypothèse que l'économie est fermée, c'est-à-dire n'entretient aucune relation avec ses voisines. C'est l'approche que nous avons retenue dans le chapitre 25 quand nous avons examiné les marchés financiers et la détermination des taux d'intérêt.

Cependant, il est certains sujets qui apparaissent dès lors que l'économie est ouverte, c'est-à-dire dès lors qu'elle entretient des relations avec d'autres économies de par le monde. Ce chapitre et le suivant seront consacrés à l'étude des économies ouvertes. Dans ce chapitre, nous verrons les principales variables qui décrivent le fonctionnement d'une économie ouverte. Ces variables sont souvent citées dans la presse écrite ou télévisée : exportations, importations, balance commerciale, taux de change. Dans le chapitre suivant, nous développerons un modèle qui expliquera comment ces variables sont déterminées et comment elles sont affectées par diverses politiques gouvernementales.

29.1 LES FLUX INTERNATIONAUX DE BIENS ET DE CAPITAUX

Une économie ouverte entretient deux types de relations avec les autres économies : elle achète et vend des biens et services sur les marchés mondiaux, elle achète et vend des actifs financiers sur les marchés financiers mondiaux. Et ces deux activités sont très liées l'une à l'autre.

Les flux de biens et services : exportations, importations et exportations nettes

Les *exportations* sont les biens produits domestiquement et vendus à l'étranger, tandis que les *importations* sont les biens produits à l'étranger et consommés domestiquement. Quand Boeing, avionneur américain, vend un appareil à Air France, cette vente constitue une exportation américaine et une importation française. Quand Volvo, fabricant d'automobiles suédois, vend une voiture à un Américain, cette vente est une importation américaine et une exportation suédoise.

Les *exportations nettes* d'un pays sont la différence entre la valeur de ses exportations et de ses importations. La vente de Boeing accroît les exportations nettes américaines, et l'achat d'une Volvo les réduit. Ces exportations nettes nous indiquent si un pays est globalement acheteur ou vendeur sur les marchés mondiaux des biens et services ; c'est pourquoi on parle de *balance commerciale.* Si les exportations nettes sont positives, les exportations sont supérieures aux importations, le pays vend plus à l'étranger qu'il n'y achète, et il enregistre un *excédent commercial.* Si au contraire les exportations nettes sont négatives, il achète plus à l'étranger qu'il ne vend, et il enregistre un *déficit commercial.* Si les exportations nettes sont nulles, le pays connaît une *balance commerciale équilibrée.*

Dans le chapitre suivant, nous développerons une théorie expliquant la formation de la balance commerciale, mais dès maintenant il est intéressant de noter quelques facteurs qui influent sur les exportations, les importations et les exportations nettes. Ce sont les facteurs suivants :

– les préférences des consommateurs pour les biens domestiques ou les biens étrangers,

– les prix des biens dans le pays et à l'étranger,

– les taux de change entre monnaie nationale et devises étrangères,

– les coûts de transport des biens d'un pays à l'autre,
– les politiques de commerce extérieur mises en œuvre par les gouvernements.

ÉTUDE DE CAS

L'ouverture croissante de l'économie américaine

L'évolution la plus frappante de l'économie américaine au cours des quarante dernières années a certainement été l'importance croissante de l'échange international, illustrée par la figure 29.1, qui indique les exportations et les importations américaines en pourcentage du PIB. En 1950, les exportations représentaient moins de 5 % du PIB. Aujourd'hui ce chiffre a plus que doublé et la tendance se poursuit. Une évolution similaire caractérise les importations.

Cet accroissement du commerce international est en partie dû à l'amélioration des transports. En 1950, le navire marchand moyen transportait moins de 10 000 tonnes de marchandises ; aujourd'hui, il en transporte facilement 100 000. L'aviation long-courrier est apparue en 1958, et les avions-cargos en 1967, rendant le fret aérien moins cher. De ce fait, des tas de marchandises qui antérieurement devaient être produites localement devinrent faciles à transporter d'un point du globe à l'autre. Des fleurs coupées peuvent maintenant être cultivées en Israël et vendues aux États-Unis. Des fruits et légumes qui ne poussent qu'en été peuvent maintenant être consommés en hiver, parce qu'ils sont envoyés aux États-Unis par les pays de l'hémisphère sud.

L'amélioration des télécommunications est aussi partiellement à l'origine de ce développement du commerce international, puisqu'elle a facilité la communication avec les clientèles étrangères. Par exemple, le premier câble téléphonique transatlantique a été posé en 1956, et encore en 1966 seules 138 conversations transatlantiques pouvaient se dérouler simultanément. Aujourd'hui, la communication par satellite autorise plus d'un million de conversations simultanées.

Le progrès technologique a aussi joué son rôle en modifiant les types de production. Dans le passé, quand des matières premières encombrantes comme le fer, et des denrées périssables comme la nourriture constituaient une bonne part de la production mondiale, le transport de ces matières était

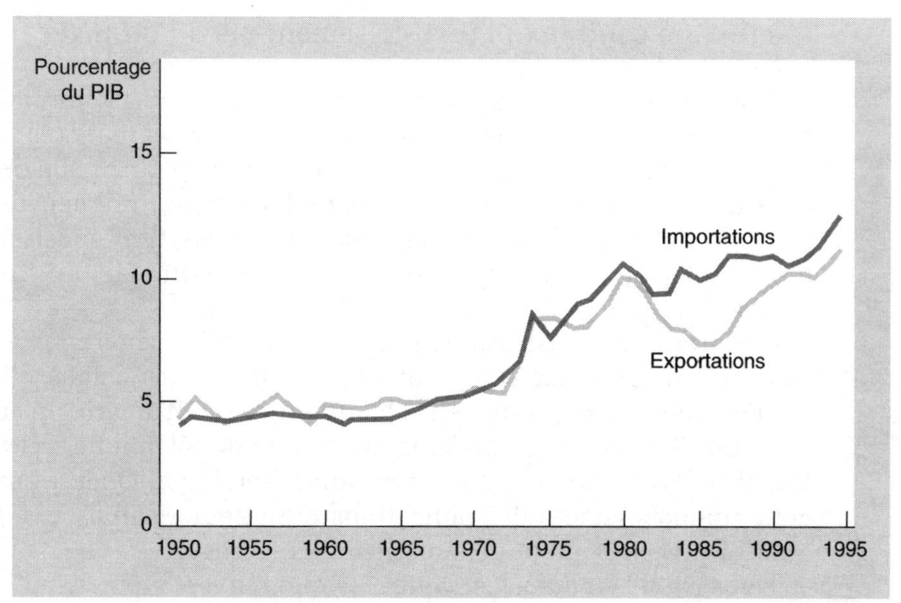

FIG. 29.1 **L'internationalisation de l'économie américaine.** Cette figure indique l'évolution des exportations et des importations américaines depuis 1950, en pourcentage du PIB. L'augmentation significative de ces deux composantes démontre clairement l'importance croissante du commerce et de la finance internationaux.

Source. — Ministère du Commerce.

souvent coûteux et parfois impossible. Aujourd'hui, les biens produits sont souvent plus légers et faciles à transporter. Typiquement, les produits électroniques ont un poids faible comparé à leur valeur monétaire, ce qui les rend facile à produire ici pour être vendus là. L'industrie cinématographique est un exemple extrême. Une fois un film mis en boîte à Hollywood, il peut être envoyé partout dans le monde quasiment gratuitement. Et de fait, cette industrie est l'un des secteurs très exportateurs de l'économie américaine.

La volonté politique a aussi joué un rôle considérable dans le développement du commerce international. Les économistes ont toujours considéré le libre-échange comme très bénéfique et, avec le temps, les hommes politiques ont fini par admettre cette idée. Des accords internationaux, comme l'Accord de libre-échange nord-américain ou le GATT, ont progressivement réduit les obstacles douaniers et tarifaires. Ce développement du commerce international, évident sur la figure 29.1, est aujourd'hui accepté et poursuivi par tous.

Les flux de capitaux : l'investissement net à l'étranger

Une économie ouverte est active non seulement sur les marchés mondiaux des biens et services, mais aussi sur les marchés financiers mondiaux. Un résident américain disposant de 20 000 dollars pourrait acheter une voiture Toyota, ou bien il pourrait acheter des titres de l'entreprise Toyota. La première transaction constituerait un flux de biens, tandis que la seconde constituerait un flux de capitaux.

L'expression *investissement net à l'étranger* recouvre les achats d'actifs étrangers par des résidents, diminués des achats d'actifs domestiques par des étrangers. Quand un résident américain achète des titres Telmex, la compagnie mexicaine de téléphone, cet achat accroît l'investissement net américain à l'étranger. Quand un résident japonais achète des obligations d'État américaines, cet achat réduit l'investissement net américain à l'étranger.

Nous avons vu dans le chapitre 24 que l'investissement à l'étranger peut prendre deux formes : celle d'*investissement direct*, quand une entreprise américaine ouvre une filiale dans un pays étranger, et celle d'*investissement en portefeuille*, quand une entreprise américaine prend une participation au capital d'une entreprise étrangère. Dans le premier cas, l'entreprise américaine gère effectivement la firme située à l'étranger, alors que dans le deuxième cas, son rôle est celui de partenaire financier passif. Mais dans les deux cas, des résidents américains ont acquis des actifs situés à l'étranger et il y a eu accroissement de l'investissement net américain à l'étranger.

Dans le prochain chapitre, nous développerons une théorie explicative de l'investissement net à l'étranger. Pour l'instant, considérons rapidement quelques-unes des variables importantes dans la détermination de cet investissement :

– les taux d'intérêt réels servis par les actifs étrangers,

– les taux d'intérêt réels servis sur les actifs domestiques,

– les risques économiques et politiques liés à la détention d'avoirs étrangers,

– les politiques gouvernementales régissant la détention d'avoirs à l'étranger.

Prenez par exemple des investisseurs américains qui se demandent s'ils doivent acheter des obligations américaines ou mexicaines. Pour décider, ils vont comparer les rendements réels des deux types d'obligations. Plus ce rendement réel sera élevé, plus le produit sera attirant. Mais les investisseurs devront aussi tenir compte du risque de défaut de l'un ou l'autre des émetteurs (c'est-à-

DANS VOS JOURNAUX

L'apport de capitaux en Russie

Depuis qu'elle s'est convertie au capitalisme, la Russie attire les investisseurs du monde entier.

Les acheteurs étrangers se tournent vers la Russie : malgré les risques, les capitaux affluent

DAVID HOFFMAN

Moscou. Vue de l'intérieur, l'économie russe semble particulièrement instable : des millions de travailleurs n'ont pas été payés depuis des mois, l'évasion fiscale règne partout, l'industrie est en pleine dépression, la corruption et le crime gangrènent la société, le pouvoir économique est concentré dans quelques mains, et les deux tiers des banques du pays sont au bord de la faillite.

Mais de l'extérieur, la vision est plus optimiste. Cinq ans après sa conversion à l'économie de marché et à la démocratie, la Russie a fait une apparition remarquée sur les marchés financiers mondiaux, qui semblent ignorer le chaos qui règne à l'intérieur des frontières.

Deux fois au cours des dernières semaines les investisseurs étrangers se sont bousculés pour apporter leurs capitaux en Russie. En octobre, ils se sont rués sur les titres du monopole gazier Gazprom, y investissant 429 millions de dollars, malgré les risques évidents. De nouveau la semaine dernière les investisseurs ont fait la course pour injecter 1 milliard de dollars en Russie, cette fois pour souscrire à la première émission obligataire de l'État russe depuis 1917.

La demande de ces euro-obligations à cinq ans – ce sont des obligations émises à l'extérieur de la Russie et libellées en devises occidentales, comme le dollar et non en roubles inconvertibles – s'est avérée être largement supérieure aux attentes, et donnera un sérieux coup de pouce au budget russe, plutôt mal en point. L'émission est intervenue à l'issue d'un voyage de promotion de deux semaines, dans 14 villes, au cours duquel des responsables politiques russes ont glorifié le retour de la Russie sur le marché mondial des capitaux. Les investisseurs américains ont arraché 41 % des obligations, les Européens 30 % et les Sud Coréens 29 %...

« Apparemment, le monde entier croit à l'avenir de la Russie », déclare le ministre des Finances Alexandre Livshits, « il ne nous reste plus qu'à croire en nous-mêmes. »

Il y a plusieurs raisons à l'engouement des marchés financiers pour la Russie, alors que l'économie du pays est chancelante. Selon les spécialistes, les investisseurs voient bien au-delà des difficultés actuelles et considèrent les perspectives à long terme, y compris la poursuite du processus de réforme.

Lors de la notation de l'émission obligataire, l'Agence Moody's signalait que ces obligations comportaient un certain risque, mais aussi que la Russie a un énorme potentiel d'exportations et que les institutions politiques semblent stabilisées.

Au même moment, le gouvernement prit un certain nombre de dispositions destinées à rassurer les investisseurs. Il a notamment réussi à renégocier l'échelonnement des dettes de l'ex-gouvernement soviétique avec les créanciers du Club de Paris et les banques commerciales du Club de Londres.

Les rendements élevés des obligations russes sont aussi un facteur favorable pour les investisseurs. L'euro-émission à 5 ans offre un intérêt de 9,25 %, alors qu'une obligation américaine comparable offre à peine 6 % de rendement. Comme le fit remarquer un économiste : « Il y a beaucoup d'argent disponible pour des rendements pareils... »

Source. — *Boston Globe,* jeudi 28 novembre 1996, p. B2.

dire du risque que l'émetteur soit incapable de payer les intérêts ou de rembourser le capital), et des éventuelles contraintes que le gouvernement mexicain pourrait imposer aux investisseurs étrangers.

L'égalité entre exportations nettes et investissement net à l'étranger

Nous avons vu qu'une économie ouverte entretient des relations économiques avec le reste du monde sur les marchés des biens et services et sur les marchés financiers internationaux. Exportations nettes et investissement net à l'étranger mesurent un certain type de déséquilibre sur ces marchés. Les exportations nettes mesurent un déséquilibre entre importations et exportations d'un pays, tandis que l'investissement net à l'étranger mesure le déséquilibre entre le montant d'actifs étrangers acquis par les résidents et le montant d'actifs domestiques acquis par les étrangers.

Il est important de noter que, pour l'économie prise dans son ensemble, ces deux déséquilibres se compensent. C'est-à-dire que l'investissement net à l'étranger (INE) est toujours égal aux exportations nettes (EXN) :

$$\text{INE} = \text{EXN}.$$

En effet, toute transaction qui affecte l'un des membres de cette identité doit nécessairement toucher l'autre membre d'un même montant. Cette équation est une *identité*, c'est-à-dire une équation vérifiée par la nature même des variables qui la composent.

Prenons l'exemple suivant. Imaginons que Boeing vende des avions à une compagnie aérienne japonaise. Deux événements ont lieu simultanément : Boeing livre des avions, ce qui accroît les exportations nettes américaines ; Boeing reçoit en paiement des actifs étrangers (des yens), ce qui accroît l'investissement net américain à l'étranger.

Et même si Boeing ne conserve pas ces yens, toute transaction ultérieure maintiendra l'égalité précitée. Par exemple, Boeing pourra échanger ses yens contre du dollar, avec un fonds mutuel qui veut des yens pour acheter des titres Sony, le fabricant japonais de produits électroniques. Dans ce cas, les exportations nettes de Boeing sont égales à l'investissement net à l'étranger du fonds qui acquière des titres Sony. De fait, EXN et INE ont augmenté d'un même montant.

Boeing pourrait aussi échanger ses yens contre des dollars avec une autre société américaine qui souhaiterait acheter des ordinateurs Toshiba. Dans ce cas, les importations américaines (d'ordinateurs) compensent exactement les exportations américaines (d'avions). Les ventes de Boeing et Toshiba, prises ensemble, n'affectent ni les exportations nettes américaines, ni l'investissement net américain à l'étranger. EXN et INE demeurent inchangés.

Cette égalité entre exportations nettes et investissement net à l'étranger tient au fait que chaque transaction internationale est un échange. Quand un pays vend un bien ou un service à un deuxième pays, ce dernier doit céder au premier certains de ses actifs en paiement. La valeur des actifs est bien sûr égale à la valeur des biens et services. En additionnant toutes les transactions effectuées, la valeur nette des biens et services vendus par un pays (EXN) devient égale à la valeur nette des actifs acquis (INE). Flux internationaux de biens et services et flux internationaux de capitaux sont les deux faces d'une même pièce de monnaie.

L'épargne, l'investissement et leurs relations avec les flux internationaux

L'épargne et l'investissement sont des facteurs clés de la croissance économique à long terme. Voyons comment ces deux variables sont liées aux flux internationaux de capitaux et de biens. Un peu d'arithmétique élémentaire nous facilitera la tâche.

Le terme d'exportations nettes est apparu quand nous avons présenté les composantes du produit intérieur brut. Nous avons vu que celui-ci (appelé ici Y) se décomposait en quatre éléments : consommation (C), investissement (I), dépenses gouvernementales (DP) et exportations nettes (EXN). De sorte que :

$$Y = C + I + DP + EXN.$$

Chaque dollar dépensé devant l'être dans l'une de ces quatre catégories de dépenses, cette équation est une identité : elle est vérifiée du fait même de la nature des variables concernées.

Le chapitre 25 nous a montré que l'épargne nationale est le revenu qui reste après les dépenses de consommation et les dépenses gouvernementales. L'épargne nationale (S) est égale à Y – C – G. L'équation précédente peut alors s'écrire :

$$Y - C - DP = I + EXN$$

$$EP = I + EXN.$$

Et comme les exportations nettes (EXN) sont égales à l'investissement net à l'étranger (INE), on peut écrire :

$$EP = I + INE.$$

DANS VOS JOURNAUX

Les relations entre pays en voie de développement au Sud et pays industrialisés au Nord

Les pays en voie de développement, comme ceux d'Amérique Latine, peuvent-ils inonder les pays industrialisés d'exportations à bas prix tout en refusant d'importer des produits industriels ? Peuvent-ils éponger l'épargne mondiale pour financer leur croissance, au point de laisser les pays industrialisés sous-capitalisés ? Certains ont peur de voir ces deux prophéties se réaliser. Pourtant, l'économiste Paul Krugman nous rappelle qu'il n'y a pas lieu de s'inquiéter.

L'économie fantoche

PAUL KRUGMAN

En général, les rapports des organisations internationales sont accueillis avec indifférence. Pourtant, il arrive que l'un de ces rapports marque un changement d'opinion important.

Il y a quelques semaines, le Forum économique mondial – qui réunit chaque année l'élite économique et financière mondiale à Davos en Suisse – a publié son rapport annuel sur la compétitivité internationale. Ce rapport fit du bruit, car il déclara l'économie américaine la plus compétitive du monde, devant la japonaise.

Pourtant la partie la plus intéressante du rapport n'est pas ce classement quelque peu artificiel des compétitivités nationales, mais plutôt son introduction qui livre une vision très claire de l'avenir économique mondial.

Cette vision, partagée par de nombreux grands de ce monde, est alarmante. Elle est aussi ridicule. Et le fait qu'elle soit reprise par tant de gens sérieux, qui se considèrent comme des économistes sophistiqués, est en soi un fait dramatique pour l'économie mondiale.

Selon le rapport, les transferts technologiques au profit des pays nouvellement industrialisés se traduisent par une désindustrialisation des pays à salaire élevé : les capitaux volent vers les pays du tiers-monde, et ces producteurs à bas prix inondent les marchés mondiaux de produits manufacturés bon marché.

Le rapport annonce une accélération de cette tendance, qui touchera bientôt le secteur des services après avoir dévasté le monde industriel, et prédit par conséquent pour les pays industrialisés un avenir peu sympathique, caractérisé par un choix entre baisse des salaires et chômage croissant.

Cette vision du monde est largement partagée. Pourtant, elle est complètement fausse.

Les économies du tiers-monde à forte croissance ont certes augmenté leurs exportations de produits manufacturés. Mais ces

L'épargne nationale est donc égale à la somme de l'investissement domestique et de l'investissement net à l'étranger. Quand les Américains économisent un dollar pour l'avenir, ce dollar peut financer l'accumulation de capital domestique ou l'achat de capital à l'étranger.

Cette équation devrait vous rappeler quelque chose. Nous en avons vu un cas particulier dans le chapitre 25 : le cas de l'écono-

exportations n'absorbent aujourd'hui que 1 % des revenus du monde industrialisé. En outre, les pays du tiers-monde ont aussi accru leurs importations.

Tout compte fait, l'impact de la croissance des pays du tiers-monde est minime sur l'emploi dans les pays industrialisés : les exportations croissantes vers les pays nouvellement industrialisés ont créé à peu près autant d'emplois qu'il en a été perdu du fait des importations.

Qu'en est-il des flux de capitaux ? Les chiffres paraissent impressionnants. L'année dernière, 24 milliards de dollars sont partis vers le Mexique, 11 milliards vers la Chine. Les transferts des pays riches aux pays en voie de développement ont atteint la somme globale de 60 milliards de dollars. Mais tout cela n'est qu'une goutte d'eau dans la mer d'une économie mondiale qui investit plus de 4 000 milliards de dollars par an.

Autrement dit, si la vision d'un monde occidental miné par la concurrence des pays en voie de développement doit décrire la réalité actuelle, elle est complètement à côté de la plaque.

Cette vision peut-elle s'appliquer à l'avenir du monde occidental ? La croissance des exportations de produits manufacturés du Sud vers le Nord ne se traduira par un chômage accru au Nord que si elle n'est pas compensée par une croissance des exportations du Nord vers le Sud.

De toute évidence, les auteurs du rapport envisagent un très large excédent commercial des pays du tiers-monde. Mais c'est une vérité incontournable de la comptabilité qu'un pays qui connaît un excédent commercial est aussi par construction un investisseur net à l'étranger. La désindustrialisation du nord ne peut donc survenir que si les pays à salaire faible deviennent des exportateurs de capitaux vers les pays à salaire élevé. Ce qui semble très peu probable. En tout état de cause, cela serait en contradiction totale avec le reste de la vision, qui nous annonce des transferts de capitaux importants vers les pays en voie de développement.

La vision offerte par le rapport économique en question est donc non seulement en contradiction avec les faits, mais en contradiction avec elle-même. Elle est pourtant acceptée par un nombre croissant de personnalités du monde économique et financier. Et c'est là que réside le véritable danger.

Tous les gens préoccupés par la concurrence des salaires faibles ne sont pas protectionnistes. En fait, les auteurs du rapport sont probablement des champions du libre-échange. Mais le fait même que de telles inepties aient pu atteindre un certain degré de crédibilité indique que le consensus intellectuel qui a permis de maintenir une certaine liberté de commerce, et qui a permis à des centaines de millions d'individus du tiers-monde de découvrir les mérites de la prospérité économique, est peut-être en train de se dissiper.

Source. — New York Times, Lundi 26 septembre 1994.

mie fermée. Dans une économie fermée, l'investissement net à l'étranger est nul, et l'épargne est égale à l'investissement domestique. En revanche, dans une économie ouverte, l'épargne peut être utilisée de deux façons.

Les intermédiaires financiers se trouvent entre les deux membres de cette identité. Imaginons que la famille Smith épargne en vue de sa retraite. Cette épargne contribue à la formation de l'épargne nationale, le membre de gauche de l'équation. Cette épargne est déposée dans un fonds mutuel. Une partie en est utilisée pour acheter des titres General Motors, et cette entreprise consacre cet argent à l'ouverture d'une usine dans l'Ohio. Une autre partie du dépôt est utilisée pour acheter des titres Toyota, et l'entreprise japonaise consacre l'argent ainsi levé pour ouvrir une usine à Osaka. Ces transactions apparaissent dans le deuxième membre de l'identité. Pour la comptabilité nationale, la dépense de General Motors est un investissement, et l'achat de titres Toyota par un fonds mutuel américain est un investissement net à l'étranger. L'épargne américaine réapparaît donc soit comme investissement aux États-Unis, soit comme investissement net américain à l'étranger.

ÉTUDE DE CAS

L'épargne, l'investissement et l'investissement net à l'étranger des Américains

La planche A de la figure 29.2 nous donne l'épargne nationale, l'investissement domestique de l'économie américaine, exprimés en pourcentage du PIB, depuis 1965. La planche B nous indique l'investissement net à l'étranger en pourcentage du PIB. Vous remarquerez que l'investissement domestique plus l'investissement net à l'étranger donnent toujours exactement l'épargne nationale.

Cette figure montre clairement le changement d'importance intervenu au début des années 80. Avant cette date, épargne et investissement domestique étaient très proches l'un de l'autre. L'investissement net à l'étranger était donc faible. Après 1980, le taux d'épargne a chuté brutalement, sans que l'investissement domestique diminue autant. Par conséquent, l'investissement net à l'étranger est devenu fortement négatif, ce qui signifie que les étrangers ont acheté plus d'actifs américains que les Américains n'ont acheté d'actifs étrangers. Comme les exportations nettes sont égales à l'investissement net à l'étranger, elles sont aussi devenues négatives. Autrement dit, la balance commerciale des États-Unis est devenue déficitaire : les importations de biens et services sont devenues supérieures aux exportations. En 1995, ce déficit était légèrement supérieur à 100 milliards de dollars.

Ces déficits commerciaux sont-ils problématiques pour l'économie américaine ? Les économistes considèrent en général que, s'ils ne constituent pas un problème en soi, ils

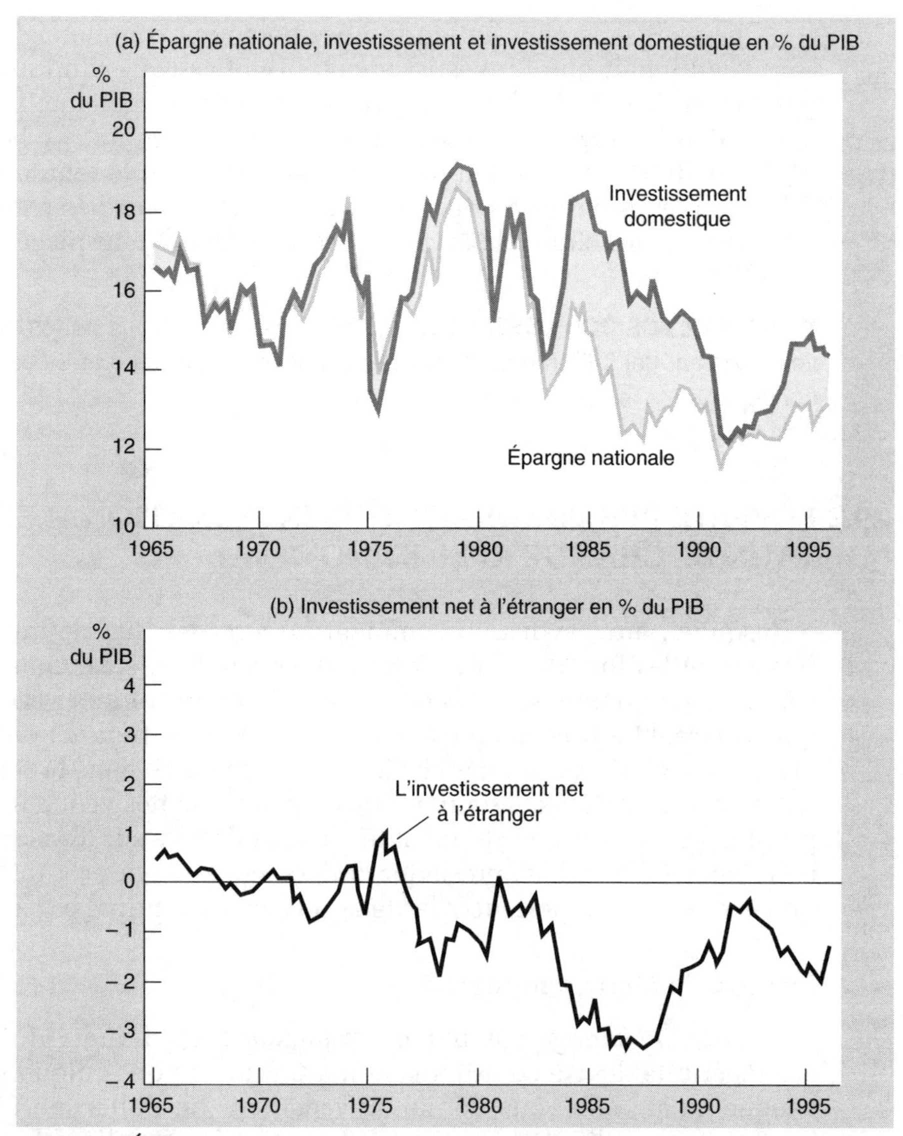

FIG. 29.2 **Épargne nationale, investissement domestique et investissement net à l'étranger.** Ces trois variables sont présentées en pourcentage du PIB, depuis 1965. On constate la baisse significative de l'épargne américaine, qui a peu affecté l'investissement domestique, mais beaucoup réduit l'investissement net à l'étranger.

Source. — Ministère du Commerce.

sont le symptôme d'un problème : la diminution du taux d'épargne national. Cette diminution signifie que les Américains préparent moins leur avenir. Une fois cette réduction constatée, il n'y a pas de raison de déplorer les balances commerciales déficitaires qui en résultent. Si l'épargne nationale baissait sans pour autant induire de déficit commercial, cela signifierait que l'investissement aux États-Unis diminuerait. Cette baisse de l'investissement conduirait fatalement à un ralentissement de la croissance du stock de capital, de la productivité du travail et des salaires réels. Compte tenu du fait que les Américains épargnent moins, il ne faut pas regretter de voir les étrangers investir aux États-Unis à leur place.

■ **VÉRIFIEZ VOS CONNAISSANCES** Définir les exportations nettes et l'investissement net à l'étranger. Expliquer la relation qui existe entre ces deux concepts.

29.2 LES PRIX DES TRANSACTIONS INTERNATIONALES : TAUX DE CHANGE RÉEL ET NOMINAL

Jusqu'ici, nous avons vu comment mesurer les flux de biens et services et les flux de capitaux au travers des frontières. Outre ces variables de quantités, les économistes s'intéressent aux variables qui mesurent les prix auxquels sont enregistrées ces transactions. De même que le prix sur un marché joue un rôle crucial dans la coordination des activités économiques des acheteurs et des vendeurs, les prix internationaux coordonnent les actions de tous sur les marchés mondiaux. Nous allons présenter ci-dessous les deux prix internationaux les plus importants : les taux de change nominal et réel.

Le taux de change nominal

Le *taux de change nominal* est le taux auquel un individu peut échanger une devise contre une autre. C'est celui qu'indique votre banque quand elle vous donne 80 yens pour un dollar (en fait la banque vous indique deux taux différents selon qu'elle achète ou qu'elle vend la devise ; cet écart de cours est la rémunération de la banque pour le service rendu. Ici, nous pouvons ignorer cet écart).

Un taux de change peut toujours s'exprimer de deux façons. Si le taux est de 80 yens pour un dollar, il est aussi de 0,0125 dollar pour un yen. Dans cet ouvrage, les taux de change seront toujours exprimés en unités de devises étrangères par dollar, comme par exemple 80 yens pour un dollar.

Si le taux de change évolue de telle sorte qu'un dollar achète davantage de devises étrangères, en passant par exemple de 80 à 90 yens par dollar – on parle d'une *appréciation* du dollar (et d'une dépréciation du yen, qui achète moins de dollars). Si au contraire le taux de change évolue de sorte qu'un dollar achète moins de devises étrangères, passant par exemple de 80 à 70 yens par dollar, on parle alors d'une *dépréciation* du dollar (et d'une appréciation du yen, qui achète davantage de dollars).

À un moment donné il y a plusieurs taux de change en cours. Le dollar peut acheter des yens, du peso mexicain, des francs français, des livres britanniques, etc. Quand les économistes étudient les taux de change, ils utilisent souvent un indice de taux de change qui prend la moyenne de tous ces taux. Cet indice de taux de change indique donc la valeur internationale de la monnaie considérée, comme un indice de prix indique le niveau général des prix dans l'économie. Quand on parle du dollar qui s'apprécie ou se déprécie, c'est souvent par référence à l'évolution de cet indice.

Le taux de change réel

Le *taux de change réel* est le taux auquel un individu peut échanger un bien d'un pays contre un bien d'un autre pays. Si par exemple vous constatez qu'une caisse de bière allemande est deux fois plus chère qu'une caisse de bière américaine, le taux de change réel est de 0,5 caisse allemande pour une caisse américaine. Le taux de change est exprimé en termes de biens physiques et non plus en termes de devises.

Taux de change réel et nominal sont liés. Prenons l'exemple suivant. Imaginons que la tonne de riz américain se vende 100 dollars, et que la tonne de riz japonais coûte 16 000 yens. Quel est le taux de change réel ? Pour répondre à cette question, il faut convertir les prix en une monnaie de référence, à l'aide des taux de change nominaux. Si le taux de change nominal est de 80 yens par dollar, alors le prix américain de 100 dollars est équivalent à 8 000 yens. Le riz américain est donc deux fois moins cher que le riz américain. Le taux de change réel est de 0,5 tonne de riz japonais par tonne de riz américain.

On peut résumer cela de la manière suivante :

$$\text{Taux de change réel} = \frac{\text{Taux de change nominal x Prix domestique}}{\text{Prix étranger}}$$

Dans notre exemple, cela donne :

$$\text{Taux de change réel} = \frac{(\text{80 yens par dollar x 100 dollars})}{\text{16 000 yens}}$$

$$= \text{0,5 tonne de riz japonais par tonne de riz américain.}$$

DANS VOS JOURNAUX

La dépréciation du dollar et le boom des exportations

Quand le dollar se déprécie, les produits américains deviennent moins chers comparés aux produits étrangers, ce qui tend à stimuler les exportations américaines. Cet article de 1992, à l'époque où le dollar était faible, montre comment les choses se passent pratiquement.

Le dollar faible transforme les États-Unis en grande braderie mondiale

SYLVIA NASAR

La baisse du dollar a transformé l'économie la plus riche du monde en caverne d'Ali Baba des pays industrialisés. Malgré une légère reprise pendant la crise européenne, le dollar, tombé à des niveaux extraordinairement bas cet été, demeure très faible historiquement.

Pour cet homme d'affaires suisse qui descend du Concorde, les 120 dollars qu'on lui réclame pour une nuit au Plaza couvrent à peine le prix d'un déjeuner en Suisse. Quant à ce jeune parisien, la cassette à 9 dollars chez Tower Records et le Levi's 501 à 30 dollars lui font l'effet d'une vente à perte.

Pourtant la vie aux États-Unis ne paraît pas si facile que cela aux millions d'Américains dont les revenus ont souffert de quatre années de récession. Mais la faiblesse du dollar a fait de notre pays le moins cher à visiter des pays riches et le plus intéressant pour les implantations étrangères.

L'idée d'une grande braderie pourrait donner à penser que les États-Unis sont devenus un pays où les touristes viennent chercher des vacances à prix discount, où la main-d'œuvre est bon marché, où le niveau de vie est faible et où les produits et services manquent de sophistication.

Pourtant, les États-Unis sont loin d'être un pays tiers-mondiste. Ces habitants jouissent toujours de l'un des niveaux de vie les plus élevés du monde, et ses travailleurs sont les plus productifs du monde. Leur salaire, mesuré en termes de biens et services domestiques, est plus élevé qu'au Canada, en Allemagne ou au Japon...

En fait, le dollar faible est une promotion spéciale pour les produits fabriqués aux États-Unis. Un bouquet de fleurs à 50 dollars, commandé à Calyx et Corolla, revenait à 7 000 yens à un acheteur japonais il y a un an, quand le dollar valait 170 yens. Le même bouquet ne coûte plus que 6 000 yens aujourd'hui, et c'est la raison pour laquelle les commandes d'outre-mer n'ont jamais été aussi fortes qu'en ce moment chez notre fleuriste.

Le taux de change réel dépend donc du taux de change nominal et des prix dans les deux pays concernés.

En quoi ce taux de change réel importe-t-il ? Comme vous devez vous en douter, c'est un facteur clé pour expliquer les quantités exportées et importées par un pays. Quand la société Uncle Ben's choisit le riz qu'elle va mettre dans ses boîtes, elle va se demander lequel est le moins cher : riz américain ou riz japonais. C'est le taux de change réel qui lui donnera la réponse. Autre exemple : vous souhaitez partir en vacances au bord de la mer, et vous hésitez entre Miami et Cancun. Vous pouvez demander quel est le prix

Autre exemple du caractère bon marché du dollar : d'après les calculs de l'OCDE, le panier de biens et services qui coûte 170 dollars en Suède et 128 dollars en Allemagne, n'en coûte que 100 aux États-Unis.

Même si de nombreux pays riches connaissent des difficultés économiques, les voyageurs sont nombreux qui viennent profiter des affaires locales. Plus d'1,5 million d'Allemands sont attendus cette année, aux États-Unis, soit 8 % de plus que l'année dernière ; ils devraient être accompagnés de près de 3,5 millions de Japonais...

Pour les étrangers qui vivent dans des pays à devise forte, venir aux États-Unis est quasiment moins cher que rester chez soi. Une nuit d'hôtel le week-end au Hyatt Regency de Chicago par exemple, ne coûte que 89 dollars pour une chambre double, soit moitié moins cher que dans un hôtel comparable de Munich, Londres ou Rome. Un Big Mac coûte entre deux et trois fois moins cher. Un billet de cinéma entre deux et cinq fois moins cher.

Prenez ce grand classique qu'est le voyage à Disney World. Pour une famille de Francfort, une semaine à Orlando peut coûter moins cher qu'une visite à Euro Disney. Et de fait, le nombre de touristes étrangers arrivés à l'aéroport d'Orlando a progressé d'un tiers l'année dernière.

Et ces touristes étrangers font énormément d'achats sur place. Les touristes japonais font la queue aux comptoirs de Tiffany's et les Allemands achètent des ordinateurs portables, à des prix inférieurs de 20 à 30 % à ceux pratiqués en Allemagne.

Les entreprises américaines cherchent à capitaliser sur cette tendance. Par exemple, Rex Fritchi, un agent de voyages de Chicago, et Swissair envisagent de proposer cet hiver un programme « spécial-achat » pour offrir aux Européens la possibilité de bénéficier des prix attirants d'un énorme centre commercial situé à la sortie de la ville.

De nombreux Américains et Japonais passent commande sur catalogue aux États-Unis. L'un des plus populaires, L.L. Bean, qui propose des vêtements par correspondance, a dû faire passer son service étranger de 12 à 60 personnes pour faire face à l'accroissement des commandes.

La faiblesse du dollar profite aussi bien sûr aux exportations américaines classiques, comme les avions, les produits chimiques et les machines-outils, surtout à destination de l'Europe. D'après le ministère du Travail, le prix en dollars des importations aux États-Unis a augmenté de 40 % de plus que les prix des exportations américaines.

« Chaque fois que le dollar baisse, je suis un homme heureux », déclare le numéro 2 de Compaq en Europe. « Les Européens en revanche sont malheureux, car cela affaiblit la compétitivité de leurs exportations... »

Source. — New York Times, 28 septembre 1992, p. A1.

d'une chambre d'hôtel à Miami (mesuré en dollars) et à Cancun (mesuré en peso mexicain), ainsi que le taux de change entre le dollar et le peso. Si vous choisissez votre destination en comparant les coûts, vous avez pris votre décision en fonction du taux de change réel.

Les économistes s'intéressent plus au niveau général des prix qu'à certains prix particuliers. Pour mesurer le taux de change réel, ils utiliseront donc un indice des prix, comme l'indice des prix à la consommation. En combinant l'indice des prix américains (P), l'indice des prix étrangers (P*) et le taux de change nominal entre le dollar et les devises étrangères (e), on peut ainsi calculer le taux de change réel global entre les États-Unis et les autres pays :

$$\text{Taux de change réel} = (e \times P)/P^*.$$

Ce taux de change réel compare le prix d'un panier d'articles dans un pays à son prix à l'étranger.

Comme nous le verrons plus précisément dans le prochain chapitre, le taux de change réel est essentiel pour expliquer les exportations nettes de biens et services. Une dépréciation (baisse) du taux de change réel américain signifie que les produits américains deviennent moins chers par rapport aux produits étrangers. Cela incite les consommateurs, domestiques et étrangers, à acheter davantage de produits américains et moins de produits étrangers. Les exportations américaines progressent, les importations diminuent, et tout cela se traduit par une augmentation des exportations nettes. En sens inverse, une appréciation (hausse) du taux de change réel américain signifie que les produits américains deviennent plus chers comparés aux produits étrangers, et les exportations nettes américaines diminuent.

■ **VÉRIFIEZ VOS CONNAISSANCES** Définir les taux de change nominal et réel. Expliquer quelle relation existe entre ces deux variables. Si le taux de change nominal passe de 100 à 120 yens par dollar, le dollar s'est-il apprécié ou déprécié ?

29.3 UNE PREMIÈRE THÉORIE DES TAUX DE CHANGE : LA PARITÉ DU POUVOIR D'ACHAT

Les taux de change varient beaucoup dans le temps. En 1970, un dollar américain achetait 3,65 marks allemands ou 627 lires italiennes. En 1995, il achetait 1,43 mark et 1 629 lires. Autrement dit, en vingt-cinq ans, le dollar a perdu la moitié de sa valeur face au mark et a vu sa valeur doubler par rapport à la lire italienne.

Comment expliquer de telles variations ? Les économistes ont développé plusieurs modèles pour expliquer la formation des taux de change, chacun mettant l'accent sur quelques-uns des nombreux déterminants. La réponse la plus simple nous est donnée par la théorie de la *parité du pouvoir d'achat*, selon laquelle une unité d'une devise donnée devrait avoir le même pouvoir d'achat dans tous les pays. La plupart des économistes considèrent que cette théorie explique correctement les évolutions de taux de change à long terme. Nous allons présenter ici la logique sur laquelle repose cette théorie, ainsi que ses implications et ses limites.

La logique de base de la théorie de la parité du pouvoir d'achat

La théorie de la parité du pouvoir d'achat est fondée sur le principe du *prix unique,* selon lequel un même produit doit avoir le même prix partout. Si ce principe n'est pas respecté, il existe des opportunités de profit évidentes. Si un produit est moins cher à Seattle qu'à Boston, il suffit de l'acheter à Seattle et de le revendre à Boston pour réaliser un profit facile. Ce faisant, la demande augmente à Seattle et l'offre à Boston, jusqu'au moment où le produit vaudra le même prix dans les deux villes.

Comment ce principe du prix unique s'applique-t-il au marché international ? Si un dollar achète plus de café aux États-Unis qu'au Japon, un profit peut être tiré de l'achat aux États-Unis et de la revente au Japon. Cette exportation américaine de café vers le Japon fera monter le prix du café aux États-Unis, et le fera baisser au Japon. De sorte que finalement un dollar doit acheter la même quantité de café aux États-Unis qu'au Japon.

La théorie de la parité du pouvoir d'achat affirme ainsi qu'une monnaie doit avoir le même pouvoir d'achat dans tous les pays. Un dollar doit acheter la même quantité de marchandises aux États-Unis qu'au Japon, et un yen doit acheter la même quantité de marchandises au Japon qu'aux États-Unis. Le nom même de la théorie la décrit parfaitement. Parité signifie égalité, et pouvoir d'achat fait référence à la valeur de la monnaie. La parité du pouvoir d'achat affirme qu'une unité monétaire doit avoir la même valeur réelle dans tous les pays.

Les implications de la parité du pouvoir d'achat

Que nous indique cette théorie sur les taux de change ? Que le taux de change nominal entre devises de deux pays dépend des niveaux des prix dans les pays en question. Si un dollar achète la même quantité de biens aux États-Unis (où les prix sont mesurés en $) et au Japon (où les prix sont mesurés en yens), alors le nombre de yen qu'achète un dollar doit refléter les prix des produits au Japon et aux États-Unis. Par exemple, si une livre de café coûte 500 yens au Japon et 5 dollars aux États-Unis, le taux de change nominal doit être de 100 yens par dollar. Sinon, le pouvoir d'achat du dollar ne serait pas le même dans les deux pays.

Introduisons une petite dose de mathématiques. Soit P le niveau des prix américain (mesuré en dollars), P^* le niveau des prix au Japon (mesuré en yens) et e le taux de change nominal (nombre de yens par dollar). Le pouvoir d'achat domestique du dollar est $1/P$:

plus les prix sont élevés, moins le dollar achète de produits. Le pouvoir d'achat du dollar au Japon est e/P*. Pour que le pouvoir d'achat du dollar soit identique dans les deux pays, il faut donc que :

$$1/P = e/P^*,$$

ce que l'on peut écrire comme suit :

$$eP/P^* = 1.$$

Le membre de gauche de l'équation est le taux de change réel, et le deuxième membre est une constante. Ainsi, *si le pouvoir d'achat du dollar est identique à l'intérieur comme à l'extérieur des frontières, le taux de change réel ne peut pas varier.* Cette équation nous permet de déduire le taux de change nominal :

$$e = P^*/P.$$

Le taux de change nominal est égal au ratio du niveau des prix étrangers (mesurés en devise étrangère) par le niveau des prix domestiques (mesurés en devise domestique). *Selon la théorie de la parité du pouvoir d'achat, le taux de change nominal entre deux devises doit refléter les niveaux de prix des deux pays considérés.*

Ce qui signifie que le taux de change nominal varie lorsque les niveaux de prix varient. Nous savons que le niveau de prix dans un pays s'établit de telle sorte que l'offre et la demande de monnaie s'équilibrent. Le taux de change nominal va donc être influencé par l'offre et la demande de monnaie. Quand la masse monétaire augmente dans un pays, poussant les prix vers le haut, cela contribue à déprécier la monnaie par rapport aux autres devises. Donc quand la banque centrale imprime des billets, la monnaie perd de la valeur non seulement en termes de biens et services domestiques, mais aussi en termes de devises étrangères.

On peut donc maintenant répondre à la question posée plus haut : pourquoi le dollar s'est-il déprécié par rapport au mark et apprécié par rapport à la lire ? Tout simplement parce que l'Allemagne a suivi une politique monétaire moins inflationniste que celle adoptée par les États-Unis, et que l'Italie au contraire a mis en œuvre une politique monétaire plus inflationniste que celle des États-Unis. De 1970 à 1995, le taux d'inflation aux États-Unis a été de 5,6 % par an ; il a été de 3,7 % en Allemagne et de 10,5 % en Italie. Alors que les prix américains montaient plus vite que les prix allemands, la valeur du dollar baissait par rapport à celle du mark. Et comme les prix américains baissaient par rapport aux prix italiens, la valeur du dollar s'appréciait par rapport à la lire italienne.

ÉTUDE DE CAS

Le taux de change nominal en période d'hyperinflation

Les macro-économistes ne peuvent pas réaliser d'expérience à la demande. Ils doivent se contenter des expériences que leur procure l'histoire. L'hyperinflation – qui résulte d'un recours systématique du gouvernement à la presse à billets pour financer les dépenses publiques – est l'une de ces expériences naturelles précieuses.

Prenons l'hyperinflation allemande du début des années 20. La figure 29.3 montre l'évolution de la masse monétaire, du niveau général des prix et du taux de change nominal (exprimé en centimes de dollar par mark allemand). Vous remarquerez que ces séries évoluent parallèlement. Quand la croissance de la masse monétaire commence à s'accélérer, les

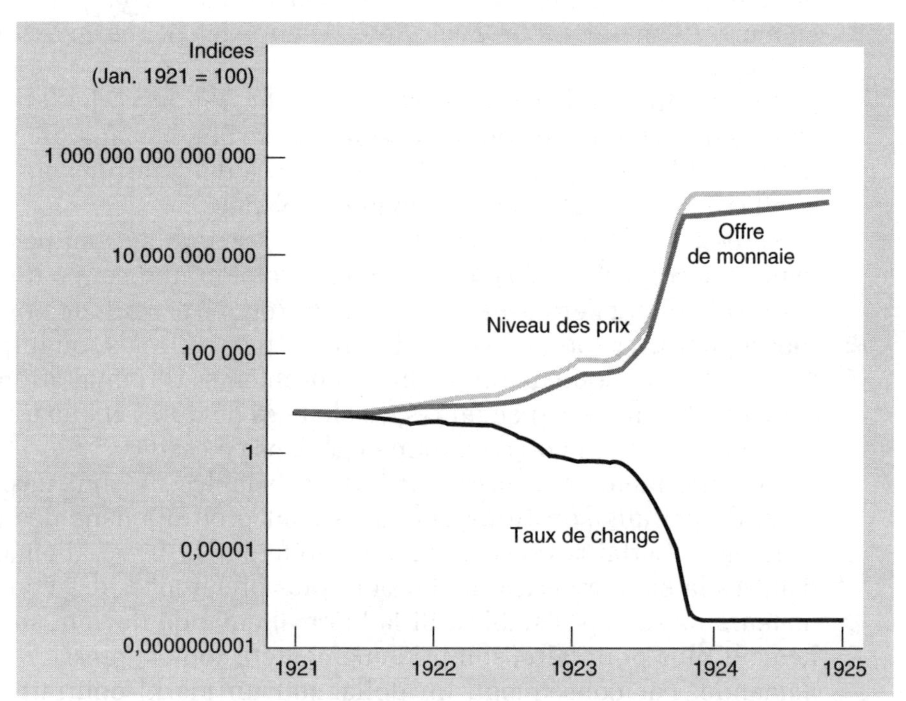

FIG. 29.3 **Masse monétaire, prix et taux de change nominal pendant l'hyperinflation allemande (janvier 1921 à janvier 1925).** Les trois variables évoluent de concert. Quand la masse monétaire commence à croître rapidement, les prix s'envolent, et le mark perd de sa valeur comparé au dollar. Quand la banque centrale allemande replace la masse monétaire sous contrôle, prix et taux de change se stabilisent aussi.

Source. — Adaptation de T.J. Sargent, *La Fin de quatre hyperinflations, dans Inflation,* University of Chicago Press, 1983, pp. 41-93.

prix s'envolent et le mark s'effondre. Quand elle est stabilisée, les prix s'assagissent et le taux de change en fait autant.

Et ce schéma se retrouve dans tous les cas d'hyperinflation connus. Il ne fait aucun doute qu'il existe une relation fondamentale entre masse monétaire, niveau des prix et taux de change nominal. La théorie quantitative de la monnaie explique comment l'évolution de la masse monétaire influe sur le niveau des prix. Et la théorie de la parité du pouvoir d'achat explique comment les niveaux de prix influent sur les taux de change.

Les limites de la théorie

La théorie de la parité du pouvoir d'achat est un modèle simple des taux de change, qui fonctionne bien quand il s'agit d'expliquer des tendances lourdes, comme la dépréciation du dollar par rapport au mark allemand, ou les évolutions de taux de change en cas d'hyperinflation.

Néanmoins cette théorie est imparfaite. En effet, les taux de change n'évoluent pas toujours de telle sorte que la valeur réelle du dollar soit la même dans tous les pays. Il y a deux raisons pour lesquelles cette théorie n'est pas toujours vérifiée.

La première, c'est que tous les biens et services ne sont pas facilement négociables. Imaginons par exemple qu'une coupe de cheveux soit plus chère à Paris qu'à New York. Un coiffeur pourrait théoriquement profiter de cette différence de prix, mais son implantation à Paris risque de buter sur des problèmes d'immigration. De sorte que l'écart de prix a toutes les chances de durer et que le principe de prix unique ne fonctionne pas dans ce cas-là.

Ensuite, même les marchandises négociables ne sont pas toujours de parfaits substituts quand ils sont produits dans des pays différents. Certains consommateurs préfèrent la bière allemande, d'autres la bière américaine. En outre, les préférences des consommateurs ne sont pas stables. Si la bière allemande devient soudainement plus populaire, son prix augmentera sous la pression de la demande. Par conséquent, un dollar (ou un mark) pourrait alors acheter davantage de bière aux États-Unis qu'en Allemagne. Malgré les différences de prix sur les deux marchés, il n'existe aucune opportunité de profit d'arbitrage, car les consommateurs ne considèrent pas les deux bières comme équivalentes.

Ainsi, parce que tous les biens ne sont pas facilement négociables, et parce que certains biens négociables ne sont pas facilement substituables avec leurs contreparties étrangères, la théorie de la parité du pouvoir d'achat n'est pas une théorie parfaite des taux de change. C'est pourquoi les taux de change réels fluctuent dans le temps.

Si cette théorie n'est pas parfaite, elle constitue néanmoins un premier pas intéressant vers la compréhension des taux de change. Et sa logique interne est imparable : si le taux de change réel s'écarte trop du niveau indiqué par la théorie de la parité du pouvoir d'achat, les gens sont incités à s'échanger les biens et services par-delà les frontières. À défaut de déterminer complètement le taux de change réel, la théorie de la parité du pouvoir d'achat assure que les fluctuations des taux de change réels sont de faible ampleur ou temporaires. Et finalement, les grands mouvements de taux de change nominaux reflètent surtout les évolutions des prix domestiques et étrangers.

■ **VÉRIFIEZ VOS CONNAISSANCES** Au cours des vingt dernières années, l'Espagne a connu une inflation élevée, et la Japon une inflation faible. Comment a évolué le yen par rapport à la peseta espagnole ?

29.4 CONCLUSION

Nous avons développé dans ce chapitre quelques concepts élémentaires nécessaires à l'étude des économies ouvertes. Nous savons maintenant pourquoi les exportations nettes d'un pays doivent être égales à son investissement net à l'étranger, et pourquoi l'épargne nationale est égale à la somme de l'investissement et de l'investissement net à l'étranger. Nous savons ce que sont les taux de change nominaux et réels, ce qu'est la théorie de la parité du pouvoir d'achat et ses limites.

Les variables macro-économiques présentées ici constituent le point de départ de notre analyse des relations entre une économie ouverte et le reste du monde

Le chapitre suivant présentera un modèle expliquant la formation de ces variables macro-économiques. Nous verrons alors comment certains événements ou certaines politiques peuvent affecter la balance commerciale d'un pays ou les taux de change en vigueur sur les marchés internationaux.

RÉSUMÉ

◆ Les exportations nettes représentent la valeur des biens et services domestiques vendus à l'étranger, diminuée de la valeur des biens et services étrangers consommés à l'intérieur des frontières. L'investissement net à l'étranger représente l'acquisition d'actifs étrangers par des résidents, diminuée de l'acquisition d'actifs domestiques par des étrangers. Toute transaction internationale impliquant l'échange d'un bien ou service contre des actifs, l'investissement net à l'étranger d'une économie est toujours égal à ses exportations nettes.

- La part de l'épargne nationale qui ne sert pas à financer l'investissement domestique peut servir à acheter des actifs étrangers. Ainsi, l'épargne nationale est égale à la somme de l'investissement domestique et de l'investissement net à l'étranger.
- Le taux de change nominal indique le prix relatif des monnaies de deux pays. Le taux de change réel indique le prix relatif des biens et services de deux pays.
- Selon la théorie de la parité du pouvoir d'achat, un dollar doit acheter la même quantité de marchandises dans tous les pays. Cette théorie implique que les variations du taux de change nominal entre deux devises reflètent les variations du niveau des prix dans ces deux pays.

CONCEPTS CLÉS – DÉFINITIONS

Économie fermée : économie n'entretenant aucune relation avec le reste du monde.

Économie ouverte : économie qui négocie librement avec le reste du monde.

Exportations : biens et services produits dans le pays et vendus à l'étranger.

Importations : biens et services produits à l'étranger et vendus dans le pays.

Exportations nettes (ou balance commerciale) **:** valeur des exportations diminuée de la valeur des importations.

Balance commerciale : *voir Exportations nettes.*

Excédent commercial : situation se caractérisant par des exportations supérieures aux importations.

Déficit commercial : situation se caractérisant par des importations supérieures aux exportations.

Balance commerciale équilibrée : situation se caractérisant par des exportations et importations se compensant.

Investissement net à l'étranger : montant des achats d'actifs étrangers par des résidents domestiques diminué des achats d'actifs domestiques par les résidents étrangers.

Taux de change nominal : taux auquel s'échangent la monnaie d'un pays et celle d'un autre.

Appréciation : hausse de la valeur d'une devise, mesurée par la quantité de monnaie étrangère qu'elle peut acheter.

Dépréciation : baisse de la valeur d'une devise, mesurée par la quantité de monnaie étrangère qu'elle peut acheter.

Taux de change réel : taux auquel s'échangent les biens et services d'un pays avec les biens et services d'un autre.

QUESTIONS DE RÉVISION

1. Définir les exportations nettes, l'investissement net à l'étranger et expliquer comment et pourquoi ces deux concepts sont liés.
2. Expliquer la relation existant entre l'épargne, l'investissement domestique et l'investissement net à l'étranger.
3. Si une voiture japonaise coûte 500 000 yens, une voiture américaine comparable 10 000 dollars, et si un dollar permet d'acheter 100 yens, quels sont les taux de change nominal et réel ?
4. Décrire la logique économique sous-jacente à la théorie de la parité du pouvoir d'achat.
5. Si la Fed se mettait à imprimer de grandes quantités de dollars, comment évoluerait le taux de change nominal du dollar contre le yen ?

PROBLÈMES D'APPLICATION

1. Comment les transactions suivantes affectent-elles les exportations, les importations et les exportations nettes américaines ?
   – un professeur d'art américain passe ses vacances à visiter les musées européens ;
   – les Parisiens font la queue pour voir le dernier film d'Arnold Schwartzenegger ;
   – votre oncle achète une nouvelle Volvo ;
   – une boutique pour étudiants de l'Université d'Oxford vend une paire de jeans Levi's 501 ;
   – un Canadien fait ses achats dans un magasin du Vermont pour éviter de payer les taxes canadiennes.
2. Expliquez les raisons pour lesquelles les produits suivants font l'objet d'un commerce international plus actif aujourd'hui qu'autrefois :
   – le blé,
   – les services bancaires,
   – les logiciels d'ordinateurs,
   – les automobiles.
3. Comment les transactions suivantes affectent-elles l'investissement net américain à l'étranger ? Sont-elles caractéristiques d'un investissement direct ou d'un investissement en portefeuille ?
   a. Une firme américaine de téléphonie cellulaire établit une filiale en République tchèque.
   b. Le fonds de pension de General Electric achète des titres du magasin londonien Harrod's.
   c. Honda accroît la taille de son usine de Marysville, Ohio.
   d. Fidelity, gérant de fonds américain, vend des titres Volkswagen à un investisseur français.
4. Si l'épargne nationale demeure constante, quel impact a un accroissement de l'investissement net à l'étranger sur le stock de capital du pays ?

5. Les pages financières des journaux indiquent divers taux de change :

   a. S'agit-il de taux nominaux ou réels ?

   b. Quel est le taux dollar/mark ? Quel est le taux dollar/yen ? Calculez le taux mark/yen.

   c. Si l'année prochaine l'inflation américaine est supérieure à l'inflation allemande, le dollar devrait-il s'apprécier ou se déprécier face au mark ?

6. Les agents économiques suivants seraient-ils avantagés ou désavantagés par une appréciation du dollar ?

   a. Un fonds de pension hollandais détenant des obligations d'État américaines.

   b. Les industries américaines.

   c. Les touristes australiens prévoyant un voyage aux États-Unis.

   d. Une entreprise américaine envisageant d'investir à l'étranger.

7. Comment le taux de change réel américain évolue-t-il dans les situations suivantes ?

   a. Le taux de change nominal est constant, mais les prix grimpent plus vite aux États-Unis qu'ailleurs.

   b. Le taux de change est constant, mais les prix grimpent plus vite à l'étranger qu'aux États-Unis.

   c. Le taux de change nominal diminue, et les prix sont inchangés aux États-Unis et à l'étranger.

   d. Le taux de change nominal baisse, et les prix montent plus vite à l'étranger qu'aux États-Unis.

8. Citez trois biens pour lesquels la loi du prix unique fonctionne, et trois pour lesquels elle ne fonctionne pas. Justifiez votre choix.

9. Une cannette de soda coûte 75 cents aux États-Unis et 3 francs en France. Si la parité du pouvoir d'achat est vérifiée, quel est le taux de change franc/dollar ?

10. Un exemple de ce chapitre donnait les informations suivantes : une tonne de riz américain pour 100 dollars, une tonne de riz japonais pour 16 000 yens et un taux de change nominal de 80 yens par dollar :

    a. Comment peut-on profiter de cette situation ? Quel est le profit par tonne ? Si tout le monde en fait autant, comment évolueront les prix du riz au Japon et aux États-Unis ?

    b. Si le riz était la seule marchandise au monde, comment évoluerait le taux de change réel entre le Japon et les États-Unis ?

11. Le magazine *The Economist* relève régulièrement les prix des hamburgers de McDonald's dans divers endroits du monde, pour vérifier la validité de la théorie de la parité du pouvoir d'achat :

    a. Pourquoi le Big Mac est-il un bon produit au regard de cet objectif ?

    b. Sur la base de ces données, la théorie de la parité du pouvoir d'achat semble vérifiée dans certains pays, et pas dans d'autres. Quelles peuvent être les hypothèses sous-jacentes à la théorie qui ne tiendraient pas pour les Big Macs ?

CHAPITRE 30

UNE THÉORIE MACRO-ÉCONOMIQUE DE L'ÉCONOMIE OUVERTE

Dans ce chapitre, vous allez :

- ▶ construire un modèle expliquant la balance commerciale et le taux de change dans une économie ouverte
- ▶ utiliser ce modèle pour analyser les effets des déficits budgétaires gouvernementaux
- ▶ utiliser ce modèle pour analyser les effets macro-économiques des politiques de commerce extérieur
- ▶ utiliser ce modèle pour analyser l'instabilité politique et la fuite des capitaux

Au cours des dix dernières années, les États-Unis ont toujours importé davantage qu'ils n'ont exporté. Les exportations nettes américaines ont donc été négatives. Si les économistes ne sont pas d'accord pour savoir si cette situation est problématique pour le pays, ou si elle ne l'est pas, le monde des affaires a une opinion bien arrêtée : cette situation est le fruit d'une concurrence déloyale. Les firmes étrangères peuvent vendre librement leurs produits aux États-Unis, alors que les gouvernements étrangers limitent les importations de produits américains.

Si vous souhaitez faire disparaître ces déficits commerciaux persistants, que devez-vous faire ? Imposer des limites aux importations, comme les quotas sur les voitures japonaises ? Ou utiliser d'autres moyens ?

Pour comprendre la formation de la balance commerciale et les effets des politiques gouvernementales, il nous faut une théorie macro-économique de l'économie ouverte.

Ce chapitre développe un modèle qui explique comment sont déterminées les variables présentées dans le chapitre précédent, et comment elles sont reliées les unes aux autres.

Pour développer ce modèle, nous poursuivrons notre analyse précédente dans deux voies importantes :

– le modèle considère le PIB de l'économie comme une donnée. Le PIB réel est supposé déterminé par les facteurs de production disponibles et par la technologie existante,

– le niveau des prix est lui aussi considéré comme une donnée : il s'établit au niveau qui assure l'égalité de l'offre et de la demande de monnaie.

L'objet de ce modèle est de mettre en avant les forces qui contribuent à déterminer la balance commerciale et le taux de change du pays. C'est un modèle simple : il ne fait qu'appliquer les concepts d'offre et de demande à l'économie ouverte. Il est aussi plus compliqué que ceux que nous avons développés jusqu'ici, car il nous oblige à considérer simultanément deux marchés liés : celui des fonds prêtables et celui des changes. Une fois le modèle développé, nous l'utiliserons pour examiner comment différents événements et politiques affectent la balance commerciale et le taux de change de l'économie. Nous verrons ensuite quelles politiques sont susceptibles de résorber les déficits commerciaux que les États-Unis ont enregistré au cours des dix dernières années.

30.1 OFFRE ET DEMANDE DE FONDS PRÊTABLES, ET DE DEVISES ÉTRANGÈRES

Pour comprendre les forces à l'œuvre dans une économie ouverte, il faut analyser l'offre et la demande sur deux marchés. Celui des fonds prêtables, qui règle l'épargne et l'investissement (y compris l'investissement net à l'étranger). Et le marché des changes, qui règle les échanges de monnaie domestique contre les devises étrangères. Dans cette section, nous analysons l'offre et la demande sur chacun de ces marchés. Dans la section suivante, nous combinerons le tout pour expliquer l'équilibre global de l'économie ouverte.

Le marché des fonds prêtables

Le rôle des marchés financiers a été analysé dans le chapitre 25 ; pour simplifier, nous avions supposé qu'il n'existait qu'un seul marché financier, celui des fonds prêtables. Tous les épargnants y apportaient leur épargne, et tous les emprunteurs venaient y chercher les fonds nécessaires. Le taux d'intérêt y était à la fois la rémunération des prêteurs et le coût des emprunteurs.

Pour comprendre le marché des fonds prêtables dans une économie ouverte, commençons par l'identité présentée au chapitre précédent :

$$EP = I + INE.$$

L'épargne est égale à la somme de l'investissement domestique et de l'investissement net à l'étranger.

Tout dollar épargné peut servir à acheter du capital domestique ou des actifs étrangers. Les deux côtés de cette identité représentent les deux côtés du marché des fonds prêtables. L'épargne représente l'offre de fonds prêtables, et les investissements domestiques et à l'étranger représentent la demande de fonds prêtables, demande de fonds domestiques ou de fonds étrangers. L'investissement net à l'étranger pouvant être selon les cas positif ou négatif, il vient soit augmenter soit diminuer la demande de fonds prêtables émanant de l'investissement domestique.

Comme nous l'avons vu antérieurement, offre et demande de fonds dépendent du taux d'intérêt réel. Plus celui-ci est élevé, plus les ménages épargnent et l'offre de fonds est abondante ; mais en même temps, l'investissement est découragé et la demande de fonds moins importante.

En outre, l'investissement net à l'étranger est corrélé négativement au taux d'intérêt réel. Prenez le cas de deux fonds de pension, l'un américain, l'autre allemand, qui hésitent entre acheter des obligations d'État américaines ou allemandes. Ils vont comparer les taux d'intérêt qui seront servis par ces obligations. Plus les taux d'intérêt américains sont élevés, et plus les obligations américaines sont intéressantes pour les gérants des deux fonds. Une augmentation des taux d'intérêt réels américains incite les étrangers à acheter des actifs américains et décourage les Américains d'acheter des actifs étrangers. Donc, quand les taux d'intérêt réels américains montent, l'investissement net à l'étranger diminue.

La figure 30.1 montre le marché des fonds prêtables : la courbe d'offre est croissante, puisque les fonds prêtés augmentent avec le taux d'intérêt, et la demande est décroissante, puisque les fonds demandés baissent quand les taux montent. Mais maintenant, la demande est constituée non seulement de l'investissement domestique, mais aussi de l'investissement net à l'étranger.

Les taux d'intérêt s'établissent à un niveau qui équilibre l'offre et la demande. À tout autre niveau, il existe une offre excédentaire ou une demande excédentaire, et ce déséquilibre tend à pousser les taux vers le niveau d'équilibre, auquel l'offre de prêts est exactement égale à la demande. *Au taux d'intérêt d'équilibre, l'épargne*

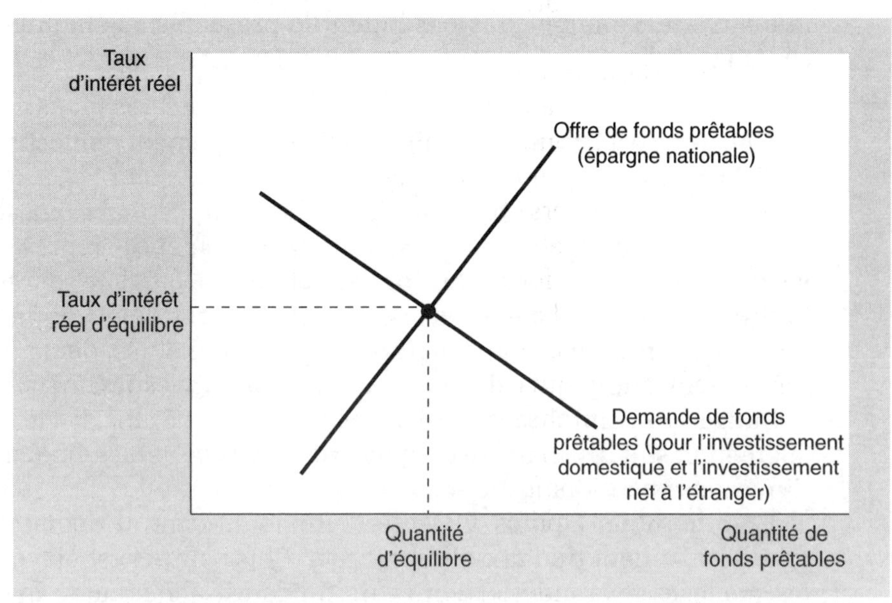

FIG. 30.1 **Le marché des fonds prêtables.** Dans une économie ouverte comme dans une économie fermée, le taux d'intérêt est déterminé par l'offre et la demande de fonds prêtables. L'épargne nationale est à la source de l'offre ; l'investissement domestique et l'investissement net à l'étranger constituent la demande. Au taux d'intérêt d'équilibre, l'épargne couvre exactement les besoins d'investissement.

est égale aux montants souhaités pour l'investissement domestique et à l'étranger.

Le marché des changes

Le deuxième marché de notre modèle de l'économie ouverte est le marché des changes. Partons d'une autre identité :

$$\text{INE} = \text{EXN}.$$

L'investissement net à l'étranger est égal aux exportations nettes. Selon cette identité, le déséquilibre entre achats et ventes de capitaux à l'étranger est égal au déséquilibre entre exportations et importations de biens et services. Quand les exportations nettes sont positives, par exemple, les étrangers achètent davantage de biens et services américains que les Américains n'achètent de biens et services étrangers. Que font les Américains des devises qu'ils obtiennent en échange de ces exportations nettes ? Ils les ajoutent à leurs avoirs d'actifs étrangers. Ces achats d'actifs étrangers sont reflétés par la valeur positive de l'investissement net à l'étranger.

Les deux membres de cette identité peuvent être considérés comme les deux côtés du marché des changes. L'investissement net à l'étranger représente l'offre de dollars destinés à acheter des actifs à l'étranger. Les exportations nettes représentent les dollars demandés pour l'achat d'exportations nettes américaines.

Les exportations nettes sont fonction du taux de change réel. Quand le taux de change américain réel augmente, les biens américains deviennent comparativement plus chers que ceux de l'étranger, ce qui les rend moins attirants aux yeux des consommateurs nationaux et étrangers. Par conséquent, cela fait chuter les exportations américaines et monter les importations. Les exportations nettes sont donc en forte diminution. Donc, l'appréciation du taux de change réel fait baisser la quantité de dollars demandés sur le marché des changes.

Quel est le prix qui assure l'équilibre de l'offre et de la demande sur le marché des changes ? Le taux de change réel. Comme nous l'avons vu au chapitre 29, le taux de change réel est le prix relatif des produits domestiques et étrangers et constitue donc l'un des facteurs clés des exportations nettes. Quand le taux de change réel américain s'apprécie, les biens américains deviennent plus chers comparés aux produits étrangers, ce qui déprime les exportations américaines et au contraire stimule les importations américaines. Par conséquent, cela fait baisser les exportations nettes. Donc, la hausse du taux de change réel réduit la demande de dollars sur le marché des changes.

La figure 30.2 montre l'offre et la demande sur ce marché. La courbe de demande est décroissante, car un taux de change supérieur rend les produits américains plus chers et donc réduit la demande de dollars nécessaires pour les acheter. La courbe d'offre est verticale, puisque l'offre de dollars est indépendante du taux de change réel (on a vu précédemment que l'investissement net à l'étranger est fonction du taux d'intérêt réel. Dans notre analyse du marché des changes, taux d'intérêt réel et investissement net à l'étranger sont considérés comme des données exogènes).

Le taux de change réel équilibre l'offre et la demande de dollars. À un niveau autre que le niveau d'équilibre, il existe une offre ou une demande excédentaire de dollars, qui pousse le taux de change vers le niveau d'équilibre. *À ce niveau, la demande de dollars pour acheter les exportations nettes américaines est exactement égale à l'offre de dollars destinés à être échangés contre des devises étrangères pour acheter des actifs à l'étranger.*

Remarquez que la distinction faite entre offre et demande dans ce modèle est quelque peu artificielle. Par exemple, nous avons considéré les exportations nettes comme l'origine de la demande de

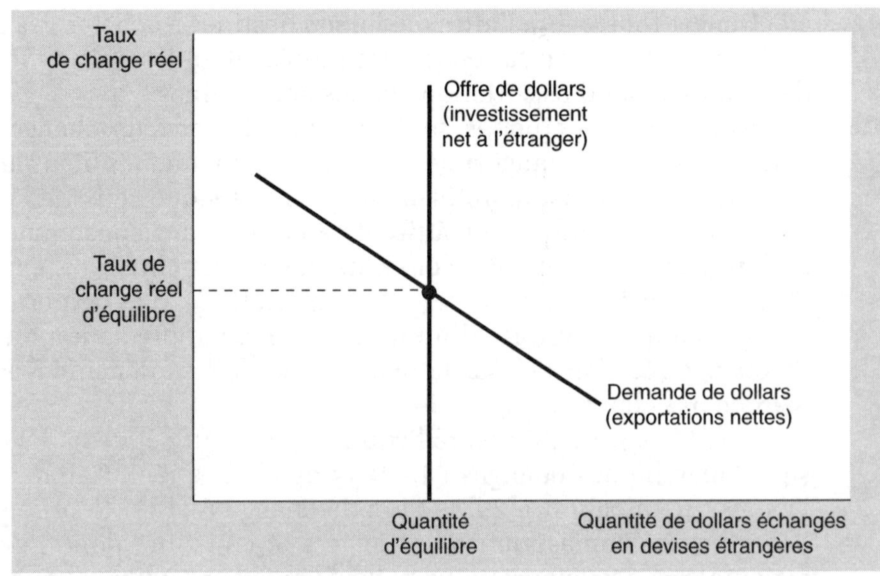

FIG. 30.2 **Le marché des changes.** Le taux de change réel est déterminé par l'offre et la demande de devises. L'offre de dollars à convertir en monnaie étrangère trouve son origine dans l'INE. Parce que l'INE est indépendant du taux de change réel, la courbe d'offre est verticale. La demande de dollars provient des exportations nettes. Comme un taux de change faible stimule les exportations nettes (et donc la demande de dollars pour payer ces exportations nettes), la courbe de demande a une pente négative. Au taux de change d'équilibre, les quantités de dollars demandées et offertes sont exactement égales.

POUR VOTRE CULTURE GÉNÉRALE

Le cas particulier de la théorie de la parité du pouvoir d'achat

Dans le chapitre précédent nous avons présenté un modèle simple des taux de change, la parité du pouvoir d'achat. Selon cette théorie, une monnaie doit acheter la même quantité de biens et services dans tous les pays. Par conséquent, le taux de change réel est constant, et toute variation du taux de change nominal entre deux devises doit refléter les variations des niveaux généraux des prix dans les deux pays concernés.

Comment le modèle de taux de change que nous venons de développer peut-il être relié à la théorie de la parité du pouvoir d'achat (PPA) ? Selon cette théorie, le commerce international répond rapidement aux écarts de prix. Si des biens sont moins chers dans un pays que dans un autre, ils seront exportés par le premier et importés par le second, jusqu'à ce que la différence de prix disparaisse. Autrement dit, la PPA affirme que les exportations nettes sont très sensibles à de faibles variations du taux de change réel. Si tel était le cas, la courbe de demande de la figure 30.2 serait horizontale.

Ainsi, la théorie de la PPA est un cas particulier du modèle développé ici. Dans ce cas particulier, la courbe de demande de devise étrangère, au lieu d'avoir une pente négative, est une horizontale au niveau de taux de change qui assure la parité de pouvoir d'achat.

dollars, et l'investissement net à l'étranger comme la source de l'offre. Donc, quand un résident américain importe une voiture fabriquée au Japon, notre modèle traite cette transaction comme une diminution de la demande de dollars (puisque les exportations nettes diminuent) et non comme un accroissement de l'offre de dollars. De même, quand un citoyen japonais achète une obligation américaine, nous considérons que cela constitue une diminution de l'offre de dollars (puisque l'investissement net à l'étranger diminue) et non pas un accroissement de la demande de dollars. Cette pratique peut sembler étrange à première vue, mais elle nous facilitera la vie plus tard.

30.2 L'ÉQUILIBRE DE L'ÉCONOMIE OUVERTE

Après avoir présenté les deux marchés séparément, il est temps de les réunir.

L'investissement net à l'étranger, lien entre les deux marchés

Récapitulons ce que nous avons appris jusque-là. Nous avons vu comment l'économie coordonnait quatre variables importantes :

l'épargne nationale (EP), l'investissement domestique (I), l'investissement net à l'étranger (INE) et les exportations nettes (EXN). Nos deux identités sont les suivantes :

$$EP = I + INE$$
$$INE = EXN.$$

Sur le marché des fonds prêtables, l'offre provient de l'épargne nationale, la demande de l'investissement domestique et à l'étranger, et le taux d'intérêt réel assure l'équilibre de l'offre et de la demande. Sur le marché des changes, l'offre provient de l'investissement net à l'étranger, la demande des exportations nettes, et le taux de change réel assure l'équilibre de l'offre et de la demande.

C'est donc l'investissement net à l'étranger qui assure le lien entre les deux marchés. Sur le marché des fonds prêtables, il est une des composantes de la demande. Un individu qui souhaite investir à l'étranger doit financer cet investissement en empruntant sur le marché des fonds prêtables. Sur le marché des changes, l'investissement net à l'étranger constitue l'offre. Un individu qui souhaite acquérir un actif à l'étranger doit fournir des dollars contre la devise du pays concerné.

L'investissement net à l'étranger est fonction du taux d'intérêt réel. Quand les taux américains sont élevés, les actifs américains

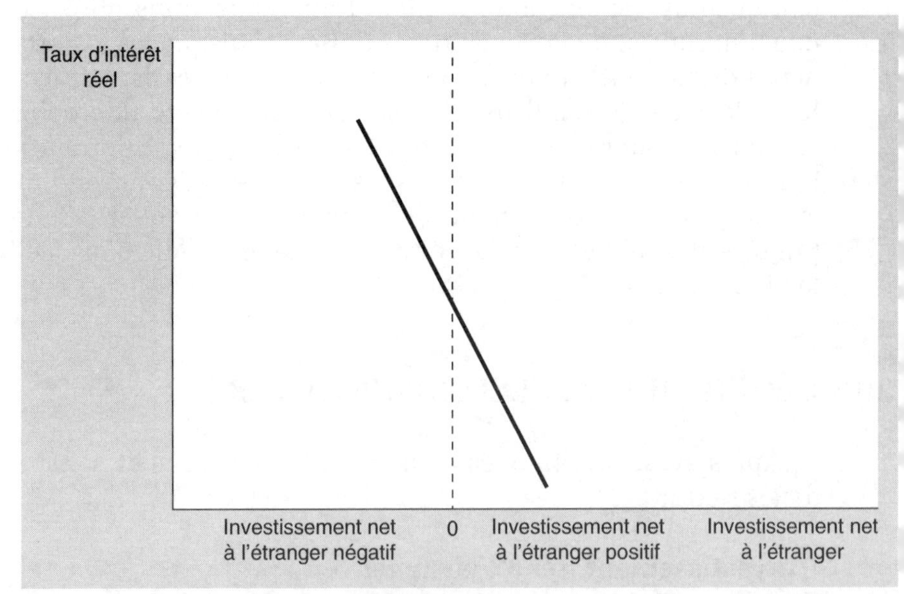

FIG. 30.3 **L'investissement net à l'étranger est fonction du taux d'intérêt.** Plus le taux d'intérêt domestique est élevé, plus les actifs domestiques sont intéressants, et moins l'investissement net à l'étranger est élevé. (Remarquez la position du zéro sur l'axe horizontal : l'INE peut être positif ou négatif.)

sont plus intéressants et l'investissement net américain à l'étranger est faible. La figure 30.3 montre cette relation inverse entre taux d'intérêt et investissement net à l'étranger. Cette courbe d'investissement net à l'étranger est le lien entre le marché des fonds prêtables et celui des changes.

L'équilibre simultané sur les deux marchés

Regroupons maintenant sur la figure 30.4 toutes les pièces de notre modèle. La figure montre comment l'interaction entre les deux marchés détermine les variables macro-économiques de l'économie ouverte.

La planche A montre le marché des fonds prêtables. L'épargne nationale est la source de l'offre ; investissement domestique et

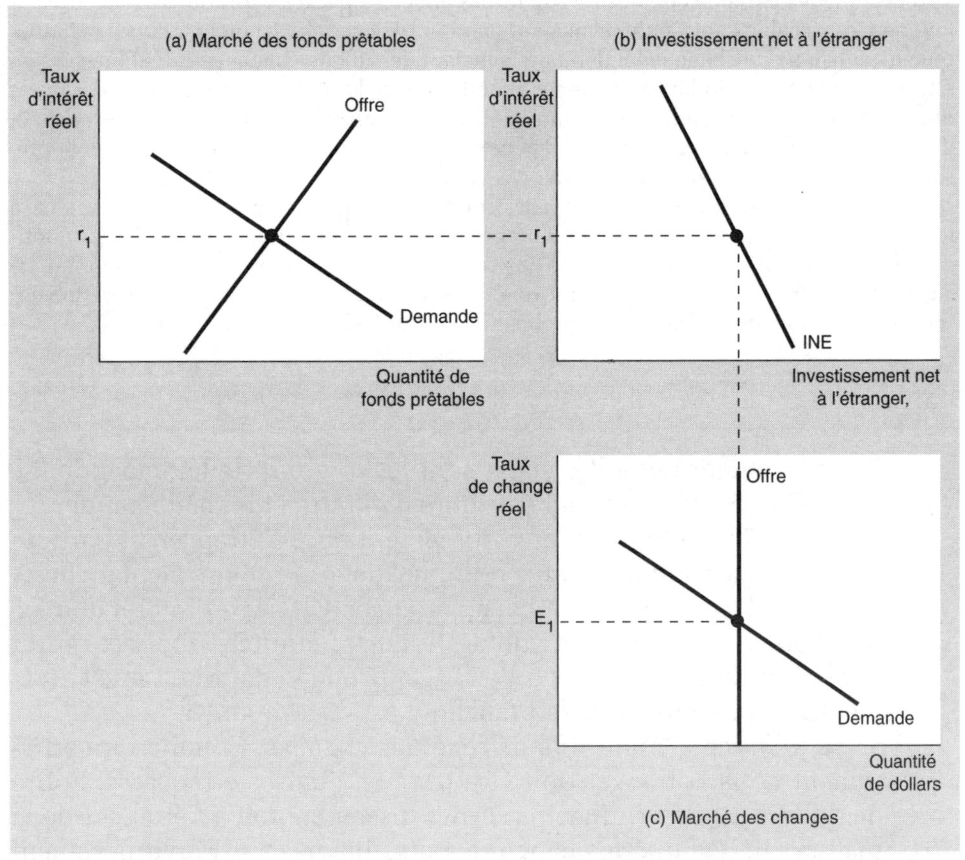

FIG. 30.4 **L'équilibre réel en économie ouverte.** Sur la planche A, l'offre et la demande de fonds déterminent le taux d'intérêt réel. Sur la planche B, le taux d'intérêt détermine l'INE, qui fournit l'offre de dollars sur le marché des changes. Sur la planche C, offre et demande de dollars sur le marché des changes déterminent le taux de change réel.

POUR VOTRE CULTURE GÉNÉRALE

De nouveau la dichotomie classique

Cette théorie macro-économique de l'économie ouverte est dite « classique ». D'abord parce qu'elle revient aux thèmes chers aux économistes des siècles passés. Ensuite, et c'est là la raison principale, parce qu'elle repose sur la dichotomie classique et sur l'hypothèse de neutralité monétaire. En effet, notre modèle ne fait intervenir que des variables réelles, quantités (épargne, investissement domestique, investissement net à l'étranger, et exportations nettes) et prix relatifs (taux d'intérêt réel et taux de change réel) et la monnaie n'intervient à aucun stade du raisonnement.

Comment les variations de la masse monétaire affectent-elles l'économie ? La réponse est la même que dans notre analyse des chapitres précédents. D'après la théorie classique, le niveau des prix évolue de manière à équilibrer offre et demande de monnaie, et les variations de la masse monétaire se traduisent par des variations du niveau général des prix.

Pour que les variables réelles ne soient pas affectées par les évolutions monétaires, il faut que les variables nominales s'ajustent en réponse à ces changements. Plus particulièrement, si le taux de change réel demeure constant, le taux de change nominal (mesuré en unités étrangères par dollar) doit baisser quand les prix domestiques montent. Nous avons déjà vu cet effet de l'inflation sur le taux de change nominal dans le chapitre 29, au sujet de la théorie de la parité du pouvoir d'achat. Rien de ce que nous avons dit dans le présent chapitre ne nous amène à modifier ces conclusions.

Retenez tout de même que ce scénario de neutralité monétaire fonctionne mieux à long terme qu'à court terme. Pour comprendre les fluctuations économiques quotidiennes, il faut introduire une certaine dose de non-neutralité monétaire à court terme. Ce sujet sera traité dans le prochain chapitre. Pour l'instant, restons-en à l'hypothèse de neutralité monétaire afin d'étudier les implications du modèle classique.

investissement net à l'étranger sont les origines de la demande. Le taux d'intérêt réel assure l'équilibre de l'offre et de la demande.

La planche B montre l'investissement net à l'étranger, et particulièrement comment le taux d'intérêt déterminé sur la planche A conduit à l'investissement net à l'étranger. Un taux d'intérêt domestique élevé rend les actifs domestiques plus intéressants et réduit donc l'investissement net à l'étranger. Donc la courbe d'investissement net à l'étranger de la planche B est décroissante.

La planche C montre le marché des changes. Comme l'investissement net à l'étranger doit être payé en devises étrangères, l'offre de dollars est déterminée par l'investissement net à l'étranger de la planche B. Le taux de change réel n'influe pas sur l'investissement net à l'étranger, aussi la courbe d'offre est-elle verticale. Les exportations nettes constituent la demande de dollars. Comme une appréciation du taux de change réel rend les produits domestiques plus chers, elle réduit les exportations nettes, et donc la courbe de demande a une pente négative. Le taux de change réel assure l'équilibre de l'offre et de la demande sur le marché des changes.

Les deux marchés représentés sur la figure 30.4 permettent de fixer deux prix relatifs : le taux d'intérêt réel et le taux de change réel. Le taux d'intérêt réel, déterminé sur la planche A, est le prix actuel des biens et services comparé à leur prix futur. Le taux de change réel, déterminé sur la planche B, est le prix domestique des biens et services comparé à leur prix à l'étranger. Ces deux prix relatifs assurent simultanément l'équilibre de ces deux marchés. Ce faisant, ils définissent l'épargne nationale, l'investissement domestique, l'investissement net à l'étranger et les exportations nettes. Dans un instant, nous verrons comment évoluent ces variables en réponse à des événements ou des politiques diverses.

■ **VÉRIFIEZ VOS CONNAISSANCES** Dans le modèle d'économie ouverte qui vient d'être présenté, deux marchés déterminent deux prix relatifs. Quels sont ces marchés et quels sont ces prix ?

30.3 LA SENSIBILITÉ DE L'ÉCONOMIE OUVERTE AUX ÉVÉNEMENTS ET AUX MESURES POLITIQUES

Après avoir développé un modèle de l'économie ouverte, nous allons l'utiliser pour comprendre comment cette économie réagit aux événements et aux politiques économiques. N'oublions pas que ce modèle ne met en scène que deux marchés, celui des fonds prêtables et celui des changes. Pour analyser les conséquences d'une perturbation extérieure, nous procéderons par étapes comme nous avons appris à le faire au chapitre 4.

Les déficits budgétaires du gouvernement

Le déficit budgétaire du gouvernement est une insuffisance de ressources au regard des dépenses publiques. Il constitue une épargne publique négative, qui contribue à réduire l'épargne nationale, somme de l'épargne privée et de l'épargne publique. Le déficit budgétaire du gouvernement réduit donc l'offre de fonds prêtables, fait monter les taux d'intérêt et décourage l'investissement.

La figure 30.5 montre les effets d'un déficit budgétaire sur une économie ouverte. Sur la planche A on constate le déplacement vers la gauche de l'offre de fonds prêtables, de EP_1 à EP_2. Les fonds disponibles étant moins importants, le taux d'intérêt monte de t_1 à t_2 pour équilibrer l'offre et la demande. L'emprunt coûtant plus

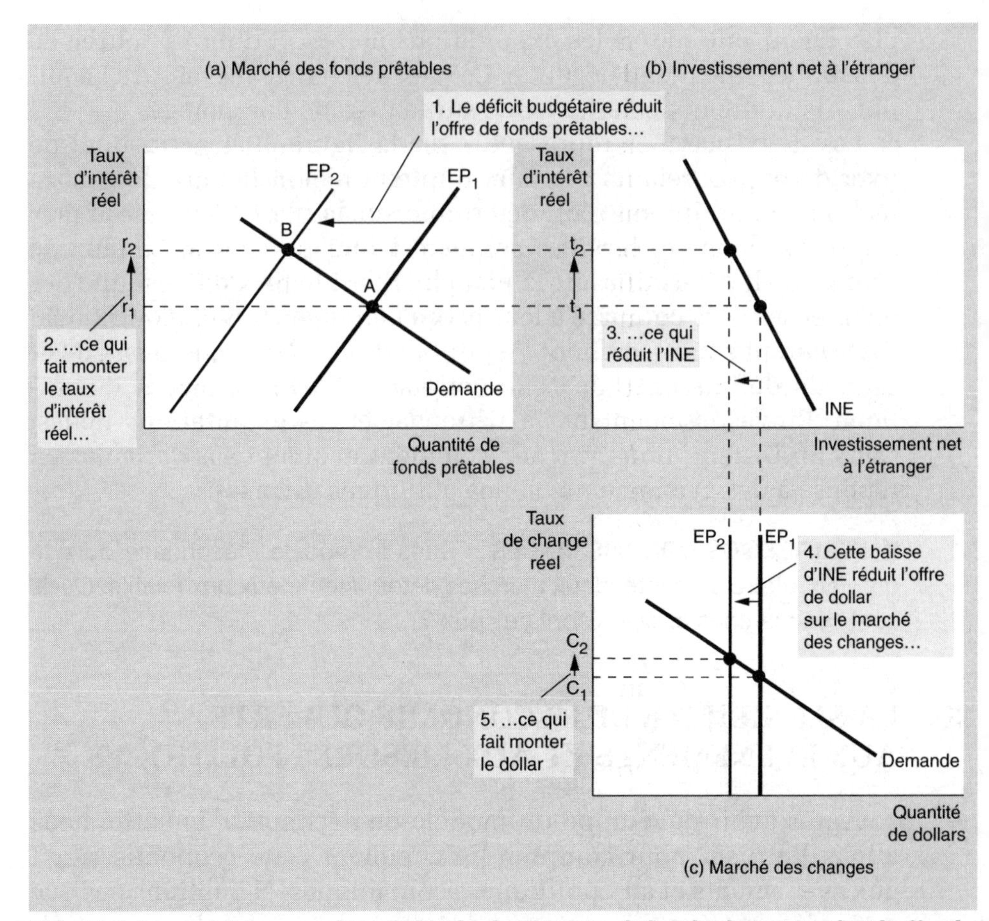

FIG. 30.5 **Les conséquences d'un déficit budgétaire.** Le déficit budgétaire réduit l'offre de fonds prêtables de EP_1 à EP_2, ce qui fait monter le taux d'intérêt de t_1 à t_2 (planche A). Cette hausse réduit l'INE (planche B). Cette réduction diminue l'offre de dollars de EP_1 à EP_2, ce qui fait monter le taux de change réel du dollar de C_1 à C_2 (planche C). Cette appréciation du dollar pousse la balance commerciale vers le déficit.

cher, ménages et entreprises réduisent leurs achats de biens d'équipement (passage du point A au point B sur la courbe de demande de fonds prêtables). Comme dans une économie fermée, le déficit budgétaire décourage l'investissement.

Mais dans une économie ouverte, il y a d'autres conséquences. La hausse du taux d'intérêt réduit aussi l'investissement net à l'étranger, comme on le constate sur la planche B (cette diminution de l'investissement net à l'étranger est incluse dans la baisse de la demande de fonds prêtables enregistrée entre A et B). En effet, l'investissement domestique étant maintenant mieux rémunéré, les épargnants achètent moins d'actifs étrangers et les étrangers achètent plus d'actifs domestiques pour profiter de la rémunération élevée. Donc, quand le déficit budgétaire fait monter les taux d'intérêt, les investisseurs domestiques et étrangers se comportent de telle manière que l'investissement net américain à l'étranger diminue.

La planche C montre les conséquences d'un déficit budgétaire sur le marché des changes. L'investissement net à l'étranger diminuant, les gens ont besoin de moins de devises étrangères, ce qui pousse la courbe d'offre de dollars vers la gauche, de EP_1 à EP_2. Du coup, le taux de change réel du dollar s'apprécie, de C_1 à C_2. Mais alors les produits domestiques deviennent comparativement plus chers que les produits étrangers ; les exportations diminuent et les importations augmentent. Par conséquent, les exportations nettes plongent. *Donc, le déficit budgétaire du gouvernement pousse les taux d'intérêt vers le haut, décourage les emprunteurs, fait monter le dollar et contribue au développement d'un déficit commercial.*

ÉTUDE DE CAS

Les déficits jumeaux américains

Nous avons vu dans le chapitre 25 que la politique budgétaire du gouvernement fédéral changea du tout au tout dans les années 80. Le déficit budgétaire important devint la norme, sous la pression des diminutions d'impôts et de la croissance des dépenses publiques, et l'endettement du gouvernement commença à s'envoler en pourcentage du PIB. Une telle croissance de l'endettement national n'avait jamais été enregistrée précédemment en période de paix et de prospérité. D'après le modèle évoqué plus haut, cela aurait dû se traduire par une détérioration de la balance commerciale. Et ce fut effectivement le cas.

Le tableau 30.1 montre qu'au début des années 80, l'épargne publique passa brusquement de 0,8 % à *– 1,6 %* du PIB. Le gouvernement fédéral, qui jusqu'alors remboursait ses anciennes dettes, notamment celles accumulées pendant la Seconde Guerre mondiale, se mit à contracter de nouvelles dettes. La chute de l'épargne publique de 2,4 points explique la majeure partie de la baisse de 2,9 % de l'épargne nationale pendant la même période.

Dans notre modèle, puisque l'épargne est inférieure, il y a moins de fonds prêtables pour l'investissement domestique et l'investissement net à l'étranger. Aux États-Unis, cette baisse de l'épargne nationale n'a généré qu'une baisse de 0,8 % de

TABLEAU 30.1 **Les déficits jumeaux américains.**

	Moyennes en % du PIB		
	60-81	82-94	Var
Épargne publique*	0,8	– 1,6	– 2,4
Épargne privée	16,1	15,7	– 0,4
Épargne nationale	16,9	14,0	– 2,9
Invest. domestique	16,5	15,7	– 0,8
Invest. net à l'étranger*	0,3	– 1,7	– 2,0

(* Un chiffre négatif indique un déficit budgétaire.)

Note. — Il s'agit ici de données nominales, exprimées en % du PIB.
Source. — Ministère du Commerce américain et calculs de l'auteur.

l'investissement domestique. L'effet d'éviction de l'investissement domestique a donc été limité. Mais puisque l'effet sur l'investissement domestique a été réduit, il a fallu que l'effet sur l'investissement net à l'étranger soit important. De fait, l'investissement net à l'étranger est passé d'un chiffre légèrement positif à un chiffre bien négatif, et de façon durable, une baisse d'environ 2 % du PIB.

Cela signifie que les États-Unis vendent certains de leurs actifs sur les marchés financiers mondiaux. En 1981, le stock d'actifs étrangers nets représentait 12,3 % du PIB. C'est-à-dire que les Américains possédaient davantage d'actifs à l'étranger que les étrangers n'en possédaient aux États-Unis. Aujourd'hui, la situation est totalement opposée. En 1993, ce stock d'actifs étrangers nets représentait *– 8,8 %* du PIB. L'économie la plus riche du monde est aussi l'une des plus endettées.

Parce que INE = EXN, un investissement net à l'étranger négatif doit être accompagné par des exportations nettes négatives elles aussi. Le passage simultané d'une situation excédentaire sur les plans budgétaire et commercial à une situation déficitaire sur ces deux plans ne doit pas être une surprise. Il était prévu par notre modèle. En fait, ces deux déficits sont tellement liés l'un à l'autre qu'on les appelle parfois les déficits jumeaux.

Politique de commerce extérieur

Une politique de commerce extérieur vise à influencer directement la quantité d'exportations et/ou d'importations. Le *tarif douanier*, taxe imposée sur les biens importés, est une pratique courante.

De même que le *quota d'importations*, qui fixe la quantité maximale d'importations d'un produit donné.

Ces pratiques sont parfois plus subtiles, comme les « restrictions volontaires à l'exportation » négociées par les Américains avec les fabricants automobiles japonais. Ces restrictions prétendues volontaires ne le sont pas vraiment, et constituent en fait des quotas déguisés.

Supposons que l'industrie automobile américaine, préoccupée par la concurrence en provenance du Japon, obtienne du gouvernement que celui-ci impose un quota d'importations, limitant le nombre de voitures japonaises qui pourront être vendues aux États-Unis. L'argumentation du lobby automobile ne manquera pas de faire valoir que cette politique contribuera à réduire le déficit commercial américain. Mais est-ce vraiment le cas ? Notre modèle nous apporte la réponse.

L'impact initial se fait sentir sur les importations. Le quota limitant les importations, il fait grimper les exportations nettes, donc la demande de dollars sur le marché des changes. Cette courbe de demande se déplace donc vers la droite de D_1 à D_2, comme sur la planche C de la figure 30.6.

Cette demande accrue de dollars fait monter le taux de change réel de C_1 à C_2. Il ne se passe rien sur le marché des fonds prêtables, de sorte que le taux d'intérêt et l'investissement net à l'étranger demeurent constants. Comme les exportations nettes doivent être égales à l'investissement net à l'étranger, les exportations nettes ne bougent pas non plus, malgré la réduction des importations du fait des quotas.

Si les exportations nettes restent constantes alors même que les importations ont baissé, c'est parce que le taux de change réel s'est apprécié. Cette appréciation stimule les importations et décourage les exportations, ce qui vient compenser la réduction des importations liée à l'existence de quotas. Finalement, ces quotas ont réduit les importations et les exportations, mais n'ont rien changé aux exportations nettes.

La conclusion de cette analyse est surprenante : *la politique de commerce extérieur n'a aucun effet sur la balance commerciale.* Les politiques qui touchent directement les importations ou les exportations ne modifient en rien les exportations nettes. Cette conclusion paraît moins étonnante si l'on en revient à l'identité :

$$\text{EXN} = \text{INE} = \text{EP} - \text{I}.$$

Les exportations nettes sont égales à l'investissement net à l'étranger, lui-même égal à la différence entre l'épargne et l'investissement domestique. La politique de commerce extérieur n'affec-

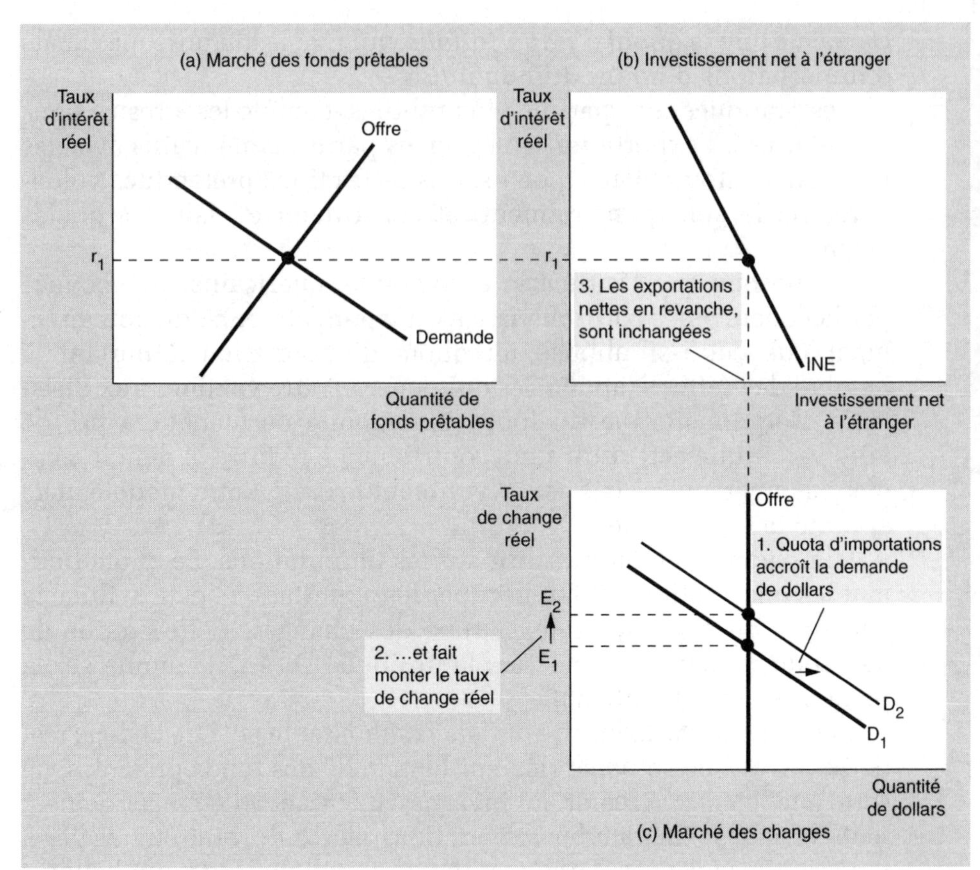

FIG. 30.6 **Les effets d'un quota à l'importation.** Si un quota est imposé sur les importations de voitures américaines, le marché des fonds prêtables (planche A) et l'investissement net à l'étranger (planche B) ne sont pas affectés. Le seul effet de la mesure est une augmentation des exportations nettes. Cela accroît la demande de dollars de D_1 à D_2 (planche C) et fait monter celui-ci de E_1 à E_2. Cette appréciation du dollar déprime les exportations nettes, compensant ainsi l'effet bénéfique initial.

tant ni l'épargne ni l'investissement domestique, elle ne peut avoir aucun impact sur la balance commerciale. Pour un niveau donné d'épargne et d'investissement, le taux de change réel s'ajuste de manière telle que la balance commerciale reste identique, quelles que soient les politiques commerciales mises en œuvre.

Si l'effet est nul sur la balance commerciale globale, il n'en est pas de même sur tel ou tel secteur ou sur le pays étranger. Si le gouvernement américain impose un quota d'importations sur les voitures japonaises, General Motors vendra davantage d'automobiles. Mais au même moment, parce que le dollar se sera apprécié, Boeing aura plus de mal à vendre ses avions, durement concurrencés par ceux proposés par Airbus, le fabricant européen. Les exportations baisseront, les importations d'avions monteront. Dans ce cas, le quota d'importations sur les voitures japonaises fait grimper les exportations nettes d'automobiles et baisser les exportations nettes d'avions. En outre, il accroît les exportations nettes des États-Unis vers le Japon et diminue les exportations nettes des États-Unis vers l'Europe. Mais la balance commerciale globale n'a pas varié.

Les conséquences des politiques de commerce extérieur sont donc du domaine micro-économique, et les partisans de ces politiques cherchent souvent à défendre des intérêts sectoriels. Personne n'est véritablement surpris d'entendre un dirigeant de General Motors demander l'instauration de quotas d'importations sur les voitures japonaises. Les économistes sont quasiment toujours opposés à ce genre de mesures : le libre-échange permet à chacun de se spécialiser dans ce qu'il fait le mieux, et tout le monde en profite. Les politiques de restriction du commerce ne peuvent qu'aboutir à une réduction du bien-être économique.

L'instabilité politique et la fuite des capitaux

En 1994, l'instabilité politique au Mexique, qui culmina avec l'assassinat d'un dirigeant politique de premier plan, rendit les marchés financiers nerveux. Le Mexique fut perçu comme moins stable que prévu, et les investisseurs retirèrent une partie des fonds investis dans ce pays, pour les investir dans des pays plus calmes, comme les États-Unis. Ce phénomène est appelé *fuite des capitaux.*

Quelles sont les conséquences d'une telle fuite des capitaux ?

Les investisseurs du monde entier, constatant les problèmes internes du Mexique, vendent leurs actifs mexicains et achètent des actifs américains. Cela accroît l'investissement net mexicain à l'étranger et affecte les deux marchés de notre modèle.

L'augmentation de l'investissement net à l'étranger se traduit par une demande croissante de fonds prêtables pour financer ces achats. La courbe de demande de fonds prêtables se déplace donc vers la droite de D_1 à D_2 (planche A). La courbe d'investissement net à l'étranger est elle aussi partie vers la droite, de INE_1 à INE_2 (planche B).

La figure 30.7 permet de constater le résultat de ces divers mouvements. L'accroissement de la demande de fonds prêtables fait monter le taux d'intérêt au Mexique de t_1 à t_2. L'investissement net à l'étranger augmente aussi, ce qui contribue à accroître l'offre de pesos sur le marché des changes, de EP_1 à EP_2. Les gens se défaisant de leurs avoirs mexicains, l'offre de pesos est importante. Du coup, le peso se déprécie de C_1 à C_2. *La fuite des capitaux hors du*

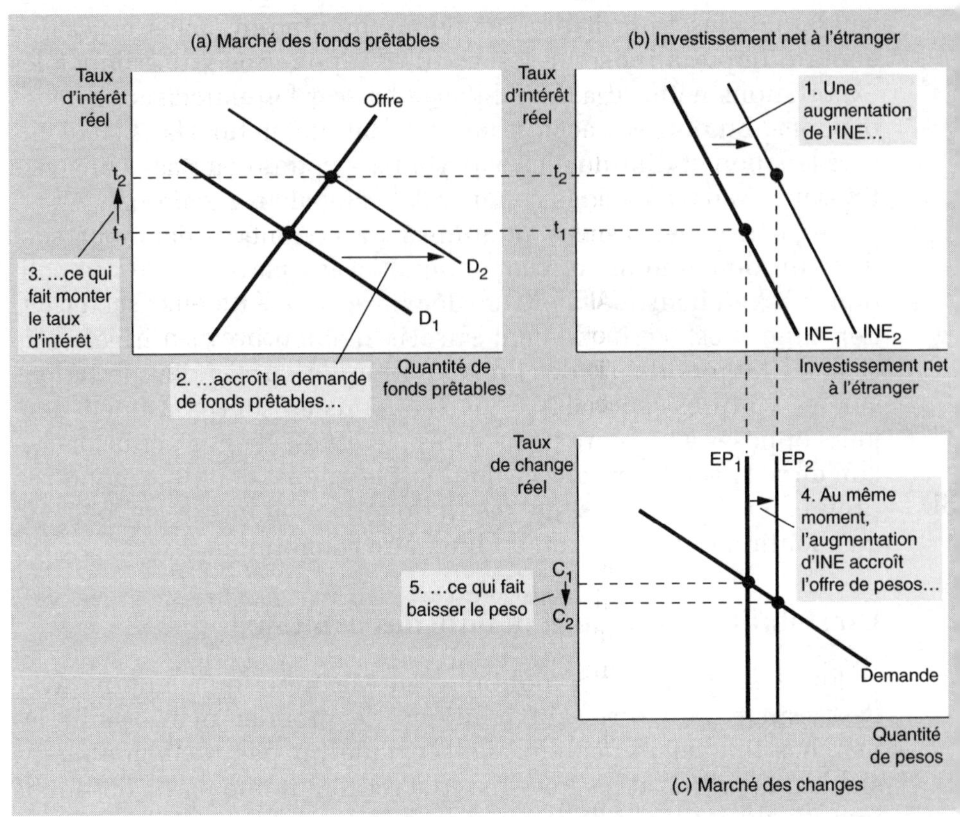

FIG. 30.7 **Les effets de la fuite des capitaux.** Quand les capitaux quittent un pays jugé peu stable par les investisseurs, cela fait augmenter l'INE du pays. La demande de fonds prêtables augmente donc, ce qui pousse les taux d'intérêt à la hausse. En même temps, l'offre de la devise augmente, et la monnaie nationale perd de la valeur.

Mexique tend à élever le taux d'intérêt mexicain et à déprécier le peso. C'est exactement ce qui s'est passé en 1994.

L'impact de la fuite des capitaux est surtout important pour le pays qui voit ses capitaux s'envoler. Mais il n'est pas négligeable pour les autres pays. Quand les capitaux quittent le Mexique pour s'installer aux États-Unis, il se passe dans ce dernier pays l'inverse de ce qui se passe au Mexique : le dollar s'apprécie et les taux d'intérêt américains baissent. Compte tenu de la taille de l'économie américaine, cet impact est néanmoins de faible importance.

Les États-Unis pourraient-ils connaître une fuite des capitaux comme celle qui a déprimé l'économie mexicaine ? Certains développements politiques ont parfois suscité quelques velléités de retraits de capitaux. Par exemple, en septembre 1995, quand le leader du Congrès, News Gingrich, menaça de mettre les États-Unis en faillite pour obliger l'administration Clinton à équilibrer le budget aux conditions souhaitées par les Républicains. Même si personne ne crut vraiment à cette menace, l'effet d'annonce fut similaire, toutes proportions gardées, au traumatisme enregistré par le Mexique en 1994. En un jour, le taux d'intérêt sur les obligations d'État à 30 ans passa de 6,46 % à 6,55 %, et le dollar passa de 102,7 à 99 yens. Même une économie stable comme l'économie américaine ne peut être complètement immunisée contre la fuite des capitaux.

■ **VÉRIFIEZ VOS CONNAISSANCES** Supposons que les Américains décident de consommer moins. Quelles seraient les conséquences de cette décision sur l'épargne, l'investissement, les taux d'intérêt, le taux de change réel et la balance commerciale ?

30.4 CONCLUSION

L'économie internationale est un sujet de plus en plus important. Les échanges américains avec l'étranger sont de plus en plus nombreux, tant sur les marchés physiques que sur les marchés financiers. Et il est devenu impossible de parler de développement économique sans en envisager la composante internationale. Ce chapitre nous aura fourni un modèle élémentaire d'analyse de l'économie ouverte.

Mais il ne faut pas non plus exagérer l'importance des problèmes internationaux. Les responsables politiques et les commentateurs ont vite fait d'accuser les étrangers d'être à l'origine de tous les maux du pays, alors que, bien souvent, ces problèmes ont une origine domestique. Les hommes politiques aiment bien présenter la concurrence étrangère comme une menace pour le niveau de vie américain. Les économistes feront plutôt remarquer le faible taux d'épargne, qui se traduit toujours par une baisse du niveau de vie, que l'économie soit ouverte ou fermée. Les étrangers constituent une cible privilégiée des hommes politiques, puisqu'ils ne votent pas. Il est donc important de pouvoir distinguer entre le mythe et la réalité, ce que les outils présentés dans les deux derniers chapitres vous aideront à faire.

RÉSUMÉ

◆ Deux marchés sont essentiels pour analyser le fonctionnement d'une économie ouverte : celui des fonds prêtables et celui des changes. Sur le marché des fonds prêtables, le taux d'intérêt assure l'équilibre entre l'offre de prêts (qui trouve son origine dans l'épargne nationale) et la demande de prêts (pour l'investissement domestique et l'investissement net à l'étranger). Sur le marché des changes, le taux de change réel assure l'équilibre entre l'offre de dollars (pour l'investissement net à l'étranger) et la demande de dollars (dont l'origine se trouve dans les exportations nettes). Comme l'investissement net à l'étranger est l'une des composantes de la demande de fonds prêtables et constitue la source de l'offre de dollars sur le marché des changes, il assure le lien entre ces deux marchés.

- Toute politique qui réduit l'épargne nationale, comme un déficit budgétaire, réduit par conséquent l'offre de fonds et pousse le taux d'intérêt vers le haut. Ce qui tend à réduire l'investissement net à l'étranger, donc l'offre de dollars sur le marché des changes. Le dollar s'apprécie donc et les exportations diminuent.
- Même si les politiques protectionnistes, comme des taxes ou des quotas à l'importation, sont parfois défendues en vue d'améliorer la balance commerciale, elles ne peuvent atteindre un tel objectif. Si les États-Unis menaient de telles politiques, cela augmenterait en effet les exportations nettes et donc la demande de dollars sur le marché des changes. Il en résulterait une appréciation du dollar qui nuirait au développement des exportations nettes et compenserait l'effet bénéfique initial.
- L'instabilité politique d'un pays peut conduire les investisseurs à se défaire de leurs avoirs dans le pays en question. Cette fuite des capitaux provoque une hausse des taux d'intérêt et une dépréciation de la devise.

CONCEPTS CLÉS – DÉFINITIONS

Politique de commerce extérieur : ensemble de mesures gouvernementales influençant directement la quantité de biens et services importée ou exportée par un pays.

Fuite des capitaux : réduction soudaine et importante de la demande d'actifs dans un pays donné.

QUESTIONS DE RÉVISION

1. Décrire l'offre et la demande sur les marchés des fonds prêtables et des changes. Quelle est la relation entre ces marchés ?
2. Pourquoi les déficits budgétaire et commercial sont-ils parfois appelés les déficits jumeaux ?
3. Imaginons qu'un syndicat de l'industrie textile encourage les gens à n'acheter que des vêtements fabriqués aux États-Unis. Quel sera l'impact de ce comportement sur la balance commerciale et le taux de change réel ? Quel sera l'impact sur l'industrie textile ? Et sur l'industrie automobile ?

4. Imaginons que le Congrès adopte une disposition fiscale subventionnant l'investissement domestique. Quel en sera l'effet sur l'épargne, l'investissement domestique, l'investissement net à l'étranger, le taux d'intérêt, le taux de change et la balance commerciale ?

PROBLÈMES D'APPLICATION

1. Le Japon est un habitué de l'excédent commercial. À votre avis, cela s'explique-t-il par une forte demande étrangère de produits japonais, une faible demande japonaise de produits étrangers, un taux d'épargne japonais élevé ou des barrières à l'importation au Japon ?
2. Quel serait l'effet sur la courbe d'exportations nettes américaines d'une hausse des revenus des étrangers ? Quelle en serait la conséquence sur la valeur du dollar sur le marché des changes ?
3. Un article du *New York Times* (14 avril 1995) sur la baisse continuelle du dollar affirmait que « le Président (avait) clairement l'intention de réduire le déficit budgétaire, ce qui devrait contribuer à rendre le dollar plus attractif pour les investisseurs ». La réduction du déficit va-t-elle vraiment faire monter le dollar ? Expliquez.
4. Un article du *New York Times* titrait : « Sauvons le dollar : encourageons l'épargne. » Quel serait l'effet sur la valeur du dollar d'une augmentation de l'épargne nationale ? Est-ce l'effet que l'auteur de l'article avait en tête ?
5. Nous avons vu dans ce chapitre que le déficit commercial américain était largement dû à l'accroissement du déficit budgétaire. Pourtant, la presse populaire affirme que le déficit commercial est dû à la perte de compétitivité des produits américains par rapport aux produits étrangers :

   a. Imaginons que les produits américains aient été moins attirants pour les étrangers dans les années 80. Quelle en aurait été la conséquence sur les exportations nettes, pour tout niveau de taux d'intérêt ?

   b. Sur un graphique à trois planches, montrez les conséquences de cette variation sur le taux de change réel et la balance commerciale.

   c. Les dires de la presse populaire sont-ils cohérents avec le modèle présenté dans ce chapitre ? Une diminution de l'attractivité des produits américains affecte-t-elle notre niveau de vie ? *(Indice : quand nous vendons nos produits à l'étranger, qu'obtenons-nous en échange ?)*
6. Un journaliste a écrit un jour : « L'un des avantages pour les États-Unis de lever les obstacles au libre-échange est de favoriser les industries américaines qui travaillent beaucoup pour l'exportation. Celles-ci vendraient plus facilement leurs produits à l'étranger, même si les pays étrangers ne réduisent pas leurs propres barrières à l'importation. » Expliquez comment les exportations américaines peuvent bénéficier d'une disparition des contraintes à l'importation aux États-Unis.

7. Imaginons que les Français se mettent à adorer le vin californien :
   a. Comment évolue la demande de dollars sur le marché des changes ?
   b. Comment évolue la valeur du dollar ?
   c. Comment évolue la quantité de dollars négociés sur le marché des changes ?
   d. Comment évolue la quantité d'exportations nettes ?
   Expliquez de manière discursive et à l'aide d'un graphique.
8. Un sénateur a déclaré : « Le déficit commercial américain doit être réduit, mais les quotas à l'importation ne font qu'énerver nos partenaires commerciaux. En subventionnant les exportations américaines, nous pouvons réduire le déficit en augmentant notre compétitivité. » En utilisant le graphique à trois planches, montrez l'effet d'une subvention aux exportations sur les exportations nettes et le taux de change réel. Êtes-vous d'accord avec le sénateur ?
9. Supposons que les taux d'intérêt réels augmentent partout en Europe. Expliquez l'effet de cette hausse sur l'investissement net américain à l'étranger. Puis expliquez comment cette variation de l'INE affectera les exportations nettes américaines. Comment évoluera le taux de change réel ?
10. Imaginez que les Américains décident d'épargner davantage :
   a. Si l'élasticité de l'INE américain au taux d'intérêt réel est élevée, cette augmentation de l'épargne privée aura-t-elle un gros ou un faible effet sur l'investissement domestique ?
   b. Si l'élasticité des exportations américaines au taux d'intérêt réel est faible, cette augmentation de l'épargne privée aura-t-elle un gros ou un faible effet sur le taux de change réel ?
11. Imaginons que les Européens décident d'investir massivement au Canada :
   a. Comment évolue l'INE canadien ?
   b. Comment évoluent l'épargne privée canadienne et l'investissement domestique canadien ?
   c. Quel est l'impact à long terme sur le stock de capital canadien ?
12. Au cours des dix dernières années, une partie de l'épargne japonaise a financé l'investissement américain. L'INE américain au Japon a donc été négatif :
   a. Si les Japonais ne voulaient plus d'actifs américains, que se passerait-il sur le marché américain des fonds prêtables ? Plus particulièrement, comment évolueraient les taux d'intérêt américains, l'épargne américaine et l'investissement domestique aux États-Unis ?
   b. Que se passerait-il sur le marché des changes ? Comment évolueraient le dollar et la balance commerciale américaine ?
13. *(Problème plus difficile.)* La plupart des modèles de l'économie ouverte considèrent qu'une baisse de l'épargne nationale provoque un déclin de l'investissement net à l'étranger et donc des exportations nettes. Par ailleurs, les économistes ont constaté que l'épargne avait été

égale à l'investissement domestique pendant très longtemps dans de nombreux pays :

a. En quoi y a-t-il contradiction entre ces deux faits ?

b. Imaginez que les investisseurs ne veuillent pas accumuler trop d'actifs d'un même pays. Cela permet-il de résoudre le paradoxe ?

c. Si les investisseurs ne souhaitent pas accumuler trop d'actifs américains, comment évoluera le déficit commercial américain, même si le déficit budgétaire demeure constant ?

Partie XII

Les fluctuations économiques de court terme

CHAPITRE 31

OFFRE ET DEMANDE GLOBALES

Dans ce chapitre, vous allez :

- apprendre trois caractéristiques des fluctuations économiques de court terme
- voir les différences entre l'économie à court et à long termes
- développer une théorie de l'économie à court terme, appelée modèle de l'offre et de la demande globales
- voir comment des variations de l'offre ou de la demande globale peuvent causer des récessions

Les économies fluctuent d'une année sur l'autre. La plupart du temps, la production de biens et services augmente, conséquence de la croissance de la population active, du stock de capital et du progrès technologique. Cette croissance économique permet à chacun de bénéficier d'un niveau de vie toujours plus élevé. Au cours des cinquante dernières années, le PIB réel américain a crû en moyenne de 3 % par an.

Mais parfois, cette croissance n'est pas au rendez-vous. Les entreprises n'arrivent pas à écouler la totalité de leur production et elles produisent donc moins. Elles licencient du personnel et le chômage augmente. Les usines tournent au ralenti, le PIB réel diminue. On parle alors d'une *récession*, si le phénomène n'est pas trop sévère, ou d'une *dépression* s'il prend une grande ampleur.

Quelle est l'origine des fluctuations à court terme de l'économie ? Peut-on les éviter ou en amoindrir les effets ? Telles sont les questions traitées dans ce chapitre et les deux suivants.

Les variables que nous allons étudier sont celles que nous connaissons déjà : PIB, chômage, taux d'intérêt, taux de change, niveau des prix. C'est l'horizon temporel qui diffère. Dans les chapitres 24 à 30, nous avons considéré l'économie à long terme ; maintenant nous allons nous intéresser aux fluctuations de court terme.

Pour ce faire, nous allons développer le modèle d'offre et de demande globales, le plus fréquemment utilisé pour étudier l'économie à court terme. Dans ce chapitre, nous introduisons les deux composantes élémentaires du modèle : offre globale et demande globale. Dans les deux chapitres suivants, nous examinerons le modèle plus en détail.

31.1 TROIS VÉRITÉS CONCERNANT LES FLUCTUATIONS ÉCONOMIQUES

Toutes les économies sans exception connaissent des fluctuations de leur PIB réel. Pour comprendre ces fluctuations de court terme, commençons par voir ce qu'elles ont en commun.

Vérité n° 1. — Les fluctuations économiques sont irrégulières et imprévisibles

On désigne souvent les fluctuations économiques par le terme de *cycle économique*. Quand le PIB réel croît rapidement, les affaires sont bonnes : les clients sont nombreux et les profits confortables. Quand le PIB réel décline, les chiffres d'affaires et les profits chutent, et les entreprises connaissent des problèmes.

Le terme de cycle économique pose néanmoins un problème : il tend à faire croire à une certaine régularité, alors que les fluctuations économiques sont tout sauf régulières et sont quasiment impossibles à prévoir précisément. La figure 31.1 (planche A) montre l'évolution du PIB réel américain depuis 1965. Les zones grisées sont les périodes de récession. On constate que la durée qui les sépare est irrégulière. Certaines récessions se succèdent rapidement, comme celles de 1980 et de 1982, alors qu'on peut passer de très nombreuses années sans en retrouver.

Vérité n° 2. — La plupart des grandeurs macro-économiques évoluent de concert

Le PIB réel est la variable la plus suivie pour analyser les variations à court terme de l'économie, puisque c'est la mesure la plus globale de l'activité économique. Comme nous l'avons vu plus tôt, le PIB réel mesure la valeur de tous les biens et services produits sur une période de temps donnée. Il représente aussi le revenu total (ajusté de l'inflation) généré par l'économie.

Mais en fait, pour ce qui est des fluctuations à court terme, la variable étudiée importe peu, car la plupart des variables mesurant les revenus, la consommation ou la production tendent à varier en même temps. Quand le PIB réel diminue pendant une récession, les revenus des personnes physiques baissent, ainsi que les profits des entreprises, la consommation des ménages, l'investissement, la production industrielle, les ventes de détail, les ventes immobilières, les ventes d'automobiles, etc. Les récessions sont des phénomènes économiques qui touchent l'ensemble du tissu économique, et se retrouvent donc dans les principales variables étudiées.

Si les variables macro-économiques ont tendance à varier ensemble, elles ne fluctuent pas toutes dans les mêmes proportions. Comme on le constate sur la figure 31.1 (planche B), les dépenses d'investissement varient énormément selon la phase du cycle. Et si, en moyenne, l'investissement est à peu près égal au septième du PIB, la baisse de l'investissement explique les deux tiers des baisses de PIB durant les récessions. Autrement dit, quand les affaires vont mal, la plupart du déclin est attribuable à une chute des dépenses d'investissement, que ce soit en usines nouvelles, en logements neufs ou en stocks.

Vérité n° 3. — Quand la production diminue, le chômage augmente

Cette relation n'est guère surprenante : quand les entreprises décident de réduire leur production, elles licencient une partie de

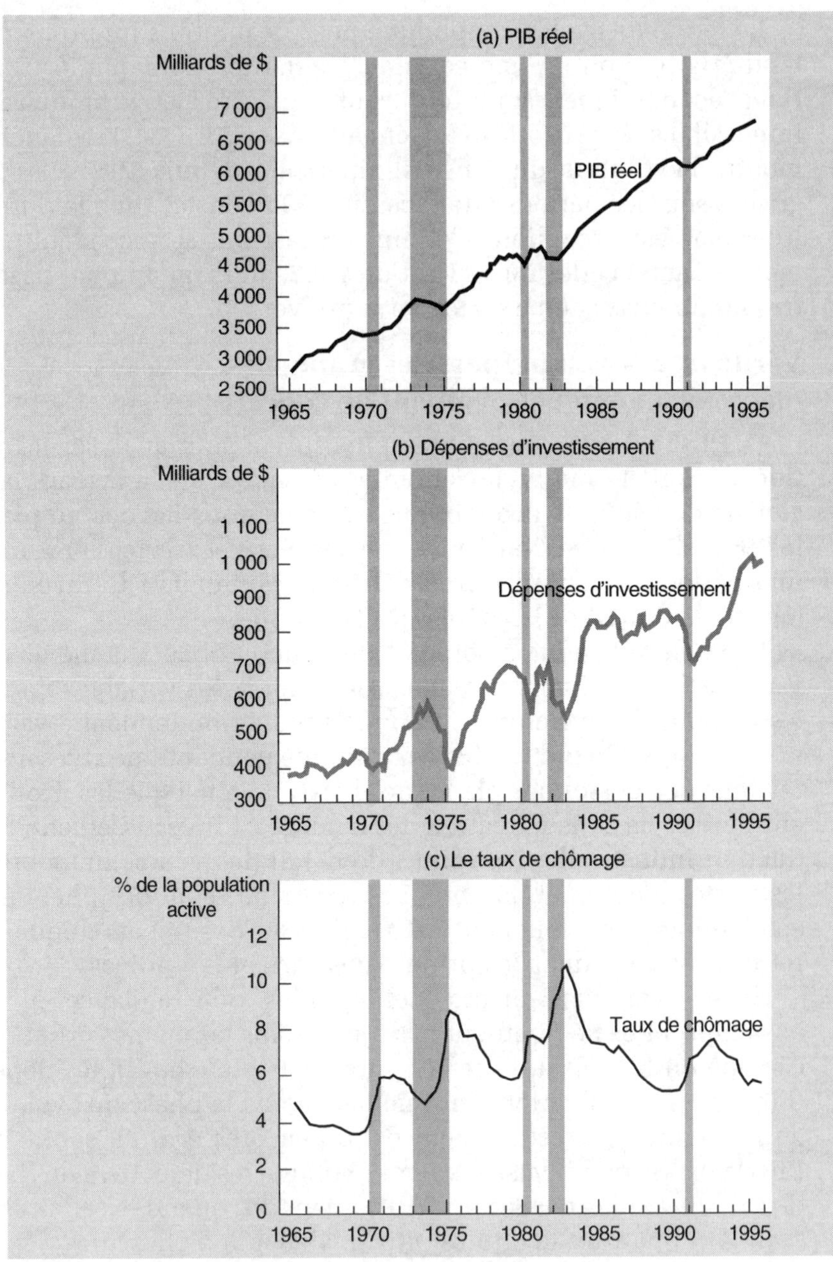

FIG. 31.1 **Les fluctuations économiques de court terme.** Cette figure montre l'évolution du PIB réel, de l'investissement et du chômage aux États-Unis, trimestre par trimestre, depuis 1965. Les périodes de récession – pendant lesquelles le PIB décroît – sont marquées en gris. Vous noterez que le PIB réel et l'investissement déclinent pendant les périodes de récession, tandis que le chômage augmente.

Note. — Cette figure est construite avec une échelle logarithmique. Des distances verticales égales représentent donc des variations identiques en pourcentage.

Source. — Ministère américain du Commerce.

POUR VOTRE CULTURE GÉNÉRALE

La loi d'Okun

Le lien entre PIB réel et chômage est résumé dans la *loi d'Okun* qui a la forme suivante :

Var. du taux de chômage = – 1/2 x (%Var. du PIB réel – 3 %)

Quand le PIB réel progresse à son taux normal de 3 % l'an, le taux de chômage demeure constant. Si la croissance est supérieure à 3 %, le taux de chômage diminue : si la croissance est par exemple de 5 % d'une année à l'autre (soit 2 % de plus que normalement), le chômage tend à diminuer d'un point. Si au contraire la croissance n'est que de 1 %, le chômage tend à progresser de 2 points.

Cette loi porte le nom de l'économiste Arthur Okun, qui le premier étudia la relation entre variations du PIB réel et du chômage aux États-Unis. Il ne s'agit pas d'un principe scientifique, mais d'une constatation empirique qui ne s'applique qu'aux États-Unis. Pour d'autres pays, les chiffres de la formule seront différents, mais il y aura toujours une forte corrélation entre variations du PIB réel et variations du taux de chômage.

Cette loi nous rappelle que, dans un cycle d'activité, la quantité de biens et services produits (mesurée par le PIB réel) et la quantité de personnes qui trouvent du travail (mesurée par le taux de chômage) demeurent liées.

leur personnel, et le nombre de chômeurs croît. Au même moment, le nombre d'heures supplémentaires diminue, et le recours au temps partiel augmente. Finalement, durant les récessions, la durée hebdomadaire de travail diminue.

La figure 31.1 (planche C) montre l'évolution du taux de chômage depuis 1965 aux États-Unis. On y constate qu'à l'occasion de chaque récession, le taux de chômage augmente substantiellement. Quand la récession touche à sa fin et quand le PIB réel repart de l'avant, le taux de chômage décline progressivement. Toutefois, il ne tombe jamais à zéro ; au contraire, il se stabilise autour de 5 ou 6 %, son taux naturel.

■ **VÉRIFIEZ VOS CONNAISSANCES** Énumérer et décrire les trois caractéristiques fondamentales des fluctuations économiques.

31.2 EXPLIQUER LES FLUCTUATIONS ÉCONOMIQUES DE COURT TERME

Trouver la cause des fluctuations est plus difficile que les décrire. En fait, contrairement à ce que nous avons vu jusqu'à présent, ce sujet demeure un sujet de controverse entre économistes.

Ce chapitre et les deux suivants seront consacrés à la présentation du modèle le plus fréquemment utilisé par les économistes pour expliquer les variations économiques de court terme.

La différence entre le court et le long terme

Au cours des chapitres précédents, nous avons développé des théories expliquant comment sont déterminées les principales variables macro-économiques : productivité et PIB réel ; taux d'intérêt, épargne et investissement ; chômage ; masse monétaire, niveau général des prix, inflation, taux d'intérêt nominal ; balance commerciale et taux de change.

Toute cette analyse reposait sur deux idées : la dichotomie classique et la neutralité monétaire. Selon la dichotomie classique – qui distingue les variables réelles des variables nominales – les fluctuations de l'offre de monnaie n'affectent que les variables nominales, sans toucher les variables réelles. Du fait de cette neutralité monétaire, nous avons pu examiner les déterminants des variables réelles (PIB réel, taux d'intérêt réel et chômage) sans avoir recours aux variables nominales (offre monétaire et niveau général des prix).

Ces hypothèses sont-elles acceptables pour décrire le monde que nous connaissons ? *La plupart des économistes considèrent que la théorie classique décrit correctement le monde économique dans une perspective de long terme, mais pas à court terme.* Pour ce qui est des fluctuations annuelles, l'hypothèse de neutralité monétaire n'est plus acceptable. À court terme, variables réelle et nominale semblent indissolublement liées.

Il nous faut donc un autre modèle pour analyser l'économie à court terme. Pour le construire, nous allons utiliser les concepts déjà connus, mais en abandonnant les hypothèses de dichotomie classique et de neutralité monétaire.

Le modèle élémentaire des fluctuations économiques

Ce modèle met l'accent sur deux variables. La première est la production totale de biens et services, mesurée par le PIB réel. La seconde est le niveau général des prix, mesuré par l'indice des prix à la consommation ou le déflateur du PIB. Vous remarquerez que la production est une variable réelle, tandis que le niveau des prix est une variable nominale. En mettant l'accent sur la relation entre ces deux variables, on sort du cadre de la dichotomie classique.

Nous allons étudier les fluctuations globales de l'économie à l'aide du *modèle d'offre et de demande globales*, illustré par la figure 31.2. Sur l'axe vertical on trouve le niveau général des prix.

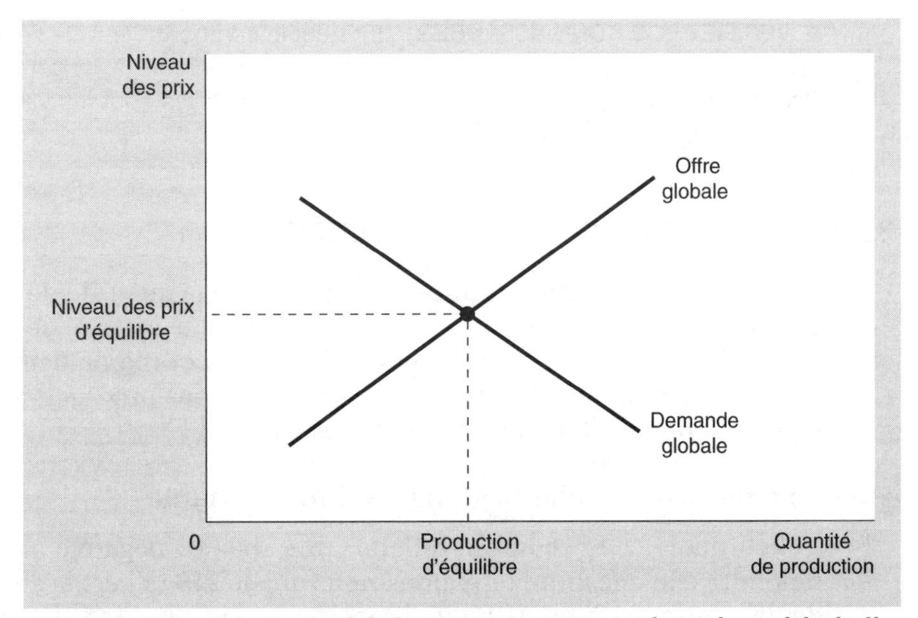

FIG. 31.2 **Offre et demande globales.** Les économistes utilisent le modèle d'offre et de demande globales pour analyser les fluctuations économiques. Le niveau général des prix figure sur l'axe vertical. La production de biens et services est représentée sur l'axe horizontal. Production et prix s'ajustent de manière à assurer l'équilibre de l'offre et de la demande globales.

Sur l'axe horizontal, on trouve la production globale. Le niveau des prix et la production s'ajustent de manière à assurer l'équilibre de l'offre et de la demande globales.

Si ce modèle ressemble à la figure d'offre-demande que nous avons vu pour la première fois dans le chapitre 4, il présente néanmoins quelques particularités. L'analyse de l'offre et de la demande sur un marché particulier, comme celui des cornets de glace par exemple, suppose que les ressources peuvent se déplacer d'un marché à l'autre. Ainsi, si le prix des glaces augmente, la demande décroît, car les acheteurs consacrent leurs ressources à des achats de produits autres que les glaces. De même, l'augmentation de ce prix incite les fabricants de glaces à embaucher davantage de travailleurs, en provenance d'autres secteurs économiques. Cette substitution micro-économique d'un marché à l'autre est impossible quand on considère l'ensemble de l'économie. En effet, la quantité que notre modèle cherche à expliquer – le PIB réel – comprend les quantités produites sur l'ensemble des marchés de l'économie. Il nous faut donc une théorie macro-économique, que nous allons développer immédiatement.

■ **VÉRIFIEZ VOS CONNAISSANCES** En quoi le comportement de l'économie à court terme est-il différent de celui de l'économie à long terme ? Dessiner le modèle d'offre et demande globales. Quelles sont les variables représentées sur les axes ?

31.3 LA COURBE DE DEMANDE GLOBALE

La courbe de demande globale nous indique la quantité de biens et services demandée par l'économie à chaque niveau de prix. Comme on le constate sur la figure 31.3, cette courbe de demande globale présente une pente négative : la baisse des prix tend à augmenter la demande de biens et services.

La courbe de demande globale est décroissante

Pourquoi cette courbe a-t-elle une pente négative ? Pour répondre à la question, rappelons-nous que le PIB (Y) est la somme de la consommation (C), de l'investissement (I), des dépenses publiques (DP) et des exportations nettes (EXN) :

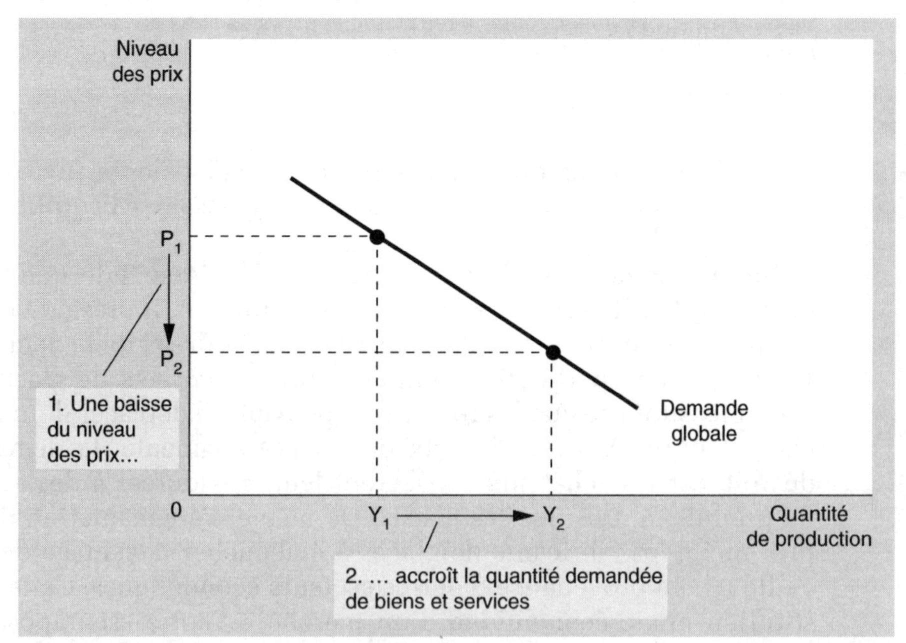

FIG. 31.3 **La courbe de demande globale.** La demande globale croît (de Y_1 à Y_2) quand les prix baissent (de P_1 à P_2) pour trois raisons. Quand les prix baissent, la richesse réelle du public s'accroît, les taux d'intérêt diminuent et le taux de change se détériore. Ces effets stimulent les dépenses de consommation, d'investissement et d'exportations nettes, ce qui contribue à augmenter la quantité demandée de biens et services.

$$Y = C + I + DP + EXN.$$

Chacun de ces quatre éléments contribue à la demande globale de biens et services. On peut considérer les dépenses publiques comme une variable de politique fixée par le gouvernement, mais les trois autres variables sont fonction des conditions économiques, et en particulier du niveau général des prix. Pour comprendre la pente négative de la courbe de demande globale, il faut donc examiner comment le niveau général des prix influe sur la consommation, l'investissement et les exportations nettes.

Effet de richesse de Pigou

La valeur nominale de l'argent que vous possédez, dans votre portefeuille ou sur votre compte en banque, est constante, mais sa valeur réelle varie en fonction du niveau des prix. Si les prix baissent, votre argent vous permet de consommer davantage. Ainsi, la *baisse du niveau général des prix donne aux consommateurs l'impression d'être plus riches, ce qui les encourage à consommer davantage. Cette consommation supplémentaire signifie un accroissement de la demande globale.* Cet effet de richesse fut présenté par Arthur Pigou (1877-1959), et il porte le nom de cet économiste.

Effet de taux d'intérêt de Keynes

Quand les prix baissent, les ménages ont moins besoin d'argent pour acheter les biens et services qu'ils veulent. Donc quand les prix baissent, le public tend à réduire ses avoirs monétaires, en en prêtant une partie. Les ménages peuvent par exemple acheter des obligations ou déposer leur argent sur des comptes rémunérés, et la banque utilisera ces sommes pour financer des prêts. Dans les deux cas, alors que les ménages transforment leur argent en actifs porteurs d'intérêt, ils font baisser les taux d'intérêt. Cette baisse des taux favorise l'investissement des entreprises qui acquièrent des usines nouvelles ou des équipements supplémentaires, et des ménages qui achètent des logements neufs. Ainsi, l*a baisse des prix fait baisser les taux d'intérêt, ce qui fait monter les dépenses en biens d'investissement et donc la demande globale.* Cet effet de taux d'intérêt fut présenté par Keynes (1883-1946) et porte son nom.

Effet de taux de change de Mundell-Fleming

Comme nous venons de le voir, la baisse des prix aux États-Unis fait baisser le taux d'intérêt américain. Par conséquent, certains investisseurs américains chercheront des rendements supérieurs sur des actifs étrangers : ils vendront par exemple leurs obligations américaines pour acheter des obligations allemandes. Ces opérations accroissent l'offre de dollars sur le marché des changes, ce qui fait baisser le dollar par rapport aux autres monnaies. Les produits étrangers deviennent donc comparativement plus chers que les produits américains : les exportations américaines augmentent, tandis que les importations américaines diminuent. *Donc la baisse des prix américains fait baisser les taux d'intérêt américains, le taux de change réel se dégrade, ce qui stimule les exportations nettes, et accroît la demande globale de biens et services.* Cet effet de taux de change fut présenté par les économistes Robert Mundell et Marcus Fleming.

Il y a donc trois raisons différentes, mais connexes, pour lesquelles la baisse des prix provoque une augmentation de la demande de biens et services. (1) Les consommateurs se sentent plus riches, ce qui stimule la demande de biens de consommation. (2) Les taux d'intérêt diminuent, ce qui stimule la demande de biens d'investissement. (3) La monnaie se déprécie, ce qui stimule les exportations nettes. Pour ces trois raisons, la courbe de demande globale présente une pente négative.

Notons que ces explications présupposent une masse monétaire constante. Nous verrons dans le chapitre suivant que les variations de la masse monétaire se traduisent par des déplacements de la courbe de demande globale. Pour l'instant, gardons à l'esprit que la courbe de demande globale est donnée pour une masse monétaire constante.

La courbe de demande globale peut se déplacer

La pente négative de la courbe de demande globale signifie qu'une baisse du niveau général des prix déclenchera une hausse de la demande globale de biens et services. Mais cette demande est aussi dépendante d'un certain nombre d'autres facteurs. Si l'un de ceux-ci évolue, la courbe de demande globale se déplace.

On trouvera ci-dessous quelques exemples d'événements susceptibles d'occasionner un déplacement de la demande globale :

– les Américains, soudain préoccupés pour leur retraite, épargnent davantage, et donc réduisent leur consommation. La demande globale se déplace vers la gauche ;

– l'industrie informatique a développé de nouveaux ordinateurs plus rapides, et de nombreuses entreprises décident d'acheter ces nouveaux équipements. La demande globale se déplace vers la droite ;

– le Congrès décide de réduire les dépenses militaires. La courbe de demande globale se déplace vers la gauche ;

– la banque centrale imprime des billets et les lâche sur le pays depuis un hélicoptère. Les gens qui ont ramassé ces billets partent les dépenser. La demande globale se déplace vers la droite.

Les deux premiers exemples concernent des décisions de consommation et d'investissement de la part des ménages et des entreprises. Les deux derniers concernent des modifications de politique budgétaire et monétaire. Les variations de la demande globale peuvent trouver leur origine dans le secteur privé, ou dans le secteur public.

Dans le prochain chapitre, nous étudierons en détail ces variations. Nous verrons en particulier comment les politiques monétaire et fiscale peuvent affecter la demande globale.

■ **VÉRIFIEZ VOS CONNAISSANCES** Expliquer les trois raisons pour lesquelles la courbe de demande globale est décroissante. Donner un exemple d'événement susceptible de déplacer la courbe de demande globale. Dans quelle direction aurait lieu ce déplacement ?

31.4 LA COURBE D'OFFRE GLOBALE

Cette courbe indique la quantité de biens et services produite et vendue par les entreprises à chaque niveau des prix. L'allure de la courbe d'offre globale est très liée à l'horizon de temps considéré. *À long terme, cette courbe est verticale, alors qu'à court terme elle présente une pente positive.* Il nous faut maintenant examiner la courbe de long terme et celle de court terme.

Pourquoi la courbe d'offre globale est verticale à long terme

De quoi dépend la quantité de biens et services offerte à long terme ? La réponse a été donnée dans un chapitre précédent, consacré aux déterminants de la production et de la croissance. *À long terme, l'offre de biens et services est fonction de l'offre de travail, de l'offre de capital et de la technologie transformant capital et travail en biens et services.* Aucun de ces facteurs déterminants n'est dépendant du niveau général des prix, de sorte que l'offre de biens et services de long terme est une droite verticale, comme sur la figure 31.4. La quantité globale offerte à long terme est la même quel que soit le niveau général des prix.

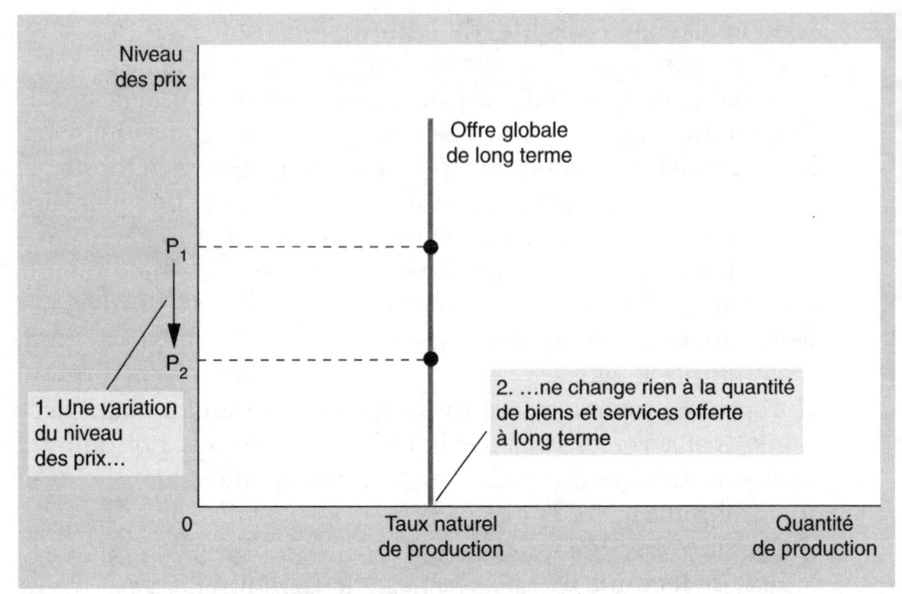

FIG. 31.4 **La courbe d'offre globale de long terme.** À long terme, la quantité produite est indépendante du niveau des prix, et dépend des quantités de travail et de capital disponibles, ainsi que de la technologie existante. Donc, la courbe d'offre globale à long terme est verticale au niveau naturel de production.

Il s'agit là d'une application de la dichotomie classique et de la neutralité monétaire. La quantité de production (variable réelle) est indépendante du niveau général des prix (variable nominale). Comme nous l'avons déjà dit, cette hypothèse fonctionne correctement à long terme, mais pas à court terme.

On pourrait se demander pourquoi la courbe d'offre d'un produit particulier est croissante, alors que la courbe d'offre globale est verticale. Cela s'explique par le fait que l'offre d'un produit donné est fonction des *prix relatifs* – le prix du produit considéré comparé aux prix des autres produits de l'économie. Par exemple, quand le prix des glaces augmente, les fabricants de glace accroissent leur production, consommant plus de travail et d'autres facteurs de production, au détriment de la production d'autres produits, comme les yaourts glacés. Pour l'économie entière, il existe une contrainte donnée en termes de travail, de capital et de technologie. Quand les prix montent, la quantité offerte ne change pas.

Pourquoi l'offre globale de long terme peut évoluer

La position de la courbe d'offre globale de long terme indique la quantité de biens et services prévue par la théorie macro-économique classique. Ce niveau de production est parfois appelé *production potentielle* ou *production de plein-emploi*. Ces termes sont peu précis, car, comme nous le verrons bientôt, la production effective peut être supérieure ou inférieure à ce niveau. Appelons donc ce niveau le *niveau naturel de production*, qui indique la production de l'économie quand le chômage est à son taux naturel ou normal. Ce niveau naturel de production est le niveau vers lequel l'économie tend à long terme.

Toute modification dans l'économie qui affecte ce niveau naturel de production déplace la courbe d'offre globale de long terme. Si par exemple le stock de capitaux dans l'économie progresse, il en résulte une augmentation de la productivité et donc de la quantité de biens et services fournie. La courbe d'offre globale de long terme se déplace alors vers la droite. Dans le chapitre 24, nous avons vu de nombreux facteurs qui influent sur la croissance économique à long terme, dont les politiques d'épargne, d'investissement, d'éducation, de technologie, de commerce international, etc. Chaque fois que l'un de ces facteurs modifie la capacité productive de l'économie, la courbe d'offre globale de long terme se déplace.

La position de cette courbe est aussi fonction du taux naturel de chômage, présenté au chapitre 26. Si le Congrès augmente le salaire minimal légal, le taux naturel de chômage augmentera, et l'économie produira moins de biens et services. La courbe d'offre globale de long terme se déplacera vers la gauche.

En résumé, la courbe d'offre globale de long terme n'est rien d'autre qu'une nouvelle façon de décrire le modèle classique de l'économie développé dans les chapitres précédents. Tous les événements ou politiques susceptibles d'affecter le PIB réel peuvent déplacer cette courbe dans un sens ou dans l'autre.

Pourquoi la courbe d'offre globale se redresse à court terme

La différence essentielle entre le court et le long terme réside dans le comportement de l'offre globale. À court terme, la courbe d'offre globale a une pente positive, comme sur la figure 31.5. *Sur un an ou deux, une augmentation du niveau général des prix tend à pousser vers le haut la production de biens et services, et une baisse des prix tend à déprimer la production.*

Les économistes ont proposé trois explications à cette relation positive entre niveau des prix et production à court terme. Chacune met l'accent sur une imperfection de marché particulière qui fait que l'offre globale se comporte différemment à court terme et à long terme. Si les théories sont différentes dans les détails, elles tournent

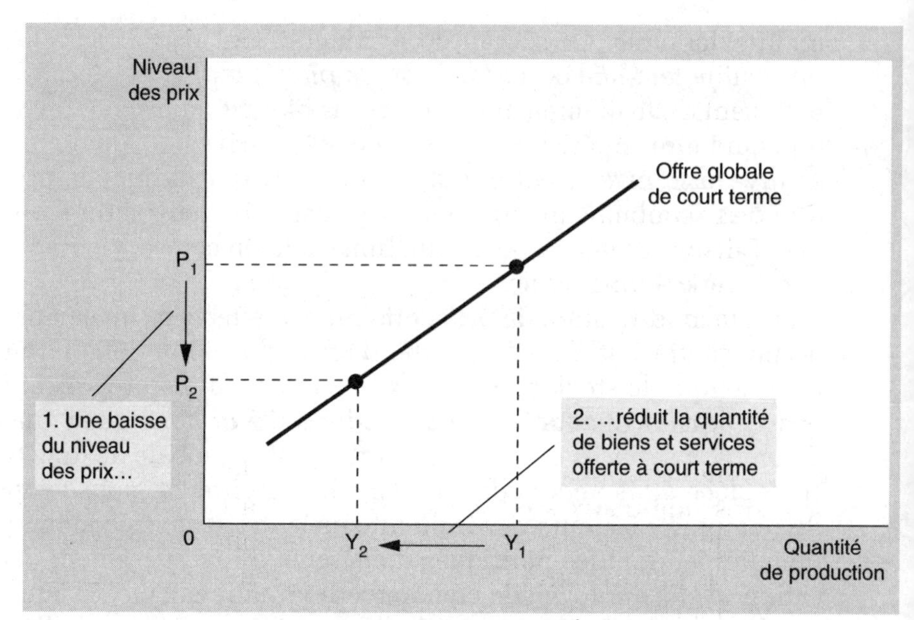

FIG. 31.5 **La courbe d'offre globale à court terme.** À court terme, la quantité produite diminue en même temps que les prix. Cela peut être dû à des mésinterprétations de prix relatifs, à la viscosité des salaires ou à celle des prix. Avec le temps, les perceptions du public, les salaires et les prix finissent par s'adapter, et cette relation positive entre prix et quantité produite disparaît.

toutes autour du même thème : la quantité produite s'éloigne de son niveau naturel de long terme quand le niveau général des prix est différent de celui que les gens attendaient. Quand les prix s'avèrent supérieurs aux attentes, la production s'élève au-dessus du taux naturel, et quand les prix s'avèrent inférieurs aux attentes, la production tombe en dessous de son taux naturel.

La théorie néo-classique des mésinterprétations ou des anticipations adaptatives

Certains économistes, dont les Prix Nobel Milton Friedman et Robert Lucas, ont fait remarquer que les variations du niveau des prix étaient à l'origine d'erreurs de jugement temporaires, importantes pour comprendre l'offre globale de court terme. Du fait de ces ressentis erronés, les fournisseurs réagissent aux variations du niveau des prix, et ces réactions aboutissent à une courbe d'offre globale de court terme croissante.

Imaginons par exemple que le niveau général des prix s'avère inférieur aux attentes du public. Les producteurs peuvent être amenés à considérer faussement que le *prix relatif* de leurs produits a baissé. Par exemple, les agriculteurs noteront la baisse du prix du blé qu'ils vendent avant de remarquer que tous les produits qu'ils achètent ont baissé. Ils peuvent déduire de cette constatation que la demande de blé faiblit, et décider de réduire la production. De la même manière, les travailleurs ressentiront la baisse de leurs salaires nominaux avant de constater la baisse des prix de tous les produits qu'ils consomment. Ce qui les amènera à réduire leur offre de travail. *Dans les deux cas, une baisse du niveau général des prix conduit à une mésinterprétation des prix relatifs, qui pousse les producteurs à réduire leur production.*

La théorie keynésienne de la viscosité des salaires

Keynes a proposé une autre explication, fondée sur le fait que les salaires nominaux sont lents à s'adapter à court terme, peut-être parce qu'ils établissent dans le cadre de contrats de longue durée, ou parce que les conventions sociales et une certaine idée de justice en veulent ainsi.

Imaginons une entreprise qui verse un salaire nominal à ses employés, fondé sur ses propres anticipations quant au niveau futur des prix. Si le niveau effectif des prix (P) s'avère inférieur aux attentes de l'entreprise, et si le salaire nominal reste ce qui avait été convenu (S), alors le salaire réel S/P devient supérieur à ce qu'avait prévu l'entreprise. Or, ce salaire réel est un déterminant essentiel des coûts de production, dont la hausse provoque une réduction de la quantité produite. *Les salaires ne s'adaptant pas immédiatement au niveau général des prix, une baisse de celui-ci accroît le coût réel du travail, ce qui incite les producteurs à réduire la quantité produite.*

La théorie néo-keynésienne de la viscosité des prix

Selon cette théorie, les salaires ne sont pas les seuls prix qui sont lents à s'adapter aux nouvelles conditions économiques. Ce long processus d'ajustement des prix s'explique en partie par les coûts d'ajustement, appelés coûts d'affichage, qui regroupe les coûts d'impression de nouveaux catalogues et de retirage des étiquettes. Du fait de ces coûts, les prix et les salaires peuvent être visqueux à court terme.

Face à une demande plus faible, certaines entreprises réagiront plus vite que d'autres pour diminuer leurs prix. Les entreprises les moins rapides à réagir auront donc des prix trop élevés, leurs ventes baisseront, ce qui les conduira à réduire leur production et à licencier. *Autrement dit, dans la mesure où tous les prix ne s'adaptent pas à la même vitesse aux conditions économiques changeantes, une baisse du niveau général des prix fait apparaître certains prix comme trop élevés, ce qui déprime les ventes et conduit à une réduction de la production.*

Il y a donc trois explications alternatives au caractère croissant de la courbe d'offre globale de court terme : (1) mésinterprétations, (2) viscosité des salaires et (3) viscosité des prix. Les économistes cherchent toujours à savoir laquelle de ces théories est la plus appropriée. Pour nous ici, les similitudes entre ces théories sont plus importantes que les différences : toutes trois indiquent que la production s'écarte de son niveau naturel lorsque le niveau des prix s'avère différent de ce qui était anticipé.

Vous remarquerez que ces trois explications ne peuvent tenir qu'à court terme. Que l'explication soit une mésinterprétation des prix relatifs, une viscosité des salaires ou une viscosité des prix, aucun de ces phénomènes ne peut s'éterniser. Les mésinterprétations finissent par être corrigées, les salaires nominaux finissent par s'ajuster, et les prix par s'adapter. À long terme donc, la courbe d'offre globale est bien verticale.

Pourquoi la courbe d'offre globale de court terme peut se déplacer

La courbe d'offre globale de court terme nous indique la quantité de biens et services produite à court terme, à chaque niveau de prix. La plupart des événements qui affectent l'offre globale de long terme sont susceptibles de déplacer aussi la courbe d'offre globale de court terme. Par exemple, quand une hausse du salaire minimal légal pousse le taux naturel de chômage vers le haut, les courbes d'offre globale de court et de long termes se déplacent vers la gauche.

Mais il y a maintenant une nouvelle variable qui joue sur la position de la courbe d'offre globale de court terme : les anticipations du niveau général des prix. Beaucoup de décisions économiques sont fondées sur de telles anticipations, et cela est particulièrement vrai de la fixation des salaires et des prix. Par exemple, si le public attend des prix élevés, il aura tendance à demander des salaires élevés. Ce qui pousse à la hausse les coûts de production et donc réduit la production de biens et services. Ainsi, *plus les prix attendus sont élevés, plus l'offre de biens et services est réduite et plus la courbe d'offre globale de court terme se déplace vers la gauche. Inversement, plus les prix attendus sont faibles, plus la quantité offerte est importante, et plus la courbe d'offre globale de court terme se déplace vers la droite.*

Comme on le verra plus tard, ce sont ces anticipations qui permettent de réconcilier le comportement de l'économie à court terme avec son comportement à long terme. À court terme, les anticipations sont fixes, et l'économie se trouve à l'intersection de la courbe de demande globale et de la courbe d'offre globale de court terme. À long terme, les anticipations s'ajustent et la courbe d'offre globale de court terme se déplace. Et finalement, l'économie se retrouve à l'intersection de la courbe de demande globale et de la courbe d'offre globale de long terme.

■ **VÉRIFIEZ VOS CONNAISSANCES** Expliquer pourquoi la courbe d'offre globale de long terme est verticale. ■ Donner trois explications du caractère croissant de la courbe d'offre globale de court terme.

31.5 DEUX CAUSES DE RÉCESSION

Utilisons notre modèle pour essayer de comprendre l'origine des récessions. Cette question sera étudiée plus précisément au cours des deux prochains chapitres, mais nous pouvons déjà esquisser les grandes lignes de réponse.

La figure 31.6 montre une économie à l'équilibre de long terme. La production et le niveau des prix sont définis par l'intersection des

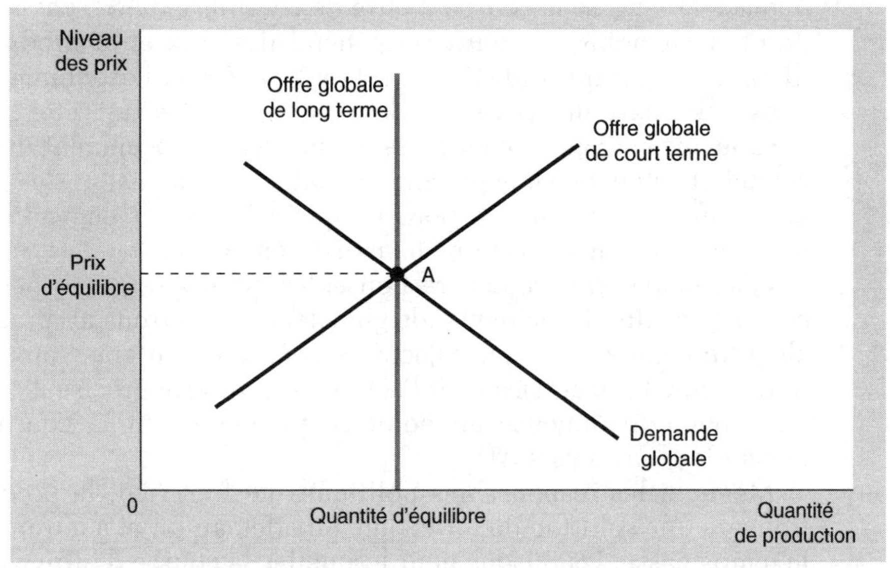

FIG. 31.6 **L'équilibre de long terme.** Il se trouve à l'intersection des courbes d'offre et de demande globale de long terme. Quand l'économie atteint ce point d'équilibre, perceptions subjectives des acteurs, les salaires et les prix se seront ajustés de sorte que la courbe d'offre de court terme passera elle aussi par ce point.

courbes d'offre et de demande globales, le point A de la figure. La production s'établit à son niveau naturel. La courbe d'offre globale de court terme passe par ce même point, ce qui signifie que les perceptions subjectives des agents, les salaires et les prix sont parfaitement ajustés aux conditions d'équilibre. Quand l'économie est à son équilibre de long terme, perceptions subjectives, salaires et prix se sont adaptés de telle sorte que l'intersection de la courbe de demande et de la courbe d'offre de court terme est la même que l'intersection de la courbe de demande et de la courbe d'offre de long terme.

Conséquences d'une variation de la demande globale

Imaginons l'économie emportée par une vague de pessimisme. Pour une raison quelconque – un krach boursier, un scandale à la Maison-Blanche, une guerre outre-mer – les gens perdent confiance en leur avenir. Les ménages réduisent leur consommation, les entreprises reportent leurs investissements. Quel effet une telle vague de pessimisme peut-elle avoir sur l'économie ?

La conséquence immédiate est une contraction de la demande globale de biens et services. Ménages et entreprises achètent moins qu'avant, et la courbe de demande globale se déplace vers la gauche, de AD_1 à AD_2, comme sur la figure 31.7.

Regardons en détail ce mouvement. À court terme, l'économie se déplace le long de la courbe d'offre de court terme AS_1, passant du point A au point B. Le niveau général des prix et la production diminuent tous deux (de P_1 à P_2, et de Y_1 à Y_2). Et l'économie entre dans une phase de récession. Cela n'apparaît pas sur cette figure, mais les firmes, qui voient leurs ventes baisser, licencient du personnel et le chômage augmente. En fait, le pessimisme s'est pour ainsi dire autojustifié : la porosité quant à l'avenir engendre une réduction des revenus et une hausse du chômage.

Que peuvent faire les responsables politiques ? Ils peuvent essayer de stimuler la demande globale. Nous verrons au prochain chapitre comment un tel objectif peut être atteint grâce aux politiques monétaire et fiscale. Si l'action est rapide et précise, l'économie peut être ramenée au point A en repoussant la courbe de demande globale vers AD_1.

Même si les responsables politiques ne font rien, le problème trouvera une solution de lui-même. En effet, au fur et à mesure que le temps passe, les raisons pour lesquelles la courbe d'offre globale est croissante s'estompent. Plus particulièrement, avec la baisse des anticipations quant au niveau des prix, les perceptions subjectives, les salaires et les prix s'ajustent, et la courbe d'offre globale de court

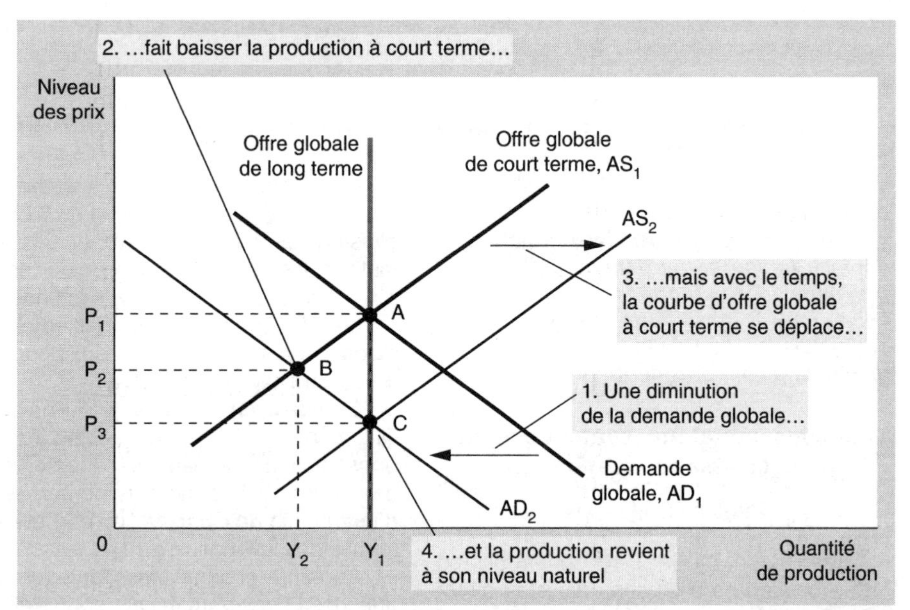

FIG. 31.7 **Contraction de la demande globale.** Une baisse de la demande globale, peut-être due à une vague de pessimisme, se traduit par un déplacement vers la gauche de la courbe de demande globale, de AD_1 à AD_2. La production tombe de Y_1 à Y_2 et les prix baissent de P_1 à P_2. Avec le temps et l'ajustement des perceptions subjectives, des salaires et des prix, la courbe d'offre globale de court terme part vers la droite (de AS_1 à AS_2), et l'économie atteint le point C, nouvelle intersection des courbes d'offre et de demande globales de long terme. Le niveau des prix passe à P_3, et la production retrouve son niveau naturel Y_1.

terme se déplace vers la droite, de AS_1 à AS_2. À long terme, l'économie s'établit au point C, intersection de la nouvelle courbe de demande et de la courbe d'offre de long terme.

À ce nouvel équilibre de long terme, point C, la production est revenue à son niveau naturel. Même si la vague de pessimisme a réduit la demande globale, le niveau général des prix a suffisamment baissé (P_3) pour compenser la réduction de quantité demandée. Ainsi à long terme, la variation de la demande globale se reflète exclusivement dans une variation du niveau des prix, et pas du tout dans la production. Autrement dit, la conséquence à long terme d'une modification de la demande globale est une variation nominale (niveau des prix différent), sans aucun changement réel (production identique).

Pour résumer, retenons ces deux idées importantes : *à court terme, les variations de la demande globale se traduisent par des fluctuations de la quantité produite de biens et services. À long terme, les variations de la demande globale n'affectent que le niveau des prix, mais plus la quantité produite.*

DANS VOS JOURNAUX

Comment les consommateurs déplacent la demande globale

Comme nous l'avons vu, quand le public modifie ses anticipations et adapte son comportement et sa consommation, il déplace la courbe de demande globale et provoque des fluctuations à court terme de l'économie. D'après l'article suivant, un tel changement est survenu en 1996, au début de la campagne présidentielle.

Les consommateurs sont à l'origine de la croissance économique

RICHARD STEVENSON

Washington, 7 juillet. Le Président Clinton tire la couverture à lui, les analystes citent tout un tas de facteurs, mais il est clair que ce sont les consommateurs qui ont dopé notre économie cette année.

Tout au long de l'année, les Américains ont généreusement dépensé leur argent en maisons, voitures, réfrigérateurs, restaurants, stimulant ainsi une économie qui en janvier dernier commençait à donner des signes de fatigue.

D'après les économistes, cet acharnement à consommer explique la performance surprenante de l'économie, telle qu'elle ressort des dernières statistiques publiées. Le ministère du Travail annonce que l'économie a créé en juin 239 000 emplois, soit beaucoup plus que prévu, et le mois de juin est le cinquième mois consécutif de forte croissance de l'emploi. Le taux de chômage est maintenant retombé à 5,3 %, son taux le plus bas en 6 ans, et la croissance économique est tellement vive que les craintes d'inflation réapparaissent.

Le commerce de détail a énormément bénéficié de ce boom, et a créé 75 000 emplois en juin, dont la moitié dans des restaurants et des bars. La croissance de l'emploi a aussi été remarquable chez les vendeurs de voitures, les stations-service, les hôtels et les magasins vendant des matériaux pour la maison, le jardinage et l'ameublement.

Combien de temps cela va-t-il durer ? Question difficile, notamment pour les responsables de la banque centrale, qui se demandent s'ils doivent remonter les taux d'intérêt afin de calmer le jeu et d'éviter une reprise de l'inflation.

Certains économistes font remarquer que les consommateurs sont tellement endettés qu'ils vont devoir sérieusement réduire leur consommation d'ici à la fin de l'année, ce qui ne manquera pas de déprimer la croissance. Les faillites personnelles sont déjà en hausse de 15 % par rapport aux trois premiers mois de 1995...

Les économistes reconnaissent que cet appétit consumériste est largement dû à des facteurs temporaires – faiblesse des taux d'intérêt, rabais sur les automobiles, etc. – qui ont déjà disparu ou sont en train de disparaître.

Reste la question de l'influence du marché boursier. Les économistes cherchent toujours à savoir si les plus-values latentes réalisées par les investisseurs sur ce marché stimulent la consommation ou pas. Mais il est probable que le marché haussier de ces dernières années a certainement incité plus d'un consommateur à dépenser largement.

Source. — New York Times, 8 juillet 1996, p. D3.

Les conséquences d'une variation de l'offre globale

Reprenons une économie en situation d'équilibre de long terme, et imaginons que certaines entreprises enregistrent une hausse soudaine de leurs coûts de production : une guerre au Moyen-Orient provoque des problèmes d'approvisionnement en pétrole brut, ce qui renchérit cette matière première essentielle. Quel est l'impact macro-économique d'une telle augmentation des coûts de production ?

Un événement de ce type se traduit par une réduction de l'offre globale : la courbe d'offre de court terme se déplace vers la gauche de AS_1 à AS_2, comme sur la figure 31.8 (la courbe d'offre de long terme peut se déplacer elle aussi, mais, pour simplifier, supposons qu'elle ne bouge pas).

À court terme, l'économie se déplace le long de la courbe de demande globale, passant du point A au point B. La production diminue (de Y_1 à Y_2), et le niveau des prix s'élève (de P_1 à P_2). L'économie connaît donc simultanément une stagnation (baisse de la production) et une inflation (élévation du niveau général des prix) ; cette situation est qualifiée de *stagflation.*

Que peuvent faire les responsables politiques confrontés à une telle situation ? Comme nous le verrons plus précisément au chapitre 33, il n'y a aucune réponse évidente. Ils peuvent ne rien faire.

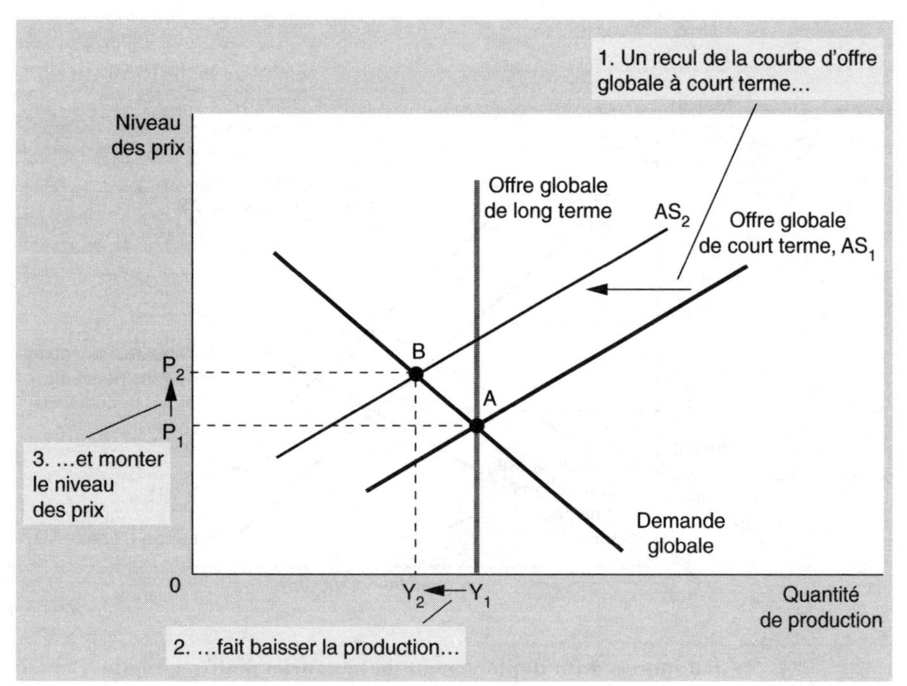

FIG. 31.8 **Déplacement de la courbe d'offre globale.** Si un événement provoque une brusque élévation des coûts de production des entreprises, la courbe d'offre globale de court terme se déplace vers la gauche de AS_1 à AS_2. L'économie passe du point A au point B. Il en résulte une stagflation : production en baisse (de Y_1 à Y_2) et prix en hausse (de P_1 à P_2).

La production demeurera déprimée, en Y_2, pendant un certain temps, avant que la récession ne disparaisse d'elle-même. En effet, avec le temps, les perceptions subjectives du public, les salaires et les prix finiront par s'adapter aux nouvelles conditions économiques. À long terme, les prix retomberont et l'économie retournera au point A, à l'intersection des courbes de demande globale et d'offre globale de long terme.

Ou bien ils peuvent essayer de jouer sur la demande globale pour compenser la baisse de l'offre. Cette possibilité est illustrée sur la figure 31.9. La demande est poussée vers la droite d'un montant tel que le déplacement de l'offre est sans conséquence sur la production. L'économie passe directement du point A au point C. La production demeure à son niveau naturel, et le niveau des prix s'élève de P_1 à P_3. Mais ce faisant, ils laissent l'augmentation des coûts affecter de façon permanente le niveau général des prix.

Cette histoire a donc deux conclusions importantes. *D'abord, les variations de l'offre globale peuvent engendrer des stagflations – combinaisons de récession et d'inflation. Ensuite, les politiques*

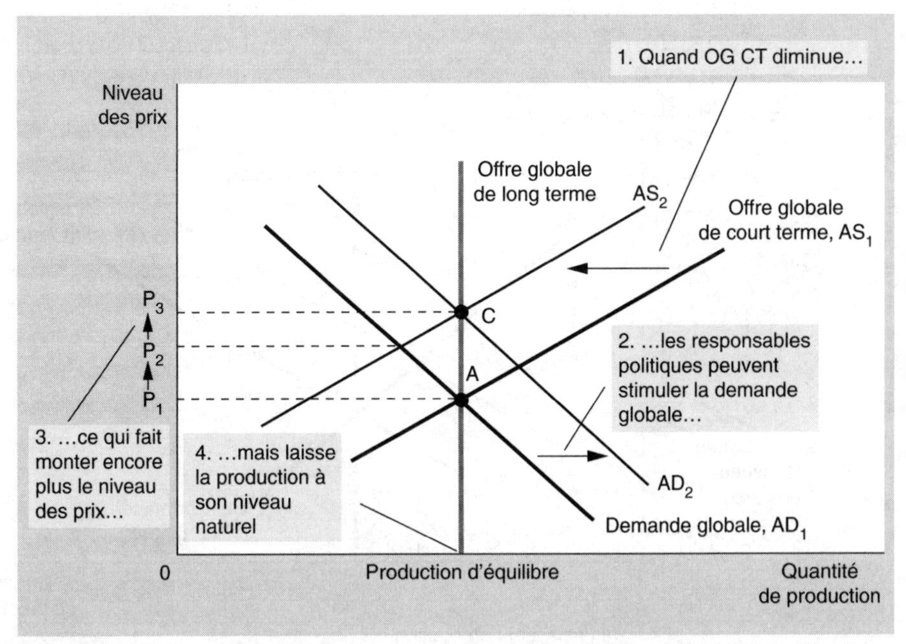

FIG. 31.9 **Réponse à un déplacement de la courbe d'offre globale.** Dans la situation évoquée sur la figure précédente, les responsables politiques peuvent essayer de déplacer la courbe de demande globale vers la droite de AD_1 à AD_2. L'économie passe alors du point A au point C. Cette réponse amoindrira les effets négatifs sur la production, mais exacerbera les effets inflationnistes (le niveau des prix s'établira durablement à P_3).

qui affectent la demande ne peuvent éliminer ces deux conséquences négatives simultanément.

ÉTUDE DE CAS

Le pétrole et l'économie

Quelques-unes des crises économiques ayant affecté les États-Unis ont leur origine dans les champs de pétrole du Moyen-Orient. Le pétrole est en effet un facteur de production essentiel, et la plupart des réserves mondiales sont situées en Arabie Saoudite, au Koweit et dans d'autres États du Moyen-Orient. Quand la production de ces régions est réduite pour une raison ou une autre, le prix mondial du pétrole grimpe. De nombreuses entreprises enregistrent alors une forte hausse de leurs coûts de production. Le résultat final est un déplacement vers la gauche de la courbe d'offre globale, qui mène tout droit à la stagflation.

Cela arriva pour la première fois au milieu des années 70, quand l'Opep – cartel des principaux pays producteurs de pétrole – décida de réduire sa production pour faire monter le prix du pétrole brut. En 1974, il avait doublé. Tous les pays importateurs de pétrole se trouvèrent alors simultanément avec une inflation sérieuse et une récession sévère. Aux États-Unis, le taux d'inflation passa au-delà de 10 % pour la première fois depuis des dizaines d'années, et le taux de chômage passa de 4,9 % en 73 à 8,5 % en 75.

Quelques années plus tard, le même scénario fut rejoué. À la fin des années 70, l'Opep ferma de nouveau ses robinets. De 78 à 81, le prix du pétrole fut multiplié par plus de deux. Et la stagflation réapparut partout. L'inflation, qui avait reculé depuis le premier choc pétrolier, repassa au-delà des 10 % annuels, et le chômage remonta de 6 % en 78 à 10 % quelques années plus tard.

Le marché pétrolier est parfois à l'origine de changements plus favorables. À partir de 1986, le cartel ne fonctionna plus et ses membres ne respectèrent plus les quotas de production. Le prix du pétrole s'effondra, diminuant de moitié. Les entreprises américaines virent ainsi leurs coûts de production sérieusement réduits, ce qui se traduisit par un déplacement de la courbe d'offre globale vers la droite. Et l'économie enregistra l'inverse de la stagflation : une croissance rapide, une baisse du chômage et des taux d'inflation parmi les plus faibles enregistrés.

Récemment, le marché du pétrole brut a été plutôt calme, si ce n'est pendant la guerre du Golfe de 90-91, pendant laquelle les cours du pétrole sont momentanément remontés. Mais cette relative tranquillité ne signifie pas que les États-Unis ne doivent plus se préoccuper des prix du pétrole. Des troubles politiques au Moyen-Orient pourraient toujours les faire repartir vers le haut, ce qui susciterait sans aucun doute une nouvelle stagflation du genre de celle enregistrée dans les années 70.

VÉRIFIEZ VOS CONNAISSANCES Supposer que l'élection d'un candidat à la présidence stimule la confiance du peuple américain en son avenir. Analyser les effets de cet événement sur l'économie, à l'aide du modèle d'offre et de demande globales.

31.6 CONCLUSION : LES ORIGINES DE L'OFFRE ET DE LA DEMANDE GLOBALES

Ce chapitre avait deux objets. D'abord, présenter quelques faits essentiels caractéristiques des fluctuations économiques. Ensuite, introduire un modèle élémentaire permettant d'expliquer ces fluctuations, le modèle de l'offre et de la demande globales. Dans les deux chapitres suivants, nous allons étudier en détail chaque élément de ce modèle pour mieux comprendre les fluctuations économiques et les réponses que les responsables politiques peuvent y apporter.

Comment ce modèle des fluctuations économiques de court terme s'est-il développé ? En fait, il trouve ses origines dans la Grande Dépression des années 30. Aux États-Unis, le PIB réel plongea de 30 % entre 1929 et 1933, et le taux de chômage passa de 3,2 % à 25,2 %. Économistes et responsables politiques furent surpris par l'ampleur du phénomène et ne surent pas très bien comment réagir.

En 1936, l'économiste John Maynard Keynes publia un ouvrage intitulé Théorie générale de l'emploi, de l'intérêt et de la monnaie, qui cherchait à expliquer les variations économiques de court terme en général, et la Grande Dépression en particulier. L'idée centrale de Keynes était que les récessions et les dépressions étaient suscitées par une demande globale inadéquate. Keynes était connu pour ses critiques de l'économie classique – théorie que nous avons présentée dans les chapitres 24 à 30 – car elle n'expliquait que les effets à long terme des événements. Quelques années avant la parution de son livre, Keynes avait écrit les lignes suivantes au sujet de la théorie classique :

« Le long terme est un horizon peu intéressant. À long terme, nous serons tous morts. Les économistes n'apportent rien si, en pleine tempête, tout ce qu'ils trouvent à dire c'est qu'une fois l'orage passé la mer sera calme. »

Le message de Keynes visait autant les gouvernants que les économistes. À l'époque où toutes les économies mondiales souffraient d'un taux de chômage extraordinaire, Keynes recommanda de stimuler la demande globale, notamment par le gonflement des dépenses publiques, dans le cadre d'une politique de grands travaux. Le chapitre suivant, qui analysera les politiques monétaires et fiscales et leur impact sur la demande globale, doit beaucoup aux travaux de J.M. Keynes.

RÉSUMÉ

- Toutes les sociétés enregistrent des fluctuations économiques de court terme autour d'une tendance longue. Ces fluctuations sont à la fois irrégulières et imprévisibles. En période de récession, le PIB réel et les autres indicateurs de revenu, de consommation et de production décroissent, tandis que le chômage augmente.
- Les économistes étudient les fluctuations économiques à l'aide du modèle d'offre et de demande globales. Ce modèle affirme que la production de biens et services et le niveau général des prix s'ajustent de manière à assurer l'équilibre de l'offre et de la demande globales.
- La courbe de demande globale est décroissante, pour trois raisons. D'abord, parce qu'un niveau de prix inférieur accroît le pouvoir d'achat des avoirs monétaires du public, ce qui stimule la consommation. Ensuite, un niveau de prix inférieur réduit la demande de monnaie du public ; au fur et à mesure que celui-ci transforme son argent en actifs porteurs d'intérêt, les taux d'intérêt diminuent, ce qui stimule l'investissement. Enfin, un prix inférieur signifiant des taux d'intérêt inférieurs, la monnaie se déprécie, ce qui dope les exportations nettes.
- La courbe d'offre globale à long terme est verticale. À long terme, la quantité de biens et services offerte dépend du travail, du capital et de la technologie, mais pas du niveau des prix.
- La courbe d'offre globale à court terme est croissante. Trois théories expliquent cette pente positive. Selon la théorie néo-classique des anticipations adaptatives ou des mésinterprétations, la baisse inattendue du niveau général des prix pousse les producteurs à penser que le prix relatif de leur produit a diminué, ce qui les incite à réduire leur production. Selon la théorie keynésienne de la viscosité des

salaires, la baisse inattendue des prix se traduit par une augmentation du salaire réel, qui incite les entreprises à licencier et réduire leur production. Selon la théorie néo-keynésienne de la viscosité des prix, au cours d'une baisse générale et inattendue des prix, certaines entreprises réagissent moins rapidement que d'autres, conservent donc des prix trop élevés, vendent moins et finissent par réduire leur production.

- Une récession peut être causée par une baisse de la demande globale. Quand la courbe de demande globale se déplace vers la gauche, production et prix baissent à court terme. Avec le temps, les perceptions subjectives du public, les salaires et les prix se réajustent, et l'économie retrouve son équilibre de long terme. Les prix baissent encore, et la production de biens et services remonte.
- Une récession peut aussi trouver son origine dans un déplacement vers la gauche de la courbe d'offre globale. À court terme, la production diminue et les prix montent – combinaison appelée stagflation. Avec le temps, après ajustement des perceptions subjectives, des salaires et des prix, les prix retombent à leur niveau d'origine et la production repart.

CONCEPTS CLÉS – DÉFINITIONS

Récession : période pendant laquelle le PIB réel décline et le chômage augmente.

Dépression : récession sévère.

Modèle d'offre et de demande globales : modèle utilisé par la plupart des économistes pour expliquer les fluctuations à court terme de l'économie.

Courbe de demande globale : courbe indiquant la quantité de biens et services que les ménages, les entreprises et le gouvernement souhaitent acquérir à chaque niveau de prix.

Courbe d'offre globale : courbe indiquant la quantité de biens et services que les entreprises choisissent de produire et de vendre à chaque niveau de prix.

Stagflation : période durant laquelle la production diminue et les prix montent.

QUESTIONS DE RÉVISION

1. Dessiner un graphique représentant la demande globale, et les offres globales de court et de long terme. Dénommer les axes correctement.
2. Énumérer et expliquer les trois raisons pour lesquelles la courbe de demande globale est décroissante.
3. Expliquer pourquoi la courbe d'offre globale de long terme est verticale.

4. Énumérer et expliquer les trois théories justifiant le caractère croissant de la courbe d'offre globale de court terme.
5. Pour quelles raisons la courbe de demande globale pourrait-elle se déplacer vers la gauche ? Utiliser le modèle d'offre et de demande globales pour expliquer les conséquences d'un tel déplacement.
6. Pour quelles raisons la courbe d'offre globale pourrait-elle se déplacer vers la gauche ? Utiliser le modèle d'offre et de demande globales pour expliquer les conséquences d'un tel déplacement.

PROBLÈMES D'APPLICATION

1. Pourquoi l'investissement varie-t-il davantage avec le cycle économique que la consommation ? Quel est à votre avis le type de consommation qui varie le plus : la consommation de biens durables (comme les voitures), de biens non durables (comme les vêtements) ou de services (comme les coupes de cheveux) ? Pourquoi ?
2. Supposons que l'économie traverse une récession causée par une baisse de la demande globale :

   a. Avec un graphique d'offre et de demande globales, décrivez l'état actuel de l'économie.

   b. Si le PIB réel est inférieur d'un point à son niveau de l'année précédente, comment le taux de chômage se compare-t-il à celui de l'année précédente ? *(Utiliser la loi d'Okun.)*

   c. L'utilisation des capacités de production est-elle supérieure ou inférieure à la moyenne de long terme ? Expliquez.
3. Sur la figure 31.7, comment le chômage aux points B et C se compare-t-il au chômage du point A ? Selon la théorie de la viscosité des salaires, comment les salaires réels des points B et C se comparent-ils aux salaires réels du point A ?
4. Expliquez l'effet (hausse, baisse ou aucun) des événements suivants sur l'offre globale de long terme :

   a. Les États-Unis enregistrent une grande vague d'immigration.

   b. Les syndicats automobiles obtiennent une augmentation de salaire plus importante que prévu.

   c. Intel invente un nouveau microprocesseur plus puissant.

   d. Un ouragan dévaste des usines sur la côte Est.
5. Expliquez pourquoi les affirmations suivantes sont fausses :

   a. « La courbe de demande globale est décroissante car elle est la somme horizontale des courbes de demande des produits individuels. »

   b. « La courbe d'offre globale de long terme est verticale parce que les forces économiques n'affectent pas l'offre globale de long terme. »

   c. « Si les firmes ajustaient leurs prix tous les jours, la courbe d'offre globale de court terme serait horizontale. »

d. « Quand l'économie entre dans une phase de récession, la courbe d'offre globale de long terme se déplace vers la gauche. »

6. Pour chacune des trois théories de l'offre globale, expliquez précisément :

   a. Comment l'économie sort d'une récession et retourne à son équilibre de long terme sans aucune intervention publique, et

   b. Ce qui détermine la vitesse de ce retour à l'équilibre.

7. Supposons que l'économie traverse une récession. Si les responsables politiques ne font rien, comment évoluera l'économie dans le temps ? Expliquez de manière discursive et avec un graphique d'offre et de demande globales.

8. Imaginons que travailleurs et entreprises soient persuadés que l'inflation sera plus élevée l'année prochaine. Supposons aussi que l'économie soit à son point d'équilibre de long terme, et que la courbe de demande globale ne se déplace pas :

   a. Comment vont évoluer les salaires nominaux ? et les salaires réels ?

   b. Avec un graphique d'offre et de demande globales, montrez les effets de ces anticipations inflationnistes sur les prix et la production à court terme et à long terme.

   c. Les craintes d'une inflation élevée étaient-elles justifiées ? Expliquez.

9. Nous avons vu dans ce chapitre que l'économie finit toujours par sortir de la récession, même en l'absence d'intervention publique. Pourquoi les responsables politiques cherchent-ils néanmoins à intervenir ?

10. Les événements suivants affectent-ils la courbe d'offre globale, celle de demande globale ou aucune des deux ? Pour chaque événement qui affecte une courbe, dessinez un graphique illustrant l'effet sur l'économie :

    a. Les ménages décident d'épargner davantage.

    b. Les orangers de Floride sont touchés par le gel.

    c. La récession s'installe en Europe de l'Ouest.

    d. Le nombre de naissances progresse sérieusement neuf mois après un blizzard particulièrement rigoureux.

11. Supposons que les entreprises deviennent très optimistes quant à leurs perspectives futures et se mettent à investir massivement en biens d'équipement :

    a. Montrez l'effet de cet optimisme sur l'économie à court terme, avec un graphique d'offre et de demande globales. Indiquez les nouveaux niveaux de prix et de production. Expliquez de manière discursive pourquoi la quantité offerte globale a varié.

    b. Maintenant, ignorez les effets de ces investissements sur l'offre globale de long terme. Sur le graphique de la question a), montrez le nouveau point d'équilibre à long terme de l'économie. Expliquez de manière discursive pourquoi la quantité demandée a changé entre le court et le long terme.

c. Si ce boom de l'investissement dure longtemps, comment évoluera la courbe d'offre globale à long terme ? Expliquez.

12. Imaginons que l'économie soit à son point d'équilibre de long terme, et que les ménages décident de conserver davantage d'avoirs monétaires qu'avant :
    a. Comment évolue le taux d'intérêt ? Expliquez.
    b. Comment évolue la demande d'investissement ? Expliquez.
    c. Comment évolue la valeur du dollar ? Expliquez.
    d. Comment évolue la demande d'exportations nettes ? Expliquez.
    e. Comment évolue la demande globale ? Expliquez.

CHAPITRE 32

CONSÉQUENCES DES POLITIQUES MONÉTAIRE ET BUDGÉTAIRE SUR LA DEMANDE GLOBALE

Dans ce chapitre, vous allez :

- ▶ découvrir la théorie de la préférence pour la liquidité comme une théorie à court terme des taux d'intérêt
- ▶ analyser les effets de la politique monétaire sur les taux d'intérêt et la demande globale
- ▶ analyser les effets de la politique budgétaire sur les mêmes variables
- ▶ ouvrir le débat sur la nécessité politique de stabiliser l'économie
- ▶ reposer le problème des comportements différents de l'économie à court terme et à long terme

Le Président et le Congrès se sont mis d'accord sur des réductions des dépenses publiques visant à diminuer le déficit budgétaire. Comment la Fed doit-elle réagir à une telle annonce ? Doit-elle accroître la masse monétaire, la réduire ou la laisser en l'état ? Nous allons développer dans ce chapitre les outils permettant de répondre à ces questions. Dans le chapitre précédent, nous avons expliqué les fluctuations économiques de court terme à l'aide du modèle d'offre et de demande globales. Et nous avons vu que la politique monétaire et la politique budgétaire peuvent, chacune de son côté, influer sur la demande globale. Donc une modification de l'une ou l'autre de ces politiques doit engendrer des fluctuations à court terme. Les responsables politiques voudront les anticiper et peut-être ajuster l'autre politique en conséquence.

Dans ce chapitre, nous allons examiner plus en détail l'impact des politiques monétaire et budgétaire sur la position de la courbe de demande globale. Nous avons déjà vu les effets à long terme de ces politiques. Nous cherchons ici à voir leur effet sur la courbe de demande globale, et donc sur les fluctuations économiques de court terme.

Les politiques monétaire et fiscale ne sont pas les seuls déterminants de la demande globale. C'est en effet le désir de consommation des ménages et des entreprises qui détermine la demande globale de biens et services. Quand ce désir de consommer évolue, la demande globale se déplace. Si les politiques monétaire et fiscale ne s'adaptent pas, ces variations se traduisent par des fluctuations à court terme de la production et de l'emploi. Les responsables politiques utilisent donc parfois les outils dont ils disposent pour tenter de compenser ces variations de la demande globale. Nous présenterons ici la théorie qui sous-tend ces interventions et les difficultés rencontrées dans leur mise en œuvre.

32.1 LA POLITIQUE MONÉTAIRE ET LA DEMANDE GLOBALE

La courbe de demande globale indique la quantité demandée globalement, pour tout niveau de prix. Nous savons que cette courbe est décroissante, pour trois raisons :

– *l'effet de richesse de Pigou* : un niveau des prix inférieur accroît la valeur réelle des avoirs monétaires des ménages, ce qui stimule la consommation ;

– *l'effet de taux d'intérêt de Keynes* : un niveau des prix inférieur fait baisser les taux d'intérêt quand les ménages transforment leurs avoirs monétaires en actifs porteurs d'intérêt, ce qui stimule l'investissement.

– *l'effet de change de Mundell-Fleming* : la baisse des prix fait baisser les taux d'intérêt, ce qui incite les investisseurs à se porter vers des actifs étrangers, et contribue à déprécier la monnaie nationale. Cette dépréciation stimule les exportations nettes.

Ces trois effets ne sont pas exclusifs les uns des autres ; au contraire, ils sont simultanés et contribuent tous trois à accroître la quantité demandée globalement quand les prix baissent.

Mais ils ne sont pas d'égale importance : 1. L'effet de richesse est le plus faible des trois, car les gens ne détiennent qu'une petite partie de leur richesse sous forme d'argent liquide.

2. Comme les importations et les exportations ne représentent qu'un faible pourcentage du PIB américain, l'effet de change n'est pas très important aux États-Unis (il l'est beaucoup plus dans certains pays, très dépendant des échanges avec l'extérieur).

3. Aux États-Unis, c'est l'effet de taux d'intérêt de Keynes qui est le plus important des trois. Nous allons donc développer ici une théorie des taux d'intérêt, appelée *théorie de la préférence pour la liquidité*, que nous utiliserons ensuite pour comprendre la pente négative de la courbe de demande globale et pour examiner comment la politique monétaire agit sur la demande globale.

La théorie de la préférence pour la liquidité

Cette théorie est l'explication du taux d'intérêt fournie par John Maynard Keynes dans son ouvrage célèbre, *Théorie générale de l'emploi, de l'intérêt et de la monnaie*. Fondamentalement, c'est une application de la loi de l'offre et de la demande. Pour Keynes, le taux d'intérêt assure l'équilibre de l'offre et de la demande de monnaie. Examinons donc ces composantes et leur lien avec les taux d'intérêt.

L'offre de monnaie

Nous savons que la banque centrale contrôle l'offre de monnaie, qu'elle peut modifier par ses opérations d'open-market. Quand la Fed achète des obligations d'État, les dollars qu'elle verse en contrepartie de ces obligations sont déposés dans des banques, et viennent s'ajouter aux réserves bancaires. Quand la Fed vend des obligations d'État, les dollars qu'elle reçoit sont retirés de comptes bancaires et les réserves bancaires diminuent. Ces variations des réserves bancaires modifient la capacité des banques de prêter de l'argent et de créer de la monnaie. Outre ces opérations d'open-market, la banque centrale peut réguler l'offre monétaire en jouant sur le coefficient de réserve obligatoire des banques ou sur le taux d'escompte.

Dans ce chapitre les détails de la politique monétaire importent peu. Ce qui est important, c'est de se rappeler que la Fed contrôle l'offre de monnaie directement. En d'autres termes, l'offre de monnaie est décidée par la Fed, et se trouve donc indépendante des variables économiques. Plus particulièrement, elle n'est pas fonction des taux d'intérêt. Une fois que la Fed a décidé du niveau de l'offre de monnaie, la quantité offerte est constante, quel que soit le niveau des taux d'intérêt. L'offre de monnaie est donc représentée par une droite verticale, comme sur la figure 32.1.

La demande de monnaie

L'argent, qui est le moyen d'échange de l'économie, est par définition le plus liquide des actifs. C'est la raison pour laquelle le public en demande : les gens préfèrent avoir de l'argent plutôt que d'autres actifs qui rapportent de l'intérêt, car l'argent permet d'acheter des biens et services.

Le taux d'intérêt est l'un des déterminants de la demande de monnaie et, pour la théorie de la préférence pour la liquidité, c'est même le plus important. En effet, il représente le coût d'opportu-

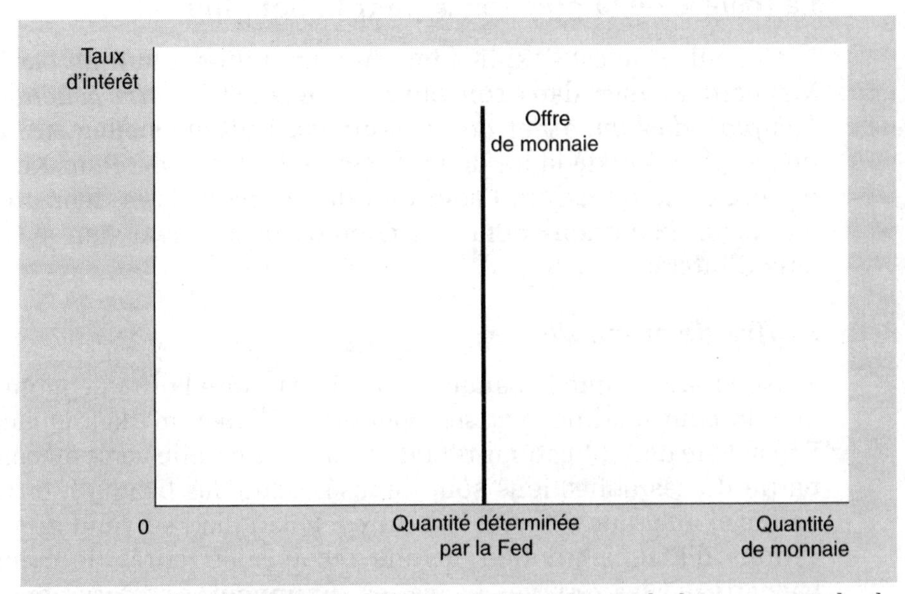

FIG. 32.1 **L'offre de monnaie.** Elle est déterminée par la banque centrale, la Federal Reserve aux États-Unis, et elle est représentée par une droite verticale puisqu'elle est indépendante du taux d'intérêt.

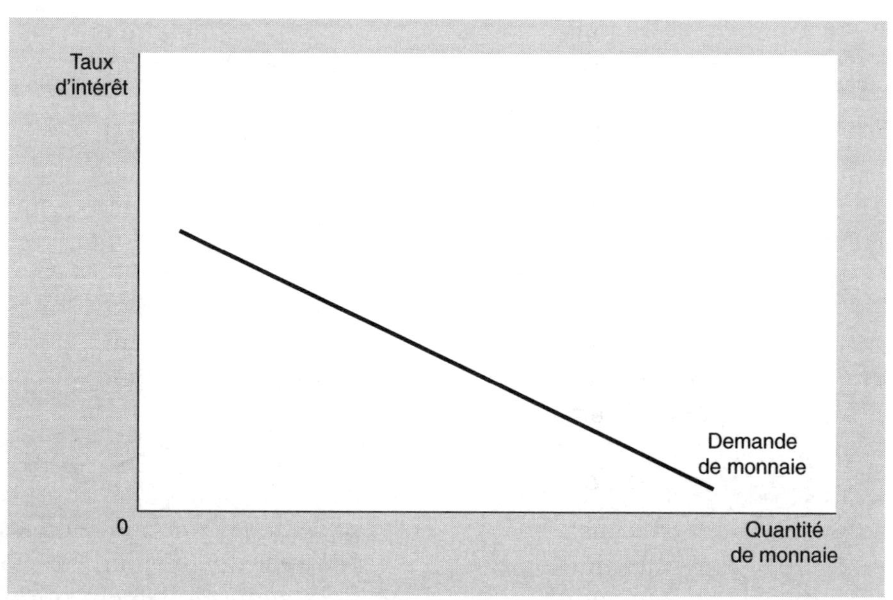

FIG. 32.2 **La demande de monnaie.** Le taux d'intérêt représentant le coût d'opportunité de la détention d'avoirs monétaires non porteurs d'intérêt, la hausse des taux réduit la quantité demandée de monnaie. D'où la pente négative de cette courbe de demande.

nité de l'argent liquide. Si vous détenez votre richesse sous forme de billets de banque dans un tiroir, au lieu d'acheter des obligations, vous renoncez à percevoir l'intérêt servi par les obligations. Plus les taux d'intérêt sont élevés, plus ce coût d'opportunité est grand et plus la demande de monnaie diminue. La courbe de demande de monnaie est donc décroissante, comme on le constate sur la figure 32.2.

L'équilibre sur le marché de l'argent

Selon la théorie de la préférence pour la liquidité, le taux d'intérêt assure l'équilibre de l'offre et de la demande de monnaie, comme sur la figure 32.3. Il existe un taux d'intérêt, dit *taux d'intérêt d'équilibre*, qui assure l'égalité entre offre et demande d'argent.

Si le taux d'intérêt est supérieur à son niveau d'équilibre, comme en r_1 sur la figure 32.3, le public veut moins de monnaie (MD_1) que la banque centrale n'en a créé. Les gens iront donc se débarrasser de l'offre excédentaire de monnaie en achetant des actifs porteurs d'intérêt ou en déposant les liquidités sur des comptes bancaires rémunérés. Comme les émetteurs obligataires et les banques préfèrent servir des intérêts plus faibles que plus élevés, ils répondront à

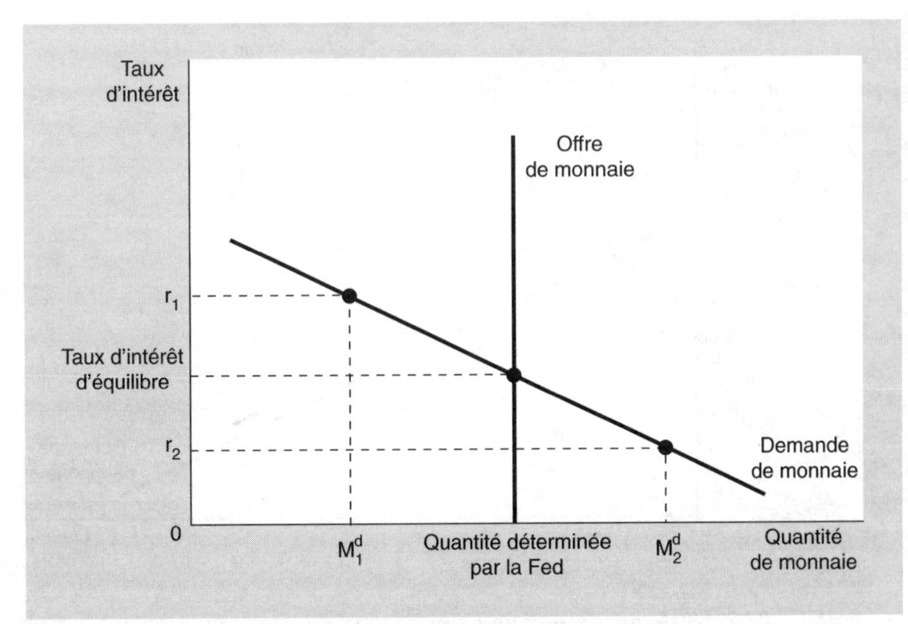

FIG. 32.3 **L'équilibre du marché de l'argent.** D'après la théorie de la préférence pour la liquidité, le taux d'intérêt assure l'équilibre de l'offre et de la demande de monnaie. Ce taux est appelé taux d'intérêt d'équilibre.

cette offre excédentaire de monnaie en baissant les taux d'intérêt qu'ils proposent. Avec la baisse des taux, le public est moins enclin à se séparer de ses avoirs monétaires et, finalement, au taux d'équilibre, il détient exactement la quantité de monnaie créée par la banque centrale.

Un ajustement analogue, mais de sens inverse, a lieu si le taux d'intérêt tombe en dessous de son niveau d'équilibre.

La pente négative de la courbe de demande globale

Imaginons que le niveau général des prix s'élève dans l'économie. Qu'advient-il du taux d'intérêt qui équilibre offre et demande de monnaie, et quelles sont les conséquences de cette évolution sur la quantité globale demandée ?

Nous avons vu dans un chapitre précédent que la demande de monnaie augmente quand les prix montent. En effet, il faut alors plus d'argent pour acheter des biens et services, et le public en demande donc davantage. L'augmentation du niveau des prix, par exemple de P_1 à P_2, se traduit par un déplacement vers la droite de la courbe de demande de monnaie, de MD_1 à MD_2, comme sur la planche A de la figure 32.4.

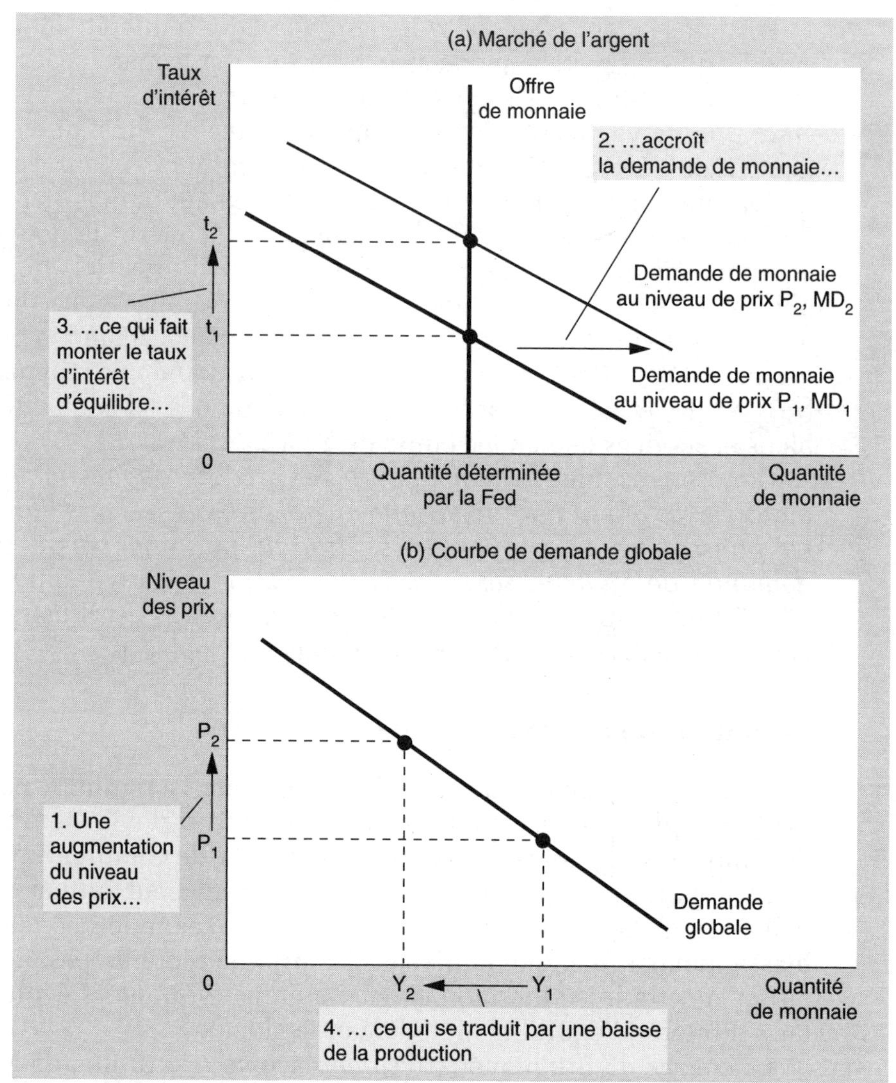

FIG. 32.4 **Le marché de l'argent et la pente de la courbe de demande globale.** L'augmentation du niveau général des prix de P_1 à P_2 accroît la demande de monnaie, comme sur la planche A. Cela fait monter le taux d'intérêt de t_1 à t_2, ce qui réduit la quantité de biens et services demandée de Y_1 à Y_2, puisque l'endettement est maintenant plus onéreux. Cette relation inverse entre niveau des prix et quantité de biens demandée est traduite par la pente négative de la courbe de demande globale, sur la planche B.

L'offre de monnaie étant constante, le taux d'intérêt doit monter pour assurer l'équilibre de l'offre et de la demande. L'augmentation des prix a stimulé la demande de monnaie, mais comme il n'y a pas davantage de monnaie en circulation, le taux d'intérêt monte de t_1 à t_2 pour dissuader la demande supplémentaire.

Les conséquences de cette hausse des taux d'intérêt s'étendent au-delà du seul marché monétaire, pour toucher le marché des biens et services, comme on le constate sur la planche B. Le taux d'intérêt étant plus élevé, le coût des emprunts a augmenté, ainsi que le rendement de l'épargne. Les ménages empruntent moins pour acquérir un logement neuf, et la demande d'investissement immobilier diminue. Les entreprises empruntent moins pour acquérir de nouveaux équipements, et la demande d'investissements industriels diminue elle aussi. Les ménages décident d'épargner davantage, et la consommation est réduite d'autant. Pour toutes ces raisons, quand le niveau des prix s'élève de P_1 à P_2, ce qui pousse la demande de monnaie de MD_1 à MD_2 et fait monter le taux d'intérêt de t_1 à t_2, la quantité de biens et services demandée chute de Y_1 à Y_2.

Donc, en résumé : *l'augmentation des prix accroît la demande de monnaie, ce qui se traduit par une augmentation des taux d'intérêt. La hausse des taux d'intérêt se traduit par une baisse de la demande de biens et services.* Cette relation négative entre taux d'intérêt et quantité demandée de biens et services est illustrée par la pente négative de la courbe de demande globale.

Variations de l'offre de monnaie

Jusqu'ici, la théorie de la préférence pour la liquidité nous a expliqué plus précisément la pente négative de la courbe de demande globale. Mais elle nous permet aussi de comprendre comment la politique monétaire du gouvernement peut influer sur la demande globale. Imaginons que la banque centrale accroisse la masse monétaire et que le niveau des prix ne réponde pas, à court terme, à cette injection monétaire. Comment vont alors évoluer le taux d'intérêt d'équilibre et la demande globale ?

La courbe d'offre monétaire se déplace vers la droite, de MS_1 à MS_2, comme sur la planche A de la figure 32.5. Comme la demande n'a pas bougé, le taux d'intérêt doit baisser de t_1 à t_2 pour assurer l'équilibre : il doit baisser pour inciter le public à conserver la monnaie nouvellement injectée par la banque centrale.

Cette baisse des taux réduit le coût des emprunts et la rémunération de l'épargne. Firmes et ménages accroissent donc leurs dépenses d'investissement, et les ménages épargnent moins et consomment davantage. La quantité de biens et services demandée augmente donc de Y_1 à Y_2.

Donc en résumé : *l'augmentation de la masse monétaire par la banque centrale conduit à la baisse des taux d'intérêt, qui elle-même stimule la demande de biens et services.* Comme on le

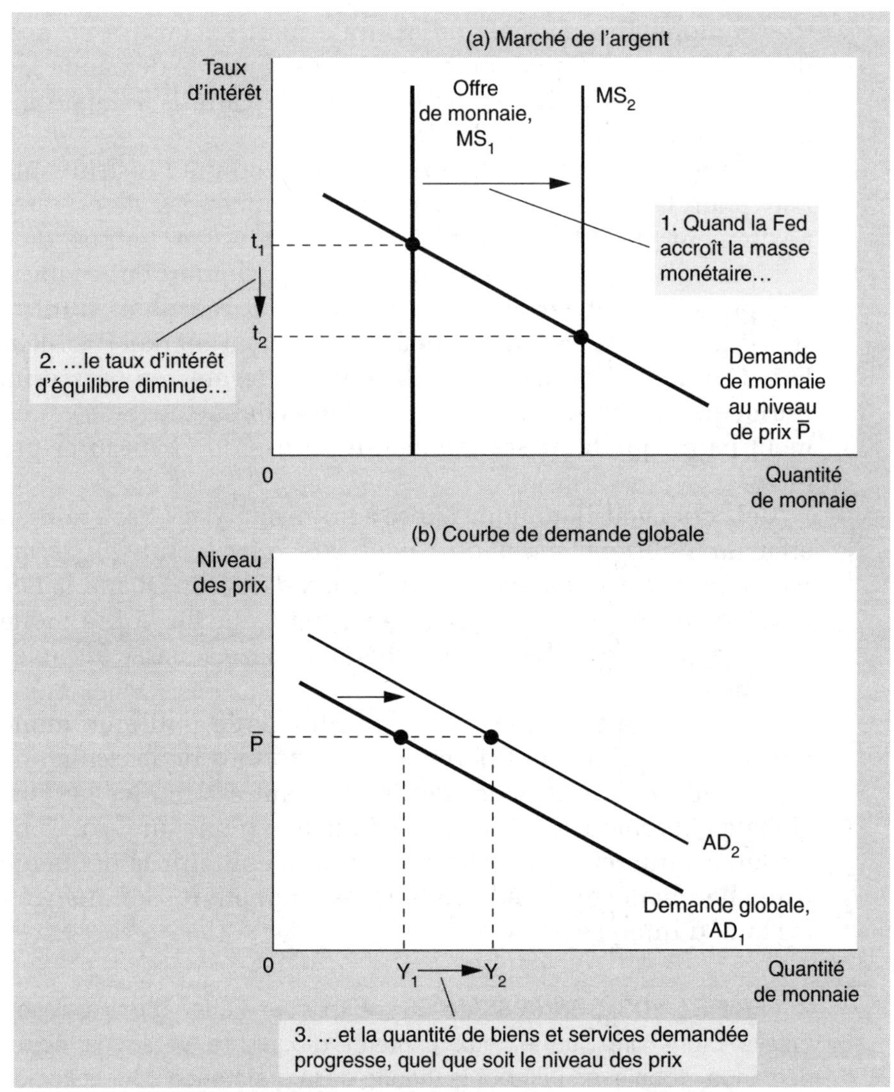

FIG. 32.5 **Injection monétaire.** L'augmentation de la masse monétaire de MS_1 à MS_2 fait baisser le taux d'intérêt qui équilibre le marché de l'argent de t_1 à t_2, comme sur la planche A. Du fait de cette baisse, qui réduit le coût des emprunts, la quantité demandée de biens et services croît de Y_1 à Y_2. La courbe de demande globale se déplace vers la droite, de AD_1 à AD_2, sur la planche B.

constate sur la planche B de la figure 32.5, la création monétaire pousse la courbe de demande globale vers la droite.

Objectifs de taux d'intérêt et politique de la Fed

Dans cette présentation, ainsi que dans celle du chapitre 28, nous avons considéré que l'instrument politique de la Fed était la masse monétaire. La banque centrale peut l'accroître en achetant des obligations à l'open-market, ce qui stimule la demande globale. La Fed peut la réduire en vendant des obligations à l'open-market, ce qui déprime la demande globale.

On présente parfois les taux d'intérêt comme l'instrument de la Fed pour la conduite de sa politique monétaire. Il est vrai que récemment, la Fed s'est fixé des objectifs en termes de taux, notamment le taux que les banques s'appliquent entre elles pour des prêts à court terme. Ces objectifs sont réévalués toutes les 6 semaines, lors des réunions du Comité d'open-market (FOMC). Si le FOMC a décidé de fixer des objectifs en termes de taux d'intérêt, plutôt qu'en termes de masse monétaire comme avant, c'est notamment parce que la masse monétaire est difficile à mesurer précisément.

Cela change-t-il quelque chose à notre analyse ? Pas vraiment. En effet, *la politique monétaire peut être décrite soit en termes de masse monétaire, soit en termes de taux d'intérêt.* Quand la Fed fixe un objectif de taux, elle s'engage en fait à ajuster l'offre monétaire de sorte que l'équilibre du marché monétaire se fasse au niveau de taux désiré.

De la même façon, les modifications de la politique monétaire peuvent s'exprimer indifféremment en termes de masse monétaire ou de taux d'intérêt. Une politique visant à stimuler la demande globale cherchera soit à accroître la masse monétaire, soit à baisser les taux d'intérêt. Une politique visant à contenir la demande globale cherchera soit à réduire la masse monétaire, soit à augmenter les taux d'intérêt.

■ **VÉRIFIEZ VOS CONNAISSANCES** Expliquer l'effet d'une baisse de la masse monétaire sur le taux d'intérêt d'équilibre et sur la courbe de demande globale, en utilisant la théorie de la préférence pour la liquidité.

32.2 POLITIQUE BUDGÉTAIRE ET DEMANDE GLOBALE

Les responsables politiques peuvent aussi influencer la demande globale en jouant sur le niveau des dépenses publiques et des impôts. Dans les chapitres 24 et 25, nous avons vu comment la politique budgétaire pouvait influer sur l'épargne, l'investissement et la croissance économique à long terme. À court terme, c'est surtout la demande globale qui est affectée par la politique budgétaire.

Variations des dépenses publiques

Quand le gouvernement achète plus ou moins de biens et services, il influe directement sur la demande globale. S'il commande des avions de combat pour 20 milliards de dollars à McDonnell-Douglas, cela accroît la demande adressée à cet avionneur, mais aussi la demande globale, dont la courbe se déplace vers la droite.

De combien la demande globale augmente-t-elle quand McDonnell-Douglas reçoit une commande de l'État de 20 milliards ? La réponse n'est pas aussi évidente que cela. En effet, deux effets macro-économiques interviennent qui peuvent aboutir à une variation de la demande globale différente de la variation des dépenses publiques. Le premier effet est un effet multiplicateur, qui peut générer une variation de la demande globale *supérieure* à 20 milliards de dollars. Le deuxième est un effet d'éviction qui peut générer une variation de la demande globale *inférieure* à 20 milliards. Ces deux effets sont présentés ci-dessous.

L'effet multiplicateur

L'achat d'avions par le gouvernement a de multiples répercussions. D'abord, il améliore l'emploi et les profits de McDonnell-Douglas. Les salariés sont mieux payés et les actionnaires plus riches, et ils augmentent tous leurs dépenses de consommation. De nombreuses firmes voient ainsi leur demande augmenter. Chaque dollar dépensé par le gouvernement peut ainsi accroître la demande globale de plus d'un dollar. D'où l'*effet multiplicateur* de la dépense publique.

Et cette dynamique ne s'arrête pas là. L'augmentation de la consommation accroît l'emploi et les profits des entreprises qui y répondent. Profits et salaires augmentent de nouveau, ce qui stimule encore la consommation. Il existe donc un cercle vertueux allant de l'accroissement de la demande – à la hausse des revenus – qui induit elle-même à nouveau un accroissement de la demande. *Tous ces effets pris en compte, la variation de la demande globale peut être nettement supérieure à l'impulsion initiale lancée par le gouvernement.*

La figure 32.6 illustre cet effet multiplicateur. Suite à la dépense initiale de 20 milliards du gouvernement, la courbe de demande globale se déplace vers la droite de AD_1 à AD_2, d'un montant exactement égal à 20 milliards. Mais quand les consommateurs se mettent à consommer davantage, la courbe de demande globale part encore plus à droite, vers AD_3.

Cet effet multiplicateur lié à la consommation peut même se trouver renforcé par un accroissement des investissements. Par

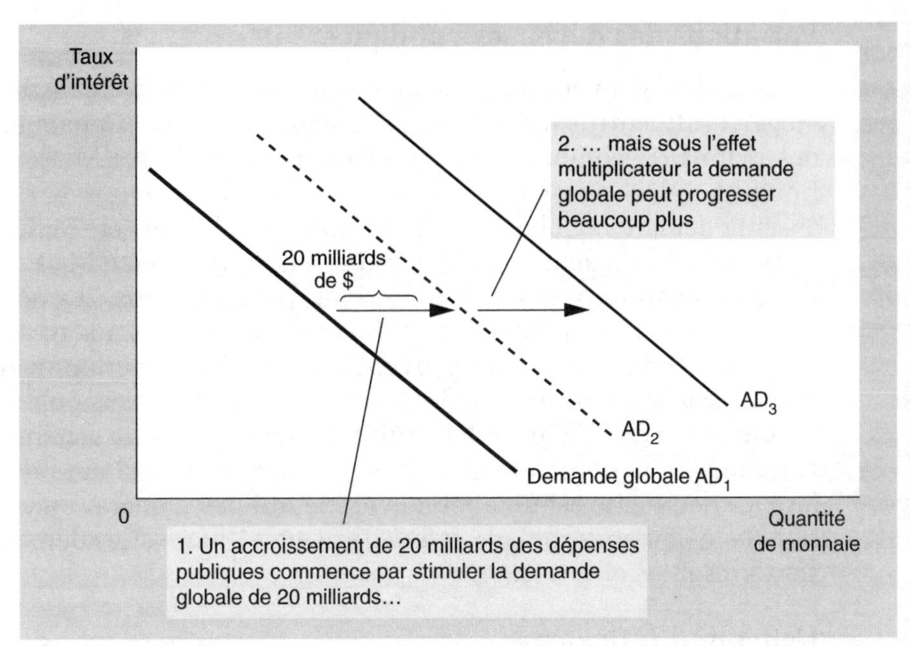

FIG. 32.6 **L'effet multiplicateur.** Une augmentation des dépenses publiques de 20 milliards peut déplacer la courbe de demande globale vers la droite de plus de 20 milliards. En effet, la hausse des revenus engendre des dépenses supplémentaires de la part des consommateurs.

exemple, McDonnell-Douglas peut décider d'ouvrir une nouvelle usine et d'acheter de nouveaux biens d'équipement. Dans cette hypothèse, l'accroissement des dépenses publiques provoque un accroissement de la demande de biens d'investissement. On parle alors d'un *accélérateur de l'investissement.*

L'effet d'éviction

Il existe un deuxième effet qui joue en sens contraire du précédent. Il s'agit de l'effet d'éviction. Si l'augmentation des dépenses publiques stimule la demande de biens et services, elle pousse aussi les taux d'intérêt vers le haut, ce qui a tendance à déprimer la demande de biens et services. C'est cette réduction de demande consécutive à la hausse des taux fatalement provoquée par une politique budgétaire expansionniste qui constitue l'effet d'éviction.

Reprenons notre exemple de McDonnell-Douglas. La commande du gouvernement provoque une hausse des revenus des travailleurs et des actionnaires de l'entreprise (et des autres entreprises aussi grâce au multiplicateur). Leurs revenus augmentant, les ménages décident d'accroître leur consommation et, pour ce faire, doivent

POUR VOTRE CULTURE

Une formule du multiplicateur des dépenses publiques

Le paramètre essentiel de ce calcul est la *propension marginale à consommer* du public : la part de revenu supplémentaire que le public consomme. Si cette propension marginale à consommer est de 3/4, et si travailleurs et actionnaires de McDonnell-Douglas reçoivent 20 milliards de dollars du gouvernement, ils augmenteront leur consommation de 3/4 x 20, soit 15 milliards. Soit PMC cette propension marginale à consommer.

Procédons par étape. Au départ, le gouvernement dépense 20 milliards, ce qui accroît le revenu global (salaires et profits) d'autant. Cette hausse de revenus provoque une consommation additionnelle, à hauteur de PMC x 20 milliards, qui elle-même génère une hausse des salaires et des profits dans les entreprises fabriquant les biens et services qui viennent d'être consommés. Cela entraîne une nouvelle vague de consommation, d'un montant égal à PMC x PMC x 20 milliards. Et ainsi de suite.

Pour trouver le résultat final, il faut additionner tous ces effets intermédiaires :

Variation des dépenses publiques : 20 milliards ;
1re hausse de la consommation : PMC x 20 milliards ;
2e hausse de la consommation : PMC^2 x 20 milliards ;
3e hausse de la consommation : PMC^3 x 20 milliards…

Effet total sur la demande :

$$(1 + PMC + PMC^2 + PMC^3 + ...) \times 20 \text{ milliards.}$$

Le multiplicateur des dépenses publiques est donc égal à la suite infinie située dans la parenthèse. Nous savons qu'une suite géométrique de cette forme est égale à 1/(1 – PMC).

On peut donc écrire que :

$$\text{Multiplicateur} = 1/(1 - PMC).$$

Donc si PMC est égal à 3/4, le multiplicateur des dépenses publiques est égal à 4. Ce qui signifie que les 20 milliards dépensés par le gouvernement vont provoquer *in fine* une hausse de la demande globale de l'ordre de 80 milliards de dollars.

détenir plus d'argent liquide. Donc la hausse des revenus découlant de l'expansion fiscale provoque un accroissement de la demande de monnaie.

La figure 32.7 (planche A) en montre l'effet sur le marché de l'argent. La Fed n'ayant pas modifié l'offre, la courbe d'offre verticale demeure identique. La courbe de demande se déplaçant vers la droite, le taux d'intérêt doit monter de t_1 à t_2 pour assurer l'équilibre de l'offre et de la demande.

Cette hausse des taux d'intérêt exerce un effet négatif sur la demande de biens et services. L'endettement étant plus coûteux, les ménages empruntent moins pour acheter des logements et les entre-

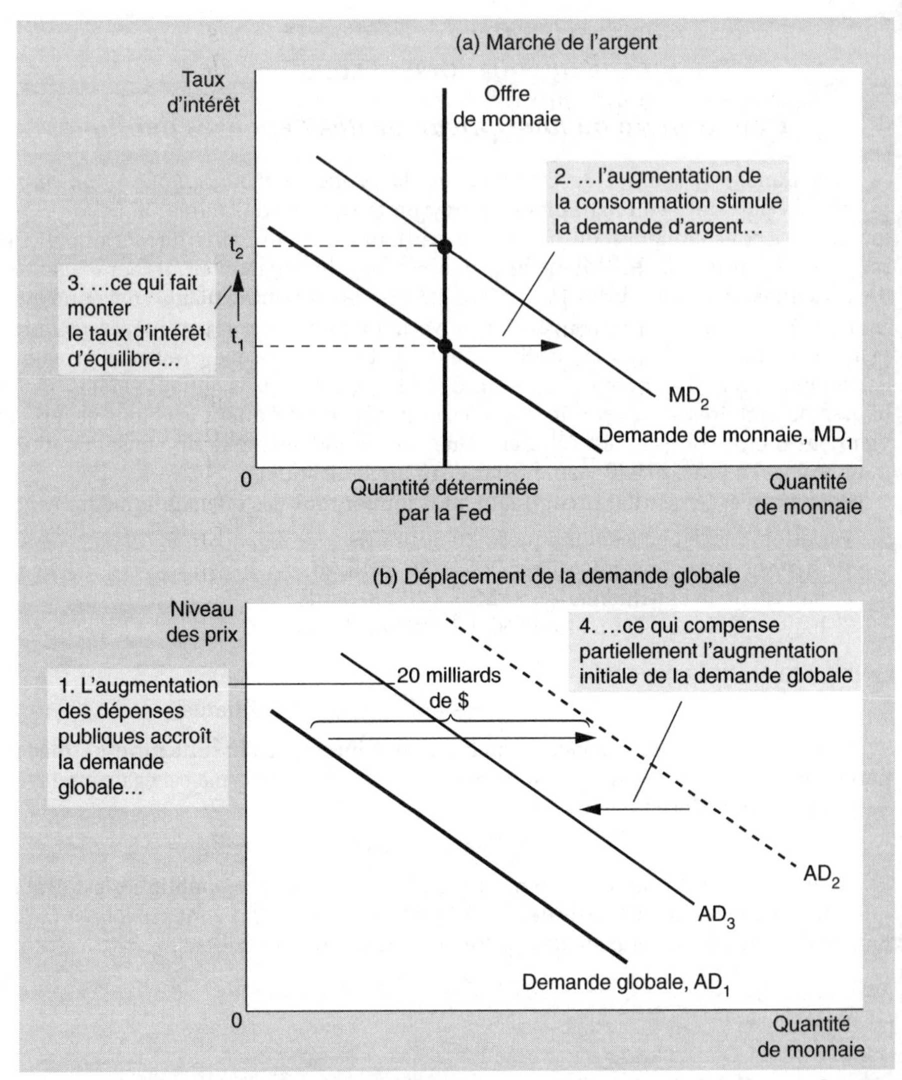

FIG. 32.7 **L'effet d'éviction.** La planche A montre le marché de l'argent. Si le gouvernement accroît les dépenses publiques, la hausse des revenus qui en résulte provoque une hausse de la demande de monnaie, de MD_1 à MD_2, qui elle-même fait monter le taux d'intérêt d'équilibre de t_1 à t_2. Cette hausse des taux renchérit le coût des crédits, ce qui déprime la demande globale, notamment sur les biens d'investissement. Cet effet d'éviction vient contrecarrer, au moins partiellement, l'effet multiplicateur sur la demande globale.

prises empruntent moins pour acheter des biens d'équipement. Les dépenses d'investissement sont donc en quelque sorte évincées, et cet *effet d'éviction* vient partiellement compenser l'impact positif de l'accroissement de la dépense publique, comme on le constate sur la planche B de la figure 32.7.

Pour résumer : *si le gouvernement accroît les dépenses publiques de 20 milliards de dollars, la demande globale variera de plus de 20 milliards ou de moins de 20 milliards selon que l'effet multiplicateur ou l'effet d'éviction l'emportera.*

Allégements d'impôts

Quand le gouvernement baisse les impôts, le revenu net des ménages croît. Une partie de ce revenu additionnel sera épargnée, et une partie consommée. Ce surcroît de consommation pousse la courbe de demande globale vers la droite. En sens inverse, une hausse des impôts pousse la courbe de demande globale vers la gauche.

L'ampleur de ce déplacement dépend aussi des effets multiplicateur et d'éviction. La baisse des impôts stimule la consommation, ce qui fait monter revenus et profits, et engendre une nouvelle consommation : c'est l'effet multiplicateur. En même temps, les revenus supérieurs dopent la demande de monnaie, ce qui pousse les taux d'intérêt vers le haut. L'emprunt devenu plus cher, les

POUR VOTRE CULTURE GÉNÉRALE

Les conséquences de la politique budgétaire sur l'offre globale

La plupart des économistes s'accordent à reconnaître que les conséquences essentielles de la politique budgétaire s'appliquent à la demande globale, mais il reste que l'offre globale est marginalement concernée elle aussi.

L'un des *dix principes de l'économie* du chapitre 1 et affirme que les gens réagissent aux incitations. Quand le gouvernement décide de réduire l'impôt sur le revenu, les travailleurs gagnent davantage, ce qui peut les inciter à travailler davantage. Si tel est le cas, la quantité de biens et services fournie croît, quel que soit le niveau des prix. La courbe d'offre globale se déplace donc vers la droite. Certains économistes, défenseurs du *côté de l'offre,* prétendent que l'impact d'un allégement d'impôts sur l'offre globale est important. Comme on l'a vu au chapitre 8, certains vont même jusqu'à affirmer que l'impact peut être tel qu'une réduction des impôts peut accroître les recettes fiscales, les gens travaillant beaucoup plus. La plupart des économistes considèrent néanmoins que les conséquences d'une fiscalité moindre sur l'offre globale sont beaucoup plus réduites que cela.

Les variations des dépenses publiques peuvent aussi exercer un effet sur l'offre globale, notamment si la dépense publique concerne un équipement comme le réseau routier. En effet, les routes sont utilisées entre autres choses pour effectuer des livraisons d'entreprises à clients. Meilleures sont les routes, plus grande sera la productivité des entreprises concernées, et donc plus importante sera la quantité de biens et services produite quel que soit le niveau des prix. La courbe d'offre globale peut donc être déplacée vers la droite. Remarquez tout de même que ce genre d'effet ne se réalise pas vraiment à court terme, car il faut un certain temps pour construire des routes et les mettre en service.

dépenses d'investissement diminuent : c'est l'effet d'éviction. La variation finale de la demande globale sera donc supérieure ou inférieure à la baisse des impôts selon que l'effet multiplicateur sera plus grand ou plus petit que l'effet d'éviction.

L'ampleur de la réponse de la demande globale à une variation de la fiscalité dépend aussi d'un troisième facteur : l'idée que le public se fait du caractère plus ou moins durable du changement de politique fiscale. Imaginons par exemple que le gouvernement annonce un allégement d'impôts de 1 000 dollars par foyer fiscal. Si le public considère cet allégement comme une mesure permanente, il augmentera sa consommation d'un montant substantiel. Si au contraire, il a l'impression qu'il ne s'agit que d'une mesure de courte durée, il considérera qu'elle ne change pas fondamentalement sa condition financière, et l'impact sur la consommation sera négligeable.

En 1992, l'économie était en pleine récession et George Bush menait une campagne pour sa réélection. Il annonça une réduction des retenues fiscales sur les revenus des travailleurs, compensée par un rééquilibrage l'année suivante. Il s'agissait donc d'une espèce de prêt consenti par le gouvernement aux travailleurs, sur un an. Bien entendu, cette mesure n'eut quasiment aucun impact sur la consommation et la demande globale, car le public réalisa que la mesure ne changeait rien de fondamental à l'impôt dû.

■ **VÉRIFIEZ VOS CONNAISSANCES** Imaginons que le gouvernement réduise de 10 milliards ses dépenses autoroutières. Dans quel sens évolue la courbe de demande globale ? Expliquer pourquoi la demande globale peut varier de plus de 10 milliards, et pourquoi elle peut varier de moins de 10 milliards.

32.3 LES POLITIQUES DE STABILISATION

Maintenant que nous savons comment les politiques monétaire et budgétaire peuvent affecter la demande globale, il est temps de se poser une question importante : les responsables politiques doivent-ils utiliser ces instruments pour réguler la demande globale et stabiliser l'économie ? Si oui, à quel moment ? Si non, pourquoi ?

Les arguments en faveur des politiques de stabilisation

Revenons à la question posée en début de chapitre : si le gouvernement réduit ses dépenses pour diminuer le déficit budgétaire, comment doit réagir la banque centrale ? La réduction des dépenses publiques va déprimer la demande globale, ce qui va influer négativement sur la production et l'emploi à court terme. La banque centrale peut essayer de compenser ces effets négatifs en tentant d'accroître la demande globale par la création monétaire, qui réduit les taux d'intérêt et stimule consommation et investissement. Si cette opération est bien menée, politiques monétaire et fiscale peuvent annuler leurs effets respectifs, et la demande globale demeure alors inchangée.

Cette analyse est souvent celle des dirigeants de la Fed, qui savent que la politique monétaire exerce une grande influence sur la demande globale, mais aussi qu'elle n'est pas l'unique déterminant de cette demande globale.

La fixation d'une politique monétaire en réponse à une nouvelle politique budgétaire n'est qu'une illustration particulière d'un phénomène plus général, à savoir l'utilisation des mesures politiques pour stabiliser la demande globale et donc, par conséquent, la production et l'emploi. Depuis l'Employment Act de 1946, cette stabilisation économique est l'un des objectifs officiels du gouvernement américain. Cette loi affirme en effet qu'« il est de la responsabilité permanente du gouvernement fédéral de... promouvoir le plein-emploi et la production. » Autrement dit, le gouvernement accepte d'être tenu responsable de la performance macro-économique à court terme.

Les implications sont doubles. La première, c'est que le gouvernement doit éviter d'être lui-même la cause des fluctuations. La plupart des économistes sont donc opposés aux changements drastiques de politique économique, car ces changements ont toutes les chances de causer de sévères variations de la demande globale. En outre, lors de ces grands bouleversements, il est important que les responsables des politiques fiscale et monétaire soient bien coordonnés pour pouvoir réagir correctement face aux fluctuations engendrées.

La deuxième implication, plus importante, c'est que le gouvernement doit réagir aux variations de l'économie privée pour stabiliser la demande globale. Cette loi fut adoptée peu de temps après la publication de l'ouvrage de Keynes, la *Théorie générale*, certainement l'un des livres d'économie les plus influents jamais écrits. Dans son livre, Keynes insistait sur le rôle essentiel de la demande globale pour expliquer les fluctuations économiques de court terme, et insistait sur l'intervention publique pour stimuler la demande quand celle-ci semblait incapable de préserver le plein-emploi et la production.

Keynes et ses disciples ont expliqué que la demande globale fluctuait du fait de grandes vagues d'optimisme ou de pessimisme de la part du public. Quand le pessimisme règne, les ménages réduisent leur consommation, et les entreprises leurs investissements. La demande globale recule, la production diminue et le chômage augmente. À l'inverse, quand l'optimisme est de rigueur, ménages et entreprises accroissent leurs dépenses. La demande globale augmente, la production aussi et l'inflation grimpe.

En principe, politiques monétaire et fiscale peuvent répondre à ces sentiments et contribuer à stabiliser la demande globale. Si le public est trop pessimiste, la Fed peut injecter de la monnaie ; si le public est trop optimiste, la Fed peut réduire l'offre monétaire. Un ancien président de la Fed affirmait un jour que « le rôle de la Fed consistait à ranger les alcools quand la fête commence à mal tourner. » Nous verrons dans le dernier chapitre que tout le monde n'est pas d'accord sur la capacité du gouvernement à mettre en œuvre de telles politiques de stabilisation.

ÉTUDE DE CAS

Les keynésiens à la Maison-Blanche

JOHN MAYNARD KEYNES

À un journaliste qui lui demandait en 1961 pourquoi il souhaitait réduire les impôts, John F. Kennedy lui répondit : « Pour relancer l'économie. Vous ne vous rappelez pas vos cours d'économie ? » La politique de Kennedy était en fait exactement fondée sur l'analyse présentée plus haut. Son objectif était de stimuler la demande globale pour doper la production et l'emploi.

Le Président s'appuyait sur son équipe d'économistes, qui comprenait des sommités comme James Tobin et Robert Solow, qui devaient obtenir plus tard un prix Nobel pour leurs travaux macro-économiques. Étudiants dans les années 40, ces économistes avaient été fortement influencés par la *Théorie générale* de Keynes, publiée quelques années plus tôt. Leurs conseils au Président Kennedy étaient la mise en œuvre de cette théorie.

Si les paramètres fiscaux exercent une influence notoire sur la demande globale, ils ont aussi d'autres effets, notamment sur l'offre de biens et services. L'idée de Kennedy était de donner un avantage fiscal aux entreprises qui investissaient. L'accroissement de l'investissement devant stimuler la capacité productive de l'économie à long terme, l'objectif immédiat d'une plus grande production grâce à l'expansion de la demande globale se trouvait ainsi associé à un objectif plus lointain d'une plus grande production grâce à l'expansion de l'offre globale. Et effectivement, quand l'aménagement de fiscalité proposé par Kennedy fut voté en 1964, il ouvrit une période de prospérité soutenue.

Depuis lors, les responsables politiques ont parfois cherché à réguler la demande globale par la politique fiscale. Nous avons parlé plus haut de la tentative infructueuse du Président Bush, et l'une des premières mesures prises par le Président Clinton en 1993 consista à mettre en œuvre un « programme de stimulation » à base de dépenses publiques, dont l'objectif premier était d'accélérer la sortie de la récession que les États-Unis venaient de connaître. Ce programme ne fut pas voté par le Congrès qui considéra, comme la majorité des économistes, qu'il arrivait trop tard pour être véritablement utile. En outre, la réduction du déficit budgétaire, nécessaire pour garantir une croissance à long terme, était prioritaire sur une stimulation à court terme de la demande globale.

Les arguments contre les politiques de stabilisation

Certains économistes considèrent que le gouvernement ne devrait pas tenter de stabiliser l'économie, et ne devrait utiliser les armes monétaire et budgétaire que pour viser des objectifs à long terme, comme une croissance saine non inflationniste. Quant aux fluctuations économiques de court terme, mieux vaut laisser l'économie s'en débrouiller toute seule. Pour ces économistes, l'utilisation pratique des politiques monétaire et fiscale est moins facile que l'affirme la théorie, et les obstacles sont nombreux.

En effet, ces politiques ne font connaître leurs effets qu'avec un certain retard, parfois important. La politique monétaire affecte la demande par l'intermédiaire des taux d'intérêt, qui jouent sur les dépenses d'investissements, notamment immobiliers et industriels. Mais les ménages et les entreprises ont la plupart du temps des programmes d'investissement établis à l'avance. Par conséquent, il faut du temps pour que les variations de taux d'intérêt se traduisent par une variation de la demande globale de biens et services : la plupart

DANS VOS JOURNAUX

L'indépendance de la banque centrale

Aux États-Unis, la politique monétaire est conduite par la Fed, en toute indépendance. Certains membres du Congrès se sont montrés récemment favorables à une certaine limitation de cette indépendance, comme le souligne l'article suivant.

Ne marchez pas sur les pieds de la Fed

MARTIN ET KATHLEEN FELDSTEIN

Tout le monde reconnaît que la Fed a remarquablement géré la politique monétaire ces dernières années, parvenant à réduire le taux d'inflation sans handicaper la croissance économique engagée en 1991.

En dépit de ces excellents résultats, certains membres influents du Congrès souhaiteraient voir réduite l'indépendance de la Fed. Ils proposent de donner au Congrès et au Président les moyens d'influer sur la politique monétaire, afin de la rendre plus sensible aux pressions politiques. Si tel devait être le cas, les risques d'inflation et d'instabilité économique seraient fortement accrus.

Pour assurer la performance économique enregistrée ces dernières années, la Fed a dû relever plusieurs fois les taux d'intérêt en 1994 et, plus récemment, elle a dû faire la sourde oreille aux appels de ceux qui voulaient une politique monétaire plus laxiste afin de stimuler l'économie. Peut-être que la croissance ralentira l'année prochaine. Si tel est le cas, le Congrès et la Maison-Blanche ne manqueront pas de demander à la Fed de baisser ses taux pour maintenir un certain rythme de croissance. Nous sommes prêts à parier que, même si la croissance ralentit, les pressions inflationnistes seront toujours là, ce qui amènera la Fed à relever ses taux en début d'année.

Si la Fed augmente les taux d'intérêt pour éviter un retour de l'inflation, les congressistes évoqués plus haut seront certainement soutenus par une partie du public, qui apprécie peu les hausses de taux qui rendent les emprunts coûteux, tant pour les ménages que pour les entreprises. Le public sera aussi certainement opposé au ralentissement de la demande qui ne manquera pas de suivre la hausse des taux. C'est justement parce qu'une politique économique

des études indiquent un délai d'environ six mois avant que les premiers effets se fassent sentir. Les effets quant à eux sont durables et peuvent s'étaler sur plusieurs années. Les adversaires de ces interventions font remarquer que la Fed intervient généralement trop tardivement et que du coup elle contribue à renforcer les fluctuations économiques plus qu'elle ne les atténue. Ces économistes sont partisans d'une politique monétaire passive, comme une croissance lente mais régulière de la masse monétaire.

Quant à la politique fiscale, c'est son processus même qui est très long. En effet tout amendement d'une loi fiscale doit passer par plusieurs commissions parlementaires, puis être adopté par la Chambre des représentants et le Sénat, et enfin être signé par

adéquate n'est pas toujours très populaire qu'il est nécessaire de mettre la Fed à l'abri des pressions politiques.

La Fed est une institution indépendante, qui rend compte au Congrès, mais ne reçoit d'ordres de personne. La politique monétaire et les taux d'intérêt à court terme sont définis par le Comité fédéral d'open-market (FOMC), constitué des sept gouverneurs de la Fed et des douze présidents des banques de réserve régionales.

L'indépendance de la Fed repose en grande partie sur la façon dont ses membres sont nommés. Si les sept gouverneurs sont nommés par le Président et confirmés par le Sénat, chacun des douze présidents des banques de réserve régionales est choisi par le conseil de la banque. Ces présidents ont des mandats de plusieurs années. La plupart sont des économistes, bien versés dans le domaine de l'économie monétaire. Malgré leur expérience, ce ne sont pas des élus politiques ou des amis d'élus. Leur seul objectif est le maintien d'une politique monétaire adéquate, assurant une croissance économique saine et un contrôle efficace du système bancaire.

Pour limiter l'indépendance de la Fed, certains ont proposé d'interdire à ces présidents des banques de réserve régionales de participer aux votes de la politique monétaire. Cette mauvaise idée, soutenue en particulier par le sénateur Sarbanes (Démocrate), mettrait tout le pouvoir entre les mains des sept gouverneurs de la Fed. Or, comme au moins l'un de ces mandats tombe tous les deux ans, un Président qui occuperait la Maison-Blanche pendant huit ans pourrait nommer la majorité des gouverneurs et ainsi avoir la haute main sur la politique monétaire du pays. Une autre mauvaise idée, défendue par le député Gonzalez (Démocrate), voudrait que les présidents des banques de réserve régionales soient nommés par le Président et confirmés par le Sénat.

Toutes ces idées aboutiraient fatalement à une politisation des actions de la Fed, ce qui signifierait des taux d'intérêt plus volatiles et une économie moins stable à long terme.

Paradoxalement, cette volonté de réduire l'indépendance de la banque centrale va à contre-courant de ce qui se fait partout ailleurs dans le monde. L'expérience a clairement montré que l'indépendance de la banque centrale est un facteur clé de la réussite des politiques monétaires. Il serait désastreux pour les États-Unis d'adopter une attitude contraire.

Source. — Boston Globe, 12 novembre 1996.

le Président. Une modification fiscale majeure peut donc mettre des années à être proposée, discutée, votée puis enfin mise en œuvre.

Du fait de ce retard, les responsables politiques doivent faire attention à ce que seront les conditions économiques quand les effets de la politique adoptée se feront sentir.

Malheureusement, les prévisions économiques sont peu fiables, d'une part parce que la macro-économie est une science neuve, d'autre part parce qu'il est impossible de prévoir les chocs économiques. Les responsables politiques doivent donc se contenter d'hypothèses plus ou moins précises quant aux conditions économiques futures, et réagir au jour le jour.

Stabilisation automatique

Tous les économistes – partisans et adversaires des politiques de stabilisation – reconnaissent que les politiques de stabilisation sont difficiles à piloter du fait des retards avec lesquels se manifestent leurs effets. L'économie serait donc plus stable, s'il y avait un moyen d'éviter ces retards. Et il en existe un. La *stabilisation automatique* recouvre les éléments de politique budgétaire qui stimulent la demande lors des récessions sans que les politiques n'aient à intervenir directement.

Le système fiscal est l'élément le plus important de ce dispositif de stabilisation automatique. Lors d'une récession, tous les revenus diminuent (salaires, profits) ; les recettes fiscales du gouvernement, la plupart du temps assises sur les revenus, diminuent donc elles aussi. Cette baisse automatique des impôts stimule la demande globale et contribue à limiter l'ampleur des fluctuations automatiques.

Les dépenses publiques peuvent aussi contribuer à stabiliser automatiquement l'économie. Typiquement, en période de récession et de chômage, le nombre des bénéficiaires des allocations-chômage et autres formes d'aides de ce type augmente. Cet accroissement automatique des dépenses publiques stimule la demande globale au moment même où celle-ci est insuffisante pour assurer le plein-emploi.

Ces facteurs de stabilisation automatique sont insuffisants pour éviter les récessions. Mais en leur absence, production et emploi seraient certainement plus volatiles. C'est pourquoi de nombreux économistes s'opposent à l'amendement constitutionnel qui voudrait que le gouvernement soit obligé de fonctionner avec un budget équilibré. En effet, durant une récession, les recettes fiscales diminuent, les dépenses publiques augmentent et le déficit budgétaire se creuse. Si le gouvernement était obligé de maintenir un budget équilibré, il lui faudrait augmenter les impôts et/ou réduire les dépenses publiques. Autrement dit, cette contrainte du budget équilibré éliminerait les éléments de stabilisation automatique inhérents à l'actuel système.

■ **VÉRIFIEZ VOS CONNAISSANCES** Imaginer que les entreprises soient pessimistes sur leur avenir. Comment évolue la demande globale ? Si la Fed veut stabiliser la demande globale, comment doit-elle faire évoluer la masse monétaire ? Si elle le fait, comment évoluent les taux d'intérêt ?

32.4 L'ÉCONOMIE À COURT TERME ET À LONG TERME

Arrêtons-nous un instant sur ce qui semble être une double théorie des taux d'intérêt. Nous avons vu plus haut dans cet ouvrage que les taux d'intérêt assuraient l'équilibre de l'offre et de la demande de fonds prêtables (c'est-à-dire de l'épargne nationale et des besoins d'investissement). Et maintenant, nous venons de dire que les taux d'intérêt assuraient l'équilibre de l'offre et de la demande d'actif liquide, c'est-à-dire de monnaie. Laquelle de ces deux théories est la bonne ? En fait, elles sont toutes deux valables.

Pour comprendre cela, il faut bien distinguer entre le court et le long terme, et considérer les trois variables essentielles suivantes : la production de biens et services, le taux d'intérêt et le niveau général des prix. Selon la théorie macro-économique classique développée précédemment (chapitres 24, 25 et 28), ces variables sont déterminées comme suit :

– la production est fonction des quantités de travail et de capital, ainsi que de la technologie disponible pour transformer ces facteurs de production en produits finis ;

– pour un niveau de production donné, le taux d'intérêt assure l'équilibre de l'offre et de la demande de fonds prêtables ;

– le niveau général des prix assure l'équilibre de l'offre et de la demande de monnaie. Les variations de la masse monétaire provoquent des variations identiques du niveau des prix.

Telles sont les trois propositions essentielles de la théorie économique classique. La plupart des économistes considèrent qu'elles constituent une bonne description du fonctionnement de l'économie à *long terme*.

Mais elles ne tiennent pas à court terme. Comme nous l'avons vu, les prix ne s'ajustent pas immédiatement aux changements de la masse monétaire. Par conséquent, le niveau général des prix ne permet pas à lui seul d'équilibrer l'offre et la demande de monnaie à court terme. La viscosité des prix oblige les taux d'intérêt à varier pour équilibrer le marché de l'argent. Ces fluctuations de taux d'intérêt provoquent à leur tour des modifications de la demande globale de biens et services. Ces modifications éloignent la production de biens et services du niveau déterminé par les facteurs de production et la technologie.

Pour analyser l'économie à court terme, il vaut mieux renverser l'ordre des facteurs :

– le niveau général des prix se trouve à un niveau donné, et demeure relativement insensible, à court terme, aux conditions économiques ambiantes ;

POUR VOTRE CULTURE

Court et long termes : une explication algébrique

Les lecteurs ayant un minimum de connaissances mathématiques trouveront ces explications pratiques pour éclairer la différence entre court et long termes (les autres peuvent sauter cet encadré).

L'économie peut être représentée par deux marchés : celui de l'argent et celui des biens et services. L'équilibre du marché de l'argent est décrit par l'équation suivante :

$$M = L(t)\,P,$$

dans laquelle M est la masse monétaire, P le niveau général des prix, t le taux d'intérêt et L (t) une fonction décrivant la sensibilité de la demande de monnaie au taux d'intérêt. Appelons cette équation l'équation LM (liquidité-monnaie).

Le marché des biens et services est décrit par l'équation suivante :

$$Y = C + I(t) + DP,$$

dans laquelle Y est la production, C la consommation, I l'investissement et DP les dépenses publiques (pour simplifier, nous avons retenu l'hypothèse d'une économie fermée, et les exportations nettes n'apparaissent donc pas). L'épargne nationale Y – C – DP constitue l'offre de fonds prêtables, et l'investissement I (t) représente la demande de ces fonds, qui est fonction des taux d'intérêt. Cette équation est appelée équation I/EP (investissement-épargne). Les équations I/EP et LM décrivent deux relations entre trois variables : la production Y, le taux d'intérêt t et le niveau général des prix P.

Comparons maintenant le court et le long termes. Les deux équations sont vérifiées en permanence, mais ce sont des variables différentes qui assurent l'équilibre à court et à long termes :

- À long terme, la production Y est déterminée par les facteurs de production et la technologie. Donc, le taux d'intérêt s'ajuste de manière à satisfaire l'équation I/EP ; ce taux d'intérêt étant donné, le niveau des prix P s'adapte de manière à vérifier l'équation LM.
- À court terme, c'est le niveau des prix P qui est considéré comme constant. Le taux d'intérêt s'établit de manière telle qu'il satisfait l'équation LM ; ce taux étant donné, le niveau de production Y s'ajuste pour vérifier l'équation I/EP. C'est ce deuxième cas qui correspond à notre analyse des politiques monétaire et fiscale développée dans le présent chapitre.

– pour un niveau général des prix donné, le taux d'intérêt assure l'équilibre de l'offre et de la demande de monnaie ;

– la production répond aux variations de la demande globale, en partie déterminées par le taux d'intérêt qui assure l'équilibre du marché de l'argent.

La figure 32.8 résume ces propositions et met l'accent sur les différences entre l'économie à long terme et à court terme.

Les différentes théories du taux d'intérêt sont donc complémentaires. Pour ce qui est de la fixation du taux d'intérêt à long terme, mieux vaut penser en termes de théorie du marché des fonds prê-

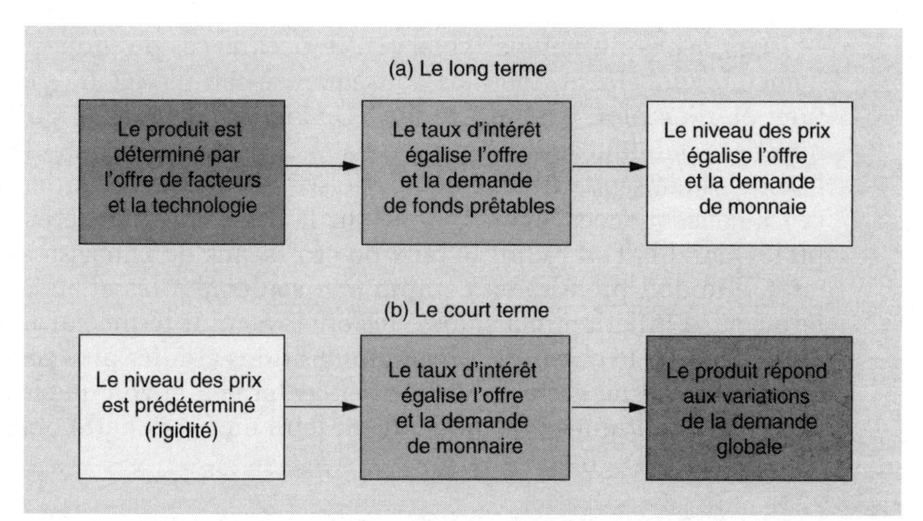

FIG. 32.8 **Théories macro-économiques de court et de long terme.** À long terme, taux d'intérêt et niveau général des prix s'adaptent à un niveau donné de production. À court terme, taux d'intérêt et production s'adaptent à un niveau donné de prix.

tables, qui insiste sur le rôle central des capacités d'épargne et des besoins d'investissement. En revanche, pour ce qui est des taux d'intérêt à court terme, mieux vaut retenir la théorie de la préférence pour la liquidité, qui met l'accent sur l'importance de la politique monétaire.

■ **VÉRIFIEZ VOS CONNAISSANCES** Expliquer les différences entre l'analyse macro-économique de long terme et de court terme. Quelle est la théorie des taux d'intérêt la mieux adaptée à l'analyse de l'économie à long terme ? Laquelle est la meilleure pour l'analyse de court terme ?

32.5 CONCLUSION

Avant de décider de changer de politique monétaire ou fiscale, les responsables doivent clairement identifier toutes les conséquences de leurs actions. Les chapitres 24 à 30 ont présenté les effets à long terme de ces politiques, à travers les modèles classiques de l'économie. Nous avons appris comment la politique budgétaire influence l'épargne, l'investissement, la balance commerciale et la croissance à long terme, et comment la politique monétaire détermine le niveau général des prix et le taux d'inflation.

Dans ce chapitre, nous avons vu l'impact de ces politiques sur la demande globale, et donc les conséquences en termes de production et d'emploi à court terme. Quand le Congrès réduit les dépenses publiques pour équilibrer son budget, il doit considérer à la fois les conséquences à long terme sur l'épargne et la croissance et les conséquences à court terme sur la demande globale et l'emploi. Quand la Fed réduit le taux de croissance de la masse monétaire, elle doit prendre en compte non seulement les effets à long terme sur l'inflation, mais aussi les effets à court terme sur la production. Dans le chapitre suivant, nous allons étudier plus précisément la transition entre le court et le long termes, et voir que les responsables politiques doivent souvent faire un choix entre objectifs de court terme et de long terme.

RÉSUMÉ

- Selon la théorie de la préférence pour la liquidité, développée par Keynes pour expliquer la détermination des taux d'intérêt, le taux d'intérêt assure l'équilibre de l'offre et de la demande de monnaie.
- L'augmentation du niveau des prix accroît la demande de monnaie et pousse vers le haut le taux d'intérêt qui équilibre le marché de l'argent. La hausse des taux d'intérêt rend l'endettement plus coûteux, ce qui réduit la demande de biens et services. Cette relation inverse entre niveau des prix et demande globale est reflétée par la pente négative de la courbe de demande globale.
- Les responsables politiques peuvent agir sur la demande globale par la politique monétaire. L'augmentation de la masse monétaire réduit le taux d'intérêt d'équilibre et pousse vers la droite la courbe de demande globale, puisque l'investissement est stimulé par la baisse des taux. Une contraction de la masse monétaire élève le taux d'intérêt d'équilibre et pousse la courbe de demande globale vers la gauche.
- Les responsables politiques peuvent aussi utiliser la politique budgétaire ou fiscale. Une augmentation des dépenses publiques ou une réduction des impôts pousse la courbe de demande globale vers la droite. La réduction des dépenses publiques ou l'alourdissement de la fiscalité pousse la courbe de demande globale vers la gauche.
- Quand le gouvernement fait varier le niveau des dépenses publiques ou de l'impôt, l'effet sur la demande globale peut être supérieur ou inférieur à l'impulsion initiale. L'effet multiplicateur tend à amplifier l'impact sur la demande globale, mais l'effet d'éviction tend à le réduire.
- Les politiques monétaire et fiscale jouant sur la demande globale, le gouvernement y recourt souvent afin de stabiliser l'économie. Les économistes ne sont pas tous d'accord sur l'efficacité du gouvernement

dans ce domaine. Selon les partisans de ces interventions, la demande globale évolue en fonction des attitudes changeantes des ménages et des entreprises ; si le gouvernement laisse faire, il en résulte des fluctuations erratiques de la production et de l'emploi. Pour les adversaires de l'intervention gouvernementale, les politiques monétaire et budgétaire exercent leurs effets avec un tel retard que leur influence est plus souvent déstabilisatrice que bénéfique.

◆ Les effets des politiques monétaire et fiscale sont variables selon l'horizon de temps considéré. Les effets sur la production présentés dans ce chapitre ne tiennent qu'à court terme, du fait de la viscosité des prix. À long terme, la production ne dépend que des facteurs de production et de la technologie.

CONCEPTS CLÉS – DÉFINITIONS

Théorie de la préférence pour la liquidité : théorie développée par Keynes, selon laquelle le taux d'intérêt assure l'équilibre entre l'offre et la demande de monnaie.

Effet multiplicateur : augmentation supplémentaire de la demande globale consécutive à une politique budgétaire expansionniste qui provoque une hausse des revenus et donc de la consommation.

Effet d'éviction : réduction de la demande globale consécutive à une politique budgétaire expansionniste qui élève les taux d'intérêt et décourage donc l'investissement.

Stabilisation automatique : modifications endogènes de la politique budgétaire qui stimulent la demande globale lorsque l'économie est en récession, sans intervention politique directe.

QUESTIONS DE RÉVISION

1. Qu'est-ce que la théorie de la préférence pour la liquidité ? Comment cette théorie explique-t-elle la pente négative de la courbe de demande globale ?
2. À l'aide de la théorie de la préférence pour la liquidité, expliquer comment une contraction de la masse monétaire affecte la demande globale.
3. Le gouvernement dépense 3 milliards de dollars pour acheter des voitures de police. Expliquer pourquoi la demande globale peut augmenter de plus de 3 milliards, et pourquoi elle peut aussi augmenter de moins de 3 milliards.
4. Les sondages de consommation annoncent une vague de pessimisme dans le public. Si le gouvernement n'intervient pas, qu'adviendra-t-il de la demande globale ? Que doit faire la Fed pour stabiliser la demande globale ? Si la Fed ne fait rien, que doit faire le Congrès pour stabiliser la demande ?

5. Donner un exemple de politique qui joue un rôle de stabilisation automatique. Expliquer l'origine de cet effet stabilisateur.
6. Pourquoi les changements de politique monétaire ont-ils des effets différents suivant les horizons temporels ?

PROBLÈMES D'APPLICATION

1. Quelles sont les conséquences des développements suivants sur l'offre de monnaie, la demande globale et le taux d'intérêt ? Illustrez votre réponse par des graphiques :
   a. Une vague d'optimisme dope l'investissement.
   b. La Fed réduit les coefficients de réserves obligatoires.
   c. Une augmentation du prix du pétrole pousse la courbe d'offre globale de court terme vers le haut.
   d. Les ménages décident de conserver davantage d'argent pour leurs achats de Noël.
2. Imaginons que l'on trouve des distributeurs de billets à chaque coin de rue, et que, du coup, le public ne transporte quasiment plus d'argent liquide sur lui :
   a. Supposons que la Fed ne change rien à la masse monétaire. Selon la théorie de la préférence pour la liquidité, comment évolueront les taux d'intérêt ? Qu'en est-il de la demande globale ?
   b. Si la Fed veut stabiliser la demande globale, comment doit-elle réagir ?
3. Soit les deux politiques suivantes : un allégement d'impôts pendant un an, et un allégement d'impôts permanent. Laquelle des deux relancera le plus la consommation ? Laquelle des deux aura le plus gros impact sur la demande globale ? Expliquez.
4. Les taux d'intérêt américains ont énormément baissé en 1991. Plusieurs observateurs en ont conclu que la politique monétaire était devenue expansionniste. Cette conclusion était-elle correcte ? (Indice : le point le plus bas de la récession a été touché en 91.)
5. Au début des années 80, les banques ont obtenu l'autorisation de payer un intérêt sur les comptes-chèques :
   a. Si les comptes-chèques sont inclus dans la définition de la monnaie, quel est l'impact de cette mesure sur la demande de monnaie ?
   b. Si la Fed n'avait pas modifié la masse monétaire, comment auraient évolué le taux d'intérêt, la demande globale et la production ?
   c. Si la Fed avait maintenu un taux d'intérêt constant, comment la masse monétaire aurait-elle dû évoluer ? Quid de la demande globale et de la production ?
6. Ce chapitre a expliqué comment une politique monétaire expansionniste se traduit par une baisse des taux d'intérêt et donc une reprise de la consommation et de l'investissement. Expliquez comment la demande d'exportations nettes se trouve également stimulée.

7. Imaginons que les économistes constatent qu'une augmentation de 10 milliards de dollars des dépenses publiques se traduit par une augmentation de la demande globale de 30 milliards :

   a. En l'absence d'effet d'éviction, quelle est la propension marginale à consommer (PMC) ?

   b. Compte tenu d'un effet d'éviction, l'estimation de la PMC est-elle supérieure ou inférieure à celle calculée précédemment ?

8. Le gouvernement accorde une réduction fiscale de 30 milliards de dollars, il n'y a pas d'effet d'éviction et la PMC est égale à 3/4 :

   a. Quel est l'effet immédiat de la réduction fiscale sur la demande globale ?

   b. Quels sont les effets supplémentaires, et quel est l'effet total sur la demande globale ?

   c. Comment se compare cet effet total d'une baisse de 30 milliards des impôts à l'effet total d'une augmentation des dépenses publiques de 30 milliards ? Pourquoi ?

9. Les consommateurs deviennent soudain très optimistes et décident d'acheter 30 milliards de dollars de biens et services supplémentaires. Cette vague d'achat aura-t-elle un effet multiplicateur sur la production ? Expliquez.

10. Le gouvernement décide d'accroître les dépenses publiques. Les effets sur la demande globale seront-ils plus ou moins importants selon que la Fed ne fait rien en réponse à cette décision ou qu'elle décide de maintenir constant le taux d'intérêt ?

11. Une politique budgétaire expansionniste a-t-elle plus de chances d'engendrer une hausse de l'investissement à court terme :

    – si l'accélérateur d'investissement est faible ou s'il est important,

    – si la sensibilité de l'investissement au taux d'intérêt est faible ou si elle est importante ?

12. L'économie traverse une récession. Expliquez comment chacune des politiques suivantes affecterait la consommation et l'investissement. Dans chaque cas, indiquez les effets directs, ceux qui résultent d'une variation de la production, ceux qui résultent des variations de taux d'intérêt et l'effet total. Si certains doivent se compenser, indiquez-le :

    a. Une augmentation des dépenses publiques.

    b. Une réduction des impôts.

    c. Une croissance de la masse monétaire.

13. Pour diverses raisons, la politique fiscale varie quand la production et l'emploi évoluent :

    a. Expliquez pourquoi les recettes fiscales évoluent quand l'économie traverse une période de récession.

    b. Expliquez pourquoi les dépenses publiques sont modifiées dans cette hypothèse.

    c. Si le gouvernement était obligé d'avoir un budget équilibré, que devrait-il faire en cas de récession ? La récession serait-elle alors plus ou moins sévère ?

14. Suite à une augmentation de la masse monétaire, les variables suivantes seraient-elles plus grandes, plus faibles ou inchangées à long terme par rapport à leur valeur à court terme ?
    a. Les dépenses de consommation.
    b. Le niveau général des prix.
    c. Le taux d'intérêt.
    d. La production globale.
15. La Fed décide d'accroître la masse monétaire :
    a. Comment évolue le taux d'intérêt à court terme ? Faites un graphique.
    b. Quel est l'effet sur le taux d'intérêt à long terme ? Comment pouvez-vous le savoir ?
    c. Quelle est la caractéristique de l'économie qui fait que les conséquences à court terme de la politique monétaire sur les taux d'intérêt sont différentes des conséquences à long terme ?

CHAPITRE 33

LE COMPROMIS DE COURT TERME ENTRE INFLATION ET CHÔMAGE

Dans ce chapitre, vous allez :

- comprendre pourquoi les responsables politiques sont confrontés à un choix à court terme entre inflation et chômage
- voir pourquoi ce choix n'existe plus à long terme
- noter comment les chocs supportés par l'offre déplacent la position de ce compromis entre inflation et chômage
- étudier les coûts immédiats de la lutte contre l'inflation
- remarquer combien la crédibilité des responsables politiques est un facteur déterminant du coût de la lutte contre l'inflation

L'inflation et le chômage sont deux indicateurs économiques particulièrement suivis, dont la publication mensuelle est attendue par l'ensemble de la communauté économique et financière. Certains commentateurs ont même pris l'habitude d'additionner ces deux chiffres, pour obtenir un « indice de misère » censé refléter la santé du pays.

Existe-t-il une relation entre ces deux indicateurs ? Nous avons vu dans le chapitre 26 les déterminants à long terme du chômage, et dans le chapitre 28 ceux de l'inflation. Nous savons que le taux naturel de chômage est lié à certaines caractéristiques du marché du travail, comme les salaires minimaux, le pouvoir des syndicats, le rôle des salaires efficaces, ou l'efficacité de la nécessaire recherche d'emploi. Nous savons aussi que l'inflation est surtout fonction de la croissance de la masse monétaire, contrôlée par la banque centrale. À long terme, inflation et chômage sont donc deux phénomènes indépendants.

Mais cela n'est pas vrai à court terme. L'un des *dix principes de l'économie* du chapitre 1 et affirme qu'il y a un choix à faire à court terme entre inflation et chômage. Les politiques monétaire et fiscale qui stimulent la demande globale peuvent réduire le chômage à court terme, mais seulement au prix d'une poussée inflationniste. Si ces politiques dépriment la demande globale, l'inflation diminuera mais le chômage augmentera momentanément.

Ce chapitre est consacré à un examen détaillé de ce compromis, sujet qui a passionné les plus grands économistes depuis un demi-siècle. La meilleure façon d'aborder le problème est encore de voir comment on y a réfléchi historiquement. Comme nous le verrons, la vision du problème de l'inflation et du chômage depuis 1950 est directement liée à l'évolution de l'économie américaine. Nous comprendrons ainsi pourquoi ce compromis est incontournable à court terme, pourquoi il disparaît à long terme, et quels problèmes il pose aux responsables politiques.

33.1 LA COURBE DE PHILLIPS

La relation de court terme entre chômage et inflation est illustrée par la *courbe de Phillips*, dont nous allons décrire ici l'origine et la migration aux États-Unis.

Les origines

En 1958, l'économiste A.W. Phillips écrivit un article dans le journal britannique *Economica*, qui devait le rendre célèbre.

L'article était intitulé : « Relation entre chômage et croissance des salaires au Royaume-Uni, de 1861 à 1957 ». Phillips y montrait une corrélation négative entre taux de chômage et taux d'inflation (Phillips s'intéressait à la croissance des salaires plutôt qu'à la croissance des prix, mais cette distinction importe peu pour notre propos). Il démontra que les années pendant lesquelles le chômage était faible étaient caractérisées par une inflation élevée, et vice-versa. Phillips en conclut que ces deux variables étaient liées d'une façon qui avait échappé à l'attention des économistes jusqu'alors.

Deux ans plus tard, les économistes Paul Samuelson et Robert Solow publiaient un article dans *American Economic Review,* intitulé « Analyse des politiques anti-inflationnistes », qui mettait en évidence la même corrélation négative entre inflation et chômage aux États-Unis. Pour eux, cette corrélation s'expliquait par le fait qu'un chômage faible est en général associé à une forte demande globale, et qu'une forte demande exerce une forte pression à la hausse sur les salaires et les prix. Cette relation est représentée par la figure 33.1. Samuelson et Solow lui donnèrent le nom de *courbe de Phillips.*

D'après Samuelson et Solow, la courbe de Phillips offrait aux responsables politiques un certain choix, puisqu'en décidant des politiques monétaire et fiscale les responsables pouvaient choisir un point donné de la courbe. Au point A par exemple, le chômage est

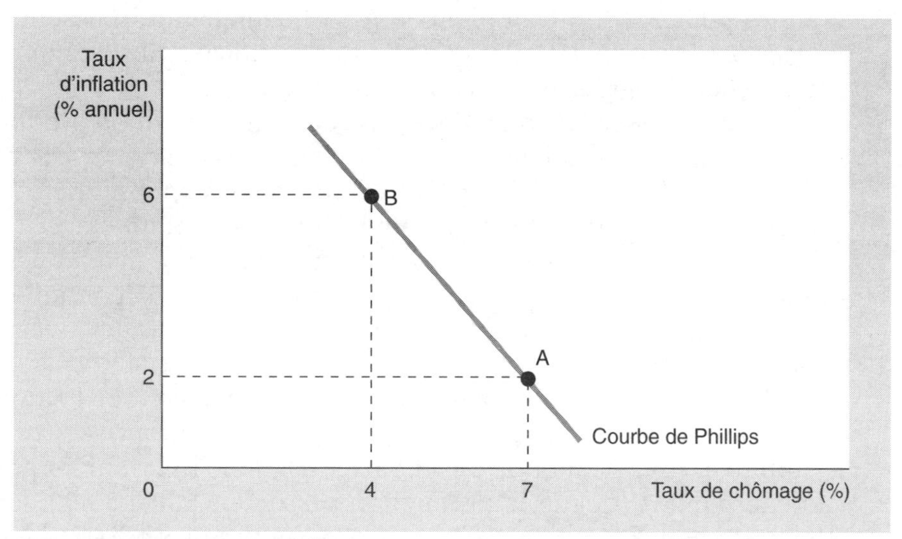

FIG. 33.1 **La courbe de Phillips.** Cette courbe illustre la corrélation négative entre inflation et chômage. Au point A, l'inflation est faible et le chômage élevé. Au point B, c'est le contraire.

élevé mais l'inflation est faible. Au point B au contraire, c'est l'inflation qui est élevée et le chômage faible. Certes les hommes politiques préféreraient sans doute un chômage et une inflation faibles, mais les données historiques telles que retranscrites dans la courbe de Phillips démontrent que cette combinaison est impossible. Selon Samuelson et Solow, il existe un compromis entre inflation et chômage, illustré par la courbe de Phillips.

Demande globale, offre globale et courbe de Phillips

La courbe de Phillips s'explique facilement avec le modèle d'offre et de demande globales. *Elle traduit en effet l'association entre inflation et chômage qui découle à court terme des déplacements de la courbe de demande globale le long de la courbe d'offre globale de court terme.* Comme nous l'avons vu au chapitre 31, plus la demande globale est élevée, plus importante est la production et plus élevé est le niveau des prix. La loi d'Okun nous affirme que le chômage est faible quand la production est élevée. Comme le niveau des prix de l'année précédente est donné, plus le niveau des prix actuel est élevé, plus forte est l'inflation. Donc, l'augmentation de la demande globale déplace l'économie le long de la courbe de Phillips vers un point caractérisé par un chômage faible et une inflation plus élevée.

Prenons un exemple. Imaginons que le niveau des prix soit de 100 en l'an 2000. La figure 33.2 montre deux évolutions possibles pour 2001. Sur la planche A, ces deux évolutions sont illustrées par le modèle d'offre et de demande globale. Sur la planche B, elles sont illustrées par la courbe de Phillips.

Sur la planche A, on peut lire les conséquences sur la production et les prix. Si la demande globale de biens et services est plutôt faible (AD_1), l'économie se trouve au point A (production 7 500, niveau des prix 102). Si la demande globale est plutôt élevée (AD_2), l'économie se trouve au point B (production 8 000, niveau des prix 106). Une demande globale supérieure déplace l'économie vers un équilibre supérieur en termes de production et de niveau des prix.

Sur la planche B, on peut voir les conséquences sur l'emploi et l'inflation. Pour produire davantage, les entreprises doivent employer plus de monde ; le chômage est donc inférieur au point B qu'au point A (quand la production passe de 7 500 à 8 000, le chômage tombe de 7 à 4 %). Comme le niveau des prix est supérieur en B qu'en A, le taux d'inflation y est nécessairement plus élevé (2 % en A et 6 % en B). On peut donc comparer les deux évolutions pos-

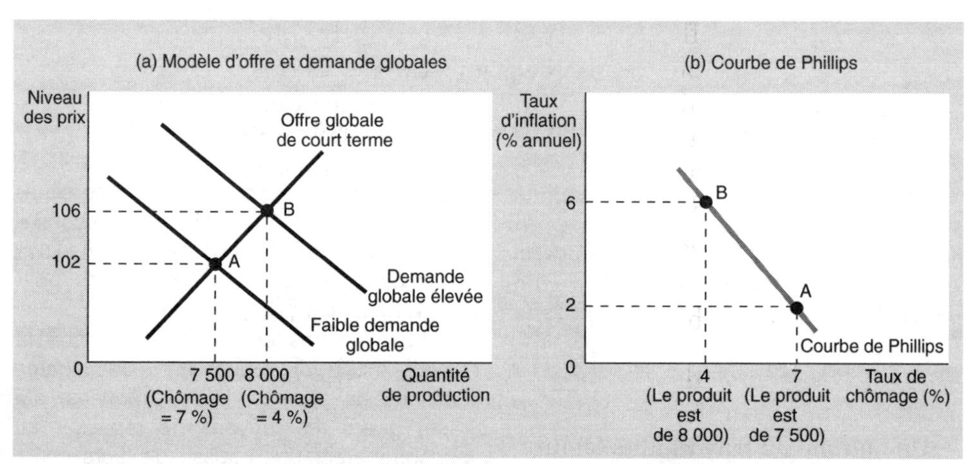

FIG. 33.2 **Courbe de Phillips et modèle d'offre-demande globales.** La planche A montre le modèle d'offre-demande globales. Quand la demande globale est faible (AD_1), l'économie est au point A : production et niveau des prix sont faibles (7 500 et 102 respectivement). Quand la demande globale est élevée (AD_2), l'économie est au point B : production et niveau des prix sont élevés (8 000 et 106 respectivement). La planche B montre les implications sur la courbe de Phillips. Au point A, le chômage est élevé (7 %) et l'inflation faible (2 %). Au point B, le chômage est faible (4 %) et l'inflation élevée (6 %).

sibles pour 2001, soit en termes de production et de prix (modèle d'offre et de demande globales), soit en termes de chômage et d'inflation (courbe de Phillips).

Nous avons vu que les politiques monétaire et fiscale pouvaient déplacer la courbe de demande globale. *Elles peuvent donc déplacer l'économie le long de la courbe de Phillips.* L'expansion de la masse monétaire, l'accroissement des dépenses publiques ou un allégement de la fiscalité poussent la courbe de demande vers la droite et amènent l'économie sur un point de la courbe de Phillips avec moins de chômage et plus d'inflation. À l'inverse, une contraction de la masse monétaire, une réduction des dépenses publiques ou un alourdissement de la fiscalité poussent la courbe de demande vers la gauche et amènent l'économie sur un point de la courbe de Phillips avec moins d'inflation et plus de chômage. La courbe de Phillips offre donc bien un choix de combinaisons d'inflation et de chômage.

■ **VÉRIFIEZ VOS CONNAISSANCES** Dessiner la courbe de Phillips. Avec le modèle d'offre et de demande globales, montrer comment une politique économique peut déplacer l'économie d'un point de la courbe caractérisé par une inflation élevée à un autre point caractérisé par une inflation faible.

DANS VOS JOURNAUX

Les conséquences d'un chômage faible

D'après la courbe de Phillips, quand le chômage devient faible, la hausse des salaires et des prix commence à s'accélérer. L'article suivant illustre ce lien entre conditions du marché du travail et inflation.

Un marché du travail plus tendu ravive les craintes inflationnistes

ROBERT HERSHEY JR

Remington, Virginie. L'usine d'emballage de Trinity vient d'embaucher un jeune manutentionnaire, chargé de placer des rouleaux de plastique sur un tapis roulant. La rémunération est attirante pour un ouvrier non qualifié, puisqu'elle est supérieure de 3 dollars au salaire minimal légal horaire. Pourtant, le nouvel employé n'est resté qu'une journée.

Le directeur du personnel de l'entreprise nous explique que la jeune recrue a démissionné à la fin de sa première journée, trouvant le travail trop fatigant. « Il y a trois ans, il serait probablement resté », ajoute le directeur du personnel.

Ceci n'est qu'un exemple parmi d'autres de ces problèmes que rencontrent les entreprises confrontées à un marché du travail tendu, qui offre aux employés la possibilité de se montrer exigeants envers leurs employeurs.

L'agence de travail temporaire voisine, qui fournit en travailleurs l'usine d'emballage, reconnaît que l'été a été difficile, le chômage étant particulièrement bas. « Il est notamment difficile de trouver des travailleurs pour l'industrie », déclare la patronne de cet établissement.

De nombreuses entreprises aux quatre coins du pays ont du mal à trouver la main-d'œuvre dont elles ont besoin. Ces situations de plein emploi sont lourdes de conséquences pour les revenus des ménages, les marchés financiers, les campagnes politiques et la rentabilité des affaires.

Jusqu'ici, ces tensions sur le marché du travail n'ont provoqué que de légères hausses de salaires. Les entreprises, qui n'ont guère les moyens de repasser au consommateur une hausse de leurs coûts de production, essaient de tenir leurs salaires et proposent plutôt des formules d'intéressement aux résultats.

Mais avec un taux de chômage de seulement 5,5 %, et une économie qui a l'air en pleine vigueur, de nombreux analystes s'attendent à voir les pressions à la hausse des salaires aboutir un jour ou l'autre.

Les entreprises recherchent des travailleurs qualifiés et non qualifiés. Les postes les plus demandés sont ceux d'analyste-programmeur dans l'industrie informatique, d'ingénieur aéronautique, et tous types de vendeurs. Même les établissements de restauration rapide ont dû en venir aux primes et à l'intéressement pour attirer leurs employés.

Que les salaires n'aient pas augmenté plus qu'ils ne l'ont fait est une relative surprise pour les économistes, après cinq ans et demi de croissance ininterrompue. Mais les salaires ont commencé à remonter et la tendance pourrait s'accélérer, même si la croissance ralentit quelque peu. Si elle ne ralentit pas, alors l'inflation par la hausse des salaires nous guette très sûrement.

Source. — New York Times, 5 septembre 1996, p. D1.

33.2 LES DÉPLACEMENTS DE LA COURBE DE PHILLIPS : LE RÔLE DES ANTICIPATIONS

Si la courbe de Phillips offre un choix de combinaisons d'inflation et de chômage, ce choix est-il stable dans le temps ? La courbe de Phillips est-elle toujours vérifiée ? Telles sont les questions auxquelles les économistes ont cherché à répondre à partir de la fin des années 60, peu après que Samuelson et Solow eurent introduit la courbe de Phillips dans le débat économique.

La courbe de Phillips à long terme

En 1968, l'économiste Milton Friedman publia un article dans l'*American Economic Review*, intitulé « Le rôle de la politique monétaire ». Il y précisait : « Ce que la politique monétaire peut faire » et « Ce que la politique monétaire ne peut pas faire ». Et Friedman affirmait que la politique monétaire ne permettait pas de choisir une combinaison d'inflation et de chômage sur la courbe de Phillips, si ce n'est pour très peu de temps. Approximativement au même moment, un autre économiste, Edmund Phelps, publia un autre article dans lequel il niait l'existence d'un compromis de long terme entre inflation et chômage.

Friedman et Phelps raisonnent à partir des principes classiques d'économie, tels que nous les avons présentés dans les chapitres 24 à 30. Selon la théorie classique, l'inflation est principalement causée par la croissance de la masse monétaire. Mais celle-ci n'exerce aucun effet sur les variables réelles ; elle se contente de modifier tous les prix et les revenus nominaux proportionnellement. La croissance monétaire ne change rien au pouvoir des syndicats, aux salaires efficaces ou au processus de recherche d'emploi. Friedman et Phelps en concluent donc qu'il n'y a aucune raison de penser que le taux d'inflation peut être lié, *à long terme*, au taux de chômage.

Voici la description, par Friedman lui-même, de ce que la Fed peut espérer accomplir à long terme :

« Les autorités monétaires contrôlent les variables nominales et particulièrement la masse monétaire. En principe, cela leur permet d'atteindre un objectif en termes de quantité nominale – un taux de change, le niveau général des prix, le niveau nominal du revenu national, la quantité de monnaie – ou en termes de variation d'une quantité nominale – taux d'inflation, taux de croissance du revenu nominal, taux de croissance de la masse monétaire. Mais ce contrôle des variables nominales ne leur permet pas de fixer des quantités réelles, comme le taux d'intérêt réel, le taux de chômage, le revenu réel de l'économie, le taux de croissance du revenu réel ou de la masse monétaire réelle ».

Mais alors, la courbe de Phillips de long terme doit être verticale, comme sur la figure 33.3. Si la Fed accroît la masse monétaire lentement, le taux d'inflation est faible, et l'économie se situe au point A. Si la Fed accroît la masse monétaire rapidement, l'inflation s'envole et l'économie se retrouve au point B. Dans les deux cas, le taux de chômage tend vers son niveau normal, appelé *taux de chômage naturel.* La verticalité de la courbe de Phillips illustre l'idée selon laquelle le chômage est indépendant de la croissance monétaire et de l'inflation à long terme.

En fait cette courbe de Phillips verticale à long terme est une autre expression de la neutralité monétaire classique. Dans le chapitre 31, nous avions exprimé cette idée par une offre globale de long terme verticale. Comme on le constate sur la figure 33.4, ces deux courbes sont en fait les deux faces d'une même réalité.

Sur la planche A, la croissance de la masse monétaire pousse la courbe de demande globale vers la droite, de AD_1 à AD_2, ce qui élève le niveau des prix de P_1 à P_2, mais ne change rien à la production. Sur la planche B l'expansion de la masse monétaire fait passer l'économie du point A au point B : l'inflation est plus élevée,

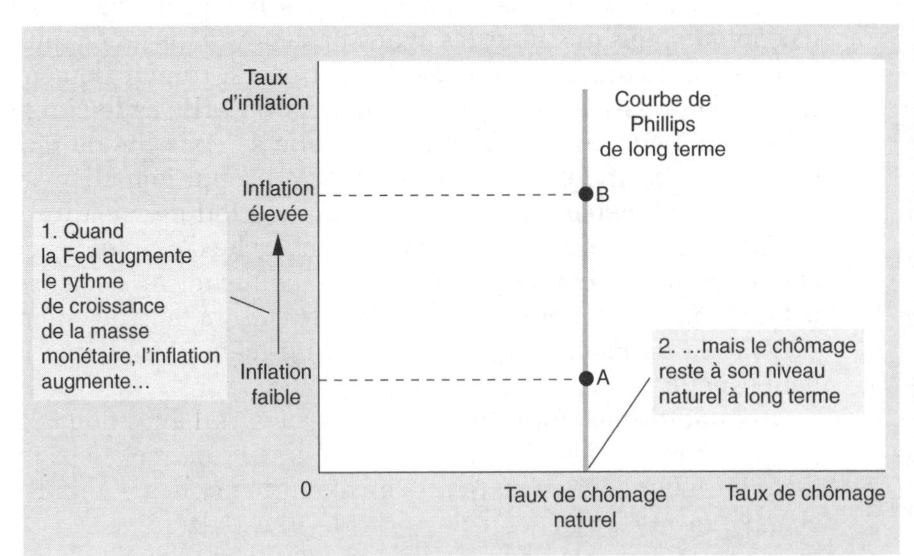

FIG. 33.3 **La courbe de Phillips de long terme.** Pour Milton Friedman, il n'y a aucun compromis entre inflation et chômage à long terme. La croissance de la masse monétaire détermine le taux d'inflation. Quel que soit celui-ci, le taux de chômage tend vers son niveau naturel. Par conséquent, la courbe de Phillips de long terme est verticale.

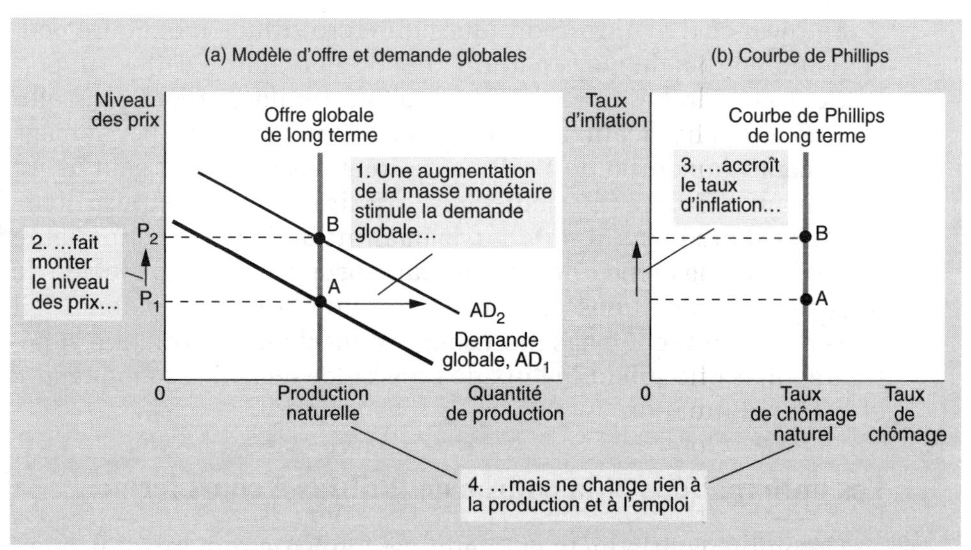

FIG. 33.4 **Courbe de Phillips de long terme et modèle d'offre-demande globales.** Sur la planche A, le modèle apparaît avec une courbe d'offre globale verticale. Si une politique monétaire expansionniste pousse la courbe de demande vers la droite, le point d'équilibre passe de A à B. Les prix montent, mais la production demeure inchangée. La planche B montre la courbe de Phillips de long terme, qui est verticale et passe par le taux de chômage naturel. La politique monétaire expansionniste fait passer l'économie d'un point de faible inflation (A) à un point de forte inflation (B), sans rien changer au taux de chômage.

mais le taux de chômage reste à son niveau naturel. La courbe d'offre globale de long terme et la courbe de Phillips de long terme, toutes deux verticales, impliquent que la politique monétaire peut jouer sur les variables nominales (niveau des prix et taux d'inflation), mais pas sur les variables réelles (production et emploi). Quelles que soient les politiques menées par la Fed, production et chômage demeurent stables, à long terme, autour de leur niveau naturel.

Il est important de comprendre le sens de ce chômage « naturel ». Cela signifie que c'est le taux vers lequel l'économie tend à long terme. Le taux naturel n'est pas forcément le taux de chômage socialement désirable. « Naturel » signifie ici que la politique monétaire ne peut rien y changer. Si un syndicat parvient à imposer des salaires très élevés, l'offre de travail sera largement excédentaire et le chômage naturel élevé. Aucune politique monétaire ne peut modifier le pouvoir du syndicat, ni le niveau de chômage ; en ce sens, celui-ci est naturel. L'expansion plus rapide de la masse monétaire ne changera rien au taux de chômage, mais elle provoquera une inflation supérieure.

En revanche, d'autres politiques que la politique monétaire peuvent atténuer ce chômage naturel ; notamment toutes celles qui permettent au marché du travail de fonctionner de manière plus efficace. Toute modification qui réduirait le taux naturel de chômage déplacerait la courbe de Phillips de long terme vers la gauche. Et comme un chômage inférieur signifie que davantage de travailleurs produisent des biens et services, la quantité offerte serait supérieure quel que soit le niveau de prix, et donc la courbe d'offre globale de long terme serait poussée vers la droite. L'économie connaîtrait alors à la fois un chômage moins important et une production supérieure quels que soient le taux de croissance de la masse monétaire et le taux d'inflation.

Les anticipations et la courbe de Phillips à court terme

L'opinion de Friedman et Phelps est fondée sur un raisonnement théorique, alors que les conclusions de Phillips, Samuelson et Solow s'appuient sur des constatations empiriques. Dans le domaine scientifique, les faits l'emportent sur les théories. Pourquoi devrait-on accepter l'idée d'une courbe de Phillips verticale alors que le monde entier semble montrer une courbe à pente négative ? Les constatations de Phillips, Samuelson et Solow ne devraient-elles pas aboutir à un rejet de l'hypothèse classique de la neutralité monétaire ?

Friedman et Phelps ont donc cherché à réconcilier la théorie classique avec les données empiriques collectées aux États-Unis et en Grande-Bretagne. Ils ont abouti à la conclusion suivante : la corrélation négative entre inflation et chômage n'est valable qu'à court terme. Autrement dit, une politique monétaire expansionniste réduira peut-être le chômage pendant un moment, mais celui-ci finira par revenir à son taux naturel, et l'inflation sera plus élevée qu'auparavant.

Leur raisonnement est semblable à celui que nous avons fait pour expliquer la différence entre les courbes d'offre globale à court terme et à long terme.

Vous vous rappelez que la courbe d'offre globale à court terme est croissante, ce qui signifie qu'une augmentation du niveau général des prix tend à accroître l'offre de biens et services. En revanche, la courbe d'offre globale à long terme est verticale. Le chapitre 31 a présenté trois théories explicatives du caractère croissant de la courbe d'offre de court terme : mésinterprétations des prix relatifs, viscosité des salaires et viscosité des prix. Comme ces perceptions subjectives, ces salaires et ces prix s'adaptent aux conditions économiques avec le temps, la relation positive entre niveau des prix et quantité offerte disparaît à long terme. Friedman et Phelps ont appliqué la même logique à la courbe de Phillips. Le compromis entre inflation et chômage ne tient qu'à court terme. La courbe de Phillips de long terme est verticale, de même que la courbe d'offre globale de long terme.

Friedman et Phelps ont introduit une variable supplémentaire dans l'analyse : *l'inflation anticipée*, c'est-à-dire la variation du niveau général des prix attendue par le public. Cette inflation anticipée affecte la perception des prix relatifs par le public, ainsi que les salaires et prix qu'il pratique. Elle détermine donc la position de la courbe d'offre globale de court terme. La Fed peut considérer l'inflation anticipée comme une donnée, à court terme. Les variations de la politique monétaire font bouger l'économie le long de cette courbe d'offre globale de court terme, ce qui se traduit par des fluctuations inattendues de la production, des prix, du chômage et de l'inflation. Cela explique les résultats constatés par Phillips, Samuelson et Solow.

Mais la banque centrale ne peut générer de l'inflation-surprise qu'à court terme. À long terme, le public s'attend à constater l'inflation que la Fed aura choisie comme objectif. Comme les perceptions du public, les salaires et les prix finissent par s'ajuster au taux d'inflation, la courbe d'offre globale de long terme est toujours verticale. Donc les fluctuations de la demande globale, comme celles causées par une variation de la masse monétaire, sont sans conséquences sur la production globale de biens et services. Voilà pourquoi Friedman et Phelps conclurent que le taux de chômage doit retourner vers son niveau naturel de long terme.

L'analyse de Friedman et Phelps peut être résumée ainsi :

$$\text{Taux de chômage} = \text{Taux naturel de chômage} - a\,(\text{inflation réelle} - \text{inflation anticipée}).$$

Cette équation lie le taux de chômage au taux naturel de chômage et à l'inflation, réelle et anticipée. À court terme, l'inflation anticipée est une donnée ; par conséquent, quand l'inflation réelle est supérieure, le chômage est inférieur (de combien ? Cela est indiqué par le paramètre a, qui est fonction de la pente de la courbe d'offre globale de court terme). À long terme, l'inflation réelle et l'inflation anticipée sont identiques, et le chômage est égal à son taux naturel.

Pour Friedman et Phelps, considérer la courbe de Phillips comme un menu d'options politiques est dangereux. Imaginons une économie en équilibre avec une inflation faible et des anticipations d'inflation faibles elles aussi. Sur la figure 33.5, l'économie est au

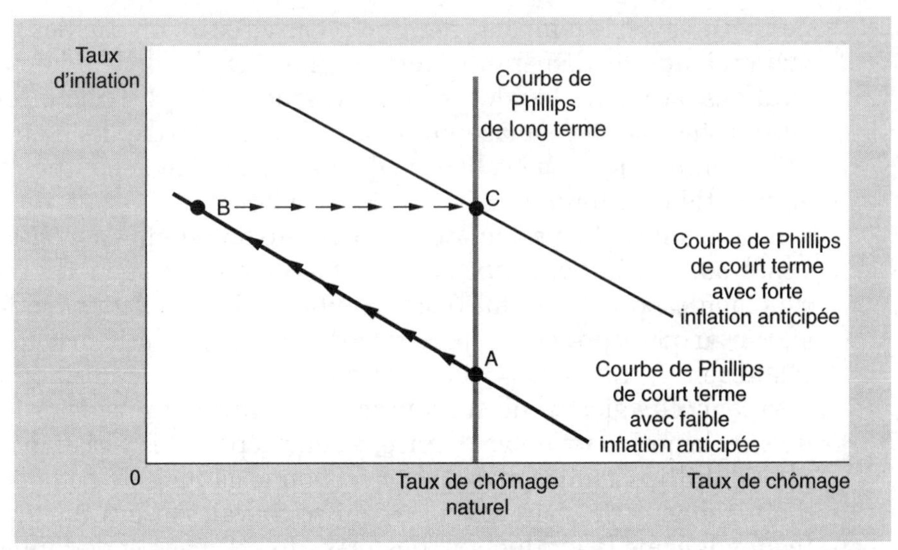

FIG. 33.5 **Inflation anticipée et courbe de Phillips à court terme.** Plus l'inflation anticipée est élevée, plus le compromis entre inflation et chômage est défavorable. Au point A, inflations attendue et réelle sont faibles, et le chômage est à son taux naturel. Si la Fed poursuit une politique monétaire expansionniste, l'économie passe de A à B à court terme. Au point B, l'inflation attendue est toujours faible, mais l'inflation réelle est élevée. Le chômage est inférieur à son niveau naturel. À long terme, l'inflation anticipée remonte, et l'économie passe au point C, où les inflations anticipée et réelle sont toutes deux élevées, et où le chômage est revenu à son taux naturel.

point A. Compte tenu de la faible inflation anticipée, le compromis entre inflation et chômage est favorable. Supposons maintenant que les responsables politiques décident d'accroître l'inflation pour réduire le chômage. L'économie passe de A à B. Le taux de chômage devient inférieur à son taux naturel, et l'inflation devient supérieure aux anticipations. Le temps passant, les gens s'habituent à une inflation plus élevée, ce que reflètent leurs anticipations. Quand le public s'attend à une inflation plus élevée, le compromis entre inflation et chômage se déplace vers le haut. L'économie se retrouve au point C, avec une inflation supérieure à celle du point A, mais un niveau de chômage inchangé.

Selon Friedman et Phelps, le compromis entre inflation et chômage n'existe donc qu'à court terme, et en tout état de cause ne peut constituer un choix politique, car le pari ne peut qu'être perdu.

Le test naturel de l'hypothèse du taux de chômage naturel

En 1968, Friedman et Phelps firent une prévision audacieuse : un surcroît d'inflation ne réduira que temporairement le taux de chômage. L'idée selon laquelle le taux de chômage finit toujours par revenir à son niveau naturel, quel que soit le taux d'inflation, est connue sous le nom d'*hypothèse du taux naturel.* À partir du début des années 70, l'économie américaine devint un laboratoire dans lequel fut testée cette théorie.

Avant d'en venir à la conclusion de l'expérience, examinons les données dont Friedman et Phelps disposaient en 1968. La figure 33.6 indique les taux de chômage et d'inflation de 1961 à 1968. On y retrouve la courbe de Phillips : l'augmentation de l'inflation au cours de ces huit années fut accompagnée d'une baisse du chômage.

Le succès apparent de la courbe de Phillips dans les années 60 rendait la prédiction de Friedman et Phelps encore plus surprenante. Phillips avait signalé la corrélation négative entre inflation et chômage en 1958. Samuelson et Solow l'avaient vérifiée en 1960 aux États-Unis. Cette relation semblait vérifiée par une décennie entière de vie économique. À l'époque, de nombreux économistes trouvèrent ridicule l'idée selon laquelle il était illusoire d'utiliser la courbe de Phillips pour diminuer le chômage au prix d'une inflation plus élevée.

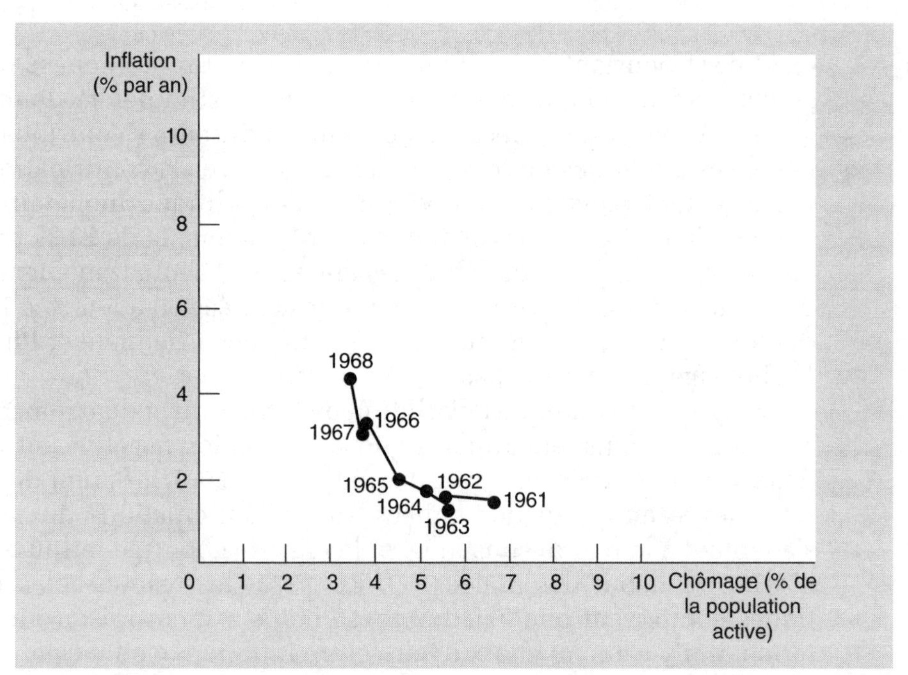

FIG. 33.6 **La courbe de Phillips dans les années 60.** Les taux de chômage et d'inflation (mesurée par le déflateur du PIB) des années 61 à 68 ont permis de construire cette courbe de Phillips.

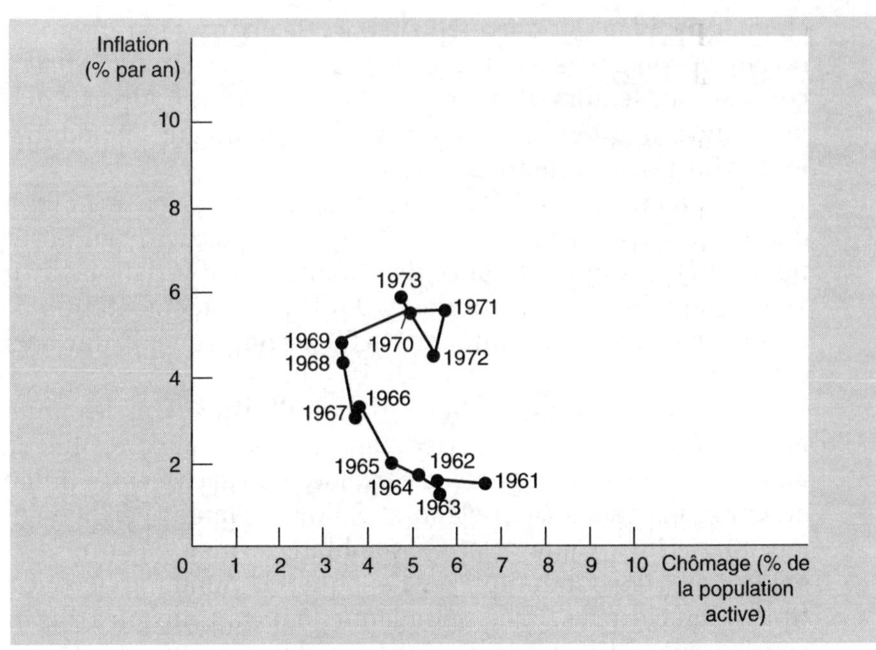

FIG. 33.7 **La faillite de la courbe de Phillips.** On trouve ici les mêmes données que précédemment, mais de 61 à 73. Vous remarquerez qu'au début des années 70, la courbe de Phillips ne tient plus.

Et c'est pourtant bien ce qui arriva. Dès la fin des années 60, le gouvernement adopta des mesures visant à stimuler la demande globale de biens et services. La politique budgétaire y contribua : les dépenses publiques ne cessèrent de croître, avec la confirmation de l'engagement américain au Vietnam. La politique monétaire fut aussi de la partie : la masse monétaire M_2 augmenta de 13 % par an en 71-72, contre 7 % au début des années 60. L'inflation augmenta donc, de 1 % à 2 % par an au début des années 60 à 5-6 % à la fin des années 60, mais comme l'avaient annoncé Friedman et Phelps, le chômage ne diminua pas.

La figure 33.7 indique l'évolution de l'inflation et du chômage de 1961 à 1973. Vous remarquerez que la corrélation négative entre ces deux variables a disparu aux alentours de 1970. L'inflation demeurant élevée au début des années 70, les anticipations du public s'adaptent à la réalité constatée, et le taux de chômage retrouve son niveau du début des années 60. En 1973, les responsables politiques comprirent que Friedman et Phelps avaient raison : à long terme, il n'y a aucun choix à faire entre inflation et chômage.

■ **VÉRIFIEZ VOS CONNAISSANCES** Dessiner la courbe de Phillips de court terme et celle de long terme. Expliquer pourquoi elles sont différentes.

33.3 LES DÉPLACEMENTS DE LA COURBE DE PHILLIPS : LE RÔLE DES CHOCS DE L'OFFRE

L'expérience du début des années 70 démontra que Friedman et Phelps avaient raison de penser que les variations d'anticipations inflationnistes pouvaient déplacer la courbe de Phillips de court terme. Dès le milieu des années 70, les économistes allaient s'intéresser à une nouvelle source de déplacements de la courbe de Phillips : les chocs enregistrés par l'offre globale.

Cette fois, ce ne furent pas des économistes américains qui lancèrent le débat, mais un groupe de ministres des pays arabes. En 1974, l'Opep commença à exercer son pouvoir de cartel sur le marché mondial du pétrole afin d'augmenter les recettes de ses membres : des pays comme l'Arabie Saoudite, le Koweit et l'Iraq réduirent leur production et leurs ventes pour faire monter le prix du pétrole. En quelques années, il doubla.

Nous l'avons déjà vu au chapitre 31, cette augmentation du prix du pétrole eut des conséquences macro-économiques importantes : l'élévation du coût de production de la plupart des biens et services se traduisit par un déplacement vers la gauche de la courbe d'offre globale de AS_1 à AS_2, comme sur la planche A de la figure 33.8. Les prix montèrent de P_1 à P_2 et la production diminua de Y_1 à Y_2 ; la situation économique résultante fut une *stagflation*.

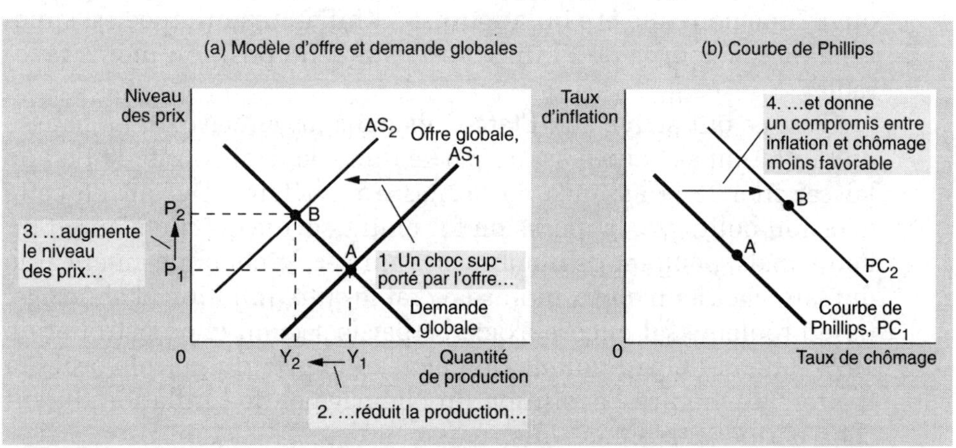

FIG. 33.8 **L'offre globale encaisse un choc.** Quand la courbe d'offre se déplace vers la gauche de AS_1 à AS_2, le point d'équilibre passe de A à B : la production baisse de Y_1 à Y_2 et les prix montent de P_1 à P_2. Sur la planche B, on voit le compromis de court terme entre inflation et chômage. Le déplacement de l'offre fait passer l'économie du point A (chômage et inflation faibles) au point B (chômage et inflation supérieurs). La courbe de Phillips de court terme se déplace vers la droite. Le compromis entre inflation et chômage est moins favorable qu'auparavant.

Ce déplacement de l'offre globale s'accompagne d'un déplacement similaire de la courbe de Phillips de court terme (planche B). La production baissant, les entreprises licencient et le chômage augmente. Le niveau des prix étant supérieur, le taux d'inflation augmente. Le déplacement de la courbe d'offre globale se traduit donc par un chômage et une inflation supérieurs. Le compromis à court terme entre inflation et chômage est poussé vers la droite, comme sur la planche B de la figure 33.8.

Les responsables politiques sont alors confrontés à un choix difficile. S'ils réduisent la demande globale pour lutter contre l'inflation, ils génèrent encore plus de chômage. S'ils stimulent la demande globale pour lutter contre le chômage, ils font encore monter le taux d'inflation. Autrement dit, le compromis entre inflation et chômage est pire qu'avant le déplacement de la courbe d'offre globale : il faudra vivre avec une inflation supérieure pour un taux de chômage donné, ou un taux de chômage supérieur pour un taux d'inflation donné, ou une combinaison quelconque de chômage et d'inflation supérieurs.

La question est de savoir si ce déplacement de l'offre est temporaire ou définitif. La réponse dépend de la façon dont le public ajuste ses anticipations inflationnistes. Si le public considère cet événement comme une anomalie temporaire, l'inflation anticipée reste identique, et la courbe de Phillips retourne rapidement à sa position initiale. Si en revanche les gens considèrent que ce choc ouvre une nouvelle ère inflationniste, l'inflation anticipée est supérieure, et la courbe de Phillips reste sur cette position moins favorable.

C'est ce qui arriva aux États-Unis dans les années 70. La hausse de l'inflation anticipée est en partie due à la décision de la Fed de laisser filer la croissance de la masse monétaire. Du fait de cette décision politique, la récession fut moins sévère qu'elle n'aurait dû l'être, mais, pendant de nombreuses années, l'économie américaine dut faire face à un choix moins favorable entre inflation et chômage. Et le problème fut encore exacerbé par le second choc pétrolier de 1979, quand l'Opep doubla de nouveau le prix du pétrole brut. La figure 33.9 montre l'évolution du chômage et de l'inflation durant cette période aux États-Unis.

En 1980, après deux chocs pétroliers, l'économie américaine enregistrait une inflation supérieure à 9 % et un chômage de 7 %. Cette combinaison était très éloignée de ce que l'on pouvait attendre de la courbe de Phillips, version années 60 (à cette époque, la courbe de Phillips annonçait une inflation de 1 % pour accompagner un chômage de 7 % ; un taux d'inflation supérieur à 9 %

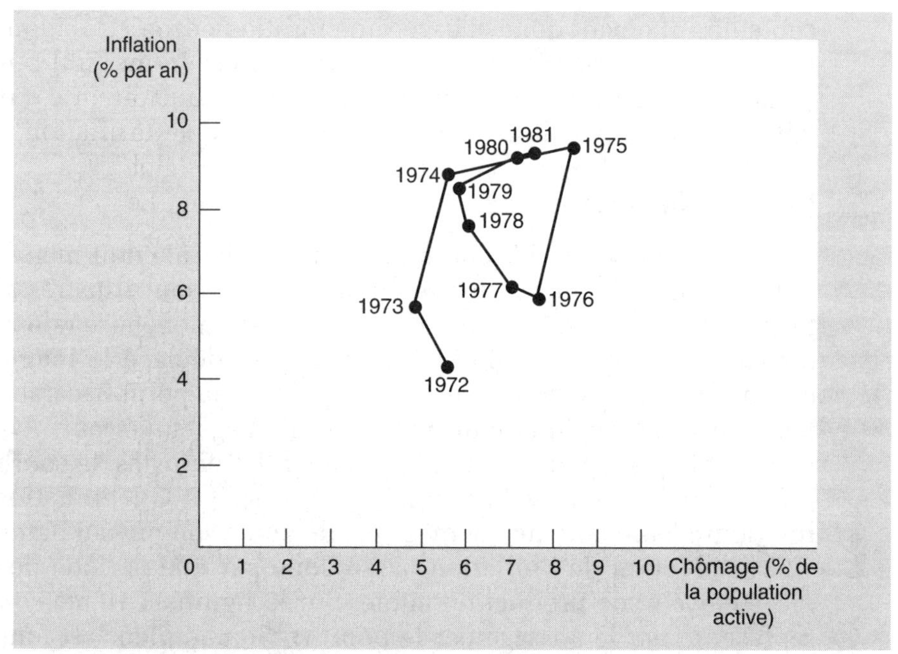

FIG. 33.9 **Chocs de l'offre des années 1970.** Les taux de chômage et d'inflation concernent les années 72 à 81. En 73-75 et 78-81, les chocs pétroliers ont généré davantage de chômage et d'inflation.

était simplement inimaginable). L'indice de misère atteignait des records historiques, et le public était très mécontent des performances économiques du pays. C'est là l'une des raisons de la non-réélection du Président Jimmy Carter en novembre 1980, et de son remplacement par Ronald Reagan. Il fallait faire quelque chose, et rapidement.

■ **VÉRIFIEZ VOS CONNAISSANCES** Donner un exemple d'un choc favorable à l'offre globale. À l'aide du modèle d'offre-demande globales, expliquer les conséquences d'un tel choc. Quel en est l'impact sur la courbe de Phillips ?

33.4 LE COÛT DE LA LUTTE CONTRE L'INFLATION

En octobre 79, alors que l'Opep pénalisait l'économie mondiale avec un deuxième choc pétrolier moins de 10 ans après le premier, Paul Volcker, président de la Federal Reserve, décida qu'il était temps d'agir. Volcker avait été nommé seulement deux mois plus tôt, et il était persuadé que l'inflation avait atteint des niveaux inacceptables. Il devait donc engager une politique de désinflation – de réduction progressive du taux d'inflation. Et il savait qu'il pouvait y parvenir par un contrôle strict de la masse monétaire. Ce qui restait mal connu, c'était le coût d'une politique de désinflation.

Le ratio de sacrifice

Pour lutter contre l'inflation, la banque centrale doit mener une politique monétaire restrictive, dont les effets sont illustrés sur la figure 33.10. Quand la croissance de la masse monétaire ralentit, la demande globale est freinée. L'économie se déplace le long de la courbe de Phillips de court terme, du point A au point B, caractérisé par une inflation inférieure mais un chômage supérieur. Avec le temps et l'ajustement des anticipations inflationnistes, la courbe de Phillips redescend, et l'économie passe de B à C : l'inflation est inférieure, et le taux de chômage est revenu à son niveau naturel.

La réduction de l'inflation passe donc par une période de chômage élevé et de production faible. Sur la figure 33.10, ce coût est représenté par le passage par le point B. Son ampleur est fonction de la pente de la courbe de Phillips et de la vitesse d'ajustement des anticipations inflationnistes.

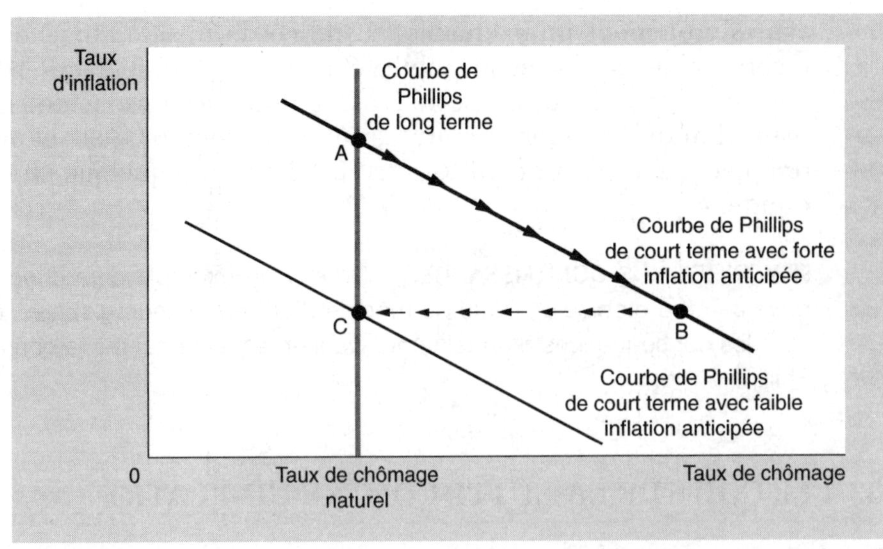

FIG. 33.10 **Politique monétaire restrictive à court terme et à long terme.** Si la Fed ralentit la croissance de la masse monétaire pour lutter contre l'inflation, l'économie se déplace le long de la courbe de Phillips de court terme de A à B. Avec le temps, l'inflation anticipée diminue, et la courbe de Phillips de court terme redescend. Quand l'économie parvient au point C, le chômage est revenu à son niveau naturel.

De nombreuses études ont été menées pour estimer le coût de la réduction de l'inflation. Leurs conclusions sont résumées dans ce que l'on appelle le *ratio de sacrifice*, c'est-à-dire le nombre de points de croissance perdus pour faire baisser le taux d'inflation d'un point. Le ratio typique est de l'ordre de 5 : pour diminuer l'inflation d'1 %, il faut renoncer à 5 % de croissance annuelle.

Cela n'était pas fait pour rassurer Paul Volcker. Avec une inflation de l'ordre de 10 % annuels, et un objectif de 4 %, il fallait donc faire disparaître 6 points d'inflation. Ce qui, en application du ratio de sacrifice évoqué, signifiait renoncer à 30 points de croissance : un coût particulièrement élevé !

Une réduction immédiate de l'inflation aurait réduit de 30 % la production d'une seule année, ce qui était parfaitement inacceptable. Une réduction étalée sur 5 ans aurait permis de ne renoncer qu'à 6 % de production annuelle. Une politique menée sur 10 ans aurait même été encore plus progressive, avec un coût annuel de l'ordre de 3 %. Quel que soit le moyen choisi, il semblait évident que le prix à payer serait non négligeable.

Les anticipations rationnelles et la possibilité d'une désinflation gratuite

Au moment même où Paul Volcker hésitait devant l'importance du sacrifice à réaliser, un groupe de professeurs d'économie révolutionna la pensée économique et remit en cause le ratio de sacrifice. Ce groupe était dirigé par des éminences comme Robert Lucas, Thomas Sargent et Robert Barro, et proposait une nouvelle approche de la théorie et des politiques économiques, fondée sur les *anticipations rationnelles*. Selon cette théorie, le public utilise de façon optimale toutes les informations dont il dispose, y compris celles concernant les mesures économiques mises en œuvre et à venir.

Cette nouvelle approche modifia fondamentalement toute la matière économique, mais l'impact le plus important fut certainement la nouvelle vision du compromis entre inflation et chômage. Friedman et Phelps l'avaient démontré, l'inflation anticipée est un facteur explicatif essentiel de l'existence d'un compromis entre inflation et chômage à court terme et de sa disparition à long terme. La vitesse de disparition du compromis est fonction de la vitesse d'ajustement des anticipations inflationnistes. Les théoriciens des anticipations rationnelles affirment que lorsque les politiques changent, le public adapte ses anticipations en réponse auxdits changements. Or les études sur l'inflation et le chômage qui avaient servi à estimer le ratio de sacrifice n'avaient pas pris en compte cette adaptation des anticipations du public. Par conséquent, elles ne pouvaient pas estimer correctement le coût de la désinflation.

En 1981, dans un article intitulé « La fin de quatre hyperinflations », Thomas Sargent décrivit ainsi cette nouvelle vision :

« La théorie des anticipations rationnelles s'oppose à l'idée selon laquelle il existe une dynamique propre à l'inflation actuelle. Au contraire, elle affirme que travailleurs et entreprises, convaincus que l'inflation demeurera élevée à l'avenir, ont intégré ce fait dans leurs négociations. Mais si le public est convaincu de la persistance d'une inflation élevée, c'est parce que le gouvernement, par l'intermédiaire de ses politiques monétaire et fiscale, ne fait rien pour qu'il en soit autrement... En fait, l'inflation peut être réduite beaucoup plus rapidement que certains le pensent, et la plupart des estimations du coût de ce processus sont totalement erronées... Cela ne signifie pas qu'il est facile de lutter contre l'inflation. Au contraire, la disparition de l'inflation nécessite une politique radicalement différente... De la résolution du gouvernement dépendront le coût de la désinflation en termes de croissance et la durée du processus de réduction. »

Pour Sargent, le ratio de sacrifice peut être très nettement inférieur aux estimations et, dans certains cas extrêmes, il peut même être nul. Si le gouvernement fait clairement connaître sa volonté de réduire fortement l'inflation, les gens seront assez intelligents pour dégonfler immédiatement leurs anticipations inflationnistes. La courbe de Phillips de court terme descendra, et l'économie retrouvera rapidement un niveau d'inflation acceptable, sans avoir à supporter le coût d'un chômage élevé et d'une croissance faible.

La désinflation de Volcker

Au moment où Paul Volcker cherchait à réduire le taux d'inflation qui avait atteint 10 % l'an, les économistes lui proposaient deux opinions contradictoires. Certains avançaient l'idée du ratio de sacrifice et faisaient remarquer que la lutte contre l'inflation allait être très coûteuse. D'autres défendaient l'idée des anticipations rationnelles et affirmaient que le coût de la désinflation pouvait être très réduit, voire inexistant. Qui avait raison ?

La figure 33.11 montre l'inflation et le chômage à cette époque. Comme vous pouvez le constater, Volcker a réussi à réduire l'inflation, qui est passée de 10 % en 81 et 82 à 4 % en 83 et 84. Et tout le crédit de cette réduction revient à la politique monétaire, puisque la politique budgétaire allait en sens contraire : en effet, la politique de déficit budgétaire massif, adoptée par l'administration Reagan,

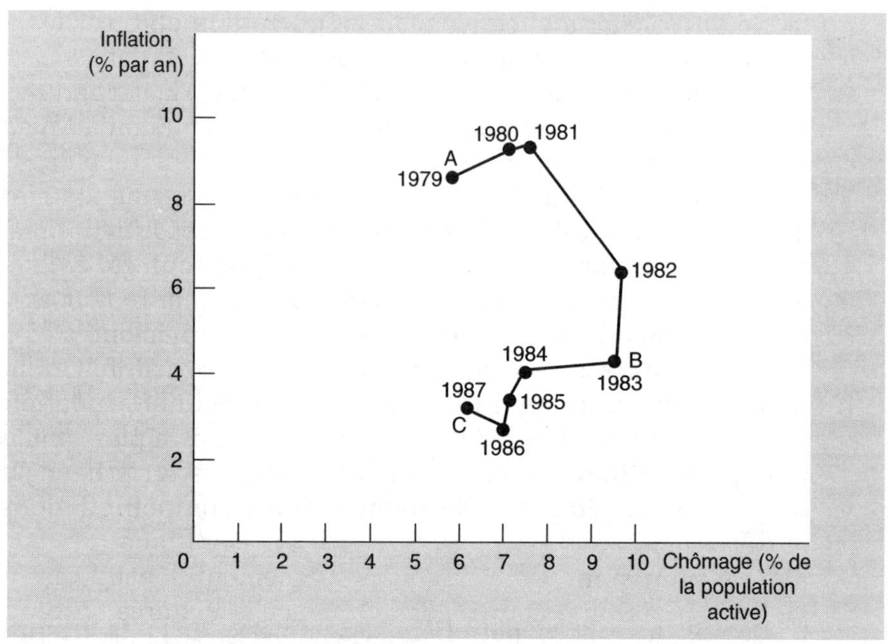

FIG. 33.11 **La désinflation Volcker.** Les taux de chômage et d'inflation concernent les années 79 à 85. On constate que la réduction de l'inflation a été obtenue au prix d'un chômage important en 82 et 83. Remarquez que les points A, B et C de cette figure correspondent à peu près aux points de la figure 33.10.

stimule alors la demande globale, ce qui tend à pousser les prix vers le haut. Le succès de la lutte contre l'inflation est entièrement imputable à la politique de rigueur monétaire imposée par le président de la banque centrale Paul Volcker.

Mais ce succès a coûté cher en termes d'emploi. En 82 et 83, le taux de chômage atteignait 10 %, et la production, mesurée par le PIB réel, se trouvait en dessous de son niveau habituel. La désinflation orchestrée par Paul Volcker a plongé les États-Unis dans la pire récession enregistrée depuis la Grande Crise des années 30.

Doit-on en conclure que la théorie des anticipations rationnelles est fausse ? Certains économistes ont clairement répondu par l'affirmative à cette question. En effet, l'allure de la désinflation décrite par la figure 33.11 ressemble beaucoup à celle prédite par la figure 33.10. Pour passer d'une inflation forte (points A) à une inflation réduite (point C), l'économie a dû souffrir une dure période de chômage élevé (point B).

Il y a pourtant deux raisons de ne pas sauter sur cette conclusion. D'abord parce que si le coût de cette désinflation a été élevé, notamment en termes d'emploi, il reste bien inférieur aux estimations fournies par les tenants du ratio de sacrifice. Peut-être que l'attitude ferme de Volcker a effectivement eu un certain effet sur les anticipations du public, conformément à la théorie.

Ensuite, et c'est là le point le plus important, la plupart des gens ne crurent pas Volcker quand celui-ci annonça qu'il allait mettre en œuvre une politique monétaire stricte, destinée à ramener l'inflation vers des niveaux raisonnables. Personne ne s'attendant à ce qu'il réussisse aussi rapidement, les anticipations inflationnistes ne se sont pas dégonflées aussi vite qu'elles auraient dû, et la courbe de Phillips de court terme a été lente à redescendre. Par exemple, les prévisions d'inflation effectuées par les prévisionnistes privés étaient toutes trop pessimistes, comparées à la réalité. On ne peut donc pas conclure qu'il est impossible de réduire l'inflation sans supporter un coût élevé. En revanche, on peut conclure que les responsables politiques ne peuvent s'en remettre à la confiance immédiate du public quand ils décident de lutter contre l'inflation.

L'ère Greenspan

Depuis les chocs pétroliers des années 70 et la désinflation Volcker des années 80, les taux d'inflation et de chômage aux États-Unis n'ont guère fluctué. La figure 33.12 indique les taux d'inflation

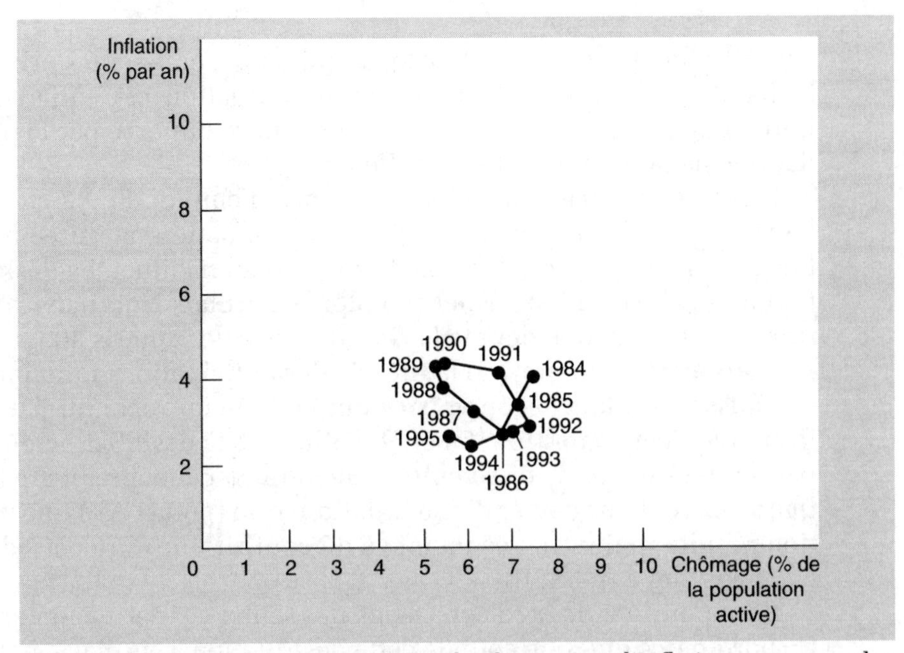

FIG. 33.12 **L'ère Greenspan.** Les taux de chômage et d'inflation sont ceux des années 84 à 95, période pendant laquelle Alan Greenspan a été le président de la Fed. Chômage et inflation sont restés relativement stables.

DANS VOS JOURNAUX

Le chômage et son niveau naturel

À l'approche de l'élection présidentielle de 1996, le taux de chômage était tombé à 5,1 %, son plus bas niveau depuis des années. Du coup, la Fed se demanda s'il n'était pas passé en dessous du taux naturel.

Jusqu'où peut reculer le chômage ?

RICHARD STEVENSON

Washington, 6 septembre. Non contente d'avoir largement profité au Président Clinton, la baisse du chômage, à son plus bas niveau depuis sept ans, pose un problème à la communauté financière : l'économie américaine aurait-elle tellement changé qu'elle pourrait maintenant s'accommoder d'un chômage inférieur sans pour autant relancer l'inflation ?

Depuis deux ans, le taux de chômage est inférieur à 6 %, et il atteint maintenant 5,1 %, un niveau nettement inférieur à celui qui avait jusqu'alors été considéré par les économistes comme le taux naturel de chômage : un peu plus de 6 %. En dessous de ce taux, disait-on, le marché de l'emploi devenait tellement tendu que les hausses de salaires étaient inévitables, ce qui devait relancer l'inflation.

La Fed et les marchés financiers guettent le moindre signe de reprise de l'inflation, mais en vain. Si les salaires ont commencé à remonter, les entreprises n'ont pas pour autant augmenté leurs prix au public.

La situation économique qui en résulte – une combinaison de chômage faible, d'inflation maîtrisée, de croissance solide et des signes d'augmentation des salaires – constitue une bénédiction pour Bill Clinton, opposé à un candidat républicain, Bob Dole, qui prétend que l'économie américaine a été continuellement malmenée.

En fait les dieux de l'économie ont souri à Bill Clinton dès 1992, après que George Bush eut fait ce qu'il fallait pour sortir les États-Unis de la crise qu'ils traversaient. Si le chômage n'a cessé de progresser pendant le mandat de Bush, il n'a cessé de reculer pendant celui de Clinton.

Bill Clinton doit-il être considéré comme l'auteur de cette remarquable performance économique ? Cela dépend des préférences politiques de chacun. Il reste que les derniers chiffres publiés sur le marché de l'emploi ne vont pas faciliter la vie de Bob Dole, qui souhaite que la performance de l'économie américaine soit améliorée...

Et si la Fed a fait savoir qu'elle relèverait les taux si l'économie ne montrait pas quelques signes de ralentissement, ses dirigeants ont déclaré récemment qu'ils ne savaient pas encore s'ils devaient intervenir, ni à quelle hauteur.

L'administration Clinton ne souhaite pas commenter les déclarations de la Fed. Elle a seulement signalé qu'elle ne voyait aucun signe de relance de l'inflation, et qu'une hausse des taux antérieurement à l'élection ne lui paraissait pas justifiée.

Elle souhaiterait même que la Fed continue ce qu'elle considère comme une expérience visant à déterminer jusqu'où peut reculer le chômage avant que les premiers signes d'inflation se fassent jour.

« Avec une économie aussi stable que celle que nous avons aujourd'hui, nous devrions pouvoir sans problème réagir au moindre signe de surchauffe », déclare Joseph Stiglitz, qui dirige le comité des conseillers économiques du Président.

Source. — *New York Times*, 7 septembre, 1996, p. 35.

et de chômage de 84 à 95. Cette période est connue sous le nom d'ère Greenspan, du nom d'Alan Greenspan, qui succéda à Paul Volcker à la tête de la Réserve fédérale.

Elle débuta par un événement favorable du côté de l'offre globale. En 1986, l'Opep devint incapable de maintenir la discipline du cartel, et le prix du pétrole diminua de moitié. Comme on le constate sur la figure, l'inflation et le chômage diminuèrent.

Depuis lors, la Fed a cherché à éviter de répéter les erreurs commises dans les années 60, où une demande globale excessive avait fait descendre le taux de chômage en dessous de son niveau naturel, mais poussé l'inflation vers le haut. Le taux de chômage est resté autour du niveau des 6 %, que nombre d'économistes considèrent comme le taux naturel de chômage aux États-Unis. En 89 et 90, quand le chômage baissa et l'inflation repartit, la Fed referma le robinet monétaire, ce qui produisit une petite récession en 91 et 92. L'inflation diminua et le chômage repassa au-dessus du taux naturel. L'économie sortit ainsi progressivement de la récession vers le milieu des années 90, et l'inflation se stabilisa aux alentours de 3 %

Quid de l'avenir ? Les économistes ne sont pas particulièrement brillants en matière de prévisions, mais certains faits sont maintenant clairement établis. D'abord, tant que la Fed est vigilante et contrôle la masse monétaire et donc la demande globale, il n'y a aucune raison de voir l'inflation s'emballer comme dans les années 60. Ensuite, il reste vrai que des chocs peuvent toujours venir perturber l'offre, comme dans les années 70. Si cela doit arriver, les responsables politiques devront faire face à un compromis moins favorable entre inflation et chômage.

■ **VÉRIFIEZ VOS CONNAISSANCES** Qu'est-ce que le ratio de sacrifice ? En quoi la crédibilité de la Fed peut-elle affecter ce ratio ?

33.5 CONCLUSION

Ce chapitre a décrit l'évolution de la pensée économique sur les thèmes de l'inflation et du chômage. Nous avons présenté les idées de certains des plus brillants économistes du XXe siècle : la courbe de Phillips, Samuelson et Solow ; l'hypothèse du taux naturel de Friedman et Phelps ; la théorie des anticipations rationnelles de Lucas, Sargent et Barro. Quatre d'entre eux ont déjà reçu un prix Nobel pour leurs travaux macro-économiques, et il est probable que les autres seront aussi couronnés un jour prochain.

Si le compromis entre inflation et chômage a suscité un débat intellectuel énorme au cours des quarante dernières années, certains principes font aujourd'hui l'unanimité. Écoutons ce que disait Milton Friedman en 1968 :

« Le compromis entre inflation et chômage ne peut être que temporaire ; il n'est jamais permanent. Ce compromis provisoire n'est pas tant lié à l'inflation elle-même qu'à l'inflation inattendue, c'est-à-dire en fait à une hausse de l'inflation. L'idée d'un compromis permanent entre inflation et chômage n'est qu'une version sophistiquée de la confusion entre « élevé » et « croissant ». Une augmentation de l'inflation réduira peut-être le chômage, une inflation élevée ne le fera certainement pas.

« Combien de temps doit durer le temporaire ? Mon opinion personnelle, fondée sur les observations historiques, est que les effets initiaux d'une inflation plus forte que prévu durent de deux à cinq ans. »

Aujourd'hui, soit trente ans plus tard, cette opinion est acceptée par la quasi-totalité des économistes.

RÉSUMÉ

- La courbe de Phillips décrit une relation inverse entre inflation et chômage. En stimulant la demande globale, les responsables politiques peuvent choisir un point sur la courbe caractérisée par une inflation supérieure et un chômage inférieur. En contractant la demande globale, ils peuvent choisir un point caractérisé par une inflation inférieure et un chômage supérieur.
- Le compromis entre inflation et chômage décrit par la courbe de Phillips ne vaut qu'à court terme. À long terme, l'inflation anticipée s'ajuste compte tenu de l'inflation constatée, et la courbe de Phillips de court terme se déplace. Par conséquent, la courbe de Phillips de long terme est verticale et passe par le taux de chômage naturel.
- La courbe de Phillips de court terme peut aussi être déplacée par des chocs supportés par l'offre globale. Un choc pétrolier par exemple se traduit par un compromis moins favorable entre inflation et chômage. C'est-à-dire qu'à l'issue du choc, il faut vivre avec une inflation supérieure pour un taux de chômage donné, ou un chômage supérieur pour un taux d'inflation donné.
- Quand la banque centrale ralentit la croissance de la masse monétaire pour réduire l'inflation, l'économie se déplace le long de la courbe de Phillips de court terme, ce qui se traduit par un chômage provisoirement plus élevé. Le coût de la désinflation dépend de la vitesse d'ajustement des anticipations inflationnistes. Certains économistes affirment que ce coût peut être sérieusement réduit si le gouvernement fait

clairement connaître sa volonté ferme de maintenir l'inflation à un faible niveau, ce qui contribue à accélérer l'ajustement des anticipations inflationnistes.

CONCEPTS CLÉS – DÉFINITIONS

Courbe de Phillips : courbe indiquant le compromis à court terme entre inflation et chômage.

Hypothèse du taux naturel : idée selon laquelle le taux de chômage tend vers son niveau normal ou naturel, quel que soit le taux d'inflation.

Ratio de sacrifice : baisse de la production annuelle impliquée par une réduction du taux d'inflation d'un point.

Anticipations rationnelles : théorie selon laquelle le public utilise l'ensemble des informations disponibles, y compris celles concernant les futures politiques suivies par le gouvernement, pour se faire une idée de l'avenir.

QUESTIONS DE RÉVISION

1. Dessiner le compromis de court terme entre inflation et chômage. Comment la Fed peut-elle déplacer l'économie d'un point à un autre de cette courbe ?
2. Dessiner le compromis de long terme entre inflation et chômage. Expliquer la relation entre les compromis de court terme et de long terme.
3. Pourquoi le taux naturel de chômage est-il différent selon les pays ?
4. Une sécheresse sévère détruit les récoltes et fait s'envoler le prix de la nourriture. Quel est l'effet de cet événement sur le compromis à court terme entre inflation et chômage ?
5. La Fed a décidé de s'attaquer à l'inflation. Utiliser la courbe de Phillips pour montrer les effets à court terme et à long terme de cette politique. Comment peut-on réduire le coût immédiat de cette politique ?

PROBLÈMES D'APPLICATION

1. Supposons que le taux naturel de chômage soit de 6 %. Sur un graphique, dessinez deux courbes de Phillips qui décrivent les quatre situations suivantes. Identifiez le point qui représente la position de l'économie :
   - l'inflation réelle est de 5 % et l'inflation anticipée est de 3 %,
   - 3 % et 5 % respectivement,
   - 5 % et 5 % respectivement,
   - 3 % et 3 % respectivement.

2. Illustrez les effets des événements suivants sur les courbes de Phillips de court et de long termes. Indiquez le raisonnement économique qui sous-tend vos réponses :
   - une hausse du taux naturel de chômage,
   - une baisse du prix du pétrole importé,
   - une hausse des dépenses publiques,
   - une baisse de l'inflation anticipée.
3. Une baisse de la consommation engendre une récession :
   a. Montrez les variations économiques à l'aide d'un diagramme d'offre et de demande globales, et d'une courbe de Phillips.
   b. Que se passera-t-il à long terme, si les anticipations inflationnistes demeurent identiques ? Même question si les anticipations d'inflation évoluent dans le même sens que l'inflation réelle à court terme. Illustrez vos réponses avec les graphiques de la question a.
4. L'économie est à son équilibre de long terme :
   a. Dessinez les courbes de Phillips de court et de long termes.
   b. Une vague de pessimisme réduit la demande globale. Montrez les conséquences sur votre graphique. Si la Fed poursuit une politique monétaire expansionniste, peut-elle ramener l'inflation et le chômage à leurs niveaux originels ?
   c. L'économie est de nouveau à l'équilibre, et le prix du pétrole importé flambe. Montrez les conséquences sur votre graphique. Si la Fed poursuit une politique monétaire expansionniste, peut-elle ramener l'inflation et le chômage à leurs niveaux originels ? Même question si elle poursuit une politique monétaire restrictive. Expliquez en quoi cette situation est différente de celle évoquée à la question b.
5. La Fed pensait que le taux naturel de chômage était de 6 %, alors qu'il est en fait de 5,5 %. Que se passe-t-il dans l'économie ?
6. La Fed annonce qu'elle va poursuivre une politique monétaire restrictive afin de réduire le taux d'inflation. Les conditions suivantes rendront-elles la récession plus ou moins sévère ? Pourquoi ?
   a. Les contrats de travail sont de courte durée.
   b. Le public ne croît pas vraiment à la volonté de la Fed de lutter contre l'inflation.
   c. Les anticipations inflationnistes s'adaptent rapidement à l'inflation constatée.
7. Certains économistes pensent que la courbe de Phillips de court terme est très pentue et s'adapte rapidement aux fluctuations économiques. Ces économistes seront-ils plus ou moins favorables à une politique monétaire restrictive pour réduire le taux d'inflation que les économistes qui ne partagent pas cette vue de la courbe de Phillips ?
8. Selon une version de la loi d'Okun, quand le PIB réel est inférieur d'un point à son niveau tendanciel, le chômage est supérieur d'un demi-point à son taux naturel. Si le taux de sacrifice aux États-Unis est de 5, le taux naturel de chômage de 6 %, et si la Fed veut réduire l'inflation

de 2 %, quel taux de chômage sera nécessaire pour que la Fed atteigne son objectif en 5 ans ?

9. Imaginons que tous les salaires soient fixés par des contrats à 3 ans. La Fed annonce une politique monétaire désinflationniste, à mettre en œuvre immédiatement. Tout le monde fait confiance à la Fed. Cette politique désinflationniste sera-t-elle moins coûteuse ? Pourquoi ? Que pourrait faire la Fed pour réduire le coût de la désinflation ?
10. L'inflation étant largement impopulaire, pourquoi les élus ne font-ils pas toujours tout pour lutter contre elle ? Les économistes pensent que le coût des politiques de lutte contre l'inflation est inférieur quand la banque centrale est indépendante du gouvernement. Pourquoi est-ce le cas ?

Partie XIII

Réflexions finales

CHAPITRE 34

CINQ CONTROVERSES SUR LA POLITIQUE ÉCONOMIQUE

Dans ce chapitre, vous allez vous demander :

- si les responsables politiques doivent tenter de stabiliser l'économie
- si la politique monétaire doit être réglementée
- si la banque centrale doit viser une inflation nulle
- si le gouvernement doit gérer un budget équilibré
- si la fiscalité doit être réformée afin d'encourager l'épargne

Il est difficile d'ouvrir son journal sans tomber sur un article réclamant un changement de cap de la politique économique menée. Le Président devrait réduire les dépenses publiques pour dégonfler le déficit budgétaire, ou au contraire devrait cesser d'être obsédé par l'ampleur du déficit. La banque centrale devrait baisser les taux d'intérêt pour stimuler une économie atone, ou au contraire ne devrait rien faire de tel pour éviter de relancer l'inflation. Le Congrès devrait réformer la fiscalité pour stimuler la croissance économique, ou plutôt pour promouvoir une plus grande justice sociale.

Le débat politique, aux États-Unis comme ailleurs dans le monde, tourne beaucoup autour des sujets économiques. Quand Bill Clinton se présenta la première fois comme candidat à la présidence en 1992, le responsable stratégique de la campagne fit mettre un écriteau sur les murs du QG de campagne, qui rappelait à tous le thème essentiel du débat : « L'économie ».

Dans les douze derniers chapitres, nous avons présenté les outils utilisés par les économistes pour analyser le comportement de l'économie et les conséquences des mesures économiques adoptées. Ce dernier chapitre présente cinq controverses économiques majeures de l'époque. Avec tout ce que vous savez maintenant, vous êtes prêts à participer au débat, à choisir votre camp, ou au moins à comprendre pourquoi il est difficile de choisir un camp.

34.1 LES POLITIQUES MONÉTAIRE ET BUDGÉTAIRE DOIVENT-ELLES VISER À STABILISER L'ÉCONOMIE ?

Les chapitres 31, 32 et 33 ont montré comment des variations de l'offre ou la demande globale pouvaient conduire à des fluctuations à court terme de la production et de l'emploi. Nous savons aussi que les politiques monétaire et fiscale peuvent influer sur la demande globale, et donc sur les fluctuations économiques. Il reste à savoir si les responsables politiques doivent utiliser les armes économiques dont ils disposent pour lisser le cycle économique.

Arguments pour

Laissées à elles-mêmes, les économies ont tendance à fluctuer. Si les ménages et les entreprises deviennent pessimistes par exemple, ils réduisent leurs dépenses, ce qui déprime la demande globale de biens et services. Cette baisse de la demande globale se traduit par une diminution de la production de biens et services. Les entreprises licencient, et le chômage augmente. Le PIB réel et les revenus diminuent. La hausse du chômage et la baisse des revenus viennent confirmer le sentiment pessimiste initial.

Une telle récession ne présente aucun avantage social ; elle constitue un gaspillage de ressources. Les chômeurs préféreraient travailler ; les entreprises qui tournent au ralenti pourraient produire davantage de biens et services et les vendre avec profit.

Il n'y a aucune raison de laisser la société souffrir des variations cycliques de l'économie. La théorie macro-économique a montré aux responsables politiques comment agir pour limiter les fluctuations économiques. Les politiques monétaire et fiscale peuvent stabiliser la demande globale et donc la production et l'emploi. Si la demande globale est insuffisante pour assurer le plein-emploi, il est possible d'accroître les dépenses publiques, de réduire les impôts et de laisser filer la croissance de la masse monétaire. Si la demande globale est excessive, ce qui causera une inflation élevée, on peut réduire les dépenses publiques, augmenter les impôts, et freiner la croissance de la masse monétaire. De telles mesures permettent d'avoir une économie plus stable, ce dont tout le monde profite.

Arguments contre

L'utilisation pratique des politiques monétaire et fiscale est moins facile que l'affirme la théorie, et les obstacles sont nombreux.

En effet, ces politiques ne font connaître leurs effets qu'avec un certain retard, parfois important. La politique monétaire affecte la demande par l'intermédiaire des taux d'intérêt, qui jouent sur les dépenses d'investissements, notamment immobiliers et industriels. Mais les ménages et les entreprises ont la plupart du temps des programmes d'investissement établis à l'avance. Par conséquent, il faut du temps pour que les variations de taux d'intérêt se traduisent par une variation de la demande globale de biens et services : la plupart des études indiquent un délai d'environ six mois avant que les premiers effets se fassent sentir.

Quant à la politique fiscale, c'est son processus même qui est très long. En effet, tout amendement d'une loi fiscale doit passer par plusieurs commissions parlementaires, puis être adopté par la Chambre des Représentants et le Sénat, et enfin être signé par le Président. Une modification fiscale majeure peut donc mettre des années à être proposée, discutée, votée, puis enfin mise en œuvre.

Du fait de ce retard, les responsables politiques doivent faire attention à ce que seront les conditions économiques quand les effets de la politique adoptée se feront sentir.

Malheureusement, les prévisions économiques sont peu fiables, d'une part parce que la macro-économie est une science neuve, d'autre part parce qu'il est impossible de prévoir les chocs économiques. Les responsables politiques doivent donc se contenter d'hypothèses plus ou moins précises quant aux conditions économiques futures.

Trop souvent, les politiques de stabilisation déstabilisent l'économie. En effet, les conditions économiques peuvent avoir complètement changé entre le moment où une action est décidée et celui où elle produit ses effets. C'est ainsi que les interventions politiques se traduisent parfois par une aggravation des fluctuations économiques plutôt que par l'atténuation recherchée. Certains économistes prétendent que toutes les fluctuations économiques majeures de l'histoire, y compris la Grande Dépression des années 30, sont dues à des interventions publiques inadaptées.

L'une des règles d'or de la médecine est « d'abord ne pas faire de mal ». Le corps humain a certaines défenses naturelles. Face à un patient malade et armé d'un diagnostic incertain, le médecin laissera faire la nature. L'intervention, en l'absence de données fiables, présente plus de risques que la non-intervention.

Il en va de même pour l'économie. On pourrait rêver de faire disparaître toutes les fluctuations économiques, mais cet objectif restera longtemps du domaine du rêve, compte tenu des limites de la connaissance économique et du caractère imprévisible du monde. Les responsables politiques doivent donc être extrêmement prudents dans leurs interventions et s'estimer heureux de ne pas faire de mal.

■ **VÉRIFIEZ VOS CONNAISSANCES** Expliquer pourquoi les politiques monétaire et fiscale produisent des effets avec retard. En quoi ces retards sont-ils importants en termes de décision politique ?

34.2 LA POLITIQUE MONÉTAIRE DOIT-ELLE ÊTRE DISCRÉTIONNAIRE OU RÉGLEMENTÉE ?

Nous savons depuis le chapitre 27 que c'est le FOMC qui définit la politique monétaire des États-Unis. Ce comité se réunit toutes les six semaines, examine les conditions économiques présentes et les prévisions puis, sur cette base, décide d'augmenter, de baisser ou de ne pas toucher aux taux d'intérêt à court terme. La banque centrale adapte ensuite la masse monétaire de façon à atteindre son objectif de taux, et ce processus se déroule de nouveau à chaque réunion du comité.

Le FOMC décide le plus librement du monde de la politique à mener. Le texte de loi qui a instauré la banque centrale n'est guère précis en ce qui concerne ses objectifs, et encore moins en ce qui concerne les moyens à mettre en œuvre.

Certains économistes ont critiqué cette organisation institutionnelle. La question se pose donc de savoir si la Fed doit être plus réglementée dans la conduite de la politique monétaire, ou si elle doit conserver son pouvoir discrétionnaire d'aujourd'hui.

Arguments pour la réglementation

Le pouvoir discrétionnaire de la Fed pose deux problèmes. D'abord, il y a le risque d'abus de pouvoir ou d'incompétence. Quand les forces de police interviennent pour maintenir l'ordre public, elles obéissent à des ordres précis quant aux objectifs recherchés et aux moyens à employer. Les pouvoirs de la police étant importants, il serait dangereux de la laisser les utiliser à sa discrétion. Pourtant, la banque centrale, chargée de maintenir l'ordre économique, opère de la façon la plus discrétionnaire qui soit.

La banque centrale peut par exemple être tentée d'utiliser la politique monétaire pour influer sur les résultats d'une élection. Si une campagne présidentielle accorde beaucoup d'importance au débat économique, la banque centrale, souhaitant défendre le candidat sortant, peut décider de mener une politique expansionniste quelque temps avant l'élection afin de stimuler la production et l'emploi, sachant que l'inflation qui en résultera n'apparaîtra qu'après les élections. Si les dirigeants de la banque centrale s'allient aux hommes politiques, le pouvoir discrétionnaire accordé à la banque centrale peut conduire à l'apparition de fluctuations économiques reflétant le calendrier électoral.

Le deuxième problème, plus subtil, tient au fait que le pouvoir discrétionnaire peut générer plus d'inflation qu'il n'est souhaitable. La banque centrale, sachant très bien qu'il n'y a pas de compromis de long terme entre inflation et chômage, annonce souvent un objectif d'inflation nulle. Pourtant, cet objectif n'est jamais atteint. Pourquoi ? Peut-être parce que, une fois les anticipations inflationnistes ancrées, les responsables politiques sont confrontés à un compromis de court terme entre inflation et chômage. Et ils sont tentés de réduire le taux de chômage, quitte à oublier leur objectif d'inflation nulle. Intentions annoncées et actions sont donc différentes et l'on parle d'une *inconstance temporelle de la politique* pour décrire cette différence. Du fait de cette inconstance, le public est sceptique devant les intentions annoncées par les responsables politiques. Et par conséquent, le public anticipe toujours une inflation supérieure à l'objectif annoncé par le gouvernement, ce qui rend le compromis à court terme entre inflation et chômage moins favorable, puisque des anticipations inflationnistes supérieures poussent la courbe de Phillips de court terme vers le haut.

Ces deux problèmes trouveraient une solution si la banque centrale était réglementée. Supposons qu'une loi oblige la banque centrale à augmenter la masse monétaire d'exactement 3 % par an (pourquoi 3 % ? Car, la croissance moyenne du PIB réel étant de l'ordre de 3 % et la demande de monnaie augmentant avec le PIB réel, 3 % est semble-t-il le taux permettant d'assurer la stabilité des prix à long terme). Il n'y aurait alors plus de place pour l'abus de pouvoir ou l'incompétence. La politique monétaire ne pourrait être influencée par les échéances électorales. L'inconstance temporelle de la politique finirait par disparaître, et le public serait convaincu de la fermeté des intentions de la banque centrale, puisque celle-ci serait obligée par la Constitution de s'y tenir. Le compromis de court terme entre inflation et chômage serait plus favorable, l'inflation anticipée étant inférieure.

On pourrait même envisager des règles moins rigides que celle des 3 % évoquée ci-dessus, par exemple en autorisant un certain feed-back de l'économie. Par exemple, une règle autoriserait une augmentation de la masse monétaire d'un point pour chaque point de croissance du chômage au-delà de son taux naturel. Quelle que soit la forme précise de la contrainte, celle-ci présenterait de nombreux avantages : élimination de l'incompétence, des abus de pouvoir et de l'inconstance politique.

Arguments contre la réglementation

Si le caractère discrétionnaire de la politique monétaire présente des inconvénients indéniables, il offre aussi un avantage certain : celui de la flexibilité. La banque centrale opère dans des environnements économiques extrêmement variés, souvent imprévisibles. Dans les années 30, les faillites bancaires étaient légion. Dans les années 70, le prix du pétrole grimpa au ciel dans le monde entier. En octobre 87, le marché américain des actions chuta de 22 % en une séance. Dans tous ces cas, la Fed doit réagir, et réagir rapidement. Aucune règle ne peut prendre en compte une telle diversité de situations et fixer la réponse appropriée à chaque cas. Mieux vaut confier la responsabilité de conduire la politique économique à des individus compétents, à charge pour eux de faire aussi bien que possible.

En outre, les inconvénients supposés du pouvoir discrétionnaire restent largement théoriques. L'influence du calendrier électoral est loin d'être démontrée. Dans certains cas, c'est même le contraire qui s'est produit. C'est par exemple Jimmy Carter qui nomma Paul Volcker à la tête de la Fed. En octobre 79, Volcker décida de freiner la croissance de la masse monétaire pour lutter contre l'inflation élevée héritée de son prédécesseur. Il fallait donc s'attendre à connaître une période de récession, qui ne manquerait pas de nuire à la popularité du Président Carter. Plutôt que d'aider le Président qui l'avait nommé, Volcker contribua donc à sa défaite face à Ronald Reagan en novembre 1980.

De même, l'importance pratique de l'inconstance politique reste vague. Si le public est plutôt sceptique au début, la banque centrale peut asseoir sa crédibilité en faisant ce qu'elle a annoncé. Depuis le début des années 90, la Fed a maintenu l'inflation à un niveau très bas, malgré la tentation toujours présente de profiter du compromis de court terme entre inflation et chômage. L'expérience montre que l'on peut contrôler l'inflation sans avoir à imposer une contrainte stricte à la politique monétaire.

Enfin, il serait extrêmement difficile d'établir une règle précise en la matière. Il n'existe en effet aucun consensus sur ce que devrait être cette règle d'or. En l'absence d'un tel consensus, il n'est pas d'autre solution que de laisser la banque centrale mener la politique monétaire comme elle l'entend.

■ **VÉRIFIEZ VOS CONNAISSANCES** Donner un exemple de contrainte réglementaire de politique monétaire. En quoi cette règle est-elle plus pratique que l'absence de règles ? En quoi est-elle moins pratique ?

34.3 LA BANQUE CENTRALE DOIT-ELLE VISER UNE INFLATION NULLE ?

Nous avons vu que lorsque le gouvernement imprime trop de monnaie, le niveau général des prix monte. Par ailleurs, nous savons qu'il existe un compromis de court terme entre inflation et chômage. Se pose alors la question de savoir quel niveau d'inflation la banque centrale doit tolérer. L'inflation nulle est-elle un objectif de politique économique adéquat ?

Arguments pour

L'inflation ne présente aucun avantage pour la société, mais elle impose un certain nombre de coûts : des coûts d'usure, des coûts d'affichage, une plus grande instabilité des prix relatifs, des coûts fiscaux, une certaine confusion et une redistribution arbitraire de richesse entre prêteur et emprunteur. Certains économistes considèrent que ces coûts sont relativement faibles, au moins tant que l'inflation reste modérée, comme ce fut le cas aux États-Unis au début des années 90, avec un taux d'inflation de 3 %. D'autres affirment que ces coûts finissent par être conséquents, même en cas d'inflation modérée. Il est clair que le public n'aime pas l'inflation. Chaque fois que celle-ci s'emballe, les sondages d'opinion désignent clairement l'inflation comme l'un des problèmes majeurs du pays.

Les avantages d'une inflation nulle doivent être comparés aux coûts nécessaires pour l'obtenir. La réduction de l'inflation passe par une période de chômage élevé et de faible croissance, comme le démontre la courbe de Phillips de court terme. Mais cette récession n'est que temporaire. Une fois que le public est convaincu que l'objectif est de ramener l'inflation à zéro, les anticipations inflationnistes se dégonflent, ce qui améliore le compromis de court terme. Et comme les anticipations s'adaptent à la réalité, il n'existe pas de compromis entre inflation et chômage à long terme.

La réduction de l'inflation présente donc un coût provisoire et un bénéfice durable. En effet, une fois passée la récession désinflationniste, les avantages de l'inflation nulle perdurent. Les responsables politiques devraient donc sacrifier le confort immédiat pour les avantages durables. Ce que fit précisément Paul Volcker au début des années 80, quand il ramena l'inflation de 10 % en 1980 à 4 % en 1983. Volcker est aujourd'hui considéré comme un héros par la communauté financière américaine.

En outre, les coûts de la désinflation peuvent ne pas être aussi lourds que le prétendent certains économistes. Si la Fed annonce clairement son intention de ramener l'inflation à zéro, cela jouera sur les anticipations inflationnistes du public. Ce dégonflement des anticipations améliore le compromis entre inflation et chômage et permet de lutter contre l'inflation à moindre coût. Tout repose sur la crédibilité de la banque centrale : le public doit être convaincu qu'elle fera ce qu'elle a annoncé. Une loi imposant à la Fed de maintenir la stabilité des prix aiderait évidemment ce processus de crédibilité, et permettrait donc d'obtenir à moindre coût une inflation nulle.

L'avantage d'un objectif d'inflation nulle est que zéro est une cible plus naturelle que n'importe quel autre chiffre. Imaginons que la Fed annonce un objectif de 3 %. Va-t-elle vraiment s'y tenir ? Si les événements poussent l'inflation vers 4 ou 5 %, pourquoi ne relèverait-elle pas son objectif ? Le chiffre trois n'a en effet rien de particulier. En revanche, avec une inflation de 0 %, la Fed peut prétendre avoir véritablement assuré la stabilité des prix et éliminé tout coût lié à l'inflation.

Arguments contre

Une inflation nulle n'offre pas beaucoup plus d'avantages qu'une inflation modérée, mais les coûts induits pour l'obtenir sont beaucoup plus élevés. Le ratio de sacrifice indique qu'il faut sacrifier 5 points de production pour diminuer l'inflation d'un point. Donc, pour ramener l'inflation de 4 % à 0 %, il faudrait renoncer à 20 % de production. Sur un PIB actuel d'environ 7 000 milliards de dollars, le coût serait donc de l'ordre de 1 400 milliards de dollars, soit environ 5 000 dollars par habitant. Même si les gens n'aiment pas l'inflation, il n'est pas évident qu'ils soient prêts à renoncer à 5 000 dollars de revenus pour s'en débarrasser.

En outre, le coût social de la désinflation est supérieur à ce chiffre de 5 000 dollars, car la perte de revenu n'est pas répartie équitablement dans la société. Quand une économie connaît une récession, tous les revenus ne baissent pas de la même manière. En fait, la baisse du revenu global est concentrée sur les travailleurs qui perdent leur emploi, souvent les moins qualifiés ou les moins expérimentés. De fait, le coût de la désinflation repose surtout sur ceux qui ont le moins les moyens de le supporter.

Si les économistes sont d'accord sur les types de coûts engendrés par l'inflation, il n'existe aucun consensus quant à leur ampleur. La plupart de ces coûts sont parfaitement supportables pour des taux d'inflation modérés. Et s'il est vrai que le public n'aime pas l'inflation, c'est en partie parce qu'il croit faussement que l'inflation érode son niveau de vie. En fait, l'inflation des revenus va de pair avec l'inflation des prix, le revenu réel demeurant inchangé.

Il est possible de réduire les coûts de l'inflation sans s'attaquer à l'inflation elle-même. On pourrait mettre en place une indexation plus complète de la fiscalité, ou généraliser l'utilisation des emprunts à taux variables, tant par le gouvernement que par les emprunteurs privés. L'administration Clinton a d'ailleurs fait un pas dans cette direction en 1997 en émettant des obligations indexées.

Certains économistes prétendent qu'il est possible de réduire l'inflation sans avoir à supporter de coûts, mais cette opinion n'est pas vraiment confirmée par les faits. Chaque baisse de l'inflation s'accompagne d'une période de croissance faible et de chômage élevé. Apparemment, la crédibilité des banques centrales n'est pas telle qu'elle leur permette de réduire l'inflation gratuitement.

La récession désinflationniste peut laisser des séquelles durables sur l'économie. Dans tous les secteurs industriels, les entreprises réduisent leurs investissements durant ces récessions. Même la récession terminée, la réduction du stock de capital affecte la productivité, les revenus, et les niveaux de vie qui s'avèrent inférieurs à ce qu'ils auraient pu être. Les travailleurs qui perdent leur emploi perdent une partie de leur qualification, et leur valeur en tant que travailleurs est inférieure à l'issue de la récession à ce qu'elle était avant. Certains économistes prétendent que les taux de chômage élevés qui caractérisent la plupart des pays européens sont des conséquences directes des politiques de lutte contre l'inflation du début des années 80.

Pourquoi imposer à la société une désinflation coûteuse et injuste en vue de ramener l'inflation à zéro, quand cela ne présente aucun avantage décisif ? L'économiste Alan Blinder, nommé vice-président de la Réserve fédérale par Bill Clinton, répond qu'il ne faut pas le faire, dans un ouvrage intitulé *Hard Heads, Soft Hearts* :

« Les coûts induits par une inflation faible ou modérée, que nous connaissons actuellement aux États-Unis et en Europe, semblent bien modestes, et font plus penser à un mauvais rhume qu'à un cancer... En tant qu'individus rationnels, nous refusons la lobotomie comme remède au rhume de cerveau. Pourtant, en tant que société, nous sommes prêts à accepter l'équivalent de la lobotomie (le chômage élevé) comme solution à notre rhume inflationniste. »

Blinder en conclut qu'il vaut mieux apprendre à vivre avec une inflation modérée.

■ **VÉRIFIEZ VOS CONNAISSANCES** Expliquer les coûts et les avantages d'une disparition de l'inflation. Lesquels sont provisoires et lesquels sont permanents ?

34.4 LE BUDGET DU GOUVERNEMENT DOIT-IL ÊTRE ÉQUILIBRÉ ?

Le déficit budgétaire fédéral a certainement été l'un des sujets économiques les plus débattus au cours des dernières années. Le déficit budgétaire, qui résulte d'une insuffisance de recettes au regard des dépenses publiques, est financé par l'emprunt. Nous avons vu dans le chapitre 25 que ce déficit affecte l'épargne, l'investissement et les taux d'intérêt. Quelle est l'ampleur du problème ? Le gouvernement doit-il considérer l'équilibre budgétaire comme une priorité ?

Arguments pour

Depuis le début des années 80, le gouvernement américain a constamment dépensé plus que ses recettes fiscales. Du fait de ces déficits persistants, la dette du gouvernement fédéral est passée de 710 milliards de dollars en 1980 à 3 603 milliards en 1995, soit environ 14 000 dollars par habitant.

Une telle dette est une mauvaise nouvelle pour les générations futures de contribuables. Quand il faudra la rembourser, avec les intérêts dus, les contribuables de demain devront payer plus d'impôts et le gouvernement devra réduire ses dépenses, afin de dégager les ressources nécessaires au remboursement de la dette ; ou alors le gouvernement décidera de s'endetter encore plus pour rembourser ses précédentes dettes. En fait, quand le gouvernement opère avec un déficit, il permet aux contribuables actuels de passer la facture de leurs dépenses publiques aux contribuables de demain. Vu la taille de la dette, le niveau de vie des générations futures sera forcément durement touché.

Outre cet effet direct, le déficit budgétaire engendre plusieurs conséquences macro-économiques. Le déficit budgétaire étant une épargne négative, il diminue le montant de l'épargne nationale, ce qui contribue à faire monter les taux d'intérêt et à freiner l'investissement. Le ralentissement de l'investissement finit par affecter négativement la productivité du travail, les salaires réels et la production de biens et services. Ainsi, quand le gouvernement s'endette, les générations futures auront non seulement des impôts supérieurs à payer, mais aussi des revenus inférieurs.

Dans certaines situations néanmoins, le déficit budgétaire peut être justifié. Historiquement, les périodes de guerre ont toujours vu un accroissement sensible de la dette nationale. Si un conflit militaire est à l'origine d'une augmentation temporaire des dépenses publiques, il est concevable de financer ce surcroît de dépenses par l'emprunt. Sinon, les impôts devraient tellement augmenter que la situation fiscale serait explosive.

De la même manière, on peut admettre un certain déficit pendant une phase de ralentissement temporaire de l'activité économique.

En période de récession, les recettes fiscales diminuent automatiquement, puisqu'elles sont largement assises sur les revenus des ménages et des entreprises. Si le gouvernement essayait de maintenir un budget équilibré en pleine récession, il lui faudrait augmenter les impôts ou réduire ses dépenses alors même que le chômage serait à un niveau élevé. Une telle politique se traduirait fatalement par une baisse de la demande globale au moment même où il faudrait plutôt la stimuler.

Les déficits budgétaires récents ne peuvent s'expliquer par des guerres ou des récessions. Au cours des quinze dernières années, les États-Unis ont réussi à éviter de participer à des conflits armés majeurs et de tomber en récession économique sérieuse. Et pourtant, le gouvernement n'a cessé d'être en déficit, simplement parce que le Président et le Congrès ont réalisé qu'il était plus facile d'accroître les dépenses publiques que les impôts. Par conséquent, l'endettement n'a cessé de progresser : la dette nationale, qui représentait 26 % du PIB annuel en 1980, en représente aujourd'hui 51 %. On a du mal à comprendre la raison d'une telle politique. Et s'il n'y a aucune raison d'obliger strictement le gouvernement à opérer avec un budget équilibré, l'équilibre budgétaire devrait être la norme plutôt que l'exception. Si le budget du gouvernement fédéral avait été équilibré depuis le début des années 80, les diplômés d'aujourd'hui entreraient dans une économie beaucoup plus porteuse qu'elle ne l'est actuellement.

Arguments contre

Le problème du déficit budgétaire est souvent exagéré. Et s'il est vrai que la dette nationale constitue un fardeau fiscal pour les générations à venir, ce fardeau n'est pas très lourd comparé au revenu touché par un individu au cours de sa vie. La dette nationale représente environ 14 000 dollars par habitant. Un individu qui travaille 40 ans pour un salaire moyen de 25 000 dollars annuels aura touché 1 000 000 dollars au cours de sa vie active. La dette nationale ne représente donc pas 2 % de ses ressources totales.

Par ailleurs, il ne faut pas considérer les effets du déficit public de manière isolée : le déficit n'est qu'un élément particulier d'un vaste ensemble représentant les choix du gouvernement en matière de recettes et de dépenses. En prenant ces décisions, les responsables politiques affectent plusieurs générations de contribuables de diverses manières. Le déficit budgétaire doit être analysé comme une partie de cet ensemble de décisions politiques, et non comme un élément isolé.

Imaginons par exemple que le gouvernement s'attaque au déficit budgétaire en réduisant les crédits de l'éducation nationale. Quand les jeunes d'aujourd'hui entreront dans la population active, leur fardeau fiscal sera moins lourd, car la dette nationale sera réduite par rapport à aujourd'hui. Mais si leur éducation scolaire a été de moindre qualité, leur productivité et leurs revenus seront inférieurs à ce qu'ils auraient pu être. La plupart des études considèrent que le rendement de l'éducation scolaire est élevé. La réduction du déficit budgétaire par des coupes sombres dans le budget de l'éducation pourrait très bien désavantager les générations futures au lieu de les aider.

L'obsession du déficit budgétaire présente un autre danger : elle laisse dans l'ombre un certain nombre d'autres politiques de redistribution des revenus entre générations. Par exemple, au cours des années 60 et 70, le gouvernement fédéral a amélioré les prestations sociales au bénéfice des personnes âgées. Ces dépenses supplémentaires ont été financées par une augmentation de la taxe sur les salaires. Cette politique, sans effet sur le déficit budgétaire, a redistribué des revenus au profit des vieux et au détriment des jeunes.

Dans une certaine mesure au moins, les effets négatifs du déficit budgétaire peuvent être corrigés par les parents prévoyants. Si ceux-ci sont préoccupés par le poids de la dette nationale sur les finances de leurs enfants, ils peuvent épargner davantage de manière à laisser à leurs enfants un héritage plus important, qui leur permettra de faire face au fardeau fiscal engendré par la dette. Certains économistes affirment d'ailleurs que les gens se comportent déjà comme cela (cette théorie est appelée *équivalence ricardienne*). Si cette théorie est vérifiée, l'épargne supplémentaire des parents vient compenser la désépargne engendrée par le déficit budgétaire, et le déficit budgétaire est sans effet sur l'économie. Il est peu probable que les parents soient tous aussi prévoyants, mais certains le sont certainement, et tout le monde pourrait adopter ce comportement. Les déficits donnent aux gens la possibilité de consommer aux dépens de leurs enfants, mais ne les obligent pas à le faire. Si le problème de la dette nationale était aussi important que cela, les parents réagiraient sans aucun doute.

Les opposants au déficit budgétaire disent que la dette nationale ne peut pas croître en permanence, mais en fait cela est parfaitement possible. Le poids de la dette doit être comparé au revenu national. Grâce à la croissance démographique et au progrès technologique, le revenu total de l'économie américaine croît avec le temps. Tant que la dette publique croît moins rapidement que le revenu national, rien ne lui interdit de progresser indéfiniment.

Quelques chiffres permettent de se faire une idée du problème. Les États-Unis enregistrent une croissance réelle de l'ordre de 3 % par an en moyenne. Si le taux d'inflation est de 4 % par an, le revenu nominal augmente de 7 % annuellement. La dette nationale peut donc augmenter de 7 % par an sans pour autant détériorer le ratio d'endettement. En 1995, la dette nationale s'élevait à 3 603 milliards de dollars. Tant que le déficit budgétaire fédéral demeure inférieur à 252 milliards de dollars (7 % x 3 603 milliards), ce qui est le cas depuis quelques années, cette politique de déficit peut être maintenue indéfiniment : il n'y aura pas de jour de faillite qui obligera le déficit à disparaître ou l'économie à s'effondrer.

■ **VÉRIFIEZ VOS CONNAISSANCES** Expliquer en quoi le déficit budgétaire désavantage les générations futures. Expliquer en quoi la réduction du déficit budgétaire peut aussi désavantager les générations futures.

34.5 LA FISCALITÉ DOIT ÊTRE RÉFORMÉE POUR ENCOURAGER L'ÉPARGNE

Le niveau de vie d'un pays dépend de sa capacité productive, elle-même déterminée en grande partie par l'épargne et l'investissement. Faut-il donc revoir la fiscalité pour encourager l'épargne et l'investissement ?

Arguments pour

Le taux d'épargne d'un pays est un facteur clé de sa prospérité économique à long terme. Plus il est élevé, plus abondantes sont les ressources disponibles pour l'investissement en usine et matériel de production. Et plus ce stock de capital productif est élevé, meilleure est la productivité, plus importants sont les salaires et donc les revenus. Il n'est pas surprenant de constater une forte corrélation entre taux d'épargne nationale et diverses mesures de prospérité économique.

Nous savons que les gens réagissent aux incitations. Cela doit être vrai aussi en matière d'épargne. Si la loi rend l'épargne plus attirante, le public épargnera davantage, et cette épargne supplémentaire engendrera un avenir plus confortable.

Malheureusement, la fiscalité américaine décourage l'épargne, car elle taxe fortement ses revenus. Prenons par exemple un jeune travailleur de 25 ans, qui épargne 1 000 dollars afin d'avoir une retraite plus confortable à 70 ans. S'il achète une obligation qui lui sert un taux de 10 % annuels, ses 1 000 dollars initiaux seront devenus 45 ans plus tard 72 900 dollars, en l'absence d'impôts. Si son taux marginal d'imposition sur les intérêts perçus est de 40 %, ce qui arrive fréquemment quand on additionne les taxes locales et fédérales, le taux d'intérêt après impôt n'est plus que de 6 %, et les 1 000 dollars de départ ne donnent que 13 800 dollars 45 ans plus tard. Sur une vie de travail, les impôts auront donc mangé 80 % des revenus de l'épargne.

En outre, la fiscalité impose parfois doublement certains revenus de l'épargne. Imaginons qu'un épargnant achète des actions d'une entreprise. Quand celle-ci gagne de l'argent, elle commence par payer l'impôt sur les sociétés. Si elle distribue aux actionnaires tout le profit après impôt sous formes de dividendes, les actionnaires devront encore payer un impôt sur ce revenu. Cette double imposition réduit sérieusement l'intérêt des actions pour les épargnants.

Par ailleurs, la fiscalité pénalise la transmission de la richesse accumulée au cours d'une vie d'épargne. En effet, si les premiers 600 000 dollars légués sont exonérés d'impôts, le reste est imposé à un taux qui peut atteindre 55 %. Il est d'ailleurs surprenant de constater que l'on se fait du souci au sujet de la prospérité économique des générations futures, et qu'au même moment on pénalise aussi fortement la transmission de richesse d'une génération à l'autre.

En dehors même du Code des impôts, nombreuses sont les pratiques et institutions qui découragent l'épargne des ménages. Certains programmes gouvernementaux, comme l'aide aux personnes âgées ou le programme Medicaid, sont fonction des ressources des individus ; ils défavorisent donc les ménages qui ont eu la prudence d'épargner une fraction de leurs revenus. Collèges et universités accordent des bourses fondées sur la richesse des étudiants et de leurs parents. Une telle pratique s'assimile à un impôt sur la fortune, et par conséquent décourage parents et étudiants d'épargner.

Pourtant, le Code des impôts pourrait facilement inverser la tendance et fournir un environnement propice à l'épargne. Déjà aujourd'hui, certains types d'épargne pour la retraite bénéficient d'un traitement fiscal plus favorable. Les sommes placées sur un compte individuel de retraite sont par exemple exonérées d'impôt, de même que les intérêts qu'elles génèrent, jusqu'à ce que le tout soit retiré du compte au moment de la retraite. Néanmoins, tout le monde ne peut pas bénéficier des comptes en question, et les montants concernés sont plafonnés. En outre, comme les retraits anticipés sont pénalisés, ces plans d'épargne ne peuvent guère servir à autre chose qu'à financer la retraite. Autoriser les ménages à ouvrir des comptes de ce type plus librement permettrait de faire un pas en avant en faveur de l'épargne.

Évidemment, il vaudrait mieux revoir totalement la conception de la fiscalité, qui chez nous tourne autour de l'impôt sur le revenu. Un dollar gagné supporte le même impôt qu'il soit consommé ou épargné. De nombreux économistes sont favorables à un impôt sur la consommation, système dans lequel on ne paie l'impôt que sur ce qui est consommé. L'épargne est donc exonérée d'impôt tant qu'elle n'est pas consommée, ce qui revient à placer automatiquement toute l'épargne sur des comptes d'épargne retraite. L'abandon de l'impôt sur le revenu au profit de l'impôt sur la consommation serait très favorable à l'épargne.

Arguments contre

S'il est intéressant d'améliorer le taux d'épargne nationale, on ne peut considérer cela comme le seul objectif de la politique fiscale. Il faut en particulier répartir le fardeau fiscal aussi équitablement que possible. Or, les diverses propositions de réformes en faveur de l'épargne sont défavorables aux personnes qui ont le moins de moyens financiers.

Il est clair que les ménages à haut revenu ont un taux d'épargne supérieur à celui des ménages à faible revenu. Encourager l'épargne cela signifie donc favoriser les gens à haut revenu, et donc promouvoir une société moins égalitaire. Pour alléger la fiscalité sur certains, il faudra l'augmenter sur d'autres, qui n'ont pas les moyens de le supporter.

Par ailleurs, il n'est pas certain que les politiques d'incitation à l'épargne permettent d'atteindre le but avoué. De nombreuses études montrent que l'épargne est relativement inélastique ; elle ne réagit que faiblement au rendement. Si tel est le cas, la réduction de la fiscalité sur l'épargne aura pour seul effet d'enrichir davantage les plus riches, sans les inciter à épargner davantage.

Du point de vue de la théorie économique, il n'est pas évident qu'un rendement supérieur encourage l'épargne. Les effets de substitution et de revenu jouent l'un contre l'autre. D'une part, la hausse du rendement accroît les bénéfices de l'épargne : le dollar épargné aujourd'hui permettra de consommer davantage demain. Cet effet de substitution est favorable à l'épargne. Mais d'autre part, la hausse du rendement réduit le besoin d'épargner : une famille n'a pas besoin d'épargner autant qu'avant pour se permettre un niveau donné de consommation durant la retraite. Cet effet de revenu est défavorable à l'épargne. Si les deux effets se compensent l'un l'autre, comme le suggèrent certaines études, alors le taux d'épargne n'augmentera pas si une fiscalité moins lourde améliore la rémunération de l'épargne.

Et il existe d'autres moyens d'améliorer le taux d'épargne que de donner des avantages fiscaux aux riches. Puisque l'épargne nationale est la somme des épargnes privée et publique, on peut l'augmenter en favorisant l'épargne publique, c'est-à-dire en réduisant le déficit budgétaire. La réduction du déficit budgétaire, par exemple en augmentant les impôts sur les plus riches, permet d'accroître l'épargne nationale et donc d'améliorer les conditions économiques des générations futures.

En fait, si l'on prend en compte l'épargne publique, il est vrai que les réformes fiscales visant à encourager l'épargne risquent de se retourner contre elle. Si l'imposition des revenus de l'épargne est allégée, les recettes du gouvernement diminuent, ce qui creuse le déficit budgétaire. Pour accroître l'épargne nationale, il faut donc que ces réformes stimulent l'épargne privée davantage qu'elles ne creusent le déficit budgétaire. Sinon, la situation aura en fait empiré.

■ **VÉRIFIEZ VOS CONNAISSANCES** Donner trois exemples de la façon dont notre société décourage l'épargne. Quels seraient les inconvénients de politique plus incitatives ?

34.6 CONCLUSION

Ce chapitre a présenté cinq sujets de débat économique, en donnant les arguments des deux camps opposés. Si vous trouvez qu'il est difficile de choisir son camp, soyez rassurés : vous n'êtes pas les seuls dans ce cas. Le savoir économique, en éclairant les conséquences des actions, rend souvent les choix plus difficiles.

Les choix difficiles ne peuvent pas trouver de solutions simples. Si vous entendez un homme politique vous proposer un repas gratuit, méfiez-vous. Aucune mesure ne présente que des avantages et aucun inconvénient. En vous permettant de dissiper le brouillard de la rhétorique politicienne, l'étude de l'économie fait de vous un citoyen plus qualifié.

RÉSUMÉ

- Les partisans de l'interventionnisme économique considèrent que l'économie est hautement instable et que la politique doit viser à manipuler la demande globale pour atténuer ces fluctuations spontanées.

Les adversaires de l'interventionnisme économique font remarquer que toute intervention produit ses effets avec retard, et qu'il est quasiment impossible de prévoir les conditions économiques futures. Par conséquent, les politiques de stabilisation sont souvent déstabilisantes.

- Les partisans d'une politique monétaire réglementée critiquent l'actuel caractère discrétionnaire de cette politique, qui ouvre la voie à l'incompétence, à l'abus de pouvoir et à l'inconstance temporelle. Les adversaires d'une politique monétaire réglementée font valoir la souplesse de la politique discrétionnaire, qui permet de faire face à des situations extrêmement changeantes.
- Les partisans de l'inflation nulle font remarquer que l'inflation engendre de nombreux coûts et ne présente aucun avantage. En outre, le coût de la désinflation – ralentissement économique et chômage – n'est que provisoire, et peut même être réduit si la banque centrale fait connaître un plan crédible de lutte contre l'inflation qui contribuera à dégonfler les anticipations inflationnistes. Les adversaires de l'inflation nulle considèrent que les coûts engendrés par une inflation modérée sont très modiques pour la société, alors que le coût de la désinflation est très élevé.
- Les partisans de l'équilibre budgétaire considèrent que les déficits budgétaires font peser une lourde menace sur les générations futures, qui devront payer davantage d'impôts et qui auront moins de revenus. Les adversaires de l'équilibre budgétaire font remarquer que le déficit budgétaire n'est qu'un élément d'une politique fiscale. Il n'est pas le seul à affecter le sort économique de plusieurs générations.
- Les partisans d'une réforme de la fiscalité de l'épargne considèrent que l'épargne est pénalisée par la fiscalité actuelle, qui taxe fortement les revenus du capital et pénalise ceux qui ont accumulé une certaine épargne. Un certain nombre d'incitations fiscales sont proposées, ou même le passage à un système d'imposition de la consommation plutôt que du revenu. Les opposants à cette réforme considèrent que les avantages proposés ne feraient que bénéficier aux plus riches. Par ailleurs, il n'est pas certain que les propositions évoquées auraient un effet réel sur le taux d'épargne privée. La réduction du déficit public serait plus appropriée pour accroître l'épargne nationale.

QUESTIONS DE RÉVISION

1. Pourquoi les politiques monétaire et budgétaire produisent-elles leurs effets avec retard ? En quoi ce retard est-il important dans le débat sur l'interventionnisme économique ?
2. Pourquoi la banque centrale peut-elle être tentée de lier sa politique monétaire au calendrier électoral ? En quoi ce comportement peut-il affecter le débat sur la réglementation de la politique monétaire ?

3. Expliquer en quoi la crédibilité de la banque centrale peut réduire le coût de la désinflation.
4. Pourquoi certains économistes sont-ils opposés à la recherche d'une inflation nulle ?
5. Donner deux raisons pour lesquelles un déficit budgétaire affecte négativement le futur travailleur.
6. Donner deux situations dans lesquelles le déficit budgétaire est aisément justifiable.
7. Montrer comment le gouvernement peut pénaliser les générations futures tout en réduisant le montant de la dette nationale dont elles héritent.
8. Expliquer comment le gouvernement peut maintenir un déficit budgétaire *ad vitam aeternam*.
9. Expliquer comment certains revenus du capital sont doublement imposés.
10. Donner un exemple, ne relevant pas de la fiscalité, montrant que notre société décourage l'épargne.
11. L'incitation fiscale en faveur de l'épargne peut avoir des effets négatifs. Lesquels ?

PROBLÈMES D'APPLICATION

1. Nous avons suggéré dans ce chapitre que l'économie, tout comme le corps humain, disposait de certaines capacités naturelles de récupération :

   a. Montrez l'effet à court terme d'une diminution de la demande globale, sur un graphique d'offre et de demande globales. Comment évoluent la production, le revenu et l'emploi ?

   b. En l'absence d'intervention gouvernementale, que se passe-t-il avec le temps ? Cet ajustement prend-il plusieurs mois ou plusieurs années ?

   c. L'économie se récupère-t-elle d'elle-même ? À quelle vitesse ?
2. Les responsables politiques qui souhaitent stabiliser l'économie doivent décider de l'ampleur des variations de masse monétaire, des dépenses publiques ou des impôts. Pourquoi cette décision est-elle difficile à prendre ?
3. Le public souhaite soudainement détenir davantage d'avoirs monétaires :

   a. Quel serait l'effet de cet événement sur l'économie, si la Fed observait une règle stricte de croissance de 3 % par an de la masse monétaire ? Illustrez votre réponse par un graphique du marché de l'argent et un diagramme de l'offre et de la demande globales.

   b. Quel en serait l'effet si la Fed observait une règle de croissance de la masse monétaire de 3 % par an plus un point pour chaque point de chômage supérieur au taux naturel ?

c. Laquelle de ces deux règles stabilise le mieux l'économie ? Vaudrait-il mieux autoriser la Fed à réagir au chômage anticipé plutôt qu'au chômage constaté ? Expliquez.

4. Le problème de l'inconstance temporelle s'applique à la politique budgétaire tout autant qu'à la politique monétaire. Imaginons que le gouvernement annonce une baisse des impôts sur les revenus de l'investissement en capital, comme des usines nouvelles :
   a. Si les investisseurs s'attendent à ce que ces impôts demeurent faibles, quel sera l'effet de la décision du gouvernement sur le niveau des investissements ?
   b. Une fois que les investisseurs ont réagi à cette annonce, le gouvernement a-t-il intérêt à revenir sur sa décision ?
   c. Du coup, les investisseurs feront-ils confiance au gouvernement ? Que peut faire ce dernier pour améliorer sa crédibilité ?
   d. Expliquez en quoi cette situation est similaire à celle que nous avons rencontrée dans le domaine de la politique monétaire.
5. Le chapitre 2 a fait la différence entre opinions normative et positive. Dans le débat sur l'intérêt d'une inflation nulle, quels sont les points de désaccord qui relèvent des jugements positifs et ceux qui relèvent des opinions normatives ?
6. Pourquoi les bénéfices de la lutte contre l'inflation sont-ils permanents alors que les coûts en sont temporaires ? Pourquoi les coûts d'une inflation croissante sont-ils permanents alors que les avantages en sont temporaires ? Utilisez des courbes de Phillips pour illustrer votre réponse.
7. Expliquez de quelle manière chacune des politiques suivantes redistribue la richesse entre les générations. Ce transfert se fait-il des vieux vers les jeunes, ou des jeunes vers les vieux ?
   – augmentation du déficit budgétaire,
   – subventions plus généreuses aux bourses d'études,
   – plus gros investissement en routes et ponts,
   – indexation des prestations sociales sur l'inflation.
8. La plupart des gens sont opposés au déficit budgétaire, et pourtant ils élisent des représentants qui ne cessent de voter des budgets en déficit. Pourquoi l'opposition au déficit budgétaire peut-elle être forte en principe et faible en pratique ?
9. Nous avons vu qu'un déficit budgétaire pouvait réduire le revenu des générations futures, mais stimuler la production et le revenu pendant une récession. Expliquez comment ces deux affirmations peuvent être vraies.
10. Les modifications fiscales favorables à l'épargne seront favorables aux personnes jouissant de revenus élevés. Si le gouvernement réduit la fiscalité sur les revenus de l'épargne, que pourrait-il faire au même moment pour éviter une redistribution en faveur des plus riches ?
11. Quel est le compromis fondamental auquel est confrontée une société qui décide d'épargner davantage ?

12. Le gouvernement réduit les impôts sur les revenus de l'épargne :
    a. Qui bénéficiera immédiatement de cette mesure ?
    b. Comment évoluera le stock de capital avec le temps ? Comment évoluera la productivité ? Comment évolueront les salaires ?
    c. Finalement, qui bénéficiera de cette mesure à long terme ?
13. Dans la plupart des débats étudiés dans ce chapitre, les coûts engendrés par certains choix affectent généralement un petit segment de la population :
    a. Donnez plusieurs exemples, et expliquez pourquoi les coûts des mesures ne sont pas également répartis.
    b. En quoi cela modifie-t-il votre vision de ces débats ?

GLOSSAIRE

Action : titre de propriété d'une partie du capital d'une entreprise.

Allocation chômage : programme gouvernemental d'indemnisation des chômeurs.

Analyse coût-bénéfice : analyse des bénéfices et coûts de la production d'un bien public du point de vue de la société.

Anticipations rationnelles : théorie selon laquelle le public utilise l'ensemble des informations disponibles, y compris celles concernant les futures politiques suivies par le gouvernement, pour se faire une idée de l'avenir.

Appréciation : hausse de la valeur d'une devise, mesurée par la quantité de monnaie étrangère qu'elle peut acheter.

Argent liquide : billets et pièces de monnaie aux mains du public.

Avantage absolu : avantage résultant de la comparaison des producteurs d'un bien en fonction de leur productivité.

Avantage comparatif : avantage résultant de la comparaison des producteurs d'un bien en fonction de leurs coûts d'opportunité.

Balance commerciale : *voir Exportations nettes.*

Balance commerciale équilibrée : situation se caractérisant par des exportations et importations se compensant.

Banque centrale : institution chargée de superviser le système bancaire et de réguler la masse monétaire de l'économie.

Bien de Giffen : bien dont la quantité demandée croît avec l'augmentation du prix.

Bien inférieur : bien dont la quantité demandée décroît avec l'augmentation du revenu.

Bien normal : bien dont la quantité demandée augmente quand le revenu des acheteurs augmente.

Biens parfaitement complémentaires : deux biens dont les courbes d'indifférence forment un angle droit.

Biens parfaitement substituables : deux biens dont les courbes d'indifférence sont des droites.

Biens privés : biens respectant les caractéristiques de confiscabilité et d'exclusivité.

Biens publics : biens ne respectant ni les caractéristiques de confiscabilité ni les caractéristiques d'exclusivité.

Capital : équipement et structures de production utilisés pour la production de biens et services.

Capital humain : accumulation des investissements en l'homme, comme l'éducation et la formation professionnelle.

Capital physique : stock d'immeubles et d'équipement nécessaire à la production des biens et services.

Cartel : groupe d'entreprises agissant de concert.

Ceteris paribus : locution latine signifiant « toutes choses étant égales par ailleurs ».

Changement marginal : petit ajustement d'un plan d'action.

Chiffre d'affaires : produit des ventes de l'entreprise.

Chiffre d'affaires marginal : variation du chiffre d'affaires total engendrée par la vente d'une unité supplémentaire.

Chiffre d'affaires moyen : chiffre d'affaires total divisé par la quantité vendue.

Chômage conjoncturel : chômage fluctuant autour de son taux naturel.

Coefficient de réserve : la part des dépôts que les banques conservent à titre de réserve.

Comptes courants : comptes ouverts dans les banques auxquels les déposants ont un accès direct par l'émission de chèques.

Concurrence monopolistique : marché sur lequel les firmes proposent des produits similaires mais pas identiques.

Confiscabilité : possibilité de priver de la consommation d'un bien celui qui ne veut pas le payer.

Consommation : achats de biens et services par les ménages, non compris les acquisitions de logements neufs.

Contrainte budgétaire : limite des combinaisons de consommation qu'un consommateur peut se permettre.

Courbe d'offre : représentation graphique de la relation entre prix et quantité offerte.

Courbe d'offre globale : courbe indiquant la quantité de biens et services que les entreprises choisissent de produire et de vendre à chaque niveau de prix.

Courbe de demande : représentation graphique de la relation entre prix d'un bien et quantité demandée.

Courbe de demande globale : courbe indiquant la quantité de biens et services que les ménages, les entreprises et le gouvernement souhaitent acquérir à chaque niveau de prix.

Courbe de Phillips : compromis de court terme entre inflation et chômage.

Courbes d'indifférence : courbes représentant des combinaisons de consommation procurant la même satisfaction au consommateur.

Coût : valeur de l'ensemble des frais encourus à l'occasion de la production d'un bien.

Coût d'opportunité : ce à quoi il faut renoncer pour obtenir quelque chose.

Coût d'usure : ressources gaspillées par le public quand celui-ci tente de réduire ses avoirs monétaires rongés par l'inflation.

Coût marginal : augmentation du coût total induite par la production d'une unité supplémentaire.

Coût total : somme totale dépensée par l'entreprise pour acheter les facteurs nécessaires à la production.

Coût total moyen : coût total divisé par la production.

Coûts d'affichage : coûts des modifications de prix.

Coûts de transaction : coûts à supporter pour négocier et se mettre d'accord sur une solution.

Coûts fixes : coûts indépendants de la quantité produite.

Coûts fixes moyens : coûts fixes divisés par la production.

Coûts variables : coûts qui évoluent en fonction de la quantité produite.

Coûts variables moyens : coûts variables divisés par la production.

Critère du maximin : idée selon laquelle le gouvernement doit chercher à maximiser le bien-être des plus défavorisés.

Cycle de vie économique : courbe d'évolution des revenus d'un individu au cours de sa vie.

Défaillance de marché : situation dans laquelle le marché, livré à lui-même, ne parvient pas à allouer les ressources efficacement.

Déficit budgétaire : excédent des dépenses publiques sur les recettes publiques.

Déficit commercial : situation se caractérisant par des importations supérieures aux exportations.

Déflateur du PIB : mesure du niveau des prix calculée en divisant le PIB nominal par le PIB réel.

Demande excédentaire : situation dans laquelle la quantité demandée est supérieure à la quantité offerte.

Dépenses publiques : achats de biens et services effectués par les agences gouvernementales.

Dépréciation : baisse de la valeur d'une devise, mesurée par la quantité de monnaie étrangère qu'elle peut acheter.

Dépression : récession sévère.

Déséconomies d'échelle : propriété du coût moyen total de long terme qui croît avec l'augmentation de la production.

Diagramme de flux circulaire : modèle de l'économie montrant comment l'argent circule par l'intermédiaire des marchés, entre ménages et entreprises.

Dichotomie classique : séparation théorique entre variables nominales et réelles.

Différentiel compensatoire : différence de salaires visant à compenser des différences des caractéristiques non pécuniaires de différents emplois.

Dilemme du prisonnier : un « jeu » particulier entre deux criminels arrêtés, qui illustre la difficulté de maintenir la coopération même lorsque celle-ci est favorable à tous.

Discrimination : différence d'opportunités offertes à des individus qui ne diffèrent que par la race, le groupe ethnique, le sexe, l'âge ou d'autres caractéristiques personnelles.

Discrimination tarifaire : pratique commerciale qui consiste à vendre un même bien à des prix différents à des clients différents.

Échelle de production optimale : quantité de production qui minimise le coût total moyen.

Économie : étude de la manière dont la société gère ses ressources rares.

Économie du bien-être : analyse de la manière dont les mécanismes de l'économie de marché contribuent ou non au bien-être général.

Économie de marché : économie qui repose sur les décisions décentralisées des ménages et des entreprises se rencontrant sur les marchés des biens et services pour allouer les ressources.

Économie fermée : économie n'entretenant aucune relation avec le reste du monde.

Économie ouverte : économie qui négocie librement avec le reste du monde.

Économies d'échelle : propriété du coût moyen total de long terme qui diminue avec l'augmentation de la production.

Effet d'éviction : baisse de l'investissement résultant des emprunts du gouvernement.

Effet de revenu : modification de la consommation résultant du passage sur une nouvelle courbe d'indifférence, provoquée par un changement de prix.

Effet de substitution : modification de la consommation résultant du déplacement, sur la même courbe d'indifférence, vers un point où le taux marginal de substitution est différent, provoquée par un changement prix.

Effet Fisher : ajustement unité pour unité du taux d'intérêt nominal au taux d'inflation.

Effet multiplicateur : augmentation supplémentaire de la demande globale consécutive à une politique budgétaire expansionniste qui provoque une hausse des revenus et donc de la consommation.

Effets de rattrapage : caractéristique selon laquelle les pays qui partent d'un bas niveau de vie ont tendance à croître plus rapidement que les pays qui sont déjà riches.

Efficacité : capacité de la société à tirer le maximum de ses ressources rares.

Efficience : capacité à maximiser le bien-être ou surplus total de l'ensemble des agents.

Élasticité : mesure de l'ampleur de la variation de la quantité offerte ou de la quantité demandée en réaction à une variation de l'un de ses déterminants.

Élasticité-prix de l'offre : ampleur de la variation de la quantité offerte en réaction à une variation du prix du bien; obtenue en divisant la variation en pourcentage de la quantité offerte par la variation en pourcentage du prix du bien.

Élasticité-prix de la demande : ampleur de la variation de la quantité demandée en réaction à une variation du prix du bien; obtenue en divisant la variation en pourcentage de la quantité demandée par la variation en pourcentage du prix.

Élasticité-revenu de la demande : ampleur de la variation de la quantité demandée en réaction à une variation du revenu de l'acheteur; obtenue en divisant la variation en pourcentage de la quantité demandée par la variation en pourcentage du revenu du consommateur.

Entente : accord passé entre producteurs sur les quantités à produire ou les prix des produits.

Épargne nationale : revenu total de l'économie, diminué de la consommation et des dépenses publiques.

Épargne privée : revenu des ménages, après impôts et consommation.

Épargne publique : solde des recettes fiscales et des dépenses publiques.

Équation quantitative : M x V = P x Y. Cette équation définit la relation entre masse monétaire, vitesse de circulation de la monnaie et valeur monétaire de la production de biens et services.

Équilibre : situation dans laquelle offre et demande se compensent parfaitement.

Équilibre de Nash : situation dans laquelle les acteurs économiques choisissent leur meilleure stratégie – celles choisies par les autres joueurs étant données.

Équité : aptitude de la répartition du bien-être entre l'ensemble des agents à être juste.

Équité horizontale : idée selon laquelle des contribuables qui ont la même capacité de payer doivent payer des impôts comparables.

Équité verticale : idée selon laquelle les contribuables les plus riches doivent payer davantage d'impôts.

Excédent budgétaire : excédent des recettes publiques sur les dépenses publiques.

Excédent commercial : situation se caractérisant par des exportations supérieures aux importations.

Exclusivité : capacité d'un bien à ne pouvoir être consommé simultanément par plusieurs personnes, la consommation de l'un réduisant celle des autres.

Exportations : biens et services produits dans le pays et vendus à l'étranger.

Exportations nettes (balance commerciale) : valeur des exportations diminuée de la valeur des importations.

Externalité : effet du comportement d'un agent sur le bien-être d'un tiers.

Facteurs de production : facteurs entrant dans le processus de production des biens et services

Fonction de production : relation entre quantité de facteurs de production et quantité produite.

Fonds mutuel : institution qui vend des parts au public et consacre les fonds récoltés à l'achat de portefeuilles d'actifs financiers.

Frontière des possibilités de production : graphique indiquant les diverses combinaisons de production possibles pour une économie compte tenu de ses facteurs de production et de sa technologie.

Fuite des capitaux : réduction soudaine et importante de la demande d'actifs dans un pays donné.

Grève : arrêt de travail imposé par un syndicat.

Hypothèse du taux naturel : idée selon laquelle le taux de chômage tend vers son niveau normal ou naturel, quel que soit le taux d'inflation.

Importations : biens et services produits à l'étranger et vendus dans le pays.

Impôt dégressif : impôt tel que les plus hauts revenus paient proportionnellement moins que les moins élevés.

Impôt *per capita* : impôt dont le montant est identique pour chacun.

Impôt progressif : impôt tel que les plus hauts revenus paient proportionnellement plus que les moins élevés.

Impôt proportionnel : impôt tel que tous les contribuables paient le même taux d'impôt.

Impôt sur le revenu négatif : système fiscal qui collecte des impôts sur les revenus élevés et qui subventionne les familles aux revenus faibles.

Incidence fiscale : étude de la question : qui, en définitive, supporte l'impôt ?

Indexation : réajustement automatique des données monétaires en fonction du taux d'inflation.

Indice des prix à la consommation : mesure du coût de la vie calculée sur le coût d'un panier de biens et services achetés par un consommateur typique.

Indice des prix à la production : mesure du coût de la vie calculée sur un panier de biens et services achetés par une entreprise typique.

Inflation : hausse du niveau général des prix de l'économie.

Intermédiaires financiers : institutions financières par l'intermédiaire desquelles les épargnants apportent indirectement des fonds aux investisseurs.

Internaliser une externalité : créer des incitations ou des mécanismes pour que les gens prennent en compte tous les effets possibles de leurs actions.

Investissement : achats de biens d'équipement, de stocks, de structures, y compris les achats de logements neufs par les ménages.

Investissement net à l'étranger : montant des achats d'actifs étrangers par des résidents domestiques diminué des achats d'actifs domestiques par les résidents étrangers.

Justice : capacité de répartir équitablement les fruits de la prospérité entre tous les membres de la société.

Libéralisme : philosophie politique selon laquelle le gouvernement doit adopter des politiques jugées équitables par un observateur impartial placé sous un « voile d'ignorance » quant à sa situation future.

Libertarisme : philosophie politique selon laquelle le gouvernement devrait se contenter d'assurer l'ordre et le respect des contrats privés, et ne pas se préoccuper de la distribution des revenus.

Liquidité : facilité avec laquelle un actif peut être transformé en moyen d'échange.

Loi de l'offre : loi selon laquelle toutes choses étant égales par ailleurs, la quantité offerte d'un bien augmente quand le prix du bien augmente.

Loi de l'offre et de la demande : le prix d'un bien s'ajuste de manière à assurer l'équilibre de l'offre et de la demande du bien en question.

Loi de la demande : loi selon laquelle, toutes choses étant égales par ailleurs, la quantité demandée d'un bien diminue quand le prix du bien augmente.

Macro-économie : étude des phénomènes économiques d'ensemble, comme l'inflation, le chômage et la croissance économique.

Marché : groupe d'acheteurs et de vendeurs d'un bien ou d'un service particulier.

Marché concurrentiel : marché sur lequel les acheteurs et les vendeurs sont trop nombreux pour que l'un d'entre eux puisse influencer le prix de marché.

Marché des fonds prêtables : marché sur lequel se rencontrent les agents économiques à capacité d'épargne (offre de fonds) et les agents à besoin d'investissement (demande de fonds).

Marchés financiers : institutions financières qui permettent aux épargnants d'apporter directement des fonds aux investisseurs.

Masse monétaire : quantité de monnaie disponible dans l'économie.

Micro-économie : étude du comportement individuel des ménages et des entreprises, et de leurs interactions sur les marchés.

Modèle d'offre et de demande globales : modèle utilisé par la plupart des économistes pour expliquer les fluctuations à court terme de l'économie.

Monnaie : ensemble des actifs que le public utilise couramment pour acheter des biens et services.

Monnaie fiduciaire : monnaie sans valeur intrinsèque, dont le statut est décrété par le gouvernement.

Monnaie-marchandise : monnaie qui vient sous la forme d'une marchandise ayant une valeur intrinsèque.

Monopole : entreprise qui est l'unique vendeur d'un produit sans substituts.

Monopole naturel : monopole qui naît du fait qu'un fournisseur unique peut proposer au marché un bien ou un service dans de meilleures conditions de coûts que ne pourraient le faire plusieurs entreprises concurrentes.

Moyen d'échange : bien que les acheteurs donnent aux vendeurs en contrepartie des biens et services achetés.

Moyen de conserver la valeur : bien que le public utilise pour transférer du pouvoir d'achat du présent au futur.

Multiplicateur monétaire : quantité de monnaie créée par le système bancaire à partir d'un dollar de réserve.

Négociation collective : processus de négociation par lequel patronat et syndicats s'accordent sur les salaires et les conditions de travail.

Neutralité monétaire : idée selon laquelle les variations de la masse monétaire n'affectent pas les variables réelles.

Obligation : titre de créance.

Offre excédentaire : situation dans laquelle la quantité offerte est supérieure à la quantité demandée.

Oligopole : marché sur lequel un petit nombre de vendeurs proposent des produits similaires ou identiques.

Opérations d'open-market : opérations d'achat et vente d'obligations d'État par la Banque centrale.

Opinion normative : affirmation qui essaie de prescrire ce que devrait être le monde.

Opinion positive : affirmation qui essaie de décrire le monde.

Passager clandestin : personne qui peut bénéficier de l'existence d'un bien sans avoir à le payer.

Perte sèche : réduction du surplus total du fait de l'impôt.

PIB nominal : production de biens et services, valorisée aux prix courants.

PIB réel : production de biens et services, valorisée à prix constants.

Plan d'offre : tableau indiquant la relation

entre le prix d'un bien et la quantité offerte.

Plan de demande : tableau indiquant la relation entre prix d'un bien et quantité demandée.

Politique de commerce extérieur : ensemble de mesures gouvernementales influençant directement la quantité de biens et services importée ou exportée par un pays.

Politique monétaire : fixation de la masse monétaire par les responsables de la banque centrale.

Population active : nombre total de travailleurs, incluant ceux qui ont un emploi et ceux qui en cherchent un.

Pouvoir de marché : capacité d'un agent économique (ou d'un petit groupe d'agents) d'influer sur les prix du marché.

Principe de la capacité de payer : idée selon laquelle les impôts doivent être supportés en priorité par ceux qui ont les moyens de le faire.

Principe des bénéfices : idée selon laquelle les gens doivent payer des impôts proportionnels aux bénéfices qu'ils retirent des services publics.

Prix d'équilibre : prix qui assure l'équilibre de l'offre et de la demande.

Prix mondial : prix sur le marché mondial du bien en question.

Prix plafond : prix maximal auquel un produit peut être vendu d'après la loi.

Prix plancher : prix minimal auquel un produit peut être vendu d'après la loi.

Productivité : quantité de biens et services produite par heure travaillée.

Produit intérieur brut (PIB) : valeur de marché de l'ensemble des biens et services finals produits à l'intérieur d'un pays sur une période donnée.

Produit marginal : augmentation de la production induite par une unité supplémentaire de facteur de production.

Produit marginal décroissant : propriété selon laquelle le produit marginal d'un facteur de production décroît quand la quantité de facteur augmente.

Produit marginal du travail : augmentation de production générée par une unité supplémentaire de travail.

Produit national brut (PNB) : la valeur de marché de l'ensemble des biens et services finals produits par les résidents d'un pays sur une période donnée.

Produits complémentaires : produits tels que l'augmentation du prix de l'un conduit à une diminution de la demande de l'autre.

Produits substituables : produits tels que l'augmentation du prix de l'un conduit à une augmentation de la demande de l'autre.

Profit : différence entre chiffre d'affaires et ensemble des coûts.

Quantité d'équilibre : quantité offerte et demandée quand le prix assure l'équilibre de l'offre et de la demande.

Quantité demandée : quantité d'un bien que les acheteurs sont prêts à acheter et capables d'acheter.

Quantité offerte : quantité de bien que les vendeurs sont prêts à vendre et capables de vendre.

Quota d'importation : quantité maximale de produit fabriqué à l'étranger qui peut être vendue dans le pays.

Rareté : caractère limité des ressources de la société.

Ratio de sacrifice : baisse de la production annuelle impliquée par une réduction du taux d'inflation d'un point.

Récession : période pendant laquelle le PIB réel décline et le chômage augmente.

Recherche d'emploi : processus par lequel les chômeurs recherchent un emploi correspondant à leurs qualifications et souhaits.

Rendements d'échelle constants : propriété du coût total moyen qui reste invariable malgré l'augmentation de la production.

Rendements décroissants : caractéristique selon laquelle l'effet d'une unité additionnelle d'intrant diminue lorsque la quantité d'intrant augmente.

Réserve fédérale (Fed) : la banque centrale des États-Unis.

Réserves : dépôts que les banques ont conservés, sans les transformer en prêts.

Réserves obligatoires : contraintes imposées par la Fed sur la taille minimale des réserves, exprimée en pourcentage des dépôts que les banques doivent conserver.

Ressources communes : biens ne respectant pas la caractéristique de confiscabilité mais respectant par contre celle d'exclusivité.

Ressources naturelles : ressources et matières premières entrant dans la production de biens et services, telles que la terre, les rivières ou les ressources minières.

Revenu permanent : revenu normal d'un individu.

Salaires efficaces : salaires supérieurs au salaire d'équilibre, le surplus étant volontairement payé par les entreprises afin d'améliorer la productivité des travailleurs.

Savoir technologique : connaissances de la société quant à la meilleure manière de produire les biens et services.

Seuil de pauvreté : niveau de revenu défini par le gouvernement fédéral pour chaque taille de famille, en dessous duquel la famille est réputée vivre dans la pauvreté.

Stabilisation automatique : modifications endogènes de la politique budgétaire qui stimulent la demande globale lorsque l'économie est en récession, sans intervention politique directe.

Stagflation : période durant laquelle la production diminue et les prix montent.

Stratégie dominante : stratégie qui est la meilleure pour un joueur, quelles que soient les stratégies choisies par les autres joueurs.

Surplus du consommateur : différence entre le prix maximum qu'un consommateur est disposé à payer pour acheter un bien et le prix effectif de ce dernier.

Surplus du producteur : différence entre le prix reçu par le producteur à l'occasion de la vente d'un produit et le coût de production.

Syndicat : organisation qui négocie avec le patronat les salaires et les conditions de travail des salariés.

Système financier : ensemble des institutions qui contribuent à rapprocher les capacités d'épargne des uns et les besoins d'investissement des autres.

Taux d'activité : ratio de la population active à la population adulte.

Taux d'escompte : taux d'intérêt auquel la Fed prête de l'argent aux banques.

Taux d'intérêt nominal : taux d'intérêt utilisé couramment.

Taux d'intérêt réel : taux d'intérêt nominal corrigé des effets de l'inflation.

Taux de change nominal : taux auquel s'échangent la monnaie d'un pays et celle d'un autre.

Taux de change réel : taux auquel s'échangent les biens et services d'un pays avec les biens et services d'un autre.

Taux de chômage : fraction de la population active sans emploi.

Taux de pauvreté : pourcentage de la population dont le revenu est inférieur au seuil de pauvreté.

Taux d'inflation : taux de variation de l'indice des prix à la consommation entre deux périodes.

Taux marginal d'imposition : impôt payé sur le dollar marginal de revenu.

Taux marginal de substitution : taux auquel un consommateur est prêt à échanger un bien contre un autre.

Taux moyen d'imposition : ratio de l'impôt total au revenu total.

Taux naturel de chômage : taux normal de chômage autour duquel le chômage conjoncturel fluctue.

Taxe à l'importation : taxe frappant les produits fabriqués à l'étranger et vendus dans le pays.

Taxes pigoviennes : taxes à instituer pour corriger les effets négatifs des externalités.

Théorème de Coase : théorème selon lequel la possibilité pour les agents de négocier sans coûts de transaction conduira à résoudre leurs problèmes d'effets externes.

Théorie de la préférence pour la liquidité : théorie développée par Keynes, selon laquelle le taux d'intérêt assure l'équilibre entre l'offre et la demande de monnaie.

Théorie des jeux : étude du comportement des gens dans des situations stratégiques.

Théorie quantitative de la monnaie : théorie selon laquelle le niveau général des prix est fonction de la quantité de monnaie en circulation, et selon laquelle la croissance de la masse monétaire est la cause première de l'inflation.

Tragédie des pâtures communes : parabole qui décrit comment des ressources communes sont utilisées plus que cela n'est souhaitable du point de vue de la société.

Transferts en nature : subventions accordées aux défavorisés, sous la forme de biens et services et non en numéraire.

Travailleurs découragés : individus qui souhaiteraient travailler mais qui ont renoncé à rechercher un emploi.

Unité de compte : étalon avec lequel sont enregistrés les prix et les dettes.

Utilitarisme : philosophie politique selon laquelle le gouvernement doit choisir des politiques visant à maximiser l'utilité totale de l'ensemble de la société.

Utilité : une mesure de la satisfaction ou du bonheur.

Valeur comparable : doctrine selon laquelle des emplois dits comparables doivent être rémunérés de la même façon.

Valeur du produit marginal : produit marginal d'un facteur multiplié par le prix du bien produit.

Variables nominales : variables mesurées en unités monétaires.

Variables réelles : variables mesurées en unités physiques.

Vitesse de circulation de la monnaie : rythme auquel la monnaie change de mains.

Volonté d'acheter : prix maximum qu'un consommateur est disposé à payer pour acheter un bien.

Welfare (assistance sociale) : ensemble des programmes publics d'aide aux défavorisés.

TABLE DES MATIÈRES

PARTIE II

Offre et demande — 1. Comment fonctionnent les marchés

PARTIE III

Offre et demande 2 — 2. Marchés et bien-être

PARTIE IV

L'analyse économique du secteur public

PARTIE V

Comportement de l'entreprise et économie industrielle

PARTIE VI

L'analyse économique du marché du travail

PARTIE VII

Théorie avancée

PARTIE VIII

Les données macro-économiques

PARTIE IX

L'économie réelle à long terme

PARTIE X

Monnaie et prix à long terme

PARTIE XI

Analyse macro-économique de l'économie ouverte

PARTIE XII

Les fluctuations économiques de court terme

PARTIE XIII
Réflexions finales